BASTEI
LÜBBE

ANDREI MAYLUNAS
SERGEI MIRONENKO

EINE LIEBE FÜR DIE EWIGKEIT

Nikolaus & Alexandra

DAS LETZTE ZARENPAAR

2. BAND

INS DEUTSCHE ÜBERTRAGEN VON
ULRIKE STRERATH-BOLZ UND MATTHIAS WOLF

BASTEI LÜBBE

BASTEI LÜBBE TASCHENBUCH
Band 61479

1. Auflage: Dezember 2001

Vollständige Taschenbuchausgabe

Bastei Lübbe Taschenbücher ist ein Imprint
der Verlagsgruppe Lübbe
Titel der englischen Originalausgabe:
A Lifelong Passion. Nicholas and Alexandra – Their Own Story
Originalverlag: Weidenfeld & Nicolson, London

Lizenzausgabe: Verlagsgruppe Lübbe GmbH & Co. KG, Bergisch Gladbach
Titelbild: Preußischer Kulturbesitz, Berlin
Einbandgestaltung: Tanja Østlyngen
Satz: Textverarbeitung Garbe, Köln
Druck und Verarbeitung: Elsnerdruck, Berlin
Printed in Germany
ISBN 3-404-61479-8

Sie finden uns im Internet unter
http://www.luebbe.de

Der Preis dieses Bandes versteht sich einschließlich
der gesetzlichen Mehrwertsteuer.

Inhalt

zum zweiten Teil

1912

Nikolaus:	Zar von Russland
Alexandra:	seine Frau, Zarin von Russland
Xenia:	Großfürstin, Nikolaus' Schwester, verheiratet mit Sandro
Sandro:	Großfürst Alexander Michailowitsch
Kaiserinwitwe Marie:	Nikolaus' Mutter
KR (Kostia):	Großfürst Konstantin Konstantinowitsch, Nikolaus' Cousin
Olga (Schwester):	Großfürstin Olga Alexandrowna, Nikolaus' jüngste Schwester
Mischa:	Großfürst Michail, Nikolaus' Bruder
Olga:	älteste Tochter von Nikolaus und Alexandra, siebzehn Jahre alt
Tatjana:	zweite Tochter von Nikolaus und Alexandra, fünfzehn Jahre alt
Maria:	dritte Tochter von Nikolaus und Alexandra, dreizehn Jahre alt
George:	König George V. von England, Cousin ersten Grades von Nikolaus und Alexandra

Fürst Felix Jussupow:	die Fürsten Jussopow waren Freunde der Kaiserlichen Familie
Anja Wyrubowa:	Hofdame und enge Freundin von Alexandra
Pierre Gilliard:	Schweizer Hauslehrer der Zarenkinder
Maurice Paléologue:	französischer Botschafter in St. Petersburg
Michail Rodsjanko:	Präsident der Duma
A. Krasilnikow:	Geheimagent

1912
Das fluchbeladene Erbe

Der Rasputin-Skandal wächst sich aus – Alexej ringt mit dem Tode – Mischa heiratet Natalia Wulfert heimlich in Wien – Die Familie reagiert entsetzt

Xenia: Tagebuch, 25. Januar, St. Petersburg

Ich besuchte Alix, die in ihrem großen Zimmer im Bett lag. Wir sprachen über Hermogen [Bischof von Saratow], Iliodor [Priester] und vor allem Gr. Rasputin. Die Zeitungen dürfen nicht mehr über ihn schreiben – aber vor einigen Tagen tauchte sein Name wieder in einigen Ausgaben auf, die daraufhin konfisziert wurden.

Die ganze Welt weiß schon Bescheid und redet über ihn; schrecklich, was sie alles über ihn sagen, über Alix und das ganze Treiben in Zarskoje. Die Jussupows kamen zum Tee – immer wieder dasselbe Gesprächsthema –, und abends im Palais Anitschkow erzählte ich beim Essen alles, was ich gehört hatte. Wie wird das alles nur enden? Es ist schrecklich!

26. Januar: Wegen der Konfiszierung bestimmter Zeitungen, die über Rasputin berichtet hatten, wurde in der Duma ein Antrag eingebracht und einstimmig verabschiedet; werden die unglücklichen Minister jetzt Rede und Antwort stehen müssen? Es ist einfach schrecklich!

Nikolaus: Tagebuch, 11. Februar, Zarskoje Selo

Um vier Uhr traf Grigorij ein, wir und die Kinder empfingen ihn in meinem neuen Arbeitszimmer. Es war eine Wohltat, ihn zu sehen und ihn reden zu hören.

Michail Rodsjanko: Memoiren

Die Kaiserinwitwe sagte zu mir: »Ich habe gehört, dass Sie den Kaiser wegen Rasputin ansprechen wollen. Tun Sie es nicht. Es wird ihn nur betrüben, und glauben wird er Ihnen sowieso nicht. Er ist so reinen Herzens, dass er nicht an das Böse zu glauben vermag.«

Hierauf entgegnete ich der Kaiserin, dass ich leider nicht in der Lage sei, eine so wichtige Angelegenheit bei meiner Audienz mit Schweigen zu übergehen. Es sei meine Pflicht zu sprechen, meine Pflicht, meinen Zaren zu informieren. Die Angelegenheit sei zu gravierend und die möglichen Folgen zu gefährlich.

»Ist es wirklich schon so weit gekommen?«

»Eure Majestät, die Dynastie steht auf dem Spiel. Und wir Monarchisten können nicht länger schweigen. Ich schätze mich glücklich, Eure Majestät, dass Sie mir die Ehre erwiesen haben, Sie aufsuchen und offen mit Ihnen über diese Angelegenheit reden zu dürfen. Wie Sie sehen, nehme ich die Verantwortung, die auf mir lastet, alles andere als leicht. Ich erlaube mir, Sie untertänigst um Ihren Segen zu bitten.« Sie blickte mich mit ihren freundlichen Augen an, legte ihre Hand in die meine und sagte gerührt: »Der Herr segne Sie.«

Ich war bereits auf dem Weg nach draußen, als sie ein paar Schritte vortrat und sagte: »Aber verletzen Sie ihn nicht zu sehr.«

Später hörte ich von Fürst Jussupow, Kaiserinwitwe Marie sei nach meiner Audienz beim Kaiser zu ihm gegangen und habe gesagt: »Entweder ich oder Rasputin«; sie habe gedroht zu gehen, falls Rasputin bliebe.

Nikolaus: Tagebuch, 15. Februar, Zarskoje Selo

Mama kam zum Tee; wir sprachen mit ihr über Grigorij.

Xenia: Tagebuch, 16. Februar, St. Petersburg

Mama erzählte von ihrem gestrigen Gespräch. Sie ist sehr froh, dass sie kein Blatt vor den Mund genommen hat. Jetzt haben sie es gehört und wissen, was allgemein geredet wird; Alix nahm Rasputin allerdings in Schutz und sagte, er sei jemand ganz Außergewöhnliches und Mama solle ihn erst mal kennen lernen usw.; Mama riet, jetzt, wo die Duma auf eine Antwort warte, sollen sie ihn lieber fortschicken, worauf Nicky entgegnete, er wisse nicht, wie er das anstellen solle, während sie [Alexandra] sich auf den Standpunkt stellte, sie könnten nicht nachgeben.

Was immer sie sagte, hatte nichts mit der Sache zu tun, ganz offensichtlich gibt es vieles, was sie einfach nicht versteht – sie kritisierte die Gesellschaft (schmutziger Klatsch), warf der Tjutschewa [Ex-Gouvernante] Geschwätzigkeit und Lügen vor und nannte die Minister »Feiglinge«.

Trotzdem waren beide Mama dankbar dafür, dass sie so freimütig gesprochen hatte, und sie küsste Mama sogar die Hand!

10. März: Im Zug erzählte uns Olga [Schwester] von ihrem Gespräch mit [Alexandra]. Zum ersten Mal bestätigte sie, dass der arme Kleine diese schreckliche Krankheit[1] hat; sie selbst sei deswegen schon krank geworden und werde sich wohl nie wieder ganz erholen.

Auf Grigorij angesprochen, sagte sie, sie müsse einfach an ihn glauben, da sie ja sehe, dass es dem Jungen besser gehe, sobald er in seiner Nähe sei oder für ihn bete.

Anscheinend hatte Alexej auf der Krim, nach unserer Abreise, eine Nierenblutung (wie entsetzlich!), weshalb sie Grigorij kommen ließen. In dem Augenblick, wo er eintraf, hörte alles auf! Mein Gott, wie schrecklich, sie tun mir ja so Leid!

Heute war Anja W[yrubowa] bei Olga, sie sprach ebenfalls über G[rigorij] und erzählte ihr, sie habe ihn in einem schwierigen Augenblick ihres Lebens (während ihrer Scheidung) kennen gelernt (durch Stana), er habe ihr sehr geholfen usw.

Ich bin entsetzt über diese ganzen Geschichten und Beschönigungen – ich sprach über das Badehaus und über die Gerüchte, dass sie mit ihm zusammenlebt! Alles bricht jetzt über sie herein!

16. März: Fürstin Jussupow kam zum Tee. Sie blieb lange und redete sehr viel. Sie erzählte von ihrem Gespräch mit Alix über Grigorij und *alles andere*. Er ist nach Sibirien gereist, nicht etwa auf die Krim. Irgendjemand hat ihm eine anonyme Botschaft telegrafiert, dass er verschwinden solle. Alix hatte keine Ahnung davon, war aber überglücklich und sagte sofort: »Er spürt immer, wenn ich ihn brauche!«

KR: Tagebuch, 18. März, Pawlowsk

Vor kurzem, am 14., hat meine Frau mit Ihren Majestäten zu Mittag gespeist und war peinlich berührt vom Benehmen des Thronfolgers, der fast zwei Jahre älter ist als unsere Vera. Er saß nicht gerade bei Tisch, aß unmanierlich, leckte seinen Teller ab und hänselte die anderen. Der Kaiser wandte sich häufig ab, vielleicht um nicht einschreiten zu müssen, während die Kaiserin ihre älteste Tochter Olga, die neben ihrem Bruder saß, rügte, dass sie ihn nicht in Schranken hielt. Aber Olga wird nicht fertig mit ihm.

Maria an Alexandra

Liebste Mama,
du hast doch hoffentlich nicht vergessen, dass man sich in Russland zu Ostern die »drei Küsse« geben muss. Anastasia küsst dich und Papa. Ich küsse euch auch alle. Deine dich liebende
Maria

Tatjana an Alexandra

Meine süße, über alles geliebte Mama,
es tut mir schrecklich Leid, dass du nicht mit uns kommst. Ich hoffe, dass es dir morgen, wenn wir kommen, besser geht. Es ist ja das allererste Mal, dass wir auf der *Standart* schlafen, es ist schrecklich traurig, liebste Mama. Ich hoffe, Anja ist nett zu dir und strengt dich nicht an und kommt vor allem nicht zu dir rein, um dich zu stören, wenn du ruhst oder allein sein willst. Wie schade, dass ich nicht bei dir bleiben kann, liebe Mama. Darüber würde ich mich so freuen. Ich hoffe nur, du bist nicht zu er-

schöpft. Bitte, liebste Mama, lauf nicht in den Zimmern herum, um nachzuschauen, wie es dort aussieht. Schick Anja oder jemand anderen, du wirst viel zu müde sein, um Tante und Onkel zu empfangen.

Ich werde mir alle Mühe geben und an Bord zu den Offizieren brav sein.

Leb wohl bis morgen. Mach dir keine Sorgen, Liebes, wegen Baby, ich kümmere mich um ihn, und alles wird gut gehen. Gott segne dich, meine Allerliebste.

Viele, viele Küsse für dich, mein Engel, von deiner dich liebenden und dir wahrhaft ergebenen Tochter

Tatjana

Nikolaus: Tagebuch, 21. Juni, Baltischport

Früh aufgestanden, ein herrlicher, klarer Morgen. Um 9.30 sichteten wir die deutschen Schiffe. Punkt 10 Uhr ging die *Hohenzollern* zwischen uns und der *Polar* vor Anker, und der Kreuzer *Moltke* machte zwischen unseren Schiffen fest. Ich setzte zu Wilhelm über und kehrte um 11 Uhr zur Jacht zurück. Anschließend kam er mit seinem Sohn Adalbert zu uns herüber, und die beiden blieben zum Mittagessen.

22. Juni: Um 5 Uhr ging ich an Bord des Kreuzers *Moltke*, den ich zusammen mit Wilhelm inspizierte. Um 8 Uhr bestieg die ganze Familie, mit Ausnahme von Alix, die *Hohenzollern*. Er überreichte uns Geschenke. Wir aßen zu Abend, hörten schöne Musik, sahen dann einen Film im Speisesaal und kehrten anschließend zurück.

Felix Jussupow: Memoiren

[Im] Sommer 1912 fuhr der Zar nach Baltischport, um den Kaiser von Deutschland zu treffen. Das war keine Vergnügungsreise, da weder der Zar noch die Zarin den Kaiser leiden konnten.

»Er hält sich für einen Übermenschen«, sagte die Zarin einmal in meiner Gegenwart, »dabei ist er nichts weiter als ein Clown. Er hat keinen wahren Wert. Die einzigen Tugenden, die er besitzt, sind seine strenge Moral und seine eheliche Treue. Seine angeblichen Affären sind ein Mythos.«

Nikolaus an KR: 14. September, Belowesch

Lieber Kostia,
ich wollte dir immer wieder schreiben, seit ich Alix dein Stück *König von Judäa* vorgelesen habe.

Es hat mich zutiefst beeindruckt – mehr als einmal traten mir Tränen in die Augen, und ich hatte einen Kloß im Hals. Ich bin sicher, wenn man dein Stück auf der Bühne sieht und die schöne Umschreibung der bekannten Geschichten aus den Evangelien hört – all das muss auf den Zuschauer den allernachhaltigsten Eindruck machen!

Aus ebendiesem Grunde teile ich die Auffassung des Heiligen Synods, dass es nicht öffentlich aufgeführt werden kann. Allerdings könnte das Chinesische Theater der Eremitage dafür zur Verfügung gestellt werden, ebenso wie die Sänger, die an den »Ismailowskij-Feierlichkeiten« teilnehmen.

Gesprächsweise teilte ich deiner Frau mit, dass es nicht nur hochfliegende Gefühle in mir ausgelöst hat, sondern auch von einem Hass auf die Juden inspiriert ist, die Christus gekreuzigt haben. Ich glaube, der durchschnittliche Russe würde dasselbe empfinden, wenn er es auf der Bühne sähe, und von da wäre es nicht weit zu einem möglichen Pogrom. Dies sind die Eindrücke, die von der dramatischen Kraft deines neuesten Werks hervorgerufen werden.

Von deinen beiden ältesten Söhnen hast du bestimmt über die Feierlichkeiten in Borodino und Moskau gehört.[2] Ich musste an die Poltawa-Tage von 1909 denken. Nur war diesmal die Atmosphäre noch erregender. Die Besichtigung des Schlachtfelds von Borodino hinterließ einen unauslöschlichen Eindruck bei mir, vor

allem der Gedanke, dass jeder Klumpen Erde unter unseren Füßen in jenen beiden Tagen vom Blut eines unserer 58 000 gefallenen oder verwundeten Helden getränkt worden ist! Und dann das Erlebnis, mit einem *Veteranen der Schlacht* zu sprechen – einem 122-jährigen ehemaligen Hauptfeldwebel! Ich fühlte mich wie angesichts der größten Reliquien! In Moskau verlief alles gut und reibungslos, aber für mich zumindest war Borodino weitaus bedeutender und eindringlicher!
Dir, lieber Kostia, wünsche ich eine sichere Reise und vollständige Erholung in Ägypten.
Ich küsse deine Frau und deine Schwester. Alix sendet dir ihre herzlichsten Grüße.
Von ganzem Herzen, dein Nicky

König George V. an Nikolaus: 23. September, Balmoral Castle

Liebster Nicky,
ich bin höchst erfreut, dass die Moskauer Zeremonien und Feiern anlässlich des 100. Jahrestages eures Kriegs gegen Napoleon so erfolgreich vonstatten gegangen sind und dass das Wetter schön war.

Unser Freund Michail,[3] der brave Tor, geht dir mit seinen ständigen Beschwerden vermutlich genauso auf die Nerven wie mir. Er lebt seit vielen Jahren hier in England, und der liebe Papa war stets äußerst freundlich und zuvorkommend zu ihm, so wie auch ich es immer wieder versucht habe. Natürlich weiß ich nicht, was er dir in Moskau darüber erzählt hat, dass ich seiner Frau einen Titel verliehen habe, den sie mit deiner Einwilligung angenommen habe.

Leider steht es jedoch nicht in meiner Macht, einem ausländischen Staatsbürger in England einen Titel zu verleihen, und erst recht nicht, wenn es sich dabei um die Frau eines russischen Großfürsten handelt. Vermutlich wird er mir, sobald ich nach London komme, seine Aufwartung machen; unserem Gespräch sehe ich keineswegs mit Freude entgegen, denn ich fürchte, mir

bleibt gar keine andere Wahl, als seine Bitte abzulehnen. Verzeih, dass ich dich mit dieser umständlichen Geschichte gelangweilt habe, aber ich denke, es ist besser, wenn ich dir meine Haltung vollständig darlege, sollte er dich wieder mit dieser Angelegenheit behelligen. Er hat das Thema mir gegenüber noch nie angeschnitten, durch deinen Brief habe ich überhaupt zum ersten Mal davon gehört.
Stets, liebster Nicky, dein ergebener Freund und Cousin
Georgie

Pierre Gilliard: Memoiren

Ich gab Alexej die erste Stunde in Gegenwart seiner Mutter. Der Junge war damals achteinhalb. Er konnte kein einziges Wort Französisch, und anfangs hatte ich ziemliche Schwierigkeiten mit ihm. Der Unterricht wurde bald unterbrochen, da der Junge, der von Anfang an einen kranken Eindruck auf mich gemacht hatte, sich zu Bett legen musste.

Meinem Kollegen und mir war aufgefallen, dass er kaum Farbe im Gesicht hatte und getragen wurde, als ob er nicht laufen könne. Die Krankheit, unter der er litt, hatte sich ganz offensichtlich verschlimmert.

Anja Wyrubowa: Memoiren

Eines Tages nahm die Kaiserin den Jungen auf eine Ausfahrt mit; wir waren noch nicht sehr weit gefahren, da stellten wir fest, dass er sehr krank war. Er schrie vor Rücken- und Magenschmerzen, und die Kaiserin, die einen fürchterlichen Schreck bekam, ließ sofort umkehren. Diese Rückfahrt zum Palast steht mir noch heute als ein Horrorgemälde vor Augen. Jede Bewegung des Wagens, jede Unebenheit der Straße verursachte dem Jungen heftigste Qualen, und als wir schließlich zu Hause ankamen, war er vor Schmerzen fast ohnmächtig.

Die folgenden Wochen waren für den Jungen und für uns alle, die wir seine ständigen Schmerzensschreie mit anhören mussten, eine nicht enden wollende Tortur. Geschlagene elf Tage hallten die Korridore vor seinem Zimmer von diesen grässlichen Geräuschen wider, und diejenigen von uns, die in seine Nähe kamen, mussten sich oft die Ohren mit den Händen zuhalten, anders hätten wir unseren alltäglichen Aufgaben gar nicht nachgehen können.

Die ganze Zeit über blieb die Kaiserin stets angekleidet, sie ging nie zu Bett, und nur selten einmal legte sie sich für eine Stunde hin. Stunde um Stunde saß sie am Bett des halb bewusstlosen Jungen, der zusammengekrümmt auf der Seite lag und sein linkes Bein so heftig angezogen hatte, dass er es noch fast ein Jahr danach nicht richtig ausstrecken konnte.

Sein Gesicht war absolut blutleer, schmerzverzerrt und vom Leiden entstellt, von seinen nahezu ausdruckslosen Augen war nur das Weiße zu sehen. Als der Kaiser einmal ins Zimmer kam und seinen Jungen in diesem Zustand der Agonie sah und sein kraftloses Schmerzgewimmer hörte, geriet der arme Vater völlig aus der Fassung und eilte bitterlich weinend in sein Arbeitszimmer. Beide Eltern glaubten, das Kind läge im Sterben, und Alexej selbst sagte in einem der wenigen Augenblicke, als er bei Bewusstsein war, zu seiner Mutter: »Wenn ich tot bin, dann baut mir im Wald ein kleines Denkmal aus Stein.«

Um den Fall kümmerten sich diejenigen Ärzte, zu denen die Familie das größte Vertrauen besaß, Dr. Rauchfus, Professor Fjodorow und sein Assistent Dr. Derewenko; nach den ersten Konsultationen erklärten sie, dass der Zustand des Zarewitsch hoffnungslos sei. Offenbar bestand die Gefahr, dass die Magenblutung, unter der er litt, jederzeit zu einer Vereiterung mit möglicherweise tödlichen Folgen führen konnte. Es gab zwei schreckliche Augenblicke, wo diese Komplikation einzutreten drohte.

Eines Tages wurde dem Kaiser während des Mittagessens eine Notiz von der Kaiserin überbracht; bleich, aber gefasst gab er den Ärzten ein Zeichen, die Tafel zu verlassen. Alexej, schrieb die Kaiserin, leide so schrecklich, dass sie das Schlimmste befürchte. Diese Krise konnte jedoch abgewendet werden.

Der zweite Vorfall ereignete sich an einem Abend, als wir nach dem Essen ganz gemütlich im Boudoir der Kaiserin zusammensaßen. Plötzlich erschien die Frau von Prinz Heinrich von Preußen[4], die gekommen war, um ihrer Schwester in ihrer schwierigen Situation beizustehen, ganz bleich und aufgeregt an der Tür und bat die Anwesenden, sich zurückzuziehen, da der Zustand des Kindes hoffnungslos sei.

Um elf Uhr betraten der Kaiser und die Kaiserin den Raum; die Verzweiflung stand ihnen ins Gesicht geschrieben. Dennoch erklärte die Kaiserin, sie könne nicht glauben, dass Gott sie verlassen habe, und beauftragte mich, an Rasputin zu telegrafieren und ihn zu bitten, er möge für den Jungen beten.

Seine Antwort ließ nicht auf sich warten. »Der Kleine wird nicht sterben«, schrieb er. »Die Ärzte sollen ihn mehr in Ruhe lassen.« Tatsächlich trat einige Tage später eine Wende ein, die Schmerzen ließen nach, der Junge lag abgezehrt und völlig entkräftet da, aber er lebte noch.

Pierre Gilliard: Memoiren

Eines Abends nach dem Essen führten die Großfürstinnen Maria und Anastasia im Speisesaal zwei kurze Szenen aus dem *Bourgeois Gentilhomme* vor Ihren Majestäten, dem Hofstaat und verschiedenen Gästen auf. Versteckt hinter einem Wandschirm, der als Seitenkulisse diente, agierte ich als Souffleur. Als ich den Hals ein wenig vorreckte, sah ich die Zarin in der ersten Reihe der Zuschauer, wie sie sich angeregt mit ihren Nachbarn unterhielt.

Nach Beendigung der Aufführung verschwand ich durch den Dienstboteneingang und stand unvermittelt im Korridor vor Alexejs Zimmer, aus dem ich ein deutliches Stöhnen vernahm. Plötzlich bemerkte ich, wie die Zarin – ihre lange, unpraktische Schleppe mit beiden Händen gerafft – angelaufen kam. Ich drückte mich an die Wand, und sie rauschte vorbei, ohne meine Anwesenheit überhaupt zu bemerken. In ihrem Gesicht spiegelte sich panischer Schrecken.

Ich kehrte in den Speisesaal zurück. Hier herrschte das lebhafteste Treiben. Bedienstete in Livree reichten Erfrischungen auf Tabletts herum. Alles lachte und scherzte. Der Abend hatte seinen Höhepunkt erreicht.

Nach wenigen Minuten kam die Zarin zurück. Sie hatte wieder ihre Maske aufgesetzt und gab sich alle Mühe, den Gästen, die um sie herumstanden, freundlich zuzulächeln. Doch mir war nicht entgangen, dass der Zar, obwohl im angeregten Gespräch vertieft, eine Position eingenommen hatte, von der aus er die Tür beobachten konnte, und so bemerkte ich, welch verzweifelte Blicke die Zarin ihm beim Eintreten zuwarf. Eine Stunde später kehrte ich in mein Zimmer zurück, noch immer zutiefst betroffen von der Szene, die mir die Tragik dieses Doppellebens schlagartig vor Augen geführt hatte.

Obwohl der Zustand des Kranken immer schlimmer wurde, ging das Leben scheinbar seinen gewohnten Gang. Die einzige Veränderung, die sich bemerkbar machte, war, dass wir die Zarin immer seltener zu Gesicht bekamen. Der Zar ließ sich seine Besorgnis nicht anmerken und frönte auch weiterhin seiner Jagdleidenschaft, und jeden Tag gab es die üblichen Abendgesellschaften mit zahlreichen Gästen.

Nikolaus: Tagebuch, 5. Oktober, Spala

Heute war Namenstag, aber kein glücklicher, denn Alexej hat in den letzten Tagen zum zweiten Mal hintereinander eine innere Blutung gehabt. Das erste Mal war es in Belowesch. Gestern traf Professor Fjodorow ein. Gott sei Dank ist heute eine gewisse Besserung eingetreten. Es fand ein Gottesdienst und ein Mittagessen für das ganze Haus statt. Habe etwas Tennis gespielt. Es war warm und bedeckt.

Am 4. Oktober wurde das Fieber schlimmer, morgens stieg es auf 102,5 F [39,1° C] und abends auf 103,3 F [39,6° C]. Während des Abendessens ließ die Zarin Professor Fjodorow holen. Am Sonntag, den 7. Oktober, verschlimmerte sich der Zustand des Patienten noch weiter. Dessen ungeachtet waren einige Gäste zum Mittagessen da. Als am folgenden Tage die Temperatur des Zarewitsch auf 105 F [40,5° C] anstieg und sein Herz nur noch sehr schwach schlug, ersuchte Graf Fredericks den Zaren, Bulletins herausgeben zu dürfen. Das erste wurde noch am selben Abend nach St. Petersburg geschickt.

Es bedurfte also erst der Intervention des allerhöchsten Hofbeamten, ehe man sich dazu durchrang, öffentlich bekannt zu geben, wie ernst der Zustand des Zarewitsch war.

Weshalb muteten der Zar und die Zarin sich diese schreckliche Prüfung zu? Wieso zwangen sie sich, mit einem Lächeln auf den Lippen unter ihren Gästen zu weilen, wo sie in Wirklichkeit doch nichts anderes wollten, als bei ihrem leidenden Sohn zu sein? Es gab nur einen Grund dafür: Sie wollten nicht, dass die Welt erführe, wie es um die Krankheit des Thronfolgers bestellt war, und aus eigener Anschauung wusste ich, dass sie seinen Zustand wie ein Staatsgeheimnis behandelten.

Am Morgen des 10. Oktober betrug die Temperatur des Jungen 103,5 F [39,7° C]. Gegen Mittag ließen die Schmerzen jedoch allmählich nach, und die Ärzte konnten den Kranken jetzt eingehender untersuchen, was aufgrund seines schrecklichen Leidens bis dahin nicht möglich gewesen war.

Um drei Uhr nachmittags fand im Wald ein Gottesdienst statt, der von zahlreichen Bauern aus den umliegenden Distrikten besucht wurde.

Bereits am Tag zuvor hatte man damit begonnen, zweimal täglich für die Gesundung des Thronfolgers zu beten. Da es in Spala kein Gotteshaus gab, hatte man gleich nach unserer Ankunft im Park ein Zelt mit einem kleinen tragbaren Altar errichtet. Der Priester hielt morgens und abends einen Gottesdienst ab.

KR: Tagebuch, 9. Oktober

In der *Evening Times* erschien ein Bulletin über die Krankheit des Zarewitsch. Er ist der einzige Sohn des Kaisers! Möge Gott ihn beschützen!

Nikolaus: Tagebuch, 9. Oktober, Spala

Ich blieb bis 2 Uhr in Alexejs Zimmer, dann begann er sich zu beruhigen und schlief allmählich ein. Insgesamt verbrachte er einen recht guten Tag, er schlief viel, und seine Temperatur ging auf 39,5 zurück. Unternahm am Vormittag einen kurzen Spaziergang mit den Mädchen. Spielte nach dem Essen etwas Tennis. Es war warm. Saß abwechselnd mit Alix bei Alexej.

10. Oktober: Heute besserte sich Gott sei Dank der Zustand des lieben Alexej, seine Temperatur ging auf 38,2 zurück.

Nach der Messe brachte Vater Wasilew, der Religionslehrer der Kinder, Alexej den Abendmahlskelch und zelebrierte mit ihm die Kommunion. Welch ein Trost für uns! Alexej war danach für den Rest des Tages ganz ruhig und guter Dinge.

Die Stimmung wurde allseits besser. Nachmittags ging ich mit Irène und allen Mädchen lange spazieren. Nach dem Tee beantwortete ich die vielen telegrafischen Genesungswünsche.

12. Oktober: Durch Gottes Hilfe geht es dem lieben Alexej sehr viel besser, tagsüber ging seine Temperatur auf 37,9 zurück. Er wurde auf das Sofa nebenan gelegt und hatte einen äußerst erholsamen Nachmittagsschlaf.

Draußen war es kalt, fast null Grad. Mit Olga und Tatjana spazieren gegangen.

13. Oktober: Wir hatten Nachtfrost, und tagsüber war es sehr kalt. Alexej hat gut geschlafen; seine Temperatur betrug 38,1.

Nikolaus an Kaiserinwitwe Marie: 20. Oktober, Spala

Liebste Mama!
Ich schreibe dir, das Herz von Dankbarkeit erfüllt, weil Gott der Herr sich unser erbarmt und den lieben Alexej wieder gesund gemacht hat!

Nach meinem letzten Brief aus Belowesch hatte er einige Tage lang Schmerzen im Bein, die, wie wir heute wissen, von einer ungelenken Bewegung beim Springen ins Boot herrührten. [Dr.] Botkin stellte eine Quetschung und eine kleine Geschwulst am Unterleib fest, unmittelbar über dem linken Beinansatz. Da die Schwellung in der Woche danach zurückging und Alexej sich besser fühlte, meinte ich, dir nicht eigens davon schreiben zu müssen. Am 2. Oktober begann er wieder, über heftige Schmerzen an derselben Stelle zu klagen, und von da ab stieg seine Temperatur mit jedem Tag. Botkin erklärte, dass Alexej eine gravierende Blutung auf der linken Seite habe und absolute Ruhe benötige. Wir ließen umgehend den wunderbaren Chirurgen Fedorow kommen, den wir schon seit langem kennen und der eine Spezialuntersuchung über diesen Krankheitsfall angestellt hat, außerdem den lieben Rauchfus. Unser Kinderarzt Ostrogorskij war bereits eingetroffen. Der Anblick so vieler Ärzte auf einmal hat ja immer etwas Bedrückendes, aber sie waren alle so gut, so freundlich und rührend bei ihrer Behandlung von Alexej, dass ich mich ihrer stets mit Dankbarkeit erinnern werde.

Die Tage vom 6. bis zum 10. Oktober waren die schlimmsten. Der arme Wurm litt schrecklich, vor Schmerzen wand er sich in Krämpfen, die praktisch jede Viertelstunde erneut einsetzten. Er delirierte Tag und Nacht im Fieber und setzte sich im Bett auf, was jedes Mal umgehend neue Schmerzen auslöste.

Er konnte praktisch nicht mehr schlafen, nicht einmal weinen, sondern wimmerte nur immer wieder aufs Neue: »Herr, sei uns gnädig!«

Es war mir fast unerträglich, im Zimmer zu bleiben, aber ich musste ja auch Alix entlasten, die manchmal ganze Tage an seinem Bett verbrachte und davon verständlicherweise erschöpft war. Solange es Alexej so schlecht ging, hielt sie das alles besser aus als ich, aber jetzt, wo die Gefahr Gott sei Dank vorüber ist, spürt sie die Folgen der ganzen Anstrengung. Es hat die Ärmste doch arg mitgenommen. Aber inzwischen schont sie sich mehr und verbringt die Tage auf der Couch in Alexejs Zimmer.

Am 10. Oktober beschlossen wir, ihm das Abendmahl zu geben, worauf es ihm *umgehend* besser ging: Seine Temperatur sank von 39,5 auf 38,2, die Schmerzen ließen fast völlig nach, und zum ersten Mal schlief er friedlich ein.

Alle Leute hier, die Kosaken, die Soldaten und andere, waren unglaublich rührend; gleich am ersten Tag von Alexejs Krankheit baten sie den Priester Alexander Wasilew, den Religionslehrer der Kinder, für seine Genesung ein Te Deum unter freiem Himmel zu zelebrieren. Diese Bitte wiederholten sie jeden Tag, bis es Alexej besser ging. Es kamen auch viele polnische Bauern, die während seiner Predigt weinten!

Wir erhielten unzählige Telegramme, Briefe und Ikonen mit Wünschen für eine baldige Genesung des Kleinen.

Auch hier werden mir wie üblich zweimal pro Woche Dokumente zum Durcharbeiten vorgelegt – damit und mit meiner Wache am Bett des Kleinen ist meine Zeit so ausgefüllt, dass ich einfach nicht dazu gekommen bin, dir zu schreiben, liebe Mama. Jetzt bin ich wieder ganz ich selbst und war ziemlich oft beim Jagen, was die Nerven beruhigt; ich hatte schon Angst, ich würde ein altes Weib werden.
Dein alter Nicky, der dich von ganzem Herzen liebt.

Mischa an Kaiserinwitwe Marie: 31. Oktober, Hôtel du Parc, Cannes

Meine liebe Mama,
wüsstest du nur, wie schmerzlich und betrüblich es für mich ist, dich aus der Fassung zu bringen – und doch weiß ich, dass mein Brief dir großen Kummer bereiten wird. Ich bitte dich im Voraus, mich anzuhören und mir zu verzeihen.

Ich wünschte von ganzem Herzen, du würdest mir glauben, wenn ich dir sage, dass es mir mehr als schmerzlich ist, dich zu betrüben, liebe Mama, aber ich sehe mich gezwungen, dir mitzuteilen, dass ich mich am 16./29. Oktober, also vor zwei Wochen, mit Natalia Sergejewna Brassowa vermählt habe.

Ich habe in der letzten Zeit sehr viel gelitten, doch bedingt durch die Umstände war ich nicht in der Lage, mit dir über diejenige Angelegenheit zu sprechen, die in all diesen Jahren den Mittelpunkt meines Lebens ausmachte; hinzu kommt, dass es dir selbst ganz offensichtlich auch nie ein Bedürfnis gewesen ist.

Ich kenne Natalia seit fast fünf Jahren und liebe und achte sie mit jedem Jahr mehr. In moralischer Hinsicht war es jedoch stets eine sehr harte Prüfung für mich, und vor allem das letzte Jahr in Petersburg hat mir klar gemacht, dass es aus dieser unerträglichen, anomalen Situation nur einen einzigen Ausweg gibt, nämlich die Eheschließung. Dabei lag mir nichts ferner, als dich zu betrüben, und ohne die Krankheit des kleinen Alexej und die Vorstellung, als Thronfolger könnte ich von Natalia getrennt werden – was ja inzwischen hinfällig geworden ist –, hätte ich mich vielleicht auch nie zu diesem Schritt entschlossen.

Noch einmal möchte ich dir sagen, dass nichts mich so sehr quält wie die Tatsache, dass ich dir und Nicky diesen schrecklichen Kummer bereiten muss, aber so weiterzuleben wie zuvor war schlicht und einfach unerträglich. Und so bitte ich dich, meine liebe Mama, um deine Vergebung und dein Verständnis als Mutter, die ich zutiefst von ganzem Herzen liebe,
dein Mischa

Mischa an Nikolaus: 1. November, Hôtel du Parc, Cannes

Lieber Nicky,
ich weiß, mein Brief wird dir sehr viel Kummer bereiten, und als dein Bruder bitte ich dich im Voraus um dein Gehör und dein Verständnis. Ich bedaure umso mehr, dich zu betrüben, als dir

ja bereits Alexejs Krankheit genügend Anlass zur Sorge gibt, aber es war genau dieser Umstand wie auch die Vorstellung, ich könnte von Natalia Brassowa getrennt werden, die mich bewogen haben, sie zu heiraten.

Ich liebe sie bereits seit fünf Jahren und kann nicht mehr behaupten, die Beziehung wäre für mich eine reine Spielerei. Im Gegenteil, mit jedem Jahr bin ich ihr tiefer zugetan, und der bloße Gedanke, sie und unser gemeinsames Kind könnten mir genommen werden – war schlicht und einfach unerträglich.

Zunächst hatte ich die Möglichkeit, sie zu heiraten, nicht einmal in Erwägung gezogen, doch die vergangenen fünf Jahre, vor allem das letzte in Petersburg, haben mich meine Meinung ändern lassen. Du solltest wissen, dass wir selbst in den beiden schwierigen Jahren unseres Getrenntseins (als ich in Orel lebte) stets eine Familie waren; ich habe Natalia immer als meine Frau betrachtet und sie in Ehren gehalten, weshalb die Erniedrigungen und Beleidigungen, denen sie in Petersburg aufgrund ihrer Position zwangsläufig ausgesetzt war, mich besonders stark getroffen haben.

Ich gebe dir mein Wort, dass ich ohne jeden Druck von außen gehandelt habe. Natalia hat nie mit mir darüber gesprochen oder mich darum gebeten: Ich selbst bin zu dem Schluss gelangt, dass es unehrenhaft ist, unter solchen Bedingungen zu leben, und dass ich mich aus einer anomalen Situation befreien musste. All dies bewog mich zu dem Entschluss, Natalia zu ehelichen.

Unsere Trauung fand am 16./29. Oktober in der serbischen Kirche St. Sawwa in Wien statt. Ich weiß, dass ich für diese Handlung Strafe zu erwarten habe, und ich bin bereit, sie auf mich zu nehmen.

Maurice Paléologue: Memoiren

[In einer Buchhandlung] sah ich, wie eine junge schlanke Frau eintrat und sich an einem Tisch niederließ, auf dem ein Album mit Drucken ausgelegt war.

Es war eine wahre Freude, sie anzusehen. Ihr ganzer Stil verriet einen unauffälligen, persönlichen, kultivierten Geschmack. Ihr Chinchilla-Umhang, der am Hals offen war, ließ ein mit Spitzen besetztes Kleid aus silbergrauem Taft erkennen. Sie trug eine helle Pelzkappe, die aufs trefflichste mit ihrem glänzenden hellen Haar harmonierte.

Ihr ebenmäßiges, aristokratisches Gesicht war von entzückender Gestalt, und sie hatte helle, samtene Augen. Das elektrische Licht, das gerade angestellt worden war, brachte eine prächtige Perlenkette um ihren Hals zum Schimmern.

Jeden einzelnen Druck betrachtete sie mit größter Aufmerksamkeit, wobei sie ihren Hals bisweilen beugte und damit ein Funkeln hervorrief. Von Zeit zu Zeit drehte sie sich zu einem Hocker zu ihrer Rechten, auf dem ein weiteres Album aufgeschlagen lag. Jede ihrer Bewegungen hatte etwas von einer würdigen, geschmeidigen, sanften Anmut. Als ich auf die Straße hinaustrat, sah ich einen eleganten Wagen hinter dem meinen stehen. Mein Lakai fragte mich: »Eure Exzellenz, wissen Sie nicht, wer diese Dame ist?« – »Nein, wer ist es?« – »Gräfin Brassowa, die Gemahlin von Großfürst Michail.«[5]

Kaiserinwitwe Marie an Nikolaus: 4. November, Hvidre

Mein lieber, süßer Nicky! Ich kann dir gar nicht sagen, wie sehr mich dein lieber Brief berührt und bis ins tiefste Innere meiner Seele bewegt hat. Schrecklich, was du in dieser schmerzlichen Zeit alles durchgemacht und welche Qualen du beim Anblick des Leidens eures geliebten kleinen Alexej ertragen haben musst. Ich danke Gott, dass sich seine Lage inzwischen gebessert hat, dass er frei von Schmerzen ist und gut schläft. Ich hoffe nur, die Reise und auch die Kälte und das schlechte Wetter werden ihm nicht schaden. Ich war sicher, die Ärzte würden zu einem Aufenthalt im Süden raten, aber ich verstehe auch, wie schwer ein solcher Entschluss für euch gewesen wäre. Kann und sollte tatsächlich alles seiner Gesundheit geopfert werden? Ich weiß nicht.

Ich verstehe sehr gut, welches Gefühl der Dankbarkeit du gehabt haben musst, als es ihm nach dem Abendmahl allmählich besser ging, und auch die ganze Anteilnahme, die euch entgegengebracht wurde, muss für euch beide in jenen Augenblicken der Hoffnungslosigkeit ja ein gewisser Trost gewesen sein. Ich freue mich für dich, dass die letzten Wochen doch etwas ruhiger gewesen sind und dass du sogar wieder zum Jagen gehen konntest.

Jetzt muss ich dir aber von einem *schrecklich grausamen neuen Schlag* berichten!

Gerade habe ich einen Brief von Mischa erhalten, in dem er mir *seine Vermählung* mitteilt! Ich kann es einfach nicht glauben, und ich begreife kaum, was ich da schreibe; es ist in jeder Hinsicht so furchtbar, dass es sich kaum beschreiben lässt, es hat mich *völlig erschlagen*!

Meine einzige Bitte ist, dass es geheim bleibt, damit es nicht noch *einen weiteren Skandal* gibt; es hat ja auch andere *geheime* Eheschließungen gegeben, von denen *angeblich niemand etwas wusste*. Das ist wohl wirklich das Einzige, was man im Augenblick tun kann, sonst kann ich mich überhaupt nicht mehr in der Öffentlichkeit zeigen, es ist eine solche *Schmach und Schande*!

Möge Gott ihm vergeben, ich kann ihn nur bedauern. Aber mein Gott, was für ein Kummer, und wie schwer ist es doch, solche Schläge zu ertragen! Gott sei Dank ist die liebe Xenia bei mir, sie steht mir bei, und es ist sehr tröstlich, mit ihr zu reden. Aber jetzt muss ich enden, ich bin nicht in der Verfassung, noch weiter darüber zu schreiben, es ist einfach zu schmerzlich.

Der Herr stehe euch bei und segne euch, meine Lieben. Ich umarme euch zärtlich, vor allem den lieben Alexej, bitte sag ihm, wie gerührt seine Großmutter ist, dass er sich an sie erinnert hat. Nochmals herzlichen Dank, mein lieber Nicky, für deinen lieben Brief.

Deine dich zutiefst liebende Mama

Nikolaus an Kaiserinwitwe Marie: 7. November, Zarskoje Selo

Meine liebe, süße Mama!
Von ganzem Herzen danke ich dir für deine freundlichen Worte. Ich wollte dir auch gerade über diesen neuen Kummer schreiben, der unserer Familie widerfahren ist, aber du hattest die abscheulichen Nachrichten ja schon vernommen.

Ich füge dir den Brief bei, den ich im Zug auf dem Weg hierher erhielt. Lies ihn und urteile selbst: Kann er nach allem, was er geschrieben hat, wirklich noch beim Militär bleiben und deine Kavallerie weiterhin befehligen?

Ja, liebe Mama, ich sage dasselbe wie du – möge der Herr ihm vergeben! Leider ist zwischen ihm und mir jetzt alles vorbei, denn er hat sein Wort gebrochen.

Wie oft hat er mir gesagt, ohne dass ich es von ihm verlangt hätte, dass er sie nicht heiraten würde, *er selbst hat sein Wort darauf gegeben*. Und ich habe ihm unbedingten Glauben geschenkt! Was mich besonders verletzt, ist, dass er so tut, als hätte Alexejs Krankheit ihn zu diesem unbedachten Schritt getrieben! Er scheint sich nicht darum zu scheren, welchen Kummer er dir und uns bereitet oder welchen Skandal dieser Vorfall in Russland auslösen wird. Und das ausgerechnet jetzt, wo jeder vom Krieg spricht, und nur wenige Monate vor dem Jubiläum der Romanow-Dynastie!!! Es ist schändlich und schrecklich!

Auch ich hatte zunächst den Gedanken, die Nachricht geheim zu halten, aber nachdem ich seinen Brief zwei- oder dreimal gelesen hatte, wurde mir klar, dass er jetzt unmöglich nach Russland zurückkehren kann. Früher oder später würde es sich hier herumsprechen, und jeder wäre überrascht, dass ihm nichts passiert, wo die anderen so streng behandelt wurden.

Vor etwa zwei Monaten erfuhr Fredericks von Wrangel, dass Mischa einen beträchtlichen Geldbetrag aus seinem Büro angefordert und offenbar sogar ein Grundstück in Frankreich gekauft hat.

Jetzt ist alles klar. Ich finde keine Worte, liebe Mama, um auszudrücken, wie sehr ich fühle, was du durchmachen musst. Möge der barmherzige Herr dir Kraft verleihen! Welch ein Glück, dass die liebe Xenia in diesem Augenblick bei dir ist und deine Seelenqualen mit dir teilen kann.

Alix und ich umarmen dich zärtlich. Alexej schickt dir einen dicken Kuss und dankt dir. Gott sei Dank ist er heiter und glücklich. Christus sei mit dir.
Dein alter Nicky, der dich von ganzem Herzen liebt.

Olga [Nikolaus' Schwester]: Memoiren

Mischa war [Nikolaus'] einziger noch lebender Bruder. Er hätte Nicky so viel Unterstützung geben können. Aber noch einmal, frei von Schuld war niemand unter uns. Von den drei Söhnen Onkel Wladimirs war einer verbannt, ein weiterer, Boris, lebte ganz ungeniert mit einer Geliebten zusammen, und der Dritte, Andrej, war meinem Bruder nie von großem Nutzen. Dabei waren die drei die Söhne des rangältesten Großfürsten und standen in der Thronfolge gleich hinter Alexej und Michail. In der ganzen Familie gab es nicht einen Einzigen, an den Nicky sich hätte wenden können, außer vielleicht mein Schwager Sandro, aber selbst da wurde es mit der Zeit immer schwieriger, als wir hörten, dass es zwischen Sandro und Xenia zu ernsthaften Unstimmigkeiten kam! Welches Beispiel konnten wir der Nation geben? Kein Wunder, dass Nicky, nachdem er von keiner Seite Unterstützung erhielt, zum Fatalisten wurde. Oft legte er mir den Arm um die Schultern und sagte: »Ich wurde am Hiobstag geboren, und bin bereit, mich in mein Schicksal zu fügen.«

Nikolaus an Kaiserinwitwe Marie: 21. November, Zarskoje Selo

Liebe, süße Mama,
der arme Mischa ist zurzeit ganz offenbar nicht verantwortlich für seine eigenen Handlungen; er denkt und argumentiert so, wie sie es ihm sagt, und es ist völlig zwecklos, sich auf eine Diskus-

sion mit ihm einzulassen. Mordwinow [Mischas ehemaliger Adjutant] hat uns dringend davon abgeraten, ihm IRGENDETWAS ZU SCHREIBEN, da sie nicht nur alle Telegramme, Briefe und Notizen liest, sondern auch Kopien anfertigt, die sie erst ihren Leuten herumzeigt und dann zusammen mit dem Geld in der Bank deponiert. Sie ist ein derart gerissenes, gemeines Scheusal, dass es einfach ekelhaft ist, überhaupt von ihr zu sprechen.
Christus sei mit dir, liebe Mama, bis zu unserem baldigen Wiedersehen! Ich umarme dich liebevoll.
Dein Nicky, der dich von ganzem Herzen liebt

Mischa an Kaiserinwitwe Marie: 7. Dezember, Cannes

Meine liebe Mama,
ich erwarte eine harte Strafe für meine Tat, die mir ausschließlich von meinem Gewissen diktiert wurde. Ich bin bereit, alle Strafen und Entbehrungen auf mich zu nehmen, ich fürchte sie nicht. Das Einzige, was mich wirklich schmerzt, ist der Kummer, den ich dir ungewollt zugefügt habe. Liebe Mama, ich habe bestimmt nur so gehandelt, wie es sich für einen Mann von Ehre geziemt – insofern habe ich ein reines Gewissen. Ich bitte dich von ganzem Herzen, mich nicht zu verurteilen, sondern mir als Mutter, die ich über alles liebe, deinen Segen zu geben. Möge der Herr dir beistehen, meine liebe Mama.
Ich umarme dich zärtlich. Ich liebe dich von ganzem Herzen.
Mischa

Maria an Alexandra: 14. Dezember, Zarskoje Selo

Liebste Mama,
ich danke dir *vielmals* für deinen lieben Brief. Es tut mir so Leid, dass du noch immer Probleme mit dem Herzen hast. Ich hoffe, deine Erkältung ist besser geworden. Meine Temperatur beträgt jetzt 37,1, und der Hals tut mir nicht mehr so weh wie gestern.

Wie schade, dass ich dich heute nicht sehen kann, aber es ist sicherlich besser für dich, wenn du ruhst.
1 000 Küsse von deiner dich über alles liebenden
Maria

König George V. an Nikolaus: 16. Dezember, Sandringham

Mein liebster Nicky,
ich kann dir gar nicht sagen, wie sehr ich während der Krankheit eures lieben kleinen Jungen mit dir und der lieben Alicky mitgefühlt habe. Ich hoffe, dass es ihm inzwischen wirklich besser geht und er keine Schmerzen mehr hat. Werdet ihr ihn im Winter in den Süden schicken?

Auch um des lieben Mischa willen habe ich großes Mitgefühl mit dir. Ich mag ihn schrecklich gerne und bin deshalb ganz verzweifelt, dass er so etwas Törichtes getan hat, und ich weiß, wie unglücklich du darüber sein musst. Wie viel Kummer und Sorgen es doch in dieser Welt gibt!
Stets, liebster Nicky, dein sehr ergebener Cousin und alter Freund
Georgie
Sehr liebe Grüße auch von May und den Kindern.

Bericht des Geheimagenten Krasilnikow über die Eheschließung des Großfürsten Michail Alexandrowitsch

ABSOLUT VERTRAULICH
Eure Exzellenz, Stepan Petrowitsch,[6]
In meinem Telegramm Nr. 382 vom 21. November (russische Datierung) teilte ich Eurer Exzellenz untertänigst mit, dass nach den vorliegenden Informationen die Ehe zwischen Seiner Kaiserlichen Hoheit, Großfürst Michail, und Mme. Wulfert vermutlich im Sommer dieses Jahres in Wien geschlossen wurde.

Jedoch verbrachte Großfürst Michail, soweit mir bekannt ist, den vergangenen Sommer ausschließlich in Russland, wobei er hauptsächlich in Gatschina weilte, und reiste erst im September ins Ausland ab. Da die Überwachung unmittelbar nach der Ankunft Seiner Kaiserlichen Hoheit in Berlin einsetzte, hätte die Reise seiner Kaiserlichen Hoheit nach Wien den Bewachern theoretisch nicht entgehen können.

Nachdem ich sowohl in Kissingen als auch in Berlin und Wien äußerst diskrete und vertrauliche Nachforschungen angestellt habe, bin ich nunmehr in der Lage, Eure Exzellenz über die näheren Umstände und den genauen Termin der Eheschließung Seiner Kaiserlichen Hoheit untertänigst zu informieren.

Nach seiner Abreise aus Russland am 12./25. September nahm der Großfürst Quartier im Hotel Esplanade in Berlin und blieb hier bis zum 24. September (russische Datierung) mit Mme. Wulfert; dann reiste [er] nach Kissingen weiter, wo Mme. Wulfert im Sanatorium von Dr. Apolant behandelt wurde.

Gegen Ende Oktober, nachdem die Behandlung von Mme. Wulfert abgeschlossen war, entschloss sich der Großfürst, Kissingen zu verlassen und nach Cannes weiterzureisen. Am 27. Oktober richtete der Großfürst von Kissingen aus eine telegrafische Anfrage ans Hotel Esplanade, ob man Schlafwagenplätze von Frankfurt am Main nach Paris für ihn buchen könne. Nach einer positiven Antwort seitens des Hotels telegrafierte der Großfürst, man möge ihm für den 29. Oktober 4 Schlafwagenplätze und 4 Fahrkarten der 1. Klasse nach Paris reservieren. Einen Tag später teilte der Großfürst dem Hotel Esplanade telegrafisch mit, dass er die Fahrkarten nicht benötige.

Angesichts dieser plötzlichen Meinungsänderung muss der Großfürst seiner Entourage am 29. Oktober erklärt haben, er und Mme. Wulfert würden noch an diesem Tag im Automobil abreisen und über die Schweiz und Italien nach Cannes fahren, während die Kinder, ihre Begleitpersonen und die Dienstboten mit der Bahn von Paris nach Cannes reisen sollten.

Am selben Tag fuhren der Großfürst und Mme. Wulfert im Automobil allerdings nur bis Würzburg, wo sie den Zug über München und Salzburg nach Wien nahmen; hier traf Seine Kaiserliche Hoheit am Morgen des 30. Oktober ein und nahm im

Hotel Tegethof Quartier. Um 4 Uhr nachmittags desselben Tages fuhren der Großfürst und Mme. Wulfert zur serbischen Kirche St. Sawwa (Weitgasse Nr. 3), wo sie getraut wurden.

Der Eintrag im Trauregister lautete folgendermaßen: »Michail Alexandrowitsch, russischer Großfürst, geb. am 22. November 1878 in St. Petersburg, und die Adlige Natalia Brassowa, geb. am 7. Juni 1880 in Pezowa bei Moskau.«

Am 31. Oktober reisten der Großfürst und Mme. Wulfert von Wien über München, wo sie einen Tag blieben, nach Cannes, wo sie am Morgen des 3. November eintrafen.

Da die Bewacher dem Großfürsten nicht im Automobil folgten, konnten sie also nichts in Erfahrung bringen, da ja die Reiseroute und das Reiseziel selbst vor den engsten Vertrauten geheim gehalten worden waren.

Mit vorzüglicher Hochachtung und aufrichtiger Ergebenheit bin ich, Eure Exzellenz,

A. Krasilnikow

Agent Nr. 1638

Paris

17. (30.) Dezember 1912

Maurice Paléologue: Memoiren

In seinem goldenen Exil führte das junge Paar ein äußerst unbeschwertes Dasein, man lebte zwischen Paris, London, dem Engadin und Cannes, das heißt, alles fügte sich genau so, wie Natalia es sich vorstellte.

Olga [Nikolaus' Schwester]: Memoiren

Weder der Kaiser noch eine der beiden Kaiserinnen empfingen je Mischas Frau.

Anmerkungen 1912

1 Über die Hämophilie, von der hier die Rede ist, schrieb Alexejs Hauslehrer Pierre Gilliard nach einem Gespräch mit Dr. Derewenko, einem der zahlreichen Ärzte, die den Zarewitsch behandelten:
»Er sagte mir, der Thronfolger leide an Hämophilie, einer Erbkrankheit, die in manchen Familien von Generation zu Generation *durch die Frauen* auf ihre männlichen Kinder übertragen wird. Nur die männlichen Nachkommen sind von ihr betroffen. Bereits die geringste Verletzung, sagte er, könne für den Jungen tödlich sein, da bei einem Bluter das Blut im Gegensatz zu gesunden Personen keine Gerinnungsfähigkeit besitze. Außerdem sei das Gewebe der Arterien und Adern so empfindlich, dass jeder Stoß oder Druck die Blutgefäße zerreißen und eine tödlich endende Blutung auslösen könnte.
Das war die schreckliche Krankheit, an der Alexej litt - eine permanente Bedrohung für sein Leben. Ein Hinfallen, ein Nasenbluten, eine banale Schnittwunde - für jedes andere Kind eine Bagatelle - könnten für ihn tödliche Folgen haben. Das Einzige, was man tun konnte, war, Tag und Nacht auf ihn aufzupassen, vor allem in den frühen Jahren seiner Kindheit, und durch äußerste Aufmerksamkeit Unfälle zu vermeiden suchen. Auf Anraten der Ärzte hatte man deshalb zwei ehemalige Matrosen der kaiserlichen Jacht, Derewenko und dessen Gehilfen Nagorny, zu seiner persönlichen Bewachung und Betreuung abgestellt. Diese kümmerten sich abwechselnd um ihn.«

2 Anlässlich des hundertsten Jahrestages der Schlacht von Borodino gegen Napoleon.

3 Miche-Miche, Sandros Bruder. Seine Frau büßte aufgrund ihrer morganatischen Eheschließung ihren Titel ein, erhielt später aber den Titel einer Countess Torby.

4 Alexandras Schwester Irène, deren Sohn Heinrich einige Jahre zuvor an derselben Krankheit gestorben war.

5 Diese Unterhaltung fand erst später statt, nachdem Natalia bereits geadelt worden war.

6 S. P. Beletskij, Direktor der Polizei.

1913

Nikolaus:	Zar von Russland
Xenia:	Großfürstin, Nikolaus' Schwester, verheiratet mit Sandro
Sandro:	Großfürst Alexander Michailowitsch
Olga (Schwester):	Großfürstin Olga Alexandrowna, Nikolaus' jüngste Schwester
Ella:	Großfürstin Elisabeth, Alexandras ältere Schwester, jetzt Nonne
Großfürst Pawel:	Nikolaus' Onkel
Olga:	älteste Tochter von Nikolaus und Alexandra, achtzehn Jahre alt
Tatjana:	zweite Tochter von Nikolaus und Alexandra, sechzehn Jahre alt
Maria:	dritte Tochter von Nikolaus und Alexandra, vierzehn Jahre alt
Anastasia:	vierte Tochter von Nikolaus und Alexandra, zwölf Jahre alt
Alexej:	Thronfolger und Zarewitsch, Sohn von Nikolaus und Alexandra, neun Jahre alt

Wilhelm II.:	Deutscher Kaiser, Nikolaus' Cousin
Fürst Felix Jussupow:	die Jussupows waren Freunde der Kaiserlichen Familie
Anja Wyrubowa:	Hofdame und enge Freundin von Alexandra
Pierre Gilliard:	Schweizer Hauslehrer der Zarenkinder
A. A. Mosolow:	ein Hofbeamter

1913
Irina und Felix

Die Polizei überwacht Rasputin – Xenia reist nach Paris und trifft ihren Bruder Mischa – Das dreihundertjährige Jubiläum der Romanow-Dynastie – Alexejs Gesundheitszustand gibt weiterhin Anlass zur Sorge – Xenia und Sandro sorgen dafür, dass Mischa Kaiserinwitwe Marie in England treffen kann – Sandro reist nach Amerika – Felix Jussupow verlobt sich mit Irina, der Tochter von Xenia und Sandro

A. A. Mosolow: Memoiren

[Über die Erziehung der Zarenkinder]
Mit ihren siebzehn Jahren war Olga damals schon eine richtige junge Dame, aber sie benahm sich immer noch wie ein Mädchen. Sie hatte schönes, helles Haar, ihr breites, ovales Gesicht war ganz russisch und nicht besonders regelmäßig, doch ihr bemerkenswert zarter Teint und ihr hübsches Lächeln, das auffallend gerade, weiße Zähne zum Vorschein brachte, verliehen ihr eine große Frische.

Tatjana (fünfzehn) war etwas größer, zarter und schlanker, sie hatte ein länglicheres Gesicht, und von ihrer ganzen Erscheinung her wirkte sie aristokratischer und vornehmer; ihr Haar war dunkler als das ihrer älteren Schwester, aber sie lächelte nicht so oft. Meiner Ansicht nach war sie die Schönste der vier Schwestern.

Maria (dreizehn) war damals ein junges Mädchen mit einem glücklichen und ungewöhnlich starken Ausdruck in ihrem russischen Gesicht.

Die jüngste – Anastasia (elf) – war noch ein Kind. Bereits in jugendlichem Alter versprach sie einmal eine außergewöhnliche Schönheit zu werden – aber dazu sollte es nicht kommen. Ihr Gesicht war nicht so regelmäßig geschnitten wie das ihrer Schwestern, aber ausgesprochen lebhaft. Saß man bei Tisch zufällig neben ihr, musste man stets auf irgendeine unvermutete Frage gefasst sein. Sie war unerschrockener als ihre Schwestern und überaus witzig.

Olga hatte einen ausgeglichenen, guten Charakter und war von einer nahezu engelhaften Liebenswürdigkeit. Tatjana dagegen war schwierig, reservierter und besaß vielleicht tiefere geistige Qualitäten als ihre Schwester. Maria war freundlich, wenn auch mit einer guten Portion Eigensinn, aber weniger begabt als ihre beiden älteren Schwestern. Anastasia, deren Charakter sich natürlich noch nicht richtig entwickelt hatte, wäre sicherlich eine überaus begabte Person geworden, aber im Gegensatz zu den anderen Großfürstinnen war sie launenhaft.

Die Mädchen waren hübsch angezogen, und wenn die gestrengsten Modeexperten auch bisweilen den Geschmack der Zarin hinsichtlich ihrer eigenen Garderobe kritisierten – abgesehen von ihrem offiziellen Ornat –, so waren sich, was die Kinder betraf, doch alle darin einig, dass sie nicht besser gekleidet sein konnten. Und obwohl sie normalerweise alle gleich angezogen waren, hatte jede von ihnen doch ihre persönliche Note, die ihrem ganz eigenen Stil entsprach, sei es ein bestimmtes Band oder eine kaum wahrnehmbare Variante im Schnitt. Den Großteil ihrer Garderobe bezogen die Kaiserin und die Mädchen von der Schneiderin Lamanowa aus Moskau.

Alle Kinder liebten die *Standart.* Natürlich ging es für die Großfürstinnen an Bord immer sehr vergnüglich zu, alle jungen Männer machten ihnen den Hof, und jede hatte ihren Flirt. Natürlich muss hierzu angemerkt werden, dass diese Offiziere von einem der älteren Vorgesetzten – er galt als der persönliche Flirt der Kaiserin – außerordentlich gut geschult wurden.

Wenn der Zarewitsch bei guter Gesundheit war, sah auch die Kaiserin besser aus, auf der *Standart* blühte sie dann richtig auf und plauderte gerne mit den Offizieren.

Die einzigen Personen, die mit den Großfürstinnen in näheren Kontakt kamen, waren – außer dem Dienstpersonal – ihre engsten Verwandten, die Kinder der Großfürstin Xenia. Sie besuchten die Großfürstinnen häufig und wurden für gewöhnlich zum Nachmittagstee und zum Tennis eingeladen. Xenia hatte nur eine Tochter, Irina, und sechs Söhne.

Offen gesagt glaube ich nicht, dass es den Kindern je in den Sinn gekommen ist, man könne irgendwie anders leben. Sie waren nicht besonders anspruchsvoll. Eine samstägliche Kinovorführung bot ihnen Gesprächsstoff für die ganze Woche.

Mehrmals hatte man versucht, Spielgefährten für den Thronfolger zu finden. Zuerst entschied man sich für die Kinder von Matrosen, dann für die Kinder beziehungsweise Neffen von [Nanny] Derewenko,[1] dem Betreuer des Zarewitsch, und schließlich wurde beschlossen, auf jeglichen Kameraden zu verzichten.

Ohne jeden Hintergedanken wurde ich zum Vertrauten des Hauslehrers Gilliard, eines äußerst klugen und gebildeten Mannes und, meiner Ansicht nach, hervorragenden Pädagogen. Der Unterricht für den Zarewitsch gestaltete sich höchst schwierig: Kaum machten sich die ersten Lernerfolge bemerkbar, wurde der Thronfolger krank – seine Hämophilie verursachte bei ihm innere Blutungen und schreckliche Leiden. Natürlich war das Kind nach schlaflosen Nächten und unerträglichen Schmerzen völlig erschöpft und nicht aufnahmefähig; dennoch musste der Hauslehrer seinem Schüler nach und nach wieder zu einem gewissen Kenntnisstand verhelfen. Alexejs Hauptschwäche war, wie Gilliard sagte, sein Mangel an Aufmerksamkeit.

Pierre Gilliard: Memoiren

Die Großfürstinnen waren charmant – ein Bild des blühenden Lebens. Man hätte wohl kaum vier Schwestern finden können, die, so verschieden sie in ihrem Charakter waren, in ihrer Zuneigung doch perfekt miteinander harmonierten, was persönliche Unabhängigkeit freilich keineswegs ausschloss; dadurch wurden sie, bei allem gegensätzlichen Temperament, zu einer äußerst geschlossenen Familie.

Aus den Anfangsbuchstaben ihrer vier Vornamen hatten sie einen neuen Namen gebildet – Otma –, den sie häufig als gemeinsame Signatur benutzten, wenn sie ihren Eltern etwas schenkten oder ihnen Briefe schickten, die eine von ihnen im Namen aller geschrieben hatte.

Man wird es mir sicherlich nachsehen, wenn ich mir das Vergnügen gestatte, an dieser Stelle einige persönliche Erinnerungen niederzulegen, und mir dabei diese Mädchen in all ihrer Blüte und der spontanen Begeisterungsfähigkeit ihrer Jugend ins Gedächtnis zurückzurufen. Fast bin ich geneigt zu sagen, ihrer Kindheit, waren es doch Mädchen, die zu einer Zeit, da andere eben erst zur Frau heranreiften, einem schrecklichen Schicksal zum Opfer fielen.

Ihre Beziehungen zum Zaren waren wunderbar: Für sie war er Kaiser, Vater und Freund in einem. Ihre Gefühle ihm gegenüber, die von den jeweiligen Umständen diktiert wurden, reichten von quasi religiöser Verehrung bis zu ausgesprochener Offenheit und wärmster Zuneigung. War nicht er es, vor dem die Minister, die höchsten Würdenträger der Kirche, die Großfürsten, ja selbst ihre Mutter sich ehrerbietig verneigten? Dessen väterliches Herz sich ihren Sorgen so bereitwillig öffnete? Der sich, fernab von indiskreten Blicken, so fröhlich an ihren jugendlichen Vergnügungen beteiligte?

Mit einem Wort, der ganze Charme dieser vier Schwestern, so schwer er auch zu definieren war, lag in ihrer außerordentlichen Einfachheit, Offenheit, Frische und ihrer instinktiven Herzensgüte.

Ihre Mutter, für die sie eine tiefe Bewunderung hegten, war in ihren Augen gewissermaßen unfehlbar.

Ihre Majestät sprach Englisch mit ihnen, der Kaiser nur Russisch. Mit den Angehörigen ihrer Entourage sprach die Zarin Englisch beziehungsweise Französisch. Sie sprach nie Russisch (obwohl sie es eigentlich recht gut beherrschte), außer mit denjenigen, die keiner anderen Sprache mächtig waren. Während der ganzen Zeit, in der ich bei der kaiserlichen Familie lebte, hörte ich von niemandem je ein Wort Deutsch, außer wenn es unumgänglich war, wie bei Empfängen usw.

Maria an Alexandra

Meine liebste Mama,
du weißt gar nicht, wie Leid es mir tut, dass es dir schlecht geht. Es ist ganz schrecklich zu sehen, wie du leidest. Du bist [so] geduldig, dass ich es gar nicht verstehen kann. Anastasia küsst dich; sie ist traurig, dass du nicht herunterkommen kannst, und wünscht dir eine gute Nacht.
Gott segne dich.
Maria

Notiz von Anastasia

(Liebste Madame, ich fürchte mich, im Dunkeln nach Hause [ins Schlafzimmer] zu gehen, deshalb saß ich auf dem WC und spielte in der Dunkelheit mit meinem Zeh.)
Ich hoffe, dir geht es bald wieder gut. Geh zu Bett und sei ruhig. Gute Nacht. Schlaf wohl.

Olga [Nikolaus' Schwester]: Memoiren

Sie [Anastasia] war wirklich mein Lieblingspatenkind! Mir gefiel ihre Furchtlosigkeit. Nie jammerte oder weinte sie, nicht einmal, wenn sie sich verletzt hatte. Sie war ein rechter Wildfang. Weiß der Himmel, welcher der jungen Cousins ihr beigebracht hatte, auf Bäume zu klettern, jedenfalls tat sie es schon, als sie noch ganz klein war. Dass sie ein schwaches Kreuz hatte und deshalb von den Ärzten Massagen verschrieben bekam, wussten nur wenige. Anastasia hasste unnötigen »Wirbel«, wie sie es nannte. Zweimal wöchentlich kam Tatjana Gromowa, eine Krankenschwester, in den Palast, und meine ungehorsame kleine Nichte pflegte sich jedes Mal in einem Schrank oder unter ihrem Bett zu verstecken, nur um die Massage noch einmal um vielleicht fünf Minuten aufzuschieben. Vermutlich traf die ärztliche Diagnose über ihren schadhaften Muskel zu, doch niemand, der Anastasia spielen sah, hätte es geglaubt, so schnell und energisch, wie sie war. Und was für ein Bündel an Ausgelassenheit!

Pierre Gilliard: Memoiren

[Über Anastasia] ... extrem faul, aber von der Faulheit eines begabten Kindes. Französisch sprach sie mit einem hervorragenden Akzent, und wenn sie Szenen aus Komödien spielte, zeigte sie ein bemerkenswertes Talent. Sie war so lebhaft und ihre Fröhlichkeit so ansteckend, dass verschiedene Angehörige des Hofes sich angewöhnt hatten, sie »Sunshine« zu nennen, das war der Kosename, den ihre Mutter am englischen Hof bekommen hatte.

Nikolaus: Tagebuch, 2. Januar, Zarskoje Selo

Heute war ein Feiertag für mich, der Jahrestag des Todes des ehrwürdigen Serafim von Sarow.

Mit Olga [Nikolaus' Schwester] und den Mädchen besuchte ich eine Messe. Kehrten um 12.15 zurück. Xenia kam zum Mittagessen. Alix hatte immer noch Schmerzen im Gesicht und im Kopf. Mit Olga, den Mädchen und Irina [Tochter von Xenia und Sandro] lange im Park und am großen See spazieren gegangen.

3. Januar: Alix blieb bis zur Teestunde im Bett. Nach dem Mittagessen ging ich mit den Mädchen zu dem kleinen Teich, wo wir das steile Ufer hinunterrutschten. Es war unglaublich glatt; beim Hinaufklettern fielen wir hin, aber trotzdem haben wir es immer wieder gemacht.

4. Januar: Mit den Mädchen zu Mittag gegessen. Olga und Tatjana fuhren in die Stadt. Mit Maria und Anastasia spazieren gegangen. Die älteren Töchter kehrten um 7.30 zurück. Nach dem Abendessen las ich aus dem »Holzfäller« vor.

Die Überwachung Rasputins: Polizeibericht, 18. Februar

1. Die Überwachung des bekannten *starets* und Bauern aus Prokowskoje, Bezirk Tjumen, Provinz Tobolsk, Grigorij Jefimowitsch RASPUTIN-NOWY, 41 Jahre alt, erfolgte aufgrund der Anordnung, die der verstorbene Vorsitzende des Ministerrats, Staatssekretär Stolypin, 1910 erteilt hatte. Zu jenem Zeitpunkt befand sich Rasputin nur wenige Tage unter Beobachtung, anschließend wurde die Überwachung eingestellt.

2. Eine neuerliche Überwachung wurde vom ehemaligen Innenminister, Senator Makarow, ab dem 23. Januar 1912 angeordnet, die in der Zeit bis zum 16. Januar 1913 folgende Erkenntnisse zutage förderte:

Rasputin ging nur selten alleine aus, aber wenn er es tat, begab er sich normalerweise zum Newskij-Prospekt oder in andere Straßen, wo Prostituierte anzutreffen sind, und sprach sie an; dann nahm er eine von ihnen und ging mit ihr in ein Hotel oder ins Badehaus.

Während Rasputins erster Reise [nach St. Petersburg] im Jahre 1912 registrierte die Überwachung sechs solcher Vorfälle, die sich jeweils nach folgendem Muster abspielten:

Am 4. Februar verließ Rasputin die Prostituierten Botwinkina und Kozlowa (Swjechny-Gasse, Haus Nr. 11) und begab sich in Begleitung einiger anderer geradewegs zu den Golowins. Dort blieb er zwei Stunden und ging anschließend zum Newskij-Prospekt, wo er wiederum eine Prostituierte ansprach, mit der er das Badehaus in der Konjuschennaja-Straße aufsuchte.

Am 6. Februar kam Rasputin von Zinaida Mandschtet, bei der er anderthalb Stunden verbracht hatte, und ging geradewegs zum Newskij-Prospekt, wo er die Prostituierte Petrowa ansprach, mit der er ins Badehaus ging, das sich im Haus Nr. 26 an der Moika befindet.

Während Rasputins zweitem und drittem Aufenthalt in Petersburg (vom 29. Juni bis zum 9. August und vom 19. bis zum 23. September 1912) registrierte die Überwachung lediglich, dass er von Zinaida Mandschtet und Maria Sazonowa besucht wurde – seine anderen Bewunderinnen weilten zu der Zeit nicht in Petersburg –, sowie zwei seiner üblichen Begegnungen mit Prostituierten.

Am 21. November erhielt Rasputin Besuch von Maria Sazonowa, die in Begleitung einer unbekannten Dame sowie eines jungen Mädchens war und zwei Stunden bei ihm blieb. Anschließend kam Rasputin mit der Sazonowa aus dem Haus und verabschiedete sich sehr schnell von ihr. In der Stoliary-Gasse sprach er eine Prostituierte an, mit der er eine Wohnung an der Kasnacheiskij-Straße aufsuchte. Hier kam er schon bald wieder heraus und fand eine weitere Prostituierte am Sennaja-Platz, mit der er 45 Minuten im Hotel verbrachte. Nach Aussage der ersten Prostituierten brachte Rasputin zwei Flaschen Bier mit, trank aber selber nicht; er forderte sie auf, sich zu entkleiden, betrachtete ihren Körper, zahlte ihr zwei Rubel und ging.

Am 22. November lief Rasputin durch die Straßen und machte dabei mehreren Frauen unsittliche Anträge, auf die sie mit Drohungen reagierten; manche spuckten ihn sogar an.

Wie beschrieben, hatte Rasputin während seiner ersten Petersburger Aufenthalte im Umgang mit Prostituierten noch eine gewisse Umsicht walten lassen, indem er vorsichtig hinter sich blickte, dunkle Seitengassen benutzte usw.; während seines letzten Besuchs im Januar dieses Jahres ging er bei diesen Treffen jedoch ganz ungeniert vor und hatte darüber hinaus keine Hemmungen, sich im betrunkenen Zustand auf der Straße zu zeigen oder sogar ein Sakrileg gegenüber der orthodoxen Kirche zu begehen.

Am 13. Januar 1913 verließ Rasputin sein Haus in Begleitung der Sazonowa, von der er sich jedoch sehr bald verabschiedete, und begab sich zum Nikolajewskij-Bahnhof, wo er zehn Minuten lang auf und ab ging und nach Frauen Ausschau hielt. Dann betrat er eine Konditorei auf der Znamenskaja-Straße; als er aus dieser herauskam, hielt er inne, um an einem Kirchenportal einem natürlichen Bedürfnis nachzukommen. Anschließend suchte er das am Suworowskij-Prospekt

Nr. 14 gelegene Hotel auf, in das man ihm kurz darauf eine Prostituierte aus der Konditorei brachte. Eine halbe Stunde später kam Rasputin wieder heraus und kehrte nach Hause zurück.

Ella: Aus ihrer Zeugenaussage

Als mir erstmals Gerüchte über Rasputin zu Ohren kamen – dass er nicht der wäre, der er vorgebe zu sein, und dass er sich im Privatleben sehr anders verhalte als in Gesellschaft der kaiserlichen Familie –, warnte ich meine Schwester; doch sie sagte mir, sie glaube nicht an diese Gerüchte, sondern betrachte sie als typische Verleumdungen, denen Menschen, die ein einem Heiligen würdiges Leben führten, normalerweise ausgesetzt seien.

Nikolaus: Tagebuch, 18. Januar, Zarskoje Selo

Um 4 Uhr empfingen wir den guten alten Grigorij, der eineinviertel Stunden bei uns blieb.

Pierre Gilliard: Memoiren

Es wurde immer üblicher, ihn [Rasputin] in Gesellschaft von Madame Wyrubowa zu sehen, die ein kleines Haus in der Nähe des Alexanderpalastes besaß.

Anja Wyrubowa: Memoiren

Der Kaiser und die Kaiserin nannten Rasputin meistens einfach »Grigorij«, während er sie mit »Papa« und »Mama« ansprach. Wenn sie sich trafen, pflegten sie sich zu küssen, aber weder der Kaiser noch die Kaiserin küssten ihm je die Hände.

Olga [Nikolaus' Schwester]: Memoiren

Rasputin war auch da [im Haus der Wyrubowa] und schien sehr erfreut, mich wiederzusehen; als die Gastgeberin zusammen mit Nicky und Alix den Salon für einen kurzen Augenblick verließ, erhob sich Rasputin, legte mir den Arm um die Schultern und begann meinen Arm zu streicheln. Ich wich sofort zurück, ohne ein Wort zu sagen. Ich stand einfach auf und schloss mich den anderen an. Ich hatte mehr als genug von diesem Mann. Er war mir unsympathischer denn je zuvor. Man mag es mir glauben oder nicht, aber bei meiner Rückkehr nach St. Petersburg tat ich etwas Ungewöhnliches – ich suchte meinen Mann [Prinz von Oldenburg] in seinem Arbeitszimmer auf und erzählte ihm alles, was in Anja Wyrubowas Landhaus vorgefallen war. Nachdem er mich aufmerksam angehört hatte, riet er mir mit ernster Miene, ich solle den Umgang mit Rasputin in Zukunft lieber meiden. Zum ersten und einzigen Mal wusste ich, dass mein Mann Recht hatte.

Xenia: Tagebuch, 4. März, St. Petersburg

Mischa telegrafierte aus Paris: Wir sollten nächste Woche kommen, »wenn ihr mich sehen wollt«; er werde zwei Wochen bleiben. Nicht ein einziges Wort der Ermunterung oder des Grußes!

Kaiser Wilhelm II. an Nikolaus: 5. März, Berlin

Bester Nicky,
hiermit möchte ich dir mitteilen, dass wir den Termin für die Trauung unserer lieben Sissy[2] inzwischen definitiv auf den 24. Mai festgelegt haben.

Der Hauptanlass für mein Schreiben ist, dich und Alix aufs Herzlichste zur Hochzeitsfeier einzuladen. Wir beide wären nur zu erfreut, wenn ihr uns mit eurer Gegenwart beehren könntet,

und ich hoffe inständig, dass ihr in der Lage seid, Russland für einige Tage zu verlassen, um viele eurer Verwandten zu treffen; wir haben auch deine liebe Mama, Tante Alix, Georgie und May, Waldemar usw. gebeten zu kommen, damit sich alle *Geschwiste*r [dtsch. im Original] und auch Tante Thyra wiedersehen können. Mit besten Grüßen von Viktoria und mir an Alix und alle Kinder, stets dein ergebenster Cousin und Freund
Willy

Xenia: Tagebuch, 15. März, St. Petersburg

Wir sprachen viel über Mischa. Nicky hat ihm immer wieder gesagt, dass er nach Russland kommen kann, wann immer er *will* – aber sie darf nicht.

19. März, Paris: Ich bin aus St. Petersburg abgereist und geistig wie körperlich erschöpft hier angekommen. Der Abschied von Mama war höchst schmerzlich – Den ganzen Tag über konnte ich nicht an sie denken, ohne zu weinen, die Begegnung und das Gespräch mit Mischa haben mir dann den Rest gegeben.

Aber jetzt, nachdem ich ihm *alles* gesagt und mir nach drei Monaten alles von der Seele geschafft habe, fühle ich mich etwas besser. Er saß zwei Stunden lang mit mir zusammen, und wir haben die ganze Zeit geredet. Als ich ihm von Mama erzählte, vom schrecklichen Winter, ihrer Gesundheit und ihrer seelischen Verfassung, konnte ich meine Tränen nicht mehr zurückhalten – und er auch nicht. Wir nahmen uns in die Arme und weinten uns aus.

Armer Mischkin, er leidet schrecklich. Ich erzählte ihm von Alexejs Krankheit und von Nicky; bei Letzterem hörte er mir mit größerer Aufmerksamkeit zu, gelegentlich machte er eine Bemerkung oder stellte eine Frage. Er sagte, dass er nicht anders handeln konnte, dass er mit Mama leide und es bedauere, sein Wort gegenüber Nicky brechen zu müssen, aber dass er gezwungen war, so zu handeln. Natürlich gab es vieles, was ich nicht ansprechen konnte, dafür war zu wenig Zeit. Bei der Abfahrt erhielt ich im Zug ein Telegramm von F.: Er reist nach England ab, ist total fertig! Ich hätte es mir denken können! Er fehlt mir schrecklich hier!

Felix Jussupow: Memoiren

Großfürstin Xenia war die Entzückendste von allen. Ihr wesentlicher Reiz lag nicht so sehr in ihrer Schönheit, als vielmehr in ihrem köstlichen, delikaten Charme, den sie von ihrer Mutter, der Kaiserinwitwe, geerbt hatte.

Mit ihren wundervollen grauen Augen schien sie einem bis ins Innerste der Seele schauen zu können, und jeder, der näher mit ihr in Berührung kam, erlag ihrer Anmut, Bescheidenheit und Herzensgüte. Seit meiner frühen Kindheit hatte ich mich stets auf ihre Besuche gefreut, und wenn sie ging, pflegte ich in den Zimmern umherzuwandern und den köstlichen Maiglöckchenduft, der noch immer in der Luft lag, begierig einzuatmen.

Xenia: Tagebuch, 22. März, Paris

Es war *schrecklich traurig*, von Mischa Abschied nehmen zu müssen! Wann werden wir uns wiedersehen? Er war so zauberhaft und rührend und hat mir unaufhörlich dafür gedankt, dass ich gekommen bin, mein armer, kleiner Junge! Es tut weh und ist traurig, dass er uns wieder abhanden gekommen ist!

Tatjana an Alexandra: 26. März, Zarskoje Selo

Meine liebste Mama,
ich habe gerade gebadet, und davor hatte ich eine Sitzung, das heißt, heute insgesamt zwei. Ich hoffe, du schläfst gut, mein

geliebter Engel, und brauchst nicht mit krankem Herzen im Bett zu liegen, sondern fühlst dich wohl und kannst in deinem Wohnzimmer sein.

Dann komme ich morgen um neun, um dir vor meiner Unterrichtsstunde, die ich zusammen mit Olga habe, einen guten Morgen zu wünschen. Gott segne dich, meine allerliebste Mama. Schlaf gut und sei morgen wohlauf.
Ich küsse dich 1000000000000000000000000000000000 x
1000000000000000000000000000000000-mal.
Deine dich liebende Tochter, die dir wahrhaft ergeben ist und dir für alles dankt.
Tatjana
Gib auch dem lieben Papa einen Kuss von mir.

Xenia: Tagebuch, 11. April, St. Petersburg

Während unserer Abwesenheit hatten Irina und Felix (was ich bereits wusste) sich mehrmals gesehen; sie mögen sich, die dummen Kinder! Ich habe sogar mit Mama darüber gesprochen. Sie ist sich nicht sicher, ob das wirklich wünschenswert ist!

Felix Jussupow: Memoiren

Nachdem ihr die unerfreulichen Gerüchte, die über mich verbreitet wurden, zu Ohren gekommen waren, wünschte die Kaiserinwitwe, mich zu sehen. Irina war ihr das Liebste von allen Enkelkindern, und ihr ganzes Sinnen und Trachten galt Irinas Glück. Ich wusste, dass unser Schicksal in ihren Händen lag.

Nikolaus: Tagebuch, 18. April, Zarskoje Selo

Nach dem Tee saßen wir lange mit Grigorij zusammen.

Alexej an Nikolaus: 8. Mai, Zarskoje Selo

Lieber Papa,
ich denke andauernd an dich. Ich weiß genau, wo du jetzt hinfährst. Mach's gut. Möge Gott dich beschützen!
Alexej

Anastasia an Nikolaus: 8. Mai, Zarskoje Selo

Mein allerliebster, süßer Papa!!!
Ich möchte dich so gerne sehen. Gerade habe ich meine Rechenstunde beendet, ich glaube, es ging ganz gut. Wir gehen zur Schwesternschule. Darüber freue ich mich sehr. Heute ist es regnerisch und dunstig. Ich bin jetzt in Tatjanas Zimmer, Tatjana und Olga sind auch da. Wenn du Boba siehst, sag ihm, dass ich ihn wieder schlagen werde und dass es mir schon in den Händen juckt.

Ich gebe mir alle Mühe, Würmer zu züchten, aber Olga sagt, dass ich stinke, was nicht wahr ist. Wenn du wiederkommst, werde ich in deiner Wanne baden. Ich hoffe, du hast die Geschichte, die ich dir bei unserem Spaziergang erzählt habe, nicht vergessen.

Ich sitze da und bohre mir mit [dem Finger] der linken Hand in der Nase. Olga wollte mir eine runterhauen, aber ich bin ihrer gemeinen Hand ausgewichen. Wenn du nach Hause kommst, hole ich dich am Bahnhof ab. Sei glücklich und bleib gesund.
Ich drücke dir die Hand und das Gesicht ganz doll. In Gedanken bei dir. Liebe dich immer, überall
Anastasia

Nikolaus: Tagebuch, 20. Mai, Moskau

Ein wunderbarer Morgen beim Aufwachen. Um 10 Uhr legten wir an der Schiffslände von Kostroma [an der Wolga] an und fuhren zur Kathedrale, die von mehreren Reihen gestaffelter Truppen umstellt war. Nachdem ich sie inspiziert hatte, betraten wir die Kathedrale und schlossen uns alsbald der heiligen Prozession an, die zur Gründungsstätte mit dem Denkmal zum 300. Jubiläum der Romanow-Dynastie zog. Dort deponierte jeder von uns einen Stein mit seinem Namen. Im Anschluss an die Gründungszeremonie gab es eine feierliche Truppenparade.

Xenia: Tagebuch, 24. Mai, Moskau

Um Viertel vor vier versammelten wir uns am Bahnhof, um Nicky und Alix zu empfangen; alle waren da – Minister, Hofstaat, hohe Würdenträger, Hofdamen usw.; die feierliche Prozession setzte sich am Bahnhof in Bewegung – Nicky und die Männer zu Pferde, wir in Kutschen. Es war ein prächtiges Schauspiel, riesige Menschenmassen, und Gott sei Dank lief alles hervorragend ab. Am Erlöser-Tor stiegen alle ab und gingen zu Fuß in einer Prozession zur Erzengel-Kathedrale weiter. Während des Gottesdienstes entzündete Nicky auf der Gruft von M. F.[3] eine Lampe.

Rasputin stand am Eingang, jeder sah ihn, nur ich nicht! Rasputin tritt wieder einmal überall in Erscheinung, was unter dem Klerus große Unzufriedenheit und Proteste auslöst! Angeblich soll Maklakow[4] einen Bericht für Nicky vorbereiten! Wie bedauerlich das alles ist – wäre er ein Geistlicher, würde er bestimmt nicht wagen, sich öffentlich zu zeigen.

6. Juni: Alix sieht besser aus. Wir sprachen mit Nicky und Alix über Irina und Felix. Es war ihnen schon etwas zu Ohren gekommen, und im Prinzip haben sie keinen Einwand, außer dass Alix sagt, er habe früher einen schlechten Ruf gehabt. Von Leuten, die ihn gut kennen, weiß ich, dass das eine Lüge ist.

Und selbst wenn da etwas wäre, das ist alles Vergangenheit. Wir sagten ihnen auch Lebwohl, wahrscheinlich für lange Zeit.

Anja Wyrubowa an Rasputin: 9. Juni, Telegramm

Mama [Alexandra] hocherfreut von Telegramm. Der Kleine hat Schmerzen im Bein. Wir reisen ab. Du fehlst mir. Ich vertraue darauf, dass du auch weiterhin für dich selbst betest.

Pierre Gilliard: Memoiren

Der Zarewitsch stand im Unterrichtsraum auf einem Stuhl, da rutschte er aus und schlug im Fallen mit dem rechten Knie gegen die Kante irgendeines Möbelstücks. Am folgenden Tag konnte er nicht laufen.

Ab dem ersten Ausbruch wich die Zarin nicht mehr von der Seite ihres Sohnes. Sie wachte ständig über ihn, umgab ihn mit ihrer zärtlichen Liebe und Sorge und versuchte durch tausend Aufmerksamkeiten, sein Leiden zu lindern. Der Zar kam, sobald er eine freie Minute hatte. Er versuchte, den Jungen zu trösten und abzulenken, doch weder die Zärtlichkeiten seiner Mutter noch die Geschichten seines Vaters vermochten etwas gegen den Schmerz auszurichten, und so begannen das Wimmern und die Tränen aufs Neue. Dann und wann öffnete sich die Tür, und eine der Großfürstinnen kam auf Zehenspitzen herein und küsste ihren kleinen Bruder, sodass ein Hauch von Freundlichkeit das Zimmer durchwehte. Dann schlug der Junge kurz seine großen Augen auf, die von der Krankheit schon schwarz umringt waren, und schloss sie fast augenblicklich wieder.

Eines Morgens traf ich die Mutter am Bettrand ihres Sohnes an. Er hatte eine sehr schlimme Nacht hinter sich. Dr. Derewenko war besorgt, da man die Blutung nicht hatte zum Stillstand bringen können und seine Temperatur noch anstieg. Die Entzündung hatte sich weiter ausgebreitet, und die Schmerzen waren noch schlimmer als am Tag zuvor. Der Zarewitsch in seinem Bett stöhnte herzerweichend.

Sein Kopf ruhte auf dem Arm der Mutter, und sein kleines, totenblasses Gesicht war völlig entstellt. Bisweilen hörte das

Stöhnen auf, und er murmelte ein einziges Wort, das sein ganzes Leiden und seine Pein zum Ausdruck brachte: »Mammi!«

Seine Mutter küsste ihn aufs Haar, auf die Stirn und die Augen, als könnte die Berührung ihrer Lippen seine Schmerzen lindern und ihm etwas von dem Leben einhauchen, das aus ihm wich.

Man stelle sich nur die Qualen dieser Mutter vor, die das Martyrium ihres Sohnes in diesen Stunden tödlicher Angst ohnmächtig mit ansehen musste – einer Mutter, die wusste, dass *sie selbst* der Grund für sein Leiden war, dass *sie* ihm jene schreckliche Krankheit übertragen hatte, gegen die die menschliche Wissenschaft machtlos war! *Jetzt* erst wurde mir die geheime Tragödie ihres Lebens bewusst!

Anja Wyrubowa an Rasputin

Ich schicke dir, lieber Vater Grigorij, einen Brief der Ältesten. Unser Kleiner ist noch immer sehr krank; die Ärzte sagen, dass ein inneres Gefäß aufgrund des Fiebers und des Hustens gerissen ist; die Blutungen hören nicht auf, er hat eine seitliche Geschwulst, Schmerzen und Fieber. Auch alle anderen sind etwas kränklich gewesen. Bete für uns.
Deine Anja

Xenia: Tagebuch, 12. Juni, Paris

Nikolaj [Bruder von Sandro] brachte heute Morgen einen vertraulichen Brief von Mischa, in dem er sich über uns alle beklagt, dass wir nicht schreiben, uns nicht um ihn kümmern, nichts von dem tun, worum er uns bittet usw.; ich war den ganzen Tag über am Boden zerstört – die ganze Sache ist einfach nicht wahr!

17. Juni: Nikolaj und ich erhielten lange Briefe von Mischa – er beklagt sich mal wieder über jeden! Mama telegrafierte heute [aus London], sie hofft, dass er nach England kommt. Aber wie soll man das in die Wege leiten? Ich schrieb und telegrafierte ihm deswegen.

23. Juni: Ich saß mit Mama zusammen und sprach mit ihr über Mischa, sie weinte. Sie sehnt sich so danach, ihn zu sehen! Sandro schickte ihm ein Telegramm und sagte, er *müsse* kommen.

11. Juli, London: Fürst F. holte mich am Bahnhof ab und sagte mir, er habe Mischa – mit ihr – gesehen, was ihm offensichtlich sehr peinlich gewesen sei!

Mama geht es besser, aber die Aussicht, ihn wiederzusehen, hat sie sehr aufgeregt. Schließlich kam er an, und sie zogen sich für eine Minute in den Nebenraum zurück; als sie wieder herauskamen, machten sie einen recht gefassten Eindruck. Gott sei Dank lief alles gut! Ich hatte große Sorgen wegen Mama.

12. Juli: Mama war sehr glücklich, ihn zu sehen! Sie konnte überhaupt nicht schlafen – so aufgeregt und durcheinander war sie. Mischa kam gegen 12, und wir liefen zusammen bis Piccadilly.

Abends hatten sie ein gutes, ruhiges Gespräch, Gott sei Dank, und er war glücklich, dass er mit ihr reden konnte. Sie sah auch seine Frau und sagte ihr in seiner Gegenwart ein paar unbequeme Wahrheiten. Sie ist so traurig und verwirrt. Insgesamt ist es für alle Beteiligten schrecklich *pénible* [unangenehm].

Nikolaus: Tagebuch, 16. Juli, Peterhof

Abends bekam Alexej Schmerzen im rechten Ellbogen, weil er beim Spielen zu sehr mit den Armen herumgefuchtelt hatte. Er konnte lange nicht einschlafen und hatte große Schmerzen, der arme Kerl!

17. Juli: Um 7 Uhr kam Grigorij und blieb kurz mit Alix und Alexej zusammen; er sprach mit mir und den Mädchen, dann ging er.

Bald nachdem er sich verabschiedet hatte, begannen die Schmerzen in Alexejs Arm nachzulassen, er wurde ruhiger und schlief allmählich ein. Verbrachte den Abend damit, Fotos in mein Album einzukleben.

Pierre Gilliard: Memoiren

Die Monate verstrichen, das erhoffte Wunder trat nicht ein, und die grausamen, unbarmherzigen Attacken folgten in immer kürzeren Abständen. Auch die inständigsten Gebete hatten keinen Erfolg gehabt: Die göttliche Offenbarung, die man so sehnlichst erflehte, war nicht eingetreten, die letzte Hoffnung geschwunden. Ein Gefühl unendlicher Verzweiflung erfüllte die Seele der Zarin: Es schien, als wäre sie von aller Welt verlassen.

Rasputin sagte: »Vertraue auf die Macht meiner Gebete; vertraue auf meine Hilfe, und dein Sohn wird leben!«

An diese Hoffnung, die er ihr gab, klammerte sich die Mutter wie eine Ertrinkende an eine ausgestreckte Hand. Sie glaubte an ihn mit aller Kraft, die sie besaß. Schon seit langem war sie ja überzeugt, der Retter Russlands und der Dynastie werde aus dem Volke kommen, und so meinte sie, dieser einfache *mujik* sei von Gott gesandt worden, um ihn, die Hoffnung der Nation, zu erretten. Die Intensität ihres Glaubens tat ein Übriges, und es bedurfte nicht mehr als eines einfachen Prozesses der Autosuggestion, der durch gewisse, rein zufällige Übereinstimmungen noch unterstützt wurde, um sie in ihrer Einbildung zu bestärken, das Leben ihres Sohnes läge in den Händen dieses Mannes.

Rasputin wusste sehr wohl, in welcher Gemütsverfassung die verzweifelte Mutter sich befand, die durch die Strapazen ihres Kampfes gebrochen war und die Grenze menschlichen Leids erreicht zu haben schien. Er verstand es, den größten Vorteil daraus zu ziehen, und mit diabolischer Gerissenheit gelang es ihm, sein eigenes Leben mit dem des Kindes gewissermaßen zu verknüpfen.

Sandro: Memoiren

Im Sommer 1913 hatte ich keine Lust mehr, unser übliches Jahresprogramm zu absolvieren. Xenia und die Kinder blieben im Grand Hôtel von Tréport, und ich fuhr nach Amerika.

Xenia: Tagebuch, 24. Juli, Tréport

Sandro reist am Sonntag nach Amerika ab. Er glaubt, dass M. I.[5] ihn überhaupt nicht mehr sehen will!

4. August: Im *Herald* und der *Daily Mail* erschienen heute Artikel über Sandros Ankunft in Amerika: Er wird zu Gast bei Mr. und Mrs. V.[6] sein! Ich kann mir gut vorstellen, wie wütend jetzt alle sein werden. Man hätte es aber auch wirklich nicht dümmer anstellen können! Jetzt haben sie ihm die ganze Freude verdorben, und dabei hatten wir es so gut geschafft, alles geheim zu halten, niemand hier wusste etwas davon.

5. August: Sandro hat telegrafiert, dass er noch bleibt – M. I. kommt erst im November. Wie dumm! Und was jetzt?!

19. August: Ich erhielt einen Brief von Sandro, der mich ärgerte und irritierte. Er sagt, er ruhe sich tatsächlich aus, und er sei glücklich, mit M. I. zusammen zu sein. Er denke, um den 30. zurückzukehren und mit den Kindern nach Petersburg zu reisen. Er fragt mich nach meinen Plänen – ob ich auf die Krim fahren und im November nach Paris zurückkehren wolle, wenn M. I. da ist. Es ist alles sehr vage und merkwürdig. F. ist mir immer wieder ein großer Trost, wenn ich traurig und melancholisch bin.

21. August: Sandro reist am Samstag ab. Er ist jetzt in Newport und fährt in wenigen Tagen nach New York. M. I. ist bei ihrer Mutter.

26. September, Ai-Todor: Mit Irina in Livadia *en famille* zu Abend gegessen. Alix ist unverändert – sie aß mit uns. Wir schwatzten eine Menge. Sandro erzählte uns alles aus Amerika.

Sprach mit Alix über Felix. Wir werden immer wieder von allen Seiten gefragt, ob wir uns seiner sicher wären – was ich leider nicht bejahen kann.

Felix Jussupow: Memoiren

Vor der offiziellen Ankündigung meiner Verlobung mit Irina kam Dimitri [Sohn von Großfürst Pawel] zu mir, um mich zu fragen, ob irgendetwas Wahres an dem Gerücht sei, ich würde seine Cousine heiraten. Ich entgegnete, es stünde in der Tat zur Debatte, aber bisher sei noch nichts entschieden worden. »Es ist nämlich so«, fuhr er fort, »dass auch ich beabsichtige, sie zu heiraten.« Zuerst glaubte ich, er mache einen Witz, doch dem war keineswegs so; er versicherte mir, noch nie in seinem Leben wäre es ihm ernster gewesen. Prinzessin Irina solle sich zwischen uns beiden entscheiden. Wir versprachen uns gegenseitig, nichts zu sagen oder zu tun, was sie beeinflussen könnte. Doch als ich Irina von dieser Unterhaltung erzählte, sagte sie mir, sie habe sich entschlossen, mich zu heiraten, und nichts und niemand werde sie bewegen, ihre Meinung zu ändern.

Dimitri beugte sich einer Entscheidung, an deren Endgültigkeit er keinen Zweifel hatte, doch unsere Freundschaft sollte darunter leiden, und unsere Beziehung war niemals wieder wie zuvor.

Xenia: Tagebuch, 1. Oktober, Ai-Todor

[Fürstin] Zinaida Jussupow und Felix kamen zum Tee. Wir drei sprachen sehr viel über sie. Schließlich hatten wir alles geklärt. Wir beschlossen, bis zum Winter, wenn wir alle, einschließlich Mama, wieder zusammen sind, nichts verlauten zu lassen.

Olga [Nikolaus' Schwester]: Memoiren

Ich erinnere mich noch daran, dass überall in ihren Salons und auf den Tischen Kristallschalen herumstanden, die mit ungeschliffenen Saphiren, Smaragden und Opalen angefüllt waren – alles zu reinen Dekorationszwecken. Ich glaube nicht, dass dieser ganze fantastische Reichtum Fürstin Jussupow je verdorben hätte. Sie war freundlich und großherzig und konnte eine loyale Freundin sein. Als Mutter aber spielte sie leider eine tragische Rolle – sie verwöhnte ihre Kinder viel zu sehr.

Felix Jussupow: Memoiren

Ich trennte mich nie von meinem Hund: Er begleitete mich überallhin und schlief auf einem Kissen neben meinem Bett. Als der bekannte Maler Serow mich porträtierte, wollte er Gugusse unbedingt mit auf dem Bild haben, denn der Hund, sagte er, sei sein bestes Modell.

Xenia: Tagebuch, 3. Oktober, Ai-Todor

Anschließend gingen Sandro, Felix, Irina und ich zum Pinienhain, um Krasnow [einen Architekten] zu treffen. Er möchte ein kleines Haus bauen, etwas im Bungalow-Stil. Wir entschieden uns für ein Terrain in der Nähe unseres Hauses; auf dem bereits gerodeten Grundstück soll später einmal ein größeres Haus entstehen. Krasnow ist überaus amüsant und stottert schrecklich.

Felix Jussupow: Memoiren

Mit Ai-Todor, dem Anwesen von Großfürst Alexander Michailowitsch [Sandro], das sich in der Nähe des unseren befand, verbinden mich besonders liebe Erinnerungen. Das alte Haus ertrank förmlich in einem Meer von Blumen, an seinen Mauern rankten Rosen und Glyzinien; es herrschte eine unendlich wohltuende Atmosphäre dort.

Xenia: Tagebuch, 4. Oktober, Ai-Todor

Um vier Uhr gingen wir zu den Jussupows hinüber. Sie erwarteten uns an dem alten Haus neben der Kirche. Wir sahen es uns an – und bewunderten den Blick vom Balkon. Die Jussupows denken daran, vorübergehend dort zu leben, aber dafür müsste es völlig umgebaut werden.

Wir tranken Tee mit ihnen – es war schrecklich kalt. Wir beschlossen, ihnen morgen unseren Segen zu geben, sodass zumindest zwischen uns alles klar und entschieden ist!

5. Oktober: Kurz nach 5 kamen die Jussupows mit Felix, und wir gaben den Kindern unseren Segen. Möge der Herr sie segnen und ihnen Glück gewähren! Es war sehr ergreifend. Wir küssten uns alle und vergossen Tränen. Wir zeigten ihnen das neue Haus.

7. Oktober: Ein wunderbarer Morgen. Ich schrieb auf dem Balkon. Mit Krasnow ging ich zum Haus des Personals, und sie zeigten mir, wo die Bäder sein werden – drei unten und eins oben.

Nikolaus: Tagebuch, 8. Oktober, Livadia

Die Sonne war sehr heiß. Nachmittags Tennis gespielt. Xenia, Sandro und Irina kamen zum Tee.

Xenia: Tagebuch, 8. Oktober, Ai-Todor

Wir waren zum Tee in Livadia und erzählten ihnen von Irina. Sie hörten, dass die Verlobung in wenigen Tagen bekannt gegeben würde. Alix sagte, sie würde keiner ihrer Töchter je gestatten, ihn zu heiraten.

9. Oktober: Irina und Felix schauten vorbei. Sie aßen mit uns zu Mittag. Am Nachmittag fuhren wir mit Irina und Felix zu Krasnow. Er zeigte uns die Baupläne für das kleine Haus auf Irinas Grundstück. Eher etwas im italienischen Stil. Er stotterte unsäglich.

Nikolaus: Tagebuch, 9. Oktober, Livadia

Die Offiziere blieben zu Mittag und machten Alix oben ihre Aufwartung. Wir spielten Tennis. Mit Olga und Tatjana in Ai-Todor zu Abend gegessen. Dort traf ich auch Felix an, Irinas Verlobten.

Xenia: Tagebuch, 19. Oktober, Ai-Todor

Herrliches Wetter. Um 11.30 brachen wir mit den Jussupows, mit Minnie, Irina, unseren Nikolajews, Bernow und Krasnow in großer Eile auf. Wir ließen Ai-Petri hinter uns. Ein himmlischer Ort. Ich fuhr mit Zinaida im geschlossenen Automobil, da wir beide ziemlich erkältet waren! Die Fahrt dauerte anderthalb Stunden. Wir betraten ein kleines Haus: ein großes Zimmer mit einem kleinen, abgetrennten Schlafgemach. Acht *Werst* [ca. 8,5 km] von dort entfernt gibt es eine Stelle mit einem tollen Ausblick über das ganze Kokoz-Tal (man kann ihr Haus sehen) und die Berge; man kann sogar das Meer sehen, aber es war gerade diesig. Man fährt durch einen Buchenwald, und dann kommt man auf ein Plateau – wunderschön!

Diesen herrlichen Flecken und das kleine Haus hat Irina von Jussupow geschenkt bekommen! Es ist schrecklich rührend, wir waren ganz überwältigt. Irina wusste gar nicht mehr, wo ihr der Kopf stand, sie konnte ihm nicht einmal richtig danken. Schließlich konnte ich sie dazu bringen, ihm wenigstens einen Kuss zu geben!

Pawel an Nikolaus: 21. Oktober, Boulogne-sur-Seine

Beiliegend schicke ich dir den Brief des Königs von Schweden; in meiner Antwort darauf habe ich alle ungerechten Angriffe auf Maria[7] widerlegt.

Hättest du nur gesehen, wie das arme Mädchen ausschaute, als sie bei uns ankam!

Sie fiel jede Minute in Ohnmacht, war kreidebleich, konnte weder essen noch schlafen, hustete erbärmlich und klagt noch immer über ihre Nieren. Erst jetzt beginnt sie sich durch Liebe und Zärtlichkeit, die sie bei uns bekommt, allmählich wieder zu erholen.

Es ist *undenkbar*, dass sie nach Schweden zurückkehrt, und deshalb bitte ich dich um deine Genehmigung, dass wir das Scheidungsverfahren einleiten. Auf jeden Fall ist das besser als ihr Leben dort und die Schikanen des unverschämten alten Scharlatans [Axel] Munthe. All das ist betrüblich und schmerzlich.

Heute ist die Konsultation eines Arztes für Nierenleiden vorgesehen, von der wir uns Aufschlüsse über die weiteren Schritte erwarten.

Ich werde dich auf dem Laufenden halten, wie die Dinge sich weiter entwickeln, über alles, was Maria betrifft, denn ich weiß, wie freundlich und herzlich du meinen Kindern zugetan bist.
Ich umarme dich zärtlich und küsse Alix die Hände,
dein Pawel

Xenia: Tagebuch, 31. Oktober, St. Petersburg

Felix kam zum Mittagessen. Die Kinder tollten mit ihm herum. Sandro hat in Paris verschiedene Dinge über ihn gehört, er ist sehr irritiert, und mich hat er auch ganz durcheinander gebracht.

Wir müssen etwa zwölf oder dreizehn gewesen sein, als wir eines Abends – meine Eltern waren gerade nicht da – plötzlich auf die Idee kamen, als Frauen verkleidet auszugehen. In der Garderobe meiner Mutter fanden wir alles, was wir für unseren wunderbaren Plan benötigten. Nachdem wir uns angekleidet, geschminkt, mit Juwelen behängt und in pelzbesetzte Samtmäntel gehüllt hatten, die viel zu lang für uns waren, stahlen wir uns über einen geheimen Treppenaufgang nach draußen und fielen beim Coiffeur meiner Mutter ein, den wir aus dem Schlaf weckten. Wir erzählten ihm, wir gingen zu einem Kostümball, und so fand er sich bereit, uns Perücken zu leihen.

In diesem Aufzug durchstreiften wir die Stadt. Schon bald erregten wir die Aufmerksamkeit von Passanten am Newski-Prospekt, wo sich sämtliche Prostituierten St. Petersburgs zu tummeln pflegten. Um die Männer, die uns ansprachen, abzuwimmeln, antworteten wir ihnen auf Französisch: »Wir sind bereits verlobt« und zogen hocherhobenen Hauptes weiter. In der Hoffnung, sie endgültig abschütteln zu können, betraten wir den »Bären«, ein sehr vornehmes Restaurant. Es kam uns gar nicht in den Sinn, unsere Mäntel an der Garderobe abzugeben, stattdessen wählten wir gleich einen Tisch und bestellten zu essen. In dem Restaurant war es entsetzlich heiß, und wir erstickten fast in unseren Pelzen. Von allen Seiten wurden wir höchst neugierig angestarrt; einige Offiziere ließen uns ausrichten, sie wollten uns zum Essen in ein Privatgemach einladen. Der Champagner stieg mir allmählich zu Kopf: Ich nahm eine lange Perlenkette ab und machte mir ein Vergnügen daraus, sie wie ein Lasso über die Köpfe der Leute an einem Nebentisch schwingen zu lassen. Natürlich riss die Schnur, und die Perlen flogen zur Belustigung der Anwesenden quer über den Fußboden. Nun wurde uns doch unbehaglich zumute, da wir plötzlich im Zentrum des allgemeinen Interesses standen, weshalb wir es ratsam fanden, uns aus dem Staube zu machen. Wir hatten die meisten der Perlen wieder aufgelesen und waren schon auf dem Weg zum Ausgang, als der Oberkellner mit der Rechnung kam. Da wir keinen Pfennig in der Tasche hatten, wurden wir dem Geschäftsführer vorgeführt, dem wir alles beichteten. Der gute Mann erwies sich als überaus zuvorkommend: Er amüsierte sich königlich über unser Abenteuer und lieh uns sogar Geld, damit wir mit der Droschke nach Hause fahren konnten. Als wir an der Moika ankamen, fanden wir alle Türen verschlossen; ich machte mich vor dem Fenster meines treuen Dieners Iwan bemerkbar, der sich vor Lachen schüttelte, als er uns in unserem lächerlichen Aufzug sah.

Aber am nächsten Tag kam das dicke Ende. Der Geschäftsführer des »Bären« schickte meinem Vater die Perlen und die Rechnung für das Essen.

Xenia: Tagebuch, 4. November, Paris

Endlich sind wir da.

Sandro hatte eine Unterredung mit Felix. Das heißt, er selbst sprach ihn als Erster an. Gleich nach seiner Ankunft hatten ihn Mordwinow und Dimitri gewarnt, es werde über ihn geredet. Gegenüber Sandro äußerte er, wenn auch nur ein Viertel der Gerüchte über ihn stimmten, hielte er sich nicht für berechtigt zu heiraten. Ich vertraue ihm uneingeschränkt und glaube, dass er wirklich aufrichtig ist; Sandro geht es nicht anders, aber das Ganze ist äußerst unerfreulich.

Felix Jussupow: Memoiren

Ich war ein schwieriges Kind. Noch immer denke ich reumütig an all jene, die an der Aufgabe, mich ordentlich zu erziehen, schier verzweifelten. Da war zuerst ein deutsches Kindermädchen, das sich schon um meine Geschwister gekümmert hatte und das verrückt wurde. Zum Teil lag das an ihrer unerwiderten Leidenschaft für den Sekretär meines Vaters und zum Teil fraglos auch an meinem schwierigen Wesen. Meine Eltern mussten sie in eine Nervenheilanstalt einliefern lassen.

Nach einem deutschen Trunkenbold, der jeden Abend mit einer Flasche Champagner ins Bett zu gehen pflegte, kam eine ganze Reihe verschiedener Hauslehrer: russische, französische, englische, schweizerische und deutsche, ganz zu schweigen von einem römisch-katholischen Priester, der anschließend die Kinder der rumänischen Königin unterrichten sollte. Viele Jahre später erfuhr ich von der Königin, dass die Erinnerung an mich für den unglücklichen Priester noch immer ein Alptraum wäre; sie wollte wissen, ob es zutreffe, was er ihr über mich erzählt habe. Ich musste zugeben, dass das leider der Fall war! Ich erinnere mich auch noch an meine Musiklehrerin, der ich so rabiat in den Finger biss, dass die arme Frau ein ganzes Jahr lang nicht mehr Klavier spielen konnte.

Xenia: Tagebuch, 6. November

Vormittags waren wir mit Felix und Irina unterwegs, um ein Geschenk für Irina auszusuchen: Wir fanden etwas Wunderschönes – ein Diamantcollier mit einer rosa Perle am Ende; außerdem eine mit Diamanten besetzte Brosche. Sie entschieden sich für das Erste.

Sandro an Xenia: 9. November, Paris

Meine liebe Xenia!
Die Gerüchte über Felix' Ruf haben mich in der letzten Zeit sehr bekümmert, aber ich kann sie nicht einfach ignorieren. Ich werde mit ihm reden müssen, jedenfalls besteht überhaupt kein Anlass, die Heirat zu überstürzen; wir müssen ihn erst auf die Probe stellen, und wenn es an seinem Verhalten nichts auszusetzen gibt, dann kann die Hochzeit auch vonstatten gehen! Wenn wir aber wieder etwas über ihn zu hören bekommen, dann wird die Hoch-

zeit möglicherweise abgesagt werden müssen. Ich werde dir alles erzählen, was mir zu Ohren gekommen ist: Zwischendurch war ich der Meinung, man sollte ihm jeglichen Kontakt mit Irina hier überhaupt untersagen, aber jetzt denke ich, sie können kommen und sprechen. Früher habe ich nichts von dem geglaubt, was über ihn erzählt wurde, jetzt will ich es nicht glauben, aber irgendetwas muss doch dran sein, dafür ist die Meinung über ihn einfach zu unerschütterlich. Es ist sehr traurig.

Nikolaus: Tagebuch, 11. November, Livadia

Heute war auch Graf Sumarokow [Felix Jussupow], ein junger Student, beim Tennis dabei – er ist der beste Spieler in Russland. Er kann einem wirklich etwas beibringen. Er trank auch Tee mit den Offizieren.

Xenia: Tagebuch, 22. Dezember, St. Petersburg

Ein sehr ergreifender Tag.
Um 4 Uhr fand ein Te Deum für die Verlobung statt, an dem wir alle teilnahmen – die Jussupows, Olga, Tatjana, Ducky, Kyril, Olga, Petja, die Kutuzows. Wie schön, dass auch Fjodor [Xenias Sohn] dabei war. Ich hatte schon befürchtet, er würde nicht kommen! (Aber sein Gesichtsausdruck – ich hätte weinen mögen.) Alle Leute von uns waren in der Kirche, es lief sehr gut. Möge Gott ihnen Glück und Liebe bescheren. Ich kann noch gar nicht glauben, dass Irina heiraten wird!

Nikolaus: Tagebuch, 24. Dezember, Zarskoje Selo

Nach dem Tee fuhr ich mit den Mädchen in die Stadt zum Palais Anitschkow. Wir gingen mit Xenia und allen Kindern zur Kirche. Im blauen Salon gab es eine Bescherung für die ganze Familie, anschließend ein lebhaftes Essen in Papas Arbeitszimmer. Um 10.30 kehrten wir nach Hause zurück. Dort hatten Alix und ich dann unsere eigene Bescherung.

Anmerkungen 1913

1 Alexejs Betreuer war ein Matrose namens Derewenko; rein zufällig hieß auch sein Arzt Derewenko.

2 Viktoria Luise (Sissy), die Tochter Wilhelms II., heiratete 1913 Herzog Ernst August von Braunschweig.

3 Michail Fjodorowitsch, der erste Romanow (1613–1645).

4 Innenminister und Chef der Gendarmerie.

5 Die Frau von Fürst F., Xenias Verehrer.

6 Mit ziemlicher Sicherheit Mr. und Mrs. Vanderbilt.

7 Maria Pawlowna (die Jüngere), Ehefrau des schwedischen Prinzen Wilhelm.

1914

Nikolaus:	Zar von Russland
Alexandra:	seine Frau, Zarin von Russland
Xenia:	Großfürstin, Nikolaus' Schwester, verheiratet mit Sandro
Sandro:	Großfürst Alexander Michailowitsch, Xenias Mann
Kaiserinwitwe Marie:	Nikolaus' Mutter
Olga (Schwester):	Großfürstin, Nikolaus' jüngere Schwester
Mischa:	Großfürst Michail, Nikolaus' Bruder
Olga:	älteste Tochter von Nikolaus und Alexandra, neunzehn Jahre alt
Tatjana:	zweite Tochter von Nikolaus und Alexandra, siebzehn Jahre alt
Maria:	dritte Tochter von Nikolaus und Alexandra, fünfzehn Jahre alt
Anastasia:	vierte Tochter von Nikolaus und Alexandra, vierzehn Jahre alt

Alexej:	Thronerbe und Zarewitsch, Sohn von Nikolaus und Alexandra, zehn Jahre alt
George:	König George V. von England, Vetter ersten Grades von Nikolaus und von Alexandra
Fürst Felix Jussupow:	Verlobter von Irina, der Tochter von Xenia und Sandro
Anja Wyrubowa:	Hofdame und enge Freundin von Alexandra
Maurice Paléologue:	französischer Botschafter in St. Petersburg
Sir George Buchanan:	britischer Botschafter in St. Petersburg
Pierre Gilliard:	Schweizer Hauslehrer der Zarenkinder

1914
Der Große Krieg

Irina heiratet Felix Jussupow – Alix gerät in Streit mit Anja Wyrubowa, die in Nikolaus verliebt ist – Der französische Staatspräsident Poincaré besucht St. Petersburg – Der Weltkrieg bricht aus – Nikolaus reist an die Front – Rasputin kehrt aus Sibirien zurück, und sein Einfluss wächst – Alix errichtet Lazarette, in denen sie und ihre beiden ältesten Töchter als Krankenschwestern arbeiten – Alix wird pro-deutscher Neigungen bezichtigt

Xenia: Tagebuch, 11. Januar, St. Petersburg

Felix kam mit Krasnow (dem Architekten). Wir sprachen über das Haus, das sie nach Irinas Wünschen bauen werden; danach unterhielt ich mich mit ihm über die Installation von elektrischem Licht in Ai-Todor.

Nikolaus: Tagebuch, 16. Januar, Zarskoje Selo

Wir frühstückten. Xenia, Sandro, Irina, Felix und Bagration (der Diensthabende)[1]. Ging mit Marie spazieren. Es herrscht wieder Tauwetter. Las bis 8 Uhr. Zum Abendessen: Ella und Bagration. Wir verbrachten die Zeit mit Puzzles aus kleinen Holzteilen.

Xenia: Tagebuch, 4. Februar, St. Petersburg

Mama kam und schenkte Irina eine wunderbare Brosche mit Diamanten und Perlen. Auch wir überreichten Irina unsere Geschenke – ein Saphir-Halsband, meine eigene Smaragd-Brosche mit Diamanten und Rubinen und drei Perlenverzierungen, ein kleines Diamanten-Halsband. Ich werde Irina auch noch einige Smaragde für das Diadem schenken, das Felix machen lässt.

5. Februar: Fuhren mit Sandro und Irina zum Tee nach Zarskoje. Die ganze Familie war versammelt, und alle waren sehr nett! Alix schenkte der kleinen Rina [Irina] zwei Perlenschnüre, und Irina ist hingerissen – genau die hatte sie sich gewünscht, fürchtete aber, sie würde sie nicht bekommen!

7. Februar: Was für ein entsetzlich ermüdender Tag – so viel zu tun und zu bedenken, und mein Herz ist so schwer! Irina und Felix gingen zur Kommunion.

9. Februar, der Hochzeitstag, St. Petersburg: Unsere Kleine ist fort – welche Freude, aber mein Gott! Wie leer das Haus (und mein *Herz!)* nach all der Aufregung und dem Treiben der letzten Tage ist. Möge der Herr ihr Glück und Leben segnen. Das ist das Wichtigste – alles andere zählt nicht.

Sie ging nicht mit uns in den Frühgottesdienst; sie hatte verschlafen, weil sie letzte Nacht nicht hatte einschlafen können – sie musste weinen, das arme Ding! Wir aßen allein zu Mittag. Es dauerte ewig, sie fertig zu machen. Eine Menge Menschen versammelten sich, um sie zu sehen – all die alten Jungfern. Wir gaben ihr im Schlafzimmer unseren Segen und machten uns dann auf den Weg. Wir hatten eine Staatskarosse bekommen. Alles wartete schon auf uns. Mama und Nicky waren ihre Brautführer. Wir gingen durch den Saal. Wasia ging mit einer Ikone vorneweg (der Schatz!), Nicky führte Irina, und ich ging hinter ihm, gemeinsam mit Mama, die von Sandro geführt wurde.

Wir gingen die Kirchenstufen hinauf. Mama und Alix kamen herauf und trafen oben mit ihnen zusammen. Was habe ich alles durchgemacht, was für eine Anstrengung es mich kostete, mich angemessen zu benehmen. Ich war froh, als alles vorüber war. Die beiden sahen so wunderbar aus, so jung, glücklich, und sie – so wunderbar mit dem kleinen Diadem, das er ihr geschenkt hat, und mit meinem Schleier. Nicky sagte, er habe sie noch nie so schön gesehen! Dann gab es einen Empfang im Wintergarten. Mama stand beim Eingang zum Saal, das junge Paar ein wenig weiter drinnen und wir gleich neben ihnen. Die ganze Zeit wurde Champagner ausgeschenkt. Es dauerte ungefähr eine Stunde. Eine Menge, Menge Menschen. Viele Fremde.

Das junge Paar strahlte, und das war das Einzige, was mich aufrecht hielt.

Gegen sechs Uhr gingen wir. Irina und Felix besuchten seine Eltern. Wir gingen heim, um sie mit Brot und Salz in Empfang zu nehmen! In der Vorhalle wurden sie noch einmal fotografiert.

Nachdem wir uns umgezogen hatten, tranken wir Tee – zum letzten Mal alle zusammen –, und um sieben Uhr brachten wir sie zum Bahnhof. Alle Kinder, die Jussupows, ihre Freunde, wir alle. Wir gingen noch in den Wagen und nahmen dort Abschied. Sie sahen immer noch strahlend aus, aber in meiner Seele war es finstere *Nacht.* Möge Gott ihnen eine sichere Reise gönnen, und alles, alles Gute ... mein Gott. Wie leer das Haus ist. Das Abendessen verlief in Schweigen, alle waren ständig dabei, sich die Tränen abzuwischen und zu schniefen. Es ist so schmerzlich zu wissen, dass sie nie mehr in *unser* Haus zurückkehren wird. Entsetzlich!

Nikolaus: Tagebuch, 9. Februar, Zarskoje Selo

Alix und ich fuhren mit den Kindern in die Stadt, ins Anitschkow zur Hochzeit von Irina und Felix Jussupow. Alles ging sehr gut vonstatten. Es waren eine Menge Leute da. Alle defilierten durch den Wintergarten, vorbei an Mama und den Jungvermählten, um zu gratulieren.

Felix Jussupows: Memoiren

Der Zar eruierte über meinen zukünftigen Schwiegervater, was ich gern als Hochzeitsgeschenk hätte. Er dachte daran, mir eine Stelle am Hof anzubieten, aber ich antwortete, Seine Majestät würde meinen Wünschen vollauf entgegenkommen, wenn er mir das Privileg gewähre, die kaiserliche Loge im Theater zu nutzen. Als er meine Antwort erhielt, willigte Nikolaus II. lachend ein.

Wir wurden mit Geschenken überhäuft: mit den prächtigsten Juwelen ebenso wie mit ganz einfachen, sehr anrührenden Geschenken unserer Bauern.

Irinas Hochzeitskleid war großartig; es war aus weißem Satin, mit Silber bestickt, mit einer langen Schleppe. Ihr Spitzenschleier, der einmal Marie-Antoinette gehört hat, wurde von einer Tiara aus Bergkristall und Diamanten gehalten.

Die Frage meines Anzugs weckte lebhafte Diskussionen. Ich weigerte mich standhaft, tagsüber im Frack zu erscheinen, aber alle anderen Vorschläge riefen stürmische Proteste hervor. Schließlich entschied man sich für die Adels-Uniform – ein schwarzer Gehrock mit goldbesticktem Kragen und Revers und weiße Hosen aus feinem Wollstoff.

Alix an Nikolaus: 28. April, Livadia

Mein süßer Schatz, mein Einziger,
Du wirst diese Zeilen lesen, wenn du an einem fremden Ort und in einem unbekannten Haus zu Bett gehst. Gebe Gott, dass die Reise angenehm und interessant ist, nicht zu ermüdend und nicht zu staubig. Ich bin so froh, dass ich die Landkarte habe, sodass ich dir von Stunde zu Stunde folgen kann. Ich werde dich *fürchterlich* vermissen, bin aber froh, dass du für zwei Tage fort bist, neue Eindrücke bekommst und nichts von Anjas Geschichten hören musst.

Mein Herz ist schwer und verletzt – muss einem denn Freundlichkeit und Liebe immer so zurückgezahlt werden? Erst die Schwarzen[2] und nun sie?

Immer heißt es, man könne nie genug lieben – aber wir haben ihr unsere Herzen und unser Haus geöffnet, sogar unser Privatleben –, und das haben wir nun davon! Es ist schwierig, nicht bitter zu werden – es kommt mir so grausam ungerecht vor.

... kann mich nicht daran gewöhnen, auch nicht für noch so kurze Zeit, dich nicht im Haus zu haben, obwohl ich unsere fünf Schätze bei mir habe.

Nun, mein Sonnenschein, mein Teurer & tausend zärtliche Küsse von deinem alten Frauchen. Gott segne & behüte dich.

König George V. an Nikolaus: 16. Juli, Schloss Windsor

Mein liebster Nicky,
ich gestehe, dass ich mir derartige Sorgen um diesen Punkt [den Frieden in Europa] mache, dass ich den Weg eines privaten

Briefes wähle, um zu erklären, woher diese meine Sorge rührt. Es ist der gegenwärtige unbefriedigende Stand der Dinge in Persien.

Ich sehne mich sehr danach, freundliche Gefühle gegenüber Russland in der britischen öffentlichen Meinung und in beiden politischen Parteien bewahrt zu sehen, bei den Konservativen ebenso wie bei den Liberalen. Deshalb bin ich außerordentlich interessiert daran, dass unsere beiden Regierungen einen freimütigen, freundschaftlichen Meinungsaustausch über die Gesamtsituation in Persien pflegen. Es wäre höchst bedauerlich, wenn zwischen unseren Regierungen irgendwelche Meinungsverschiedenheiten aufkämen oder wenn irgendein Eindruck entstünde, dass das englisch-russische Abkommen über Persien zum Vorteil des einen Landes und zum Nachteil des anderen wirke.

Ich weiß, mein lieber Nicky, dass ich auf deine Freundschaft zählen kann, die in so vielen Jahren gewachsen ist, dass du alles tun wirst, um jegliche Schwierigkeiten oder Missverständnisse auszuräumen, die derzeit zwischen unseren beiden Ländern im Hinblick auf die persischen Angelegenheiten herrschen.

Ich hoffe, ihr hattet eine gute Zeit in Livadia und der lieben Alix geht es jetzt, nach ihrem Aufenthalt dort, viel besser. Tante Minnie [Kaiserinwitwe Marie] ist wohlauf; sie und Mama sind so froh, wieder beisammen zu sein. May und ich senden dir und Alicky unsere besten Grüße.

Ich verbleibe stets dein ergebener alter Freund und Vetter
Georgie

Nikolaus: Tagebuch, 7. Juli, St. Petersburg

Ich verbrachte den ganzen Morgen mit Audienzen. Um genau zwei Uhr legte das französische Geschwader im Hafen an. Um 7.30 gab es ein offizielles Abendessen mit Reden. Nach den Gesprächen verabschiedeten wir uns von dem freundlichen Präsidenten [Poincaré] und kamen um 10 Uhr wieder nach Hause.

Maurice Paléologue: Memoiren, 7. Juli

Ich beobachtete die Zarin Alexandra, die mir gegenübersaß. Obwohl lange Zeremonien ihr ein Graus sind, legte sie großen Wert darauf, an diesem Abend anwesend zu sein, um dem Staatspräsidenten der verbündeten Republik die Ehre zu erweisen.

Sie bot einen hübschen Anblick in ihrem tief ausgeschnittenen Brokatkleid und mit der Diamanten-Tiara auf dem Kopf. Trotz ihrer zweiundvierzig Jahre sind ihr Gesicht und ihre Figur immer noch erfreulich anzusehen. Beim ersten Gang begann sie ein Gespräch mit Poincaré, der zu ihrer Rechten saß.

Nach kurzer Zeit jedoch versteinerte ihr Lächeln, und die Adern an ihren Wangen wurden sichtbar. Sie biss sich andauernd auf die Lippen. Ihr angestrengtes Atmen ließ das Diamantengeflecht auf ihrem Dekolletee funkeln. Zum Ende des Abendessens, das sehr lange dauerte, kämpfte die arme Frau offensichtlich mit einem hysterischen Anfall. Ihre Züge entspannten sich plötzlich, als der Zar sich erhob, um seinen Trinkspruch auszubringen.

Als ich um Viertel vor eins in der Nacht mit dem Zug nach St. Petersburg zurückkehrte, hörte ich, dass an diesem Nachmittag die wichtigsten Fabriken in Streik getreten waren – ohne Grund und auf Veranlassung von wer weiß wo.

8. Juli: Der Präsident der Republik hat den heutigen Tag in St. Petersburg verbracht.

Felix Jussupow: Memoiren

St. Petersburg, genannt das »Venedig des Nordens« wegen seiner Lage an der Mündung der Newa, war eine der schönsten Hauptstädte Europas. Es ist schwierig, sich die Schönheit der Newa mit ihren Ufermauern aus rosa Granit und den großartigen Palästen vorzustellen, die am Ufer standen. Der Geist Peters des Großen und Katharina II. war überall spürbar, in den schönen Denkmälern, den breiten Straßen und den hübschen Gebäuden.

Die Gitter zum Garten vor dem Winterpalais waren von einem deutschen Architekten für die Kaiserin Alexandra entworfen worden. Das Palais, zu Beginn des 18. Jahrhunderts von der Kaiserin Elisabeth erbaut, ist das Meisterstück des berühmten Architekten Rastrelli. Die Gitter sind abscheulich, aber was man auch unternahm, um das Winterpalais zu entstellen, es behielt immer seine majestätische Würde.

St. Petersburg war nicht gänzlich russisch; der europäische Einfluss kam durch die Kaiserinnen und Großfürstinnen, die fast zweihundert Jahre lang ausländische Prinzessinnen gewesen waren – meistens Deutsche –, und ebenso durch die Gegenwart des diplomatischen Corps. Mit Ausnahme einiger Familien, die die Traditionen des alten Russland aufrechterhielten, war der größte Teil der Aristokratie, die dort lebte, sehr kosmopolitisch. Sie waren geradezu snobistisch vernarrt in fremde Länder und fuhren gern ins Ausland. Es wurde für feine Lebensart gehalten, seine Wäsche in London oder Paris waschen zu lassen. Die meisten Zeitgenossen meiner Mutter legten Wert darauf, nur französisch zu sprechen, und sprachen russisch mit einem fremden Akzent.

Sandro: Memoiren

Ein Fremder, der St. Petersburg während des letzten Jahres der Ruhe vor dem europäischen Selbstmord am 1. August 1914 besuchte, verspürte ein unwiderstehliches Sehnen danach, sich in dieser strahlenden Hauptstadt auf Dauer niederzulassen, die die klassische Schönheit pfeilgerader Prachtstraßen mit einem leidenschaftlichen Unterton des Lebens verband, tendenziell kosmopolitisch schien, aber durch und durch russisch war, was ihren Leichtsinn anging. Der farbige Barmann im Hotel d'Europe kam aus Kentucky, die Schauspielerinnen des Michailowskij-Theaters leierten ihre Zeilen auf Französisch herunter, die majestätischen Säulen der kaiserlichen Paläste legten Zeugnis vom Genie italienischer Architekten ab. Aber wichtige Regierungsbeamte verbrachten drei bis vier Stunden beim Mittagessen, und im Juni fanden die bleichen Strahlen der Mitternachtsonne, die in die schattigen Winkel der Parks eindrangen, langhaarige Studenten in heißen Diskussionen mit rosenwangigen Mädchen über die transzendentalen Werte der deutschen Philosophie. Es gab keinen Zweifel an der eindeutigen Nationalität dieser Stadt, die ihren Champagner immer in der Magnumflasche bestellte, nie im Glas.

Und dann war da Peter der Große. Von Falconets geschickten Händen in Bronze gegossen, stand der Zar mitten auf dem Platz des Senats und betrachtete von seinem steigenden Pferd aus die strengen Häuserblocks der klar geschnittenen Straßen. Ihm war es gelungen, diese Wunderstadt des Nordens auf dem unsicheren Grund des finnischen Marschlandes zu erbauen, gegen den Preis von 125 000 Menschenleben, die dem Gelbfieber zum Ruhm eines größeren Russlands geopfert worden waren, und nun erhellte ein hochmütiges Lächeln sein dämonisches Gesicht.

Alles war schön. Alles ließ eine kaiserliche Stadt erkennen.

Die goldene Nadel des Admiralitätsgebäudes stand meilenweit sichtbar; die riesigen Fenster der großartigen Fürstenpalais brannten in den Flammen des Sonnenuntergangs; ein klares Echo warf den Hufschlag trabender Pferde auf dem hölzernen Pflaster der breiten Durchfahrten zurück; die gelb und blau uniformierten Kürassiergarden auf ihrem Nachmittagsspaziergang stachen grell in die seltsam geformten Augen stattlicher Damen, die durch ein dünnes Netz von Spitzenschleiern blickten; die braven Fußleute auf dem Trittbrett der teuren Wagen warteten vor Schaufenstern, die mit Reihen von rosa Perlen und grünen Smaragden überfüllt waren; die Ziegelschornsteine riesiger Fabriken türmten sich auf über einem leuchtenden Fluss, den zahlreiche Brücken kreuzten; und die menschlichen Schwäne des kaiserlichen Balletts glitten jede Nacht zur Musik des besten Orchesters in der Welt.

Maurice Paléologue: Memoiren, 8. Juli

Die Abreise rückte näher. Der Zar sagte Poincaré, er würde die Diskussion gerne noch einige Minuten weiterführen.

»Sollen wir nicht auf die Brücke gehen, Monsieur le President? Da ist es ruhiger.«

So fand ich mich allein mit der Zarin, die mich bat, zu ihrer Linken Platz zu nehmen. Die Arme schien erschöpft zu ein. Mit gezwungenem Lächeln und müdem Tonfall sagte sie: »Ich bin froh, dass ich heute Abend hierher gekommen bin ..., ich fürchtete schon, es würde Sturm geben ..., die Dekorationen auf dem Schiff sind großartig. Der Präsident wird gutes Reisewetter haben.«

Aber plötzlich legte sie die Hände an die Ohren. Dann wies sie schüchtern, mit einem schmerzvollen und bittenden Blick auf das Schiffsorchester in unserer Nähe, das soeben mit der vollen Besetzung an Blechbläsern und großem Schlagzeug in ein feuriges Allegro ausgebrochen war.

»Könnten Sie nicht? ...«, murmelte sie ...

Olga [Nikolaus' Schwester]: Memoiren

Ich sprach mit Nicky, und er antwortete mir, dass Willy [Kaiser Wilhelm] wohl ein Langweiler und ein Angeber sei, aber er würde niemals einen Krieg anzetteln. Und irgendwie dachte ich an meinen Vater und Onkel Bertie. Beide hatten den Krieg gehasst, und das tat Nicky auch. Beide waren stark gewesen, aber ich fragte mich, ob Nicky das auch war. Und Willy hatten sie beide gefürchtet, aber fürchtete *er* Nicky oder Georgie? Das glaubte ich nicht.

Nikolaus: Tagebuch, 19. Juli, St. Petersburg

Am Morgen die üblichen Berichte.
Nach dem Mittagessen berief ich Nikolascha zu mir und informierte ihn von seiner Ernennung zum Oberbefehlshaber bis zu dem Zeitpunkt, an dem ich selbst bei der Armee sein könne.

Machte einen Spaziergang mit den Kindern. Um 6.30 gingen wir zur Kirche. Bei unserer Rückkehr erfuhren wir, dass *Deutschland* uns den Krieg erklärt hat. Olga [N.'s Schwester], Dimitri und Johann [KR's Sohn] blieben zum Abendessen. Während des Abends kam der englische Botschafter Buchanan mit einem Telegramm von Georgie. Verbrachte lange Zeit mit ihm, um eine Antwort zu entwerfen. Dann traf ich Nikolascha und Fredericks. Trank um 12.15 Tee.

Telegramm von Sir George Buchanan[3] an König George V.:
20. Juli/2. August, St. Petersburg

Betr. Ihr Telegramm Nr. 423
Bei der Audienz, die ich gestern Abend um 11 Uhr mit dem Kaiser hatte, schrieb seine Majestät die folgende Botschaft, die er mich dem König telegrafisch zu übermitteln bat:

Anfang der Botschaft:
Ich hätte deine Vorschläge mit Freuden angenommen, hätte nicht der deutsche Botschafter heute Nachmittag meiner Regierung eine Note überbracht, in der der Krieg erklärt wird. Seit der Übergabe des Ultimatums in Belgrad hat Russland all seine Anstrengungen darauf gerichtet, eine friedliche Lösung für die Frage zu finden, die durch Österreichs Handeln aufgeworfen worden ist. Ziel dieses Handelns war es, Serbien zu zerschlagen und zu einem österreichischen Vasallenstaat zu machen. Der Effekt wäre eine Verrückung des Gleichgewichts der Mächte auf dem Balkan gewesen, das von so vitalem Interesse für mein Reich ebenso wie für jene Mächte ist, die das Gleichgewicht der Kräfte in Europa erhalten wollen. Jeglicher Vorschlag, der deiner Regierung eingeschlossen, wurde von Deutschland und Österreich zurückgewiesen, und erst als der günstige Augenblick vorüber war, um auf Österreich Druck auszuüben, zeigte Deutschland irgendeine Neigung, zu vermitteln. Selbst dann brachte es keinen konkreten Vorschlag vor. Österreichs Kriegserklärung gegen Serbien hat mich zu einer teilweisen Mobilmachung gezwungen, obwohl meine militärischen Berater angesichts der bedrohlichen Situation die allgemeine Mobilmachung empfahlen,

auch im Blick auf die Geschwindigkeit, mit der Deutschland, verglichen mit Russland, mobilmachen kann. Infolge der allgemeinen Mobilmachung in Österreich, der Bombardierung Belgrads, der Konzentration österreichischer Truppen in Galizien und der geheimen militärischen Vorbereitungen in Deutschland war ich schließlich zu diesem Schritt gezwungen. Dass ich recht daran tat, zeigt Deutschlands plötzliche Kriegserklärung, die für mich einigermaßen unerwartet kam, nachdem ich dem Kaiser Wilhelm kategorisch versichert hatte, meine Truppen würden sich nicht bewegen, solange die Vermittlungsbemühungen andauerten.

In dieser ernsten Stunde ist es mein Wunsch, dir noch einmal zu versichern, dass ich alles in meiner Macht Stehende getan habe, um den Krieg zu verhindern. Nachdem er mir jetzt aufgezwungen worden ist, vertraue ich darauf, dass dein Land nicht zögern wird, Frankreich und Russland zu unterstützen, wenn es darum kämpft, das Kräftegleichgewicht in Europa zu erhalten. Gott segne und behüte dich.
[Unterzeichnet] Nicky
Ende der Botschaft

Der Kaiser sagte, er habe keine Einwände gegen eine Veröffentlichung des obigen zusammen mit anderen Papieren.

Im Laufe des Gesprächs bemerkte seine Majestät, eine Mobilmachung bedeute nicht zwingend Krieg, und es habe häufig Fälle in der Geschichte gegeben, in denen ihr eine Demobilisierung gefolgt sei. Der Deutsche Kaiser wisse ganz genau, dass Russland Frieden wolle und dass seine Mobilmachung erst nach mindestens zwei Wochen abgeschlossen sein könne, aber er habe den Krieg so eilig erklärt, dass alle weiteren Diskussionen unmöglich seien und Zweifel über Deutschlands guten Willen überhaupt aufkommen müssten.

Die deutsche Erklärung schießt weit übers Ziel hinaus, und ihr offensichtliches Ziel ist es, die Regierung Eurer Majestät davon zu überzeugen, dass die Verantwortung für den Krieg bei Russland liege, in der Hoffnung, sie zur Neutralität zu bewegen. Ich wage mit allem Respekt anzumerken, dass wir uns, wenn wir die

Bitte des Kaisers um Unterstützung nicht beantworten, am Ende des Krieges, wie auch immer er ausgehen mag, ohne einen einzigen Freund in Europa wiederfinden werden, und auch unser Indisches Reich wäre dann vor einem russischen Angriff nicht mehr sicher. Wenn wir die Intervention aufschieben, bis Frankreich nahezu zerschmettert ist, werden die Opfer, die wir dann bringen müssen, weit größer sein, und wir werden ...
[Rest des Telegramms nicht übermittelt]

Anja Wyrubowa: Memoiren

Es sei nicht wahr, rief sie [Alix] aus. Freilich seien einige Armeen in Bewegung, aber nur an der Grenze nach Österreich. Sie eilte aus dem Zimmer, und ich hörte, wie sie das Arbeitszimmer des Zaren betrat. Eine halbe Stunde lang drangen ihre erregten Stimmen an mein Ohr. Als die Kaiserin zurückkam, ließ sie sich auf ihre Couch fallen wie von einer verzweifelten Entdeckung überwältigt. »Krieg!«, murmelte sie atemlos. »Und ich wusste nichts davon. Nun ist alles aus.« Ich konnte nichts sagen. Ich konnte das unbegreifliche Schweigen des Zaren in einer solchen Stunde ebenso wenig verstehen wie sie, und wie immer schmerzte mich, was sie verletzte. Wir saßen schweigend bis gegen elf, als der Kaiser wie gewöhnlich zum Tee kam, aber er war zerstreut und düsterer Stimmung, und die Teestunde verlief in fast vollständigem Schweigen.

Nikolaus an Maurice Paléologue [während einer Audienz] – aus Paléologues Memoiren:

Der Kaiser war nie ganz sicher, keinen Augenblick lang! Am Ende war er hoffnungslos in einem Netz seiner eigenen Falschheit und Lügen verstrickt. Sind Sie jemals in der Lage gewesen, das Telegramm zu verstehen, das er mir sechs Stunden vor seiner Kriegserklärung geschickt hat? Es ist ganz und gar unmöglich zu erklären, was geschehen ist. Es war nachts um halb eins am 19. Juli. Ich hatte soeben Ihren englischen Kollegen empfangen, der mir ein Telegramm von König George überbrachte, in dem dieser mich bat, alles nur Mögliche zu unternehmen, um den Frieden zu retten. Ich hatte mit Sir Buchanans Hilfe das Telegramm entworfen, mit dem Sie vertraut sind und das mit einer Bitte um Englands militärische Unterstützung endete, nachdem der Krieg uns durch Deutschland aufgezwungen worden war.

Sofort nachdem Buchanan gegangen war, ging ich in die Räume der Kaiserin – denn sie war schon zu Bett gegangen –, um ihr das Telegramm von König George zu zeigen und eine Tasse Tee mit ihr zu trinken, bevor ich mich ebenfalls zurückzog. Ich blieb bis zwei Uhr nachts bei ihr. Dann wollte ich ein Bad nehmen, denn ich war sehr müde. Ich wollte eben hineinsteigen, als mein Diener an die Tür klopfte und sagte, er habe ein Telegramm für mich.

»Ein sehr wichtiges Telegramm, wirklich sehr wichtig ... ein Telegramm von Seiner Majestät dem Kaiser Wilhelm!« Ich las das Telegramm, las es noch einmal, und schließlich las ich es laut ..., aber ich konnte nicht ein Wort verstehen. Was in aller Welt meint Wilhelm, dachte ich, wenn er immer noch so tut, als hinge es von mir ab, ob der Krieg abgewendet werden kann oder nicht! Er fleht mich an, meine Truppen die Grenze nicht überschreiten zu lassen! Bin ich plötzlich verrückt geworden? Hatte der Hofminister, mein vertrauter Fredericks, mir nicht vor mindestens sechs Stunden die Kriegserklärung überbracht, die der deutsche Gesandte soeben an Sazonow [den Außenminister] übergeben hatte?

Ich ging zurück ins Zimmer der Kaiserin und las ihr Wilhelms Telegramm vor. Sie musste es selbst lesen, um es zu glauben. Sie sagte sofort zu mir: »Du wirst das doch wohl nicht beantworten?« – »Natürlich nicht!«

Pierre Gilliard: Memoiren

Der Zar, die Zarin und ihre Töchter nahmen am Abendgebet in der kleinen Alexandria-Kirche teil. Ich hatte den Zar einige Stunden zuvor getroffen und war sehr erschüttert über den Ausdruck müder Erschöpfung gewesen, der über ihm lag. Die Tränensäcke, die immer dann unter seinen Augen erschienen, wenn er müde war, schienen erheblich größer geworden zu sein. Jetzt betete er mit aller Eindringlichkeit, dass Gott den Krieg abwenden möge, von dem er fühlte, dass er bevorstand und doch alles andere als unvermeidlich war.

Später am gleichen Tag erschien der Zar, der sehr bleich aussah, und sagte ihnen, der Krieg sei erklärt worden. Seine Stimme verriet seine Erregung, trotz aller Anstrengungen. Als sie die Nachricht hörte, begann die Zarin zu weinen, und die Großfürstinnen brachen ebenfalls in Tränen aus, als sie den Kummer ihrer Mutter sahen.

Ich sah den Zar erst wieder nach dem Mittagessen am nächsten Tag, als er hinaufkam, um den Zarewitsch zu küssen, bevor er zu der ernsten Sitzung im Winterpalais aufbrach, bei der er, nach traditionellem Brauch, ein Manifest an sein Volk herausgeben musste, in dem der Krieg mit Deutschland angekündigt wurde.

Er sah noch schlimmer aus als am Abend zuvor, und seine Augen glänzten wie im Fieber. Er sagte mir, er habe soeben gehört, dass die Deutschen in Luxemburg einmarschiert seien und französische Zollhäuser angegriffen hätten, noch bevor Frankreich eine Kriegserklärung erhalten habe.

Nikolaus: Tagebuch, 20. Juli, Peterhof

Ein guter Tag, vor allem, was die Moral angeht. Ging mit Maria und Anastasia zur Kirche. Wir aßen allein zu Mittag. Um 2.15 nahmen wir die *Alexandrie* nach St. Petersburg und fuhren dann mit dem Wagen direkt zum Winterpalais.

Ich unterzeichnete das Manifest mit der Kriegserklärung. Vom Malachit-Zimmer gingen wir in den Nikolajewski-Saal, wo das Manifest vorgelesen und ein Te Deum zelebriert wurde. Der ganze Saal sang: »Rette uns, Herr« und »Viele Jahre«.

Ich sprach ein paar Worte. Bei unserer Rückkehr eilten die Damen herbei, um uns die Hände zu küssen, und bedrängten Alix und mich etwas. Dann traten wir auf den Balkon über dem Alexander-Platz und verneigten uns vor einer riesigen Menschenmenge. Um etwa 6 Uhr gingen wir hinaus zum Ufer und machten uns auf den Weg zurück zum Boot, durch eine große Menge von Offizieren und Publikum. Wir kehrten nach Peterhof zurück. Verbrachten einen ruhigen Abend.

Anja Wyrubowa: Memoiren

Zu dieser Zeit kam ein Telegramm von Rasputin aus Sibirien an, das den Kaiser ziemlich irritierte. Rasputin sprach sich heftig gegen den Krieg aus und sagte voraus, dass er das Reich zerstören werde. Aber der Kaiser weigerte sich, ihm zu glauben, und wies Rasputins wirklich fast beispiellose Einmischung in Staatsangelegenheiten zurück.

Nikolaus: Tagebuch, 23. Juli, Peterhof

Am Morgen erfuhren wir gute Neuigkeiten: England hat Deutschland den Krieg erklärt, weil dieses Frankreich angegriffen und die Neutralität von Luxemburg und Belgien in schamlosester Weise verletzt hat.

Besser konnte der Feldzug für uns, die wir uns am Rande befanden, gar nicht beginnen. Empfing den ganzen Morgen und auch am Nachmittag bis 4 Uhr Besucher. Mein letztes Gespräch führte ich mit Paléologue, der kam, um mich offiziell vom Bruch zwischen Frankreich und Deutschland zu informieren. Machte mit den Kindern einen Spaziergang. Mordwinow (der Diensthabende) war zum Mittag- und Abendessen bei uns. Am Abend hatte ich frei.

24. Juli: Heute hat Österreich uns schließlich auch den Krieg erklärt. Nun ist die Lage ziemlich klar. Um 11.30 hielt ich auf dem Gutshof eine Versammlung des Ministerrats ab. Alix fuhr morgens in die Stadt und kam mit Victoria und Ella zurück. Außer ihnen kamen auch Kostia [KR] und Mawra[4] zum Mittagessen; sie waren eben aus Deutschland zurückgekehrt und hatten beim Grenzübertritt Schwierigkeiten gehabt. Den ganzen Tag fiel ein warmer Regen. Victoria und Ella blieben zum Abendessen.

König George V. an Nikolaus: 31. Juli, Buckingham Palast

Liebster Nicky,
Du und ich haben alles in unserer Macht Stehende getan, um den Krieg abzuwenden, aber ach, es war vergeblich, und dieser schreckliche Krieg, den wir alle so viele Jahre lang befürchtet haben, ist nun über uns gekommen. Aber Russland, England und Frankreich haben ein reines Gewissen und kämpfen für Gerechtigkeit und Recht. Ich bin sicher D. V., dass wir am Ende siegen werden, denn unsere Truppen und Marinesoldaten haben den richtigen Geist.

Ich fühle zutiefst mit dir in diesen angsterfüllten Tagen und vertraue darauf, dass deine Truppen bald in der Lage sein werden, sich zu bewegen. Unsere werden in Kürze in Frankreich sein und mit den Franzosen kooperieren. Ich hoffe für uns alle darauf, dass dieser schreckliche Krieg bald zu Ende ist und in Europa wieder Frieden herrscht.
Gott segne und behüte dich, mein lieber Nicky. Mit besten Grüßen von May und mir an die liebe Alix.
Stets dein sehr ergebener Vetter und Freund
Georgie

Pierre Gilliard: Memoiren

Dr. Derewenko betrat das Zimmer. In der Hand hielt er eine Abendzeitung, in der von der Verletzung der schweizerischen Neutralität durch die Deutschen berichtet wurde.[5]

»Schon wieder! Sie müssen verrückt sein, wahnsinnig!«, rief die Zarin. »Sie haben vollkommen den Verstand verloren!«

Nun war ihr klar, dass sie mich nicht mehr halten konnte, und sie gab ihren Widerstand auf und sprach freundlich über meine Verwandten, die für geraume Zeit ohne Nachricht von mir sein würden.

»Ich selbst habe keine Nachricht von meinem Bruder [Ernie]«, fügte sie hinzu. »Wo ist er? In Belgien oder an der französischen Front? Ich zittere bei dem Gedanken, dass Kaiser Wilhelm sich so ungeheuerlich benimmt! Was für ein entsetzlicher Krieg! Wie viel Schlimmes und Leiden er bringt! Was wird aus Deutschland werden? Welche Erniedrigung, welcher Sturz liegt vor ihm? Und alles wegen der Sünden der Hohenzollern – ihrem idiotischen Stolz und ihrem unersättlichen Ehrgeiz. Was ist nur aus dem Deutschland meiner Kinderzeit geworden? Ich habe so glückliche und poetische Erinnerungen an meine frühen Jahre in Darmstadt und an die guten Freunde, die ich dort hatte. Aber bei meinen späteren Besuchen schien mir Deutschland ein gänzlich verändertes Land – ein Land, das ich nicht kannte und niemals gekannt hatte. Ich hatte keine Gemeinsamkeiten in Gedanken und Gefühlen mit irgendjemandem, bis auf die alten Freunde aus vergangenen Tagen. Preußen ist Deutschlands Ruin. Das deutsche Volk ist betrogen worden. Hass- und Rachegefühle, die seiner Art ganz fremd sind, hat man ihm eingeimpft. Es wird ein schrecklicher, ungeheuerlicher Kampf werden, und die Menschheit wird grausiges Leid durchleben müssen ...«

5. August: Als Alexej feststellte, dass er heute früh nicht laufen konnte, war er in einem entsetzlichen Zustand. Die Majestäten haben entschieden, dass er bei der Zeremonie trotzdem anwesend sein soll. Er wird von einem der Kosaken des Zaren getragen werden. Aber es ist eine schreckliche Enttäuschung für die Eltern, die verhindern wollen, dass der Gedanke, der Thronfolger sei ein Invalide, sich im Volk breit macht.

Maurice Paléologue: Memoiren, 5. August

Am Ende des Kirchenschiffs gegenüber der Ikonostase standen die drei Metropoliten Russlands und zwölf Erzbischöfe in einer Reihe. In den Gängen zu ihrer Linken eine Gruppe von einhundertzehn Bischöfen, Archimandriten und Äbten. Ein märchenhafter, unbeschreiblicher Reichtum an Diamanten, Saphiren, Rubinen und Amethysten funkelte auf dem Brokat ihrer Mitren und Umhänge. Bisweilen glühte die Kirche in einem übernatürlichen Licht.

Buchanan und ich standen zur Linken des Zaren, vor dem Hofstaat.

Gegen Ende des langen Gottesdienstes brachte der Metropolit den Majestäten ein Kruzifix mit einem Bruchstück des wahren Kreuzes, das sie ehrerbietig küssten. Dann ging die kaiserliche Familie in einer Wolke von Weihrauch durch die Kathedrale, um vor den weltberühmten Reliquien und den Gräbern der Patriarchen zu knien.

Während dieser Prozession bewunderte ich die Haltung und Einstellung der Großfürstin Elisabeth [Ella], vor allem wenn sie sich verneigte oder kniete. Obwohl sie auf die fünfzig zugeht, hat sie ihre schlanke Figur und ihre alte Anmut behalten. Unter ihrer losen weißen Haube aus Wolle war sie elegant und attraktiv wie in alten Tagen, bevor sie Witwe wurde, als sie noch weltliche Leidenschaften entfachte. Um die Figur der Jungfrau von Wladimir zu küssen, die in die Ikonostase eingefügt ist, musste sie ihr Knie auf einen recht hohen Marmorabsatz setzen. Die Zarin und die jungen Großfürstinnen, die vor ihr an der Reihe waren, mussten zwei Anläufe nehmen – und ungelenke dazu –, bevor sie die ehrwürdige Ikone erreichten. Ihr gelang es in einer einzigen geschmeidigen, leichten und königlichen Bewegung.

Der Gottesdienst war nun vorüber.

»Was für ein tröstlicher Anblick für eure Majestät! Wie wunderbar, all diese Menschen zu sehen, die hingerissen sind von patriotischer Begeisterung und Leidenschaft für ihre Herrscher!«

Ihre Antwort war fast unhörbar, aber ihr angestrengtes Lächeln und der seltsame Zauber ihres schnellen Blicks, magnetisch und begeistert, enthüllte ihre innerliche Berauschtheit.

Die Großfürstin Elisabeth beteiligte sich an unserem Gespräch. Ihr Gesicht, umrahmt von dem langen Schleier aus weißer Wolle, war von Geistlichkeit belebt. Ihre zarten Züge und ihre weiße Haut, der tiefe, entrückte Ausdruck in ihren Augen, der leise, sanfte Klang ihrer Stimme und das leuchtende Glühen um ihre Brauen; all das verriet ein Wesen, das dem Unaussprechlichen und Göttlichen sehr nahe war.

»Was haben Sie erwartet, Monsieur l'Ambassadeur? Wir sind Russen und deshalb abergläubisch. Und überhaupt, ist es nicht offensichtlich, dass den Zaren das Unglück verfolgt?«

Indem er seine Stimme senkte und mich mit seinen scharfen, gelben Augen fixierte, in denen von Zeit zu Zeit schwache Flammen aufglühten, zählte er mir die unglaubliche Serie von Unfällen, Fehleinschätzungen, Rückschlägen und Katastrophen auf, die die Regierungszeit Nikolaus' II. während der letzten neunzehn Jahre gekennzeichnet hatte.

Die Serie beginnt mit der Krönung, als zweitausend Muschiks bei einer Panik auf dem Kodynka-Feld nahe Moskau zu Tode getrampelt wurden. Einige Wochen später fuhr der Zar nach Kiew und sah, wie vor seinen Augen ein Dampfer mit dreihundert Zuschauern im Dnjepr versank. Wenige Wochen später war er Zeuge, als sein Lieblingsminister Lobanow in seinem Zug ganz plötzlich starb.

Gerade weil er ständig in der Gefahr lebte, der Bombe eines Anarchisten zum Opfer zu fallen, wünschte er sich von ganzem Herzen einen Sohn, einen Zarewitsch. Aber er bekam vier Töchter in Folge, und als Gott ihm endlich einen Erben schenkte, trug das Kind bereits den Keim einer unheilbaren Krankheit in sich.

Er hat keine Freude an Prunk oder großer Gesellschaft – alles, was er sich wünscht, ist, die lastende Verantwortung der Macht über den ruhigen Freuden des Familienlebens zu vergessen. Aber seine Frau ist eine unglückliche Neurotikerin, die eine Atmosphäre von Rastlosigkeit und Sorge um sich verbreitet.

Aber das ist noch nicht alles. Der Zar hat von der endgültigen Herrschaft des Friedens auf Erden geträumt, aber einige Intriganten an seinem Hof haben ihn in den Krieg im Fernen Osten gezerrt. In der Mandschurei wurden seine Armeen geschlagen, eine nach der anderen. Seine Flotten wurden, eine nach der anderen, im Chinesischen Meer versenkt. Dann fegte ein heftiger Sturm der Revolution durch Russland. Aufstände und Massaker in ununterbrochener Folge. Die Ermordung von Großfürst Sergej eröffnete eine Ära politischer Attentate. Und als der Sturm sich gerade allmählich legte, fiel der Präsident des Ministerrates, Stolypin, den man als Retter Russlands gefeiert hatte, unter den Revolverkugeln eines Mitglieds der Geheimpolizei, und das unmittelbar vor der kaiserlichen Loge im Kiewer Theater.

Kaiserinwitwe Marie an Nikolai Michailowitsch (Sandros Bruder):
7. September, St. Petersburg

Sie sind solche *Ungeheuer*, dass die Geschichte nicht Ihresgleichen kennt, und sie rufen nur Schrecken und Abscheu hervor. Die Japaner benehmen sich gegenüber ihren Gefangenen ganz anders, wie Ehrenmänner, aber die Deutschen sind schlimmer als *wilde* Tiere. Schon seit fünfzig Jahren verabscheue ich die Preußen, aber jetzt empfinde ich ihnen gegenüber nur noch unversöhnlichen Hass.

Nikolaus: Tagebuch, 14. September, Zarskoje Selo

Dimitri aß mit uns zu Mittag; er ist gerade mit einer Nachricht von Nikolascha von der Armee zurückgekommen. Am Abend warteten wir lange auf Grigorijs Ankunft. Dann saßen wir noch lange mit ihm zusammen.

Alexandra an Nikolaus: 19. September, Zarskoje Selo

Mein, mein einziger Süßer,
es ist ein Trost, sich um die Verwundeten zu kümmern, und deshalb wollte ich gestern früh mit dir dorthin, während du Audienz hieltest, um mich aufrecht zu halten und nicht vor deinen Augen zusammenzubrechen. Wenn man ihr Leiden lindern kann, selbst mit Kleinigkeiten, ist das eine Hilfe für das eigene, schmerzende Herz. Neben allem, was ich gemeinsam mit dir und unserem geliebten Land und unseren Männern durchmache, leide ich auch für mein »kleines altes Zuhause« und seine Truppen und Ernie [A.s Bruder] und Irène [A.s Schwester] und viele Freunde, die dort in Sorge leben. Aber wie viele machen dasselbe durch?

Und dann die Schande, die Demütigung, nur zu denken, dass sich die Deutschen so benehmen, wie sie es tun! Man möchte im Boden versinken. Aber Schluss mit solchem Gerede in diesem Brief. Ich muss mich mit dir freuen, dass du reist, und das tue ich auch - aber egoistisch, wie ich bin, leide ich auch entsetzlich unter der Trennung, wir sind es nicht gewohnt, und ich liebe meinen teuren Boysy so endlos.

Bald gehöre ich seit 20 Jahren zu dir - und was für eine Seligkeit ist es, dein kleines Frauchen zu sein. Wie schön, wenn du die liebe Olga besuchst. Das wird sie aufmuntern und dir gut tun. Ich werde dir einen Brief und einiges für die Verwundeten für sie mitgeben.

Ich liebe dich, wie kaum ein Mann jemals zuvor geliebt wurde, küsse dich und drücke dich zärtlich an mein altes Herz.
Auf immer dein altes
Frauchen

Maria an Nikolaus: 21. September, Zarskoje Selo

Ich gratuliere dir, mein lieber Papa, zu dem Sieg. Heute sind wir alle vier mit Mama zur Kirche gegangen. Wir haben allein zu Mittag gegessen und sind dann in den Zug mit den Verwundeten gegangen. Wir haben Anja besucht und mit ihr Tee getrunken.

Von dort aus sind wir in das große Schloss-Lazarett gegangen. Mama, Olga und Tatjana haben verbunden. Alexej und ich sind durch alle Krankensäle gegangen und haben mit fast jedem Soldaten gesprochen. Dann sind Mama, Alexej und ich heimgegangen, weil Mama die Barmherzigen Schwestern empfangen musste, die zur Front aufbrechen. Dann sind wir in unser kleines Lazarett gegangen, wo dein Kanonier liegt. Dort haben Mama und unsere Schwestern wieder Verbände angelegt, während Alexej und ich die Offiziere besuchten.

Wir haben alle vier mit Mama zu Abend gegessen. Alexej geht es gottlob gut. Ich schicke dir einen dicken Kuss, mein Liebster. Ich habe dich schrecklich lieb.
Deine Maria
Nächstes Mal musst du mich mitnehmen, sonst springe ich selbst in den Zug, denn ich vermisse dich. Schlaf gut.

Alexej an Nikolaus: 22. September, Zarskoje Selo

Mein lieber Papa,
ich freue mich sehr über den Sieg. Mir geht es besser. Ich liege aber noch im Bett. Anastasia hat versucht, M. Gilliard zu erwürgen. Wir warten alle auf dich.
Dein dich liebender Alexej

Maria an Nikolaus: 22. September, Zarskoje Selo

Mein lieber Papa!
Ich danke dir ganz schrecklich für dein Telegramm. Ich war gerade in Alexejs Zimmer, um zu beten, aber es stellte sich heraus, dass es Anastasia geschafft hat, direkt vor meiner Nase zu beten. Unmöglich! Ich habe ein Fieberbläschen an der Lippe.
Deine Maria

Anastasia an Nikolaus: 23. September, Zarskoje Selo

Mein großartiger Papa!
Ich schreibe wieder, während Shura mir das Haar zur Nacht bürstet. Olga ist bei einem Treffen, Tatjana ebenso. Anja war zum Abendessen bei uns; jetzt sitzt sie auf der Couch, Maria schreibt dir, und Mama ist gegangen, um nach Alexej zu sehen. Heute haben wir gelernt, und dann sind wir alle vier zum Lagerhaus gegangen. Wir haben eine Menge gearbeitet, aber es war auch recht lustig.

Ich will nicht ins Bett, bah! Ich möchte bei dir sein, wo auch immer du sein magst, denn ich weiß ja nicht, wo. Alexej geht es besser; er liegt im Bett und ist sehr guter Stimmung. Pjotr Wassiliewitsch [der russische Lehrer] und M. Gilliard lesen ihm vor und spielen mit ihm. Es tut mir Leid, dass ich so schlecht schreibe, aber meine Hand will nicht so recht.

Ich muss schlafen gehen. Ich küsse dich 1 000 000-mal, deine Hände und Füße. Ich grüße dich.
Dein ergebenes 13 Jahre altes Mädchen mit Namen Nastasia.
Schlaf süß und träum von mir, und ich will von dir träumen, dann sind wir quitt.

Pierre Gilliard: Memoiren

Als der Krieg 1914 ausbrach, war Olga neunzehn, und Tatjana hatte eben ihren siebzehnten Geburtstag gefeiert. Sie waren noch nie auf einem Ball gewesen. Die einzigen Partys, auf denen sie erschienen waren, waren eine oder zwei bei ihrer Tante, der Großfürstin Olga. Nach dem Ausbruch der Feindseligkeiten beseelte sie ein Gedanke und nur dieser eine: die Sorgen und Ängste ihrer Eltern zu lindern, indem sie sie mit einer Liebe umgaben, die sich in den rührendsten, zart fühlendsten Aufmerksamkeiten äußerte.

Hätte die Welt nur gewusst, welch ein Beispiel die Kaiserliche Familie mit ihrer zärtlichen, innigen Verbundenheit setzte! Aber wie wenige Menschen ahnten auch nur davon! Denn für die öffentliche Meinung war es gleichgültig, dem öffentlichen Blick entzogen.

Alexandra an Nikolaus: 24. September, Zarskoje Selo

Liebster, ich hoffe, du kannst jetzt besser schlafen. Von mir kann ich das nicht behaupten, das Hirn scheint immerzu zu arbeiten und niemals Ruhe zu brauchen. Hunderte von Gedanken und Verknüpfungen beschäftigen mich, und dann sind wir ja auch nie miteinander allein.

Aber jetzt muss ich versuchen, zu schlafen, damit ich mich morgen kräftiger fühle und nützlicher bin – ich hatte vor, so viel zu tun, während du fort bist, aber Becker [Periode] vereitelte alle meine Pläne und guten Vorsätze. Schlaf gut, mein Kleiner, mögen die heiligen Engel deinen Schlummer bewachen und die Gebete und Liebe deines Frauchens dich mit tiefer Ergebenheit und Liebe umgeben.

25. September: Guten Morgen, mein Schatz. Heute holt der *Feldjäger* [dtsch. im Original] den Brief erst später ab, also kann ich noch ein Weilchen schreiben.

Es gibt überall so viele Spione, dass es wohl wahr sein kann, aber es wäre sehr traurig, denn es gibt noch sehr viele treue Untertanen in den baltischen Provinzen. Dieser elende Krieg, wann wird er jemals enden? [Kaiser] Wilhelm muss von Zeit zu Zeit grässliche Augenblicke der Verzweiflung durchmachen, wenn er begreift, dass er es war, und vor allem seine antirussische Einstellung, die den Krieg begonnen hat und sein Land ins Verderben zieht. All die kleinen Staaten, sie werden jahrelang an den Nachwirkungen zu leiden haben.

Mir blutet das Herz, wenn ich daran denke, wie hart Papa und Ernie darum kämpften, unser kleines Land zu seinem gegenwärtigen Wohlstand zu bringen, in jeder Beziehung. Mit Gottes Hilfe wird hier alles gut gehen und glorreich enden, und es hat die

Stimmung gehoben, die vielen trägen Köpfe klar gemacht, Einheit in die Gefühle gebracht: im Hinblick auf die Moral ist es ein »gesunder Krieg«.

Ich wünsche mir nur, dass sich unsere Truppen in jeder Beziehung musterhaft verhalten und nicht rauben und plündern – überlassen wir diese Schrecken den preußischen Truppen. Es ist demoralisierend, und man verliert die echte Kontrolle über die Männer – sie kämpfen für ihren persönlichen Vorteil und nicht für die Ehre ihres Landes, wenn sie auf den Stand von Straßenräubern hinabsinken. – Es gibt keine Veranlassung, schlechten Beispielen nachzueifern. – Es gibt an allem gute und schlechte Seiten, und so ist es auch hier. Ein solcher Krieg sollte den Geist reinigen und nicht beschmutzen, ist es nicht so? – Einige Regimenter sind, wie ich weiß, sehr streng und versuchen, die Ordnung zu erhalten. Aber ein Wort von oben kann wohl nicht schaden. Das ist mein ureigenster Gedanke, Liebling, denn ich möchte, dass der Name der russischen Truppen später mit Ehrfurcht und Respekt ausgesprochen wird – und mit Bewunderung.

Die Menschen hier begreifen niemals ganz, dass der Besitz anderer Leute heilig ist und nicht angerührt werden darf – Sieg ist nicht gleichbedeutend mit Plünderung. Lass auch die Priester in den Regimentern den Männern ein paar Worte zu diesem Thema sagen.

Nun falle ich dir mit Dingen zur Last, die mich nichts angehen, aber es geschieht nur aus Liebe zu unseren Soldaten und ihrem Ruf.

Liebster Schatz, ich muss jetzt schließen und aufstehen. All meine Gebete und zärtlichsten Gedanken sind bei dir; möge Gott dir Mut, Kraft und Geduld verleihen. Und unser Freund hilft dir, dein schweres Kreuz und die große Verantwortung zu tragen – und alles wird sich fügen, denn das Recht ist auf deiner Seite. Ich segne dich, küsse dein teures Gesicht, deinen süßen Nacken und deine lieben Händchen mit aller Leidenschaft eines großen, liebenden Herzens. Wie schön, dich bald wieder zu haben.
Dein ganz eigenes altes
Frauchen

20. Oktober:
Mein über alles Geliebter, mein Ein und Alles,
oh, wie werde ich dich vermissen - ich bin schon dieser Tage so traurig, und das Herz ist mir so schwer - ich sollte mich schämen, wo sich doch Hunderte freuen, dich bald zu sehen - aber wenn man liebt, wie ich es tue - kann man nicht anders, als sich nach seinem Schatz zu sehnen.

Zwanzig Jahre ist es morgen her, dass ich konvertierte! Wie die Jahre dahingeflogen sind, wie viel wir zusammen durchgemacht haben. Verzeih mir, wenn ich mit Bleistift schreibe, aber ich liege auf dem Sofa, während du noch beichtest.

Ohne Ende küsse ich dich und drücke dich mit grenzenloser Liebe und Zärtlichkeit an mein Herz. Auf immer, mein Nicky, dein einziges kleines
Frauchen

22. Oktober:
Mein einziger Geliebter,
wir werden schlichte *isvotchiks* [Taxis] nehmen und in unserer Schwesterntracht gehen, um weniger Aufsehen zu erregen und weil es ja schließlich ein Krankenhaus ist, das wir besuchen. Mme. Becker [Periode] ist lästig; man wäre viel freier ohne sie. Wie entsetzlich, dass jemand von einem Flugzeug aus Bomben auf König Alberts [von Belgien] Villa geworfen hat, in der er jetzt lebt - Gott sei Dank ist nichts passiert, aber ich habe noch nie gehört, dass jemand versucht hat, einen Herrscher zu töten, nur weil er ein Kriegsgegner ist!

Ich habe deinem Kopfkissen einen Gutenachtkuss gegeben und mich danach gesehnt, dich bei mir zu haben - in Gedanken sehe ich dich, wie du in deinem Abteil liegst, beuge mich über dich und bedecke dein süßes Gesicht mit Küssen. O mein Liebster, wie ungeheuer teuer du mir bist; könnte ich dir nur helfen, deine schwere Bürde zu tragen - es lastet so viel auf dir.
Leb wohl, mein Liebster, ich segne dich und küsse dich, dein einziges
Frauchen

27. Oktober:
Mein einziger, süßer, lieber Nicky,
ich bin früh zu Bett gegangen, denn ich bin sehr müde – es war ein geschäftiger Tag, und als die Mädchen um 11 zu Bett gingen, sagte ich auch Anja gute Nacht. Ihre Laune mir gegenüber war heute früh nicht gerade liebenswürdig – man könnte es auch unhöflich nennen –, und heute Abend kam sie viel später, als sie angekündigt hatte, und war komisch zu mir. Sie flirtet heftig mit dem jungen Ukrainer – vermisst dich und sehnt sich nach dir – und ist von Zeit zu Zeit mächtig vergnügt. Sie fuhr (zufällig) mit einer ganzen Gruppe unserer Verwundeten in die Stadt und amüsierte sich im Zug prächtig – sie muss immer mittendrin sein und hinterher die ganze Zeit von sich und von ihren Bemerkungen über sie erzählen. Zu Anfang hat sie täglich um mehr Operationen gebeten, und nun langweilen sie sie, weil sie sie von ihrem jungen Freund fern halten, obwohl sie jeden Nachmittag zu ihm geht, und am Abend noch einmal.

Ich weiß, mein Nörgeln über sie ist nicht nett, aber du weißt ja, wie unangenehm sie sein kann. Du wirst sehen, bei deiner Rückkehr wird sie dir sagen, wie entsetzlich sie ohne dich gelitten hat, obwohl sie es ganz und gar genießt, mit ihrem Freund allein zu sein und ihm den Kopf zu verdrehen. Sei nett und standhaft, wenn du zurückkommst, und gestatte ihr keine Füßeleien und Ähnliches. Sonst wird sie hinterher noch schlimmer – sie braucht hin und wieder eine Abkühlung.
Stets deine einzige alte
Sunny

Pierre Gilliard: Memoiren

Die Beziehung zwischen Ihrer Majestät und Madame Wyrubowa war sehr eng, und es verging kaum ein Tag, an dem sie Ihre Kaiserliche Herrin nicht besuchte. Die Freundschaft bestand seit vielen Jahren. Madame Wyrubowa hatte sehr jung geheiratet. Ihr

Mann war ein degenerierter Gewohnheitstrinker, dem es gelang, seiner jungen Frau einen tiefen Hass gegen ihn einzupflanzen. Sie trennten sich, und Madame Wyrubowa suchte Erlösung und Trost in der Religion. Ihr Unglück verband sie mit der Zarin, die selbst so viel gelitten hatte und sich danach sehnte, sie zu trösten. Die junge Frau, die so viel hatte durchmachen müssen, gewann ihr Mitleid. Sie wurde die Vertraute der Zarin, und die Freundlichkeit, die die Zarin ihr erwies, machte sie ihr zu einer lebenslangen Sklavin.

Madame Wyrubowas Grundstimmung war sentimental und mystisch, und ihre grenzenlose Zuneigung zu der Zarin war eine echte Gefahr, weil sie unkritisch war und ihr jeder Sinn für die Wirklichkeit fehlte.

Die Zarin konnte einer so feurigen und selbstgewissen Ergebenheit nicht widerstehen. Herrisch wie sie war, wollte sie ihre Freunde für sich, und nur für sich. Sie pflegte nur solche Freundschaften, in denen sie ganz sicher sein konnte, der dominierende Partner zu sein. Ihr Vertrauen musste durch vollkommene Selbstverleugnung belohnt werden. Sie erkannte nicht, dass es recht unklug war, Demonstrationen dieser fanatischen Loyalität noch zu ermutigen.

Madame Wyrubowa hatte den Verstand eines Kindes, und ihre unglücklichen Erlebnisse hatten ihre Empfindsamkeiten verstärkt, ohne dass ihr Urteilsvermögen dabei gereift wäre. Mit ihrem Mangel an Geist und Erkenntnisfähigkeit war sie ein Opfer ihrer plötzlichen Eingebungen. Ihre Ansichten über Menschen und Dinge waren unüberlegt, aber trotzdem umfassend. Ein vereinzelter Eindruck genügte, um ihr beschränktes und kindliches Verständnis zu überzeugen. Sie ordnete Menschen nach dem Eindruck, den sie auf sie machten, sofort als »gut« oder »schlecht« ein – mit anderen Worten, als »Freunde« oder »Feinde«.

Ohne jeden Hinblick auf persönlichen Vorteil, aus reiner Zuneigung zur kaiserlichen Familie und ihrem Wunsch, hilfreich zu sein, versuchte Madame Wyrubowa, die Zarin über das auf dem Laufenden zu halten, was vor sich ging, ihr ihre Vorlieben und

Abneigungen zu vermitteln und über sie den Lauf der Dinge bei Hofe zu beeinflussen. Aber in Wirklichkeit war sie das fügsame und unbewusste, aber deshalb nicht weniger schädliche Werkzeug einer Gruppe skrupelloser Individuen, die sie für ihre Intrigen benutzten. Sie war unfähig zu politischem Handeln oder bewusst verfolgten Zielen und konnte nicht einmal erraten, was für ein Spiel diejenigen trieben, die sie für ihre eigenen Interessen benutzten. Ohne jede Willenskraft stand sie absolut unter dem Einfluss von Rasputin und war zu seiner glühendsten Anhängerin bei Hofe geworden.

Anastasia an Nikolaus: 28. Oktober, Zarskoje Selo

Mein goldiger, guter, lieber Papa,
wir haben gerade das Abendessen beendet, und nun sende ich dir meine hübsche Karte. Ich bin sicher, sie wird dir gefallen. Heute habe ich bei unserem Soldaten gesessen und ihm beim Lesen geholfen, was mir große Freude gemacht hat. Er hat hier begonnen, lesen und schreiben zu lernen. Es sind wieder zwei arme Kerle gestorben; wir waren erst gestern noch bei ihnen.

Olga schlägt Maria, und Maria schreit wie eine Irre. Ein Dragoner und ein großer Idiot. Olga schickt dir noch einen dicken Kuss. Ich habe mich schon gewaschen und muss jetzt ins Bett. Morgen werde ich diesen Brief fertig schreiben.

Grüße an Seine Kaiserliche Majestät! Guten Morgen! Ich trinke jetzt meinen Tee. Ich habe gut geschlafen, ohne Mama und meine Schwestern. Jetzt habe ich gleich meine Russisch-Stunde. Pjotr Wassiliewitsch liest Turgenjews *Aufzeichnungen eines Jägers*. Es ist sehr interessant.
Ich wünsche dir alles Gute. 1 000 000 dicke Küsse.
Deine ergebene und dich getreulich liebende Tochter, die 13-jährige Dienerin Gottes
Nastasia
Möge Gott dich behüten.

Tatjana an Alexandra: 29. Oktober, Zarskoje Selo

Mein süßer Liebling, liebste Mama,
ich hoffe so sehr, dass du gut schläfst und morgen nicht so müde bist, weil du morgen wahrscheinlich so viel zu tun haben wirst.

Bitte verzeih mir, liebste Mama, wenn ich dich jemals unabsichtlich verletzt habe, indem ich etwas über dein früheres Zuhause gesagt habe, aber wenn ich tatsächlich etwas sage, ist es immer, ohne darüber nachzudenken, dass es dich verletzen könnte oder so, denn wirklich, wenn ich an dich denke, denke ich nur, dass du unser Engel bist, liebe Mama – eine Russin, und immer vergesse ich, dass das nicht immer so war und dass du ein anderes Zuhause hattest, bevor du hierher zu Papa kamst.

Verzeih mir, Liebes. Nun leb wohl. Ich bete, dass Gott dir einen guten Schlaf schenkt und dass du morgen gesund und munter bist.
1000 Küsse an meine einzige liebe, süße, teure Mama, von ihrer ewig liebenden, dankbaren und treuen Tochter
Tatjana

Alexandra an Tatjana: 29. Oktober, Zarskoje Selo

Danke dir, Liebchen, für deine liebevollen Worte. Ihr verletzt mich nicht, meine kleinen Mädchen, aber die älteren von euch mögen es wohl manchmal denken. Aber es ist alles ganz natürlich.

Ich verstehe die Gefühle aller Russen vollkommen und *kann nicht* gutheißen, was unsere Feinde tun. Es ist *zu* schrecklich, und deshalb schmerzt mich ihr grausames Verhalten sehr – auch das, was ich von dort draußen höre. Ich bin *ziemlich* russisch, wie du sagst, aber ich kann meine alte Heimat nicht vergessen.
1 000 Küsse
Mama+

Pierre Gilliard: Memoiren

Tatjana war recht reserviert, von Grund auf ausgeglichen und eigenwillig, aber weniger freimütig und spontan als ihre ältere Schwester. Sie war nicht so begabt, aber diese Unterlegenheit wurde durch mehr Durchhaltevermögen und Ausgeglichenheit wettgemacht. Sie war hübsch, hatte aber nicht ganz den Charme von Olga Nikolajewna.

Wenn die Zarin irgendeinen Unterschied zwischen ihren Kindern machte, dann war Tatjana Nikolajewna ihr Liebling. Nicht dass ihre Schwestern ihre Mutter weniger liebten, aber Tatjana wusste sie mit unermüdlicher Aufmerksamkeit zu umgeben, und sie gab ihren eigenen Launen nie nach. Durch ihr gutes Aussehen und ihre Kunst der Selbstdarstellung verdrängte sie ihre Schwester Olga in der Öffentlichkeit etwas, während die Letztere, die nie an sich selbst dachte, sich in die zweite Reihe stellte. Dabei waren die beiden Schwestern einander leidenschaftlich zugetan. Sie waren im Alter nur achtzehn Monate auseinander, und schon das bedeutete eine Bindung.

Alexej an Nikolaus: 30. Oktober, Zarskoje Selo

Lieber Papa,
wir haben immer noch feuchtes Wetter, aber die Luft ist klar. Wir haben heute ein Feuer gemacht, und ich habe mir das Gesicht mit Ruß eingeschmiert.
Gott schütze dich!
Dein dich liebender Alexej

Alexandra an Alexej: 31. Oktober, Zarskoje Selo

Mein einziger Junge!
Ich bin entsetzlich traurig, weil du nicht bei mir bist, aber ich weiß, dass Papa uns sehnsüchtig erwartet. Meine Gebete und Ge-

danken sind immer bei dir. Lern schön, iss schnell und viel – renn nicht zu viel herum.

Du darfst abends mit deinen Schwestern beten – und dann werde ich an euch denken. Ich hoffe, euch am Samstagabend zu sehen.

Schickt Nachricht durch Telegramme, ich warte sehnsüchtig darauf. Ich bin nicht gern so lange von meinem Kleinen fort und werde ihn sehr vermissen.

Sei brav, meine Freude, und folgsam.

Leb wohl, mein Sonnenschein. Möge Gott dich beschützen. Ich segne dich und küsse dich zärtlich.

Deine einzige
Mama

Schlaf gut. Wir kommen bald zurück.

Nikolaus zu Maurice Paléologue [während einer Audienz] – aus Paléologues Memoiren:

»Was wir uns als erstes Ziel vornehmen müssen, ist die Zerstörung des deutschen Militarismus, das Ende jenes Alptraums, unter dem Deutschland seit mehr als vierzig Jahren zu leiden gezwungen ist. Wir müssen es dem deutschen Volk unmöglich machen, an Vergeltung auch nur zu denken. Wenn wir uns von Gefühlen hinreißen lassen, wird es binnen kurzem einen weiteren Krieg geben. Was die genauen Bedingungen für einen Frieden angeht, kann ich Ihnen gleich sagen, dass ich hier und heute alle Bedingungen akzeptiere, die Frankreich und England im eigenen Interesse vorzuschlagen für ihre Pflicht halten.«

Alexandra an Olga: 13. November, Zarskoje Selo

Mein Olgakind,
ich danke dir, Liebchen, für deine liebevollen Zeilen.

Morgen ist auch dein Tauftag. Stell dir vor, jetzt sind seitdem schon 19 Jahre vergangen.
Schlaf gut, und Gott segne dich. 1 000 Küsse von deiner einzigen, alten
Mama

Pierre Gilliard: Memoiren

Olga begriff alles außerordentlich schnell, und es gelang ihr immer, dem Gelernten eine originelle Wendung zu geben. Ich erinnere mich noch gut, wie sie mich in einer unserer ersten Grammatikstunden, als ich die Bildung von Verben und den Gebrauch von Hilfsverben erklärte, unterbrach und sagte: »Ich verstehe, Monsieur. Die Hilfsverben sind die Diener der Verben. Nur das arme ... avoir ... muss sich allein umziehen.«

Mischa an Nikolaus: 15. November, St. Petersburg

Lieber Nicky,
anlässlich meines Aufbruchs in den Krieg, aus dem ich vielleicht nicht zurückkehre, möchte ich eine Bitte an dich richten, die du mir hoffentlich nicht abschlagen wirst und die nur von dir abhängt.

Es fällt mir sehr schwer wegzugehen und meine Familie in einer so zweideutigen Position zurückzulassen. Ich wünsche mir für meinen geliebten Sohn, dass er gesellschaftlich als mein Sohn anerkannt wird und nicht als Sohn eines unbekannten Vaters, wie es in seiner Geburtsurkunde steht. Es schmerzt mich, daran zu denken, ich bin von diesem Gedanken wie besessen zu einer Zeit, da meine Seele voller Verlangen und Bereitschaft ist, unserem geliebten Land zu dienen.

Nimm mir die Last der Sorge, dass, wenn mir etwas zustoßen sollte, mein Sohn mit dem Stigma der Illegitimität (der Geburt außerhalb einer Ehe) aufwachsen müsste.

Was andere Leute angeht, wird die Frage einer Legitimierung von Kindern, die vor der Ehe geboren sind, vor Gericht ohne weiteres entschieden, aber im Falle meines Sohnes ist das Gericht machtlos! Du allein kannst es tun, denn es ist dein Recht. Ich bitte dich, dein Privileg zu nutzen und Anweisung zu geben, dass mein Sohn Georgy, den Natalia vor unserer Ehe bekam, als unser legitimer Sohn anerkannt wird. Erspare ihm auf diese Weise für die Zukunft die schwierige Situation, die ich beschrieben habe. Im Augenblick ist er sich der Situation noch nicht bewusst, aber in Zukunft wird er es sehr zu spüren bekommen.

Und schließlich ist es nicht seine Schuld! Hab Mitleid mit ihm und mit mir als seinem Vater!

Dies ist vielleicht meine letzte persönliche Bitte. Um die Sache zu beschleunigen, lege ich die Geburts- und Taufurkunde meines Sohnes Georgy bei.[6]

Ich umarme dich wärmstens, lieber Nicky, dein dich liebender
Mischa

Alexandra an Nikolaus: 17. November, Zarskoje Selo

Mein Geliebter,
lass uns hoffen, dass sie [Anja Wyrubowa] sich im Zaum hält. Ich nehme das alles jetzt viel gelassener und mache mir über ihre Unhöflichkeit und ihre Launen nicht mehr so viel Gedanken wie früher. Der Bruch kam durch ihr Verhalten und ihre Worte auf der Krim zustande. Wir sind Freundinnen, und ich habe sie sehr gern, und das wird auch so bleiben, aber etwas ist verschwunden, durch ihr Verhalten uns beiden gegenüber ist eine Verbindung zu Bruch gegangen – sie wird mir nie mehr so nahe sein wie früher.

Man versucht, den Kummer zu verbergen und nicht zu stolz zu sein – immerhin ist es für mich schwieriger als für sie, obwohl sie das nicht so sieht. Du bist alles für sie, und ich habe die Kinder – aber sie hat mich, und sie sagt doch, sie liebt mich. Es

ist nicht wert, darüber zu sprechen, und es interessiert dich wohl auch gar nicht.
Ich segne dich, bedecke dich mit Küssen und drücke dich sanft an mein zutiefst liebendes altes Herz.
Immer, mein Nicky, dein
Frauchen

Nikolaus an Alexandra: 18. November, im Zug

Meine geliebte Sunny und liebes Frauchen,
wir haben zu Mittag gegessen, und ich habe mit feuchten Augen deinen lieben, zärtlichen Brief gelesen. Diesmal ist es mir gelungen, mich im Augenblick der Trennung zu beherrschen, aber es war ein harter Kampf.

Mein Liebchen, ich vermisse dich entsetzlich, viel mehr, als ich dir sagen konnte.

Jeden Tag wird ein Bote mit Nachrichten die Stadt verlassen. Ich werde versuchen, oft zu schreiben, da ich zu meiner eigenen Überraschung schreiben kann, während der Zug fährt!

Mein Hängebalken hat sich als sehr praktisch und nützlich erwiesen. Ich habe mich vor dem Essen daran gehängt und viele Klimmzüge gemacht. Es tut einem im Zug wirklich gut, hält das Blut in Bewegung und den ganzen Körper in Schwung!

Der hübsche Rahmen, den du mir geschenkt hast, gefällt mir sehr gut; er liegt vor mir auf dem Tisch, zur Sicherheit, denn ein scharfer Schlag könnte den schönen Stein zerbrechen.

All die kleinen Bilder sind gut, bis auf das von Maria. Ich bin sicher, jeder wird es verstehen.

Es freut und tröstet mich so sehr, dich wohlauf zu wissen und zu sehen, dass du so viel für die Verwundeten tust. Wie unser Freund sagte, es ist eine Gottesgnade, dass du zu einer solchen Zeit in der Lage bist, so viel zu tun und auszuhalten. Glaube mir, meine Liebe, fürchte dich nicht, sondern sei deiner selbst *sicherer*, wenn du allein bist, und alles wird reibungslos und erfolgreich verlaufen.

Nun, Gott segne dich + mein liebes Frauchen. Ich küsse dich und die Kinder voller Zärtlichkeit. Schlaf gut und versuche, nicht zu denken, dass du einsam bist!
Stets dein Huzy
Nicky

Alexandra an Nikolaus: 21. November, Zarskoje Selo

Mein Liebster,
ich will den *Feldjäger* [dtsch. im Original] morgen nicht ohne einen Brief an dich ziehen lassen. Folgendes Telegramm erhielt ich eben von unserem Freund: »Wenn du die Verwundeten tröstest, tut Gott seinen Namen kund durch deine Freundlichkeit und ehrenvolle Arbeit.« So rührend, und es muss mir die Kraft geben, meine Scheu zu überwinden. Es ist so traurig, die Kleinen zurückzulassen!

Nun, Licht meines Lebens, leb wohl. Gott segne und schütze dich und halte allen Schaden von dir fern. Ich weiß nicht, wann und wo dich dieser Brief erreicht.
Ich segne dich ohne Ende und sende dir die zärtlichsten Küsse von uns allen.
Ganz allein deine
Sunny

Alexej an Nikolaus: 24. November, Zarskoje Selo

Lieber Papa,
gestern haben wir Krieg gespielt. Ich habe den feindlichen Schützengraben augenblicklich erobert, wurde aber sofort zurückgeworfen und gefangen genommen. Aber im gleichen Augenblick habe ich mich losgerissen und bin abgehauen. Es geht mir gut.
Wie geht es deiner Gesundheit? Schreib mir!
Ein dicker Kuss. Möge Gott dich beschützen!
Dein dich liebender Alexej

Nikolaus an Alexandra: 25. November, im Zug

Mein geliebter Sunny-Liebling,
der Zug rüttelt furchtbar, entschuldige meine Schrift.

Ein wunderbar reiches Land, das Land der Kosaken, viele Obstgärten, sie werden wohlhabend, und dann diese *unglaublich* große Zahl kleiner Kinder, Säuglinge, künftige Untertanen! All das macht mich außerordentlich froh, und mit Zutrauen in Gottes Gnade kann ich beruhigt auf das blicken, was Russland noch bevorsteht.

In diesem Augenblick wurde das Telegramm unseres Freundes überbracht, an einem kleinen Bahnhof, wo ich etwas herumlief. Ich denke, es ist sehr tröstlich!
Nun, mein Liebchen, muss ich schließen. Ich küsse dich und die lieben Kinder zärtlich und innig. Sehne mich so nach dir und brauche dich so!! Gott segne & behüte dich +!
Nicky

Alexandra an Nikolaus: 28. November, Zarskoje Selo

Mein Teurer,
zu meinem Schrecken sah ich die Ankündigung in den Zeitungen, dass in allen Restaurants und Cabarets (mit schlechtem Ruf) *Getränke* zugunsten meiner *Verpflegungslager* (mein Name in Großbuchstaben) ausgeschenkt würden, bis 3 Uhr morgens (wo doch jetzt alle Restaurants um 12 geschlossen werden), und dass zu meinen Gunsten Tango und andere Tänze getanzt würden. Es machte einen schockierenden Eindruck – du hast (Gott sei Dank) Wein verboten, und ich soll seinen Genuss nun zugunsten des Lagers sozusagen fördern – alle waren erschrocken und mit Recht wütend, auch die Verwundeten. Und die Adjutanten der Minister sollten Geld sammeln. Es gab keine Möglichkeit mehr, das Ganze aufzuhalten, also wiesen wir Obolenskij an, den Rest um 12 zu schließen, die anständigen Lokale ausgenommen.

Grüße an N. P.[8] Wie schön, dass ihr beiden alten Sünder ein paar hübsche Gesichter zu sehen bekommt – ich sehe mehr andere Körperteile, weniger hübsche!!
Frauchen

Alexej an Nikolaus: 28. November, Zarskoje Selo

Mein lieber Papa!
Sie haben mir einen Soldatenrock gemacht, und darin habe ich heute Wache gestanden. Heute hat mir P. V. P. [Pjotr Wassiliewitsch, der russische Lehrer] aus Petrograd drei Klappspaten in ledernen Hüllen mitgebracht. Es regnet seit drei Tagen, deshalb konnten wir nicht spielen. Ich lerne ganz gut und fühle mich wohl.
Schreib mir! Der Herr möge dich beschützen! Einen dicken Kuss von
Alexej

Pierre Gilliard: Memoiren

Alexej war der Mittelpunkt dieser einigen Familie, der Brennpunkt aller Hoffnungen und Zuneigungen. Seine Schwestern beteten ihn an, und er war der Stolz und die Freude seiner Eltern.

Wenn er gesund war, war der Palast wie verwandelt. Alles und jedermann schien in Sonnenschein getaucht. Mit seiner von Natur aus fröhlichen Art hätte er sich ganz normal und erfolgreich entwickelt, wäre er nicht von seiner Krankheit gehemmt worden.

Jede seiner Krisen bedeutete Wochen und manchmal Monate striktester Aufmerksamkeit, und wenn die Blutung schwer gewesen war, folgte ihr ein Zustand allgemeiner Blutarmut, die alle schwere Arbeit für ihn unmöglich machte, manchmal über einen beträchtlichen Zeitraum.

Alexej an Nikolaus: 29. November, Zarskoje Selo

Liebster Papa,
morgen werde ich ein bisschen Geld bekommen. Derewenko gibt mir seine gelben Stiefel. Ich soll sie schwarz machen. Das Wetter ist nicht besonders, leichter Frost, aber kein Schnee. Ich habe diese Woche recht gut gearbeitet. Heute gibt es Kino. Ich fühle mich allein die ganze Zeit ohne dich. Ich hoffe, dich bald zu sehen. Bleib gesund! Schreib mir!
Gott schütze dich! Einen dicken Kuss von
deinem dich liebenden Alexej

Alexandra an Nikolaus: 1. Dezember, Zarskoje Selo

Unser Freund hat gekabelt: »Wer mit irdischem Glück gekrönt wird, dem folgt der Zorn des Himmels.«

17. Dezember: Heute früh hat unser Freund ihr [Anja] am Telefon gesagt, er sei ein wenig beruhigter über die Nachrichten, die er hört.
Ich küsse dich ganz zärtlich und segne dich. Stets, mein Nicky,
deine dich innig liebende
Sunny

Maurice Paléologue: Memoiren, 25. Dezember, St. Petersburg

Ich habe gehört, dass die Kaiserin beschuldigt wird, in ihrem Herzen Sympathien, Vorlieben und eine warme Ecke für Deutschland bewahrt zu haben. Die unglückliche Frau verdient diese Anschuldigungen keineswegs; sie weiß alles darüber, und es schmerzt sie sehr.

Alexandra ist weder in ihrem Sinn noch im Geist deutsch und war es nie. Natürlich ist sie gebürtige Deutsche, jedenfalls auf der väterlichen Seite. Aber von der Mutter her ist sie englisch.

1878, im Alter von sechs Jahren, verlor sie ihre Mutter und hat von da an regelmäßig am englischen Hof gelebt. Ihr Aufwachsen, ihre Erziehung und geistige und moralische Entwicklung wurden so recht englisch. Sie ist immer noch englisch in ihrer äußeren Erscheinung, ihrer Haltung, eine gewisse Neigung zu Inflexibilität und Puritanismus, der kompromisslosen und kriegerischen Strenge ihres Gewissens.

In ihrem innersten Wesen ist sie gänzlich russisch geworden. Ich hege keine Zweifel an ihrem Patriotismus. Ihre Liebe zu Russland ist tief und treu. Und warum sollte sie nicht ihrem angenommenen Land ergeben sein, das für alles steht, was ihr als Frau, Ehefrau, Herrscherin und Mutter lieb ist? Als sie 1894 den Thron bestieg, wusste sie schon, dass sie Deutschland nicht mochte, vor allem Preußen. In den letzten Jahren hat sie eine persönliche Abneigung gegen Kaiser Wilhelm entwickelt, und ihm ausschließlich schreibt sie die Verantwortung für den Krieg zu, diesen »verwerflichen Krieg, der Christus' Herz jeden Tag bluten lässt [...]«.

Aber ihre moralische Naturalisierung ist weiter gegangen. Durch einen seltsamen Prozess geistiger Ansteckung hat sie allmählich die ältesten und charakteristischen Elemente der russischen Seele aufgesogen, all jene rätselhaften, emotionalen und visionären Elemente, die ihren höchsten Ausdruck im religiösen Mystizismus finden.

Ihre morbiden Neigungen hat sie von der Seite ihrer Mutter geerbt ..., bei ihrer Schwester Elisabeth [Ella] äußern [sie] sich als eine Art mildtätige Überhöhung ... Diese angeborenen Neigungen, die mehr oder weniger korrigiert worden wären, wenn sie weiterhin im praktischen, ausgeglichenen Westen gelebt hätte, haben in Russland eine Atmosphäre gefunden, die ihre perfekte Ausbildung außerordentlich förderte. Sind nicht alle diese Symptome – moralische Rastlosigkeit, chronische Schwermut, vager Kummer, die Schiffschaukel von Begeisterung und Verzweiflung, die Besessenheit durch das Unsichtbare und das Leben nach dem Tod, abergläubische Leichtgläubigkeit –, die auch herausragende Merkmale in der Persönlichkeit der Kaiserin sind, dem russischen Volk traditionell und angeboren?

Alexandras unterwürfige Akzeptanz von Rasputins Aufstieg ist nicht weniger auffällig. Sie verhält sich genau wie eine der alten Moskauer Zarinnen, wenn sie in Rasputin einen »Mann Gottes« sieht, einen »Heiligen, der – wie Christus – von den Pharisäern verfolgt wird«, oder wenn sie ihm die Gaben der Prophezeiung, Wundertätigkeit und des Exorzismus zuschreibt oder glaubt, dass der Erfolg einer politischen Maßnahme oder einer militärischen Operation von seinem Segen abhängt.

Anmerkungen 1914

1 Fürst K. A. Bagration-Muchranskij, ein Adjutant des Kaisers und KR's Schwiegersohn.

2 Stana und Militsa, die montenegrinischen Großfürstinnen.

3 Britischer Gesandter in Russland 1910–1917.

4 Der Familien-Spitzname für KR's Frau.

5 Gilliard war Schweizer.

6 Georgy wurde im März 1915 legitimiert.

8 N. P. Sabline, Nikolaus' Adjutant.

1915

Nikolaus:	Zar von Russland
Alexandra:	seine Frau, Zarin von Russland
Mischa:	Großfürst Michail, Nikolaus' Bruder, verheiratet mit Natalia Wulfert (Brassowa)
Olga (Schwester):	Großfürstin, Nikolaus' jüngere Schwester
Olga:	älteste Tochter von Nikolaus und Alexandra, zwanzig Jahre alt
Tatjana:	zweite Tochter von Nikolaus und Alexandra, neunzehn Jahre alt
Maria:	dritte Tochter von Nikolaus und Alexandra, sechzehn Jahre alt
Anastasia:	vierte Tochter von Nikolaus und Alexandra, vierzehn Jahre alt
Alexej:	Thronerbe und Zarewitsch, Sohn von Nikolaus und Alexandra, elf Jahre alt

KR:	Großfürst Konstantin Konstantinowitsch, Nikolaus' Vetter
Großfürst Andrej:	Sohn von Großfürst Wladimir und Maria Pawlowna d. Ä.
George:	König George V. von England, Vetter ersten Grades von Nikolaus und von Alexandra
Fürst Felix Jussupow:	Ehemann von Irina, der Tochter von Xenia und Sandro
Maria Pawlowna: (die Jüngere)	Tochter von Nikolaus' Onkel, Großfürst Pawel, Schwester von Dimitri Pawlowitsch
Anja Wyrubowa:	Hofdame und enge Freundin von Alexandra
Pierre Gilliard:	Schweizer Hauslehrer der Zarenkinder
Maurice Paléologue:	französischer Botschafter in Petrograd
W. A. Jukowskaja:	eine Frau aus Rasputins Umkreis

1915
Liebesbriefe

Anja Wyrubowa wird bei einem Zugunglück schwer verletzt – Die Jussupows bekommen eine Tochter, Irina – Alix beginnt Nikolaus zu drängen, er möge seinen Onkel Nikolaj Nikolajewitsch (Nikolascha) als Oberkommandant der Armee ersetzen – 21. Jahrestag der Verlobung von Nikolaus und Alix – KR stirbt – Alix gewinnt zunehmend Einfluss auf die Politik und schöpft Misstrauen gegen ihre Schwester Ella und die Moskauer Clique, die sie als ihre Gegner einschätzt – Mischa schreibt von der Front an seine Frau Natalia – Rasputin wird in der Presse angegriffen – Russische Truppen erleiden schwere Verluste – Nikolaus übernimmt das Oberkommando der Armee – Alexej begleitet seinen Vater an die Front – Er erleidet erneut eine Blutung, und Nikolaus muss ihn nach Zarskoje zurückbringen

Pierre Gilliard: Memoiren

Ein weiteres Ergebnis des Krieges, ebenso angenehm wie unerwartet, war, dass sich Rasputin in den Hintergrund zurückgezogen hatte. Ende September war er aus Sibirien zurückgekehrt, vollkommen geheilt von der schrecklichen Wunde, die seinem Leben um ein Haar ein Ende gesetzt hätte. Aber alles deutete darauf hin, dass er seit seiner Rückkehr mehr oder weniger vernachlässigt wurde. Jedenfalls wurden seine Besuche immer seltener. Tatsächlich war es Alexej während des Winters so viel besser gegangen, dass man auf sein Eingreifen nicht angewiesen war, und so fand er sich seiner großen Unterstützer beraubt.

Aber alles in allem blieb seine Macht ziemlich stark. Ich konnte mich wenig später davon überzeugen, als Madame Wyrubowa bei einem entsetzlichen Zugunglück beinahe getötet worden wäre. Sie war beinahe tot, als man sie unter den Bruchstücken des zerschmetterten Wagons hervorzerrte, und war in einem anscheinend hoffnungslosen Zustand nach Zarskoje gebracht worden.

Nikolaus: Tagebuch, 2. Januar, Zarskoje Selo

Hielt den ganzen Morgen bis 1.15 Audienz. Ging um 2 Uhr mit den Kindern zur Manège, wegen des Weihnachtsbaums für die Verwundeten. Machte einen Spaziergang. Erfuhr von Wojekow,[1] dass es um 6 Uhr zwischen Zarskoje Selo und der Stadt eine Kollision zweier Züge gegeben habe. Neben anderen wurde auch die arme Anja schwer verletzt und wurde hierher ins Schloss-Lazarett gebracht. Ging um 11 Uhr zu ihr. Ihre Eltern waren bei ihr. Grigorij kam später.

3. Januar: Morgens hörten wir, dass es Anja etwas besser ging. Alix ging zu einer Operation und blieb bis fast um eins.

Vor den Berichten machte ich einen Spaziergang von zwanzig Minuten. Sabline[2] war zum Mittag- und Abendessen da (als

Diensthabender). Ging mit den Kindern zum Weihnachtsbaum in der Manège, und dann ins Lazarett, um Anja zu besuchen. Saß bei ihr; besuchte auch noch drei Verwundete aus Nischni Nowgorod.

Wir gingen alle zusammen zum Tee zurück. Las bis zum Abendessen.

4. Januar: Ging mit den Kindern zur Kirche. Der letzte Weihnachtsbaum in der Manège, mit einem *Lezghinka*-Tanz am Ende.

Wir besuchten Anja im Lazarett: Gott sei Dank geht es ihr besser, obwohl sie am ganzen Körper Schmerzen hat. Machte vor dem Tee noch einen Spaziergang im Dunkeln. Empfing um 6 Uhr Trepow. Las den ganzen Abend.

Maurice Paléologue: Memoiren, 6. Januar

Er gab ihr einen schallenden Handkuss. Es war Rasputin.

Mit einem schnellen Blick auf mich fragte er: »Wer ist das?«

Madame O. stellte mich vor. Er fuhr fort: »O ja, der französische Botschafter! Ich bin erfreut, ihn kennen zu lernen. Er ist genau der Mann, den ich treffen möchte.«

Er begann derartig loszurattern, dass Madame O., die als Dolmetscherin fungierte, nicht einmal Zeit zum Übersetzen blieb.

So konnte ich ihn mir genau ansehen. Dunkles, langes und schlecht gekämmtes Haar, steifer schwarzer Bart, hohe Stirn, breite Adlernase. Aber der ganze Gesichtsausdruck war in den Augen konzentriert: hellblaue Augen mit einem seltsamen Funkeln, mit Tiefe und Faszination. Sein Starren war gleichzeitig durchdringend und zärtlich, naiv und schlau, direkt und doch entrückt. Wenn er aufgeregt war, schienen seine Pupillen magnetisch zu werden.

In kurzen, abgehackten Sätzen und mit reichem Gestikulieren gab er mir ein pathetisches Bild der Leiden, die dem russischen Volk durch den Krieg aufgebürdet worden waren: »Es gibt zu viele Tote und Verwundete, zu viele Witwen und Waisen, nichts als Zerstörung und Tränen! Denken Sie an all die armen Kerle, die niemals zurückkehren werden, und machen Sie sich klar, dass jeder von ihnen fünf, sechs ... zehn Menschen zurücklässt, die ihn nur noch beweinen können!! Ich kenne Dörfer, in denen jeder Trauer trägt ... Und was ist mit denjenigen, die zurückkommen! Wie sehen sie aus! Ohne Beine, ohne Arme, blind! ... Es ist furchtbar! Der russische Boden wird zwanzig Jahre lang nichts anderes hergeben als Kummer!«

»Ja, in der Tat, es ist schlimm genug«, sagte ich. »Aber es wäre noch viel schlimmer, wenn all diese Opfer vergeblich wären. Ein Frieden, der kein Frieden wäre, ein Frieden, der nur das Ergebnis der Kriegsmüdigkeit wäre, wäre nicht nur ein Verbrechen an unseren Toten: Er würde auch innere Krisen mit sich bringen, von denen sich unsere Länder niemals erholen könnten.«

»Da haben Sie Recht. Wir müssen weiterkämpfen bis zum Sieg.«

W. A. Jukowskaja: Memoiren

Ich erinnere mich an diesen seltsamen Mann mit seiner leisen, heiseren Stimme, dem rätselhaften Lächeln auf den dünnen, blassen Lippen, dem magnetischen Blick, der für kurze Augenblicke in den klaren Augen aufflackerte, die nicht einfach mit der Pupille, sondern in ihrer Gesamtheit blickten, hinter deren unscheinbarer Iris manchmal jemand hervorschaute, jemand Schreckliches, Mächtiges, der einen in ein undurchdringliches Labyrinth lockte, wo er einen gerne führen wollte, solange man denn allein wieder herausfand.

Ich erinnere mich an diese seltsame Fähigkeit, sich augenblicklich zu verändern, wie ein Zauberer aus alten Zeiten: Ein Schlag auf den Boden, und schon springt ein Wolf hervor, ein Überschlag, und ein schwarzer Rabe fliegt auf. Ein Fall auf den Boden wie ein Stein – und ein Waldkobold kriecht davon. So war es auch hier: Den einen Augenblick saß ein schlichter Bauer da, der nicht einmal lesen konnte, ein ungehobelter Mann, der sich von Zeit zu Zeit kratzte, dessen Zunge sich ungeschickt bewegte und dem die Worte mühsam über die Lippen kamen, wie eine schlecht befestigte Ladung. Und im nächsten Moment verwandelt er sich in einen begeisterten Propheten – den Hüter eines Geheimnisses, das nur er allein kennt – und lädt einen ein, ihm in die Höhen geistiger Entdeckungen zu folgen, in einen Bereich, der bisher unbekannt war, wo Sünde und Wahrheit sich harmonisch vermischen. Aber dann verwandelt sich der Wechselbalg wieder, fletscht in wilder, tierischer Sinnlichkeit die weißen Zähne, hinter dem schweren Schleier von Runzeln winkt jemand schamlos, ein habgieriger, zügelloser Mensch, wie ein junges Tier, liebkost einen wie ein Tier mit einem verborgenen Hunger nach Zerstörung.

Der unsichtbare Werwolf schlägt ein letztes Mal auf den Boden, und anstelle des zügellosen Störenfrieds sitzt dort ein grauer sibirischer Wanderer, der seit dreißig Jahren Gott auf dieser Erde sucht, der mit sanfter Ruhe über die blauen Seen, die endlosen Wälder, die Moosbetten spricht. Seine Worte sind schlicht und ohne Falsch, er selbst ist ohne Falsch – aber wie lange?

Felix Jussupow: Memoiren

Es besteht kein Zweifel, dass der *staretz* [Rasputin] hypnotische Kräfte besitzt.

Alexandra an Nikolaus: 27. Januar, Zarskoje Selo

Mein einziger, geliebter Nicky,
wir hatten heute früh eine Operation – ziemlich lang, aber alles ging gut. Anjas Genesung schreitet ganz gut fort, obwohl ihr rechtes Bein schmerzt, aber ihre Temperatur ist abends beinahe normal. Sie spricht von nichts anderem, als in ihr Haus zurück-

zukehren. Ich kann mir mein Leben für diesen Fall schon vorstellen! Gestern Abend ging ich ausnahmsweise zu ihr, auch, um hinterher ein klein wenig mit den Offizieren zusammenzusitzen, weil ich dazu sonst nie Gelegenheit habe.

Sie redet nur davon, wie dünn sie geworden ist, obwohl ich ihren Bauch und ihre Beine riesig finde (und höchst unappetitlich) – ihr Gesicht ist rosig, aber die Backen sind weniger dick, und sie hat Ringe unter den Augen.

Sie bekommt viel Besuch: aber du lieber Himmel – wie weit hat sie sich von mir entfernt seit ihrem entsetzlichen Benehmen, vor allem im Herbst, Winter und Frühling 1914. Es wird niemals mehr so sein wie früher – sie hat die innige Bindung zwischen uns während der letzten vier Jahre ganz allmählich zerbrochen – kann bei ihr nicht mehr so entspannt sein wie früher – obwohl sie sagt, wie sehr sie mich liebt. Ich weiß, es ist viel weniger als früher, und alles bezieht sich nur auf sie selbst – und auf dich.

Lass uns vorsichtig sein, wenn du wiederkommst. Ich wünschte, man könnte dieses widerliche kleine Breslau einfach versenken!

Muss jetzt schließen, Schatz, mein Sonnenschein, mein Leben, meine Liebe, ich küsse und segne dich. Stets deine Sunny

Felix Jussupow: Memoiren

Jeden Samstag fand bei den Tanejews ein Tanz statt. Diese Partys waren groß und sehr fröhlich. Anna, die älteste Tochter der Tanejews, war groß und kräftig, mit einem aufgedunsenen, glänzenden Gesicht und wirklich keiner Spur von Charme. Obwohl sie alles andere als intelligent war, war sie extrem geschickt und ziemlich schlau. Es war ein rechtes Problem, Tanzpartner für sie zu finden. Niemand konnte vorhersehen, dass dieses unattraktive Mädchen eines Tages die Busenfreundin und der böse Geist der Zarin werden würde. Vor allem ihr ist es zu verdanken, dass Rasputin einen so erstaunlichen Aufstieg erlebte.

Alexej an Alexandra: 25. Februar, Zarskoje Selo

Verzeih mir, ich bin sehr müde und bitte um Erlaubnis, nicht in die Kirche zu gehen.

Alexandra an Nikolaus: 27. Februar, Zarskoje Selo

Mein einziger, tiefgeliebter Einer,
die Segenswünsche und Gebete unseres Freundes werden helfen.

Es ist mir ein solcher Trost, dass du ihn heute Abend gesehen hast und seinen Segen empfingst.

Ich drücke dich zärtlich an mein altes, liebendes Herz und bleibe dein einziges
Frauchen

Maurice Paléologue: Memoiren

Was für eine seltsame Person ist doch Madame Wyrubowa! ... Sie ist die Tochter von Tanejew, dem Direktor des Kaiserlichen Geheimen Siegelamtes, und besitzt praktisch kein Geld. Alles, was die Kaiserin tun kann, ist, sie gelegentlich dazu zu bewegen, ein billiges Schmuckstück, ein Kleid oder einen Umhang anzunehmen.

Körperlich ist sie grob und schwer gebaut, mit einem runden Kopf, fleischigen Lippen, wässrigen, ausdruckslosen Augen, einer vollen Figur und kräftiger Gesichtsfarbe. Sie ist 32 Jahre alt. Sie kleidet sich mit ausnehmend provinzieller Schlichtheit und ist sehr fromm, aber ohne Intelligenz. Ich habe sie zweimal im Hause ihrer Mutter, Madame Tanejew (einer geborenen Tolstoj), getroffen, die, ganz im Gegensatz zu ihrer Tochter, gut unterrichtet und charaktervoll ist. Wir führten ein langes Gespräch miteinander. Die Wyrubowa fiel mir als unattraktiv und dumm auf. Als Mädchen war sie Ehrenjungfrau bei der Kaiserin, die die Heirat mit einem Marineoffizier arrangierte, Leutnant Wyrubow. Ein paar Tage nach der Hochzeit stand bereits die Scheidung fest.

Derzeit lebt Madame Wyrubowa in Zarskoje Selo in einer sehr bescheidenen Villa an der Ecke Srednaja- und Zerkownaja-Straße, 200 Meter vom Kaiserlichen Palast entfernt. Trotz aller Vorschriften der Etikette macht die Kaiserin oft lange Besuche bei ihrer Freundin; sie hat ihr sogar ein Zimmer im Palast reserviert.

Das bedeutet, dass die beiden Frauen fast immer zusammen sind. Jedenfalls verbringt Madame Wyrubowa die Abende regelmäßig mit dem Herrscherpaar und den Kindern. Niemand sonst hat jemals Zutritt zum engsten Familienkreis. Sie spielen Dame, legen Patiencen und Puzzle, manchmal wird ein wenig musiziert. Höchst tugendhafte Romane, vorzugsweise englische Romane, werden laut vorgelesen. Wenn die Kinder zu Bett gegangen sind, bleibt Madame Wyrubowa noch bis Mitternacht bei dem Herrscherpaar und nimmt auf diese Weise an all ihren Gesprächen teil, und sie ergreift stets Alexandras Partei. Da der Kaiser sich niemals dazu aufrafft, etwas zu entscheiden, ohne die Meinung seiner Frau zu hören, oder besser gesagt, ohne ihre Zustimmung einzuholen, ist das Ergebnis unterm Strich, dass es in Wirklichkeit die Kaiserin und Madame Wyrubowa sind, die Russland regieren! ...

Die Wyrubowa macht dabei eine sehr schlechte Figur. Um ihre Stellung und Bedeutung im Kaiserlichen Palast zu verstehen, muss man wohl ihre persönliche Ergebenheit der Kaiserin gegenüber in Betracht ziehen, die Ergebenheit eines servilen, untergeordneten Wesens, dass loyal zu einer Herrin steht, die immer leidend ist, immer von ihrer eigenen Macht niedergedrückt, einer Herrin, die allen Arten von Schrecken zum Opfer fällt und ständig das Gefühl hat, ein entsetzliches Schicksal bedrohe sie.

Nikolaus an Alexandra: 28. Februar

Mein einziger Liebling,
obwohl ich natürlich sehr traurig bin, dich und die lieben Kinder zu verlassen – diesmal scheide ich mit *so viel* Frieden in meiner

Seele, dass es mich selbst erstaunt. Rührt es von dem Gespräch mit unserem Freund gestern Abend her, oder ist es das Papier, das Buchanan mir gab, Wittes Tod[3] oder vielleicht ein Gefühl, dass etwas Gutes im Zusammenhang mit dem Krieg geschehen wird – ich kann es nicht sagen, aber in meinem Herzen hat sich echter österlicher Trost eingenistet!

Ich wünschte, ich hätte ihn dir dalassen können. Ich war so froh, zwei Tage zu Hause zu verbringen – vielleicht hast du es gesehen, aber ich bin so dumm und spreche niemals aus, was ich fühle. Es ist so lästig, immer so beschäftigt zu sein und niemals einfach ruhig beieinander zu sitzen und zu reden! Am Nachmittag kann ich nie zu Hause bleiben, dann wird das Bedürfnis zu groß, an die frische Luft zu kommen – und so vergehen all die freien Stunden, und das alte Pärchen ist nur wenig zusammen.

Vor allem jetzt, da A[nja] nicht gesund ist und uns nicht besuchen kann.

Überfordere dich nicht, meine Liebe, denk an deine Gesundheit, lass die Mädchen gelegentlich für dich arbeiten. Gott segne dich und sie! Mit der zärtlichsten Liebe und Küssen: immer dein dich endlos liebender alter Huzy

Nicky

Ich lasse dich immer wissen, wo ich sein werde.

Alexandra an Nikolaus: 1. März, Zarskoje Selo

Mein einziger lieber Huzy,

Baby hat dein Bad sehr genossen, und wir mussten alle kommen und seinen Faxen im Wasser zusehen. Alle Töchter betteln um dasselbe Vorrecht an irgendeinem Abend – dürfen sie? – Dann gingen wir zu Anja, ich arbeitete, Olga klebte ihr Album, Tatjana arbeitete. Ich ging in das Zimmer, wo der *Strannitza* [Wanderer] bei Anjas Lampe saß – wir sprachen miteinander, und dann sprach sie ihre Gebete. Stets, mein Schatz, nur die Deine.

Frauchen

Alexej an Nikolaus: 2. März, Zarskoje Selo

Liebster Papa,
es war wunderbar in deiner Badewanne. Mama und die Mädchen waren auch da.
Gott segne dich!
Alexej

Alexandra an Nikolaus: 4. März, Zarskoje Selo

Mein einziger Geliebter,
ich werde den Kindern sagen, dass sie dein Papier nehmen und es mit diesem Brief schicken. Baby hat französisch geschrieben, das habe ich ihm gesagt, und er schreibt dann natürlicher als mit Peter Wass[iliewitsch, der russische Hauslehrer]. Sein Bein ist fast wieder in Ordnung, kein Humpeln – die rechte Hand ist bandagiert und ziemlich geschwollen, sodass er wahrscheinlich einige Tage nicht schreiben kann. Aber er geht zweimal täglich nach draußen. Die vier Mädchen gehen in die Stadt.
Immer deine Frau
Sunny

7. März: Hundertmal habe ich Anja erklärt, wer du bist und dass ein Kaiser nicht täglich eine kranke Person besuchen kann – was würden die Leute denn denken! – und dass du in erster Linie an dein Land denken musst und dann müde von der Arbeit bist und frische Luft brauchst, und dass es gut ist, wenn du mit Baby nach draußen gehst etc.
Sunny

Anastasia an Nikolaus: 7. März, Zarskoje Selo

Mein lieber, liebster, goldener Papa!
Ich danke dir so sehr, dass du uns dein Bad benutzen lässt.

Wir haben gestern darin gebadet, es war ein solches Vergnügen. Ich ging als Erste hinein, da war jede Menge Wasser, ich konnte darin herumschwimmen und sprang dann von der Seite hinein, es war wunderbar. Fantastisch! Dann plantschte ich noch ein wenig mit Maria herum, und dann musste ich leider hinaus. Ortino war da und bellte die ganze Zeit. Dann badeten Tatjana und Olga und genossen es wirklich!!! Es war ganz schrecklich schön.
Ich warte auf dich! 1 000 000 000 000 dicke Küsse. Deine dich liebende und *zutiefst ergebene* Tochter
Nastanka.
Gott schütze dich.

Alexej an Nikolaus: 7. März, Zarskoje Selo

Mein lieber Papa!
Heute herrscht strenger Frost! Viel Schnee, der Turm ist eingefroren.

Gestern war ich in Pawlowsk, da hat die Lokomotive einen von meinen Pfennigen flach gedrückt. Vorgestern habe ich auf dem Bauernhof gesehen, wie sie Milch und Sahne zubereiten und Butter machen. Es sieht sehr appetitlich aus. Mir geht es gut. Ich lerne zufrieden stellend.
Bleib gesund! Gott schütze dich! Einen dicken Kuss,
Alexej

Pierre Gilliard: Memoiren, Frühling 1915

Alexej schlich sich beim Spielen im Park von Zarskoje Selo hinter seine jüngste Schwester, die ihn nicht hatte kommen sehen, und warf mit einem riesigen Schneeball nach ihr. Sein Vater hatte den Vorfall beobachtet. Er rief den Jungen zu sich und sprach streng mit ihm: »Du solltest dich schämen, Alexej! Du benimmst dich wie ein Deutscher, wenn du jemanden, der sich nicht verteidigen kann, von hinten angreifst. Das ist abscheulich und feige. Überlass solch ein Benehmen den Deutschen!«

Nikolaus: Tagebuch, 28. März, Zarskoje Selo

Ging eine halbe Stunde spazieren. Um 2.15 fuhren wir zu den Jussupows in die Stadt, zur Taufe ihrer Enkelin Irina.[4] Mama und ich waren Taufpaten. Der Priester ertränkte das kleine Würmchen beinahe. Es gab einen wunderbaren Nachmittagstee mit Schokolade. Fuhren um 5.30 nach Zarskoje Selo zurück.

Alexandra an Nikolaus: 4. April, Zarskoje Selo

Mein einer Schatz,
vergib mir, Teurer, aber du weißt, du bist zu freundlich und sanft – manchmal können eine ordentlich laute Stimme und ein strenger Blick Wunder wirken – Liebster, sei entschiedener und selbstsicherer – du weißt ganz genau, was richtig ist, und wenn du nicht ihrer Meinung bist und Recht hast, dann bring deine Ansicht vor, und lass sie gegen den Rest abwägen. Sie müssen mehr daran erinnert werden, wer du bist und dass sie sich in erster Linie an dich wenden müssen.

Dein Wesen bezaubert sie alle, aber ich möchte, dass du sie durch deine Klugheit und Erfahrung bei der Stange hältst. Obwohl *Nikolascha*[5] eine so hohe Stellung besitzt, stehst du doch über ihm. Es hat Unseren Freund ebenso wie mich schockiert, dass Nikolascha seine Telegramme, Antworten an Gouverneure und anderes in deinem Stil formuliert – seine Briefe sollten schlichter und bescheidener sein und so. Du hältst mich für eine nörglerische alte Langweilerin, aber eine Frau spürt und sieht die Dinge manchmal klarer als mein zu bescheidener Liebster. Bescheidenheit ist Gottes größte Gabe – aber ein Herrscher muss seinen Willen öfter zeigen. Sei deiner selbst sicherer und geh voran – keine Angst, du sagst nicht zu viel.

Leb wohl, und Gott segne dich, mein einziger Teurer - ich drücke dich zärtlich an mein Herz und küsse dich überall und halte dich fest, oh, so fest.

5. April: Tatjana und Anastasia waren tagsüber dort und trafen unseren Freund bei ihr an. Er erzählte die alte Geschichte, dass sie weint und Kummer leidet, weil sie so wenig Zärtlichkeit bekommt. Tatjana war sehr überrascht, und er sagte, sie bekomme viel, nur ihr komme es wenig vor. Ihre Laune ist nicht die beste (das Oberklageweib) und ihre Briefe kühl, also sind meine es auch.

Ich sende dir das Bildnis unseres Freundes vom heiligen Jakob, dem Krieger, das ich gestern vergaß, dir mitzugeben.

Ich habe noch einmal gelesen, was unser Freund geschrieben hat, als er in Konstantinopel war, es ist jetzt doppelt interessant - recht kurze Impressionen. Oh, was für ein Tag wird das sein, wenn in der Hagia Sophia wieder die Messe gefeiert wird. Gib nur Befehl, dass nichts zerstört oder verdorben wird, was den Mohammedanern gehört. Sie können das alles noch für ihre Religion gebrauchen, denn wir sind Christen, keine Barbaren, Gott sei Dank!

Wie viele Gefangene wir wieder gemacht haben!

Das muss für heute reichen. Leb wohl, Nicky, mein Lieber, ich segne und küsse dich über und über mit aller Zärtlichkeit, zu der ich fähig bin.

6. April:
Mein Geliebter,
ja, ich werde Unseren Freund bitten, für dich dort ganz besonders zu beten, aber - verzeih mir, wenn ich es so sage - N[ikolascha] sollte dich nicht begleiten - wenn du zum ersten Mal dahin gehst, solltest du der Anführer sein. Du denkst, ich bin eine alte Gans, kein Zweifel, aber wenn andere nicht an solche Dinge denken, muss ich es wohl tun.

Prinzipiell hätte es unser Freund besser gefunden, wenn du erst nach dem Krieg das eroberte Land betreten hättest, ich erwähne das nur so. Stets deine
Sunny

Nikolaus an Alexandra: 8. April, Mogiljow
[Stawka, Generalstab des Heeres]

Mein kostbarer Liebling,
zärtlichsten Dank für deinen lieben Brief so voller süßer Worte und für zwei Telegramme. Habe nicht auch ich deiner und dieses Tages vor 21 Jahren gedacht? Ich wünsche dir Gesundheit und alles, was ein zutiefst liebendes Herz wünschen kann, und danke dir auf Knien für all deine Liebe, Zuneigung, Freundschaft und Geduld, die du mir in diesen langen Jahren unseres Ehelebens geschenkt hast!

Das Wetter heute erinnert mich an jenen Tag in Coburg. Es ist traurig, nicht beieinander zu sein! Niemand hier wusste, dass es der Tag unserer Verlobung war – seltsam, wie schnell die Menschen vergessen – aber es bedeutet ihnen ja auch nichts.

Es war einfach ungewöhnlich warm und schön, der Duft des Kiefernwaldes – man fühlte sich weich und schwach etc.!

Ich schicke dir Ellas Telegramm zum Entziffern – kann mir nicht vorstellen, was sie will!
Gott segne meine teure Sunny. Ich küsse dich und die Kinder sehr, sehr zärtlich!
Stets dein eigener Huzy,
Nicky

Alexandra an Nikolaus: 8. April, Zarskoje Selo

Mein eigener, geliebter Mann,
zärtlich drehen sich meine Gebete und dankbaren Gedanken voller tiefster Liebe an diesem teuren Gedenktag um dich! Wie schnell die Jahre vergehen! 21 Jahre schon! Wusstest du, dass ich das graue Prinzesskleid noch habe, das ich an jenem Morgen trug? Und ich werde deine liebe Brosche tragen. Lieber Himmel, wie viel haben wir in diesen Jahren durchgemacht – schwere Prüfungen, immer wieder, aber zu Hause, in deinem Nest, herrscht strahlender Sonnenschein!

Ich beende meinen Brief an dich auf dem Sofa. Die großen Mädchen sind in der Stadt, die kleinen machten einen Spaziergang, gingen dann in ihr Lazarett und haben jetzt Unterricht; der Kleine ist im Garten.

Ich habe eine Dreiviertelstunde auf dem Balkon gelegen – seltsam, draußen zu sein, ich komme so selten an die frische Luft. Die kleinen Vögel sangen – die ganze Natur erwacht und lobt den Herrn! Da spürt man das Elend von Krieg und Blutvergießen doppelt – aber wie auf den Winter der Sommer folgt, so werden nach Leid und Anstrengungen Frieden und Versöhnung ihren Platz in dieser Welt finden, und aller Hass wird weichen, und unser geliebtes Land wird sich in Schönheit entwickeln, in jedem Sinn des Wortes.

Ich trage dein Kreuz zu meinem grauen Teekleid, und es sieht *zu* schön aus – deine liebe Brosche von vor 21 Jahren habe ich auch angesteckt. Süßer Schatz, ich muss jetzt schließen.

9. April:
Mein Liebster,
es gibt eine englische Lady, die in Belgien wahre Wunder wirkt in ihrer Kriegsausrüstung und kurzen Röcken – reitet und Verwundete aufspürt, herumfliegt, um Fahrzeuge zu besorgen, die die Männer ins nächste Lazarett bringen, ihre Wunden verbindet – und einmal sogar die Gebete über dem Grab eines jungen englischen Offiziers sprach, der auf einem Dachboden in einer belgischen Stadt gestorben war, die von den Deutschen eingenommen worden war, wo niemand es wagte, ein normales Begräbnis durchzuführen.

Unsere Frauen sind weniger gut ausgebildet und haben keine Disziplin, und so weiß ich nicht, wie sie »en masse« zurechtkommen werden – frage mich, wer ihnen erlaubt, sich zu gruppieren.

4. Mai:
Mein Süßester,
bleib fest, mein Schatz, zeig deine eigene Meinung, lass die anderen spüren, dass du weißt, was du willst. Denk daran, du bist

der Kaiser, und die anderen dürfen sich nicht so viel herausnehmen – um bei einer bloßen Kleinigkeit zu beginnen, wie der Geschichte um Nostitz – er gehört zu deinem Gefolge, und deshalb hat Nikolascha absolut kein Recht, ihm Befehle zu erteilen, ohne zuerst deine Erlaubnis einzuholen.

Wenn du das mit einem seiner Adjutanten tun würdest, ohne ihn zu informieren, würde er nicht protestieren und den Beleidigten spielen etc.? Und ohne Gewissheit zu haben, kann man doch die Karriere eines Mannes nicht so ruinieren.

Ich mische mich in Dinge ein, die mich nichts angehen – aber es ist nur ein Hinweis – (und es ist dein eigenes Regiment, da kannst du Befehle geben, wem du willst).

Sieh zu, dass die Geschichte mit den Juden vorsichtig angegangen wird, ohne unnötigen Lärm, um keine Störungen im Land zu provozieren.
Frauchen

Anastasia an Alexandra: 7. Mai, Zarskoje Selo

Meine liebste, liebe Mama,
ich hoffe, du bist nicht zu müde, wir werden versuchen, nicht zu streiten, zu diskutieren und zu rangeln, also schlaf gut.
Gott schütze dich.
Deine dich liebende Tochter
Nastanka

KR: Tagebuch, 12. Mai

Es ging mir nicht gut. Während des Tages hatte ich mehrere Male krampfhafte Schmerzen in der Brust, was mich sehr unglücklich macht.
[Dies ist der letzte Eintrag in KR's Tagebuch.]

Nikolaus: Tagebuch. 2. Juni, Zarskoje Selo

Wieder so ein Tag, es erinnert an den Herbst. Machte einen kurzen Gang. Mordinow war zum Mittagessen da (Diensthabender). Ging mit Maria und Anastasia spazieren.

Besuchte Mama im Anitschkow mit Olga und Tatjana. Kam um 7 Uhr zurück und empfing Sazonow. Nach seinem Bericht kam der kleine Georgy Konstantinowitsch herein und informierte mich von Kostias [KR's] Tod. Um 9.15 fuhren wir zum ersten Requiem-Gottesdienst nach Pawlowsk. Tante Olga, Mawra und Mitja waren anwesend; keiner seiner erwachsenen Söhne war dort.

Nikolaus an König George V.: 3. Juni, Zarskoje Selo, Telegramm

An: Seine Majestät den König, London
Alix und ich senden dir unsere wärmsten guten Wünsche zu deinem Geburtstag. Möge Gott dich und dein Land segnen und unsere vereinten Anstrengungen mit Erfolg krönen, diesen entsetzlichen Krieg zu einem schnellen und siegreichen Ende zu bringen.
Grüße an May
Nicky

Nikolaus: Tagebuch, 8. Juni, Peterhof

Um 10.30 fuhr ich mit Ella, Olga, Tatjana und Maria in die Stadt, direkt zur Petropawlowsk-Kathedrale. Requiem und Begräbnis dauerten zweieinhalb Stunden. Es war traurig, Tante Olga, Mawra und vor allem die arme Tatjana [KR's Tochter] anzusehen, als Kostias Leichnam in das Grab gesenkt wurde!

Aß mit Mama zu Mittag. Kehrte um 4 Uhr nach Zarskoje Selo zurück. Ging mit Alexej an den Teich. Schönes Wetter.

Alexandra an Nikolaus: 10. Juni, Zarskoje Selo

Mein einer Teurer,
schweren Herzens lasse ich dich diesmal gehen – alles ist so ernst und gerade jetzt so schmerzlich, und ich sehne mich danach, bei dir zu sein, deine Sorgen und Ängste zu teilen. Du trägst alles so tapfer und ganz allein – lass mich dir helfen, mein Schatz. Es gibt sicher einen Weg, wie eine Frau hilfreich und nützlich sein kann.

Ich sehne mich so danach, es dir leichter zu machen, und die Minister zanken alle gleichzeitig untereinander, wo doch alle zusammenarbeiten und ihre persönlichen Eitelkeiten hintan stellen sollten – das Wohl ihres Herrschers und ihres Landes zum Ziel haben sollten –, es macht mich wütend. Mit anderen Worten, es ist Verrat im Gange, denn die Menschen merken es, sie spüren, dass die Regierung uneins ist, und die Linken profitieren davon.

Wenn du doch nur streng sein könntest, mein Lieber, sie müssen deine Stimme hören und das Missfallen in deinen Augen sehen; sie sind allzu sehr an deine sanfte, verzeihende Freundlichkeit gewöhnt.

In einer Zeit, wie wir sie jetzt durchleben, muss man hören, wie sich deine Stimme zu Protest und Tadel erhebt, wenn sie weiterhin deinen Anweisungen nicht folgen, wenn sie bei der Durchführung trödeln.

Sie müssen lernen, vor dir zu zittern – denk daran, Monsieur Philippe und Grigorij haben das auch gesagt. Du musst einfach befehlen, dass Dinge getan werden, nicht fragen, ob sie möglich sind (du wirst doch niemals etwas Unvernünftiges oder Verrücktes fordern). Wo ein Wille ist, ist auch ein Weg, und sie müssen alle erkennen, dass du darauf bestehst, dass deine Wünsche unverzüglich erfüllt werden. Aber bitte nicht darum, sondern befehle geradeheraus, sei energisch, um deines Landes willen!

Das Gleiche gilt für die Frage, die sich unser Freund so sehr zu Herzen nimmt und die die ernsteste von allen ist, um des inneren Friedens willen – nicht die zweite Reserve einzuberufen – wenn der Befehl gegeben worden ist, musst du N[ikolascha] sagen, dass du auf dem Widerruf bestehst – in deinem Namen natürlich, der freundliche Akt muss von dir kommen – hör nicht auf irgendwelche Entschuldigungen – (ich bin sicher, es wurde ohne Absicht getan, aus Unwissenheit über die Verhältnisse im Land).

Deshalb fürchtet unser Freund deine Anwesenheit im Hauptquartier so, weil dort alle mit ihren eigenen Erklärungen daherkommen und du unwillkürlich nachgibst, auch wenn dein eigenes Gefühl richtig ist, aber den ihren nicht entspricht. Denk daran, du regierst schon länger, hast viel mehr Erfahrung als sie. N. muss nur an die Armee und an den Sieg denken – du wirst an den inneren Verantwortlichkeiten noch viele Jahre tragen müssen – wenn er Fehler macht (nach dem Krieg ist er ein Niemand), aber du musst dann alles wieder in Ordnung bringen.

Nein, höre auf unseren Freund, Ihm liegen deine Interessen und die aller Russen am Herzen – Gott hat Ihn nicht ohne Grund zu uns geschickt –, wir müssen nur besser darauf achten, was Er sagt – Er sagt nichts leichthin –, und es bedeutet viel, nicht nur seine Gebete, sondern auch seinen Rat zu haben. Die Minister haben nicht daran gedacht, dir zu sagen, dass diese Maßnahme fatal ist, aber Er hat es getan.

Wie schwer, nicht bei dir zu sein, alles in Ruhe zu besprechen und dir dabei zu helfen, fest zu bleiben. Werde dir folgen und in Gedanken und Gebeten immer in deiner Nähe sein. Möge Gott dich segnen und schützen, mein tapferer, geduldiger, bescheidener Einer.

Ich bedecke dein süßes Gesicht mit endlosen, zärtlichen Küssen – liebe dich mehr, als Worte sagen können, mein einer, einziger Sonnenschein, meine Freude. Ich segne dich. Traurig, nicht gemeinsam beten zu können, aber Botkin findet es klüger, wenn ich mich ruhig verhalte, damit ich bald ganz wiederhergestellt bin.

Dein Frauchen

Unsere Maria wird am 14. sechzehn Jahre alt, also schenke ihr bitte ein diamantenes Halsband von uns, wie den anderen beiden.

12. Juni:
Mein Einziger,
Gott, was für ein abscheulicher Krieg! Liebe tapfere Seele, wie ich wünschte, ich könnte dein armes, gequältes Herz mit etwas Hellem, Hoffnungsvollem erfreuen. Ich sehne mich danach, dich fest in meinen Armen zu halten, mit deinem lieben Kopf auf meiner Schulter – dann könnte ich das Gesicht und die Augen meines Liebsten mit Küssen bedecken und liebevolle Worte murmeln.

Ich küsse dein Kopfkissen des Nachts – das ist alles, was ich habe – und segne es. Nun muss ich schlafen.

Ruhe gut, mein Schatz, ich segne und küsse dich zärtlich und streiche sanft über deine lieben Brauen.

Verzeih mir, aber ich bin mit der Auswahl des Kriegsministers nicht einverstanden.

14. Juni: Ich sende dir einen Stock (Fisch mit einem Vogel), den man Ihm [Rasputin] aus Neu-Athos für dich geschickt hat.

Er benutzte ihn zuerst und schickt ihn dir jetzt als Segen – wenn du ihn manchmal benutzen könntest, wäre es schön, und behalt ihn in deinem Abteil bei dem, den M. Ph[ilippe] berührt hat.
Nun leb wohl, mein Einziger, ersehnter Schatz, mein Liebster. Ich küsse dich aufs zärtlichste und bete um Gottes Segen, Schutz und Führung.

15. Juni:
Mein geliebter Einziger,
war das nötig, Samarin statt Sabler,[5] den man lieber nicht austauscht, bevor man einen sehr guten Ersatz hat, Samarin wird mit Sicherheit gegen unseren Freund vorgehen und sich mit den Bischöfen zusammentun, die wir nicht mögen – er ist so entsetzlich moskowitisch und engstirnig.

Ja, Liebster, wegen Samarin bin ich *viel* mehr als traurig, einfach *verzweifelt*. Er ist einfach einer aus Ellas unguter, bigotter Clique, ein Busenfreund von Sophie Iw. Tjutschewa [der Frau des

Ex-Gouverneurs], von diesem Bischof Trifon, den ich aus *gutem* Grund nicht mag, weil er in der Armee gegen unseren Freund gesprochen hat und spricht. Jetzt werden alle möglichen Geschichten gegen unseren Freund beginnen, und es wird schlimm enden. Ich hoffe von ganzem Herzen, dass er nicht annimmt – es bedeutet Ellas Einfluss, und Sorgen von früh bis spät, und er gegen *uns*, gegen Grigorij und so entsetzlich engstirnig, ein echter Moskauer – ein Hirn ohne Seele ...
Frauchen

Alexej an Nikolaus: 16. Juni, Zarskoje Selo
[Brief in frz. Sprache, A.d.Ü.]

Lieber Papa,
gestern bin ich zum ersten Mal mit nackten Füßen gegangen, das war sehr lustig. Alexis und Sergej sind mit mir über den Sand gelaufen, der uns die Füße verbrannte. Was bin ich froh, dass du bald wiederkommst.
Ich umarme dich.
Alexej

Alexandra an Nikolaus: 16. Juni, Zarskoje Selo

Mein Geliebter,
ich habe absolut kein Vertrauen zu Nikolascha – weiß, dass er alles andere als klug ist, und nachdem er gegen einen Mann Gottes vorgegangen ist, kann kein Segen auf seinem Werk liegen, kann sein Rat nicht gut sein.

Als Grigorij gestern in der Stadt vor Seiner Abreise hörte, wie Samarin erwähnt wurde – die Leute wussten es schon –, war Er völlig verzweifelt, weil Er dich doch an seinem letzten Abend hier gebeten hatte, Sabler jetzt nicht auszutauschen, bald würde man wohl den richtigen Mann dafür finden. Nun wird die Moskauer Gruppe sich wie ein Spinnennetz um uns legen, die Feinde unseres Freundes sind auch die unseren, und Schtscherbatow [der Außenminister] wird gemeinsame Sache mit ihnen machen. Da bin ich sicher.

Ich bitte um Vergebung, dass ich all das hier schreibe, aber ich bin so unglücklich, seit ich es gehört habe, und kann mich nicht beruhigen – ich sehe jetzt, warum Grigorij nicht wollte, dass du dorthin gehst –, hier hätte ich dir helfen können. Man fürchtet meinen Einfluss.

Grigorij sagte es (nicht zu mir), und auch Wojekow, weil sie wissen, dass ich einen starken Willen habe und sie eher durchschaue und dir helfe, fest zu bleiben. Ich hätte nichts unversucht gelassen, dich davon abzubringen, wärest du hier gewesen, und ich glaube, Gott hätte mir geholfen, und du hättest dich an die Worte unseres Freundes erinnert. Wenn Er einem von einer Sache abrät und man nicht auf ihn hört, bemerkt man seinen Fehler später. Wenn er [Samarin] annimmt, wird Nikolascha versuchen, auch ihn gegen unseren Freund aufzubringen – das ist Nikolaschas Plan.

Ich flehe dich an, beim ersten Gespräch mit Samarin, und wenn du ihn siehst, sehr fest mit ihm zu sprechen – um Russlands willen, mein Liebster – es wird kein Segen auf Russland liegen, wenn sein Herrscher einen Mann Gottes, der zu seiner Hilfe gesandt wurde – verfolgen lässt, da bin ich sicher.

Sag ihm streng, mit starker und entschiedener Stimme, dass du jede Intrige und jedes Gerede gegen unseren Freund verbietest, jede geringste Verfolgung, sonst wirst du ihn nicht im Amt behalten. Dass ein wahrer Diener es nicht wagen wird, gegen einen Mann vorzugehen, den sein Herrscher respektiert und verehrt.

Du weißt, welche schlechte Rolle Moskau spielt, sag ihm alles. Seine Busenfreundin S. I. Tjutschewa verbreitet Lügen über die Kinder: Wiederhole sie und sage ihm, dass ihre giftigen Unwahrheiten viel Schaden angerichtet haben und dass du eine Wiederholung nicht zulassen wirst.

Du weißt, wie ich in jeder Hinsicht zu diesem Krieg stehe und dass der Mann Gottes, der unablässig für dich betet, wieder in Gefahr schwebt, verfolgt zu werden – Gott würde unsere Schwäche und Sünde nicht vergeben, wenn wir ihn nicht schützen. Du weißt, Nikolascha hasst Grigorij von ganzem Herzen. Sabler ist ein sehr eitler Mensch; im Sommer hatte ich Gelegenheit, das zu sehen, als ich mit ihm über die Frage der Evakuierung sprach. Rostowtsew [Alix' Kanzleivorsteher] und ich nahmen einen höchst unangenehmen Eindruck von seiner Selbstgefälligkeit mit – blinde Bewunderung für Moskau, und er sieht auf Petersburg herunter. Der Ton, in dem er sprach, schockierte Rostowstew sehr. Das zeigte ihn mir in einem anderen Licht, und ich erkannte, wie unangenehm es sein würde, mit ihm zu tun zu haben. Als man ihn vor einiger Zeit für Alexej vorschlug, sagte ich ohne Zögern Nein. Um nichts in der Welt einen so engstirnigen Mann. Unsere Kirche braucht genau das Gegenteil – Seele, nicht Hirn –, möge der Allmächtige Gott helfen, die Dinge in Ordnung zu bringen, unsere Gebete erhören und dir endlich mehr Zutrauen in deine eigene Klugheit schenken, damit du nicht immer auf andere hörst, sondern auf unseren Freund und deine *Seele*.

Nichts ist jetzt mehr bedeutungslos – alles ist schwer. Ich verehre und liebe den alten Goremykon [Ministerpräsident]; hätte ich ihn getroffen, weiß ich, wie ich gesprochen hätte – er ist so freimütig mit Unserem Freund und versteht nicht, dass Samarin *dein* Feind ist, wenn er hingeht und gegen Grigorij spricht. Gott will, dass dein armes Frauchen dir hilft. Grigorij sagt das immer wieder, und M. Ph[ilippe] tat es auch – und ich könnte dich rechtzeitig warnen, wenn ich etwas wüsste. Nun, so wie es ist, kann ich nur beten und leiden.

Ich bin sicher, es werden bessere, sonnigere Tage kommen. Wenn sie nur wüssten, wie sehr sie dir schaden, statt dir zu helfen, diese blinden Menschen mit ihrem Hass gegen Grigorij! Du erinnerst dich, in *Les Amis de Dieux* heißt es, ein Land kann nicht verloren sein, dessen Herrscher von einem Mann Gottes gelenkt wird. Oh, lass dich mehr von ihm lenken.
Sunny

17. Juni: Dein Frauchen sollte dir helle und fröhliche Briefe schreiben, aber das ist schwierig, denn ich fühle mich zurzeit mehr als unglücklich und deprimiert – so viele Dinge bereiten mir Sorgen. Jetzt soll die Duma im August zusammentreten, und unser Freund hat dich so oft gebeten, es so spät wie möglich zu tun und nicht jetzt, weil sie alle getrennt und für sich zu arbeiten haben. Hier werden sie versuchen, sich einzumischen und über Dinge zu sprechen, die sie nichts angehen.

Vergiss nicht, dass du autokratischer Kaiser bist und bleiben musst – wir sind nicht reif für eine konstitutionelle Regierungsform ... Niemand weiß, wer jetzt der Kaiser ist – du musst ins Hauptquartier eilen und deine Minister dort versammeln, du kannst sie nicht hier allein lassen wie letzten Mittwoch.

Es ist, als ob Nikolascha alles beschließt, die Entscheidungen und Veränderungen durchführt – es macht mich ganz unglücklich. Du bleibst so lange fort, Grigorij bat dich, es nicht zu tun – wenn alles so gegen seine Wünsche geht, blutet mir das Herz vor Sorge und Furcht. Oh, dich vor noch mehr Sorgen und Elend zu bewahren und zu beschützen ist mehr, als das Herz ertragen kann – man wünscht sich, sich schlafen zu legen und lange auszuruhen.

Grigorij schickte A[nja] ein Telegramm aus Wjatka: »Reise ruhig, schlaf, Gott wird helfen, küsse alle.« Gute Nacht, mein Kleiner, schlaf friedlich – heilige Engel mögen deinen Schlummer bewachen, und dein liebendes Frauchen betet ernstlich für ihren eigenen, teuren, sonnigen, großäugigen Liebling.

Leb wohl, und Gott segne dich, geliebter Sonnenschein, sei in grenzenloser Liebe und Zärtlichkeit umarmt und geküsst. Immer, mein Nicky, dein einziges Frauchen
Sunny

22. Juni
Mein Geliebter,
du siehst, wie *er* deine Worte und Befehle verdreht – die Verleumder sollten bestraft werden, nicht er – und dass man ihn im Hauptquartier loswerden will (glaube ich) – ah, es ist so scheußlich – überall Lügner, Feinde – ich wusste schon lange, dass Dschunkowskij Grigorij hasst und dass die Preobraschenskij-

Clique [das Regiment] mich deshalb nicht mag, weil er durch mich und Anja in unser Haus gekommen ist.

Wenn wir zulassen, dass unser Freund verfolgt wird, werden wir und unser Land dafür bezahlen – vor einem Jahr hat man versucht, ihn zu ermorden, und man hat ihn genug verleumdet. Als ob sie nicht sogleich die Polizei gerufen hätten, um ihn auf frischer Tat zu ertappen – was für ein Schrecken! Bitte, sprich mit Wojekow darüber.

Loman sagt, sie werden notfalls jemanden zwingen, um Grigorij und Anja loszuwerden.

Ich bin so erschöpft, so viel Herzeleid und Schmerz von alldem – der Gedanke, dass nun wieder Schmutz über jemandem ausgegossen wird, den wir verehren, ist mehr als entsetzlich.

Wenn Dschunkowskij bei dir ist, sag ihm, du weißt (keine Namen), dass er dieses Papier in der Stadt herumgezeigt hat, und dass du ihm befiehlst, es zu zerreißen und nie mehr zu wagen, auf diese Weise von Grigorij zu sprechen, und dass er sich wie ein Verräter und nicht wie ein ergebener Untertan verhält, der für die Freunde des Herrschers einstehen sollte, wie es in jedem anderen Land üblich ist.

25. Juni: Russland ist, Gott sei Dank, kein konstitutionelles Land, obwohl diese Kreaturen versuchen, eine Rolle zu spielen und sich in Dinge einzumischen, wo sie es nicht wagen sollten. Erlaub ihnen nicht, Druck auf dich auszuüben – sie legen es als Furcht aus, wenn man nachgibt, und dann bekommen sie Oberwasser.

Ich fürchte, ich verärgere und beunruhige dich mit meinen Briefen – aber ich bin allein mit meinem Elend und meiner Angst und kann nicht herunterschlucken, was dir mitzuteilen ich für meine ehrliche Pflicht halte.

Nikolascha kennt meinen Willen und fürchtet meinen Einfluss auf dich (der von Grigorij gelenkt ist); es ist alles so klar.

Nun leb wohl, mein einziger, zärtlich Geliebter. Ich bedecke dich mit Küssen und flehe Gottes Segen auf dich herab. Immer dein altes
Frauchen

Nikolaus an König George V.: 25. Juni, Mogiljow

Mein lieber Georgie,
vielen Dank für deinen freundlichen Brief, den Capt. Kedroff mir vor drei Wochen brachte. Es tut mir Leid, dass ich dir nicht gleich antworten konnte, aber zu dieser Zeit war ich gerade sehr beschäftigt mit Veränderungen in der Ministerriege, von denen du wahrscheinlich gehört hast. Nun bin ich seit mehr als zwei Wochen hier. Wir haben sehr sorgenvolle und schwierige Augenblicke durchlebt.

Dieser Rückzug aus Galizien unter dem Druck des Feindes musste durchgeführt werden, um unsere Armee zu retten – einzig und allein wegen Mangels an Munition und Gewehren. Und dieser Grund ist höchst schmerzhaft.

Aber mein Land hat es wohl verstanden, und überall gehen die Menschen ans Werk für die Bedürfnisse der Armee, mit verdoppelter Anstrengung und dem einmütigen, mächtigen Wunsch, zu unserem schlussendlichen Sieg über unseren mächtigen Feind beizutragen. Und mächtig ist er – das kann man ihm nicht absprechen!

Ich werde in ein paar Tagen zu Hause sein, nachdem Gott sei Dank die Nachrichten von der Front besser werden. Bald ist es ein Jahr, dass dieser entsetzliche Krieg wütet, und der Himmel weiß, wie lang er noch dauern wird – aber *wir werden kämpfen*, bis zum Ende!
Zärtliche Grüße an die liebe May. Stets, mein lieber Georgie, dein ergebener Vetter und Freund
Nicky

Mischa an Natalia Brassowa: 6. Juli, an der Front

Mein liebster Liebling Natascha,
der Kurier ist eben angekommen und hat deinen lieben Brief gebracht, für den ich dich zärtlich küsse und umarme, natürlich ist es schade, dass er nicht länger ist, aber dafür kann man nie-

mandem einen Vorwurf machen. Es ist schrecklich, wie sehr unsere Trennung die Nerven angreift, ich werde ängstlich und rege mich über jede Kleinigkeit auf. Irgendwie kann ich heute überhaupt nicht schreiben, dabei wünsche ich mir so sehr, all die Gefühle auszudrücken, die aus meinem Herzen strömen, wünsche mir so sehr, zu dir von meiner grenzenlosen Liebe und Ergebenheit zu sprechen. Wenn du nur wüsstest, meine Liebste, wie erschöpft ich von diesem Leben ohne dich bin, ohne Zärtlichkeit, ohne Liebe!

Gebe Gott, dass diese alptraumhafte Zeit bald vorüber ist, aber gleichzeitig schäme ich mich für meine Klagen, denn jeder durchlebt diese harten Zeiten und erleidet schreckliche Verluste.
Möge der Herr dich schützen und segnen, mein liebster, zärtlicher Engel. Ich umarme dich in Liebe, liebkose dich in meinen Gedanken und segne dich. Stets der deine,
Mischa

König George V. an Nikolaus: 8. August,
Windsor Castle

Mein lieber Nicky,
ich fühle aufs Tiefste mit dir in diesen höchst sorgenvollen Tagen, die du jetzt durchlebst, da deine Armee wegen Mangels an Munition und Gewehren zum Rückzug gezwungen ist, trotz der ausgezeichneten und sehr ritterlichen Art, wie sie gegen unseren höchst mächtigen Feind ankämpft ...

Ich kann dir versichern, dass wir in England jede Anstrengung unternehmen, um die erforderliche Munition und Kanonen und auch Gewehre zu produzieren, und die Truppen unserer neuen Armeen so schnell wie möglich an die Front schicken werden.

England hat sich dazu entschlossen, *diesen entsetzlichen Krieg bis zum Ende durchzufechten*, wie hoch unsere Opfer auch sein werden, denn unsere bloße Existenz steht auf dem Spiel. Ich bin so froh, deinem Brief zu entnehmen, dass auch Russland die Ab-

sicht hat, bis zum Ende zu *kämpfen*, und ich weiß, Frankreich steht auf demselben Standpunkt.
Gott segne dich, mein lieber Nicky. Stets dein ergebener Vetter und Freund
Georgie

Tatjana an Alexandra: 15. August, Zarskoje Selo

Mama, mein liebster Engel!
Ich bete für euch beide Liebste, die ganze Zeit, dass Gott euch in dieser schrecklichen Zeit helfen möge. Ich kann euch gar nicht sagen, wie entsetzlich Leid ihr mir tut, meine Geliebten. Es geht mir so nahe, dass ich euch überhaupt nicht helfen kann.

In solchen Augenblicken bin ich unglücklich, dass ich kein Mann bin. Segne meine Liebsten. Schlaft gut. Ich küsse dich und den lieben Papa entsetzlich oft. Deine liebende und treue Tochter
Tatjana

Maurice Paléologue: Memoiren, 16. August

Zum ersten Mal ist Rasputin in der Presse angegriffen worden. Bisher hatten Zensur und Polizei ihn gegen Kritik in den Zeitungen geschützt. Die *Börsengazette* hat die Kampagne eröffnet.

Die ganze Vergangenheit dieses Mannes, seine unedlen Anfänge, Diebstähle, Trinkgelage, Ausschweifungen und Intrigen, der Skandal seiner Verbindungen zur besseren Gesellschaft, zu Beamten und Klerus, werden rücksichtslos ausgebreitet. Aber, klug genug, wird keinerlei Anspielung auf sein enges Verhältnis zu Kaiser und Kaiserin gemacht.

»Wie ist es möglich?«, schreibt der Verfasser des Artikels. »Wie konnte ein jämmerlicher Abenteurer wie dieser so lange seinen Spott mit Russland treiben? Ist es nicht erstaunlich zu denken, dass die offizielle Kirche, der Heilige Synod, der Adel, die Minister, der Senat und die zahlreichen Mitglieder des Reichsrates und der Duma sich vor diesem elenden Hund erniedrigen? Ist dies nicht der schlimmste Vorwurf, den wir gegen die Regierung richten können? Noch gestern schienen die politischen und gesellschaftlichen Skandale, die der Name Rasputins heraufbeschwört, ganz natürlich. Heute will Russland all dem ein Ende setzen ...«

Maria Pawlowna [die Jüngere]: Memoiren, 20. August

All ihre Gedanken und Methoden waren schattenhaft und indirekt geworden. Die Kaiserin holte z.B. die Meinung von Paléologue, dem französischen Gesandten, ein, was ihren Plan anging, ihren Mann an die Front zu schicken. Sie wusste, dass mein Vater und seine Frau mit Paléologue auf freundschaftlichem Fuße standen; also bat sie sie, ein Essen für ihn zu geben, und schickte Madame Wyrubowa zu diesem Essen, ihre bürgerliche Ratgeberin, mit Anweisungen, damit diese Paléologues Haltung herausfinden sollte.

Madame Wyrubowa war, auf ihre eigene Art, der Kaiserin fest und gänzlich uneigennützig ergeben, aber wegen ihrer Oberflächlichkeit im Allgemeinen und ihrer blinden Verehrung Rasputins im Besonderen konnte sie niemandem Respekt abringen.

M. Paléologue war sprachlos über den bloßen Gedanken, eine so wichtige Mission einem derartigen Trampel anzuvertrauen. Er sagte ihr diplomatisch, es scheine ihm zu spät, als dass eine entgegengesetzte Meinung, die von außen käme, noch irgendeinen Nutzen bringen könne. Stammelnd wiederholte sie, einen nach dem anderen, seine geschliffenen Sätze und sagte, sie wolle versuchen, alles, was er gesagt habe, der Kaiserin zu wiederholen.

Nikolaus: Tagebuch, 22. August, Zarskoje Selo

Um 10.30 fuhren wir drei in die Stadt – zum Winterpalais, wo ich das erste Treffen des Komitees für die militärische Versorgung der Armee mit Vorräten und Ausrüstung abhielt. Danach sprach ich mit den Mitgliedern des Komitees, als Alix mit Alexej hereinkam und ebenfalls mit ihnen herumging. Fuhren vor ein Uhr nach Zarskoje Selo zurück. Das Wetter war wunderbar. Machte in Babolowo einen ordentlichen Spaziergang. Nach dem Tee empfing ich Poliwanow und ging dann zur Kirche. Anja und N. P. [Sabline] blieben zum Abendessen. Um zehn Uhr nahm ich Abschied von der lieben Alix und den Kindern und brach auf. Möge Gott meine Reise und meinen Entschluss segnen![7]

Alexandra an Nikolaus: 22. August, Zarskoje Selo

Mein einziger Geliebter,
dein Glaube ist geprüft worden – dein Vertrauen –, und du bist fest geblieben wie ein Fels, dafür wirst du gesegnet werden. Gott hat dich bei deiner Krönung erwählt, er hat dich dorthin gestellt, wo du stehst, und du hast *deine Pflicht getan*, sei dessen *sicher*, ganz sicher, und er wird Seine Wahl nicht zurücknehmen. Die Gebete unseres Freundes für dich erheben sich Tag und Nacht zum Himmel, und Gott wird sie erhören.

Ich hoffe, Goremykin wird deiner Wahl Chwostows zustimmen[8] – du brauchst einen energischen Innenminister – sollte er der Falsche sein, kann er später abgelöst werden. Darin liegt kein Schaden in solchen Zeiten – aber wenn er energisch ist, kann er eine ausgezeichnete Hilfe sein, und dann ist der alte Mann nicht wichtig.

Sei nicht *zu* freundlich. Alles wird gut, sagt unser Freund, das Schlimmste ist vorüber. Gott ist mit dir und unser Freund für dich – alles ist gut, alles wird gut, ich danke dir, dass du unser Land gerettet hast.

Ich glaube, nichts anderes trägt meinen Segen, und du hast Grigorijs heiligen Nikolaus, der dich bewacht und beschützt.
Ich küsse dich ohne Ende und segne dich. Heilige Engel mögen deinen Schlummer bewachen – ich bin immer in deiner Nähe und bei dir, und niemand soll uns trennen. Deine Frau
Sunny

23. August: All meine Gedanken und Gebete umgeben dich in zärtlichster Liebe. Meine Seele (so traurig sie war) wurde von solcher Ruhe erfüllt, als ich dich in Frieden und Heiterkeit abfahren sah. Dein Gesicht trug einen so schönen Ausdruck, als unser Freund aufbrach. Gott wird dich und deine Vorhaben nach diesem moralischen Sieg wahrhaft segnen. Frage mich, wie du geschlafen hast - ich ging gleich zu Bett, völlig zerschlagen und sehr einsam.

Ich schreibe dir zwei Telegramme von unserem Freund ab. Wenn du Gelegenheit hast, zeige sie N. P. [Sabline]; man muss ihn über unseren Freund mehr auf dem Laufenden halten, denn in der Stadt hört er zu viel gegen ihn, beginnt, seinen Telegrammen weniger Bedeutung beizumessen. Goremykin fragte, ob du diese Woche zurück sein würdest (um die Duma dann aufzulösen), ich sagte, du wüsstest es wirklich noch nicht.

Die Kinder und ich gingen um 3 zur Znamenia, und ich stellte eine sehr große Kerze auf, die sehr lange brennen und meine Gebete für dich vor Gottes Thron und vor die Jungfrau und den heiligen Nikolaus tragen wird.

Nun, mein Lieber, muss ich schließen. Gott segne und schütze dich und helfe dir und all deinen Unternehmungen.

Küsse ohne Ende an alle geliebten Stellen, auf immer dein einziges, vertrauensvolles, stolzes Frauchen

Anja Wyrubowa: Memoiren

Die Kaiserinwitwe, der der Kaiser unmittelbar nach der Ministerkonferenz einen Besuch abstattete, war inzwischen völlig von der Manie über deutsche Spione befallen, von der die Kaiserin und Rasputin, ganz zu schweigen von mir selbst, betroffen waren. Sie glaubte an das ganze absurde Lügengewebe, das man aufgebaut hatte, und mit aller Macht kämpfte sie gegen die Entscheidung des Kaisers, das Oberkommando der Armee selbst zu übernehmen. Mehr als zwei Stunden lang spielte sich im Garten der Kaiserinwitwe eine schmerzliche Szene ab, bei der er ihr zu zeigen versuchte, dass unter den herrschenden Bedingungen der Armee und dem Reich ein vollkommenes Desaster drohe, während sie immer wieder die üblen Verleumdungen über deutsche Machenschaften wiederholte, die er fördere, wie sie behauptete. Am Ende ging der Kaiser, zutiefst erschüttert, aber fest entschlossen wie zuvor.

Nikolaus: Tagebuch, 23. August, Mogiljow

Schlief gut. Der Morgen war regnerisch: nachmittags klarte es auf und wurde recht warm. Um 3.30 erreichte ich *mein Hauptquartier*, eine Werst von der Stadt Mogiljow entfernt. Nikolascha erwartete mich. Nachdem ich mit ihm gesprochen hatte, kam General Alexejew mit seinem ersten Bericht.[9] Alles ging gut! Nach dem Tee sah ich mir die Umgebung an. Der Zug steht in einem kleinen, dichten Wald. Wir aßen um 7.30 zu Abend. Danach machte ich noch einen Spaziergang. Der Abend war großartig.

Nikolaus an König George V.: 24. August, Petrograd

An Seine Majestät den König,
mit großer Freude habe ich vernommen, dass das britische Unterseeboot E-8 sich meinen Seestreitkräften angeschlossen hat, und will Ihnen meinen herzlichen Dank dafür aussprechen. Die Ostsee stellt ein höchst vorteilhaftes Gebiet für unterseeische Aktivitäten dar, und die Gegenwart britischer Boote dieses Typs wird unserer allgemeinen Sache einen höchst wichtigen Dienst erweisen. Ich bin sicher, die E-8 wird ebenso ausgezeichnete und erfolgreiche Taten vollbringen wie die E-1 erst gerade wieder.

Ich bitte Sie, mein tiefstes Mitgefühl für den traurigen und heldenhaften Verlust des Unterseebootes E-13 anzunehmen.
Nicholas

Nikolaus' Tagebuch: 24. August, Mogiljow

Wachte gegen 9 Uhr auf. Der Morgen im Wald war so schön. Nach dem Tee ging ich zur Kathedrale von Mogiljow und von dort aus zu den Amtsräumen des Gouverneurs, die zur Unterbringung von General Alexejew [Stabsführer], ebenso des Stabs und der Verwaltung des allgemeinen Hauptquartiers genutzt werden. Nach dem Bericht gingen wir hinüber zur Residenz des Gouverneurs, wo Nikolascha wohnt. Ich unterschrieb seine Vollmacht und den Armeebefehl, meine Übernahme des Oberkommandos vom gestrigen Tag betreffend.

Herr, hilf mir und führe mich! Kehrte unmittelbar vor dem Mittagessen ins Hauptquartier zurück. Am Nachmittag machte ich einen Spaziergang über den Dnjepr an der Gomelski-Straße entlang und in einen hübschen Wald. Gegen Abend begann es zu regnen. Verlor beim Würfeln.

Alexandra an Nikolaus: 24. August, Zarskoje Selo

Mein Geliebter,
der linke Arm unseres lieben Babys schmerzt und ist sehr geschwollen, schmerzte von Zeit zu Zeit während der Nacht und am heutigen Tag - die alte Geschichte, aber er hat es noch nicht lange, Gott sei Dank. M. Gilliard las vor und zeigte uns dann die Laterna Magica.

Wir alle senden Grüße an N. P.

Gott segne und schütze dich, mein Schatz - ich vermisse dich so sehr. Wie du weißt, kann es nicht anders sein; ich drücke dich zärtlich an mein Herz und bedecke dich mit Liebkosungen und Küssen.

Ich segne dich und bete um Gottes Hilfe.

Stets dein altes
Frauchen

Ellas Gebete sind bei dir - sie geht für diese letzten Tage ins Kloster Optin.

Nikolaus an Alexandra: 25. August, Mogiljow

Mein geliebter Liebling Sunny,
Gott sei Dank ist hier alles vorbei, und nun stehe ich hier mit dieser *neuen,* schweren Verantwortung auf meinen Schultern! Aber Gottes Wille geschehe – ich bin so ruhig, ein Gefühl wie nach der heiligen Kommunion!

Den ganzen Morgen des erinnernswerten Tages, des 23. August, während ich hierherfuhr, betete ich viel und las deinen ersten Brief immer wieder. Je näher der Augenblick unseres Zusammentreffens kam, desto mehr fand meine Seele Frieden.

Nikolascha kam mit einem guten, fröhlichen Lächeln herein und fragte einfach nach meinem Befehl, wann er abzureisen habe. Ich antwortete in derselben Weise, dass er noch zwei Tage bleiben könne; dann sprachen wir über Fragen der militärischen Operationen, über einige Generäle, und das war *alles!*

An den folgenden Tagen beim Mittag- und Abendessen war er gesprächig und gut gelaunt, wie wir alle ihn seit vielen Monaten nicht mehr gesehen haben! Petja ebenso,[10] aber seine Adjutanten trugen einen finsteren Gesichtsausdruck zur Schau – es war geradezu komisch.

Ich muss den Herren hier Gerechtigkeit erweisen, beim alten Freund angefangen – sie verhielten sich gut, und ich hörte keinen einzigen Misston, kein einziges irritierendes Wort.

Natürlich bat ich Nikolascha, während seiner Anwesenheit hier an beiden Morgen am Bericht teilzunehmen. Alexejew macht das so gut. Er war sehr gerührt von dem kleinen Bild und dem Segen, die du ihm durch mich schicktest. Nikolascha wiederholte mir gegenüber, dass er diesen Ort beruhigt verlässt, weil er weiß, ich habe eine solche Hilfe wie Alexejew bei mir.

Wir sprachen viel über den Kaukasus, er mag ihn und interessiert sich für die Menschen und die schöne Natur, aber er bittet darum, nach dem Ende des Krieges nicht allzu lange dort bleiben zu müssen.

Er legte sogleich ein schönes, altes Tscherkessenschwert an, das ein jetziger Scherwaschidze ihm vor Jahren geschenkt hat, und wird es die ganze Zeit tragen. Er gedenkt, etwa 12 Tage in Perschino zu bleiben und dann direkt nach Tiflis aufzubrechen; den alten Grafen W. wird er in Rostow am Don treffen. Die ganze Ansammlung schwarzer Frauen[11] wird sich ihm von seinem Besitz in Kiew aus anschließen und gleich aufbrechen.

Nun beginnt eine neue, weiße Seite, und was darauf geschrieben werden wird, weiß nur der allmächtige Gott allein.

Ich unterschrieb meinen ersten *prikaz* [Befehl] und fügte mit ziemlich zitternder Hand einige Worte hinzu.

Eben haben wir unser Abendessen beendet, und danach hatte ich ein langes Gespräch mit Lagitsche und dann mit Gen. Williams.

Georgie und der König von Belgien haben meine Telegramme beantwortet, in denen ich den Wechsel bei uns ankündigte – so schnell!

Ich freue mich, dass du mit dem alten Gor[emykin] gesprochen und ihn beruhigt hast. Bitte sag ihm beim nächsten Mal, dass Regierungsrat und Duma, sobald sie ihre Arbeit beendet haben, geschlossen werden müssen, unabhängig davon, ob ich zurück bin oder noch hier!

Triff dich doch einmal mit Krupenskij, er ist ein vertrauenswürdiger Mann und kann dir vielleicht interessante Dinge berichten.

Stell dir vor, mein Frauchen, dass du deinem Huzy hilfst, solange er abwesend ist! Wie schade, dass du diese Pflicht nicht schon lange übernommen hast, oder wenigstens jetzt, während des Krieges!

Nichts macht mir mehr Freude, als so stolz auf dich zu sein, wie ich es während dieser letzten Monate war, als du mich immer wieder ermahnt hast, fest zu bleiben und zu meiner Meinung zu stehen.

Wir hatten unser Domino-Spiel gerade beendet, als ich durch Alexejew ein Telegramm von Iwanow erhielt, der mitteilte, dass heute unsere 11. Armee (Schtserbatschew) in Galizien zwei deutsche Divisionen (die 3. Wachdivision und die 48. Infanterie) angegriffen hat, mit dem Ergebnis, dass mehr als 150 Offiziere und 7 000 Soldaten gefangen genommen, 30 Kanonen und viele Maschinengewehre erbeutet wurden!

Und das unmittelbar nachdem unsere Truppen erfahren hatten, dass ich die Führung übernommen habe. Das ist wirklich ein Beweis für Gottes Gnade, und ein so schneller!
Nun muss ich schließen, es ist spät, und ich muss ins Bett!
Gott segne dich, mein geliebter Schatz, mein Sonnenstrahl. Ich küsse dich und die lieben Kinder sehr zärtlich. Immer dein alter
Huzy
Nicky
Grüße Anja herzlich von mir.

Anastasia an Nikolaus: 26. August, Zarskoje Selo

Mein lieber, süßer, geliebter Papa!
Ich sitze auf dem Sofa neben Alexej, der mit M. Gilliard zu Abend isst, während Maria herumrennt wie ein Teufel. Ich darf schon wieder auf die Krankenstationen gehen, aber das Wetter ist so ekelhaft und kalt, dass ich nicht hinausgehe.

[Dr.] Ostrogorskij kam mich heute Morgen besuchen, aber Maria und ich waren noch im Bett, also versteckte sich Maria unter der Decke, während er mich untersuchte, und als er fertig war, zog ich heimlich die Decke weg, sodass Maria herauskriechen musste, was ihr sehr peinlich war. Aber sobald er die Tür hinter sich schloss, war ich auch schon aus dem Bett. Wir haben heute nichts Interessantes gemacht.
Der Herr sei mit dir. Ich küsse dich 10 000 000 000-mal. Deine dich liebende und treu ergebene Tochter,
die kaspische Nastaska.

Alexandra an Nikolaus: 2. September, Zarskoje Selo

Mein Geliebter,
ein so herrlicher sonniger Morgen, beide Fenster waren die ganze Nacht weit offen und sind es noch. Ich habe neue Tinte, die alte scheint am Ende zu sein, es war keine russische.

Es macht mich immer ganz trübsinnig, zu sehen, wie schlecht die Dinge sind, die man hier herstellt, alles kommt aus dem Ausland, die einfachsten Sachen, Nägel zum Beispiel, Strickwolle, Stricknadeln aus Metall und alle möglichen anderen notwendigen Dinge. Gebe Gott, dass man nach dem Ende dieses entsetzlichen Krieges die Fabriken dazu bewegen kann, Dinge aus Leder herzustellen und die Pelze selbst zu verarbeiten – ein so riesiges Land, und abhängig von anderen.
Nun leb wohl, mein Liebchen, der Mann muss aufbrechen. Gott segne dich und schütze dich, ich küsse jeden lieben Fleck immer und immer wieder und halte dich fest in meinen Armen. Immer dein ganz eigenes Frauchen
Alice

6. September
Geliebter Nicky,
jeden Morgen und Abend segne und küsse ich dein Kopfkissen und eines deiner Bilder. Ich segne dich immer, während du noch schläfst und ich aufstehe, um die Vorhänge aufzuziehen.

Dein Frauchen schläft hier unten ganz allein, und der Wind heult so schwermütig heute Nacht. Wie einsam musst du dich fühlen, mein Kleiner. Sind deine Räume wenigstens nicht allzu furchtbar?

So viele gelbe und rote Blätter, und ach, so viele beginnen schon zu fallen – der traurige Herbst hat schon begonnen.
Gott segne, stärke, tröste, bewache und führe dich und helfe dir.
Immer dein
Frauchen

Andrej Wladimirowitsch: Tagebuch, 6. September, Petrograd

Vor einigen Tagen kam Alix mit ihren beiden ältesten Töchtern, um mit Mama [Maria Pawlowna die Ältere] in Zarskoje Selo Tee zu trinken. Man muss dazu sagen, dass dies das erste Mal in zwanzig Jahren war, dass Alix Mama ohne Nicky besuchte.

Aber das Interessanteste war die Konversation, die sich entspann. Alix beklagte sich bitterlich darüber, dass sie kritisiert werde, was immer sie auch tue, vor allem in Moskau und Petrograd. Alle seien gegen sie, und deshalb seien ihr die Hände gebunden.

»Einige Barmherzige Schwestern sind soeben aus Deutschland angekommen, und um unserer Arbeit willen sollte ich sie empfangen, aber ich kann es nicht tun, weil es gegen mich verwendet würde.«

Mama fragte sie, ob es wahr sei, dass sie und der gesamte Hof nach Moskau zögen. »Ach, das haben Sie also auch gehört! Nein, ich ziehe nicht um und werde es auch nicht tun, aber das hätten ... sie ... gern, damit sie sich hier frei bewegen können (und hier gab sie einen deutlichen Hinweis darauf, dass ... sie ... Nikolaj Nikolajewitsch und die Montenegriner sind), zum Glück haben wir rechtzeitig davon gehört und Maßnahmen ergriffen ... Er ... geht jetzt in den Kaukasus. Es war nicht länger auszuhalten. Nicky hatte keine Ahnung, was im Krieg vor sich ging; ... er ... schrieb ihm nie und sagte ihm nichts. Von allen Seiten haben sie versucht, Nicky die Macht zu entreißen. Sie griffen nach allem, was sie erreichen konnten. Das kann man nicht zulassen in einer Zeit, wenn inmitten dieses Zusammenbruchs aller Autorität eine feste und unerschütterliche Macht gebraucht wird. Ich habe Nicky angefleht, in einer solchen Zeit Goremykin nicht zu entlassen. Man kann doch nicht einfach diejenigen wegschicken, die einem treu ergeben sind. Wer bleibt ihm denn noch?«

Als Mama mir dieses Gespräch wiedergab, sagte sie, Alix habe den entschiedenen Eindruck gemacht, vom Lauf der Ereignisse zutiefst erschüttert zu sein. Ihre Unzufriedenheit mit den Montenegrinern und deren Machenschaften war erstaunlich; obwohl sie nichts Näheres sagte, war klar, dass sie von etwas sehr Schwerwiegendem erfahren haben musste, das nicht nur sie persönlich, sondern auch Nicky betraf. Das ist der Schlüssel zu ihrem rätselhaften Verhalten, wie es damals bei Tante Minnie [Kaiserinwitwe Marie] erschien, als sie mit Xenia sprach. Mama wiederholte mehrere Male, dass Alix tiefen Eindruck auf sie gemacht habe. Es sei ganz echte Verzweiflung zu spüren gewesen. Alix betrachtet die Dinge genau wie wir, und alles, was sie sagte, war deutlich, bestätigend und wahr.

Diese Episode in unserem Familienleben ist wichtig, denn sie ermöglichte uns, Alix zu verstehen. Fast ihr gesamtes Leben in unserem Land ist von einer schattigen, unverständlichen Aura verschleiert gewesen. Niemand kannte sie eigentlich wirklich oder verstand sie, und was man erriet oder vermutete, wurde mit der Zeit zu einer Ansammlung der unterschiedlichsten Legenden. Es war schwierig, zu wissen, wo die Wahrheit lag. Das ist ein großes Unglück. Die Gestalt der Kaiserin sollte über ganz Russland leuchten, sollte gesehen und verstanden werden, sonst wird ihre Rolle in den Hintergrund gedrängt, und die Gestalt verliert ihre lebensnotwendige Popularität.

Natürlich kann das Gespräch zwischen Alix und Mama, wie es eben beschrieben wurde, nicht alles wiederherstellen, was in den letzten zwanzig Jahren verloren gegangen ist, aber für uns war dieses Gespräch auf jeden Fall sehr wichtig. Wir sahen sie in einem neuen Licht und erkannten, dass manche der Legenden falsch sind und dass sie auf dem richtigen Wege ist. Und wenn sie nicht mehr gesagt hat, so hatte sie offenbar ihre Gründe dafür. Es war deutlich, dass sie viel auf dem Herzen hatte, und ihr Besuch bei Mama war von dem Bedürfnis angeregt, wenigstens einen Teil davon auszuschütten.

Nikolaus an Alexandra: 9. September, Mogiljow

Meine geliebte, liebste Sunny,
ich danke dir so sehr für deine süßen, langen Briefe, die nun regelmäßiger etwa um 9.30 am Abend hier eintreffen.

Du schreibst genau, wie du sprichst. Das Verhalten einiger Minister erstaunt mich immer noch! Nach allem, was ich ihnen bei dieser berühmten Abendsitzung gesagt hatte, dachte ich, sie sollten wohl verstanden haben, dass ich es ernst meinte.

Nun, umso schlimmer für sie! Sie fürchteten sich, die Duma zu schließen – es ist geschehen! Ich bin hierher gefahren und habe Nikolascha gegen ihren Rat abgelöst; die Menschen haben diesen Schritt als den natürlichen angenommen und haben verstanden – wie wir auch. Der Beweis: zahlreiche Telegramme, die ich aus den verschiedensten Teilen des Landes erhalte, mit den bewegendsten Äußerungen. All das zeigt uns eines ganz klar – dass die Minister, die immer in der *Stadt* leben, extrem wenig darüber wissen, was im ganzen Land vor sich geht. Hier *kann ich gerecht urteilen,* nach den echten Beweisen aus den verschiedensten Klassen von Menschen: Es muss alles unternommen werden, um den Krieg zu einem siegreichen Ende zu führen, und niemand äußert einen Zweifel daran. *Das* ist es, was alle Gesandtschaften, die ich gestern empfangen habe, mir offiziell sagen – und so ist es überall in Russland.

Mischa hat gekabelt, um zu fragen, ob er am Wochenende herkommen kann. Ich bin sehr froh, ihn hier zu sehen. Nun, mein teurer Schatz, muss ich schließen. Gott segne dich und die Kinder +. Ich liebe dich so und bete heftig für dich, jeden Tag. Ich schicke zwei Telegramme von unserem Freund – man hat seinen Sohn also eingezogen![12]
Ich segne dich und küsse dich zärtlich.
Nicky

Alexandra an Nikolaus: 15. September, Zarskoje Selo

Denk daran, das Bild wieder in die Hand zu nehmen und dir vor der Sitzung mit den Ministern mehrere Male das Haar mit seinem Kamm zu kämmen.
Leb wohl, mein Geliebter, mein süßer Mann, du Freude meines Herzens – ich bedecke dich mit zärtlichen, sehnsüchtigen Küssen.

17. September: Die Duma existiert – da kann man nichts machen, und mit einem so harten Arbeiter würde der alte Mann gut zurechtkommen. Gut, dass du Rodsjanko nicht empfangen hast, da ließen sie gleich alle die Köpfe hängen. – Du schließt die Duma, und sie dachten doch, das würdest du nicht wagen – alles ganz richtig.

Wirklich, mein Schatz, ich denke, er ist der Mann, den unser Freund in seinem Kabel an Anja andeutete. Ich bin immer vorsichtig in meiner Wahl.

Ich segne dich, mein Engel, Gott und die heilige Jungfrau mögen dich segnen.

Ich bedecke dich mit sehnsüchtigen, liebevollen, zärtlichen Küssen.

Sunny

Nikolaus an Alexandra: 18. September, Mogiljow

Meine teure, geliebte Sunny,

deine lieben Briefe bewegen mich *so* sehr, dass ich verzweifelt bin, dir nicht auf dieselbe Weise antworten zu können, vielleicht gebe ich nur ein Zehntel von dem zurück, was du mir in deinen liebevollen Zeilen zeigst! Je länger die Trennung dauert, umso tiefer und stärker werden die Bande, die uns zusammenhalten – finde ich. Ein Monat ist lang.

Seltsam, wie genau unser Freund die Zeit vorhersah, die ich fort sein würde – »einen Monat wirst du dort sein, und dann wirst du zurückkehren«!

Und nun muss ich schließen. Gott segne dich, mein geliebtes, teures Liebchen. + Ich küsse dich und die Kinder leidenschaftlich und zärtlich. Danke Anja für ihren Brief. Immer dein alter Huzy

Nicky

Ich lasse Dimitri zu seinem Vater [Pawel].

Pierre Gilliard: Memoiren – September

Der Zar kehrte für einige Tage nach Zarskoje Selo zurück, und es wurde beschlossen, dass Alexej ihn ins Generalstabsquartier begleiten sollte, denn er war sehr darauf bedacht, den Thronfolger bei den Truppen zu zeigen. Die Zarin beugte sich der Notwendigkeit. Sie erkannte, wie sehr der Zar unter Einsamkeit litt, denn in einer der tragischsten Stunden seines Lebens war er der Gegenwart seiner Familie beraubt, seines größten Trostes. Sie wusste, welch ein Trost es für ihn sein würde, seinen Sohn bei sich zu haben. Aber ihr Herz blutete doch bei der Vorstellung, dass Alexej sie verlassen sollte. Zum ersten Mal war sie von ihm getrennt, und man kann sich vorstellen, welch ein Opfer es für die Mutter bedeutete, die ihr Kind nie verließ, nicht einmal für einige Minuten, ohne sich sorgenvoll zu fragen, ob sie ihn jemals lebend wiedersehen würde.

Alexandra an Nicky: 3. Oktober, Zarskoje Selo

Mein geliebter Liebling,
am Abend treffen wir unseren Freund bei Anja, um Abschied zu nehmen. Er bittet dich sehr, dem König von Serbien ein Telegramm zu schicken, denn er fürchtet sehr, dass Bulgarien kurzen Prozess mit ihnen macht - ich schicke wieder Papier mit, dass du für dein Telegramm benutzen sollst - schreibe sinngemäß, aber natürlich kürzer, und erinnere an ihre Heiligen und so weiter. Sag Baby, er soll dir Pjotr Wassiliewitschs Umschlag zeigen, er ist süß. Ich werde meinen Brief an ihn gesondert adressieren, dann ist er stolz. Derewenko hat unsere Geschenke für ihn und kann sie im Schlafzimmer arrangieren.
Ich küsse dich ohne Ende und halte dich fest an mein altes Herz gedrückt, das sich wie immer nach dir sehnt, süßer Nicky, ganz dein Frauchen
Alix

6. Oktober: Ich schicke dir einen sehr dicken Brief von der Kuh [Wyrubowa], das liebeskranke Geschöpf konnte nicht mehr warten, sie muss ihr Herz ausschütten, sonst platzt sie.
Gott segne und beschütze dich und halte allen Kummer von dir fern. Tausend Küsse von deinem alten
Frauchen

Nikolaus an Alexandra: 6. Oktober, Mogiljow

Mein teurer Liebling,
vielen zärtlichen Dank für deine liebevollen Briefe. Ich bin verzweifelt, dass ich nicht ein einziges Mal geschrieben habe, seit wir abfuhren, aber ich bin hier wirklich jeden Augenblick beschäftigt, außer von 2.30 bis 6. Und habe natürlich den Kleinen bei mir, der einen Teil der Zeit in Anspruch nimmt, was ich natürlich nicht bedauere.

Seine Gegenwart schenkt uns allen Licht und Leben – die Fremden eingeschlossen!

Es ist schrecklich gemütlich, nebeneinander zu schlafen; ich bete seit der Zugfahrt jeden Abend mit ihm, er sagt die Gebete viel zu schnell, und man kann ihn kaum stoppen. Die Parade gefiel ihm ungeheuer gut, er folgte mir und stand die ganze Zeit während des Vorbeimarsches, der ausgezeichnet war. Diese Parade werde ich niemals vergessen.

Das Wetter war wunderbar und der ganze Eindruck bemerkenswert. Das Leben hier ist wie immer. Am ersten Tag aß Alexej noch mit M. Gilliard in meinem Zimmer, aber dann bettelte er so sehr, mit allen gemeinsam essen zu dürfen – er sitzt zu meiner Linken und benimmt sich gut, neigt aber manchmal dazu, recht fröhlich und laut zu sein, vor allem, wenn ich mit anderen im Salon spreche. Jedenfalls bringt er sie zum Lächeln und gefällt ihnen.

Nachmittags fahren wir mit dem Motorwagen (morgens spielt er im Garten) entweder in den Wald oder zum Flussufer, wo wir ein Feuerchen machen, und ich mache meinen Spaziergang.

Ich bin erstaunt, wie viel er laufen kann und mag und dass er nicht klagt, er sei müde und wolle umkehren! Er schläft ruhig, ich auch, trotz des hellen Lichts an seiner Ikone. Morgens wacht er früh auf, zwischen 7 und 8, setzt sich im Bett auf und fängt leise ein Gespräch mit mir an. Ich antworte ihm im Halbschlaf, und dann legt er sich hin und bleibt ruhig, bis sie kommen, um uns zu wecken.

Pawel ist sehr nett und bescheiden, wir haben ein gutes Gespräch geführt. Er wusste von dem Brief seiner Frau und ist nicht erfreut darüber.
Gott segne dich, meine Sunny, mein geliebtes Frauchen. Ich küsse dich und die Mädchen zärtlich. A[nja] ebenfalls.
Immer der deine
Nicky

Alexandra an Nikolaus: 10. Oktober, Zarskoje Selo

Mein geliebter Liebling,
unser Freund, den wir gestern Abend sahen, ist ansonsten ruhig, was den Krieg angeht. Jetzt bereitet ihm ein anderes Thema große Sorgen, und er sprach zwei Stunden lang kaum über etwas anderes. Es geht darum, dass du einen Befehl geben musst, dass Wagons mit Mehl, Butter und Zucker die Erlaubnis bekommen sollen, durchzufahren. Er sah das Ganze in der Nacht wie eine Vision vor sich, all die Städte, Bahnlinien etc. Es ist schwierig, auf seine Worte hin einen Befehl zu geben, aber er sagt, es ist sehr ernst, und wir werden dann keine Streiks bekommen.
Sehr zärtliche Küsse, mein Süßer, von deinem dich zutiefst, endlos liebenden alten
Frauchen

1. November: Unser Freund war immer gegen diesen Krieg und sagt, der Balkan sei es nicht wert, dass die ganze Welt darum kämpft, und Serbien werde sich als ebenso undankbar erweisen wie Bulgarien es schon tat.

12. November:
Mein geliebter, lieber Nicky,
für den Fall, dass wir uns am 14. nicht sehen, sende ich dir meine aller-aller-zärtlichsten, liebevollsten Gedanken und Wünsche und endlosen Dank für das innige Glück und die Liebe, die du

mir in diesen 21 Jahren geschenkt hast - oh, Liebling, es ist kaum möglich, glücklicher zu sein, als wir es waren, und das hat uns die Kraft gegeben, so viel Kummer durchzustehen. Mögen unsere Kinder ebenso reich gesegnet sein - mit Sorge denke ich an ihre Zukunft - so unbekannt!

Nun, wir müssen alles in Gottes Hände legen, mit Vertrauen und Glauben. Das Leben ist ein Rätsel, die Zukunft hinter einem Vorhang verborgen, und wenn ich unsere große Olga ansehe, füllt sich mein Herz mit Gefühlen und der Frage, was ihr noch bevorsteht - was ihr Los sein wird.

Nun, mein süßer Lieber, muss ich mein Gekritzel schließen. Lass mich wissen, wann wir euch erwarten können. Gott segne und schütze, behüte und führe euch.

Ich küsse dich mit tiefster Zärtlichkeit und endloser Liebe und Ergebenheit und sehne mich danach, meinen müden Kopf an deine Brust zu legen. Auf immer, mein Huzy, deine alte
Sunny

Maria Pawlowna [die Jüngere]: Memoiren

Gegen Ende des Jahres 1915, Anfang Dezember, nahm ich mir zwei Wochen frei und besuchte meinen Vater in Zarskoje Selo und meine Tante Ella in Moskau.

Meine Tante hatte sich während der letzten Jahre sehr verändert. Trotz der Tatsache, dass sie in einem Kloster lebte, kam sie jetzt mit einer größeren Zahl und Vielfalt von Menschen zusammen als früher. Das hatte ihre Sichtweise erweitert, sie sanfter, menschlicher gemacht. Sie kam jetzt nicht nur mit Lebensphasen in Kontakt, von denen sie früher nichts gewusst hatte, sondern sie musste auch Meinungen und Standpunkte berücksichtigen, die sich von den ihren gänzlich unterschieden. Sie blieb jedoch immer ein wenig erstaunt, war niemals in der Lage, ganz ausgeglichen zu sein. Obwohl sie mit Hilfe der Orthodoxie versuchte, ihr Leben aufzubauen und eine religiöse Ordnung zu errichten, die sich fest auf alte russische Regeln und Bräuche gründete, blieb sie doch eine Fremde in ihrer Psychologie, und ihre Versuche erschienen oft naiv und unkoordiniert.

Aber die Atmosphäre, die sie um sich geschaffen hatte, enthüllte ihr Inneres so deutlich und bezaubernd, dass ich mich bei all meiner Liebe zum Leben doch angezogen fühlte.

Nikolaus: Tagebuch, 3. Dezember, Mogiljow

Alexej entwickelte gestern einen Schnupfen, und heute früh hatte er nach dem Niesen leichtes Nasenbluten. Wir verließen Mogiljow, um die Wachen zu besuchen. Aber nachdem das Blut, obwohl es nicht ständig lief, doch nicht weniger wurde, entschloss ich mich auf Rat von [Dr.] Fjodorow, zum Hauptquartier zurückzukehren.

4. Dezember: Alexej schlief unruhig. Morgens war seine Temperatur auf 39 gestiegen, aber zum Mittag hin war sie auf 37,5 gefallen. Aus seinem linken Nasenloch blutete es immer noch, aber weniger stark. Allgemein hustete er weniger und war besser gestimmt. Wir erreichten Mogiljow um 12.15, genau nach vierundzwanzig Stunden. Lud meinen Stab zum Mittagessen ein. Ging am Bahnsteig auf und ab. Erhielt einen Bericht von Alexejew. Um vier Uhr brachen wir Richtung Norden auf. Saß viel bei Alexej, las auch viel.

5. Dezember: Um 11 Uhr kamen wir endlich in Zarskoje Selo an. Alix und unsere Töchter holten uns ab. Wir brachten Alexej im Motorwagen heim und gleich nach oben in sein Zimmer – das Eckzimmer. Es gab eine Ärztekonferenz; Poljakow verätzte das linke Nasenloch und ließ ihn dann allein, ohne Tupfer in der Nase.

Er hatte kein Fieber, war ausgezeichneter Stimmung. Ich ging vor dem Mittagessen allein spazieren, dann am Nachmittag mit Maria und Anastasia. Es herrschte Tauwetter, und es gab eine Menge Schnee. Um 6.30 gingen wir zur Kirche. Wir speisten allein zu Abend, ich bekam meine Geschenke oben in Alexejs Zimmer.

Anja Wyrubowa: Memoiren

Ich war bei der Zarin, als das Telegramm kam, das die Rückkehr des Kaisers und des Jungen nach Zarskoje Selo ankündigte, und ich werde nie die Seelenpein vergessen, mit der die arme Mutter die Ankunft ihres kranken, womöglich sterbenden Kindes erwartete. Auch werde ich niemals die wächserne Leichenblässe des kleinen, spitzen Gesichts vergessen, als der Junge mit unendlicher Vorsicht in den Palast getragen und auf sein kleines weißes Bett gelegt wurde.

Über den blutgetränkten Bandagen starrten uns seine blauen Augen mit unaussprechlichem Leiden an, und es schien allen, die das Bett umstanden, als hätte die letzte Stunde des unglücklichen Kindes geschlagen. Die Ärzte versahen ihren Dienst, schöpften jede der Wissenschaft bekannte Methode aus, um die unaufhörliche Blutung zu stoppen.

In ihrer Verzweiflung schickte die Kaiserin nach Rasputin. Er betrat das Zimmer, schlug das Kreuzzeichen über dem Bett, und indem er fest auf das beinahe todgeweihte Kind blickte, sagte er ruhig zu den knienden Eltern: »Kein Grund zur Aufregung. Es wird nichts geschehen.« Dann verließ er das Zimmer und den Palast.

Das war alles. Das Kind schlief ein und fühlte sich am nächsten Tag so wohl, dass der Kaiser seinen unterbrochenen Truppenbesuch wieder aufnahm.

Nikolaus: Tagebuch, 6. Dezember, Zarskoje Selo

Es war seltsam und angenehm, meinen Namenstag zu Hause zu verbringen! Gingen in die Kirche. Die ganze Familie kam zum Mittagessen; wir saßen in der kleinen Bibliothek an drei Tischen.

Dann gingen wir, um bei Alexej zu sitzen. Es ging ihm besser, seine Temperatur war 37,3, er hatte noch etwas Husten, aber die Blutung stand nach einer zweiten Verätzung.

Ging mit Tatjana, Maria und Anastasia spazieren. Das Wetter war angenehm, leichter Schneefall. Beantwortete Telegramme. Mama kam zum Tee. Nach dem Abendessen kam Grigorij; wir saßen zusammen an Alexejs Bett.

Anja Wyrubowa: Memoiren

Ich weiß von vielen Krankheitsfällen, wo man um Rasputins Gebete bat, und wäre das seine Art gewesen, so hätte er riesige Geldsummen fordern können und auch bekommen. Aber Tatsache ist, dass er sich oft extrem zögerlich zeigte, die seltsame Kraft auszuüben, die er besaß. Manchmal, wenn es um kranke Kinder ging, weigerte er sich sogar, indem er sagte: »Wenn Gott ihn jetzt zu sich nimmt, tut er es vielleicht, um ihn vor künftigen Sünden zu bewahren.«

Alexej an Nikolaus: 16. Dezember, Zarskoje Selo

Lieber Papa,
jetzt geht es mir besser, und ich fühle mich wohl. Heute Morgen bin ich früh aufgestanden. Ich muss Diät halten! Gestern Abend kam Tante Ella. Während sie zu Abend aßen, habe ich begonnen, einen Schal aus verschiedenfarbiger Wolle zu stricken.

Doktor Poljakow kam heute früh und bohrte in Nase und Ohren herum, nicht bei sich, sondern bei mir! Morgens hatte ich eine Temperatur von 36,1, und auf der Straße draußen waren 26 Grad unter Null.

Richte Golan und Mordinow meine Grüße aus, und auch den anderen. Es ist so schade, dass ich nicht bei euch bin!!!
Gott schütze dich!! Ich küsse dich.
Dein dich liebender Alexej

18. Dezember:
Lieber Papa,
heute wurde ich zum ersten Mal angezogen. Während dieser ganzen Zeit habe ich nur ein Pfund verloren. Draußen sind 8 Grad Frost. In einer Viertelstunde werden die Doktoren hier sein, wahrscheinlich werden sie wieder herumbohren. Ich vermisse dich. Kommst du den Weihnachtsbaum ansehen?
Ich weiß nicht, was ich schreiben soll, es ist alles wie immer. Richte allen, die sich an mich erinnern, meine Grüße aus. Gott der Herr schütze dich! Einen dicken Kuss von
Alexej

19. Dezember [Brief in französischer Sprache]:
Lieber Papa,
gestern habe ich unten gefrühstückt, ich war sehr froh. Gestern hatte Mama Zahnschmerzen, aber jetzt tut ihr nichts mehr weh. Ich habe mit Gilliard zwei große Festungen begonnen und hoffe, dass wir in einigen Tagen die Schlacht beginnen können. Heute sind draußen drei Grad unter Null, morgen darf ich nach draußen, ich bin sehr froh!!!!!
Grüße an den Dicken (Belgier) und alle Nackten!!! Und alle. Ich umarme dich,
dein Alexej

Maurice Paléologue: Memoiren, 27. Dezember

Ein seltsames Zeichen für die Lieblingsbeschäftigungen des russischen Gemüts ist die Freude, die russische Autoren daran haben, das Leben im Gefängnis, Straflager und Exil zu beschreiben. Dies ist ein vertrautes Thema bei all ihren Romanautoren; jeder von ihnen scheint sich verpflichtet zu fühlen, das finstere Milieu eines Kerkers oder eines sibirischen Straflagers zum Schauplatz eines bewegenden Ereignisses zu machen.

Dostojewski begann damit, als er seine persönlichen Erinnerungen in das Buch aufnahm, das ich für sein Meisterstück halte, die *Aufzeichnungen aus einem Totenhaus*. Tolstoj macht uns in seiner *Auferstehung* mit seinem schonungslosen Realismus mit den kleinsten materiellen, administrativen und moralischen Details vertraut, mit Einzelhaft und Transport. Korolenko, Gorki, Tschechow, Weressajew, Andrejew, Dymow etc. haben ebenfalls ihre Beiträge zu diesem Gruselkabinett abgeliefert, wo der Hintergrund jedes Bildes die Festung der Heiligen Peter und Paul, die Zitadelle von Schlüsselburg, die gruftähnliche Einsamkeit von Turuchansk und Jakutsk oder die eisige Küste von Sachalin ist. Wahrscheinlich sagt sich die Mehrzahl ihrer Leser: »Vielleicht muss ich selbst eines Tages dorthin.«

König George V. an Nikolaus: 27. Dezember, Buckingham Palast

Kaiser von Russland: Aus Anlass unseres Neujahrsfestes, während unsere beiden Armeen gegen einen gemeinsamen Feind kämpfen, ist es mir ein Anliegen, Sie zum Feldmarschall meiner Armee zu ernennen, als Zeichen meiner Zuneigung zu Ihnen.

Wenn Sie dies annehmen, ist es mir eine große Freude und eine Ehre für die Britische Armee.

Nikolaus an König George V.: 29. Dezember, Mogiljow

Bin zutiefst dankbar für die Ehre, die Sie mir erweisen, indem Sie mich zum Feldmarschall der Britischen Armee ernennen. Ich nehme diese hohe Auszeichnung mit großer Freude an.
Nicky

Nikolaus: Tagebuch, 31. Dezember, Mogiljow

Ich kam in Mogiljow an und begab mich direkt zum Hauptquartier. Arbeitete bis 3 Uhr und machte dann einen Spaziergang durch den Garten. Danach schrieb ich an Alix und las ein Buch. Um 11.45 ging ich zum Neujahrsgottesdienst. Ich betete inbrünstig, dass der Herr Russland mit einem endgültigen Sieg segnen und unseren Glauben und unsere Geduld stärken möge!

Anmerkungen 1915

1 Generalmajor W. N. Wojekow, Kommandant des Alexanderpalastes in Zarskoje Selo von 1913–1917 und Schwiegersohn des Hofministers Graf Fredericks.

2 N. P. Sabline, Nikolaus' Adjutant.

3 Witte war im Alter von 77 Jahren gestorben.

4 Tochter von Irina und Felix.

5 Das Verhältnis zwischen Nikolaus, und vor allem Alix, und dem Großfürsten Nikolaj Nikolajewitsch [Nikolascha] war seit einiger Zeit schlecht. Der Hauptgrund dafür war der Druck, den der Großfürst 1905 auf Nikolaus ausgeübt hatte, als er Nikolaus dazu bewegte, das Manifest vom 17. Oktober zu unterzeichnen, mit dem größere bürgerliche Rechte zugestanden wurden.

6 Samarin war der Oberprokuror des Heiligen Synod von Juli bis September 1915; Sabler hatte dieses Amt von 1911 bis 1915 innegehabt.

7 Die Entscheidung, Großfürst Nikolaj Nikolajewitsch (Nikolascha) abzusetzen und das Kommando über die russischen Streitkräfte selbst zu übernehmen.

8 Innenminister Juli bis September 1916.

9 Dass Nikolaus Nikolaj Nikolajewitsch (Nikolascha) als Oberkommandierenden entfernte und diese Position selbst übernahm, erwies sich als die unklügste und unpopulärste Entscheidung, die er während des gesamten Krieges traf.

10 Großfürst Pjotr Nikolajewitsch, Nikolaschas Bruder

11 Militsa und Stana, die montenegrinischen Großfürstinnen

12 Dies hatte Rasputin zu verhindern gesucht.

1916

Nikolaus:	Zar von Russland
Alexandra:	seine Frau, Zarin von Russland
Sandro:	Großfürst Alexander Michailowitsch, Xenias Mann
Ella:	Großfürstin Elisabeth, Alexandras ältere Schwester, jetzt Nonne
Olga (Schwester):	Großfürstin Olga Alexandrowna, Nikolaus' jüngste Schwester
Maria Pawlowna (die Jüngere):	Tochter von Nikolaus' Onkel, Großfürst Pawel, Schwester von Dimitri Pawlowitsch
Andrej Wladimirowitsch:	Sohn von Großfürst Wladimir und Maria Pawlowna (der Älteren)
Großfürst Nikolai Michailowitsch:	ein Bruder von Sandro
Olga:	älteste Tochter von Nikolaus und Alexandra, achtzehn Jahre alt
Alexej:	Thronfolger und Zarewitsch, Sohn von Nikolaus und Alexandra, zwölf Jahre alt

George:	König George V. von England, Cousin ersten Grades von Nikolaus und von Alexandra
Fürst Felix Jussupow:	verheiratet mit Irina, der Tochter von Xenia und Sandro
Anja Wyrubowa:	Hofdame und enge Freundin von Alexandra
Pierre Gilliard:	Schweizer Hauslehrer der Zarenkinder
Maurice Paléologue:	französischer Botschafter in Petrograd
Grigorij Rasputin:	selbst ernannter russischer Heiliger
W. A. Jukowskaja:	Anhängerin von Rasputin
A. A. Mordwinow:	Adjutant von Großfürst Michail
W. W. Schulgin:	Abgeordneter der zweiten, dritten und vierten Duma
W. M. Purischkewitsch:	Sprecher des rechten Flügels in der Duma

1916
Die Ermordung Grigorijs

Rasputin gewinnt weiter an Einfluss – Er beschreibt, wie er Frauen verführt – Alexandra gerät geistig aus dem Gleichgewicht – Die Kaiserin wird zunehmend unbeliebt – Anja Wyrubowa und Rasputin werden wegen ihres verderblichen Einflusses kritisiert – Nikolaus' Schwester Olga möchte sich von ihrem Mann, Prinz Oldenburg, scheiden lassen, um Oberst Kulikowskij zu heiraten – Alexandra mischt sich weiterhin in Staatsangelegenheiten ein – Jussupow, Purischkewitsch und Großfürst Dimitri Pawlowitsch ermorden Rasputin – Jussupow und Dimitri Pawlowitsch werden verbannt – Die Familie versucht, zugunsten von Dimitri zu intervenieren

Alexandra an Nikolaus: 1. Januar, Zarskoje Selo

Mein geliebter Engel,
die Kinder essen nebenan zu Mittag und machen wunderbare Geräusche. »Engineer Mechanic« [etwa: Mechaniker, gemeint ist die Periode] ist unerwartet gekommen und verhindert die Med[izin], was ziemlich unerquicklich ist.

In diesem Augenblick wurde mir ganz überraschend dein zauberhaftester Brief überbracht –, ach, ich danke dir, mein Geliebter, ich danke dir zärtlich für deine süßen Worte, die mir das wehe Herz anwärmten – das schönste Geschenk für das neue Jahr.

Ach, mein Geliebter, wie gut ein solch zärtliches Wort doch tut!

Du ahnst gar nicht, wie viel es mir bedeutet und wie schrecklich du mir fehlst – ich sehne mich nach deinen Küssen, nach deinen Umarmungen, nur das schüchterne Kindchen gibt sie mir im Dunkeln, und von ihnen muss Frauchen leben.

Es ist mir zuwider, um sie zu betteln, wie Anja es tut, aber wenn ich sie bekomme, sind sie mein Leben, und wenn du fort bist, erinnere ich mich an all deine lieben Blicke, an jedes Wort und jede Zärtlichkeit.
Leb wohl, mein lieber Engel,
ich segne und küsse dich ein ums andere Mal.

2. Januar: Ach, hätte ich doch Flügel und flöge jeden Abend zu dir, um dich mit meiner Liebe aufzumuntern. Könnte ich dich doch lange in meinen Armen halten und spüren, dass du ganz der Meine bist, wer kann schon sagen ... ganz der Meine ... – und dennoch bist du mein: mein Schatz, mein Leben, meine Sonne, mein Herz! Schon vor 32 Jahren flog mein Kinderherz dir zu.
Gerade lese ich deinen Brief noch einmal,
ich liebe ihn.
Frauchen

Nikolaus: Tagebuch, 2. Januar, Mogiljow

Schlief wie üblich hervorragend in Mogiljow [Hauptquartier der russischen Heeresführung]. Der Bericht war nicht lang. Nach dem Mittagessen gelesen. Von 3 bis 4 spazieren gegangen. An Alix geschrieben. Die letzten Neujahrstelegramme beantwortet. Nach dem Abendessen Domino gespielt.

Nikolaus an Alexandra: 4. Januar, Mogiljow

Meine liebste Sunny,
vielen Dank für deinen lieben Brief von gestern Abend, der eintraf, nachdem ich meinen abgeschickt hatte.

Liebste, ich begehre dich und deine süßen Küsse und Zärtlichkeiten! Jetzt und hier, unerreichbar für Minister und andere. Wir hätten so viel Zeit, um über verschiedene Dinge zu sprechen und uns ein paar gemütliche Stunden zu machen!

Aber – Pflicht ist Pflicht; wie du vor nicht allzu langer Zeit in einem Brief ganz richtig sagtest, bringen wir mit dieser Trennung unser persönliches Opfer für unser Land in diesen schweren Zeiten, und das macht es alles sehr viel erträglicher.
Jetzt muss ich aufhören, mein süßes kleines Mädchen, denn der Kurier muss fort. Gott segne dich und die lieben Kinder. Ich küsse dich voller Leidenschaft und sie voller Zärtlichkeit!
Stets dein alter Huzy
Nicky

Alexandra an Nikolaus: 7. Januar, Zarskoje Selo

Mein über alles Geliebter,
solches Verlangen nach deinen Zärtlichkeiten, ich sehne mich so sehr danach, dich in meinen Armen zu halten und meinen Kopf wie im Bett an deine Schulter zu legen, mich eng an dich zu schmiegen, ganz ruhig auf deinem Herzen zu liegen und mich

friedlich und geborgen zu fühlen. So viele Sorgen und Schmerzen, Kümmernisse und Heimsuchungen – manchmal hält man es gar nicht mehr aus, trotzdem darf man nicht nachlassen und muss stark sein, um alles zu ertragen. Ich hätte so gerne unseren Freund gesehen, aber ich bitte Ihn nie ins Haus, wenn du nicht da bist, denn die Leute sind so gehässig.

28. Januar: Ach, könnten wenigstens unsere Kinder so viel Glück in ihrem Eheleben haben – die Vorstellung von Boris[1] als Ehemann ist einfach zu unsympathisch; ich bin überzeugt, niemals würde das Kind in eine Heirat mit ihm einwilligen, und ich könnte sie nur zu gut verstehen. Nur darf Michen nie erfahren, dass das Kind andere Gedanken im Kopf und im Herzen hat – dies sind die heiligen Geheimnisse eines jungen Mädchens, von denen andere nichts zu wissen brauchen; es würde Olga schrecklich verletzen, sie ist ja so empfindlich. Diese Unterhaltung hat mich alles andere als fröhlich gestimmt, und bei dem Gedanken, dass du wegfährst, fühle ich mich ganz elend, und mein altes Herz krampft sich schmerzlich zusammen – ich kann mich einfach nicht an unsere Trennungen gewöhnen. Hier, die kleine Notiz von Baby wird dich amüsieren ... Mein Liebster, mein Licht, meine Liebe, schlaf wohl und friedlich, fühle, wie meine Arme dich umschlingen und dein lieber, süßer Kopf in Gedanken auf meiner Brust ruht (nicht auf dem hohen Kissen, das du nicht magst).
Leb wohl, mein Schatz, mein Gemahl, geliebter Sonnenschein, Gott segne und behüte dich, heilige Engel wachen über dich und die Kraft meiner leidenschaftlichen Liebe. Ach, mein Junge, wie ich dich liebe!
Mit Worten lässt es sich gar nicht ausdrücken, aber du kannst es in meinen Augen lesen.
Ach, die einsame Nacht.

5. Februar:
Mein über alles Geliebter,
null [Grad] heute Morgen, windig, heftiger Schneefall. Gott sei Dank hat Baby insgesamt eine gute Nacht verbracht – ein

paarmal aufgewacht, aber nicht lange und ohne zu klagen. Er hat beide Arme bandagiert, und der rechte tat ihm gestern ziemlich weh – aber unser Freund sagt, in zwei Tagen werde es vorbei sein.

In den letzten Nächten hat er sehr unruhig geschlafen, allerdings ohne Schmerzen, und er hat auch nicht über seinen Arm geklagt, obwohl er ihn nicht anwinkeln konnte. Wahrscheinlich hat er sich beim Festhalten am Schlittenseil verletzt, als mehrere zusammengebunden waren. Aber Derewenko sagt, dass er ganz munter ist, mach dir also keine Sorgen, mein Turteltäubchen. Wir haben oben zu Abend gegessen, damit er im Bett bleiben kann und sich nicht so viel zu bewegen braucht. Je ruhiger er sich verhält, desto besser.

Ich bin erst nach 4 eingeschlafen – nur noch leicht geschwollen, aber ich spürte es immer noch, und der Kopf [war] die ganze Zeit über merkwürdig, auch der Rachen – eher wie ein Frösteln im Kopf ohne richtige Erkältung, [hatte] Schwierigkeiten, den Mund und den Rachen wieder zu öffnen. Herz tut die ganzen Tage weh, fühle mich nicht gut – hoffe, Alexej und ich sind bis zu deiner Rückkehr wieder auf dem Damm ...

Ja, auch ich bewundere diese Männer, die bei diesen scheußlichen Gasen weiterarbeiten und ihr Leben aufs Spiel setzen. Ach, dass die Menschheit sich so erniedrigt hat!

Alexej an Nikolaus: 10. Februar, Zarskoje Selo

Lieber Papa,
du wirst mir sehr fehlen, und ich hoffe, dass du bald zurückkommst. Während du weg bist, werde ich brav sein und fleißig lernen. Ich hoffe, du schläfst fest und hast gute Träume (zum Beispiel von mir!).
Möge Gott dich beschützen!
Dein ergebener Sohn

Alexandra an Nikolaus: 11. Februar, Zarskoje Selo

Mein über alles Geliebter,
deine Eindrücke von hier werden wohl eher schmerzlich sein. Dienstag war großartig – und dann diese scheußliche Geschichte über unseren Freund. Sie [Anja] wird ihr Möglichstes für ihn tun – obwohl er sie in seiner gegenwärtigen Verfassung anschreit und schrecklich nervös ist. Aber wir haben sonniges Wetter, und deshalb hoffe ich, dass er wieder ganz der Alte ist. Er fürchtet sich abzureisen, sagt, man wolle ihn töten – nun, wir werden sehen, wie Gott alles wendet!

All das hat dir Schmerzen und Sorgen bereitet, sodass du deinen Besuch hier überhaupt nicht richtig genießen konntest, geliebter Sonnenschein – aber immerhin hast du die alte Sunny erwärmt, die noch immer deinen letzten Kuss auf ihren Lippen spürt! Dein Besuch war wie ein Traum – jetzt ist alles wieder so leer! Von heute kann ich dir noch gar nichts erzählen.
Frauchen

Olga [Nikolaus' Schwester]: Memoiren

Eines darf man nicht vergessen: Nicky und Alix waren sich über Rasputins Vergangenheit völlig im Klaren. Nachdem Rasputin ein paarmal im Palast gewesen war, kamen die abenteuerlichsten Berichte über seinen Einfluss bei Hofe in Umlauf, woraufhin viele Leute versuchten, ihn zum Werkzeug ihrer eigenen Ambitionen zu machen. Rasputin wurde mit Petitionen bedrängt und mit Geschenken überhäuft, doch nie behielt er etwas davon für sich selbst. Ich weiß, dass er den Armen in St. Petersburg und anderswo half.

Nicht ein einziges Mal habe ich ihn Nicky und Alicky um irgendeine Gefälligkeit bitten hören. Dagegen setzte er sich sehr oft für die Belange Anderer ein. Ich bin sicher, dass seine Zuneigung zu meinem Bruder und seiner Frau absolut frei von jeglichem Eigennutz war. Er hätte ohne weiteres ein Vermögen anhäufen können, aber als er starb, besaß er nichts weiter als eine

Bibel, ein paar Kleidungsstücke und einige wenige Dinge, die ihm die Kaiserin für seinen persönlichen Gebrauch geschenkt hatte. Nicht einmal die Möbel in seiner Wohnung in der Petersburger Gorochovaja-Straße gehörten ihm.

Er erhielt zwar erhebliche finanzielle Zuwendungen, doch all das gab er fort. Für sich selbst behielt Rasputin gerade so viel, um seiner Familie in Sibirien Nahrung und Kleidung schicken zu können. Und sollte ihm am Ende seines Lebens überhaupt bewusst geworden sein, dass er möglicherweise irgendeinen Einfluss ausüben konnte, so nur deshalb, weil ehrgeizige, skrupellose Menschen ihn dazu zwangen.

Felix Jussupow: Memoiren

Rasputin brach in ein zynisches Gelächter aus; er war beschwipst und zu Vertraulichkeiten aufgelegt. »So ist es eben, mein Lieber«, fuhr er mit einem merkwürdigen Lächeln fort. »Weiber sind schlimmer als Männer, man muss sie zuerst rannehmen. Ja, ich mache das folgendermaßen: Ich nehme alle Damen mit ins öffentliche Bad. Ich sage ihnen nur: Und jetzt zieh dich aus und wasch den *mujik*. Und wenn sie vornehm tun, habe ich ein gutes Mittel, um sie gefügig zu machen, und dann ... schlucken sie ihren Stolz ganz schnell hinunter.«

W. A. Jukowskaja: Memoiren

Ich erhob mich und wollte mich verabschieden. R[asputin] sprang blitzschnell auf: »Lass uns in mein Kämmerchen hinaufgehen, meine Honigbiene, dort können wir zusammensitzen und ein wenig plauschen. Du hast es so eilig, wohin willst du denn so schnell?«

Oben im Schlafzimmer bemerkte ich einen großen Korb mit Maiglöckchen auf dem Nachttisch, daneben stand ein Porträtfoto der Zarin im Profil, das in einer Ecke die eigenhändige Unterschrift Alexandras trug. R., dem mein Blick nicht entgangen war, kratzte sich nachlässig unter den Armen und sagte: »Die hat die Zarin geschickt!«

»Sie sind sehr schön«, sagte ich voller Bewunderung.

R. warf einen kurzen Blick auf die Blumen und sagte gleichgültig: »Was sollen sie mir im Winter? Es ist gut, wenn sie im Frühling in den Wäldern blühen, dann, meine Honigbiene, ist ihr Duft wie eine Wohltat des Waldes! Im Winter gibt es nur eine einzige Art von Unterhaltung«, und dabei kratzte er sich immer weiter.

»Wird dir das alles denn nie zu viel?«, fragte ich.

»Und was soll mir zu viel werden?«, gab er zurück. »Glaubst du etwa, ich schlafe mit jeder, die zu mir kommt? Also, wenn du's genau wissen willst: Seit dem Herbst waren es nicht mehr als vierzehn Frauen, die ... Sie mögen behaupten, was sie wollen, die Spitzbuben lügen doch alle, wenn sie sagen, ich schliefe mit der Zarin; aber eines wissen die Spitzbuben und Götzendiener nicht, dass nämlich meine Zuneigung weit mehr ist als nur das« – er machte eine entsprechende Geste.

»Willst du wissen, was mit der Zarin ist? Sehe ich sie denn je allein? Da sind doch die Kinder oder Annuschka [Anja] oder die Gouvernanten! Glaubst du wirklich, dass sie das von mir will? Wozu zum Teufel braucht sie denn mich! Sie kann doch so viel davon bekommen, wie sie nur will. Aber sie glaubt ihnen nicht, sie glaubt mir und liebt meine Zuneigung. Aber ich sage immer die ganze Wahrheit.

Wenn du sehen könntest, wie sie jetzt leben, obwohl sie doch Zaren sind, dann hättest du keine Lust, ein solches Leben zu führen! Er ist allein, und sie ist allein, sie haben niemanden, dem sie trauen können, jeder ist bereit, sie zu hintergehen, aber ich streichle und tröste sie, und dann wird sie ruhig. Ist meine Zuneigung etwa selbstlos? Sie ist einfach beispiellos, so etwas von Zuneigung wie von mir haben sie nie erlebt und werden sie auch nie wieder erleben. Verstehst du, Liebling?

... soll ich dir zeigen, wie ich streichle? ... Du musst immer daran denken«, fuhr er fort, wobei er mir näher rückte, »dass man den Geist nur durch den Körper erfährt. Es macht überhaupt nichts, wenn du ein wenig vom rechten Weg abkommst, du darfst dich nur nicht von der Sünde quälen lassen, darfst nicht an die Sünde denken oder aufhören, Gutes zu tun. Weißt du, was du tun musst? Sündigen und nicht mehr daran denken. Wenn ich aber, beispielsweise, mit dir sündigen würde und danach an nichts anderes mehr denken könnte als an dich – das wäre allerdings eine nicht wieder gutzumachende Sünde.«

»Du meinst, man kann tun und lassen, was man will, solange man nicht darüber nachdenkt?«, sagte ich.

»Genau, meine Honigbiene, die Gedanken müssen heilig sein, und dadurch werde ich dich heilig machen. Und anschließend gehen wir in die Kirche und beten zusammen, dann wirst du deine Sünde vergessen und Freude empfinden.«

»Aber wenn es als Sünde gilt, warum soll man es dann überhaupt tun?«, fragte ich.

R. runzelte die Stirn: »Aber um zu bereuen und um Vergebung zu beten – dazu muss man erst gesündigt haben«, sagte er schnell. »Wie kannst du die Gedanken ohne Sünde heilig machen? Sie werden nicht heilig!«

»Sind deine denn heilig?«

»Aber natürlich, ich bin heilig«, sagte R. bloß, wobei er näher an mich heranrückte und mir in die Augen sah. »Es ist nötig, dass man sündigt! Sonst kann man nicht wissen ...«

R. beugte sich tiefer und tiefer, verdrehte den Körper und rang die Hände, er geriet in Ekstase. In solchen Augenblicken hatte ich den Eindruck, dass er alles um sich herum vergaß und nur noch von seiner Geilheit besessen war; man hätte ihn stechen oder schneiden können, er hätte es nicht einmal bemerkt. Einmal bohrte ich ihm eine dicke Nadel in die Hand, und als ich sie wieder herauszog, stellte ich fest, dass sie keine Blutspuren hatte – er hatte es nicht einmal gemerkt. Genauso war es auch jetzt.

Das verrohte Gesicht kam näher, wurde flacher, das feuchte Haar klebte ihm wie wollene Flechten in der Stirn, und die engen, brennenden Augen, die zwischen ihnen hervorschauten, sahen aus wie Glas ... Ich riss mich los und ging zur Wand hinüber. Statt mir nachzustürzen, wie ich vermutete, kam er langsam schwankend auf mich zu und flüsterte heiser: »Lass uns beten!«

Er nahm mich an der Schulter, führte mich zum Fenster, wo eine Ikone des heiligen Simon Werchoturskij hing, drückte mir den samtenen, lilafarbenen Rosenkranz in die Hand und zwang mich auf die Knie, während er selbst sich zu Boden zu beugen begann; dabei blieb er zuerst wortlos, dann aber wiederholte er gebetsmühlenartig denselben Satz:

... Heiliger Simon Werchoturskij, hab Erbarmen mit mir armen Sünder! ... Nach ein paar Minuten fragte er mich mit kehliger Stimme: ... Wie heißt du?... Ich sagte es ihm, worauf er aufs Neue anfing, sich zu verbeugen und dabei seinen und meinen Namen ständig wiederholte. Nachdem er das fünf- oder zehnmal gemacht hatte, stand er auf und wandte sich mir zu; er war aschfahl, Schweiß rann ihm vom Gesicht, aber er atmete leicht, und seine Augen blickten sanft und freundlich.

»Begreifst du jetzt, Honigbiene, was der Geist ist? Lass mich dich küssen«, und damit gab er mir einen leidenschaftslosen, keuschen Kuss ...

Alexandra an Nikolaus: 2. März, Zarskoje Selo

Mein Liebling,
ach je, wie matt und müde! Deine geliebte Gegenwart und zärtlichen Liebkosungen beruhigen mich, und ich sehe deiner Abreise mit Bangen entgegen.

Denk immer daran, das Bild unseres Freundes in deiner Nähe aufzubewahren, damit es dir für die kommende »Vorwärtsbewegung« Glück bringt – ach, wie wünschte ich mir, wir wären immer zusammen, könnten alles miteinander teilen, alles sehen! Uns steht eine so bange Zeit bevor! Und wann wir uns wieder sehen werden – das steht in den Sternen. All meine Gebete werden dich unablässig begleiten, mein Liebster. Gott segne dich, deine Arbeit und alle deine Unternehmungen und kröne sie mit Erfolg.

Das Gute wird eintreten, du bist geduldig und wirst gesegnet sein, dessen bin ich ganz sicher, nur ist es bis dahin noch ein harter Weg. Ich weiß ja, was die »Verluste« von Menschenleben für dein Herz bedeuten – ich kann mir Ernies Leiden jetzt gut vorstellen. Ach, dieser scheußlich blutige Krieg!

Verzeih die schlechte Schrift, aber Kopf und Augen tun mir weh, und das Herz ist ganz schwach nach all diesen Schmerzen.

Ach, mein Liebling, Geliebter, kostbarer Sonnenschein – es ist so deprimierend, wenn du gehst – aber du bist ja noch viel einsamer, deshalb sollte ich mich nicht beklagen – doch dich Süßen in meiner Nähe zu spüren ist ein solcher Trost und eine solche Beruhigung.

Frauchen

3. März:

Mein über alles Geliebter,

ach, es ist so einsam ohne dich, du fehlst mir schrecklich. So traurig, aufzuwachen und den Platz neben mir leer zu finden. Zärtlichsten Dank für dein Telegramm von gestern Abend. So viel Sorge ohne dich, jeden Augenblick erwartet man, dass du unversehens hereinschaust. Ich habe gut geschlafen, die Wirkung der Arznei hält noch an, und deshalb spüre ich mein Herz nicht besonders. Wladimir Michailowitsch [sic, Dr. Derewenko] behandelt das Gesicht noch immer mit Elektroschocks. Die Schmerzen kommen nur von Zeit zu Zeit, aber ich fühle mich ziemlich schwindelig und übel und muss vorsichtig essen, damit mein Kiefer nicht wieder zu schmerzen anfängt. Olga und Anastasia haben Becker [Periode]. Anjas Husten hat sich verschlimmert, deshalb bleibt sie zu Hause und wird erst am Nachmittag zum Tee kommen, was ja auch viel vernünftiger ist.

Noch immer sehe ich deine geliebten, traurigen Augen vor mir, als du abfuhrst, der Abschied tut jedes Mal schrecklich weh.

Ach, Liebling, ich danke dir immer und immer wieder für all deine zärtlichen Liebkosungen, die mich aufwärmten und mir ein solcher Trost waren.

Das Herz ist so schwer und traurig, und wenn man dann auch noch körperlich erschöpft ist, wird man umso deprimierter. Ich versuche, es mir nicht anmerken zu lassen.

Heute wieder sehr mild.

Anja ist traurig, weil es ihr nie möglich war, dich allein zu sehen; ich persönlich denke, dass sie ruhiger und normaler wird und weniger aggressiv, wenn sie nicht so oft Gelegenheit dazu hat, denn je mehr man hat, desto mehr will man; wenn man Gespräche braucht, ist es natürlich etwas anderes. Aber jetzt kommt sie sehr viel besser darüber hinweg, du hast sie ja erzogen, deshalb ist sie ruhiger geworden, und wir bekommen keine Geschichten mehr zu hören. Es war zum Totlachen, wie sie sich über Telefone und Besuche und Geschichten über unseren Freund ausließ, sie schleuderte ihren Stock durchs ganze Zimmer und lachte dabei – ach, wie ich mich nach dir sehne!!!
Sunny

4. März:
Mein über alles Geliebter,
ich mache mir wirklich Sorgen wegen Anja; wenn jemand in der Lage war, andere anzuheuern, um unseren Freund zu töten, dann ist er auch imstande, an ihr seine Rache zu üben. Sie hatte eine schreckliche Auseinandersetzung mit Grigorij am Telefon, weil sie heute nicht gehen wollte, aber ich flehte sie an, es nicht zu tun – außerdem hat sie einen schrecklichen Husten und Mme B[ecker]. Dann kam die Frau und machte ihr eine Szene, weil sie nicht in die Stadt gehe, und er macht gewisse Andeutungen, dass ihr irgendetwas passieren werde, was sie natürlich noch nervöser macht.

Man wird von den Russen doch immer wieder bitter enttäuscht, sie sind so rückständig, dabei kennen wir so viele von ihnen, doch wenn es darum geht, einen Minister auszusuchen, dann findet man keinen, der imstande wäre, einen solchen Posten zu bekleiden.
Frauchen

Olga [Nikolaus' Schwester]: Memoiren

Alicky war wirklich eine kranke Frau. Ihr Atmen war ein schnelles Keuchen, das ihr offensichtlich Schmerzen bereitete. Häufig sah ich, wie ihre Lippen blau wurden. Die ständige Sorge um Alexej hatte ihre Gesundheit völlig ruiniert.

Maria Pawlowna [die Jüngere]: Memoiren

Zu diesem Zeitpunkt ihres Lebens war sie auf eine geradezu fanatische Weise von häuslichen Dingen in Anspruch genommen, die keinerlei Raum ließ für irgendwelche anderen Gefühle oder Gedanken. Schon Jahre vor dem Krieg hatte sie nur noch im abgeschlossenen Kreis ihrer Familie gelebt und seit der Geburt des Thronfolgers sich ausschließlich um dessen Wohlergehen gekümmert.

Sein Gesundheitszustand, der von Beginn an bedenklich gewesen war, hatte sich mit den Jahren nicht verbessert; es gab Tage, da sah es so aus, als müsste man alle Hoffnung aufgeben. In dem Maße, wie sie mit ansehen musste, welchen Verlauf die schreckliche Krankheit ihres Sohnes nahm, geriet diese arme Mutter zunehmend außer sich und verlor bis zu einem gewissen Grade – ich glaube, man kann es so sagen – ihre geistige Stabilität.

Bei Hofe fanden jetzt nur noch die alleroffiziellsten Zeremonien statt, solche, die sich einfach nicht umgehen ließen; und diese Zeremonien bildeten fortan die einzige Verbindung des kaiserlichen Paares zur Außenwelt. Sie lebten derart zurückgezogen, dass Nachrichten zu oder von ihnen durch Leute vermittelt werden mussten, die häufig unwissend und manchmal auch unwürdig waren.

Nikolaus an Alexandra: 9. März, Mogiljow

Meine geliebte Sunny,
zärtlichsten Dank für deinen lieben Brief und für all deine Liebe in jeder Zeile!

Ich sauge sie in mich ein und koste jedes deiner Worte aus, und oft stecke ich meine Nase in das Papier, das du berührt hast, und presse es an meine Lippen.

Merkwürdig, dass es bei euch plötzlich wieder einen so harten Frosteinbruch gegeben hat! Hier taut es sehr schnell – was auch der Hauptgrund dafür ist, dass unsere Angriffe in diesen Tagen beginnen werden. Wenn wir auch nur eine Woche länger zuwarten, werden an vielen unserer Frontabschnitte die Schützengräben überflutet sein, und dann müssten die Truppen weit zurück ins Hinterland verlagert werden.

Und dann müssten sie einen Monat oder sechs Wochen lang dort bleiben und hätten keinerlei Möglichkeit vorzurücken, bis die Straßen und das Land wieder trocken sind. Dann würden uns die Deutschen aller Wahrscheinlichkeit nach mit schwerer Artillerie massiv angreifen – wie im letzten Sommer. Deshalb wurde beschlossen, dass wir – unter Ausnutzung ihrer heftigen Angriffe vor Verdun – selber die Initiative ergreifen. Gott segne und beschütze unsere tapferen Truppen! Bitte sprich zu niemandem darüber.

Gestern war ich im Kinematografen, das war vor allem deshalb interessant, weil wir viele Bilder von Erzerum unmittelbar nach der Einnahme zu sehen bekamen. Die tief verschneiten hohen Hügel in der strahlenden Sonne sahen fantastisch aus.

Anschließend zeigten sie uns zwei amüsante Filme mit Max Linder in der Hauptrolle, die den Kindern bestimmt gefallen hätten.

Wie schön, dass du ein neues Buch gefunden hast, aus dem wir uns gegenseitig vorlesen können – sind die beiden von Marston aus England noch nicht angekommen?

Bislang hatte ich noch keine Zeit für Privatlektüre – aber jeden zweiten Abend spiele ich Domino.

Ich glaube, jetzt muss ich meinen Brief beenden. Gott segne dich, mein geliebtes Frauchen, und unsere Kinder. Zärtlichste Küsse und euch allen alles Liebe! Von deinem geliebten Huzy
Nicky

Alexandra an Nikolaus: 10. März, Zarskoje Selo

Mein Liebling,
ach, wie viel haben wir gesehen und gemeinsam erlebt in diesen 21 Jahren Eheleben!

Gerade wurde mir dein lieber Brief gebracht, für den ich dir aufs Zärtlichste danke. Mein Engel küsst also auch meine Briefe, so wie ich es stets mit den deinen tue, jede Seite, und nicht nur einmal. Heute riecht er nach Zigaretten.

[Dr.] Belarminow sagt, ich brauche eine stärkere Brille zum Lesen, die Augen sind überanstrengt, und die Schmerzen kommen auch von der Gicht – es ist dasselbe wie mit meinem Gesichtsnerv, der ja auch wehtut –, aber mit meinen Augen selbst ist er zufrieden, er sagt, sie wären sehr gut, ich beanspruchte sie nur zu sehr.

Ich bin froh, dass ich ihn konsultiert habe, denn der Schmerz ist oft sehr heftig, und das wirkt sich auf meinen Kopf aus, und beim Lesen sehe ich dann noch schlechter. (Persönlich weiß ich, dass sie vom vielen Weinen schlecht werden und auch von vielen nicht vergossenen Tränen, die mir in die Augen treten und die dann von selber wieder trocknen müssen – aber davon habe ich ihm nichts gesagt.) Dann gibt er mir eine Salbe, die ich mir äußerlich einreiben muss, wenn sie sehr wehtun.

13. März:
Mein über alles Geliebter,
so begierig auf Nachrichten. Die Kinder waren alle in der Kirche und gehen jetzt aus; heiße Sonne, Wind, Frost im Schatten, gestern Abend Regen. Du kannst dir gar nicht vorstellen, wie schrecklich du mir fehlst – diese völlige Einsamkeit –, die Kinder haben, bei aller Liebe, doch noch andere Vorstellungen und verstehen nur selten, wie ich die Dinge, selbst die kleinsten, betrachte – sie haben immer Recht, und wenn ich ihnen sage, wie ich erzogen wurde und wie man sich zu benehmen hat, dann können sie es einfach nicht verstehen und finden es nur langweilig. Höchstens wenn ich ruhig mit T[atjana] spreche, begreift sie es. Olga rea-

giert auf jeden Vorschlag immer äußerst unliebenswürdig, aber schließlich tut sie dann doch, was ich will. Und wenn ich streng bin – schmollt sie mit mir.

Ich bin so matt und sehne mich nach dir. Es gibt auch so vieles, was A[nja] mit ihrer Erziehung und ihrer so ganz anderen gesellschaftlichen Herkunft einfach nicht versteht, und manche Sorge würde ich ihr auch nie anvertrauen. Bei N. P. [Sabline] habe ich das manchmal gemacht, denn er, als Mann von angeborenem Takt, hat mich verstanden. Wir alle haben unsere eigenen Gedanken und Vorstellungen, und manchmal fühle ich mich so schrecklich alt und niedergeschlagen – der Schmerz, die ständige Angst und die Sorge entmutigen einen, da der Krieg kein Ende nehmen will. Deine wertvolle, beruhigende Gegenwart verleiht mir Kraft und Trost.

Ich nehme mir die Dinge viel zu sehr zu Herzen – ich versuche das zu überwinden, aber wahrscheinlich hat mir Gott ein solches Herz gegeben, das mein ganzes Dasein ausfüllt. Verzeih, wenn ich dir dies alles schreibe, achte nicht weiter darauf, ich bin nur etwas kaputt. Oh, jetzt muss ich aber zu Wladimir Nikolajewitsch, um meine Elektrobehandlung zu bekommen.

Ich segne dich, küsse dich immer und immer wieder und drücke dich an mein sehnendes Herz, süßer Engel, Schatz, Geliebter!
Stets deine geliebte, matte, alte
Sunny

14. März:
Mein geliebter Schatz,
ich schicke dir einen Apfel und eine Blume von unserem Freund – wir alle bekamen zum Abschied Obst von Ihm geschenkt. Er ist heute Abend in aller Ruhe abgereist und sagte, dass bessere Zeiten kämen und dass er uns den Frühling zurücklässt. Er sagte ihr [Anja], Seiner Meinung nach würde sich Iwanow gut zum Kriegsminister eignen, da er nicht nur in der Armee, sondern im ganzen Lande äußerst beliebt sei.

Damit hat Er sicherlich Recht – aber du musst tun, was dich am besten dünkt. Ich bat Ihn nur, Er möge dafür beten, dass

deine Wahl von Erfolg gekrönt ist, worauf Er mir dies zur Antwort gab.
Stets ganz die Deine

Nikolaus an Alexandra: 14. März, Mogiljow

Mein geliebtes Frauchen,
wie abscheulich das ist mit deinem Schmerz im Gesicht und im Auge! Hat es wirklich mit den Nerven zu tun? Es tut mir so Leid für dich, mein Liebling, dass ich nicht bei dir sein und dich trösten kann, während du leidest.

An der Front gehen die Dinge nur sehr langsam voran, an manchen Abschnitten haben wir schwere Verluste, und viele Generäle machen grobe Fehler. Das Schlimmste von allem ist, dass wir so wenig gute Generäle haben - ich habe den Eindruck, dass sie nach der langen Winterpause alle Erfahrungen vergessen haben, die sie letztes Jahr gemacht haben!

Ach je, jetzt fange ich schon an, mich zu beklagen, aber das darf man wirklich nicht! Mir geht es gut, und ich bin absolut zuversichtlich, dass wir schließlich doch Erfolg haben werden. Gott segne dich, mein Ein und Alles, mein Schatz, mein Turteltäubchen. Viele, viele zärtlichste Küsse für dich und unsere Kinder. Herzliche Grüße an A[nja]. Stets ganz dein alter Huzy
Nicky

Alexandra an Nikolaus: 17. März, Zarskoje Selo

Mein Geliebter,
um Babys willen müssen wir uns entschlossen zeigen, da ansonsten sein Erbe schrecklich sein wird, denn bei seiner Veranlagung wird er sich niemand anderem unterwerfen, sondern immer nur sein eigener Herr sein, so wie es in Russland nötig ist, solange die Leute hier immer noch so ungebildet sind - Mr. Philippe und Grigorij haben das auch gesagt.

Schwester Olga trifft am Sonntag ein, zur großen Überraschung aller. Ich fürchte, sie kommt, um über ihre Wünsche für die Zukunft zu sprechen – aber wer bin ich, dass ich deine Gedanken zu dem Thema äußern dürfte? Jetzt, da alle eine so unpatriotische Gesinnung haben und gegen die Familie eingestellt sind, ist es nur schwer erträglich, dass sie an derlei Dinge denkt, und seine Rolle dabei ist unverzeihlich; ich persönlich fürchte, dass sie von Sandro auch noch angestachelt wird – ich mag mich irren –, aber diese Geschichte beunruhigt mich sehr, und ich finde nicht, dass sie dieses Thema ausgerechnet zum jetzigen Zeitpunkt zur Sprache hätte bringen dürfen. Vielleicht möchte sie mit ihm in den Kaukasus gehen, denn angeblich wird sein Regiment ja dorthin verlegt – das wäre alles andere als klug und würde Anlass zu viel Gerede und üblen Gerüchten geben.[2]

Ich bin so froh zu hören, dass die Leute mit Schuwajews Ernennung zufrieden sind – möge Gott ihm Erfolg schenken.
Jetzt, mein Liebling, muss ich schließen. Alle Kinder küssen dich liebevoll, und ich bedecke dich mit zärtlich-sanften Küssen und meiner ganzen Liebe, mein süßer Huzy.
Stets dein altes
Frauchen

Olga [Nikolaus' Schwester]: Memoiren

Die arme Alicky war völlig am Boden zerstört. Natürlich habe ich ihr nie etwas von all den unglaublichen Gerüchten erzählt. Sie sagte mir, wie sehr Nicky ihr fehle. Beim Abschied weinten wir beide. Doch der Besuch, vor dem mir am meisten gegraut hatte, war der bei meiner Mutter. Ich musste ihr meinen Entschluss mitteilen, den Mann zu heiraten, den ich liebte. Ich hatte mit einer schrecklichen Szene gerechnet, aber meine Mutter blieb ziemlich gefasst und sagte, sie verstünde mich. Und das war ein Schock ganz eigener Art.

Alexandra an Nikolaus: 26. März, Zarskoje Selo

Mein über alles Geliebter,
wieder einmal wird der Zug dich uns gerade entführen, wenn du meinen Brief liest. Diese Woche ist wie im Fluge vergangen; es war eine unverhoffte Freude, dass du gekommen bist. Ich bin froh, dass Dimitri dich jetzt begleitet, dadurch wird die Reise fröhlicher und weniger einsam für dich sein. Die Vorstellung, dass du wieder einmal ganz alleine abreisen musst, bereitet mir große Schmerzen. Wenn ich, die ich ja die lieben Kinder bei mir habe, diese schreckliche Einsamkeit schon jedes Mal empfinde, wie müssen dann erst deine Gefühle sein, wenn du so ganz allein im Hauptquartier bist! Und jetzt die Karwoche, wo Ostern vor der Tür steht, diese wunderschönen Gottesdienste, da wird es dich traurig anwandeln, ganz allein in der Kirche zu stehen. Gott helfe dir, mein geliebter Turteltäuberich.

Nie kannst du herkommen, ohne dass es irgendeine Geschichte gäbe, die dir wehtut oder dich beunruhigt und dir Sorgen macht. Jetzt hat uns die arme Olga mit ihren Absichten und Zukunftsplänen überfallen, und ich kann dir gar nicht sagen, wie viel Schmerz mir das Deinetwegen bereitet. Dass deine eigene süße Schwester so etwas macht!

Ich verstehe alles und kann ihr ihre Sehnsucht nach Freiheit und Glück nicht verargen und tue es auch nicht, aber sie zwingt dich, gegen die Familiengesetze zu handeln. Wenn es den nächsten Angehörigen betrifft, ist es noch viel schlimmer.

Sie, die Tochter und Schwester eines Kaisers! Vor dem ganzen Land, zu einer Zeit, wo die Dynastie schwere Prüfungen zu bestehen hat und viele Gegenströmungen am Werk sind – es ist wirklich traurig. Die Moral der Gesellschaft zerfällt immer mehr, und unsere Familie – Paul, Mischa und Olga – ist dabei beispielgebend, ganz zu schweigen von Boris, Andrej und Sergej, deren Verhalten ja noch schlimmer ist.

Wie soll es uns je gelingen, die Übrigen von ähnlichen Heiraten abzuhalten? Es ist nicht in Ordnung, dass sie dich in diese falsche Position bringt, und es verletzt mich, dass ausgerechnet sie es ist,

die dir diese neue Sorge aufgebürdet hat. Was wohl dein Vater zu alldem gesagt hätte? Wir sind viel zu schwach gewesen und viel zu freundlich gegenüber der Familie, und so manches Mal hätten wir gegen die Jungen wettern sollen. Wenn es dir nur irgend möglich ist, schaffe eine Gelegenheit und sprich mit Dimitri darüber, was er alles, und ausgerechnet zu diesem Zeitpunkt, in der Stadt treibt. Ich hatte – etwas bösartig vielleicht – gehofft, Petia [Prinz von Oldenburg] würde nicht in die Scheidung einwilligen. Es mag grausam erscheinen, und ich möchte es auch gar nicht sein, weil ich Olga so zärtlich liebe, aber zuallererst denke ich an dich und daran, dass sie dich nötigt, falsch zu handeln. Wir haben angenehmen Sonnenschein, ich hoffe, dass er dich auch auf deinem Weg begleitet.
Ich drücke dich voller Leidenschaft an mein Herz und küsse dich mit unendlicher Zärtlichkeit – Augen, Lippen, Stirn, Brust, Hände, jede zärtlich geliebte Stelle, die mir gehört.
Alix

Alexej an Nikolaus [Brief im Original in französischer Sprache, A. d. Ü.]: 30. März, Zarskoje Selo

Mein lieber Papa,
heute hat mir ein Herr aus Frankreich einen Kinematografen mitgebracht. Er zeigte mir, wie man ihn bedient, das war sehr lustig. Da war ein Mann, der seinem Nachbarn den Rauch seiner Pfeife ins Gesicht blies und alle von der Bank runterschmiss.
Ich schreibe dir auf der Schreibmaschine, weil mir das Spaß macht.
Grüße alle von mir. Ich umarme dich.
Dein Alexis

Alexandra an Nikolaus: 2. April, Zarskoje Selo

Mein geliebter Schatz,
ach, welch unerwartete Freude war es, als mir Madeleine deinen lieben Brief brachte! Ich hätte nie gedacht, dass du Zeit zum

Schreiben findest! Du musst gestern nach diesem endlosen Kriegsrat ja todmüde gewesen sein. Ich hoffe, du warst mit allen Plänen zufrieden. Da dir das süße englische Buch so gut gefallen hat, schicke ich dir noch eins vom selben Autor, das wir ebenfalls mögen. Es ist auch ganz reizend und interessant, obwohl nicht so süß wie das über den Jungen. Ja, mein Liebling, es erinnert mich an die Zeit vor 22 Jahren, und ich würde viel darum geben, könnte ich allein mit dir in einem solchen Garten sein, das meine ich ganz ernst; jede Frau trägt ja in sich das Gefühl einer Mutter, auch gegenüber dem Mann, den sie liebt, das ist ihre Natur, wenn es wahre Liebe ist!

Ich liebe diese hübschen Worte und wie er ihr zu Füßen unter dem Baum sitzt, er hat ein so wunderbares, sonniges Gemüt, »my little boy blue«.

Wir hatten alle feuchte Augen, als wir die Geschichte lasen.

Pawel kommt heute zum Tee zu uns, morgen wird vermutlich Dimitri auftauchen, falls es ihm nicht zu langweilig ist.

Gestern lag ich draußen auf dem Balkon, und Anja hat mir vorgelesen; heute werde ich bei den Kindern sitzen, während sie arbeiten.

Maria ist missgelaunt, sie murrt die ganze Zeit und brüllt einen an, sie und Olga haben B[ecker] – Olga ist jetzt besserer Dinge, finde ich, daran zeigt sich, dass sie sich stärker fühlt.
Ich sehne mich danach, dich fest in den Armen zu halten und dass dein Kopf auf meiner Brust ruht wie im Bett, ich möchte deine süße, liebe Gegenwart spüren und dich mit Küssen bedecken.
Stets, mein Huzy, ganz dein altes
Frauchen

Nikolaus an Alexandra: 3. April, Mogiljow

Mein Liebling,
wärmsten Dank für deine lieben Briefe; jetzt, wo ich nichts von den Truppen sehe, sind sie mein einziger Trost.

Danke auch für das kleine Bildchen – ich habe es mir an der Halskette befestigt!

Jetzt werde ich wenigstens etwas von dir tragen!

Hier sind drei Blumen, die ich gestern auf dem Spaziergang fand. Wieder keine Zeit zum Schreiben, immer Leute, die mich sehen wollen und endlose Berichte erstatten. Ich hoffe, während der Karwoche werden sie mich in Ruhe lassen.
Ganz herzlichen Dank für das neue Buch, das du mir geschickt hast. Liebling, ich liebe dich so, wirklich mehr denn je, und in diesen Tagen fehlst du mir ganz besonders. Ich muss schon aufhören.
Gott segne dich + die Kinder. Zärtliche Küsse für dich und sie.
Stets, mein geliebtes Frauchen, ganz dein alter Huzy
Nicky

Alexandra an Nikolaus: 5. April, Zarskoje Selo

Mein über alles Geliebter,
bei der abendlichen Bibelstunde musste ich so sehr an unseren Freund denken: wie die Bücherwürmer und Pharisäer Christus verfolgen und sich dabei völlig fehlerfrei dünken (und wie weit sind sie jetzt doch davon entfernt). Ja, allerdings, ein Prophet gilt nie etwas im eigenen Lande. Und für wie vieles müssen wir dankbar sein, wie viele Gebete von Ihm wurden erhört. Wo aber ein solcher Diener Gottes ist, da taucht das Böse allenthalben um Ihn auf, will Ihm Schaden zufügen und Ihn wegzerren. Wüssten sie doch nur, welchen Schaden sie anrichten, wo Er doch für seinen Souverän und Russland lebt und um unseretwillen alle Verleumdungen erduldet.

Unser Freund schreibt ganz bekümmert, dass es zu diesem Osterfest viele Hungrige in Petrograd geben wird, nachdem Er von dort vertrieben worden ist. Er gibt den Armen so viel, jeder Heller, den er bekommt, geht an sie weiter, und auch den Spendern des Geldes bringt es Segen ...

... Wenn Schaw[elskij] über unseren Freund oder den Metropoliten spricht, dann sei ganz konsequent und zeige, dass du sie schätzt; wenn ihm Geschichten zu Ohren kommen, die gegen unseren Freund gerichtet sind, dann soll er sich energisch gegen alles verwahren und ihnen über den Mund fahren; sie sollen bloß nicht zu behaupten wagen, Er hätte irgendetwas mit den Deutschen zu tun. – Er ist so großzügig und freundlich zu allen, wie Christus es war, ohne Ansehen der Religion, wie ein echter Christenmensch es sein sollte. Und hast du erst einmal gemerkt, dass Seine Gebete helfen, die Prüfungen zu ertragen – und wir haben genügend Beispiele dafür –, dann sollen sie sich nur nicht unterstehen, etwas gegen Ihn zu sagen, dann sei standhaft und setze dich für unseren Freund ein.

Olga [Nikolaus' Schwester]: Memoiren

Ich erinnere mich daran, dass mir in St. Petersburg zu Ohren kam, meine Schwägerin überschütte Rasputin nur so mit Geld. Auch dieses Gerücht entbehrte jeglicher Grundlage. Alicky war sehr vorsichtig, könnte man sagen. Es hätte völlig ihrem Charakter widersprochen, Geld hinauszuwerfen. Sie schenkte ihm lediglich Hemden und einen silbernen, selbst bestickten Gürtel und auch ein goldenes Kreuz, das er trug.

Alexandra an Nikolaus: 7. April, Zarskoje Selo

Ich schicke dir die Petition eines der Verwundeten von Tante Olga. Er ist Jude. Hat 10 Jahre in Amerika gelebt. Er wurde [bei der Winterschlacht 1915–1916] in den Karpaten verwundet und verlor seinen linken Arm. Die Wunde ist gut verheilt, aber innerlich leidet er schreckliche Ängste, da er im August entlassen wird und damit seine Aufenthaltserlaubnis für die Hauptstadt oder irgendeine andere Großstadt erlischt. In der Stadt lebt er zurzeit nur aufgrund einer Sondergenehmigung, die ihm der letzte Innenminister vor einem Jahr erteilt hat. Und in einer Großstadt könnte er auch Arbeit finden.

Sein Englisch ist hervorragend. Ich habe der englischen Gouvernante der kleinen Vera einen Brief von ihm vorgelesen, und Tante Olga sagt, er wäre ein gebildeter Mann. Vor 10 Jahren wanderte er in die Vereinigten Staaten aus, wo er Gelegenheit fand, ein nützliches Mitglied der menschlichen Gesellschaft zu werden, und zwar unter vollkommener Ausnutzung seiner Fähigkeiten, denn hier ist es für einen Juden ja schwierig, sich richtig zu entfalten, da er durch gesetzliche Bestimmungen ständig eingeschränkt wird. Aber auch in Amerika vergaß er Russland nie und litt sehr unter Heimweh; deshalb kam er bei Kriegsausbruch sofort her und meldete sich als Freiwilliger, um sein Vaterland zu verteidigen.

Nachdem er jetzt im Dienst für unsere Armee den Arm verloren hat und auch mit dem St.-Georgs-Orden ausgezeichnet worden ist, würde er gerne in Russland bleiben und das Recht auf freie Wahl des Wohnsitzes erwerben, das die Juden ja nicht besitzen. Für ihn, der als Krüppel aus der Armee entlassen wurde, sind die Verhältnisse immer noch dieselben wie vorher, und seine überstürzte Heimkehr und der Verlust seines Arms haben ihm überhaupt nichts eingebracht. Man merkt, wie verbittert er ist, und ich kann es zur Gänze verstehen – so jemand sollte ganz sicherlich genauso behandelt werden wie jeder andere Soldat, der eine solche Verwundung davongetragen hat. Schließlich war er nicht verpflichtet, sofort hierher zu kommen. Wenn er auch Jude ist, so verdient er doch, gerecht behandelt zu werden und nicht anders als die Übrigen, die in ähnlicher Weise Gliedmaßen verloren haben.

Mit seinen Englischkenntnissen und seiner Bildung könnte er seinen Lebensunterhalt natürlich leichter in einer Großstadt verdienen; und man sollte dafür sorgen, dass er nicht noch verbitterter wird und die Grausamkeit seiner alten Heimat zu spüren bekommt. Mir kommt das sehr hart vor – ich finde, es ist so grausam. Die Bösen sollen ruhig streng bestraft werden. Lass mich doch bitte wissen, wie du in dieser Petitionsangelegenheit entscheiden wirst, denn Tante Olga möchte es auch gerne wissen.

Nikolaus an Alexandra: 7. April, Mogiljow

Mein Turteltäubchen,
nur ein paar kurze Zeilen, denn ich habe wieder einmal keine Zeit, die Minister haben mir stapelweise Papiere geschickt - vermutlich vor Ostern.

Auf diese Petition des verwundeten Juden aus Amerika habe ich geschrieben, dass er überall in Russland leben darf, und sie an Stürmer[3] geschickt.

Zärtlichsten Dank für deinen lieben Brief und die kleinen Eier. Ich hoffe sehr, Babys Arm wird ihm nicht allzu lange wehtun. Heute Morgen in unserer kleinen Kirche habe ich sehr an dich gedacht - es war sehr nett und friedlich hier, viele Stabsoffiziere und ihre Angehörigen nahmen das Abendmahl. Morgens, wenn ich nicht nach draußen kann, ist es immer sonnig, und wenn ich ausfahre oder rudere - dann wird es bedeckt; so kann ich nicht braun werden!

Morgen ist der 8. - meine Gebete und Gedanken werden bei dir sein, mein kleines Mädchen, meine geliebte Sunny. Ich habe damals, auch gegen deinen Willen, um dich gekämpft wie der kleine Boy Blue, nur hartnäckiger.
Gott segne dich und die Kinder. Ich küsse dich vielmals und sie auch.
Stets dein alter Nicky

8. April:
Mein geliebter Schatz,
ich kann diesen Brief nicht beginnen, ohne mich an die Ereignisse von vor 22 Jahren zu erinnern! Ich glaube, an jenem Abend fand in Coburg ein Konzert statt, und es spielte eine bayerische Kapelle; der arme O[nkel] Alfred war ganz schön müde nach dem Abendessen und ließ andauernd seinen Stock fallen, was ziemlichen Krach machte! Erinnerst du dich?

Auch letztes Jahr waren wir an diesem Tag getrennt - es war kurz vor der Reise nach Galizien!! Es ist wirklich hart, ausgerechnet während der Karwoche und an Ostern so weit voneinander entfernt zu sein. Natürlich habe ich keinen einzigen Gottesdienst ausgelassen.

In deinen Telegrammen hast du mich immer wieder gefragt, was du Ella antworten sollst. Ich habe mir nur ihre Zeichnungen durchgesehen und wusste überhaupt nicht, was ich dazu sagen sollte – deshalb schrieb ich ihr, dass es meiner Meinung nach eine sehr gut gemachte Arbeit sei! Aber was für eine Arbeit ich meinte, weiß ich auch nicht. Ha! Ha! Mein süßer Liebling, ich sehne mich so nach dir! Bitte hab keine M. B. [Madame Becker], wenn ich heimkomme! Jetzt muss ich zu Bett. Gute Nacht, mein geliebter Schatz; schlaf gut und träume süß – und nicht von katholischen Priestern!

9. April: Ich beende diesen Brief nach dem Mittagessen. Bekam gerade den lieben von dir mit den winzigen Eiern als Lesezeichen, für die ich dir ganz herzlich danke. Das Bild und das Ei werde ich gegenüber meinem Platz in der Kirche hinlegen. Heute waren viele Erwachsene und Kinder da, die das heilige Abendmahl nahmen, Letztere starrten mich an und verbeugten sich anschließend immer wieder, wobei sie übereinander stolperten!

Jetzt muss ich schließen. Gott segne dich, mein geliebter Schatz, und beschere dir ein glückliches, friedvolles Osterfest. Viele zärtliche Küsse für dich und die lieben Kinder von deinem dich stets liebenden und wahrhaft ergebenen Huzy

Nicky

Alexandra an Nikolaus: 10. April, Zarskoje Selo

Christ ist erstanden!

Mein Liebling,

ich habe dein Foto gestern Abend und heute Morgen dreimal geküsst – das große Bild, auf dem du dreimal bist. Deine Karte lag während des ganzen Gottesdienstes an meiner Brust – ich kann dir gar nicht sagen, wie unaussprechlich traurig ich die ganze

Nacht war, so viel Schmerz in der Seele, und es fiel mir richtig schwer, die Tränen zurückzuhalten – dich allein zu wissen ist einfach zu hart – Gott segne und belohne dich reich für all deine Opfer.

Nikolaus an Alexandra: 27. April, Mogiljow

Mein geliebtes Frauchen,
zärtlichsten Dank für deinen lieben Brief und den von Olga und von Alexej. Der Kleine beginnt seinen mit – »Ich zähle die Tage, und du weißt, warum!« Ist das nicht lieb!

Bis Mittag regnete es und kühlte sich plötzlich ab – nur noch 10 [Grad] –, nachdem es an den Tagen zuvor so heiß gewesen war. Die französischen Minister kamen mit mehreren Offizieren – sie hatten eine lange Konferenz ... und speisten dann auch als meine Nachbarn gleich hier zu Abend; auf diese Weise ersparte ich mir ein Sondergespräch.

Die Idee, eine neue große Staatsanleihe aufzunehmen, über die du schreibst, halte ich für sehr gut.

Vor meiner Abreise sagte ich den Ministern, sie sollten einen umfassenden Mehrjahresplan für ein neues Eisenbahnnetz ausarbeiten – diese neue Idee mit dem Geld würde also die Durchführung des anderen Plans ermöglichen.

Gerade erhielt ich folgendes Telegramm: »La centenaire met aux pieds de Vos Majestés sa profonde reconnaissance sa fidélité a [sic] un passee toujours présent. Leonille Wittgenstein.« [Die Hundertjährige bekundet euren Majestäten ihre tiefe Dankbarkeit {und} ihre Hingabe an eine Vergangenheit, die stets gegenwärtig ist. Leonille Wittgenstein.] Sehr hübsch ausgedrückt, finde ich. Ich lege dir einen Brief von Olga bei, den ich zurückerbitte. Das arme Mädchen, nur zu verständlich, dass sie sich grämt; sie hat ihre Gefühle so lange zurückgehalten, dass sie ihnen jetzt freien Lauf lassen muss und sich nach echtem, persönlichem Glück sehnt, das ihr bisher versagt blieb.

Alexandra an Nikolaus: 1. Mai, Zarskoje Selo

Mein über alles Geliebter,
verzeih, wenn ich dich wieder mit Petitionen belästige, aber unser Freund hat sie mir geschickt.

Anja hat gestern Abend ihr Reiseziel erreicht.

Von mir gibt es nichts Interessantes zu berichten, vielleicht wenn Nikolaj M[ichailowitsch] hier gewesen ist – er hat mich um ein Gespräch unter vier Augen gebeten –, kann mir einfach nicht vorstellen, wieso.
Frauchen

Alexej an Alexandra: 18. Mai, Mogiljow

Liebe Mama,
gestern hast du mir sehr gefehlt. Papa und ich haben am Kissen und am Vorhang geschnüffelt, du weißt schon, warum.

W. Nikolajewitsch hat gestern eine Menge Geld beim Kartenspiel gewonnen. Gilliard hat sich heute die Haare gewaschen. Er ist flockig wie ein Schaf.

Diese Tinte ist unmöglich.
Abends habe ich für dich gebetet (+ ganz oft). Ohne dich kommt mir alles ganz leer vor.
Möge Gott dich behüten.
Dein Alexej

Anja Wyrubowa: Memoiren

Die Kaiserin war nie glücklich, außer während der wenigen Minuten, wenn sie den täglichen Brief ihres Jungen las. Abends um neun ging sie in sein Schlafzimmer hinauf, geradeso als wäre er da und sie würde ihm zuhören.

Alexandra an Nikolaus: 23. Mai, Zarskoje Selo

Mein liebster Schatz,
unser Freund bittet nachdrücklich, dass du Makarow nicht zum Innenminister ernennst – eine bestimmte Partei wünscht es so, aber du weißt ja noch, wie er sich während der Geschichten mit Iliodor und Hermogen [Bischöfe] verhalten hat und nie für mich eingetreten ist – es wäre tatsächlich ein schwerwiegender Fehler, ihn zu ernennen.

Gestern Abend war ich im Krankenhaus. Mlle Schneider erstattet mir Bericht.
Gott segne dich, mein Ein und Alles – ich bedecke dich mit Küssen.
Stets ganz deine alte
Sunny
Morgen werde ich 44.

Felix Jussupow: Memoiren

Meine Mutter war eine der Ersten, die gegen Rasputin protestierten. Nach einer langen Unterhaltung mit der Zarin glaubte sie, es wäre ihr gelungen, ihr Vertrauen in den ... Wunderheiler ... zu erschüttern. Doch Rasputins Clique war auf der Hut. Schnell fanden sich tausenderlei Vorwände, meine Mutter von der Kaiserin fern zu halten. Nachdem sie eine ganze Zeit lang keinen Kontakt mehr zu ihr gehabt hatte, entschloss sie sich im Sommer 1916, einen letzten Versuch zu unternehmen, und ersuchte um eine Audienz im Alexanderpalast.

Ihre Majestät empfing sie sehr kühl, und als sie den Anlass ihres Besuches erfuhr, forderte sie sie auf zu gehen. Meine Mutter sagte, sie werde dieser Aufforderung erst dann nachkommen, wenn sie ihre Meinung geäußert habe. Sie sprach sehr lange. Nachdem sie fertig war, erhob sich die Kaiserin, die ihr die ganze Zeit schweigend zugehört hatte, und entließ sie mit den Worten: »Ich hoffe, ich werde Sie nie wiedersehen.«

Nikolaus an König George V.: 5. Juni, Mogiljow

Liebster Georgie,
ich vertraue diesen Brief Mr. Bark[4] an, der zu einer weiteren Finanzkonferenz nach England und Frankreich reist.

Mir fehlen die Worte, um mein tiefes Bedauern über das tragische Ende Lord Kitcheners[5] und dir und deinem ganzen Land meine wärmste Anteilnahme auszudrücken. Dass er zu einem solchen Zeitpunkt verschwinden musste, ist ein harter Schlag des Schicksals.

Jeder in Russland ist voller Bewunderung darüber, wie hervorragend sich die englischen Schiffe geschlagen und die gesamte deutsche Flotte in der Nordsee angegriffen haben [Schlacht vor dem Skagerrak].

Jeder nahm die erste, falsche Nachricht, die vom Gegner über die ganze Welt verbreitet wurde, mit der gebotenen Skepsis auf, und es war eine Erleichterung, als uns – in der offiziellen Bekanntgabe der britischen Admiralität – bestätigt wurde, was wir gehofft hatten.

Natürlich habt ihr viele Verwundete und Gefallene zu beklagen, aber wie viel schwerer sind die Verluste der Deutschen! Vermutlich werden sie jetzt eine ganze Zeit brauchen, bis sie wieder in See stechen können; so gesehen hat uns eure tapfere Flotte in der Ostsee einen entscheidenden Dienst erwiesen, für den wir zutiefst dankbar sind.

Gott sei Dank entwickelt sich unser Vormarsch in Galizien und unseren westlichen Provinzen erfolgreich, aber leider mussten wir ihn früher beginnen, als es der Zeitplanung der Alliierten entsprach. Das haben wir den armen Italienern zu verdanken, die uns verzweifelte Telegramme schickten und auf sofortigen Angriff drängten. Es waren äußerst kritische Tage für den Chef meines Generalstabs und auch für mich selbst, denn wir waren ja noch gar nicht so weit!

Ich freue mich sehr zu hören, dass es dir einigermaßen gut geht und du wieder bei Kräften bist. Bitte richte der lieben May meine herzlichsten Grüße aus. Mehr denn je vertraue ich darauf,

dass die Alliierten in diesem Krieg letztendlich den Sieg davontragen werden.
Gott segne dich, mein lieber Georgie. Stets dein dich liebender Cousin und wahrer Freund
Nicky

Alexandra an Alexej: 21. Juni, Zarskoje Selo

Mein liebster Alexej,
herzlichsten Dank für deine reizende Karte. Dein Salär lege ich dir bei. Es war mir einfach entfallen, dabei hatte ich dein Geld ja hier. Das Wetter ist merkwürdig, heiß, stickig und der Himmel nicht sehr klar. Ich mache eine Ausfahrt mit O[lga] und Tatjana, anschließend sind wir bei Anja.

Nikolaus an Alexandra: 13. Juli, Mogiljow

Meine Liebste,
herzlichsten Dank für deine beiden lieben Briefe – die morgendliche Nachricht aus dem Zug, die ich erst am Nachmittag lesen konnte, und den Abschiedsbrief, den Baby mir gab, während St[ürmer] Bericht erstattete. Gott sei Dank geht es ihm recht gut, er hat ganz fest bei seinem alten Vater geschlafen und steckt wie üblich voller Tatendrang.

Ich bin es, der dir zu danken hat, mein Liebling, dass du den weiten Weg mit unseren Mädchen auf dich genommen und uns hier Leben und Sonnenschein beschert hast trotz des regnerischen Wetters. Ich fürchte, das ständige Hin und Her und Kommen und Gehen wird dich angestrengt haben.

Natürlich habe ich dir wieder einmal nicht annähernd die Hälfte von dem erzählt, was ich eigentlich sagen wollte, denn wenn wir uns nach so langer Trennung wiedersehen, dann bin ich immer irgendwie ganz schüchtern, sitze da und starre dich an – was mir aber auch bereits eine Freude ist!

Ich freue mich schon so auf unser Wiedersehen vor A[lexej]s Geburtstag!

Als wir von der Bahnstation zurückfuhren, war Baby ganz in Gedanken und sagte plötzlich laut vor sich hin: »Wieder einmal allein!« Sehr kurz und klar!

Jetzt werden wir auf dem Dampfer mit relativ kleiner Besatzung stromaufwärts zu seinem Lieblingsstrand fahren.

Wir haben ruhiges Wetter, und es ist etwas bewölkt - sehr mild.

Gott segne euch + meine geliebte Sunny und die Mädchen! Viele zärtliche Küsse, stets dein ergebener, dich liebender und verehrender alter Huzy
Nicky

König George V. an Nikolaus: 13. Juli, Buckingham Palace

Liebster Nicky,
W[ilhelm]s Kieler Rede über den großen Seesieg der deutschen Flotte fand ich zum Lachen.

Ich bin ziemlich sicher, dass sie mehr Schiffe und Männer verloren haben als wir, und außerdem haben wir sie in ihre Häfen zurückgetrieben. Ich denke, diese Aktion wird eurer Ostsee-Flotte hilfreich sein. Über den großartigen Vormarsch eurer tapferen Truppen in Galizien und euren westlichen Provinzen bin ich hocherfreut, es ist fantastisch, wie viele Gefangene sie gemacht haben (an die 300 000), dazu die vielen Geschütze und Maschinengewehre. Unsere und die französischen Truppen sind an der Somme bisher ziemlich erfolgreich vorangekommen, aber wir dürfen nicht so schnell vordringen; insgesamt haben sie und wir über 21 000 Gefangene gemacht und 100 Geschütze erbeutet.

Die deutsche Front, die uns gegenübersteht, ist sehr stark.
Stets dein ergebenster Cousin und wahrer Freund
Georgie

Nikolaus an Alexandra: 3. August, Mogiljow

Mein geliebter Engel,
wie ich es hasse, wenn du abreist und ich dich und die Mädchen im Zug entschwinden sehe! Wenn du bei mir bist, ist eine große Seelenruhe in mir, dann möchte ich alle Sorgen und Ärgernisse weit von mir werfen und nur noch deine Gegenwart genießen, ohne zu sprechen - wenn wir alleine sind, versteht sich.

Ach, ich danke dir so sehr, dass du gekommen bist und mir diese Wonne und dem Herzen, das sich so nach dir verzehrt, diese Labsal beschert hast!

Jetzt werde ich stark und gelassen sein bis zu deinem nächsten Besuch. Zärtlichsten Dank auch für deinen allerliebsten Brief, der die Qual der Trennung ein wenig milderte!

Baby ging mit seinen beiden kleinen Freunden zum Abendessen, und ich empfing Graf Bobrinskij, der nicht lange blieb und einen guten Eindruck bei mir hinterließ. Wir aßen im Zelt - es war innen ziemlich kalt und feucht - das nächste Mal würde ich das lieber auf dem Balkon tun.

Nach dem Abendgebet mit Baby habe ich noch meinen ganzen Papierkram erledigt, ich bin jedes Mal ganz zufrieden, wenn ich es geschafft habe! Anschließend habe ich bei wunderbarem Mondlicht eine herrliche Ausfahrt auf der Landstraße bis zu der langen Brücke gemacht. Die Luft war sehr kalt; genau das Richtige vor dem Schlafengehen.
Schlaf wohl, Sunny, mein Liebling.

Alexandra an Nikolaus: 11. August, Zarskoje Selo

Mein Geliebter,
habe Dimitri nicht gesehen; ja, ich glaube auch, er ist mit den Nerven leider wieder einmal nicht gut beieinander, es ist wirklich ein Jammer. Lass ihn nicht so oft zu dieser Dame gehen - eine solche Gesellschaft ist sein Ruin; nichts als Schmeicheleien, das gefällt ihm, und dann wird der Dienst natürlich langweilig.

Du musst strenger mit ihm sein und auch dafür sorgen, dass er seine Zunge im Zaum hält.
Von Herzen alles Gute und 1000 Küsse von deinem alten
Frauchen

14. August: Mehr denn je sind meine Gedanken in diesen und den kommenden Tagen bei dir; ich habe unseren Freund gebeten, deiner zu gedenken und viel zu beten.

Ich schicke dir mein Bild wieder zurück, ich habe es rahmen und mit einem Ring versehen lassen. Hier ist es auch neblig, grau und ziemlich kühl, ein richtiger Septembertag.

Gestern war Dimitri zum Tee bei uns – sein Herz ist nicht in bester Verfassung, es schlägt wie meins, und deshalb hat er natürlich manchmal auch Schmerzen, fühlt sich schwach und gerät außer Atem. Er sollte jetzt, wo es gerade erst anfängt, eine Kur machen, dann könnte er richtig geheilt werden.

Irina und Felix trinken Tee.
Ich bedecke dich mit Küssen und bin stets dein dich zutiefst liebendes altes
Frauchen

Felix Jussupow: Memoiren

Der Kaiser und die Kaiserin liebten Dimitri [Sohn von Großfürst Pawel] und betrachteten ihn wie einen Sohn; er lebte im Alexander-Palast und begleitete den Zaren überallhin. Seine ganze Freizeit verbrachte er stets mit mir; ich sah ihn fast jeden Tag, und zusammen unternahmen wir ausgedehnte Spaziergänge und Ausritte.

Dimitri war äußerst attraktiv: eine große, elegante, wohlerzogene Erscheinung; mit seinen tiefen, gedankenverlorenen Blicken erinnerte er an Porträts seiner Vorfahren. Er war ungeheuer impulsiv und sehr widersprüchlich, romantisch, mystisch und alles andere als oberflächlich. Zugleich war er aber auch sehr ausgelassen und stets zu den wildesten Eskapaden aufgelegt. Mit seinem Charme eroberte er alle Herzen, doch seine Charakterschwäche machte ihn auf gefährliche Weise beeinflussbar. Ich war ein paar Jahre älter als er, was mir in seinen Augen ein gewisses Prestige verschaffte. Er hatte wohl andeutungsweise von meinem »skandalösen« Leben gehört, weshalb er mich als interessant und auch ein wenig geheimnisvoll betrachtete. Da er mir vertraute und Wert auf mein Urteil legte, gab er mir nicht nur seine innersten Gedanken preis, sondern pflegte mir auch alles zu berichten, was um ihn herum geschah. Auf diese Weise erfuhr ich von vielen bedenklichen und sogar traurigen Vorkommnissen aus dem Alexanderpalast.

Die bevorzugte Stellung, die ihm der Zar einräumte, provozierte viel Eifersucht und führte zu manchen Intrigen. Eine Zeit lang stieg Dimitri sein Erfolg zu Kopf, und er wurde schrecklich eingebildet. Als der Ältere von uns beiden hatte ich ziemlich viel Einfluss auf ihn, was ich gelegentlich nutzte, um ihm meine Meinung ganz unverblümt zu sagen. Fast jeden Abend fuhren wir im Wagen nach St. Petersburg, um uns in Restaurants, in Nachtklubs und bei den Zigeunerinnen zu amüsieren.

Nikolaus an Alexandra: 5. September, Mogiljow

Guten Morgen, mein geliebter Schatz!
Die Sonne ist ganz hell und warm, aber im Schatten ist es kalt. Und ihr Ärmsten rattert jetzt nach Norden, wo schon richtiger Herbst ist und die Blätter sich gelb färben und von den Bäumen fallen.

Dein lieber Brief ist solch ein Trost für mich, ich habe ihn wieder und wieder gelesen und jede deiner lieben Zeilen geküsst.

In Rumänien an der Donau haben sich ihre Truppen besser geschlagen, und die Aussicht ist insgesamt gut.

In Salonica sind die Serben auf dem Vormarsch und haben die Bulgaren zurückgedrängt.
Jetzt muss ich Schluss machen, meine Liebste. Gott segne dich + die Mädchen! Ich küsse euch alle zärtlich, stets dein alter
Nicky

9. September:
Mein geliebtes Turteltäubchen,
innigsten Dank für deinen lieben, langen Brief mit den Botschaften von unserem Freund. Dieser Protopopow[6] ist, glaube ich, ein guter Mann, aber sehr stark im Stoffhandel usw. engagiert. Rodsjanko hat ihn schon vor langer Zeit anstelle von Schachowskij als Handelsminister vorgeschlagen. Ich muss über diese Frage noch nachdenken, sie kommt ziemlich unerwartet für mich. Die Vorstellungen unseres Freundes sind ja manchmal seltsam, wie du weißt – deshalb muss man vorsichtig sein, vor allem bei der Besetzung von hochrangigen Posten.

Diesen Klimowitsch kenne ich nicht persönlich. Ist es wirklich sinnvoll, beide gleichzeitig wegzuschicken – ich meine den Min[ister] des In[neren] und den Mann an der Spitze der Polizei? Darüber muss man sehr sorgfältig nachdenken! Und mit wem soll man den Anfang machen? Alle diese Wechsel sind ermüdend. Ich finde, sie kommen viel zu oft vor. Für die innere Situation des Landes ist es ganz bestimmt nicht gut, denn jeder neue Mann bringt ja auch Veränderungen in die Verwaltung. Es tut mir Leid, dass mein Brief so unangenehm geworden ist, aber ich musste deine Fragen beantworten.
Gott segne dich + die Mädchen! Ich küsse euch alle zärtlich.
Stets, meine süße Sunny, dein
alter Nicky

Alexej an Alexandra: 9. September, Mogiljow

Meine liebe Mama,
dies ist mein erster englischer Brief an dich.[7] Heute habe ich meine Katze in den Garten mitgenommen, aber sie war sehr ängstlich und ist auf den Balkon gerannt. Jetzt schläft sie auf dem Sofa, und Joy [der Spaniel] ist unter dem Tisch.
Mit herzlichen Grüßen an dich und meine Schwestern.
Von Alexis

Alexandra an Nikolaus: 20. September, Zarskoje Selo

Mein geliebter Engel,
es macht dir doch wohl nichts aus, wenn ich mit Vorschlägen komme, Liebling, oder? Aber du kannst sicher sein, auch wenn ich krank bin und Herzbeschwerden habe - ich habe mehr Energie als die ganze Gesellschaft zusammen, und ich kann nicht einfach ruhig dasitzen. Bobrinskij hat sich gefreut, mich in dieser Verfassung zu sehen, und sagt, genau deshalb sei ich unbeliebt, weil man nämlich spürt (der linke Klüngel), dass ich für deine, für Babys und für Russlands Sache eintrete.

Ja, ich bin russischer als so mancher andere, und ich werde keine Ruhe geben. Ich bat sie, dafür zu sorgen (entsprechend dem Vorschlag von Grigorij), dass die Waren - Mehl, Butter, Brot, Zucker - vorher in den Läden ausgewogen werden, denn so kann jeder Käufer sein Päckchen sehr viel schneller bekommen und es gibt nicht diese endlosen Schlangen. Alle fanden, das wäre eine ausgezeichnete Idee - ich frage mich nur, warum sie selber nicht vorher darauf gekommen sind.
Stets deine alte Sunny
Liest Mr. Gibbes [Englischlehrer von Alexej] die englischen Zeitungen zuerst?

Pierre Gilliard: Memoiren

Die Deutschen waren die Einzigen in Europa, die Russland kannten. Sie besaßen sogar eine umfassendere und genauere Kenntnis des Landes als die Russen selbst. Sie wussten seit langem, dass das zaristische Regime - bei all seinen Mängeln - als einziges imstande war, den russischen Widerstand noch länger fortzusetzen. Mit dem Sturz des Zaren, das war ihnen klar, wäre Russland ihnen ausgeliefert. Um diesen Sturz zu bewerkstelligen, war ihnen jedes Mittel recht.

Dabei verfuhren die Deutschen nach dem klassischen Muster, das aus der Geschichte nur allzu gut bekannt ist, nämlich den

Monarchen in Gestalt seiner Gemahlin zu treffen. Natürlich ist es immer einfacher, eine Frau in Verruf zu bringen, vor allem dann, wenn es sich um eine Ausländerin handelt. Die Tatsache, dass die Zarin eine deutsche Prinzessin war, konnte ihnen nur Vorteile bringen, und deshalb arbeiteten sie sehr geschickt darauf hin, sie als Verräterin zu denunzieren. Das war die beste Methode, sie in den Augen der Nation bloßzustellen. In gewissen Kreisen Russlands war die Anschuldigung auf fruchtbaren Boden gefallen und zu einer äußerst wirksamen Waffe gegen die Dynastie geworden.

Die Zarin, die sehr gut über die Kampagne gegen sie Bescheid wusste, empfand sie als zutiefst ungerecht, denn ebenso wie ihren neuen Glauben hatte sie auch ihr Land mit der ganzen Leidenschaftlichkeit ihres Charakters akzeptiert. Sie war Russin von Gesinnung, so wie sie orthodox aus Überzeugung war.

Alexej an Alexandra: 20. September, Mogiljow

Meine liebe Mama,
zu meiner Freude kann ich dir heute sagen, dass es mir viel besser geht und ich wieder nach draußen gehen kann. Ich habe meinen Unterricht wie üblich, und heute Abend gehe ich in den Kinematografen.
Mit herzlichen Grüßen an dich und meine Schwestern.
Von Alexej

22. September:
Meine allerliebste Mama,
ich schreibe dir meinen Brief. Ich schicke dir unzählige Küsse. Es gibt fast keine gelben Blätter mehr, aber es ist kalt (+3). Wenn das Wetter so ist, wird es dir hier gefallen.

Mach dich so schnell wie möglich fertig.

Komm so schnell wie möglich her.

Wir erwarten dich mit Freude und mit Himbeermarmelade!!!

Gestern sind wir über die neuen Brücken gefahren. Dimitri und N. P. schicken allen einen Kuss. Ich mache jetzt eine Ausfahrt.
Möge Gott der Herr euch alle beschützen! Ich küsse dich.
Alexej

König George V. an Nikolaus: 22. September

Liebster Nicky,
bezüglich deiner Antwort auf mein Telegramm vom Vormonat kann ich dir versichern:

Ich und meine Regierung legen allergrößten Wert darauf, dass der von den Alliierten anerkannte Besitzanspruch Russlands auf Konstantinopel und die Meerengen so bald wie möglich in ihren jeweiligen Hauptstädten veröffentlicht wird. Aber die französische Regierung ist dagegen, dass dies zum augenblicklichen Zeitpunkt geschieht, aus Furcht, es könne die türkische Allianz stärken und die Türken ermutigen, bis zum bitteren Ende zu kämpfen. Sicherlich siehst du auch ein, dass ich auf die Empfindungen meiner achtzig Millionen moslemischen Untertanen in Indien und anderswo Rücksicht nehmen muss. In Hinblick auf sie müssen wir den richtigen Zeitpunkt für die Ankündigung wählen, um das Risiko irgendeines ernsthaften Widerstands gegen sie so weit wie möglich zu reduzieren. Deshalb möchte meine Regierung auch lieber warten, bis der endgültige Sieg der Alliierten für die ganze Welt absehbar und nur noch eine Frage der Zeit ist, ehe sie die Abmachung, die wir miteinander geschlossen haben, öffentlich bekannt gibt.

Kürzlich hörte ich von unserem Freund Mr. Anderson die Bemerkung: »Was England und Frankreich betrifft, ist den Deutschen inzwischen bewusst, dass es ein Kampf bis zum Ende sein wird; auf der anderen Seite hegen sie immer noch die Hoffnung, es könnte ihnen gelingen, Russland abzuspalten, und auf dieses Ziel arbeiten sie beharrlich hin.« Was für ein Unfug! Sie kennen dich und dein Volk wirklich schlecht, wenn sie

glauben, sie könnten einen Sonderfrieden mit Russland abschließen.
Leb wohl und Gott segne dich, liebster Nicky.
Georgie

Maurice Paléologue: Memoiren

An den Aussagen des Kaisers hat sich nichts geändert; er verkündet immer wieder seine Entschlossenheit zu gewinnen und seine absolute Siegesgewissheit. Doch seine Handlungen, sein Auftreten, seine Haltung und alle seine Gemütsregungen verraten Mutlosigkeit, Apathie und Resignation.

Nikolaus an Alexandra: 23. September, Mogiljow

Meine über alles Geliebte,
ich danke dir zärtlich für deinen lieben, langen Brief mit der ausführlichen Schilderung deines Gesprächs mit P[rotopopow].[8] Gebe Gott, dass er auch der Mann ist, den wir jetzt brauchen! Wenn man sich vorstellt, dass Schachowskij diesen Posten haben wollte!

Ja, du solltest wahrlich mein Auge und mein Ohr dort sein – nahe der Hauptstadt, während ich hier festsitze. Das ist genau das Richtige für dich, dafür zu sorgen, dass die Minister an einem Strang ziehen, und so bist du mir und unserem Land von ungeheurem Nutzen. Ach, meine liebste Sunny! Ich bin ja so glücklich, dass du endlich die richtige Arbeit für dich gefunden hast.

Ich selbst habe enorm viel zu tun – nicht einmal Zeit, um endlich die Fotos in mein Album einzusortieren.
So, jetzt muss ich Schluss machen. Gott segne dich +, mein Engel, mein Herz, mein Verstand und meine Seele. Ich küsse dich und die Mädchen zärtlich. Stets dein
Nicky

Alexandra an Nikolaus: 12. Oktober, Zarskoje Selo

Mein innig geliebter Schatz,
wieder einmal verlasse ich dich sehr schweren Herzens – ich hasse dieses Abschiednehmen, es reißt einen in Stücke. Gott sei Dank ist Babys Nase in Ordnung, das ist immerhin ein Trost. Mein Liebling, ich liebe dich wirklich mehr, als alle Worte ausdrücken können; in 22 Jahren ist dieses Gefühl ständig gewachsen, und es bereitet mir einfach Qualen, wegfahren zu müssen.

Du bist so einsam unter all diesen Menschen – so wenig Wärme um dich herum. Wie hätte ich mir gewünscht, dass du wenigstens für 2 Tage gekommen wärst, und sei es nur, um den Segen unseres Freundes zu bekommen, es hätte dir neue Kraft gegeben.

Ich weiß, du bist tapfer und geduldig – aber eben nur ein Mensch –, und eine Berührung von Ihm auf der Brust hätte deine Schmerzen gelindert und dir neue Weisheit und Stärke von oben verliehen. Dies sind keine leeren Worte, sondern meine festeste Überzeugung. Alex[ej] kann auch ein paar Tage ohne dich auskommen.

Ach, Manny-Mann – setz diesem sinnlosen Blutvergießen ein Ende – warum rennen sie gegen eine Mauer an, man muss den günstigen Augenblick abwarten und darf nicht wie blind immer weitermachen. Verzeih, wenn ich dir das sage, aber alle empfinden es so.

Du brauchst niemanden mehr zu empfangen, mit Ausnahme von Protopopow, was wirklich gut wäre. Oder bestell ihn wieder zu dir, lass ihn öfter zu dir reden, dich um deinen Rat fragen und dir über seine Absichten berichten, das würde dem Mann ungeheuer nützen. Ich sage dir dies alles nur, weil ich für dich und unser liebes Land das Beste will, nicht etwa aus Gier, dich zu sehen (dieser Wunsch wird immer bestehen bleiben, wie du weißt). Aber auch ich weiß genau, welchen Frieden unser Freund bringen kann und glaube daran. Und du bist innerlich ausgelaugt, du kannst deinem alten Frauchen nichts vormachen!

Nikolaus an Alexandra: 12. Oktober, Mogiljow

Mein über alles geliebter Schatz,
wieder einmal verlässt du uns beide, um zu deiner Arbeit und deinen lästigen Sorgen zurückzukehren! Ich danke dir aus tiefstem Herzen, dass du gekommen bist, und für all deine Liebe und Zärtlichkeiten! Wie werden sie mir fehlen!!

So Gott will, werden wir uns in zweieinhalb Wochen wieder sehen. In der allernächsten Zeit sehe ich für mich keine Möglichkeit, von hier wegzukommen, leider!

Ich hatte so gehofft, es wäre uns möglich gewesen, in den Süden zu fahren und ein paar Tage zusammen in unserem Zug zu verbringen. Vielleicht passiert das ja noch.

Fehlen wirst du mir vor allem an den Abenden, die wir für uns hatten!

Gott wache über deine Reise und deine Heimkehr. Pass auf dich auf und überanstrenge dich nicht.

Ich küsse dein süßes Gesicht liebevoll und zärtlich, du meine Sunny, mein Frauchen, mein kleines Mädchen aus längst vergangenen Tagen. Ich schließe dich noch einmal in meine liebevollen Arme – für immer, mein geliebter Schatz.

14. Oktober:
Mein geliebter Schatz,
gestern sah Baby den ganzen Tag blass und traurig aus – ich hatte den Eindruck, er fühlte sich einsam. Aber am Nachmittag spielte er wie immer ganz ausgelassen in dem kleinen Wald des alten Hauptquartiers. Erst beim Abendessen klagte er über seinen Kopf, deshalb wurde er zu Bett geschickt, was er auch bereitwillig tat. Die Temp[eratur] stieg schnell, und er kränkelte. Vor 9 Uhr war er aber schon eingeschlafen und schlief auch gut, wachte nur zweimal auf, um verschwinden zu gehen!

Heute Morgen hat er normale Temp[eratur] und ist ganz vergnügt – aber wir haben ihn im Bett gelassen ... Das kommt sicherlich noch von der ersten Erkältung oder weil er irgendet-

was schlecht Verdauliches gegessen hat. Ich hoffe jedenfalls, dass das jetzt zu Ende ist. Ach, ich bin ja so glücklich bei dem Gedanken, dass ich für ein paar Tage nach Hause kommen und dich und die Mädchen sehen kann!
Jetzt muss ich Schluss machen, meine geliebte Sunny. Gott segne euch alle!
Viele zärtliche Küsse von deinem
Nicky

Alexej an Alexandra: 15. Oktober, Mogiljow

Liebste Mama,
heute geht es mir schon viel besser. T[emparatur] = 36,6 [Grad]. Ich werde mit allen anderen zu Mittag essen. Ich könnte fressen wie 100 Wölfe!!!

Heute ist ein wunderbarer Tag, schon seit morgens. Die Sonne scheint hell, aber es ist kalt (1 Grad). In 3 Tagen sehen wir uns wieder. Hurra!
Gott + beschütze dich und meine Schwestern! Grüße an alle. Ich küsse und umarme euch.
Euer Sohn und Bruder.

Nikolaus an Alexandra: 26. Oktober, Mogiljow

Mein über alles geliebter Schatz,
ich danke dir aus der Tiefe meines alten Herzens für deinen lieben Brief, den du mir beim Abschied auf dem Tisch zurückgelassen hast. Uns beiden war so einsam und traurig zumute, als der Zug sich in Bewegung setzte und wir dich in der Tür stehen sahen. Und unmittelbar danach erblickten wir noch einmal ganz kurz deinen Wagen, der euch alle zum Haus zurückbrachte. Dann ging Babykins in sein Abteil, um zu spielen, und ich unterhielt mich die ganze Zeit bis zu unserer Ankunft in Tosno mit dem alten Trepow!

Nach dem gemeinsamen Abendgebet mit Alexej spielte ich mit Dimitri noch eine Partie Domino. Wir gingen alle früh zu Bett und schliefen ruhig! Wir sind spät aufgestanden – Babykins sogar erst nach 10 Uhr. Ich habe den ganzen Tag in einem sehr interessanten engl[ischen] Buch gelesen, das gerade erst erschienen ist, *The Man who dined with the Kaiser*. Wenn ich es ausgelesen habe, werde ich es dir schicken.

Al[exej] war ganz mit seinem geliebten Kartenspiel beschäftigt. Vor unserer Ankunft bekam er Nasenbluten, deshalb ließen wir Doktor Isakianz kommen, der es gestillt hat – jetzt ist es wieder gut. Es waren wieder dieselben Personen da, und nach ein paar Worten entließ ich sie. Ich bin auf dem Bahnsteig auf und ab gegangen und habe sehr an dich und die Mädchen gedacht. Die Ruhe hier ist einigermaßen erstaunlich – ich hatte wildes Geschrei von Anast[asia] oder Maria erwartet, die mit Mordwinow herumschimpfen. Stattdessen lief Al[exej]s Katze weg und versteckte sich unter den großen Holzscheiten; wir zogen uns die Mäntel an und gingen nach draußen, um nach ihr zu suchen. Nagorny, der eine elektrische Lampe dabeihatte, entdeckte die Katze gleich, aber wir hatten Mühe, das Biest da rauszulocken – sie wollte einfach nicht hören. Schließlich schnappte er sie an den Hinterbeinen und zog sie aus ihrer Nische hervor.

Jetzt ist es ganz ruhig im Zug – ich habe Alexej gute Nacht gesagt, und viele aus unserer Begleitung sind natürlich ins Kino gegangen! Ich fühle mich ziemlich allein, aber ich bin glücklich, dass ich dir wenigstens schreiben kann; ich stelle mir vor, ich spreche sehr langsam.

Gestern Abend erhielt ich vom lieben Mütterlein folgendes Telegramm: »Stimmt es, dass wir uns bald wiedersehen werden? Ich würde gerne wissen, wann und wie lange. Da M[aria] P[awlowna] 26 wird, könnte ich ihr absagen.« Ich musste darüber lachen und habe ihr sofort die nötigen Einzelheiten gekabelt.

Wenn du diesen Brief bekommst, sind wir schon in Kiew. Ich fürchte, in der nächsten Zeit wirst du keine Briefe von mir erhalten, denn ich glaube kaum, dass ich Zeit zum Schreiben haben werde. Naja, dann zählt dieser eben für zwei.

Ach, mein Schatz, meine Geliebte! Wie sehr du mir fehlst! Es war ein echtes Glück, sechs Tage lang mit dir zu Hause zu sein. Und auch die Nächte!
Gott segne dich + und die Mädchen.
Ich küsse dich ganz zärtlich und schmiege mich an dich. Ich umarme die Mädchen – und A[nja] ebenfalls. Stets, meine geliebte Sunny, dein alter
Nicky

Alexandra an Nikolaus: 31. Oktober, Zarskoje Selo

Mein Geliebter,
es ist mir schrecklich, dich zu quälen, mein süßer, geduldiger Engel – aber meine ganze Zuversicht liegt in unserem Freund, der nur an dich, an Baby und an Russland denkt. Und unter Seiner Führung werden wir auch diese schweren Zeiten durchstehen.
Gott segne dich und stehe dir bei. Dein altes
Frauchen

Nikolaus an Alexandra: 3. November, Mogiljow

Mein geliebter Schatz,
vielen herzlichen Dank für deinen lieben Brief.

Der Kleine hat sich einen Muskel im rechten Oberschenkel gezerrt, das Bein ist ein bisschen geschwollen, aber nicht wirklich verletzt, nachts ist er nur öfter aufgewacht und hat im Schlaf gestöhnt. Fjodorow hat ihm Bettruhe verordnet. Er ist ganz vergnügt, und alle drei Lehrer leisten ihm Gesellschaft, im Zimmer nebenan geht es also hoch her.
Gott segne dich, meine geliebte Sunny, und unsere Mädchen.
Zärtlichste Küsse von deinem alten
Nicky

Alexej an Alexandra: 3. November, Mogiljow

Liebste Mama,
ich habe mich sehr gefreut, mit dir und meinen Schwestern am Telefon zu sprechen. Man konnte nur schwer verstehen, denn die Leitung ist aus Stahl und nicht aus Kupfer!

Hier ist jetzt richtiger Winter. Um 7 Uhr morgens hatten wir -6 Grad C. Es gibt eine Menge Schnee.

Wie geht's Olgas Katze!?!

Es wird Zeit, dass du mir mein Salär schickst. Bitte!!!!!!!!! = 10!
Alexej Romanow

Anja Wyrubowa: Memoiren

Als ich eines Tages bei der Kaiserin eintrat, fand ich sie in hellem Aufruhr und großer Verbitterung. Sobald sie reden konnte, erzählte sie mir, der Kaiser habe ihr einen Brief von Nikolaj Michailowitsch geschickt, in dem vor allem sie, die Kaiserin, der übelsten politischen Machenschaften beschuldigt wurde.

»Falls dies nicht aufhört«, so die Folgerung des Briefs, »wird es sicherlich Morde geben.«

Sandro: Memoiren

Nikolaj Michailowitsch, mein ältester Bruder, war zweifellos der »radikalste« und talentierteste in unserer Familie. Meine Mutter hatte ihn für die höhere militärische Laufbahn vorgesehen, und um sie zufrieden zu stellen, absolvierte er die Kriegsakademie. Seine wahren Interessen jedoch galten der reinen, historischen Forschung. Dass er sich bereit erklärte, beim Gardekavallerieregiment zu dienen, tat er nur aus Freundschaft zur Kaiserinwitwe Marie (meiner Schwiegermutter), die dessen Ehrenkommandeur war.

Angesichts seiner intellektuellen Überlegenheit gegenüber seinen Offizierskollegen empfand er die Kontakte zum Regiment eher unerquicklich; so entfremdete er sich zunehmend seiner militärischen Umgebung und zog sich immer häufiger in die Archive und Bibliotheken von St. Petersburg und Paris zurück. Seine monumentale Biografie über Alexander I., die er nach jahrelanger Materialsichtung und Überprüfung von Daten verfasst hatte, bleibt in der historiografischen Literatur Russlands unübertroffen.

Niemand, der das erste Viertel des 19. Jahrhunderts eingehender studieren wollte, konnte auf Nikolaj Michailowitschs Analyse der Ereignisse und seine allgemeine Darstellung der Epoche verzichten. Als das Werk in französischer Übersetzung herauskam, sorgte es unter Napoleon-Experten für Aufsehen und führte dazu, dass so manche Abhandlung überarbeitet, verändert oder umgeschrieben werden musste. Die Académie Française wählte ihn zum Mitglied – eine Ehre, die einem Ausländer nur selten, wenn überhaupt, zuteil wird. Er blieb unverheiratet und lebte ganz allein in seinem weitläufigen Palast, umgeben von Büchern, Manuskripten und botanischen Sammlungen.

Alexandra an Nikolaus: 4. November, Zarskoje Selo

Mein süßer Engel,
herzlichsten Dank für deinen lieben Brief, den ich gerade erhielt. Ich habe das Schreiben von Nikolaj [Michailowitsch] gelesen und bin aufs Höchste empört. Hättest du ihn doch mitten in seiner Rede unterbrochen und ihm bedeutet, wenn er auch nur noch einmal die Sprache auf mich brächte, würdest du ihn nach Sibirien schicken – denn was er da tut, grenzt an Hochverrat.

Er hat mich immer gehasst und spricht seit 22 Jahren schlecht über mich, übrigens auch im Klub (genau dieses Gespräch hatte ich in diesem Jahr schon einmal mit ihm). Sich aber im Krieg und in solch schweren Zeiten hinter deiner Mama und deiner Schwester zu verkriechen und nicht (jenseits aller Meinungsverschiedenheiten) tapfer für die Gemahlin seines Kaisers einzutreten – das ist abscheulich und treulos.

Er spürt, dass die Menschen mit mir rechnen, dass sie anfangen, mich zu verstehen und mich um meine Meinung bitten, und das kann er nicht ertragen. Er ist die Verkörperung alles Bösen, alle verabscheuen ihn, sogar diejenigen, die uns nicht besonders mögen, sind empört über ihn und das, was er sagt. Und Fred[ericks ist] alt und zu nichts nutze, der kann ihm nicht den Mund stopfen und ihm den Kopf waschen, und du, mein Liebling, du bist viel zu gutmütig, zu freundlich und zu sanft – so ein Mann sollte Ehrfurcht vor dir haben.

Der und Nikolascha sind meine schlimmsten Feinde in der Familie, abgesehen von den schwarzen Frauen [Stana und Militsa] – und Sergej.[9] Er konnte Anja und mich einfach nicht ausstehen – aber so viel zu den kalten Zimmern, darauf gebe ich dir mein Wort. Persönliche Gemeinheiten machen mir nichts aus, aber als deine erwählte Frau – das sollen sie sich nicht unterstehen! Mein Geliebter, du musst für mich eintreten, das bist du dir selbst und Baby schuldig! Hätten wir nicht Ihn [Rasputin] – alles wäre schon längst zu Ende, davon bin ich zutiefst überzeugt.
Frauchen

Alexej an Alexandra: 4. November, Mogiljow

Allerliebste Mama,
es ist schrecklich öde, bei so schönem Wetter im Bett schreiben zu müssen. Der Beinmuskel tut mir weh. S. P. [Sabline] erlaubt mir nicht zu laufen.
Einen dicken Kuss für euch alle. Möge Gott dich beschützen! +
Deiner

Nikolaus an Alexandra: 5. November, Mogiljow

Mein geliebter Schatz,
herzlichen Dank für deinen lieben Brief. Es tut mir wirklich Leid, dass ich dich mit den beiden Briefen von N. [Michailowitsch]

beunruhigt und verärgert habe, aber in meiner ständigen Hetze habe ich sie gar nicht gelesen, nachdem er schon so lange und ausführlich geredet hatte. Wobei er allerdings gar nicht über dich sprach, sondern sich nur über Spione, Komplotte, Arbeiter, Unruhen, Minister und die allgemeine Lage im Innern des Landes ausließ! Hätte er auch nur die leiseste Andeutung über dich gemacht, glaubst du etwa, Huzy wäre nicht für dich eingetreten?

Abgesehen davon wollte er mir seine Briefe gar nicht aushändigen, ich nahm sie ihm ab, und er rückte sie nur sehr unwillig heraus! Ich will ihn ganz bestimmt nicht verteidigen, aber ich muss die Dinge so darstellen, wie sie tatsächlich waren.

Babykins' Bein ist etwas besser, er hat gut geschlafen und hatte nur am Abend eine Stunde lang Schmerzen.

Gestern Abend empfing ich den guten Gen[eral] Manikowski, den Chef der Artillerie. Er hat mir vieles über die Arbeiter und die grässliche Propaganda berichtet, die bei ihnen verbreitet wird. Man verteilt haufenweise Geld unter ihnen, damit sie Streiks machen, und andererseits gibt es keinerlei Widerstand dagegen, die Polizei unternimmt nichts, und niemand scheint sich darum zu kümmern, wie es weitergehen soll! Die Minister sind schwach wie eh und je – das haben wir nun davon.

Jetzt muss ich Schluss machen, mein Turteltäubchen.

Gott segne dich + und die Mädchen! Mit zärtlichsten Küssen, stets dein alter

Nicky

Maurice Paléologue: Memoiren, 6. November

Seit einigen Monaten machten sich beim Kaiser immer wieder Symptome nervlicher Belastung bemerkbar: gefährliche Erregungszustände, Angst, Appetitlosigkeit, Depression und Schlaflosigkeit.

Die Kaiserin gab keine Ruhe, bis er den Quacksalber Badmajew[10] konsultierte, einen begnadeten Schüler der mongolischen Zauberer. Der Scharlatan machte in seinem Medikamentenvorrat sehr schnell das Heilmittel ausfindig, das sich für den Fall seines erhabenen Patienten am besten eignete: ein nach einer magischen Formel aus »tibetanischen Heilkräutern« zusammengebrautes Elixir, das sehr streng verordnet wird.

Jedes Mal, wenn der Zar diese Arznei zu sich genommen hat, sind seine krankhaften Symptome wie im Handumdrehen verschwunden, er kann nicht nur wieder schlafen und essen, sondern wird von einem allgemeinen Wohlgefühl erfasst, von einer wundersamen neuen Vitalität und einer merkwürdigen Euphorie.

Nach seiner Wirkung zu urteilen, muss es sich bei dem Elixir um eine Mischung aus Bilsenkrautextrakt und Haschisch handeln, und der Kaiser sollte darauf achten, dass er nicht zu viel davon nimmt.

Nikolaij Michailowitsch an Nikolaus

Lieber Nicky,
was soll ich dir über den Franzosen Paléologue schon sagen? Der Herr stiftet nur Verwirrung, wo immer er kann, redet Blödsinn in diversen Salons, und anstatt das mit uns befreundete Frankreich wirksam zu vertreten, denkt er nur an seine Karriere und an seine eigene Haut. Man kann ihm also nicht trauen. Stets dein
Nikolaij Michailowitsch

Alexej an Alexandra: 6. November, Mogiljow

Meine allerliebste Mama,
ich habe letzte Nacht gut geschlafen, bin aber erst spät eingeschlafen. Das Wetter ist herrlich. Die Sonne neckt mich! Die Schmerzen haben nachgelassen. Ich kann zwar gehen, versuche es aber lieber nicht. Mir geht es heute richtig gut. Ich spiele viel. Mein Salär? Ich warte darauf!!!
Einen dicken Kuss. Möge Gott+ dich beschützen!!! Hurra!
Dein dich liebender A. V. [der Fünfte] Romanow

8. November:
Meine liebste, süßeste Mama,
es ist warm. Morgen stehe ich auf. Mein Salär! Bitte!!!! Es gibt nichts zu esssssen! Außerdem habe ich Pech beim Kartenspiel.

Na, und wenn schon!!! Dann werde ich eben demnächst meine Sachen [und] Bücher verkaufen müssen, und schließlich werde ich verhungern.
Wir alle küssen dir die Hand!!
Ich küsse dich vielmals.
Grüße von Joy und Kotka, Toad und Zubrowka.
Möge Gott dich beschützen!!
Alexej

Nikolaus an Alexandra: 10. November, Mogiljow

Meine geliebte Sunny,
vielen Dank für deinen lieben Brief. Wenn du diesen hier erhältst, wird Stürmer dich bereits über die jetzt absolut unumgänglichen Veränderungen unterrichtet haben. Für Protopopow tut es mir Leid, ein guter, aufrichtiger Mann, aber er wechselte ständig zwischen seinen Ideen hin und her und konnte sich nicht entscheiden, bei seiner Meinung zu bleiben. Mir war das schon von Anfang an aufgefallen. Er soll auch, heißt es, vor einigen Jahren aufgrund einer bestimmten Krankheit nicht ganz normal gewesen sein. Es wäre zu riskant, das Innenministerium in Zeiten wie den unsrigen in solchen Händen zu belassen.

Während diese Umbesetzungen über die Bühne gehen, wird die Duma 8 Tage lang geschlossen bleiben, denn sonst würde es heißen, wir handelten unter dem Druck der Abgeordneten. Trepow jedenfalls wird sich Mühe geben und sein Bestes versuchen. Er kommt – am Sonntag, glaube ich – mit einer Liste von Namen zurück, die wir mit Mm. [?] und ihm bereits durchgesprochen haben. Wenn ich dich nur um eines bitten dürfte: Lass unseren Freund aus dem Spiel!

Schließlich bin ich es, der die Verantwortung trägt, und ich möchte frei sein, so zu entscheiden, wie es die Lage erfordert. Gott segne dich +, mein geliebter Schatz. Ach, wie freue ich mich schon darauf, wieder in deinen lieben Armen zu ruhen. Mit zärtlichen Küssen für euch alle, stets dein
Nicky

Alexandra an Nikolaus: 12. November, Zarskoje Selo

Mein einzig Geliebter,
ich schreibe dir in unserem Krankenhaus, in einer der Stationen – ich war gestern Abend zu kaputt, um überhaupt zu denken, und dann musste ich noch meine Sachen zusammenpacken und deine Post ordnen. Es dreht sich mir alles im Kopf.

Ich versichere dir, es geht mir einzig und allein um dich und um Baby, glaub mir. Es kümmert mich nicht, was die Leute Schlechtes über mich reden, nur wenn man loyale, aufrichtige Menschen, die mich schätzen, auszuschalten versucht – das ist schrecklich unfair.

Ich bin nur eine Frau, die für ihren Herrn und ihr Kind kämpft, für die beiden Menschen, die ihr das Liebste sind auf Erden – und Gott wird mir helfen, dein Schutzengel zu sein. Aber du darfst dich nicht selbst des Halts berauben, auf den wir uns immerhin stützen konnten, als auch du ganz allein warst und wir beide uns gegen den Rest der Welt behaupten mussten, gegen alle, die da sagten, es werde Revolution geben, wenn du abtrittst. Du hast dich allem widersetzt, und Gott hat deinen Entschluss gesegnet. Ich wiederhole noch einmal – nicht auf den Namen Protopopow kommt es an, sondern darauf, dass du festbleibst und nicht nachgibst – der Zar herrscht, nicht die Duma. Verzeih, wenn ich das alles noch einmal schreibe, aber ich kämpfe für deine Herrschaft und für Babys Zukunft.
Gott wird uns beistehen, sei stark, höre nicht auf Männer, die nicht von Gott gesandt, sondern Feiglinge sind.
Dein Frauchen, für die du EIN und ALLES bist.
Getreu bis in den Tod.

Rasputin an die Kaiserliche Familie: 25. November, Telegramm

Glaubt und seid furchtlos, vermach dein gesamtes Reich deinem Kleinen, so wie du es von deinem Vater erhalten hast und wie auch sein Sohn es erben wird.

Nikolaus: Tagebuch, 2. Dezember, Zarskoje Selo

Am Morgen vor meinem Spaziergang empfing ich Wojekow. Von 11 bis 1 empfing ich Trepow, Bark, Polowstow und Schachowskij. Ging neben Alix' Charaban. Gelesen. Abends bei Anja Gespräch mit Grigorij.

Felix Jussupow: Memoiren

Mit jedem Besuch bei Rasputin verfestigte sich meine Überzeugung, dass er der Grund für die Katastrophen Russlands war und dass zusammen mit ihm auch der teuflische Bann, der über dem Zaren und der Zarin lag, verschwinden würde.

Nachdem mir klar geworden war, dass gehandelt werden musste, diskutierte ich die Angelegenheit mit Irina, die mir auch völlig zustimmte. Es würde ein Leichtes sein, so vermutete ich, ein paar entschlossene Männer aufzutreiben, die bereit wären, mit mir zusammen einen Weg zur Beseitigung Rasputins zu finden.

»Was kann man tun, wenn alle Minister und die meisten Personen aus der engeren Umgebung seiner Majestät Werkzeuge Rasputins sind? Die einzige Lösung ist, den Schurken umzubringen, aber in ganz Russland gibt es niemanden, der den Mut hätte, es zu tun. Wäre ich nicht so alt, würde ich es selber erledigen.«

Diese Worte des Duma-Vorsitzenden Rodsjanko bestärkten mich in meinem Entschluss; aber wie kann man sich vorsätzlich anschicken, einen Menschen kaltblütig zu ermorden?

Ich habe wiederholt dargelegt, dass ich ein friedlich veranlagter Mensch bin. Allein die Vorstellung, Blut zu vergießen, erfüllt mich mit Schrecken. Doch je intensiver ich darüber nachdachte, desto mehr gelangte ich zu der Überzeugung, dass ich in diesem Falle meine persönlichen Gefühle würde überwinden müssen.

In der Zeit, als Dimitri [Pawlowitsch] sich im Hauptquartier aufhielt, hatte ich häufig Kontakt mit einem gewissen Hauptmann Suchotin, der verwundet worden war und sich in St. Petersburg in Behandlung befand. Ich vertraute mich diesem als zuverlässig erwiesenen Freund an und fragte ihn, ob er mir bei meinem Plan helfen würde. Ohne auch nur einen Augenblick zu zögern, willigte er ein.

Unser Gespräch fand an dem Tag statt, als Dimitri aus dem Hauptquartier zurückkehrte, und bereits am folgenden Tag traf ich mit ihm zusammen: Dimitri machte keinen Hehl daraus, dass er sich bereits seit Monaten mit dem Plan trage, Rasputin zu töten, doch habe er noch keinen Weg gefunden, diesen Plan umzusetzen.

Anja Wyrubowa: Memoiren

Mit einem Gefühl unaussprechlicher Erleichterung verließen wir das Hauptquartier, um nach Zarskoje Selo zu reisen. Mit uns im kaiserlichen Zug reiste auch der junge Großfürst Dimitri Pawlowitsch, der wahrscheinlich schon damals in ein tödliches Komplott gegen Ihre Majestäten verwickelt war. Doch dieser junge Mann verstand es, den Schein einer Freundschaft mit der Kaiserin aufrechtzuerhalten: Er saß neben ihrer Couch und unterhielt sie stundenlang mit amüsanten Klatschgeschichten. Oft pflegte der Kaiser, wenn er das allgemeine Gelächter vernahm, aus seinem Arbeitsabteil zu kommen, um zuzuhören und sich am Gespräch zu beteiligen. Es war eine fröhliche Heimreise, doch bereits wenige Tage, nachdem wir angekommen waren, begannen wieder zahlreiche Probleme aufzutauchen.

Jeder Schritt, den Rasputin tat, wurde von der Polizei minuziös aufgezeichnet: von dem Augenblick an, als er in den Palästen der Großfürsten ein- und auszugehen begann – vor allem seit jenem Tag, als er den Kaiser und die Kaiserin im Salon der Großfürstin Militsa kennen lernte –, bis zu jener mitternächtlichen Stunde, da ihn im Palais Jussupow am Moika-Kanal in Petrograd der Tod ereilte.

Die Polizei weiß genau, wie viele Tage sich Rasputin jedes Jahr in Petrograd aufhielt und wie viel Zeit er in Sibirien verbrachte. Sie weiß genau, wie oft er den Palast in Zarskoje Selo aufsuchte, wie lange er blieb und wer zugegen war. Sie weiß, wann und unter welchen Umständen genau Rasputin mich besuchte und wer außer ihm noch zu meinem Haus kam. Die Polizei weiß mehr über Rasputin als alle Journalisten zusammen.

Aus einem Polizeibericht über die Überwachung Rasputins, 1916

Die Überwachung des Bauern Grigorij Jefimowitsch RASPUTIN aus Prokowskoje, Bezirk Tjumen, Provinz Tobolsk, wohnhaft in der Gorochovaja-Straße Nr. 64, förderte zunächst keinerlei bedeutende Erkenntnisse zutage, da er zu vorsichtig war und zudem von seinen Anhängern abgeschirmt wurde, die immer wieder versuchten, ihn verschwinden zu lassen; an dieser Situation änderte sich nichts, bis eines Tages einer der Verantwortlichen einen anonymen Brief mit einer Morddrohung gegen Rasputin erhielt.

Diesen Vorwand machte sich der Sicherheitsdienst [Ochrana] zunutze und schlug Rasputin vor, zwei Agenten zu seiner Bewachung zu ernennen. Er akzeptierte den Vorschlag, worauf die Agenten Terechow und Swistunow abgestellt wurden.

Die Agenten, die Rasputin beschützten, standen gleichzeitig im Dienst der Polizeibehörde – ihre Aufgabe bestand darin herauszufinden, wer die Leute waren, die ihn besuchten, und welche Orte er selbst aufsuchte. Rasputin hatte absolutes Vertrauen in die Agenten und nahm sie oft mit, was ihnen die Arbeit erheblich erleichterte.

Diejenigen Personen, die Rasputin häufig besuchten, von unseren Agenten aber nicht identifiziert werden konnten, wurden einer besonderen Observierung durch einen örtlichen Polizeibeobachter unterzogen, um ihre Identität festzustellen.

Wenn Rasputin in das Dorf Pokrowskoje oder nach Moskau reiste, wurde er auf Anordnung der Polizeibehörde von den zu seinem Schutz abgestellten Agenten begleitet, und da diese sich in offizieller Mission befanden, teilten sie ihre Erkenntnisse über Rasputin dem Sicherheitsdienst zweimal wöchentlich per Einschreiben mit; waren sie jedoch andernorts unterwegs oder kehrten nach Petersburg zurück, telegrafierten sie gesondert.

Vor etwa einem Jahr gingen Informationen über einen weiteren angeblichen Anschlag auf Rasputin ein, woraufhin schärfere Maßnahmen zu seiner Bewachung angeordnet wurden: 5 Männer, die ihn in zwei Schichten bewachten, sowie ein Chauffeur mit einem eigenen Automobil. Damit waren insgesamt 11 Männer zum Schutz und zur Überwachung Rasputins abgestellt.

Außer seinen Stammgästen empfing Rasputin täglich zwischen 80 und 100 Besucher. Diejenigen unter ihnen, die mit Petitionen zu ihm kamen, wurden identifiziert, und es ließ sich auch einfach ermitteln, aus welchem Anlass diese oder jene Person kam.

Die aus der Überwachung Rasputins gewonnenen Erkenntnisse wurden – zusammen mit einer Notiz über die identifizierten Personen – normalerweise an die Polizeibehörde weitergeleitet, während das Schriftstück selbst beim Sicherheitsdienst blieb. Insgesamt waren bis zu 5 000 Personen mit der Observierung Rasputins befasst. Die Überwachung betraf nicht nur die Feststellung seiner Kontakte, sondern auch die Durchsicht seiner Korrespondenz, darüber hinaus wurden täglich alle Vorkommnisse in einem detaillierten Protokoll festgehalten.

Rasputin fuhr häufig nach Zarskoje Selo, um die Wyrubowa zu besuchen; in deren Wohnung fand sich dann die Zarin ein, manchmal in Begleitung des Zaren und oft mit ihren Kindern.

Im vergangenen Jahr fuhr Rasputin fast immer im Automobil nach Zarskoje Selo. Rasputin war selten nüchtern. Mit Wein, Alkolhol, Früchten usw. wurde er von Simanowitsch und aus dem Restaurant »Villa Rodé« beliefert.

Von der Wyrubowa erhielt Rasputin fast täglich Besuch. Wenn Rasputin sie in ihrem Haus in Zarskoje Selo aufsuchte, pflegte die Zarin etwa 30 Minuten später einzutreffen. Die Treffen dauerten in der Regel etwa 1 Stunde 20 Minuten. Eines Tages spielte es sich folgendermaßen ab: Rasputin kam in Begleitung von Osinenko und Pahodze zur Wyrubowa, und etwa 20 Minuten später traf Zarin Alexandra ein. Etwa 15 Minuten nach ihrer Ankunft kamen Osinenko und Pahodze heraus und ergingen sich etwa 50 Minuten lang in der unmittelbaren Umgebung des Hauses, während Rasputin mit der Kaiserin drinnen blieb. Dann kehrten Osinenko und Pahodze ins Haus der Wyrubowa zurück, wo sie 30 Minuten blieben, und anschließend fuhren sie alle zusammen wieder nach Petersburg.

Felix Jussupow: Memoiren

Auch Purischkewitsch[11] vertrat die Ansicht, Rasputin müsse stillschweigend beseitigt werden. Bei einem Treffen mit Dimitri und Suchotin kamen wir zu dem Schluss, dass Gift das sicherste Mittel wäre, ihn umzubringen, ohne irgendwelche Spuren zu hinterlassen, die auf Mord deuten könnten.

Als Ort der Ausführung wurde unser Haus an der Moika bestimmt; ich sollte im Kellergeschoss eine Wohnung herrichten, die für die Durchführung unseres Plans bestens geeignet war.

Zunächst verursachte mir dieser Entschluss ein Gefühl von Abscheu: Die Aussicht, einen Mann in mein Haus zu locken, um ihn umzubringen, entsetzte mich. Egal, was dieser Mann war – ich konnte mich nicht dazu durchringen, die Ermordung eines Gastes zu planen.

Ich war im Begriff, nach Kiew zu reisen. Im Katharinensaal des Taurischen Palais hielt Purischkewitsch mich auf. Ich sagte:

»Ich reise ab.«

»Na, dann viel Glück!«

Wir trennten uns, aber er hielt mich noch mal an.

»Hören Sie, Schulgin. Sie fahren jetzt zwar, aber eines sollten Sie wissen ... Denken Sie an den 16. Dezember.«

Ich blickte ihn an. Sein Gesichtsausdruck erinnerte mich an eine andere Situation, als er mir schon einmal ein besonderes Geheimnis anvertraut hatte.

»Denken Sie an den 16. Dezember ...«

»Weshalb?«

»Sie werden schon sehen. Leben Sie wohl ...«

Aber noch einmal wandte er sich um.

»Ihnen kann ich's ja sagen ... Am 16. bringen wir ihn um.«

»Wen?«

»Grischka.« [Rasputin]

In aller Eile klärte er mich über den Plan auf. Dann:

»Was sagen Sie dazu?«

Ich wusste, er würde nicht auf mich hören. Dennoch sagte ich:

»Tun Sie es nicht.«

»Was? Wieso?«

»Ich weiß nicht ... Es ist abscheulich ...«

»Was sind Sie doch für ein Feigling, Schulgin!«

»Vielleicht, vielleicht aber auch nicht ... Ich glaube nicht, dass Rasputin wirklich so viel Einfluss hat.«

»Und wieso nicht?«

»Einfach so ... Das ist alles Quatsch. Er macht doch nichts weiter, als für den Thronfolger zu beten. Er hat keinen Einfluss auf die Ernennung von Ministern. Er besitzt Bauernschläue, ja, aber sonst ...«

»Sie sind also der Meinung, dass Rasputin der Monarchie nicht schadet?«

»Er schadet ihr nicht nur, er bringt sie um.«

»Dann verstehe ich Sie aber nicht ...«

»Aber das ist doch klar. Sie gewinnen überhaupt nichts, wenn Sie ihn umbringen ... Schauen Sie! Es gibt zwei Seiten. Die Erste, das ist das Ministerkarussell, wie Sie es selbst genannt haben. Die Kabinettsumbildung findet entweder statt, weil es niemanden gibt, den man ernennen könnte, oder weil man – egal, wer ernannt wird – nicht jeden zufrieden stellen kann. Denn das Land kann das Gerede über die so genannten Leute des öffentlichen Vertrauens nicht mehr hören, und der Kaiser hat sowieso kein Vertrauen in sie ... Rasputin hat damit überhaupt nichts zu tun. Selbst wenn Sie ihn umbringen – Sie werden nichts verändern.«

»Was soll das heißen?«

»Nein, Sie werden nichts ändern ... Alles wird beim Alten bleiben ... dasselbe Ministerkarussell. Und die andere Seite – so erledigt Rasputin sie: Und das können Sie auch nicht dadurch aus der Welt schaffen, indem Sie ihn umbringen ..., dafür ist es zu spät ...«

»Und ob ich kann! Verzeihung, aber ... sollen wir denn einfach so dasitzen? Es ist eine Schande. Sie wissen doch hoffentlich auch, was das bedeutet? Man wagt es kaum auszusprechen. Die Monarchie rennt in ihr Verderben ... Sie wissen, ich bin kein Feigling ... Ich lasse mich nicht so schnell einschüchtern ... Erinnern Sie sich an die zweite Staatsduma ... Wie schlimm es damals auch stand, ich wusste, wir würden durchkommen ... Aber ich sage Ihnen, jetzt bricht die Monarchie zusammen und mit ihr wir alle und mit uns – Russland ... Wissen Sie eigentlich, was los ist? Die Kinos dürfen nicht mehr den Film zeigen, in dem man sieht, wie der Kaiser das St.-Georgs-Kreuz anlegt. Und weshalb? Weil im selben Moment, wo die Sequenz beginnt, eine Stimme aus der Dunkelheit ertönt: Väterchen Zar hält es mit Georgie, Mütterchen Zarin mit Grigorij ...«

Ich wollte etwas sagen, aber er ließ mich nicht zu Wort kommen:

»Warten Sie. Ich weiß, was Sie sagen wollen ... Sie wollen sagen, dass das mit der Zarin und Grigorij nicht stimmt ... Ich weiß ... ich weiß ... ich weiß ... Das ist alles nicht wahr, aber was nützt das? Ich frage Sie. Gehen Sie hin und beweisen es ... Wer wird Ihnen schon Glauben schenken? Julius war ja kein Dummkopf, als er sagte: Cäsars Weib muss über jeden Verdacht erhaben sein ... Und bei uns geht es nicht einfach um Verdacht ..., hier ...«

Er sprang auf:

»Wir können nicht einfach weiter herumsitzen. Was tut's? Wir bringen das jetzt zu Ende. Schlimmer kann es nicht mehr werden. Ich werde ihn töten wie einen tollen Hund ... Leben Sie wohl ...«

Felix Jussupow: Memoiren

Mein vertrauter Umgang mit Rasputin – so unabdingbar für die Durchführung unseres Plans – wurde mit jedem Tag intensiver. Aber welche Mühe kostete mich das!

Rasputin hieß mich, mich auf das Sofa niederzulegen. Dann fuhr er mir, während er mich aufmerksam fixierte, mit der Hand sacht über Brust, Hals und Kopf; anschließend kniete er nieder, legte mir beide Hände auf die Stirn und murmelte ein Gedicht. Mit dem Gesicht kam er mir so nahe, dass ich nur noch seine Augen sehen konnte. In dieser Position verharrte er eine Weile, dann erhob er sich abrupt und machte hypnotische Handbewegungen über meinem Körper.

Rasputin verfügte über enorme hypnotische Kräfte. Ich hatte das Gefühl, als ließe irgendeine aktive Energie einen wohligen Hitzestrom in mein ganzes Wesen fließen. Ich verfiel in einen Zustand der Erstarrung, und mein Körper war wie betäubt; ich versuchte zu sprechen, doch meine Zunge gehorchte mir nicht mehr, und ganz allmählich überkam mich eine Schläfrigkeit, als wäre mir ein starkes Narkotikum verabreicht worden. Das Einzige, was ich sehen konnte, waren Rasputins glitzernde Augen: zwei phosphoreszierende Strahlenbündel, die sich in einem leuchtenden Ring auflösten, der mir manchmal näher kam und sich dann wieder entfernte.

Alexandra an Nikolaus: 4. Dezember, Zarskoje Selo

Mein über alles geliebter Schatz,
Leb wohl, mein Liebling!
Es tut so weh, dich ziehen zu lassen – schlimmer denn je nach den harten Zeiten, die wir durchlebt und durchkämpft haben. Doch Gott, in seiner großen Liebe und Barmherzigkeit, hat dafür gesorgt, dass die Dinge sich zum Besseren wenden; wir brauchen nur noch etwas Geduld und müssen an die Gebete und die Hilfe unseres Freundes glauben – dann wird alles gut werden.

Ich bin absolut überzeugt, dass große und schöne Zeiten für deine Herrschaft und für Russland anbrechen werden. Du musst einfach nur den Mut bewahren, lass dich nicht durch Gespräche oder Briefe deprimieren – schüttele sie ab wie etwas Unreines, das man schnell vergisst.

Zeige allen, dass du der Herr im Hause bist, und man wird sich deinem Willen fügen – die Zeit der großen Nachsicht und Freundlichkeit ist vorbei –, jetzt herrscht nur noch dein Wille und deine Macht, und sie werden dafür sorgen, dass man sich vor dir verneigt, deinen Befehlen gehorcht und dich um Milde bittet.

Warum hassen die Leute mich? Weil sie wissen, dass ich einen starken Willen besitze und dass ich, wenn ich von der Richtigkeit einer Sache überzeugt bin (und außerdem von Grigorij gesegnet), meine Meinung nicht ändere, und das können sie nicht ertragen. Aber das sind nur die Bösen.

Erinnere dich an die Worte von Mr. Philippe, als er mir das Bild mit der Glocke gab. Da du so freundlich, vertrauensvoll und sanftmütig warst, musste ich deine Glocke sein, damit diejenigen mit bösen Absichten sich mir nicht nähern konnten und ich dich warnen würde. Diejenigen, die Angst vor mir haben, schauen mir nicht in die Augen, oder sie führen etwas Böses im Schilde, auf jeden Fall sind sie gegen mich.

Wie werden die einsamen Nächte sein? Ich vermag es mir gar nicht vorzustellen. Der Trost, dich fest in den Armen zu halten –

er ließ mich die seelischen Schmerzen vergessen, und ich versuchte, meine grenzenlose Liebe, meine Gebete, meinen Glauben und meine Stärke in meinen Liebkosungen auszudrücken. Du bist mir so unaussprechlich lieb, Gemahl meines Herzens.

Gott segne dich und meinen Baby-Schatz – ich bedecke dich mit Küssen; wenn du traurig bist, geh in Babys Zimmer und setz dich ein wenig ruhig zu ihm und seiner netten Gesellschaft. Küsse das geliebte Kind, das wird dich wärmen und beruhigen. Ich überschütte dich mit meiner ganzen Liebe, Sonne meines Lebens.

Schlaf gut, mein Herz und meine Seele sind bei dir, meine Gebete umfangen dich – Gott und die heilige Jungfrau werden dich nie im Stich lassen.

Stets ganz die Deine

Nikolaus an Alexandra: 4. Dezember, im Zug

Meine über alles geliebte Sunny,

ich habe deinen Brief noch nicht gelesen, ich tue das lieber im Bett vor dem Einschlafen. Aber schon jetzt danke ich dir für alles Liebe und Freundliche, was du mir darin geschrieben hast. Ich werde diesen Brief in Tosno aufgeben und hoffe, du bekommst ihn noch heute Abend. Ja, diese Tage, die wir gemeinsam verbracht haben, waren in der Tat schwierig – und nur dir habe ich es zu verdanken, dass ich sie einigermaßen ruhig überstanden habe.

Du bist so standhaft und ausdauernd – ich bewundere dich mehr, als ich zu sagen vermag! Verzeih mir, wenn ich ärgerlich oder ungeduldig gewesen bin, aber manchmal muss man sich einfach Luft machen!

Natürlich wäre es beglückend gewesen, wenn wir die ganze schwierige Zeit hätten zusammenbleiben können. Aber jetzt bin ich fest überzeugt, dass das Schlimmste vorüber ist – und es wird nicht mehr so schwierig sein wie zuvor. Und außerdem will ich in Zukunft dezidierte Entschlossenheit an den Tag legen.

Gebe Gott, dass unsere Trennung nicht allzu lange dauern möge. In Gedanken bin ich die ganze Zeit bei dir, daran darfst du nie zweifeln.
Ich segne dich von ganzem Herzen, und auch die Mädchen. Bleib stark und gesund, mein geliebtes Turteltäubchen, mein Ein und Alles! Schlaf wohl und sanft!
Dein alter Huzy Nicky, getreu bis in den Tod

Pierre Gilliard: Memoiren

Viele, selbst die engsten Freunde der Zarin bei Hofe, hatten versucht, ihr die Augen über den wahren Charakter Rasputins zu öffnen. Sie alle waren an dem blinden Vertrauen, das sie in ihn hatte, gescheitert.

Doch in dieser tragischen Stunde wollte die Großfürstin Elisabeth [Ella] einen letzten Versuch unternehmen, um ihre Schwester zu retten. Sie kam aus Moskau und beabsichtigte, ein paar Tage bei den ihr so teuren Angehörigen in Zarskoje Selo zu verbringen. Sie war neun Jahre älter als ihre Schwester und empfand ihr gegenüber eine nahezu mütterliche Liebe. Man darf ja nicht vergessen, dass es in ihrem Haus war, wo die junge Prinzessin bei ihrem ersten Besuch in Russland gewohnt hatte. Und sie war es gewesen, die der Kaiserin zu Beginn ihrer Herrschaft mit klugem Rat zur Seite gestanden und ihr jede Aufmerksamkeit zuteil hatte werden lassen. Schon oft zuvor hatte sie versucht, ihrer Schwester die Augen zu öffnen, doch immer vergeblich. Diesmal jedoch hoffte sie, Gott würde ihr jene Überzeugungskraft verleihen, an der es ihr bislang gefehlt hatte, und sie befähigen, die drohende schreckliche Katastrophe abzuwenden.

Unmittelbar nach ihrer Ankunft in Zarskoje Selo sprach sie mit der Zarin: Sie versuchte mit aller Liebe, derer sie fähig war, diese von ihrer Blindheit zu überzeugen, und bat sie inständig, um ihrer Familie und des Landes willen auf ihre Warnungen zu hören.

Die Zarin jedoch ließ sich in ihrer Überzeugung nicht erschüttern. Sie erkannte zwar, welche Gefühle ihre Schwester bewogen hatten, diesen Schritt zu unternehmen, doch es grämte sie zutiefst, dass diese den Lügengeschichten jener, die den *starets* ins Verderben stürzen wollten, Glauben schenkte, und sie bat sie, das Thema nie wieder anzuschneiden. Als die Großfürstin dennoch fortfuhr, brach die Zarin das Gespräch ab. Damit war die Unterredung gegenstandslos geworden.

Einige Stunden später reiste die Großfürstin todtraurig nach Moskau ab. Die Zarin und ihre Töchter begleiteten sie zur Bahnstation. Die beiden Schwestern nahmen Abschied voneinander. Die zärtliche Zuneigung, die sie seit ihrer Kindheit miteinander verbunden hatte, bestand zwar noch, doch sie spürten, dass irgendetwas zwischen ihnen zerbrochen war.[13]

Felix Jussupow: Memoiren

Großfürstin Elisabeth, die nur äußerst selten nach Zarskoje Selo kam, machte später noch einmal einen letzten Versuch, ihre Schwester zu überzeugen. Sie hatte zugesagt, sich unmittelbar nach ihrem Besuch im Alexanderpalast mit uns zu treffen. Wir alle harrten ungeduldig ihrer Ankunft, denn wir waren begierig, das Ergebnis der Unterredung zu erfahren. Zitternd und in Tränen aufgelöst betrat sie den Raum:

»Wie einen Hund hat sie mich davongejagt!«, rief sie weinend aus. »Armer Nicky, armes Russland!«

Ella: Aus ihrer Zeugenaussage

Im Dezember 1916 führte ich mit dem Zaren und der Zarin ein letztes, entscheidendes Gespräch über das Thema Rasputin. Ich legte ihnen dar, dass Rasputin die Gesellschaft unterminiere, dass er die Kaiserliche Familie gefährde und die Dynastie ins Verderben stürze. Sie entgegneten mir, Rasputin sei ein bedeutender

Mann Gottes und alle Gerüchte über ihn seien nichts als Verleumdungen, und untersagten mir, die Frage noch weiter zu erörtern.

Alexej an Alexandra: 9. Dezember, Mogiljow

Meine liebe Mama,
gestern sind wir wieder im Wald gewesen und haben Räuber und Gendarm gespielt, das war sehr lustig. Ich hatte wieder das Pony. Der Schnee ist jetzt sehr tief, und die Bäume sind auch ganz verschneit, sodass wir oft eine dicke Ladung Schnee abbekommen, wenn wir unter ihnen langgehen.
Mit ganz herzlichen Grüßen von
Alexej

Alexandra an Nikolaus: 12. Dezember, Zarskoje Selo

Mein Liebling,
herzlichsten Dank für einen wunderbaren Brief und eine Karte. Ich bin ja so glücklich, dass du bei der lieben Ikone warst – dort ist so viel Friede –, man fühlt sich fern von allem Kummer in einem solchen Augenblick, wenn man im Gebet sein Herz und seine Seele vor ihr ausschüttet, zu der so viele mit ihren Sorgen kommen ...

Dann zum »Dessiatinni«-Kloster – dort sind Reliquien der heiligen Barbara aufbewahrt. Saß eine Weile im Raum der Äbtissinnen und ließ mich anschließend zu der alten Frau Maria Michailowna bringen ..., wir gingen zu Fuß durch den nassen Schnee zu ihr.

Sie lag im Bett, das Zimmer war klein und dunkel, deshalb brachte man eine Kerze, damit wir uns gegenseitig sehen konnten. Sie ist 107, trägt Beinschienen (jetzt bleiben sie immer in ihrer Nähe) – arbeitet fast immer, läuft umher, näht für die Strafgefangenen und die Soldaten, ohne eine Brille zu benutzen – wäscht sich nie.

Und natürlich kein Geruch, man hat auch nicht das Gefühl von Dreck, dünne, graue, abstehende Haare, ein liebes, feines, ovales Gesicht mit wunderbar jungen, glänzenden Augen und einem süßen Lächeln. Sie segnete und küsste uns. Dir schickt sie diesen Apfel (bitte iss ihn).

13. Dezember:
Mein allerliebster Engel,
herzlichsten Dank für deine liebe Karte. Ich bin ganz begierig (da du zum Schreiben ja keine Zeit hast), von deiner Unterredung mit diesem schrecklichen Trepow zu erfahren. In der Zeitung habe ich gelesen, er hätte Rodsjanko jetzt gesagt, dass die Duma etwa vom 17. bis zur ersten Januarhälfte geschlossen wird. Hat er überhaupt ein Recht dazu, ehe die offizielle Bekanntmachung durch den Senat erfolgt ist?

Mein Engel, gestern haben wir bei Anja mit unserem Freund zu Abend gegessen. Es war ganz reizend, wir haben ihm alles über unsere Reise erzählt, und er sagte, wir hätten direkt zu dir fahren sollen, denn das wäre eine ungeheure Freude und Wohltat für dich gewesen. Und wo ich doch solche Angst habe, dich zu stören!

Er bittet dich inständig, stark zu sein, wie ein Gebieter, und nicht immer auf Trepow zu hören – du weißt es sehr viel besser als dieser Mann (lässt dich aber dennoch von ihm leiten) – und warum nicht von unserem Freund, der ja selbst unter Gottes Führung steht.

Vergiss nicht, warum ich unbeliebt bin – daran zeigt sich, wie richtig es ist, stark und gefürchtet zu sein, und du musst genauso sein, du zumal als Mann –, du musst einfach mehr an unseren Freund glauben (und nicht an Trepow). Er lebt für dich und für Russland.

Wir beide müssen Baby ein starkes Land geben, um seinetwillen darfst du ja nicht schwach werden, andernfalls wird seine Herrschaft noch schwieriger sein, weil er unsere Fehler korrigieren und die Zügel, die du locker lässt, wieder anziehen muss. Man leidet immer unter den Fehlern, die die Vorfahren in ihrer Herrschaftszeit gemacht haben. Wir sollten Alexej ein leichteres Erbe hinterlassen. Er hat einen starken Willen und ein ausgeprägtes Selbstbewusstsein, lass dir die Dinge nicht aus den Händen gleiten, sodass er dann alles wieder aufbauen muss.

Sei stark. Ich stehe hinter dir wie eine Mauer und werde nicht zurückweichen - ich weiß, dass Er uns richtig leitet. Alles wird ruhiger und besser, man möchte nur deine starke Hand spüren - seit Jahren sagen mir die Menschen das schon: »Russland will die Peitsche spüren«, so sind sie nun mal - Zärtlichkeit, aber dann auch die eiserne Hand, die bestraft und lenkt.

Ich wünschte so sehr, ich könnte dir meinen Willen injizieren. Die Jungfrau wacht über dich, sie ist bei dir, für dich da, denke immer an das Wunder - die Vision unseres Freundes.

Ach, Liebster, jetzt muss ich aufstehen. Habe den ganzen Vormittag Weihnachtskarten geschrieben. Mein Herz und meine Seele brennen für dich vor übermäßiger Liebe, umso härter mag dich ankommen, was ich schreibe - verzeih mir, glaube und verstehe. Ich liebe dich zu sehr, weine über deine Fehler und freue mich über jeden richtigen Schritt, den du tust.
Frauchen

14. Dezember: 7 [Grad] Frost und dicker Schnee. Letzte Nacht wieder kaum geschlafen, bis zum Mittagessen im Bett geblieben, da mir noch alles wehtut, außerdem habe ich eine leichte Erkältung. Vielen herzlichen Dank für deinen lieben Brief.

Sei Peter der Große, Iwan der Schreckliche, Kaiser Paul - zermalme sie alle unter dir - und wehe, du lachst jetzt, du Schlingel.

Ich kann es wirklich nicht begreifen. Ich bin zwar nur eine Frau, aber Herz und Verstand sagen mir, dass das die Rettung Russlands wäre - ihre Sünden sind weit schlimmer als alles, was Leute wie Suchomlinow [General und Kriegsminister bis 1915] je getan haben. Untersage Brusilow und Konsorten, irgendein politisches Thema anzuschneiden, dieser Dummkopf, der ein verantwortliches Kabinett haben will.

Vergiss nicht, sogar M. Philippe hat gesagt, man solle unter keinen Umständen eine Verfassung gewähren, das wäre dein und Russlands Verderben, und alle wahren Russen sagen dasselbe.

Schon vor Monaten habe ich Stürmer gesagt, Schwedow sollte Mitglied des Reichsrats werden, mit ihm und dem guten Maklokow hätte man dann Leute, die tapfer für uns eintreten. Ich weiß, ich falle dir zur Last - ach, wie unendlich viel lieber würde ich nur Briefe voller Liebe, Zärtlichkeiten und Liebkosungen schreiben, von denen mein Herz überquillt - doch meine Pflicht als Gemahlin und Mutter und als Russlands Mutter gebietet es mir, dir alles zu sagen - gesegnet, wie ich bin, von unserem Freund.

Mein Liebling, Sonnenschein meines Lebens, wenn du in der Schlacht auf den Gegner träfest, nie würdest du wanken, sondern angreifen wie ein Löwe - so sei es auch jetzt in der Schlacht gegen eine kleine Hand voll Scheusale und Republikaner.

Sei der Gebieter, und alle werden sich dir beugen. Glaubst du vielleicht, ich hätte Angst? Weit gefehlt! Heute habe ich zum Beispiel einen Offizier aus Marias und Anastasias Krankenhaus hinauswerfen lassen, weil er gewagt hatte, sich über unsere Reise lustig zu machen: Er behauptete, nur Protopopow hätte die Leute dazu gebracht, uns so gut zu empfangen; die Ärzte, die das hörten, waren außer sich vor Wut. Du siehst, in ihrer unmittelbaren Umgebung greift Sunny ganz energisch durch, und in den großen Dingen wird sie es so tun, wie du es nur wünschst. Wir sind von Gott auf einen Thron gesetzt worden und müssen ihn nach allen Kräften verteidigen, um ihn unserem Sohn unbefleckt zu übergeben - das darfst du nie vergessen, dann wirst du dich auch daran erinnern, dass du der Souverän bist - und wie viel leichter ist es für einen autokratischen Souverän als für einen, der einen Eid auf die Verfassung abgelegt hat.

Mein Geliebter, höre auf mich. Ja, du kennst dein altes, getreues Mädchen. »Hab keine Angst«, sagte die alte Frau, und deshalb schreibe ich dir auch furchtlos. Jetzt wollen die Mädchen ihren Tee, sie kommen gerade ganz erfroren von ihrer Ausfahrt

zurück – ich küsse dich und drücke dich fest an meine Brust, streichele dich, liebe dich, sehne mich nach dir, kann ohne dich nicht schlafen – segne dich.
Stets ganz dein
Frauchen

Maurice Paléologue: Memoiren

[Aus einem Gespräch mit dem ehemaligen Justizminister Schtscheglowitow] »Der Zar ist der Gesalbte des Herrn, von Gott gesandt als oberster Hüter der Kirche und allmächtiger Herrscher des Reichs.[14] Im Volksglauben ist er sogar das Abbild Christi auf Erden.

Da er seine Macht von Gott erhält, hat er sie auch nur vor Gott allein zu verantworten. Der göttliche Charakter seiner Autorität bedingt zudem, dass Autokratie und Nationalismus untrennbar sind. Deshalb zum Teufel mit den Dummköpfen, die es wagen, diese Dogmen anzugreifen! Der konstitutionelle Liberalismus ist nicht nur eine Ketzerei, sondern auch eine törichte Schimäre.

Ein nationales Leben ist ausschließlich im Rahmen von Autokratie und Orthodoxie denkbar. Sofern politische Reformen nötig sind, dürfen sie nur im Geist der Autokratie und Orthodoxie durchgeführt werden.«

Alexandra an Nikolaus: 16. Dezember, Zarskoje Selo

Mein geliebter Schatz,
Olga war gestern Abend auf einer Versammlung des Komitees, aber sie dauerte nicht sehr lange. Wolodja Wolkonskij, der sie sonst immer anlächelt, vermied ihren Blick und lächelte nicht ein einziges Mal – du siehst, wie unsere Mädchen gelernt haben, Menschen und ihre Gesichter zu beobachten – durch all dieses Leiden haben sie sich innerlich sehr stark weiterentwickelt.

Sie kennen alles, was man durchmachen muss, das ist auch nötig und lässt sie reifen. Zum Glück sind sie manchmal große Damen – aber sie besitzen das Verständnis und das seelische Gefühl von Menschen, die schon sehr viel erfahrener sind. Unser Freund sagt, sie haben eine harte Schule durchgemacht.

Petrograd ist ein einziger Horror für mich, ich bin wütend, dass niemand mich verteidigt, dass alle über ihre Kaiserin Schlechtes sagen, schreiben, andeuten dürfen, und niemand ist da, der seine Stimme erhebt, niemand ruft diese Typen zur Räson, maßregelt oder bestraft sie.

Diese Leute verdienen weiß Gott keine Bewunderung, Feiglinge alle miteinander. Aber viele von ihnen werden in Zukunft ihre Stellung bei Hofe verlieren, in Friedenszeiten werden sie sich noch umsehen, was es heißt, wenn man in Kriegszeiten nicht für seine Souveräne eintritt. Wieso haben wir so einen Lumpen als Hofminister [Fredericks]? Seine Aufgabe wäre es schließlich gewesen, alle namentlich zu nennen und ein Gesetz zu verabschieden, um sie wegen Verleumdung deiner Gemahlin zu bestrafen.

Ein privater Ehemann hätte derlei Angriffe auf seine Frau nicht eine Stunde lang ertragen. Persönlich ist es mir piepegal – als ich jung war, habe ich schrecklich unter solchen Ungerechtigkeiten gelitten (oh, wie oft!!!!), aber heute treffen mich die irdischen Dinge – ich meine Gemeinheiten – nicht sehr tief, irgendwann kehren sie immer wieder. Nur sollte mein Nicky sich wirklich etwas mehr für mich einsetzen, denn viele sind der Meinung, es kümmert dich nicht, und du versteckst dich nur hinter mir ...

Maurice Paléologue: Memoiren, 16. Dezember

Gräfin R., die gerade drei Tage in Moskau weilte, um Kleider bei der berühmten Schneiderin Lomanowa zu bestellen, bestätigt, was auch ich vor kurzem gehört habe – die Moskowiter sind wütend auf die Kaiserliche Familie: »Jeden Abend habe ich in anderen

Kreisen gespeist«, sagte sie. »Überall hört man denselben Aufschrei der Empörung. Würde der Kaiser sich heute auf dem Roten Platz zeigen, man würde ihn ausbuhen. Und die Kaiserin würde man in Stücke zerreißen. Die Großfürstin Elisabeth [Ella], die so freundlich, warmherzig und so reinen Herzens ist, traut sich schon gar nicht mehr aus ihrem Konvent heraus. Die Arbeiter beschuldigen sie, die Leute hungers sterben zu lassen. In sämtlichen Klassen macht sich eine revolutionäre Gärung bemerkbar.«

Maria Pawlowna [die Jüngere]: Memoiren

Meine Tante Ella, die Schwester der Zarin, wurde ebenso unaufhörlich angegriffen. Während der antideutschen Demonstrationen in Moskau versammelte sich eine Menschenmenge vor ihrem Konvent und stieß Verwünschungen und Drohungen aus.

Anja Wyrubowa: Memoiren

Am Nachmittag des 16. Dezember schickte mich die Kaiserin mit einem – völlig unpolitischen – Auftrag zu Rasputin. Wie immer fügte ich mich nur widerstrebend, wusste ich doch, zu welch übler Interpretation mein Botengang Anlass geben würde, falls irgendeiner der Verschwörer mich zufällig sähe. Doch pflichtgemäß machte ich mich auf den Weg. Während meines äußerst kurzen Aufenthalts bei Rasputin sagte mir dieser, er werde sich zu nächtlicher Stunde im Palais Jussupow mit Großfürstin Irina, der Gemahlin von Fürst Felix, treffen.

Felix Jussupow, das wusste ich, hatte Rasputin häufig besucht, dass dieser seinen ersten Besuch bei ihnen zu einer so unziemlichen Stunde machen sollte, kam mir indes etwas seltsam vor. Auf meine entsprechende Frage erwiderte Rasputin, Felix wolle nicht, dass seine Eltern von diesem Besuch erführen.

Als ich seine Wohnung verließ, sagte Rasputin etwas Merkwürdiges zu mir. »Was möchtest du noch?«, fragte er mit leiser Stimme. »Du hast ja schon alles bekommen.« Alles, was seine Gebete mir geben konnten? War es das, was er meinte?

Am selben Abend, im Boudoir der Kaiserin, erwähnte ich den geplanten mitternächtlichen Besuch, worauf die Kaiserin einigermaßen erstaunt sagte: »Aber da muss irgendein Missverständnis vorliegen. Irina ist doch auf der Krim, und die Eltern Jussupow sind auch nicht in der Stadt.« Nachdenklich wiederholte sie noch einmal: »Da liegt bestimmt ein Missverständnis vor«, und dann begannen wir von anderen Dingen zu reden.

Alexandra an Nikolaus: 17. Dezember, Zarskoje Selo

Mein über alles geliebter Schatz,
du wirst den netten englischen Roman sicher im Zug zu Ende lesen. Ach, welche Freude, welcher Trost war es mir doch, dich wieder einmal bei mir zu haben! In einer solchen Zeit getrennt zu sein, ist manchmal absolut zum Verzweifeln und beunruhigend, das kannst du mir glauben – wie viel leichter ist es doch, wenn man über alles gemeinsam reden und sich austauschen kann, anstatt auf Briefe angewiesen zu sein, die ja leider nicht so wirkungsvoll sind und dich oft auch belastet haben müssen, mein armer, geduldiger Engel.

Aber ich will alles daran setzen, als Gegengift gegen das Gift der anderen zu wirken. Ist Baby seinen »Wurm« jetzt endlich los? Dann wird er dicker werden und nicht mehr so blutlos aussehen – der prächtige Junge!

Wir sitzen hier zusammen, völlig aufgewühlt und beunruhigt – stell dir vor, unser Freund ist gestern verschwunden! A[nja] hat ihn noch gesehen und erzählt, Felix habe ihn gebeten, nachts zu kommen, um Irina zu treffen, ein Automobil würde ihn abholen. Tatsächlich wurde er auch in einem Automobil (einem Armeefahrzeug) mit 2 Zivilisten abgeholt, und dann ist er weggefahren.

Heute Abend ein Riesenskandal im Haus von Jussupow – große Versammlung, Dimitri, Purischkewitsch usw., alle betrunken. Polizei hat Schüsse gehört, sucht noch. Jetzt sind auch Richter in J[ussupow]s Haus, wagten es vorher nicht, da Dimitri noch da war. Stadtgouverneur hat Dimitri holen lassen, Felix wollte heute Abend auf die Krim abreisen, habe Kalinin [Protopopow] gebeten, ihn daran zu hindern. Unser Freund war in guter Verfassung, aber in den letzten Tagen nervös, A[nja] hatte auch den Eindruck.

Felix behauptet, Er sei nie in sein Haus gekommen und er, Felix, habe ihn auch nie darum gebeten. Ich vertraue noch immer auf die Gnade Gottes, dass man ihn nur irgendwohin weggebracht hat. Kalinin tut schon sein Möglichstes. Deshalb bitte ich noch Wojekow um Hilfe, wir Frauen sind allein mit unseren schwachen Händen. Werde sie [Anja] bei uns wohnen lassen, denn sie ist in Gefahr.

Kann und will nicht glauben, dass Er umgebracht worden ist. Gott, erbarme dich. Das absolute Grauen (bin ruhig und kann es gar nicht glauben)! Dank für lieben Brief. Komm unverzüglich – niemand wird es wagen, sich an ihr zu vergreifen oder ihr irgendetwas anzutun, wenn du da bist. Felix hat Ihn in letzter Zeit häufig besucht.
Küsse, Sunny

Maurice Paléologue: Memoiren, 17. Dezember

Heute Abend gegen sieben Uhr berichtete mir ein ausgezeichneter Informant, der in meinen Diensten steht, dass Rasputin am Vormittag während eines Essens im Palais Jussupow ermordet worden sei. Die Mörder sind angeblich der junge Fürst Felix Jussupow (der 1914 eine Nichte des Zaren heiratete), Großfürst Dimitri, der Sohn des Großfürsten Paul, und Purischkewitsch, der Sprecher der extremen Rechten in der Duma. Auch zwei oder drei Damen der Gesellschaft sollen bei dem Essen zugegen gewesen sein. Die Nachricht wird zurzeit noch strikt geheim gehalten.

Ehe ich nach Paris telegrafierte, versuchte ich, eine Bestätigung dessen zu erhalten, was ich gerade erfahren hatte. Ich suchte unverzüglich Gräfin K. auf. Sie rief Madame Golowin an, eine Verwandte von ihr und große Freundin und Gönnerin Rasputins. Eine weinende Stimme antwortete: »Ja, der Vater ist seit gestern Abend verschwunden. Niemand weiß, was mit ihm geschehen ist. Es ist eine entsetzliche Katastrophe!«

Am Abend kursierte die Nachricht auch schon im Jachtklub. Großfürst Nikolaj Michailowitsch weigerte sich, ihr Glauben zu schenken: »Rasputins Tod ist schon allzu oft verkündet worden. Jedes Mal ist er wieder auferstanden, und zwar mächtiger denn je!«

Gleichwohl rief er den Ratspräsidenten Trepow an, der ihm sagte:

»Alles, was ich weiß, ist, dass Rasputin verschwunden ist. Ich vermute, dass er ermordet worden ist. Mehr kann ich Ihnen auch nicht sagen: Für die Angelegenheit ist der Chef der Ochrana zuständig.«

Der Vorabend: 16.–17. Dezember

Purischkewitsch: Memoiren

Dr. Lazavert soll in einem leeren Wagen, als Chauffeur verkleidet, zum Wachturm der Duma fahren, und ich habe mich im Palais Jussupow einzufinden.

Ich bin völlig ruhig und beherrscht. Für alle Fälle habe ich einen stählernen Schlagring und einen Revolver dabei, ein wunderbares Stück, Modell Sauvage; möglicherweise werde ich ja von einem der beiden Gebrauch machen müssen.

Ich weiß nicht, wieso, aber den ganzen Tag geht mir schon dieser Vers aus der Horaz-Ode durch den Kopf: »Frage nicht, Leuconoe, versuche nicht, es zu erraten, es steht uns nicht an zu wissen, welches Ende die Götter dir oder mir zugedacht haben.«

Felix Jussupow: Memoiren

In der Mitte des Raums stand der Tisch, an welchem Rasputin seine letzte Tasse Tee trinken würde.

Meine beiden Diener, Gregory und Iwan, halfen mir, die Möbel zurechtzurücken. Ich bat sie, Tee für sechs Personen zu bereiten, Kekse und Kuchen zu besorgen und Wein aus dem Keller zu bringen. Ich erzählte ihnen, dass ich ein paar Freunde für elf Uhr abends erwartete, und sie sollten im Dienstbotentrakt warten, bis ich nach ihnen läuten würde.

Als alles gerichtet war, ging ich in mein Zimmer hinauf. Um elf Uhr war unten im Kellergeschoss alles vorbereitet. Dieser unterirdische Raum, der jetzt komfortabel eingerichtet und gut erleuchtet war, hatte nichts mehr von seinem finsteren Aussehen. Auf dem Tisch standen der dampfende Samowar und mehrere Teller mit Kuchen und Leckerbissen, wie Rasputin sie besonders schätzte. Auf einer Anrichte waren Flaschen und Gläser aufgereiht. Von der Decke hingen alte Laternen mit bunt bemaltem Glas, die das Zimmer beleuchteten; die schweren Portieren aus rotem Damast waren herabgelassen. Im granitenen Kamin prasselte ein Holzfeuer, das Funken auf den Steinboden stiebte. Man fühlte sich hier wie abgeschnitten vom Rest der Welt, und was auch immer passieren mochte – die Ereignisse jener Nacht würden auf immer verschluckt werden vom Schweigen dieser dicken Mauern.

Es läutete, Dimitri und meine anderen Freunde waren eingetroffen. Ich führte sie ins Esszimmer, wo sie eine kurze Weile verharrten; schweigend inspizierten sie den Ort, an dem Rasputin sein Schicksal ereilen sollte.

Purischkewitsch: Wir setzten uns an den runden Tisch, und Jussupow bot uns ein Glas Tee an; wir probierten auch von den Kuchen, ehe sie mit der notwendigen Zutat versehen wurden.

Jussupow: Aus dem Ebenholzschränkchen nahm ich eine Dose, die das Gift enthielt, und legte sie auf den Tisch. Dr. Lazavert streifte sich Gummihandschuhe über und zermalte die Zyankalikristalle zu Pulver. Dann hob er die obere Schicht der Kuchen ab und bestreute das Innere mit einer Dosis Gift, die nach seinen Worten ausreichte, mehrere Männer augenblicklich zu töten.

Purischkewitsch: Bei allen Kuchen mit rosafarbener Creme (es gab zwei Sorten, rosa beziehungsweise Schokoladencreme) nahm Dr. Lazavert die obere Schicht ab und bestreute sie jeweils üppig mit Gift, dann deckte er sie wieder zu, sodass sie ganz normal aussahen.

Jussupow: Es herrschte eine beeindruckende Stille. Voller Spannung verfolgten wir jeden Handgriff des Doktors. Jetzt blieben nur noch die Gläser, die mit Zyankali gefüllt werden mussten.

Wir beschlossen, dies erst im letzten Augenblick zu tun, damit das Gift nicht verdunstete und seine Wirksamkeit verlöre ...

Purischkewitsch: Wir gingen nach oben in den Salon. Jussupow holte aus dem Schreibtisch zwei Phiolen mit Zyankalilösung, die er Dimitri Pawlowitsch und mir gab: Zwanzig Minuten, nachdem er losgefahren wäre, um Rasputin abzuholen, sollten wir damit zwei der vier Pokale, die unten im Esszimmer neben den Flaschen standen, zur Hälfte füllen.

Lazavert legte seine Chauffeursuniform an. Jussupow zog sich einen Zivilistenmantel über, dessen Kragen er hochschlug, dann verabschiedete er sich und ging.

Jussupow: Als alles gerichtet war, zog ich mir einen Mantel über und setzte mir eine Pelzkappe auf, die mir über die Ohren reichte und mein Gesicht völlig verdeckte. Doktor Lazavert, als Chauffeur uniformiert, warf die Maschine an, und wir bestiegen den Wagen, der im Hof am Seiteneingang wartete. Als wir Rasputins Haus erreichten, musste ich zunächst mit dem Pförtner verhandeln, ehe er mich einließ. Gemäß der Anweisungen Rasputins benutzte ich die Hintertreppe; ich musste mich im Dunkeln nach oben tasten und fand die Tür nur mit größten Schwierigkeiten. Ich läutete.

»Wer ist das?«, fragte eine Stimme von innen.

Ich fing an zu zittern. »Ich bin's, Grigorij Jefimowitsch. Ich komme dich abholen.«

Ich hörte Rasputin im Flur rumoren. Die Kette wurde losgebunden, das schwere Schloss knirschte. Ich fühlte mich ziemlich unbehaglich.

Er öffnete die Tür, und ich trat in die Küche ein. Es war dunkel. Ich bildete mir ein, jemand beobachtete mich aus dem Zimmer nebenan. Instinktiv schlug ich den Kragen hoch und zog mir die Kappe tief über die Augen.

»Warum versuchst du, dich zu verstecken?«, fragte Rasputin.

»Wir hatten doch abgemacht, dass niemand wissen soll, dass du heute Abend mit mir weggehst.«

»Ganz recht; ich habe auch niemandem im Haus ein Wort davon erzählt; ich geh und zieh mich an.«

Ich begleitete ihn zu seinem Schlafzimmer, das lediglich von der kleinen Lampe vor den Ikonen beleuchtet war. Rasputin zündete die Kerze an; ich bemerkte, dass sein Bett zerlegen war, wahrscheinlich hatte er gerade geruht. Neben dem Bett hingen sein Mantel und seine Biberpelzkappe, auf dem Fußboden standen seine hohen, filzgefütterten Galoschen.

Rasputin trug eine mit Kornblumenmuster bestickte Seidenbluse, die er mit einer dicken, himbeerfarbenen Kordel zusammengeschnürt hielt. Seine samtene Kniehose und die blitzblanken Stiefel wirkten nagelneu; er hatte sich die Haare gebürstet und den Bart sorgfältig gekämmt. Als er mir näher kam, bemerkte ich, dass er stark nach billiger Seife roch, was darauf schließen ließ, dass er auf die Pflege seines Äußeren große Sorgfalt verwendet hatte. Noch nie hatte ich ihn so sauber und ordentlich gesehen.

»Wir sollten jetzt gehen; es ist schon nach Mitternacht.«

»Und die Zigeunerinnen? Sollen wir sie nicht besuchen?«

»Ich weiß nicht, vielleicht«, antwortete ich.

»In deinem Haus wird heute Nacht außer uns beiden auch wirklich niemand anderes sein?«, fragte er mit einer Spur von Ängstlichkeit in der Stimme.

Ich beruhigte ihn: Er werde niemandem begegnen, den er nicht zu sehen wünsche, und meine Mutter sei auf der Krim.

»Ich mag deine Mutter nicht. Ich weiß, dass sie mich hasst; sie ist eine Freundin von Elisabeth [Ella]. Die beiden haben sich gegen mich verschworen und verbreiten auch verleumderische Gerüchte über mich. Die Zarin hat mir selbst immer wieder gesagt, sie wären meine schlimmsten Feinde. Erst heute Abend war Protopopow bei mir, und ich musste ihm hoch und heilig versprechen, dass ich in den nächsten Tagen nicht ausgehen würde. ›Sonst bringen die dich um‹, erklärte er mir. ›Deine Feinde führen Böses im Schilde!‹ Aber sie verschwenden nur ihre Zeit und machen sich alle Mühe umsonst; es wird ihnen nicht gelingen, dazu reicht ihre Macht nicht aus ... Aber genug davon; los, gehen wir.«

Ich ergriff seinen Mantel und half ihm hinein.

Mit einem Mal erfasste mich großes Mitleid mit dem Mann. Ich schämte mich, dass ich zu einem so widerlichen Täuschungsmanöver, einer so perfiden Gaunerei greifen musste. In diesem Augenblick empfand ich nichts als Selbstverachtung, und ich fragte mich, wie ich an ein so feiges Verbrechen überhaupt nur hatte denken können. Ich begriff nicht, wie ich es geschafft hatte, mich dazu durchzuringen.

Voller Grauen betrachtete ich mein Opfer, wie es da vor mir stand, gelassen und vertrauensselig. Wieso ließ ihn sein zweites Gesicht im Stich? Was hatte er selbst von seiner Gabe, die Zukunft vorauszusagen? Was nutzte ihm die Fähigkeit, die Gedanken anderer zu lesen, wo er doch selbst blind war für die schreckliche Falle, die ihm gestellt wurde?

Purischkewitsch: Wie vereinbart, gingen der Großfürst und ich um Viertel vor eins ins Esszimmer hinunter und füllten die Zyankalilösung in die beiden Pokale. Jetzt begann Dimitri Pawlowitsch, sich Sorgen zu machen: Felix Jussupow könnte, wenn er Rasputin von den Kuchen anböte, vor Aufregung einen rosafarbenen essen oder versehentlich aus einem der Gift-Pokale trinken. »Das wird nicht passieren«, versicherte ich dem Großfürsten.

»Wenn Jussupow zwei hervorstechende Eigenschaften besitzt, dann sind es doch wohl Selbstbeherrschung und Kaltblütigkeit.« Nachdem wir unsere Aufgabe erledigt hatten, stiegen wir wieder nach oben und lauschten angestrengt hinaus, ob nicht irgendein Geräusch von der Straße her zu vernehmen wäre.

»Sie kommen!«, flüsterte ich plötzlich und trat vom Fenster zurück. Leutnant S. eilte zum Grammofon hinüber, und kurz darauf erklang der amerikanische Marsch »Yankee-Doodle« – bisweilen verfolgt er mich noch heute. Mit angehaltenem Atem gingen wir in die Eingangshalle und stellten uns hintereinander an der Treppe auf, die nach unten führte: Ich stand ganz vorne mit meinem Schlagring in der Hand, hinter mir der Großfürst, dann Leutnant S. und schließlich Dr. Lazavert.

Jussupow: Als wir das Haus betraten, hörte ich »Yankee Doodle went to town« aus dem Grammofon spielen.

»Was hat das zu bedeuten?«, wollte Rasputin wissen. »Findet hier eine Party statt?«

»Nein, das ist nur meine Frau, die ein paar Freunde unterhält; die werden bald gehen. Komm, trinken wir solange eine Tasse Tee im Esszimmer.«

Ich bot ihm Wein und Tee an; zu meiner großen Enttäuschung lehnte er beides ab. Hatte ihn irgendetwas misstrauisch gemacht? Ich war entschlossen, dafür zu sorgen, dass er – komme, was da wolle – das Haus nicht lebend verlassen würde.

Wir setzten uns an den Tisch und begannen, über unsere gemeinsamen Bekanntschaften zu reden; dabei fiel der Name Anja Wyrubowa, und natürlich kamen wir auch auf Zarskoje Selo zu sprechen.

Rasputin bat um etwas Tee. Unverzüglich füllte ich ihm eine Tasse ein und streckte ihm auch einen Teller mit Kuchen hin. Warum bot ich ihm ausgerechnet die einzigen Kuchen an, die nicht vergiftet waren? Ich zögerte sogar, ehe ich ihm die »richtigen« Kuchen reichte.

Zuerst lehnte er ab: »Ich will keine, sie sind mir zu süß.« Schließlich jedoch nahm er einen, dann noch einen … Ich beobachtete ihn, von Grauen gepackt. Das Gift hätte unmittelbar wirken müssen, doch zu meiner Verblüffung redete Rasputin ganz ruhig weiter.

Jetzt schlug ich ihm vor, von unseren Krim-Weinen zu probieren. Wieder lehnte er ab. Die Zeit verstrich, ich wurde allmählich nervös; trotz seiner Weigerung füllte ich zwei Gläser. Aber es war genau wie bei den Kuchen – und genauso unerklärlich: Auch hier benutzte ich das »falsche« Glas. Rasputin besann sich eines Besseren und akzeptierte den Wein, den ich ihm reichte. Er trank ihn mit Genuss, fand ihn ganz nach seinem Geschmack und fragte, ob wir viel Wein auf der Krim produzierten. Es schien ihn zu überraschen, als er hörte, wir hätten ganze Keller voll davon.

»Schenk mir einen Madeira ein«, sagte er. Diesmal wollte ich ihm das Getränk in einem Gift-Pokal servieren, aber er wehrte ab: »Ich trink's aus demselben Glas.«

»Das geht nicht, Grigorij Jefimowitsch«, sagte ich, »du kannst nicht zwei Arten Wein miteinander vermischen.«

»Das macht nichts, ich benutz dasselbe Glas, wirklich ...«

Ich konnte nicht weiter insistieren und musste nachgeben, doch gelang es mir, wie aus Versehen das Glas, aus dem er getrunken hatte, fallen zu lassen; sofort goss ich den Madeira in ein Glas, das Zyankali enthielt. Rasputin bekam nichts davon mit.

Ich stand da und beobachtete, wie er trank; jeden Augenblick musste er zusammenbrechen.

Doch bedächtig, wie ein Kenner, nippte er immer weiter an seinem Wein. Sein Gesicht blieb unverändert, nur von Zeit zu Zeit fasste er sich an die Gurgel, als habe er Schwierigkeiten beim Schlucken. Er stand auf und machte ein paar Schritte. Ich fragte ihn, was ihm fehle. »Wieso? Nichts, nur ein Kitzeln im Rachen.«

»Der Madeira ist gut«, sagte er, »schenk mir etwas nach.«

Das Gift zeitigte noch immer keine Wirkung, und der *starets* wanderte ruhig im Zimmer auf und ab.

Ich nahm ein weiteres Glas mit Zyankali, füllte es mit Wein und reichte es Rasputin.

Er trank es hinunter, genau wie alle anderen – und immer noch kein Ergebnis.

Auf dem Tablett war nur noch ein vergiftetes Glas übrig. Ich war jetzt zu allem entschlossen und musste unbedingt versuchen, ihn zum Trinken zu bewegen. Deshalb begann ich selbst zu trinken.

Schweigend setzten wir uns einander wieder gegenüber.

Er sah mich an, mit einem maliziösen Ausdruck in den Augen, als wollte er sagen: »Siehst du? Du verschwendest nur deine Zeit, du kannst mir nichts anhaben.«

Mit einem Mal veränderte sich sein Ausdruck, unvermittelt stand ihm wütender Grimm ins Gesicht geschrieben; nie hatte ich ihn so Furcht erregend gesehen. Er fixierte mich mit seinen teuflischen Augen, und in diesem Moment erfüllte mich ein solcher Hass, dass ich mich am liebsten auf ihn gestürzt und ihn mit bloßen Händen erwürgt hätte.

Das Schweigen wurde bedrohlich. Ich hatte das Gefühl, er wüsste, weshalb ich ihn in mein Haus gebracht hatte und was ich plante. Es war, als wären wir in einen seltsamen, schrecklichen Kampf verwickelt. Noch einen Augenblick, und ich wäre geschlagen, vernichtet. Unter Rasputins schwerem Blick fühlte ich meine ganze Selbstbeherrschung schwinden; eine unbeschreibliche Starrheit überkam mich, mir wurde schwindelig ...

Als ich zu mir kam, saß er noch immer am selben Platz, den Kopf in die Hände gestützt. Seine Augen konnte ich nicht sehen. Ich hatte meine Selbstbeherrschung zurückerlangt und bot ihm noch eine Tasse Tee an.

»Schenk mir ein«, sagte er mit gedämpfter Stimme, »ich bin sehr durstig.« Er hob den Kopf, seine Augen waren trübe, und ich hatte den Eindruck, er weiche meinem Blick aus.

Während ich den Tee eingoss, stand er auf und begann hin und her zu gehen. Als er meine Gitarre erblickte, die ich auf einem Stuhl hatte liegen lassen, sagte er: »Spiel was Fröhliches, ich höre dich so gerne singen.«

Es fiel mir schwer, in diesem Augenblick überhaupt etwas zu singen, vor allem etwas Fröhliches. »Ich bin wirklich nicht in der Stimmung«, sagte ich. Trotzdem nahm ich die Gitarre und sang ein trauriges russisches Liedchen.

Er setzte sich und hörte zunächst aufmerksam zu; dann ließ er den Kopf sinken und schloss die Augen. Ich glaubte, er wäre eingenickt. Kaum hatte ich das Lied beendet, öffnete er die Augen und sah mich schwermütig an: »Sing noch eins. Ich mag diese Musik sehr gerne, und du spielst sie so seelenvoll.«

Ich sang noch ein Lied, aber ich erkannte meine eigene Stimme nicht mehr.

Die Zeit verstrich; die Uhr zeigte halb drei ... Der Alptraum dauerte bereits zwei endlose Stunden. Und was, dachte ich, wenn ich die Nerven verliere?

Oben begannen meine Freunde, Radau zu machen, ganz offensichtlich wurden sie allmählich ungeduldig. Ich hatte Angst, sie würden die Spannung nicht länger ertragen und einfach hereinplatzen.

Rasputin horchte auf: »Was hat dieser Lärm zu bedeuten?«

»Wahrscheinlich gehen die Gäste gerade«, antwortete ich. »Ich schau mal, was los ist.«

In meinem Arbeitszimmer stürzten mir Dimitri, Purischkewitsch und Suchotin entgegen und überhäuften mich mit Fragen.

»Also, haben Sie's vollbracht? Ist es vorbei?«

Purischkewitsch: Wortlos betrat Jussupow das Arbeitszimmer, er war bleich und verstört. »Nein«, sagte er, »es ist einfach nicht möglich. Stellen Sie sich vor, er hat zwei Pokale mit Gift getrunken, mehrere rosafarbene Kuchen gegessen, und wie ihr seht, ist nichts passiert, absolut nichts, und seitdem sind mindestens fünfzehn Minuten vergangen. Er sitzt jetzt unten auf dem Sofa und schaut düster drein; soweit ich sehe, hat das Gift bei ihm nichts weiter bewirkt, als dass er die ganze Zeit rülpst und sabbert. Meine Herren, was raten Sie mir zu tun?«

»Also gut«, entgegnete der Großfürst, »lassen wir's für heute, soll er in Frieden ziehen. Vielleicht können wir ihn ja auf anderem Wege, zu einem anderen Zeitpunkt und unter anderen Umständen beseitigen.«

»Niemals!«, rief ich aus. »Begreifen Sie denn nicht, Hoheit? Wenn wir ihn heute nicht erledigen, dann bekommen wir ihn nie mehr zu fassen! Glauben Sie wirklich, er wird morgen noch einmal zu Jussupow kommen, nachdem er gemerkt hat, dass er heute getäuscht worden ist? Rasputin kann und darf hier nicht lebend herauskommen«, fügte ich halb flüsternd hinzu, wobei ich jedes einzelne Wort betonte.

»Aber wie sollen wir es anstellen?«, fragte Dimitri Pawlowitsch.

»Wenn Gift nicht hilft«, entgegnete ich, »dann müssen wir eben alles riskieren und mit offenen Karten spielen: Wir können alle zusammen hinuntergehen, oder ich erledige es alleine. Entweder befördere ich ihn mit meiner Sauvage ins Jenseits, oder ich zertrümmere ihm den Schädel mit meinem Schlagring. Was meinen Sie?«

»Na gut«, antwortete Jussupow, »wenn Sie es so sehen, dann wird uns wohl tatsächlich nichts anderes übrig bleiben, als eine dieser beiden Methoden anzuwenden. – Hätten Sie etwas dagegen, wenn ich ihn – komme, was komme – erschieße? Es wäre schneller und leichter.«

»Aber keineswegs«, erwiderte ich. »Es kommt doch nicht darauf an, wer ihn umbringt, sondern darauf, dass es heute Nacht auch tatsächlich geschieht.«

Kaum hatte ich das gesagt, da trat Jussupow auch schon mit entschlossener Miene an seinen Schreibtisch, holte aus der Schublade eine kleinkalibrige Browning, drehte sich um und ging mit festem Schritt nach unten.

Jussupow: Ich nahm Dimitris Revolver und ging wieder ins Kellergeschoss hinunter.

Rasputin saß noch immer so da, wie ich ihn zurückgelassen hatte, mit herabhängendem Kopf und schwergehendem Atem. Ich ging gelassen zu ihm hin und setzte mich neben ihn, aber er schenkte mir keine Aufmerksamkeit. Nach ein paar Minuten schrecklichen Schweigens hob er langsam den Kopf und blickte wie geistesabwesend in meine Richtung.

»Ist dir nicht wohl?«, fragte ich.

»Nein, mein Kopf ist schwer, und ich habe ein Brennen im Magen. Gib mir noch ein kleines Glas Wein, das wird mir gut tun.«

Ich reichte ihm etwas Madeira, den er auf einen Zug austrank; das belebte ihn, und er kam wieder in Stimmung. Ich sah, dass er wieder bei sich war und sein Verstand ganz normal funktionierte. Plötzlich schlug er vor, wir sollten zusammen zu den Zigeunerinnen gehen. Unter Hinweis auf die späte Stunde lehnte ich ab.

Ich drehte mich um und erblickte das kristallene Kruzifix. Ich erhob mich, um es mir näher anzuschauen.

»Was starrst du so auf das Kruzifix?«, fragte Rasputin.

»Es gefällt mir, es ist so schön.«

Reglos, mit geneigtem Kopf das Kruzifix anstarrend, stand Rasputin vor mir. Langsam hob ich den Revolver. Wohin sollte ich zielen, auf die Schläfe oder aufs Herz?

Ein Schaudern überkam mich; mein rechter Arm versteifte sich, ich zielte auf sein Herz und drückte ab. Mit einem wilden Aufschrei brach Rasputin auf dem Bärenfell zusammen.

Einen Augenblick lang lähmte mich das Entsetzen, feststellen zu müssen, wie leicht es war, einen Menschen zu töten. Nur eine Krümmung des Fingers – und das, was eine Sekunde zuvor noch ein lebendiger, atmender Mensch gewesen war, lag jetzt auf dem Boden wie eine zerbrochene Puppe.

Auf den Schuss hin kamen meine Freunde hereingestürmt, aber in ihrer wahnsinnigen Hast stießen sie gegen den Schalter und löschten das Licht. Jemand prallte mit mir zusammen und schrie auf; ich stand reglos da aus Angst, auf den Leichnam zu treten. Schließlich schaltete jemand das Licht wieder an.

Purischkewitsch: Ohne auch nur eine Sekunde zu warten, stürzten wir, die wir oben gestanden hatten, Hals über Kopf die Treppe hinunter und prallten in unserer Hast gegen die Tür des Esszimmers: Sie ging auf, aber einer von uns musste an den elektrischen Schalter gestoßen sein, denn das Licht im Zimmer ging sofort aus.

Wir tasteten die Wand am Eingang ab, und nachdem wir das Licht wieder angeschaltet hatten, bot sich uns folgendes Spektakel dar:

Vor dem Sofa, im Sitzbereich, lag auf einem weißen Bärenfell der sterbende Grigorij Rasputin; über ihm, den Revolver in der rechten Hand hinter dem Rücken haltend, stand sehr gefasst Jussupow und betrachtete mit einem Ausdruck unbeschreiblichen Abscheus das Gesicht des ermordeten *starets.*

Jussupow: Rasputin lag auf dem Rücken. Seine Gesichtszüge waren zu einem nervösen Zucken verkrampft; die Hände hatte er zusammengepresst, die Augen geschlossen. Auf seiner Seidenbluse breitete sich ein Blutfleck aus. Wenige Augenblicke später setzten alle Bewegungen aus. Wir beugten uns über seinen Leichnam, um ihn zu begutachten.

Der Doktor stellte fest, dass die Kugel ihn in der Herzregion getroffen hatte. Jeder Zweifel war ausgeschlossen: Rasputin war tot.

Dimitri und Purischkewitsch hoben ihn vom Bärenfell auf und legten ihn auf die Steinfliesen.

Purischkewitsch: Dimitri Pawlowitsch packte das Opfer an den Schultern, ich hob ihn an den Beinen an, und vorsichtig legten wir ihn auf den Fußboden, mit den Füßen zum äußeren Fenster hin und mit dem Kopf in Richtung der Treppe, über die wir hineingekommen waren.

Jetzt, da ich über dem Leichnam stand, wurde ich von äußerst starken, widersprüchlichen Emotionen erfasst. Die beherrschendste freilich war, wie ich mich erinnern kann, ein unglaubliches Erstaunen darüber, dass ein scheinbar so gewöhnlicher, ekelhafter Bauer, dieser Silen oder Satyr, einen solchen Einfluss auf das Schicksal Russlands und das Leben einer großen Nation hatte haben können, auf ein Kaiserreich, dessen Territorien ja einen ganzen Teil des Erdballs abdeckten. Wie hast du es nur geschafft, du Schurke, den Zaren und die Zarin zu verhexen, musste ich denken.

Er war noch nicht ganz tot: Er atmete im Todeskampf.

Seine Rechte bedeckte die Augen und die Hälfte seiner langen, narbigen Nase; die Linke lag ausgestreckt neben seinem Körper; gelegentlich hob sich seine Brust und ein Zittern ging durch seinen Körper. Er war in modische Bauerntracht gekleidet: herrliche Stiefel, samtene Kniehose und eine reich bestickte cremefarbene Seidenbluse, die von einem dicken roten Seidengürtel mit Quasten zusammengehalten wurde. Sein langer schwarzer Bart war sorgfältig gebürstet und schien sogar mit irgendeinem glänzenden Mittel gepflegt worden zu sein.

Ich weiß nicht mehr, wie lange ich dastand: Schließlich ließ Jussupows Stimme sich vernehmen: »Nun denn, meine Herren, gehen wir nach oben und beenden wir, was wir begonnen haben.« Wir verließen das Esszimmer, löschten das Licht und zogen die Tür sacht zu.

Jussupow: Unsere Herzen waren voller Hoffnung, denn wir waren überzeugt, dass das, was sich gerade ereignet hatte, Russland und die Dynastie vor Schmach und Verderben retten würde.

Während wir noch sprachen, überkam mich plötzlich eine böse Ahnung; eine unwiderstehliche Eingebung veranlasste mich, ins Erdgeschoss hinunterzugehen.

Rasputin lag noch genau dort, wo wir ihn zurückgelassen hatten. Ich fühlte ihm den Puls: Kein Schlag zu spüren, er war tot.

Aus einer fast unbewussten Regung heraus packte ich den Leichnam an den Armen und schüttelte ihn heftig. Er neigte sich nach einer Seite und fiel zurück. Ich wollte gerade gehen, da bemerkte ich plötzlich ein fast nicht wahrnehmbares Zittern des linken Augenlids. Ich beugte mich vor und betrachtete ihn aus nächster Nähe; sein Gesicht zuckte leicht.

Urplötzlich sah ich, wie das linke Auge sich öffnete ... Nur wenige Sekunden später begann auch sein rechtes Augenlid zu zucken, um sich dann zu öffnen. Jetzt sah ich beide Augen – die grünen Augen einer Viper –, die mich mit einem Ausdruck diabolischen Hasses anstarrten. Das Blut gerann mir in den Adern. Meine Muskeln wurden steinhart. Ich wollte weglaufen, um Hilfe rufen, doch die Beine versagten mir den Dienst, und kein Laut entrang sich meiner Kehle.

Dann passierte etwas Schreckliches: Mit einer unvorhersehbaren brutalen Kraftanstrengung sprang Rasputin auf die Füße, Schaum vor dem Mund. Wildes Gebrüll hallte durch die gewölbten Räume, und seine Hände ruderten krampfartig durch die Luft. Er stürzte sich auf mich, versuchte mir an die Kehle zu gehen, und seine Finger verkrallten sich wie stählerne Klauen in meiner Schulter. Die Augen traten ihm aus den Höhlen, von seinen Lippen sickerte Blut. Und die ganze Zeit rief er mich mit heiserer Stimme beim Namen.

Keine Worte vermögen das Grauen auszudrücken, das ich empfand. Ich versuchte, mich loszumachen, doch es gelang mir nicht, mich seinem schraubstockartigen Griff zu entwinden. Es entbrannte ein grimmiger Kampf ...

Dieser Teufel, an dem das tödliche Gift nagte, der eine Kugel im Herzen hatte, musste von den Kräften des Bösen aus dem Reich der Toten zurückgeholt worden sein. Seine teuflische Weigerung zu sterben hatte etwas Entsetzliches und Monströses.

Jetzt endlich begriff ich, wer Rasputin wirklich war: die Reinkarnation Satans, der mich in seinen Klauen hielt und mich bis ans Ende meiner Tage nie mehr loslassen würde.

Mit einer übermenschlichen Anstrengung gelang es mir, mich aus seiner Gewalt zu befreien.

Mit einem grauenhaften Keuchen fiel er auf den Rücken, in der Hand noch immer die Epaulette, die er mir während unseres Kampfs von der Uniformjacke abgerissen hatte. Eine Weile lag er reglos auf dem Boden. Dann, nach ein paar Sekunden, bewegte er sich. Ich stürzte nach oben und rief nach Purischkewitsch, der in meinem Arbeitszimmer war.

Purischkewitsch: Unten an der Treppe hörte ich Fußtritte und kurz darauf, wie sich die Tür zum Esszimmer öffnete, in dem Rasputin lag – wer immer es sein mochte, der dort herauskam, sie wurde jedenfalls nicht wieder geschlossen.

»Wer in aller Welt kann das sein?«, dachte ich. Doch ich hatte kaum Zeit, mir eine Antwort zu überlegen, da zerriss ein wilder, unmenschlicher Schrei die Luft – es musste die Stimme Jussupows sein. »Purischkewitsch, schießen Sie, schießen Sie, er lebt! Er macht sich davon!«

»Aah!« Es war Jussupow, der, unablässig schreiend, geradewegs die Treppen hinaufrannte; er sah einfach gespenstisch aus; seine hübschen, großen, blauen Augen traten hervor und wirkten noch größer als sonst; er schien nur halb bei Bewusstsein zu sein, denn er nahm mich kaum wahr, sondern stürzte mit einem irren Gesichtsausdruck zur Tür des Hauptkorridors und von dort in den Wohntrakt seiner Eltern.

Es galt, keinen Augenblick zu verlieren: Ohne die Fassung zu verlieren, nahm ich meine Sauvage, entsicherte sie und lief nach unten.

Was ich dort sah, hätte man für einen Traum halten können, wäre es nicht schreckliche Realität gewesen: Grigorij Rasputin, den ich noch vor einer halben Stunde auf dem Steinboden des Esszimmers seinen letzten Atemzug hatte tun sehen, lief durch den verschneiten Hof des Palais, an den Gittern entlangtorkelnd, die zur Straße führten – in eben jenen Kleidern, in denen ich ihn praktisch leblos gesehen hatte.

Im ersten Augenblick mochte ich meinen Augen nicht trauen, doch was er da in die Stille der Nacht hineinbrüllte – »Felix, Felix, ich werde alles der Zarin sagen!« –, überzeugte mich, dass er es wirklich war, Grigorij Rasputin, dass er dank seiner phänomenalen Vitalität laufen konnte, dass er in wenigen Momenten durch die Tore auf die Straße gelangen würde, wo er, ohne seine Identität preiszugeben, den nächstbesten Passanten um Hilfe bitten konnte, dass man ihn in diesem Palais umzubringen versuchte ..., und alles wäre verloren, wir würden entdeckt werden. Ich rannte ihm hinterher und feuerte.

Der ohrenbetäubende Knall meines Revolvers zerriss die Luft in der lautlosen Nacht – verfehlt.

Rasputin wurde schneller; ich feuerte ein zweites Mal im Laufschritt – wieder daneben.

Ich kann gar nicht beschreiben, wie wütend ich in diesem Augenblick auf mich war. Der geübte Schütze, der sich auf dem Exerzierplatz von Semenowskij ständig an kleinen Zielen schulte, war heute offenbar unfähig, einen Mann auf 20 Schritt zu erschießen. Die Zeit verstrich ... Rasputin war bereits am Tor, da hielt ich inne und biss mich mit aller Kraft ins linke Handgelenk, um mich zur Konzentration zu zwingen, und dieses dritte Mal traf ich ihn in den Rücken.

Er blieb stehen; ich zielte genau und feuerte ein viertes Mal: Offenbar hatte ich ihn am Kopf getroffen, denn er brach zusammen und fiel mit dem Gesicht in den Schnee, wobei er sich an den Kopf fuhr. Ich lief zu ihm hin und trat ihm mit voller Wucht gegen die Schläfe.

Er lag mit ausgestreckten Händen da, die sich in den Schnee krallten, als wollte er auf dem Bauch nach vorne robben; aber er konnte sich schon nicht mehr bewegen, sondern lag einfach nur da und knirschte mit den Zähnen.

Jetzt war ich sicher, dass es um ihn geschehen war: Er würde nicht mehr auf die Füße kommen. Ich blieb eine Weile über ihm stehen, bis ich mich vergewissert hatte, dass es nicht mehr nötig wäre, ihn noch länger zu bewachen, dann kehrte ich durch dieselbe kleine Tür schnell ins Palais zurück. Allerdings erinnerte ich mich sehr deutlich, dass zwischen meinem ersten und dem letzten Schuss zwei Männer auf dem Trottoir entlanggekommen waren und dass einer von ihnen auf die Detonation hin zu den Gittern gestürzt war.

»Was soll ich tun? Was soll ich tun?«, fragte ich mich immer wieder laut, als ich in den Salon eintrat. Ich bin allein. Jussupow ist außer Gefecht; die Diener sind nicht eingeweiht worden, und da draußen am Tor liegt jetzt der Leichnam ...

Nachdem ich Jussupow ausfindig gemacht hatte, wollte ich versuchen, ihn zu beruhigen.

Er stand in einem hell erleuchteten Badezimmer über das Waschbecken gebeugt, hielt sich den Kopf und würgte.

»Was ist denn los, mein Bester? So beruhigen Sie sich doch, er ist tot! Ich habe ihn erledigt! Kommen Sie, gehen wir in Ihr Arbeitszimmer.«

Jussupow, dem augenscheinlich noch immer übel war, starrte mich wie geistesabwesend an, doch er leistete keinen Widerstand. Ich fasste ihn an der Taille und führte ihn behutsam in seine Gemächer zurück. Auf dem Weg dorthin wiederholte er ständig: »Felix, Felix, Felix, Felix.«

Ganz offensichtlich hatte sich zwischen ihm und Rasputin während der kurzen Zeit, als er bei dem scheinbar toten Mann im Esszimmer gewesen war, irgendetwas zugetragen, und dieses Etwas hatte ihn zutiefst verstört.

Gerade als wir den Korridor durchquerten, waren im Erdgeschoss Jussupows Soldaten dabei, den Leichnam über die Treppe in die Eingangshalle zu zerren.

Jussupow: Ich fühlte mich sehr elend, mir schwindelte, und ich konnte kaum laufen. Mühsam erhob ich mich, griff wie in Trance nach meinem Gummiknüppel und ging aus dem Arbeitszimmer.

Als ich ins Treppenhaus kam, sah ich Rasputin ausgestreckt auf einem Absatz liegen, er blutete aus vielen Wunden. Es war ein abscheulicher Anblick. Plötzlich wurde mir schwarz vor Augen, ich verlor den Boden unter den Füßen ...

Purischkewitsch: Jussupow machte sich von mir los und stürmte ins Arbeitszimmer, dort schnappte er sich eine Gummihantel vom Tisch und raste die Treppen wieder hinunter zu Rasputins Leichnam.

Nachdem er hatte feststellen müssen, dass weder Gift noch Kugel eine Wirkung zeitigten, mochte Jussupow offensichtlich nicht glauben, dass Rasputin tatsächlich tot war, und so begann er jetzt wie ein Wahnsinniger mit dem zwei Pfund schweren Gerät auf dessen Kopf einzudreschen, immer rund um die Schläfen und mit aller Wucht.

Da ich am oberen Treppenabsatz stand, begriff ich zunächst nicht, was sich da abspielte; noch sprachloser aber war ich, als Rasputin zu meinem allergrößten Erstaunen auch jetzt noch Lebenszeichen von sich gab.

Er lag mit dem Gesicht nach oben und röchelte, und von meiner Position aus sah ich ganz deutlich, wie die Pupille seines rechten geöffneten Auges sich verdrehte, als wollte sie mich anblicken – verständnislos, aber gleichzeitig Furcht erregend (noch heute sehe ich dieses Auge vor mir).

Als ich mich wieder gefasst hatte, rief ich den Soldaten zu, sie sollten Jussupow von dem Sterbenden wegziehen, denn er könnte sich selbst und seine ganze Umgebung mit Blut bespritzen, was verräterische Spuren hinterlassen würde; im Falle einer Untersuchung bräuchten die Behörden dann nicht einmal Polizeihunde einzusetzen, um die Wahrheit aufzudecken.

Die Soldaten gehorchten, doch es bedurfte einer ungeheuren Anstrengung, um Jussupow von Rasputin wegzuzerren, der wie mechanisch, aber mit zunehmender Besessenheit noch immer auf den Kopf des Toten einschlug. Schließlich gelang es ihnen, den Fürsten beiseite zu ziehen.

Zu zweit brachten ihn die Soldaten nach oben und setzten den Blutverschmierten auf das tiefe Ledersofa im Arbeitszimmer.

Er bot einen gespenstischen Anblick: Nicht nur seine äußere Erscheinung war schrecklich, auch sein innerer Zustand musste völlig aus dem Gleichgewicht geraten sein. Unablässig, mit geistesabwesendem Blick und zuckendem Gesicht, stammelte er »Felix, Felix, Felix, Felix« vor sich hin.

Ich wies die Soldaten an, umgehend irgendetwas aufzutreiben, um den Leichnam von Kopf bis Fuß einzuwickeln und fest zu verschnüren.

Das taten sie und benutzten dabei irgendein blaues Material – möglicherweise einen Vorhang; selbst vom Kopf war nichts mehr zu sehen. Befriedigt stellte ich fest, dass Rasputin jetzt tatsächlich ein Leichnam war und nicht mehr lebendig werden konnte.

Fünf Minuten später hörte ich einen Wagen im Hof vorfahren, und gleich darauf kamen der Großfürst und seine Gefährten die Treppe hinauf.

Dimitri Pawlowitsch war in nahezu heiterer Verfassung, doch als er mich ansah, wurde ihm klar, dass irgendetwas passiert sein musste.

»Was ist passiert?«, fragte er und blickte sich dabei um. Ich schilderte ihnen kurz die Situation und bat sie, sich zu beeilen, wobei Letzteres kaum nötig gewesen wäre: dass wir keine Sekunde zu verlieren hatten, begriffen sie auch selbst. Wir überließen Jussupow der Betreuung eines seiner Soldaten, zerrten Rasputins Leichnam in den Wagen des Großfürsten und luden außerdem zwei Zweipfund-Gewichte sowie ein paar Ketten ein, die ich am Abend eigens mitgebracht hatte. Dann fuhren wir los zu der Stelle, an der der Leichnam im Wasser versenkt werden sollte.

Der Großfürst chauffierte.

Der Wagen fuhr ziemlich langsam durch die Stadt. Es war sehr spät, und der Großfürst machte sich offensichtlich Sorgen, er könnte durch zu hohe Geschwindigkeit die Aufmerksamkeit der Polizei erregen. Die Fensterscheiben wurden heruntergekurbelt. Die klare, frostige Luft wirkte belebend. Trotz allem, was ich durchgemacht hatte, war ich völlig ruhig.

Ich blickte aus dem Fenster. Nach den Häusern der Umgebung und den endlosen Zäunen zu urteilen, hatten wir die Stadt schon hinter uns gelassen. Die Straßenbeleuchtung war sehr trübe. Die Chaussee wurde schlechter, und jedes Mal, wenn wir durch ein Schlagloch fuhren, hüpfte der zu unseren Füßen liegende Leichnam hoch, obwohl der Soldat auf ihm saß. Bei jeder Unebenheit schauderte ich zusammen, wenn mein Knie den weichen, abstoßenden Körper berührte, der trotz des Frostes noch nicht ganz erkaltet war.

Schließlich tauchte in der Ferne die Brücke auf, von der aus wir Rasputins Leichnam unter das Eis werfen wollten.

Dimitri Pawlowitsch drosselte das Tempo, fuhr von links auf die Brücke und hielt an der Brüstung.

Einen Moment lang beleuchteten die hellen Scheinwerfer das Wärterhäuschen auf der rechten Seite der Brücke, doch der Großfürst schaltete sie sofort aus, und alles verschwand in der Finsternis. Der Motor des Wagens tuckerte weiter.

Lautlos und so schnell wie möglich öffnete ich den Wagenschlag; ich sprang hinaus und ging zur Brüstung, gefolgt von dem Soldaten und Dr. Lazavert; Leutnant S., der auf dem Beifahrersitz gesessen hatte, gesellte sich zu uns, und zu viert (Dimitri Pawlowitsch blieb als Wache am Fahrzeug) zerrten wir Rasputins Leichnam über die Brüstung und warfen ihn durch das geborstene Eis unter der Brücke. Wir hatten vergessen, die Gewichte am Körper zu befestigen, deshalb warfen wir sie schnell hinterher; die Ketten stopften wir in den Mantel des Opfers und warfen das ganze Bündel ebenfalls ins Wasser. Dr. Lazavert tastete die Umgebung des Wagens im Dunkeln ab und fand einen von Rasputins Stiefeln, den wir auch noch von der Brücke schleuderten.

Das alles dauerte nicht länger als zwei oder drei Minuten, dann bestiegen Dr. Lazavert, Leutnant S. und der Soldat den Fond, während ich mich zu Dimitri Pawlowitsch nach vorne setzte; wir schalteten die Scheinwerfer ein und fuhren über die Brücke davon. Dass wir auf der Brücke nicht gesehen wurden, erscheint mir bis heute unbegreiflich.

Dies war der Ablauf der Ereignisse vom Abend des 16. Dezember bis zum Morgen des 17.

Es wird hell. Ich schreibe diese Zeilen im ersten Dämmern eines anbrechenden Wintertags. Noch ist es dunkel, doch ich spüre, dass der Morgen naht. Ich kann nicht schlafen.

* * *

Anja Wyrubowa: Memoiren

Am nächsten Vormittag, gleich nach dem Frühstück, wurde ich von einer der Töchter Rasputins angerufen, die sich beide gerade zur Ausbildung in Petrograd befanden.

Mit einiger Besorgnis erzählte mir das junge Mädchen, ihr Vater sei am Abend zuvor im Automobil von Jussupow weggefahren und seitdem nicht zurückgekommen. Ich war natürlich überrascht und sogar etwas erschrocken, aber zu diesem Zeitpunkt ahnte ich noch nicht, was diese Mitteilung tatsächlich zu bedeuten hatte.

Als ich in den Palast kam, teilte ich der Kaiserin die Information mit. Sie hörte mir mit ernster Miene zu, kommentierte die Angelegenheit allerdings kaum. Wenige Minuten später kam ein Anruf von Protopopow aus Petrograd.

Die Polizei, sagte er, hätte ihm Folgendes berichtet: Ein Streifenbeamter, der sich in der Nähe des Eingangs zum Palais Jussupow aufhielt, wurde irgendwann nach Mitternacht von einem Knall aus einer Pistole überrascht. Er läutete an der Tür, worauf ein Abgeordneter der Duma namens Purischkewitsch herauskam, der sich offensichtlich in einem fortgeschrittenen Stadium der Trunkenheit befand.

Auf die Frage des Polizisten, ob es irgendwelchen Ärger im Haus gäbe, antwortete der betrunkene Purischkewitsch in heiterer Stimmung, nein, es wäre überhaupt nichts, sie hätten nur gerade Rasputin umgebracht. Für den Polizisten – wahrscheinlich kein allzu intelligenter Vertreter seiner Sorte – war das nichts weiter als der zwanglose Scherz eines besseren Herrn. Über Rasputin wurden ja ständig Witze gemacht.

Im Laufe des Tags jedoch ließ Großfürst Dimitri Pawlowitsch fernmündlich bei der Kaiserin anfragen, ob sie ihn an diesem Nachmittag um fünf zum Tee empfangen könne. Die Nachricht wurde der Kaiserin übermittelt, worauf diese bleich und nachdenklich antwortete, sie lege keinen Wert darauf, seine Hoheit in diesem Augenblick zu empfangen.

Mit diesem Bescheid wollte Dimitri sich allerdings nicht abspeisen lassen: Er müsse die Kaiserin unbedingt sehen, da er ihr etwas ganz Besonderes mitzuteilen habe. Wieder lehnte die Kaiserin ab, und diesmal fiel ihre Antwort noch knapper aus.

Fast unmittelbar darauf – geradeso, als befänden sich beide Männer im selben Raum [was in der Tat zutraf] – meldete sich Felix Jussupow am Apparat und fragte, ob er sich mit mir zum Tee oder zu einer späteren Stunde des Tages verabreden könne. Ich antwortete, die Kaiserin wünsche nicht, dass ich heute irgendjemanden empfange, worauf Felix um eine Audienz bei der Kaiserin ersuchte, damit er ihr wahrheitsgemäß berichten könne, was sich zugetragen habe. Die Antwort Ihrer Majestät lautete: »Wenn Felix irgendetwas zu sagen hat, soll er es mir schriftlich mitteilen.« Noch mehrmals im Laufe des Tages verlangte Felix mich telefonisch zu sprechen, doch die Kaiserin untersagte mir jedes Mal, seinen Anruf entgegenzunehmen.

Schließlich schrieb Felix an die Kaiserin. Ich kann seinen Brief nicht wörtlich zitieren, aber der Inhalt ist mir noch sehr präsent. Bei der Ehre seiner Familie schwor Felix Jussupow seiner Kaiserlichen Monarchin, dass die Gerüchte über Rasputins Besuch in seinem Haus jeglicher Grundlage entbehrten.

In der Tat habe er Rasputin wegen Irinas Krankheit konsultiert, doch nie habe er den Mann in sein Palais gelockt, wie ihm zur Last gelegt werde. In der fraglichen Nacht habe eine Party bei ihm stattgefunden – ein paar wenige Freunde, darunter Dimitri –, um die Einweihung seiner neuen Gemächer zu feiern. Er gab zu, dass alle betrunken gewesen seien und dass man ein paar törichte und leichtfertige Dinge gesagt und getan habe. Zufällig habe einer der Gäste beim Verlassen des Hauses einen Hund im Hof erschossen. Das sei aber wirklich auch alles.

Der Brief blieb unbeantwortet und wurde ans Justizministerium weitergeleitet.

Purischkewitsch: 17. Dezember

Durch S. ließ Dimitri Pawlowitsch mir mitteilen, ich solle sofort in sein Palais kommen. Ich bestieg den Wagen, und wir fuhren los.

Im Palais traf ich neben dem Hausherrn auch Jussupow an. Beide Männer waren in höchster Aufregung, sie tranken unablässig schwarzen Kaffee und Cognac, während sie mir erklärten, sie seien die ganze Nacht nicht im Bett gewesen und hätten einen sehr angespannten Tag gehabt: Die Kaiserin wisse bereits vom Verschwinden und dem mutmaßlichen Tod Rasputins und beschuldige uns, ihn ermordet zu haben.

Rasputins Sekretärin, Fräulein Golowin, hatte zu Protokoll gegeben, wohin Grigorij am Abend gegangen war, und die gesamte Polizei sowie Sicherheitskräfte waren bereits im Einsatz, um den Leichnam zu finden und die Fäden der Angelegenheit zu entwirren.

»Wegen dieses Scheusals«, bemerkte Jussupow, »blieb mir nichts anderes übrig, als einen meiner besten Hunde zu erschießen und ihn in den Hof zu legen, wo ja der Schnee voller Blutspuren von eurem ermordeten *starets* war ... Ich habe es getan, falls unsere Detektive einen ersten Anhaltspunkt für das Verschwinden Rasputins entdecken und auf die Idee kommen, das Blut zu analysieren oder Polizeihunde einzusetzen. Den Rest der Nacht habe ich mir dann damit um die Ohren geschlagen, mit meinen Soldaten das ganze Haus aufzuräumen. Sehen Sie, und jetzt«, schloss er, »setzen Dimitri Pawlowitsch und ich gerade einen Brief an die Kaiserin auf. Sie soll ihn möglichst heute noch bekommen.«

Gemeinsam formulierten wir den Brief zu Ende, wozu wir etwa anderthalb Stunden benötigten.

Nachdem der Brief unterzeichnet und versiegelt war, ging Dimitri Pawlowitsch aus dem Arbeitszimmer, um ihn der Kaiserin zustellen zu lassen. Allen Beteiligten war einigermaßen unbehaglich zumute, denn alles, was wir in dem Brief geschrieben hatten, war eine raffinierte Täuschung und stellte uns als empörte Tugendbolde dar, die wir nun einmal nicht waren.

Die Abwesenheit des Hausherrn nutzend, fragte ich Jussupow: »Sagen Sie, Fürst, was hat sich zwischen Ihnen und Rasputin in jenen kurzen Augenblicken abgespielt, als Sie zum letzten Mal ins Esszimmer hinuntergingen, wo wir ihn doch anscheinend tot auf dem kalten Fußboden zurückgelassen hatten?«

Jussupow lächelte verzweifelt: »Was da passiert ist, werde ich bis ans Ende meiner Tage nicht mehr vergessen. Als ich ins Esszimmer kam, lag Rasputin noch immer in derselben Position da. Ich nahm seine Hand, um ihm den Puls zu fühlen, meinte aber, keinen mehr zu spüren; auch sein Herz schlug nicht mehr, wie ich durch Handauflegen feststellen konnte. Aber dann, stellen Sie sich meinen Schrecken vor: Plötzlich schlug Rasputin eines seiner satanischen Augen auf, dann das andere; er starrte mich unbeschreiblich intensiv und hasserfüllt an, und dann, mit den Worten: Felix! Felix! Felix!, sprang er urplötzlich auf und versuchte mich zu packen; ich sprang so schnell ich konnte zur Seite und dann – ich weiß nicht mehr, was dann geschah.«

Sandro: Memoiren

Mir war klar, dass Alix die Ermordung Rasputins als einen direkten Angriff auf ihre Person und ihre Politik interpretieren würde. Misstrauisch und hysterisch, wie sie war, würde sie nach Vergeltung trachten und sich entschlossener denn je für jene Minister einsetzen, die durch den angeblichen »Retter« ihres Sohnes auf ihre Posten gekommen waren.

Es zeigte sich, dass Felix und Großfürst Dimitri keine sonderlich gewieften Taktiker waren. Zu unerfahren, um die Seele einer verletzten Frau zu begreifen, hatten sie der Rasputin-Clique direkt in die Hand gearbeitet. Solange Rasputin lebte, war er nichts weiter als ein Mann, den alle als betrunkenen, geldgierigen Bauern kannten. Als Toter hatte Rasputin beste Aussichten, zum ermordeten Propheten zu werden.

Er hatte immer wieder damit gedroht, die Kaiserliche Familie und Russland würden ihm ins Grab folgen, sollte irgendjemand einen Mordanschlag auf ihn unternehmen. Mir kamen seine erpresserischen Prophezeiungen lächerlich vor, doch konnte ich mir gut die Verzweiflung der abergläubischen Alix vorstellen, für die seine Worte die absolute Wahrheit waren.

Meine Schwiegermutter [Kaiserinwitwe Marie] war noch im Schlafzimmer, als ich sie aufsuchte, um ihr als Erster die neueste Sensation zu berichten.

Sie fuhr auf: »Nein! Nein!«

Immer, wenn sie etwas Alarmierendes erfuhr, brach jenes halb fragende, halb exklamatorische »Nein!« aus ihr hervor, das ihre Angst und ihre Bestürzung ausdrückte.

Sie reagierte ähnlich wie ich: Man konnte Gott nur auf Knien danken, dass Rasputin beseitigt war, aber wir mussten uns jetzt auf sehr viel größeren Ärger gefasst machen. Dass Felix, der Mann ihrer Enkelin, und ihr Neffe Dimitri sich zu einem Mord herabgelassen hatten, schmerzte sie.

Als Kaiserin war sie entsetzt; als Christin verurteilte sie jede Art von Blutvergießen, so nobel die Motive der Täter auch sein mochten. Wir vereinbarten, dass ich Nicky telegrafisch um Erlaubnis bitten sollte, nach St. Petersburg zu fahren. Seine Zustimmung erreichte mich bereits aus Zarskoje Selo: Nicky war am frühen Morgen aus dem Hauptquartier abgereist und an die Seite seiner Gemahlin geeilt.

Olga [Nikolaus' Schwester]: Memoiren

Ich mischte mich nie ein, weder mit Rat, noch mit Kritik. Von rein politischen Angelegenheiten verstand ich so gut wie gar nichts, und alles Übrige war ihre eigene Sache. Ganz anders aber die Familie!

Meine Mutter und Tante Ella waren die Einzigen, denen es wirklich um Nicky ging – doch weder meine Mutter noch meine Tante kannten die Realität in allen Einzelheiten. Auch sie stützten sich bei ihrer Beurteilung der Lage auf Gerüchte. Doch zumindest waren sie ehrlich besorgt. Alle übrigen kamen nach Zarskoje Selo, um ungebetene Ratschläge zu erteilen, drastisch formulierte Warnungen auszustoßen oder sogar Szenen zu machen.

Manche waren sogar der Ansicht, Alicky solle ins Kloster geschickt werden. Nickys junger Cousin Dimitri leistete mit einigen Freunden aktive Beihilfe zu einer gemeinen Verschwörung. Die Ermordung Rasputins hatte nichts, aber auch gar nichts Heldenhaftes an sich ... In den Worten Trotzkijs wurde sie »nach Art eines Drehbuchs für Leute mit schlechtem Geschmack ausgeführt«. Und Trotzkij dürfte man wohl kaum als einen Anhänger der Monarchie bezeichnen. Ich glaube, die Kommunisten waren hier ausnahmsweise einmal nicht streng genug in ihrem Urteil. Es war nichts weiter als ein ganz gemeiner, vorsätzlicher Mord.

Man denke nur daran, welche beiden Namen bis heute aufs Engste mit der Tat in Zusammenhang gebracht werden – ein Großfürst, einer der Enkel des Befreiungszaren [Alexander II., der die bäuerliche Leibeigenschaft aufgehoben hatte] und der Spross einer unserer angesehensten Familien, verheiratet mit der Tochter eines Großfürsten. Ein Beweis dafür, wie tief wir gefallen waren!

Pierre Gilliard: Memoiren

Plötzlich schlug die Nachricht von Rasputins Tod wie ein Blitz ein. Noch am selben Tag brachen wir nach Zarskoje Selo auf.

Ich werde nie vergessen, was ich empfand, als ich die Zarin wiedersah. So sehr sie sich auch Mühe gab, ihre gequälten Züge verrieten, wie schrecklich sie litt. Sie war untröstlich in ihrem Kummer. Ihr Idol lag zertrümmert am Boden. Er, der allein ihren Sohn hätte retten können, war erschlagen worden.

Jetzt, wo er tot war, konnte jedes Unglück, jedes Verhängnis eintreten. Die Zeit des Wartens begann – das furchtbare Warten auf die Katastrophe, vor der es kein Entrinnen gab.

A. A. Mordwinow: Memoiren

In schmerzlicher Erinnerung ist mir jener besondere Abend im Dezember 1916, den ich, unmittelbar nach der Ermordung Rasputins, im Alexander-Palast als Dienst habender Offizier bei den Großfürstinnen verbrachte.

Oben im ersten Stock saßen sie in einem ihrer bescheidenen Schlafzimmer zu viert aneinander gekuschelt auf dem Sofa.

Sie froren und waren offensichtlich schrecklich verstört, doch während des ganzen langen Abends fiel der Name Rasputin in meiner Gegenwart nicht ein einziges Mal.

Sie litten, zum einen, weil der Mann nicht mehr unter den Lebenden weilte, zum anderen aber auch, weil sie offenkundig spürten, dass mit seiner Ermordung ein schreckliches, unverdientes Verhängnis über ihre Mutter, ihren Vater und sie selbst gekommen war, das sie jetzt unbarmherzig bedrohte.

Ich gab mir alle Mühe, ihnen die düstere Stimmung zu vertreiben, aber es wollte mir kaum gelingen ...

Die stürmische See der politischen Leidenschaften, Verleumdungen, Vortäuschungen und massiven Bedrohungen hatte jetzt auch dieses blühende, unschuldige, kleine Universum erreicht.

Maurice Paléologue: Memoiren, 18. Dezember

Rasputins Leichnam ist noch nicht gefunden worden. Die Kaiserin ist zutiefst bekümmert. Sie hat den Kaiser gebeten, sofort aus Mogiljow heimzukehren.

Inzwischen weiß man, wer die Mörder sind: Fürst Felix Jussupow, Großfürst Dimitri und Purischkewitsch. Beim Abendessen war keine Dame zugegen. Wie wurde Rasputin dann aber ins Palais Jussupow gelockt?

Soweit ich es beurteilen kann, ergibt sich die eigentliche Bedeutung des Dramas und sein hoher politischer Stellenwert aus der Mittäterschaft Purischkewitschs. Großfürst Dimitri ist ein junger Lebemann von fünfundzwanzig Jahren, aktiv, glühender Patriot und durchaus tapfer im Feld, aber flatterhaft und impulsiv; ich habe den Eindruck, er hat sich blindlings in dieses Abenteuer gestürzt. Fürst Felix Jussupow ist neunundzwanzig, besitzt einen schnellen Verstand und einen erlesenen Geschmack; doch seine Vorliebe gilt wohl eher perversen Fantasien und literarischen Schilderungen von Laster und Tod. Den Mord an Rasputin hat er, fürchte ich, in erster Linie als ein Szenario angesehen, das seines Lieblingsautors Oscar Wilde würdig ist. Auf jeden Fall ist er in seinen Instinkten, seiner Haltung und seinem Auftreten einem Dorian Grey sehr viel verwandter als einem Brutus ...

Der über fünfzigjährige Purischkewitsch dagegen ist ein Mann von Prinzipien und ein Mann der Tat. Er begreift sich selbst als Vorkämpfer des orthodoxen Absolutismus; mit ebenso viel Vehemenz wie Geschick verficht er die Theorie, wonach der »Zar Autokrat und Abgesandter Gottes« ist.

1905 war er Vorsitzender einer berüchtigten reaktionären Liga, der Russischen Volksunion, und spielte auch als Ideologe und Praktiker eine maßgebliche Rolle bei den schrecklichen Judenpogromen. Seine Beteiligung an der Ermordung Rasputins wirft ein bezeichnendes Licht auf die ganze Haltung der extremen Rechten in den letzten Monaten: Die Vorkämpfer der Autokratie sehen sich durch den Wahnsinn der Kaiserin bedroht und sind entschlossen, sich davor zu schützen - wenn es sein muss, auch gegen den Kaiser.

Andrej Wladimirowitsch: Tagebuch, 19. Dezember

Kyril, Gawril und ich waren bei Dimitri, um ihm zu sagen, dass wir alle hinter ihm stünden und er auf uns zählen könne, wobei wir die Frage seiner Mittäterschaft bei der Ermordung Rasputins nicht weiter erörterten.

Was auch geschehen sein mochte – wir würden zu ihm stehen. Dimitri war sehr gerührt und dankbar über unsere moralische Unterstützung; er erklärte jedoch feierlich, er habe Rasputin in der fraglichen Nacht nicht gesehen und sich auch nicht die Hände mit seinem Blut besudelt.

Um zu beweisen, dass er mit der Angelegenheit nichts zu tun hatte, schilderte er uns den Ablauf der Ereignisse des 16. Dezember: Er war bei Felix Jussupow zum Abendessen, das sie im Gartentrakt einnahmen. Gegen 3 Uhr verließ er in Begleitung zweier Damen das Haus und wurde im Hof von einem Hund angefallen, den er mit seiner Browning erschoss. Er begleitete die Damen in die Caravannaya-Straße und ging anschließend nach Hause. Das war alles, was er über die Angelegenheit wusste.

Felix Jussupow berichtete in Zusammenhang mit seiner Freundschaft zu Rasputin eine psychologisch aufschlussreiche Begebenheit: Seitdem dieser sich im Verlauf einer kürzlich geführten Unterhaltung respektlos und vulgär über Papa und Alix geäußert habe, habe er, Felix, ihn nicht mehr besucht.

Danach erzählte uns Dimitri von den Umständen seiner Verhaftung. Am Morgen des 18. Dezember erhielt er einen Anruf von Generaladjutant Maximowitsch,[15] der ihm Folgendes sagte: »Kaiserliche Hoheit, ich sehe mich leider gezwungen, Ihnen etwas zu sagen, das Sie sehr treffen wird: Ich muss Sie auffordern, Ihr Haus einstweilen nicht zu verlassen und auf mich zu warten.«

Dann kam er und teilte Dimitri mit, dass Alix ihn telefonisch angewiesen habe, ihn unter Hausarrest zu stellen.

Zwar räumte Maximowitsch ein, dass er ohne einen Befehl des Kaisers kein Recht zu dieser Maßnahme habe, dennoch forderte er ihn auf, zu seiner eigenen Sicherheit das Haus nicht zu verlassen. Das heißt, faktisch wurde Dimitri auf Befehl von Alix verhaftet.

Maurice Paléologue: Memoiren, 20. Dezember

Gestern wurde Rasputins Leichnam im Eis der kleinen Newka – auf der Höhe der Krestowskij-Insel, unweit des Bielosselskij-Palastes – entdeckt.

Bis zum letzten Augenblick hatte die Kaiserin noch immer gehofft, Gott werde »ihren Tröster und einzigen Freund verschonen«.

Die Polizei hat eine absolute Nachrichtensperre verhängt, es dürfen keinerlei Einzelheiten des Dramas veröffentlicht werden. Außerdem führt die Ochrana ihre Untersuchungen mit einer solchen Geheimnistuerei durch, dass heute Morgen sogar Trepow, der Ratspräsident, auf die ungeduldigen Fragen des Großfürsten Nikolaj Michailowitsch entgegnete:

»Ich schwöre Ihnen, ich habe mit allem, was da vor sich geht, nicht das Mindeste zu tun, ich weiß nichts von der Untersuchung.«

Die Öffentlichkeit reagierte mit wahren Freudenausbrüchen, als sie vorgestern von Rasputins Tod erfuhr. Die Menschen küssten sich auf den Straßen, und viele pilgerten zur Kasaner Kathedrale, um Kerzen zu entzünden.

Als bekannt wurde, dass Großfürst Dimitri einer der Mörder ist, gab es einen regelrechten Ansturm auf die Ikonen des heiligen Dimitri, um vor ihnen Kerzen anzuzünden.

Der Mord an Grigorij ist der einzige Gesprächsstoff in den endlosen Schlangen von Frauen, die in Schnee und Wind vor den Metzgereien und Lebensmittelgeschäften nach ihren Fleisch-, Tee-, Zucker- und sonstigen Rationen anstehen. Sie erzählen sich, Rasputin sei lebend in die Newa geworfen worden, und zitieren beifällig das Sprichwort: »Einem Hund gebührt ein Hundetod!«

Es wird auch getuschelt, Großfürstin Tatjana, die zweite Tochter des Kaisers, habe als Leutnant der Gardekavallerie verkleidet dem Drama beigewohnt und sich damit an Rasputin gerächt, der einmal versucht habe, sie zu vergewaltigen.

Es sind bäuerliche Rachefantasien, die sich in der Welt des Hofes austoben, wenn dann außerdem noch behauptet wird, der sterbende Grigorij sei vor den Augen der Zarentochter kastriert worden, um ihrem Vergeltungsdrang Genugtuung zu leisten.

Eine weitere Geschichte, die in Umlauf ist, lautet folgendermaßen: »Rasputin atmete noch, als er in die vereiste Newka geworfen wurde. Das ist sehr wichtig, denn damit wird er nie zum Heiligen werden.«

In der Tat glauben die russischen Massen, dass ein Ertrunkener nie kanonisiert werden kann.

Nikolaus an Pawel: 20. Dezember, Zarskoje Selo

Lieber Onkel Pawel,
ich sehe mich leider nicht in der Lage, Dimitris Hausarrest vor Abschluss der Voruntersuchung aufzuheben. Ich habe Anordnung erteilt, dass diese beschleunigt wird, auch soll man sich sorgsam um Dimitri kümmern.

Das alles ist höchst schmerzlich und traurig, aber hat er es sich nicht selbst zuzuschreiben, wenn er so unvorsichtig ist und sich solchen Ärger einhandelt?
Ich bete zu Gott, dass Dimitri sauber und makellos aus der ganzen Sache herauskommt.
Mit freundlichen Grüßen, dein
Nicky

Maurice Paléologue: Memoiren, 20. Dezember

Gleich nach seiner Bergung aus der Newka wurde der Leichnam Rasputins unter großer Geheimhaltung in das fünf Kilometer außerhalb von Petrograd an der Straße nach Zarskoje Selo gelegene Veteranenheim von Tchesma gebracht.

Nachdem Professor Kossorotow den Leichnam eingehend untersucht und die Wunden lokalisiert und beschrieben hatte, brachte man Schwester Akulina – eine junge Nonne, bei der Rasputin im Nonnenkloster Ochtai seinerzeit eine Teufelsaustreibung vorgenommen hatte – in den Raum, wo die Autopsie vorgenommen wurde. Nach Anweisung der Kaiserin machte sie sich daran, den Leichnam aufzubahren. Außer einem Krankenpfleger, der sie dabei unterstützte, wurde niemandem sonst Zutritt zu dem Toten gewährt: Seine Frau, seine Töchter und selbst seine glühendsten Anhänger haben sich vergeblich um die Erlaubnis bemüht, ihn ein letztes Mal sehen zu dürfen.

Die gottesfürchtige Akulina, die einst vom Teufel besessen war, brachte die halbe Nacht damit zu, den Leichnam zu waschen, seine Wunden zu salben, ihn in ein frisches Gewand zu hüllen und in den Sarg zu betten. Zum Schluss legte sie dem Toten ein Kruzifix auf die Brust und einen Brief der Kaiserin in die Hände. Der Wortlaut des Briefes wurde mir von Madame T. überliefert:

Mein teurer Märtyrer, gib mir deinen Segen, auf dass er mich auf meinem schmerzlichen Weg ständig begleiten möge, der mir noch hier auf Erden vorbehalten ist.
Und gedenke unser in den Himmeln in deinen heiligen Gebeten!
ALEXANDRA

Am nächsten Morgen, also gestern, kamen die Kaiserin und Madame Wyrubowa und beteten am Leichnam ihres Freundes, den sie mit Blumen, Ikonen und Tränen überreich bedeckten.

Der große Dramaturg der Weltgeschichte dürfte wohl nur wenige Episoden ersonnen haben, die pathetischer wären als diese Szene: die unselige Zarin und ihre verhängnisvolle Begleiterin, weinend gebeugt über den aufgeschwemmten Leichnam des lüsternen *mujik*, den sie so wahnsinnig liebten und den Russland auf Jahrhunderte verwünschen wird.

Um Mitternacht wurde der Sarg unter Aufsicht von Madame Golowin und Oberst Loman nach Zarskoje Selo überführt und dort in einer Kapelle des Kaiserlichen Parks aufgebahrt.

Andrej Wladimirowitsch: Tagebuch, 21. Dezember

Folgende Personen fanden sich in meinem Haus ein: Mama [Maria Pawlowna, die Ältere], Onkel Pawel, Kyril, Boris und später Sandro.

Wir waren auf Vorschlag von Onkel Pawel zusammengekommen, der uns über Folgendes informieren wollte: Am 19. Dezember hatte er abends um 11 Uhr Nicky aufgesucht und ihn gefragt, mit welchem Recht Alix die Verhaftung Dimitris angeordnet habe. Nicky erwiderte, er selbst habe den Befehl erteilt, doch an dieser Stelle muss man auf einige Widersprüche in den Fakten hinweisen.

Wäre der Befehl tatsächlich von Nicky gekommen, hätte er ihn direkt an Maximowitsch ausgegeben. Hätte Alix ein Telegramm von Nicky erhalten, hätte sie Maximowitsch auch dahingehend informiert und ihn nicht gebeten, ihr einen persönlichen Gefallen zu tun, wie dieser heute gegenüber Fürst Wassiltschikow bezeugte.

Damit also hat Nicky Alix gedeckt. Zur Frage der Freilassung Dimitris vermochte er sich noch nicht zu äußern, doch er versprach, bis zum nächsten Morgen eine Antwort zu schicken. Tatsächlich erhielt Onkel Pawel dann auch einen Brief von Nicky, den er uns laut vorlas:

»Ich sehe mich leider nicht in der Lage, Dimitris Hausarrest vor Abschluss der Voruntersuchung aufzuheben. Ich bete zu Gott, dass Dimitri sauber und makellos aus einer Sache herauskommt, in die er durch sein impulsives Verhalten geraten ist.«

Dann berichtete uns Pawel über sein Treffen mit Dimitri, der bei einer Ikone und beim Bild seiner Mutter geschworen habe, er habe sich nicht die Hände mit dem Blut dieses Mannes besudelt. Die Anwesenden sollten jetzt darüber entscheiden, ob die von Pawel vorbereitete Antwort an Nicky abgeschickt werden solle oder nicht; der Brief, den er uns laut vorlas, wurde von allen gebilligt.

Dann kam Sandro, und wir diskutierten, was zu tun sei, sollte Nicky die Freilassung Dimitris unterbinden und auf einer vollständigen Untersuchung bestehen. Wir beschlossen, dass in diesem Falle Onkel Pawel zu Nicky gehen und ihm die Gefährlichkeit der Situation darlegen solle, die sich folgendermaßen präsentiert:

Allein die Tatsache seiner Verhaftung ist für ganz Russland der schlagende Beweis, dass Dimitri an der Ermordung Rasputins beteiligt war. Der Tod Rasputins aber ist in ganz Russland begrüßt worden, die Freude darüber geht so weit, dass Lobgesänge angestimmt werden, dass die Menschen sich in den Straßen küssen usw.

Jussupows und Dimitris Namen sind in aller Munde, sie werden als Volkshelden gefeiert, weil sie Russland von einem widerlichen Alptraum befreit haben. Je mehr Dimitri verfolgt wird, desto mehr wird sein Ansehen wachsen, ganz Russland aber wird sich gegen Zarskoje Selo auflehnen, auch die Armee, die wie ein Mann hinter Dimitri steht.

Maria Pawlowna [die Jüngere]: Memoiren

Diese Ungewissheit wirkte sich bei Dimitri ganz anders aus als bei Jussupow. Die Popularität, die ihm sein Name verschaffte, bedeutete ihm keinesfalls Genugtuung; im Gegenteil, sie machte ihm Angst; auch erschreckten ihn die immer größer werdenden Konsequenzen seiner Tat, die so ganz das Gegenteil waren von dem, was er erwartet hatte.

Jussupow wiederholte ständig, wenn auch mit einer gewissen Nervosität, er sei sich absolut sicher, dass keinem von ihnen etwas geschehen werde. Er glaube an seinen Glücksstern und rechne fest damit, dass die öffentliche Meinung ihn schützen werde. Über diese Meinung, davon war er überzeugt, würde der Hof sich nie öffentlich hinwegzusetzen wagen.

Anja Wyrubowa: Memoiren

Begleitet von einer gutherzigen Krankenschwester traf der Sarg in Zarskoje Selo ein. Am selben Tag kehrte auch der Kaiser von der Front zurück. Es fand ein äußerst kurzer Gottesdienst statt, bei dem lediglich die Kaiserliche Familie und ich zugegen waren. Auf der Brust des Toten lag eine Ikone aus Nowgorod, auf deren Rückseite die Kaiserin und ihre Töchter als ein letztes Zeichen des Respekts unterschrieben hatten.

Der Sarg wurde nicht einmal in geweihter Erde bestattet, sondern in einem Winkel des Schlossparks, und als er hinabgelassen wurde, sprach Vater Alexander, Priester der kaiserlichen Kapelle, ein paar kurze Gebete. So und nicht anders ging die Bestattung Rasputins vor sich, über die so viele fantastische Märchen erfunden wurden.

Das Entsetzen und der Schock, die dieser Lynchmord ausgelöst hatte – die Tat verdient keinen anderen Namen –, hatten die Nerven der Familie total zerrüttet.

Der Kaiser war weniger von der Tat selbst erschüttert als von der Tatsache, dass sie von Mitgliedern seiner eigenen Familie begangen worden war.

»Vor ganz Russland«, rief er aus, »muss ich mich schämen, dass die Hände meiner Angehörigen mit dem Blut eines einfachen Bauern befleckt sind.«

Schon früher hatten ihn die Ausschweifungen der Großfürsten und ihrer Clique angewidert, jetzt aber waren sie alle, wie er sich selber ausdrückte, restlos für ihn erledigt.

Nikolaus: Tagebuch, 21. Dezember, Zarskoje Selo

Um 9 Uhr fuhr ich mit der ganzen Familie am Fotohaus vorbei und weiter nach rechts zum Feld, wo sich uns ein trauriger Anblick bot: Der Sarg mit dem Leichnam des unvergesslichen Grigorij, der in der Nacht auf den 17. Dez. im Hause Jussupow von irgendeiner Kreatur ermordet worden ist, war schon ins Grab gesenkt.

Vater Alexander Wasilew las eine Messe, danach kehrten wir heim. Das Wetter war trüb, 12 Grad Frost. Nachmittags spazieren gegangen, bis die Berichte eintrafen. Schachowskij und Ignatjew empfangen. Nachmittags mit den Kindern spazieren gegangen.

Andrej Wladimirowitsch: Tagebuch, 22. Dezember

Den Gerüchten zufolge wurde Rasputin gestern Nacht um 3 in Zarskoje Selo an der Stelle bestattet, wo über seinem Grab eine Kapelle errichtet werden soll; dabei anwesend waren Nicky, Alix, ihre Töchter (außer Olga), Protopopow, Pitirim und Anja Wyrubowa.

Es ist wirklich rührend, jeder weitere Kommentar erübrigt sich.

Maurice Paléologue: Memoiren, 23. Dezember

Um die Neugier und alle Mutmaßungen, die in der Öffentlichkeit angestellt werden, von der richtigen Fährte abzulenken, verbreitet die Ochrana das Gerücht, Rasputins Sarg sei in sein Heimatdorf Pokrowskoje bei Tobolsk oder in ein Kloster im Ural überführt worden.

In Wirklichkeit hat die Bestattung gestern Abend unter größter Geheimhaltung in Zarskoje Selo stattgefunden.

Der Sarg wurde auf einem Grundstück am Rande des kaiserlichen Parks, nahe Alexandrowka, beigesetzt, das Madame Wyrubowa und zwei Moskauer Kaufleute kürzlich erworben haben, um dort eine Kapelle und Altenheime errichten zu lassen. Vor etwa einem Monat hat der Metropolit Pitirim dieses Stück Land offiziell geweiht.

Nur wenige Personen waren bei der Beisetzung zugegen: der Kaiser, die Kaiserin, die vier jungen Großfürstinnen, Protopopow, Madame Wyrubowa, die Obersten Loman und Maltzew sowie der Geistliche, Vater Wasilew, Erzpriester bei Hofe.

Die Kaiserin hat die blutbefleckte Bluse des »Märtyrers Grigorij« sichergestellt und verwahrt sie ehrfürchtig wie eine Reliquie, als eine Art Talisman, von dem das Schicksal ihrer Dynastie abhängt.

Verschiedene Großfürsten, darunter, soweit ich erfahren habe, die drei Söhne von Großfürstin Maria Pawlowna – Kyril, Boris und Andrej –, planen nichts weniger, als den Zarismus durch die Ersetzung des Souveräns zu retten. Das Szenario sieht Folgendes vor: Mit vier Garderegimentern, deren Loyalität angeblich schon erschüttert ist, marschiert man nächtens auf Zarskoje Selo; die Monarchen werden festgenommen, dem Kaiser wird die Notwendigkeit einer Abdankung klar gemacht und die Kaiserin in ein Kloster verbracht. Dann wird der Zarewitsch Alexej zum neuen Herrscher unter der Regentschaft von Großfürst Nikolaj Nikolajewitsch proklamiert.

Die Befürworter dieses Plans sind der Ansicht, dass Großfürst Dimitri aufgrund seiner Beteiligung an der Ermordung Rasputins vom Schicksal dazu auserkoren ist, die Verschwörung anzuführen und die Truppen für sich zu gewinnen. Seine Cousins Kyril und Andrej Wladimirowitsch suchten ihn in seinem Palais am Newskij-Prospekt auf und baten ihn inständig, »mit seinem Werk zur Rettung der Nation schonungslos fortzufahren«. Nach langem inneren Kampf lehnte es Dimitri Pawlowitsch schließlich ab, »sich am Kaiser zu vergreifen«; seine abschließenden Worte waren: »Ich werde meinen Treueschwur nicht brechen.«

Anja Wyrubowa: Memoiren

Für Jussupow und die Übrigen war die Rasputin-Affäre noch keineswegs beendet. Jetzt, wo sie den Mord begangen hatten und die ganze Gesellschaft ihre Tat mit Applaus quittierte, gewannen sie den Eindruck, sie könnten es sich erlauben, volle legale Immunität für sich zu beanspruchen.

Großfürst Alexander Michailowitsch [Sandro], der Schwager des Kaisers, sprach bei Justizminister Dobrowskij vor und erzählte ihm ziemlich großtuerisch, es sei der Wille der Familie – das heißt, der Großfürsten –, dass die ganze Angelegenheit stillschweigend niedergeschlagen werde.

Am nächsten Tag, dem 21. Dezember, fuhr Alexander Michailowitsch in Begleitung seines ältesten Sohns nach Zarskoje Selo; ohne die geringste Spur von Ehrerbietung oder Respekt drang er ins Arbeitszimmer des Kaisers ein und verlangte im Namen der Familie, dass es keine weitere Untersuchung über die Umstände von Rasputins Tod geben dürfe. Mit lautstarker Stimme - sie war noch draußen im Korridor zu hören - drohte der Großfürst, falls der Kaiser diese Forderung ablehne, werde der Thron stürzen.

Maria Pawlowna [die Jüngere]: Memoiren

Ohne etwas über Einzelheiten zu wissen, schickte meine Tante [Ella] Dimitri ein begeistertes und wahrscheinlich unvorsichtiges Telegramm, von dessen Inhalt die Kaiserin Kenntnis erhielt, was dazu führte, dass sie der Mittäterschaft beschuldigt wurde. Bei aller Zuneigung zu ihrer Schwester und all ihren christlichen Empfindungen - die Geduld meiner Tante war jetzt am Ende.

Anja Wyrubowa: Memoiren

Die Zahl der Briefe und Telegramme, die von der Polizei abgefangen und in den Palast gebracht wurden, nahm kein Ende. Viele stammten von Verwandten und nahen Freunden, hochrangigen Persönlichkeiten, und sie alle zeugten von einem Maß an Abgebrühtheit und Treulosigkeit, das sich die unglücklichen Monarchen nie hätten träumen lassen.

Als die Kaiserin diese Mitteilungen las und ihr klar wurde, dass ihre nächsten und teuersten Anverwandten sich in den Reihen ihrer Feinde befanden, ließ sie den Kopf auf die Brust sinken, ihr Blick verfinsterte sich, und es war, als ob sie mit einem Schlage welk und alt würde.

Ein paar Tage später schickte ihr die Großfürstin [Ella] mehrere geweihte Ikonen aus dem Heiligtum Saratow. Ohne sie auch nur eines Blickes zu würdigen, ließ die Kaiserin sie ins Moskauer Kloster der Großfürstin zurückschicken.

Der englische Botschafter Sir George Buchanan unterstützte die Großfürsten persönlich bei ihrem Plan, Nikolaus II. zu stürzen und ihn durch seinen Cousin, Großfürst Kyril Wladimirowitsch, zu ersetzen. Dabei ging es Sir George Buchanan wohl weniger darum, die Ambitionen der Großfürsten zu fördern, als vielmehr Russlands Position bei der künftigen Friedenskonferenz zu schwächen. Obwohl der Zar nicht wirklich glauben mochte, dass ein Botschafter der Alliierten es wagen würde, sich vorsätzlich in innere Angelegenheiten des Reichs einzumischen, beschloss er, diese Information seinem Cousin, König George von England, in einem persönlichen Brief mitzuteilen. Die zutiefst empörte Kaiserin plädierte dafür, König George zur Rückberufung seines Botschafters aufzufordern, doch der Kaiser entgegnete, in einer so kritischen Zeit wage er es nicht, sein Misstrauen gegenüber dem Vertreter eines Alliierten öffentlich zu bekunden. Ob der Kaiser seinen Brief an König George je geschrieben hat oder nicht, entzieht sich meiner Kenntnis, dass aber seine Angst und Niedergeschlagenheit andauerten, das kann ich allerdings bezeugen.

Felix Jussupow: Memoiren

Die Großfürsten und verschiedene Angehörige der Aristokratie heckten den Plan aus, die Zarin zu entmachten und sie zum Rückzug in ein Kloster zu zwingen. Jeder intrigierte, sogar die Generale. Auch der englische Botschafter, Sir George Buchanan, verkehrte mit radikalen Elementen, was ihm bei vielen Russen den Vorwurf eintrug, er arbeite insgeheim für die Revolution.

Maria Pawlowna [die Jüngere]: Memoiren

An jenem Nachmittag, gegen drei Uhr, erschien Laiming und sagte, General Maximowitsch wünsche Dimitri dringend am Telefon zu sprechen. Nach einer kurzen Unterhaltung kehrte Dimitri zurück, um uns mitzuteilen, dass Maximowitsch ihn gebeten habe, unverzüglich zu kommen, da er ihm eine wichtige und dringende Anordnung zu übermitteln habe.

Wortlos blickten wir uns an. Der Blitz hatte gezuckt, fragte sich nur, wo er eingeschlagen hatte.

Totenbleich ließ Dimitri seinen Wagen kommen und fuhr in Begleitung von General Laiming davon. Jussupow und ich blieben allein zurück. Unsere Besorgnis war so groß, dass wir nicht einmal über sie reden konnten. Jussupow hatte inzwischen alle Selbstsicherheit verloren. Um mich selbst bis zu einem gewissen Grade zu beruhigen, setzte ich mich ans Klavier und begann, die Begleitung zu einem Zigeunerlied zu spielen. Felix stand an das Instrument gelehnt und sang mit leiser Stimme dazu. Mir zitterten die Finger.

Eine halbe Stunde war vergangen. Plötzlich flog die Tür hinter uns auf. Ich zuckte zusammen und drehte mich um. Auf der Schwelle stand Dimitri, die Türklinke in der Hand. Mir schien, seine Züge hätten sich bis zur Unkenntlichkeit verändert. Felix und ich sahen ihn schweigend an, wir wagten kein Wort zu sagen. Dimitri löste sich von der Tür und trat ins Zimmer.

»Ich habe Befehl erhalten, mich an die persische Front zu begeben, begleitet vom Adjutanten des Kaisers, der mich beaufsichtigen soll. Unterwegs darf ich niemanden sehen und mit niemandem korrespondieren. Mein genaues Reiseziel ist noch nicht bekannt«, sagte er mit unbewegter Stimme, wobei er Mühe hatte, ruhig zu bleiben.

»Du, Felix, wirst auf dein Gut in der Provinz Kursk verbannt. Der Polizeichef wird uns noch die Abfahrzeit unserer Züge mitteilen.«

Dimitri schleuderte seine Mütze auf den Diwan und begann, im Zimmer auf und ab zu laufen. Wir waren niedergeschlagen. Es ging nicht so sehr um die Bestrafung selbst, die zumindest auf den ersten Blick sehr milde erschien, sondern um die Frage, welchen Einfluss sie auf die weiteren Ereignisse haben würde. Ganz Russland erwartete mit Spannung, wie der Hof auf Rasputins Tod reagieren und sich gegenüber seinen Mördern verhalten würde.

In der Verfolgung der Mörder – so legal sie im Prinzip auch sein mag – würde die Bevölkerung nichtsdestotrotz einen Beweis dafür sehen, mit welch exzessiver Hingabe die Kaiserin das Andenken an Rasputin pflegt; das wiederum würde nur die schlimmsten Gerüchte über seinen Einfluss bestätigen und einmal mehr die hilflose Passivität des Kaisers demonstrieren.

Was würde zudem aus Dimitri werden? Seine Verbannung an die entlegene persische Front war schließlich mit einem eindeutigen Risiko verbunden.

Felix zog sich seinen grauen Soldatenrock über und sagte uns Lebwohl. Wir umarmten uns. Gefolgt von seinem Hauptmann ging Felix die Treppen hinunter, und hinter ihm fiel die Haustür mit einem heftigen Knall ins Schloss.

Jemand klopfte an die Zimmertür. Es war der Kammerdiener meines Bruders, in der Hand hielt er ein viereckiges, unbemaltes Holzkistchen.

»Dies, Hoheit, ist gerade für Sie abgegeben worden«, sagte er etwas betreten.

»Gib her, was ist es denn?«, sagte Dimitri.

»Das ist es ja, ich weiß es nicht. Ich will es Ihnen auch gar nicht geben, ich wollte es Ihnen nur zeigen; vielleicht ist ja etwas Gefährliches drin ...«

»Eine Bombe?«, lachte Dimitri. »Gib her, ich schau mal rein.«

Vorsichtig reichte ihm der Kammerdiener das Kistchen.

»Schütteln Sie es nicht, Hoheit, es könnte explodieren ...«

Sorgfältig untersuchten wir es von allen Seiten. Dimitri nahm ein Taschenmesser und schob die Klinge unter den Deckel.

»Nicht doch, Hoheit, um Gottes ...willen, tun Sie es nicht selbst«, flehte der Diener ihn ängstlich an. »Lassen Sie mich es öffnen.«

Dimitri schüttelte das Kistchen an seinem Ohr, und nachdem er festgestellt hatte, dass es nichts Schreckliches enthalten konnte, reichte er es dem Kammerdiener. Der verschwand und kehrte nach ein paar Minuten noch betretener zurück. Der Deckel war entfernt; auf dem Boden des Kistchens schimmerte, sorgfältig in Baumwolle und Seidenpapier eingewickelt, das blaue Email eines serbischen Ordens. Dieser kleine Zwischenfall lenkte uns für eine Weile ab.

Anja Wyrubowa: Memoiren

In dieser angespannten Atmosphäre brachte der Innenminister, der befugt war, verdächtige Postsachen zu konfiszieren, dem Kaiser einen Brief. Er stammte von Fürstin Jussupow und war an Großfürstin Xenia, die Schwester des Zaren und Schwiegermutter von Felix Jussupow, gerichtet.

Einen solchen Brief zu dieser Zeit zu schicken war äußerst unüberlegt, enthielt er doch ein klares Eingeständnis der Schuld sämtlicher Verschwörer. Obwohl sie sich als Mutter (wie sie schrieb) sehr gut in die Lage ihres Sohnes versetzen könne, beglückwünschte sie Großfürstin Xenia zur Haltung ihres Gemahls in dieser Angelegenheit.

Sandro, schrieb sie, habe die ganze Situation gerettet, womit sie offensichtlich meinte, dass seiner Forderung nach Immunität für alle Beteiligten entsprochen werden müsste. Sie bedauerte lediglich, dass die Hauptverantwortlichen nicht in der Lage gewesen seien, ihr Unterfangen zu dem gewünschten Abschluss zu bringen. Noch bliebe allerdings die Aufgabe, sie einzusperren. Bevor die ganze Angelegenheit endgültig abgeschlossen sei, so fürchtete sie, könnten Nikolaj Nikolajewitsch und Stana auf ihre Güter verbannt werden.

Sandro: Memoiren

Von den Mitgliedern der Kaiserlichen Familie wurde ich gebeten, mich beim Kaiser für Dimitri und Felix zu verwenden. Das hatte ich ohnehin vor, auch wenn mich das verrückte, grausame Verhalten der Verwandtschaft anekelte. Überall liefen sie herum, beratschlagten und tratschten, und sie schrieben Nicky einen albernen Brief. Es sah fast so aus, als erwarteten sie, dass der Zar von Russland seine beiden Angehörigen für eine Mordtat auszeichnen würde.

»Du bist merkwürdig, Sandro, ist dir denn nicht klar, dass Felix und Dimitri Russland gerettet haben?«

Sie nannten mich merkwürdig, weil ich nicht vergessen konnte, dass Nicky als oberster Schutzherr der Justiz verpflichtet war, die Mörder zu bestrafen, zumal es sich auch noch um Angehörige seiner eigenen Familie handelte.

Ich betete zu Gott, Nicky würde mich mit Unnachsichtigkeit empfangen!

Ich sollte enttäuscht werden. Er umarmte mich und sprach betont freundlich mit mir. Er kannte mich zu gut, um nicht zu wissen, dass meine wahren Sympathien völlig auf seiner Seite waren und dass nur meine väterliche Zuneigung zu Irina mich bewogen hatte, nach Zarskoje Selo zu kommen.

Ich hielt mein Verteidigungsplädoyer mit gespielter Überzeugungskraft. Ich bat ihn, Dimitri und Felix nicht als gemeine Mörder zu behandeln, sondern als irregeleitete Patrioten, die nichts sehnlicher wünschten, als ihrem Vaterland zu helfen.

»Eine nette Rede, Sandro«, sagte er nach einem Augenblick des Schweigens. »Aber ist dir nicht bewusst, dass niemand – weder ein Großfürst noch ein Bauer – das Recht hat zu töten?«

Genau das war's! Nicky mag kein so begnadeter Rhetoriker gewesen sein wie manche seiner Verwandten, aber in Fragen der Gerechtigkeit konnte ihm niemand etwas vormachen.

Beim Abschied versprach er mir, sich in der Wahl der Strafmaßnahmen für die beiden jungen Leute »maßvoll« zu zeigen. Tatsächlich wurden sie überhaupt nicht bestraft. Dimitri wurde an die persische Front geschickt und Felix auf seinen angenehmen Landsitz in der Provinz Kursk verbannt. Am nächsten Tag brach ich mit Felix und Irina, die uns von der Krim aus entgegengeeilt war, nach Kiew auf. Unterwegs erfuhr ich die ganzen grauenhaften Einzelheiten des Verbrechens. In dem Augenblick wünschte ich mir – und tue es auch heute noch –, dass Felix irgendwann Reue zeigen und ihm bewusst würde, dass in den Augen eines wahren Christen weder hübsche Erklärungen noch der Beifall der Massen einen Mord rechtfertigen können.

König George V. an Nikolaus: 28. Dezember, Sandringham

Liebster Nicky,
ich nutze diese Gelegenheit, dir zu schreiben, da ich gerade eine Mission nach Russland entsende. Vor allem entbiete ich dir und Alix meine besten Wünsche für das neue Jahr, und ich bete, dass es uns, den Alliierten, den Segen eines siegreichen Friedens bringen möge. Ich weiß sehr wohl, dass du dein mir gegebenes Versprechen halten wirst, bis zum Ende zu kämpfen, wozu wir ebenfalls bereit sind, allen Schwierigkeiten und Opfern zum Trotz ...

Wenn der Frühling kommt, müssen wir den Gegner mit aller Macht gleichzeitig angreifen, und ich bin sicher, er wird nicht in der Lage sein, uns allzu lange Widerstand zu leisten.
Mit herzlichen Grüßen von May. Stets, mein lieber Nicky, dein ergebenster Cousin und Freund
Georgie

Andrej Wladimirowitsch: Tagebuch, 29. Dezember

Um 2.30 fand sich die ganze Familie bei Mama ein, um einen gemeinsamen Bittbrief an Nicky zu unterzeichnen, er möge Dimitri gestatten, in Usow oder Ilinskoje statt in Persien zu leben, wo aufgrund des Klimas ein Aufenthalt tödliche Folgen für ihn haben könnte.

Während alle durcheinander sprachen, nahm Ducky mich beiseite und bat mich, Mama zu sagen, sie solle äußerst zurückhaltend gegenüber Mawra [Witwe von KR] sein, denn die berichte Alix alles, was in der Familie vor sich gehe, und habe schon mehr als einmal Mitglieder der Familie übel im Stich gelassen.

Unter anderem ist es ihre Schuld, dass Nikolascha in den Kaukasus verbannt worden ist. Dann berichtete mir Ducky auch von dem Gespräch, das sie selbst mit Alix über Nikolascha hatte. Alix versicherte Ducky, sie sei im Besitz von Dokumenten, die bewiesen, dass Nikolascha den Thron für sich selbst wolle, und deshalb habe er weggeschickt werden müssen.

KAISERLICHE HOHEIT,
wir alle, deren Unterschrift Sie am Schluss dieses Briefes lesen werden, ersuchen Sie ernstlich und dringend, Ihren unnachgiebigen Entschluss hinsichtlich des Schicksals von Großfürst Dimitri Pawlowitsch zu mäßigen. Wir wissen, dass er körperlich krank und zutiefst erschüttert ist und auch moralisch leidet. SIE, sein ehemaliger Vormund, wissen, dass sein Herz stets erfüllt war von tiefer Liebe zu IHNEN, DEM KAISER, wie auch zu unserem Land. In Hinblick auf die Jugend und die wahrlich schwache Konstitution von Großfürst Dimitri Pawlowitsch bitten wir IHRE KAISERLICHE MAJESTÄT inständig, ihm den Aufenthalt in Usow oder Ilinskoje zu gestatten.

IHRER KAISERLICHEN MAJESTÄT muss bewusst sein, in welcher Lage sich unsere Truppen in Persien befinden; angesichts mangelhafter Versorgung, grassierender Epidemien und anderer Geißeln der Menschheit würde ein Aufenthalt dort den sicheren Tod für Großfürst Dimitri Pawlowitsch bedeuten, und in Ihrem Herzen werden IHRE KAISERLICHE MAJESTÄT sicherlich Mitleid empfinden für einen jungen Menschen, den Sie geliebt haben, der seit seiner Jugend das Glück hatte, viel Zeit mit Ihnen zu verbringen und dem SIE wie ein Vater gewesen sind.

Möge der Herr IHRE KAISERLICHE MAJESTÄT beseelen, IHREN Entschluss zu überdenken und Gnade statt Ärger walten zu lassen.

IHRER KAISERLICHEN MAJESTÄT
zutiefst ergebene und aufrichtig liebende

Olga. Maria. Kyril. Victoria. Boris. Andrej. Pawel. Maria. Elisaweta. Johann. Elena. Gawril. Konstantin. Igor. Nikolaj [Michailowitsch]. Sergej [Michailowitsch].

Handschriftliche Notiz von Nikolaus auf diesem Brief:
Niemand hat das Recht, einen Mord zu begehen; ich weiß, dass viele in Gewissensnöten sind und dass Dimitri Pawlowitsch nicht

der Einzige ist, der in diese Sache verwickelt ist. Ich bin überrascht von eurem Ersuchen.
Nikolaus

Nikolaus an Nikolaj Michailowitsch: 31. Dezember, Zarskoje Selo

Offensichtlich ist Graf Fredericks ein Fehler unterlaufen – er hätte Ihnen meinen Befehl übermitteln sollen, die Hauptstadt zu verlassen und sich für zwei Monate nach Gruschewka zu begeben. Ich fordere Sie auf, dies zu tun und beim Empfang des morgigen Tages nicht zu erscheinen.

Um die Friedensverhandlungen brauchen Sie sich nicht weiter zu kümmern.

Nikolaus: Tagebuch, 31. Dezember, Zarskoje Selo

Berichte empfangen. Vor dem Mittagessen gingen wir nach oben zu Alexej; seiner Hand geht es sehr viel besser. Spazieren gegangen. Um 6 Uhr zur Kirche. Abends gearbeitet. Von zehn bis Mitternacht waren wir beim Gottesdienst. Ich habe innig zu Gott gebetet, er möge Erbarmen mit Russland haben!

Anmerkungen 1916

1 Sohn von Großfürst Wladimir und Maria Pawlowna.

2 Nikolaus' jüngste Schwester Olga hatte sich von ihrem Mann, Peter von Oldenburg, scheiden lassen, um Nikolaj Kulikowskij, Peters Adjutanten, zu heiraten, der seit vielen Jahren ihr Liebhaber gewesen war.

3 Vorsitzender des Ministerrates und Innenminister; ab 1916 Außenminister.

4 Der in internationalen Finanzkreisen sehr angesehene Finanzminister Peter Bark hatte 1915 an einer Konferenz der Alliierten in Paris teilgenommen, bei der Russland im Austausch gegen Goldlieferungen umfangreiche Kredite bewilligt worden waren.

5 Lord Kitchener war unterwegs zu einer militärdiplomatischen Mission nach Russland, um den Alliierten in seinem Widerstand gegen die Deutschen zu unterstützen. Er ertrank, als sein Schiff, die HMS Hampshire, vor den Orkney-Inseln von einer deutschen Mine zerstört wurde.

6 Mit Spitznamen: Kalinin. Seit 1914 Vizepräsident der Duma. Am 18. September 1916 zum Innenminister ernannt.

7 Alle vorangegangenen Briefe hatte Alexej in Russisch und Französisch geschrieben.

8 Neuer Innenminister.

9 Sergej Michailowitsch, ein weiterer Bruder von Sandro.

10 Ein Arzt, der nach tibetischer Heilkunde praktizierte; er war der Patensohn Alexanders III.

11 Sprecher des rechten Flügels in der Duma.

12 Abgeordneter der zweiten, dritten und vierten Duma.

13 Dies war die letzte Begegnung zwischen Ella und Alexandra.

14 In einer Fußnote merkte Paléologue hierzu an: »Entgegen einer häufig vertretenen Ansicht ist der Zar nicht das Oberhaupt der Kirche, sondern lediglich ihr oberster Hüter. Vom religiösen Standpunkt aus besitzt er nur ein einziges Privileg, nämlich das Recht, beim Abendmahl den Kelch und das Brot selbst vom Altar zu nehmen.«

15 Stellvertretender Kommandant im Generalstab.

1917

Nikolaus:	Zar von Russland
Alexandra:	seine Frau, Zarin von Russland
Xenia:	Großfürstin, Nikolaus' Schwester, verheiratet mit Sandro
Sandro:	Großfürst Alexander Michailowitsch
Mischa:	Großfürst Michail, Nikolaus' Bruder
Kaiserinwitwe Marie:	Nikolaus' Mutter
Olga (Schwester):	Großfürstin Olga Alexandrowna, Nikolaus' jüngste Schwester
Maria Pawlowna (die Jüngere):	Tochter von Nikolaus' Onkel Großfürst Pawel, Schwester von Dimitri Pawlowitsch
Großfürst Andrej Wladimirowitsch:	Sohn von Großfürst Wladimir und Maria Pawlowna (der Älteren)
Olga:	älteste Tochter von Nikolaus und Alexandra, zweiundzwanzig Jahre alt

Tatjana:	zweite Tochter von Nikolaus und Alexandra, zwanzig Jahre alt
Maria:	dritte Tochter von Nikolaus und Alexandra, achtzehn Jahre alt
Anastasia:	vierte Tochter von Nikolaus und Alexandra, sechzehn Jahre alt
Alexej:	Thronfolger und Zarewitsch, Sohn von Nikolaus und Alexandra, dreizehn Jahre alt
Fürstin Olga Paley:	Frau des Großfürsten Pawel
Fürst Felix Jussupow:	verheiratet mit Irina, der Tochter von Xenia und Sandro
Irina Jussupow:	Frau von Felix, Tochter von Xenia und Sandro
George:	König George V. von England, Cousin ersten Grades von Nikolaus und von Alexandra
Pierre Gilliard:	Schweizer Hauslehrer der Zarenkinder
P. W. Petrow:	Russischlehrer der Zarenkinder
Anja Wyrubowa:	Hofdame und enge Freundin von Alexandra

Lord Stanfordham:	Privatsekretär des englischen Königs George V.
A. J. Balfour:	britischer Außenminister
Maurice Paléologue:	französischer Botschafter in Petrograd
Lily Dehn:	enge Freundin der Zarin
Graf Paul Benckendorff:	Hofmarschall
Michail Rodsjanko:	Präsident der Duma
General M. W. Alexejew:	Stabschef, Oberkommandierender der Armee
Fürst Walja Dolgorukow:	Angehöriger des Kaiserlichen Hofes

1917
Der Anfang vom Ende

Das Vertrauen in die Regierung und die herrschende Dynastie ist verloren – Rasputins Mörder wird verhört – Die Zarenkinder haben Masern – Die Situation in Petrograd wird kritisch: Mangel an Brot und anderen Versorgungsgütern führt zu wachsenden Unruhen, die die Regierung nicht eindämmen kann – Nikolaus entschließt sich, nach Zarskoje zurückzukehren, aber sein Zug wird nicht durchgelassen – Unter dem Druck der Armee, der Duma und des Komitees der Arbeiter- und Soldatenräte dankt Nikolaus am 2. März ab, auch mit Rücksicht auf Alexej – Mischa, dem man den Thron anbietet, dankt ebenfalls ab – Nikolaus kehrt nach Zarskoje heim; die Familie wird unter Arrest gehalten – Besuche von Kerenskij – Eine britische Einladung wird widerrufen – Die Bedingungen, unter denen die Familie gehalten wird, verschlechtern sich – Nikolaus' letztes Treffen mit seinem Bruder – Die Familie wird nach Tobolsk in Sibirien verlegt – Alexejs Gesundheitszustand – Kaiserinwitwe Marie, Xenia, Sandro und Olga halten sich auf der Krim auf.

Felix Jussupow an Xenia: 2. Januar, Rakitnoje

Liebe Mamascha!
Ich danke dir sehr für deinen Brief. Man hat mir verboten zu schreiben, ich konnte nicht eher. Ich fürchtete, der Brief würde unterwegs beschlagnahmt werden. Mich quält der Gedanke, dass du und die Kaiserinwitwe Marie den Mann, der dies tat, als Mörder und Kriminellen beurteilen werdet und dass dieses Gefühl alle anderen überschattet.

Wie sehr Ihr auch die Rechtmäßigkeit dieser Tat und die Gründe für ihre Ausführung anerkennen werdet, tief in euren Herzen werdet ihr immer das Gefühl hegen: »Aber er ist ein Mörder!«

Da ich genau weiß, was dieser Mann vorher, während der Tat und danach fühlte und was er auch jetzt noch fühlt, kann ich mit absoluter Gewissheit sagen, dass er kein Mörder ist, sondern nur ein Werkzeug der Vorsehung, und dass ihm dies die unerklärliche, übermenschliche Kraft und Seelenruhe schenkte, die es ihm ermöglichte, seine Pflichten seinem Land und dem Zaren gegenüber zu erfüllen, indem er die böse, teuflische Macht zerstörte, die eine Schande für Russland und die ganze Welt darstellte und gegen die bisher alles machtlos gewesen war.

Irina sieht es genau wie ich. Das ist ein großer Trost.
Ich sende euch viele, viele Küsse, auch an alle Kinder, Baby und Papochka [Sandro].
Felix

Andrej Wladimirowitsch: Tagebuch, 4. Januar

Alles zusammengenommen, leben wir in seltsamen Zeiten. Die alltäglichsten Dinge werden falsch interpretiert. Wir haben an Nicky geschrieben und ihn um eine Erleichterung von Dimitris Schicksal gebeten, und das wurde als eine Familienrevolte angesehen. Wie das passieren konnte, ist ganz unerklärlich. Warum geschieht das alles, wem nützt es? Sie müssen einen Grund haben, warum sie sich wünschen, dass sich die Familie in den Haaren liegt und vor allem mit dem Kaiser streitet.

Die Lage ist sehr ernst, und wir werden Maßnahmen ergreifen müssen, um sicherzustellen, dass der Kaiser von uns weiß und erkennt, wie ergeben wir ihm sind.

Maurice Paléologue: Memoiren, 13. Januar

Der alte Fürst Kurakin, ein Meister der Nekromantie, hat die Genugtuung gehabt, während der letzten paar Nächte Rasputins Geist hervorzurufen.

Er schickte auf der Stelle nach Protopopow, dem Innenminister, und nach Dobrowolskij, dem Justizminister. Sie kamen sofort. Seitdem sitzen die drei jeden Abend stundenlang in einem geheimen Konklave und lauschen den feierlichen Worten des Toten.

Was für ein außerordentliches Geschöpf ist dieser alte Fürst Kurakin!

Mit seiner gebeugten Gestalt, dem kahlen Schädel, der Hakennase, der bleichen Haut, den stechenden, eingesunkenen Augen, den hohlen Gesichtszügen, der stockenden Grabesstimme und dem finsteren Gesichtsausdruck ist er das Musterbild eines Spiritisten.

Vor zwei Jahren, beim Begräbnis von Graf Witte, wurde er beobachtet, wie er einige Minuten lang starr auf die hochmütigen Züge des Toten blickte. (Der Sarg war nach orthodoxem Brauch noch offen.) Dann hörte man ihn mit Grabesstimme sagen: »Wir werden dich verpflichten, heute Nacht zu uns zu kommen!«

14. Januar: Während der Zugfahrt zurück nach Petrograd diskutierte ich mit Madame P. über das, was der Großfürst mir erzählt hatte.

»Ich bin noch pessimistischer als er«, rief sie mit flammendem Blick aus. »Die Tragödie, die nun im Gange ist, wird nicht nur eine dynastische Krise mit sich bringen, sondern eine fürchterliche Revolution; wir können ihr nicht entkommen. Vergessen Sie nicht, was ich Ihnen vorhersage. Die Katastrophe steht unmittelbar bevor.«

Dann zitierte ich ihr die schreckliche Prophezeiung, die die Blindheit von Ludwig XVI. und Marie Antoinette Mirabeau im September 1789 abgerungen hatte:

»Alles ist verloren. Der König und die Königin werden umkommen. Das Volk wird ihre Leichen in Stücke reißen!«

Und sie erwiderte: »Hätten wir nur einen Mirabeau!«

Sandro: Memoiren

Zurück in Kiew entwarf ich einen langen Brief an Nicky, in dem ich meine Ansichten darüber darlegte, welche Maßnahmen ergriffen werden müssten, wenn man die Armee und das Reich vor einem sich rasch nähernden Aufstand bewahren wolle. Mein sechstägiger Aufenthalt in der Hauptstadt ließ bei mir keinen Zweifel darüber zu, dass der Ausbruch der Revolution spätestens im frühen Frühjahr zu erwarten war.

Meine schlimmste Erfahrung betraf die seltsame Ermutigung, die die Verschwörer vom britischen Botschafter erhielten, Sir George Buchanan. Er glaubte, damit die Interessen der Verbündeten zu schützen und dass eine liberale Regierung eher in der Lage sein würde, Siege vorzuweisen. Er erkannte seinen Fehler vierundzwanzig Stunden nach dem Triumph der Revolution und schrieb einige Jahre später einen würdigen Nachruf.

Sandro an Nikolaus: begonnen am 25. Dezember 1916,
beendet am 25. Januar 1917

Lieber Nicky!
Es hat dir beliebt, mich am 22. Dezember nach meiner Meinung über gewisse Dinge zu fragen, und da ich dabei auf fast alle Angelegenheiten eingehen musste, die uns derzeit beschäftigen, ha-

be ich um deine Erlaubnis gebeten, offen zu sprechen, und du hast sie mir gewährt. Nach allem, was ich gesagt habe, fühle ich mich nun verpflichtet, noch weiter zu sprechen.

Wir erleben den gefährlichsten Augenblick in der russischen Geschichte; es stellt sich die Frage, ob Russland ein großes und freies Land sein kann, fähig zu unabhängiger Entwicklung und zum Wachstum, oder ob wir von der gnadenlosen deutschen Faust beherrscht werden sollen. Jeder spürt das, entweder mit dem Verstand oder mit dem Herzen und der Seele, und deshalb setzt jeder, Feiglinge und Vaterlandsfeinde ausgenommen, sein Leben und Gut daran, dieses Ziel zu erreichen. Aber in dieser heiligen Zeit, während sich jeder von uns, wo auch immer, als Mann bewährt, in höchstem Sinne als Christ, gibt es Kräfte in Russland, die dich und damit Russland in den unausweichlichen Ruin ziehen. Ich nenne dich und Russland ganz bewusst in einem Atemzug, denn Russland kann ohne den Zar nicht existieren, aber es versteht sich, dass der Zar ein Land wie Russland nicht allein regieren kann, das muss ein für alle Mal klar sein. Es werden Kammern und ein Kabinett mit einem Vorsitzenden gebraucht. Ich sage Kammern, weil die Mechanismen alles andere als perfekt und noch nicht tauglich sind, es aber werden müssen, um die ganze Last der Verantwortung gegenüber dem Volk zu tragen. Die gegenwärtige Situation ist unvorstellbar, wo alle Verantwortlichkeit auf dir lastet, und zwar auf dir allein.

Eine vernünftige Regierung sollte aus Leuten bestehen, die vor allen Dingen ehrlich, liberal und dem Prinzip der Monarchie treu ergeben sind, sicher keine Rechten oder – noch schlimmer – Rechtsextremen, denn solche Leute können über Macht nur in Begriffen denken wie: polizeistaatliche Maßnahmen, Widerstand gegen eine freie Entwicklung der Gesellschaft, Machtausübung durch unseren im Großen und Ganzen nutzlosen Klerus.

Der Vorsitzende des Ministerrats muss jemand sein, zu dem du absolutes Vertrauen hast; er wählt alle anderen Minister aus und ist verantwortlich für sie, sie müssen alle eines Sinnes, einer Überzeugung, eines Willens sein, eine Politik vertreten, jeder in seinem Bereich, nicht jeder mit einer eigenen Politik, wie wir es derzeit erleben. Der Vorsitzende und alle Minister sollten unter Leuten ausgewählt werden, die das Vertrauen des Landes genießen und deren Leistungen wohl bekannt sind, was natürlich auch Mitglieder der Duma nicht ausschließt. Ein solches Kabinett würde in allen richtig denkenden Kreisen Sympathie finden und sollte dir ein Programm von Maßnahmen vorlegen, das mit der größten derzeitigen Aufgabe übereinstimmt, d.h. dem Sieg über die Deutschen, und Reformen einschließt, die leicht durchgeführt werden können, ohne das Hauptziel in Mitleidenschaft zu ziehen, und auf die das Land wartet.

Die wichtigste Bedingung für das Programm, die nicht geändert werden darf, sobald es einmal errichtet worden ist, und derer die Regierung sicher sein muss, besteht darin, dass kein unglücklicher Einfluss auf dich ausgeübt werden kann und dass du deine Regierung mit all deiner unbegrenzten Macht unterstützt, denn derzeit ist eher das Gegenteil der Fall, und kein Minister kann sicher sein, was morgen ist, alles läuft unkoordiniert, Leute aus den Seitenlinien der Familie werden zu Ministern ernannt, genießen kein Vertrauen und sind vielleicht selbst erstaunt über ihren Aufstieg; aber nachdem es im Allgemeinen wenige ehrliche Menschen gibt, fehlt ihnen der Mut, dir gegenüber zuzugeben, dass sie für die Stellung nicht qualifiziert sind, dass ihre Ernennung der allgemeinen Sache nur schaden wird und dass ihre Taten an Verbrechen grenzen.

Januar, undatiert, Kiew: Die letzten Ernennungen zeigen, dass du dich endgültig dazu entschieden hast, eine Innenpolitik zu verfolgen, die den Wünschen deiner ergebensten Unterstützer diametral entgegensteht, diese Politik wird nur den Linken in die Hände spielen, denn für sie ist es umso besser, je schlimmer die Lage wird; indem die Unzufriedenheit wächst, ist auch das Prinzip der Monarchie bedroht, und denjenigen, die für den Gedanken stehen, dass Russland ohne den Zaren nicht existieren kann, wird der Boden unter den Füßen weggezogen, weil man die Tatsachen des Zusammenbruchs deutlich sehen kann. So kann es nicht mehr lange weitergehen. Ich wiederhole noch einmal, dass man ein Land nicht regieren kann, wenn man nicht auf die Stimme des Volkes hört, nicht auf seine Bedürfnisse eingeht, wenn man so tut, als sei das Volk unfähig zu einer eigenen Meinung, wenn man nicht zugeben will, dass die Menschen wissen, was sie brauchen.

Wenn man bedenkt, dass du mit einigen wenigen Worten und einem Federstrich alles beruhigen könntest und dem Land geben könntest, wonach es sich sehnt, nämlich eine Regierung seines Vertrauens und die Freiheit für die gesellschaftlichen Kräfte, unter der einen Bedingung, dass die Duma diese Regierung wie ein Mann unterstützen würde, und dass sich daraus ein riesiger Aufschwung der nationalen Stärke und in der Folge der sichere Sieg ergeben würde, ist es unglaublich schmerzlich, dass es niemanden gibt, dem du vertrauen kannst, niemand, der die Lage durchschaut, sondern nur diejenigen um dich sind, die sich einfach an etwas Unbegreiflichem festklammern.

25. Januar: Wie du sehen kannst, ist ein Monat vergangen, und ich habe meinen Brief immer noch nicht abgeschickt. Ich habe immer noch gehofft, du würdest den Weg einschlagen, den dir diejenigen, die dir treu sind und Russland lieben, zeigen, nicht aus Furcht, sondern aus Gewissensnot. Aber die Ereignisse haben gezeigt, dass deine Berater dich und Russland weiterhin in den sicheren Untergang leiten, und unter solchen Umständen wäre es ein Verbrechen zu schweigen, vor Gott, vor dir und vor Russland. Die Unzufriedenheit wächst rasch, und je weiter sie geht, desto größer wird die Kluft zwischen dir und deinem Volk.

Du denkst offenbar, die Maßnahmen der Regierung würden Russland wieder auf den rechten Weg bringen, den Weg zum Sieg und zur Wiedergeburt, und glaubst, wir alle, die wir das Gegenteil sehen, würden uns irren. Aber um es zu erproben, wirf einen Blick zurück, und vergleiche den Zustand Russlands zu Beginn des Krieges mit heute. Kann dieser Vergleich dich nicht davon überzeugen, wer auf der richtigen Seite der Wahrheit steht?

Abschließend muss ich sagen, wie seltsam es dir auch vorkommen mag, dass die Regierung heute das Organ ist, das die Revolution vorbereitet. Das Volk will sie nicht, aber die Regierung nutzt alle zur Verfügung stehenden Mittel, um so viele unzufriedene Menschen wie möglich hervorzubringen, und sie hat Erfolg damit. Wir sind Zeugen des unerhörten Schauspiels einer Revolution von oben, nicht von unten.
Dein ergebener Sandro.

Sandro: Memoiren

Wieder einmal war ich in St. Petersburg, glücklicherweise zum letzten Mal in meinem Leben. An dem Tag, der für mein Gespräch mit Alix festgesetzt war, kam eine Nachricht aus Zarskoje Selo, in der mir mitgeteilt wurde, dass sie sich nicht wohl fühle und mich nicht empfangen könne. Ich schrieb ihr einen heftigen Brief, in dem ich sie anflehte, mir eine Chance zu geben, sie zu treffen, da ich mich nur noch einige Tage in der Hauptstadt aufhielte.

Nikolaus an König George V.: 4. Februar, Zarskoje Selo

Mein liebster Georgie,
ich danke dir sehr für deinen freundlichen langen Brief. Ich übergebe meine Zeilen in die Obhut von Lord Milner, dessen Bekanntschaft zu machen mich sehr gefreut hat. Zweimal hatte ich Gelegenheit, sämtliche Mitglieder deiner Gesandtschaft zu treffen. Ich hoffe, sie kehren wohlbehalten nach England zurück – die Reise ist jetzt noch gefährlicher geworden, seitdem die verd... Piraten jedes Schiff versenken, dessen sie nur habhaft werden können. In einigen Tagen wird die Arbeit der Konferenz beendet sein. Mögen ihre Ergebnisse fruchtbar und voller nützlicher Folgen für unser beider Länder und für sämtliche Alliierte sein.

Der schlechte Zustand unserer Eisenbahnen beschäftigt mich seit langem. Das Zugmaterial ist und bleibt unzureichend, und wir können die abgearbeiteten Maschinen und Wagen kaum noch reparieren, weil fast alle Manufakturen und Fabriken des Landes für die Armee arbeiten.

Deshalb wird die Frage des Transports von Vorräten und Nahrungsmitteln allmählich drängend, vor allem im Winter, wenn Flüsse und Kanäle zugefroren sind.

Es wird alles unternommen, um diesen Zustand zu beheben, was, wie ich hoffe, im April geschehen sein wird. Aber ich verliere nie den Mut und treibe die Minister weiterhin an, damit sie und ihre Untergebenen so hart arbeiten wie möglich.

Aber welche Schwierigkeiten uns auch noch bevorstehen mögen - wir werden diesen entsetzlichen Krieg bis zum Ende führen.

Alix und ich senden May und euren Kindern unsere zärtlichsten Grüße.

Mit den besten Wünschen für dein Wohlergehen und Glück bin ich stets, mein lieber Georgie, dein ergebenster Freund und Vetter,

Nicky

Sandro: Memoiren

Dann erhielt ich eine Einladung von Alix, an einem Mittagessen in Zarskoje Selo teilzunehmen. Oh, diese Mittagessen! Mir scheint, ich habe vierzig Jahre meines Lebens damit vergeudet, in Zarskoje Selo zu Mittag zu essen.

Alix lag im Bett und sagte zu, mich zu empfangen, sobald ich das Essen beendet hätte. Wir waren acht Personen bei Tisch: Nicky, ich, der Thronfolger, die vier Kaiserlichen Töchter und der Adjutant Linewitsch. Die Mädchen trugen Rot-Kreuz-Uniformen und sprachen von ihrer Arbeit in ihrem Lazarett. Ich hatte sie seit den ersten Kriegswochen nicht mehr gesehen und fand, sie waren gereift und sehr anziehend geworden.

Die älteste – Olga – ähnelte ihrer Tante und Namensschwester, der Großfürstin Olga Alexandrewna, in ihren geistigen Neigungen. Die zweite – Tatjana – war die hübscheste in der Familie. Alle waren fröhlich, völlig unwissend über die politischen Ereignisse, scherzten mit ihrem Bruder und lobten die Errungenschaften ihrer Tante Olga. Es war das letzte Mal, dass ich im Kaiserlichen Palast in Zarskoje Selo zu Tisch saß, und ebenso das letzte Mal, dass ich die Kinder des Zaren sah.

Den Kaffee nahmen wir im »malvenfarbenen Salon« ein, während Nicky in das angrenzende Schlafzimmer ging, um meinen Besuch bei Alix anzumelden.

Ich ging fröhlich hinein. Alix lag im Bett, bekleidet mit einem weißen, spitzenbestickten Negligee; ihr schönes Gesicht trug einen ernsten Ausdruck, der dem entschlossenen Eindringling Schwierigkeiten androhte. Mir stand ein Angriff bevor! Das machte mich traurig. Ich kam, um zu helfen, nicht, um zu verletzen. Der Anblick von Nicky, der auf der Seite des großen Doppelbetts saß, gefiel mir ebenso wenig. In meinem Brief an Alix hatte ich die Worte unterstrichen: »Ich möchte dich ganz privat treffen, um mit dir unter vier Augen zu sprechen.« Es war peinlich, sie dafür zu tadeln, dass sie ihren Mann in den Abgrund zog, wenn dieser anwesend war.

Ich küsste ihr die Hand, und ihre Lippen berührten nur so eben meine Wange, die kühlste Begrüßung, die sie mir jemals hatte zuteil werden lassen, seit wir uns 1893 zum ersten Mal getroffen hatten. Ich nahm mir einen Stuhl und rückte ihn dicht an ihr Bett, gegenüber eine Wand, die mit unzähligen Ikonen bedeckt war, erleuchtet von zwei blau-rosa Kirchenlampen.

Ich begann, indem ich auf die Ikonen zeigte und sagte, ich würde mit ihr sprechen wie mit meinem Beichtvater. Ich gab eine allgemeine Skizze der politischen Lage ab, hielt mich an der Tatsache auf, dass die revolutionäre Propaganda die Masse der Bevölkerung durchdrungen hatte und dass die Verleumdungen und Schmähungen dort für wahr gehalten wurden.

Sie unterbrach mich scharf.

»Das ist nicht wahr. Die Nation ist immer noch loyal ihm gegenüber« – sie wandte sich Nicky zu – »nur die verräterische Duma und die St. Petersburger Gesellschaft sind meine und seine Feinde.«

Ich gab zu, dass sie mit dieser Feststellung teilweise Recht hatte.

»Alix, es gibt nichts Gefährlicheres als Halbwahrheiten«, sagte ich und blickte sie direkt an. »Die Nation ist ihrem Zaren gegenüber loyal, aber die Nation ist ebenso indigniert über den Einfluss, den dieser Rasputin ausgeübt hat. Niemand kennt deine Liebe zu Nicky und deine Ergebenheit ihm gegenüber besser als ich, und doch muss ich bekennen, dass deine Einmischung in Staatsangelegenheiten sowohl Nickys Ruf als auch der allgemeinen Vorstellung von einem Herrscher Schaden zufügt.

Ich bin dir vierundzwanzig Jahre lang ein treuer Freund gewesen, Alix. Ich bin immer noch dein treuer Freund, und als Freund sage ich dir, dass alle Klassen der Bevölkerung deiner Politik entgegenstehen. Du hast eine wunderbare Kinderschar, warum kannst du dich nicht auf Dinge konzentrieren, die Frieden und Harmonie versprechen? Bitte, Alix, überlass die Sorge um den Staat deinem Mann.«

Sie wurde rot. Sie blickte Nicky an. Er sagte nichts und rauchte weiter. Es ist mir höchst unangenehm, aber wenn ich über das Verhalten des letzten Zaren in angespannten Momenten spreche, bleibt mir nichts anderes übrig, als diesen selben dummen Satz immer wieder zu wiederholen: »Er sagte nichts und rauchte weiter.« Aber was soll ich tun, wenn jede andere Beschreibung seiner Haltung gelogen wäre?

Ich sprach weiter. Ich erklärte, dass ich, so sehr ich mich allen parlamentarischen Regierungsformen für Russland widersetzte, glaubte, es könne die Verantwortung von Nickys Schultern nehmen und seine Aufgabe erleichtern, wenn man in diesem gefährlichen Augenblick eine Regierung gewährte, die für die Duma akzeptabel wäre.

»Bitte, Alix, lass deinen Rachedurst nicht über deinen gesunden Verstand herrschen. Eine radikale Veränderung unserer Politik würde dem Volkszorn ein Ventil schaffen. Lass diesen Zorn nicht zur Explosion kommen.«

Sie spottete: »Dein Gerede ist lächerlich. Nicky ist absoluter Herrscher. Wir kann er seine von Gott verliehenen Rechte mit einem Parlament teilen?«

»Du irrst dich sehr, Alix. Dein Mann hat am 17. Oktober 1905 aufgehört, absoluter Herrscher zu sein. Damals hätte er an seine von Gott verliehenen Rechte denken sollen. Jetzt ist es zu spät. Vielleicht wird in zwei Monaten in diesem unserem Land nichts mehr übrig sein, was uns noch daran erinnern könnte, dass jemals absolute Herrscher auf dem Thron unserer Vorfahren saßen.«

Sie erwiderte etwas Unzusammenhängendes und hob ihre Stimme. Ich hob meine ebenfalls. Ich entschloss mich, den Ton unserer Unterredung zu verändern.

»Erinnere dich, Alix, ich habe dreißig Monate geschwiegen!«, schrie ich sie in wildem Zorn an. »Dreißig Monate lang habe ich auch nicht ein Wort zu dir gesagt über die schändlichen Ereignisse in unserer Regierung, besser gesagt in deiner Regierung! Ich sehe, dass du untergehen willst und dass dein Mann ebenso empfindet, aber was ist mit uns? Müssen wir alle für deine blinde Halsstarrigkeit büßen? Nein, Alix, du hast kein Recht, deine Familie mit dir in diesen Abgrund zu reißen! Du bist unglaublich selbstsüchtig!«

»Ich weigere mich, diese Diskussion weiterzuführen«, sagte sie kalt. »Du übertreibst die Gefahr. Eines Tages, wenn du nicht mehr so aufgeregt bist, wirst du zugeben, dass ich es besser gewusst habe.«

Ich stand auf, küsste ihre Hand, erhielt von ihr keinen Kuss als Erwiderung, und ging. Ich habe Alix nie wiedergesehen.

Als ich durch den »malvenfarbenen Salon« ging, sah ich den Adjutanten des Zaren, Linewitsch, mit Olga und Tatjana sprechen. Seine Anwesenheit im Raum neben dem Schlafzimmer der Zarin erstaunte mich.

Inzwischen bestand der Großfürst Alexander Michailowitsch [Sandro] auf seiner Forderung nach einem Gespräch mit der Kaiserin, und weil seine Briefe an sie ihr Ziel verfehlten, begann er, der Großfürstin Olga zu schreiben. Die Kaiserin, deren großer Mut sie in die Lage versetzte, jede mögliche Gefahr für sich selbst zu ignorieren, beschloss, den Mann zu empfangen und ihn ein für alle Mal sagen zu lassen, was er auf dem Herzen hatte.

Der Kaiser stimmte dieser Entscheidung zu, stellte aber die Bedingung, dass er anwesend sein würde, für den Fall, dass die Unterredung allzu unerfreulich würde. Der Adjutant des Kaisers an diesem Tag war zufällig Leutnant Linewitsch, ein beherzter junger Offizier, der nach dem Mittagessen an dem für die Audienz anberaumten Tag im Palast blieb, scheinbar mit einem amüsanten Puzzlespiel mit Tatjana beschäftigt. Später sagte er mir, er habe das Ausmaß der Intrigen des Großfürsten so gut gekannt und vor allem den Charakter von Alexander Michailowitsch, dass er absichtlich geblieben sei, und sein Schwert sei bereit gewesen, die Kaiserin zu jeder Zeit vor Beleidigungen oder einem versuchten Attentat zu retten.

Wie erwartet, hatte der Großfürst der Kaiserin nichts Neues zu sagen, sondern wiederholte nur mit mehr als den üblichen heftigen Worten die Forderung nach der Entlassung Protopopows und nach einer konstitutionellen Regierungsform. Die Antwort auf diese Forderungen war dieselbe wie immer: alles, was notwendig ist, aber nach dem Krieg, keine grundgefährlichen Veränderungen, solange sich die Deutschen auf unserem Boden aufhielten.

Zornesrot stürmte der Großfürst aus dem Wohnraum der Kaiserin, aber statt wie erwartet den Palast zu verlassen, betrat er die Bibliothek, orderte Stifte und Papier und begann, einen Brief an Michail, den Bruder des Kaisers zu schreiben. Kaum hatte er damit begonnen, da bemerkte er, dass der Adjutant respektvoll im Raum stand. »Nein, Hoheit, ich habe heute Dienst, und solange Eure Hoheit hier ist, darf ich den Raum nicht verlassen.« Rasend vor Wut stand Alexander Michailowitsch auf und verließ den Palast.

Sandro an seinen Bruder Nikolaj Michailowitsch: 14. Februar, im Zug

Lieber Nikolaj!
Unterwegs – ich habe soeben Rakitnoje verlassen, wo ich sehr angenehme vierundzwanzig Stunden mit Irina und Felix verbracht habe – ich traf beide bei guter Gesundheit an, Irina hat vielleicht sogar ein wenig zugenommen, ihre Laune war strahlend, aber kämpferisch. Ich habe 6 statt 4 Tage in Petrograd verbracht, aus dem Grund, weil ich entschlossen war, um jeden Preis Alix zu treffen. Als ich durch Zarskoje Selo kam, hinterließ ich tatsächlich einen Brief an A., in dem ich sie auf die freundlichste Weise bat, mir die Zeit für ein Gespräch zu opfern und mich nicht zur Eile zu treiben, denn unser Gespräch werde lange dauern. Am nächsten Tag erhielt ich eine Einladung, um drei Uhr nach Zarskoje zu kommen, aber in der allgemeinen Verwirrung war ich drei Stunden zuvor zu einer Sitzung der Konferenz eingeladen worden, und so bat ich durch O. N. [Olga Nikolajewna], mich zu entschuldigen und mir zu gestatten, an einem anderen Tag zu kommen. Donnerstag wurde mir genannt, aber im letzten Augenblick wurde ich informiert, sie seien krank und könnten mich nicht empfangen. An eben diesem Tag aß Georg [Sandros Bruder] mit dem Kaiser zu Mittag, der ihm mitteilte, Alix könne mich wegen ihres schlechten Gesundheitszustandes nicht empfangen, ich solle nach Kiew zurückkehren. Aber hartnäckig, wie ich bin, schrieb ich auf der Stelle einen weiteren Brief an Alix, in dem ich sie zu überzeugen suchte, dass sie mich empfangen sollte, und versicherte ihr, es sei wichtiger für sie, mich zu sehen, als es für mich wichtig sei, nach Kiew zurückzukehren.

Schließlich wurde ich am Morgen durch Tatjana für Viertel nach zwei bestellt und kam um Viertel vor an. Ich erwartete, bis zur vereinbarten Zeit warten zu müssen, wurde aber sofort in das malvenfarbene Zimmer eingelassen, wo Nicky, die Kinder und Adjutant Linewitsch mit einem Puzzle beschäftigt waren. Nicky begrüßte mich mit großer Freundlichkeit und nahm mich gleich mit zu Alix, die im Schlafzimmer lag. Ich erhielt die Erlaubnis, ihr die Hand zu küssen, obwohl ihr Gesichtsausdruck eisig war, und sie sagte mir, ihr Herz sei immer für alle offen gewesen, ich selbst sei es gewesen, der nicht mit ihr habe sprechen wollen, ich hätte sie nie besucht, wenn ich in Petrograd war, was in der Tat dreimal geschehen ist.

Ich nahm den Tadel an, fügte aber hinzu, dass ich immer wüsste, ob jemand mit mir sprechen wolle oder nicht. Dann bat ich sie um die Erlaubnis, offen zu sprechen, und darum, mir zu glauben, dass ich ohne jedes selbstsüchtige Motiv spreche, mein einziges Ziel sei es, ihr und Nicky zu helfen.

Leider wurde das, was ich zu sagen geplant hatte, durch Nickys Eintreten unterbrochen, sodass ich den ganzen Teil meiner Rede über die Seele weglassen musste: wie sehr sie in ihrer Seele spüren müsse, wo die Wahrheit liege, und dass ich an vielen Dingen sehen könne, dass sie nicht im Einklang mit ihrer Seele lebe. Also fuhr ich gleich mit einer Skizze der gegenwärtigen Situation in Russland fort und mit den Maßnahmen, die ergriffen werden müssen, um Russland und den Thron zu retten.

Ich sprach lange, eineinhalb Stunden lang, und berührte absolut alle Themenbereiche, wobei ich bei jedem Schritt auf ihren Widerstand stieß, denn sie kann nicht einmal die geringste Kritik ertragen. Sie befindet sich in einem Zustand vollständiger und unheilbarer Verblendung, ihr Hauptargument war, dass jeder auf Vordermann gebracht und an seinen Platz gestellt werden müsse, statt sich in Dinge einzumischen, die ihn nichts angehen, dass man Geduld brauche, um der gegenwärtigen Regierung Zeit zu geben, und weiteres in dieser Richtung.

Ich legte ihr dar, dass wir mehr als genug Geduld gehabt hätten; dass eine Regierung, die kein Vertrauen hervorruft und aus Leuten zusammengesetzt ist, die die Bedürfnisse und Hoffnungen des Volkes nicht erfüllen können, nichts tun kann; dass die Stimmung anschwillt, die Unzufriedenheit wächst; dass es unmöglich ist, nur auf die Polizei gestützt zu regieren – aber nichts fruchtete. Ich las ihnen den Brief laut vor, den ich Nicky hatte schicken wollen, ihm dann aber direkt gegeben hatte, und nachdem ich ihn vorgelesen hatte, ergänzte ich meine Argumente mit mehr Beweisen und versicherte ihnen, mein Brief spiegele die Ansichten der überwältigenden Mehrheit, aber alles vergebens – ihr Gesicht trug immer noch denselben Ausdruck von Bedauern und Gewissheit darüber, wie verblendet ich sei.

Nicky nahm bei der Unterredung eine vollkommen passive Haltung ein, fügte gelegentlich seinen Widerspruch hinzu, aber ohne Überzeugung. Sie dagegen sprach die ganze Zeit, erregt und gehetzt, aber ich ließ nicht einen einzigen ihrer Widersprüche ohne Antwort.

Nicky war der Dritte, dessen Handeln in seiner Gegenwart besprochen wurde, aber er verbrachte die meiste Zeit damit, seinen Tscherkessenmantel zu untersuchen, dessen Falten zu richten und zuzuhören.

Der Schlafraum, der an drei Wänden von der Decke bis zum Boden mit Ikonen bedeckt war, mit seinen Lampen und dem Gebetsschemel, mutete wie ein heidnischer Tempel mit allen Attributen der orthodoxen Kirche an, aber gänzlich ohne Seele, und nicht einmal während unseres gesamten Gesprächs wurde ihr Gesicht von dem angenehmen Ausdruck erhellt, den es manchmal trägt, stattdessen blieben ihre Lippen die ganze Zeit fest zusammengepresst und ihr Gesichtsausdruck zornig.

Nach unserem Gespräch und einem Abschied, eisig wie am Pol, ging ich mit Nicky in das andere Zimmer und sprach weitere 20 Minuten mit ihm.

Um es zusammenzufassen: Aus Zarskoje ist nichts Gutes zu erwarten, und es stellen sich daher die folgenden Möglichkeiten dar: entweder, sich mit verschränkten Armen zurückzulehnen und auf den Untergang und die Demütigung Russlands zu warten, oder Russland durch heroische Maßnahmen zu retten. Die Situation ist ausweglos und so, wie Russland sie noch nie erlebt hat; diejenigen, die Russland lieben, befinden sich an einem Scheideweg und fragen sich, wie sie handeln sollen. Zum ersten Mal in unser aller Leben müssen wir fragen, wie weit uns der Eid bindet, den wir geleistet haben. Alles in allem ist es ein Albtraum, aus dem ich kein Entkommen sehe. Was D. P. [Dimitri

Pawlowitsch] und F. [Felix] angeht, verläuft alles, wie ich gedacht habe, in wenigen Tagen wird alles vorbei sein und der Vergessenheit anheim fallen.

Am Tag meiner Abreise schrieb ich A. einen Brief, in dem ich sagte, ich sei zutiefst erregt darüber, dass unser Gespräch absolut kein Ergebnis gehabt habe, und in dem ich wiederholte, dass das, was ich gesagt hatte, nicht nur meine eigene Meinung sei, sondern die der überwältigenden Mehrheit; dass ich zu ihr gekommen sei in der Hoffnung, eine Verbündete zu finden, um N davon zu überzeugen, den einzig möglichen und richtigen Kurs einzuschlagen, aber sie habe meiner Stimme nicht zuhören wollen, und wenn es sich als nötig erweisen würde, würde ich ihr weiterhin schreiben.

Was mich vollständig zur Verzweiflung treibt: beiden fehlt jegliches spirituelle Bewusstsein, und nachdem das so ist, kann man nicht erwarten, dass sie jemals die Bedeutung der Wahrheit erkennen oder verstehen werden.

Das Eisenbahnproblem ist an einem kritischen Punkt angelangt; wir stehen am Rand einer Katastrophe, es gibt weder Kohle noch Lebensmittel, wir leben von einem Tag zum anderen, alles ist in vollständiger Auflösung, und doch gibt es keine Führung von oben. Man könnte verrückt dabei werden, da oben ist es wie Wasser auf dem Rücken einer Ente, überall Blindheit und Gottergebenheit, wenn man diese Verhältnisse sieht, glaubt man an die Existenz des Bösen, anders kann ich mir solche vollständige Blindheit und Taubheit nicht erklären.

Ich hoffe, du bist bei guter Gesundheit; schicke mir ein paar Worte zur Erwiderung durch den Boten.

Dein Sandro

Felix Jussupow an Nikolaj Michailowitsch: 14. Februar, Rakitnoje

Lieber Onkel Bimbo!

Ich konnte nicht eher antworten, denn Al. Mich. [Sandro] ist erst gerade nach Kiew zurückgekehrt. Ich danke dir sehr für deinen

Brief, auch für den von Stepanow, den ich gelesen habe. Ich erhielt beide an dem Tag, als die Ermittler ankamen. Das passte sehr gut. Einen so raschen Umschwung aufseiten von General Panow hatte ich nicht erwartet. Als kluger und vorsichtiger Mann hat er verstanden, wie die Kräfteverhältnisse sind.

Der Besuch des Prokurators und des Ermittlers in Rakitnoje war sehr amüsant. Es begann damit, dass sie zwei Werst durch einen widerwärtigen Schneesturm zu Fuß gehen mussten. Bis sie unser Haus erreichten, sahen sie aus wie Eiszapfen. Sie gingen mit großem Eifer an ihre Aufgabe heran, wurden aber nicht weniger energisch vom Maestro zurückgewiesen. Er weigerte sich schlicht, noch einmal das durchzugehen, was er ihnen bereits erzählt hatte, und verlieh seiner Überraschung über ihre Ankunft Ausdruck, denn schließlich sei er in Rakitnoje und sitze hier seine Strafe ab, im Übrigen habe er diese Strafe erhalten, nachdem er ein (detailliertes) Protokoll unterzeichnet habe, dass daraufhin Seiner Majestät zur Überprüfung vorgelegt worden sei, insofern sei es ihm absolut unverständlich, weshalb er nun noch einmal als Zeuge vernommen werden solle, nachdem der Fall doch offensichtlich auf Befehl seiner Majestät abgeschlossen worden sei.

Was allgemeine Fragen anginge, so sei er mit Freuden bereit, diese zu beantworten. Die offizielle Befragung verwandelte sich allmählich in ein freundschaftliches Gespräch, das 4 Stunden in zwei Sitzungen dauerte.

Das Ergebnis dieser Unterredung war, dass der Prokurator und der Ermittler in ihr Zimmer zurückkehrten. Mein Diener, der angewiesen worden war, ihnen nachzuspionieren, hörte den einen zum anderen sagen: »Es scheint mir jetzt völlig klar, dass der Fürst in keiner Weise betroffen ist und dass die Presse die ganze Angelegenheit aufgebauscht hat.«

Nach einer sehr oberflächlichen Befragung meines Dieners Nefedow luden wir die beiden zum Abendessen ein und unterhielten sie am Abend mit dem Grammofon. Am nächsten Tag kehrten sie heim. Es war sehr kalt, und der Prokurator erhielt einen Wendemantel mit Pelz zum Geschenk, der sehr ähnlich aussah wie jener, den ein gewisser junger Mann an dem schicksalhaften Abend in R's Wohnung getragen hat. »Sehr spaßig!« Die letzten Neuigkeiten von der Angelegenheit: Die Untersuchung wird in einigen Tagen abgeschlossen, die Täter sind nicht gefunden worden, die Beweislage ist unzureichend.

Dimitri wird nicht verhört werden. Purischkewitsch ist bereits befragt worden (am Vorabend seiner Vernehmung erhielt er einen Brief des Maestro). Du hast seine Antwort vielleicht in den Zeitungen gelesen. Derzeit läuft alles gut, wollen wir hoffen, dass das Glück uns in der Zukunft nicht verlässt. Heute ist der 14. Schrecklich, daran zu denken, was in Petersburg passiert. Ich hoffe sehr, die Duma begreift die Herausforderung durch die Regierung und geht nicht in die Falle, die Protopopow aufgestellt hat. Al. Mich. [Sandro] hat uns gestern besucht und reist heute Abend nach Kiew ab. Ich denke, er ist nun überzeugt davon, dass durch Gespräche allein nichts erreicht werden kann. Mit Wahnsinnigen kann man nicht verhandeln.

Warum können sie nicht erkennen, dass, wenn sie das Notwendige nicht von oben tun, es von unten getan wird. Wie viel unschuldiges Blut wird das kosten. Der Kaiser, so scheint es, wird bald zur Stawka zurückkehren, Kaiserinwitwe Marie sollte die Gelegenheit nutzen, mit Leuten dorthin zu gehen, die ihr helfen und sie unterstützen, gemeinsam mit Alexejew und Gurko, und sie sollte fordern, dass Protopopow, Schtscheglowitow [Minister] und Anja verhaftet werden und Al. Fjod. [Alix] nach Livadia geschickt wird. Nur diese Maßnahme kann uns noch retten, wenn es nicht schon zu spät ist. Ich bin davon überzeugt, die passive Reaktion des Kaisers auf alles, was geschieht, ist das Ergebnis von Badmajews Medikamenten. Es gibt solche Kräuter, die allmählich wirken und einen Mann bis zum völligen Kretinismus bringen.

Ich muss meinen Brief beschließen, Al. Mich. reist ab.

Irina und ich küssen dich zärtlich und denken unausgesetzt an dich.

Dein dir treu ergebener und dich liebender
Felix

Irina Jussupow an Xenia: 16. Februar, Rakitnoje

Liebe Mama,
ich würde so gern mit euch nach Petrograd fahren, aber Felix will es nicht erlauben. Er sagt, es sei gefährlich, dorthin zu reisen. Du fragst in deinem Brief, wann wir die Ermittler erwarten? Sie waren schon hier!

Felix weigerte sich, zu wiederholen, was er bereits in der Befragung in Petrograd gesagt hatte, er beantwortete nur verschiedene neue Fragen, die man ihm in Petrograd nicht gestellt hatte. Er sprach mehr als zwei Stunden lang mit ihnen. Es scheint, als hätten sie weniger Zeit damit verbracht, Felix zu verhören, eher befragte Felix sie noch einmal über verschiedene Dinge. Wonach etwas höchst Erstaunliches passierte. Er entschloss sich, sie zum Abendessen einzuladen!

Die ganze Angelegenheit war sehr lustig. Der Prokurator saß neben Felix' Mama und der Ermittler neben mir. Beim Essen war der Ermittler sehr taktlos: Er erzählte uns, wie er bei der Jagd einen »Hund« getötet hatte statt des »Wolfes«! Als wir den Prokurator fragten, ob er gerne zur Jagd gehe, erwiderte er, er habe in seinem Leben noch nichts getötet und möge nicht einmal derartige Gespräche. Nach dem Abendessen warfen wir das Grammofon an, um sie zu unterhalten. Insgesamt habe ich mich sehr gut amüsiert!

Kaiserinwitwe Marie an Nikolaus: 17. Februar, Kiew

Mein teurer Liebling Nicky,
ich habe seit so langer Zeit keine Nachricht von dir, dass ich dich entsetzlich vermisse und das Bedürfnis verspüre, wenigstens durch einen Brief zu dir zu sprechen. Es ist so viel geschehen, seit wir uns das letzte Mal gesehen haben, aber meine Gedanken verlassen dich niemals, und ich weiß, wie schwierig diese letzten Monate für dich gewesen sind.

Du weißt, wie lieb du mir bist und wie schmerzhaft es für mich ist, dir nicht helfen zu können. Ich kann nur für dich beten und Gott bitten, dir Kraft zu geben und dich zu inspirieren, alles dir Mögliche für das Wohl unseres lieben Russlands zu tun. Ich bin sicher, du selbst erkennst, wie tief deine harsche Antwort die Familie beleidigt hat, indem du eine schreckliche und unverdiente Anschuldigung gegen sie ausgesprochen hast.

Ich hoffe auch von ganzem Herzen, du wirst das Los des armen Dimitri P. mildern und ihn nicht in Persien zurücklassen, wo das Klima im Sommer so entsetzlich ist, dass er mit seiner schlechten Gesundheit nicht in der Lage sein wird, es zu ertragen. Der arme Onkel Pawel schrieb mir verzweifelt, er habe nicht einmal von ihm Abschied nehmen oder ihn umarmen können, weil er so plötzlich bei Nacht fortgeschickt wurde. Es sieht dir mit deinem guten Herzen gar nicht ähnlich, so zu handeln, und es hat mir viel Kummer bereitet.

Ich habe mir für die Wochentage eine kleine Reisekirche neben dem grünen Arbeitszimmer einrichten lassen, sodass ich nicht zweimal am Tag zu den Ignatiews gehen muss. Sie ist sehr angenehm und gemütlich, so nett und ruhig. Ich habe den guten alten Priester von der Sofijiskij-Kathedrale eingeladen und bin entzückt von den Gottesdiensten, ich fühle mich ruhig und nichts lenkt mich ab, genau so, wie man es für die Andacht braucht. Leider hat das Wetter wieder gewechselt, es ist kalt, 10 Grad nach einem echten Frühlingstag gestern. Ich hatte gehofft, der Winter sei vorüber. Ich hoffe, euch allen geht es gut. Ich umarme euch zärtlich, meine Lieben. Möge der Herr euch schützen, ich wünsche dir alles Gute, mein lieber Nicky. Deine alte Mama, die dich innig liebt, die kleine Olga küsst dich auch.

Tatjana an Alexandra: 18. Februar, Zarskoje Selo

Liebste Mama, Süße,
ich war heute eine solche Närrin! Als du mich mehrere Male riefst, damit ich zu dir käme (während Anja am Nachmittag da war), wollte ich so schrecklich gern kommen. Aber dann hatte ich das Gefühl, wenn ich käme, würde ich losheulen, und ich

wollte vor Anja nicht so blöd erscheinen, sondern so gern zu dir gehen und getröstet werden.

Und dann habe ich dir nie so sehr für die nette Ausfahrt gedankt, wie ich wollte. Es hat mir so gefallen, aber aus einer blöden Laune heraus wollte ich nicht zeigen, dass es mir gefiel. Als du mich gefragt hast, ob ich fahren wollte, habe ich gesagt, ich wüsste nicht. Das stimmte nicht – denn ich wollte, fürchtete aber, du wärest des Fahrens müde. Heute früh war ich so froh, und es war einfach der Teufel, der in mich gefahren ist und mich so schrecklich ungezogen werden ließ. Bitte vergib mir, meine einzige teure, süße Mama. Gott segne dich, mein Engel.
Ich küsse dich tausendmal und noch mehr, denn ich liebe dich. Gute Nacht, Liebchen, von deinem dich liebenden – viel, viel mehr, als ich auf dieser Welt sagen kann – Kind,
Tatjana

Alexandra an Nikolaus: 22. Februar, Zarskoje Selo

Mein einziger Teurer,
wahrhaftig hat Gott dir ein entsetzlich schweres Kreuz zu tragen gegeben, und ich sehne mich so danach, dir zu helfen, die Last zu tragen. Du bist tapfer und geduldig, aber meine Seele fühlt und leidet mit dir, weit mehr, als ich sagen kann.

Ich kann nichts tun als für dich beten und beten, und unser lieber Freund tut das in der jenseitigen Welt auch – dort ist Er uns noch näher –, obwohl man sich so danach sehnt, Seine Stimme zu hören, mit Trost und Ermutigung. Gott wird helfen, davon bin ich überzeugt, und dir noch die große Entschädigung für alles senden, was du durchmachst – aber wie lange dauert das Warten noch.

Es scheint, als nähmen die Dinge eine Wendung zum Besseren – mein Liebster, sei nur fest, zeige die Hand des Herrn, das ist es, was die Russen brauchen. Liebe und Freundlichkeit hast du nie zu wenig gezeigt – nun lass sie von Zeit zu Zeit deine Faust spüren. Sie bitten selbst darum – wie viele haben mir das gesagt –, »wir wollen die Peitsche spüren« – es ist seltsam, aber so ist die slawische Art, große Festigkeit, Härte sogar – und warme Liebe. Seitdem sie dich und Kalinin nun zu »spüren« bekommen haben, beginnen sie sich zu beruhigen.

Sie müssen lernen, dich zu fürchten, Liebe ist nicht genug. Ein Kind, das seinen Vater anbetet, muss doch fürchten, ihn zu verärgern, ihm zu missfallen oder ungehorsam zu sein – man muss mit den Zügeln spielen, sie lose lassen und wieder anziehen, immer muss die Hand des Herrn spürbar sein; dann schätzen sie Freundlichkeit auch viel höher – nur Sanftheit verstehen sie nicht.

Menschliche Herzen sind seltsam und nicht weich oder empfänglich wie in den höheren Klassen, so seltsam das klingt. Sie brauchen eine entschiedene Behandlung, vor allem jetzt. Ich bin traurig, dass wir bei unserem letzten Mittagessen nicht allein sein können, aber es sind auch die deinen, die dich sehen wollen. Die arme Xenia: solche Söhne, und ihre Tochter in diese bösartige Familie verheiratet – und mit einem so falschen Ehemann –, ich bedaure sie zutiefst.

Fühle meine Arme um dich, fühle meine Lippen sich auf die deinen pressen und immer zusammen, niemals allein. Leb wohl – süßes Liebchen, komm bald wieder zurück zu deiner, ganz deiner
Sunny

Nikolaus: Tagebuch, 22. Februar, Zarskoje Selo

Las packte. Mischa kam zum Mittagessen. Sagte meiner ganzen lieben Familie Lebewohl und fuhr mit Alix nach Znamenia und von dort zum Bahnhof. Um 2 Uhr reiste ich zur Stawka ab. Das Wetter war sonnig und frostig. Las, langweilte mich und ruhte aus.

Anja Wyrubowa: Memoiren

Ich merkte, dass ich fieberte und mein Kopfweh sich bis ins fast Unerträgliche steigerte. Als ich in den Palast zurückkehrte, legte ich mich in meinem Schlafzimmer hin, nachdem ich der Kaiserin eine Notiz geschrieben hatte, um mich vom Tee zu entschuldigen. Eine Stunde darauf kam Tatjana herein, mitleidig wie immer, aber besorgt, weil Olga und Alexej mit hoher Temperatur zu Bett lagen und die Ärzte vermuteten, dass sie die Masern hätten.

Eine oder zwei Wochen zuvor hatten zwei kleine Kadetten von der Militärschule den Nachmittag mit Alexej beim Spielen verbracht, und einer dieser Jungen hatte Husten und ein so rotes Gesicht, dass die Kaiserin M. Gilliard auf das Kind aufmerksam gemacht hatte, weil sie eine Krankheit befürchtete. Am nächsten Tag hörten wir, dass er die Masern hatte, aber da wir in Gedanken mit so vielen anderen Dingen beschäftigt waren, dachte niemand von uns viel über die Ansteckungsgefahr nach.

Mir selbst wurde, nicht einmal nachdem Tatjana mir mitgeteilt hatte, dass Olga und Alexej masernverdächtig seien, gleich klar, dass ich krank wurde. Aber meine Temperatur stieg weiter, und mein Kopfweh ließ nicht nach. Den ganzen nächsten Tag bis zum Abendessen lag ich im Bett.

Noch am gleichen Tag wurde Tatjana krank, und nun musste sich die Kaiserin um vier von uns kümmern. Sie legte ihre Schwesternuniform an und verbrachte alle folgenden Tage zwischen den Kinderzimmern und meinem Zimmer. Nur halb bei Bewusstsein, fühlte ich dankbar ihre kundigen Hände, die meine Kissen aufschüttelten, meine brennende Stirn kühlten und mir Medizin und kühlende Getränke an die Lippen hielten. Nun hatten, so hörte ich vage, auch Maria und Anastasia zu husten begonnen, aber diese Nachricht bekümmerte mich nicht mehr als ein flüchtiger Traum.

Nikolaus an Alexandra: 23. Februar, Mogiljow

Meine geliebte Sunny,
liebenden Dank für deinen kostbaren Brief – den du in meinem Abteil hinterlassen hast –, ich verschlang ihn, bevor ich zu Bett ging. Es tat mir gut in meiner Einsamkeit, nach zwei Monaten mit dir, wenn schon nicht deine süße Stimme zu hören, so doch durch diese Zeilen zärtlicher Liebe Trost zu finden!

Ich bin bis zu unserer Ankunft hier nicht hinausgegangen. Heute fühle ich mich viel besser, die Stimme ist nicht mehr heiser, und der Husten ist viel weniger stark.

Es war ein sonniger, aber kalter Tag, und ich traf die üblichen Leute – Alexejew an der Spitze. Er sieht wirklich gut aus, und sein Gesicht trägt einen Ausdruck von Ruhe und Gelassenheit, den ich lange nicht gesehen habe. Wir hatten ein gutes Gespräch von einer Stunde Dauer; danach richtete ich meine Räume ein und erhielt dein Telegramm über die Masern bei Olga und Baby. Ich dachte, ich könnte meinen Augen nicht trauen – die Nachricht kam so unerwartet, vor allem nach seinem eigenen Telegramm, in dem er sagt, es gehe ihm gut! Auf jeden Fall ist es sehr mühsam und ziemlich anstrengend für dich, mein Liebchen. Vielleicht wirst du es verschieben können, so viele Leute zu empfangen, denn das ist ein wirklicher Grund, nicht so viele zu treffen, aus Rücksicht auf ihre Familien.

Im 1. und 2. Kadettencorps steigt die Zahl der Jungen mit Masern ständig an.

Beim Abendessen traf ich alle ausländischen Generale – sie waren sehr traurig über die Nachricht. Es ist so ruhig in diesem Haus, kein Gerumpel, keine aufgeregten Rufe! Ich stelle mir vor, er würde im Schlafzimmer schlummern! All seine kleinen Sachen, Fotos und Spielzeug stehen ordentlich im Schlafzimmer und in dem Zimmer mit dem Erkerfenster! Ich brauche sie ja nicht!

Andererseits, was für ein Glück, dass er jetzt nicht mitgekommen ist, nur um dann krank zu werden und in unserem kleinen Schlafzimmer zu liegen. Gebe Gott, dass die Masern ohne Komplikationen verlaufen, und es ist besser, wenn alle Kinder sie gleichzeitig gehabt haben!

Ich vermisse meine allabendliche halbe Stunde Arbeit am Puzzle. Wenn ich hier Zeit habe, denke ich, werde ich wieder einmal Domino spielen, denn diese Stille um mich herum ist ziemlich deprimierend. Natürlich nur, wenn es keine Arbeit gibt.

Der alte Iwanow war liebenswürdig und freundlich beim Abendessen; mein anderer Nachbar war Sir N. Williams, der sich freute, in der letzten Zeit so viele seiner Landsleute getroffen zu haben.

Was du über die Festigkeit schreibst – darüber, der Herr zu sein –, ist vollkommen richtig. Ich werde es nicht vergessen – sei dir sicher –, aber ich muss nicht jeden Augenblick die Leute rechts und links von mir anbellen. Eine ruhige scharfe Bemerkung oder Antwort ist sehr häufig genug, um den einen oder anderen an seinen Platz zu verweisen.

Nun, mein Liebchen, es ist spät. Gute Nacht, Gott segne deinen Schlaf, schlafe gut ohne die Körperwärme.

24. Februar: Mein Kopf fühlt sich hier ausgeruht – keine Minister und keine kniffligen Fragen, über die man nachdenken muss – ich denke, es tut mir gut, aber nur dem Hirn. Das Herz leidet unter der Trennung, und diese Trennung hasse ich, vor allem in einer solchen Zeit! Ich werde nicht lange wegbleiben – will hier nur alles so gut wie möglich in Ordnung bringen, dann habe ich meine Pflichten erfüllt.

25. Febr[uar]: Bekam eben dein Morgentelegramm – Gott sei Dank, keine Komplikationen bisher. An den ersten Tagen ist die Temp. immer hoch und sinkt dann zum Ende hin langsam ab. Arme Anja – ich kann mir vorstellen, wie sie sich fühlt und wie viel schlechter es ihr geht als den Kindern!

Nun werde ich, bevor ich zu meinem Spaziergang hinausfahre, einen Blick in das Kloster werfen und für dich und alle dort zur Jungfrau beten!

Die letzten Schneestürme, die gestern bis an unsere sämtlichen südwestlichen Eisenbahnlinien heranreichten, haben die Armeen in eine kritische Lage gebracht. Wenn die Züge nicht bald fahren können – wird in 3 oder 4 Tagen unter den Truppen eine echte Hungersnot ausbrechen. Eine fürchterliche, beängstigende Vorstellung!

Leb wohl, meine Liebste, mein geliebtes kleines Frauchen, Gott segne dich und die Kinder. In zärtlicher Liebe stets dein Huzy, Nicky

Alexandra an Nikolaus: 25. Februar, Zarskoje Selo

Teurer, geliebter Schatz,
8 und sanfter Schneefall – ich schlafe so weit sehr gut, vermisse meinen Liebsten aber mehr, als Worte sagen können. Die Unruhen in der Stadt und die Streiks sind mehr als provozierend, und ich sende dir Kalinins Brief an mich, der das Papier nicht wert ist, auf dem er geschrieben ist; du wirst sicher einen detaillierteren Bericht vom Stadtgouverneur bekommen.

Es ist eine Bewegung von Krawallmachern, junge Männer und Mädchen rennen herum und schreien, sie haben kein Brot, nur um Aufruhr zu stiften – sodass die Arbeiter dann andere von der Arbeit abhalten – wenn es sehr kalt wäre, blieben sie vielleicht im Haus. Aber das wird alles vorbeigehen und sich beruhigen – wenn sich nur die Duma benehmen würde – die schlimmsten Reden druckt man gar nicht ab.

26. Februar: Heute werde ich niemanden empfangen, kann so nicht weitermachen – morgen muss es aber wieder sein. Höre viel über die Unruhen in der Stadt (ich denke, mehr als 200 000 Leute) – finde, man hält nicht genug Ordnung. Aber das habe ich alles gestern schon geschrieben, verzeih mir, ich bin dumm.

Aber man sollte eine Kartensystem für Brot einführen (wie in jedem anderen Land derzeit auch), wie man es auch für Zucker eine Weile gemacht hat, und alle wären ruhig und würden genug bekommen. Unsere Leute sind Idioten. Ein armer Gendarmen-Offizier wurde von der Menge getötet – einige andere Leute auch. Die glotzende Öffentlichkeit richtet viel Schaden an – gut gekleidete Leute, verwundete Soldaten und so weiter, koursistki [Studentinnen] etc., die die anderen aufhetzen. Lili [Dehn][2] spricht mit den iswotschiki [Taxifahrern], um Neuigkeiten zu erfahren. Sie sagen, die Studenten seien zu ihnen gekommen und hätten gesagt, wenn sie am Morgen hinauskämen, würden sie erschossen.

Gerade bin ich mit Marie in die Znamenski [Kirche] gegangen, um Kerzen aufzustellen, ging ans Grab unseres Freundes – jetzt ist das Gestühl so hoch, dass ich knien und für euch alle in Ruhe beten konnte, ohne gesehen zu werden.

Gestern war es schlimm in der Stadt – 120 Verhaftungen – 30 Leute, Anführer und Leljanow wurden für ihre Reden in der Stadt-Duma zur Verantwortung gezogen. Die Minister und einige rechte Miglieder der Duma hielten letzte Nacht einen Rat (Kalinin schrieb um 4 Uhr früh), um strenge Maßnahmen zu ergreifen, und sie sind voller Hoffnung, dass es morgen ruhig sein wird, sie hatten die Absicht, Barrikaden aufzustellen etc.

Montag – ich habe eine üble Proklamation gelesen – aber es scheint mir, als würde alles gut. Die Sonne scheint so strahlend – und ich fühlte so viel Frieden und Ruhe an Seinem [Rasputins] teuren Grab. Er ist gestorben, um uns zu retten.

Nikolaus an Alexandra: 26. Februar, Mogiljow

Meine geliebte Einzige,
mit den Zügen ist wieder alles in Unordnung; dein Brief kam gestern nach 5, aber heute kam der Letzte, N 647, genau vor dem Mittagessen an.

Zärtliche Küsse dafür. Bitte überanstrenge dich nicht, indem du bei den Invaliden herumläufst.

Triff Lily Dehn oft – eine gute, vernünftige Freundin.

Gestern ging ich zum Bild der Jungfrau und betete inbrünstig für dich, meine Liebe, für die lieben Kinder und unser Land, auch für Anja. Sag ihr, ich sah ihre Brosche an dem Bild befestigt und rieb mit meiner Nase daran, während ich es küsste!

Gestern Abend war ich in der Kirche; die alte Mutter des Bischofs dankte für das Geld, das wir gespendet haben.

Heute früh während des Gottesdienstes spürte ich einen abscheulichen Schmerz mitten in meiner Brust, der eine Viertelstunde anhielt.

Ich konnte kaum stehen, und meine Stirn war mit Schweißperlen bedeckt.

Ich habe keine Ahnung, was das war, denn ich hatte kein Herzklopfen, aber es kam und ging sofort, als ich vor dem Bild der Jungfrau kniete!
Gott segne dich, mein Schatz, unsere Kinder und sie! Ich küsse euch alle sehr zärtlich. Stets dein
Nicky

Der Vorsitzende der Staatsduma M. W. Rodsjanko an Kaiser Nikolaus II.: 26. Februar, Telegramm

Demütigst berichte ich Eurer Majestät, dass die Unruhen in der Bevölkerung, die in Petrograd begonnen haben, einen ernsthaften Charakter und bedrohliche Ausmaße angenommen haben. Die Gründe sind Brotmangel und eine unzureichende Versorgung mit Mehl, die Panik verursachen, vor allem aber ein vollständiges Fehlen von Vertrauen in die Führung, die unfähig ist, die Nation aus dieser schwierigen Lage zu führen. Unter diesen Umständen wird es mit Sicherheit eine Explosion der Ereignisse geben, die man nur noch zeitweise aufhalten kann, wenn man in Kauf nimmt, dass dabei das Blut unschuldiger Untertanen vergossen wird. Aber die Entwicklung wird unkontrollierbar, wenn es so weitergeht. Die Bewegung könnte sich auf die Eisenbahnen ausdehnen, und dann wird das Leben des Landes in einer so kritischen Zeit zum Stillstand kommen. Die Fabriken, die in Petrograd Waffen produzieren, stehen still, weil Treibstoff und Rohmaterialien fehlen, die Arbeiter sind ohne Stelle, und eine hungrige, arbeitslose Masse wird in Richtung Anarchie gedrängt, elementar und unkontrollierbar ...

Die Regierung ist vollständig gelähmt und völlig unfähig, die Ordnung wiederherzustellen, wo sie zusammengebrochen ist. Eure Majestät, retten Sie Russland vor der drohenden Demütigung und Schande. Unter diesen Umständen kann der Krieg nicht zu einem siegreichen Ende gebracht werden, denn die Gärung ist bereits auf die Armee übergegangen und droht sich auszubreiten, wenn die Autoritäten nicht der Anarchie und Unordnung ein entschiedenes Ende bereiten. Eure Majestät, ernennen Sie unverzüglich eine Person, der das ganze Land vertraut, und beauftragen ihn damit, eine Regierung zu bilden, zu der die gesamte Bevölkerung Vertrauen haben kann. Eine solche Regierung wird in ganz Russland Unterstützung finden, das dann wieder Vertrauen in sich selbst und seine Führer entwickeln wird. In dieser Stunde, beispiellos in ihrem Schrecken und der Furcht vor den Folgen, gibt es keinen anderen Ausweg, und es muss unverzüglich geschehen.

Nikolaus: Tagebuch, 27. Februar, Mogiljow

Vor einigen Tagen haben in Petrograd ernsthafte Unruhen begonnen; und was die Lage noch verschlimmert, die Truppen haben sich angeschlossen. Es ist ein schreckliches Gefühl, so weit weg zu sein und nur Bruchstücke von schlechten Nachrichten zu erhalten! Nach dem Abendessen entschloss ich mich, so bald wie möglich nach Zarskoje Selo zurückzukehren, und reiste nachts um ein Uhr mit dem Zug ab.

Nikolaus an Alexandra, Telegramm Nr. 88
Abgesandt in Lichoslawl, 28. Februar 1917, 21.27
Angekommen in Zarskoje Selo, 28. Februar 1917, 22.10

An Ihre Majestät,
Danke für die Nachricht bin froh dass bei euch alles in Ordnung ist hoffe morgen früh zu Hause zu sein Umarme dich und die Kinder Gott schütze Euch
Nicky

Stellungnahme des Interim-Komitees der Staatsduma: 28. Februar

Angesichts der ernsten Situation innerer Unruhen, verursacht durch Maßnahmen, die von der alten Regierung ergriffen wurden, sieht sich das Interim-Komitee aus Mitgliedern der Staatsduma verpflichtet, die Wiederherstellung von Staat und öffentlicher Ordnung in die eigenen Hände zu nehmen. In Anerkennung der großen Verantwortung, die sie mit dieser Entscheidung auf sich genommen haben, verleiht das Komitee seinem Vertrauen Ausdruck, dass Volk und Armee die Aufgabe unterstützen werden, eine neue Regierung zu bilden, die die Hoffnungen des Volkes widerspiegelt und in der Lage sein wird, sein Vertrauen zu genießen.

Nikolaus: Tagebuch, 28. Februar, im Zug

Ging um 3.15 zu Bett, weil ich lange mit [General] N. I. Iwanow sprach, den ich mit Truppen nach Petrograd schicke, um die Ordnung wiederherzustellen.

Nikolaus an Alexandra: 28. Februar, Viasma, Telegramm

Heute früh um 5 abgereist in Gedanken immer bei dir herrliches Wetter hoffe du fühlst dich gut und ruhig schicke viele Truppen von der Front zärtlichste Liebe
Nicky

König George V.: Tagebuch, 28. Februar, Buckingham Palace

Schlechte Nachrichten aus Russland, in Petrograd ist praktisch eine Revolution ausgebrochen, und einige der Garderegimenter haben gemeutert und ihre Offiziere umgebracht. Dieser Aufstand richtet sich gegen die Regierung, nicht gegen den Krieg. Nicky ist im Hauptquartier.

Nikolaus: Tagebuch, 1. März, im Zug

Nachts mussten wir vor Malaja-Witschera umkehren, da sich herausstellte, dass Ljuban und Tosno in den Händen der Aufstän-

dischen sind. Schande und Ehrlosigkeit! Es ist nicht möglich, nach Zarskoje durchzukommen, obwohl alle meine Gedanken und Gefühle ständig dort sind! Wie schwierig muss es für die arme Alix sein, all dies allein durchstehen zu müssen!
Herr, hilf uns!

Sandro: Memoiren, 1. März

Nicky reiste gestern nach St. Petersburg ab, aber die Eisenbahnbediensteten, die die Anweisungen der Duma befolgten, haben seinen Zug am Bahnhof Dno aufgehalten und ihn in Richtung Pskow umgeleitet. Er ist praktisch allein in seinem Zug. Eine Delegation von Duma-Abgeordneten soll ihn in Pskow aufsuchen, um ihm ihr Ultimatum zu stellen.

Felix Jussupow: Memoiren

Die Revolution erschütterte den starken Geist der Großfürstin Ella nicht. Am 1. März umzingelte ein Trupp revolutionärer Soldaten das Kloster und rief: »Wo ist die deutsche Spionin?« Die Großfürstin kam heraus und erwiderte sehr ruhig:

»Es gibt hier keine deutschen Spione, dies ist ein Kloster, und ich bin die Mutter Oberin.«

Der Stabschef des Oberkommandos, General M. W. Alexejew, an Kaiser Nikolaus II.
Abgesandt von Mogiljow und erhalten in Pskow, 2. März, Telegramm

Ich unterbreite demütigst EURER KAISERLICHEN MAJESTÄT die Telegramme, die ich erhalten habe, adressiert an EURE KAISERLICHE MAJESTÄT:

Von Großfürst Nikolaj Nikolajewitsch [Nikolascha]

Generaladjutant Alexejew hat mich über die beispiellose und schicksalhafte Lage informiert und mich gebeten, seine Haltung zu unterstützen, dass ein siegreiches Ende des Krieges, das so lebenswichtig für das Wohlergehen und die Zukunft Russlands ist, ebenso wie die Rettung der Dynastie, außergewöhnliche Maßnahmen erfordert.

Als treuer Untertan empfinde ich es als meine dringende Treuepflicht und als im Einklang mit meinem Eid, eure Majestät auf Knien anzuflehen, Russland und den Thronfolger zu retten, wobei ich mir eurer heiligen Liebe für Russland und für ihn wohl bewusst bin. Segnen Sie ihn mit dem Kreuzzeichen und übergeben Sie ihm Ihr Erbe.

Es gibt keinen anderen Weg. Ich bete glühend zu Gott wie nie zuvor in meinem Leben, damit er Euch stütze und führe.

Von Generaladjutant Brusilow

Ich bitte Sie, Seiner Majestät dem Kaiser meine demütigste Bitte zu übermitteln, die sich auf meine Ergebenheit und Liebe für mein Mutterland und das Kaiserliche Haus gründet, nämlich, dass zum gegenwärtigen Zeitpunkt nur eine Maßnahme die Lage retten kann und es möglich machen wird, den äußeren Feind weiterhin zu bekämpfen, was nötig ist, damit Russland nicht untergeht - nämlich zugunsten seiner Majestät des Thronerben und Zarewitsch abzudanken, der unter die Regentschaft des Großfürsten Michail Alexandrowitsch gestellt wird.

Es gibt keine Alternative dazu. Aber Eile tut Not, um den Aufruhr im Volk einzudämmen, der aufgeflammt ist und immer größere Ausmaße annimmt, damit er nicht unermesslich katastrophale Folgen zeitigt.

Ein solcher Akt wird die Dynastie in der Person des legitimen Thronerben retten.

Von Generaladjutant Evert

Eure Kaiserliche Majestät. Der Stabschef eurer Kaiserlichen Majestät hat mich von der Lage informiert, die in Petrograd, Zarskoje Selo, dem Baltikum und in Moskau entstanden ist, und von den Ergebnissen der Gespräche zwischen Generaladjutant Ruzskij[3] und dem Vorsitzenden der Staatsduma. Eure Majestät. Es ist nicht länger möglich, auf die Armee in ihrem augenblicklichen Zustand zu vertrauen, wenn man innere Unruhen unterdrücken will. Sie kann nur kontrolliert werden, wenn es darum geht, Russland vor der sicheren Versklavung durch unseren Todfeind zu retten, denn es ist unmöglich, den Kampf weiterzuführen. – Ich ergreife jede Maßnahme, um sicherzustellen, dass Nachrichten über die gegenwärtige Lage in den Hauptstädten nicht in die Armee eindringen, um diese vor der sonst unvermeidlichen Erschütterung zu bewahren. Die Revolution in den Hauptstädten ist mit keinem Mittel zu zerschlagen. Eine augenblickliche Entscheidung ist notwendig, um die Unruhen zu einem Ende zu bringen und die Armee für den Kampf gegen den Feind aufzusparen. In der gegenwärtigen Situation und nachdem es keine andere Lösung gibt, bitte ich Eure Majestät als unendlich treuer Untertan Eurer Majestät und im Namen der Rettung des Landes und der Dynastie, die Entscheidung zu treffen, die mit der Stellungnahme des Vorsitzenden der Duma einhergeht und von ihm gegenüber Generaladjutant Ruzskij formuliert wurde und die die Einzige zu sein scheint, die die Revolution zum Stehen bringen und Russland vor den Schrecken der Anarchie bewahren kann.

Von Generaladjutant Alexejew

Indem ich Eurer Majestät diese Telegramme demütigst vorlege, bitte ich Sie, unverzüglich jene Entscheidung zu treffen, die Gott der Herr Ihnen zeigen wird. Jede Verzögerung bedroht Russland mit dem Untergang. Für den Augenblick ist die Armee vor der Anfechtung bewahrt, die Petrograd, Moskau, Kronstadt und an-

dere Städte ergriffen hat. Aber es ist unmöglich zu garantieren, dass die oberste Disziplin aufrechterhalten werden kann. Die Armee in innere politische Angelegenheiten zu verstricken wird unvermeidlich zum Ende des Krieges führen, zu Schande und Zerstörung für Russland. Eure Kaiserliche Majestät, Sie lieben Ihr Land, und um seiner Integrität und Unabhängigkeit willen, um des Sieges willen, wagen Sie die Entscheidung, die eine sichere, friedliche Lösung der gegenwärtigen ernsten Situation ermöglichen wird.
Ich erwarte Ihre Befehle.
2. März 1917

Maurice Paléologue: Memoiren, 2. März

Gutschkow und Schulgin[4] verließen Petrograd um neun Uhr heute früh. Dank der Hilfe eines Lokomotivführers, der dem Eisenbahndienst zugetan ist, konnten sie einen Sonderzug nehmen, ohne den Verdacht der sozialistischen Komitees zu erregen.

Die Disziplin der Truppen ist allmählich wiederhergestellt. In der Stadt herrscht wieder Ordnung, und vorsichtig öffnen die Läden wieder ihre Türen.

Das Exekutivkomitee der Duma und der Rat der Arbeiter- und Soldatenabgeordneten haben sich auf folgende Punkte geeinigt:

1. Abdankung des Kaisers;
2. Nachfolge durch den Zarewitsch;
3. Großfürst Michail (der Bruder des Kaisers) wird Regent;
4. Bildung eines Verantwortlichen Ministerrats;
5. Wahl einer Verfassunggebenden Versammlung bei allgemeinem Wahlrecht;
6. Alle Rassen werden als vor dem Gesetz gleich erklärt.

Der junge Abgeordnete Kerenskij, der sich als Anwalt in politischen Prozessen einen Ruf erworben hat, erweist sich als einer der aktivsten und am klarsten denkenden Organisatoren der neuen

Ordnung. Sein Einfluss auf den Sowjet ist groß. Er ist ein Mann, den wir für unsere Sache gewinnen müssen. Er allein ist in der Lage, dem Sowjet die Notwendigkeit klar zu machen, dass der Krieg weitergeführt und die Allianz erhalten bleiben muss. Ich habe daher nach Paris telegrafiert und Briand [dem frz. Premierminister] vorgeschlagen, die französischen Sozialisten sollten durch Kerenskij einen Appell an den Patriotismus der russischen Sozialisten übersenden.

Aber das ganze Interesse dieses Tages konzentriert sich auf die kleine Stadt Pskow, auf halbem Wege zwischen Petrograd und Dwinsk. Dort hat der kaiserliche Zug, der Zarskoje Selo nicht erreichte, gestern Abend um acht Uhr angehalten.

Der Kaiser, der Mogiljow am 27. Februar um 4.30 morgens verlassen hatte, hatte sich entschlossen, nach Zarskoje Selo zurückzukehren, denn die Kaiserin hatte ihn gebeten, sofort heimzukommen. Die Nachrichten, die ihn aus Moskau erreichten, hatten ihn nicht über Gebühr beunruhigt. Natürlich kann es sein, dass General Wojekow einen Teil der Wahrheit von ihm fern hielt. Gegen drei Uhr morgens am 28. Februar, als die Lokomotive des Kaiserlichen Zuges am Bahnhof von Malaja-Witschera Wasser fasste, nahm es General Zabel, der Kommandierende des Eisenbahnregiments Seiner Majestät, auf sich, den Kaiser zu wecken und ihm mitzuteilen, die Strecke nach Petrograd sei blockiert, und Zarskoje Selo sei in den Händen der revolutionären Kräfte. Nachdem der Kaiser seiner Überraschung und seiner Irritation darüber, nicht besser informiert worden zu sein, Luft gemacht hatte, soll er gesagt haben: »Moskau wird mir treu bleiben. Wir fahren nach Moskau!«

Dann, so heißt es, habe er mit seiner üblichen Apathie hinzugefügt: »Wenn die Revolution siegreich ist, danke ich freiwillig ab. Dann werde ich in Livadia leben; ich liebe Blumen.«

Aber am Bahnhof von Dno hieß es dann, die gesamte Bevölkerung von Moskau habe sich der Revolution angeschlossen. Danach beschloss der Kaiser, bei seinen Truppen Schutz zu suchen, und wählte das nördliche Hauptquartier in Pskow, das unter dem Kommando von General Ruzskij steht.

Der Kaiserliche Zug erreichte Pskow um acht Uhr gestern Abend.

General Ruzskij kam sofort, um mit dem Kaiser zu sprechen, und hatte keine Schwierigkeiten, ihm klar zu machen, dass es seine Pflicht sei, abzudanken. Er berief sich auch auf die einmütige Haltung von General Alexejew und den Armeekommandeuren, die er per Telegramm konsultiert hatte.

Der Kaiser befahl General Ruzskij, Rodsjanko, dem Vorsitzenden der Duma, seine Absicht mitzuteilen, auf den Thron zu verzichten.

Heute früh trat Pokrowskij als Außenminister zurück; er tat dies mit der ruhigen und unaufgeregten Würde, die ihn so liebenswert macht.

»Meine Arbeit ist zu Ende«, sagte er zu mir. »Der Ratspräsident und alle meine Kollegen sind verhaftet oder auf der Flucht. Seit drei Tagen haben wir kein Lebenszeichen vom Kaiser, und die Krönung des Ganzen ist, dass General Iwanow, der uns die Befehle Seiner Majestät überbringen sollte, nicht aufgetaucht ist. Unter diesen Umständen ist es mir unmöglich, meine Pflichten zu erfüllen. Ich verlasse meinen Posten und übergebe meine Aufgaben meinem administrativen Vertreter. Auf diese Weise vermeide ich es, meinen Eid dem Kaiser gegenüber zu brechen, denn ich habe keinerlei Kontakt mit den Revolutionären gehabt.«

Am Abend gelang es den Anführern der Duma endlich, eine provisorische Regierung mit Fürst Lwow als Präsident zu bilden; er übernimmt das Innenministerium. Die anderen Minister sind Gutschkow (Krieg), Miljukow (Außenminister), Tereschtschenko (Finanzen), Kerenskij (Justiz) etc.

Das erste Kabinett des neuen Regimes kam erst nach unendlichen Rangeleien und Hakeleien mit dem Sowjet zustande. Sicher haben die Sozialisten erkannt, dass das russische Proletariat noch zu unorganisch und unwissend ist, um die praktische Verantwortung der Macht zu übernehmen, aber sie achten sehr darauf, hinter den Kulissen die Macht in der Hand zu halten, deshalb haben sie auf die Ernennung von Kerenskij als Justizminister bestanden, um auf diese Weise ein Auge auf die provisorische Regierung haben zu können.

Aus dem Journal Nr. 1 der Sitzung der provisorischen Regierung betreffend
die Deportation der Zarenfamilie und der Mitglieder der Kaiserlichen Familie ins Ausland: 2. März

Was das Schicksal der Mitglieder der früheren Kaiserlichen Familie angeht, so unterstützte der Außenminister [Miljukow] die Notwendigkeit, sie außerhalb der russischen Staatsgrenzen zu deportieren. Er beurteilte diese Maßnahme als notwendig, sowohl aus politischen Gründen als auch wegen der Gefahr, die von ihrer weiteren Anwesenheit in Russland ausgehe. Die provisorische Regierung beschloss, es gebe keine ausreichenden Gründe, diese Maßnahme auf alle Mitglieder des Hauses Romanow auszudehnen, sie sei aber absolut unerlässlich und dringlich im Falle des abgedankten früheren Kaisers Nikolaus II., ebenso des Großfürsten Michail, und ihrer Familien. Was den Aufenthaltsort dieser Personen angehe, so sei es nicht notwendig, darauf zu bestehen, dass sie Russland verlassen; wenn sie im Lande bleiben wollten, werde es nur notwendig sein, ihren Aufenthaltsort zu begrenzen und in derselben Weise die Möglichkeiten ihrer freien Bewegung einzuschränken.

Alexandra an Nikolaus: 2. März, Zarskoje Selo

Mein einziger geliebter teurer Engel, Licht meines Lebens,
mir bricht das Herz, wenn ich daran denke, dass du ganz allein durch all diese Sorgen und Ängste gehen musst und wir nichts von dir wissen, und du nichts von uns, also schicke ich Solowjew und Grammatin zu dir, jeden mit einem Brief, in der Annahme, dass einer dich dann doch erreichen wird. Ich wollte ein Flugzeug schicken, aber die Männer sind fort.

Die jungen Männer werden dir alles erzählen, sodass ich nichts über die Lage schreiben werde. Es ist so abnorm bösartig, und die Geschwindigkeit, mit der die Ereignisse ablaufen, ist kolossal. Aber ich habe den festen Glauben, den nichts erschüttern kann, dass alles irgendwie gut werden wird, vor allem, nachdem ich heute früh dein Telegramm erhielt, den ersten Sonnenstrahl in diesem Sumpf.

Die Kinder liegen ruhig im Dunkeln, Baby liegt mehrere Stunden nach dem Mittagessen bei ihnen und schläft. Ich verbringe die Tage im oberen Stockwerk und halte dort auch Audienz – seit 4 Tagen geht der Lift nicht mehr, eine Leitung ist defekt – Olga hat 37,7, T. 38,9, und ihr Ohr beginnt zu schmerzen – An[astasia] 37,2 (wegen der Medizin, die sie ihr für ihren Kopf gegeben haben). Baby schläft noch, Anja hat 36,6 – die Krankheit war schwer – Gott hat uns dies sicher aus irgendeinem Grund geschickt! Sie sind die ganze Zeit so tapfer. Ich werde hinausgehen und die Soldaten begrüßen, die jetzt vor dem Haus stehen. Weiß nicht, was ich schreiben soll, zu viele Eindrücke, zu viel zu sagen. Das Herz schmerzt sehr, aber ich brauche es nicht, meine Stimmung ist recht gehoben, und ich bin wie ein Hahn.

Leide nur zu schrecklich mit dir.

Dein altes Frauchen

Gleicher Tag:

Geliebtes, teures Licht meines Lebens,

Grammatin und Solowjew reisen mit zwei Briefen ab, in der Hoffnung, dass wenigstens sie dich erreichen, um Nachricht zu bringen und zu erfahren.

Es macht mich mehr als verrückt, nicht bei dir zu sein – aber Seele und Herz sind stärker denn je – nichts kann uns trennen, obwohl sie genau das wollen, deshalb lassen sie dich nicht zu mir, bis du ihr Papier unterzeichnet hast – verantwortlicher Ministerrat oder Verfassung.

Der Alptraum ist, dass du ohne eine Armee im Rücken dazu gezwungen sein magst – aber ein solches Versprechen ist null und nichtig, sobald du wieder an der Macht bist – sie haben dich auf gemeine Weise gefangen wie eine Maus in der Falle – ohne Beispiel in der Geschichte –, und die Bosheit und Demütigung bringt mich um: Die jungen Männer werden dir die ganze Lage deutlich machen, die zu kompliziert ist, um sie im Brief zu beschreiben, und ich gebe nur einige Briefe mit, die verbrannt oder leicht versteckt werden können.

Alle sind sehr schwach und liegen im Dunkeln, wissen nichts von dir und vom Schlimmsten.
Frauchen

Pierre Gilliard: Memoiren, 2. März

Die Duma stellte den Zaren vor die Alternative, abzudanken oder mit den Truppen, die ihm treu geblieben waren, auf Petrograd loszumarschieren: Letzteres hätte einen Bürgerkrieg bedeutet, und dies mit dem äußeren Feind im Land. Nikolaus II. zögerte nicht, und heute früh übergab er General Ruzskij ein Telegramm, in dem er den Vorsitzenden der Duma informierte, er habe die Absicht, zugunsten seines Sohnes abzudanken.

Wenige Stunden später rief er Professor Fjodorow in seinen Wagen und sagte: »Sagen Sie es mir frei heraus, Sergej Petrowitsch. Ist Alexejs Krankheit unheilbar?«

Professor Fjodorow, der die Bedeutung dessen, was er sagen würde, vollständig erkannte, antwortete: »Die Wissenschaft lehrt uns, Sire, dass es eine unheilbare Krankheit ist. Aber diejenigen, die unter ihr leiden, erreichen manchmal ein recht fortgeschrittenes Alter. Trotzdem, Alexej Nikolajewitsch ist dem Zufall ausgeliefert.«

Der Zar senkte den Kopf und murmelte traurig: »Genau das hat mir auch die Zarin gesagt. Nun, wenn das der Fall ist und Alexej niemals seinem Land so dienen kann, wie ich es mir für ihn wünschen würde, haben wir das Recht, ihn bei uns zu behalten.«

Der Tag verging in bedrückender Spannung.

Am nächsten Morgen um 3.30 wurde Dr. Botkin von einem Mitglied der provisorischen Regierung ans Telefon gerufen, das ihn um Nachrichten über Alexej Nikolajewitsch bat. (Später hörten wir, in der Stadt sei das Gerücht von seinem Tod umgegangen.)

König George V.: Tagebuch, 2. März

[Großfürst] Michael [Miche-Miche] kam, und ich erzählte ihm alles über die Revolution in Petrograd, er war sehr aufgeregt, ich fürchte, Alicky ist der Grund für all das, und Nicky ist schwach gewesen.

Hörte von Buchanan, dass die Duma Nicky gezwungen hat, seine Abdankung zu unterzeichnen, und dass Mischa zum Regenten ernannt worden ist, und das nach 23 Jahren als Kaiser, ich bin verzweifelt.

Nikolaus: Tagebuch, 2. März, im Zug

Ruzskij kam heute früh zu mir und gab mir sein langes telefonisches Gespräch mit Rodsjanko wieder.

Nach seinen Worten ist die Situation in Petrograd so, dass gegenwärtig der Ministerrat der Duma handlungsunfähig ist, weil ihnen die Sozialdemokratische Partei in der Maske des Arbeiterkomitees entgegensteht.

Meine Abdankung ist notwendig. Ruzskij übermittelte sein Gespräch dem Hauptquartier, Alexejew an alle Oberkommandierenden.

Bis etwa 2.30 waren die Antworten von allen eingetroffen.

Die Crux an der Sache ist, dass es notwendig ist, diesen Schritt zu unternehmen, um Russland zu retten und die Ruhe in der Armee an der Front zu bewahren.

Ich stimmte zu.

Der Entwurf des Manifests wurde vom Hauptquartier aus versandt. Am Abend trafen Gutschkow und Schulgin aus Petrograd ein, und nach dem Gespräch mit ihnen überreichte ich das unterzeichnete und abgeschriebene Manifest. Ich verließ Pskow um ein Uhr in der Nacht, schweren Herzens. Überall Verrat, Feigheit und Betrug!

Abdankungs-Manifest Nikolaus' II.

Wir, Nikolaus II., Kaiser aller Russlande, Zar von Polen, Großfürst von Finnland etc. etc., tun all Unseren treuen Untertanen kund:

In diesen Tagen entsetzlichen Kampfes gegen den äußeren Feind, der seit drei Jahren versucht, Unserem Vaterland seinen Willen aufzuzwingen, hat es Gott gefallen, Russland einer neuen, schweren Prüfung zu unterziehen. Unruhen im Lande drohen schicksalhafte Auswirkungen auf den schlussendlichen Verlauf dieses hart umkämpften Krieges zu haben. Das Schicksal Russlands, die Ehre Unserer heroischen Armee, das Wohl der Nation und die ganze Zukunft Unseres teuren Landes machen es erforderlich, dass der Krieg fortgeführt wird, koste es, was es wolle, bis zu einem siegreichen Ende.

Unser grausamer Feind unternimmt seine letzte Anstrengung, und der Tag ist nahe, an dem Unsere tapfere Armee, mit Hilfe Unserer wunderbaren Alliierten, ihn ein für alle Mal bezwingen wird.

In diesem Augenblick, einem Augenblick, der so entscheidend für die Existenz Russlands ist, zwingt Uns Unser Gewissen, die engste Vereinigung all Unserer Untertanen und die Organisation all ihrer Kräfte für ein schnelles Erreichen des Sieges zu erleichtern. Aus diesem Grund halten Wir es für richtig – und die Kaiserliche Duma teilt Unsere Ansicht –, der Krone des russischen Staates zu entsagen und die Oberste Macht abzugeben.

Da Wir nicht wünschen, von Unserem geliebten Sohn getrennt zu werden, übergeben Wir Unsere Nachfolge an Unseren Bruder, den Großfürsten Michail Alexandrowitsch, und geben ihm Unseren Segen für die Thronbesteigung. Wir bitten ihn, in engstem Einklang mit den Repräsentanten der Nation zu regieren, die in den gesetzgebenden Versammlungen sitzen, und vor ihnen seinen unverletzlichen Eid im Namen des geliebten Landes zu leisten.

Wir appellieren an alle treuen Söhne Russlands und bitten sie, ihre patriotische und heilige Pflicht zu erfüllen, indem sie ihrem Zar in diesem Augenblick schmerzlicher nationaler Krise gehorsam sind und ihm und den Repräsentanten der Nation helfen, den russischen Staat auf den Weg zu Wohlstand und Herrlichkeit zu führen.

Gott helfe Russland!

NIKOLAUS

Bezeugt durch den Minister des Kaiserlichen Hofes,
Generaladjutant Graf Fredericks
Pskow, 2. März 1917, 15.05

Maurice Paléologue: Memoiren, 3. März

Nikolaus II. hat gestern kurz vor Mitternacht abgedankt.

Als die Abgesandten der Duma, Gutschkow und Schulgin, gegen neun Uhr abends in Pskow eintrafen, empfing sie der Kaiser auf die übliche einfache und freundliche Weise.

In einer sehr würdigen Sprache und mit einer leicht zitternden Stimme teilte Gutschkow dem Kaiser den Auftrag seiner Mission mit und endete mit folgenden Worten:

»Nichts als die Abdankung eurer Majestät zugunsten eures Sohnes kann das russische Vaterland noch retten und die Dynastie bewahren.«

Der Kaiser antwortete sehr schnell, als beziehe er sich auf eine vollkommen gewöhnliche Angelegenheit:

»Ich habe gestern beschlossen, abzudanken. Aber ich will nicht von meinem Sohn getrennt werden; das ist mehr, als ich ertragen könnte; seine Gesundheit ist zu empfindlich; Sie müssen meine Gefühle verstehen. Ich werde daher zugunsten meines Bruders Michail abdanken.«

Gutschkow beugte sich auf der Stelle dem Argument väterlicher Zuneigung, auf das der Zar sich berufen hatte, und auch Schulgin stimmte zu.

Dann ging der Kaiser mit seinem Hofminister in sein Arbeitszimmer; er kam zehn Minuten später mit der unterzeichneten Abdankungsurkunde wieder heraus. Graf Fredericks übergab sie an Gutschkow.

Beim Lesen dieser Erklärung, die auf einem einfachen Stück Papier getippt war, waren die Abgesandten der Duma tief bewegt und konnten fast nicht sprechen, als sie von Nikolaus II. Abschied nahmen, der so unbewegt wie immer war, als er ihnen freundlich die Hand schüttelte.

Sobald sie den Wagen verlassen hatten, fuhr der Kaiserliche Zug Richtung Dwinsk ab, mit der Absicht, nach Mogiljow zurückzukehren.

Die Geschichte kennt wenige Ereignisse von dieser Wucht, so schwanger mit Möglichkeiten und weit reichend in ihren Auswirkungen. Aber von all denen, derer sie sich erinnert, gibt es da auch nur eines, das in einer so lässigen, gelassenen und prosaischen Weise stattfand, und vor allem mit solcher Gleichgültigkeit und Zurückhaltung von Seiten des Hauptthelden?

Ist es einfach Interesselosigkeit, was den Kaiser anbelangt? Ich glaube nicht. Seine Abdankungsurkunde, über der er lange gegrübelt hat, wenn er sie nicht sogar selbst verfasst hat, ist von den höchsten Gefühlen beseelt, und ihr allgemeiner Ton ist durch und durch nobel. Aber seine moralische Haltung in dieser höchsten Krise erscheint vollkommen logisch, wenn man zugibt, wie ich oft schon bemerkt habe, dass der unglückliche Herrscher sich seit vielen Monaten verloren fühlte und dass er lange zuvor sein Opfer gebracht und sein Schicksal angenommen hatte.

Die Thronfolge durch den Großfürsten Michail hat den Zorn des Sowjets erregt: »Keine Romanows mehr!«, hört man überall: »Wir wollen die Republik!«

Maria Pawlowna [die Jüngere]: Memoiren

Um vier Uhr am Morgen des 3. März klopfte der neue Revolutionskommandeur von Zarskoje Selo an die Tür meines Vaters und gab die Abdankung des Kaisers in seinem eigenen Namen und dem des Zarewitsch zugunsten von Großfürst Michail bekannt.

... Mein Vater besuchte wieder die Kaiserin. Unglaublich, aber wahr, sie wusste nichts von der Abdankung.

Niemand hatte den Mut gefunden, ihr diese Nachricht zu überbringen, und mein Vater musste es tun.

Olga Paley:[5] Memoiren, 3. März

Der Untergang des Reiches – denn wir begriffen sehr wohl, dass dies der Untergang war – kam mit all seinen Schrecken auf uns zu.

Vergeblich versuchten wir, uns zu überzeugen, dass Großfürst Michail die Tradition fortführen würde. Wir alle wussten, er hatte nicht den Charakter dazu und stand vollständig unter dem schädlichen Einfluss seiner Frau, Madame Brassowa; im Übrigen liebten wir »unseren« Kaiser, erwählt und gesalbt von Gott, und wollten keinen anderen.

Großfürst Pawel besuchte die Kaiserin um 11 Uhr. So unglaublich es scheinen mag, die arme Frau wusste nichts davon, dass ihr Mann abgedankt hatte. Niemand aus ihrem Gefolge hatte den Mut gehabt, ihr diesen Schlag zu versetzen.

Großfürst Pawel trat leise ein und stand für lange Zeit da, küsste ihr die Hand, konnte kein Wort sagen. Es brach ihm das Herz. Die Kaiserin in ihrer schlichten Schwesternuniform erschütterte ihn mit ihrer Ruhe und der Gelassenheit ihres Blicks.

»Liebe Alix«, sagte der Großfürst endlich zu ihr, »ich wollte in dieser schwierigen Zeit bei dir sein …«

Die Kaiserin blickte ihm in die Augen. »Was geschieht mit Nicky?«, fragte sie. »Nicky geht es gut«, erwiderte der Fürst eilig. »Du musst so tapfer sein wie er: Heute, am 3. März um ein Uhr morgens, hat er die Abdankungsurkunde für sich und Alexej unterzeichnet.«

Die Kaiserin erschauerte, senkte ihren Kopf wie im Gebet. Dann richtete sie sich auf und sagte: »Wenn Nicky das getan hat, muss es notwendig gewesen sein. Ich glaube an Gottes Barmherzigkeit: Gott wird uns nicht verlassen.« Aber gleichzeitig strömten dicke Tränen über ihre Wangen. »Ich mag nicht länger Kaiserin sein«, sagte sie mit einem traurigen Lächeln, »aber ich bleibe eine Schwester der Barmherzigkeit. Wenn Mischa nun Kaiser ist, werde ich nach den Kindern sehen, nach dem Lazarett, wir werden auf die Krim gehen …«

Lily Dehn: Memoiren

Ihr Gesicht war von Schrecken verzerrt, ihre Augen standen voller Tränen. Sie taumelte mehr, als dass sie ging, und ich eilte zu ihr und stützte sie, bis sie den Schreibtisch zwischen den Fenstern erreicht hatte.

Sie stützte sich schwer darauf, und indem sie meine Hand in die ihre nahm, sagte sie mit brechender Stimme: »Abdiqué!« Ich dachte fast, ich könne meinen Ohren nicht trauen. Ich wartete auf ihre nächsten Worte. Sie waren kaum hörbar. Endlich: »Armer Liebling – allein dort und leidend – mein Gott! Was muss er durchlitten haben!«

Pierre Gilliard: Memoiren, 3. März

Niemand kann sich vorstellen, was die Zarin in diesen Tagen durchmachte, während sie verzweifelt am Bett ihre Sohnes saß und keine Nachricht vom Zaren hatte. Sie erreichte in dieser letzten Prüfung die äußersten Grenzen menschlicher Widerstandskraft, woraus sich diese wunderbare, strahlende Gelassenheit speiste, die sie und ihre Familie bis zum Tag ihres Todes stützen sollte.

Die Verzweiflung der Zarin überschritt beinahe jede Vorstellung, aber ihr großer Mut verließ sie nicht.

Ich sah sie am gleichen Abend in Alexejs Zimmer. Ihr Gesicht war schrecklich anzusehen, aber mit einer Willenskraft, die beinahe übermenschlich war, hatte sie sich dazu gezwungen, wie immer die Zimmer der Kinder zu betreten, damit die jungen Patienten, die nichts von dem wussten, was geschehen war, seitdem der Zar ins Hauptquartier abgereist war, keinen Verdacht schöpften.

Alexandra an Nikolaus: 3. März, Zarskoje Selo

Geliebte Seele meiner Seele, mein Kleiner, süßer Engel, oh, ich liebe dich so sehr – immer zusammen, Tag und Nacht – ich fühle, was du durchmachst – und dein armes Herz.

Gott möge barmherzig sein, dir Kraft und Klugheit schenken. Er wird dich nicht verlassen. Er wird helfen, dir für dieses wahnsinnige Leiden Genugtuung schenken und für die Trennung zu einer solchen Zeit, wenn man beieinander sein muss. Gestern kam ein Paket mit Karten für dich aus dem Hauptquartier, ich habe sie sicher verwahrt.

Ach, wann werden wir wieder zusammen sein – so voneinander in jeder Hinsicht abgeschnitten. Aber vielleicht ist seine Krankheit ein Schutz, man kann ihn nicht transportieren. Fürchte nicht um ihn, wir alle werden um unseren Sonnenschein kämpfen.

So sonniges Wetter, keine Wolken – das bedeutet Vertrauen und Hoffnung – alles rundum ist pechschwarz, aber Gott steht über allem; wir kennen Seine Wege nicht – wissen auch nicht, wie Er helfen wird –, aber Er wird alle Gebete erhören.

Weiß nichts vom Krieg, lebe von der Welt abgeschnitten – immer neue Nachrichten, die mich verrückt machen – die letzte, dass Vater sich geweigert hat, auf dem Platz zu bleiben, den er seit 23 Jahren einnimmt. Man könnte den Verstand verlieren – aber das werden wir nicht – sie wird an eine sonnige Zukunft glauben, solange du auf Erden bist, erinnere dich daran. Pawel kam gerade – erzählte mir alles.

Ich verstehe dein Handeln vollkommen – mein Held! Ich weiß, du konntest nicht gegen das unterschreiben, was du bei deiner Krönung geschworen hast – wir kennen einander durch und durch und brauchen keine Worte – und wenn ich so lange lebe, werde ich sehen, wie du zurück auf deinen Thron steigst, zurückgebracht von deinem Volk und den Truppen zur Herrlichkeit deiner Regentschaft.

Du hast die Herrschaft deines Sohnes und das Land und deine heiligmäßige Reinheit bewahrt, und (Judas Ruzskij) du wirst von Gott auf dieser Erde gekrönt werden, in deinem Land.

Ich halte dich fest, fest in meinen Armen und werde niemals zulassen, dass sie deine leuchtende Seele antasten. Ich küsse, küsse, küsse und segne dich und werde dich immer verstehen.
Frauchen

Olga Paley: Memoiren, 3. März

Zu dieser Zeit war Großfürst Michail im Winterpalais in Petrograd. Sehr wenige wissen, dass General Chabalow, als er die Menschenmassen sah, in das Palais eilte und den Großfürsten fragte, ob er in die Menge schießen lassen solle, sich auf die wenigen Regimenter verlassend, die noch loyal geblieben waren. Michail verwarf den Gedanken kategorisch und erklärte, er »wünsche keinen Tropfen russischen Blutes zu vergießen«.

Er verließ das Palais heimlich und versteckte sich in der Millionnaja-Straße im Haus seines Freundes Fürst Putjatin.

Während er sich bei Fürst Putjatin aufhielt, empfing Großfürst Michail, der seit ein Uhr an diesem Tag Zar war, Besuche von Fürst Lwow, Gutschkow, Rodsjanko, Miljukow, Kerenskij und anderen, die sämtlich versuchten, ihn dazu zu bewegen, zugunsten des Volkes abzutreten, das zu gegebener Zeit ihn oder jemand anderen wählen würde. Nach einigen Minuten des Zögerns gab dieser charakterlose Fürst nach, zur großen Freude jener Landesverräter; und Kerenskij, diese Marionette, die zu dieser Zeit aufgrund irgendeines Irrtums ernst genommen wurde, bekam einen hysterischen Anfall.

Abdankungsmanifest des Großfürsten Michail: 3. März[6]

Eine schwere Last ist mir durch den Willen meines Bruders auferlegt worden, der mir den Thron aller Russlande übertragen hat, in dieser Zeit beispielloser Feindseligkeit und innerer Unruhen.

Beseelt, wie unser ganzes Volk, von dem Gedanken, dass Russlands Wohl über allem stehen muss, bin ich fest entschlossen, die höchste Macht nur zu übernehmen, wenn dies der Wille unseres großen Volkes ist, das nun durch allgemeine Wahlen und durch seine Repräsentanten in der Verfassunggebenden Versammlung eine Regierungsform und neue grundlegende Gesetze für den russischen Staat errichten muss.

Deshalb, indem ich Gottes Segen erflehe, rufe ich alle Bürger des russischen Staates auf, der provisorischen Regierung gehorsam zu sein, die auf Initiative der Staatsduma eingerichtet und mit voller Macht ausgestattet worden ist, bis eine Verfassunggebende Versammlung, die in kürzestmöglicher Frist auf der Grundlage allgemeiner, gerechter, gleicher und geheimer Wahlen einberufen werden soll, durch ihre Entscheidung über die Regierungsform dem Willen des Volkes Ausdruck verleihen wird.

Michail
3/III - 1917
Petrograd

Anja Wyrubowa: Memoiren

In jener Stunde äußersten Schreckens wurde kein Wort über den Verlust des Throns gesprochen. Alexandras ganzes Herz war bei ihrem Mann, ihre einzige Angst war, er könne in Gefahr sein und ihr Sohn könne ihnen genommen werden.

Sofort begann sie, brennende Telegramme an den Kaiser zu schreiben, bat ihn, so bald wie möglich nach Hause zu kommen. Mit der raffinierten Grausamkeit, die das gesamte Verhalten der provisorischen Regierung in jenen Tagen kennzeichnete, kamen die Telegramme zur Kaiserin zurück, mit blauem Stift beschriftet: »Anschrift der genannten Person unbekannt.«

Nicht einmal diese Unverschämtheit, wie auch all ihre Ängste, konnte den erhabenen Mut der Kaiserin brechen. Als sie am nächsten Morgen mein Krankenzimmer betrat und an meinem tränenüberströmten Gesicht sah, dass ich wusste, was geschehen war, war ihre einzige sichtbare Gefühlsregung eine leichte Irritation darüber, dass andere Lippen als die ihren mir die Nachricht überbracht hatten. »Sie hätten wissen müssen, dass ich es dir lieber selbst gesagt hätte«, meinte sie. Erst nachdem sie ihre Runde durch den Palast gemacht hatte und allein in ihrem Schlafzimmer war, ließ sie ihrem Kummer freien Lauf.

»Mama hat schrecklich geweint«, erzählte mir die kleine Großfürstin Marie. »Ich habe auch geweint, aber nicht mehr, als unbedingt nötig, wegen der armen Mama.«

Maria an Nikolaus: 3. März, Zarskoje Selo

Lieber, geliebter Vater!
Ich bin in Gedanken und Gebeten immer bei dir. Die Schwestern liegen noch in dem dunklen Zimmer, und Alexej langweilt sich schon, sodass er im Spielzimmer ist, bei geöffneten Fenstern. Heute haben wir mit Zilik [Gilliard] Zinnkugeln gegossen, und er war sehr fröhlich. Ich verbringe fast alle Tage mit Mama, denn ich bin jetzt als Einzige gesund und kann gehen. Ich schlafe

auch bei ihr, um in der Nähe zu sein, wenn etwas gesagt werden muss oder jemand zu ihr will. Lily schläft im roten Zimmer neben dem Speisezimmer auf dem Sofa, wo Olga gewesen ist. Lieber, geliebter Vater, wir alle grüßen dich und küssen dich wärmstens.
Gott schütze dich.
Deine Kinder

Nikolaus: Tagebuch, 3. März, im Zug

Schlief lange und tief. Erwachte weit hinter Dwinsk. Das Wetter war sonnig und frostig. Sprach mit meinen Leuten über gestern. Las viel über Julius Caesar. Um 8.20 traf ich in Mogiljow ein. Der gesamte Stab des Hauptquartiers war auf dem Bahnhof. Ich empfing Alexejew im Abteil. Bis 9.30 war es mir gelungen, zum Haus zu kommen. Alexejew kam mit den letzten Neuigkeiten von Rodsjanko.

Anscheinend hat Mischa abgedankt. Sein Manifest endet mit irgendetwas über Wahlen zu einer Verfassunggebenden Versammlung. Gott weiß, wer ihm geraten hat, etwas so Übles zu unterzeichnen! In Petrograd haben die Unruhen nachgelassen – hoffentlich geht es so weiter.

König George V.: Tagebuch, 3. März

Fuhr nach M. H. [Marlborough House] und hatte ein Gespräch mit der lieben Mutter [Königinwitwe Alexandra], die von den Nachrichten aus Russland sehr betroffen ist.

Olga [Nikolaus' Schwester]: Memoiren

Sandro erinnerte sich nicht, »Kaiserinwitwe Marie jemals in einem derartigen Zustand gesehen zu haben. Sie konnte keinen

Augenblick still sitzen. Sie lief ständig herum, und ich sah, dass sie eher wütend als bekümmert war. Sie verstand nichts von dem, was geschehen war. Sie gab der armen Alicky an allem die Schuld.«

Nikolaus an General Alexejew: 4. März, Mogiljow

Zur Weiterleitung an die provisorische Regierung

Die folgenden Garantien werden der provisorischen Regierung abverlangt:

1. Ich kann mitsamt den mich begleitenden Personen unbehindert nach Zarskoje Selo weiterreisen.
2. Wir können in Sicherheit in Zarskoje Selo wohnen bleiben, bis die Kinder gesund sind, und zwar mit denselben Personen.
3. Wir können unbehindert mit denselben Personen nach Romanow-Murman [Murmansk] weiterreisen.
4. Wir können nach Ende des Krieges nach Russland zurückkehren, um uns auf der Krim niederzulassen – in Livadia.

Von Mogiljow nach Zarskoje Selo: 4. März, Telegramm

An Ihre Majestät
Danke Liebste Endlich kam diese Nacht dein Telegramm Bin verzweifelt nicht bei dir zu sein Gott segne euch alle. Zärtlichste Grüße
Nicky

Zweites Telegramm – dieselbe Nacht: Zärtlichsten Dank für Mutters Telegramm Vor zwei Tagen so freundliche Einladung mit ihr zu essen Bin wieder im Zug Schneesturm In Gedanken und Gebeten immer zusammen
Nicky

Alexandra an Nikolaus: 4. März, Zarskoje Selo

Süßer, geliebter Schatz –
die Lady [Periode] geht erst heute statt gestern, so habe ich Gelegenheit, wieder zu schreiben. Welche Erleichterung und Freude war es, deine teure Stimme zu hören, man konnte dich nur so schlecht verstehen, und man hört jetzt alle unsere Gespräche ab. Und dein liebes Telegramm heute Morgen. Ich habe dir gestern gegen 9 und heute früh vor 1 gekabelt.

Baby lehnt sich übers Bett und sagt, ich soll dich küssen. Alle vier liegen im grünen Zimmer im Dunkeln; Maria und ich schreiben kaum, weil man bei den zugezogenen Vorhängen fast nichts sehen kann. Heute früh habe ich nur das Manifest gelesen, und dann später ein weiteres von Mischa. Die Menschen sind außer sich vor Kummer und Bewunderung für meinen Engel. Es entsteht eine Bewegung unter den Truppen. Fürchte nichts von Sunny, sie bewegt sich nicht – existiert nicht. Aber ich fühle herrlichen Sonnenschein vor uns und sehe ihn voraus.

Bin äußerst entsetzt über Duckys Mann [Großfürst Kyril].[7] Man sperrt rechts und links Leute ein, Offiziere natürlich. Gott weiß, was vor sich geht – hier wählen die Soldaten ihre eigenen Kommandeure und benehmen sich unsagbar ihnen gegenüber, grüßen nicht, rauchen vor ihren Offizieren. Will nicht alles schreiben, was geschieht, so widerwärtig ist es. N. P. [Sabline] in der Stadt eingesperrt. Matrosen kamen die anderen holen. Die Invaliden in beiden Stockwerken wissen nichts von deiner Entscheidung – habe Angst, es ihnen zu sagen, und bisher ist es ja auch noch unnötig. Lily [Dehn] war ein Engel und hilft einem, eisern zu sein, sodass ich noch nicht einmal zusammengebrochen bin.

Du, mein Liebster, mein lieber Engel, ich kann gar nicht daran denken, was du durchgemacht hast und noch durchmachst – es bringt mich um den Verstand. O Gott; natürlich werden wir dein Leid hundertmal wieder gutmachen. Ich will über diese Sache nicht schreiben, man kann es nicht – wie sie dich gedemütigt haben, indem sie diese beiden Wilden geschickt haben – bevor du es mir sagtest, wusste ich nicht, wer da gewesen ist. Ich habe das Gefühl, die Armee wird aufstehen.

Revolution in Deutschland, W[illy] getötet,[8] sein Sohn verwundet, über dem Ganzen sieht man die Freimaurerbewegung. An[astasia] hat jetzt 38,6 Temp., und die Flecken kommen mehr heraus. Olga hat Rippenfellentzündung, die Kuh [Anja] auch. T[atjana]s Ohren sind besser, dem Sonnenschein geht es besser, und ich zweifle, ob man uns jemals irgendwo durchlassen würde. Gibbes [Hauslehrer] hat Emma, Nini und ihre Mütter in einem Zimmer eines (englischen) Offiziers-Lazaretts getroffen. Ihre Räume sind völlig ausgebrannt, die alte Frau ist sehr krank. Die rote Mütze ist immer noch eingesperrt. Lebe mit dir, liebe und verehre dich. Bring jemanden dazu, ein paar Zeilen herzubringen – mach deine Pläne mehr oder weniger für den Augenblick: Gott im Himmel wird helfen. Drücke dich fest, fest, dein Frauchen.

Gerade heute Morgen erfuhren wir, dass alles an M[ischa] übergeben und der Kleine nun in Sicherheit ist – welch ein Trost.

Sandro: Memoiren

Ich kleidete mich an und ging, ein Mutterherz zu brechen. Wir bestellten den Zug und brachen am Nachmittag zur Stawka auf, da wir inzwischen erfahren hatten, dass Nicky die »Erlaubnis« erhalten hatte, dem Hauptquartier einen Abschiedsbesuch abzustatten.

Bei der Ankunft in Mogiljow wurde unser Zug zum »Kaiserlichen Bahnsteig« gebracht, wo der Zar normalerweise zu seinen Reisen in die Hauptstadt aufbrach. Nickys Auto kam eine Minute später am Bahnhof an. Er kam langsam auf den Bahnsteig, sagte den beiden Kosaken an der Wagentür seiner Mutter guten Morgen und stieg ein.

Er war blass, aber sonst verriet nichts seine Autorenschaft dieses schrecklichen Manifests. Er blieb für zwei Stunden mit der alten Kaiserin unter vier Augen. Über den Gegenstand ihres Gesprächs hat sie mir nie etwas gesagt. Als ich eingeladen wurde, mich zu ihnen zu gesellen, saß sie in einem Sessel und schluchzte laut, während er regungslos dastand, seine Füße betrachtete und, natürlich, rauchte.

Wir umarmten uns. Ich wusste nicht, was ich sagen sollte. Die Ruhe in seinem Verhalten zeigte, dass er der festen Überzeugung war, richtig entschieden zu haben, obwohl er seinen Bruder Mischa kritisierte, weil dieser sich geweigert hatte, den Thron zu akzeptieren und Russland ohne Herrscher gelassen hatte.

»Mischa hätte das nicht tun sollen«, schloss er sentenzenhaft. »Ich frage mich, wer ihm einen so seltsamen Rat gegeben hat.«

Diese Bemerkung von einem Mann, der soeben ein Sechstel der Erdoberfläche einem Mob betrunkener Reservisten und aufständischer Arbeiter überlassen hatte, machte mich sprachlos. Nach einer schmerzhaften Pause versuchte er sich an einer andeutungsweisen Erklärung der Gründe, die ihn zu seiner Entscheidung gebracht hatten. Er erwähnte die drei wichtigsten:

1. Seine Abneigung, Russland in einen Bürgerkrieg zu stürzen.
2. Sein Wunsch, die Armee aus der Politik heraus und in einer Verfassung zu halten, die den Alliierten nützen konnte.
3. Sein Glaube, dass die provisorische Regierung Russland besser regieren würde, als er es getan hatte.

Anja Wyrubowa: Memoiren

Von seiner Mutter, die, begleitet von Großfürst Alexander Michailowitsch [Sandro], aus Kiew herbeieilte, um ihn zu sehen, sagte er, es sei ein riesiger Trost, sie in seiner Nähe zu haben, aber der Anblick des Großfürsten sei ihm unerträglich.

Aber was dachte er, was aus ihm werden würde, aus der Kaiserin und den Kindern? Er wusste es nicht, aber es gab eine Bitte, die seinen Feinden gegenüber zu äußern er nicht zu stolz war, nämlich, ihn nicht aus Russland fortzuschicken.

»Lasst mich hier in meinem Land leben, als der bescheidenste und verborgenste Landbesitzer, mein Land bebauen und mir selbst das ärmlichste Leben verdienen«, rief er aus. »Schickt uns in jeden entfernten Winkel Russlands, nur lasst uns bleiben.«

König George V. an Nikolaus: 6. März, Buckingham Palace, Telegramm, von der provisorischen Regierung zurückgehalten

Die Ereignisse der letzten Wochen deprimieren mich zutiefst. Meine Gedanken sind immer bei dir, und ich werde immer der treue und ergebene Freund bleiben, der ich, wie du weißt, in der Vergangenheit gewesen bin.

Nikolaus: Tagebuch, 7. März, Mogiljow

Erhielt zwei weitere Briefe von der lieben Alix, die mir von zwei Offizieren aus dem Konvoi überbracht wurden. Machte einen Spaziergang von etwa einer Stunde. Das Wetter war mild, aber es schneite den ganzen Tag. Nach dem Tee begann ich, meine Sachen zu packen. Aß mit Mama zu Abend und spielte Bezique mit ihr.

Journal Nr. 10 der provisorischen Regierung
7. März 1917

DISKUSSIONSPUNKT:

Die Inhaftierung des abgedankten Kaisers Nikolaus II. und seines Gefolges.

BESCHLUSS:

1. Der abgedankte Kaiser und sein Gefolge werden unter Arrest gestellt, der frühere Kaiser nach Zarskoje Selo überstellt.

2. General Michail Wassiliewitsch Alexejew wird beauftragt, einen Plan zur Bewachung des abgedankten Kaisers zu entwerfen, der den in Mogiljow befindlichen Mitgliedern der Staatsduma zur Verfügung gestellt wird.
3. Die Mitglieder der Staatsduma, die nach Mogiljow entsandt werden, um den früheren Kaiser von Mogiljow nach Zarskoje Selo zu begleiten, werden beauftragt, einen schriftlichen Bericht zu verfassen, wenn sie ihren Auftrag erfüllt haben.
4. Diese Entschließung wird veröffentlicht.

Graf Benckendorff: Memoiren, 8. März

Am Morgen des 8. März wurde ich darüber informiert, dass General Kornilow, der Oberste Befehlshaber, in Zarskoje war und jeden Moment im Palast erwartet wurde. Er sagte mir, er wünsche, die Kaiserin zu sehen, um sie vom Beschluss der provisorischen Regierung zu informieren. Er gab mir das Dokument zu lesen.

Es war ein Befehl, den Kaiser und, wie es hieß, seine Frau in Arrest zu nehmen. Er fügte hinzu, dies sei eine Vorsichtsmaßnahme, und sobald es die Gesundheit der Kaiserlichen Kinder erlaube, würde die Familie des Kaisers nach Murmansk geschickt werden, wo ein britischer Kreuzer warte, der sie nach England bringen würde.

Ich ging, um die Kaiserin von dem Besuch in Kenntnis zu setzen, und sie empfing [Kornilow] in Gegenwart von Graf Apraksin und mir. Er las den Haftbefehl laut vor, der am gleichen Tag in den Zeitungen veröffentlicht worden war, und danach bat er uns zu gehen und blieb mit der Kaiserin allein.

Ich erfuhr später, dass er ihr dieselbe Versicherung gegeben hatte wie mir, d. h., es sei ihm gesagt worden, die Haft sei nur eine Vorsichtsmaßnahme, eine Sicherung gegen Exzesse, die von Seiten der Truppen befürchtet werden müssten. Diese nämlich, betrunken wie sie seien, seien außer Kontrolle, gehorchten ihren Offizieren nicht und ständen unter dem Einfluss der Arbeiter-

und Soldatenräte, die aus sozialistischen Elementen bestünden. [Kornilow] zeigte auf einem Plan die Türen an, die verschlossen werden müssten, und gab in unser aller Gegenwart die entsprechenden Befehle. Er sagte uns, diejenigen, die den Wunsch äußerten, im Palast zu bleiben, unterlägen demselben Befehl – von nun an würde niemand mehr den Palast betreten oder verlassen können.

Als ich nach meinen Absichten gefragt wurde, erklärte ich, ich wünschte zu bleiben. Nach seinem Abschied ging ich zur Kaiserin. Ich fand sie ruhig, sehr tapfer, aber mit roten Augen vor, sie hatte sehr geweint.

Ich konnte ihr die Rückkehr des Kaisers am nächsten Morgen ankündigen. Sie sagte mir, er [Kornilow] habe sich ihr gegenüber gut verhalten. Er hatte ihr versichert, die Dauer des Arrests wäre ausschließlich abhängig von der Gesundheit der Kinder, und ein britischer Kreuzer läge bereits im Hafen von Murmansk, um die Kaiserliche Familie nach England zu bringen. Diese letzte Nachricht war nicht wahr.

Pierre Gilliard: Memoiren, 8. März

Um halb zehn morgens am 8. rief mich Ihre Majestät zu sich und teilte mir mit, General Kornilow sei von der provisorischen Regierung geschickt worden, um sie darüber in Kenntnis zu setzen, dass der Zar und sie selbst unter Arrest stünden und dass diejenigen, die nicht mit in Haft genommen werden wollten, den Palast vor vier Uhr verlassen müssten. Ich erwiderte, ich hätte beschlossen, bei ihnen zu bleiben.

»Der Zar kommt morgen zurück. Alexej muss alles erfahren. Wollen Sie das übernehmen? Den Mädchen werde ich es selbst sagen.«

Es war leicht zu sehen, wie sehr sie litt, wenn sie an den Kummer der Großfürstinnen dachte, sobald diese hören würden, dass ihr Vater abgedankt hatte. Sie waren krank, und diese Nachricht könnte die Krankheit verschlimmern.

Ich ging zu Alexej und sagte ihm, der Zar werde am nächsten Morgen von Mogiljow zurückkehren und nie mehr dorthin zurückkehren.

»Warum?«

»Dein Vater will nicht mehr Oberster Befehlshaber sein.«

Er war äußerst bewegt darüber, denn er fuhr sehr gern ins Hauptquartier.

Ein oder zwei Augenblicke später fügte ich hinzu.

»Weißt du, dass dein Vater auch nicht mehr Zar sein will?«

Er sah mich voller Erstaunen an, versuchte, in meinem Gesicht zu lesen, was geschehen war.

»Was! Warum?«

»Er ist sehr müde und hat in letzter Zeit viel Ärger gehabt.«

»O ja! Mutter hat mir erzählt, dass sie seinen Zug angehalten haben, als er hierher kommen wollte. Aber wird Papa danach nicht wieder Zar sein?«

Da sagte ich ihm, der Zar hätte zugunsten von Großfürst Michail abgedankt, dieser habe den Thron aber zurückgewiesen.

»Aber wer soll dann jetzt Zar sein?«

»Ich weiß es nicht. Vielleicht niemand mehr.«

Kein Wort über ihn selbst. Keine einzige Andeutung über seine Rechte als Thronerbe. Er war ganz rot im Gesicht und aufgeregt. Es herrschte Schweigen, dann sagte er:

»Aber wenn es keinen Zaren gibt, wer regiert dann Russland?«

Um vier Uhr wurden die Türen des Palastes verschlossen. Wir waren Gefangene.

Sandro: Memoiren

General Alexejew lädt uns ein, uns in der Haupthalle des Generalstabsquartiers zu versammeln. Nicky wird eine Ansprache an die Mitglieder seines früheren Stabes halten. Um elf Uhr vormittags ist die Halle gesteckt voll. Generale, Offiziere und Bedienstete des Kaisers sind anwesend.

Nicky tritt ein – ruhig, reserviert, mit der Andeutung eines Lächelns auf den Lippen. Er dankt dem Stab und bittet die Leute, ihre Arbeit »mit derselben Loyalität und im Geist der Selbstaufopferung« weiterzuführen. Er lädt sie ein, allen Streit zu vergessen, Russland zu dienen und unsere Armee zum Sieg zu führen.

Dann nimmt er Abschied, in kurzen, soldatischen Sätzen, vermeidet Worte, die Pathos andeuten könnten. Seine Bescheidenheit macht ungeheuren Eindruck. Wir schreien »Hurra«, wie wir es in den letzten dreiundzwanzig Jahren nie getan haben.

Ältere Generale weinen. Noch einen Augenblick, und jemand müsste vortreten und Nicky anflehen, seinen Entschluss zu überdenken. Aber ein derartiger Schritt wäre nutzlos: Der Zar von Russland nimmt sein Wort nicht zurück.

Nicky verbeugt sich und geht. Wir essen zu Mittag. Wir essen zu Abend. Unsere Gespräche schleppen sich hin. Wir sprechen von den Tagen unserer Kindheit im Krim-Palast von Livadia ...

Nicky versucht, seine Mutter aufzuheitern. Er erwartet, sie »bald« zu sehen. Es wird ein wenig darüber gesprochen, dass er nach England geht, obwohl er viel lieber in Russland bleiben würde. Viertel vor vier. Sein Zug steht gegenüber unserem. Wir stehen auf. Er bedeckt das Gesicht seiner Mutter mit Küssen.

Er wendet sich mir zu, und wir umarmen uns. Er geht hinaus, überquert den Bahnsteig und steigt in seinen Salonwagen ein. Die Herren von der Duma, die zur Stawka gekommen sind, um Nicky nach St. Petersburg zu eskortieren und natürlich seine Adjutanten zu bespitzeln, verabschieden sich mit einem Händeschütteln von General Alexejew. Sie wechseln herzliche Verbeugungen. Kein Zweifel, sie haben Gründe, dem General dankbar zu sein.

Nickys Lokomotive pfeift, und der Zug beginnt sich langsam zu bewegen. Er steht in dem großen, verspiegelten Fenster seines Wagons. Er lächelt und winkt mit der Hand. Sein Gesichtsausdruck ist unendlich traurig. Er trägt ein einfaches Kaki-Hemd mit dem St.-Georgs-Kreuz im Knopfloch. Die alte Kaiserinwitwe

weint jetzt hemmungslos, nachdem der Zug des Zaren nur noch ein Rauchstreifen am Horizont ist.
[Bei dieser Gelegenheit trafen sich Nicky und Sandro zum letzten Mal.]

Nikolaus: Tagebuch, 8. März, Mogiljow

Der letzte Tag in Mogiljow. Um 10.15 unterzeichnete ich meine Abschiedserklärung an die Armee. Um 10.30 ging ich ins Büro des Diensthabenden, wo ich mich vom gesamten Stab des Hauptquartiers und der Verwaltung verabschiedete. Zu Hause nahm ich Abschied von den Offizieren und Kosaken – es brach mir fast das Herz!

Um 12 Uhr kam Mama in den Wagon, ich aß mit ihr und ihrem Gefolge und blieb bis 4.30 bei ihr. Ich nahm von ihr und Sandro Abschied, von Sergej, Boris und Alek [Alexejew]. Der arme Nilow durfte mich nicht begleiten. Um 4.46 verließ ich Mogiljow und wurde von einer rührenden Menschenmenge auf den Weg gebracht. 4 Mitglieder der Duma reisen mit mir im Zug!

Ich durchfuhr Orscha und Witebsk.

Das Wetter ist frostig und windig.

Es ist traurig, schmerzlich und deprimierend.

Graf Benckendorff: Memoiren, 9. März, Zarskoje Selo

Etwa um 11 Uhr vormittags ging ich mit Graf Apraksin zum Haupteingang, um die Ankunft des Kaisers zu erwarten. Das Tor befindet sich etwa 100 Meter vom Palast entfernt.

Gegen 11.15 traf das Auto des Zaren vor dem Tor ein und wurde vom Wachhabenden gestoppt, der fragte, wer sich darin befinde. Nachdem er die Antwort des Chauffeurs erhalten hatte, gab er dem Kommandanten das verabredete Signal. Der Kommandant ging die Stufen hinunter und fragte mit lauter Stimme, wer da sei. Der Wachhabende rief: »Nikolaus Romanow.« – »Lassen Sie ihn passieren«, sagte der Offizier.

Nach dieser abstoßenden Komödie erreichte das Auto die Stufen, und der Kaiser und Dolgorukow[9] stiegen aus. Das Ante-Chambre war voll. Er ging durch die Menge, salutierte militärisch, schüttelte mir und Apraksin die Hand und betrat die Wohnräume der Kaiserin, ohne ein Wort zu sagen. Dolgorukow war von dieser unerwarteten Szene zu Tränen gerührt. Ich brachte ihn sofort zu seiner Mutter, und er erzählte uns alles, was geschehen war. Seine Erzählung war dramatisch und machte tiefen Eindruck auf uns. Es schien uns unerklärlich, dass der Kaiser, der sich nie dazu hatte entschließen können, eine Verfassung zuzulassen und einen verantwortlichen Minister zu ernennen, nun so schnell eingewilligt hatte abzudanken. Die Rolle der Generale und des Stabes kam uns wie Verrat vor.

Gegen 2 Uhr überquerte ich die Schwelle jenes Raumes, in dem ich meinen Herrscher so viele Jahre lang auf der Höhe irdischer Macht gesehen hatte. Er selbst war sehr bewegt, umarmte mich mit großer Herzlichkeit und begann sofort, die Einzelheiten dieses dramatischen Ereignisses zu erzählen.

Er zeigte mir die Telegramme der Generale an den verschiedenen Frontabschnitten, die ihm alle, wie aus einem Munde, gesagt hatten, das einzige Mittel zur Rettung der Monarchie sei seine Abdankung zugunsten des Thronfolgers. Nikolaus habe diese Meinung geteilt und ihn auf Knien angefleht. Seine Majestät beklagte sich bitter über die geradezu rüde Eindringlichkeit, mit der General Ruzskij zu ihm gesprochen hatte. Stundenlang habe General Ruzskij ununterbrochen auf ihn eingeredet, ohne ihm einen Augenblick zum Nachdenken zu geben. Der Kaiser als Oberster Befehlshaber der Armee war in Gegenwart des Feindes im eigenen Land von seinen Generalen verraten und gezwungen worden, sich dem Druck zu beugen, denn die letzte Stütze der Monarchie, die Armee, war dabei, zu den Revolutionären überzulaufen.

Der Kaiser sagte mir, er habe zunächst zugunsten seines Sohnes abgedankt und diese Abdankungsurkunde sogar schon General Ruzskij in die Hand gegeben, bevor die Abgesandten der Duma, Gutschkow und Schulgin, in Pskow eingetroffen waren.

Ein Gespräch mit Professor Fjodorow habe dann aber seinen Sinneswandel bewirkt. Seine Majestät hatte erst gedacht, es werde ihm möglich sein, sich mit seiner Familie nach Livadia zurückzuziehen, seinen Sohn bei sich zu behalten und für dessen Erziehung zu sorgen. Der Professor führte ihm aber ganz richtig vor Augen, dass der Herrscher, der vom Thron zurückgetreten war, auf keinen Fall im Lande bleiben könne; Ereignisse, die sich bald tragisch entwickeln würden, würden sie zwingen, das Land so bald wie möglich zu verlassen; die neue Regierung würde ihm niemals erlauben, den Herrscher zu erziehen, und er solle sich darauf vorbereiten, von ihm getrennt zu werden. Bezüglich der Gesundheit des Thronfolgers befragt, sagte der Professor, nach seiner Ansicht und nach der aller medizinischen Berater, die sich um ihn kümmerten, sei der Thronfolger unheilbar krank. Mit Sorgfalt und Vorsicht werde es möglich sein, sein Leben zu verlängern, aber er würde nie ein wirklich gesunder Mann sein. Fjodorow fasste seine Meinung zusammen, indem er sagte, der Kaiser, die Kaiserin und die Großfürstinnen sollten das Land so bald wie möglich verlassen und der Thronfolger sollte in den Händen der Regentschaft gelassen werden, die gebildet werden müsse. Als Folge dieser Unterredung beschloss der Kaiser, seine erste Abdankungsurkunde zu vernichten, und ohne irgendjemandem etwas davon zu sagen, entwarf er jene Urkunde, die er am Abend Gutschkow übergab und nach der er zugunsten seines Bruders abdankte. Dass dieser Akt illegal war, war ihm gar nicht aufgegangen.

Nikolaus: Tagebuch, 9. März, Zarskoje Selo

Ich traf schnell und ohne Zwischenfall in Zarskoje Selo ein – um 11.30. Aber Gott, was für ein Unterschied, es standen Wachen auf der Straße und im Park rund um das Haus, und irgendwelche Fähnriche am Eingang! Ich ging hinaus und sah die liebste

Alix und die lieben Kinder. Es geht ihnen allen gut, bis auf Maria, deren Masern erst vor kurzem ausgebrochen sind. Sie sah kräftig und gut aus, aber sie lagen alle in einem abgedunkelten Raum. Wir aßen in Alexejs Spielzimmer zu Mittag und zu Abend. Traf den lieben Benckendorff. Machte mit Walja Dolg[orukow] einen Spaziergang und arbeitete ein wenig mit ihm im Garten, denn weiter dürfen wir nicht gehen!! Nach dem Tee packte ich meine Sachen aus.

Anja Wyrubowa: Memoiren

Wenigstens für eine Weile blendete das Glück, wieder beieinander zu sein, die Spannungen der Vergangenheit und die düstere Unsicherheit der Zukunft aus. Aber später, allein, hinter ihren eigenen, verschlossenen Türen, überwältigten die Gefühle des verratenen und verlassenen Kaisers seine Selbstbeherrschung vollkommen, und er weinte wie ein Kind an der Brust seiner Frau. Es wurde vier Uhr nachmittags, bevor sie zu mir kommen konnte, und als sie kam, las ich in ihrem weißen, verzogenen Gesicht die ganze Geschichte der Qualen, durch die sie gegangen war.

»Er wird kein zweites Mal zusammenbrechen«, sagte sie mit einem tapferen Lächeln. »Er spaziert jetzt durch den Garten. Komm zum Fenster und sieh ihn dir an.« Sie half mir ans Fenster und zog selbst den Vorhang zur Seite.

Niemals, niemals so lange ich lebe, werde ich vergessen, was wir sahen, wir zwei, aneinandergeklammert vor Scham und Kummer über unser entehrtes Land. Unten im Garten des Palastes, der ihm zwanzig Jahre lang ein Zuhause gewesen war, stand der Mann, der noch wenige Tage zuvor der Zar aller Russlande gewesen war. Bei ihm stand sein treuer Freund Fürst Dolgorukow [Walja], und die beiden wurden von sechs Soldaten umringt, besser gesagt von sechs Raufbolden, mit Gewehren bewaffnet.

Mit ihren Fäusten und den Griffen ihrer Gewehre schoben sie den Kaiser weiter, als wäre er ein elender Landstreicher, den sie auf einer Landstraße aufgegriffen hatten.

»Sie können dort nicht gehen, Herr Colonel.« – »Wir können Ihnen nicht gestatten, in diese Richtung zu gehen.« – »Bleiben Sie dort, wohin man Sie befiehlt.«

Der Kaiser, anscheinend unbewegt, sah von einem dieser rauen Wilden zum anderen, wandte sich mit großer Würde ab und ging zurück zum Palast.

Pierre Gilliard: Memoiren, 9. März

Der Kaiser akzeptierte alle Einschränkungen mit außerordentlicher Gelassenheit und moralischer Größe. Kein Wort des Tadels kam jemals über seine Lippen. Tatsächlich war sein ganzes Sein von einer einzigen Leidenschaft beherrscht, die sogar noch machtvoller war als die Bande zwischen ihm und seiner Familie: der Liebe zu seinem Land. Wir spürten, er war bereit, denjenigen, die ihm derartige Demütigungen zumuteten, alles zu vergeben, so lange sie in der Lage waren, Russland zu retten.

Lord Stamfordham:[10] Gesprächsnotiz, 9. März,
Buckingham Palace

Ich traf heute früh den Premierminister. Er hatte Sir George Buchanans Telegramm noch nicht gesehen, das gestern Abend eingetroffen war und von dem Gespräch mit Herrn Miljukow berichtete [dem neuen Außenminister], in dem dieser auf die frühestmögliche Abreise des Kaisers aus Russland drängte und vorschlug, der König und die britische Regierung sollten Seiner Kaiserlichen Majestät Asyl in ihrem Land anbieten.

Ich wies Mr. Lloyd George darauf hin, dass der König natürlich den Wunsch haben würde, konsultiert zu werden, bevor die Regierung auf diesen Vorschlag endgültig antwortete.

Nach der Lektüre des Telegramms diskutierte der Premierminister den Alternativvorschlag, der Kaiser könne nach Dänemark gehen. Mr. Lloyd George jedoch stand diesem Vorschlag sehr negativ gegenüber. Dänemark liegt nach seiner Ansicht zu nahe an Deutschland, und er sah die ernsthafte Gefahr, Seine Kaiserliche Majestät könne zur Zielscheibe deutscher Intrigen werden.

Eine Konterrevolution in Russland ist alles andere als unwahrscheinlich, und wie in Frankreich bei der großen Revolution könnten unzufriedene Generale die Armee ermutigen, sich an einem Plan zu beteiligen, den Kaiser zurückzuholen.

Auch wenn der Kaiser wohl zu solchen Plänen nicht ermuntern würde, war der Premierminister alles andere als sicher, dass es die Kaiserin nicht tun würde.

Dann gesellte sich Lord Hardinge zu uns, und später auch Mr. Bonar Law: Erstgenannter anerkannte Mr. Lloyd Georges Bedenken gegen Dänemark, und man war sich allgemein einig, dass der Vorschlag, wir sollten den Kaiser in unserem Land empfangen (der von der russischen Regierung kommt, die wir mit aller Kraft zu unterstützen suchen), nicht zurückgewiesen werden könne.

Ich erwähnte die Befürchtungen des Königs im Zusammenhang mit der Seereise von Romanow aus. Der Premierminister fragte, warum der König nicht nach Bergen kommen könne. Lord Hardinge bemerkte, wahrscheinlich wünsche die russische Regierung, der Kaiser solle nach Romanow gehen, weil er sich dort in ihrem Gewahrsam befände, bis er sicher an Bord eines englischen Schiffes angelangt sei, während er auf einer Reise nach Bergen frei sein würde, sobald er die russische Grenze überschritten habe.

Zweifellos ist die russische Regierung besorgt, was die Sicherheit des Kaisers und der Kaiserin angeht, und wünscht aus diesem Grunde, ihre Abreise zu beschleunigen.

Mr. Lloyd George schlug vor, der König könne in der Lage sein, eines seiner Häuser Seiner Kaiserlichen Majestät zur Verfügung zu stellen, aber ich erinnerte den Premierminister daran, dass der König keine Häuser besitze, abgesehen von Balmoral, das zu dieser Jahreszeit sicher keine angemessene Unterkunft darstelle.

Es wurde vorgeschlagen, vielleicht könne die britische Regierung dem Kaiser ein Salär aussetzen, aber auf meinen Vorschlag hin meinte Lord Hardinge, es wäre vollkommen vernünftig, wenn Sir Buchanan gegenüber Monsieur Miljukow, sobald er diesem die Bereitschaft der britischen Regierung übermittelte, dem Kaiser in ihrem Land Asyl zu gewähren, auch andeuten würde, dass die russische Regierung Seiner Kaiserlichen Majestät ausreichende Mittel zur Verfügung stellen müsse, sodass er hier in angemessen würdevoller Weise leben könne. In Bezug auf die Botschaft des Premierministers an den russischen Premier, die gestern übermittelt wurde, sagte ich, der König sei der Ansicht, es sei schon ein wenig stark, zu sagen, »die Revolution ist der größte Dienst, den das russische Volk bisher jener Sache erwiesen hat, für die die Alliierten kämpfen«.

Er erklärte, die Botschaft sei in erheblichem Ausmaß aufgrund der Vorschläge von Monsieur Nabokov von der russischen Botschaft aufgesetzt worden, der sehr bedacht darauf gewesen sei, die Tatsache zu betonen, dass eine verantwortliche Regierung etabliert worden ist und dass es die Errichtung einer stabilen konstitutionellen Regierungsform sei, die uns als eine der ältesten konstitutionellen Regierungen am Herzen liege. Mr. Lloyd George erklärte auch, der Rest des Telegramms sei in gewissem Maße Füllwerk. Ich erwiderte, das Wort »Revolution« habe einen unangenehmen Beiklang, wenn es aus einer guten alten Monarchie käme, aber der Premierminister antwortete gut gelaunt: »Nein, aus einem alten Verfassungsstaat«, und fügte hinzu, unser gegenwärtiger Monarch begründe seine Herrschaft auf eine Revolution, das könne ich sicher nicht abstreiten.

Mr. Lloyd George wünschte, ich möge dem König versichern, dass die Botschaft vom Kabinett abgesegnet sei, und er hoffe, Seine Majestät werde sie in dem oben angedeuteten Sinne verstehen. Lord Hardinge übernahm den Entwurf eines offiziellen Telegramms an Sir George Buchanan des Inhalts, dass der König und die Regierung Seiner Majestät bereit sein würden, Monsieur Miljukows Forderung zu entsprechen, den Kaiser und seine Familie hierzulande zu empfangen.

Es wird deutlich gemacht werden, dass dieser Vorschlag von der russischen Regierung aufgebracht wurde und nicht von uns.

Auch wird auf Vorschlag des Premierministers ein privates Telegramm verschickt werden, in dem Sir George Buchanan die Gründe erklärt werden, weshalb es nach Ansicht der Regierung Seiner Majestät nicht wünschenswert ist, dass die Majestäten nach Dänemark gehen. Auch die Frage der finanziellen Stellung des Kaisers wird in dieser privaten Botschaft angesprochen werden.

König George V.: Tagebuch, 10. März

Ging hinüber nach M. H. [Marlborough House] und sprach mit der lieben Mutter [Königinwitwe Alexandra] über Russland und Nicky; sie ist sehr aufgeregt über das Ganze.

Maurice Paléologue: Memoiren, 10. März

Letzte Nacht wurde Rasputins Sarg heimlich an seiner Ruhestätte in der Kapelle von Zarskoje Selo exhumiert und in den Wald von Pargolowo gebracht, fünfzehn Werst nördlich von Petrograd.

Inmitten einer Lichtung dort hatte eine Anzahl Soldaten, angeführt von einem Pionier-Offizier, eine große Menge Fichtenstämme aufgeschichtet.

Nachdem man den Sargdeckel aufgestemmt hatte, zogen sie den Leichnam mit Stöcken heraus, wegen seines verwesten Zustandes, und sie hoben ihn, nicht ohne Schwierigkeiten, auf den Scheiterhaufen. Dann tränkten sie ihn mit Petroleum und zündeten ihn an. Die Verbrennung dauerte bis zum Morgengrauen an, mehr als sechs Stunden.

Trotz des eisigen Windes, der abstoßenden Dauer der Operation und der Wolken von stechendem, übel riechendem Rauch von dem Scheiterhaufen versammelten sich mehrere hundert *Muschiks* die ganze Nacht um das Feuer. Still und regungslos starrten sie schreckensstarr auf das blasphemische Brandopfer, das langsam den Märtyrer-*starets* verzehrte, den Freund des Zaren und der Zarin, den »Mann Gottes«.

Nikolaus: Tagebuch, 11. März, Zarskoje Selo

Morgens empfing ich Benckendorff und erfuhr von ihm, dass wir noch eine ganze Weile hier bleiben werden. Das ist gut zu wissen. Verbrannte weiterhin Briefe und Papiere. Anastasias Ohren beginnen zu schmerzen – dasselbe wie bei den anderen. Von 3 bis 4.30 spazierte ich durch den Garten und arbeitete dort.

König George V.: Tagebuch, 11. März

Michael [Großfürst, Miche-Miche] suchte mich auf, und wir diskutierten über die Idee, dass der arme Nicky nach England kommen solle.

Lord Stamfordham an A.J. Balfour:[11] 17. März

Mein lieber Balfour,
der König hat viel über den Vorschlag der Regierung nachgedacht, Kaiser Nikolaus und seine Familie nach England zu bringen.

Wie Sie zweifellos wissen, hegt der König eine starke persönliche Freundschaft für den Kaiser und wäre deshalb froh, alles zu tun, um ihm in dieser Krise zu helfen. Aber Seine Majestät kommt nicht umhin zu bezweifeln, nicht nur aufgrund der Gefahren der Reise, sondern aus allgemeinen Gründen der Zweckmäßigkeit, ob es ratsam ist, die Kaiserliche Familie in unserem Land Aufenthalt nehmen zu lassen.

Der König wäre Ihnen dankbar, wenn Sie den Premierminister konsultieren würden, denn soweit Seine Majestät weiß, ist in dieser Angelegenheit von der russischen Regierung noch keine endgültige Entscheidung getroffen worden.
Mit freundlichen Grüßen,
Stamfordham

Pierre Gilliard: Memoiren

Unsere Gefangenschaft in Zarskoje Selo sollte, so schien es, nicht lange dauern, und es war von unserer unmittelbaren Überstellung nach England die Rede.

Aber die Tage vergingen, und unsere Abreise wurde immer wieder verschoben. Tatsächlich sah sich die provisorische Regierung gezwungen, sich mit dem radikalen Flügel zu beschäftigen, und spürte, wie ihr die Autorität aus den Händen glitt. Aber wir waren nur ein paar Eisenbahnstunden von der finnischen Grenze entfernt, und die Notwendigkeit, Petrograd zu durchfahren, war das einzige ernsthafte Hindernis.

Graf Benckendorff: Memoiren

Im Palast wurde die Haltung der wachhabenden Soldaten immer provokativer. Streitigkeiten mit den Bediensteten waren an der Tagesordnung. Sie nahmen sich das Recht heraus, die Lebensweise der Majestäten zu kritisieren. Sie spazierten durch den Palast, gingen in alle Räume, und wir sahen uns gezwungen, die Türen abzuschließen.

Pierre Gilliard: Memoiren, 19. März

Alexej geht es viel besser. Wir gingen heute früh in die Kirche, wo wir die Majestäten, Olga und Tatjana antrafen, ebenso die verschiedenen Mitglieder des Gefolges, die unsere Gefangenschaft teilen. Als der Priester für den Erfolg der russischen und alliierten Armeen betete, knieten der Zar und die Zarin nieder, und die ganze Gemeinde folgte ihrem Beispiel.

Vor einigen Tagen, als ich Alexejs Zimmer verließ, traf ich zehn Soldaten an, die durch den Gang spazierten. Ich ging auf sie zu und fragte, was sie wünschten.

»Wir wollen den Thronfolger sehen.«

»Er liegt im Bett und kann niemanden empfangen.«

»Und die anderen?«

»Sie sind ebenfalls krank.«

»Und wo ist der Zar?«

»Ich weiß es nicht.«

»Wird er ausgehen?«

»Ich weiß es nicht; aber kommen Sie, hängen Sie nicht hier herum. Jeder Lärm muss vermieden werden, wegen der Kranken.«

Sie gingen zurück, gingen auf Zehenspitzen und sprachen mit leiser Stimme. Das also sind die Soldaten, die man uns als wilde Revolutionäre beschreibt, die ihren Ex-Zaren hassen.

Anja Wyrubowa: Memoiren

Ich ging an der offenen Tür zu Alexejs Zimmer vorbei, und dies war der Anblick, der sich mir bot:

In einen Sessel gelümmelt saß dort der Matrose Derewenko, seit vielen Jahren der persönliche Diener des Zarewitsch, dem die Familie jede Freundlichkeit, jede materielle Zuwendung hatte zukommen lassen.

Vom Wahnsinn der Revolution angesteckt, zeigte dieser Mann jetzt seine Dankbarkeit für alle erwiesene Gunst. Unverschämt plärrte er den Jungen an, den er früher geliebt und verehrt hatte, ihm dieses und jenes zu bringen, jeden niederen Dienst auszuführen, den sich sein gemeines Lakaienhirn nur ausdenken konnte.

Benommen und offensichtlich nur halb im Klaren darüber, zu was es hier gezwungen wurde, bewegte sich das Kind durch den Raum und versuchte zu gehorchen. Es war unerträglich. Ich verbarg mein Gesicht in den Händen und bat sie, mich von diesem Übelkeit erregenden Schauspiel wegzubringen.

A.J. Balfour an Lord Stamfordham: 20. März, Auswärtiges Amt, London

Mein lieber Stamfordham,
vielen Dank für Ihren Brief vom 17. März.

Wie Sie wissen, wurde der erste Vorschlag, Kaiser Nikolaus und seine Familie sollten nach England kommen, von Miljukow gegenüber Sir G. Buchanan Anfang März geäußert. Nach Ankunft dieses Telegramms wurde Sir G. Buchanan informiert, wir seien froh, wenn der Kaiser Russland verlasse, und er wurde gefragt, ob Seine Majestät an Dänemark oder die Schweiz als Aufenthaltsort gedacht habe, denn Seine Majestät habe keine Einladung erhalten, nach England zu kommen.

Wir erhielten ein weiteres Telegramm von Sir G. Buchanan, in dem er mitteilte, M. Miljukow sei höchst daran gelegen, dass Seine Majestät Russland unverzüglich verlasse, und er sei höchst dankbar, wenn der König und die Regierung Seiner Majestät dem Kaiser sofort Asyl in England anböten. Die Frage wurde daher vom Premierminister Lord Hardinge und Ihnen erörtert, und es wurde beschlossen, Sir G. Buchanan mitzuteilen, die Regierung Seiner Majestät ziehe es vor, nachdem die Initiative von der russischen Regierung gekommen sei, dass die Kaiserliche Familie nach England käme. M. Miljukow wurde entsprechend informiert, aber die russische Regierung ist bisher noch zu keiner Entscheidung gekommen.

Das Kabinett Seiner Majestät begreift durchaus die Schwierigkeiten, auf die Sie sich in Ihrem letzten Brief beziehen, aber es denkt nicht, dass man unter den gegebenen Bedingungen die Einladung nun zurückziehen kann, die bereits ausgesprochen ist,

und deshalb vertraut es darauf, dass der König zustimmen wird, bei der ursprünglichen Einladung zu bleiben, die auf Veranlassung des Kabinetts Seiner Majestät verschickt wurde.
Arthur John Balfour

Nikolaus: Tagebuch, 21. März, Zarskoje Selo

Heute Nachmittag traf plötzlich Kerenskij, der gegenwärtige Justizminister, hier ein und ging durch alle Räume. Er verlangte, uns zu sehen, und sprach fünf Minuten lang mit mir, stellte den neuen Palastkommandanten vor und ging.

Er ließ die arme Anja verhaften und zusammen mit Lily Dehn zurück in die Stadt bringen. Dies geschah zwischen 3 und 4 Uhr, während ich meinen Spaziergang machte. Das Wetter war ekelhaft und entsprach damit genau unserer Stimmung!

Graf Benckendorff: Memoiren, 21. März, Zarskoje Selo

Um etwa 2 Uhr am Nachmittag kam der Justizminister der provisorischen Regierung, Kerenskij, zum Palast, gefolgt von fünfzehn Leuten, Offizieren und anderen.

Er trat durch die Küchentür ein, versammelte die Wache im Gang und hielt eine ultra-revolutionäre Rede, die die Offiziere der Wache schockierte. Dann sprach er mit einigen Bedienten, die bei dieser Szene zur Hand waren, und teilte ihnen mit, sie würden ihren alten Herren nicht länger dienen, sie würden vom Volk bezahlt, und ihre Pflicht sei es, alles zu beobachten, was im Palast vor sich ginge. Sie sollten sich den Befehlen des Kommandanten und der Wachoffiziere unterstellt fühlen.

Der Ton seiner Rede war so provokativ wie nur möglich. Er trug ein blaues Hemd, zugeknöpft bis zum Hals, ohne Manschetten und Kragen, große Stiefel, und er erweckte den Eindruck eines Arbeiters in seiner Sonntagskluft. Sein Verhalten war hektisch und nervös.

Er ging nicht, sondern rannte durch die Zimmer, sprach sehr laut, selbst sein Gesichtsausdruck wechselte ständig, und seine gesamte Physiognomie, so energisch sie ist, war unangenehm. Er stellte sich vor und sagte: »Ich bin hierher gekommen, um festzustellen, wie Sie leben, den Palast zu inspizieren und Nikolaus zu treffen.«

Nachdem er alle Zimmer durchsucht hatte, ließ er sich zu Madame Wyrubowa führen.

[Sie] war zu Bett gegangen, als sie von Kerenskijs Ankunft im Palast gehört hatte. Närrischerweise hatte sie alle ihre Papiere bis zum letzten Moment behalten, und nun verbrannte sie sie im Kamin. Er war voll mit Asche von verbranntem Papier. Das schadete ihr sehr. Zuerst weigerte sie sich, den Minister zu empfangen, aber er bestand darauf, einzutreten. Nachdem er sie nach ihrer Gesundheit gefragt hatte, sagte er ihr, ohne eine Antwort abzuwarten, sie solle sich anziehen, etwas Gepäck mitnehmen und ihm in die Stadt folgen. Ich konnte vom Nebenzimmer aus alles hören, was gesagt wurde. Sie antwortete mit zitternder Stimme, sie sei krank und könne nicht aus dem Haus gehen. Er erwiderte, er werde mit den Ärzten sprechen, aber in der Zwischenzeit solle sie sich fertig machen.

Anja Wyrubowa: Memoiren, 21. März

Kerenskij sagte: »Ich bin der Justizminister. Sie müssen sich anziehen und sofort mit nach Petrograd kommen.«

Ich erwiderte kein Wort, sondern lag still in meinen Kissen und blickte ihm direkt ins Gesicht. Das schien ihn etwas aus der Fassung zu bringen, denn er wandte sich an einen seiner Offiziere und sagte nervös:

»Fragen Sie die Ärzte, ob sie mitfahren kann. Sonst muss sie verhaftet und im Palast isoliert werden.«

Graf Benckendorff, der am Ende des Zimmers bei der Tür stand, ging einen Arzt holen, und als er wiederkam, brachte er die Nachricht von Dr. Botkin, sie könnten mich mitnehmen.

Nachdem er in Dr. Derewenkows Zimmer Halt gemacht hatte, befahl er, Dr. Botkin herzubringen. Er sagte mir, nachdem er mit den Ärzten gesprochen habe, wünsche er Nikolaus und Alexandra zu sehen. Ich lief zum Kaiser, um ihn vorzuwarnen und ihn über die Verhaftung von Madame Wyrubowa zu informieren. Seine Majestät sagte mir, er werde Kerenskij gemeinsam mit der Kaiserin im Schulzimmer der Kinder empfangen.

Währenddessen befragte Kerenskij die Doktores Botkin und Derewenko über die Gesundheit von Madame Wyrubowa und fragte sie, ob sie glaubten, sie könne nach St. Petersburg mitgenommen werden. Beide antworteten, vom medizinischen Standpunkt aus gebe es nichts, was ihre Abreise aus dem Palast verhindern könne, und damit war die Frage erledigt.

Als er an M. Gilliards Zimmer vorbeikam, trat er ein und sagte in vertraulichem Ton zu ihm – nachdem er wusste, dass dieser Schweizer war –: »Es läuft alles gut.« Er dachte zweifellos, die Errichtung einer Republik würde Gilliard wirklich Freude machen.

Ich betrat das Schulzimmer als Erster, um zu sehen, ob die Majestäten bereit waren, ihn zu empfangen. Als Kerenskij eintrat, machte er eine Art Verbeugung und stellte sich als General-Prokurator vor. Er war in einem Zustand fieberhafter Erregung; er konnte nicht still stehen, berührte alles, was auf dem Tisch stand, und machte den Eindruck eines Verrückten. Er sprach unzusammenhängend, und um die Peinlichkeit seines Auftritts zu vertuschen, bat er mich, nach Dr. Botkin zu schicken.

Sobald Dr. Botkin kam, sagte ihm Kerenskij, die Königin von Dänemark habe der provisorischen Regierung ein Telegramm gesandt und sich nach der Gesundheit der Kaiserin erkundigt, und er wolle den Arzt fragen, welche Antwort er geben solle. Botkin erwiderte, Ihre Majestät leide seit einigen Jahren an einem vergrößerten Herzen, und dieser Zustand sei unverändert, aber im Augenblick sei Ihre Majestät so gesund, wie man es unter den obwaltenden Umständen nur erwarten könne, nach der Sorge, die die Krankheit der Kinder ihr bereitet habe. Die Kaiserin schien mit dem optimistischen Ton seiner Antwort nicht einverstanden. Der Eindruck, den dieser Besuch hinterließ, war schmerzhaft ...

Madame Wyrubowa kleidete sich langsam an, und ein Auto war bereitgestellt worden, um sie zum Bahnhof zu bringen. Ich wurde gebeten, der Kaiserin einige Bilder und Gegenstände zu übergeben, die sie nicht in ihren Räumen hinterlassen wollte, und ihr zu sagen, in einer Viertelstunde würde die Wyrubowa in einen Nebenraum gebracht werden, um von ihr Abschied zu nehmen. Der Kaiser nahm daran nicht teil. Sie wechselten einige Worte, und nach einem besonders zärtlichen Abschied wurde Madame Wyrubowa, auf Krücken und von zwei Dienern gestützt, zum Auto gebracht. In St. Petersburg wurde sie in die Duma gebracht.

Anja Wyrubowa: Memoiren, 21. März

Später hörte ich, dass die Kaiserin den Arzt bitter getadelt hatte, indem sie immer wieder unter Tränen sagte: »Wie können Sie nur? Wie können sie nur? Sie haben keine Kinder.« Aber Dr. Botkin war inzwischen das Opfer elendester Angst, und er war nicht in der Lage, sich irgendeiner Forderung der provisorischen Regierung zu widersetzen.

Sie trugen mich die Treppe hinunter zum Auto, denn ich konnte weder gehen noch stehen, nicht einmal mit Hilfe meiner Krücken. Inzwischen fühlte ich nichts mehr, hörte nichts. Ich war versteinert.

[Bei dieser Gelegenheit sah Anja Wyrubowa Nikolaus und Alexandra zum letzten Mal.]

Pierre Gilliard: Memoiren

Es ist bemerkenswert, dass Kerenskij in einem der Privatautos des Zaren im Palast ankam, von einem Chauffeur aus der Kaiserlichen Garage gefahren.

Lord Stamfordham an A.J. Balfour: 21. März, Buckingham Palace

Mein lieber Balfour,
ich habe Ihren Brief über ihre weiteren Überlegungen erhalten und dem König vorgelegt, betreffend den Vorschlag, Kaiser Nikolaus und seine Familie sollten nach England kommen.

Nachdem dem Kabinett Seiner Majestät nach wie vor daran gelegen ist, dass der König zu der ursprünglichen Einladung stehen möge, die auf Ihre Veranlassung versandt worden ist, betrachtet Seine Majestät die Angelegenheit als erledigt, sofern nicht die russische Regierung zu einer neuen Entscheidung in dieser Sache kommt.
Mit freundlichen Grüßen,
Stamfordham

Maurice Paléologue: Memoiren, 21. März

Um fünf Uhr besuchte ich Großfürst Nikolaj Michailowitsch in seinem Palast, der angefüllt ist mit Erinnerungsstücken an Napoleon. Zum ersten Mal seit der Revolution hatte ich Gelegenheit, mit ihm zu sprechen.

Er stellte einen Optimismus zur Schau, auf den ich nur mit Schweigen antworten konnte. Aber er ging nicht weiter, als es der Gelegenheit angemessen war, und um zu verhindern, dass ich dachte, er sei vom Gang der Ereignisse völlig verführt, schloss er mit dem folgenden vorsichtigen Vorbehalt:

»So lange vernünftige und patriotische Männer wie Fürst Lwow, Miljukow und Gutschkow an der Spitze der Regierung stehen, habe ich alle Hoffnung. Wenn sie fallen, steht uns ein Sprung ins Ungewisse bevor.«

»Im ersten Kapitel der Genesis hat dieses ... Ungewisse ... einen gewissen Namen.«

»Ach, wirklich! Welchen?«

»Das Tohuwabohu, d.h.: das Chaos.«

22. März: Gestern hat der Justizminister, Kerenskij, einen Besuch in Zarskoje Selo gemacht, um sich selbst über die Bedingungen zu informieren, unter denen die ehemaligen Herrscher bewacht werden. Er fand alles in bester Ordnung.

Graf Benckendorff, Oberster Hofmarschall, Fürst Dolgorukow, Hofmarschall, Madame Naryschkin, Garderobiere, die Demoisellen Buxhoeveden und Hendrikow,[12] Kammerzofen, und der Hauslehrer des Zarewitsch, Gilliard, teilen die Gefangenschaft des Monarchen. Madame Wyrubowa, die ebenfalls im Alexanderpalast wohnte, ist gewaltsam entfernt und in der St.-Peter-und-Paul-Festung – der berühmten Trubetskoj-Bastion – in Haft genommen worden.

Kerenskij hatte ein Gespräch mit dem Kaiser. Vor allem fragte er ihn, ob es wahr sei, wie deutsche Zeitungen berichtet hätten, dass Wilhelm II. ihm häufig geraten habe, eine liberalere Politik einzuschlagen.

Aber die Kaiserin war so eisig wie nur möglich.

Madame Wyrubowas Abschied hat sie nicht sehr getroffen, jedenfalls nicht so sehr, wie man hätte erwarten können. Nach all ihrer leidenschaftlichen und eifersüchtigen Zuneigung zu ihr macht sie sie jetzt plötzlich für alle Übel verantwortlich, die die russische Kaiserliche Familie befallen haben.

Xenia an Nikolaus: 23. März, St. Petersburg

Ich habe in der Hoffnung hier gesessen, dass man mich zu dir lässt, denn mein einziger Wunsch war es, dich zu sehen. Nun ist es klar, dass es nicht machbar ist, und ich fahre am 25. auf die Krim.

Du wirst verstehen, wie schmerzlich und traurig das für mich ist, aber was kann ich tun, ich muss es aufgeben. Ich war mit Herz und Seele bei euch, während die lieben Kinder krank waren, habe aus der Ferne mitgezittert, ohne Nachricht, habe mit euch gelitten, wie ich es auch jetzt tue, erlebe alles mit euch. Heute fahren Mama, Sandro, Olga und ihr Mann auf die Krim. Sie werden bei uns wohnen.

Für die arme Mama wird es sehr schmerzlich sein, dorthin zurückzukehren, aber wenigstens sind wir alle zusammen, und das ist in einer solchen Zeit ein echter Trost! Es ist so traurig, dass du nicht dazukommen kannst! Ich möchte glauben, dass alles für Russland gut enden wird und der Krieg zu einem siegreichen Ende gebracht wird.

Mein Herz blutet für dich, für unser Land, für alles. Aber der Gott Russlands ist groß, und wir müssen glauben und beten und unser Vertrauen in Gottes Barmherzigkeit setzen.

Wenn es Gott gefällt, werden wir uns unter besseren Umständen wieder sehen – aber wo, wann und wie?

Nikolaus: Tagebuch, 23. März, Zarskoje Selo

Ich sah meine Bücher und Sachen durch und begann, all das zur Seite zu legen, das ich mitnehmen will, wenn wir nach England müssen.

25. März, Mariä Verkündigung: Wir verbringen diesen Feiertag unter unglaublichen Bedingungen – in Haft in unserem eigenen Haus und ohne die geringste Möglichkeit, mit Mama oder unseren Verwandten in Kontakt zu treten!

Lord Stamfordham an A.J. Balfour: 24. März, Schloss Windsor

Mein lieber Balfour,
täglich macht sich der König mehr Sorgen über die Frage des Kaisers und der Kaiserin von Russland, die hierher kommen sollen.

Seine Majestät erhält Briefe von Menschen aus allen Klassen, ihm bekannten und unbekannten, die ihm mitteilen, wie umstritten die Sache ist, nicht nur in den Klubs, sondern auch bei den Arbeitern, und dass die Labour-Mitglieder im House of Commons dem Vorschlag Widerstand entgegensetzen.

Wie Sie von Anfang an wissen, war der König der Ansicht, die Anwesenheit der Kaiserlichen Familie (vor allem der Kaiserin) in diesem Land werde alle möglichen Schwierigkeiten hervorrufen, und ich bin sicher, sie verstehen, wie schwierig es für unsere Königliche Familie sein wird, die ja sowohl mit dem Kaiser als auch mit der Kaiserin eng verbunden ist.

Vielleicht verstehen Sie auch, dass das Thema inzwischen mehr oder weniger öffentliches Eigentum geworden ist und dass die Menschen entweder denken, der König habe es initiiert, oder die äußerst unfaire Lage missbilligen, in die Seine Majestät geraten wird, wenn das Arrangement durchgeführt wird.

Der König bittet mich, Sie zu fragen, ob – nach Konsultation mit dem Premierminister – Sir George Buchanan nicht eine Möglichkeit eröffnet werden sollte, sich der russischen Regierung mit der Bitte zu nähern, andere Pläne für den zukünftigen Aufenthaltsort der Kaiserlichen Majestäten in Erwägung zu ziehen?

Mit freundlichen Grüßen, Stamfordham

Gleicher Tag:

Mein lieber Balfour,

der König bittet mich, Ihnen noch einmal zu schreiben, mit Bezug auf das Thema meines Briefes von heute früh. Er muss Sie bitten, dem Premierminister vorzuhalten, dass nach allem, was er hört und in der Presse liest, die Anwesenheit des Ex-Kaisers und der Kaiserin hierzulande von der Öffentlichkeit scharf missbilligt würde und zweifellos die Stellung des Königs und der Königin kompromittieren würde, nachdem man allgemein annimmt, sie hätten die Einladung ausgesprochen.

Ich möchte Ihre Aufmerksamkeit vor allem auf einen Artikel in der *Justice* vom letzten Donnerstag richten, wo Hyndman die Einladung verurteilt und behauptet, sie sei von den Majestäten ausgesprochen worden. Und Hyndman ist derjenige, den Mr. Henderson, wie er dem König mitteilte, als einen der Repräsentanten der hiesigen Sozialisten nach Russland schicken will!

Buchanan sollte angewiesen werden, Miljukow mitzuteilen, dass die Opposition gegen die Anwesenheit des Kaisers und der Kaiserin hier so stark ist, dass wir darum bitten, die früher gegebene Zustimmung zum Vorschlag der russischen Regierung zurückziehen zu dürfen.
Mit freundlichen Grüßen, Stamfordham

Graf Benckendorff: Memoiren, 27. März

Am 27. März kam Kerenskij während der Messe noch einmal in den Palast. Er sagte, die extremen Parteien verlangten die Entfernung des Kaisers in eine Festung, um ihn vom Einfluss der Kaiserin zu befreien, die, so hieße es überall, an der Spitze der so genannten konterrevolutionären Bewegung stehe.

Er wollte versuchen, die Dinge zu beruhigen, aber dazu sei es notwendig, die Kaiserin vom Kaiser und den Kindern zu trennen und in einem anderen Flügel des Palasts unterzubringen, sodass jede Kommunikation zwischen ihnen abgeschnitten wäre und sie sich nur noch zu den Gottesdiensten und den Mahlzeiten treffen würden, in Gegenwart eines wachhabenden Offiziers.

Pierre Gilliard: Memoiren, 27. März

Nach der Messe kündigte Kerenskij dem Zar an, er sei gezwungen, ihn von der Zarin zu trennen – er müsse von ihr getrennt leben und dürfe Ihre Majestät nur noch bei den Mahlzeiten sehen, und dies auch nur unter der Bedingung, dass dabei nur russisch gesprochen werde. Auch den Tee dürften sie gemeinsam einnehmen, aber in Gegenwart eines Offiziers, da dabei keine Bediensteten anwesend seien.

Wenig später kam die Zarin in großer Aufregung zu mir und sagte: »Zu denken, dass er sich so dem Zar gegenüber benimmt, ihm einen so üblen Streich spielt nach seiner Selbstaufopferung und seiner Abdankung, um einen Bürgerkrieg zu verhindern;

wie gemein, wie widerlich! Der Zar wollte nicht, dass ein einziger Russe wegen ihm sein Blut vergießen müsste. Er ist immer bereit gewesen, allem zu entsagen, so lange er wusste, es war zum Wohle Russlands.«

Einen Augenblick später fuhr sie fort: »Ja, diese entsetzliche Bitterkeit muss nun auch ertragen werden.«

Nikolaus: Tagebuch, 27. März, Zarskoje Selo

Wir begannen mit dem Fasten, aber diesmal machte uns das Fasten nicht glücklich. Nach der Kirche kam Kerenskij und bat uns, unsere Treffen auf die Mahlzeiten zu beschränken und getrennt von den Kindern zu sitzen. Dies ist offenbar notwendig, um den berüchtigten Arbeiter-Sowjet und die Soldatenräte zu beruhigen! Wir mussten zustimmen, um die Anwendung von Gewalt zu vermeiden.

Maurice Paléologue: Memoiren

In Zarskoje Selo wird das gefallene Herrscherpaar jetzt strenger beobachtet.

Der Kaiser führt immer noch ein außerordentliches Schauspiel von Gleichmut und Undurchdringlichkeit vor. Er verbringt den Tag in seiner ruhigen, lässigen Art, indem er die Papiere durchsieht, Zigaretten raucht, Puzzles zusammensetzt, mit seinen Kindern spielt und im Garten Schnee räumt. Er scheint eine Art Erleichterung zu spüren, endlich von der Last der Macht befreit zu sein.

Diokletian in Salona und Karl V. in San Juste hätten nicht mehr heitere Gelassenheit zeigen können.

Die Kaiserin dagegen ist zu mystischer Exaltiertheit übergegangen; sie sagt immer wieder: »Gott hat uns diese Prüfung geschickt; ich nehme sie um meiner ewigen Errettung willen dankbar an.«

Aber sie kann Ausbrüche der Empörung nicht unterdrücken, wenn sie sieht, wie strikt jene Befehle ausgeführt werden, die den Kaiser jeder Bewegungsfreiheit berauben, selbst innerhalb der Grenzen des Palastes. Manchmal verweigert ihm ein Wächter den Durchgang durch eine Galerie; manchmal befiehlt ihm der wachhabende Offizier am Ende einer gemeinsam eingenommenen Mahlzeit, sich in sein Zimmer zurückzuziehen. Nikolaus II. gehorcht immer, ohne ein Wort des Tadels. Alexandra Feodorowna wütet und protestiert, als wäre sie selbst beleidigt worden; aber sie erholt sich schnell und beruhigt sich, während sie murmelt: »Wir müssen auch dies ertragen. Hat nicht Christus den Kelch bis zur bitteren Neige ausgetrunken?«

Lord Stamfordham: Gesprächsnotiz, 28. März, Windsor Castle

Ich traf den Premierminister in Downing Street Nr. 10 und versuchte ihm die fest gefügte Meinung des Königs nahe zu bringen, der Kaiser und die Kaiserin von Russland sollten nicht in dieses Land kommen und die Regierung müsse Monsieur Miljukow davon informieren, dass seit der Zustimmung zu seinem Vorschlag, die Kaiserlichen Majestäten sollten in unserem Land ihren Aufenthalt nehmen, sich die öffentliche Meinung derart heftig gegen diesen Gedanken gewandt habe, dass die Regierung Seiner Majestät ihre früher gegebene Zustimmung zurückziehen müsse.

Ich erklärte Mr. Lloyd George, es würde sich als höchst unfair dem König gegenüber erweisen (der sowohl mit dem Kaiser als auch mit der Kaiserin eng verwandt ist), wenn die Kaiserlichen Majestäten hierher kämen, obwohl die negativen Gefühle in der Öffentlichkeit darüber so ausgeprägt seien.

Ich fügte hinzu, Seine Majestät erhalte täglich Nachrichten, anonyme und andere, von Unbekannten wie auch von seinen Freunden, die sich gegen ein Arrangement aussprechen, das, was auch immer die Regierung dazu sagt, gänzlich auf den König zurückfallen wird.

Ich erinnerte den Premierminister daran, was über die Haltung des Königs im Hinblick auf den griechischen König gesagt worden war, und an den Anstoß, den es erregt hatte, dass Seine Majestät die Brüder von König Konstantin empfangen hatte, als diese in London waren. Und ich sagte, zweifellos würde es wieder ähnliche Beschwerden in Bezug auf den Kaiser und die Kaiserin geben, die der König natürlich treffen müsse, wenn sie nach England kämen: nicht nur als enge Verwandte Seiner Majestät, sondern auch, weil der Kaiser ein fester Freund und Verbündeter seines Landes gewesen sei, seitdem er vor 23 Jahren den Thron bestiegen habe.

Ich fügte hinzu, selbst gesetzt den Fall, die Regierung würde öffentlich erklären, dass sie die Verantwortung für die Anwesenheit der Kaiserlichen Majestäten übernehme, würde das VOLK erwidern, dies geschehe nur, um den König aus der Schusslinie zu nehmen.

Ich zeigte Mr. Lloyd George einen Artikel von Mr. Hyndman aus der *Justice* von letzter Woche und zitierte, was andere über die katastrophalen Auswirkungen geäußert hatten, die der Besuch haben würde.

Der Premierminister gab zu, dass die Angelegenheit offenbar ernster sei, als er bisher erkannt habe. Er stimmte zu, Südfrankreich sei aus unserer Sicht ein besserer Ort für den künftigen Aufenthalt der Kaiserlichen Majestäten. Da Monsieur Painlevé (der französische Kriegsminister) anwesend war, bat Mr. Lloyd George ihn, sich zu uns zu gesellen, und wir diskutierten die Angelegenheit aus französischem Blickwinkel.

Ich fragte Monsieur Painlevé, ob die öffentliche Meinung in Frankreich wohl einem solchen Arrangement entgegenstehen würde, und er antwortete »Nein«, das französische Volk schätze den Kaiser persönlich, der einige Jahre lang ein enger Verbündeter gewesen sei. Für die Kaiserin gelte nicht dasselbe, aber er erwarte keine Schwierigkeiten von Seiten der Öffentlichkeit. Allerdings würde die Regierung zweifellos eine gewisse Verantwortung für die Bewachung des Kaisers und die Überwachung seines Handelns verspüren. Aber Monsieur Painlevé verstand durchaus den Unterschied zu uns – einer Monarchie – und vor allem das Problem, dass der König so eng mit den Kaiserlichen Majestäten verwandt ist.

Der Premierminister wird morgen Monsieur Ribot treffen und versprach, ihm die Sache vorzulegen in der Hoffnung, die französische Regierung dazu zu bringen, dem Kaiser und der Kaiserin Asyl auf französischem Boden anzubieten.

Später traf ich Mr. Balfour und wies ihn auf ein Telegramm von Sir George Buchanan hin, das ich soeben gesehen hatte, der in seinem Gespräch mit Monsieur Miljukow offenbar noch davon ausgegangen war, der Kaiser und die Kaiserin würden nach England kommen und es sei nur noch eine Frage der Verzögerung wegen einiger ungeklärter Fragen, die eine baldige Abreise verhinderten.

Ich sagte Mr. Balfour, nach allem, was der König ihm geschrieben habe, erwarte Seine Majestät, dass Sir George Buchanan inzwischen darüber informiert sei, dass die ganze Frage erneut aufgerollt werde und dass unser bisheriges Abkommen nicht länger bindend sein könne. Mr. Balfour sagte zu, er werde noch diesen Nachmittag ein Telegramm an Sir George Buchanan aufsetzen und dem Premierminister zur Genehmigung vorlegen.

Graf Benckendorff: Memoiren, 30. März

Während der ersten Tage der Karwoche wurde damit begonnen, in der Nähe des Chinesischen Theaters einen Graben auszuheben, in dem die angeblichen Opfer der Revolution in Zarskoje begraben werden sollten. Man wählte den Platz, wo die Große Auffahrt, die vom Grand Palais ausgeht, jene Auffahrt kreuzt, die dem Alexander-Palast gegenüberliegt, etwa 100 m von der Front des Palastes entfernt.

Am Gründonnerstag um 1 Uhr nachmittags fand die feierliche Bestattung der angeblichen Opfer statt. In Wirklichkeit handelte es sich um sechs oder sieben Trunkenbolde, die sich an dem Tag, an dem die Weinhandlungen geplündert worden waren, zu Tode gesoffen hatten. Es gab einen großen Aufmarsch von Truppen, roten Fahnen und Kapellen, die die Marseillaise und andere revolutionäre Lieder spielten.

Nikolaus: Tagebuch, 2. April, Ostersonntag, Zarskoje Selo

Vor dem Mittagessen tauschte ich Küsse und Glückwünsche mit allen Bediensteten, während Alix Porzellaneier verteilte, die aus unseren früheren Reserven übrig geblieben waren. Insgesamt waren es 135 Leute.

Am Nachmittag begannen wir mit der Arbeit bei der Brücke, aber eine große Menge Müßiggänger versammelte sich bald am Zaun, sodass wir weggehen und uns im Garten langweilen mussten. Alexej und Anastasia gingen zum ersten Mal wieder an die frische Luft.

Graf Benckendorff: Memoiren, 2. April, Zarskoje Selo

Die Königin von Griechenland machte am Eingang Halt, ließ den wachhabenden Offizier rufen und bat ihn, der Kaiserin ein Osterei zu übergeben, das sie für sie mitgebracht hatte.

Nikolaus: Tagebuch, 3. April, Zarskoje Selo

Nach dem Mittagessen ging ich mit Alexej in den Park und verbrachte die Zeit damit, das Eis an unserem Sommersteg aufzubrechen. Wieder stand eine Menge Müßiggänger am Zaun und starrte uns die ganze Zeit an.

Pierre Gilliard: Memoiren, 5. April

Wann immer wir ausgehen, umringen uns Soldaten mit aufgestecktem Bajonett und unter dem Befehl eines Offiziers und halten Schritt mit uns. Wir sehen aus wie Sträflinge mit ihren Wächtern. Die Befehle werden täglich geändert, oder vielleicht interpretiert sie jeder Offizier auf seine Weise!

Heute Nachmittag, als wir nach unserem Spaziergang zum Palast zurückkehrten, hielt der Wächter am Tor den Zar an und sagte: »Sie können nicht durch, mein Herr.«

Der Offizier, der uns begleitete, ging dazwischen. Alexej wurde brennend rot, als er sah, wie der Soldat seinen Vater anhielt.

Nikolaus: Tagebuch, 7. April, Zarskoje Selo

Am Nachmittag arbeitete ich mit Tatjana und Alexej. Die Gesichter der Soldaten und ihr vertraulicher Umgang waren für alle abstoßend.

Graf Benckendorff: Memoiren, 8. April, Zarskoje Selo

Am 8. April war das Garde-Corps des 2. Artillerie-Regiments bösartiger als üblich. Die Arroganz der Soldaten war bodenlos. Die Offiziere waren keinen Deut besser.

Von Beginn an hatten die Kommandanten des Garde-Corps darauf bestanden, diesen Dienst zu übernehmen, um den Kaiser und die Kaiserin sehen zu können, und sie begründeten dies mit der Regel, dass ein Offizier, der einen Gefangenen übernimmt, das Recht haben muss, ihn zu sehen, um sich seiner Anwesenheit zu vergewissern.

An diesem Tag war der kommandierende Offizier der eintreffenden Wache ein früherer Sergeant-Major, der sich, sobald er im Palast eingetroffen war, durch seine Gewalttätigkeit und seine revolutionären Ansichten verdächtig gemacht hatte. Er wollte den Palast durchsuchen und bedrohte jedermann mit der schlimmsten Behandlung, sollte er etwas Verdächtiges finden. Als der Kaiser ihm die Hand entgegenstreckte, trat er einen Schritt zurück und sagte: »Nicht um alles in der Welt.« Da trat der Kaiser einen Schritt vor und sagte: »Was haben Sie gegen mich?«

Der Mund blieb ihm offen stehen, er drehte sich auf dem Absatz um und verließ den Raum. Während des Spaziergangs gab es Auseinandersetzungen zwischen den Offizieren und Dr. Derewenko, weil es hieß, er gehe nicht schnell genug, und mit Monsieur Gilliard, weil er mit einer der Großfürstinnen französisch sprach.

Nikolaus: Tagebuch, 8. April, Zarskoje Selo

Wir haben herausgefunden, weshalb die Wache gestern so ekelhaft war: Sie war ausschließlich aus Soldatenräten zusammengesetzt!

Graf Benckendorff: Memoiren, 12. April, Zarskoje Selo

Zwischen 2 und 3 Uhr nachmittags kam Kerenskij zum Palast. Der Kaiser war schon zu seinem Spaziergang aufgebrochen. Kerenskij ließ der Kaiserin melden, dass er sie allein sprechen wolle, und bat sie ins Arbeitszimmer des Kaisers. Die Kaiserin erwiderte, sie sei beim Ankleiden und werde ihn in ihrem Wohnraum empfangen.

Das Gespräch drehte sich um die Rolle, die die Kaiserin in der Politik gespielt hatte, um ihren Einfluss auf den Kaiser bei der Auswahl der Minister, die sie während der Abwesenheit des Kaisers oft empfangen hatte. Ihre Majestät antwortete, der Kaiser und sie seien ein äußerst eng verbundenes Paar, dessen Glück und Freude ganz auf dem Familienleben beruhe, und dass sie keine Geheimnisse voreinander hätten. Sie diskutierten alles, und es sei nicht verwunderlich, dass sie in den letzten, so bewegten Jahren oft über Politik diskutiert hätten.

Nikolaus: Tagebuch, 12. April, Zarskoje Selo

Ein kalter, windiger Tag. Machte einen halbstündigen Spaziergang und saß dann bei den Kindern, während Alix die Messe besuchte. Am Nachmittag kam Kerenskij und holte mich von meiner Arbeit am Eis weg. Erst sprach er mit Alix, dann mit mir. Nach dem Tee las ich. Abends saßen wir oben, tranken zusammen Tee und schliefen auch zusammen.

Maurice Paléologue: Memoiren, 14. April

Die Fürstin [Paley] sagte mir, als sie gestern am Zaun des Alexander-Palastes vorbeigegangen sei, habe sie von fern einen Blick auf den Kaiser und seine Töchter werfen können. Er verbrachte die Zeit damit, mit einem eisenbeschlagenen Pfahl das Eis in einem Becken aufzubrechen. Damit habe er sich mehr als eine Stunde lang vergnügt! Einige Soldaten, die ihn ebenfalls durch den Zaun beobachteten, riefen ihm zu: »Was machen Sie in ein paar Tagen, wenn das Eis geschmolzen ist?« Aber der Kaiser war zu weit weg, um sie zu hören.

15. April: Die russische Gesellschaft, ich meine damit die höchsten Kreise der Gesellschaft im Lande, bietet derzeit einen kuriosen Anblick.

Ich habe drei Meinungslinien, oder eher drei Geisteshaltungen, gegenüber der Revolution beobachtet.

Im Prinzip ist die gesamte frühere Klientel des Zarismus, d.h. alle Familien, die, sei es durch Geburt oder Amt, zur Größe der Kaiserlichen Ordnung beigetragen haben, den gefallenen Herrschern treu geblieben. Aber ich erlebe auch, dass diese Loyalität fast nie geäußert wird, ohne von strenger, scharfer, zorniger und bitterer Kritik an Nikolaus' II. Schwäche, den Irrtümern der Kaiserin und den verhängnisvollen Intrigen ihrer Camarilla begleitet zu sein.

Pierre Gilliard: Memoiren, 16. April

Abends ein langes Gespräch mit den Majestäten über Alexejs Unterricht. Wir müssen einen Ausweg finden, nachdem wir keine Lehrer mehr haben. Der Zar wird Geschichte und Geografie übernehmen, die Zarin die religiöse Unterweisung. Die anderen Fächer werden zwischen Baronesse Buxhoeveden (Englisch), Mademoiselle Schneider (Arithmetik), Dr. Botkin (Russisch) und mir aufgeteilt.

Nikolaus: Tagebuch, 18. April, Zarskoje Selo

Im Ausland wird heute der 1. Mai begangen, also beschlossen unsere Dummköpfe, mit Straßenaufmärschen, Musikkapellen und roten Fahnen zu feiern.[13] Anscheinend kamen sie bis in den Park und legten Kränze auf dem Grab nieder.

Das Wetter verschlechterte sich während der Feierlichkeiten, und dicker, nasser Schnee begann zu fallen! Ich machte um 3.45 einen Spaziergang, als alles vorüber war und die Sonne hervorgekommen war. Arbeitete eineinhalb Stunden mit Tatjana.

Abends begann ich den Kindern vorzulesen: *A Millionaire Girl.*

Graf Benckendorff: Memoiren, Zarskoje Selo

Ein Dienst habender Soldat berichtete, er habe zwei Offiziere, deren Namen er nannte, gesehen, wie sie einer der Großfürstinnen die Hand küssten. Der »Sowjet« des Regiments machte großes Theater deswegen; die Offiziere wurden beschuldigt, Konterrevolutionäre zu sein.

Maria Pawlowna [die Jüngere]: Memoiren

Am Tag nach meiner Ankunft [in St. Petersburg] beobachtete ich vom Fenster des Wohnraums, das zur Newa hinausgeht, einen

Aufmarsch, der zu Ehren der Opfer der Revolution arrangiert worden war. Es war eine zivile Zeremonie. Zum ersten Mal nahm der Klerus nicht an einem russischen Staatsakt teil. Und dieser Trauermarsch diente auch noch einem anderen Zweck; er war eine Machtdemonstration der neuen Regierung.

Aber Petrograd jubelte. Die Staatsmänner der alten Regierung waren in staatlichen Gebäuden oder Gefängnissen hinter Schloss und Riegel, die Zeitungen sangen Lobeshymnen auf die Revolution und verteufelten die Vergangenheit mit erstaunlicher Wut. Pamphlete mit Karikaturen der Zaren und mit widerwärtigen und schändlichen Andeutungen und Anschuldigungen wurden in den Straßen verkauft. Ganz neue Ausdrücke kamen in Mode, die Sprache wurde plötzlich mit Fremdwörtern angereichert, um noch stärker die Begeisterung des Augenblicks zu betonen.

Aber das praktische Leben der Stadt war, trotz all dieser revolutionären Begeisterung, träge und farblos geworden. Die Straßen wurden ohne Sorgfalt gereinigt. Mengen müßiger, untätiger Soldaten und Matrosen spazierten ständig herum, während sich die gut gekleideten Leute, die Kutschen und Autos besaßen, in ihren Häusern versteckten. Die Polizei war nicht zu sehen. Die Dinge liefen von allein, und das sehr schlecht.

Selbst diejenigen unserer Bediensteten, die seit vielen Jahren in unserem Dienst gestanden hatten, wurden von den neuen Strömungen beeinflusst. Sie begannen Forderungen zu stellen, Komitees zu bilden. Nur wenige blieben ihren Herren treu, die all die Zeit für sie gesorgt hatten, ihnen im Alter eine Pension gezahlt, sie gepflegt hatten, wenn sie krank waren, und ihre Kinder zur Schule geschickt hatten.
Petrograd machte mir Angst.

Nikolaus: Tagebuch, 1. Mai, Zarskoje Selo

Ein wunderbarer, warmer Tag! Morgens machte ich einen schönen Spaziergang. Ab 12 Uhr unterrichtete ich Alexej in Geographie. Am Nachmittag arbeiteten wir wieder an unserem Obstgarten. Die Sonne brannte ziemlich heiß, aber die Arbeit ging gut voran. Las bis zum Abendessen für mich, abends las ich dann vor.

Gestern haben wir erfahren, dass General Kornilow den Posten als Oberkommandierender des Militärbezirks Petrograd verlassen hat, heute von Gutschkows Rücktritt, alles wegen derselben unverantwortlichen Einmischung des Arbeiter-Sowjets und einiger noch weiter links stehender Organisationen in die Entscheidungen der Militärbehörden.
Was die Vorsehung für das arme Russland wohl noch bereithält?
Gottes Wille geschehe!

3. Mai: Alexejs Arm schmerzte, und er musste den ganzen Tag liegen.

Tatjana an P. Petrow:[14] 5. Mai, Zarskoje Selo

Pjotr Wassiliewitsch, mein Lieber,
ich schäme mich so, dass ich Ihnen nicht eher geschrieben habe, aber bitte denken Sie nicht, ich hätte Sie vergessen – absolut nicht. Es ist doch möglich, Freunden nicht zu schreiben und doch an sie zu denken, oder? Also, wie geht es Ihnen?

Ich war sehr erschrocken, als ich von Ihrer Krankheit hörte. Haben Sie Nachricht von Ihrem Neffen – wie geht es ihm? Wie Sie wohl gehört haben, versuchen wir alle hier uns mit irgendwelchen Aktivitäten rund ums Haus zu beschäftigen – jeder, wie er kann. Wir pflanzen einen Küchengarten an. Müssen Sie wirklich noch im Bett bleiben, oder können Sie schon auf den Balkon gehen, wenn es wärmer wird? Wie auch immer, meine besten Wünsche. Es ist traurig, dass wir uns schon so lange nicht mehr gesehen haben. Werden Sie bald gesund.
Möge Gott Sie behüten.
Ihre alte Schülerin Tatjana

Nikolaus: Tagebuch, 6. Mai, Zarskoje Selo

Ich bin 49 Jahre alt. Fast ein halbes Jahrhundert! Meine Gedanken sind heute vor allem bei der lieben Mama.

Es ist schrecklich, dass man nicht einmal schreiben kann. Ich weiß nichts von ihr, abgesehen von dummen oder widerwärtigen Zeitungsartikeln.

Der Tag verging wie ein Sonntag – Messe, Mittagessen im oberen Stockwerk, dann ein Puzzle! Unsere gemeinsame Arbeit am Obstgarten, wo wir begonnen haben, Blumenbeete umzugraben, nach dem Tee wieder Messe, Abendessen und abends Vorlesen – war heute viel mehr mit meiner lieben Familie zusammen als in normalen Jahren.

25. Mai: Der Geburtstag meiner lieben Alix.
Möge Gott ihr gute Gesundheit und geistigen Frieden schenken!

27. Mai: Ich vergaß gestern zu erwähnen, dass nach unserem Abendessen Korowitschenko um Erlaubnis bat, eintreten zu dürfen, um sich zu verabschieden, und seinen Nachfolger als Kommandant des Garnisons-Regiments von Zarskoje mitbrachte, Kobylinskij. Niemand von uns bedauert seine Abreise, im Gegenteil, alle sind erleichtert, dass ein neuer Mann ernannt wurde.

W. Rudnew, Sonderhochkommissar zur Revision und
Befragung von Ministern und anderen hohen Persönlichkeiten
der Kaiserlichen Regierung:
Mai 1917

Eine medizinische Untersuchung von Madame Wyrubowa, die von der Untersuchungskommission angeordnet worden war, ergab, dass die Frau Jungfrau ist.

Für Tatjana! Von Alexej: 27. Mai (in Englisch)

Old Mother Hubbard
Went to the Cupboard
To seek her poor doggie a bone.
When she got there,
The Cupboard was bare,
And so the poor doggie got none.

Pierre Gilliard: Memoiren, 2. Juni

Wir haben unseren Küchengarten vor einiger Zeit fertig gestellt, und er ist nun in einem ausgezeichneten Zustand. Wir haben jede nur erdenkliche Sorte Gemüse und fünfhundert Kohlköpfe. Auch die Bediensteten haben sich an der Seite des Palasts einen Garten angelegt, wo sie anbauen können, was sie wollen. Wir gingen hin und halfen beim Umgraben – auch der Zar.

Um unsere Freizeit zu füllen, nachdem wir die Arbeit am Garten abgeschlossen haben, haben wir um Erlaubnis gebeten und sie auch erhalten, den abgestorbenen Baum im Park zu fällen, und so gehen wir von einer Ecke zur anderen, gefolgt von einer Wache, die mitgeht, wenn wir gehen. Wir werden allmählich recht geschickte Holzfäller. Auf diese Weise haben wir auch einen Holzvorrat für den nächsten Winter.

3. Juni: Alexej hat mit seinem kleinen Gewehr geübt, auf das er große Stücke hält, denn der Zar hat es von seinem Vater geschenkt bekommen, als er ein Junge war. Ein Offizier trat zu uns. Er sagte mir, die Soldaten hätten beschlossen, dem Zarewitsch das Gewehr abzunehmen, und wären schon unterwegs. Als er das hörte, legte Alexej sein Spielzeug nieder und ging zur Zarin, die einige Meter von uns entfernt im Gras saß. Einen Augenblick später kam der Dienst habende Offizier mit zwei Soldaten und verlangte, die »Waffe« solle übergeben werden. Ich versuchte, mich einzumischen und ihnen klar zu machen, dass es sich bei dem Gewehr nicht um eine Waffe, sondern um ein Spielzeug handele. Es hatte keinen Zweck: Sie nahmen sie in Besitz. Alexej begann zu schluchzen. Seine Mutter bat mich, einen zweiten Versuch zu unternehmen, die Soldaten zu überzeugen, aber ich hatte nicht mehr Erfolg als beim ersten Mal, und sie gingen mit ihrer Beute davon.

Eine halbe Stunde später nahm mich der Dienst habende Offizier zur Seite und bat mich, dem Zarewitsch zu sagen, dass er bekümmert über das sei, was er tun müsse. Nachdem er vergeblich versucht hatte, die Männer umzustimmen, hatte er beschlossen, mit ihnen zu kommen, um jegliche Unhöflichkeiten von ihrer Seite zu unterbinden.

Colonel Kobylinskij war entsetzt, von dem Zwischenfall zu hören, und brachte das kleine Gewehr Stück für Stück zu Alexej zurück.

Nikolaus: Tagebuch, 3. Juni, Zarskoje Selo

Nach dem Frühstückstee traf Kerenskij plötzlich mit dem Auto aus der Stadt ein. Er blieb nicht lange bei mir: Er bat mich, dem Untersuchungs-Komitee einige Papiere oder Briefe zu schicken, die sich auf die Innenpolitik bezogen. Nach meinem Spaziergang und bis zum Mittagessen half ich Korowitschenko, diese Papiere auszusortieren. Nach dem Mittagessen machte er gemeinsam mit Kobylinskij weiter. Wir haben das Zersägen der Baumstümpfe vorerst beendet.

Während dieser Zeit gab es einen Zwischenfall mit Alexejs Gewehr; er spielte damit auf der Insel; einige Wächter, die durch den Garten spazierten, sahen es und baten ihren Offizier, es zu entfernen, und nahmen es dann mit ins Wachhäuschen. Anscheinend schickten sie es aus irgendeinem Grund dann weiter ins Rathaus!

Wunderbar, Offiziere zu haben, die nicht wagen, den niedrigeren Dienstgraden zu widersprechen!

9. Juni: Vor genau drei Monaten bin ich aus Mogiljow gekommen, und seitdem leben wir hier wie Gefangene. Es ist entsetzlich schwer, ohne Nachricht von Mama zu sein, aber was den Rest angeht, ist es mir gleichgültig.

Pierre Gilliard: Memoiren, 9. Juni

Da die Großfürstinnen aufgrund ihrer Krankheit alle Haare verlieren, mussten ihnen die Köpfe rasiert werden. Wenn sie in den Park hinausgehen, tragen sie Schals, die so gebunden sind, dass sie die Sache verdecken. Gerade als ich Fotos von ihnen machen wollte, nahmen sie auf ein Zeichen von Olga Nikolajewna alle plötzlich ihre Kopfbedeckungen ab.

Ich protestierte, aber sie bestanden darauf, sehr amüsiert über die Idee, sich so fotografieren zu lassen, und freuten sich darauf, die indignierte Überraschung ihrer Eltern zu sehen. Ihre gute Laune taucht immer wieder einmal auf, trotz allem. Das ist der Überschwang ihrer Jugend.

Nikolaus: Tagebuch, 10. Juni, Zarskoje Selo

Abends gegen 11 Uhr war ein Schuss aus dem Garten zu hören, und eine Viertelstunde darauf bat der Wachführer, hereinkommen zu dürfen, und erklärte, der Wächter habe gefeuert, weil es ihm vorkam, als gebe jemand vom Fenster des Kinder-Schlafzimmers aus mit einer roten Lampe Signale. Einer der Offiziere, der mit ihm hereinkam, begriff, was geschehen war, als er die Position der elektrischen Lampe sah und bemerkte, wie Anastasia, die am Fenster saß, den Kopf bewegte, und nachdem sie sich entschuldigt hatten, gingen sie wieder.

15. Juni: Benckendorff, Walja D[olgorukow] und die zwei Hofdamen haben Nachricht erhalten, dass sie von ihren Pflichten entbunden sind.

Olga [Nikolaus' und Alexandras Tochter] an P. Petrow:
19. Juni, Zarskoje Selo

Lieber alter P. W. P.,
vielen Dank für Ihren Brief. Ich freue mich so, dass es Ihnen endlich besser geht und Sie wieder in Zarskoje sind. Nach dem viehischen Petrograd wird die frische Luft Ihnen sicher gut tun und ihre Kräfte wieder herstellen. Was die Art und Weise angeht, wie wir unsere Tage verbringen, haben Sie sicher schon von Zhilik [Gilliard] gehört.

Wir machen nachmittags von 2 bis 5 Uhr einen Spaziergang. Jeder arbeitet etwas im Garten. Wenn es nicht zu schwül ist, kommt Mama auch heraus und ruht auf einer Liege unter dem Baum beim Wasser. Papa geht (mit einigen anderen) weit in den Garten, wo er abgestorbene Bäume fällt und zersägt. Alexej spielt auf der »Kinderinsel«, läuft barfuß herum und schwimmt manchmal.

Trina (Schneider) jätet weiterhin klaglos Unkraut und gießt die Blumenbeete. Manchmal helfen wir auch beim Gießen, auch bei den Rosen, die wir in der Nähe gepflanzt haben, gegenüber von Großmamas Fenster. Der Unterricht geht weiter wie üblich. Maria und ich lernen zusammen Englisch. Sie liest mir laut vor, und wenn es nicht zu heiß ist, schreibe ich ein Diktat. Zweimal in der Woche haben sie und ich russische Geschichte. Im Augenblick studieren wir die Helden der Volkskunst. Zweimal in der Woche lernen Anastasia und ich mittelalterliche Geschichte. Das ist viel schwieriger, denn ich habe ein schrecklich schlechtes Gedächtnis für all diese Ereignisse – bei ihr ist es aber auch nicht besser. Ich habe mir für die freie Zeit vorgenommen, zu lesen (langweilige Sachen): Kunstgeschichte, französische Geschichte, allgemeine Geschichte und russische Literatur. Nun! Ich denke, das ist alles. Mama schickt Grüße und freut sich, dass es Ihnen besser geht.
Alle lassen grüßen
Ihre Schülerin Nr. 1, Olga
Danke!

Nikolaus: Tagebuch, 26. Juni, Zarskoje Selo

Wunderbares Wetter. Unser guter Regiments-Kommandant Kobylinskij hat mich gebeten, den Offizieren nicht mehr die Hand zu reichen, wenn andere dabei sind, und die Wachen nicht zu grüßen. Es hat mehrere Gelegenheiten gegeben, bei denen sie nicht geantwortet haben.

Erteilte Alexej eine Geographiestunde. Wir haben eine riesige Kiefer gefällt, nicht weit vom Zaun der Orangerie. Die Wachen wollten uns sogar helfen.

Abends beendete ich die Lektüre von *Der Graf von Monte Christo.*

27. Juni: Ich vergaß zu schreiben, dass unsere Truppen am 26. Juni einen neuen Durchbruch gemacht haben und gefangen nahmen und erbeuteten: 131 Offiziere, 7 000 einfache Dienstgrade und 48 Kanonen, darunter 12 schwere. Morgens gingen die Mädchen alle hinaus, um das abgemähte Gras einzusammeln. Ich machte meinen üblichen Spaziergang.

Nachmittags arbeiteten wir am gleichen Ort wie gestern. Wir fällten und zersägten zwei Kiefern. Vor dem Abendessen verbrachten wir eine halbe Stunde im Obstgarten. Abends begann ich *Arsene Lupin contre Sherlock Holmes* vorzulesen.

28. Juni: Gestern haben wir Galitsch eingenommen, machten 3 000 Gefangene und erbeuteten etwa 30 Kanonen. Gott sei Dank!

Maria Pawlowna [die Jüngere]: Memoiren, Juni

... ich fuhr nach Moskau, wo ich bei Tante Ellas Kloster Halt machte. Ich hatte meine Tante mehrere Monate lang nicht gesehen. Nichts an ihr hatte sich verändert, die Atmosphäre war immer noch dieselbe, aber ihre müde und kranke Erscheinung erschütterte mich. Sie, die immer auf den Beinen gewesen ist, verbrachte nun die meiste Zeit auf einer Korbliege mit einer Stick- oder Strickarbeit.

Wir sprachen lange über die gegenwärtigen Ereignisse und über die Gründe, die all das verursacht hatten. Eines Abends, als ich ihr vom Leben des gefangenen Kaisers und seiner Familie erzählte, fügte ich hinzu, wenn sie ihnen einen Brief schreiben wolle, würde ich vielleicht Wege finden, ihn zustellen zu lassen.

Ihre Augen wurden hart und kalt, ihre Lippen schmal. Sie erwiderte ziemlich scharf, sie könne keinen Brief schicken; sie habe nichts zu sagen; sie und ihre Schwester, die Kaiserin, hätten seit langem aufgehört, einander zu verstehen.

Ich schwieg.

Es wurde nichts mehr gesagt.

[Maria Pawlowna und Ella sahen sich nie wieder.]

Nikolaus: Tagebuch, 5. Juli, Zarskoje Selo

Es regnete den ganzen Vormittag, aber gegen 2 Uhr klarte es auf; abends wurde es kühler. Wir verbrachten den Tag wie üblich. Die letzten paar Tage hat es in Petrograd Unruhen und Schießereien gegeben. Gestern trafen eine ganze Menge Soldaten und Matrosen aus Kronstadt ein, um gegen die provisorische Regierung zu marschieren. Was für ein Aufruhr! Und wo sind die Leute, die die Lage in den Griff bekommen und das Blutvergießen und Kämpfen beenden? Die Saat für all dies Übel liegt in Petrograd selbst, nicht in Russland als Ganzem.

6. Juli: Glücklicherweise blieb die überwältigende Mehrheit der Truppen in Petrograd ihren Pflichten treu, und in den Straßen ist die Ordnung wiederhergestellt.

Das Wetter war wunderbar. Machte einen schönen Spaziergang mit Tatjana und Walja. Nachmittags arbeiteten wir erfolgreich im Wald - wir fällten und zersägten vier Kiefern. Abends begann ich mit *Tartarin de Tarascon.*

Graf Benckendorff: Memoiren

Nachdem Fürst Lwow zurückgetreten war, waren wir einige Tage ohne Regierung, und Kerenskij hatte mit seiner Familie im Grand Palais in Zarskoje Unterschlupf gefunden, gab Abendessen auf Kosten des Hofes und fuhr im Wagen des Kaisers in Pawlowsk herum.

P. Petrow an Großfürstin Olga: 10. Juli, Zarskoje Selo

Der gütige Gott hat es mir gestattet, bis zu Ihrem Namenstag zu leben, meine liebe, unvergessliche Schülerin, liebste Olga Nikolajewna!

Wenn die guten Feen aus den Geschichten wirklich auf dieser Erde existierten, würde ich sie bitten, alle guten Wünsche auszusprechen, die nur diese fantastischen Geschöpfe wahr machen können! Wie Sie sehr wohl wissen, bin ich keine Fee, aber ich möchte Ihnen trotzdem aus der Tiefe meines Herzens und meiner Zuneigung zu Ihnen eines wünschen, was kostbarer ist als alles andere auf Erden: Körperliche Gesundheit und geistige Ausgeglichenheit! Dann kommt alles andere von selbst.
Leben Sie wohl bis zum nächsten Mal! Bitte richten Sie meine respektvollen Grüße an Mama, Papa, Alexej Nikolajewitsch und Ihre Schwestern aus. Möge Gott Sie behüten!
Ihr alter P. W. P.

Graf Benckendorff: Memoiren

Am 11. erfuhren wir, dass er [Kerenskij] den Posten des Ratspräsidenten übernommen hatte, sein Kabinett gebildet und sich in den Räumen des verstorbenen Kaisers Alexander II. im Winterpalais eingerichtet hatte. Am Sonntag, dem 11.Juli, um 11 Uhr vormittags, kam Kerenskij zum Kaiser, um zu berichten, dass sich die Lage in der Stadt Besorgnis erregend entwickelt habe und dass er meine, es sei klüger, wenn Seine Majestät und die Familie abreisten und sich im Landesinneren niederließen.

Er sagte, er selbst und der Kaiser seien in großer Gefahr. Die Bolschewiki »sind hinter mir her, und dann werden sie hinter Ihnen her sein.«

Nikolaus: Tagebuch, 11. Juli, Zarskoje Selo

Morgens machte ich mit Alexej einen Spaziergang. Bei unserer Rückkehr erfuhr ich von Kerenskijs Ankunft. Während unseres Gesprächs erwähnte er unsere mögliche Abreise in den Süden, angesichts der Nähe von Zarskoje Selo zu den Unruhen in der Hauptstadt.

13. Juli: Während der letzten Tage gab es schlechte Nachrichten von der südwestlichen Front. Nach unserem Angriff auf Galitsch haben viele Einheiten, beeinflusst durch schändliche, defätistische Propaganda, sich nicht nur geweigert, weiter vorzudringen, sondern sind an einigen Orten sogar geflohen, ohne jeden Druck von Seiten des Feindes. Die Deutschen und Österreicher haben diese günstigen Umstände genutzt, und es ist ihnen gelungen, in Süd-Galizien mit geringen Kräften durchzubrechen, was die gesamte südwestliche Front zurück in den Osten verlagern könnte.

Es ist eine Schande und eine Blamage! Heute hat die provisorische Regierung endlich befohlen, dass jedem, der sich an Hochverrat am Kriegsschauplatz beteiligt, die Todesstrafe droht. Hoffentlich kommen diese Maßnahmen nicht zu spät.

19. Juli: Vor drei Jahren hat Deutschland uns den Krieg erklärt; es ist, als hätten wir in diesen drei Jahren ein ganzes Leben durchgemacht! Der Herr möge Russland helfen und es retten!

21. Juli: Von morgens an war das Wetter ideal; auch eine wunderbare, mondhelle Nacht. Morgens warteten wir auf Kerenskij. Es wäre schön, endlich zu wissen, wann und wohin wir abreisen werden.

22 Juli: Gestern abend kam Kerenskij plötzlich aus der Stadt. Es scheint, als sei die Regierung zerbrochen, er selbst ist zurückgetreten und erwartet das Ergebnis eines Treffens der verschiedenen Parteien, die im Winterpalais tagen.

25. Juli: Eine neue provisorische Regierung ist gebildet worden, mit Kerenskij an der Spitze. Wir werden sehen, ob er es besser macht. Die erste Aufgabe ist es, die Disziplin in der Armee wiederherzustellen und die Moral aufzurichten, ebenso, ein wenig Ordnung in die innere Situation in Russland zu bringen!

28. Juli: Ein wunderbarer Tag; genossen unseren Spaziergang. Nach dem Mittagessen erfuhren wir von Benckendorff, dass wir nicht auf die Krim geschickt werden, sondern in eine Provinzstadt drei oder vier Tagesreisen östlich!

Wohin genau, haben sie nicht gesagt – nicht einmal der Kommandant weiß es. Und wir zählten alle auf einen langen Aufenthalt in Livadia!!

Wir fällten eine riesige Kiefer an der Wegkreuzung. Für kurze Zeit fiel warmer Regen.

Abends las ich vor: Conan Doyles *A Study in Scarlet.*

29. Juli: Dasselbe himmlische Wetter. Während unseres morgendlichen Spaziergangs, als wir durch die Tore auf den Weg zur Orangerie kamen, bemerkten wir einen Wächter, der im Gras schlief. Der Offizier, der uns begleitete, ging hin und nahm ihm das Gewehr ab.

30. Juli: Unser lieber Alexej ist heute dreizehn Jahre alt. Möge der Herr ihm gute Gesundheit, Geduld und Kraft an Körper und Seele geben in diesen schwierigen Zeiten!

Graf Benckendorff: Memoiren, 31. Juli

Alles im Palast war fertig zur Abreise. Nach dem Mittagessen schickten die Majestäten nach mir und meiner Frau, um Abschied zu nehmen. Der Kaiser war so ruhig und beherrscht wie immer. Wir alle gingen noch einmal in den Garten, und Seine Majestät verschaffte sich Bewegung und sägte Holz wie zuvor. Er bat mich, dafür zu sorgen, dass das Gemüse und das Holz, das im Park gesägt und vorbereitet worden war, unter den Bediensteten verteilt würde, die sich an der Arbeit beteiligt hatten. Gegen 10.30 am Abend erfuhr ich, dass der Kommandant den Corps-Kommandanten der Wachen telefonisch angewiesen hatte, das Gepäck in den Raum im Erdgeschoss zu bringen und fünfzig Männer dazu einzusetzen. Der Wachkommandant sagte mir, seine Männer weigerten sich, diese Arbeit ohne Bezahlung zu tun, und verlangten drei Rubel pro Person.

Nikolaus: Tagebuch, 31. Juli, Zarskoje Selo

Unser letzter Tag in Zarskoje Selo. Nach dem Abendessen warteten wir auf die Zeit zur Abreise, die immer wieder verschoben wurde. Kerenskij kam plötzlich und kündigte an, Mischa käme. Und tatsächlich, um etwa 10.30 trat der liebe Mischa ein, begleitet von Kerenskij und dem Wachhauptmann. Es war wunderbar, ihn zu sehen, aber seltsam, vor Außenstehenden miteinander zu sprechen.

Graf Benckendorff: Memoiren, 31. Juli

Das Gespräch dauerte zehn Minuten. Die Brüder waren so bewegt und peinlich berührt darüber, vor Zeugen miteinander sprechen zu müssen, dass sie kaum etwas zu sagen wussten. Der Großfürst ging weinend hinaus und sagte mir, er sei nicht einmal in der Lage gewesen, festzustellen, ob der Kaiser gut aussah oder nicht.
[Bei dieser Gelegenheit trafen sich Nikolaus und Michail zum letzten Mal.]

Nikolaus: Tagebuch, 31. Juli, Zarskoje Selo

Als er gegangen war, begannen die Wachen, unser Gepäck in den runden Saal zu zerren. Benckendorff, die Hofdamen, die Mädchen und die Diener saßen schon dort. Wir gingen hin und her und erwarteten die Ankunft der Lastwagen. Das Geheimnis um unsere Abreise wurde so gehütet, dass man die Autos und den Zug erst bestellte, als wir bereits abreisebereit waren. Alexej wollte schlafen gehen – er legte sich ständig hin und stand wieder auf. Mehrere Male gab es falschen Alarm, und jedes Mal zogen wir unsere Mäntel an und traten auf den Balkon, nur um wieder in die Halle zurückzugehen. Es wurde schon hell. Wir tranken Tee, und endlich, um 5.15, erschien Kerenskij und sagte, wir könnten fahren. Wir stiegen in unsere beiden Autos und fuhren zum Bahnhof Alexandrowskij. Vom Park aus wurden wir von einer Einheit der Kavallerie begleitet. Am Zug wurden wir von Tatischew[15] und zwei Kommissaren der Regierung erwartet, die uns nach Tobolsk begleiten sollten. Unter einem wunderbaren Sonnenaufgang brachen wir Richtung Petrograd auf und gelangten über ein Nebengleis auf die nördliche Bahnlinie. Wir verließen Zarskoje Selo um 6.10 morgens.

Pierre Gilliard: Memoiren, 31. Juli

Es wurde uns gesagt, wir sollten uns um Mitternacht bereithalten; der Zug wurde für ein Uhr bestellt. Letzte Vorbereitungen. Abschiedsbesuch auf der Kinderinsel, im Küchengarten etc. Wir nahmen Abschied von denjenigen unter unseren Mitgefangenen, die nicht mit uns reisen konnten.[16]

Graf Benckendorff: Memoiren

Die Majestäten suchten die folgenden Personen aus: Baronesse Buxhoeveden, Gräfin Hendrikow, Mademoiselle Schneider, Fürst

Walja Dolgorukow, Dr. Botkin und Monsieur Gilliard. Weiterhin wurde vereinbart, dass sie die Erlaubnis der Regierung einholen würden, mich durch jemand anderen aus dem Gefolge zu ersetzen. Ihre Wahl fiel auf General-Adjutant Tatischew, der, als er erfuhr, dass der Kaiser ihn ausgewählt hatte, akzeptierte, ohne einen Augenblick zu zögern.

Maria Pawlowna [die Jüngere]: Memoiren

Ihre Abreise wurde von Demütigungen begleitet, ähnlich denen, die ihr Leben schon während des Arrests begleitet hatten. Sie wurden am Abend zuvor angewiesen, sich für die Abreise bereitzuhalten, und warteten angezogen fast die ganze Nacht. Die Abreise ließ uns mit einem schmerzlichen Eindruck zurück, aber wir hatten keine endgültige Ahnung von der Tragödie, die ihrem Exil ein Ende bereiten sollte.

Nikolaus: Tagebuch, 4. August, im Zug

Wir kamen unglaublich langsam voran, um spät nachts Tjumen zu erreichen. Dort fuhr der Zug bis zum Anleger, sodass wir direkt auf das Dampfschiff gehen konnten.

Unseres heißt *Russland!* Sie begannen unsere Sachen aufzuladen, was die ganze Nacht dauerte. Gott weiß, wann der arme Alexej wieder ins Bett kam. Das Gerenne und der Lärm gingen die ganze Nacht weiter und raubten mir den Schlaf. Wir verließen Tjumen um etwa 6 Uhr.

Pierre Gilliard: Memoiren, 5. August

Wir fuhren an dem Dorf vorbei, in dem Rasputin geboren wurde, und die Familie, die sich an Deck versammelt hatte, konnte das Haus des *starets* sehen, das unter den isbas deutlich herausstand.

Nichts daran konnte sie überraschen, denn Rasputin hatte vorausgesagt, dass es so sein würde, und wieder einmal schien der Zufall seine prophetischen Worte zu bestätigen.

Nikolaus: Tagebuch, 5. August, auf der Schifffahrt die Tura hinunter

Schlief wenig. Alexej und ich sind in einer gemeinsamen Kabine ohne jegliche Annehmlichkeiten untergebracht, alle Mädchen sind zusammen in einer weiteren mit fünf Kojen, das Gefolge gleich daneben den Gang hinunter.

Pierre Gilliard: Memoiren, 6. August

Am 6., am späten Nachmittag, sahen wir plötzlich in einer Flussbiegung die von Zinnen gekrönte Silhouette des Kreml, die Tobolsk beherrscht, und eine Stunde später erreichten wir unseren Bestimmungsort.

Welche Gründe hatte der Ministerrat, die Kaiserliche Familie nach Tobolsk zu bringen?

Das ist kaum abschließend zu sagen. Als Kerenskij dem Zaren von der vorgeschlagenen Verlegung berichtete, erklärte er die Notwendigkeit damit, dass die provisorische Regierung sich entschlossen habe, energische Maßnahmen gegen die Bolschewiki einzuleiten. Das würde eine Phase von Unruhen und bewaffneten Konflikten zur Folge haben, bei denen die Kaiserliche Familie möglicherweise das erste Opfer sein würde. Deshalb sei es seine Pflicht, sie aus der Gefahrenzone zu bringen. In anderen Kreisen ist behauptet worden, es sei ein Akt der Schwäche gegenüber den Extremisten gewesen, die unruhig wurden, weil sich in der Armee eine Bewegung zugunsten des Zaren regte, und deshalb forderten, er solle ins sibirische Exil verlegt werden. Wie auch immer, die Reise der Kaiserlichen Familie von Zarskoje Selo nach Tobolsk verlief unter bequemen Bedingungen und ohne jeden erwähnenswerten Zwischenfall.

Nikolaus: Tagebuch, 6. August,
auf der Schifffahrt den Tobol hinunter

Stand spät auf, nachdem ich wegen des allgemeinen Lärms, der Pfeifen, Stops usw. schlecht geschlafen hatte. Während der Nacht kamen wir von der Tura in den Tobol. Der Fluss ist breiter, die Ufer höher. Morgens war es kühl, aber nachmittags wurde es recht warm, als die Sonne durchkam. Ich vergaß zu erwähnen, dass wir gestern vor dem Abendessen an dem Dorf Pokrowskoje vorbeifuhren – Grigorijs [Rasputins] Heimatdorf.

Um 6.30 erreichten wir Tobolsk, das wir schon seit mehr als einer Stunde hatten sehen können. Viele Menschen standen am Ufer – das bedeutet, sie wussten von unserer Ankunft. Sobald der Dampfer angelegt hatte, begannen sie, unser Gepäck auszuladen. Walja, der Kommissar und der Kommandant gingen von Bord, um die Häuser zu inspizieren, die uns und unserem Gefolge zugewiesen worden sind. Als der Erste zurückkam, erfuhren wir, dass die Gebäude leer sind, schmutzig, ohne jedes Möbelstück, und dass es unmöglich sei, einzuziehen. Aus diesem Grund blieben wir auf dem Schiff und warteten, dass man uns das Gepäck zurückbrachte, das wir für die Nacht brauchten.

Wir aßen zu Abend und scherzten über die überraschende Unfähigkeit der Leute, auch nur eine Unterkunft zu arrangieren, und dann gingen wir früh zu Bett.

13. August, Tobolsk: Wir standen früh auf, und die letzten Sachen wurden sofort gepackt. Um 10.30 gingen die Kinder und ich mit dem Kommandanten und den Offizieren von Bord und begaben uns zu unserem neuen Heim. Wir inspizierten das ganze Haus von oben bis unten. Wir haben den ersten Stock bezogen, das Speisezimmer ist unten. Um 12 Uhr wurde Messe gehalten; der Priester benetzte die Zimmer mit Weihwasser. Wir aßen mit unseren Leuten zu Mittag und zu Abend. Wir gingen uns das Haus ansehen, wo das Gefolge untergebracht ist. Viele der Zimmer sind noch nicht fertig und sehen sehr wenig einladend aus.

Dann gingen wir in den so genannten Garten, einen armseligen Obstgarten, und sahen uns Küche und Wachhäuschen an. Alles sieht alt und verwahrlost aus.

Walja Dolgorukow an seinen Bruder Pawel Dolgorukow:
14. August, Tobolsk

Mein lieber Pawel,
wir sind um 6 Uhr abends in Tobolsk angekommen. Um das Haus anzusehen und festzustellen, was vorbereitet worden war, entschlossen Makarow und ich uns, vor den anderen in die Stadt zu gehen und die Situation auszukundschaften.

Das Bild, das sich uns bot, war insgesamt niederschmetternd und stand in vollständigem Kontrast zu Iwans Beschreibung: ein angenehmes Bauernhaus mit Bäckerei, Konditorei, Kellern usw.! Nichts davon, sondern ein schmutziges, mit Brettern vernageltes Haus, das aus 13 Zimmern besteht, wenig Möbel und entsetzliche Bäder und Toiletten. Im Anbau fünf Räume für Bedienstete. Für das Begleitpersonal, Tatischew, Hendrikow, Botkin, Schneider, mich und die anderen Offiziere (Oberst Kobylinskij eingeschlossen) gab es das Kornilow-Haus auf der anderen Seite, recht geräumig, aber schmutzig und ganz ohne Möbel, mit anderen Worten: eine Scheune, aber mit Parkettboden. Ich sollte dir noch sagen, dass beide Häuser mitten in der Stadt liegen, an der Hauptstraße, der »Freiheit«.

Dieser Anblick machte einen sehr niederschmetternden Eindruck, und wir beschlossen noch am selben Abend, den Berg hinaufzusteigen, um uns das Haus des Bischofs anzusehen und alles andere, was passend sein könnte. Aber ach! Je weiter wir kamen, desto schlimmer wurde es. Wir mussten umkehren und vorschlagen, dass die ganze Familie noch für einige Tage auf dem Dampfer bleibt, bis das Haus fertig vorbereitet ist.

Ich war erschüttert über die Nachlässigkeit und Ineffektivität der örtlichen Behörden, die eine solche Vernachlässigung zulassen.

Heute ist der siebte Tag, an dem wir putzen, anstreichen und die Häuser in Ordnung bringen, während wir mitsamt der Familie immer noch auf dem Dampfer Russland leben. Die Kabinen sind sehr klein und die sanitären Einrichtungen elendig, jedenfalls für die Frauen.

Alexej und Maria haben sich erkältet. Sein Arm schmerzt sehr, und nachts weint er oft. Gilliard liegt seit acht Tagen in seiner Kabine, er hat eine Art Furunkel an Armen und Beinen. Und leichtes Fieber. Es ist hier leichter, an Proviant zu kommen, und auch bedeutend billiger. Milch, Eier, Butter und Fisch gibt es reichlich.

Die Familie erträgt alles mit großer Kaltblütigkeit und Tapferkeit. Sie passen sich den Umständen offenbar ohne Schwierigkeiten an, oder jedenfalls tun sie so, und beschweren sich nicht, nach all ihrem früheren Luxus. Unter uns gesagt, Botkin ist ein bisschen nachlässig geworden. Er hat nicht rechtzeitig daran gedacht, das Haus desinfizieren zu lassen. Seine größte Sorge ist, wie er später seine Familie in Kornilows Haus unterbringen kann.

In Liebe dein Walja

Nikolaus: Tagebuch, 15. August, Tobolsk

Nachdem wir nicht auf die Straße hinausdürfen und nicht zur Kirche gehen können, wurde um 1 Uhr ein Gottesdienst in der Diele gehalten.

18. August: Morgens tauchte plötzlich Rita Chitrowo auf der Straße auf, die von Petrograd gekommen war und Nastenka Hend[rikowa] besuchen wollte. Das gab ihnen Anlass, ihr Quartier abends zu durchsuchen. Weiß der Teufel, wonach!

19. August: Wegen der gestrigen Ereignisse wurde Nastenka heute für einige Tage verboten, auf die Straße zu gehen, und die arme Rita Chitrowo musste das Abendschiff zurück nehmen!

22. August: Noch ein himmlischer Tag! Es treibt mich zur Raserei, dass ich bei solchem Wetter nicht durch die Wälder und am Flussufer spazieren gehen kann!

24. August: Die schlechten Nachrichten von der Front haben sich leider bestätigt: Heute hörten wir, dass Riga übergeben worden ist und unsere Truppen sich weit nach Nordosten zurückgezogen haben.

26. August: Arbeitete im Garten. Alexej blieb mit einer Erkältung und Ohrenschmerzen im Bett. Es gibt wenig Neues von der Front, die Zeitungen kommen hier mit sechs Tagen Verspätung an.

27. August: Heute wurde es kühler. Um 11 Uhr war Gottesdienst. Wir mögen den Priester alle sehr, der die Messe für uns feiert; vier Nonnen singen. Alexej blieb vorsichtshalber im Bett.

29. August: Nach dem Abendessen lasen wir Telegramme, darunter eines, in dem es hieß, General Kornilow habe sich zum Diktator erklärt, und eines, in dem es hieß, er sei als Oberkommandierender abgelöst und durch General Klembowskij ersetzt worden.

1. September: Der neue Kommissar der provisorischen Regierung, Pankratow, kam an und richtete sich im Gefolgehaus ein, zusammen mit seinem Assistenten, einem etwas ramponierten Fähnrich. Er sieht aus wie – ein Arbeiter oder ein armer Schulmeister. Er wird unsere Korrespondenz zensieren.

Mischa [Nikolaus' Bruder]: Tagebuch, 2. September

Wir erwachten heute Morgen mit der Nachricht, dass Russland zur demokratischen Republik ausgerufen worden ist.

Wen kümmert es, welche Regierungsform im Lande herrscht, wenn es nur Recht und Ordnung im Land gibt.

Nikolaus: Tagebuch, 4. September, Tobolsk

Ein großartiger Sommertag. Verbrachte viel Zeit an der Luft. Die letzten Tage brachten einige Unannehmlichkeiten, weil die Kanalisation nicht ging. Das WC unten lief von den Überresten von denen oben über, und wir mussten aufhören, es zu benutzen und zu baden; der Grund ist, dass die Sickergruben zu klein sind und niemand bereit war, sie auszuleeren. Ich brachte Dr. Botkin dazu, Kommissar Pankratow darauf aufmerksam zu machen, der recht abgestoßen von den Bedingungen hier war.

5. September: Telegramme kommen hier zweimal am Tag an; manche sind so unklar, dass man kaum glauben kann, was in ihnen steht. Es scheint in Petrograd große Verwirrung zu herrschen, und es gibt einen erneuten Regierungswechsel. Anscheinend ist aus Kornilows Versuch nichts geworden; er selbst und die Generale und Offiziere, die ihn unterstützt haben, sind größtenteils verhaftet worden, und die Truppen, die auf Petrograd marschierten, sind umgekehrt. Wunderbares, heißes Wetter.

8. September: Wir gingen zum ersten Mal zur Verkündigungskirche, wo unser Priester lange Zeit Dienst getan hat. Aber die Freude wurde mir durch die idiotischen Bedingungen verdorben, unter denen wir dorthin gehen mussten. Den ganzen Weg durch den Stadtpark entlang waren Wachen postiert, dagegen kein Einziger an der Kirche, wo eine große Menschenmenge war! Ich war zutiefst erregt.

22. September: Vor einigen Tagen traf unser lieber Baron Bode mit einem Lastwagen voll mit weiteren Haushaltsgegenständen und einigen unserer eigenen Sachen aus Zarskoje Selo ein.

23. September: Unter diesen Sachen waren zwei oder drei Kisten Wein, was die Soldaten erfuhren, und dies verursachte am Nachmittag großen Aufruhr. Sie forderten die Zerstörung aller Flaschen im Kornilow-Haus. Nach vielen Ermahnungen durch den

Kommissar und andere wurde beschlossen, den gesamten Wein zu nehmen und in den Irtysch zu schütten. Vor dem Tee sahen wir vom Fenster aus der Abfahrt eines Wagen mit den Weinkisten zu, mit dem Assistenten des Kommissars obenauf sitzend, mit einer Axt, und gefolgt von einer ganzen Eskorte bewaffneter Wachen.

Pierre Gilliard: Memoiren

Im September traf Kommissar Pankratow in Tobolsk ein, von Kerenskij geschickt. Er wurde von seinem Stellvertreter Nikolskij begleitet – wie er selbst ein alter politischer Flüchtling. Pankratow war ein recht gut informierter Mann, von sanftem Charakter, der typische aufgeklärte Fanatiker. Er machte einen guten Eindruck auf den Zaren und fasste im Laufe der Zeit Zuneigung zu den Kindern. Aber Nikolskij war ein gewöhnlicher Typ mit einem höchst brutalen Benehmen. Engstirnig und stur widmete er all sein Denken der täglichen Erfindung neuer Unannehmlichkeiten. Gleich nach seiner Ankunft forderte er von Oberst Kobylinskij, wir sollten gezwungen werden, uns fotografieren zu lassen. Als dieser bemerkte, das sei überflüssig, denn alle Soldaten würden uns kennen – es waren dieselben, die uns auch in Zarskoje Selo bewacht hatten –, erwiderte er: »Sie haben uns damals dazu gezwungen, jetzt sind sie dran.« Es musste geschehen, und von da an mussten wir unsere Identitätskarten mit Foto und Nummer bei uns tragen.

Der Zar litt sehr unter dem Mangel an körperlicher Bewegung. Colonel Kobylinskij, bei dem er sich darüber beklagte, ließ Buchenstämme bringen und kaufte einige Sägen und Äxte, und wir konnten das Holz hacken, das wir für die Küche und die Öfen brauchten. Das war eine unserer großen Freiluft-Ablenkungen, solange wir in Tobolsk gefangen waren. Selbst die Großfürstinnen waren bald ganz erpicht auf den neuen Zeitvertreib.

Der Zar las oft vor, während die Großfürstinnen handarbeiteten oder mit uns spielten. Die Zarin spielte regelmäßig eine oder zwei Partien Bezique mit General Tatischew und nahm dann ihre

Arbeit auf oder lehnte sich in ihrem Sessel zurück. In dieser Atmosphäre von Familienfrieden verbrachten wir die langen Winterabende, verloren in der Weite des fernen Sibirien.

Eine der größten Entbehrungen während unserer Gefangenschaft in Tobolsk war das fast vollständige Fehlen von Nachrichten. Briefe erreichten uns nur sehr unregelmäßig und mit großer Verspätung. Was Zeitungen anging, gab es nur einen ekelhaften örtlichen Fetzen, der auf Packpapier gedruckt war. So blieben uns nur die Telegramme, einige Tage alt und meistens verzerrt und zusammengestrichen.

Nikolaus: Tagebuch, 24. September, Tobolsk

Wegen der Geschichte gestern haben sie uns nicht gestattet, zur Kirche zu gehen; sie befürchteten irgendwelche Unruhen.

25. September: Während unseres Spaziergangs durchsuchten der Kommandant, der elende Assistent des Kommissars, Nikolskij, und drei Wachen die Zimmer unseres Hauses nach Wein. Da sie nichts finden konnten, kamen sie nach einer halben Stunde heraus und gingen davon.

29. September: Vor einigen Tagen erhielt Dr. Botkin eine Notiz von Kerenskij, aus der wir erfuhren, dass wir nun die Erlaubnis haben, über die Stadtgrenzen hinaus Spaziergänge zu unternehmen. Als Botkin fragte, wann dies beginnen könne, antwortete Pankratow – der elende Kerl –, das käme nicht in Frage, wegen nicht näher erklärter Befürchtungen um unsere Sicherheit. Alle regten sich über diese Antwort sehr auf.

2. Oktober: Nun müssen alle unsere Leute, die einen Spaziergang machen wollen, von Wächtern begleitet durch die Stadt gehen.

6. Oktober: Ein strahlender, kalter Tag. Wir erfuhren von Mr. Gibbes' gestriger Ankunft, haben ihn aber noch nicht gesehen, wahrscheinlich, weil die Briefe und Gegenstände, die er mitgebracht hat, noch nicht durchsucht worden sind.

7. Oktober: In der Nacht hatten wir 9 Grad Frost. Der Tag war klar, aber recht kalt, vor allem für die Wachen. Endlich kam Mr. Gibbes und erzählte uns viele interessante Dinge über das Leben in Petrograd.

10. Oktober: Klavdia Bitner, die vor zwei Tagen hier ankam, hat mir einen Brief von Xenia gegeben.

Xenia an Nikolaus: undatiert, Ai-Todor

Mein liebster Liebling, was für eine Freude, deine Handschrift zu sehen. Ich würde alles dafür geben, dich zu sehen und bei dir zu sein. Wie ich meinen Bruder beneide, obwohl euer Treffen in Gegenwart von Zeugen stattfand, aber trotzdem! Ich habe im März noch einmal angefragt, aber sie wollten mich nicht zu euch lassen, obwohl sie es versprochen hatten, und sie beförderten nicht einmal meinen Brief. In unseren Gedanken und Herzen teilen wir alles mit euch, und ich bete inbrünstig für euch alle, und besonders für dich.

Am 12. hat Olga [Schwester] einen Sohn bekommen. Du kannst dir ihre Freude und ihr Glück vorstellen.

Olga [Nikolaus' und Alexandras Tochter] an P. Petrow: 10. Oktober, Tobolsk

Ihr langer Brief hat mich daran erinnert, dass ich Ihnen noch nicht einmal geschrieben habe, lieber alter Pjotr Wassiliewitsch, und dafür bitte ich um Verzeihung.

Wir waren sehr froh zu hören, dass es Ihnen besser geht. Ich hoffe, dass es so bleibt. Uns geht es gut; alle sind gesund. Das Wetter ist gut.

Heute ist es sonnig und taut, während es in den ersten Oktobertagen geradezu heiß war, das Wetter wechselt hier so schnell. Mein Bruder und die Schwestern bekommen wieder Unterricht.

Ich schreibe Ihnen in der großen Diele, wo wir vier zusammen Tee trinken. Unser Bruder spielt mit seinen Soldaten an einem eigenen Tisch. M[aria] und A[nastasia] lesen am Fenster, Mama und Tatjana spielen etwas, Papa liest in der Nähe. Sie alle schicken ihre Grüße, wie auch ich. Alle meine besten Wünsche. Wir denken gemeinsam mit Zhilik [Gilliard] oft daran, wie wir während des Unterrichts den armen alten P. W. P. geärgert haben, und an so viele andere Dinge.
Ihre Schülerin Nr. 1, Olga
Papa schickt seine besten Grüße.

Xenia an Nikolaus: 15. Oktober, Ai-Todor

Sie haben unsere Wache abgezogen, viele Matrosen haben um Urlaub gebeten, manche darum, nach Sebastopol zurückkehren zu dürfen. D.h., sie hatten es »absolut satt«, hier zu sein. Zuerst gab es viele Missverständnisse mit ihnen, aber am Ende haben wir uns aneinander gewöhnt, und sie haben verstanden, dass wir weder Kriminelle sind noch in irgendwelche Propaganda eingebunden!

Aber der Gedanke, wie du um unser armes, geliebtes Land und um unsere Armee trauern und leiden musst – lässt mir das Herz schmerzen und bluten. Was haben sie uns angetan? Warum zerstören sie alles?

Nikolaus: Tagebuch, 20. Oktober, Tobolsk

Heute jährt sich der Todestag des lieben Papa zum 23. Male, unter welchen Bedingungen müssen wir ihn erleben! Gott, wie sehr trauere ich um das arme Russland!

22. Oktober: Gingen zur Kirche, und die ganze Familie empfing die Kommunion. Welch ein geistiger Trost in den Zeiten, die wir durchmachen.

Tatjana an P. Petrow: 23. Oktober, Tobolsk

Lieber Pjotr Wassiliewitsch,
ich schäme mich sehr, Ihnen nicht schon eher geschrieben zu haben. Ich frage mich sehr, ob Sie wohl an meine Bücher von A. Tolstoi herankommen können; sie standen immer auf dem ersten Brett in meinem Schrank, ich weiß nicht, wie es jetzt ist. Ich wäre sehr dankbar, wenn Sie sie holen könnten, obwohl ich weiß, wie schwierig es vielleicht ist. Sie könnten sie mit Iza schicken, wenn es Ihnen rechtzeitig gelingt, sonst mit der Post, adressiert an Kommissar Pankratow zur Weiterleitung an mich!

Nun! Wir denken oft an Sie, und ich hoffe, es geht Ihnen viel besser. Hier liegt noch viel Schnee, aber es ist nicht so kalt. Der Unterricht läuft gut, sodass fast all unsere Zeit ausgefüllt ist und der Tag schnell vergeht - vor allem wegen der Monotonie.

Gestern haben wir in der Kirche die Kommunion empfangen. Es war wunderbar.
Beste Wünsche von mir. Alle hier schicken ihre wärmsten Grüße. Möge Gott Sie behüten. Ich beneide Sie nicht, dem widerwärtigen, schmutzigen Petrograd so nahe zu sein.
Ihre Schülerin Nr. 2, Tatjana

Pierre Gilliard: Memoiren

Um den 2. November erfuhren wir, dass die provisorische Regierung abgesetzt war und die Bolschewiki wieder an die Macht gekommen waren. Aber dieses Ereignis hatte keine unmittelbaren Auswirkungen auf unser Leben, und erst einige Monate später sollten wir sehen, dass es ihnen einfiel, uns ihre Aufmerksamkeit zuzuwenden.

Nikolaus: Tagebuch, 3. November, Tobolsk

Die liebe Olga ist zweiundzwanzig Jahre alt; sie tut mir Leid, das arme Ding, ihren Geburtstag unter solchen Umständen feiern zu müssen.

Nikolaus an Xenia: 5. November, Tobolsk

Meine liebe, süße Xenia,
ich danke dir von ganzem Herzen für deinen lieben Brief vom 15. Oktober, der mir große Freude bereitet hat.

Du hast mich mit all dem beruhigt, was du über Mamas Gesundheit geschrieben hast. Gebe Gott, dass sie wieder ganz zu Kräften kommt und auf ihre Gesundheit achtet. Wir sind eben aus der Kirche zurückgekommen, die hier um 8 Uhr bei völliger Dunkelheit beginnt.

Um zu unserer Kirche zu kommen, müssen wir den Stadtpark durchqueren und über eine Straße gehen – insgesamt sind es 150 Meter vom Haus. Links und rechts stehen Wachen in dichter Reihe, und wenn wir zurückkommen, verlassen sie einer nach dem anderen ihren Platz und gehen hinter uns, während andere in einiger Entfernung zur Seite stehen bleiben, es erinnert uns so sehr daran, in einer Herde zusammengetrieben zu werden, dass wir immer lachen müssen, bis wir unser Tor erreichen. Ich bin sehr froh, dass sie eure Wache abgezogen haben – es war verständlicherweise unangenehm, sowohl für sie als auch für euch.

Armes, irregeleitetes Volk. Ich werde versuchen, Mischa zu schreiben. Ich habe keine Nachricht von ihm, außer durch dich.

Der Winter kommt anscheinend nicht recht in Gang; es schneit zwei Tage lang bei leichtem Frost, dann taut alles wieder weg, und es beginnt wieder von vorn. Aber die Luft ist bemerkenswert klar, man kann sehr gut atmen.

Wir leben hier wie auf einem Schiff auf See, die Tage sind sehr gleichförmig, also werde ich dir von unserem Leben in Zarskoje Selo erzählen.

Als ich von Mogiljow zurückkam, fand ich, wie du weißt, alle Kinder sehr krank vor, vor allem Maria und Anastasia. Ich verbrachte natürlich den ganzen Tag mit ihnen, mit einem weißen Umhang bekleidet. Die Ärzte kamen morgens und abends zuerst zu ihnen, begleitet von einem Wachoffizier. Einige von ihnen kamen mit ins Schlafzimmer und waren während der Untersuchung durch die Ärzte anwesend. Eine Reihe von Wachsoldaten stand rund ums Haus, eine weitere um den Teich und die Umzäumung des kleinen Gartens gegenüber von Mamas Zimmern.

Man konnte nur innerhalb der zweiten Reihe und an ihnen entlanggehen.

Drei Wochen vergingen ohne Veränderung. Dann folgten mir eines schönen Tages vier Wachen mit Bajonett; ich ergriff die Gelegenheit, sagte nichts und ging weiter in den Park hinein. Von da an unternahmen wir täglich lange Spaziergänge im Park, und nachmittags begannen wir, trockene Bäume zu fällen und zu zersägen. Wir gingen alle durch das runde Zimmer zur Tür hinaus, die Schlüssel blieben beim Wachoffizier.

Den Balkon haben wir nicht einmal benutzt, denn die Tür war verschlossen.

Unsere Ausflüge in den Garten mit unseren Leuten, um entweder im Obstgarten oder im Wald zu arbeiten, hatten etwas davon, unter die wilden Tiere zu geraten, weil sich eine Menge von Wächtern am Wachhäuschen versammelte, am Ausgang vom runden Balkon, und unsere Fortschritte belustigt beobachteten. Wir mussten auch gemeinsam zur selben Zeit zurückgehen, da die Tür dann verschlossen wurde. Zuerst habe ich sie aus alter Gewohnheit gegrüßt, habe das dann aber aufgegeben, weil sie entweder unfreundlich oder gar nicht antworteten.

Im Sommer durften wir bis 8 Uhr abends draußen bleiben; ich fuhr mit den Mädchen Fahrrad und wässerte den Obstgarten, denn es war sehr trocken. Abends pflegten wir am Fenster zu sitzen und den Wachen zuzusehen, die auf dem Rasen herumlagen, rauchten, lasen, rauften und sangen.

Ich vergaß zu erwähnen, dass während der Feiertage im März und April Aufmärsche auf den Straßen (Demonstrationen) stattfanden; sie spielten die Marseillaise und immer wieder diesen Trauermarsch von Chopin.

Diese Aufmärsche endeten unweigerlich in unserem Park am Grab der »Opfer der Revolution«, das sie in die Auffahrt gegenüber dem runden Balkon gegraben haben. Wegen dieser Demonstrationen durften wir erst später hinaus als üblich, wenn alle den Park verlassen hatten.

Dieser unerträgliche Trauermarsch blieb uns noch lange Zeit erhalten; wir alle pfiffen und sangen ihn, bis er uns ganz irr machte.

Die Soldaten sagten uns, auch sie seien dieser Demonstrationen herzlich müde, die in der Regel mit schlechtem Wetter und Schnee endeten.

Natürlich haben wir in dieser langen Zeit viele amüsante kleine Ereignisse erlebt, aber auch unangenehme, ich kann nicht alles aufschreiben, aber so Gott will, werde ich dir alles eines Tages selbst erzählen können.

Ich fürchte, ich habe dich mit diesem sehr langen Brief gelangweilt, liebe Xenia, ja, und ich bekomme einen Schreibkrampf.

Meine Gedanken sind immer bei dir, der lieben Mama und deiner Familie. Ich umarme euch alle aufs Wärmste und liebe euch alle.

Die Kinder schicken zärtliche Küsse.

Möge der Herr euch alle behüten und segnen.

Wie sehr wünschte ich, wir könnten alle beisammen sein.

Leb wohl, meine Liebe. Von ganzem Herzen, dein alter
Nicky

Nikolaus: Tagebuch, 11. November, Tobolsk

Es ist viel Schnee gefallen. Lange Zeit haben wir jetzt keine Zeitungen aus Petrograd gehabt; ebenso ist es mit den Telegrammen. Das ist in so harten Zeiten sehr schlimm. Die Mädchen spielten auf den Schaukeln und sprangen von ihnen in den Schnee. Um 9 Uhr war Gottesdienst.

17. November: Das gleiche unangenehme Wetter und ein schneidender Wind. Es macht einen krank, in den Zeitungen die Beschreibungen dessen zu lesen, was vor zwei Wochen in Petrograd und Moskau geschehen ist![17] Es ist schlimmer und schändlicher als die Ereignisse während der Unruhezeit.

18. November: Wir erhielten die unglaubliche Nachricht, dass drei Abgeordnete aus unserer 5. Armee bei Dwinsk zu den Deutschen gegangen sind und ein vorläufiges Friedensabkommen mit ihnen unterzeichnet haben! Einen derartigen Alptraum habe ich niemals erwartet. Wie konnten diese bolschewistischen Schurken die Stirn haben, ihren heimlichen Plan eines Friedensangebots für den Feind auszuführen, ohne die Meinung des Volkes einzuholen, und dies, während der Feind einen Großteil unseres Landes besetzt hält?

21. November: Wir mussten das Fest der Erscheinung der Gesegneten Jungfrau ohne Gottesdienst begehen, da es Pankratow nicht beliebte, uns einen solchen zu gewähren!

Kaiserinwitwe Marie an Nikolaus: 22. November, Ai-Todor

Mein lieber Liebling Nicky!
Ich habe soeben deinen lieben Brief vom 12. Oktober erhalten, der mich schrecklich glücklich machte. Ich finde keine Worte, es auszudrücken – ich danke dir von ganzem Herzen, mein Lieber. Du weißt, dass dich meine Gedanken und Gebete niemals verlassen – Tag und Nacht denke ich an euch alle, manchmal ist es so schmerzlich, dass ich es fast nicht mehr ertragen kann.

Aber Gott ist barmherzig – Er gibt uns Kraft während dieser schrecklichen Prüfungen. Gott sei Dank, dass ihr alle gesund seid und wenigstens gemütlich zusammenlebt. Es ist schon ein Jahr her, seit du und der liebe Alexej mich in Kiew besucht habt. Wer hätte damals gedacht, was uns bevorstand und was wir durchmachen müssen. Man kann es einfach nicht glauben.

Ich lebe nur noch in der Vergangenheit und versuche, so weit möglich, den gegenwärtigen Alptraum zu vergessen. Mischa hat mir auch über euer letztes Treffen in Gegenwart von Zeugen geschrieben und über eure alptraumhafte Abreise, die so furchtbar war!

Es tut mir schrecklich Leid, dass du keine Spaziergänge machen darfst, ich weiß, wie nötig das für dich und die lieben Kinder ist, es ist einfach eine unbegreifliche Grausamkeit! Mir geht es endlich nach langer, anstrengender Krankheit wieder ganz gut, und nach zwei Monaten kann ich wieder nach draußen gehen. Das Wetter ist wunderbar, vor allem in den letzten Tagen.

Wir leben sehr ruhig und bescheiden, sehen niemanden, da wir das Gelände nicht verlassen dürfen, was ziemlich unerträglich ist. Gott sei Dank habe ich wenigstens Xenia, Olga und alle meine Enkel bei mir, die abwechselnd mit mir zu Mittag essen. Mein neuer Enkel Tichon [Kulikowskij] macht uns allen riesige Freude. Er wächst und wird jeden Tag runder und ist so lieb und bemerkenswert fröhlich und ruhig. Es ist eine Freude zu sehen, wie glücklich Olga ist und wie sie ihr Baby genießt, auf das sie so lange gewartet hat. Sie haben es sehr gemütlich in den Zimmern über dem Keller.

Sie und Xenia besuchen mich jeden Tag, und wir trinken Kakao zusammen, denn wir sind immer hungrig. Es ist so schwierig, Lebensmittel zu bekommen, vor allem vermisse ich Weißbrot und Butter, aber manchmal schicken mir freundliche Menschen etwas, Felix' Vater Krabben und Butter, andere Weißbrot, für das ich sehr dankbar bin.

Ich kann mir vorstellen, wie schön es für dich ist, unsere alten Briefe und Tagebücher zu lesen, obwohl diese Erinnerungen an glücklichere Zeiten das Herz so schwer machen. Ich habe nicht einmal diesen Trost, denn während der Durchsuchungen im Frühling haben sie alles mitgenommen, alle deine Briefe, alles, was ich in Kiew erhielt, die Briefe der Kinder, drei Tagebücher usw., und sie haben das alles bisher nicht zurückgebracht, was mich bekümmert, und man fragt sich ja, warum?

Heute ist der 22. November, der Geburtstag des lieben Mischa; anscheinend ist er noch in der Stadt in Haft. Möge Gott ihm Gesundheit und Glück schenken.

6. *Dezember:* Alle meine Gedanken sind bei dir, lieber Nicky, und ich sende dir meine besten Wünsche. Möge der Herr dich beschützen und dir Kraft und inneren Frieden schicken, und möge er Russland nicht untergehen lassen!
Ich umarme dich von Herzen und zärtlich. Christus sei mit dir.
In tiefer Liebe deine
Mama

Olga [Nikolaus' und Alexandras Tochter] an P. Petrow:
23. November, Tobolsk

Ich danke Ihnen, lieber alter Pjotr Wassiliewitsch, für Ihren Brief, den ich heute erhielt, einen Monat, nachdem Sie ihn abgeschickt haben. Er kam in Tobolsk am 31. Okt[ober] an (das sah ich an der Briefmarke), und ich kann nicht verstehen, was er bis jetzt gemacht hat. Ich habe Ihnen nichts Interessantes mitzuteilen, denn unser Leben ist ruhig und monoton. An Sonntagen gehen wir um 8.30 morgens zur Kirche, die Vespergottesdienste werden in der Diele abgehalten. Der Chor besteht aus Amateuren, die Stimmen sind nicht schlecht, aber sie singen in einem Stil wie im Konzert, den ich nicht ertragen kann, obwohl viele das bewundern. Man hat uns so sehr wegen des rauen Klimas hier gewarnt, aber bisher hat sich der Winter noch nicht ganz festgesetzt. Einen Tag ist Frost und leichter Wind, am nächsten zwei Grad, und alles taut weg, und es ist unglaublich glatt. Die Sonnenaufgänge sind immer sehr klar und schön, trotz des bedeckten Wetters. Der Irtysch ist längst zugefroren. Ich denke, mehr Neuigkeiten gibt es nicht.

Wir wollten einen Schneeberg bauen, aber es gibt noch sehr wenig Schnee. Papa sägt und stapelt gewöhnlich Feuerholz, während Mama hinausgeht, wenn es nicht zu kalt ist, sonst kann sie

schlecht atmen. Joy, Ortina und Jimmy [die Hunde] gedeihen gut. Wir müssen den ganzen Tag die ersten beiden vom Hof vertreiben, wo sie sich einen Spaß daraus machen, im Abfall zu wühlen und allen möglichen Dreck zu fressen.
Ja, nun muss ich schließen. Alle hier senden ihre besten Grüße und wünschen Ihnen gute Gesundheit. Auch von mir die besten Wünsche
Schülerin Nr. 1, Olga

Nikolaus: Tagebuch, 26. November, Tobolsk

Heute ist St.-Georgs-Tag. Ein Abendessen und andere Feierlichkeiten wurden für die Kavaliere der Stadt im Haus des Volkes arrangiert. Es gibt auch mehrere St.-Georgs-Kavaliere in unserer Wache vom 2. Regiment, aber ihre Kameraden wollten ihnen nicht freigeben und ließen sie in ihrem ganzen Staat antreten – selbst an einem solchen Tag! Freiheit!!! Wir machten einen langen, langen Spaziergang, das Wetter war mild.

Xenia an Nikolaus: 30. November, Ai-Todor

Es tut mir Leid, dass mein anderer Brief dich nie erreicht hat. Ich habe ihn im August an den Kommandanten geschickt. Wir sind seit einem Monat vollkommen isoliert, niemand darf zu uns, und wir dürfen nirgendwohin, sodass wir wie ihr im eigenen Saft schmoren, niemanden sehen außer denen, die mit uns eingesperrt sind.

Nur Irina [Jussupowa] wird durchgelassen, was gut ist, sonst müssten wir die ganze Woche getrennt verbringen: Unser Kommissar – Werschinin, den wir kennen – ist ein sehr angenehmer und freundlicher Mann, aber angesichts der gegenwärtigen Situation hat er alle Initiative verloren und kann nichts mehr entscheiden oder gestatten ohne die Zustimmung des Komitees in Sebastopol. Unsere Wache besteht aus nur 14 Männern. Manchmal plaudern wir mit ihnen, wenn wir uns treffen (mit den Angenehmeren von ihnen!), und es sind wirklich einige ganz anständige Kerle darunter. Sie haben mir erlaubt, sie mit du anzureden, und wir sind alle zu dem Schluss gekommen, dass das viel netter und egalitärer ist.

Alles, was du über euer Leben in Zarskoje Selo schreibst, ist so interessant. Mir blutet das Herz, wenn ich denke, was du durchgemacht hast, was du erlebt hast und noch erlebst! Auf Schritt und Tritt unverdiente Schrecken und Demütigungen. Aber fürchte nichts, der Herr sieht alles. Solange du nur gesund und munter bist. Manchmal scheint mir das alles ein schrecklicher Alptraum zu sein, und ich denke, gleich werde ich wach und alles ist vorbei!

Armes Russland! Was wird mit ihm geschehen? Alles ist zu Staub geworden, man will sich nicht vorstellen, dass jeden Tag die Deutschen kommen und über uns regieren könnten. Was sagen sie dann?

6. Dezember: Und jetzt gibt es also einen Waffenstillstand ... von einer Stunde auf die andere. Es fühlt sich nicht besser an. Wir bekommen ständig schreckliche Nachrichten von unseren Besitzungen – alles wird weggenommen, und niemand kann etwas sagen, bald werden wir ganz ohne etwas dastehen. Wir haben darüber nachgedacht, wovon wir leben werden und wie wir unseren Lebensunterhalt verdienen werden.

Wir haben beschlossen, ein Hotel zu eröffnen und haben uns schon die verschiedenen Funktionen zugeteilt: Sandro wird der Direktor sein, Serjoscha D. Portier, Sof[ia] Dm. – Wirtschafterin, ich – Zimmermädchen, Andruscha – Chauffeur, Fogel – Zahlmeister, die jüngeren Kinder – Liftboys, Pagen usw.

Mama ist erkältet.

Wir haben seit über einem Monat keine Nachricht von Mischa. Er ist wieder verhaftet und nach P. gebracht worden, aber jetzt scheint er zurück zu sein.

Alles ist so erbärmlich und grausam und schmerzlich. Es wäre besser, wenn es von den Deutschen käme und nicht von unserem eigenen Volk.

Nikolaus: Tagebuch, 7. Dezember, Tobolsk

Die Temperaturen sind auf minus 22 Grad gefallen, mit einem scharfen Wind, der einem ins Gesicht schneidet. Trotzdem gingen wir morgens und nachmittags wie üblich hinaus. In meinem Arbeitszimmer, dem Zimmer der Mädchen und der Diele ist es sehr kalt – 10 Grad, und deshalb sitze ich den ganzen Tag lang bis zum Abend in einem Infanteriemantel der Tscherkessen. Habe Band II der »Allgemeinen Weltgeschichte« ausgelesen.

Alexandra an Anja Wyrubowa: 8. Dezember, Tobolsk

Meine Liebste: in Gedanken und Gebeten sind wir immer zusammen. Aber es ist hart, dass wir uns nie sehen. Mein Herz ist so voll, ich möchte so vieles gern wissen, so viele Gedanken würde ich gern mit dir teilen. Aber wir hoffen, dass die Zeit kommt, wenn wir einander sehen werden, uns und all die alten Freunde, die nun in verschiedene Teile der Welt verstreut sind.

Wir leben hier weit von allen entfernt, und das Leben ist ruhig, aber wir lesen von all den Schrecken, die vor sich gehen. Doch ich will davon nicht sprechen. Du lebst mitten darin, und damit hast du genug zu tragen. Bei uns gibt es nur unbedeutende Störungen. Die Mädchen sind seit vier Tagen in Tobolsk und dürfen noch immer nicht zu unserem Haus, obwohl es uns versprochen wurde. Wie bemitleidenswert sind diese ständigen Verdächtigungen und Ängste. Niemand darf zu uns, aber ich hoffe, sie werden bald sehen, wie dumm und brutal und unfair es ist, sie (die Mädchen) warten zu lassen.

Es ist sehr kalt – 24 Grad Frost. Wir zittern in den Zimmern, und es zieht immer sehr von den Fenstern. Deine hübsche Jacke ist jetzt so nützlich. Wir haben alle Frostbeulen an den Fingern. (Erinnerst du dich, wie du in deinem kleinen Haus darunter gelitten hast?) Ich schreibe dies während meiner Ruhe vor dem Abendessen. Der kleine Jimmy liegt neben mir, während sein

Frauchen Klavier spielt. Am 6. haben Alexej, Marie und Gilik [Gilliard] ein kleines Theaterstück für uns aufgeführt. Die anderen führen aus dem Gedächtnis Szenen aus französischen Dramen auf. Eine wunderbare Ablenkung und gut fürs Gedächtnis. Die Abende verbringen wir zusammen. Er liest uns laut vor, und ich sticke. Ich bin den ganzen Tag sehr beschäftigt mit der Vorbereitung von Weihnachtsgeschenken; bemale Bänder als Lesezeichen, male Karten.

Am 6. hatten wir einen Gottesdienst zu Hause, weil wir wegen irgendeiner Störung nicht zur Kirche gehen durften. Ich war seit vier Wochen nicht draußen an der frischen Luft. Ich kann wegen meines Herzens bei so kaltem Wetter nicht hinausgehen. Aber die Kirche zieht mich trotzdem fast unwiderstehlich an.

Ich bin von ihren Fotos und Geschenken umgeben – Jacken, Morgenmäntel, Silberteller, Löffel und Ikonen. Wie gern würde ich dir etwas schicken, aber ich fürchte, es würde verloren gehen. Ich küsse dich zärtlich, liebe und segne dich. Wir alle küssen dich. Er war sehr gerührt über deinen Glückwunschbrief.

Wir beten für dich und denken an dich, nicht immer ohne Tränen.

Grüße von A.

Tatjana an Anja Wyrubowa: 9. Dezember, Tobolsk

Meine Liebste: ich denke oft an dich und bete für dich, und wir erinnern uns immer an dich und sprechen von dir. Es ist hart, dass wir uns nicht sehen können, aber Gott wird uns sicher helfen, und wir werden uns in besseren Zeiten wiedertreffen. Wir tragen die Röcke, die deine liebe Freundin uns geschickt hat, und deine kleinen Geschenke sind immer bei uns und erinnern uns an dich. Wir leben ruhig und friedlich. Die Tage vergehen schnell. Morgens haben wir Unterricht, machen von elf bis zwölf vor dem Haus einen Spaziergang auf einem Platz, den man für uns mit einem hohen Bretterzaun abgeteilt hat. Wir essen unten zusammen zu Mittag, manchmal sind Mama und Alexej bei uns, aber meistens essen sie allein oben in Papas Arbeitszimmer. Nachmittags gehen wir wieder für eine halbe Stunde hinaus, wenn es nicht zu kalt ist. Oben Tee, dann lesen wir oder schreiben. Manchmal liest Papa vor, und so vergeht jeder Tag. Samstags haben wir um 9 Uhr Abendgottesdienst in der großen Diele. Bis dahin muss der Priester in der Kirche Messe halten. Sonntags gehen wir, wenn wir dürfen, um acht Uhr morgens in eine nahe gelegene Kirche. Wir gehen zu Fuß durch einen Garten, die Soldaten, die mit uns hierher gekommen sind, stehen überall herum. Sie halten eine Messe für uns allein und dann eine für alle. An Feiertagen müssen wir leider einen kleinen Gottesdienst zu Hause feiern.

Erinnerst du dich, wie wir dich geärgert haben? Grüße an deine alten Diener. Wo sind dein Bruder und seine Frau? Haben sie ein Kind?

Gott segne dich, meine Liebste. All deine Briefe (die erlaubten Briefe) erreichen uns über den Kommissar.

Alexandra an Anja Wyrubowa: 9. Dezember, Tobolsk

Die Stimmung ist bei allen in der Familie gut. Gott ist uns sehr nahe, wir spüren seine Unterstützung und sind oft erstaunt, dass wir Ereignisse und Trennungen ertragen können, die uns früher wohl umgebracht hätten. Obwohl wir schrecklich leiden, ist doch Frieden in unseren Seelen. Ich leide am meisten für Russland, und ich leide auch mit dir, aber ich weiß, dass sich am Ende alles zum Besten wenden wird. Ich verstehe das alles nur nicht mehr. Alle scheinen verrückt geworden zu sein. Ich denke täglich an dich und liebe dich innig. Du bist großartig, und ich weiß, wie wunderbar du gewachsen bist.

Meine Liebe, verbrenne meine Briefe. Das ist besser. Ich habe nichts aus der teuren Vergangenheit behalten.

Wir alle küssen dich zärtlich und segnen dich. Gott ist groß und wird die nicht verlassen, die von Seiner Liebe eingeschlossen sind. Liebes Kind, ich werde vor allem an Weihnachten an dich denken. Ich hoffe, wir treffen uns wieder, aber wo und wie, steht in Seiner Hand. Wir müssen alles Ihm überlassen, der alles besser weiß als wir.

Nikolaus an Anja Wyrubowa: 10. Dezember, Tobolsk

Vielen Dank für deine freundlichen Wünsche zu meinem Namenstag. Unsere Gedanken und Gebete sind immer bei dir, armes, leidendes Geschöpf. Ihre Majestät liest uns allen deine Zeilen vor. Schrecklich zu denken, was du alles durchmachen musstest. Wir sind alle hier. Es ist ziemlich ruhig. Schade, dass du nicht bei uns bist.
Küsse und Segenswünsche ohne Ende von deinem dich liebenden Freund
N.
Beste Grüße an deine Eltern

Anastasia an Anja Wyrubowa: 10. Dezember, Tobolsk

Meine Liebe: Vielen Dank für dein kleines Geschenk. Es war so nett von dir und erinnert mich so besonders an dich. Wir denken oft an dich und sprechen von dir, und in unseren Gebeten sind wir immer zusammen. Der kleine Hund, den du uns geschenkt hast, ist immer bei uns und sehr nett. Wir haben unsere Zimmer bequem eingerichtet und wohnen alle vier zusammen.

Oft sitzen wir am Fenster und sehen den Leuten zu, die vorbeigehen, und das lenkt uns ab. Wir haben zum Spaß kleine Theaterstücke aufgeführt. Wir gehen im Garten hinter hohen Brettern spazieren.
Gott segne dich.
An.

Nikolaus: Tagebuch, 10. Dezember, Tobolsk

Unmittelbar vor dem Tee erhielt ich zu meiner großen Freude den ersten Brief von der lieben Mama.

Alexandra an Anja Wyrubowa: 15. Dezember, Tobolsk

Liebste Kleine: Wieder schreibe ich dir.
Die Sonne scheint strahlend, und glitzert auf dem Reif. Die Nächte sind so mondhell, es muss ideal sein, um auf den Hügeln zu sein. Aber meine armen Unglücklichen können nur in dem engen Hof auf und ab gehen. Wie ich mich danach sehne, zur Kommunion zu gehen.

Einige Gedanken muss man wegschieben, und was die Zukunft bringen mag, kann ich nicht erraten, aber Gott weiß es, und ich habe alles in Seine Hände übergeben. Bete für uns und die, die wir lieben, und vor allem für Russland, wenn du am Schrein der »Alleserhörenden Jungfrau« bist – ich liebe ihr schönes Gesicht.

Ich stricke Socken für den Kleinen (Alexej). Er hat um ein Paar gebeten, denn seine sind ganz durchlöchert.

Meine sind warm und dick wie die, die ich den Verwundeten geschenkt habe, erinnerst du dich? Ich mache jetzt alles selbst. Vaters Hosen sind zerrissen und gestopft, das Unterzeug der Mädchen besteht nur noch aus Fetzen. Schrecklich, nicht wahr? Ich bin ziemlich grau geworden.

Anastasia ist zu ihrer eigenen Verzweiflung ziemlich rund geworden, wie Maria es war, rund und dick bis zur Taille, mit kurzen Beinen. Ich hoffe, sie wächst noch. Olga und Tatjana sind beide dünn, aber ihr Haar wächst schön, sodass sie ohne Schal gehen können.

Ich stelle fest, dass ich in Englisch schreibe, weiß nicht, warum.

Bitte verbrenne alle diese Briefe, denn dein Haus könnte jederzeit wieder durchsucht werden.

Walja Dolgorukow an seine Mutter: Dezember [undatiert], Tobolsk

Meine liebste Mama,
... sie ist oft deprimiert, aber recht sanfter Stimmung, und fällt nicht aus der Rolle, die sie spielen muss: ruhig, würdevoll, alle Nachrichten und Vorkommnisse mit Gleichmut ertragend. Er ist immer gleich, leidet moralisch, spricht die Dinge offen aus, hat aber seinen Charme und seine Liebenswürdigkeit bewahrt.
Dein ergebener Walja,
fröhliche Weihnachten

Alexej an P. Petrow: 19. Dezember, Tobolsk

Mein lieber Pjotr Wassiliewitsch,
ich sende Ihnen meine besten Wünsche zum kommenden Weihnachtsfest und zum Ersten des neuen Jahres. Ich hoffe, Sie haben meinen letzten Brief erhalten. Wie geht es Ihnen? Im Augenblick haben wir sehr wenig Schnee, und es ist nicht möglich, einen Berg zu bauen. Joy [der Spaniel] wird mit jedem Tag fetter, denn er frisst ständig Abfall aus dem Müllhaufen. Jeder jagt ihn mit Stöcken weg. Er hat eine Menge Freunde in der Stadt und rennt immerzu davon.

Ich schreibe Ihnen während meiner Französischstunde, weil ich fast keine freie Zeit habe, aber wenn ich Ferien habe, werde ich öfter schreiben. Grüße und gute Wünsche an die Lehrer.
Möge der Herr Sie beschützen!
Ihr fünfter Schüler, Alexej

Nikolaus: Tagebuch, 24. Dezember, Tobolsk

Vor unserem Spaziergang bereiteten wir die Geschenke für alle vor und schmückten die Christbäume. Zur Teezeit – vor fünf Uhr – gingen Alix und ich zum Wachhäuschen und schmückten einen Baum für die erste Abteilung des 4. Regiments. Wir saßen bei den

Wachen. Nach dem Abendessen bekam das Gefolge seinen Baum, und wir bekamen unseren kurz vor 8 Uhr. Der Gottesdienst war sehr spät, denn der Priester konnte wegen des Gottesdienstes in der Kirche nicht eher kommen. Die Wachen, die freihatten, nahmen ebenfalls teil.

Alexandra: Tagebuch

Tobolsk, 24. Dezember, Sonntag

Heiliger Abend.

Machte die Geschenke fertig.

12. Gottesdienst zu Hause.

Aßen unten zu Mittag.

Schmückten die Bäume, legten die Geschenke hin.

5 Tee. Danach gingen wir zur Wache des 14. Infanterieregiments. Malischew mit 20 Mann. Ich brachte ihnen einen kleinen Weihnachtsbaum und Essbares – und ein Evangelium mit einem Lesezeichen für jeden – saßen dort.

8. Aßen alle zusammen unten zu Abend, auch Kolja [Derewenko]. Man hat Isa [Buxhoeveden] verboten, zu uns zu gehen oder ihr Haus zu verlassen.

9. Christbaum fürs Gefolge – alle unsere Leute.

10. Abendgottesdienst: ein großer Chor sang. Die Soldaten kamen auch.

Nikolaus: Tagebuch, 28. Dezember, Tobolsk

Wir hörten mit großem Missfallen, dass unser lieber Vater Alexej [der Priester] verhört und unter Hausarrest gestellt worden ist.

Es geschah, weil uns der Diakon während des Te Deums am 25. Dezember mit unseren Titeln angesprochen hat, und nachdem viele von den Wachen aus dem 2. Regiment in der Kirche waren, gab es unvermeidlich Ärger, wahrscheinlich nicht ohne Mitwirkung von Pankratow und seinen Leuten.

31. Dezember: Nicht zu kalt heute, mit Windböen. Gegen Abend stand Alexej auf, er konnte seinen Schuh anziehen. Nach dem Tee gingen wir alle unserer getrennten Wege, bis es Zeit war, das neue Jahr zu begrüßen. Herr! Rette Russland!

Anmerkungen 1917

[1] Die Generale Michail Wassiliewitsch Alexejew und Wassili Gurko.

[2] Die Frau des Kapitäns auf dem Kreuzer *Variag*, eine enge Freundin von Alexandra und Anja Wyrubowa.

[3] N. V. Ruzskij, Oberbefehlshaber an der Nordfront.

[4] Gutschkow, Präsident des Komitees für die Kriegsindustrie; Schulgin, Mitglied der Duma und Präsident des Komitees für die Rüstungsindustrie.

[5] Die morganatische Ehefrau von Nikolaus' Onkel Pawel.

[6] Aufgesetzt von Vladimir Nabokov, dem Vater des Dichters.

[7] Nach Maurice Paléologue: »Ohne einen Gedanken an den Treueeid und das Amt des Adjutanten, die ihn an den Kaiser binden, ging er heute Nachmittag um 1 Uhr fort, um der Volksherrschaft zu huldigen. In seiner Uniform eines Kapitäns der Marine wurde er an die Spitze der Wachmatrosen gesehen, deren Kommandeur er ist, als sie den Rebellen ihre Dienste anboten.«

[8] Hier war Alexandra falsch informiert.

[9] Fürst Dolgorukow, Hofmarschall. Seine Mutter war mit Benckendorff verheiratet.

[10] Privatsekretär von König George V.

[11] Der britische Außenminister.

[12] A. Hendrikow. 1918 wurde sie in Jekaterinburg verhaftet und erschossen.

[13] Der erste Mai war bis dahin in Russland nicht gefeiert worden.

[14] Der Russischlehrer aller Zarenkinder.

[15] General Tatischew gehörte nicht zum Hof. Er war einer der Adjutanten des Zaren und begleitete die Zarenfamilie nach Tobolsk.

[16] Graf und Gräfin Benckendorff, denen ihr hohes Alter und ihr unsicherer Gesundheitszustand nicht erlaubte, uns zu folgen; Baronesse Buxhoeveden, die durch Krankheit aufgehalten wurde und uns, sobald sie konnte, nach Tobolsk folgen sollte, und eine gewisse Zahl von Bediensteten. Kerenskij hatte den Zar gefragt, ob er Graf Benckendorff ersetzen wolle. Der Zar hatte erwidert, er wäre sehr froh, wenn General Tatischew mitkommen und seine Gefangenschaft teilen würde. Als General Tatischew diesen Wunsch seines Zaren hörte, nahm er sich nur so viel Zeit, wie er brauchte, um seine Angelegenheiten zu ordnen, und ein paar Stunden später brach er, den Koffer in der Hand, nach Zarskoje Selo auf. Wir trafen ihn im Augenblick der Abfahrt im Zug an. [Aus Gilliards Memoiren]

[17] Die bolschewikische Revolution, Staatsstreich der Bolschewiken in Petrograd und Moskau (25./26. Oktober).

1918

Nikolaus:	ehemaliger Zar von Russland
Alexandra:	seine Frau, ehemalige Zarin von Russland
Xenia:	Großfürstin, Nikolaus' Schwester, verheiratet mit Sandro
Olga:	älteste Tochter von Nikolaus und Alexandra, dreiundzwanzig Jahre alt
Tatjana:	zweite Tochter von Nikolaus und Alexandra, einundzwanzig Jahre alt
Maria:	dritte Tochter von Nikolaus und Alexandra, neunzehn Jahre alt
Anastasia:	vierte Tochter von Nikolaus und Alexandra, siebzehn Jahre alt
Alexej:	Sohn von Nikolaus und Alexandra, vierzehn Jahre alt
George:	König George V. von England, Cousin ersten Grades von Nikolaus und von Alexandra
Fürst Felix Jussupow:	verheiratet mit Irina, der Tochter von Xenia und Sandro

Anja Wyrubowa:	Hofdame und enge Freundin von Alexandra
Pierre Gilliard:	Schweizer Hauslehrer der Zarenkinder
Walja Dolgorukow:	Mitglied des Zarenhofs
A. G. Beloborodow:	Vorsitzender des regionalen Ural-Sowjets
J. M. Jurowskij:	Kommandant des Ipatjew-Hauses
P. Medwjedjew:	einer der Mörder
A. W. Markow:	Vorsitzender der Tscheka in Perm
Ryabow:	Ellas Mörder

1918
Dämonen

In Gefangenschaft – Von Tobolsk nach Jekaterinburg – Das Ende

Nikolaus: Tagebuch, 1. Januar, Tobolsk

Um 8 Uhr gingen wir zur Kirche, ohne Olga und Tatjana, die leider beide fiebrig sind. Nach Ansicht der Ärzte haben sie wahrscheinlich Röteln.

2. Januar: Die Röteln haben sich bestätigt, aber zum Glück sind sie heute wohlauf.

Der Tag war trüb, nicht kalt, aber starker Wind. Wir gehen in den Garten, aber es gibt nichts zu tun – heute habe ich mich zu Tode gelangweilt!

Pierre Gilliard: Memoiren, 2. Januar

Um 14 Uhr fand ein Treffen unseres Garnisonsausschusses statt. Mit 100 gegen 85 Stimmen wurde beschlossen, Offizieren und Soldaten das Tragen von Epauletten zu untersagen.

Nikolaus: Tagebuch, 3. Januar, Tobolsk

Jetzt hat auch Alexej leichte Röteln bekommen; Olga und Tatjana geht es besser, Letztere ist sogar aufgestanden. Es hat den ganzen Tag geschneit.

Der Ausschuss des Wachregiments hat mir gesagt, ich solle lieber meine Epauletten abnehmen, damit ich in der Stadt nicht beschimpft oder attackiert werde. Es ist einfach nicht zu fassen!

Alexej: Tagebuch, 4. Januar, Tobolsk

Heute habe ich noch mehr Flecken bekommen. Mit Nagorny den ganzen Vormittag Schach gespielt. Maria ist jetzt auch krank. Sie hat auch überall Flecken.

Alle Soldaten mussten ihre Epauletten abnehmen, aber Papa und ich haben sie drangelassen.

Pierre Gilliard: Memoiren, 4. Januar

Heute Vormittag kam Oberst Kobylinskij. Er war in Zivilkleidung, weil er ohne Epauletten seine Uniform nicht tragen will.

Nikolaus: Tagebuch, 5. Januar, Tobolsk

Mit den Wachen vom 1. Zug des 4. Regiments sprachen wir darüber, dass ich meine Epauletten abnehmen soll; sie äußern sich sehr kritisch über das Verhalten des 2. Regiments.

Pierre Gilliard: Memoiren, 5. Januar

Als Alexej an der Reihe war, das vom Priester dargereichte Kreuz zu küssen, beugte sich dieser vor und küsste ihm die Stirn. Nach dem Abendessen kamen General Tatischew und Fürst Dolgorukow zum Zaren und drängten ihn, seine Epauletten abzunehmen, um feindselige Äußerungen seitens der Soldaten zu vermeiden. Zunächst sah es so aus, als würde der Zar sich weigern, doch nachdem er ein paar Worte mit der Zarin gewechselt hatte, gewann er seine Selbstbeherrschung zurück und fügte sich um seiner Familie willen.

Alexej: Tagebuch, 6. Januar, Tobolsk

Um 7 aufgestanden. Tee mit Papa, Tatjana und Anastasia. Wir haben Karten gespielt. Maria ist angezogen und läuft in den Zimmern herum. Um 6 spielten wir Verstecken, dabei haben wir geschrien und schrecklichen Lärm gemacht.

Nikolaus an Xenia: 7. Januar, Tobolsk

Meine liebe, süße Xenia,
mit deinem Brief hast du mich sehr glücklich gemacht, und ich danke dir von ganzem Herzen dafür. Es ist äußerst schwierig, so ganz ohne Nachrichten zu leben – Zeitungen kommen zwar, aber sie werden nicht täglich in den Straßen zum Verkauf angeboten, und die, die man bekommt, berichten sowieso nur von neuen Gräueltaten, die in unserem armen Russland begangen werden. Es macht einen ganz krank, wenn man daran denkt, wie sehr unsere Alliierten uns verachten müssen.

Für mich ist die Nacht der beste Teil des Tages, zumindest kann man für eine Weile vergessen. Vor ein paar Tagen hat unser Ortsausschuss über die Frage der Abschaffung von Epauletten und anderen Auszeichnungen diskutiert, und von einer sehr kleinen Minderheit wurde beschlossen, in Zukunft darauf zu verzichten. Es gab zwei Begründungen dafür: die Tatsache, dass ihre Regimenter in Zarskoje Selo es ebenfalls getan haben, sowie ein weiterer Umstand – in den Straßen hier werden einzelne Wachposten immer wieder von Soldaten und Rowdys angegriffen, die ihnen ihre Epauletten wegreißen. Selbst alle richtigen Soldaten, die drei Jahre an der Front zugebracht haben, müssen sich dieser dummen Anordnung beugen.

Überall ist es dieselbe Geschichte – ein oder zwei Soldaten der Kavallerie machen Ärger und stacheln die anderen auf.

Seit Beginn des neuen Jahres hatten alle Kinder bis auf Anastasia die Röteln, aber jetzt sind sie alle wieder gesund.

Das Wetter ist herrlich, fast immer sonnig, nur leichter Frost. Ich umarme dich inniglich, auch die liebe Mama und alle anderen. Ich bin stets bei euch. Von ganzem Herzen
dein Nicky

Alexej: Tagebuch, 7. Januar, Tobolsk

Der ganze Tag war genauso wie gestern.

Nikolaus: Tagebuch, 9. Januar, Tobolsk

Ein wunderbar ruhiger Tag mit leichtem Frost – 6 bis 8 Grad. In den letzten beiden Tagen habe ich ein Buch aus der Bibliothek des hiesigen Gymnasiums gelesen, *Tobolsk und seine Umgebung* von Golodnikow – es bietet spannende historische Informationen.

Nachmittags habe ich tüchtig gearbeitet – den Hof gefegt und anschließend in der kleinen Hütte Feuerholz gestapelt; dabei ging mir Orlow zur Hand, der freundliche alte Wachposten aus dem 1. Regiment – früher war er beim Preobraschenski-Regiment.

Alexej: Tagebuch, 9. Januar, Tobolsk

Der ganze Tag war genauso wie gestern.

10. Januar: Der ganze Tag war genauso wie gestern. Am Nachmittag sind Kolja [Sohn von Dr. Derewenko] und ich im Schnee herumgerannt und -gesprungen. Wir haben den Berg gewässert, gekämpft und gebalgt.

12. Januar: Der ganze Tag war genauso wie gestern.

14. Januar: Der ganze Tag war genauso wie gestern.

15. Januar: Anastasia hat Röteln. Sie ist den ganzen Tag im Bett geblieben. Der ganze Tag war genauso wie gestern. Kolja hatte Husten und ist nicht gekommen.

17. Januar: Es ist immer dasselbe. Kolja ist wieder nicht gekommen.

18. Januar: Es ist immer dasselbe. Anastasia ist aufgestanden und angezogen. 26 [Grad] minus. Langweilig!!!

Pierre Gilliard: Memoiren, 20. Januar

23 R[éaumur] unter Null. Fürst Dolgorukow und ich haben den Schneeberg bewässert. Wir schleppten dreißig Eimer Wasser. Es war so kalt, dass uns das Wasser von der Küche bis zum Berg schon gefroren war. Unsere Eimer und der Schneeberg »dampften«. Morgen können die Kinder zum ersten Mal rodeln.

Olga [Nikolaus' und Alexandras Tochter] an Anja Wyrubowa: 22. Januar, Tobolsk

Liebste, wir waren so froh, von dir zu hören. Seit einigen Tagen ist es schrecklich kalt und sehr windig. Wir kommen gerade von einem Spaziergang zurück. Auf unserem Fenster steht »Anna-Schätzchen«. Wer das wohl geschrieben hat?
Gott segne dich, meine Liebe. Lass es dir gut gehen.
Deine Olga
Herzliche Grüße an alle, die noch an mich denken.

Alexej: Tagebuch, 22. Januar, Tobolsk

22 [Grad] minus – Sturm. Schneetreiben. Es ist immer noch so langweilig.

24. Januar: Am Nachmittag habe ich ein Stöckchen in meiner Hand herumgewirbelt und Papa beim Schneeschippen auf dem Dach zugeschaut und wie sie Holz ins Haus schaffen. Wie langweilig!!!

Tatjana an P. W. Petrow: 26. Januar, Tobolsk

Seien Sie gegrüßt, lieber Pjotr Wassiljewitsch,
vielen herzlichen Dank für Ihre beiden Briefe. Es hat mich sehr gerührt, dass Sie so ausführlich geschrieben haben. Wir sind

Gott sei Dank alle bei guter Gesundheit und führen noch immer ein ganz geruhsames Leben; so seltsam es auch klingen mag, aber bisher hat sich noch niemand von uns gestritten. Vormittags haben wir zwei Stunden Unterricht, von 9–11, dann gehen wir eine Stunde spazieren und anschließend lernen wir noch mal eine Stunde. Nach dem Mittagessen gehen wir wieder spazieren – normalerweise bis 4, aber wenn das Wetter schön ist, auch länger. Wir arbeiten bis zum Tee oder beschäftigen uns irgendwie in unserem Zimmer. Nach dem Tee proben wir bis zum Abendessen irgendein Stück. Drei haben wir schon aufgeführt, und gerade studieren wir ein neues ein; das lenkt uns nicht nur ab, sondern ist ja auch gut für unsere Diktion.

In unserem Hof ist ein kleiner Berg errichtet worden. Wenn wir das ewige Hin- und Herlaufen satt haben, rutschen wir da runter, oft purzeln wir dabei ganz lustig durcheinander. Einmal kam mir Gilliard auf dem Kopf zu sitzen. Ich wollte, dass er aufsteht, aber er konnte nicht, denn er hatte sich den Fuß vertreten, und es tat ihm weh. Irgendwie konnte ich mich unter ihm hervorwinden. Es war schrecklich blöd und lustig, allerdings musste er wegen seines Fußes ein paar Tage lang das Bett hüten.

Ein andermal bin ich den Berg rückwärts runtergerutscht und mit dem Kopf schrecklich aufs Eis aufgeschlagen. Ich dachte, vom Berg wäre nichts mehr übrig, aber dann stellte sich heraus, dass weder er noch mein Kopf zu Bruch gegangen oder auch nur verletzt waren. Ich hab eine ganz schön harte Birne, was?

Wir hatten hier auch ziemliche Kälte, vor allem war es sehr stürmisch, der Wind hat einem richtig das Gesicht zerschnitten. In den Zimmern war es eiskalt. Die Diele hatte nur 5 ... Grad.
Machen Sie's gut. Herzlichste Grüße von allen.
Tatjana

Pierre Gilliard: Memoiren, 26. Januar

Der Soldatenausschuss hat heute beschlossen, Pankratow durch einen bolschewistischen Kommissar aus Moskau abzulösen. Die

Lage wird immer schlimmer. Es scheint, als befänden sich Sowjetrussland, Deutschland, Österreich und Bulgarien nicht mehr im Kriegszustand. Die Truppen sollen demobilisiert werden, aber Lenin und Trotzkij haben den Friedensvertrag noch nicht unterzeichnet.

Alexej: Tagebuch, 29. Januar, Tobolsk

Am Nachmittag mit Kolja gespielt und den Hügel runtergerutscht. Hab mir den Knöchel am rechten Bein gestoßen. Bin den ganzen Abend gehumpelt. Nachts eine Kompresse angelegt.

30. Januar: Nachts sehr schlecht geschlafen. Das Bein tat mir weh. Mit Mama gefrühstückt. Den ganzen Tag im Bett geblieben.

Xenia an Nikolaus: 31. Januar, Ai-Todor

Deinen lieben Brief vom 27. habe ich erhalten und beeile mich, dir, lieber Nicky, dafür zu danken und dir zu sagen, welche Freude es für mich war. Gott sei Dank, dass alle wieder wohlauf sind und die Lage bei euch relativ ruhig ist – was man von unserer Region nicht gerade behaupten kann, hier ist alles am Sieden.

Ja, du hast völlig Recht, wenn du sagst, die beste Zeit ist die Nacht: Im Schlaf kann man alles vergessen, und die Seele kommt eine Weile zur Ruhe. Es ist unerträglich, mit ansehen und feststellen zu müssen, dass unser Land auf so sinnlose Weise zerstört wird, und man fragt sich nur, wie man überhaupt weiterleben kann! Zu gerne möchte man glauben, dass noch nicht alles verloren ist, dass sich Leute finden, die Russland aus diesem Chaos und dieser schrecklichen Sackgasse hinausführen. Was haben sie nur mit unserem unglückseligen Volk angestellt? Werden sie eines Tages wieder zur Besinnung kommen?

Uns wird jeder Besuch untersagt, und seit drei Monaten haben wir Ai-Todor nicht verlassen dürfen. Irina haben wir seit dem 6. Januar nicht mehr gesehen.

Übrigens waren einige Sätze deines Briefs durchgestrichen – wo von der Wache und gegenseitigen Beziehungen die Rede ist (dies nur zu deiner Information!). (»Nevertheless we read it all« – eine engl. Redensart, die sich nicht ins Russische übersetzen lässt, aber das ist alles sehr irritierend). Damit steht jedenfalls fest, dass die Briefe gelesen werden.

Ich weiß nicht, wie wir überleben sollen, alles ist so wahnsinnig teuer, und es ist kein Geld vorhanden. Ein paar Tage lang mussten wir ohne Licht auskommen, denn es gibt kein Kerosin. Doch darum geht es ja nicht einmal, wir werden schon irgendwie zurechtkommen, aber die arme Mama tut einem so schrecklich Leid. Warum muss sie solche Not leiden und sich in ihrem Alter derlei Entbehrungen und Beleidigungen gefallen lassen?

Nikolaus: Tagebuch, 1./14. Februar,[1] Tobolsk

Auf der Post erfuhren wir, dass sie Anweisung erhalten haben, die Zeitrechnung zu ändern und ab 1. Februar nach dem ausländischen Modus zu zählen, d. h. heute ist schon der 14. Februar. Das wird zu endlosen Missverständnissen und Konfusionen führen.

5./18. und 6./19. Februar: Habe mit der Lektüre der *Drei Musketiere* von A. Dumas begonnen. Jetzt haben wir schon den dritten Tag hintereinander in meinem Arbeitszimmer Tee getrunken, denn es ist heller, wir können den Sonnenuntergang sehen, und das Zimmer ist wärmer.

Alexej: Tagebuch, 5./18. Februar, Tobolsk

Immer dasselbe. Hatte Unterricht.

Nikolaus: Tagebuch, 7./20. Februar, Tobolsk

Nach den Telegrammen zu urteilen, hat der Krieg mit Deutschland wieder begonnen, da die Frist für den Friedensvertrag abgelaufen ist; die Front scheint zusammengebrochen zu sein, die Armee ist demobilisiert, Waffen und Nachschub werden den Launen des Schicksals und dem vorrückenden Gegner überlassen! Eine entsetzliche Schmach!

Alexej: Tagebuch, 9./22. Februar, Tobolsk

Gestern habe ich mir den Knöchel am linken Bein gestoßen und musste den ganzen Tag eine Kompresse tragen.

Mit Mama in Papas Arbeitszimmer gefrühstückt und zu Abend gegessen. Nachmittags habe ich auf dem Boden gelegen und Karikaturen gezeichnet.

Nikolaus: Tagebuch, 12./25. Februar, Tobolsk

Heute trafen Telegramme ein, die uns darüber informierten, dass die Bolschewiki – beziehungsweise der Sownarkom [Rat der Volkskommissare], wie sie sich jetzt nennen – gezwungen sind, die erniedrigenden Friedensbedingungen der deutschen Regierung zu akzeptieren, nachdem die gegnerischen Truppen weiter auf dem Vormarsch sind und es keine Möglichkeit gibt, sie aufzuhalten! Ein Alptraum!

14./27. Februar: Wir werden unsere Ausgaben für Haushaltsvorräte und Personal erheblich reduzieren müssen, da die Apanage-Abteilung ab 1. März geschlossen wird; hinzu kommt, dass jeder von uns monatlich nur noch 600 Rubel aus unserem Privatvermögen beziehen darf. In den letzten Tagen haben wir durchgerechnet, was wir mindestens benötigen, um über die Runden zu kommen.

15./28. Februar: Wir werden also gezwungen sein, uns von vielen unserer Leute zu trennen, denn wir können nicht alle weiterbeschäftigen, die mit uns in Tobolsk sind. Das ist natürlich sehr hart, aber leider unvermeidlich. Auf unsere Bitte hin haben Tatischew, Walja D[olgorukow] und Mr. Gilliard die Führung der Haushaltsgeschäfte und die Organisation des restlichen Personals übernommen, zu dem auch der Kammerdiener Wolkow gehört.

Alexej: Tagebuch, 19. Februar/4. März, Tobolsk

Hab den ganzen Tag nichts anderes gemacht als gestern. Nachmittags hab ich mit Kolja gespielt und mir mit dem Messer einen Holzdolch geschnitzt, Kolja auch, danach haben wir uns gegenseitig angegriffen. Am Abend haben die Soldaten den Eisberg kaputtgemacht, jetzt können wir nicht mehr rutschen. Das hat uns der Kommandant gesagt.

Nikolaus: Tagebuch, 20. Februar/5. März

Heute Morgen sahen wir vom Fenster aus, dass der kleine Berg zerstört worden ist; offenbar hat das der idiotische Sonderkommando-Ausschuss beschlossen, um uns davon abzuhalten, hinaufzusteigen und über den Zaun zu schauen!

Alexej: Tagebuch, 26. Februar/11. März, Tobolsk

Ich habe mir den Zeh am rechten Fuß gestoßen und konnte mir den Stiefel nicht anziehen. Deshalb musste ich zu Hause bleiben.

27. Februar/12. März: Bin den ganzen Tag drinnen geblieben. Zu Mittag gab es Pfannkuchen, ich habe neun verputzt.

Nikolaus: Tagebuch, 28. Februar/13. März, Tobolsk

Ein ähnlicher Tag mit 12 Grad Frost. Ich habe *Anna Karenina* beendet und angefangen, Lermontow zu lesen.

Mit Tatjana eine Menge Holz gesägt.

In den letzten Tagen haben uns die unterschiedlichsten Leute, die von der Reduzierung unserer Lebensmittelausgaben erfahren hatten, Butter, Kaffee, Teegebäck und Marmeladen zukommen lassen. Wie rührend!

2./15. März: In diesen Tagen muss ich ständig an letztes Jahr in Pskow und im Zug denken!

Wie lange noch wird unser armes Russland von äußeren und inneren Feinden gemartert und auseinander gerissen werden! Manchmal scheint es mir, ich hätte nicht mehr die Kraft zum Weiterleben, ich weiß nicht einmal, woran ich meine Hoffnungen klammern, was ich mir wünschen soll.
Und doch gibt es nur Gott allein!
Sein geheiligter Wille geschehe!

Alexej: Tagebuch, 2./15. März, Tobolsk

Immer dasselbe. Habe etwas gezeichnet. Sig [Gibbes, Englischlehrer] hat vorgelesen. Abends konnte ich mir den Stiefel wieder anziehen und bin runtergegangen. Um 12 Uhr gab es eine Totenmesse für Urgroßvater. Den ganzen Nachmittag hatte ich eine Kompresse auf dem Zeh. Zu Mittag Pfannkuchen.

Alexandra an Anja Wyrubowa: 2./15. März, Tobolsk

Mein liebes Kind: Papa, Mama und die Kinder danken dir für alles. Du verwöhnst uns alle so mit deinen lieben Briefen und Geschenken. Ich war schon ganz besorgt, weil ich so lange nichts von dir gehört hatte, vor allem auch wegen der Gerüchte, du wärst abgereist. Leider kann ich dir nicht so schreiben, wie ich gerne möchte, denn ich muss befürchten, dass dieser Brief in andere Hände gerät. Wir haben noch nicht alles erhalten, was du geschickt hast – spaßeshalber nenne ich das Konterbande. Es trifft nur nach und nach bei uns ein. Liebes Kind, bitte sei vorsichtig!

Zweimal habe ich auf dem Balkon gesessen, aber öfter im Hof. Meinem Herzen geht es sehr viel besser, aber eine Woche lang hatte ich wieder große Schmerzen. Ich mache mir so viel Sorgen.

Mein Gott, wie Russland leidet! Du weißt, ich liebe es noch mehr als du, das unglückselige Land, von innen zerstört und von den Deutschen von außen. Seit der Revolution haben sie einen Großteil des Landes kampflos erobert. Wenn sie jetzt in Russland wieder Ordnung herstellen würden, welch schreckliche Erniedrigung wäre das für das Land – dem Feind auch noch dankbar sein zu müssen. Sie sollen sich bloß unterstehen, Papa und Mama je um Gespräche zu ersuchen.

Wir leben hier auf Erden, aber halb sind wir schon in der nächsten Welt. Wir sehen mit anderen Augen, und das macht es oft schwierig, sich mit Leuten einzulassen, die zwar religiös sind, aber eben nicht ganz.

Meine größte Sünde ist meine Reizbarkeit. Die unendliche Dummheit [des Dienstmädchens] zum Beispiel – sie kann einfach nicht anders, sie ist so oft unaufrichtig, oder sie fängt an, Moralpredigten zu halten, und dann fahre ich aus der Haut – du weißt ja, wie hitzig ich bin. Es ist nicht schwierig, wirkliche Prüfungen zu ertragen, aber diese kleinen summenden Mücken sind einfach lästig.

Ich gebe mir alle Mühe, eine bessere Frau zu sein. Über lange Phasen bin ich wirklich geduldig, aber dann bricht meine schlechte Laune wieder aus. Wir bekommen einen neuen Beichtvater, bereits der Zweite in diesen sieben Monaten. Auch dich, meine Liebe, bitte ich um Vergebung. Übermorgen ist der Sonntag vor der Fastenzeit, wenn man für seine Fehler um Verzeihung bittet. Vergib mir die Vergangenheit und bete für mich. Ich sehne mich danach, andere zu erwärmen und zu trösten – doch leider fühle ich mich zu den Menschen, die mich hier umgeben, nicht hingezogen. Ich behandele sie mit Kälte, und auch das ist falsch von mir.

Was für ein Alptraum, dass ausgerechnet Deutsche Russland retten [vom Kommunismus] und die Ordnung wiederherstellen! Was könnte erniedrigender für uns sein? Mit einer Hand geben die Deutschen und mit der anderen nehmen sie. Sie haben schon ein gewaltiges Territorium eingenommen. Möge Gott diesem unglücklichen Land beistehen und es retten. Wahrscheinlich zwingt Er uns, all diese Erniedrigungen durchzumachen, aber dass wir sie ausgerechnet von den Deutschen zu erdulden haben, bringt mich fast um. Dass derlei Dinge im Krieg geschehen, kann man ja noch verstehen – aber doch nicht in einer Revolution.

Jetzt ist Batum erobert – unser Land zerfällt in Stücke. Ich kann nicht gelassen daran denken. Dem Herzen und der Seele tut es so schrecklich weh. Doch ich bin zuversichtlich, dass Gott es nicht dabei bewenden lassen wird. Er wird uns Weisheit verleihen und Russland retten, dessen bin ich gewiss.

Alexej: Tagebuch, 3./16. März, Tobolsk

Immer dasselbe. Beim Mittagessen habe ich heute 16 Pfannkuchen verputzt. Es gab sie zum letzten Mal. Um 9 Uhr war Gottesdienst. Draußen war es kalt und windig. Habe gebadet.

Pierre Gilliard: Memoiren, 4./17. März, Tobolsk

Heute ist Karnevalssonntag. Alle sind fröhlich. Unter unseren Fenstern fahren ständig die Schlitten vorbei; man hört Glocken, Mundharmonikas und Singen. Die Kinder schauen dem lustigen Treiben sehnsüchtig zu. Sie fangen allmählich an, sich zu langweilen, und finden ihre Gefangenschaft lästig. Sie laufen im Hof herum, dessen hoher Lattenzaun ihnen die Sicht nach draußen versperrt. Seit man ihnen den Schneeberg zerstört hat, besteht ihre einzige Abwechslung im Sägen und Holzhacken.

Die Arroganz der Soldaten ist unglaublich; die alte Mannschaft wurde durch eine Bande vulgär aussehender junger Männer ersetzt.

Obwohl sie täglich mehr leiden, haben Ihre Majestäten noch immer die Hoffnung, dass sich unter ihren loyalen Freunden welche finden, die versuchen werden, sie zu befreien. Nie war die Fluchtsituation günstiger als jetzt, denn bisher gibt es in Tobolsk noch keinen Vertreter der bolschewistischen Regierung. Mit Hilfe von Oberst Kobylinskij, der schon auf unserer Seite ist, wäre es ein Leichtes, die anmaßende, aber nachlässige Wachsamkeit unserer Posten zu überlisten. Dazu bedarf es nichts weiter, als dass ein paar Wagemutige draußen eine organisierte und entschlossene Aktion unternehmen. Wir haben dem Zaren immer wieder eindringlich vor Augen geführt, dass er auf eine Wende der Ereignisse vorbereitet sein muss. Er hält allerdings an zwei Bedingungen fest, die die Sache erheblich komplizieren: Eine Trennung der Familie oder eine Ausreise aus Russland kommen für ihn nicht in Frage.

Eines Tages sagte mir die Zarin in diesem Zusammenhang: »Ich würde Russland unter keinen Umständen verlassen, denn ins Ausland zu gehen hieße in meinen Augen, dass wir unsere letzte Verbindung zur Vergangenheit abbrechen, die damit ein für alle Mal gestorben wäre.«

6./19. März: Nach dem Mittagessen diskutierten wir über den Vertrag von Brest-Litowsk[2], der gerade unterzeichnet worden ist.

Der Zar war sehr deprimiert und sagte: »Es ist eine solche Schande für Russland, das kommt einem Selbstmord gleich. Ich hätte nie gedacht, dass Kaiser Wilhelm und die deutsche Regierung sich dazu hergeben würden, diesen elenden Verrätern die Hände zu schütteln. Aber es wird ihnen bestimmt nichts einbringen; es wird sie nicht vor dem Untergang retten!«

Etwas später, als Fürst Dolgorukow bemerkte, in den Zeitungen werde über eine Klausel diskutiert, in der die Deutschen die unversehrte Auslieferung der Kaiserlichen Familie an sie fordern, rief der Zar aus: »Das ist entweder ein Manöver, um mich zu diskreditieren, oder eine Beleidigung.«

Die Zarin fügte mit leiser Stimme hinzu: »Nach allem, was sie dem Zaren angetan haben, möchte ich lieber in Russland sterben, als von den Deutschen gerettet werden!«

Walja Dolgorukow an seine Mutter: 6./19. März, Tobolsk

Meine sehr liebe Mama,
der Familie geht es gut. Sie beschäftigen sich mit Holzhacken im Hof. Sie geht nur sehr wenig nach draußen, da sie die Kälte nicht verträgt. Der kleine Alexej hat manchmal Schmerzen im Bein. Das kommt und geht. Er ist sehr nett, aber ich glaube, ehrgeizig und autoritär wie seine Mutter.

Die Familie geht sehr vertraut und freundlich mit uns um. Der Soldatenausschuss macht ständig Ärger. Einmal haben sie den Schneeberg kaputtgemacht, der für uns im Hof aufgerichtet worden war, und dann wieder haben sie uns am Kirchgang gehindert.

Die Mahlzeiten sind aufs Minimum reduziert worden. Weder Kaffee noch Butter. Ein halbes Pfund Zucker pro Monat. Zum Mittag Suppe und ein Gericht. Zum Abend zwei Gerichte (keine Suppe).
Dein Walja

Alexej: Tagebuch, 7./20. März, Tobolsk

Um 8 gingen wir zur Kirche. Nach einer Stunde kamen wir nach Hause und hatten wieder Tee. Nachmittags habe ich im Schuppen Holz gestapelt und mir dabei die Handschuhe zerrissen.

Abends haben Mama und meine Schwestern gesungen. Ansonsten alles wie gestern.

Nikolaus: Tagebuch, 9./22. März, Tobolsk

Heute vor einem Jahr kam ich mit meiner Familie in Zarskoje Selo an, wo wir im Alexanderpalast festgenommen wurden. Es fällt schwer, nicht daran zu denken, wie schwierig das vergangene Jahr gewesen ist! Was hält die Zukunft noch alles für uns bereit? Alles liegt in Gottes Hand! Er ist unsere einzige Zuflucht.

Alexej: Tagebuch, 11./24. März, Tobolsk

Immer dasselbe. Um Viertel vor 12 ein kurzer Gottesdienst. Der Chor sang. 10 Grad in der Sonne, null im Schatten. Alles taut. Am Nachmittag hat Papa Holz gesägt, die Schwestern haben Klötze gehackt und sie in den Schuppen getragen. Ich habe Schneebälle geworfen.

Nikolaus: Tagebuch, 14./27. März, Tobolsk

Nach der letzten Dienstschicht wurde die örtliche Truppe aufgelöst. Da aber noch immer ein Wachkommando zum Streifengang durch die Stadt nötig ist, hat man ein Regiment aus Omsk dafür abgestellt. Die Ankunft dieser »roten Garde«, wie heutzutage jede bewaffnete Einheit bezeichnet wird, hat diverse Gerüchte und Ängste ausgelöst. Es war sogar ganz amüsant zu hören, was man sich in den letzten Tagen so alles erzählte. Anscheinend war selbst der Kommandant unseres Regiments einigermaßen irritiert, und in den letzten beiden Nächten sind die Wachen verstärkt worden, ab dem Abend hatten sie bereits das Maschinengewehr im Anschlag! In diesen Zeiten scheinen sich die Leute wirklich gegenseitig zu trauen!

Alexej: Tagebuch, 16./29. März, Tobolsk

Bin den ganzen Tag drinnen geblieben. Hatte ziemlichen Husten. Draußen Schneesturm. 10 [Grad] minus.

22. März/4. April: Gestern bekamen die Schwestern, ich und andere ein halbes Pfund Zucker als Monatsration zugeteilt. Es taut, und abends regnet es etwas. Am Nachmittag haben Kolja und ich uns Pfeil und Bogen gebastelt. Damit zu schießen macht richtig Spaß.

Nikolaus: Tagebuch, 22. März/4. April, Tobolsk

Am Vormittag hörten wir vom Hof her, wie eine Bande bolschewistischer Schurken aus Tjumen unter Trommelklängen, Pfiffen und Gebrüll in 15 Troikas Tobolsk verließen. Das Omsker Regiment hatte sie hinausgeworfen!

27. März/9. April: Ein Nordwind hat für einen plötzlichen Kälteeinbruch gesorgt. Der Tag war klar. Gestern habe ich erstmals aus Nilus' Buch über den Antichristen vorgelesen, mit den »Protokollen« der Juden und Freimaurer im Anhang [gemeint sind die sog. »Protokolle der Weisen von Zion«, die in der antisemitischen Hetzschrift *Anklage gegen die Feinde des Menschengeschlechts* von Sergej Nilus abgedruckt wurden] – eine sehr zeitgemäße Lektüre.

28. März/10. April: Gerüchte über die Ankunft weiterer roter Garden aus Jekaterinburg haben in unserem Regiment für einige Aufregung gesorgt. Die Garde wurde nachts verdoppelt, die Patrouillen wurden verstärkt und in den Straßen Posten aufgestellt. Es war auch die Rede davon, dass wir in diesem Haus angeblich gefährdet seien und in das Haus des Bischofs auf dem Hügel umziehen müssten. Darüber wurde den ganzen Tag in verschiedenen Ausschüssen diskutiert, aber am Abend hatte sich

LEBENSMITTELKARTE

TOB. MUN. NAHR. KOM.*

LEBENSMITTELKARTE NR. 54

FAMILIENNAME: Romanow
VORNAME: Nikolaus
PATRONYMIKUM: Alexandrowitsch
RANG ehem. Kaiser
STRASSE »Freiheit«
ANGEHÖRIGE sechs

Unterschrift des ausstellenden Offiziers
Ausschuß-Vorsitzender

BESTIMMUNGEN

1. Der Inhaber dieser Karte kann nur gegen Vorlage im Stadtgeschäft oder im Laden der Kooperative ... Selbstbewußtsein ... erhalten.

2. Im Falle des Verlustes der Karte hat der Inhaber keinen Anspruch auf ein Duplikat, es sei denn, er kann durch offizielle Dokumente den Verlust der Karte nachweisen.

3. Rationen und Preise sind in den Läden angeschlagen.

4. Es ist untersagt, Lebensmittelkarten auf andere Personen zu übertragen.

OKTOBER

Mehl	5 Pud**	10 Pfund
Roggenmehl		
Butter	7 Pfund	
Salz		
Kerzen		
Zucker	1/2 Pfund	
Seife		
Getreide		
Hafer		

* Eines der ersten Beispiele für die neue Sowjet-Terminologie
** 1 Pud = 16,38 kg

schließlich alles wieder beruhigt, wie mir Kobylinskij um 7 Uhr mitteilte. Alix wurde sogar aufgefordert, sich in den kommenden drei Tagen nicht auf den Balkon zu setzen!

Alexej: Tagebuch, 29. März/11. April, Tobolsk

[Die letzte Eintragung in Alexejs Tagebuch] Alles wie gehabt. Abends haben wir auf das Ziel geschossen. Das war ein sehr interessanter Zeitvertreib. Allmählich wird es wärmer. Während unseres Morgenganges schaute der außerordentliche Kommissar vorbei, um den Hof und den Garten zu inspizieren. Die Roten Garden sind jetzt schon seit einer Woche hier.

Nikolaus: Tagebuch, 30. März/12. April, Tobolsk

Jeden Tag eine neue Überraschung! Heute brachte Kobylinskij einen an unser Regiment gerichteten Brief des Zentralen Exekutivkomitees in Moskau, den er gestern erhalten hatte; darin heißt es, dass alle aus dem anderen Haus in unseres umziehen müssen und dass wir unter Arrest stehen wie in Zarskoje Selo. Sie begannen umgehend damit, die Zimmermädchen unten von einem Zimmer ins andere umzuquartieren, um Platz für die Neuankömmlinge zu schaffen.

Alexej bekam von seinem Husten Schmerzen in der Leistengegend und musste den ganzen Tag im Bett bleiben.

Alexandra an Anja Wyrubowa: etwa 30. März/12. April, Tobolsk

Sonnenschein ist in der letzten Woche krank im Bett geblieben. Ich weiß nicht, ob der Husten den Anfall verursacht hat oder ob er etwas Schweres gehoben hat, jedenfalls hatte er eine schreckliche innere Blutung und musste entsetzlich leiden. Jetzt geht es ihm besser, aber er schläft schlecht, und die Schmerzen sind zwar nicht mehr ganz so schlimm, haben aber doch noch nicht ganz aufgehört. Er ist erschreckend mager und sieht ganz gelb aus, wie damals in Spala. Erinnerst du dich?

Aber gestern hat er zum ersten Mal wieder ein wenig gegessen, und Dr. Derewenko ist mit seinem Fortschritt zufrieden. Das Kind muss auf dem Rücken liegen und darf sich nicht bewegen, was natürlich sehr anstrengend ist. Ich sitze den ganzen Tag an seinem Bett und halte ihm die schmerzenden Beine und bin schon fast genauso mager wie er.

Es steht jetzt fest, dass wir Ostern zu Hause feiern werden, denn für ihn ist es besser, wenn wir eine gemeinsame Messe bei uns abhalten. Ich gebe die Hoffnung nicht auf, dass dieser Anfall schneller vorbeigeht als normalerweise, schließlich ist es ihm den ganzen Winter über ja sehr gut gegangen.

Seit einer Woche bin ich nicht mehr aus dem Haus gekommen. Ich darf nicht mehr auf dem Balkon sitzen, und nach unten gehe ich nicht. Es tut mir Leid, dass dein Herz dir wieder zu schaffen macht, aber ich kann es verstehen. Lass mich bitte auf jeden Fall rechtzeitig wissen, wenn du wieder umziehst. Wie wir hören, sind alle aus Zarskoje Selo weggeschickt worden. Armes Zarskoje, wer wird sich jetzt um die Räume kümmern? Was meinen sie, wenn sie von einem »état de siège« [Belagerungszustand] dort sprechen?

Am selben Tag:
Liebes,
ich will dir noch mehr erzählen, denn ich weiß ja, wie viel Sorge du dir um Sonnenschein machst.

Das Blut fließt schnell ab – deshalb hatte er heute auch wieder starke Schmerzen. Gestern hat er zum ersten Mal gelächelt und mit uns geredet, sogar Karten gespielt und untertags zwei Stunden geschlafen. Er ist schrecklich mager und hat ganz große Augen bekommen, genau wie in Spala. Er lässt sich gerne vorlesen, isst wenig – hat überhaupt keinen Appetit. Ich bin die ganze Zeit bei ihm, Tatjana oder Mr. Gilliard lösen mich immer wieder mal ab.

Mr. Gilliard liest ihm unermüdlich vor oder wärmt ihm die Beine mit dem Föhn. Heute schneit es wieder, aber der Schnee bleibt nicht liegen, und es ist sehr schlammig. Ich bin seit anderthalb Wochen nicht außer Haus gewesen, denn ich bin so erschöpft, dass ich nicht wage, die Treppe hinunterzugehen. So bleibe ich eben bei Alexej.

Es sind viele neue Truppen aus den verschiedensten Gegenden angekommen. Aus Moskau ist ein neuer Kommissar eingetroffen, ein gewisser Jakowlew, den wir heute kennen lernen werden. In dieser Stadt wird es im Sommer sehr heiß, es ist schrecklich staubig und manchmal sehr feucht. Wir bitten dringend darum, dass man uns während der heißen Monate in irgendein Kloster umquartiert. Du sehnst dich ja auch nach frischer Luft, und ich bin sicher, dass es mit Gottes Gnade für uns alle möglich wird.

Sie machen uns gegenüber ständig Andeutungen, wir müssten entweder ganz weit fortreisen oder ins Zentrum (von Sibirien), aber wir hoffen, das wird nicht eintreten, denn zu dieser Jahreszeit wäre es schrecklich.

Nun, alles liegt in Gottes Hand. Je tiefer man blickt, desto mehr versteht man, dass dies so ist. Alle Sorgen werden uns geschickt, um uns von unseren Sünden zu befreien, oder als eine Prüfung unseres Glaubens, als ein Beispiel für andere.

Ich wäre gern Malerin, dann würde ich ein Bild malen von diesem schönen Garten und allem, was darinnen wächst. Es erinnert mich an englische Gärten, in Livadia hatte ich einen Bildband darüber, den du ja gesehen hast, deshalb kannst du es dir vorstellen.

Gerade sind elf weitere Männer vorbeigeritten, gute Gesichter, noch ganz jung – so etwas habe ich seit langer Zeit nicht mehr zu sehen bekommen. Es ist die Wache des neuen Kommissars.

Manchmal sehen wir Männer mit den allerschrecklichsten Gesichtern. Die würde ich nicht in mein Gartenbild mit aufnehmen. Der einzige Platz für sie wäre außerhalb, wo der gnädige Sonnenschein auf sie fallen und sie von all dem Schmutz und dem Bösen reinigen könnte, mit dem sie bedeckt sind.

Pierre Gilliard: Memoiren, 30. März/12. April, Tobolsk

Alexej bettlägerig, da er seit gestern in der Leistengegend heftige Schmerzen hat, die von einer Überanstrengung herrühren. Er ist diesen Winter so gut beieinander gewesen. Hoffen wir nur, dass es nichts Ernsthaftes ist.

Ein Soldat unseres Regiments, der nach Moskau entsandt worden war, ist heute mit einem Memorandum des Zentralen Exekutivkomitees der Bolschewiken-Regierung zurückgekommen. Darin wird Kobylinskij angewiesen, sehr viel strenger mit uns zu sein. General Tatischew, Fürst Dolgorukow und Fürstin Hendrikowa sollen aus unserem Haus ausquartiert und als Gefangene behandelt werden. Auch wird die Ankunft eines mit Sondervollmachten ausgestatteten Kommissars in Begleitung eines Trupps Soldaten angekündigt.

Nikolaus: Tagebuch, 31. März/13. April, Tobolsk

Der arme Kerl hat nachts kein Auge zugetan und den ganzen Tag über sehr gelitten. Vor dem Mittagessen wurden Möbel und diverse Gegenstände aus dem Kornilow-Haus hergebracht, während sich die Bewohner in ihrem neuen Quartier einrichteten.

1./14. April: Auf Befehl von Moskau hat der örtliche Ausschuss heute verfügt, dass die Personen, die in unserem Haus wohnen, ebenfalls nicht mehr auf die Straße, d.h. in die Stadt dürfen. Den ganzen Tag wurde darüber debattiert, wie sie sich alle in unserem ohnehin schon überfüllten Haus noch unterbringen lassen, denn das würde bedeuten, dass man sieben Personen ausquartieren muss.

Angesichts der unmittelbar bevorstehenden Ankunft eines neuen Regiments und eines mit Instruktionen ausgestatteten Kommissars geschieht alles in großer Eile. Deshalb möchten unsere Wachen, dass wir unter strengster Aufsicht stehen, um sich gegen eventuelle Vorwürfe abzusichern. Alexej ist den ganzen

Tag im Bett geblieben; die Schmerzen dauerten an, kamen aber in größeren Abständen.

2./15. April: Am Vormittag durchsuchte der Kommandant zusammen mit einem Ausschuss von Offizieren und zwei Wachen den von uns bewohnten Teil des Hauses. Als Folge dieser »Suche« konfiszierte man Waljas und Mr. Gilliards Zeichenutensilien und meinen Dolch!

Kobylinskij erklärte wieder einmal, diese Maßnahme sei nötig, um die Wachen zu beschwichtigen! Alexej ging es besser, er schlief um 7 Uhr abends ein. Das Wetter war trüb und ruhig.

Pierre Gilliard: Memoiren, 2./15. April, Tobolsk

Alexej Nikolajewitsch gestern und heute mit starken Schmerzen. Es ist eine seiner schlimmen Blutungen.

Nikolaus: Tagebuch, 5./18. April, Tobolsk

Alexej hat mit Unterbrechungen geschlafen, der Schmerz machte ihm immer wieder zu schaffen, wenn er die Lage im Bett veränderte und sich aufsetzte.

6./19. April: Heute hatte Alexej noch stärkere Schmerzen und schlief nur wenig.

7./20. April: Alexej hat gut geschlafen, untertags waren die Schmerzanfälle weniger häufig.

8./21. April: Der vierundzwanzigste Jahrestag unserer Verlobung! Es war ein sonniger Tag mit kaltem Wind, der Schnee ist ganz weggetaut.

Um 11.30 fand ein Gottesdienst statt. Danach zeigte mir Kobylinskij ein Telegramm aus Moskau, in dem die Anordnung des örtlichen Ausschusses bestätigt wird, dass Alexej und ich unsere Epauletten zu entfernen haben! Deshalb beschloss ich, sie nicht während meines Ausgangs zu tragen, sondern nur zu Hause. Diese schweinische Aktion werde ich ihnen nie verzeihen!

9./22. April: Wir erfuhren von der Ankunft des Sonderbevollmächtigten aus Moskau; er hat sich im Kornilow-Haus einquartiert. Die Kinder waren sich sicher, er würde heute kommen und eine Durchsuchung vornehmen, deshalb haben sie ihre Briefe verbrannt, Maria und Anastasia sogar ihre Tagebücher. Alexej ging es besser, nachmittags hat er sogar zwei oder drei Stunden geschlafen.

Pierre Gilliard: Memoiren, 9./22. April, Tobolsk

Heute ist der Kommissar aus Moskau mit einem kleinen Trupp eingetroffen; er heißt Jakowlew. Er hat dem Kommandanten und dem Soldatenausschuss seine Papiere gezeigt. Am Abend war er bei Ihren Majestäten zum Tee. Alle sind aufgeregt und beunruhigt. Die Ankunft des Kommissars wird als schlimmes Vorzeichen empfunden – unbestimmt, aber doch real.

Nikolaus: Tagebuch, 10./23. April, Tobolsk

Vormittags um 10.30 erschien Kobylinskij mit Jakowlew und seinem Gefolge. Ich empfing ihn mit den Mädchen im Flur. Wir erwarteten ihn erst um 11 Uhr, weshalb Alix noch nicht fertig war. Er lächelte – hatte sich rasiert – und schaute verlegen aus, als er eintrat; fragte mich, ob ich mit der Unterbringung und der Wache zufrieden wäre.

Dann schaute er kurz bei Alexej hinein, ging aber gleich weiter, um die anderen Zimmer zu inspizieren, und begab sich nach unten, wobei er sich für die Unannehmlichkeiten entschuldigte.

Die anderen Zimmer auf den übrigen Etagen besichtigte er genauso schnell. Eine halbe Stunde später tauchte er wieder auf, um bei Alix vorzusprechen, sauste nochmals bei Alexej hinein und dann wieder nach unten.

Pierre Gilliard: Memoiren, 10./23. April, Tobolsk

Kommissar Jakowlew kam um elf Uhr. Nach einer Inspektion des ganzen Hauses suchte er den Zaren auf; dieser begleitete ihn ins Zimmer von Alexej, der im Bett liegt. Da die Zarin noch nicht so weit war, ihn zu empfangen, kam er etwas später mit dem Regimentsarzt wieder und machte eine zweite Visite bei Alexej.

Von seinem Arzt wollte er bestätigt bekommen, dass der Junge tatsächlich krank ist. Beim Weggehen fragte er den Kommandanten, ob wir viel Gepäck hätten. Heißt das möglicherweise, dass wir umziehen müssen?

Alexandra: Tagebuch, 10./23. April, Tobolsk

Baby hatte eine sehr schlimme Nacht wegen seiner starken Schmerzen, 36,6 [Grad]. Es schneit wieder. Am Vormittag stellt sich der neue Kommissar Jakowlew bei uns vor. (Eindruck eines intelligenten, äußerst angespannten Arbeiters, Ingenieurs usw.)

$10^1/_2$ Bin den ganzen Tag bei Baby gewesen. Fröhlich, Karten gespielt, vorgelesen. Von 5–7 geschlafen. 37,4 [Grad]. N[icky] hat uns abends vorgelesen.

11./24. April: Baby hatte wieder eine unruhige Nacht mit noch stärkeren Schmerzen. 36,6 [Grad]. Habe im Bett gemalt, während T[atjana] mir vorlas. Geistliche Lektüre. Den ganzen Tag bei Baby gewesen, dabei gearbeitet und Karten gespielt. Olga zum Mittag- und Abendessen bei uns. Schöner sonniger Tag. Von 7–8 geruht. N[icky] hat uns abends vorgelesen.

Allgemeine Verzweiflung macht sich breit. Wir haben den Eindruck, von aller Welt vergessen zu sein, sodass wir auf uns selbst angewiesen und der Gnade dieses Mannes ausgeliefert sind. Macht tatsächlich niemand den Finger krumm, um die Kaiserliche Familie zu retten? Wo bleiben die Getreuen des Zaren? Warum zaudern sie?

12./25. April: Kurz vor drei, als ich den Gang entlangging, begegneten mir zwei Bedienstete, die schluchzten. Sie erzählten mir, Jakowlew habe dem Zaren mitgeteilt, er werde ihn wegbringen. Was wird jetzt passieren? Da ich nicht wagte, ohne ausdrückliche Aufforderung nach oben zu gehen, kehrte ich in mein Zimmer zurück. Gleich darauf klopfte Tatjana bei mir an. Unter Tränen sagte sie mir, Ihre Majestät wünsche mich zu sprechen. Ich folgte ihr. Die Zarin war allein. Völlig fassungslos bestätigte sie mir, was ich gehört hatte: Jakowlew war aus Moskau geschickt worden, um den Zaren fortzubringen, und schon heute Abend soll er abreisen.

»Der Kommissar sagt, dem Zaren werde kein Leid geschehen, und es bestehe kein Einwand dagegen, falls irgendjemand ihn zu begleiten wünscht. Ich kann den Zaren doch nicht alleine gehen lassen. Sie wollen ihn wieder von seiner Familie trennen, wie sie es ja schon einmal gemacht haben.

Sie werden versuchen, die Angst und Sorge um seine Familie als Druckmittel gegen ihn einzusetzen ... Sie brauchen den Zaren; sie spüren ganz genau, dass er allein Russland repräsentiert. Solange wir zusammen sind, können wir uns besser gegen sie zur Wehr setzen, und in Zeiten der Prüfung sollte ich an seiner Seite sein. Aber der Junge ist noch immer so krank ... Wenn es jetzt zu neuen Komplikationen kommt ... O Gott, welch entsetzliche Tortur! ... Zum ersten Mal in meinem Leben weiß ich nicht, was ich tun soll; mir ist doch sonst immer etwas eingefallen, wenn ich eine Entscheidung treffen musste, und jetzt kann ich überhaupt nicht denken. Aber Gott wird nicht zulassen, dass der

Zar abreist; es kann nicht, darf nicht sein. Heute Nacht wird bestimmt Tauwetter einsetzen.«

An dieser Stelle mischte sich Tatjana ein:

»Aber Mutter, wenn Vater gehen muss, dann müssen wir jetzt irgendeine Entscheidung treffen ...«

Ich ergriff Tatjanas Partei und bemerkte, Alexej Nikolajewitsch ginge es doch inzwischen besser und wir würden uns sehr um ihn kümmern.

Ihrer Majestät bereitete es offensichtlich große Qualen, sich zu entscheiden; sie lief im Zimmer auf und ab, wobei sie ununterbrochen redete, allerdings eher zu sich selbst als zu uns. Schließlich trat sie auf mich zu und sagte:

»Ja, das wird das Beste sein; ich reise mit dem Zaren und lasse Alexej in eurer Obhut.«

Kurz darauf trat der Zar ins Zimmer. Die Zarin ging auf ihn zu und sagte:

»Es ist entschieden: Ich werde mit dir fahren, und Maria kommt auch mit.«

Der Zar erwiderte: »Sehr gut, wenn du es so möchtest.«

Ich kehrte nach unten in mein Zimmer zurück. Der restliche Tag war mit Vorbereitungen ausgefüllt.

Fürst Dolgorukow und Doktor Botkin werden Ihre Majestäten begleiten, außerdem Tschemodurow, Anna Demidowa und Sednew.[3] Man hat beschlossen, dass acht Offiziere und Soldaten unserer Wache mit ihnen gehen sollen.

Die Familie hat den ganzen Nachmittag am Bett von Alexej verbracht.

Heute Abend um halb elf gingen wir nach oben zum Teetrinken. Die Zarin saß auf dem Diwan, neben sich zwei ihrer Töchter. Ihre Gesichter waren vom vielen Weinen ganz aufgedunsen. Wir gaben uns alle Mühe, unseren Kummer zu verbergen und nach außen hin ruhig zu bleiben. Wenn auch nur einer sich hätte gehen lassen, wären alle zusammengebrochen, das spürten wir sehr deutlich. Der Zar und die Zarin waren ruhig und gefasst. Offensichtlich sind sie bereit, jedes Opfer auf sich zu nehmen, selbst ihr Leben zu geben, falls Gott in seinem unerforschlichen Ratschluss dies für das Wohlergehen des Landes verlangen würde. Nie waren sie von größerer Freundlichkeit oder Besorgtheit.

Diese ungewöhnliche Gelassenheit wirkte sich ansteckend auf die anderen aus.

Alexandra: Tagebuch, 12./25. April, Tobolsk

Baby hatte eine bessere Nacht. 36 [Grad].

12–1. Bei Baby gesessen, Karten gespielt, gearbeitet.

Nach dem Mittagessen kam Komm[issar] Jakowlew, da ich mit ihm über den Kirchgang in der Karwoche sprechen wollte. Stattdessen erklärte er, er müsse uns auf Anordnung seiner Regierung (Bolschewiki) wegbringen (wann?). Nachdem er einsah, dass Baby zu krank ist, wollte er N[icky] alleine mitnehmen (falls nicht freiwillig, Gewaltanwendung nötig).

Ich musste mich entscheiden, ob ich beim kranken Baby bleibe oder ihn begleite. Entschloss mich zu Letzterem, da vielleicht nötiger, außerdem zu riskant, nicht zu wissen, wohin und zu welchem Zweck (wir vermuten Moskau). Schrecklich gelitten. Maria kommt mit uns, Olga kümmert sich um Baby, Tatjana – den Haushalt, und Anastasia wird alle aufmuntern.

Mahlzeiten gemeinsam mit Baby, ein paar Sachen zusammengepackt, nur wenig Gepäck. Nach gemeinsamem Abend Abschied von all unseren Leuten. Die ganze Nacht mit den Kindern zusammengesessen. Baby schlief, um 3 zu ihm bis zu unserer Abfahrt. Um 4 in der Früh losgefahren. Schrecklich, die lieben Kinder zurückzulassen. 8 unserer Schützen kamen mit uns.

Nikolaus: Tagebuch, 12./25. April, Tobolsk

Nach dem Mittagessen kam Jakowlew mit Kobylinskij und erklärte mir, er habe Order erhalten, mich wegzubringen, ohne zu sagen, wohin. Alix beschloss, mit mir zu kommen und Maria mitzunehmen; jeder Protest war zwecklos. Es ist mehr als schmerzlich, die übrigen Kinder und Alexej – der krank ist – unter solchen Umständen zurückzulassen. Wir machten uns sofort daran, das Notwendigste zu packen. Dann sagte uns Jakowlew, er werde zurückkehren, um Olga, Tatjana, Anastasia und Alexej zu holen; in etwa drei Wochen würden wir sie wahrscheinlich wiedersehen. Verbrachten einen sehr traurigen Abend zusammen; natürlich konnte nachts niemand von uns schlafen.

Pierre Gilliard: Memoiren, 12./25. April, Tobolsk

Um halb zwölf versammelten sich die Bediensteten im großen Flur. Ihre Majestäten und Maria nahmen von ihnen Abschied. Der Zar umarmte jeden Mann, die Zarin jede Frau. Fast alle waren in Tränen. Ihre Majestäten zogen sich zurück; wir Übrigen gingen nach unten in mein Zimmer.

Um halb vier fuhren die Wagen im Hof vor. Es waren diese schrecklichen *tarantass* [einfache Fuhrwerke]. Nur einer von ihnen hatte ein Verdeck. Im Hinterhof fanden wir etwas Stroh, das wir auf dem Boden der Wagen ausbreiteten. In denjenigen, der für die Zarin bestimmt war, legten wir eine Matratze.

Um vier Uhr gingen wir nach oben, um Ihre Majestäten abzuholen; sie kamen gerade aus Alexejs Zimmer. Die Zarin und die Großfürstinnen waren in Tränen. Der Zar wirkte ruhig und sprach jedem von uns Mut zu; er umarmte uns. Als sich die Zarin von mir verabschiedete, bat sie mich, oben bei Alexej zu bleiben. Ich ging ins Zimmer des Jungen, der weinend im Bett lag.

Ein paar Minuten später setzten sich die Fuhrwerke in Bewegung. Die Großfürstinnen kehrten in ihre Zimmer zurück, und als sie an der Tür ihres Bruders vorbeikamen, hörte ich sie schluchzen.[4]

Nikolaus: Tagebuch, 13./26. April, im Zug

Um vier Uhr früh sagten wir den lieben Kindern Lebwohl und bestiegen die Wagen: ich mit Jakowlew, Alix mit Maria, Walja mit Botkin. Von unseren Leuten kamen folgende mit: Njuta Demidowa, Tschemodurow und Sednew, 8 Wachen und eine berittene Eskorte (rote Armee) von 10 Mann. Es war kalt und scheußlich windig, die Straße war holperig, und wir wurden schrecklich durchgeschüttelt, weil ein Rad sich festgefressen hatte.

Alexandra: Tagebuch, 13./26. April

N[icky] mit Komm[issar] Jakowlew. Maria und ich im *tarantass.*

Kalt, trüb und windig. Überquerten den Irtysch. Nach Pferdewechsel um 8 und 12 Halt in einem Dorf, wo wir zu kaltem Proviant Tee tranken. Straße in katastrophalem Zustand, gefrorener Boden, Schlamm, Schnee, Wasser bis zu den Bäuchen der Pferde, schrecklich durchgeschüttelt, überall Schmerzen. Nach 4. Wechsel löste sich ein Achsnagel, und wir mussten in ein anderes Fuhrwerk umsteigen. Wechselten 5 mal die Pferde und kamen in eine andere korsinka [Passierkorb]. Die anderen wechselten jedes Mal das Fuhrwerk. Um 8 erreichten wir Jewlewo, wo wir im ehemaligen Dorfladen übernachteten. Wir 3 schliefen in einem Zimmer, wir beide in unserem Bett, M[aria] auf ihrer Matratze am Boden, Njuta im Wohnzimmer, wo wir unseren Proviant verzehrten und unser Gepäck untergebracht war. Botkin und Tschemodurow in einem Zimmer, unsere Soldaten in einem anderen, alle auf dem Fußboden. Um 10 schlafen gegangen, todmüde und völlig zerschlagen.

Man sagt uns nicht, wo wir von Tjumen aus hinfahren, manche vermuten Moskau; die Kleinen sollen nachkommen, sobald der Fluss eisfrei und Baby gesund. Jedes Fuhrwerk hat abwechselnd ein Rad verloren oder sonst irgendetwas ging kaputt. Gepäck immer verspätet. Herzschmerzen stärker geworden, an die Kinder geschrieben, Brief unserem ersten *yamtschik* [Kutscher] gegeben.

Nikolaus: Tagebuch, 14./27. April, Tjumen

Ein herrlicher, sehr warmer Tag, die Straße wurde besser; es gab aber immer noch heftige Stöße, und ich machte mir Sorgen um Alix. Auf freiem Feld war es sehr staubig, in den Wäldern schlammig. In Pokrowskoje mussten wir die Pferde wechseln und hielten deshalb lange vor dem Haus von Grigorij [Rasputin], seine ganze Familie schaute aus dem Fenster ... Wir erreichten Tjumen bei schönem Mond, eine ganze Schwadron eskortierte unsere Fahrzeuge, als wir in die Stadt einfuhren.

Es war angenehm, den Zug besteigen zu können, auch wenn es nicht sehr sauber war. Wir selbst und unsere Sachen sahen erbärmlich dreckig aus. Um 10 Uhr gingen wir zu Bett, ohne uns auszuziehen, ich belegte die Koje über Alix, Maria und Nyuta waren im Nachbarabteil.

15./28. April: Aus den Namen der Bahnhöfe entnahmen wir, dass wir in Richtung Omsk fuhren. Wir begannen herumzurätseln, wohin sie uns von Omsk aus bringen würden: nach Moskau oder nach Wladiwostok? Die Kommissare sagten natürlich kein Wort.

16./29. April: In der Früh stellten wir fest, dass wir zurückgefahren waren. Anscheinend wollten sie uns nicht durch Omsk lassen!

Pierre Gilliard: Memoiren, 16./29. April, Tobolsk

Die Kinder erhielten einen Brief von der Zarin aus Tjumen. Die Reise muss sehr anstrengend gewesen sein: Pferde bis zur

Brust im Wasser beim Durchqueren der Flüsse, mehrere Radschäden.

Nikolaus: Tagebuch, 17./30. April, Jekaterinburg

Um 8.40 erreichten wir Jekaterinburg. Wir mussten drei Stunden lang in einem Bahnhof warten. Es gab ein hitziges Wortgefecht zwischen dem örtlichen Kommissar und unserem. Schließlich setzte sich jener durch, und der Zug wurde zu einem anderen Güterbahnhof rangiert. Nachdem wir dort anderthalb Stunden gestanden hatten, konnten wir aussteigen. Jakowlew übergab uns dem örtlichen Regionalkommissar, mit dem wir im Auto durch leere Straßen zu der für uns vorgesehenen Unterkunft fuhren – dem Ipatjew-Haus. Nach und nach trafen auch unsere Leute und unser Gepäck ein, aber Walja ließen sie nicht durch.

Das Haus ist angenehm und sauber. Man hat uns vier große Zimmer zur Verfügung gestellt. Mit dem Auspacken unserer Sachen mussten wir ziemlich lange warten, da der Kommissar, der Kommandant und der Wachhauptmann keine Zeit hatten, unsere Truhen zu inspizieren. Die Inspektion war dann wie eine Zolldurchsuchung, genauso streng, bis zur letzten Kapsel in Alix' Hausapotheke. Dies empörte mich so, dass ich dem Kommissar sehr dezidiert meine Meinung sagte. Um 9 Uhr hatten wir uns endlich eingerichtet.

Die Raumaufteilung sieht folgendermaßen aus: Alix, Maria und ich zusammen im Schlafzimmer mit gemeinsamem Ankleidezimmer, Demidowa im Esszimmer, Botkin, Tschemodurow und Sednew im Flur. Die Wachstube des Dienst habenden Offiziers ist beim Eingang. Um ins Bad oder auf die Toilette zu gelangen, musste man am Posten vor der Tür der Wachstube vorbei. Das ganze Haus ist mit einer hohen Holzpalisade umgeben, etwa zwei sajens von den Fenstern entfernt, davor in ganzer Länge eine Reihe von Wachposten, auch in dem kleinen Garten.

Der regionale Ural-Sowjet an den
Vorsitzenden des Rates der Volkskommissare, W. I. Lenin,
und an den Vorsitzenden des Zentralen Exekutivkomitees,
Jakow M. Swerdlow,
betreffs der Deportation von Nikolaus II. nach Jekaterinburg,
17./30. April, Telegramm

Militär-Express.
An 2 Adressen. Moskau.
An Vorsitzenden des Rates der Volkskommissare Lenin.
An Vorsitzenden des Zentralen Exekutivkomitees Swerdlow.

Am heutigen 30. April um 11 Uhr Petrograder Zeit habe ich von Kommissar Jakowlew den ehemaligen Zaren Nikolaus Romanow, die ehemalige Zarin Alexandra und ihre Tochter Maria Nikolajewna zur Verwahrung übernommen. Alle drei wurden in einem bewachten Haus untergebracht. Weitere Fragen und Instruktionen per Kabel an mich.
Vorsitzender des Ural-Sowjets Beloborodow

Maria an ihre Geschwister in Tobolsk: 19. April/2. Mai,
Jekaterinburg

Christ ist erstanden!
Ich küsse euch dreimal zärtlich, meine Lieben. Heute geht es mir besser, aber ich liege noch. Die anderen sind eine Stunde lang in dem winzigen Garten umhergelaufen, und es hat ihnen sehr gefallen. Der Kesselwagen hat Wasser gebracht, und deshalb hat Papa jetzt 9 Liter für sein Bad vor dem Abendessen.

Ich habe mit Njuta [Demidowa] auf der amerikanischen Schaukel geschaukelt und bin mit Papa auf und ab gegangen. Mama liegt heute im Bett, es geht ihr zwar etwas besser, aber Kopf und Herz tun ihr immer noch weh. Wir sind aufgefordert worden, genau aufzulisten, wer alles mit euch kommen wird. Ich hoffe, wir haben niemanden vergessen. Wir müssen jede Person, die bei

uns ist, identifizieren. Ach, wie kompliziert jetzt alles ist. 8 Monate lang haben wir so friedlich gelebt, und jetzt fängt alles wieder von vorne an. Ihr tut mir so Leid, dass Ihr alles alleine packen und arrangieren müsst. Ich hoffe, bald von euch zu hören.
Möge der Herr euch beschützen.
Mascha [Maria]

Nikolaus: Tagebuch, 20. April/3. Mai, Karfreitag, Jekaterinburg

Aus irgendeinem Grund ist unsere Wache seit 48 Stunden nicht abgelöst worden. Jetzt sind sie im Erdgeschoss postiert, was für uns eindeutig von Vorteil ist – wir brauchen nicht mehr vor aller Augen ins Bad und auf die Toilette zu gehen, und im Esszimmer riecht es nicht mehr nach Tabak.

Seit wir hier sind, lese ich jeden Morgen und Abend im Schlafzimmer die entsprechenden Losungen aus dem Neuen Testament vor. Den vagen Andeutungen aus unserer Umgebung lässt sich entnehmen, dass der arme Walja nicht mehr in Freiheit ist und er erst eine Untersuchung über sich ergehen lassen muss, ehe er wieder freigelassen wird! Es gibt keinerlei Möglichkeit, mit ihm zu kommunizieren, so sehr sich Botkin auch bemüht.

21. April/4. Mai, Ostersonntag: Den ganzen Vormittag habe ich vorgelesen, dann ein paar Zeilen an einem Brief geschrieben, den Alix und Maria an die Mädchen schicken, und einen Plan des Hauses gezeichnet. Auf Botkins Bitte hin durften ein Priester und ein Diakon um 8 Uhr zu uns kommen. Sie hielten eine kurze Messe ab und machten das sehr gut; es war ein großer Trost, selbst unter solchen Umständen, zu beten und die Worte zu hören: »Christ ist erstanden.« Ukraintsew, der Mitarbeiter des Kommandanten, und die wachhabenden Soldaten waren ebenfalls anwesend.

Nikolaus und Maria an Olga: 22. April/5. Mai, Ostermontag, Jekaterinburg

Christ ist erstanden!
Ich küsse dich dreimal in Gedanken, meine liebe Olga, und sende dir meine besten Osterwünsche. Ich hoffe, ihr habt das Fest ruhig verbracht. Bitte grüße alle von mir. Ich schreibe dir, während ich auf Papas Bett sitze. Mama ruht noch, da sie sehr erschöpft ist und ihr Herz Nr. 3 hat. Wir drei haben in einem gemütlichen weißen Zimmer mit vier großen Fenstern geschlafen. Dort scheint die Sonne ebenso wie in unserem Flur. Das Fenster steht offen, und wir können das Zwitschern der Vögel und eine elektrische Tram hören. Rundum ist alles ganz still. Am Vormittag fand die Demonstration zum 1. Mai statt, und wir haben die Musik gehört. Wir wohnen im Erdgeschoss, rundherum ist ein Holzzaun, weshalb wir nur die Kreuze auf den Kuppeln der Kirchen am großen Platz sehen können. Njuta schläft im Esszimmer, Botkin, Sednew und Tschemodurow im großen Salon. Der Fürst [Walja] durfte nicht zu uns, ich weiß nicht, warum, und es tut mir sehr Leid für ihn. Sie schlafen auf Betten, die gestern für sie und die Wachposten gebracht wurden. Das Haus gehört den Ipatjews.
Ich küsse dich zärtlich und segne dich, mein Liebes.
Deine alte Mascha.

In Gedanken bin ich immer bei dir, meine liebe Olga. Wir drei sprechen ständig von euch allen und was ihr wohl so macht. Unsere Reise war am Anfang unerfreulich und deprimierend; es wurde besser, als wir den Zug erreichten. Wir wissen noch nicht, wie es hier werden wird.
Möge der Herr dich behüten. Ich umarme dich dreimal, mein Liebling.
Papa
Njuta stopft Strümpfe. Christus sei mit dir.
Deine M

Pierre Gilliard: Memoiren, 22. April/5. Mai, Ostersonntag, Tobolsk

Noch immer keine Nachricht.

Nikolaus: Tagebuch, 24. April/7. Mai, Jekaterinburg

Awdejew, der Kommandant, hat den Plan des Hauses, den ich vor drei Tagen für den Brief an die Kinder gezeichnet habe, konfisziert und mir gesagt, ich dürfe ihn nicht schicken!

Anastasia an ihre Schwester und Eltern: 24. April/7. Mai, Tobolsk

Er ist wirklich erstanden!
Meine liebe Mascha, Liebes. Wir haben uns ja so schrecklich gefreut, von euch zu hören, die ganze Zeit mussten wir darüber reden! Verzeih mir, wenn ich so umständlich schreibe, ich bin einfach dumm. Alexej ist so süß, wenn er sich Mühe gibt zu essen (erinnere dich, wie du da auf der Bank gesessen hast). Wir frühstücken abwechselnd mit ihm und sorgen dafür, dass er auch isst, obwohl er es an manchen Tagen auch ohne besondere Aufforderung tut. In meinen Gedanken bin ich stets bei euch Lieben. Es ist so schrecklich traurig und einsam hier, ich weiß gar nicht, was ich machen soll. Der Herr hilft uns jetzt und in Zukunft.

Wir haben die Ikonostase ganz toll für Ostern geschmückt, mit Kiefernzweigen und Blumen, wie es hier Brauch ist. Wir haben uns fotografiert, hoffentlich ist es etwas geworden. Ich zeichne ganz viel, alle finden es gut, und das gefällt mir natürlich.

Wir haben auf der Schaukel gespielt, und dabei habe ich mich halb totgelacht, das Schwingen war einfach so toll! Ja, wirklich! Ich habe den Schwestern gestern so oft davon erzählt, dass es ihnen schon zu viel wurde, aber ich hätte es noch viel öfter erzählen können, nur ist jetzt niemand mehr zum Zuhören da. Ich habe schon ganz viele Geschichten, die ich euch erzählen muss. Mein Jim [Hund] hat eine Erkältung und Husten, deshalb bleibt er zu Hause und begrüßt jeden. Wir hatten ganz tolles Wetter hier! Man konnte vor Freude nur jubeln.

Komisch, ich bin von der Sonne viel brauner geworden als die anderen, wie ein richtiger Araber! Die letzten Tage waren langweilig und hässlich. Es ist kalt, und heute Morgen haben wir gefroren, aber deswegen sind wir natürlich nicht reingegangen.

Verzeihung, aber ich habe ja ganz vergessen, euch, meine Lieben, meine besten Osterwünsche zu schicken, ich küsse euch nicht nur dreimal, sondern ganz, ganz oft. Alle danken dir, Liebes, für die Briefe. Bei uns gab es auch Demonstrationen, aber keine sehr großen. Im Augenblick sitzen wir wie immer zusammen, aber du fehlst uns hier.

Es tut mir wirklich Leid für diesen unbeholfenen Brief, aber meine Gedanken rasen einfach so dahin, dass ich gar nicht alles aufschreiben kann, ich erhasche nur, was mir gerade so in die Birne kommt. Wir gehen gleich spazieren; der Sommer ist noch immer nicht da, nichts kommt heraus, alles ist noch weit zurück.

Ich sehne mich so danach, euch wiederzusehen, es ist zum Verzweifeln. Ich bin spazieren gewesen, aber jetzt bin ich wieder da, ich bin traurig, und Spazierengehen hilft auch nicht. Ich habe auf der Schaukel gespielt. Die Sonne ist rausgekommen, aber es ist kalt, und meine Hand kann kaum schreiben.

Christus sei mit euch, meine Goldigen. Ich umarme euch alle und küsse euch.

Anastasia

Nikolaus: Tagebuch, 25. April/8. Mai, Jekaterinburg

Die heute neu eingetroffene Wache ist nicht nur in ihrer Zusammensetzung, sondern auch in ihrer Uniform originell: mehrere ehemalige Offiziere und die Soldaten mehrheitlich Letten, angetan mit den unterschiedlichsten Röcken und allen nur denkbaren Kopfbedeckungen. Als wir nach draußen kamen, um ein wenig im Garten umherzugehen, liefen alle Soldaten, die gerade nicht im Dienst waren, zusammen, um uns anzuschauen; sie unterhielten sich in ihrer Sprache, gingen umher und balgten sich.

Vor dem Abendessen führte ich ein längeres Gespräch mit einem der ehemaligen Offiziere, der aus der Baikal-Region stammt; er hatte mir viel Interessantes zu berichten, ebenso wie der kleine Wachhauptmann aus Riga, der mit uns zusammenstand. Ukraintsew brachte uns vor dem Abendessen das erste Telegramm von Olga, was uns alle im Hause etwas aufmunterte.

Pierre Gilliard: Memoiren, 25. April/8. Mai, Tobolsk

Die Offiziere und Soldaten unserer Wache, die Ihre Majestäten begleitet haben, sind aus Jekaterinburg zurückgekehrt. Sie berichten, dass bei ihrer Ankunft in Jekaterinburg der Zug des Zaren von Roten Garden umstellt wurde und man den Zaren, die Zarin und Maria Nikolajewna im Ipatjew-Haus eingesperrt hat. Fürst Dolgorukow ist im Gefängnis, und sie selbst wurden erst nach zweitägiger Haft wieder freigelassen.

Nikolaus: Tagebuch, 26. April/9. Mai, Jekaterinburg

Heute herrschte seit dem Morgen allenthalben eine gewisse Unruhe, das heißt in der Dienst- und Wachstube, wo die ganze Zeit das Telefon läutete. Ukraintsew war den ganzen Tag fort, obwohl er eigentlich Dienst hatte. Natürlich haben sie uns nicht erzählt, was los ist; vielleicht sind die hiesigen Mannschaften durch die Ankunft irgendeiner neuen Einheit alarmiert worden! Auf jeden Fall waren die Posten guter Dinge und sehr rücksichtsvoll.

Den Platz des Ukrainers nahm mein Feind ein – »Glotzauge«, der uns bei unserem Ausgang begleiten sollte. Er blieb die ganze Zeit stumm, da niemand mit ihm sprach. Abends, als wir Bézique spielten, kam er mit einem anderen Burschen herein, inspizierte die Zimmer mit ihm und ging wieder.

Alexandra: Tagebuch, 26. April/9. Mai, Jekaterinburg

Zum 14. Mal an die Kinder geschrieben.

Sonne & Wolken. Schlafe noch immer schlecht & habe Kopfschmerzen.

N[icky] las uns aus dem Evangelium vor & den Tagesabschnitt aus der Bibel.

Muss jeden Morgen aus dem Bett, da Wachhauptmann und Kommandant kommen, um zu sehen, ob wir noch da.

1. Sedn[ew] machte mir meine Nudeln.

2.18. Brachte endlich auch den anderen zu essen.

Maria & Njuta wuschen mir die Haare.

Leichter Schneefall & später Sonne.

4. Die anderen gingen aus.

5. Tee. Maria las mir vor. Geistl[iche] Lekt[üre].

N[icky] las uns vor.

8. Abendessen mit den anderen.

Anschließend in Botkins Zimmer Karten gespielt.

Nikolaus: Tagebuch, 27. April/10. Mai, Jekaterinburg

Nach dem Tee kam »Glotzauge« und fragte uns reihum, wie viel Geld wir hätten. Dann forderte er uns auf, die genauen Beträge aufzuschreiben, und nahm allen ihr Geld ab, um es dem Kämmerer des Regional-Sowjets zur Verwahrung zu geben! Wirklich eine unangenehme Geschichte!

Maria an die Kinder in Tobolsk, mit Ergänzungen von Alexandra: 27. April/10. Mai, Jekaterinburg

Wir vermissen das ruhige, friedliche Leben in Tobolsk. Hier gibt es fast jeden Tag neue unangenehme Überraschungen. Gerade waren Angehörige des Regional-Sowjets da, um uns zu fragen, wie viel Geld jeder von uns habe. Wir mussten ein Papier unterschreiben. Da Papa und Mama ja nicht eine Kopeke bei sich haben, wie ihr wisst, schrieben sie »nichts«, während ich die 16 Rubel 17 Kopeken hatte, die Anastasia mir für die Reise gegeben hatte. Sie haben auch allen anderen das Geld abgenommen, um es dem Komitee zur Verwahrung zu geben, und ihnen nur ganz wenig gelassen – gegen Quittung. Sie haben uns schon weitere Untersuchungen angedroht. Wer hätte geglaubt, dass sie uns nach 14 Monaten Haft so behandeln würden. Wir hoffen, bei euch ist es besser, so wie es war, als wir noch da waren.

28. April/11. Mai: Guten Morgen, meine Lieben. Wir sind gerade aufgestanden und haben Feuer gemacht, da die Zimmer ausgekühlt sind. Das Holz knistert behaglich und erinnert uns an frostige Tage in Tobolsk. Heute haben wir unsere schmutzige Wäsche der Waschfrau gegeben. Njuta ist inzwischen auch Wäscherin geworden, sie hat Mamas Taschentuch und Staubtücher gewaschen, und zwar sehr gut. In den letzten Tagen hatten wir Letten als Wachen. Es muss wirklich schrecklich für euch sein, auf gepackten Koffern zu sitzen. Habt ihr meine Sachen schon gepackt? Es sieht so aus, als würdet ihr jetzt bald hier eintreffen.

Wir wissen nichts von euch und warten sehnsüchtig auf einen Brief.

Ich zeichne immer wieder aus einem Buch von Brem. Vielleicht habt ihr ja die Möglichkeit, etwas weiße Farbe zu kaufen. Wir haben nur noch sehr wenig übrig. Im Herbst hatte Gilliard irgendwo eine gute aufgetrieben, sie war flach und rund. Wer weiß, vielleicht erreicht euch dieser Brief unmittelbar vor eurer Abreise. Möge der Herr eure Reise segnen und euch vor allem Übel bewahren. Wir würden zu gerne wissen, wer euch eskortieren wird. Zärtliche Gedanken und Gebete sind bei euch. Wenn wir nur bald alle wieder vereint sind. Ich küsse euch liebevoll, meine süßen Kinder, und sende euch meinen Segen. Herzlichste Grüße an euch und an alle, die uns treu geblieben sind. Ich hoffe, Alexej ist inzwischen wieder zu Kräften gekommen und die Reise wird nicht zu anstrengend für ihn sein.
Mama

Maria: Heute Vormittag werden wir einen Spaziergang machen, da es warm ist. Walja Dolgorukow darf noch immer nicht zu uns. Grüße an die anderen. Es tut mir so Leid, dass ich keine Gelegenheit hatte, Lebwohl zu sagen. Ihr müsst sehr traurig sein, aus Tobolsk abzureisen, das nette Haus usw.; ich denke immer an die gemütlichen Zimmer und den Garten. Spielt ihr noch auf der Schaukel, oder ist das Brett schon durchgebrochen? Papa und ich küssen euch zärtlich, meine Lieben. Möge Gott euch beschützen. Grüßt bitte alle im Haus von mir. Beste Wünsche und eine gute Reise, falls ihr schon losfahrt.
Eure Maria

Nikolaus: Tagebuch, 1./14. Mai, Jekaterinburg

Heute erfuhren wir von Botkin, dass wir täglich nur eine Stunde spazieren gehen dürfen; auf die Frage nach dem Warum, entgegnete der Vertreter des Kommandanten: »Das entspricht eher einer Gefängnisordnung.« Wenigstens haben sie uns einen Samowar gebracht, damit sind wir jetzt nicht mehr von den Wachen abhängig.

2./15. Mai: Die »Gefängnisordnung« macht sich weiter bemerkbar: Heute morgen sind auch unsere Fenster von dem alten Maler übertüncht worden. Es sieht aus, als herrsche draußen Nebel. Der Wachhauptmann hat nicht mit uns geredet, da ständig einer der Kommissare im Garten war, der uns, ihn und die Posten im Auge hatte. Das Wetter war gut, aber in den Zimmern ist es trübe geworden.

Alexandra: Tagebuch, 2./15. Mai, Jekaterinburg

14 Zum 20. Mal an die Kinder geschrieben.
N[icky] las wie üblich aus dem Evangelium, spielte uns auch vor.
Wunderbares Wetter, eine angenehme Brise.

Heute Morgen durften sie nicht rausgehen. Ein alter Mann hat alle Fenster von außen weiß getüncht, deshalb kann man nur ganz oben etwas Himmel sehen, wirkt wie dichter Nebel, alles andere als gemütlich.

1 Mittagessen. Sed[new] fühlt sich nicht wohl & ruht.

N[icky] las uns vor.

3 Durften für eine Stunde in den Garten.

N[icky] las wieder vor & wir legten Patiencen.

5 Tee.

8 Abendessen.

Karten.

Sednew Grippe: 38,6

3./16. Mai: Sie haben das Therm[ometer] verschmiert, können deshalb Temp[eratur] nicht sehen, scheint draußen schön zu sein.

N[icky] las uns vor. Immer noch Kopfschmerzen.

1 Mittagessen

3–4 Im Garten gesessen.

5 Tee

Zum 21. Mal an die Kinder geschrieben

8 Abendessen, 3 Kerzen in Gläsern

Karten – beim Licht einer Kerze

Sed[new] halb auf.

Von Ella Kaffee und Schokolade bekommen. Sie ist aus Moskau deportiert worden und jetzt in Perm (wir lasen in den Zeitungen davon).

Felix Jussupow: Memoiren

Im Juni 1918 wurde Großfürstin Ella zusammen mit ihrem treuen Diener Warwara verhaftet und an einen unbekannten Ort gebracht. Patriarch Tichon bemühte sich vergebens, sie ausfindig zu machen und freizubekommen. Schließlich kam heraus, dass sie in der kleinen Stadt Alapajewsk, im Distrikt Perm, im Gefängnis war, zusammen mit ihrem Cousin, Großfürst Sergej

Michailowitsch, den drei Söhnen von Großfürst Konstantin Konstantinowitsch [KR], die Fürsten Johann, Konstantin und Igor, sowie Fürst Wladimir Paley, dem Sohn von Großfürst Pawel Alexandrowitsch.

Der Kaiser erbot sich über die schwedische Botschaft mehrmals, sie in Preußen aufzunehmen, da er fürchtete, in Russland stünden schreckliche Ereignisse bevor. Niemand wusste das besser als er, war er doch einer derjenigen, die die Verantwortung dafür trugen. Doch die Großfürstin ließ ihn wissen, dass sie ihr Kloster oder Russland nie aus freiem Willen verlassen werde.

Maria an Ella: 4./17. Mai, Jekaterinburg

Er ist wirklich erstanden!
Wir küssen dich, Liebste, dreimal. Vielen herzlichen Dank für die Eier, die Schokolade und den Kaffee. Mama hat ihre erste Tasse Kaffee mit großem Vergnügen getrunken, und sie hat ihr sehr gut geschmeckt. Kaffee ist ja auch für ihre Kopfschmerzen sehr gut, und wir hatten überhaupt keinen mitgenommen. Aus den Zeitungen haben wir erfahren, dass du aus deinem Kloster fortgeschickt worden bist, was uns sehr Leid für dich tut. Wer hätte gedacht, dass wir eines Tages alle hier in derselben Provinz unter Arrest sind. Wir hoffen, dass es dir möglich sein wird, den Sommer irgendwo außerhalb der Stadt zu verbringen, in Werchoturije oder irgendeinem anderen Kloster. Für uns ist es sehr schmerzlich, dass wir hier keine Kirche haben. Meine Adresse: Jekaterinburg, Regionales Exekutivkomitee, an den Vorsitzenden zu meinen Händen.
Möge Gott dich behüten + deine dich liebende Patentochter.

Nikolaus: Tagebuch, 4./17. Mai, Jekaterinburg

Wir haben erfahren, dass die Kinder aus Tobolsk abgereist sind, aber über den Zeitpunkt sagte uns Awdejew nichts. Am Nachmittag schloss er das verriegelte Zimmer auf, das wir für Alexej bestimmt haben. Tatsächlich ist es größer und heller, als wir erwartet hatten, denn es hat zwei Fenster; unser Ofen wird es schnell aufheizen.

Pierre Gilliard: Memoiren, 4./17. Mai, Tobolsk

Die Soldaten unserer Wache sind durch Rote Garden aus Jekaterinburg ersetzt worden.

Nikolaus: Tagebuch, 6./19. Mai, Jekaterinburg

Wir haben noch immer keine Nachrichten von den Kindern, fragen uns allmählich, ob sie tatsächlich aus Tobolsk abgereist sind.

Pierre Gilliard: Memoiren, 5./18. Mai, Tobolsk

Abendandacht. Der Priester und die Nonnen wurden auf Anordnung des Kommissars entkleidet und durchsucht.

6./19. Mai: Der Geburtstag des Zaren. Unsere Abreise ist auf morgen festgesetzt. Der Kommissar weigert sich, den Priester mitfahren zu lassen; den Großfürstinnen hat er untersagt, ihre Zimmertüren nachts zu verschließen.

7./20. Mai: Um halb zwölf verließen wir das Haus und gingen an Bord der *Russland.* Auf diesem Schiff waren wir auch vor acht Monaten mit dem Zar und der Zarin hergekommen. Baroness Buxhoeveden hat die Erlaubnis erhalten, mit uns zu kommen. Um fünf Uhr legten wir in Tobolsk ab.

Kommissar Rodjonow hat Alexej in seiner Kabine mit Nagorny eingeschlossen. Wir protestierten: Das Kind ist krank, und der Arzt muss jederzeit Zutritt zu ihm haben.

Alexandra: Tagebuch, 8./21. Mai, Jekaterinburg

Regengüsse.

M[aria] geistl[iche] Lek[türe]. N[icky] liest wie üblich aus dem Evangelium & den Tagesabschnitt.

Heute 3 Wochen hier.

Spät zu Mittag gegessen.

Hörten, dass Kinder wahrscheinlich morgen oder Dienstag eintreffen.

Haben uns ein Zimmer für Baby gegeben, 1 für die Herren und 1 für die Mannschaft.

11 (wo die Wache zuerst war).

3 Ausgang N[icky] & M[aria].

5 Tee.

Sonnenschein nach leichtem Donner um 3.

Maria hat gebadet.

8... erst Abendessen.

Karten.

Nikolaus: Tagebuch, 10./23. Mai, Jekaterinburg

Am Vormittag erhielten wir innerhalb einer Stunde folgende Mitteilungen: Die Kinder sind nur wenige Stunden von der Stadt entfernt; sie sind am Bahnhof eingetroffen; und schließlich, dass sie im Haus angekommen sind, obwohl ihr Zug seit 2 Uhr nachts im Bahnhof gestanden hatte. Es war eine unbeschreibliche Freude, sie nach vier Wochen Trennung und Ungewissheit wieder zu sehen und in die Arme zu schließen.

Die gegenseitigen Fragen und Antworten wollten kein Ende nehmen. Nur sehr wenige Briefe – von ihnen wie von uns – hatten die Adressaten erreicht. Die Ärmsten hatten viele Ängste auszustehen, sowohl in Tobolsk als auch während ihrer dreitägigen Reise. Von ihren Begleitern durften nur der Koch Charitonow und Sednews Neffe ins Haus. Bis zum Abend warteten wir vergeblich darauf, dass sie uns Betten und andere notwendige Dinge bringen würden, aber die Mädchen mussten schließlich auf dem Fußboden schlafen. Alexej schlief in Marias Koje. Abends stieß er sich wie absichtlich das Knie und hatte die ganze Nacht über große Schmerzen, weshalb wir überhaupt keinen Schlaf fanden.

Eintrag des Dienst habenden Wachpostens: 10./23. Mai, Jekaterinburg

Ankunft von vier Angehörigen der Familie Romanow im Sonderquartier [Ipatjew-Haus]: Olga Nikolajewna, Tatjana Nikolajewna, Anastasia Nikolajewna, Alexej Nikolajewitsch, dazu der Koch Iwan Michailowitsch Charitonow sowie der Junge Leonid Iwanowitsch Sednew.

Pawel Medwjedjew [Wachposten]

Am 23. Mai bezogen wir eine neue Unterkunft – das Souterrain des Ipatjew-Hauses. Zufällig trafen an jenem Tag auch die restlichen Angehörigen des ehemaligen Kaisers ein. Der Kaiser und seine Familie richteten sich im oberen Stockwerk des Hauses ein, das sie zur Gänze belegten, mit Ausnahme eines Zimmers (links vom Eingang), das für den Kommandanten und seine Mitarbeiter reserviert blieb.

11./24. Mai: Ich betrat das Eckzimmer (Schlafzimmer des Zaren), wo folgende Personen versammelt waren: der Kaiser, seine Frau, sein Sohn und die vier Töchter, Doktor Botkin, der Koch, der Diener sowie ein kleiner Junge, dessen Namen ich nicht weiß. Nachdem wir insgesamt 12 Personen gezählt hatten, gingen wir wieder, ohne dass wir uns mit irgendjemandem von ihnen unterhalten hätten. Die Töchter des Zaren waren im Zimmer neben dem Schlafzimmer des Zaren untergebracht. In den ersten Tagen gab es dort keine Betten, aber später wurden welche aufgestellt. Die Hausordnung stand im Ermessen des Kommandanten, während die als Gardisten eingesetzten Männer nur Wache zu halten hatten. Zunächst hatte die Wache drei Schichten, dann vier.

Anja Wyrubowa: Memoiren

Etwas später erhielt ich eine Karte von Mr. Gibbes mit der Nachricht, er und M. Gilliard hätten die Kinder von Tobolsk nach Jekaterinburg gebracht und die Familie sei wieder vereint. Die Karte war aus dem Zug geschrieben, in dem er und M. Gilliard lebten, nachdem ihnen nicht gestattet worden war, die Familie in ihrem umzäunten Haus zu besuchen. Mr. Gibbes vermutete intuitiv, dass diese beiden treuen Lehrer wohl bald außer Landes geschickt werden würden, was auch tatsächlich geschehen sollte. Dies war das Letzte, was ich von meiner Kaiserin und meinen Herrschern, den besten aller irdischen Freunde, hörte.

Alexandra: Tagebuch, 11./24. Mai, Jekaterinburg

Ludwigs und Mays Geb.

Baby & ich nahmen die Mahlzeiten in unserem Schlafzimmer ein. Um 2 Mittagessen – Wlad[imir] Nik[olajewitsch: Dr. Derewenko] machte Visite bei Baby und wechselte ihm die Kompresse, aber in Gegenwart von Awd[ejew], konnte deshalb kein Wort sagen.

Tschemodurow ging weg, da nicht gut beieinander – wurde völlig entkleidet und durchsucht, ehe er das Haus verließ. – Nach dem Abendessen kamen Nagorny und Trupp (& Joy) – 2 Stunden Befragung & Durchsuchung. Der Rest unserer Leute wird nach Tobolsk zurückgeschickt, weiß nur nicht, wohin – Trina, Nastenka, Tatischew & Wolkow sind schon fort & Botkin hat Petition geschrieben, die Awdejew ans Oblast-Komitee weiterleiten soll: Bitte um Gilliard, da absolut unerlässlich, er muss bei Baby bleiben, der sehr leidet. Baby hat in seinem Zimmer mit Nagorny geschlafen, die vier Mädchen nebenan, noch nicht alle Betten da. Baby hatte wieder eine schlimme Nacht.

Nikolaus: Tagebuch, 12./25. Mai, Jekaterinburg

Durch die freundliche Vermittlung von Botkin kamen Gespräche mit dem Vorsitzenden des Regional-Sowjets zustande, den wir darum baten, M. Gilliard zu uns zu lassen. Die Kinder erhielten ihre Sachen nach einer unglaublich langen Inspektion in der Kommandantenstube zurück.

Eintrag des Dienst habenden Wachpostens: 13./26. Mai, 17 Uhr

Übernahme von Babitschew in Anwesenheit von Awdejew, Mitglied des Regional-Sowjets, und Wachhauptmann Glemer. Aufnahme folgender Personen während Dienstzeit: Nikolai Romanow, Alexandra Romanowa, Maria Romanowa, Dr. Botkin. Die übrigen – Tschemodurow, Sednew und Demidowa – blieben drinnen.

Nikolaus: Tagebuch, 13./26. Mai, Jekaterinburg

Alle schliefen gut, bis auf Alexej. Seine Schmerzen kamen immer wieder, aber in größeren Abständen. Er lag auf dem Bett in unserem Zimmer. Es gab keinen Service. Wie in den letzten Tagen kam Dr. Derewenko, um Alexej zu untersuchen; heute war er von einem geheimnisvollen Mann begleitet, der unserer Meinung nach Arzt sein muss.[5]

Nach kurzem Ausgang gingen wir mit Kom. Awdejew in die Scheune, wohin man unser schweres Gepäck gebracht hatte. Einige offene Truhen wurden noch inspiziert.

Heller Sonnenschein. Baby wieder keine gute Nacht, Botkin blieb nachts teilweise auf, sodass Nagorny schlafen konnte.

2 Mittagessen gebracht.

Baby blieb den ganzen Tag in unserem Zimmer. Wl Nik [Dr. Derewenko] kam nicht, weiß nicht, warum.

Kinder stopfen Wäsche mit Njuta.

Um 6 wurden Sedn[ew] & Nagorny zum Regionskommissar gebracht, weiß nicht, aus welchem Grund. Die Übrigen spielten Karten mit Baby. Insgesamt besser, aber manchmal sehr starke Schmerzen.

Botkin blieb die ganze Nacht bei Baby.

18./31. Mai: Nachts Regengüsse.

Babys Nacht wie zuvor, 36,9 [Grad]

Ich blieb im Bett, da sehr schwindelig zumute & Augen so wehtun.

Baby um 1 zu uns gebracht

1.40 Mittagessen

Leichter Regen, die andern sind ausgegangen.

Heftiges Gehämmere, machen Holzpalisaden vor Babys Fenster höher. Wladimir Nikolajewitsch nicht eingelassen, da Awdejew nicht da war.

Die andern sind ausgegangen. Den ganzen Tag mit geschlossenen Augen dagelegen, Kopf wurde gegen abends schlimmer. Abendessen um 6 gebracht, aber sie haben es erst um 8 aufgewärmt gegessen. Baby 37,6 [Grad]. Nach Abendessen wurde Baby in sein Zimmer getragen – hatte wieder ziemliche Krämpfe im Knie.

19. Mai/1. Juni: Nacht besser. Frühmorgens Sonne.

Kam vor Mittagessen zu mir herüber.

Hab den ganzen Tag im Bett verbracht, fühlte mich schwach & scheußlich im Kopf –

Baby 37,6 [Grad]. Tagsüber etwas geschlafen.

12 Die andern sind ausgegangen.
Wetter trübe –
5 Doktor & Awdejew waren da. Nach Abendessen wurde Baby in sein Zimmer getragen.
Hatte etwas Kopfschmerzen, ist aber schnell eingeschlafen.
Die Kinder haben wieder ihre Taschentücher gewaschen –

Nikolaus: Tagebuch, 20. Mai/2. Juni, Jekaterinburg

Um 11 Uhr fand ein Gottesdienst im Hause statt; Alexej nahm im Bett liegend daran teil. Draußen herrliches Wetter, es ist heiß. Unerträglich, so eingeschlossen zu sein und nicht in den Garten gehen zu können, wenn uns danach zumute ist, oder einen angenehmen Abend an der Luft zu verbringen. Wie im Gefängnis!

Eintrag des Dienst habenden Wachpostens: 20. Mai/2. Juni

Antrag von Nikolaus Romanow, ehemaliger Zar, auf Arbeitszuteilung: Roden im Garten, Holzhacken oder -sägen.

Nikolaus: Tagebuch, 22. Mai/4. Juni, Jekaterinburg

In den Zimmern war es heiß und stickig. Erst am Nachmittag konnten wir nach draußen gehen. Gegen 5 Uhr gab es einen heftigen Gewittersturm und abends noch einen. Alexej geht es viel besser, sein Knie ist sehr viel weniger geschwollen. Ich hatte Schmerzen im Kreuz und in den Beinen und habe schlecht geschlafen.

Alexandra: Tagebuch, 23. Mai/5. Juni, Jekaterinburg

Um 6 aufgestanden, jetzt 8 am Wasser.

Herrlicher Morgen. Baby hat nicht gut geschlafen, Bein tat ihm wahrscheinlich mehr weh, weil Wladimir Nikolajewitsch gestern die Bandage abgenommen hat, die das Knie stützte. Botkin hat ihn vors Haus gebracht & in meinen Rollstuhl gesetzt, & Tatjana & ich saßen mit ihm in der Sonne vor dem umzäunten Eingang –

Ging wieder zurück ins Bett, da ihm das Bein vom Anziehen & Herumtragen wehtat.

Mittagessen kam erst um 3 Uhr.

Bringen vor allen Fenstern noch höhere Bretter an, sodass nicht einmal mehr die Baumwipfel zu sehen sind – die Doppelfenster sollen dann herausgenommen werden, & wir können endlich die Fenster öffnen.

4 Die andern sind ausgegangen.

6 Wladimir Nikolajewitsch & Awdejew waren da, hat ihm einen Gipsverband angelegt, da das Knie geschwollener & wieder so wehtut.

8 Um 8 zu Abend gegessen, aber Baby ist erst um 10 (8) in sein Zimmer gegangen, da zum Schlafen noch zu hell.

Bézique gespielt – um 11 (9) ins Bett.

Nikolaus: Tagebuch, 24. Mai/6. Juni, Jekaterinburg

Ich hatte den ganzen Tag Beschwerden von meinen Hämorriden, lag deshalb auf dem Bett, denn so ließ sich die Kompresse besser anlegen. Alix und Alexej waren eine halbe Stunde an der frischen Luft, nach ihnen sind wir auch für eine Stunde draußen gewesen.

Das Wetter war herrlich.

25. Mai/7. Juni: Die liebe Alix hat ihren Geburtstag im Bett verbracht, hatte starke Schmerzen in den Beinen und an anderen Stellen! In den folgenden beiden Tagen ging es ihr besser, sie konnte in einem Sessel sitzen und essen.[6]

Eintrag des Dienst habenden Wachpostens: 25. Mai/7. Juni

Dr. Derewenko wurde nicht vorgelassen. Alexej wurde zum Ausgang nach draußen getragen. Wurden von Dr. Botkin informiert, dass Nikolai Romanow aufgrund von Venenerweiterungen indisponiert ist und im Bett bleiben muss, wo er auch gefüttert wurde.

Alexandra: Tagebuch, 27. Mai/9. Juni, Jekaterinburg

Sonniger Morgen.

Nachmittags 3–4 mit den andern draußen gewesen, ideales Wetter – sehr kräftig. Rücken und Bein schmerzen von den Nieren bis zum Bauch.

Seit 2 Tagen haben die andern kein Fleisch und ernähren sich von den mageren Vorräten, die Charitonow aus Tobolsk mitgebracht hat.

Habe gebadet. Bézique. Sie finden immer wieder Vorwände, um Derewenko nicht zu uns zu lassen.

Nikolaus: Tagebuch, 28. Mai/10. Juni, Jekaterinburg

Ein sehr warmer Tag. In der Scheune, wo unsere Truhen aufbewahrt werden, öffnen sie ständig Schachteln und nehmen verschiedene Dinge und Vorräte aus Tobolsk heraus. Und zwar ohne jede Begründung.

Das alles lässt vermuten, dass, was immer ihnen gefällt, uns weggenommen werden kann und wir es nicht zurückbekommen! Es ist widerlich!

Auch unsere Beziehungen zur Außenwelt haben sich in den letzten Wochen verändert: Unsere Aufseher vermeiden es, mit uns zu reden, und vermitteln uns einen Eindruck von Unruhe und Besorgnis!

Wir wissen nicht, warum!

Alexandra: Tagebuch, 28. Mai/10. Juni, Jekaterinburg

Komm[andant] wünschte uns alle um 10 zu sehen, ließ uns aber 20 Minuten warten, da gerade beim Frühstück mit Käse. Hat uns jede Sahneration gestrichen.

10. Arbeiter erschienen draußen und brachten vor unserem einzigen zu öffnenden Fenster Eisengitter an. Sind ständig in Angst, wir könnten hinausklettern oder mit dem Wachposten in Kontakt kommen. Immer noch starke Schmerzen. Wetter eher trübe. Lieferten Fleisch für 6 Tage, aber so wenig, dass es nur als Suppenbeilage reicht, waren dabei sehr unverschämt zu Charitonow. Den ganzen Tag im Bett geblieben, nur zu Mittag gegessen, da sie das Fleisch so spät brachten. Anastasia las mir vor, während die anderen draußen waren. Schönes Wetter.

Eintrag des Dienst habenden Wachpostens: 29. Mai/11. Juni

Zur Wäscherei geschickt – Wäsche des ehemaligen Zaren Nikolai Romanow, Beleg Nr. 956.

Nikolaus: Tagebuch, 31. Mai/13. Juni, Himmelfahrtstag, Jekaterinburg

Den ganzen Vormittag warteten wir vergeblich auf einen Priester, der bei uns die Messe liest: Sie hatten alle in der Kirche zu tun. Aus irgendeinem Grund durften wir nachmittags nicht in den Garten. Awdejew[7] kam und hatte eine längere Unterredung mit Botkin.

Nach seiner Aussage befürchten er und der Regional-Sowjet einen Angriff von Anarchisten, und aus diesem Grund werden wir vielleicht schnell umziehen müssen – höchstwahrscheinlich nach Moskau! Er forderte uns auf, uns für diese Eventualität vorzubereiten. Wir begannen sofort zu packen, taten dies aber auf Awdejews ausdrücklichen Wunsch in aller Ruhe, um nicht die Aufmerksamkeit der Wachmannschaften zu erregen.

Gegen 11 Uhr kehrte er zurück und sagte, wir würden noch ein paar Tage bleiben. So kam es, dass wir auch am 1. Juni noch immer auf gepackten Sachen saßen.

Nach dem Abendessen erklärte uns Awdejew, der jetzt etwas glücklicher aussah, die Anarchisten seien festgenommen worden, es bestehe keine Gefahr mehr, und unser Aufbruch sei abgesagt! Nach all den Vorbereitungen war es fast ein Jammer!

Eintrag des Dienst habenden Wachpostens: 4./17. Juni

Nachdem Alexej Romanow wieder bei normaler Gesundheit ist, wurde Doktor Derewenko nicht vorgelassen.

5./18. Juni: Zum ersten Mal wurde Alexej Romanow zu einem einstündigen Ausgang nach draußen getragen. Während Dr. Derewenko in Anwesenheit von Kommandant Awdejew seine regelmäßige Untersuchung bei Alexej Romanow vornahm, unterhielt sich die Frau von Nikolai Romanow mit ihren Töchtern auf Deutsch,[8] obwohl es untersagt ist, während Dr. Derewenkos Visiten in ausländischen Sprachen zu sprechen. Dies veranlasste Kommandant Awdejew zu einer zweiten Verwarnung.

Nikolaus: Tagebuch, 5./18. Juni, Jekaterinburg

Heute ist die liebe Anastasia 17 Jahre alt geworden. Drinnen und draußen herrschte große Hitze. Ich setzte meine Lektüre des dritten Bandes von Saltykow fort, interessant und klug, was er schreibt. Die ganze Familie machte einen Spaziergang vor dem Tee. Charitonow kocht seit gestern für uns, jeden zweiten Tag werden Lebensmittel geliefert.

Die Mädchen helfen ihm, sie kneten abends Teig, den sie am Morgen backen – und so haben wir Brot! Gar nicht schlecht!

Eintrag des Dienst habenden Wachpostens:
6./19. Juni

Dr. Derewenko wurde nicht vorgelassen, Alexej wurde zum Ausgang nach draußen getragen.

Nikolaus: Tagebuch, 9./22. Juni, Jekaterinburg

In den letzten Tagen war das Wetter fantastisch, aber sehr heiß; in unseren Zimmern ist es sehr stickig. Vor allem nachts. Heute vor dem Tee kamen sechs Männer, wahrscheinlich vom Regional-Sowjet, um zu sehen, welche Fenster sich öffnen lassen. Die Beratungen über dieses Problem ziehen sich schon seit zwei Wochen hin! Ständig kamen irgendwelche Typen herein und schauten sich in unserer Gegenwart wortlos die Fenster an. Der Duft von den Stadtgärten ist wunderbar.

Eintrag des Dienst habenden Wachpostens:
9./22. Juni

Keine besonderen Vorkommnisse während des heutigen Tages, außer dass Wachposten Nr. 5 einen Burschen festnahm, der auf die Aufforderung des Postens, sich zu entfernen, mit einer obszönen Geste reagierte, weshalb er zur Tscheka[9] eskortiert wurde.

10./23. Juni: Der übliche Ausgang der Familie Romanow. Antrag von Nikolai Romanow, die Fenster zur Durchlüftung des Hauses zu öffnen, der abgelehnt wurde.

Mischas Ermordung

A. W. Markow [der Mörder]: 13.-14./26.-27. Juni, Perm

Angesichts der Gefahr, dass Michail [Mischa] Romanow aus Perm abhauen oder entführt und versteckt werden könnte, entschloss sich unsere kleine Gruppe von Bolschewiki, »Michail Romanow aus dem Verkehr zu ziehen« und ihn selber aus dem Korolew-Haus, seiner Unterkunft an der Sibirien-Straße, zu entführen.

Der Entführungsplan wurde ausgearbeitet und Folgendes beschlossen: Wir würden gegen 11 Uhr abends bei ihm auftauchen und ihm ein vom Genossen Malkow unterzeichnetes Dokument mit der Anordnung seiner sofortigen Abreise aus Perm präsentieren, was die anwesenden Personen auszuführen hätten.

Sollte er Ärger machen, würden wir Gewalt anwenden. Ich tippte eigenhändig das Dokument, unter das wir ein ziemlich undeutliches Siegel und eine unleserliche Unterschrift des Genossen Malkow setzten.

Gegen 11 fuhren wir in geschlossenen Phaetons am Eingang des Hauses vor. Schuschgow und Kolpaschikow gingen hinein. Michail Romanow weigerte sich mitzukommen und verlangte, »Malkow« (er sprach schlecht Russisch) am Telefon zu sprechen. Als ich dann mit einem Revolver und einer Granate bewaffnet in das Gebäude eintrat, verloren die Wachen an der Tür völlig den Kopf und ließen mich – im Gegensatz zu den ersten beiden – ohne jede Behinderung durch. Ich sicherte den Korridor, sodass niemand das Telefon erreichen konnte, und ging in das Zimmer, das Romanow bewohnte. Er leistete noch immer Widerstand und verlangte nach einem Arzt, da er bei schlechter Gesundheit sei. Daraufhin gab ich Anweisung, ihn mitzunehmen, wie er war.

Sie fielen über ihn her und schnappten sich ihn; er kam zur Besinnung und fragte, ob er irgendetwas mitnehmen müsse. Ich verneinte und sagte ihm, seine Sachen würden später von anderen nachgebracht werden. Da bat er, zumindest seinen persönlichen Sekretär Johnson mitnehmen zu dürfen – was ihm gestattet wurde, da wir dies auch schon selber beschlossen hatten. Jetzt zog er sich schnell einen Mantel über. Schuschgow packte ihn sofort am Kragen und befahl ihn auf die Straße hinaus, und er gehorchte. Johnson ging freiwillig auf die Straße, wo die Pferde warteten. Ins erste Gespann verfrachteten wir Michail Romanow. Schuschgow saß hinter dem Kutscher und Iwanschenko neben Michail Romanow; ich nahm Johnson mit zu mir, Kolpaschikow setzte sich hinter den Kutscher, und so fuhren wir in geschlossenen Phaetons (bei eiskaltem Regen) die Straße in Richtung Motowilitscha entlang.

Als Genosse Drokin davon ausgehen konnte, dass wir die Stadt bereits hinter uns gelassen hatten, machte er in offiziellem Ton die telefonische Mitteilung, unbekannte Personen seien in die »Königlichen« Räume eingedrungen und hätten Michail Romanow mit unbekanntem Ziel entführt; er verlangte, dass berittene Polizei aus Kasan umgehend in die Sibirien-Straße ausschwärmen solle. Dieselbe Nachricht erhielt auch die Tscheka. Der Verwalter des Anwesens informierte die Tscheka und die Polizei telefonisch ebenfalls in diesem Sinne.

Während sich dies alles abspielte, hatten wir schon längst die Fabrik von Motowilitscha erreicht.

Unsere Entführungsopfer verhielten sich von Anfang an ruhig, und erst als wir in Motowilitscha ankamen, fragten sie uns, wohin sie gebracht würden. Wir sagten, zum Zug, der zur Abfahrt bereitstünde, und dass sie in einem Sonderabteil noch weitertransportiert würden; ich sagte auch, ich würde nur direkte Fragen beantworten, und weigerte mich, auf irgendwelche anderen einzugehen.

Derweil fuhren wir an dem Kerosin-Depot etwa 5 Werst von Motowilitscha vorbei. Unterwegs waren wir niemandem begegnet; eine Werst hinter dem Kerosin-Depot bogen wir scharf nach rechts ab und in den Wald hinein. Nach weiteren 100–120 Fuß rief Schuschgow: »Wir sind da – aussteigen!« Ich sprang unverzüglich hinaus und forderte meinen Nachbarn auf, es mir gleichzutun. Im selben Augenblick, wo er den Phaeton verließ, schoss ich ihm in die Schläfe – er strauchelte und fiel zu Boden. Auch Kolpaschikow feuerte, aber seine Browning hatte Ladehemmung. Schuschgow tat dasselbe, wobei er Michail Romanow allerdings nur verwundete.

Romanow lief mit ausgebreiteten Armen auf mich zu und bat, sich von seinem Sekretär verabschieden zu dürfen. In diesem Augenblick wollte der Genosse Schuschgow einen Schuss abgeben, doch auch sein Revolver blockierte. So musste ich Michail Romanow ein zweites Mal aus ziemlich naher Entfernung in den Kopf schießen, und er brach sofort zusammen.

Schuschgow fluchte, weil sein Revolver versagt hatte, ebenso Kolpaschikow, weil sich die Patrone in seiner Browning verklemmt hatte; bei den ersten Schüssen war gleich ein Pferd durchgegangen und in den Wald hineingerast, wobei die Kutsche gegen Bäume stieß und umstürzte; Genosse Iwanschenko rannte hinterher, und als er zurückkam, war alles schon vorbei.

Allmählich graute der Morgen. Obwohl es der 12. Juni war, herrschte aus irgendeinem Grund ziemliche Kälte. Es war unmöglich, sie zu vergraben, da es immer heller wurde und wir uns unweit der Straße befanden. Wir zerrten beide in den Straßengraben, deckten sie mit Zweigen zu und fuhren in Richtung Motowilitscha davon.

Während der ganzen Rückfahrt diskutierte ich den Vorfall mit dem Genossen Iwanschenko; wir waren beide ruhig, nur fror ich, da ich lediglich meine Feldbluse anhatte; außerdem trug ich links eine Armbanduhr, weshalb ich, als wir in der Unterkunft waren, irrtümlich für einen Offizier gehalten wurde und die dort Anwesenden später behaupteten, Michail Romanow wäre von ein paar Offizieren entführt worden. Das kam natürlich nur von dem Schrecken und weil die Entführung so schnell vor sich ging.

Jekaterinburg

Eintrag des Dienst habenden Wachpostens: 13./26. Juni

Der übliche Ausgang der Familie Romanow wurde annulliert. Doktor Derewenko erhielt keinen Zutritt.

14./27. Juni: Der übliche Ausgang der Familie Romanow. Tatjana und Maria verlangten eine Kamera mit der Begründung, sie müssten ein paar Aufnahmen machen, was vom Kommandanten natürlich abgelehnt wurde.

Nikolaus: Tagebuch, 14./27. Juni, Jekaterinburg

Heute ist unsere liebe Maria 19 Jahre alt geworden. Es herrschte noch immer tropische Hitze, 26 Grad im Schatten und 24 in den Zimmern, nahezu unerträglich!

Wir verbrachten eine Nacht voller Angst und blieben wach und völlig bekleidet. Vor ein paar Tagen hatten wir nämlich hintereinander zwei Briefe erhalten, in denen es hieß, wir sollten uns darauf vorbereiten, dass ein paar uns ergebene Leute uns befreien würden! Aber die Tage gingen vorbei, und nichts passierte, nur das Warten und die Ungewissheit wurden uns zur Tortur.

Alexandra: Tagebuch, 15./28. Juni, Jekaterinburg

Um 8 (6) schon 23 [Grad] im Zimmer, später über 24. Geklöppelt.
1 In unserem Zimmer zu Mittag gegessen.
2–4 Die anderen waren draußen, Olga blieb bei mir –
4 Tee
[Dr.] Wladimir Nikolajewitsch war da –
8 Mit Baby zu Abend gegessen –

Alle früher zu Bett, da sehr müde & starke Hitze – 24 [Grad im] Zimmer –

In der Sonne waren es am Vormittag 30 Gr.

Wir hören, wie die Nachtwache unter unserem Fenster die Anweisung bekommt, ganz besonders auf alle Bewegungen am Fenster zu achten – sie sind wieder äußerst misstrauisch geworden, da unser Fenster aufsteht, & erlauben niemandem, auf dem Fensterbrett zu sitzen.

Alexej an Kolja Derewenko: [undatiert], Jekaterinburg

Lieber Kolja,
Grüße von allen Schwestern an dich, Mutter und Großmutter. Mir geht es gut. Den ganzen Tag hat mir der Kopf wehgetan, aber jetzt sind die Schmerzen völlig vorbei.
Ich umarme dich herzlich.
Grüße an die Botkins von uns allen.
Stets dein
Alexej
Ende.[10]

Alexandra: Tagebuch, 20. Juni/3. Juli, Jekaterinburg

Wieder herrliches Wetter, noch wärmer – um 9 schon 20 [Grad] im Zimmer.

Alles wie gestern.

Tatjana blieb am Vormittag bei mir, als die anderen ausgingen, & Olga am Nachmittag – spielten zusammen Bézique – Baby macht wieder erste Bewegungen mit dem Bein. Sehr heiß & stickig.

Vor dem Abendessen wuschen mir Maria & Njuta die Haare.

10 Habe gebadet –

Nachts starker Regen & Gewitter.

Nikolaus: Tagebuch, 14./27. Juni, Jekaterinburg

Heute gab es einen Kommandantenwechsel: Während des Abendessens kam Beloborodow und erklärte uns, dass Jurowskij – derjenige, den wir für einen Arzt gehalten hatten – anstelle von Awdejew ernannt worden sei.

Am Nachmittag vor dem Tee listete er mit seinem Gehilfen sämtliche Gegenstände aus Gold auf – unsere wie die der Kinder. Das meiste nahmen sie mit (Ringe, Armbänder usw.).

Dies erklärten sie damit, dass es einen unerfreulichen Vorfall in unserem Hause gegeben habe: Dinge, die uns gehörten, seien verkauft worden. Meine Überzeugung, von der ich am 28. Mai schrieb, hat sich also bestätigt. Es tut mir Leid für Awdejew, aber er ist insofern Schuld, als er seine Leute nicht davon abgehalten hat, aus den Truhen in der Scheune zu stehlen.

23. Juni/6. Juli: Gestern brachte Kommandant Jurowskij eine Schatulle mit all unseren Wertsachen, die er mitgenommen hatte, forderte uns auf, den Inhalt zu verifizieren, versiegelte sie vor unseren Augen und gab sie uns zur Aufbewahrung. Jurowskij und sein Gehilfe merken inzwischen, von was für Leuten wir hier umgeben sind, die uns bestohlen haben, während sie uns bewachten.

25. Juni/8. Juli: Unser Leben hat sich mit Jurowskij überhaupt nicht verändert. Er kommt einfach ins Schlafzimmer, um das Siegel an der Schatulle zu überprüfen, und schaut durch das offene Fenster. Im Hause sind neue Letten als Wachpersonal eingesetzt, während es draußen noch immer dieselben sind – ein paar Soldaten, ein paar Arbeiter! Einige von Awdejews Leuten sollen angeblich schon verhaftet worden sein! Die Tür zur Scheune mit unseren Sachen ist versiegelt worden. Hätte man das nur schon vor einem Monat gemacht!

28. Juni/11. Juli: Vormittags um 10.30 erschienen drei Arbeiter am offenen Fenster, hievten ein schweres Eisengitter hoch und befestigten es am Außenrahmen – ohne jede Vorwarnung von Jurowskij. Wir mögen diesen Mann immer weniger!

30. Juni/13. Juli: Alexej hat zum ersten Mal seit Tobolsk gebadet; sein Knie wird allmählich besser, aber er kann es noch nicht völlig strecken. Das Wetter ist warm und angenehm. Wir sind absolut ohne Nachricht von der Außenwelt.[11]

Jurowskij: Bereits am 15. begann ich mit den Vorbereitungen, da alles so schnell wie möglich erledigt sein musste.

Ich beschloss, ebenso viele Männer einzusetzen, wie Personen zu erschießen waren, und rief meine Leute zusammen; nachdem ich ihnen die Aufgabe erklärt hatte, sagte ich ihnen, alles müsse vorbereitet sein, damit wir, sobald wir unsere endgültigen Instruktionen erhielten, alles zügig über die Bühne bringen könnten.

Es sei angemerkt, dass es im Gegensatz zu der Vorstellung mancher Leute gar nicht so einfach ist, eine Hinrichtung zu organisieren. Schließlich befanden wir uns nicht an der Front, sondern in einer so genannten »friedlichen« Umgebung.

Hier hatten wir es nicht einfach mit blutrünstigen Leuten zu tun, die die schwere Aufgabe der Revolution erfüllen. Deshalb war es auch kein Zufall, dass zwei der Letten sich im letzten Augenblick drückten – sie hatten einfach nicht den nötigen Mumm.

Medwjedjew: Ich trat meinen Dienst am Abend des 16. Juli an. Kurz nach sieben an jenem Abend befahl mir Kommandant Jurowskij, alle Nagan-Revolver der Mannschaft einzusammeln und zu ihm zu bringen.

Ich nahm allen Diensthabenden und auch einigen anderen ihre Revolver ab – insgesamt waren es 12 – und brachte sie ins Büro des Kommandanten. Dann eröffnete mir Jurowskij: »Heute müssen sie alle erschossen werden, sag der Wachmannschaft, sie sollen sich nicht beunruhigen, wenn sie Schüsse hören.

Jurowskij: Am Vormittag des 16. schickte ich den Küchenjungen Sednew unter dem Vorwand fort, er solle seinen Onkel abholen, der angekommen sei. Dies löste unter den Gefangenen einige Unruhe aus. Der gewissenhafte Mittelsmann Botkin und auch eine der Töchter versuchten herauszubekommen, warum Sednew fortgeschickt worden war und für wie lange. Nachdem sie die Erklärung gehört hatten, gingen sie scheinbar beruhigt von dannen.

Zwölf Revolver wurden geladen, und dann wurde bestimmt, wer auf wen schießen sollte. Genosse Filipp [Goloschekin] informierte mich, dass um Mitternacht ein Lastwagen kommen würde und die Neuankömmlinge gegen Nennung des Kennworts einzulassen wären. Die Leichen würden ihnen ausgehändigt und zwecks Beseitigung abtransportiert werden.

Alexandra: Tagebuch, 3./16. Juli, Irinas 23. Geb., Jekaterinburg

Trüber Morgen, später schöner Sonnenschein.

Baby hat eine leichte Erkältung.

Alle gingen am Vormittag 1 Stunde aus, Olga & ich ordneten unsere Medikamente. Tatjana gab sich geistlicher Lektüre hin. Sie gingen aus, Tatjana blieb bei mir, & wir lasen im Buch der Propheten Amos und Audios. Geklöppelt. Jeden Morgen kommt der Kommandant in unsere Zimmer, nach einer Woche hat er jetzt endlich auch wieder Eier für Baby gebracht.

8 Abendessen.

Plötzlich wurde Lenka Sednew geholt, um seinen Onkel zu sehen, & schon war er weg – frage mich, ob das stimmt & wir den Jungen je wiedersehen!

Mit Nicky Bézique gespielt.

10 zu Bett. 15 Grad.[12]

Jurowskij: Gegen 11 Uhr nachts rief ich die Männer erneut zusammen, verteilte die Waffen und setzte sie davon in Kenntnis, dass wir in Kürze zur Liquidierung der Gefangenen schreiten würden. Pawel Medwjedjew teilte mir mit, die inneren und äußeren Wachen wären genauestens überprüft worden; er und der

Wachhauptmann hielten die unmittelbare Umgebung des Hauses sowie das Quartier der äußeren Wachen ständig unter Beobachtung. Der Lastwagen kam erst um halb zwei.

Als das Automobil vorfuhr, schliefen alle bereits. Botkin wurde geweckt und rüttelte alle anderen aus dem Schlaf. Zur Erklärung hieß es: »Angesichts der in der Stadt herrschenden Unruhe ist es notwendig, die Familie Romanow vom oberen Stockwerk ins untere umzuquartieren.« Binnen einer halben Stunde hatten sie sich angezogen. Als Ort der Liquidierung war unten ein Raum mit einer holzverkleideten Zwischenwand (zur Vermeidung von Querschlägern) vorgesehen, aus dem man sämtliche Möbel entfernt hatte.

Das Erschießungskommando stand im Nebenzimmer bereit. Die Romanows argwöhnten nicht das Mindeste.

Medwjedjew: Kurz nach 1 Uhr nachts tauchten der Zar, die Zarin und ihre vier Töchter aus ihren Zimmern auf; dazu das Dienstmädchen, der Arzt, der Koch und der Diener.

Der Zar trug den Thronfolger im Arm. Der Zar und der Thronfolger trugen Feldblusen und Mützen, die Kaiserin und ihre Töchter hatten Kleider an, aber keine Kopfbedeckungen. Vorneweg ging der Kaiser mit dem Thronfolger, gefolgt von der Zarin, den Töchtern und den Übrigen.

Eskortiert wurden sie von Jurowskij, seinem Gehilfen und den beiden Mitgliedern der Sonderkommission, die ich bereits erwähnte; ich war ebenfalls dabei. Keiner der Familienangehörigen stellte irgendjemandem irgendeine Frage – zumindest nicht in meiner Gegenwart –, auch gab es weder Tränen noch Schluchzen. Nachdem wir die Treppe vom zweiten Vorzimmer ins Untergeschoss hinuntergegangen waren, durchquerten wir den Hof und traten von dort aus durch die zweite Tür (von den Toren aus gezählt) in das Kellergeschoss der Unterkunft ein.

Jurowskij ging voran. Er führte sie in das Eckzimmer neben dem Lagerraum und ließ von seinem Gehilfen drei Stühle herbeibringen. Einen Stuhl bekam die Kaiserin, einen zweiten der Kaiser und den dritten – der Thronfolger. Die Kaiserin nahm an der

Fensterwand neben dem hinteren Pfeiler des Gewölbes Platz; drei ihrer Töchter stellten sich hinter ihr auf (vom Gesicht her kenne ich sie alle sehr gut, da ich sie fast täglich bei ihrem Ausgang sah, aber ich weiß nicht genau, wie sie im Einzelnen heißen). Der Thronfolger und der Kaiser saßen nebeneinander, fast in der Mitte des Raums, hinter dem Thronfolger stand Doktor Botkin; das hochgewachsene Dienstmädchen stand links von der Tür, die zu dem versiegelten Lagerraum führte. Bei ihr stand eine der Zarentöchter (die vierte); die beiden Diener standen links vom Eingang, an der an den Lagerraum angrenzenden Wand.

Jurowskij: Obwohl ich ihnen durch Botkin hatte ausrichten lassen, nichts mitzunehmen, hatten sie dennoch ein paar Kleinigkeiten dabei, Kissen, Handtaschen usw. und sogar einen kleinen Hund.

Nachdem wir in den Raum hinuntergegangen waren (hier befand sich rechts am Eingang ein großes Fenster, das praktisch die ganze Länge der Wand einnahm), forderte ich sie auf, sich an die Wand zu stellen. Auch in diesem Augenblick hatten sie offensichtlich nicht die geringste Ahnung, was sie erwartete.

Alexandra sagte: »Aber hier gibt es ja nicht einmal Stühle.« Nikolaus hatte Alexej auf dem Arm hinuntergetragen. Jetzt stand er im Raum und hielt ihn noch immer.

Daraufhin ließ ich zwei Stühle herbeibringen. Alexandra setzte sich auf einen davon, rechts am Eingang, praktisch in der Ecke. Neben ihr, links vom Eingang, standen ihre Töchter und Demidowa. Auch Alexej wurde neben sie auf den anderen Stuhl gesetzt, und hinter ihm stellten sich Doktor Botkin, der Koch und die Übrigen auf, während Nikolaus vor Alexej stehen blieb.

Gleichzeitig ließ ich die Männer herunterkommen und alles vorbereiten: Jeder sollte seinen Platz eingenommen haben, sobald der Befehl gegeben würde. Obwohl er Alexej abgesetzt hatte, stand Nikolaus so vor ihm, dass er ihn abschirmte. Alexej saß in der Ecke des Raums, links vom Eingang. In diesem Augenblick sagte ich etwa Folgendes zu Nikolaus: Seine königlichen Verwandten im In- und Ausland versuchten ihn zu befreien, und der Sowjet der Arbeiterdeputierten hätte Befehl erteilt, sie alle zu erschießen.

Medwjedjew: Das Dienstmädchen hatte ein Kissen, und auch die Zarentöchter hatten kleine Kopfkissen mitgebracht. Eines dieser Kissen wurde auf den Stuhl des Zaren gelegt, ein anderes auf den des Thronfolgers.

Jurowskij: Nikolaus wandte sich vom Erschießungskommando ab und zu seiner Familie hin, dann, als fiele ihm plötzlich etwas ein, drehte er sich wieder um und fragte: »Wie? Was?«

Das Kommando hatte bereits Instruktionen erhalten, wer wen ins Visier nehmen sollte; der Befehl lautete, ihnen direkt ins Herz zu schießen, um unnötig viel Blutvergießen zu vermeiden und die Sache möglichst schnell zu erledigen. Wortlos wandte sich Nikolaus wieder zu seiner Familie um, die anderen stießen ein paar unzusammenhängende Schreie aus. Das Ganze dauerte nur ein paar Sekunden. Dann fielen die ersten Schüsse.

Ich feuerte auf ihn und tötete ihn auf der Stelle. Er hatte nicht einmal mehr Zeit gehabt, sich nochmals zu uns umzudrehen, um eine Antwort zu bekommen. Doch jetzt wurde das Feuer unkoordinierter und ließ jede Systematik vermissen. Der Raum war klein genug, dass alle hineingepasst und die Exekution geordnet hätten durchführen können. Doch offensichtlich feuerten viele von der Türschwelle her, denn die Kugeln prallten immer wieder von der Steinwand ab; außerdem intensivierte sich das Feuer mit den Schreien der Opfer. Nur mit großer Mühe gelang es mir, dem Schießen Einhalt zu gebieten.

Eine Kugel von einem der hinter mir stehenden Schützen flog mir am Kopf vorbei, und irgendjemandem wurde durch die Handfläche oder den Finger geschossen. Als das Feuer verstummte, stellte sich heraus, dass die Töchter, Alexandra und anscheinend auch die Hofdame Demidowa sowie Alexej noch lebten. Sie waren wohl aus Angst hingefallen oder hatten sich vielleicht auch absichtlich zu Boden geworfen und es auf diese Weise geschafft, am Leben zu bleiben. Wir machten uns jetzt daran, sie zu erledigen.

Ich erschoss Alexej, der wie versteinert dasaß. Die anderen feuerten auf die Mädchen, aber ohne großen Erfolg, deshalb machte Jermakow von seinem Bajonett Gebrauch, aber auch das nutzte nichts, weshalb wir ihnen dann direkt in den Kopf schossen. Erst im Wald sollte ich entdecken, warum es so schwer gewesen war, Alexandra und ihre Töchter zu erschießen. Das Bajonett war nicht durch ihre Korsagen gedrungen.

Nachdem wir uns davon überzeugt hatten, dass alle tot waren, begannen wir, sie hinauszutragen. Dabei merkten wir, dass es überall Blutspuren geben würde. Deshalb ließ ich alle verfügbaren Kleidungsstücke der Soldaten herbeischaffen, legte eines auf den Boden der Trage und benutzte die übrigen, um den Lastwagen auszukleiden. Mit dem Abtransport der Leichen hatte ich Michail Medwjedjew beauftragt, einen früheren Angehörigen der Tscheka, der gegenwärtig für die Geheimpolizei arbeitet.

Sie trugen die Leichen eine nach der anderen hinaus und legten sie in das Automobil. Jetzt begann die Fledderei: Es erwies sich als notwendig, 3 zuverlässige Genossen zur Bewachung der Leichen abzustellen, bis das Beladen abgeschlossen war (die Leichen wurden einzeln hinausgetragen). Unter den vorgehaltenen Waffen des Exekutionskommandos wurde das gesamte Diebesgut zurückgegeben (eine goldene Armbanduhr, eine mit Diamanten besetzte Zigarrenkiste usw.).

Von vornherein hatte die Absicht bestanden, die Leichen mit dem Kraftfahrzeug abzutransportieren und dann – ab einem bestimmten Punkt, wo das Automobil nicht weiterkam – mit Pferden. Der vorgesehene Platz war ein stillgelegter Stollen.

Etwa fünf Werst hinter der Oberen-Isietskij-Fabrik trafen sie auf ein ganzes Feldlager von etwa 25 Männern, Berittenen mit Fuhrwerken usw. Dies waren Arbeiter (Mitglieder des Sowjets, des Exekutivkomitees usw.), die Jermakow organisiert hatte. Das Erste, was sie riefen, war: »Wozu habt ihr sie uns tot gebracht?!«

Sie hatten geglaubt, die Exekution der Romanows würde man ihnen überlassen. Sie begannen die Leichen auf die Droschkis zu laden, da zur weiteren Beförderung leichte Gespanne benötigt wurden. Es war sehr peinlich. Sie fingen sofort an, die Taschen der Toten auszuräumen - auch hier war es wieder nötig, mit Schusswaffengebrauch zu drohen und Wachen zu postieren.

Jetzt zeigte sich, dass Tatjana, Olga und Anastasia eine Art Spezialmieder trugen. Es wurde beschlossen, die Leichen völlig zu entkleiden, allerdings nicht gleich hier, sondern erst an der Stelle, wo sie verscharrt werden sollten. Es stellte sich jedoch heraus, dass niemand wusste, wo genau dieser Stollen sich befand. Allmählich wurde es hell.

Im Wald entdeckten sie einen alten, verlassenen Stollen (der ehemals zur Goldschürfung gedient hatte). Der Schacht stand teilweise unter Wasser.

Der Kommandant befahl, die Leichen zu entkleiden und ein Feuer zu entfachen, um alles zu verbrennen. Rundum wurden berittene Wachen postiert, um etwaige neugierige Blicke fern zu halten. Als sie eines der Mädchen zu entkleiden begannen, stellten sie fest, dass an den Stellen, wo ihr Korsett von Kugeln zerfetzt war - Diamanten zum Vorschein kamen. Die Männer bekamen leuchtende Augen.

Der Kommandant beschloss auf der Stelle, die ganze Kompanie zu entlassen; nur ein paar der berittenen Wachen und 5 Männer des Exekutionskommandos behielt er zurück. Die übrigen zerstreuten sich. Jetzt begann das Kommando mit dem Entkleiden und Verbrennen. Bei Alexandra entdeckte man einen ganzen Perlengürtel, bestehend aus verschiedenen, in Leinen eingenähten Halsketten. Die Mädchen trugen alle ein Porträt von Rasputin mit dem Text eines seiner Gebete um den Hals. Auch hier waren Diamanten herausgerissen.

Im Verlauf der Arbeiten fielen einige wertvolle Sachen zu Boden (eine Brosche, Botkins Gebiss), und bei dem Versuch, den Stollen mit einigen Granaten zum Einsturz zu bringen, wurden den Leichen einige ihrer oberen Gliedmaßen abgerissen.

Es wurde beschlossen, die Toten zu verbrennen und sie in wassergefüllten Lehmgruben zu vergraben, nachdem man sie zuvor mit Schwefelsäure bis zur Unkenntlichkeit verstümmelt hatte.

A. G. Beloborodow an N. P. Gorbunow, Sekretär des Rats der Volkskommissare: 4./17. Juli, chiffriertes Telegramm

Kreml. An Sekretär des Rats der Volkskommissare N. P. Gorbunow mit Rückschein.

Informiere Swerdlow, gesamte Familie hat selbes Schicksal erlitten wie Oberhaupt, offiziell kommt Familie bei Evakuierung ums Leben.
Beloborodow

Protokoll Nr. 1 der Sitzung des Präsidiums des Allrussischen Zentralen Exekutivkomitees über die Hinrichtung des ehemaligen Zaren Nikolaus II.:
5./18. Juli, Moskau

ANWESEND: Ja. M. Swerdlow, L. S. Sosnowskij, A. P. Rosengoltz, Maximow, M. F. Wladimirskij, Mitrofanow, G. I. Teodorowitsch, Rosen und V. A. Awanesow.

DISKUSSIONSPUNKT: Information über die Hinrichtung Nikolaus Romanows. (Telegramm aus Jekaterinburg).

BESCHLUSS: Nach Erörterung wurde folgende Resolution angenommen:
Das Allrussische Zentrale Exekutivkomitee, vertreten durch sein Präsidium, erkennt die Entscheidung des regionalen Ural-Sowjets als korrekt an.

Die Genossen Swerdlow, Sosnowskij und Awanesow werden beauftragt, eine angemessene Presseerklärung zu entwerfen. Es wird bekannt gegeben, welche Dokumente des ehemaligen Zaren sich jetzt im Besitz des ZEK befinden (Tagebuch, Briefe usw.). Gen. Swerdlow wird mit der Bildung einer Sonderkommission beauftragt, die diese Papiere und ihre Veröffentlichung prüfen wird.
Vorsitzender des ARZEK Ja. M. Swerdlow
Sekretär des ARZEK W. Awanesow.

Ellas Ermordung

Ryabow [der Mörder]: 4./17. Juli, Alapajewsk

Wir wussten, dass über das Schicksal des Zaren und seiner Familie in Jekaterinburg und der übrigen Mitglieder der Kaiserlichen Familie in Alapajewsk bereits in Moskau entschieden worden war, und warteten nur noch auf den entsprechenden Befehl zur Vollstreckung des Urteils.

Wir hatten bereits nach einem geeigneten Ort Ausschau gehalten und einen solchen auch schnell gefunden, etwa zwölf Werst außerhalb der Stadt an einer Stelle, wo man ihre Leichen nicht sofort entdecken würde: Es handelte sich um einen aufgelassenen, halb überschwemmten Stollen. Nachdem wir aus Jekaterinburg die Nachricht von der Exekution des Zaren und seiner gesamten Familie erhalten hatten, machten wir uns unverzüglich daran, unseren Plan in die Tat umzusetzen.

Es war die Nacht vom 17. auf den 18. Juli 1918. Als wir sicher waren, dass die ganze Stadt im Schlaf lag, stiegen wir heimlich durch ein Fenster in das Schulhaus ein. Alle schliefen bereits, sodass wir völlig unbemerkt blieben. Durch die unverschlossene Tür gelangten wir in das Gebäude, in dem die Frauen schliefen. Wir weckten sie und forderten sie in ruhigem Ton auf, sich sofort anzuziehen; sie würden an einen sicheren Ort gebracht werden, da mit der Möglichkeit eines bewaffneten Angriffs zu rechnen sei.

Ohne zu murren fügten sie sich. Wir fesselten ihnen die Hände auf den Rücken, verbanden ihnen die Augen und führten sie zu dem Fuhrwerk hinaus, das bereits an der Schule wartete, setzten sie hinein und schickten sie auf ihre letzte Reise.

Anschließend gingen wir in das Zimmer, das die Männer bewohnten. Wir sagten ihnen dasselbe wie den Frauen. Die jungen Großfürsten Konstantinowitsch [Söhne von KR] und Fürst Paley [Wladimir] gehorchten auch anstandslos. Wir nahmen sie auf den Korridor hinaus, verbanden ihnen die Augen, fesselten ihnen die Hände auf dem Rücken und verfrachteten sie in ein anderes Fuhrwerk. Zwischen uns war es bereits ausgemacht, dass die Fuhrwerke getrennt fahren sollten. Der Einzige, der Widerstand zu leisten versuchte, war Großfürst Sergej Michailowitsch.

An Körperkräften war er den anderen überlegen. Wir hatten kein leichtes Spiel mit ihm. Er lehnte es kategorisch ab, irgendwohin zu gehen, denn er wisse genau, dass sie alle umgebracht würden! Er verbarrikadierte sich hinter dem Schrank, und es wollte uns nicht gelingen, ihn von dort hervorzuholen. Wir verloren nur wertvolle Zeit. Schließlich verlor ich die Geduld und schoss auf den Großfürsten.

Allerdings feuerte ich nur in der Absicht, ihn leicht zu verwunden und ihn damit zur Aufgabe zu zwingen. Ich hatte ihn am Arm getroffen. Er leistete keinen weiteren Widerstand. Ich schnürte ihm die Wunde ab und verband ihm die Augen. Wir verfrachteten ihn in das letzte Fuhrwerk und fuhren los. Wir waren in großer Eile: Die Dämmerung kündigte bereits den Morgen an.

Unterwegs wiederholte Großfürst Sergej Michailowitsch noch einmal, er wisse genau, dass sie alle umgebracht würden.

»Warum nur?«, fragte er mich. »Ich habe nie etwas mit Politik zu tun gehabt. Ich habe nur Sport getrieben, Billard gespielt ..., mich für Numismatik interessiert.«

Ich beruhigte ihn, so gut ich konnte, obwohl ich aufgrund dessen, was ich in jener Nacht bereits durchgemacht hatte, selber sehr erregt war.

Trotz seiner Verletzungen und der Schmerzen beklagte sich der Großfürst nicht.

Schließlich trafen wir bei dem Stollen ein. Der Schacht war nicht sehr tief, und wie sich herausstellen sollte, hatte er auf einer Seite ein Gesims, das nicht von Wasser bedeckt war.

Zuerst führten wir Großfürstin Elisabeth [Ella] zum Stollen hinauf. Nachdem wir sie in den Schacht hinuntergestoßen hatten, hörten wir sie noch eine ganze Zeit im Wasser zappeln. Wir stießen die Nonne Warwara ihr hinterher. Wieder hörten wir platschendes Wasser und dann die Stimmen der beiden Frauen. Jetzt wurde uns klar, dass die Großfürstin nicht nur sich selbst aus dem Wasser befreit, sondern auch ihrer Ordensschwester herausgeholfen hatte. Uns aber blieb keine andere Wahl, als auch die Männer hineinzuwerfen.

Niemand von ihnen, so schien es, war ertrunken, denn nach kurzer Zeit hörten wir fast alle ihre Stimmen aufs Neue.

Da schleuderte ich eine Granate hinein. Sie explodierte, und alles verstummte. Aber nicht für lange.

Wir beschlossen, einen Augenblick zu warten, um festzustellen, ob alle umgekommen waren. Nach einer kurzen Weile vernahmen wir Stimmen und ein kaum hörbares Ächzen. Ich schleuderte eine zweite Granate hinterher.

Und jetzt stelle man sich vor – aus der Tiefe des Schachts drang Gesang empor! Entsetzen packte mich. Sie stimmten das Gebet an: »Herr, errette dein Volk!«

Wir hatten keine Granaten mehr, aber wir konnten die Tat auch nicht unvollendet lassen. Deshalb beschlossen wir, den Schacht mit trockenem Reisig aufzufüllen und ihn in Brand zu setzen. Durch den dicken Rauch stiegen ihre Choräle noch eine Zeit lang empor.

Nachdem die letzten Lebenszeichen aus dem Erdinnern verstummt waren, postierten wir einige unserer Leute an dem Stollen, kehrten im ersten Morgenlicht nach Alapajewsk zurück und schlugen sofort Alarm, indem wir die Glocken der Kathedrale läuteten. Fast die ganze Stadt kam zusammengelaufen. Wir erzählten allen, die Großfürsten seien von Unbekannten entführt worden!

Auszug aus dem Sitzungsprotokoll Nr. 159 des Rats der Volkskommissare vom 5./18. Juli:
Außerordentliche Mitteilung von Ja. M. Swerdlow über die Hinrichtung von Nikolaus II.

Vorsitzender: W. Iljitsch Uljanow (Lenin)

ANWESEND: Gukowskij, W. M. Bontsch-Bruewitsch, Petrowskij, Semaschko, Binokurow, Solowjow, Kozlowski, Galkin, Smirnow, Dauge, Swiderskij, Prawdin, Trotzkij, Popow, Altfater, Stutschka, Ryukow, Nogin, Sklianskij, Petrowskij, Newskij, Sereda, Podbielskij, Skomiakow, Juriew, Briutschanow, Nikolajew, Miljutin, Popow (Statistiker), Prof. Sirinow (zu Tagesordnungspunkt 8), Tschitscherin, Karachan.

DISKUSSIONSPUNKT: 3. Die außerordentliche Mitteilung des Vorsitzenden des ZEK, Gen. Swerdlow, über die Hinrichtung des ehemaligen Zaren Nikolaus II. lt. Beschluss des Jekaterinburger Deputiertensowjets sowie die Bestätigung dieses Beschlusses durch das Präsidium des ZEK.

BESCHLUSS: Die Information wird zur Kenntnis genommen.

Vorsitzender des Rats der Volksbeauftragten,
W. Uljanow (Lenin)
Sekretär des Rats, N. Gorbunow

Jekaterinburg

Jurowskij: 6./19. Juli

[Nachdem man 48 Stunden lang vergeblich versucht hatte, die Leichen zu beseitigen, liegen sie noch immer im Wald.]

Am frühen Morgen des 19. Juli, gegen 4.30, blieb der Lastwagen endgültig stecken; die einzige Möglichkeit, die jetzt noch blieb, war, sie zu verscharren oder zu verbrennen, ohne dass man den Stollen erreicht hätte. Einer der Genossen versprach, Letzteres zu tun, doch er setzte sich ab, ohne sein Wort zu halten.

Alexej und Alexandra sollten verbrannt werden, doch stattdessen verbrannten sie versehentlich Alexej und die Hofdame.

Die Überreste verscharrten sie direkt unter dem Feuer, dann entfachten sie ein zweites, das jegliche Spuren des Aushubs vollständig verwischte. Gleichzeitig hoben sie eine Grube für alle anderen aus.

Die Ausschachtungsarbeiten waren um 7 in der Früh beendet. In die 3 auf 3 Arschin breite und 2 Arschin tiefe Grube wurden dann die Leichen gelegt, deren Gesichter und Körper man mit Schwefelsäure übergossen hatte, um sie unkenntlich zu machen und außerdem Verwesungsgeruch zu verhindern (die Grube war nicht sehr tief).

Nachdem die Stelle mit Erdreich und Gestrüpp bedeckt worden war, legten sie Eisenbahnschwellen obenauf und fuhren mehrmals darüber, bis keine Spuren von der Grube mehr zu sehen waren. Die Grabstelle blieb immer ein Geheimnis – die Weißen haben sie nie gefunden.

London

König George V.: Tagebuch, 25. Juli

May und ich nahmen in der russischen Kirche in der Welbeck Street an einem Gedenkgottesdienst für den lieben Nicky teil, der, wie ich fürchte, letzten Monat von den Bolschewisten erschossen worden ist; wir wissen nichts Genaueres, aber es war ein feiger Mord. Ich habe an Nicky gehangen, er war ein ungemein freundlicher Mensch, ein echter Gentleman, der sein Land und sein Volk liebte.

St. Petersburg – 24 Jahre früher

Nikolaus: Tagebuch, 27. November 1894

[in Alix' Schrift] Keine Trennungen mehr. Endlich vereint, fürs Leben gebunden, und wenn dieses Leben endet, treffen wir uns in der anderen Welt wieder, um für alle Ewigkeit vereint zu sein. Dein, Dein.

Anmerkungen 1918

1 Im Weiteren werden die Daten jeweils nach der alten und neuen Zeitrechnung angegeben.

2 Separates Friedensabkommen mit Deutschland.

3 Terenty Iwanowitsch Tschemodurow, der Kammerherr des Zaren; Anna Stefanowa Demidowa, das Dienstmädchen der Zarin (auch »Njuta« genannt) und Leonid Iwanowitsch Sednew, eigentlich Diener der Großfürstinnen, der aber zum Küchenjungen degradiert worden war (auch »Lenka« genannt).

4 Dies war Gilliards letzte Begegnung mit dem Kaiserpaar.

5 In Wirklichkeit handelte es sich um Jurowskij, der später ihre Ermordung organisieren sollte.

6 Ab diesem Tag erfolgen die Tagebucheintragungen nicht mehr täglich.

7 Kommandant des Ipatjew-Hauses, kurze Zeit später durch Jurowskij ersetzt.

8 Tatsächlich sprachen die Töchter kein Deutsch, sondern nur Englisch.

9 Erster sowjetischer Geheimdienst, Vorläufer-Organisation des KGB.

10 Dies ist der letzte Brief von Alexej.

11 Der letzte Eintrag in Nikolaus' Tagebuch.

12 Weitere Einträge gibt es nicht.

Anhang

Historisches Nachwort

Der spätere Zar Nikolaus II. von Russland kam 1868 am 6. Mai zur Welt, das heißt an jenem Tag, der in der russisch-orthodoxen Kirche dem Gedenken des Märtyrers Hiob geweiht ist. In späteren Jahren sollten viele diesen Umstand als eine unheilvolle Prophezeiung für sein künftiges Schicksal deuten – übrigens auch er selbst, wie aus seinen Tagebüchern hervorgeht.

Allen bösen Vorzeichen zum Trotz hatte Nikolaus jedoch eine unbeschwerte, sorgenfreie Kindheit und Jugend. Sein ganzes Leben lang stand er unter dem Einfluss seines Vaters, Kaiser Alexander III., der ein Mann von großer Willensstärke und Unnachgiebigkeit war. Sein ältester Sohn Nikolaus (genannt Nicky), von Natur aus unentschlossen, fühlte sich instinktiv immer wieder zu stärkeren Persönlichkeiten hingezogen und geriet leicht unter ihren Einfluss.

Nach der traditionellen Erziehung, die ihm als Mitglied der russischen Kaiserfamilie zuteil geworden war, diente Nikolaus bei der Garde. Er war erst sechsundzwanzig Jahre alt, als sein Vater unerwartet starb und er die Thronfolge völlig unvorbereitet antreten musste. Er hatte damit gerechnet, noch weitere zwanzig Jahre friedlich leben zu können, ehe er zum Herrscher gekrönt würde. Doch das Schicksal hatte es anders bestimmt.

Der Zwang, permanent in der Öffentlichkeit zu stehen, vor allem aber Entscheidungen treffen zu müssen, machten Nikolaus das Leben zur Qual. Er litt darunter, dass er großes Pflichtgefühl besaß, aber offenkundig unfähig war, komplexe politische Probleme zu entscheiden. Seinen engsten Vertrauten war diese Schwäche durchaus bewusst. Seine Mutter, Kaiserin Marie Fjodorowna, beklagte sich oft darüber, dass es ihrem Sohn an Charakterstärke fehle. In der Familie wie im Ministerrat herrschte die einhellige Überzeugung, dass Nikolaus stets die Partei desjenigen ergriff, dessen Bericht er jeweils zuletzt gehört hatte. Die Meinung dieses Beraters wurde dann zum offiziellen Standpunkt des Kaisers.

Von seiner Veranlagung her wäre Nikolaus am liebsten in einem geruhsamen Familienleben aufgegangen. Der britische Premier David Lloyd George bemerkte einmal, Nikolaus hätte keinerlei Anlass zu Kritik gegeben, wäre als wunderbarer Mensch anerkannt worden und hätte ein langes und glückliches Leben genossen, wäre er nur nicht zum Kaiser geboren worden.

Nikolaus war erst sechzehn, als er 1884 der jungen Prinzessin Alice von Hessen-Darmstadt zum ersten Mal begegnete. Diese war nach Russland gekommen, um der Vermählung ihrer älteren Schwester Ella mit Großfürst Sergej Alexandrowitsch, einem Bruder Alexanders III., beizuwohnen. Nikolaus fasste sofort Zuneigung zu der Zwölfjährigen, und als sie 1889 zum zweiten Mal nach Russland kam, verliebten sich die beiden ineinander.

Fünf Jahre lang mussten sie diverse Widerstände überwinden, bis sie schließlich ein gemeinsames Leben führen konnten. Nikolaus liebte Alice (die er als Alix kennen gelernt hatte) inbrünstig, und sie erwiderte seine Gefühle. Was also stand ihren Heiratsplänen im Weg? An erster Stelle die Religion. Alice war eine überzeugte Protestantin und konnte es nicht über sich bringen, ihre Konfession aufzugeben; andererseits wurde von der Gemahlin des russischen Thronfolgers erwartet, dass sie sich zur offiziellen Orthodoxie bekannte.

Dieser Konflikt hätte zu einem unüberbrückbaren Hindernis werden können, wäre nicht Ellas Beharrlichkeit gewesen: Sie tat alles, was in ihrer Macht stand, um die Liebesheirat zustande zu bringen. Dass sie selber nach acht Jahren Ehe zur orthodoxen Kirche übergetreten war, gab Alice ein ausschlaggebendes Argument an die Hand.

In den fünf langen Jahren seines Kampfes um Alice' Hand erlag Nikolaus zweimal den Reizen anderer Frauen. Zuerst hatte er eine flüchtige Affäre mit der russischen Fürstin Olga Dolgorukaja, dann folgte eine stürmische Romanze mit der Ballerina

Matilda Kschessinskaja. Allerdings waren sich beide vollkommen im Klaren darüber, dass ihre Beziehung keine Zukunft hatte. In dem Augenblick, da Nikolaus ahnte, dass Alice zum orthodoxen Glauben übertreten würde, beendete er auch sein Verhältnis mit der Kschessinskaja.

Im April 1894 verlobten sich Nikolaus und Alice in Coburg. Der Frühling und der Sommer dieses Jahres waren das reinste Glück für die beiden, denn sie planten ihr zukünftiges Familienleben. Alice sollte im Herbst nach Russland reisen, um Nikolaus zu heiraten.

Sie kam auch, doch der Anlass war ein anderer, nämlich das Begräbnis ihres künftigen Schwiegervaters. Alexander III. war in Livadia auf der Krim gestorben, und dort wurde Alice wenige Tage nach ihrer Ankunft in die orthodoxe Kirche aufgenommen und legte sich den Namen Alexandra Fjodorowna zu. Die Trauung fand kurz nach dem Begräbnis, am Geburtstag von Kaiserinwitwe Marie Fjodorowna, in St. Petersburg statt, wodurch die Regeln der Hoftrauer ein wenig durchbrochen werden konnten.

Die Öffentlichkeit kritisierte die Neuvermählten wegen dieser ungebührlichen Eile, doch Nikolaus' Wunsch, mit Alexandra vereint zu sein, war so stark, dass er sich über alle Konventionen hinwegsetzte. Ihre Vermählung fand in einem eher bescheidenen Rahmen statt. Es gab keine Hochzeitsfotos, sodass wir nicht einmal wissen, wie sie an jenem Tage ausgesehen haben. So begann, trotz aller Trauer, ein wahrhaft glückliches Familienleben.

Ihre ersten Ehejahre waren fraglos die glücklichsten ihres Lebens. Überschattet wurden sie nur durch die Tatsache, dass es keinen Thronfolger gab. Mit enttäuschender Regelmäßigkeit brachte Alexandra eine Tochter nach der anderen zur Welt – 1895 Olga, 1897 Tatjana, 1899 Maria und 1901 Anastasia. Für Nikolaus und seine stolze Gemahlin war dies eine schreckliche Belastung – schließlich wird ja von jeder Frau, die zugleich Monarchin ist, erwartet, dass sie einen Thronfolger hervorbringt.

Schließlich wurde Alexandra so neurotisch, dass sie 1902 eine Scheinschwangerschaft hatte. Sie war nicht nur selbst der festen Ansicht, dass es sich um eine echte handelte, sondern überzeugte auch alle anderen davon. Das Hofministerium fasste bereits entsprechende Kommunikees ab, bei denen lediglich noch der Name des Kindes eingesetzt zu werden brauchte. Genährt wurde die Selbsttäuschung der Kaiserin noch dadurch, dass sie es ablehnte, sich von irgendeinem Arzt untersuchen zu lassen. Diese Einstellung gegenüber der Medizin wäre noch einer gesonderten Studie wert: Die Kaiserin neigte dazu, Ärzten zu misstrauen, und ließ sich nur von ihnen behandeln, wenn deren Diagnosen bezüglich des Krankheitsbildes mit ihren eigenen Ansichten übereinstimmten. Dies hing bis zu einem gewissen Grade mit ihrer zunehmenden Hinwendung zur Mystik und einem spezifisch russischen Phänomen zusammen: den *jurodiwi* (heilige Narren). Diese heruntergekommenen, barfüßigen, schäbig gekleideten und häufig unzurechnungsfähigen Männer mit ihren wirren Prophezeiungen tauchten immer öfter bei Hofe auf.

Offenbar steigerte sich Alexandra zunehmend in den Wahn hinein, nur ein Wunder könne ihr jetzt noch helfen, einen Sohn zu gebären. Dies ist jedenfalls die einzige Erklärung für das Phänomen eines gewissen Philippe, eines Metzgers aus Lyon, der in Frankreich wegen unerlaubter Ausübung des Arztberufs verfolgt wurde. In Russland stieg er sehr rasch in den engsten Kreis des Zaren auf und genoss schon bald das uneingeschränkte Vertrauen der Kaiserin, nachdem er ihr erfolgreich eingeredet hatte, er wäre in der Lage, das Geschlecht eines Kindes im Schoß der Mutter zu verändern. Alexandra glaubte bedingungslos an Philippes magische Kräfte. Stets trug sie ein Geschenk von ihm bei sich, eine Ikone mit Glöckchen, die – so hatte ihr der Scharlatan weisgemacht – läuten würden, sobald eine böse Macht im Anzug wäre.

Alexandras Beeinflussbarkeit durch Ganoven und *jurodiwi* hatte unmittelbar zu tun mit einer aufrichtigen, tiefen Religiosität. Es lässt sich nur schwer sagen, inwieweit ihre Überzeugungen den Glaubensregeln der Orthodoxie entsprachen, doch zumindest nach außen hin hielt sie sich strikt an alle formalen Traditionen der russischen Staatskirche. Ihr Wunsch nach einem Thronfolger war so stark, dass sie unablässig um ein Wunder betete. Und schließlich sollte ihr sehnlichstes Verlangen in Erfüllung gehen.

1903 wurde Serafim Sarowskij von der orthodoxen Kirche kanonisiert. Dies geschah angeblich auf Druck von Nikolaus, der damit einer Empfehlung Philippes folgte. Es kursierten allerlei Gerüchte über die wundertätige Wirkung der Quelle bei dem Kloster, in dem Serafim gelebt hatte und gestorben war: Wer immer darin badete, würde von Leiden genesen und seine Wünsche würden in Erfüllung gehen. Alexandra und Nikolaus unternahmen eine Wallfahrt zum Wohnsitz des Heiligen in Sarow und badeten hier in der Quelle. Ein Jahr später, am 30. Juli 1904, wurde der langersehnte Sohn geboren und auf den Namen Alexej getauft.

Die Niederkunft verlief problemlos, doch schon bald begann der Säugling aus dem Nabel zu bluten. Dies war das erste – allerdings nicht sofort erkannte – Symptom für eine schreckliche, unheilbare Krankheit: Hämophilie. Bereits in mehreren Fällen hatten weibliche Nachkommen Königin Victorias diese Erberkrankung mit ihren ausschließlich für Männer tödlichen Risiken übertragen. Alexandra war erst ein Jahr alt, als ihr Bruder Friedrich der Hämophilie erlag; sie war elf, als ihr Onkel Prinz Leopold, ein Sohn von Königin Victoria, starb. Und 1904 war auch ihr Neffe Heinrich, der vierjährige Sohn ihrer Schwester Irène von Preußen, gestorben. Wir wissen nicht genau, zu welchem Zeitpunkt Nikolaus und Alexandra sich der schrecklichen Krankheit ihres Sohnes bewusst wurden, vermutlich aber relativ früh, da sich ein ganz eindeutiges Symptom für die Krankheit zeigte, das niemand ignorieren konnte – die mangelnde Gerinnungsfähigkeit des Blutes. Jede stärkere Quetschung – von Schnittwunden ganz zu schweigen – führte zu inneren Blutungen und zur Bildung eines Hämatoms, das nur schwer verheilte und keinerlei Zweifel an der Ursache zuließ.

Indes gibt es keinen Grund zu der Annahme, jeder Bluter wäre zwangsläufig zu einem frühen Tod verurteilt gewesen. Auch Prinz Waldemar, ein weiterer Sohn Irènes von Preußen, fiel der Krankheit zum Opfer, doch starb er erst 1945 im Alter von sechsundfünfzig Jahren. Korrekterweise müsste man also sagen, dass Alexej zwar nicht von vornherein eine niedrige Lebenserwartung hatte, aber doch ständig vom Tod bedroht war. Er hätte ohne weiteres zehn, zwanzig, dreißig Jahre leben, aber genauso gut bereits als Kind sterben können. Welche Qualen das für Nikolaus und Alexandra bedeutete, bedarf keiner weiteren Ausführung. Eine Zeit lang brachten sie es nicht einmal über sich, irgendjemandem ihren Kummer anzuvertrauen. Aus den Tagebuchaufzeichnungen Xenias, der Schwester des Zaren, geht hervor, dass Alexandra ihr erst 1912 von der schrecklichen Krankheit ihres Sohnes erzählte, und damals war dieser bereits acht Jahre alt.

Ein Unglück kommt bekanntlich selten allein. Im selben Jahr, als Alexej geboren wurde, begann auch der Krieg gegen Japan; er endete mit jener verheerenden Niederlage der russischen Armee, die sich aus heutiger Sicht eindeutig als Auftakt zur Februarrevolution darstellt.

Am 9. Januar 1905 eröffneten Soldaten das Feuer auf eine friedliche Menge von Demonstranten, die zum Winterpalais zogen, um den Zaren in einer Petiton zu bitten, die Lebensbedingungen der einfachen Leute zu verbessern. Dieser Tag ist in die Geschichte als »Blutsonntag« eingegangen. Zu diesem Zeitpunkt befand sich Nikolaus gar nicht in St. Petersburg, sondern in Zarskoje Selo, und der Schießbefehl wurde von seinem Onkel, Großfürst Wladimir Alexandrowitsch, gegeben, doch die Öffentlichkeit machte eindeutig den Zaren für das Blutbad verantwortlich, das im ganzen Land heftige Proteste auslöste. Im Februar 1905 fiel Großfürst Sergej Alexandrowitsch, ebenfalls ein Onkel des Zaren, einem Attentat zum Opfer, und es kursierten Gerüchte, dass Terroristen auch die Ermordung Wladimir Alexandrowitschs vorbereiteten. Aufgeschreckt durch diese revolutionären Ereignisse zog sich die Zarenfamilie nach Zarskoje Selo zurück und zeigte sich über ein Jahr nicht mehr in der Öffentlichkeit.

Unterdessen weitete sich die revolutionäre Bewegung aus. In dem Maße, wie Arbeiterstreiks und Bauernrevolten zunahmen, wurden auch Forderungen nach dem Sturz des Zarenregimes und der Errichtung einer demokratischen Republik immer lauter.

Nikolaus sah sich zu Konzessionen gezwungen: In seinem Manifest vom 17. Oktober 1905 sicherte er Rede-, Versammlungs- und Religionsfreiheit zu und versprach Wahlen zu einer gesetzgebenden, beratenden Duma – ein Parlament russischen Stils. Ein Dokument zu unterzeichnen, das derlei politische Veränderungen gewährte, war Nikolaus nicht leicht gefallen, und er hatte es auch nur unter dem massiven Druck von Großfürst Nikolaj Nikolajewitsch getan. Doch in seinem tiefsten Innern war Nikolaus nie in der Lage, die Notwendigkeit eines Bruchs mit der jahrhundertealten Tradition der Autokratie in Russland wirklich zu akzeptieren – und Alexandra noch weniger. Selbst nachdem er 1906 die erste Sitzungsperiode der Duma eröffnet hatte, sah er sich selbst noch immer als »Herrn des russischen Landes« – so die von ihm selbst gewählte Berufsbezeichnung bei der ersten gesamtrussischen Volkszählung von 1897.

Die Revolution von 1905 bis 1907 fand ein Ende, auch die Bauernaufstände hörten auf. Unter der straffen Führung von Ministerpräsident Stolypin schienen im Land Ruhe und Frieden einzukehren. Die von Stolypin eingeleiteten Agrarreformen gaben den Bauern die Möglichkeit, ihr eigenes Stück Land zu erwerben, sodass allmählich eine Klasse kleiner und mittlerer Landbesitzer entstand. Um die Spannungen im Zentrum des Landes abzubauen, förderte die Regierung die Umsiedlung von Bauern nach Sibirien. Die Industrie erlebte einen Aufschwung. Nichts deutete auf die bevorstehenden Katastrophen hin. Nach all den Unruhen konnte die Kaiserliche Familie endlich wieder zu dem geruhsamen Leben der alten Tage zurückkehren.

Doch der Schein trog. Das Leben der Familie wurde nicht nur durch den Tod der Zarenonkel Alexej und Wladimir und die Skandal erregende morganatische Ehe seines Bruders Michail in Mitleidenschaft gezogen, sondern vor allem auch durch die unheilbare Erbkrankheit des Thronfolgers. Mehrmals war er dem Tode nahe, wobei der Entschluss, seine Krankheit geheim zu halten, die Situation nur noch schlimmer machte.

Auch der Friede im Lande war eine Täuschung. Starke revolutionäre Kräfte arbeiteten unablässig im Untergrund, und weder die Geheimpolizei noch staatliche Repression vermochten ihre Tätigkeiten zu unterbinden.

Am 1. September 1911 wurde Stolypin in Kiew vor den Augen des Zaren von dem Studenten Bogrow tödlich verletzt. Zwar blieb der von den Terroristen erwartete Ausbruch neuer revolutionärer Aktivitäten aus, doch allein der Vorfall war eine drohende Warnung, dass die Dinge nicht zum Besten standen.

In den letzten zehn Jahren ihres Lebens waren der Zar und seine Familie zunehmend isoliert. Der Kreis ihrer engen Freunde wurde immer kleiner; allerdings tauchten damals zwei Personen in ihrer Umgebung auf, die für das Schicksal der Romanows eine verhängnisvolle Rolle spielen sollten: Anja Wyrubowa und Grigorij Rasputin.

Erstere war die Tochter von A. S. Tanejew, Direktor der kaiserlichen Kanzlei in zweiter Generation. Anja Tanejewa, engstirnig, hausbacken, dick und unbeholfen – einer ihrer Spitznamen war »die Kuh« – führte eine unglückliche Ehe mit Marineleutnant Wyrubow. Während sie sich um eine Scheidung bemühte, freundete sie sich mit der Kaiserin an, die sie aktiv unterstützte. Im Lauf der Zeit wurde die Wyrubowa zur intimsten – und tatsächlich zur einzigen – Freundin der Kaiserin, die schrecklich schüchtern war und sich im Umgang mit anderen immer schwer tat. Die Wyrubowa vergötterte sowohl den Kaiser als auch die Kaiserin und war ihnen bedingungslos ergeben.

Durch Vermittlung von Großfürstin Militsa, Gemahlin des Großfürsten Pjotr Nikolajewitsch, kam im Herbst 1906 ein halbgebildeter sibirischer *mujik* namens Grigorij Rasputin an den Hof. Mit allen Mitteln, die ihr zu Gebote standen, sorgte die Wyrubowa dafür, dass Nikolaus und Alexandra den neuen *starets* (heiliger Mann) bis an ihr Lebensende als einen Heiligen verehrten. Sein Name wurde zum Synonym für den Niedergang des russischen Staates und die Entartung der russischen Gesellschaft zu Beginn des 20. Jahrhunderts. *Rasputinschina* war ein Symbol des Untergangs der Dynastie Romanow. Die Polizeiberichte aus den Archiven wie auch Aussagen von Rasputins Zeitgenossen und Augenzeugenberichte über seine Orgien lassen keinen Zweifel an der wirklichen Lebensweise des »heiligen *starets*«, als der er der Familie des Zaren galt. Zu seinen »Heldentaten« gehörten nächtliche Ausschweifungen, Bordellbesuche, Bestechung und die Beförderung von Menschen, die ihm ergeben waren, in höchste Staatsämter. Angeblich gehörte er der Sekte der Chlysten an, deren Messen in kollektiven Sexorgien zu enden pflegten. Und doch wurde er zum Vertrauten der Zarenfamilie – »Unser Freund«, wie er in den Briefen der Romanows meist genannt wurde – und übte als solcher entscheidenden Einfluss auf die Geschicke des Reiches aus.

Wie lässt es sich erklären, dass ein ungebildeter Libertin ein derart vertrauliches Verhältnis zu dem zutiefst religiösen Herrscherpaar unterhalten konnte? Als Begründung wird zumeist auf Rasputins Fähigkeit verwiesen, die Blutungen des Thronfolgers zu stillen. Dass es zwischen der Kaiserin und Rasputin ein sexuelles Verhältnis gegeben haben soll, schließen wir kategorisch aus, da sich keinerlei Anhaltspunkte für eine solche Vermutung finden lassen. Fraglos besaß Rasputin bemerkenswerte hypnotische Kräfte und war höchstwahrscheinlich imstande, Alexejs Schmerzen zu lindern. In seinem Buch *Nicholas and Alexandra* [dt. *Die Romanows. Das letzte Kapitel*, Berlin 1995] beschreibt Robert Massie einen Mechanismus, durch den die moderne Medizin erklären kann, wie Blutungen unter Hypnose aufhören. Wir können davon ausgehen, dass die Fähigkeit, Alexejs Leiden zu lindern, eine wichtige Rolle für den wachsenden Einfluss Rasputins spielte. Doch sie war nicht die Einzige.

Bedingt durch das Leben am Hofe waren Nikolaus und Alexandra von der Realität abgeschnitten und hatten kein wahres Bild vom russischen Bauern. In ihren Augen repräsentierte Rasputin jenen Ur-Russen, der für sie die eigentliche Rechtfertigung ihrer Herrschaft über das Reich war. Das Auftreten des imposanten, stets in Bauerntracht gekleideten *mujik*, der das Kaiserpaar duzte und es mit »Vater« und »Mutter« ansprach, musste auf Nikolaus und Alexandra zwangsläufig eine nachhaltige Wirkung haben. Für sie personifizierte Rasputin das russische Volk, wie es in ihrer Vorstellung existierte: von ausgeprägter Frömmigkeit, dem

Thron treu ergeben und Garant für das wirtschaftliche Wohlergehen Russlands. Die zutiefst religiöse und zur Mystik neigende Zarin glaubte mit wahrem Fanatismus an die Prophezeiungen des *starets*. Scharfsinnigen Beobachtern fiel schon sehr früh auf, dass Rasputin den Wünschen der Kaiserlichen Familie nie widersprach, sondern sie geschickt als seine eigenen Prophezeiungen ausgab.

In ihrer Blindgläubigkeit taten Nikolaus und Alexandra jedes kritische Wort über Rasputin als Verleumdung ab. Nie kamen sie auf den Gedanken, der Mann, mit dem sie sich da umgaben, könnte ein Betrüger und ein Lüstling sein. Fanatismus trübt dem Menschen die Vernunft, und genau das passierte leider auch mit Nikolaus und Alexandra. Wer immer es wagte, die Wahrheit über Rasputin auszusprechen, fiel in Ungnade – wie etwa S. I. Tjutschewa, die Gouvernante der Zarenkinder, und sogar Alexandras Schwester, Großfürstin Ella, die nie mehr Zutritt zum Hofe erhielt, nachdem sie 1916 versucht hatte, über den *starets* zu sprechen.

Tatsächlich spaltete Rasputin die Kaiserliche Familie: auf der einen Seite Nikolaus und Alexandra, auf der anderen der Rest der herrschenden Dynastie, angeführt von der Kaiserinwitwe Marie. Nachdem mehrere Versuche, Nikolaus zur Trennung von Rasputin zu bewegen, fehlgeschlagen waren, kam es schließlich zu jener Verschwörung, die mit dem gewaltsamen Tod des *starets* endete. Die beiden Protagonisten der Affäre waren Dimitri Pawlowitsch, der über alles geliebte Cousin des Kaisers, und Fürst Felix Jussupow, der Schwiegersohn von Nikolaus' Schwester Xenia. Mit der Ermordung Rasputins im Jahre 1916 wurde allgemein davon ausgegangen, dass die letzten Monate der Monarchie in Russland angebrochen waren.

Eine auffällige Koinzidenz muss in diesem Zusammenhang immerhin vermerkt werden. Um seine Position am Hofe zu stärken, redete Rasputin dem Kaiserpaar beständig ein, solange er selbst am Leben sei, werde auch ihr Sohn leben und die Dynastie fortbestehen; doch sein eigener Tod werde unweigerlich das Ende der Romanows nach sich ziehen. Mit dieser Prophezeiung sollte er tatsächlich Recht behalten.

Im letzten Jahrzehnt von Nikolaus' Herrschaft fanden noch einige großartige Jubiläumsfeierlichkeiten statt: 1909 die Festlichkeiten zur Erinnerung an die Schlacht bei Poltawa, in der Peter der Große die schwedischen Truppen Karls XII. geschlagen hatte, und 1912 das Zentenarium der Schlacht von Borodino, die trotz der Niederlage der russischen Armee und der Evakuierung Moskaus als der Beginn des Sieges über Napoleon angesehen wurde.

1913 wurde im ganzen Land das dreihundertste Thronjubiläum der Romanows mit großem Aufwand begangen. In Begleitung ihrer Kinder unternahmen Nikolaus und Alexandra eine ausgedehnte Tour durch das Reich; dazu gehörten auch eine Schiffsreise auf der Wolga und ein Besuch in Kostroma, von wo aus die Romanows seinerzeit ihre Herrschaft über Russland angetreten hatten.

Die ungeheuren Menschenmassen, die bei diesen Anlässen zusammenkamen, und die dabei bekundeten patriotischen Gefühlsaufwallungen verführten Nikolaus und Alexandra einmal mehr zu der Annahme, die einfache russische Bevölkerung befürworte die Autokratie aus tiefster Seele. Wie sehr sie sich darin getäuscht hatten, sollte erst 1917 offenkundig werden.

1914 verschlechterte sich die internationale Lage schlagartig.

An die Stelle der traditionell gepflegten Blutsbande zwischen dem russischen Hof, den deutschen Fürstentümern und Kaiser Wilhelm II. traten jetzt politische Erwägungen. Russland, das seit den Tagen Alexanders II. stets die Freundschaft mit den Franzosen favorisiert hatte, stand unversehens auf Seiten der Gegner Deutschlands und Österreich-Ungarns. Im August 1914 erklärten erst das Deutsche und dann das Habsburger Reich Russland den Krieg.

Die Familie des Zaren verhielt sich außerordentlich würdevoll. Die Kaiserin gründete in Zarskoje Selo ein Spital für Kriegsversehrte und finanzierte aus eigener Tasche mehrere Lazarettzüge. Sie und ihre Töchter machten nicht nur Krankenbesuche, sondern arbeiteten auch als einfache Schwestern.

Oberbefehlshaber der russischen Truppen war zunächst Großfürst Nikolaj Nikolajewitsch, doch im September 1915 traf der Kaiser, dem starken Druck seiner Frau nachgebend, die verhängnisvolle Entscheidung, selbst das Kommando über die Armee zu übernehmen. Sowohl der Duma-Vorsitzende M. W. Rodsjanko als auch seine eigenen Minister versuchten alles, um ihn von diesem Schritt abzuhalten, doch Nikolaus setzte sich über sie hinweg, denn er war überzeugt, als Autokrat und gesalbter Souverän müsse er auch in Krisenzeiten die Verantwortung tragen.

Er nahm seinen kleinen Sohn mit an die Front, obwohl ihm klar war, welche Risiken das für den Jungen bedeutete. In seinem Hauptquartier in Mogiljow verbrachte er viele schlaflose Nächte am Bett von Alexej. Als dieser im Dezember 1915 eine schwere Nasenblutung bekam, blieb seinem Vater nichts anderes übrig, als mit ihm nach Zarskoje Selo zurückzukehren. Eine Zeit lang schien die Situation ausweglos zu sein, doch schließlich klang die Krankheit wieder ab.

Nikolaus hätte einen guten Offizier abgeben können, doch zum Oberkommandierenden eignete er sich ganz offensichtlich nicht. 1915 musste die russische Armee entscheidende Niederlagen hinnehmen. Selbst die erfolgreiche Brussilow-Offensive vom Sommer 1916 brachte keinerlei strategische Vorteile, da der Zar sich immer wieder in militärische Angelegenheiten einmischte.

Versorgungslücken und steigende Preise führten dazu, dass die allgemeine Situation im Lande sich immer weiter zuspitzte. Selbst Rüstungsfabriken waren inzwischen von Streikwellen betroffen. Truppen, die zur Unterdrückung der Proteste entsandt wurden, erwiesen sich oft als unzuverlässig. Immer häufiger musste mit Fällen von Befehlsverweigerung gerechnet werden.

Es kursierten Gerüchte, die Niederlagen der russischen Armee seien durch Verrat an höchster Stelle verursacht worden. Gleichzeitig wuchsen die anti-deutschen Ressentiments. Plötzlich erinnerte man sich wieder daran, dass ja auch Alexandra deutscher

Abstammung war. Die unglaublichsten Gerüchte wurden in Umlauf gesetzt – etwa über die Installation eines geheimen Verbindungskabels zwischen Zarskoje Selo und Berlin, über das die Zarin mit dem Kaiser Geheimnisse auszutauschen pflegte.

Revolution lag in der Luft. Die Einzigen, denen das offenbar entging, waren der Zar und seine Familie. Wie anders wäre es zu erklären, dass sie von den Ereignissen des Februar 1917 völlig überrascht wurden?

Massenhafte Demonstrationen in St. Petersburg, Weigerung örtlicher Truppen, das Feuer auf Insurgenten zu eröffnen, politische Aktivitäten der Duma und Bildung des Provisorischen Exekutivkomitees des Arbeiterdeputiertenrats, Forderung nach Abdankung des Kaisers – diese und andere Ereignisse sollten den Lauf der russischen Geschichte grundlegend verändern.

Nikolaus reiste aus seinem Hauptquartier ab und versuchte, St. Petersburg zu erreichen, doch sein Zug wurde unterwegs von Truppen aufgehalten. Am 2. März wurde er gezwungen, das Manifest zu unterschreiben, in dem er seine eigene und seines Sohnes Abdankung zugunsten seines Bruders Michail erklärte. Einen Tag später verzichtete auch Michail auf den Thron, und damit war das Ende der Romanow-Dynastie besiegelt.

Mit der Bildung der provisorischen Regierung begann die letzte Phase im Leben von Nikolaus und seiner Familie. Am 9. März kehrte er aus Mogiljow nach Zarskoje Selo zurück, wo er endlich wieder mit Alexandra vereint war.

Zunächst hatte Nikolaus noch gehofft, seine Familie würde Russland verlassen und ins Exil nach England gehen können. Dieser Wunsch fand auch die Billigung der provisorischen Regierung, doch dann tauchte ein unerwartetes Hindernis auf: In England selbst war die Opposition gegen das geplante Exil so stark, dass sein Cousin, König George V., es für geraten hielt, von einer Asylgewährung Abstand zu nehmen. Die Verhandlungen zwischen der provisorischen Regierung und dem britischen Außenministerium scheiterten. Dennoch bemühte sich George V. über seinen Botschafter in Petrograd auch weiterhin um Nikolaus' Sicherheit.

Inzwischen hatte die allgemeine Feindseligkeit gegenüber der Regierung in der Hauptstadt einen neuen Höhepunkt erreicht. Zahlreiche Versammlungen endeten mit einem Aufruf, den »blutigen Schlächter« zu beseitigen. Der Petrograder Sowjet der Arbeiter- und Soldatendeputierten forderte immer wieder, Nikolaus und Alexandra sollte der Prozess gemacht werden. Um die spannungsgeladene Situation zu entschärfen, beschloss die provisorische Regierung, den ehemaligen Zaren und seine Familie nach Sibirien, ins ferne Tobolsk, zu deportieren.

In diesen neuen, tragischen Umständen, denen sie jetzt ausgesetzt waren, bewiesen Nikolaus, Alexandra und ihre Kinder bemerkenswerte Courage. Aus allen Briefen, Tagebuchaufzeichnungen und Erinnerungen derer, die während der letzten anderthalb Jahre ihres Lebens mit ihnen in Kontakt standen, geht dies ausnahmslos hervor.

Im Oktober 1917 wurde die provisorische Regierung gestürzt, und die politische Macht fiel in die Hände der Bolschewiki. Damit war der Ausgang des Dramas abzusehen. Das Land versank derweil in einen blutigen Bürgerkrieg.

Im Mai 1918 wurde die Familie nach Jekaterinburg im Ural verlegt. Im Hochsommer begannen antibolschewistische Truppen, die Rote Armee zurückzudrängen. Anfang Juli war auch Jekaterinburg von der Einnahme durch die Weißen bedroht.

Welche Umstände die Bolschewiki veranlassten, die Hinrichtung der Romanow-Familie zu beschließen, lässt sich auch heute noch immer nicht mit Sicherheit bestimmen. Wieso wurden sie ohne Prozess erschossen? Wer traf konkret die Entscheidung, die ganze Familie umzubringen? Lenin? Swerdlow? Örtliche Bolschewiki? Warum wurden auch Dr. Botkin und die Bediensteten erschossen?

Doch bedarf es tatsächlich einer Antwort? Wir kennen die Details des Gemetzels. Nachdem im Sommer 1991 in der Nähe von Jekaterinburg die Stelle entdeckt wurde, an der man die Überreste von Nikolaus, Alexandra, den Kindern, Dr. Botkin und den Bediensteten verscharrt hatte, wissen wir heute auch definitiv, dass die gesamte Familie umkam und es keine Überlebenden gab.

Einen Monat später wurden noch weitere Mitglieder der Kaiserlichen Familie ermordet: Nikolaus' Bruder Michail in Perm, Alexandras Schwester Ella, Großfürst Sergej Michailowitsch, drei der Kinder von KR sowie Fürst Paley in Alapajewsk.

Nikolaus' Mutter, Kaiserinwitwe Marie, konnte fliehen. Zusammen mit ihrer Tochter Xenia und deren Mann Sandro, ihrer Enkelin Irina und deren Mann Felix Jussupow, der Familie von Großfürst Nikolaj Nikolajewitsch sowie weiteren Verwandten wurde sie im Frühjahr 1919 auf dem britischen Kreuzer *Marlborough* von der Krim evakuiert. Kaiserinwitwe Marie verbrachte ihre letzten Lebensjahre in Dänemark, wo sie 1928 starb. Eine Ära war zu Ende gegangen.

Sergei Mironenko

Danksagung

Unser allererster Dank gilt unserem Herausgeber und Lektor Ion Trewin für seine Ideen, sein Engagement, seine Klugheit und Geduld. Außerdem möchten wir unserem Agenten Mark Lucas von Peters, Fraser & Dunlop danken, der dieses Projekt überhaupt erst ermöglicht hat.

Unendlichen Dank schulden wir Sarah Zhitomirzskaya, deren einmalige Kompetenz und Erfahrung im Umgang mit Dokumenten von unschätzbarem Wert für uns waren. Dank schulden wir auch Olga Barkovets, deren Kenntnisse über die späten Romanows uns entscheidend geholfen haben.

Fürstin Anne Trubetskoy danken wir für die unermüdliche Begeisterung, mit der sie sich nächtelang mit den Briefen der Zarin Alexandra beschäftigt hat. Yanni Petsopoulos und John Stuart sind wir zutiefst dankbar für ihre Hilfe und ihren freundschaftlichen Rat; desgleichen Philippe Solar und dem Mayfair Intercontinental Hotel für die Unterbringung.

Ohne die unschätzbare Hilfe der Mitarbeiter des Staatsarchivs der Russischen Föderation wäre dieses Buch nicht zustande gekommen. Unser besonderer Dank gilt hier folgenden Personen: Yevgeny Lunacharsky, Galina Kuznetsowa, Olga Edelman, Vladimir Khrustalev, Zinaida Peregudova, Lubov Tutunik, Vera Khitrova, Sergei Samokhvalov und Elena Kitlova.

Für die Bebilderung danken wir folgenden Personen und Museen in Russland: Mikhail Piotrovsky, Georgy Vilinbakhov, Augusta Pobedinskaya und Galina Mirolubova von der Eremitage; Vladimir Gusev, Grigiory Goldovsky und Svetlana Janchenko vom Russischen Museum; Alexei Guzanov vom Museum in Pawlowsk; Vladimir Galitsky vom Kunstmuseum in Pskow; Valentina Loginova vom Puschkinsky Dom. Unser Dank gilt außerdem Alexander Margolis von der Stiftung zur Wiederbelebung St. Petersburgs und Svetlana Khval vom Verlag Slavia Interbook.

Zu danken haben wir folgenden Personen und Institutionen, die uns Einsicht in einmalige Dokumente gewährt oder mit besonderen Informationen versorgt haben: Fürst Hans-Adam II. von Lichtenstein, Kyrill Zinoviev, Sonia Goodman, Xenia Sfiri, Fürst Rostislav Romanov, Yuri Kovalenko, Anton Kozlov, der in New York erscheinenden russischen Tageszeitung *Novoe Russkoe Slovo.*

Für ihre Freundschaft, Hilfe und moralische Unterstützung danken wir Andreas Palffy, Charlotte Petsopoulos, Nancy Mitchell, Silvia Rella, Vladimir Soloviev, Alyona Mileeva und Vladimir Boutslov, unseren besonderen Dank verdient Gordon von Abben.

Schließlich möchten wir den Mitarbeitern von Weidenfeld & Nicolson danken, insbesondere Cassia Joll, Elizabeth Blumer, Coralie Hepburn, Lesley Baxter und Richard Hussey sowie Douglas Matthews für sein Register.

Quellen

Folgende der in diesem Band verwendeten Dokumente befinden sich im Staatsarchiv der Russischen Föderation: die Tagebücher von Nikolaus II. und Alexandra, diejenigen von Nikolaus' Schwester Xenia sowie von Großfürst Konstantin Konstantinowitsch; die Korrespondenz von Nikolaus und Alexandra untereinander sowie ihre Briefe an ihre Kinder und Angehörigen, die Korrespondenz der Großfürsten und ihrer Familien sowie die offiziellen Schriftstücke der provisorischen Regierung und der obersten Sowjet-Organe, die über das Schicksal der Romanows nach der Revolution von 1917 entschieden.

Die Gefängnisbriefe Iwan Kaljajews aus dem Jahre 1905, die in dem unveröffentlichten Manuskript von Boris Sawinkow enthalten sind, wie auch die Memoiren des Adjutanten A. A. Mordwinow werden ebenfalls im Staatsarchiv der Russischen Föderation aufbewahrt.

Die Herausgeber haben außerdem die Briefe von Nikolaus' Schwester Xenia an die Fürstin Obolenskij verwendet, die sich in der Manuskriptensammlung des Staatlichen Museums für Geschichte in Moskau befinden. Darüber hinaus besitzt das Staatsarchiv auch die Originale einiger zitierter Briefe von Königin Victoria, König George V. und Kaiser Wilhelm II. Einige Briefe von Angehörigen der Kaiserlichen Familie an ihre englischen Verwandten befinden sich im Königlichen Archiv in Windsor.

Die Herausgeber und Verleger danken Ihrer Majestät Königin Elisabeth II. für die gütige Erlaubnis, aus Briefen von Königin Victoria, König George V., Lord Stamfordham und A. J. Balfour zitieren zu dürfen.

Trotz intensiver Bemühungen war es nicht in allen Fällen möglich, Rechteinhaber von Werken, die in dem Buch zitiert werden, ausfindig zu machen. Die Herausgeber und Verleger entschuldigen sich für etwaige Unannehmlichkeiten, die dadurch entstehen könnten, und werden selbstverständlich dafür Sorge tragen, dass alle künftigen Auflagen mit entsprechenden Hinweisen versehen werden.

Die Herausgeber haben die folgenden Bücher zu Rate gezogen und Material aus ihnen verwendet:

Grand Duke Alexander, *Once a Grand Duke,* London (Cassell) und Garden City, New York (Doubleday) 1932 [dtsch.: Alexander von Russland, *Einst war ich ein Großfürst,* Leipzig (Paul List) 1932]

Paul Benckendorff, *Last Days at Tsarskoie Selo,* London (Heinemann) 1927

Lily Dehn, *The Real Tsaritsa,* London (Thornton, Butterworth) 1922

Pierre Gilliard, *Thirteen Years at the Russian Court,* London (Hutchinson) und New York (Doran) 1921

Grand Duchess Marie of Russia, *Things I Remember,* London (Cassell) 1930 [dtsch.: Großfürstin Maria von Russland, *Leben und Leiden einer Prinzessin. Ein Frauenschicksal aus bewegter Zeit,* Dresden (Carl Reißner) 1933]
Maurice Paléologue, *An Ambassador's Memoirs,* 3 Bde., London (Hutchinson) und New York (Doran) 1923-25 [dtsch.: *Am Zarenhof während des Weltkriegs. Tagebücher und Betrachtungen des französischen Botschafters in Petersburg,* München (Bruckmann) 1925]
V. Poliakoff, *The Tragic Bride. The Story of the Empress Alexandra of Russia,* London und New York (Appleton) o. J. [dtsch.: *Die Tragödie einer Kaiserin. Lebensgeschichte der Zarin Alexandra von Russland,* München (Bruckmann) 1928]
W. M. Purischkewitsch, *Dnevnik,* Moskau 1990 (Neuauflage)
W. W. Schulgin, *Dni,* Moskau 1920 (Neuauflage 1990)
Ian Vorres, *The Last Grand Duchess,* London (Hutchinson) 1964 und New York (Scribner) 1965
Anna Vyrubova, *Memorys of the Russian Court,* New York (Macmillan) 1923
Felix Yusupov, *Lost Splendour,* London (Cape) 1953
Felix Yusupov, *Rasputin,* New York (Dial) 1927; *La Fin de Raspoutine,* Paris 1927

Register

Rinderfiletstreifen mit Gurkenstückchen in Sahne: Das von einem Familienkoch erfundene Bœuf Stroganoff machte ihren Namen weltberühmt. Aber die Familie der Grafen Stroganoff war weit mehr als nur Namensvetter eines delikaten Schmorgerichts: Unter den russischen Adelsgeschlechtern, die als Entdecker, Kaufleute, Mäzene, Politiker, Diplomaten und Krieger eine bedeutende Rolle bei der Entwicklung des Landes spielten, nimmt sie einen hervorragenden Platz ein.
Tatiana Metternich hat die Geschichte der Stroganoffs über eine Zeitspanne von mehr als 500 Jahren rekonstruiert und beschreibt kriegerische Verwicklungen und Familientragödien ebenso anschaulich wie Festlichkeiten, Schlittenfahrten, Schiffsreisen und Zarenbesuche.

Mit zahlreichen Abbildungen

ISBN 3-404-64140-X

BASTEI LÜBBE

BASTEI
LÜBBE

Über dieses Buch:

Die Liebe des letzten russischen Zaren Nikolaus II. und seiner deutschen Frau Alexandra wird hier von ihren Anfängen in den 1880er Jahren bis zu ihrem tragischen Ende im Juli 1918 anhand von Briefen und Tagebuchaufzeichnungen des Zarenpaares und der Menschen in ihrer Umgebung nachgezeichnet – ein einzigartiges Projekt, denn Nikolaus und Alexandra schrieben sich während der 24 Jahre ihrer Ehe fast täglich, und die Aufzeichnungen von Diplomaten und Mitgliedern der kaiserlichen Familie tun ein Übriges, das Bild zu vervollständigen.

Trotz seines durchweg dokumentarischen Inhalts nimmt das Buch den Charakter eines Romans an. Die tragische Liebesgeschichte des letzten Zarenpaares spielt sich vor dem Hintergrund eines dem Untergang geweihten Weltreiches ab, das sich in den Wirren der russischen Revolution selbst zerstört. Und im Angesicht der großen Weltgeschichte verdichten sich die vielen kleinen Geschichten von Liebe und Betrug, Freundschaft und Verrat, Intrige und Mord zu einer spannenden und mitreißenden Lektüre.

Über die Autoren:

Andrei Maylunas wurde in der Sowjetunion geboren und lebt heute als Historiker und Autor in der Schweiz.

Sergei Mironenko ist Historiker und Direktor des Staatsarchivs der Russischen Föderation. Er hat zahlreiche Bücher über russische Geschichte veröffentlicht und lebt in Moskau.

ANDREI MAYLUNAS
SERGEI MIRONENKO

EINE LIEBE FÜR DIE EWIGKEIT

Nikolaus & Alexandra

DAS LETZTE ZARENPAAR

1. BAND

INS DEUTSCHE ÜBERTRAGEN VON
ULRIKE STRERATH-BOLZ UND MATTHIAS WOLF

BASTEI
LÜBBE

BASTEI LÜBBE TASCHENBUCH
Band 61479

1. Auflage: Dezember 2001

Vollständige Taschenbuchausgabe

Bastei Lübbe Taschenbücher ist ein Imprint
der Verlagsgruppe Lübbe
Titel der englischen Originalausgabe:
A Lifelong Passion. Nicholas and Alexandra – Their Own Story
Originalverlag: Weidenfeld & Nicolson, London

Lizenzausgabe: Verlagsgruppe Lübbe GmbH & Co. KG, Bergisch Gladbach
Titelbild: Preußischer Kulturbesitz, Berlin
Einbandgestaltung: Tanja Østlyngen
Satz: Textverarbeitung Garbe, Köln
Druck und Verarbeitung: Elsnerdruck, Berlin
Printed in Germany
ISBN 3-404-61479-8

Sie finden uns im Internet unter
http://www.luebbe.de

Der Preis dieses Bandes versteht sich einschließlich
der gesetzlichen Mehrwertsteuer.

Für Bee, meine Großmutter,
und Clarisse, meine Frau – A.M.

Für meine Frau Masha – S.M.

Der Großteil des Archivmaterials, das in diesem Buch Verwendung findet, war nach der Revolution von 1917 für viele Jahrzehnte unzugänglich. Sorgfältig wurde es vor den Blicken der Öffentlichkeit in Archivbehältern versteckt. Aber entgegen einer weitverbreiteten Auffassung wurde nichts zerstört. Und deshalb können wir nun die authentischen Tagebücher von Nikolaus II., Alexandra, Xenia, KR und den kaiserlichen Kindern lesen und die bisweilen recht schmucklosen Briefe zwischen den Mitgliedern der Zarenfamilie genießen, die doch voller Niveau und Gefühl sind.

Ermöglicht haben dies die demokratischen Reformen in Russland, die die Tore zu den Archiven weit aufgestoßen haben.

Sergei Mironenko

Inhalt
zum ersten Teil

Die Familien von Zar Nikolaus II. und seiner Frau Alexandra

Königin Victoria (Granny) 1819-1901 = Albert von Sachsen-Coburg 1819-61

Victoria (Vicky) 1840-1901 = Friedrich III. 1831-88
- Kaiser Wilhelm II. (Willy) 1859-1941

Alice 1843-78 = Ludwig von Hessen 1837-92

Alfred, Duke of Edinburgh 1844-1900 = Maria (Marie) 1853-1920

Beatrice 1857-1944 = Heinrich von Battenberg 1858-96

Leopold 1853-84

Edward VII. (Onkel Bertie) 1841-1910 = Alexandra von Dänemark (Tante Alix) 1844-1925
- George V. (Georgie) 1865-1936 = Mary (May) von Teck 1867-1953

König Christian IX. von Dänemark (Apapa) 1818-1906 = Louise von Hessen-Kassel (Amama) 1817-98

Frederik VIII. von Dänemark 1843-1912

Wilhelm (Georg I. von Griechenland, Onkel Willy) 1845-1913 = Olga 1851-1926
- Georg (Georgie) 1869-1957
- Alexandra 1870-91
- Nikolaus (Nicky) 1872-1938
- Andreas 1882-1944
- Christ (Christ 1888-

Da Zarin (M 1847-

Kinder von Alice und Ludwig von Hessen:
- Victoria von Hessen 1863-1950 = Ludwig von Battenberg (Marquess of Milford Haven) 1854-1921
  - Alice 1885-1969 = Andreas von Griechenland 1882-1944
    - Philip von Griechenland (Duke of Edinburgh) *1921 = Königin Elisabeth I. *1926 Enkelin von George V.
  - Ludwig (Earl Mountbatten of Burma) 1900-1979
- Elisabeth (Ella) 1864-1918 = Sergej 1857-1905
- Irène 1866-1953 = Heinrich von Preußen 1862-1929
  - Waldemar 1889-1945
  - Sigismund 1896-1978
  - Heinrich 1900-4
- Ernst (Ernie) 1868-1937 = Victoria Melita von Sachen-Coburg-Gotha (Ducky) 1876-1936
- Friedrich 1870-73
- Maria 1874-78
- **ALEXA** A 1872-

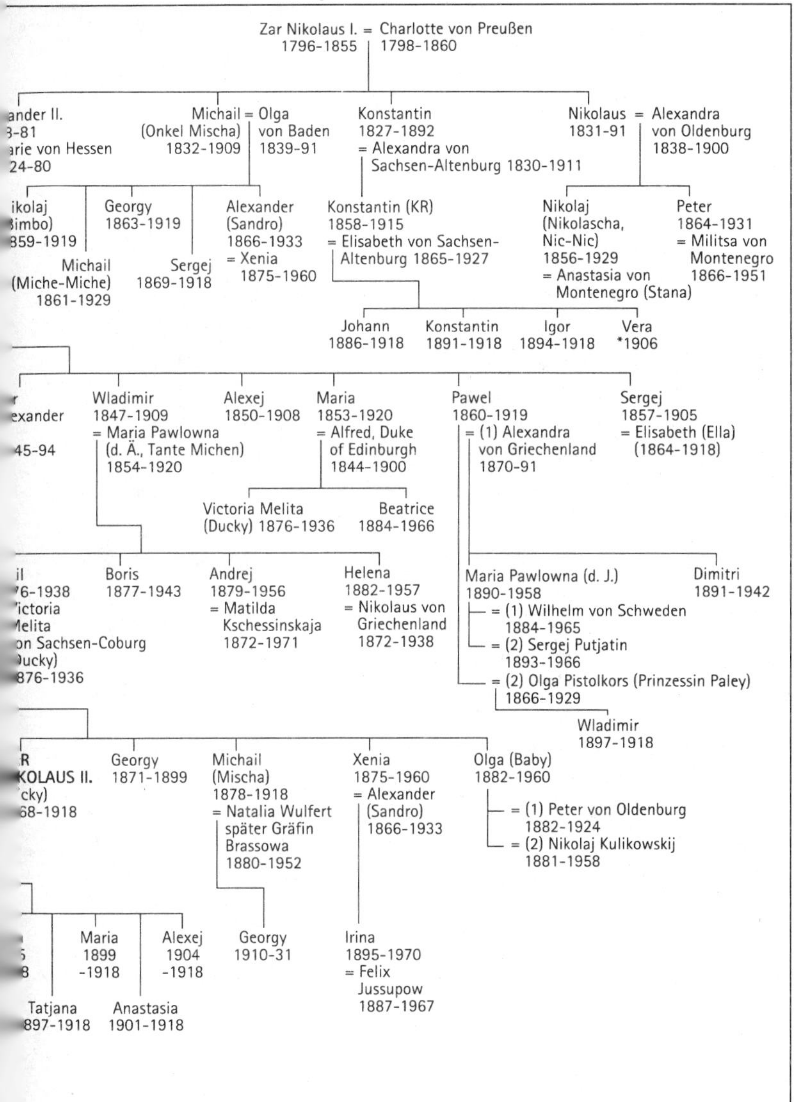
Zar Nikolaus I. = Charlotte von Preußen
1796-1855
1798-1860
ander II.
3-81
arie von Hessen
24-80
Michail = Olga
(Onkel Mischa)
1832-1909
von Baden
1839-91
Konstantin
1827-1892
= Alexandra von
Sachsen-Altenburg 1830-1911
Nikolaus = Alexandra
1831-91
von Oldenburg
1838-1900
ikolaj
Bimbo)
859-1919
Michail
(Miche-Miche)
1861-1929
Georgy
1863-1919
Sergej
1869-1918
Alexander
(Sandro)
1866-1933
= Xenia
1875-1960
Konstantin (KR)
1858-1915
= Elisabeth von Sachsen-
Altenburg 1865-1927
Nikolaj
(Nikolascha,
Nic-Nic)
1856-1929
= Anastasia von
Montenegro (Stana)
Peter
1864-1931
= Militsa von
Montenegro
1866-1951
Johann
1886-1918
Konstantin
1891-1918
Igor
1894-1918
Vera
*1906
exander
45-94
Wladimir
1847-1909
= Maria Pawlowna
(d. Ä., Tante Michen)
1854-1920
Alexej
1850-1908
Maria
1853-1920
= Alfred, Duke
of Edinburgh
1844-1900
Pawel
1860-1919
= (1) Alexandra
von Griechenland
1870-91
Sergej
1857-1905
= Elisabeth (Ella)
(1864-1918)
Victoria Melita
(Ducky) 1876-1936
Beatrice
1884-1966
il
76-1938
Victoria
Melita
on Sachsen-Coburg
Ducky)
876-1936
Boris
1877-1943
Andrej
1879-1956
= Matilda
Kschessinskaja
1872-1971
Helena
1882-1957
= Nikolaus von
Griechenland
1872-1938
Maria Pawlowna (d. J.)
1890-1958
= (1) Wilhelm von Schweden
1884-1965
= (2) Sergej Putjatin
1893-1966
Dimitri
1891-1942
= (2) Olga Pistolkors (Prinzessin Paley)
1866-1929
Wladimir
1897-1918
R
KOLAUS II.
cky)
68-1918
Georgy
1871-1899
Michail
(Mischa)
1878-1918
= Natalia Wulfert
später Gräfin
Brassowa
1880-1952
Xenia
1875-1960
= Alexander
(Sandro)
1866-1933
Olga (Baby)
1882-1960
= (1) Peter von Oldenburg
1882-1924
= (2) Nikolaj Kulikowskij
1881-1958
Maria
1899
-1918
Alexej
1904
-1918
Tatjana
897-1918
Anastasia
1901-1918
Georgy
1910-31
Irina
1895-1970
= Felix
Jussupow
1887-1967

DIE SCHLÖSSER
Finnischer Meerbusen
Kronstadt
St. Petersburg
Ladoga-See
Peterhof
Krasnoje Selo
Zarskoje Selo
Pawlowsk
Gatschina
Murmansk
Ostsee
Viborg
Helsinki
Finn. Meerbusen
St. Petersburg
Reval
Nowgor
Pskow
Balmoral
Nordsee
Riga
Kopenhagen
Archangelsko
Mogilew
Sandringham
Baranowitschi
Potsdam
Berlin
London
Windsor
Spala
Osborne
Coburg
Darmstadt
Kiew
Dnjepr
Paris
Odessa
Sebastopol
Konstanza
Livadia
Schwarze
Konstantinopel

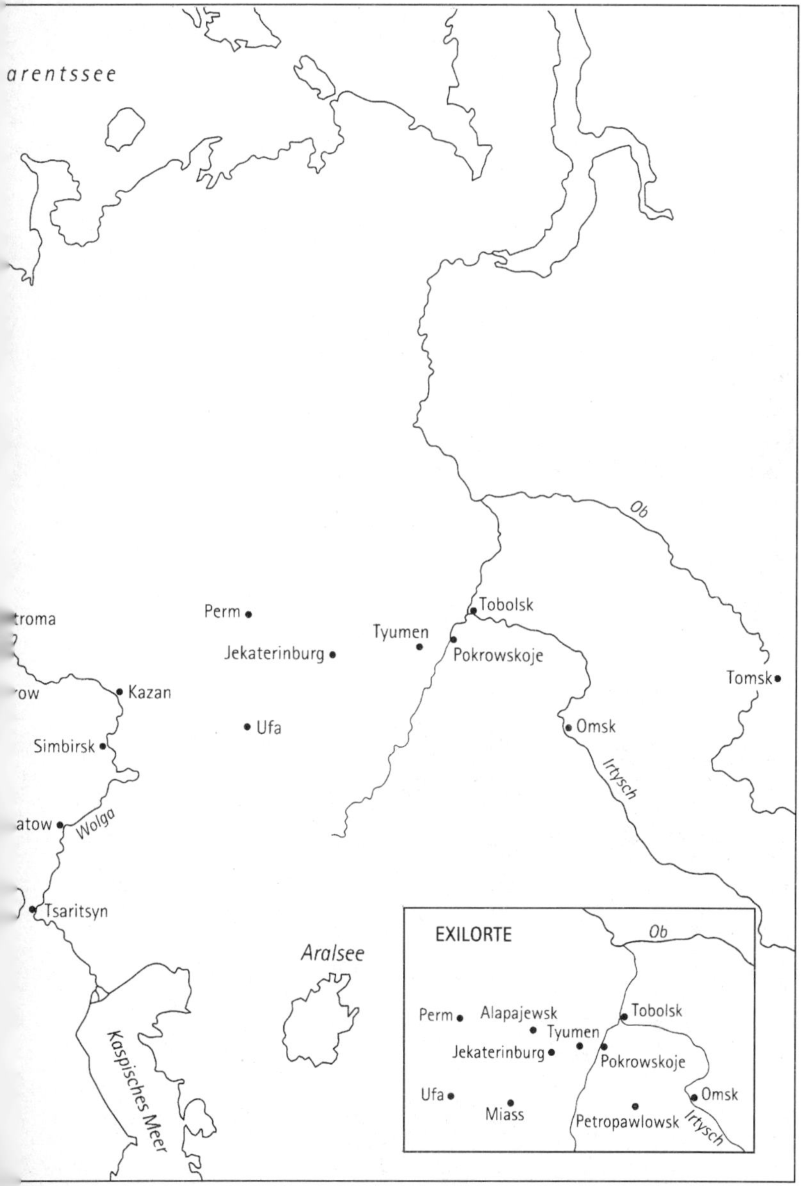

arentssee
troma
row
Kazan
Simbirsk
atow
Wolga
Tsaritsyn
Kaspisches Meer
Perm
Jekaterinburg
Ufa
Tyumen
Tobolsk
Pokrowskoje
Aralsee
Ob
Tomsk
Omsk
Irtysch
EXILORTE
Ob
Perm
Alapajewsk
Tobolsk
Tyumen
Jekaterinburg
Pokrowskoje
Ufa
Omsk
Miass
Petropawlowsk
Irtysch

Einführung

von Andrei Maylunas

Unsere Geschichte ist Folgende: Es war einmal ein charmanter junger Fürst, der Erbe eines großen, wohlhabenden Reiches, das ein Sechstel der Erde umspannte. Er verliebte sich in eine schöne, ferne Prinzessin, heiratete sie und wurde König. Sie liebten einander leidenschaftlich und hatten fünf Kinder miteinander. Und, so würde man erwarten, sie lebten glücklich bis an ihr seliges Ende. Aber sie konnten ihrem Schicksal nicht entrinnen. Sie waren zum Untergang verurteilt, ihr Geschlecht stand unter einem Fluch. Das Märchen verwandelte sich in eine Tragödie.

Dies ist die Geschichte einer Familie, die ganz besondere Geschichte einer ganz besonderen Familie. Die letzten Romanows, die Russland regieren sollten, gehören zu den bestdokumentierten historischen Gestalten überhaupt. Ihre Lebenszeit fiel zusammen mit dem Beginn des Medienzeitalters, und da sie ein Sechstel der Erde regierten, standen sie natürlich im Mittelpunkt des Interesses für die damals noch jungen Massenmedien. Sensationspresse, Postkarten, Illustrierte Zeitschriften, zahllose Bücher (jeder Zeitgenosse, der sie kannte – oder auch nicht kannte –, scheint ein Buch herausgegeben zu haben), frühe Filme (wir haben dreißig Stunden Live-Filmmaterial über die Familie angesehen, das meiste offiziell und förmlich, aber manches auch privat und bewegend). Was sie selbst anging: Für Menschen, die vor hundert Jahren gelebt haben, waren sie erstaunlich modern. Sie waren ein internationales Paar, sprachen und schrieben in englischer Sprache miteinander, spielten Tennis und fotografierten (ihre Bilder gehören zu den ersten Beispielen privater Schnappschussaufnahmen), und da sie reich waren – Fotografie war zu dieser Zeit ein sehr kostspieliges Hobby –, haben sie uns etwa

150 000 Familienfotos hinterlassen, nicht eingerechnet all diejenigen, die andere aufgenommen haben.

Man könnte behaupten, mit den großen Fortschritten, die die Technik seitdem gemacht hat, mit dem Aufkommen von Audio- und Videoaufnahmen, seien spätere Familien – und wir meinen nicht gewöhnliche Sterbliche, sondern Familien wie die Kennedys oder die heutigen Windsors – besser dokumentiert. Wir glauben das nicht: Das besondere zeitliche Zusammentreffen, das unsere Geschichte ausmacht, bringt uns viel, viel mehr. Die Romanows lebten an der Schnittstelle zweier Zeitalter, und trotz aller modernen Neuerungen ihrer Tage bewahrten sie sich eine ganz wunderbare Gewohnheit des 19. Jahrhunderts: Sie führten Tagebuch. Und obwohl alle Personen unserer Geschichte bereits Telefon hatten, schrieben sie einander täglich oder doch zumindest sehr häufig.

Selbst der Terrorist und Mörder Kaljajew schreibt einen Brief an die schöne Großfürstin Ella, die Witwe jenes Mannes, den er in Fetzen gesprengt hat. Sie besucht ihn im Gefängnis, und er schreibt danach ein Gedicht über ihren Besuch, und das alles liegt uns vor.

Alle Personen unserer Geschichte schreiben einander, und sie alle konnten schreiben, und fast alles, was sie schrieben, ist in verschiedenen Archiven bewahrt – Gott sei Dank. Auf diese Weise haben wir – nur für diesen kurzen historischen Zeitraum – einen fast vollständigen Zugang zur äußeren und, was viel wichtiger ist, zur inneren Welt unserer Helden.

Dies ist in allererster Linie ein dokumentarisches Buch, ein Buch, das ohne die modernen Kommunikationsmittel nicht entstanden wäre: Computer, Modem, Fax und Flugzeug. In einer relativ kurzen Zeit und obwohl wir in verschiedenen Ländern leben, ist es uns beiden gelungen, buchstäblich Hunderttausende von Dokumenten durchzusehen, Briefe, Tagebücher, Polizeiberichte, veröffentlichte und unveröffentlichte Memoiren. Viele dieser Dokumente waren einzigartig, bisher ungelesen, manche vollkommen unbekannt. Und sie alle zusammengenommen bilden eine Geschichte, die keines direkten Kommentars bedarf. Sie vermischen sich zu einem knospenden Mythos in der Form und Gestalt einer klassischen Tragödie.

Was macht einen Mythos aus? Wir entdecken in unseren Charakteren und in den sie umgebenden Ereignissen alle Zutaten mythologischer Überlieferung. Lassen Sie uns das genauer betrachten: Eine unserer Gestalten ist bereits heilig gesprochen, weitere sieben stehen zur Heiligsprechung an (die die russisch-orthodoxe Exilkirche bereits vollzogen hat). In den letzten achtzig Jahren ist auf den Titelseiten lebhaft diskutiert worden, wer noch lebt und wer tot ist. Wir blicken auf eine Fülle von Aufsehen erregenden Hochstaplern und auf das längste Gerichtsverfahren aller Zeiten, mit Exhumierungen, weltweiten Sammlungen blauen Blutes für DNA-Bestimmungen, unter Einbeziehung der Naturwissenschaften. Es gibt mehrere Hollywood-Filme und einen Anastasia-Zeichentrickfilm. Unsere modernen Zeiten brauchen keine blinden Dichter, um Mythen zu erschaffen, sondern einen Musical-Produzenten vom Broadway. Jedenfalls vollzieht sich der Prozess, durch den ein Ereignis in den Bereich der Mythologie eintritt, ohne das Zutun der Historiker und ohne Berücksichtigung irgendwelcher akademischer Gesetze.

Die Struktur der griechischen Tragödie hat uns magnetisch angezogen: Aus welchem Blickwinkel wir unsere Geschichte auch betrachteten, immer waren wir mit den formalen Strukturmerkmalen der antiken Tragödie konfrontiert. Der Unterschied zwischen Tragödie und Drama liegt darin, dass das Drama alltägliche Charaktere zur Grundlage hat, die Tragödie dagegen mythologische oder heroische. Wir denken, Letzteres ist bei den Romanows der Fall. Dieses Buch ist zudem eine Tragödie, weil es von Leiden und Leidenschaft handelt, von Schicksal und einem vererbten Fluch.

In der griechischen Tragödie bestand der Chor aus zwölf bis fünfzehn Männern, und der oberste Chorsprecher war der *Coryphaeus*. Unser *Coryphaeus* wechselt von einem zum anderen Kapitel. Manchmal ist es KR – Großfürst Konstantin Romanow –,

Nikolaus' Vetter, ein Dichter und Intellektueller, der Shakespeares *Hamlet* ins Russische übersetzte, manchmal ist es die Schwester des Kaisers, Großfürstin Xenia, manchmal der französische Botschafter in St. Petersburg, und manchmal sogar einer der zahlreichen Mörder. Und Mörder gibt es reichlich in diesem Buch, das mit einer Mischung aus Schwefel und Nitrat seinen Anfang nimmt. Die Übrigen – Eltern, Verwandte, Schwestern, Brüder, Könige und Königinnen und schließlich Lehrer – bilden unseren Chorus. Nachdem die Geschichte fast vierzig Jahre umspannt, wechselt die Besetzung des Chorus.

Wir fühlten uns verpflichtet, nach weiteren Analogien zu suchen, und wir begannen bei Aeschylos. Er war der Erste, der die Zahl der Akteure von einem auf zwei erhöhte (in unserem Fall Nikolaus plus Alexandra), den Anteil des Chorus reduzierte und dem Dialog Priorität einräumte. Der Generationen überspannende Fluch (hier die Bluterkrankheit), ererbte Schuld und die Wahrnehmung, dass Leiden eine Waffe der göttlichen Gerechtigkeit sei: All das finden wir bei Aeschylos. Und wir finden es in unserer Geschichte. Für uns zwei aufgeregte Autoren klangen die Weissagungen der Kassandra an Agamemnon wie Vorboten für die Prophezeiungen des Rasputin.

Bei Sophokles finden wir die Entscheidung als Unterwerfung unter den göttlichen Willen, wobei sie traditionellen ethischen Normen folgt. Eine falsche Entscheidung entsteht nicht nur daraus, dass man diese Normen willentlich bricht, sondern auch aus Unwissenheit und aus den Beschränkungen individuellen Wissens. Dies führt zu Irrtum, Selbstbetrug und verdientem Leid. Und doch ist es mitten im Leiden, dass die besten menschlichen Eigenschaften sich entfalten. Die höchste Form des Leidens ist das Leiden im Namen der Pflicht.

Und natürlich sind am Ende alle Personen unserer Geschichte zum Untergang verurteilt, und niemand kann den katastrophalen Höhepunkt verhindern.

Die Parallelen mit Mythologie und antiker Tragödie wurden immer deutlicher. So haben wir als Autoren schließlich das angestrebte Genre des Buches definiert: eine Tragödie in Dokumenten. Und da dies kein wissenschaftliches Buch ist, legten wir nun erst richtig los. Der erste Titel unseres Buches war *The Goat Song*, Das Lied des Ziegenbocks. Im Griechischen ist der *tragos* der Ziegenbock, und *ode* ist das Lied – so kommt das Wort Tragödie, und so kam auch unser Titel zustande (und unser pragmatischer Verleger bat uns, ihn sofort wieder zu vergessen).

So ist dieses Buch ein Versuch der Mythologisierung geworden, obwohl die Feuerstelle noch warm ist und einige wenige ehrwürdige Zeitzeugen noch leben. Es ist ein Versuch, mit modernen Mitteln der Erzählung einen Prozess zu beschleunigen, der bereits voll im Gange ist. Am Ende werden unsere Leser entscheiden müssen, ob wir diese recht seltsame Umkehr gemeistert haben: vom Dokument zum Mythos, von der historischen Wahrheit zur Fiktion.

Und nun ein paar Worte zu unseren Charakteren, unseren Quellen und unserem Verhältnis zu ihnen. Nikolaus und Alexandra, unsere beiden Hauptstimmen, haben einander Hunderte von Briefen geschrieben. Sie haben beide Tagebuch geführt, Alix mit Unterbrechungen, Nikolaus jeden Tag seines Lebens bis wenige Tage vor seinem Tod. Wir zitieren zudem ausführlich aus den Tagebüchern und Briefen von Xenia, KR, den kaiserlichen Kindern und vielen anderen und ebenso aus einigen besonderen Dokumenten, die die Wahrheit über den Tod der kaiserlichen Familie enthüllen. Die meisten der erwähnten Dokumente werden hier zum ersten Mal veröffentlicht.

Wir haben uns aber auch auf bekannte veröffentlichte Quellen gestützt, darunter die Memoiren des Großfürsten Alexander Michailowitsch (Sandro), des Fürsten Jussupow und von Maurice Paléologue, dem französischen Botschafter in St. Petersburg. Diese Memoiren wurden wenige Jahre nach den Ereignissen veröffentlicht, und so pittoresk und detailliert sie auch sind, manchmal rufen sie ein russisches Sprichwort in Erinnerung: Nur wer lügt, kann eine Geschichte erzählen.

Zu unseren Sünden: Alles in diesem Buch ist die Wahrheit und nichts als die Wahrheit, aber es ist nicht die ganze Wahrheit. Unsere Hauptsünde ist die der Auslassung: Wir haben eine Vielzahl von historischen Dokumenten nicht benutzt, die durch unsere Hände gegangen sind, und manche haben wir gnadenlos gekürzt, ohne unsere Kürzungen sichtbar zu machen. Wir haben einige wenige Zugeständnisse an Stil, Erzählfluss und Kontrapunkt gemacht, und in zwei oder drei Fällen haben wir die ansonsten strikt beachtete Chronologie der Dokumente aufgebrochen.

Um das Lesen zu erleichtern, haben wir die für Dokumente um die Jahrhundertwende typischen Abkürzungen durch ganze Wörter ersetzt. Wir haben auch den – nicht immer erfolgreichen – Versuch unternommen, die zahlreichen und sehr komplizierten russischen Namen auf einen gemeinsamen Nenner zu bringen.

Die Gestalten unserer Geschichte sprachen und schrieben in vielen verschiedenen Sprachen – Englisch, Russisch, Französisch und Deutsch. Nikolaus, der sein Tagebuch auf Russisch schrieb, sprach und korrespondierte mit seiner Frau in englischer Sprache. Im Umgang mit seiner Mutter verwendete er Französisch und Dänisch. Die meisten unserer Figuren waren mehrsprachig, und so sah auch der erste Entwurf unseres Buches aus. Diese babylonische Sprachverwirrung zu vereinheitlichen, war eine fast unmögliche Aufgabe. Darya Galy hat sie großartig gelöst, unsere bezaubernde Übersetzerin, die während der letzten zwei Jahre ebenso viel gelitten hat wie jeder beliebige Charakter einer antiken Tragödie.

Unser größtes Problem war wohl die reine Menge an Material, das uns zur Verfügung stand. Während das Buch fortschritt und ungeheure Ausmaße anzunehmen begann (der erste Entwurf umfasste mehr als 2 500 Seiten), wurde es lebensnotwendig, Grenzen zu ziehen – ein schmerzliches Unterfangen. Wir mussten Nikolaus' frühe Jugend auslassen, seine ersten Liebeserlebnisse, die virtuosen Intrigen der Matilda Kschessinskaja, die Weltreise – eingeschlossen die Tigerjagden und Sandros Abenteuer mit japanischen Geishas – und unzählige Gerüchte, Anekdoten, Klatschgeschichten, Intrigen, die Exzentrizitäten kaiserlicher Onkel und Tanten, die bemerkenswerten Reformen von Nikolaus' Großvater, Alexander II., und vieles mehr.

Der Ausblick, der sich eröffnete – auf Habgier, Wollust, sexuelle Intrigen, finanzielle Kapriolen, Homosexualität, Neid, Geldstreitigkeiten, Macht, noch mehr Macht, Mord, noch mehr Mord, grauenhaften Tod und stets gegenwärtige Verdammnis –, drohte die Geschichte dieser großen, wohlhabenden, mächtigen internationalen Familie in die schlimmste Sorte von Seifenoper zu verwandeln. Also zogen wir auch hier eine Grenze.

Leider ließen wir hinter dieser Grenze auch viele wichtige historische Ereignisse, Politik, Hofintrigen und viele andere Dinge zurück, auf die unsere Kritiker zweifellos hinweisen werden.

Wir verloren die sympathischen griechischen Verwandten und die dänischen Großeltern. Wie traurig, den Großfürsten Nikolai Michailowitsch (Onkel Bimbo) zu verlieren, einen großartigen Historiker, Autor vieler berühmter Werke und Monografien, den Liberalen in der Familie. Von ihm ist in diesem Buch fast nichts geblieben. Nach der Revolution wurde er mit seiner Katze in der Peter-und-Paul-Festung in St. Petersburg eingekerkert. Während Lenin mit Gorki seine Todesstrafe diskutierte (Gorki war als Abgeordneter der Intelligentsia gekommen, um seine Begnadigung zu erbitten), soll Lenin gesagt haben: »Die Revolution braucht keine Historiker.« Leider haben wir entschieden, dass wir ihn in diesem Buch auch nicht brauchten. Das war sein Ende, und so erging es auch anderen.

Was Könige und Königinnen angeht, so sind sie auch schon früher umgebracht worden; manchmal bringt das dieser Beruf mit sich. Ludwig XVI. und Marie Antoinette wurden öffentlich enthauptet – nach einem Gerichtsverfahren –, Charles I. ebenso. Das allein wäre nichts Neues.

Aber die Art und Weise, wie diese Familie ihr Ende fand, die tatsächlichen Vorgänge um den Mord, die Art, wie sie mitsamt der Zofe, der Köchin, dem Arzt und dem Hund in den Keller gezerrt wurden und was dort mit ihnen geschah; die Art und Weise, wie Ella (inzwischen eine ältere Nonne) mit anderen in einen

Bergwerksschacht gestoßen wurde, wie man ihnen Handgranaten nachwarf und sie dann dort sterben ließ; die Art und Weise, wie Nikolaus' Bruder Mischa in einem Wald sein Ende fand – all das gibt dem beginnenden zwanzigsten Jahrhundert seinen besonderen Geschmack und markiert seinen Anfang. Dostojewskis Dämonen waren endlich losgelassen.

Wir glauben, es liegt etwas Magisches um diese Familie, um ihr Leben und ihren Tod. Und nun lassen wir sie ihre Geschichte selbst erzählen, in ihren eigenen Worten.

London
1. April 1996

Hinweise für den Leser

Zum historischen Hintergrund

Sergei Mironenko legt den historischen Hintergrund der in diesem Buch berührten Ereignisse im Nachwort dar, siehe Teil II, S. 1065.

Der russische Kalender

Im Februar 1918 übernahm Russland den gregorianischen Kalender, der bereits überall in Europa verwendet wurde, und gab den alten julianischen Kalender auf. Die Kluft zwischen den beiden war von zehn Tagen (im 17. Jahrhundert) auf zwölf (im 19. Jahrhundert) und dreizehn (im 20. Jahrhundert) gewachsen. So wurde der 1. Februar 1918 alter Zeitrechnung zum 14. Februar 1918 neuer Zeitrechnung. So wurde auch der Jahrestag der bolschewistischen Revolution von nun an am 7. November (neuer Zeitrechnung) statt am 25. Oktober (alter Zeitrechnung, daher die Bezeichnung Oktoberrevolution) gefeiert.

Um das Lesen zu erleichtern, werden in diesem Buch alle Daten nach der alten Zeitrechnung angegeben – auch bei Briefen aus dem Ausland –, wenn nicht anders bemerkt.

Hinweis der Herausgeber

Sämtliche Korrespondenz zwischen Nikolaus, Alexandra, Ella, Kaiser Wilhelm, Königin Victoria und König George V. liegt in englischer Sprache vor. Das gilt auch für Alexandras Tagebücher.

Die Briefe zwischen Kaiserinwitwe Marie und Nikolaus wurden zumeist in Französisch geschrieben.

Vor jedem Jahr oder jeder Gruppe von Jahren werden die wichtigsten Stimmen und Ereignisse aufgelistet.

Prolog
1881–1892

Nicky:	Nikolaus, russischer Thronfolger
Sandro:	Großfürst Alexander Michailowitsch
Zar Alexander III.:	Nikolaus' Vater
Alix:	Prinzessin von Hessen-Darmstadt
Ella:	Großfürstin Elisabeth, Alix' Schwester, heiratet Nikolaus' Onkel, den Großfürsten Sergej

1881
Mord an einem Großvater

Nikolaus' Großvater, Zar Alexander II., wird am 1. März durch die Bombe eines Terroristen ermordet – Alexander, berühmt wegen der Befreiung der Leibeigenen 1861 und wegen zahlreicher weiterer Reformen, stirbt am Vorabend der Unterzeichnung einer Verfassung für Russland – Das Dokument liegt auf seinem Schreibtisch, als er zu der verhängnisvollen Kutschfahrt aufbricht – In dem Aufruhr nach dem Mord werden alle Pläne für eine Verfassung aufgeschoben – Der zwölfjährige Nikolaus und Sandro, vierzehn Jahre alt, sind Zeugen beim Tod des Zaren – Nikolaus' Vater, nun Zar Alexander III., veröffentlicht ein Manifest

Anklageschrift: 1. März 1881, St. Petersburg

Um etwa zwei Uhr am Nachmittag fuhr Seine verstorbene Majestät[1] mit seiner üblichen Eskorte aus dem Michailowski-Palais ... Etwa 50 Meter von der Ecke der Ingenieursstraße entfernt gab es eine schreckliche Explosion, die unmittelbar unter der Kutsche ihren Ausgangspunkt zu haben schien.

Nachdem er aus dem Schlitten gesprungen war und im gleichen Augenblick sah, dass die Soldaten einen Mann auf dem Straßenpflaster neben dem Kanal festhielten, lief Oberst Dworschitskij[2] zur kaiserlichen Kutsche, riss die Tür auf, und als er sah, dass Seine Kaiserliche Majestät dabei war, die Kutsche unverletzt zu verlassen, informierte er Seine Majestät über die Festnahme des Verbrechers.

Auf Wunsch des Zaren führte der Zeuge ihn zu der Stelle, wo der verhaftete Mann stand, bereits von einer Menschenmenge umgeben; später stellte sich heraus, dass es Nikolaj Rysakow[3] war. Seine Majestät der Zar beliebte zu bemerken: »Gott sei Dank bin ich unverletzt, aber sehen Sie nur!«, und zeigte auf einen verletzten Kosaken, der nahe bei der Kutsche lag, und gleich dabei ein verwundeter Junge, der vor Schmerzen schrie.

Rysakow, der die Worte des Zaren gehört hatte, sagte: »Danken Sie Gott nicht zu früh.«

Gerade, als sich Seine Kaiserliche Majestät dazu entschlossen hatte, den Ort der Explosion zu inspizieren und einige Schritte am Kanalufer entlang auf die Kutsche zu gemacht hatte, gab es eine weitere ohrenbetäubende Explosion unmittelbar vor seinen Füßen, nach der das ganze Gelände für einige Augenblicke in einer Wolke aus Rauch und Kleiderfetzen verschwand.

Als die Sicht wieder klar war, bot sich allen Anwesenden, den Unverletzten wie auch den Verwundeten, ein entsetzlicher Anblick: Unter denjenigen, die von der Sprengung niedergeworfen und verletzt worden waren, befand sich auch Seine Majestät, der Zar selbst. Der viel geliebte Monarch saß halb aufrecht auf dem Straßenpflaster, lehnte sich gegen das Kanalgeländer und stützte sich mit den Armen auf, blutüberströmt, aber noch atmend.

Die ungeschützten Beine des erhabenen Märtyrers waren zerschmettert, das Blut floss in Strömen, der Körper hing zerfetzt da, das Gesicht blutete. Dort lag auch der Mantel Seiner Majestät, von dem nur noch angesengte, blutige Stücke übrig geblieben waren. Oberst Dworschitskij, der mit Seiner Majestät dem Zaren verletzt worden war, sich aber vom Boden erheben konnte, hörte die kaum wahrnehmbaren Worte Seiner Majestät: »Helft mir.« Als er ihm das Gesicht zuwandte, sagte Seine Majestät mit schwacher Stimme: »Es ist kalt, kalt.«

In Gegenwart des Großfürsten Michail Nikolajewitsch[4], der zum Schauplatz geeilt war, trug man ihn zum Schlitten.

Als Antwort auf die Fragen des Großfürsten nach seiner Gesundheit erwiderte Seine Majestät der Zar undeutlich: »Bringt mich in den Palast ... dort ... sterben.« Dies waren die letzten Worte des sterbenden Monarchen.

Sandros Memoiren: 1. März

Um genau drei Uhr hörten wir das Geräusch einer starken Explosion. »Das war eine Bombe, aber ganz sicher«, sagte mein Bruder George. »An dem Geräusch ist nichts zu deuten.«

In diesem Augenblick erschütterte eine noch stärkere Explosion die Fenster in unserem Zimmer. Gleich darauf hastete ein Diener herein, ganz außer Atem.

»Der Zar ist ermordet worden«, schrie er.

Tausende von Leuten umringten schon den Palast. Die Frauen kreischten hysterisch. Wir gingen durch die Seitentür hinein. Es war unnötig, Fragen zu stellen: Große Tropfen von schwarzem Blut zeigten uns den Weg die marmornen Treppenstufen hinauf und dann einen Korridor entlang ins Arbeitszimmer des Zaren. Unser Vater stand an der Tür und erteilte einer Gruppe von Beamten Befehle. Er musste Mutter[5] in seinen Armen stützen. Sie war in Ohnmacht gefallen, als sie ihn noch lebend gesehen hatte.

Der Zar lag auf der Couch nahe beim Schreibtisch. Er war bewusstlos. Drei Ärzte wirbelten herum, aber die Wissenschaft war hier offensichtlich machtlos. Es war eine Frage von Minuten. Er bot einen schrecklichen Anblick, sein rechtes Bein abgerissen, das linke Bein zerschmettert, unzählige Wunden überall am Kopf und im Gesicht. Ein Auge war geschlossen, das andere ausdruckslos.

Jeden Augenblick kamen Mitglieder der Zarenfamilie herein. Der Raum war gesteckt voll. Ich griff nach Nickys Arm; er war leichenblass in seinem blauen Matrosenanzug. Seine Mutter[6], fassungslos von der Katastrophe, hielt noch ein Paar Schlittschuhe in ihren zitternden Händen.

»Stille, bitte«, sagte eine raue Stimme. »Das Ende ist nahe.«

Wir traten näher an die Couch heran. Das ausdruckslose Auge starrte immer noch. Der leitende Hofarzt, der den Puls des Zaren fühlte, nickte und ließ die blutüberströmte Hand sinken.

»Der Zar ist tot«, teilte er laut mit. Prinzessin Jurewskaja[7] ließ einen Schrei hören und stürzte zu Boden wie ein gefällter Baum. Ihr rosa-weißes Negligee war mit Blut durchtränkt.

Wir alle knieten nieder und beteten.

Manifest Alexanders III.

Die Stimme Gottes befiehlt Uns, Uns mit Selbstgewissheit an die Spitze der absoluten Macht zu setzen. Im Vertrauen auf die Göttliche Vorsehung und Seine allumfassende Weisheit, voller Zutrauen zur Gerechtigkeit und Kraft der Autokratie, die Wir zu erhalten aufgerufen sind, werden Wir gelassen die Geschicke Unseres Reiches regieren, die von jetzt an zwischen Gott und Uns allein diskutiert werden.

Anmerkungen zum Jahr 1881

1 Zar Alexander II.

2 Polizeichef von St. Petersburg.

3 Ein Terrorist.

4 Ein Bruder von Alexander II., Sandros Vater.

5 Sandros Mutter, eine geborene Prinzessin Olga von Baden.

6 Nikolaus' Mutter, Zarin Marie, eine geborene Prinzessin Dagmar, Tochter des dänischen Königs Christian IX. Ihre Schwester Alexandra heiratete den Prinzen von Wales, den späteren König Edward VII. von England.

7 Prinzessin Jurewskaja war die morganatische [unebenbürtige Ehe ohne Rechte der Witwe am Erbe, A. d. Ü.] zweite Frau von Alexander II.

1884
Erste Begegnung

In Russland herrscht Nikolaus' Vater, Zar Alexander III. – Sergej, der jüngere Bruder des Zaren, vermählt sich mit Prinzessin Elisabeth von Hessen-Darmstadt – Ella wird von ihrer Familie nach Russland begleitet, bei dieser Gelegenheit begegnet der sechzehnjährige Nikolaus Ellas zwölfjähriger Schwester Alix zum ersten Mal

Nikolaus, Tagebuch: 27. Mai, Peterhof

Morgens wuschen wir den Mast. Wir gingen allein zur Kirche; Mama und Papa fuhren nach Petersburg. Kurze Zeit später trafen Tante Marie[1] und Onkel Pitz[2] ein. Dann holten wir Onkel Gegas[3] Braut ab, die schöne *Ella*, ihre Schwestern und ihren Bruder. Um halb acht speiste die ganze Familie zu Abend.

Ich saß neben der kleinen zwölfjährigen Alix, die mir wirklich gut gefiel; Ella mag ich noch lieber, auch ihren Bruder Ernie.[4]

28. Mai: Um halb acht fuhren wir nach Petersburg. Wir besichtigten die kaiserliche Bibliothek, um unseren verkümmerten Geist zu trainieren.

Nach unserer Rückkehr aßen wir zu Mittag. Papa und Mama aßen mit den Darmstadts[5]. Wir tollten auf dem Netz herum. Ich spielte mit Ernie und Alix. Papa und Mama holten Onkel Willy[6] ab. Abends speisten wir alle zusammen, es war sehr amüsant. Bei Onkel Gegas Hochzeit soll ich der *Brautführer* sein.

30. Mai: Morgens fuhr Mama nach Petersburg. Es ist heute kälter geworden. Aß allein mit Papa zu Mittag. Fuhr mit Ernie und Alix im Wagen aus, Papa kutschierte uns. Gingen spazieren, holten Mama am Pier ab. Um halb sieben aßen wir alle zu Abend. Alle anderen fuhren mit dem achtzehnsitzigen *Charaban* aus. Wir hofften, sie würden uns mitnehmen, so wie Ernie und Alix; aber sie ließen uns zu Hause, was uns sehr kränkte.

31. Mai: Heute war das Wetter wunderbar. Wie üblich aßen wir mit allen Darmstadts zu Mittag. Wir tollten mit ihnen auf dem Netz herum. Um 3 Uhr fuhr ich mit ihnen im Vierspänner aus. Papa fuhr vor uns im Familien-*Charaban* mit Tante Marie und Victoria[7]. Wir besichtigten Oserki, und alle signierten das Gästebuch in der Mühle. Wir tranken frische Milch und aßen Schwarzbrot.

Mit Ernst, der hübschen kleinen Alix und Sergej speisten wir zu Abend. Alix und ich schrieben unsere Namen auf das Hoffenster des Italienischen Hauses (wir lieben uns).

1. Juni: Kein Unterricht. Schickte Alix einen Brief. Ging zur Kirche. Zog die Uniform des Preobraschenskij[-Regiments] an und ging zur Parade der berittenen Grenadiere und der Ulanen. Mittagessen im Großen Palast.

Alix und Ernie besuchten uns. Wir tollten auf dem Netz herum. Ernie, Alix und ich erzählten uns gegenseitig Geheimnisse. Wir tollten herrlich in den Räumen des Italienischen Hauses herum. Wir speisten gemeinsam zu Abend. Ich saß neben der reizenden kleinen Alix und schwatzte mit ihr. Balgte mich mit Ernie.

6. Juni: Ich hatte zwei Stunden Unterricht. Um Viertel nach zehn holte mich Onkel Pitz ab, und wir fuhren zum Hafen. Dort gingen wir mit Ernie an Bord der *Marie*[8]. Wir fuhren zum Winterpalais, wo uns Onkel Pitz seine Gemächer zeigte. Dann zum Neuen Palais von Onkel Gega und Ella. Mittagessen gab es nur für die Brautführer und unsere lieben Gastgeber. Es ging sehr fröhlich zu. Onkel Willy, Tante Olga[9], Onkel Alexej[10] und Onkel Pitz, Ernie und ich fuhren nach Peterhof. Als wir zurückkamen, habe ich ein wenig gelesen. Wir speisten alle gemeinsam zu Abend. Nach dem Essen saß ich wieder mit der lieben Alix zusammen. Ich alberte mit ihr herum.

7. Juni: Endlich ist es so warm geworden, dass wir weiße Hemden und Schuhe anziehen konnten. Gemeinsames Mittagessen wie üblich. Wir gingen an Bord der *Duke of Edinburgh* und bekamen eine Führung durch das ganze Schiff. Dabei lernten wir wunderbar viel über Artillerie und Schifffahrt. Auf der *Osborne* kehrten wir nach Peterhof zurück, wo wir eine üppige Vesper zu uns nahmen. Um sieben kehrten wir nach Hause zurück und speisten mit Alix und Ernie zu Abend. Wir tollten viel auf den Schaukeln herum. Papa stellte den Gartenschlauch an, wir rannten durch den Wasserstrahl und wurden schrecklich nass.

8. Juni: Wir aßen zu Mittag mit Papa, Ernie, Alix, Xenia[11], Mischa[12] und Graf Olsufjew. Beim Maibaum gerieten wir völlig aus dem Häuschen. Alle brüllten vor Lachen, als sie Xenia mit ihren hochgerafften Kleidern rennen sahen. Wir wurden ganz sandig, als wir durch Reifen auf dem Boden rutschten. Erschöpft, verdreckt und schweißgebadet kehrten wir nach Hause zurück.

Das Abendessen nahmen wir in meinen Gemächern ein. Wir tollten auf dem Netz herum und erzählten uns im Italienischen Pavillon gegenseitig Geheimnisse. Wir balgten uns im Wigwam auf Xenias Balkon. Ich bin sehr betrübt, weil die Darmstadts morgen wieder abreisen, und noch trauriger, dass die liebste Alix mich verlässt.

19. November: Die Heiratslust dauerte bis zum Mittagessen, dann ging sie vorbei. Beim Mittagessen ahmte Perowskij einen Schmetterling und Spatzen nach, die ein Sandbad nehmen, was Tante Ella höchst verwunderte. Wegen des schauderhaften Wetters blieben wir zu Hause. Ich saß an Mamas lombardischem Tisch und schrieb meinen Katechismus ab. Nach dem Abendessen gingen wir durchs Arsenal. Abends zeichnete ich ein wenig.

21. Dezember: Wir schliefen sehr lange. Beim Reinigen der Vogelkäfige hörten wir ein Geräusch im Nebenzimmer, weshalb wir mit einer Kerze hineingingen und alles sorgfältig untersuchten. Plötzlich sprang eine Maus unter dem Schrank hervor und verschwand blitzartig in einem Loch in der Zimmerecke. Ich beschloss, einen Spaziergang zu machen.

Aber ich musste von der Schlittschuhbahn schnell nach Hause zurück, weil mein Magen rebellierte. Deshalb ging ich mit Georgy[13] und Xenia nicht zum Tanzen. Heute Abend gab es hier im Theater eine Vorstellung mit russischen und französischen Künstlern.

22. Dezember: Schlief um einiges länger als normalerweise. Georgy stand vor mir auf und zog sich in seinem Kabinett an. Während er die Vogelkäfige sauber machte, nahm ich meinen Tee. Für heute ist mir strenge Diät verschrieben worden. Zum Mittag- und Abendessen bekam ich Suppe und Weizengrieß. Ich ging nicht spazieren und las stattdessen Turgenjew.

Den Tee und das Abendessen nahmen wir zusammen mit Papa und Mama ein. Kein Unterricht mehr bis Freitag! Hurra!!!!!!!

Anmerkungen zum Jahr 1884

1 Großfürstin Maria Pawlowna, die Frau von Nikolaus' Onkel, des Großfürsten Wladimir. Auch als Tante Michen bekannt.

2 Nikolaus' Onkel, Großfürst Pawel.

3 Nikolaus' Onkel, Großfürst Sergej.

4 Ernst Ludwig, Großherzog von Hessen-Darmstadt, Bruder von Alix.

5 Alix' Familie.

6 König Georg I. von Griechenland (der dänische Prinz Christian Wilhelm Georg, Bruder von Zarin Marie und damit Nikolaus' Onkel).

7 Alix' ältere Schwester, verheiratet mit Prinz Louis von Battenberg.

8 Die kaiserliche Jacht.

9 Königin von Griechenland.

10 Nikolaus' Onkel, Großfürst Alexej, ein jüngerer Bruder Zar Alexanders II.

11 Großfürstin Xenia, Nikolaus' jüngere Schwester, neun Jahre alt.

12 Großfürst Michail, Nikolaus' jüngster Bruder, fünf Jahre alt.

13 Großfürst Georgy, Nikolaus Bruder, dreizehn Jahre alt.

1889
Schlittschuhlaufen in St. Petersburg

Die siebzehnjährige Alix kommt nach St. Petersburg, um hier bei ihrer Schwester Ella, die inzwischen mit Großfürst Sergej verheiratet ist, einen Winter zu verbringen – Nikolaus, inzwischen zwanzig Jahre alt, verliebt sich in sie – Alix zeichnet ihre Träume auf – Sie und Nikolaus schreiben sich gegenseitig Botschaften

Alix' Traum: Aufzeichnung aus ihrem Notizbuch

Eine größere Gruppe von uns fuhr auf einem Dampfer, aber bevor wir an Bord gingen, mussten wir ein kleines Stück nach unten springen – dann war ich dran, ich sprang, blieb aber in der Luft schweben. Ich hielt meine Unterröcke zusammen, damit sie nicht flatterten, und schrie, jemand wolle mir Gewalt antun ..., aber im selben Augenblick unterbrach mich Gretchen und sagte mir, ich solle vor den Leuten nicht so derbe Ausdrücke gebrauchen.

Alix, Tagebuch: 18. Januar, St. Petersburg

Ella und Sergej holten uns in Zarskoje Selo ab, alle Großfürsten, der Zar und Nicky zum Empfang am Bahnhof. Fuhr nach Anitschkow, um Tante Minnie[1] und die anderen Cousinen zu besuchen, trank Tee bei ihnen.

Nikolaus, Tagebuch: 18. Januar, St. Petersburg

Auf der Eisbahn konnten wir uns vor lauter Wind kaum bewegen. Hinterher ging ich in Uniform mit Papa zum Warschauer Bahnhof. Wir holten Onkel Louis,[2] Ernie und Alix ab.

Sie ist sehr gewachsen und hübscher geworden. Hörten die Nachricht vom Tod des österreichischen Kronprinzen Rudolf.[3]

19. Januar: Ich weiß nicht, wie ich es erklären soll, aber ich bin in einer seltsamen Stimmung, weder traurig, noch froh! Ich werde wohl nicht zu der Beerdigung nach Wien fahren.

Alix, Tagebuch: 21. Januar, St. Petersburg

Frühstück im Bett, da ziemlich erkältet. Ella und Miss Kitty hatten ihre Gesangsstunde nebenan. Papa kam, Xenia war von 3–5 da.

Tranken gemeinsam Tee. Dann kamen Papa und Ella, und er las uns auf Französisch vor. Die anderen fuhren zum Abendessen nach Anitschkow, Papa, Ernie und Nicky anschließend in den Zirkus. Etwas Klavier gespielt, dann ins Bett.

Nikolaus, Tagebuch: 22. Januar, St. Petersburg

Aß mit der Familie und den Hessens zu Abend: Alix saß mir gegenüber. Um 9.30 gingen wir zu einer kleinen *sauterie* mit *petits jeux* [Tanzabend mit Gesellschaftsspielen] und spätem Abendessen. Es hat großen Spaß gemacht. Ich blieb bis 2.30. Das Ganze fand bei den Woronzows statt.

Alix, Tagebuch: 29. Januar, St. Petersburg

Nachmittags im Garten von Anitschkow Schlittschuh gelaufen und gerodelt. Abendessen um 7, danach fuhren Ella und ich zum Winterpalais, wo wir uns für den Ball umzogen (weiße Diamanten, weiße Blumen und Schärpe).

1. Quadrille	mit	Paul	Rundtänze mit:
2. "	"	"	Derfelden, Costi
3. "	"	"	Paul, Nicky, Toll
Kotillon	"	Nicky	Gardon, Schilling
Masurka	"	Sergej	etc.

Der Ball war ganz vergnüglich und hat nicht sehr lange gedauert.

Nikolaus, Tagebuch: 30. Januar, St. Petersburg

Auf der Eisbahn haben wir wieder viel mit Tante Ella und Alix herumgealbert. Nach dem *zakuska* [leichter Imbiss] ging ich mit Papa und Mama zum Mikado, wo wir großen Spaß hatten und viel lachten.

Alix' Traum

Wir sind in einer Art Spital. Louis im Bett. Viktoria[4] *steht daneben, zwei Männer liegen dort im Sterben, plötzlich kommt Großmama herein; und ein Schuss wird auf sie abgefeuert. Ich entdecke den Täter, es ist ein Mann, der in einem Baum sitzt. Er steigt hinunter und geht langsam davon. Ich schaue aus dem Fenster hinaus, er lächelt und verbeugt sich; und ich erkenne einen der jungen Männer, die mit uns in Anitschkow Schlittschuh gelaufen sind.*

Nikolaus, Tagebuch: 31. Januar, St. Petersburg

Auf der Eisbahn gab es viel Spaß. Tante Ella und Alix kamen. Habe mit ihnen Ball gespielt und bin den Hügel hinuntergerodelt.

3. Februar: Wir aßen wie immer an unserem eigenen Tisch zu Abend. Der Kotillon war ausgezeichnet! Ging um 4 Uhr schlafen. Wir aßen allein zu Mittag. Es gab ein einhändiges Konzert von Graf Sura; unser Orchester spielte sein Stück.

Mit Tante Ella und Alix am Hügel gerodelt. Sie besuchte uns nach dem Tee, und wir zeigten ihr unsere Zimmer. Wir gingen zu *Eugen Onegin*. Es war bemerkenswert gut.

4. Februar: Auf der Eisbahn waren: Tante Ella, Alix und Sergej. Wir speisten um 6.30 zu Abend. Gingen dann ins Französische Theater, um *Die Schnapsbude* von Zola anzusehen, ein schreckliches Stück.

12. Februar: Ging mit meinen Freunden zum Schlittschuhlaufen. Abendessen mit der Familie fand um 7 Uhr statt. Ging zu Onkel Sergej, wo wir bis zum Umfallen tanzten und uns wunderbar amüsierten. Tanzte die Masurka mit Alix.

14. Februar: Stand endlich einmal rechtzeitig auf. War in sehr beschwingter Stimmung, ich weiß nicht so recht, warum?

25. Februar: Nach dem Mittagessen ging ich mit Papa und Mama zum Alexander-Newskij-Kloster. Auf der Eisbahn war es wunderbar. Nahm den Tee mit Tante Ella, Alix und Sergej. Nach dem Abendessen in ihrem Haus spielten wir Badminton und Verstecken. Ging nach dem Tee wieder nach Hause.

27. Februar: Empfang für die Gesandtschaft aus Buchara, die mit Geschenken - auch für mich - geschickt worden war. Nach dem Mittagessen gingen wir in die Manege, um die Pferde zu sehen, die sie ebenfalls mitgebracht hatten. Alix und Ernie kamen zum letzten Mal zum Eislaufen. Habe mit Alix Schach gespielt. War in trauriger Stimmung!

Alix an Nikolaus: 17. März, Darmstadt

Liebster Nicky,
vielen herzlichen Dank für deine Zeilen in Xenias Brief. Es war wirklich reizend von dir zu schreiben, und es hat mir große Freude gemacht. Mein überkandidelter Brief hat euch also alle amüsiert - und ich bin verrückt genug, noch einen weiteren zu schreiben. Gestern Abend waren wir in *Rheingold*, und ich hoffe, nächste Woche *Siegfried* zu sehen.

Aber jetzt muss ich Lebwohl sagen, weil ich noch eine Ausfahrt machen will.

In Liebe, stets deine Alix

Viele Grüße an die Trauerweide.[5] Wir haben hier recht warmes Wetter, Papa und Ernie sind gerade auf der Jagd.

Nikolaus an Alix: 2. April, Gatschina

Liebste Alix,
hab vielen Dank für deinen lieben kleinen Brief, der eine so freudige Überraschung für mich war. Ich war gestern Abend gerade aus der Stadt heimgekehrt, als er ankam.

Wir haben *Siegfried* auch gesehen, zusammen mit Ella, ich mag ihn so schrecklich gern, vor allem die Melodie des Waldvögleins und des Feuers! Jetzt sind die *Nibelungen* ganz zu Ende, und das finde ich sehr schade.

Neulich bekam ich auch einen Bilderrahmen von Ella mit einer Aufnahme von ihr, dir und Ernie. Ich finde das Foto reizend, und sie hat rundherum die schönsten Erinnerungen an den Winter gemalt.

Da ist das Eis, der große Saal, die Schlittschuhe, ein Clown, *das* Fenster mit drei Kerzen, ein Kotillon-Band und ein Blumenkorb von Tante Sascha Naschkines Ball, die Badminton-Ausrüstung, ein Zweig mit rosa Blüten von der *folle journée* [Umzug am Faschingsdienstag], und, was das Beste ist, *der* Mikado mit seinem berühmten Blinzeln. Sie schenkte mir auch ein zauberhaftes Foto von dir und ihr zusammen in Ballkleidern in Zarskoje Selo. Ich habe es immer vor mir stehen.

Letzte Woche gab es ein Konzert bei Onkel Sergej und Ella. Ich traf die Woronzows, die Dolgorukis und das kleine Arrangement. Ich dachte die ganze Zeit an die Ziege. Bitte erzähl Ernie, dass ich heute meinen ersten Bären geschossen habe.
Viele liebe Grüße,
stets dein dich liebender Nicky

Nikolaus an Alix: 23. Mai, Zarskoje Selo

Liebste Alix,
nur eine winzige Zeile, um dir zu deinem Geburtstag in zwei Tagen meine allerbesten Wünsche zu senden. Ich bin jetzt hier bei den Husaren und diene mit großer Freude. Ich treffe Ella ziemlich oft, und wir sprechen immer über deinen Aufenthalt in Petersburg. Es scheint schon wieder so lange zurückzuliegen!

Ich kann mich nicht erinnern, dass wir je einen Frühling mit solcher Hitze hatten! Hast du von der Verlobung der ältesten Montenegro-Tochter mit Petjuscha[7] gehört? – Der Schah

von Persien war zu komisch während seines Besuchs in Russland.
Gott segne dich, liebste Alix!
Einer von den beiden Pellys,[7] Nicky

Alix an Nikolaus: 9. Juni

Liebster Nicky,
vielen herzlichen Dank für deinen lieben Brief, der mich sehr gefreut hat. Es war wirklich nett von dir, dich an den Geburtstag der alten Kröte zu erinnern. Ja, es scheint lange her, dass wir zusammen in Petersburg waren.

Ella an Nikolaus: 19. Juni, St. Petersburg

Liebster Nicky,
den ganzen Tag lang habe ich immer wieder über unser Gespräch nachgedacht, und dein kleiner Brief, den ich gerade bekam, hat mir solche Freude gemacht, herzlichen Dank – natürlich habe ich Sergej ins Vertrauen gezogen, aber sonst wird niemand etwas davon erfahren. Weißt du, ich habe gelernt, wenn man in einer Kirche, die gerade geweiht wird, gut betet, dann wird Gott die Gebete erhören – deshalb habe ich in Jerusalem und im Haus von Paul so innig für euch beide gebetet, dass ihr in Liebe zueinander findet. Heute habe ich Alix geschrieben und ihr gesagt, dass wir gestern eine lange Unterhaltung hatten und dabei auch über sie gesprochen haben und dass du mit so viel *Freude* an ihren Besuch im letzten Winter denkst und wie viel Freude es dir gemacht hat, *sie* zu sehen, und dass ich dir gute Nachrichten von ihr geben möchte. Deutlicher mochte ich nicht werden, das wirst du eines Tages tun müssen – mit Gottes Hilfe wird alles gut werden. Glaube und Liebe gehen sehr weit, und wenn ihr IHM und euch gegenseitig vertraut, dann wird alles zum Besten werden.
Viele zärtliche Küsse von Sergej und deiner dich liebenden Tante.

Nikolaus an Alix: Oktober (undatiert), St. Petersburg

Nur ein, zwei Zeilen, liebste Alix, nachdem Toria[8] ihren Brief auf der anderen Seite beendet hat, um der »Ziege« zu zeigen, dass ich sie nicht vergessen habe.

Ich fahre auch zu Tinos Hochzeit[9] nach Griechenland und bin sicher, es wird reizend werden. Auf meinem Weg nach Hannover kam ich durch Kiel, wo ich mit der lieben Irène[10] im Schloss zu Mittag aß und das niedliche Baby sah. Wie geht's dem Eichhörnchen?
Leb wohl denn, in aller Liebe
bleibe ich dein dich liebender Nicky (einer von den beiden Pellys).
Küsse Ernie von mir!

Alix' Traum

Jetzt habe ich mich aus der »Sie« in den Pavian verwandelt, aber ich bin nie einsam und habe hübsche Goldlocken. Man nennt mich Edward. Zwei Männer kamen vorbei und sagten, ich hätte ihm mit meinem Hammer so heftig über den Kopf geschlagen, dass er in der Luft hätte bleiben müssen. Dann habe ich mich versteckt.

Anmerkungen zum Jahr 1889

1 Kosename für Zarin Marie, Nikolaus' Mutter.

2 Großherzog Ludwig IV. von Hessen-Darmstadt, Alix' Vater.

3 Kronprinz Rudolf (Sohn des österreichischen Kaisers Franz Joseph) hatte sich in Mayerling das Leben genommen.

4 Louis und Victoria: Alix' älteste Schwester, fünfundzwanzig Jahre alt, und ihr Mann, Louis von Battenberg (später Marquess of Milford Haven).

5 Der Spitzname für Nikolaus' Bruder Georgy.

6 Großfürst Pjotr Nikolajewitsch, Sohn des Großfürsten Nikolaus, hatte sich gerade mit Militsa, Tochter des Königs von Montenegro, verlobt.

7 Pelly I (Alix) und Pelly II (Nikolaus) waren die Spitznamen, die sie sich gegenseitig gegeben hatten.

8 Victoria, Tochter des Prinzen und der Prinzessin von Wales, dem späteren Königspaar Edward VII. und Alexandra, war eine Cousine von Alix und Nikolaus.

9 Nikolaus' Cousin Konstantin, Kronprinz und späterer König von Griechenland, heiratete Sophie von Preußen, die Schwester Kaiser Wilhelms.

10 Alix' Schwester, verheiratet mit Prinz Heinrich von Preußen. Das Baby ist ihr Sohn Waldemar.

1891–1892
Nikolaus' Träume; Nikolaus und die Mädchen

Nikolaus hofft, Alix eines Tages zu heiraten, trotz ihres Zögerns, die Religion zu wechseln – Nikolaus' Eltern denken, dass er allmählich heiraten sollte – Nikolaus schreibt über sein Liebesleben

Nikolaus, Tagebuch: 21. Dezember 1891, Gatschina

Am Abend saß ich bei Mama und Aprak[1] und diskutierte über das Familienleben der jungen Menschen in der heutigen Gesellschaft.

Wie unvermeidlich, rührte diese Unterhaltung die empfindlichste Saite meines Herzens an und traf jenen *Traum* und jene *Hoffnung*, mit der ich von Tag zu Tag lebe.

Es ist nun schon eineinhalb Jahre her, dass ich mit Papa in Peterhof darüber sprach, und seitdem hat sich nichts verändert, weder zum Guten noch zum Schlechteren!

Mein Traum – eines Tages Alix H[essen] zu heiraten. Ich liebe sie seit langem, aber inniger und stärker seit 1889, als sie im Winter sechs Wochen in Petersburg verbrachte! Lange Zeit habe ich meinen Gefühlen widerstanden und versucht, mich selbst zu betrügen, weil es unmöglich war, meinen größten Wunsch zu erreichen! Aber nun, da Eddy sich zurückgezogen hat oder abgewiesen wurde,[2] ist das einzige Hindernis oder die einzige Kluft zwischen uns – die Frage der Religion!

Sie ist die eine und einzige Barriere; ich bin fast sicher, dass unsere Gefühle gegenseitiger Natur sind. Alles liegt in Gottes Hand. Im Vertrauen auf seine Barmherzigkeit sehe ich der Zukunft gelassen entgegen.

29. Januar 1892, St. Petersburg: Während ich heute früh mit Mama sprach, spielte sie mehrere Male auf Helene an, die Tochter des Comte de Paris,[3] was mich in eine dumme Situation bringt. Ich stehe an einer Weggabelung; ich selbst will in die eine Richtung gehen, während Mama offensichtlich wünscht, dass ich diese andere einschlage! Was wird geschehen?

Nach dem Tee schlich ich mich in Xenias Zimmer und beobachtete sie hinter dem Vorhang, während sie mit einer gewissen jungen, attraktiven Person ihre Gymnastikstunde absolvierte.

1. April, Gatschina: Sandros Geburtstag, er ist sechsundzwanzig! Und ich bin ihm dicht auf den Fersen, es liegen nur zwei Jahre zwischen uns.

Ich habe etwas sehr Seltsames in meinem Innern bemerkt: Ich hätte nie gedacht, dass zwei gleiche Gefühle, zwei Lieben, in einem Herzen gleichzeitig nebeneinander bestehen können.

Ich liebe Alix H[essen] schon seit drei Jahren und hoffe immer noch, sie eines Tages zu heiraten, so Gott will. Im folgenden Jahr verliebte ich mich heftig in Olga D.,[4] aber das ist nun vorbei! Und seit dem Lager von 1890 bin ich wie verrückt (platonisch) in die kleine K.[5] verliebt. Welch ein überraschendes Ding ist doch unser Herz! Gleichzeitig höre ich niemals auf, an Alix zu denken!

Wäre es richtig, aus all dem zu schließen, dass ich sehr amourös bin? Bis zu einer gewissen Grenze: ja; aber ich muss hinzufügen, dass ich ein strenger Richter und sehr wählerisch bin! Das ist der Grund für die Stimmung, die ich gestern als »nicht sehr fromm« bezeichnet habe.

Anmerkungen 1891 und 1892

1 Prinzessin A. Obolenskij (geb. Komtess Apraksine), eine Hofdame und enge Freundin der Zarenfamilie.

2 Prinz Albert Viktor (Eddy), Duke of Clarence, der ältere überlebende Sohn des Prinzen von Wales, hatte mit Zustimmung seiner Großmutter Königin Victoria Alix um ihre Hand gebeten, war aber zurückgewiesen worden.

3 Hélène, die zweite Tochter des Comte de Paris (Louis Philippe d'Orléans).

4 Prinzessin Olga Dolgorukaja, in die Nikolaus für kurze Zeit verliebt war.

5 Matilda Kschessinskaja, eine berühmte russische Ballerina. Nikolaus war ihre erste Liebe.

1893

Nicky:	Nikolaus, russischer Thronfolger
Alix:	Prinzessin von Hessen-Darmstadt

1893
Ein Jahr der Hochzeiten

Nikolaus nimmt in Berlin an der Hochzeit von Margarethe (Mossy), der jüngsten Schwester des deutschen Kaisers Wilhelm II., mit Prinz Friedrich Karl von Hessen-Kassel teil – Alix ist ebenfalls bei dieser Hochzeit anwesend, aber Nikolaus gelingt es nicht, mit ihr zu sprechen – Im Juni reist Nikolaus nach London zur Hochzeit seines Vetters George, des Herzogs von York und zukünftigen Königs George V., mit der Prinzessin May von Teck – Alix ist eingeladen, erklärt ihrer Großmutter jedoch, die Reise sei zu teuer – Auf dem Weg zurück nach Russland besucht Nikolaus seine Großeltern in Dänemark – Alix schreibt einen ablehnenden Brief an Nikolaus, in dem sie sagt, sie könne ihre Religion nicht wechseln – Nikolaus ist verzweifelt, weigert sich aber, die Hoffnung aufzugeben

Nikolaus, Tagebuch: 10. Januar, St. Petersburg

Abendessen mit der Familie, danach gingen fast alle zum Ballett. Am Abend führte ich ein Gespräch nur mit Papa und Mama. Ich habe die Erlaubnis, mehr über Alix in Erfahrung zu bringen – wenn ich in Berlin bin! Einen derartigen Vorschlag hätte ich nie erwartet, vor allem nicht von Mama.

13. Januar, Berlin: Stand um 9.30 auf und machte nach dem Kaffee meine Besuche in Begleitung meines Generals. Ich besuchte nur Wilhelm und die Kaiserin Victoria, wo ich auch Vicky, Mossy und ihren Verlobten antraf. Bei den anderen Fürsten und Gesandten hinterließ ich nur Visitenkarten. Um vier Uhr gingen wir alle zum Schloss zu Mossys Hochzeit; bei dieser Gelegenheit verlieh mir Wilhelm den Schwarzen Adlerorden, und ich musste einen besonders unbequemen roten Umhang anziehen – ich starb fast vor Hitze darin!

Zum ersten Mal seit dem Winter 1889 sah ich Alix. Bei der Prozession zu und von der Kirche gingen wir in Dreierreihen. Der Gottesdienst gefiel mir nicht. Ein bisschen singen, ein bisschen Streichmusik, der Pastor hielt eine Predigt – und das war's. Nichts, was spüren ließ, dass die Ehe ein Sakrament ist! In der großen Halle nahmen die frisch Vermählten dann auf die ermüdendste Weise die Gratulationen entgegen: Jede Frau und jeder Mann musste vor sie treten und sich verneigen – dieser Spaß dauerte zwei Stunden.

15. Januar: Geburtstag des Kaisers. Eine wahre Menge von Prinzen, Prinzessinnen und ausländischen Gästen kamen zum Schloss, um ihre Glückwünsche zu überbringen.

Nach dem Empfang, der etwa eine halbe Stunde dauerte, gingen wir alle wieder zum Gottesdienst in die Kirche. Der Gesang und die silbernen Trompeten waren wundervoll, allerdings wurde man unter dieser Kuppel fast taub dabei! Ich schaute bei den Anhalts vorbei, wo Heinrich, Irène, Ernie und Alix ihren Tee nahmen. Um sechs Uhr gab es ein Diner mit der Familie.

25. Januar, St. Petersburg: Am Abend eilte ich davon, um meine M. K. [Matilda Kschessinskaja] zu treffen, und verbrachte den bisher besten Abend mit ihr. Ich bin noch ganz bezaubert – mir zittert immer noch der Stift in der Hand!

Alix an Königin Victoria: 2. Juni, Darmstadt

Liebste Großmama,
ganz herzlichen Dank für Ihren lieben Brief, den ich gestern erhielt. Es ist wirklich *zu* nett von Ihnen, mich zu der Hochzeit einzuladen, aber ich fürchte, es ist unmöglich, da wir in diesem Jahr schon so viel unterwegs gewesen sind; außerdem kann Ernie nicht lange in England bleiben, deshalb würde sich die Reise für mich kaum lohnen, die ja zudem auch ziemlich kostspielig ist. Ein Gentleman braucht nicht so viel Gepäck, und unsere Reise nach Italien, Ernies Dienstreisen und Berlin, all das war wirklich sehr teuer.

Verzeihen Sie, wenn ich so offen schreibe, aber ich dachte, es wäre nur recht und billig, dass Sie den Grund für meine Ablehnung Ihrer *schrecklich* freundlichen Einladung erfahren – ich hoffe, Sie verargen es mir nicht und lassen mich nächstes Jahr vielleicht zusammen mit Ernie kommen.

Nikolaus, Tagebuch: 18. Juni, Marlborough House, London

Am Morgen fuhren wir hinüber zur Landungsbrücke am Port Victoria, wo uns Schiffe in Ehrenformation erwarteten. Colonel Clarke, Onkel Berties Adjutant, kam und wurde uns zugeteilt. Um 10 Uhr bestiegen wir in voller Uniform den Zug und fuhren nach London. Das Wetter ist genauso wunderbar heiß wie in Moskau.

Eine Stunde später fuhren wir in Charing Cross ein. Dort holten uns ab: Onkel Bertie, Tante Alix, Georgie, Louise, Victoria und Maud,[1] der Botschafter und eine Ehrenwache der Schottischen Garde.

Wir fuhren sofort zum Marlborough House, wo ich einen gemütlichen Raum oben zwischen den Mädchen und Georgie bezog.

Zwei Stunden später kamen Apapa, Amama[2] und Onkel Waldemar[3] an. Es ist herrlich, so viele von unserer Familie hier versammelt zu haben. Alle Tecks kamen zum Mittagessen, und ich traf die Braut - May[4] -, die mir sehr gut gefiel. Wir sahen uns die Geschenke für sie und Georgie an, die in einem Eckraum ausgestellt sind, eine erstaunliche Menge!

Um halb 5 ging ich Tante Marie[5] in Clarence House besuchen und trank im Garten mit ihr, Onkel Alfred und Ducky[6] Tee. Onkel Bertie hat mir eine ganze Armee von Schneidern, Schuh- und Hutmachern geschickt! In dieser Hinsicht ist er sehr komisch, aber er war immer besonders aufmerksam und nett zu mir.

Tante Alix ist so süß und wunderbar wie immer, aber der Kummer hat seine Spuren hinterlassen; sie trägt immer Schwarz. Victoria ist viel dünner geworden und sieht leider nicht gut aus; Maud dagegen hat zugenommen. Um halb 9 aßen wir im Familienkreis zu Abend. Gegen 11 gingen wir in Uniform zu einem Staatsball im Buckingham-Palast. Der Saal ist wunderbar, es waren massenweise Leute da, die ich nicht kannte, aber nicht gerade viele attraktive Frauen!

19. Juni: Schlief wunderbar und nahm die Gelegenheit wahr, ein Bad zu nehmen, denn Onkel Waldemar, Georgie und ich teilten uns ein Badezimmer. Nach dem Frühstück fuhren wir alle zusammen durch einen Großteil von London. Eine wunderbare Stadt; besonders gut gefiel mir der Hyde-Park, wo morgens viele Leute ausreiten. Um ein Uhr legte ich wieder volle Uniform an und brach mit Onkel Alfred und dem Rest der Familie per Bahn nach Windsor auf, um die Königin zu besuchen. Es gab wieder eine offizielle Begrüßung: eine Eskorte der Dragoner des Königs, von Indien schon vertraut, und eine Ehrengarde im Innenhof des Schlosses. Ein typisches altes Gebäude - das Beste seiner Art.

Die Königin - eine runde Kugel auf unsicheren Beinen - war bemerkenswert nett zu mir. Wir aßen mit ihr und den Battenbergs zu Mittag, im Hof spielte Musik. Zwei Inder bedienten sie. Dann verlieh sie mir den Hosenbandorden, was ich wirklich nicht erwartet hatte!

Nachdem ich mich von ihr verabschiedet hatte, sah ich mir das Schloss an und ging in die Kapelle, wo der Leichnam des armen Eddy zur Ruhe gebettet worden ist. Um 5 Uhr Rückkehr nach London zum Tee. Nach dem Abendessen gingen wir ins Theater an der Drury Lane. Die Comédie Française gab *Les Effrontés* – ausgezeichnet. Onkel Bertie nahm Onkel Waldemar und mich mit in den Marlborough Klub, in den wir am Tag unserer Ankunft als Mitglieder aufgenommen worden waren.

20. Juni: Stand spät auf. Onkel Waldemar und Georgie tauchten auf und wollten mich besuchen, während ich noch im Bett lag. Nach dem Kaffee ging ich mit Tante Marie in unsere Kirche; der Gottesdienst und der Gesang waren sehr gut, der Chor ist aus Paris hierhergeschickt worden. Las bis zum Mittagessen.

Die Hitze war schrecklich, die Sonne wie ein roter Punkt und die Luft dunstig, wahrscheinlich vom Londoner Qualm. Um 2 Uhr versammelten wir uns alle zum Mittagessen bei Onkel Alfred und Tante Marie. Ich habe die Mecklenburgs[7] kennen gelernt. Nachdem wir uns leichter angezogen hatten, fuhren wir mit der Kutsche aus der Stadt hinaus. Der Ausflug wurde lang, denn wir besuchten die Tecks in ihrer Residenz – White Lodge. Wir tranken mit ihnen im Garten Tee. Die ganze Zeit kamen Leute, um May zu gratulieren. Wir kehrten nach Marlborough House zurück und brachen eine Stunde später zu einem Familienabendessen mit dem alten Cambridge auf.

Ein Streichorchester spielte. Alle finden, dass Georgie und ich uns sehr ähnlich sehen – ich bin es allmählich ziemlich Leid, immer wieder dasselbe zu hören.[8]

21. Juni: Nach dem Kaffee ließ ich mich mit Georgie im Garten fotografieren. Um etwa 11 Uhr fuhren wir mit Clarke in einem *handsome* in die Stadt – ein tolles Fahrzeug –, um uns die Sehenswürdigkeiten von London anzusehen. Wir sahen Westminster Abbey, St. Paul's Cathedral und den Tower. Gerade rechtzeitig zum Mittagessen waren wir wieder zu Hause.

Habe Georgies neues Zuhause besucht, wo er nach der Hochzeit leben wird – St. James's Palace. Die Zimmer sind noch nicht ganz vollständig eingerichtet. Von außen sieht das Gebäude wie ein Gefängnis aus. Danach ging ich mit Onkel Bertie und Onkel Waldemar in den Hurlingham Park, wo es einen Klub und alle möglichen Freiluft-Aktivitäten und Sportarten gibt: Polo, Rasentennis, Cricket, Tontaubenschießen usw. Ich war fasziniert, die erstgenannten Sportarten zu sehen, es erinnerte mich an Indien. Um 8.30 gab es in unserer Botschaft ein Essen mit Staal[9] und danach einen Empfang in der oberen Etage, was man hier eine »Party« nennt – welch ein Gedränge, von der Hitze ganz zu schweigen. Zum Glück dauerte es nicht so lang.

25. Juni: Der Tag war noch heißer als gestern. Ich ging mit Onkel Bertie zum Buckingham-Palast, um mich von der Königin zu verabschieden. Um etwa zwei ging ich mit ihm zu einem Mittagessen mit der Marquise von Londonderry. Es waren ziemlich viele Leute dort, und ein Streichorchester spielte. Das Haus ist nicht groß, aber die Zimmer sind schön und angefüllt mit einer Menge großartiger Bilder und Kunstgegenstände. Unsere Gastgeberin war nett, aber schrecklich aufs Flirten aus. Als wir gingen, waren wir durchgeweicht, denn wir hatten im Gehrock dagesessen. Eine halbe Stunde danach brach ich mit Clarke zum *House of Lords* und zum *House of Commons* auf. In letzterem hörte ich eine Rede von Gladstone.[10] Zum Tee kehrten wir wieder heim und fuhren anschließend mit Victoria und Onkel Waldemar auf dreirädrigen Fahrrädern durch den Garten. Um 8 Uhr ging ich mit Fife zum Diner. Im Laufe des Abends kamen noch viel mehr Leute dazu, und es gab ein Konzert. War um 12.30 wieder zu Hause.

26. Juni: Am Morgen war es immer noch sehr drückend. Nach dem Kaffee empfing ich Lord Rosebery und Mackenzie Wallace und verabschiedete mich von Onkel Alfred. Um 12.43 brachen wir alle (d.h. die Bewohner des Marlborough House) in Staatskarossen mit einer Eskorte der Blauen zum Rathaus auf. Der Lord Mayor empfing uns am Eingang, umgeben von seinen Ratsherren mit Perücken und in sehr erstaunlichen Trachten.

Im Ratssaal hielt er zu Apapas Ehren eine Rede über die Freiheit der Stadt, aber ich konnte einfach nicht verstehen, worum es ging. Dann gingen wir in einen anderen Saal, wo für 700 Leute zum Mittagessen gedeckt war. Nach einem sehr schlechten Essen gab es Trinksprüche. Zum ersten Mal in meinem Leben musste ich eine ziemlich lange Rede halten, auf Englisch natürlich. Sie klatschten laut und schlugen mit den Messern auf die Tische, um ihre spontane Zustimmung zu zeigen. Ich war schweißgebadet, und dann wurde ich noch mit einem Kosakenmantel eingekleidet. Zum Glück brachen wir früher als erwartet auf, und um etwa 4 Uhr fuhren wir in der einfachstmöglichen Kleidung in zwei kleinen Kutschen – ich mit Victoria und Onkel Waldemar mit Maud – zum zweiten Mal zu *Captain Boyton's World's Watershow*. Wir dinierten und gingen dann in die Oper in Covent Garden, wo eine Galavorstellung stattfand. Die Reschke-Brüder sangen. Es schleppte sich bis 12 Uhr hin.

28. Juni: Stand früh auf, damit mir Zeit blieb, meine letzten Sachen zu packen. Um 10 Uhr versammelte sich die ganze Familie zum Frühstück, und eine Stunde später begleiteten mich Apapa und die ganze Wales'sche Familie zum Bahnhof.

Ich fuhr auf dem gleichen Weg zurück zum Port Victoria. Auf der Jacht nahm ich Abschied von Clarke, und als das Gepäck verstaut war, legten wir ab und stachen in See.

Es war auffallend ruhige See, die Sonne schien warm und im Ganzen war die Überfahrt bemerkenswert gut. Wir sahen eine Menge Schiffe. Ich las viel, um meine Traurigkeit zu vertreiben.

26. Oktober, St. Petersburg: Ein großes Unglück ist gestern geschehen – unser wunderbarer Komponist Tschaikowsky ist gestorben!

Nikolaus an Alix: 31. Oktober, Gatschina

Liebste Alix,
bitte verzeih mir meine Kühnheit, dir einige Zeilen zu schreiben, um dir zu sagen, wie Leid es mir tut und wie sehr ich bedaure, dass ich nicht kommen und dich treffen konnte, als Ella bei dir war. Aber nach unserer Rückkehr aus Dänemark hielt mich eine Reihe wichtiger Dinge – unter anderem wegen Georgy [Nikolaus' Bruder], dem es jetzt glücklicherweise wieder ganz gut geht – davon ab. Du kannst dir wohl meine Enttäuschung darüber vorstellen, eine so wunderbare und einfache Gelegenheit zu verpassen, Pelly entgegenzueilen, nach so langer, langer Zeit ...

Berlin und all die Zeremonien und Verpflichtungen bei Mossys [Margarethe von Preußen] Hochzeit, wo wir im Allgemeinen eine halbe Meile voneinander entfernt waren, kann man kein angenehmes Treffen nennen. Und gerade für dich armes Ding muss es eine unangenehme Erinnerung sein, wo du solche Ohrenschmerzen hattest!

Ich hoffe, es geht dir recht gut und diese schrecklichen Schmerzen sind nicht wiedergekommen.

Wenn es dir nichts ausmacht, würdest du mir eine Fotografie von dir schicken, eine von den neuen, wie du Xenia neulich eine geschickt hast? Ich wäre so glücklich, sie in meiner Nähe zu haben. Ich muss oft zu meinem Regiment in die Stadt, und wann immer ich in unseren Garten beim Anitschkow sehe, denke ich an die schöne Zeit auf dem Eis, die jetzt nur noch ein Traum zu sein scheint. Und nun leb wohl, mein Liebling Pelly. Gott segne dich und helfe dir in allen Schwierigkeiten des Lebens.
Dein stets ergebener Nicky

Alix an Xenia: 8. November, Darmstadt

Liebste Xenia,
einen herzlichen Kuss und wärmsten Dank für deinen lieben Brief.

Welche Freude, wieder von dir zu hören. Ja, bitte schreib mir auch weiterhin; was ich dir zu sagen habe, darf nicht das Ende unserer Freundschaft und Korrespondenz bedeuten. Über Ella habe ich Nicky ein Foto von mir und einen Brief geschickt. Darin wird er sehen, dass ich meine Entscheidung nicht zu ändern vermag – ich kann meinem Bekenntnis nicht untreu werden; bitte glaube nicht, dass meine Liebe deshalb geringer wäre, gerade das macht es mir ja so unendlich viel härter und schwerer, und ich habe mich sehr gequält. Jemanden, den man liebt, zu verletzen ist schrecklich, und dennoch möchte ich nicht, dass er sich noch weiter Hoffnungen macht, da ich meine Religion *nie* werde aufgeben können. Gott segne den Liebsten, und möge er nicht schlecht von seiner alten Pelly denken. Ich bin zu verstört, um noch weiter zu schreiben.
Deine alte Alix
Lass ab und zu von dir hören, ja? Wir dürfen uns nicht völlig aus den Augen verlieren, das wäre einfach zu schlimm.

Alix an Nikolaus: 8. November, Darmstadt

Liebster Nicky,
hab besten Dank für deinen lieben Brief. Ich lege die Fotografie bei, die du haben wolltest. Ella wird sie an dich weiterleiten.

Es muss wohl eine stärkere Macht als die unsere gewesen sein, die bestimmte, dass wir uns in Coburg nicht begegnen sollten, denn dies verschafft mir die Gelegenheit, dir all das zu schreiben, was ich im tiefsten Inneren fühle und was ich aus dem Augenblick heraus vielleicht nicht gesagt hätte, sodass du mich möglicherweise missverstanden hättest.

Du weißt, welche Gefühle ich hege, da Ella sie dir ja schon mitgeteilt hat, doch ich empfinde es als meine Pflicht, sie dir auch selbst zu offenbaren. Ich habe lange über alles nachgedacht und bitte dich nur, nicht zu glauben, ich nähme es leicht, denn es betrübt mich schrecklich und macht mich sehr unglücklich.

Ich habe versucht, es aus allen Perspektiven zu betrachten, die möglich sind, aber ich komme immer wieder auf den einen Punkt zurück: Ich kann nicht gegen mein Gewissen handeln. Du, lieber Nicky, der du ja selber einen so starken Glauben besitzt, wirst verstehen, dass es für mich eine Sünde wäre, meinen Glauben aufzugeben; ich würde mich bis ans Ende meiner Tage elend fühlen, wenn ich wüsste, ich hätte etwas Falsches getan.

Ich bin sicher, du würdest nicht wollen, dass ich mich gegen meine Überzeugung entscheide. Was für ein Glück kann aus einer Ehe ersprießen, die ohne den rechten Segen Gottes beginnt? Denn für mich ist es eine Sünde, jenem Glauben, in dem ich erzogen wurde und den ich liebe, untreu zu werden. Nie wieder würde ich den Frieden meiner Seele finden, damit aber wäre ich nie deine wirkliche Gefährtin, die dir im Leben beistehen sollte; denn immer würde etwas zwischen uns stehen, wenn ich nicht mit Überzeugung in dem Glauben lebe, den ich angenommen, und wenn ich um denjenigen trauere, den ich aufgegeben habe.

Dir, deiner Religion und Gott gegenüber würde ich mich einer Lüge schuldig machen. Dies entspricht meinem Gefühl für richtig und falsch, für die innersten religiösen Überzeugungen und den eigenen Seelenfrieden gegenüber Gott, was vor allen irdischen Wünschen rangiert. Da es mir auch nach all diesen Jahren nicht möglich ist, die Entschlossenheit meines Handelns zu ändern, glaube ich, dass jetzt der Moment gekommen ist, dir noch einmal zu sagen, dass ich mein Bekenntnis *nie* werde aufgeben können.

Ich bin sicher, du wirst dies richtig verstehen und es so sehen wie ich, dass wir uns nur quälen wegen etwas, das unmöglich ist, und es wäre nicht freundlich von mir, dich weiterhin in falschen Hoffnungen zu wiegen, die sich nie erfüllen werden.

Jetzt leb wohl, mein Liebling Nicky, Gott segne und beschütze dich.

Stets deine dich liebende Alix.

Nikolaus, Tagebuch: 17. November, St. Petersburg

Wir verließen Ropscha bei wunderbarem Wetter und völliger Windstille. Es hatte drei Grad Frost. Ich schoss: 1 schwarzes Moorhuhn, 2 weiße Rebhühner (zum ersten Mal), 6 graue und 8 weiße Hasen - 17 Tiere insgesamt. Das Gesamtergebnis war geringer als bei vorhergehenden Jagden - 285 Stück.

Bei Sandro umgezogen, mit Onkel Mischa [Sandros Vater] diniert und dann zu einer wunderbaren Vorstellung von *Dornröschen* gegangen, getanzt von M. Kschessinskaja. Nachts gab es Nebel.

18. November: Heute morgen habe ich das Paket geöffnet, das seit gestern Abend auf meinem Tisch lag, und aus einem Brief von Alix aus Darmstadt erfuhr ich, dass alles aus ist zwischen uns - es ist ihr unmöglich, die Religion zu wechseln, und alle meine Hoffnungen sind durch dieses unerbittliche Hindernis erschüttert, meine schönsten Träume und meine liebsten Zukunftswünsche. Vor so kurzer Zeit noch sah ich die Zukunft hell, anziehend und zum Greifen nah - aber nun scheint alles gleichgültig!!!

Ja, manchmal ist es schwer, sich Gottes Willen zu beugen. Den ganzen Tag lief ich wie benommen herum, es ist schrecklich schwierig, ruhig und sorglos auszusehen, wenn die Frage, die deine ganze Zukunft betrifft, auf diese Weise plötzlich entschieden ist!

Das Wetter bei unserem Spaziergang entsprach meinem Zustand: Es taute, und eine Brise wehte. Wir speisten unten zu Abend.

25. November: Um acht Uhr ging ich zur Ersten Batterie Seiner Majestät, zu ihrem Festessen. Die Sänger und Zigeuner gaben ihre Vorstellung.

26. November: Zu meiner eigenen Überraschung stand ich recht frisch auf, und das nach einem viertägigen Trinkgelage!

7. Dezember: Wachte um 11.30 auf. Konnte mich lange nicht entscheiden, ob ich zum Staatsrat gehen sollte oder nicht. Schließlich ging ich doch – und deshalb blieb ich in der Stadt. Um 3 Uhr brach ich zum Regiment auf, nachdem ich mich aus dem Ministerrat herausgeschlängelt hatte.

15. Dezember: Schlief lange. Stellte fest, dass die Garde der Kavallerie um 9 Uhr früh aufgebrochen war. Das Wetter ist nicht so gut für die Überfahrt: 4 Grad Frost und starker Wind, der ihnen direkt ins Gesicht bläst. Fuhr um 5 Uhr zur *Petersburg* und trank mit Aprak im Zug Tee. Aß um 7 Uhr bei der Komtess Woronzow zu Abend. Wir setzten uns zu einem Pokerspiel zusammen, dann gesellten sich die Trubetskojs und Ferden zu uns. All die alten Freunde sind schon verheiratet!!! Kehrte ins Anitschkow zurück, um zu übernachten.

17. Dezember: Machte einen Spaziergang durch die Menagerie. Es war warm, aber schrecklich dunkel. Nach dem Tee, mit schwitzendem Gesicht, beendete ich einen Brief an Alix – eine Antwort auf den Brief, mit dem ich ihre Zurückweisung erhielt! Wir dinierten um 8 Uhr oben – dieselben Leute wie zu Mittag.

Im Arsenal lauschten wir dem Streichorchester – sie spielten wie die Götter. Onkel Alexej kam am Abend – wir spielten *makaschka* [Macao, ein Kartenspiel].

Nikolaus an Alix: 17. Dezember, Gatschina

Liebste Alix,
bitte entschuldige, dass ich deinen Brief nicht schon früher beantwortet habe, aber du kannst dir wohl vorstellen, welchen Schlag er für mich bedeutete.

Ich konnte dir all diese Tage nicht schreiben, weil ich in so trauriger Stimmung war. Nun, da meine Rastlosigkeit vergangen ist, fühle ich mich besser und bin in der Lage, deinen Brief ruhig zu beantworten. Lass mich dir zuerst für die freie, offene Art danken, in der du in diesem Brief zu mir gesprochen hast! Es gibt nichts Schlimmeres auf der Welt als Dinge, die missverstanden und nicht auf den Punkt gebracht werden.

Ich habe von Anfang an gewusst, was für ein Hindernis zwischen uns aufragte, und habe all diese Jahre so tiefe Gefühle für dich gehegt, weil ich die großen Schwierigkeiten genau kannte, die du hättest überwinden müssen! Aber es ist doch elend schwer, wenn man einen Traum so lange gehegt hat und dachte – nun bist du nahe daran, dass er Wirklichkeit wird. Und dann plötzlich geht der Vorhang auf und – man sieht nur Leere und fühlt sich oh! so einsam und so niedergeschlagen!!

Ich kann die Gründe nicht vom Tisch wischen, die du nennst, liebe Alix; aber ich habe einen, der ebenfalls wahr ist: du weißt fast nichts über die Tiefen unserer Religion. Wenn sie dir nur jemand näher gebracht hätte, der sie kennt, wenn du hättest Bücher lesen können, in denen du die Ähnlichkeiten und Unterschiede gesehen hättest – vielleicht hätte es dich – dann! – nicht so sehr beunruhigt wie jetzt!

Dass du in einer solchen Angelegenheit ganz auf dich gestellt bist, ohne irgendeine Hilfe, ist auch ein trauriger Umstand an dem Hindernis, das offenbar zwischen uns steht! Es ist zu traurig, um es in Worte zu fassen, dass dieses Hindernis ausgerechnet die Religion ist!

Denkst du denn, Liebste, dass die fünf Jahre, die wir einander kennen, umsonst und ohne Ergebnis vergangen sind? Sicher nicht – jedenfalls nicht für mich. Und wie soll ich nach so langer Zeit des Wartens und Wünschens meine Gefühle ändern, selbst jetzt, nach diesem traurigen Brief, den du mir geschickt hast? Ich vertraue auf Gottes Barmherzigkeit; vielleicht war es sein Wille, dass wir beide, aber vor allem du, so lange leiden mussten, vielleicht wird er – nachdem er uns durch all dies Unglück und diese Prüfungen geholfen hat – meine Liebste doch auf den Weg führen, für den ich täglich bete!

Oh, sag nicht gleich »Nein«, meine liebste Alix, zerstör nicht jetzt schon mein Leben! Glaubst du, es kann ohne dich auf dieser Welt noch ein Glück für mich geben? Nachdem du mich – *ohne* bösen Willen! – so lange hast warten und hoffen lassen, kann es denn so enden?

Oh, sei mir nicht böse, wenn ich anfange, Dummheiten zu reden, obwohl ich doch versprochen habe, in diesem Brief ruhig zu bleiben! Dein Herz ist so freundlich, dass es die Qualen versteht, die ich jetzt durchmache.

Aber ich habe genug gesagt und muss diesen Brief beenden. Ich danke dir so sehr für dein bezauberndes Foto.

Lass mich wünschen, liebste Alix, dass das kommende Jahr dir Friede, Glück, Trost und die Erfüllung deiner Wünsche bringt.

Gott segne und beschütze dich!

Auf immer dein dich liebender, ergebener Nicky

Alix an Königin Victoria: 26. Dezember, Königliches Schloss, Kiel

Liebste Großmama,

immer fürchte ich mich vor dem Anbruch des neuen Jahres, denn man weiß ja nie, was es einem bringen wird. Gott gebe, dass es voller Freude und Glück sein möge für meinen geliebten Ernie und seine süße kleine Frau, die er sich bald nehmen wird.[12] Mehr denn je sehne ich mich jetzt nach meinem liebsten Vater,[13] wie glücklich wäre er gewesen, Ernie glücklich zu sehen, und welch ein Trost wäre es für mich gewesen, da das Leben für mich jetzt ja tatsächlich sehr anders sein wird, denn ich werde mich wohl *de trop* [überflüssig] fühlen. Aber ich sollte Sie nicht mit einem langen Brief belästigen, da Sie sicher viel zu tun haben.

Ihre liebe Hand aufs zärtlichste küssend und Ihnen noch einmal viel Freude wünschend,

bin ich, allerliebste Großmama,

stets Ihr Sie liebendes, dankbares und gehorsames Kind Alix.

Nikolaus, Tagebuch: 31. Dezember, Gatschina

Wir feierten mit Mama ins neue Jahr hinein. Zu dieser Gelegenheit und nach siebenundzwanzigjähriger Gewohnheit gab es heißen Punsch mit Apfelkuchen.

Und so muss jeder von uns, ob er will oder nicht, seinem Leben ein neues Jahr hinzurechnen. Ich muss im Rückblick sagen, dass 1893 gut verlaufen ist, Gott sei Dank, auch wenn ich persönlich gehofft hatte, inzwischen kein Junggeselle mehr zu sein. Aber alles steht allein in der Hand Gottes, des Allmächtigen.

Anmerkungen 1893

1 »Onkel Bertie«, Edward, der Prince of Wales, ältester Sohn von Königin Victoria und zukünftiger König Edward VII. »Tante Alix«, seine Frau Alexandra, war eine Schwester von Nikolaus' Mutter, der Zarin Marie. »Georgie«, George, Herzog von York, später König George V., der zweite Sohn des Prinzen und der Prinzessin von Wales. Louise, Victoria und Maud waren die Töchter von Onkel Bertie und Tante Alix.

2 »Apapa«, König Christian IX. von Dänemark, und »Amama«, Königin Louise, Nikolaus' Großeltern mütterlicherseits.

3 Prinz von Dänemark und Bruder von Nikolaus' Mutter, der Zarin Marie.

4 May von Teck war zuvor mit dem älteren überlebenden Sohn des Prinzen von Wales, Eddy, verlobt gewesen, dessen Antrag von Alix zurückgewiesen worden war. Eddy starb Anfang 1892 in Sandringham an einer Grippe. Anfang 1893 wurde May mit Eddys jüngerem Bruder George verlobt.

5 Großfürstin Maria Alexandrowna, Tochter des Zaren Alexander II., die den zweiten Sohn der Königin Victoria geheiratet hatte, Alfred, den Herzog von Edinburgh.

6 Prinzessin Victoria Melita von Edinburgh, Tochter von Onkel Alfred und Tante Marie.

7 Augusta, die Frau von Friedrich, dem Großherzog von Mecklenburg-Strelitz, war eine Schwester der Mutter von May von Teck, Marie Adelaide, Herzogin von Teck.

8 Baroness Buxhoeveden, Hofdame von Alix, verzeichnet in ihren Erinnerungen, die Ähnlichkeit sei so groß gewesen, dass bei einem Gartenfest viele Gäste Nikolaus wärmstens die Hand schüttelten, weil sie ihn für den Bräutigam hielten, seinen Vetter. Sie schreibt: »Der größte Spaß war aber, als einer der *Gentlemen of the Court* den entgegengesetzten Fehler beging, auf den Herzog zuging, den er für den Zarewitsch hielt, und ihn bat, sich zur Hochzeit am nächsten Tag nicht zu verspäten.«

9 Der russische Gesandte.

10 W. E. Gladstone, zu dieser Zeit zum vierten Mal Premierminister.

11 Der Herzog von Fife heiratete Louise, die Tochter von Edward VII.

12 Prinzessin Victoria Melita, Tochter von Alfred, Großherzog von Sachsen-Coburg-Gotha (der Herzog von Edinburgh, zweiter Sohn von Königin Victoria), und seiner Frau, Maria von Russland, Schwester von Zar Alexander III.

13 Ludwig IV., Großherzog von Hessen-Darmstadt, war im Vorjahr im Alter von fünfundfünfzig Jahren gestorben.

1894

Nicky:	Russischer Thronfolger
Alix:	Prinzessin von Hessen-Darmstadt
Zar Alexander III.:	Nikolaus' Vater
Zarin Marie:	Nikolaus' Mutter
Xenia:	Großfürstin Xenia, Nikolaus' Schwester
Sandro:	Großfürst Alexander Michailowitsch, Nikolaus' bester Freund
Olga:	Großfürstin Olga Alexandrowna, Nikolaus' jüngste Schwester
Georgy:	Großfürst Georgy Alexandrowitsch, Nikolaus' Bruder
Ella:	Großfürstin Elisabeth, Alix' ältere Schwester
KR (Kostia):	Großfürst Konstantin Konstantinowitsch, Nikolaus' Cousin und ein bekannter Dichter; sein Künstlername war KR
Königin Victoria:	Königin von England

George:	Herzog von York, später König George V. von England, Cousin ersten Grades von Nikolaus und Alix
Wilhelm II.:	Deutscher Kaiser, Nikolaus' Cousin
Lord Carrington:	Lord Chamberlain, von Königin Victoria nach Russland entsandt

1894
Verlobung, Tod in der Familie, Hochzeit

Nikolaus' Eltern willigen endlich in Xenias Verlobung mit Sandro ein – Alix' Bruder Ernie vermählt sich mit Victoria Melita, Tochter von Herzog Alfred von Edinburgh und Großfürstin Maria von Russland – Nikolaus wohnt der Hochzeit in Coburg bei und hofft immer noch, Alix zu einem Sinneswandel überreden zu können – Schließlich akzeptiert Alix Nikolaus' Antrag – Nikolaus und Alix verbringen zwölf Tage zusammen – Nikolaus kehrt nach Russland zurück, während Alix nach England reist, um ihre Großmutter, Königin Victoria, zu besuchen – Es folgt ein leidenschaftlicher Briefwechsel – Sie treffen sich in England, wo sie einen idyllischen Monat verbringen – Auf seiner Rückreise nach Russland macht Nikolaus Station in Dänemark, um seine Großeltern zu besuchen – Im Juli findet in Peterhof die Vermählung zwischen Xenia und Sandro statt – Nikolaus' Vater ist kränklich – Die Familie reist auf ihre Güter in Polen in der Hoffnung, die Luft dort werde seiner Gesundheit förderlich sein – Nikolaus nimmt von seinem Plan, sich mit Alix in Deutschland zu treffen, Abstand und begleitet stattdessen seine Eltern auf die Krim, wo sich der Gesundheitszustand seines Vaters weiter verschlechtert – Nikolaus erhält die Erlaubnis, Alix kommen zu lassen – Wenige Tage später, am 20. Oktober, stirbt Zar Alexander III. – Nikolaus besteigt den Zarenthron – Zwei Tage später wird Alix in die orthodoxe Kirche aufgenommen – Der Leichnam des verstorbenen Zaren wird nach St. Petersburg überführt – Kurz nach der Bestattung werden Nikolaus und Alix getraut – Nikolaus, auf dem die Pflichten seiner neuen Würde lasten, findet Unterstützung und Zuspruch bei seiner Frau

Nikolaus, Tagebuch: 12. Januar, St. Petersburg

Ein schöner, wunderbarer Tag! Welch ein Unterschied zwischen dem Morgen und dem Abend. Um 11 Uhr ging ich wie gewöhnlich zum Bataillon. Onkel Mischa [Sandros Vater] aß mit uns zu Mittag. Danach, als wir gegangen waren, hielt er in Sandros Namen bei Papa und Mama um Xenias Hand an. Alles ging auf die bestmögliche Weise aus: Papa und Mama stimmten zu. Um 4.30 kam Sandro und besuchte Xenia, und sie gingen zusammen hinauf zu Papa und Mama. Onkel Mischa saß zu dieser Zeit bei mir. Wir gingen auch hinauf und segneten sie dort, im Schlafzimmer bei den Ikonen.

Nach der lähmenden Wartezeit von drei Jahren kam Xenias und Sandros Verlobung recht unerwartet. Ich bin ganz aufgeregt! Sie sehen beide sehr glücklich aus. Die Telegramme eilten in alle Ecken der Welt hinaus.

Um 7.30 gingen wir zur Kirche und dinierten danach mit den Michailowitschs.[1] Am Abend blieben Braut und Bräutigam (seltsam, das zu schreiben) mit Mama allein. Onkel Wladimir zerrte mich zum Nachtessen in einen neuen Klub, wo ich einen ziemlichen Schwips bekam!

Sandro: Memoiren

»Wann wirst du heiraten?«, fragte mich Vater bei meiner Rückkehr nach St. Petersburg.

»Ich muss erst die endgültige Antwort des Kaisers und der Kaiserin abwarten.«

»Abwarten und reisen ist wohl alles, was du im Augenblick tun kannst«, sagte mein Vater ungeduldig. »Wirklich lächerlich! Du musst endlich einen Hausstand gründen. Jetzt ist es bereits ein ganzes Jahr her, dass du mit dem Kaiser gesprochen hast. Geh und sprich noch einmal mit ihm. Sag ihm, du möchtest eine endgültige Antwort haben.«

»Ich werde mich hüten, Vater. Ich denke gar nicht daran, den Kaiser zu behelligen und mir seinen Ärger zuzuziehen.«

»Nun gut, Sandro. Wenn es so ist, werde ich die Angelegenheit auf meine Weise regeln.«

Ich kannte die Kaiserin. Sie hasste es, wenn man ihr widersprach oder sie zur Eile trieb. Deshalb fürchtete ich, sie könnte kategorisch »nein« sagen und damit jeden weiteren Versuch von meiner Seite zunichte machen.

Ich weiß noch, dass ich ein Dutzend Bleistifte zerbrach, während ich in Vaters Arbeitszimmer auf seine Rückkehr wartete. Stunden schienen vergangen, seit er das Haus verlassen hatte.

Im Zimmer von Vaters Kammerdiener klingelte eine Glocke, dann hörte ich die vertrauten festen Schritte ... Er erdrückte mich fast in seinen Armen.

»Alles ist arrangiert. Heute Nachmittag um halb fünf wirst du Xenia treffen.«

»Was hat die Kaiserin gesagt? War sie wütend?«

»Wütend? Das wäre viel zu milde ausgedrückt ... Sie sagte, ich würde ihr Glück zunichte machen. Ich hätte kein Recht, ihr ihre Tochter zu nehmen. Sie würde nie wieder mit mir sprechen.«

Nach all den Jahren ängstlichen Hoffens, Xenia zu heiraten, war ich wie benommen, wie jäh mein Traum plötzlich Wirklichkeit geworden war.

Um Viertel nach vier betrat ich das Palais Anitschkow. Ich hielt es nicht aus, länger zu warten. Ich sah die Dienst habenden Wachtposten an und errötete. Wahrscheinlich wussten bereits alle von meinem Glück.

Xenias Kammerdiener saß in einem Sessel und las die Zeitung.

»Würden Sie mich bitte Ihrer Kaiserlichen Hoheit melden.«

Überrascht hob er den Blick. Diese Bitte war völlig neu für ihn, war ich bisher doch immer unangemeldet eingetreten. Erst gestern hatten wir alle zusammen eine fröhliche Teestunde in dem wunderschön möblierten Zimmer verbracht, aber heute schien alles anders zu sein. Ich stand da, den Blick auf Xenias Schlafzimmertür geheftet. »Wie seltsam«, dachte ich, »dass sie mich so lange warten lässt.« Sie trat ein, den Blick gesenkt. Eine schlichte weiße Seidenbluse, blauer Rock, braune Strümpfe und braune Schuhe. Vor dem Fenster an der Tür hielt sie inne und wartete. Ich nahm ihre Hand und führte sie zu zwei großen weichen Sesseln. Wir unterhielten uns flüsternd. Ich glaube, wir sprachen beide gleichzeitig. Wir hatten uns schon früher geküsst, aber das waren Küsse zwischen Cousin und Cousine gewesen. Diesmal war es ein Kuss, mit dem wir voneinander Besitz ergriffen.

Der Tag unserer Trauung wurde für Ende Juli festgesetzt. Ich versuchte, gegen diese Verschiebung um fast sechs Monate Einwände zu erheben, aber man sagte mir, ich solle Ruhe geben und zu Gott beten, dass die Schneider Xenias Hochzeitskleid bis dahin fertig hätten. Die Flitterwochen sollten wir in meinem geliebten Ai-Todor verbringen, das Mutter mir testamentarisch vermacht hatte.

Olga (Nikolaus' Schwester): Memoiren

Es war der Fehler meines Vaters. Noch bis 1893 sperrte er sich dagegen, dass Nicky im Staatsrat sitzt. Ich weiß auch nicht, warum. Auf jeden Fall hasste es mein Vater, wenn unser Familienleben von Staatsangelegenheiten beeinträchtigt wurde – aber immerhin war Nicky sein Erbe. Und welch furchtbaren Preis mussten wir später für diesen Fehler bezahlen. Natürlich, mein Vater war immer kerngesund gewesen.

Nikolaus, Tagebuch: 17. Januar, St. Petersburg

Gott sei Dank, heute Abend konnten wir wieder aufatmen: Papa geht es besser! Heute früh war seine Temperatur genau wie gestern Abend; seine Augen und sein Gesicht hatten einen normaleren Ausdruck. Während des Tages schlief Papa zweimal ein. Ich konnte das Haus für eineinhalb Stunden verlassen.

Ich besuchte das Regiment und den Staatsrat. Der Tag war sonnig. Auf Papas Wunsch hin las ich einen Bericht und die Befehle vom Kriegsministerium. Nach einem Spaziergang tranken wir oben Tee und saßen dann ziemlich lange bei Papa. Von Zeit zu Zeit hatte er heftige Hustenanfälle, dabei hustete er viel Schleim aus. Seine Temp. war 38,1.

24. Januar: Zu Ehren von Xenias Namenstag trug ich in der Kirche die Garde-Uniform. Die ganze engere Familie nahm an dem Gottesdienst teil; es waren relativ wenige Gäste und Hofdamen dabei. Zum ersten Mal seit Papas Krankheit gab es in beiden Empfangsräumen Musik zum Mittagessen. Ich las einen Bericht der Marine, denn Papa hat die Arbeit noch nicht wieder aufgenommen. Machte mit Xenia eine Ausfahrt. Es war warm, schneite aber. Nach dem Tee sah ich die Post und die Papiere des Sibirischen Komitees durch.

Aß mit Sandro und Kotia Obolenskij (dem Wachhabenden) zur Nacht; sie sind kürzlich aus Frankreich zurückgekehrt. Wir drei spielten Verstecken wie die kleinen Kinder. Wir tranken Tee mit Mama.

26. Januar: Schlief wie tot; Sergej[2] erzählte ein paar Anekdoten über mich, die mich schrecklich zum Lachen brachten. Ich muss zugeben, dass ich mich heute früh gar nicht wohl fühlte.

Saß beim Mittagessen, rührte aber nichts an; Sandro auch nicht. Zu meinem Pech gab es heute einen Empfang, und ich musste die Quälerei durchstehen – danach ging ich schlafen.

Stand zum Tee auf, fühlte mich munter und hungrig und nahm einige *zakuski* ein. Um 8 Uhr ging ich mit Mama, Xenia und Sandro ins Theater. Es war eine Wohltätigkeitsveranstaltung von Leniana, eine wunderbare *Coppélia*. Die Onkel und ich brachten ihr eine Brosche.

Begleitete Xenia nach Hause und ging dann weiter zum Nachtessen mit Montebello.[3] Die Gesellschaft bestand aus den allerbesten Damen der Hauptstadt. Wir sangen ungarische Lieder, aber nicht dieselben wie gestern. Kam um 2 Uhr nach Hause.

21. Februar: Ging am Morgen zum Regiment und aß dort auch zu Mittag. Das Treffen des Staatsrates dauerte nicht lange.

Das Wetter war widerlich, Frost und kein Schnee. Hatte überhaupt keine Lust, hinauszugehen. Schrieb alle taktischen Übungsaufgaben – wirklich lästig.

Am Abend verkleidete ich mich als Falkner aus der Zeit von Alexej Michailowitsch,[4] Xenia als Bojarendame und Sandro als Strelitzen-Kommandeur.[5] Wir gingen zusammen zum Kostümball bei Graf Scheremetjew (dem »Feuerwehrmann«).

Zuerst sagten sie, jeder müsse Maske tragen, aber als der Ball begann, nahmen wir sie ab – zu vielen Kostümen passen sie wirklich nicht. Papa und Mama kamen um 10.30 und wurden mit lautem Beifall empfangen. Tanzte die Masurka mit der reizenden Westphalen. Mama ging nach dem Nachtessen, ich blieb noch, um den Kotillon zu tanzen.

Bei einigen Gläsern Champagner zum Abkühlen saß ich dort bis 4.30. Ich war sehr zufrieden mit meinem Kostüm. Die gute Idee hatte ich von Xenia, und es ist sehr schön gemacht und auch außerordentlich bequem!

24. Februar: Um 11 Uhr ging ich zum offiziellen Fotografen im Marinskij-Theater und ließ mich mit Sergej in meinem Falkner-Kostüm aufnehmen. Danach machten wir noch ein Gruppenfoto im Gehrock. Zum Mittagessen: Sandro und die Woronzows. Um 2 Uhr zum Ballett. Es gab ein wunderbares *Dornröschen* mit M. Kschessinskaja. Nach einer Ausfahrt kam ich zum Tee nach Hause zurück. Las.

Dann gingen wir ins Winterpalais zum zweiten Konzertball, wo es sehr freundlich und fröhlich zuging, weil alle schon Zeit gehabt hatten, miteinander zu tanzen und einander kennen zu lernen! Kam vom Winterp. um 2.30 zurück.

27. Februar: Um 1 Uhr eilte ich los, um mich beim Ballett blicken zu lassen. Sie gaben *Coppélia*. Ich konnte nicht einmal bis zum Ende bleiben und musste vor dem dritten Akt gehen.

Um 3 Uhr begann im Anitschkow die folle journée. Sandro und ich bezeichneten uns als Märtyrer, denn ehrlich gesagt, neun Stunden lang am Stück zu tanzen ist kein Spaß mehr!

Um 6.30 setzten wir uns zum Abendessen, und dann begann, nach einer halbstündigen Unterbrechung, der zweite Ball mit frischer Leidenschaft und Energie. Ich war enttäuscht von den langweiligen Vertreterinnen des weiblichen Geschlechts. Das Nachtessen endete um 1 Uhr nachts, und die Saison verrann im Vergessen.

8. März: Es war ein wunderbarer Tag. Ich ging zu einer Soirée bei Tante Michen.[6] Es war eine äußerst elegante Gesellschaft – neun Damen und kaum mehr Herren. Ein Chor von 70 Zigeunern sang. Sie tranken viel und mussten zusehen, wie sie im Takt blieben. Ich hatte großen Spaß und plauderte viel mit der Gräfin Pototskij. Um 2 Uhr gingen wir zum Nachtessen hinunter und unterhielten uns weiter, bis zum Tagesanbruch.

11. März: Schlief gut. Ging um 11 Uhr zum Regiment und blieb dort, bis die Gesellschaft endete.

Nachdem ich beim Billard verloren hatte, ging ich zu einem Mittagessen mit Tante Katja nach Hause zurück. Ihr Kleid war genau das Gleiche wie das der Margarita in *Mephistopheles*! Empfing bis 3.30 Leute und fuhr dann mit Xenia aus. Verständlicherweise waren viele Menschen unterwegs, alles kam heraus, um sich an der Sonne zu wärmen.

Ging um 9 Uhr zu einem deutschen Schauspiel im Alexandrinskij-Theater. Mama, Xenia und Sandro saßen schon dort. Onkel Wladimir, Tante Michen und ihre Söhne ebenfalls. Sandro und ich langweilten uns sehr bei dem deutschen Stück, aber zum Glück war es irgendwann zu Ende, und wir gingen gleich nach Hause.

25. März: Wachte an einem schönen, warmen Tag auf. Xenia ist jetzt schon neunzehn, es scheint mir noch gar nicht so lange her, da war ich genauso alt!

Brachte ihr einen Strauß vom Preobraschenskij-Regiment, gemeinsam mit dem Regimentsadjutanten. Gingen um 10.30 zur Kirche; es war entsetzlich heiß drinnen. Ging mit Papa zum Exerzierplatz der berittenen Garde und kam genau um 12 Uhr dort an.

Um 4 Uhr Besuch bei Onkel Alexej, nachdem ich 20 Vögel gekauft hatte, die aus ihrem Käfig in den Garten entlassen wurden. Alle Onkel brachten ebenfalls Vögel mit. Diese Sitte wird jedes Jahr zu Mariä Verkündigung im Garten des Generaladjutanten abgehalten. Nachdem ich ungarischen Wein statt Tee getrunken hatte, ging ich heim und dann mit Xenia zu den Woronzows. Nachdem wir alle gegangen waren, brachen sie zur Fahrt aufs Land auf. Schlief bis 8 Uhr. Nahm *zakuski* mit Sandro und Kostia [KR], dem Wachhabenden. Ging um 11.30 mit ihnen zum Galaessen der Kavallerie. Dank der Anwesenheit der Zigeuner verging die Zeit schnell.

Alix an Xenia: 30. März, Darmstadt

Liebste Xenia,
einen zärtlichen Kuss und besten Dank für deinen lieben Brief und das reizende Foto. Zu lustig, wenn ich mir vorstelle, dass du drauf und dran bist, dich zu verheiraten – Gott segne *dich*, mein liebes Kind, und möge dir alles Glück dieser Welt beschieden sein.

Liebste, warum hast du wieder *dieses* Thema angesprochen, das wir nie mehr erwähnen wollten? Das ist grausam von dir, du weißt doch, es kann *nie und nimmer* sein – das habe ich immer wieder gesagt. Glaub mir, es ist schon hart genug zu wissen, dass man denjenigen verletzt, dem man doch mehr als allen anderen gefallen möchte. Aber es kann nicht sein – und er weiß es –, und deshalb flehe ich dich an, nicht mehr davon zu sprechen. Ich weiß, Ella wird wieder damit anfangen, aber wozu soll das nütze sein? Außerdem ist es grausam, immer wieder zu sagen, dass ich sein Leben ruiniere – aber es bleibt mir doch gar keine andere

Wahl! Um ihn glücklich zu machen, müsste ich mich gegen mein Gewissen versündigen. Es ist schon schlimm genug, so wie es ist, deshalb sollte man wenigstens die Freundlichkeit besitzen, nicht immer wieder davon anzufangen – du, die du gefunden hast, was dein Herz begehrte, denke nur freundlich an mich, auch wenn du mir fehlen wirst.

Ich habe nichts als Kummer und Sorgen – in 5 Tagen fahren wir nach Coburg zu Ernies Hochzeit[7] –, was für Gefühle ich dabei habe, wirst du dir ja wohl vorstellen können. Gott gebe, dass sie glücklich werden – sie ist eine so reizende Person.

Ich gehe für zwei oder drei Monate nach England, da ich ihnen ja hier nur im Wege wäre. Hier herrscht große Hitze, aber alles ist so grün und lieblich, und alle Obstbäume stehen in Blüte – einfach zu schön. Wir verbringen viele Stunden in den Wäldern.

Leb wohl, mein Küken, einen lieben Kuss von deiner dir stets ergebenen alten Alix.

Herzliche Grüße an Sandro.

Nikolaus, Tagebuch: 2. April, Gatschina

Ideales Wetter. Machte einen Spaziergang mit Mama, Xenia und Sandro. Wir drei gingen Boot fahren und genossen die Ruhe und Windstille. Man konnte bei offenem Fenster sitzen. Um 3 Uhr gingen wir hinaus, spazierten rund um den See und nahmen verschiedene Boote. Wir brachen sehr erfolgreich das Eis auf und zogen große Blöcke mitten auf den See hinaus. Um 5 Uhr tranken wir Tee. Um 10 Uhr verabschiedete ich mich von meinen lieben Eltern und ging mit Sandro zum Bahnhof. Der Zug aus der Stadt mit Onkel Wladimir, Tante Michen, Onkel Sergej, Tante Ella, Onkel Pawel und ihren Hofdamen und Adjutanten war schon eingefahren. Um 10.30 brachen wir nach Coburg auf. Wir aßen zu Abend, die Reise im Speisewagen in solcher Gesellschaft war sehr angenehm.

KR, Tagebuch: 3. April, Gatschina

Hier erfuhr ich von der Kaiserin, dass am Tag von Nickys Abreise Xenia ein Telegramm von Alix erhalten hatte, in dem sie noch einmal ihre Unnachgiebigkeit unterstrich, das heißt, dass sie nicht bereit wäre, zur Orthodoxie überzutreten.

Nicky war sehr getroffen und wollte bleiben, aber die Kaiserin bestand auf seiner Abreise. Sie riet ihm, Königin Victoria um Hilfe zu bitten, die einen großen Einfluss auf ihre Enkelin hat.

Nikolaus, Tagebuch: 3. April, kaiserlicher Zug

Im Abteil war es sehr heiß. Ich schwitzte und las viel. Um 6.30 erreichten wir die Grenze und rasten mit Volldampf in drei Schlafwagen weiter: Onkel Wladimir und Tante Michen, Onkel Sergej und Tante Ella, Onkel Pawel und ich mit all unseren Adjutanten und Begleitpersonal. In Königsberg gab es *zakuska* im Zug.

4. April, Coburg: Schlief noch, als wir durch Berlin fuhren. Es war wieder wunderbares Wetter, und wir schmorten im Zug vor uns hin. Wir aßen in einem bayerischen Bahnhof zu Mittag. Legte eine halbe Stunde vor der Ankunft meine Uniform an, und um fünf Uhr fuhren wir in Coburg ein.

Am Bahnhof stand ein ganzes Empfangskomitee, Onkel Alfred, Tante Marie,[8] Alix, Ernie, Missy,[9] Ducky, Alfred[10] und andere, weniger lautstark begeisterte Menschen. Die Ehrengarde kam vom örtlichen Bataillon des 95. Regiments. Nach dem Abschreiten und der Vorstellung verschiedener Persönlichkeiten wurden wir in Kutschen zum Schloss gefahren, wo wir nebeneinander in großartigen Räumen untergebracht sind. Der Bürgermeister hielt auf der Straße eine sehr liebenswürdige Rede, die Bevölkerung empfing uns freundlich; vielleicht hat das Abkommen mit Deutschland etwas damit zu tun. Nachdem ich meine Sachen ausgepackt hatte, besuchte ich Tante Maries und Onkel Alfreds bezauberndes Haus zu einem Abendessen mit der Familie. Danach gingen wir zu Fuß ins Theater, wo wir eine ausgezeichnete Operette sahen, den *Vogelhändler*. Saß noch ein bisschen bei Tante Marie und ging um 12 Uhr heim.

5. April: Mein Gott! Was für ein Tag! Nach dem Kaffee um etwa 10 Uhr kamen Ernie und Alix bei Tante Ella zu Besuch. Sie ist auffällig hübscher geworden, sah aber sehr traurig aus. Man ließ uns allein, und dann begannen wir mit dem Gespräch, das ich so herbeigesehnt und gleichzeitig so gefürchtet hatte. Wir redeten bis 12 Uhr, aber ohne Erfolg, sie ist immer noch gegen einen Religionswechsel.

Sie weinte viel, das arme Ding. Wir trennten uns ruhiger. Ging zum Mittagessen zu Tante Marie.

Machte mit dem Tantchen und Onkel Sergej einen Besuch bei der verwitweten Herzogin,[11] der Schwester von Tante Olga F.,[12] die in einem hübschen Schloss vor der Stadt wohnt, und auch einen Besuch bei Philip von Coburg[13] und seiner Frau. Ging mit Onkel Wladimir zu Fuß den Berg zur alten Feste hinauf.

Um 4.30 kam Königin Victoria mit großem Pomp an: Eine Schwadron ihrer Dragonergarde vorneweg und ein ganzes Bataillon hinter der Kutsche als Ehrengarde. Sie alle zogen hinter ihr auf dem Platz ein, mit Onkel Alfred an der Spitze. Wir alle sahen in voller Uniform von den Fenstern ihrer Räume aus zu. Nachdem wir ihr unsere Aufwartung gemacht hatten, zogen wir uns zum Tee in unser Quartier zurück. Die eine Hälfte der Familie dinierte mit ihr um 9 Uhr, die anderen mit Tante Marie um 7 Uhr. Wir gingen ins Theater, wo eine Komödie, *Das Stiftungsfest*, gegeben wurde. Wir saßen noch eine Weile im Billardzimmer und gingen dann heim. Ich bin heute müde bis in die Knochen.

6. April: Stand früh auf und ging mit Onkel Wladimir noch einmal den gleichen Hügel hinauf bis ganz zur Feste, deren Burg in ein Museum für alte Waffen umgewandelt worden ist. Gingen zurück und tranken in unserem gemeinsamen Salon Kaffee. Dann kam Alix.

Ich berührte die gestern besprochene Frage so wenig wie möglich, es war schon genug, dass sie einwilligte, mich zu treffen und mit mir zu sprechen. Um 12 Uhr gingen wir zu einem Mittagessen mit Tante Marie, die anderen mussten bis zwei auf das Essen mit der Königin warten.

Nach einer kurzen Wartezeit trafen wir uns wieder und fuhren in zwei Kutschen nach Rosenau, das Onkel Alfred gehört. Dort gingen wir spazieren, besuchten die Orangerie und das Haus und tranken unseren Tee auf der Wiese neben dem Tennisplatz. Wir lachten sehr, als der Oberlakai sich endlich doch dazu überreden ließ, zwei, drei Lieder zu singen. Er begann auf der höchsten Burgzinne und endete im Keller. Der Rest der Familie stieß um 4 Uhr nach dem Essen zu uns.

Auf der Rückfahrt trafen wir die Königin, Kaiserin Friedrich und Beatrice.[14] Alle stiegen aus und umarmten sich auf der Straße. Nachdem wir preußische Uniformen angelegt hatten, gingen wir zum Bahnhof, um [Kaiser] Wilhelm abzuholen. Er kam um 6 Uhr an und zog ebenfalls zu uns ins Schloss.

Um 8 Uhr versammelten wir uns zu einem Familiendiner; danach fand in den oberen Stockwerken eine Vorstellung statt. Sie führten zwei schön gespielte Stücke auf, die winzige Bühne befand sich in einem der Säle. Nach dem gemeinsamen Tee verteilten wir uns alle. Wilhelm saß bis 1 Uhr bei uns.

7. April: Ernies und Duckys Hochzeitstag. Für mich ging es damit los, dass ich eine halbe Stunde zu spät zum Frühstück bei Tante Marie erschien, wo sich die ganze Familie versammelt hatte, und so musste ich allein an der Menge auf dem Platz vorbei. Wir versammelten uns auf den Galerien im oberen Stockwerk, und nachdem der Ehevertrag unterzeichnet worden war, gingen wir zur Kirche. Der Gottesdienst dauerte nicht lange. Ernie und Ducky waren ein reizendes Paar. Der Pastor hielt eine ausgezeichnete Predigt, die überraschenderweise geradewegs mitten in mein eigenes Problem hineinführte. In diesem Augenblick hätte ich Alix so gern ins Herz gesehen! Nach der Trauung gab es ein Familienessen, und dann verließ uns das junge Paar Richtung Darmstadt. Ich ging mit Onkel Wladimir spazieren. Am Ende erreichten wir die Feste und unternahmen eine detaillierte Tour durch das Waffenmuseum. Wir waren gerade wieder zu Hause angekommen, als ein Sturm losbrach; es regnete in Strömen die ganze Nacht. Wir aßen mit Tante Marie zu Abend, in Uniform wegen des Kaisers, der nie Zivilkleidung trägt, und dann gingen wir, oder besser gesagt, rannten, wegen des Regens, ins Theater. Sie brachten den ersten Akt von *The Clowns* und ein gutes Stück. Im Billardzimmer tranken wir Bier und Champagner.

8. April, Coburg: Ein wunderbarer, unvergesslicher Tag in meinem Leben – der Tag meiner Verlobung mit meiner lieben, geliebten Alix. Sie kam nach 10 Uhr zu Tante Michen, und nachdem die beiden miteinander gesprochen hatten, hatten wir unsere Unterredung.

Gott, was für eine Last ist von meinen Schultern genommen; wie froh war ich, meinen lieben Eltern diese Freude zu bereiten! Ich verbrachte den ganzen Tag wie im Nebel und wusste gar nicht recht, wie mir geschehen war!

Wilhelm saß mit den Onkeln und Tanten im Nebenzimmer und wartete auf das Ergebnis unseres Gesprächs. Gerade war ich mit Alix bei der Königin und danach bei Tante Marie, wo die ganze Familie einander lange Zeit voller Freude in den Armen lag.

Nach dem Mittagessen gingen wir zu einem Dankgottesdienst in Tante Maries Kirche.[15]

Dann fuhren wir alle nach Rosenau, wo für die kleine »Bee« ein Geburtstagsball arrangiert worden war. Mir war nicht nach Tanzen zumute, ich ging mit meiner Braut im Garten spazieren und sprach mit ihr. Ich kann immer noch nicht glauben, dass ich eine Braut habe. Kamen um 6.15 nach Hause zurück. Dort lagen schon ein Haufen Telegramme. Wir dinierten um 8 Uhr. Dann fuhren wir zur Festbeleuchtung und gingen dann hinauf, um ein Hofkonzert anzuhören. Das Streichorchester des Bayerischen Regiments spielte hervorragend. Abends saßen wir wieder in unserem Salon zusammen.

9. April: Heute früh haben die Dragoner der Königin unter meinem Fenster ein ganzes Programm gespielt – sehr bewegend! Um 10 Uhr kam die wunderbare Alix, und wir gingen zusammen zur Königin zum Kaffeetrinken. Der Tag war kalt und grau, aber unsere Herzen waren hell und voller Freude. Um 11.30 musste sich die ganze Familie auf Onkel Berties Drängen hin im Garten zu einem Gruppenbild aufstellen. Nach dem Mittagessen saß ich mit Alix zusammen und beantwortete Telegramme. Wir fuhren zusammen im *Charaban* nach Rosenau. Ich lenkte.

Welch ein Vergnügen! Es war nicht besonders lustig dort, wir liefen nur herum und wussten nicht, was wir tun sollten, während zu Hause wer weiß wie viele Telegramme ankamen. Andererseits wich ich nicht von Alix' Seite, also darf ich mich nicht beklagen, außer vielleicht über die Kälte. Kamen um 6 Uhr zurück, gerade rechtzeitig zur Palmsonntagsvesper. Ich saß wieder neben meiner Braut, weshalb ich mich beim Abendessen mit der Königin beinahe verspätete. Wir trugen Abendkleidung, denn Wilhelm war schon abgereist. Abends gab es noch ein Hofkonzert. Saßen bis 1 Uhr zusammen.

George, Herzog von York, an Nikolaus: 9. April, York Cottage, Sandringham

Mein lieber alter Nicky!
Dir und der lieben Alix wünsche ich alle Freude und alles Glück dieser Welt, jetzt und in Zukunft. Ich bin sehr froh, dass schließlich doch noch alles ein gutes Ende gefunden hat und dein großer Herzenswunsch endlich in Erfüllung gegangen ist, denn ich weiß ja, dass du Alix schon seit einigen Jahren liebst und sie immer heiraten wolltest. Ich bin überzeugt, sie wird dir eine exzellente Gattin sein: Sie ist charmant, reizend und perfekt.

Auch freue ich mich, dass eure Verlobung in Coburg zustande gekommen ist, weiß ich doch, dass es Großmama die allergrößte Freude bereitet hat, bei diesem glücklichen Anlass zugegen zu sein; sie ist sehr angetan von Alix und hat mir immer

gesagt, wie sehr sie hoffte, dass sie dich eines Tages heiraten würde. Ernie und Ducky sind vermählt und Xenia und Sandro verlobt – so viele Hochzeiten in diesem Jahr! Du siehst, ihr folgt alle meinem guten Beispiel.
Gott segne dich, lieber Nicky.
Stets dein dich innigst liebender Cousin Georgie.

Nikolaus an Zarin Marie: 10. April, Palais Edinburg, Coburg

Meine liebste Mama,
ich weiß nicht, wie ich diesen Brief beginnen soll, denn es gibt so viel zu sagen, dass die Gedanken in meinem Kopf ganz durcheinander gehen. So ist nun meine Sache ausgegangen, dank der Barmherzigkeit unseres Herrgotts, wo ich doch überzeugt war, dass das Ganze völlig hoffnungslos sei!

Am Tag nach unserer Ankunft hier hatte ich ein langes und sehr schwieriges Gespräch mit Alix, bei dem ich ihr zu erklären versuchte, dass sie gar nicht anders könnte als zustimmen! Sie weinte die ganze Zeit und antwortete nur immer wieder flüsternd: »Nein! Ich kann nicht.«

Ich wiederholte nur immer wieder, was ich schon früher gesagt hatte, und bestand darauf. Obwohl sich dieses Gespräch mehr als zwei Stunden hinzog, endete es ohne Ergebnis, weil keiner von uns nachgeben wollte.

Am nächsten Morgen sprachen wir ruhiger miteinander; ich gab ihr deinen Brief, und danach konnte sie nichts mehr sagen. Das war schon ein Zeichen für mich, dass nun die letzte Stufe jenes Konflikts erreicht war, der aus unserem ersten Gespräch entstanden war. Ernies und Duckys Hochzeit war dann der letzte Tropfen, der das Fass ihres Leidens und Zögerns zum Überlaufen brachte. Sie beschloss, mit Tante Michen zu sprechen. Auch Ernie hatte ihr dazu geraten. Als er ging, flüsterte er mir zu, es gäbe Hoffnung für einen glücklichen Ausgang.

Ich muss sagen, dass ich während dieser drei Tage schreckliche Angst ausgestanden habe. Alle Verwandten fragten mich im Vertrauen nach ihr und wünschten mir alles Gute, nachdem sie mich in der bewegendsten Weise ihres Mitgefühls versichert hatten. Aber das rief in mir noch größere Ängste und Zweifel hervor, dass sich vielleicht keine Lösung ergeben würde.

Auch der Kaiser [Wilhelm] versuchte es, er hatte sogar eine Unterredung mit Alix und brachte sie an jenem Morgen des 8. April zu uns. Dann ging sie zu Tante Michen und kam bald darauf in das Zimmer, wo ich mit den Onkeln, Tante Ella und Wilhelm saß. Sie ließen uns allein und ... das Erste, was sie sagte, war ... dass sie einverstanden sei! O Gott, wie geschah mir da! Ich fing an zu weinen wie ein Kind und sie auch, nur ihr Ausdruck veränderte sich sofort: Ihr Gesicht strahlte und nahm ein friedvolles Leuchten an.

Nein! Ich kann dir nicht sagen, wie glücklich ich bin und doch wie traurig, dass ich nicht bei euch sein kann und dich und den lieben Papa in diesem Augenblick nicht in die Arme schließen kann. Meine ganze Welt ist verwandelt, und alles, die Natur, die Menschen, die Plätze, alles ist anziehend, gut und voller Freude. Ich konnte einfach nicht früher schreiben, meine Hände haben so gezittert, und seitdem habe ich tatsächlich nicht eine einzige freie Minute gehabt.

Wir mussten das Programm der übrigen Familie mitmachen, dann waren da Hunderte von Telegrammen zu beantworten – und dabei wäre ich doch dafür gestorben, nur einfach mit meiner lieben Braut allein in einer Ecke zu sitzen. Sie ist vollständig verändert und fröhlich, amüsant, gesprächig und *zärtlich* geworden. Ich weiß nicht, wie ich Gott für seine große Barmherzigkeit danken kann.

Am selben Tag gingen wir zu einem Gottesdienst in Tante Maries Kirche. Sie und alle ihre Schwestern waren dabei. Auf Alix' Wunsch werden wir für eine Nacht nach Darmstadt fahren, denn nun wird sie ihr Geburtsland mit ganz anderen Gefühlen sehen. Ich hatte bei euch angefragt, ob ich zwei Wochen länger bleiben kann, aber nun denke ich, ich werde eher kommen, um die Mitte der Osterwoche. Ich möchte so gern ein wenig mehr Zeit in Ruhe mit ihr verbringen.

Aber nun, meine liebe Mama, muss ich schließen. Ich lege ihren Brief an dich bei.
Ich umarme den lieben Papa und alle anderen,
dein Nicky

Nikolaus, Tagebuch: 10. April, Palais Edinburg, Coburg

Feierten Onkel Wladimirs Namenstag; zum ersten Mal machten Alix und ich ihm ein gemeinsames Geschenk. Ging mit ihr um 10 Uhr nach oben, um mit der Königin Kaffee zu trinken. Es gelang mir, zur Mitte des Gottesdienstes in die Kirche zu kommen; und von dort aus zu Alix und den endlosen Mengen an Telegrammen, die eher mehr als weniger zu werden scheinen. Alle russischen Herren brachten meiner Braut einen Strauß. Aß um eins zu Mittag. Heute ist es einfach kalt, es regnet auch von Zeit zu Zeit. Verabschiedete mich von der Königin und Onkel Bertie. Um 4.30 brachen Victoria, Tante Ella, Irène,[16] Alix, Onkel Sergej, Ludwig[17] und ich nach Darmstadt auf. Reisten mit einem Sonderzug genau fünf Stunden lang. Wir legten volle Uniform an und zogen um 10 Uhr in Alix' Geburtsstadt ein. Es gab einen triumphalen Empfang; Ducky und Ernie waren zum ersten Mal unsere Gastgeber. Eine Ehrengarde, eine vierspännige Eskorte, Festbeleuchtung und Menschenmassen. Sobald wir das Schloss erreichten, setzten wir uns zum Abendessen, denn wir hatten großen Hunger. Wie seltsam und doch angenehm, dort zu sein. Saß in Alix' Zimmern und sah sie mir genau an. Es ist schon eine Schande, sich für die Nacht zu trennen.

Zarin Marie an Nikolaus: 10. April, Gatschina

Mein lieber süßer Nicky!
Worte vermögen nicht auszudrücken, mit welcher *Wonne* und mit welch *großer* Freude ich die frohe Botschaft empfing! Fast

hat es mir die Sinne geraubt, so überglücklich war ich! Doch wie traurig, dass ich in diesem großen Augenblick deines Lebens nicht an deiner Seite weilen kann, mein geliebter Nicky! Dass ich dich nicht küssen und aus tiefster Seele segnen kann! Möge Gott euch beide mit allen seinen Segnungen überschütten und euch alles Glück dieser Erde gewähren; das ist mein glühendster und inbrünstigster Wunsch für dich, mein Nicky. Ich war *so* glücklich und habe Tränen der *Freude* und der *Rührung* vergossen und bin sofort geeilt, die frohe Botschaft zu verkünden: Zuallererst Papa, dann Xenia und Sandro, und alle brachen in Freuden- und Jubelschreie aus!

Als wir uns am Abend deiner Abreise voneinander verabschiedeten, waren wir so niedergeschlagen und hoffnungslos, dass mir das Herz blutete, als ich dich gehen sah, und meine Gedanken und Gebete waren immer bei dir. Doch Gott der Allgütige hat alles zum Besten gerichtet, und jetzt bist du glücklich und froh, und wir sind von Freude überwältigt, dass du so glücklich bist. Dein größter Wunsch ist *endlich* in Erfüllung gegangen, nach *so vielen* Unsicherheiten. Mit nahezu *fieberhafter Ungeduld* harren wir des ersten Briefes mit den Details, wie alles vonstatten ging. Du ahnst ja gar nicht, wie schrecklich und schmerzlich es ist, in einem Augenblick wie diesem von dir getrennt zu sein, und wie eifersüchtig und *wütend* ich bin, dass die Onkel und Tanten zugegen waren, während *Papa* und *ich*, die wir dir doch *am nächsten* stehen, ausgeschlossen blieben! Es ist furchtbar traurig und schlimm für uns. Ich küsse euch beide, meine lieben Kinder, von ganzem Herzen und bete, dass Gott euch segnen und euch stets in seine Obhut nehmen möge. Ich hoffe, die liebe Alix wird mich als liebende Mutter betrachten, die sie mit offenen Armen aufnehmen wird wie ihr eigenes Kind. Papa umarmt euch zärtlich und liebevoll und wünscht euch beiden Glück und alles Gute.

Gott behüte euch!

Deine dich stets liebende Mama

Xenia an Nikolaus: 10. April, Gatschina

Liebster Nicky,
du kannst dir gar nicht vorstellen, wie sehr ich mich freue, ich bin schrecklich glücklich, und du wirst verstehen, warum ...

Denk nur, als ich Mama gestern fragte, wann unsere Hochzeit sein soll, und Mama zweimal mit »Ich weiß nicht« antwortete, war ich außer mir, es ist unglaublich, man kann Menschen doch nicht wie Sachen behandeln. Aber als ich sie nach deiner Hochzeit fragte, antwortete Mama, es gäbe keinen Grund, länger zu warten, mit anderen Worten, je schneller, desto besser. Nun sag selbst: Wo bleibt da die Gerechtigkeit? Aber natürlich bin ich überglücklich für dich.

KR, Tagebuch: 10. April, Palmsonntag, Gatschina

In Gatschina fand ein Gottesdienst statt. Seit langem hatte ich die Kaiserin nicht so strahlend gesehen. Nickys Verlobung hat alle Russen, die so lange darauf gewartet haben, dass er in den Stand der Ehe eintritt, mit Freude erfüllt. Ich persönlich freue mich von ganzem Herzen für ihn, weiß ich doch, dass sein sehnlichster Wunsch endlich in Erfüllung gegangen ist. Doch meine Freude wird durch einige Vorbehalte gedämpft: Ich denke, dass er nicht mehr so im Regiment wird dienen können, wie er es selber gewünscht hätte, und er dürfte wohl häufig von seinen militärischen Pflichten abgelenkt werden.

Nikolaus, Tagebuch: 11. April, Palais Edinburg, Coburg

Schlief ausgezeichnet in Onkel Alfreds Räumen unten, links vom Eingang. Das Wetter war viel wärmer als in Coburg, alles stand in voller Blüte, und der Duft war wunderbar. Nach dem Kaffee mit der ganzen Familie saß ich mit Alix und beantwortete Telegramme. Ihre Haltung mir gegenüber hat sich in den letzten Tagen so sehr verändert, ich bin ganz hingerissen.

Heute früh schrieb sie drei Sätze Russisch ohne einen einzigen Fehler! Um 11.30 fuhren wir zusammen im *Charaban* nach Rosenau, wo ihre verstorbenen Eltern, ein Bruder und eine Schwester in einem Pavillon beigesetzt sind.[18] Wir pflückten überall Blumen und Flieder. Kamen um ungefähr zwei in die Stadt zurück und aßen mit dem Teil der Verwandtschaft zu Mittag, der ebenfalls in Darmstadt war. Danach ließen wir uns fotografieren, als Gruppe und paarweise – ich mit Alix. Die Menschen drängten sich in den Garten hinein – ein lustiges Schauspiel.

12. April: Erwachte bei schönem Wetter. Ging mit Alix zum Kaffeetrinken bei der Königin; jetzt muss ich sie Großmama nennen. Die Infanterie spielte unter meinen Fenstern wie die Dragoner zuvor. Schrieb mit Alix Telegramme. Ging um 11 Uhr zur Kirche. Aß um 3 Uhr mit der Königin zu Mittag. Sah mir die Gruppenfotos an, die vor und nach Duckys und Ernies Hochzeit gemacht worden sind.

Alix und ich fuhren zusammen im *Charaban* nach Rosenau. Ziemlich viele Menschen hatten sich dort versammelt, um Tennis zu spielen und Tee zu trinken. Fuhr gemeinsam mit ihr zurück und ging gleich zur Kirche. Saß mit meiner schönen Braut zusammen. Mit Tante Maries Erlaubnis bin ich aus dem Schloss in das Häuschen in ihrem Garten gezogen, gleich neben der Villa, in der Alix untergebracht ist. Ich habe Alfreds Räume übernommen, denn er ist heute nach Potsdam gefahren. Es ist sehr gemütlich, bequem und, vor allen Dingen, nahe bei ihr. Um 9 Uhr gingen wir dann auch zum Abendessen mit der Königin, durften das Konzert aber wegen unserer Karwoche ausfallen lassen. Wir saßen für eine lange Zeit in unserem früheren gemeinsamen Salon.

13. April: Von morgens an war es ein schöner Tag. Ging mit Alix zum Kaffeetrinken mit der Königin. Es ist nicht sehr angenehm, die Fastenwoche im Ausland zu verbringen; ich muss viele Dinge ablehnen. Nach der Kirche ging eine ganze Menge von uns zu einem Besuch zu Prinzessin Clementine Coburg; sie ist so schwerhörig, dass sie immer ein Hörrohr trägt. Um 3 Uhr fuhren Alix und ich mit derselben Kutsche den Hügel hinauf, an der Feste vorbei und dann auf einem schönen Rundweg bis nach Rosenau, wo der Rest der Familie sich schon zum Tee bereit machte. Ging mit Alix spazieren, pflückte Blumen und saß mit ihr eine lange Weile auf der Bank beim Teich – ein zauberhaftes kleines Eck.

Zarin Marie an Nikolaus: 14. April, Gatschina

Mein liebster süßer Nicky,
von ganzem Herzen danke ich dir für deinen *lieben, freundlichen* Brief, den ich gestern durch Tante Michen erhielt und der mich zu Tränen gerührt hat.

Danke, Dank für jedes liebevolle Wort, das mir direkt ins Herz geht. Es ist ganz erfüllt von Liebe für dich und hat sich wie eine Blume geöffnet, um deine liebe Alix aufzunehmen, die ich bereits jetzt als meine eigene Tochter betrachte und die ich mit so viel Ungeduld erwarte. Es war *solch* eine Freude, als ich gestern Morgen eure beiden lieben Briefe erhielt!

Sag Alix, wie *tief* ich von ihrem berührt war – nur soll sie mich nicht *Tante* nennen – Mama oder *liebe Mutter*, denn das bin ich hinfort für sie. Ihr armen Kinder, welche Seelenqualen habt ihr durchgemacht – es war ein richtiger Kampf! Doch Gott hat euch geholfen, zu bestehen und diesen großen Sieg davonzutragen, und jetzt wird er euch beide segnen, dessen bin ich gewiss. Möge er eure Gebete erhören und euch alles Glück dieser Welt gewähren und damit unser Glück und das Glück unseres ganzen geliebten Landes! Ich sende dir ein sehr kleines Osterei.
Stets deine dich liebende Mama

Zar Alexander III. an Nikolaus: 14. April, Gatschina

Mein lieber, süßer Nicky,
Du kannst dir die Freude und Dankbarkeit vor unserem Herrn vorstellen, mit der wir von deiner Verlobung erfahren haben! Ich muss zugeben, dass ich an die Möglichkeit eines solchen Ausgangs nicht geglaubt habe und sicher war, dein Versuch würde vollständig fehlschlagen, aber der Herr hat dich geleitet, hat dir Kraft gegeben und dich gesegnet, Dank sei ihm und seiner Barmherzigkeit. Hättest du nur das Glück und den Jubel sehen können, mit dem jeder hier die Nachricht aufnahm: Wir erhielten sofort eine Menge Telegramme und sind immer noch überwältigt davon.

Ich bin sicher, du bist nun doppelt glücklich, und alles, was geschehen ist, auch wenn es jetzt vergessen sein soll, wird sich sicher als nützlich erweisen, weil es zeigt, dass nicht alles so einfach ist, vor allem nicht ein so enormer Schritt, der über deine ganze Zukunft und dein nachfolgendes Familienleben entscheiden wird.

Ich kann mir dich noch gar nicht als Verlobten vorstellen, wie seltsam und ungewöhnlich! Wie traurig, dass Mama und ich in dieser Zeit nicht bei dir sein können, dich nicht umarmen und nicht mit dir sprechen können und nichts wissen, nur auf Briefe mit Einzelheiten warten.

Bitte sag deiner lieben Verlobten von mir, wie sehr ich ihr dafür danke, dass sie endlich doch eingewilligt hat, und wie sehr ich ihr wünsche, dass sie blühen und gedeihen möge für die Freude, den Trost und den Frieden, den sie uns geschenkt hat, als sie sich entschlossen hat, deine Frau zu werden!
Ich umarme dich und gratuliere dir, mein lieber, süßer Nicky.
Wir sind froh über dein Glück, und der Herr möge dein künftiges Leben segnen, wie er es von Anfang an getan hat!

Sandro an Nikolaus: 14. April, Gatschina

Seit dem Tag deiner Verlobung sind wir in den Hintergrund gerückt, niemand denkt mehr an uns, die Hochzeit ist noch immer nicht geplant, unser Haus nicht gekauft. Schreib Mama – oder sag es ihr, wenn du kommst –, dass unsere Hochzeit jetzt endlich arrangiert werden sollte – wir haben es satt, noch länger zu warten. Für dich ist es ein Leichtes.

Ich komme gerade vom Tee zurück. Dabei fragte ich Papa, wann unsere Hochzeit stattfinden soll. Der Kaiser sagte, im Juli. Dann fing Papa an, von deiner Hochzeit zu sprechen, und sagte, es wäre wünschenswert, sie für August zu arrangieren. Du hast es gut, du wirst insgesamt nur 4 Monate verlobt gewesen sein. Für Xenia und mich werden es 6 Monate sein, und dazu muss sie noch auf die Krim reisen, all das verdrießt mich sehr.

Nikolaus an George, Herzog von York: 14. April, Palais Edinburg, Coburg

Mein liebster alter Georgie,
lass mich dir danken, lieber Junge, für die freundlichen Zeilen, die du mir zu meiner Verlobung geschrieben hast. Es kommt einem wahrhaftig seltsam vor, ein solches Wort in eigener Sache zu benutzen! Aber so ist es!

Natürlich kannst du von meiner Freude auf den glücklichen Zustand schließen, in dem ich mich jetzt befinde. Ich bin froh, hier in Coburg zu sein, und finde diesen Ort wunderbar. Nur dass alle Zeit so von der Familie in Beschlag genommen wird (wie in Dänemark), dass ich es geradezu grausam finde, für ein paar Stunden meiner geliebten Alix entrissen zu werden, wo ich diese Stunden doch so viel lieber mit meiner eigenen kleinen Braut verbrächte! Sie fährt hinüber nach England zu Großmama, und ich glaube, es kann gut sein, dass ich auch hinüberkomme und euch Lieben alle wiedersehe.

Ich wäre so glücklich, London wiederzusehen. Ich fand meinen Aufenthalt im letzten Sommer schön und habe nur die angenehmsten Erinnerungen an deine Hochzeit. Ich hoffe, May geht es gut, bitte richte ihr meine besten Grüße aus. Ich muss mein Gekritzel beenden, sende dir Alix' beste Grüße und bleibe,

liebster Georgie, mit jedem nur möglichen Wunsch für dein Glück und deine Freude
immer dein dich innig liebender Vetter und ergebener Freund,
Nicky

Xenia an Nikolaus: 14. April, Gatschina

Sandro und ich sind niedergeschlagen, weil immer noch nichts wegen unserer Hochzeit entschieden ist. Du musst verstehen, Nicky, das ist furchtbar lästig und *kaum zu ertragen*! Bitte sprich doch mit Mama und Papa darüber, wenn du zurückkommst, denn natürlich werden sie mit dir über deine Hochzeit reden. Du bist ja erst *frisch* verlobt, aber wenn *drei Monate* vergangen sind, dann wird es auch dir überdrüssig werden, so wie mir, und du wirst merken, dass es schlicht und einfach *unmöglich ist, sich noch länger zurückzuhalten*, vor allem, wenn von einer Hochzeit nicht einmal die Rede ist.

Nikolaus, Tagebuch: 15. April, Karfreitag, Coburg

Ging um 10 Uhr mit Alix zum Frühstück bei der Königin; es ist so seltsam, mit ihr allein fahren und gehen zu können, ohne das Gefühl von Peinlichkeit, als ob gar nichts Ungewöhnliches dabei wäre! Die Dragoner spielten wieder auf. Auf meinem Weg zu einem Besuch bei Karl-Alexander von Weimar - der alte Mann ist gestern zu einem Besuch bei der Königin hier angekommen - kam ich rechtzeitig zum Heraustragen des Totentuches.

Das Wetter begann schlechter zu werden, aber wir machten uns trotzdem zu Fuß zum Antiquarium und zum Laden des Korbflechters auf, wo ich eine Reihe von Körben zum Pilzesammeln und eine Chaiselongue fürs Lager kaufte. Alix schenkte mir einen Ring. Wie lustig es war, ihn zum ersten Mal an meinen Finger zu stecken! Fuhr mit meiner lieben Braut im *Charaban* nach Rosenau. Wir pflückten am Weg Blumen und gingen zu

Fuß hinauf zum Haus. Hörten dort, dass die Königin wegen des schlechten Wetters im Kanal noch einen Tag länger bleibt! Während des Gottesdienstes trug ich das Totentuch mit Onkel Sergej. Dinierte um 9 Uhr mit der Königin. Hinterher gab es Musik, während einige im Nebenzimmer saßen und sich unterhielten. Fuhr nach Hause zurück, saß noch eine Stunde mit der lieben Alix zusammen. Sie ist ruhig und glücklich. Es regnete in Strömen.

16. April: Ein kalter Regentag. Tranken um 9 Uhr zusammen bei Tante Marie Tee. Um 10 Uhr wurden Alix und ich plötzlich zu einem letzten Frühstück mit der Königin geladen. Wir vier – Tante Ella, Alix, Sandro und ich – gingen durch die Läden, um allerlei Unsinn zu kaufen, den wir in den Eiern verstecken wollten. Obwohl es nie aufhörte zu schütten, hatten wir viel Spaß und lachten viel. Den Tee trank ich mit dem Tantchen. Um 5 Uhr kam ein Kurier mit willkommenen Briefen von daheim an, mit Ordern und wunderbaren Geschenken von Papa und Mama für Alix, und mit Ostereiern. Das hat uns beiden große Freude bereitet; ich las ihr die Briefe der Eltern vor, die warme Liebe und ein zufriedenes Gefühl des Glücks ausstrahlten! Um 6 Uhr gingen wir ins Schloss, um uns von der Königin zu verabschieden. Sie brach nach England auf und wurde von ihren Dragonern zum Bahnhof eskortiert. Nach dem Abendessen saß ich noch bis Mitternacht bei meiner lieben, geliebten Alix!

Alix an Zarin Marie: 18. April, Palais Edinburg, Coburg

Geliebtes Mütterlein,
Nicky sagt mir, dass ich dich so nennen darf, vielen herzlichen Dank – du bist zu gut und freundlich zu mir. Ich kann dir und dem lieben Onkel gar nicht genug für das herrliche Geschenk danken, das ihr mir so überaus liebenswürdigerweise geschickt habt. Es ist einfach viel zu schön für mich! Ich bekam einen ordentlichen Schrecken, als ich die Schatulle öffnete – und diese

herrlichen Steine sah. Ich danke dir so sehr dafür und küsse deine Hände aufs zärtlichste.

Dein zauberhaftes Geschenk erfüllt mich mit Stolz und Dankbarkeit, das süße Ei und der liebe Brief – alles hat mich zutiefst gerührt.

Nur noch zwei Tage, dann müssen der liebe Nicky und ich voneinander Abschied nehmen, bei dem Gedanken fühle ich mich ganz unglücklich, aber ich bin sicher, dass sein geliebtes Mütterlein sich nach ihm sehnt. Du wirst ihn diesen Sommer doch nach England reisen lassen, nicht wahr? Es wäre wirklich zu grausam, so lange voneinander getrennt zu sein, und Großmama freut sich schon so auf seinen Besuch. Sie hat ihn richtig ins Herz geschlossen, so wie alle, die ihn kennen. Er ist gerade in der Kirche, und während er dort kniet, sind meine Gedanken und Gebete bei ihm. Mit Gottes Hilfe werde ich bald auch seine Religion lieben lernen, und ich bin sicher, er wird mir dabei beistehen. Aber ich will dich nicht mit einem langen Brief behelligen.

Mit der zärtlichsten Liebe für den lieben Vater bin ich, geliebtes Mütterlein,
dein dir zutiefst zugeneigtes und gehorsames Kind, Alix

Alix an Xenia: 18. April, Palais Edinburg, Coburg

Meine liebe kleine Xenia,
meinen zärtlichsten Dank für das süße kleine Ei und die reizende kleine Brosche; es hat mich zutiefst berührt, dass du an mich gedacht hast.

Die anderen sind alle in der Kirche, und ich bin hier allein, deshalb nutze ich die Gelegenheit, meinem Küken zu schreiben.

Ach! Nur noch zwei Tage, dann müssen wir Abschied voneinander nehmen, ein schrecklicher Gedanke für mich – aber was sich nicht ändern lässt, muss man ertragen. Wie beneidenswert, dass du Sandro jeden Tag siehst, und ich werde meinen Nicky über einen Monat lang nicht sehen.

Ich kann mein Glück gar nicht beschreiben – es ist einfach zu groß, ich kann Gott nur auf Knien danken, dass er mich so gelenkt hat. Und welch ein Engel ist der liebe Junge! Du wirst so froh sein, dass er jetzt wieder bei dir ist. Nicht wahr, du schreibst mir doch ab und zu, wenn Sandro nicht gerade den ganzen Tag mit dir zusammen ist. Bitte grüße ihn herzlich von mir.

Gestern haben wir bei regnerischem Wetter einen Ausflug gemacht, aber nicht zur Rosenau; heute werden wir bestimmt dorthin fahren.

Auf dem Weg nach England will ich in Darmstadt übernachten, dann werde ich das junge Paar wieder sehen – sie wirken so glücklich und froh, aber für mich ist es einfach zu komisch, dass Ernie verheiratet ist. Heute ist es so klamm, dass ich ein Kaminfeuer machen lassen musste.

So viel für heute.

Mit vielen herzlichen Küssen bin ich stets deine dich über alles liebende alte Henne Alix.

Nikolaus an die Zarin Marie: 18. April, Palais Edinburg, Coburg

Meine liebste, geliebte Mama,

Worte können nicht ausdrücken, wie froh mich euer lieber Brief gemacht hat, vor allem, dass ihr beide glücklich und erfreut seid.

Nun bin auch ich ganz froh und ruhig.

Alix ist wunderbar und ganz verwandelt nach ihrem Zustand ständiger Traurigkeit. Sie ist so anrührend lieb zu mir, dass ich ganz bezaubert bin. Wir verbringen ganze Tage damit, beisammenzusitzen, und wenn die Familie einen Ausflug macht, folgen wir allein nach, in einem kleinen, einspännigen *Charaban*; entweder halte ich die Zügel oder sie.

Sie fiel fast in Ohnmacht, als ich ihr euer wunderbares Geschenk überreichte. Sie hat es gestern Abend zum ersten Mal getragen, als wir Gäste zum Essen hatten. Ich habe euch so wenig und so selten geschrieben, liebe Mama, teilweise, weil wir uns ja bald sehen, aber auch, weil ich wirklich keine freie Zeit habe. Wir sind völlig erschöpft von den Telegrammen, Alix und ich schreiben sie zusammen und helfen einander: Bisher haben wir 220 bekommen! Die Tage in Darmstadt haben wir ruhig mit Ducky und Ernie verbracht, der Empfang gestern Abend war ganz großartig und doch recht bewegend! – Sicher lieben sie dort alle und hegen die zärtlichsten Erinnerungen an sie.

Aber nun muss ich schließen, liebe Mama.

Alix und ich umarmen dich mit Wärme und Zärtlichkeit. Noch einmal danke ich euch für euren lieben Brief und die kleinen Eier.

Der Herr möge euch beide schützen.
Bis zu unserem nächsten Zusammentreffen.
Dein Nicky

Nikolaus, Tagebuch: 18. April, Palais Edinburg, Coburg

Der Tag war kalt, zwischendurch regnete es. Trotzdem fuhren wir wieder nach Rosenau, Alix und ich natürlich!

Wir pflückten viele Blumen, die wir, wie der Brauch es verlangt, in den Falten von Alix' Kleid und in meinem Rock trugen. Bei unserer Rückkehr tranken wir Tee mit Tante Marie. Wir dinierten um 7 Uhr und gingen dann ins Theater, wo sie wieder diese nette Oper *Der Vogelhändler* spielten (auch Alix liebt die Nachtigallen-Arie). Wir tranken im Billardzimmer Tee und Bier und gingen dann hinauf in ihr Zimmer. Wir saßen lange zusammen; sie war unglaublich rührend zu mir!

19. April: Stand ungefähr um neun auf und verspätete mich etwas zum Kaffee bei Tante Marie. Die Familie teilte sich für diesen Tag auf: Tante Ella, Victoria, Missy, Sandro und Ferdinand [von Bulgarien] gingen in die Spielzeugfabrik. Ich blieb aus verständlichen Gründen zu Hause und saß die ganze Zeit bei Alix. Half ihr, mit ihrem Tagebuch wieder auf den neuesten Stand zu kommen. Um 3 Uhr fuhren Alix und ich mit der Kutsche aus der Stadt, wo wir uns ein altes Haus ansahen, das dem belgischen

König gehört. Verbrachte den Abend mit meiner lieben Alix in ihrem Zimmer; es ist schrecklich traurig, dass wir uns für so lange Zeit trennen müssen! Wie wunderbar, zusammen sein zu dürfen – die reine Seligkeit!

20. April: Wachte mit dem schwermütigen Gefühl auf, dass das Ende unseres Herz-an-Herz-Daseins gekommen war. Nach dem Kaffee machte ich mit Alix einen Besuch bei der Herzoginwitwe, die ziemlich allein in ihrem Schloss auf dem Hügel wohnt.

Um 12.45 ging ich mit Alix zum Bahnhof und nahm Abschied von ihr. Sie fährt nach Darmstadt und von dort aus mit Victoria [ihrer ältesten Schwester] nach England, die Königin besuchen. Wie traurig alles war, als ich nach Hause kam! Wie mit Absicht klarte das Wetter auf, und die Sonne kam durch. Wir fuhren nach Rosenau, alle zusammen, und vor allem dort, mit jedem Schritt, kamen die Erinnerungen an Alix. Nein, es macht keinen Spaß ohne sie! Und so werden wir nun eineinhalb Monate getrennt verbringen müssen. Ich ging allein die vertrauten und nun so lieb gewonnenen Plätze ab und pflückte ihre Lieblingsblumen, die ich ihr am Abend in einem Brief schickte. Es gab wieder ein Gewitter, dann klarte es auf. Um 9 Uhr, nachdem ich am Bahnhof von all meinen Verwandten Abschied genommen hatte, brach ich nach Hause auf.

Nikolaus an Alix: 20. April, dieser traurige Mittwoch, Palais Edinburg, Coburg

Mein süßer, geliebter Liebling Alix!
Oh, es war zu schrecklich, so Abschied nehmen zu müssen, mit all den Menschen, die von allen Seiten her zusahen! Ich werde niemals den süßen, traurigen und doch lächelnden Ausdruck auf deinem engelsgleichen Gesicht vergessen, mit dem du aus dem Fenster sahst, als der Zug sich in Bewegung setzte!

Zu wissen, dass du 9 Stunden in diesem kleinen Abteil fast allein verbringen musstest – war grausam für mich, und vor allem der Gedanke, dass ich zu nichts mehr nütze war! Die Rückkehr nach Hause war höchst unerfreulich, und als ich in mein Zimmer kam, wo du dich noch ein paar Minuten zuvor aufgehalten hattest, konnte ich die Tränen nicht mehr zurückhalten. Aber dann, oh!, welch freudige Überraschung – auf meinem Tisch im Schlafzimmer lag ein Zettel von dir, mein liebstes kleines Mädchen. Ich danke dir dafür, und ich danke dir auch für die beruhigenden, tröstenden Worte, die du mir geschrieben hast. Oh, wirklich, diese paar Zeilen taten mir gut! Sicher, meine Liebe, werde ich mit Papa über diese Frage sprechen, und ich bitte dich, immer daran zu denken, in allem, worin du meine Hilfe brauchst, kannst du sicher sein, dass ich an deiner Seite bin und dass auch mein innig liebendes und dankbares Herz, wo immer es ist, immer im Takt mit dem deinen schlägt, meine Süße!

All diese Tage war ich so überwältigt von Freude und Glück, wenn ich an der Seite meines Lieblings war, dass ich dir nicht einmal ein Hundertstel von dem sagen oder erzählen konnte, wovon ich hätte sprechen mögen. Meine Gefühle sind sehr tief, und dann bringe ich die Worte nicht heraus; es ist dumm und lästig, aber so ist es. Ich hoffe, dass diese Scheu, oder was immer es ist, sich verliert, denn wenn wir uns das nächste Mal treffen, werden wir mehr voneinander wissen als zu Anfang.

Oh, wie ungeduldig ich auf den Augenblick warte, wenn ich meine Lippen wieder auf dein süßes, sanftes Gesicht drücken darf! Alix, mein Liebling, weißt du nicht, wie sehr du mich verändert hast, nur indem du eine zärtliche Hand ausgestreckt hast und mich zu dir heraufgezogen hast – dem Abbild wahrer, reiner Liebe und Treue! Nein! Glaube nicht, das seien nur eitle Worte, nein, sie entspringen meinem innersten Gefühl von Bewunderung, Vertrauen und Liebe, das du in mir erweckt hast. Ich muss dieselben Worte wiederholen, die ich dir, meinem kostbaren kleinen Mädchen, am Tag unserer Verlobung schon gesagt habe, dass mein ganzes Leben dir gehört und dass ich dir niemals dankbar genug sein kann für alles, was du für mich getan hast, tust und noch tun wirst! Möge Gott dich am schwierigen Beginn deines Weges unterstützen und schützen! Meine Gebete,

Segenswünsche und Gedanken sind immer bei dir, mein kleiner Liebling!

Natürlich fuhren alle nach Rosenau, und mich schleppten sie mit. Ella und Sandro fuhren unseren Ponywagen. Wir fuhren auf unserer hübschen Straße über den Hügel und hinunter nach Rosenau, wo wir Tee tranken. Vorher gingen wir spazieren, ich sah unsere Bank, wo der Hase das eine Mal vorbeikam, dann ging ich am Fluss entlang, sah in die Grotte, fand die Schlüsselblumen am Hügel – und plötzlich merkte ich, dass ich diesen Platz innig liebe! Das Wetter war zu schön für den Anlass, die Sonne strahlte, aber ich war so einsam!!!

Ich hoffe wirklich, du hattest eine gute Überfahrt und meine süße kleine Eule musste nicht leiden und ist von der Reise nicht zu erschöpft. Schick Großmama meine besten Grüße.

Und nun leb wohl, mein geliebter Liebling Alix. Gott segne dich noch einmal! +

Immer dein dich innig liebender und dankbarer Nicky

Alix an Nikolaus: 20. April, Darmstadt

Mein geliebter Schatz Nicky,

ich liege schon im Bett, aber ehe ich einschlafe, muss ich dir unbedingt schreiben, da wir ja leider nicht miteinander sprechen können. Oh, wie vermisse ich dich, es lässt sich gar nicht in Worte fassen, und ich sehne mich nach den zwei Stunden ganz allein mit dir. Kein Gutenachtkuss und kein Segen, das ist schlimm. Aber in Gedanken sind wir beieinander, nicht wahr?

Dein liebes Telegramm hat mein Herz froh gestimmt, und ich habe es ganz nah bei mir. Wie freue ich mich schon darauf, deinen Brief in Windsor vorzufinden.

Und du ratterst dahin in dem scheußlichen Zug, während ich es mir in meinem Bett bequem mache, in meinem eigenen »Zuckerhaus«. – Alles erinnert mich so sehr an letzte Woche. – Ich bin so froh, dass du hier warst und meine Gemächer ein wenig kennen gelernt hast. Du fehlst mir *so sehr.*

Dein liebes Foto steht auf immer und ewig vor mir, und bei seinem Anblick fühle ich mich noch einsamer. Morgen werde ich aus Windsor schreiben.

Nikolaus, Tagebuch: 21. April, im Zug

So traurig es jetzt auch ist, wenn ich an das denke, was geschehen ist, jubelt mein Herz unweigerlich und wendet sich mit einem Dankgebet an Gott! Das Wetter ist wunderbar, wenn auch zu heiß für eine Zugfahrt!

Ich fand ein altes Bild von Alix bei meinen Sachen, umgeben von den üblichen rosa Blumen. Ich war sehr gerührt, als der Büfett-Kellner darum bat, dass es mit in den Wagen genommen würde. Um 7 Uhr haben wir die Grenze überquert. Während das Gepäck umgeladen wurde, habe ich meiner lieben Braut einen Brief geschrieben. Sobald wir in unserem Zug losgefahren waren, setzten wir uns zum Abendessen. Was für ein freudiges Gefühl, heimzufahren! Am Abend nahm ich ein erfrischendes Bad.

Königin Victoria an Nikolaus: 22. April, Windsor Castle

Lieber Nicky,
ich habe dir sehr zu danken, dass du mir freundlicherweise diese wundervolle Abschrift deiner Reisen übermittelt hast, die ich hoch in Ehren halten werde. Ich brauche dir wohl nicht zu sagen, wie sehr meine Gedanken bei dir und meiner süßen Alicky [Alix] weilten, seit wir aus dem reizenden Coburg abgereist sind; ich bin sicher, dass der Abschied für euch beide sehr schmerzlich gewesen sein muss.

Wir sehen ihrer Ankunft am Freitag mit großer Freude entgegen, und ich werde aufs sorgsamste darüber wachen, dass ihr Ruhe und Erholung zuteil wird, und alles tun, damit sie kräftig wird, was sie schon längere Zeit nicht mehr war. Während sie hier ist – allein, ohne dich –, sollte sie, so meine ich, so wenig wie möglich ausgehen, denn sie würde nur angestarrt und zum Gegenstand der Neugier werden, was in ihrer gegenwärtigen Position als *deine Braut* nicht nur unangenehm, sondern auch unziemlich wäre.

Nun, wo sie keine Eltern mehr hat, dürfte ich wohl der einzige Mensch sein, der wirklich Verantwortung für sie übernehmen kann. Nach dem Tod ihrer geliebten Mutter betrachteten alle ihre lieben Schwestern *mich* als ihre zweite Mutter, aber *sie* hatten *wenigstens noch* ihren lieben *Vater.*

Nun ist unsere liebe arme Alicky ein Waisenkind und hat in ihrer neuen Situation *überhaupt niemanden mehr* außer mir. Ich hoffe, du wirst dich mit allem, was dir am Herzen liegt, *direkt an mich* wenden. Es tut mir so Leid, dass ich sie nicht nach Balmoral mitnehmen kann, denn dort gibt es die beste Luft auf der ganzen Welt, doch bei ihrem Besuch vor 2 Jahren war sie allzu kräftig für sie. Ich hoffe, dass sie im Herbst kommen kann.

Dir, lieber Nicky, meine ganze Zuneigung, deine ergebene
(zukünftige) Großmama
Victoria RI

Alix an Nikolaus: 22. April, Windsor Castle

Mein geliebter Schatz Nicky,
ich bin gerade angekommen und habe mit Granny gefrühstückt. Dabei musste ich sehr an Coburg denken, und umso mehr habe ich dich vermisst. Dafür die große Freude, deinen süßen Brief hier vorzufinden, für den ich dir viele zärtliche Küsse sende und tausend Dank für die Blumen. Ich werde sie in meine Bibel und mein Gebetbuch legen – sie duften immer noch wunderbar. Dein Brief ist mir ein großer Trost, und ich weiß nicht, wie oft ich ihn in diesen wenigen Minuten gelesen und ihn mit Küssen bedeckt habe. Deine Küsse und deine Freundlichkeit fehlen mir so sehr.

Die Reise ließ sich gut an, und ich hatte eine ausgezeichnete Überfahrt, überhaupt kein Seegang, deshalb fühle ich mich auch nicht besonders erschöpft. Hier grünt und blüht alles aufs herrlichste. Granny hat einen lästigen Husten. Den ganzen Tag habe ich deine Münze in der Hand gehalten und mit ihr gespielt und das Foto angeschaut - ein kleiner Trost. Nicht nur dich vermisse ich, sondern auch Ernie, ich muss ständig daran denken, dass ich vor wenigen Wochen zusammen mit ihm hier war, und ohne ihn komme ich mir ziemlich verloren vor. Granny erzählt mir, dass sie dir geschrieben hat - mir hat sie sogar nach Darmstadt geschrieben. Tante Beatrice muss aus einem gesellschaftlichen Anlass nach London fahren, so werden Granny, ich und die Kinder uns hier selbst überlassen bleiben.

Dein Brief hat mich überglücklich gemacht. Auch ich scheue mich, meine Gefühle offen zu zeigen. Es gab so vieles, was ich dir gerne erzählt, dich gefragt und mit dir besprochen hätte, aber ich war zu schüchtern. Diese Schwäche werden wir überwinden müssen, meinst du nicht auch? Oh, ich sehne mich so nach dir, mein Geliebter, mein Ein und Alles. O Lieber, o Lieber ...

So, da bin ich wieder. Ich habe das Zimmer ein wenig aufzuräumen versucht und alle meine Fotos und Frösche aufgestellt. Ich habe auch meine Noten ausgepackt, und sobald ich kann, will ich wieder spielen, denn in letzter Zeit habe ich das Klavier allzu sehr vernachlässigt. Alle deine Fotos sehen mich mit ihren schönen großen Augen an. Ach, wärst du nur hier! Ich könnte dich an mein Herz drücken. Und wenn ich daran denke, dass du immer noch dahinratterst, du Ärmster. Ich kann es kaum erwarten, bis heute Abend dein Telegramm kommt. Du wirst mir doch oft schreiben, nicht wahr, denn deine Briefe sind es, worauf und worüber ich mich jeden Tag am meisten freue. Ich habe ein wenig von deinem Parfum benutzt, aber der Duft macht mich traurig.

Ja, mein Herzallerliebster, es war so ernüchternd, wie wir am Bahnhof vor den Augen aller Abschied nehmen mussten. Daran musste ich denken, als du ankamst. Ich werde diese ersten Tage nie vergessen, und auch nicht, was für ein Biest ich für dich gewesen sein muss, vergib mir, du meine Liebe. Ach, wenn du nur wüsstest, wie sehr ich dich anbete, und meine Liebe zu dir ist mit den Jahren nur noch stärker und tiefer geworden; ich wünschte nur, ich wäre deiner Liebe und Zärtlichkeit würdiger. Du bist viel zu gut für mich. Doch ich muss enden, sonst kommt dieser Brief nicht rechtzeitig zur Post.

Gott segne dich, du mein Geliebter. Viele zärtliche Küsse,

stets dein dir zutiefst ergebenes kleines Mädchen Alix.

Deine Braut – wie komisch das klingt. Du Liebster, ich kann nicht aufhören, an dich zu denken.

Am selben Tag: Kaum habe ich einen Brief an dich beendet, muss ich schon einen neuen anfangen. Ich bin halt ein altes Plappermaul, und wenn du bei mir bist, werde ich starr wie eine alte Eule. Wenn du mir irgendein nettes Buch empfehlen kannst, das dein dummer Frosch lesen soll, vielleicht eine Übersetzung aus dem Russischen, dann sag es mir bitte.

Heute Nachmittag bin ich mit Großmama ausgefahren. Sie begann mir so viele Fragen zu stellen – wann, wie, wo und wieso ich meine Entscheidung geändert habe und so weiter –, bis ich überhaupt nicht mehr wusste, was ich sagen sollte. Sie mag dich sehr gerne, mein Liebster, weißt du? Dann ist sie eingenickt, und ich habe die herrliche Natur bewundert: Windsor Castle durch die dunklen Bäume in der Ferne, sonnenbeschienen und mit helleren blauen Schatten – es ist wie ein schöner Traum. Dann habe ich den Tee mit ihr genommen, und die Kinder kamen herein und machten einen schrecklichen Lärm. Jetzt sitze ich ganz allein hier, nachdem ich vier deiner Fotos in einen leider nicht sehr eleganten Lederrahmen von hier gesteckt habe.

Ich habe keine Ahnung, was die Post von mir denkt, wenn ich dir so oft schreibe, deshalb denke ich, es ist besser, wenn ich es bei einem Brief pro Tag bewenden lasse, aber nein, manchmal muss ich dir öfter schreiben, denn wenn ich allein in meinem Zimmer bin, dann drehen sich meine Gedanken noch verrückter um dich denn je – also, wenn ich dich mit meinem Geplappere langweile, dann vergib mir, mein liebster süßer Nicky.

Falls du von irgendwelchen Büchlein über deine Religion weißt, dann sag es mir bitte, damit ich mehr darüber lesen kann, bevor du nach dem Priester läutest. Ein Buch auf Französisch habe ich bei mir, es gehört Sergej, und er hat es mir nach 1890 geschickt. Ach, ich wünschte, du wärst hier, du könntest mir helfen, du bist so religiös, versteh bitte, wie ängstlich mich das macht, doch Gott wird mir helfen – und du doch auch, mein Liebster, nicht wahr? –, damit ich eine noch bessere Christin werde und meinem Gott so wahrhaft dienen kann wie bisher und sogar noch mehr. Ich kann ihm gar nicht genug danken, dass er mir solch einen Schatz wie meinen Boysy geschenkt hat, den ich mein Eigen nennen darf. Möge er dich segnen und beschützen – jetzt und immerdar. Es ist zum Weinen traurig, ganz allein hier zu sein, kein Nicky, kein Ernie. Ich sitze da und starre auf deine Fotos und frage mich, was du wohl machst. Immer und immer wieder habe ich deinen süßen Brief gelesen, und dafür küsse ich dich.
Nun muss ich Lebwohl sagen, Nicky, mein liebster Schatz.
Gott segne dich. Viele zärtliche Küsse.
Stets deine dich liebende und zutiefst ergebene Alix

Heute haben wir große Gesellschaft. Morgen kommen Georgie und May zum Mittagessen, wie wünschte ich, du wärst hier. Zum Abendessen sind wir nur Damen – nicht besonders anregend, und ich bin so müde. Ich muss Klavier spielen, um ein wenig wach zu werden.
Schlaf gut, mein Engel, und träume von deinem »kleinen Mädchen«, das zu Gott betet, du mögest glücklich sein.

Nikolaus an Alix: 23. April, Gatschina

Mein einziger, geliebter Liebling Alix,
wir sind gestern um 4.20 am Nachmittag angekommen; stell dir vor, die lieben Eltern kamen zum Bahnhof, und sie schienen sehr glücklich zu sein. Natürlich sagte ich ihnen alles, was du mir

aufgetragen hast, und sie willigten sofort ein und sagten, du würdest deinem alten Glauben nicht *abschwören* müssen, sondern es würde sein wie bei Ella. Du weißt gar nicht, mein Liebling, wie glücklich ich war, dass sie deine Gründe verstanden und sofort zustimmten; ich bin nur zu froh, der Erste zu sein, der dich in dieser Angelegenheit beruhigen kann. Alle hier sind ganz rührend zu mir, alle Diener und Hausleute kamen in mein Zimmer geeilt, und jeder hat ein gutes Wort für mich. Oh, wie glücklich ich bin, dass ich so viele von deinen lieben Fotos mitgenommen habe; der Schreibtisch und die Schränke sind voll davon, und wohin ich auch blicke, sehe ich mein süßes, kleines, liebes Mädchen, das mich anschaut, manchmal mit einem schelmischen Blick, der mich an ein gewisses Haus links an der Straße von Coburg nach Ketchendorf denken lässt!!!!

24. April: Guten Morgen, meine Liebste! Ich bin gerade vom Schlaf aufgestanden, der um 3 in der Nacht von einer frechen Fledermaus gestört wurde. Mein Kammerdiener, mein Hund und ich jagten das Vieh mindestens eine halbe Stunde lang, bis wir die Wilde endlich in einer Ecke einfangen konnten. Dann ging ich wieder zu Bett, konnte aber unmöglich wieder einschlafen, weil mir so heiß war. Das kommt davon, wenn man so lange aufbleibt und das Fenster offen lässt, aber es ist so warm, dass man die Nacht ohne frische Luft nicht durchsteht! Ich weiß, mein liebes kleines Mädchen, dass du mir zustimmst, weil du ja auch frische Luft in den Zimmern und wenn möglich offene Fenster liebst.

»Noch einmal, noch einmal, noch einmal – Nachtigall!«

Oh, diese wunderbare, süße Melodie. Ich werde mich an diese goldenen Tage in Coburg immer in Liebe erinnern!

Alix an Nikolaus: 24. April, Windsor Castle

Dorogoy mili [geliebter] Nicky,
ich bin gerade vom Gottesdienst zurückgekommen, wir haben wunderbar gesungen, und es gab eine schöne Predigt. Ich habe

ganz inbrünstig für dich gebetet, mein Liebling – ich wünschte, du wärst dabei gewesen, der englische Gottesdienst würde dir sicher gefallen – die Gebete sind schön und erhebend. In diesem Augenblick ist ein sehr lieber Brief von Tante Alix eingetroffen, die sich höchst lobend über dich äußert. Sie möchte, dass ich mit ihnen von Samstag bis Montag nach Sandringham fahre – ich weiß nicht, ob Granny mich entbehren kann. Sie schätzt es nicht, dass man Besuche macht, während man bei ihr zu Gast ist. Ich werde sie nachher fragen. Ich hätte lieber gewartet und wäre stattdessen mit dir gefahren, das würde mir weniger ausmachen, denn sie sind immer in so großer Gesellschaft, mit der ich kaum etwas zu tun habe.

Was ich gestern ganz vergessen habe zu sagen: Der alberne Georgie sagt, ich müsste darauf bestehen, dass du immer hohe Absätze trägst und ich ganz niedrige. May, sagt er, will ihre nicht ändern, aber er trägt jetzt viel höhere. Am Anfang waren sie ihm unbequem, aber inzwischen macht es ihm nichts mehr aus. Ich stelle mir vor, was für ein Gesicht du machst, wenn du das liest – wirklich zu verrückt! Als ob die Größe einen Unterschied machen würde, und ein Gentleman mit hohen Hacken sieht einfach absurd aus. Du würdest das bestimmt nie tun.

Granny ist heute leider sehr schwach auf den Beinen, was sie deprimiert, die Ärmste. Ich werde auch nicht zum Pferderennen nach Ascot fahren, ohne dich wäre es unschicklich, aber ehrlich gesagt, habe ich sowieso keine Lust dazu. Gestern Abend habe ich Granny ein paar Stücke von Grieg vorgespielt, das hat ihr gefallen. Heute Nachmittag kommt Thora, und ich möchte, dass sie mich in die Kirche begleitet. Ich habe völlig idiotische Träume gehabt – ausgerechnet ich, wo ich doch sonst nie träume –, dass es ein Irrtum war, ich war nicht mit dir verlobt, obwohl ich dich doch schrecklich liebte, sondern mit deinem Onkel Alexej. Wir beide, du und ich, sind die ganze Zeit Schlittschuh gelaufen, und ich war ganz verzweifelt, da ich doch nur dich wollte und nicht wusste, wie ich aus diesem Dilemma herauskommen sollte – einfach absurd.

Nikolaus an Alix: 24. April, Gatschina

Mein geliebter kleiner Liebling,
besonders an den Abenden vermisse ich dich, mein Liebling, so entsetzlich - den einzigen Trost finde ich darin, mich hinzusetzen und einen Brief an dich zu kritzeln! Heute war ich sehr enttäuscht, keine lieben Zeilen von meinem liebsten kleinen Mädchen vorzufinden; immer, wenn ich in mein Zimmer kam, eilte ich zum Tisch - aber nein! Er war öd und leer, und der ersehnte Umschlag fehlte!

Aber ich habe dafür einen anderen Brief bekommen - und der kam von Granny und war sehr nett. Aber weil ich ihre Handschrift nicht kenne, hatte ich ziemlich viel Mühe damit, ihn zu entziffern. Sie wartete ungeduldig darauf, dass du in Windsor eintriffst. Über eines bin ich besonders froh, sie sagte, sie möchte, dass du die Zeit während der Saison ganz in Ruhe verbringst, das heißt, man wird dich nicht auf die Bälle und durch die Salons etc. schleppen. Nun, umso besser!

Oh, Liebste, es ist schwer, getrennt zu sein, niemals hätte ich im Überschwang jener glücklichen Tage gedacht, dass es so schrecklich sein könnte, wie es mir jetzt erscheint. Ich habe dem ersten Paar [Sandro und Xenia] gesagt, dass es ihnen viel besser ergeht, denn sie sehen sich ständig, und sie stimmten mir zu, vor allem, nachdem gestern endlich beschlossen worden ist, dass ihre Hochzeit Mitte Juli stattfinden soll (nach deiner Rechnung Ende Juli).

Ich muss dir noch etwas erzählen, mein liebstes kleines Mädchen, nämlich dass sowohl Mama als auch Papa sich sehr wünschen, dich hier bei uns zu Hause zu sehen. Wir könnten im Juli zusammen aus England zu Xenias Hochzeit herkommen; sie soll in Peterhof gefeiert werden. Wir würden zwei schöne Wochen zusammen verbringen, und dann würdest du nach Darmstadt zurückkehren.

26. April, St. Petersburg
Böses, böses kleines Mädchen, ich lese deinen Brief noch einmal Zeile für Zeile, und was sehe ich, hast du am Ende geschrieben,

was meinst du damit! Süße, ich bin es, der deiner Liebe nicht würdig ist und eines solchen Opfers, dass du dein *sweet home* für mich verlässt! Nein! Der Gedanke, eine solche Zuneigung zu finden, ist wirklich zu himmlisch, etwas, was Worte in keiner Sprache jemals ausdrücken könnten! Das war auch der Grund, warum ich manchmal so stumm blieb, wenn ich bei dir saß.
Nicky

Nikolaus an seinen Bruder Georgy: 27. April, Gatschina

Du wolltest also von meiner Verlobung hören; ich muss dir sagen, dass ich verzweifelt und ohne Hoffnung dorthin fuhr, nur im Vertrauen auf Gottes Gnade. Ich bin gerade erst dabei, mich an das Wort »Verlobte« zu gewöhnen. Aber du kannst dir nicht im Entferntesten vorstellen, welche Schwierigkeiten ich zu überwinden hatte und was ich vier Tage lang durchgemacht habe, bis sie endlich ihre Einwilligung gab. In diesem Augenblick fühlte ich mich, als wäre der ganze Kaukasus von meinen Schultern genommen worden!

Als sie ihre Entscheidung einmal gefällt hatte, war meine wunderbare Alix wie durch Zauberei verändert: Sie war völlig umgewandelt, wurde fröhlich, gesprächig und alles andere als schüchtern den anderen gegenüber. Von diesem Tag an begann das glücklichste Leben für mich, leider nur für kurze Zeit – 12 Tage insgesamt. Aber wie lange Zeit wir auch miteinander verbrachten, sie verging immer zu schnell! Jetzt ist sie in Windsor bei der Königin.

Ich plane, vom Lager aus Anfang Juni dorthin zu fahren. Ich habe über die Hochzeit noch nicht gesprochen, aber sie kann auf keinen Fall vor Oktober stattfinden, eher November. Ich bin so froh, dass die lieben Eltern erleichtert sind und sich für mich freuen. Ich glaube, was ich jetzt erlebe, ist ein Glück, nicht von dieser Welt. Gott gebe, dass auch du mit der Zeit ein solches Glück findest! Ich wünsche es dir von ganzem Herzen – Alix und ich schreiben einander jeden Tag; sie erinnert sich noch immer an den Winter 1889 und nennt dich wie damals die »Trauerweide«! Aber ich vermisse sie doch sehr – es ist wirklich nicht auszuhalten!

KR, Tagebuch: 28. April, St. Petersburg

Nicky erzählte mir ausführlich von seiner Braut. Die ersten vier Tage in Coburg, als sie sich immer wieder gegen eine Konversion sträubte, waren sehr schwierig für ihn. Zweimal versuchte er etwa zwei Stunden lang, sie zu überzeugen, wenn auch schweren Herzens, da ein solcher Glaubenswechsel ihm gegen das eigene Gewissen ging. Doch in diesem speziellen Fall war es absolut notwendig. Am Tag nach der Trauung ihres Bruders aber, als sie sich ganz allein auf der Welt fühlte, suchte sie Michen auf, dann trat sie in das Zimmer, wo er saß, setzte sich schweigend neben ihn, und von da an sprachen sie kein einziges Wort miteinander. Schließlich nahm er seinen ganzen Mut zusammen und fragte sie – wobei ihm klar war, dass er damit einen letzten, entscheidenden Schritt unternahm –, ob sie bereit wäre. Und sie antwortete mit »ja«. Worauf beide Tränen der Freude vergossen.

Schon eine Woche später beklagte sie, dass sie noch nicht seinem Glauben angehöre und noch nicht an den Feierlichkeiten der Karwoche teilnehmen könne.

Nikolaus an Alix: 30. April, Gatschina

Jetzt, wo es so warm und schön ist, unternehmen wir lange Ruderpartien auf dem See, machen meistens die ganze Tour und kommen um halb sechs zum Tee zurück. Die Mengen von Erdbeeren, die wir dann vertilgen, sind einfach erschreckend, aber Xenia gebührt bei dieser Aufgabe sicher der erste Preis. Nach dem Abendessen gehe ich meistens zu Xenia und spiele auf dem Klavier. Nach dem Tee um 11 Uhr spielen sie meistens diese widerwärtige Patience, und ich lese die *Times*. Diese Zeitung ist in verschiedener Hinsicht nützlich; zum Beispiel, ich weiß den Namen noch, warte ... oh! Ja, der Viscount Drumlanrig! Ha! Ha! Sieht er so gut aus wie R.? Schon zwei gefährliche Kreaturen in nur zwei Wochen; was, wenn das mit dieser Häufigkeit weitergeht??? Oh! Oh! Oh!

Alix an Nikolaus: 30. April, Windsor Castle

Ach, liebster Nicky, wird dir nicht angst und bange, wenn du daran denkst, was für eine Kreatur du zur Frau bekommst? Wird sie dich nicht um den Verstand bringen?

Ich will alles tun, was in meiner Macht steht, um meine Beine bis zum nächsten Jahr in Ordnung zu bringen, aber das ist gar nicht so leicht, und du, der du so gerne läufst, ach, Liebster, was kann ich nur tun? Die Post hat mir nichts von dir gebracht, hoffentlich kommt heute Abend noch ein Brief, denn sonst wäre ich sehr traurig. Geliebter Boysy, meine Gedanken weilen ständig bei dir, und ich harre ungeduldig der Stunde deiner Ankunft. Wenn das Wetter schön ist, wollen wir uns vergnügen.

Tante Beatrice hat gesagt, wir sollten den Fluss hinauffahren; das wäre zu schön, ich hab's noch nie gemacht, aber es soll zauberhaft sein. Liebster, ich muss jetzt Lebwohl sagen. Gott segne dich und mögen seine Engel über dich wachen.
Viele zärtliche Küsse.

Nikolaus, Tagebuch: 2. Mai, Palais Anitschkow, St. Petersburg

Ich sitze, bekleidet mit nichts als meinem Hemd, alle Fenster sind weit geöffnet, obwohl es Nacht ist, und üble Gerüche lassen meine Nüstern sich nach etwas frischer Luft weiten! Ich bin eine Weile durch unsere künftigen Wohnräume im Winterpalais gelaufen (eine umwerfende Aussicht), kehrte für fünf Minuten nach Hause zurück und fuhr dann zu Ella. Wir zwei dinierten zusammen. Ella machte mir einige ausgezeichnete Vorschläge für die Einrichtung unserer Zimmer – und wir redeten uns fest bis um 11. Ich war froh, sie zu sehen, denn von all den Schwestern erinnert sie mich am meisten an meinen süßen Liebling. Ist es nicht so?

2. Mai, Gatschina: Ich habe meine Geburtstagsgeschenke von meinem lieben Papa und meiner lieben Mama und von Xenia und Sandro bekommen. Zwei Paar schöne Knöpfe und ein himmlischer grüner »Frosch« aus Stein (Fabergé), wie die Tiere, die Ella in ihrem Salon im Schloss hat! Und dann viele Bücher, die ich so sehr liebe – und ein wenig französische Dichtung. Mischa [Nikolaus' Bruder] bekommt seine Geschenke am gleichen Tag wie ich, weil sein Geburtstag und Namenstag zusammen auf den 22. November fallen! Man fand es unfair, ihn nur einmal im Jahr zu beschenken!

6. Mai: Und so bin ich heute 26! Schon näher an 30 als an 20 – aber gottlob bin ich verlobt, und, was noch wichtiger ist: mit wem? Mit einem solchen Juwel, einem so göttlichen Geschöpf wie Alix! Am Nachmittag begannen die Telegramme hereinzuströmen. Das Wetter klarte ganz auf. Alix schickte Glückwünsche aus Windsor, und ich bekam den üblichen Brief von ihr. Wir spazierten um den See und saßen im Liebespavillon. Nach dem Tee setzte ich mich an die blöden Telegramme, und es gelang mir, sie alle vor dem Abendessen zu beantworten.

Nikolaus an Königin Victoria: 7. Mai, Gatschina

Meine liebste Großmama,
lass mich dir zutiefst für deinen freundlichen Brief danken, der eine zauberhafte Überraschung war und mir große Freude bereitet hat! Ich bin so gerührt, dass du gerade jetzt an mich gedacht hast, wo ich mich doch von meiner lieben kleinen Braut trennen musste, was wirklich sehr schwer war, nachdem wir nur zwölf

Tage als Verlobte zusammen verbracht hatten. Ich danke dir sehr für all deine Freundlichkeit, die du mir in Coburg erwiesen hast: Ich werde niemals unsere Frühstücke in deinem Zimmer vergessen, während draußen die Musik spielte. Es ist sehr freundlich von dir, liebe Großmama, selbst auf sie aufzupassen, und ich bin außerordentlich froh, von dir zu hören, dass sie die Zeit in Ruhe verbringen und nicht umherziehen soll. Ich habe ihr gestern in einem Brief genau dasselbe geschrieben, dort natürlich in Form eines Wunsches!

Meine Eltern waren so gerührt und dankbar, als ich ihnen alles berichtete, was bei unserem Aufenthalt in Coburg geschehen ist, dass sie mir aufgetragen haben, dir zu übermitteln, wie groß ihr Gefühl von Freude und Dankbarkeit für deine Aufmerksamkeit und Freundlichkeit mir gegenüber ist. Ich warte schon mit Freude und Ungeduld auf den Tag, wenn ich kommen und dich und meine liebste Alix in Windsor besuchen kann. Ich hoffe, der Aufenthalt in Balmoral wird dir ganz besonders gut tun, sodass deine wertvolle Hilfe uns beglückt, wenn wir uns in Windsor wieder treffen. Ich weiß wirklich nicht, wie ich dir genug dafür danken kann, dass du die Mühe auf dich genommen hast, mir einen so zauberhaften Brief zu schreiben.

Mit den besten Grüßen an dich, liebste Großmama, verbleibe ich dein zärtlichster und ergebenster (zukünftiger) Enkel.

Nicky

Nikolaus an Alix: 8. Mai, Gatschina

Papa ist immer so gut und freundlich zu mir – heute habe ich ihn gefragt, ob er mir erlauben würde, mit seiner schönen Jacht, der *Polarstern,* nach England hinüberzufahren – und er hat sofort zugestimmt und hinzugefügt, ich sei sicher froh, nicht über Berlin fahren zu müssen!

Ich glaube, ich werde verrückt, wenn ich daran denke, dass ich übers Meer und auf diesem Schiff hinüberfahre, um meine Liebste zu sehen. Oh, du solltest es sehen – es ist eine Schönheit,

und so bequem, aber das Beste sind ihre Maschinen – unter Volldampf macht sie leicht 18 Knoten!
Nicky

Nikolaus an seinen Bruder Georgy: 9. Mai, Gatschina

Von ganzem Herzen teile ich deine Freude darüber, die liebe Mama und das glückliche Paar [Sandro und Xenia] zu sehen. Sie sind ziemlich unmöglich geworden, wahrscheinlich durch die lange Sehnsucht und die Gewöhnung aneinander. Sie verbringen den ganzen Tag damit, sich zu küssen, zu umarmen und auf die unangemessenste Weise auf den Möbeln herumzuliegen. Vor allem Xenia ist völlig unmöglich, du würdest sie nicht wiedererkennen, so sehr hat sie sich verändert, seitdem sie verlobt ist!

Meine liebe Braut schreibt mir jeden Tag, und ich ihr; sie hat mich gebeten, dir Grüße zu schicken. Sie hat die »Trauerweide« noch nicht vergessen. Papa hat mir erlaubt, Anfang Juni auf der *Polarstern* nach England zu reisen, du kannst dir vorstellen, wie froh ich bin, das widerliche Berlin auszulassen!

Die alte Königin (die Frau mit dem Bauch) schreibt mir oft – das ist nett, nicht wahr?

Alix an Nikolaus: 10. Mai, Harrogate

Heute Morgen habe ich mein erstes Schwefelbad genommen, es hat nicht besonders gut gerochen und mein silbernes Armband, das ich nie abnehme, ganz schwarz gemacht, aber das lässt sich mit dem Pulver reinigen, das man auch zum Polieren von Tafelsilber verwendet.

11. Mai: Bevor ich ins Bett schlüpfe, will ich noch einmal deinen süßen Brief von vorne bis hinten durchlesen, das macht mich glücklich. Ach, was für eine unbeschreibliche Freude, geliebt und begehrt zu werden – und ich bete auf den Knien darum, dass ich deiner großen Liebe mit jedem Tag würdiger werde. Ach, mein Nicky, mein liebster Boysy, Gott segne dich jetzt und immerdar. Ich könnte Tränen vergießen aus Liebe zu dir. Nicht nur du fehlst mir, ich sehne mich auch nach Ernie, der immer zu jeder Tageszeit in mein Zimmer gelaufen kam – *und ich gönne es ihm von Herzen* [dtsch. im Original]. Nie gab es einen freundlicheren, lieberen Bruder, mit Ausnahme meiner alten Kuh [Nikolaus]. – Und der geliebte Papa, ach, es ist schrecklich zu wissen, dass ich ihn nie mehr auf dieser Welt wiedersehen werde. Mit jedem Tag vermisse ich ihn mehr, vor allem jetzt, wo mein Herz so voll ist von dir. Morgen wäre meine kleine Schwester May 20 geworden, kaum vorzustellen, schon so groß. Sie war ein so liebes kleines Kind. Aber ich sollte jetzt besser zu Bett gehen, mein Liebster, meine Beine haben heute so geschmerzt, und ich hatte ja mein erstes Bad, und es geht schon auf elf zu.

13. Mai: Außerdem musste ich meinen Kopf waschen, was eine ganze Stunde dauert, weil die Haare einfach nicht trocknen wollen. Was meinst du, soll ich sie mir abschneiden, damit ich so aussehe wie du? Wäre das nicht ein eindrucksvoller Anblick? Es steht natürlich überall in den Zeitungen, dass ich hier bin, und alle Händler schicken mir lange Briefe und bitten mich, irgendetwas zu bestellen; sogar ein Klavier und Tee habe ich angeboten bekommen. Der Plebs steht an den Ecken und starrt mich an; das nächste Mal werde ich ihnen einfach die Zunge rausstrecken.

Jetzt muss ich dir Lebwohl sagen, mein geliebtes Kind.
Stets dein wahrhaft liebendes und ergebenes kleines Mädchen.
Alix
Viele zärtliche Küsse.

Nikolaus an Alix: 13. Mai, Krasnoje Selo[19]

Ich freue mich, dass du eine so gute Aufführung des *Faust* gesehen hast, es ist ein schönes Stück, und die Musik ist immer noch jung und frisch! Ich muss schon wieder einen Brief von Granny beantworten, wenn du wüsstest, wie viel Mühe sie mir bereiten. Natürlich versuche ich in einem möglichst großartigen und altmodischen Stil zu schreiben – wenn du einen von ihnen gesehen hättest, du hättest dich ziemlich aufgeregt.

Aber ihre Briefe sind so schrecklich schwierig zu lesen, sie hat so eine Art, ihre Sätze und Wörter abzukürzen, die ich lange überhaupt nicht verstanden habe.
Nicky

Nikolaus, Tagebuch: 14. Mai, Gatschina

Ich habe heute Dienst als Adjutant meines Vaters und muss in der Kirche und beim Essen in Uniform erscheinen; alle meine Vettern tun dasselbe, wir wechseln uns mit den einfachen Adjutanten ab und haben alle zwei Wochen Dienst. Natürlich, versteht sich, haben wir fast nichts zu tun, außer Petitionen an Papa zu übergeben und bei Empfängen anwesend zu sein! Das ist alles! In der Stadt kommt noch eine Verpflichtung hinzu: Wir müssen zu allen Bränden gehen, Tag und Nacht, und bei unserer Rückkehr Papa berichten, was geschehen ist!

Alix an Nikolaus: 16. Mai, Harrogate

Mein geliebtester Nicky,
kaum vermag ich meine Freude und meine Dankbarkeit in Worte zu fassen, dass ich an einem Tag *drei* liebe lange Briefe erhalten habe. Und dein Foto, dieses süße Gesicht, das ich so gerne küssen würde, es ist wirklich so lieb, obwohl mein Schatz krank darauf aussieht. Bitte sei mir nicht gram, mein Boysy, vergib mir. Es tut mir so Leid, dass ich dir nichts Genaueres über meine Pläne gesagt habe. Süßester aller süßen Lieblinge, ich drücke dich an mein Herz und küsse dich auf *diese* zauberhaften Augen. Sie sind so ausdrucksvoll und können doch auch so schelmisch blitzen!

Ich werde von den Leuten hier umlagert, nachdem sie mich jetzt aufgestöbert haben. Es gibt Massenaufläufe, weil sie mich ausfahren sehen wollen, und obwohl ich jetzt immer den Hintereingang benutze, halten sie die Tür im Auge, und dann strömen sie zusammen, und einige folgen mir sogar. Eine auffällige Frau kommt immer ganz nah und starrt mich an; vielleicht ist sie ja die (weibliche) Entsprechung des Individuums, von dem du mir in Coburg erzählt hast, erinnerst du dich an den Brief?

Wenn ich in einen Laden gehe, um Blumen zu kaufen, drücken sich die Mädchen vor den Schaufenstern und starren hinein. Der Apotheker hat Madeleine erzählt, er hätte beantragt, dass ein Polizist in der Nähe des Hauses steht, um die Leute fern zu halten, nachdem er gesehen hat, wie sie glotzen. Wirklich sehr freundlich von ihm, aber es hilft auch nichts. »Das ist sie«, sagte einer hinter meinem Rücken. Wenn ich nicht im Rollstuhl wäre, würde es mir ja nichts ausmachen. Als Gretchen heute Morgen in einem Laden war, kam ein kleines Mädchen rein, und der Mann fragte sie, ob sie mich gesehen habe. Sie antwortete, ja, einmal, als mein Wagen im Hof wartete und dass ich es offensichtlich nicht schätze, angestarrt zu werden. Ich wollte, die anderen würden das auch registrieren und sich fern halten, anstatt mit Operngläsern durch ihre Fenster zu glotzen. Es ist einfach zu lästig!

Nikolaus, Tagebuch: 19. Mai, St. Petersburg

Habe meiner Braut geschrieben, geschrieben, geschrieben!

Nikolaus an Alix: 20. Mai, Krasnoje Selo

Deine Briefe sind ein solcher Trost für mich, meine geliebte Alix! Also! Stell dir vor, gerade eben brachte mein Kammerdiener mir deinen süßen, langen, liebevollen Brief Nr. 29[20] – für den ich meine geliebte kleine Braut extra küssen muss, neben den Geburtstagsküssen, die ich dir schulde!

Süße, aber du schreibst Russisch wunderbar, so viele Wörter und kein einziger Fehler – eine gute kleine Schülerin.
Nicky

Sandro an Nikolaus: 20. Mai, Abas Tuman

Ich habe es satt, ständig von Georgy [Nikolaus' Bruder] zu hören, Xenia und ich küssten uns zu viel, immer wieder sagt er: »Hört auf, es nützt nichts.« Richte Mischa aus, ich hätte mich über seinen Brief nicht lustig machen wollen; Xenia sitzt neben mir und blättert im Wörterbuch. Will zusehen, dass Alix zu unserer Hochzeit kommt, das wäre wunderbar.

Alix an Nikolaus: 25. Mai, Harrogate

Guten Morgen, mein liebster Boysy – an meinem Geburtstag! 22! Ach, wie wünschte ich, du wärst hier, mein Geliebter! Und dein herrliches Armband, du böser Schlingel, wie konntest du mir nur so etwas Wunderbares schenken – ich bin ganz beschämt. Und dann noch dein Telegramm. Wirklich, du verwöhnst mich! Jetzt muss ich zu meinem Wasser eilen, leb wohl. Den ganzen Vormittag haben wir Blumen arrangiert, die mir ein freundlicher Engel gesandt hat. Mehr heute Abend.

Königin Victoria an Nikolaus: 25. Mai, Balmoral Castle

Lieber Nicky,
ich schreibe dir an diesem besonderen Tag, dem Geburtstag unserer lieben Alicky, der dir gewisslich sehr teuer sein muss, und auch dir wünsche ich alles Gute. Danke für deinen überaus freundlichen Brief vom 20. Mai, den du mir zu meinem Geburtstag geschickt hast. Es war der einzige wirklich warme Tag, seitdem wir hier sind. Die kalte Witterung hat ungewöhnlich lange

angedauert. Und wir hatten sehr viel Regen. Aber jetzt ist es sehr viel wärmer ...

Die Berichte der lieben Alix sind insgesamt zufrieden stellend, aber sie braucht viel Ruhe und Erholung. Beiliegend schicke ich dir die Abschrift eines Briefes des Arztes in Harrogate, ein sehr kluger, netter Mann. Sie unterliegt einem höchst strikten Lebenswandel und befolgt auch eine strenge Diät. Sie muss sehr viel ruhen. Das hätte sie schon längst tun sollen, aber der Hausarzt, auf den [die Familie] leider allzu große Stücke hält, ist ein Dummkopf, der nie etwas unternimmt und zu allem ja sagt, was sie von ihm verlangen. Bereits letzten Herbst und Winter hätte sie tun sollen, was sie jetzt tut.

Der Tod ihres lieben Vaters, ihre Sorge um ihren Bruder und der Kampf um ihre eigene Zukunft, all das hat *ihre Nerven sehr stark* angegriffen. Deshalb hoffe ich auch, dass du sie *nicht* mit dem Hochzeitstermin bedrängen wirst, denn für *dich* wie für *sie selbst* ist es *unerlässlich*, dass sie *vorher* zu Kräften kommt.

Du solltest lieber nicht vor dem 30. [Juni] oder 1. Juli eintreffen, da wir selber erst am 21. oder 22. zurück sind, und dann kommt Alicky zu uns und muss sich erst noch richtig ausruhen.

Bitte versichere deine Eltern meiner geneigten Hochachtung und sei selber auf das Herzlichste gegrüßt von deiner (zukünftigen) Großmama.

Nikolaus, Tagebuch: 25. Mai, Krasnoje Selo

Der Geburtstag meiner lieben Alix. Wie viel ich den ganzen Tag an sie gedacht habe, wie sehr habe ich mir gewünscht, sie in die Arme zu nehmen und diesen Tag mit ihr zu verbringen! Die Offiziere und alle Kompanien kamen in die Kaserne, um mir zu gratulieren – ich war sehr gerührt! Heute musste keiner von ihnen arbeiten oder exerzieren – ich gab allen den Tag frei und ein Glas Wodka dazu.

Alix an Nikolaus: 26. Mai, Harrogate

Liebster, Liebster – was ist größer! Küsschen, Küsschen. Ta ta!

Alix an Königin Victoria: 28. Mai, Harrogate

Liebste Großmama,
ich sende Ihnen meinen wärmsten Dank für Ihren lieben Brief und die freundlichen Wünsche, die mich tief berührt haben. Danken möchte ich Ihnen auch für das reizende Foto von Ihnen und Onkel Bertie und für den zauberhaften Teekorb, der mich ganz begeistert. Die Sonne schien wie auf Bestellung, sodass wir eine lange Ausfahrt machen und ihn gleich benutzen konnten. Es ist ein höchst nützliches Geschenk, und ich habe mir schon seit langem so etwas gewünscht. Dass Victoria mich hier zu meinem Geburtstag besucht hat, war eine große Freude, es wäre aber auch zu traurig gewesen, meinen Geburtstag so ganz ohne einen einzigen Verwandten begehen zu müssen. Ich bin ja noch nie zuvor ganz alleine fort gewesen.

Bitte verzeihen Sie, liebe Großmama, dass ich so selten schreibe, aber die Bäder machen einen ganz müde, und ich muss sehr viel ruhen. Bislang sind die Schmerzen noch nicht besser geworden, aber ich hoffe, die Bäder werden ihre gute Wirkung beizeiten tun. Heute gießt es wieder in Strömen, was bedrückend ist.

Ich werde nach Walton fahren, wo mich der liebe Nicky treffen soll. Sein Vater leiht ihm seine Jacht, so kann er die ganze Strecke auf See zurücklegen, was sicherlich eine angenehmere Art des Reisens ist. Ja, liebste Großmama, meine neue Position wird sicherlich viele Anfechtungen und Schwierigkeiten mit sich bringen, aber mit Gottes Beistand und der Unterstützung eines liebenden Gatten wird es leichter sein als wir uns heute vorzustellen vermögen. Die Entfernung ist ja wirklich groß, aber in drei Tagen kann man in England sein. Seine Eltern werden uns sicherlich oft erlauben, Sie zu besuchen. Die Vorstellung, Sie nicht zu sehen, könnte ich gar nicht ertragen, nachdem Sie mir

ein so lieber Engel waren, seit Mama gestorben ist, und ich hänge mehr an Ihnen denn je, seit ich eine wirkliche Waise bin. Gott segne Sie für all Ihre Freundlichkeit, die Sie mir entgegenbringen, liebste Großmama. Mir fehlen die Worte, um Ihnen für alles gebührend zu danken. Bitte glauben Sie nicht, dass meine Ehe irgendetwas an meiner Liebe zu Ihnen ändern wird – *ganz bestimmt nicht*, und wenn ich in der Ferne bin, werde ich sehnsüchtig daran denken, dass es eine gibt, die liebste und freundlichste Frau auf der Welt, die mich ein wenig liebt. Leben Sie wohl, liebste Großmama,
stets Ihr Sie zutiefst liebendes, Ihnen zärtlich zugetanes und gehorsames Kind, Alix

Alix an Nikolaus: 28. Mai, Harrogate

Lieber Nicky,
heute vor 10 Jahren kamen wir in Peterhof an, und zum ersten Mal sah und küsste ich meinen süßen *Lausbub* [deutsch im Original]. Wie lieb und stets freundlich du damals zu mir warst – unsere Fensterscheiben[21]. Nachdem wir damals, 84, Russland verlassen hatten, habe ich eine Zeit lang für dich gebetet und dann nach 89 natürlich auch; sobald ich jemanden mag, muss ich einfach für ihn beten. Wenn ich daran denke, dass ich dich jetzt schon 10 Jahre kenne – eine lange Zeit, findest du nicht auch? Ich sehe dich noch bei der Trauungszeremonie, als du die Krone über Sergej hieltest – wie viel hat sich seit damals verändert und was ist nicht alles geschehen, das macht einen ganz melancholisch.

Nikolaus an Königin Victoria: 2. Juni, Peterhof

Liebste Großmama,
Dein dritter Brief hat mir solche Freude gemacht, für die ich von ganzem Herzen danke. Ich breche morgen Nachmittag an Bord

von Papas neuer Jacht, der *Polarstern* auf, die er mir freundlicherweise für meine Reise nach England geliehen hat.

Du weißt nicht, liebste Großmama, wie *glücklich* ich bin, zu kommen und einige Zeit mit dir und meiner geliebten kleinen Braut zu verbringen. Wie anders wird der Eindruck diesmal für mich sein im Vergleich zu meinem Aufenthalt in London im letzten Jahr anlässlich Georgys Hochzeit. Diese Trennung von Alix hat meine Liebe zu ihr noch viel stärker und tiefer gemacht als sie vorher schon war! Nun, liebste Großmama, muss ich schließen; mit dem zartesten Dank für deinen freundlichen Brief und in der Hoffnung, dich sehr bald zu sehen, verbleibe ich dein liebevollster und ergebenster (künftiger) Enkel.
Nicky

Nikolaus an Alix: 2. Juni, Peterhof

Mein Liebling Alix,
ich lege ein kleines Foto der »riesigen Kuh« [N. selbst] bei – den Rest bringe ich mit! Ich habe Granny heute geschrieben und ihr in allen Einzelheiten unsere Pläne für Walton dargelegt. Ich hoffe, sie versteht, weshalb ich nicht nach Balmoral kommen konnte – und jetzt ist es völlig unmöglich, denn sie hat die Absicht, etwa zur selben Zeit nach Windsor aufzubrechen. So weit ist alles in Ordnung – gut!

Süße, du ahnst ja nicht, wie schlau ich sein kann – ich habe Granny auf die schändlichste Weise beschwatzt – versuch es zu lesen, wenn wir in Windsor sind, dann kannst du dir ein Urteil bilden und sehen, mit was für einer Kreatur du Unglückliche verlobt worden bist! Ich kann gar nicht aufhören, deinen süßen Brief immer und immer wieder zu lesen. Oh, du bist das süßeste, netteste, engelsgleichste kleine Mädchen auf der ganzen Welt! Und dass ich einen solchen Schatz besitzen soll und dich lieben darf – nein! – das ist *zu himmlisch,* um es in Worte zu fassen. In meinem ganzen Leben habe ich mir nicht erträumt, dass ein solches Glück möglich wäre – wie es das gegenwärtige ist. Ich fühle mich völlig verändert, das Leben hat einen Sinn, es gibt ein Ziel im Leben, für andere und für mich selbst! Oh, meine Süße - all das habe ich erst durch dich kennen gelernt!

Ich habe mich aus dem Fenster gelehnt und die wunderbar warme, reine Seeluft tief eingeatmet, die der Wind in Böen zu mir brachte - und ich habe an mein süßes, liebes Mädchen gedacht, es schien, als ob die Luft mir deine zärtlichen Küsse von weither brachte. Aber auch wenn ich kalt wie ein Stein erscheine, *Ich liebe dich*, mein Liebling, wie nur wenige Menschen lieben *können*! *Quel est l'amour véritable? Celui qui aime et ne parle pas!* [Was ist wahre Liebe? Die liebt und nicht redet!] Das ist so absolut wahr und trifft so genau auf mich zu. Ich liebe dich zu innig und zu sehr, um es zeigen zu können; es ist ein so heiliges Gefühl, ich will es nicht in Worten ausdrücken, die schwächlich, arm und eitel erscheinen! Aber jetzt will ich versuchen, mit der Gewohnheit zu brechen, dass ich meine Gefühle verberge, denn ich finde, bei einigen Gelegenheiten ist es falsch und eigensüchtig. Du weißt auch nicht, meine Teure, wie lange mein ganzes Herz dir schon gehört und durch welche Leiden es in diesen traurigen Jahren gegangen ist. Liebste, mein Schlüsselblümchen,
ich liebe dich, mein Liebling!!!!!

3. Juni: Mein Schatz, zu wissen, dass ich auf dem Weg zu dir bin und, so Gott will, dich bald an mein Herz drücken kann, mein geliebtes kleines Mädchen! Oh, welch eine Seligkeit, welch eine Freude, welch ein Glück! Obwohl die Seereise zwei Tage länger dauert als die mit dem Zug, wirst du verstehen, wie viel besser es für mich ist, auf Papas schöner Jacht fahren zu können und Berlin beiseite zu lassen.

Georgy an seinen Bruder Nikolaus: 9. Juni, Goderski Pass

Weißt du noch, wie du mir über das schockierende Benehmen von Xenia und Sandro schriebst? Ich war in der Tat verwundert über die Verrenkungen, das Lutschen, Schnüffeln und Ähnliches, dem diese beiden Menschen sich den ganzen Tag lang hingaben. Beinahe hätten sie die Ottomane ruiniert, und überhaupt benahmen sie sich äußerst unschicklich; beispielsweise legten sie sich, selbst in meiner Gegenwart, aufeinander, man hätte meinen können, sie wollten Papa und Mama spielen. Ihre Schamlosigkeit trieben sie so weit, dass ich schließlich richtig wütend wurde.

So kann es wirklich nicht weitergehen! Nur gut, dass es nicht mehr lange dauert bis zu ihrer Hochzeit, sonst könnte das alles noch ein schlimmes Ende nehmen! Ich habe versucht, sie in Verlegenheit zu bringen, aber vergeblich. Sie haben einfach weitergemacht mit ihren wahnwitzigen Narreteien. Jeder ist anders albern!

Nikolaus, Tagebuch, 9. Juni, Walton-on-Thames

Schlief ausgezeichnet in meinem gemütlichen kleinen Zimmer. Welch eine Freude empfand ich, als ich am Morgen erwachte und mich erinnerte, dass ich unter demselben Dach bin wie meine liebe Alix! Frühstückte gegen 9 Uhr. Nach etwa einer Stunde im Salon unternahm ich mit Alix und Victorias zwei Töchtern eine Rundfahrt durch die Umgebung von Walton. Das Wetter war himmlisch, still und heiß. Die kleinen Mädchen hüpften schrecklich in der Kutsche herum. Saß bis zum Mittagessen mit Alix zusammen und spielte Klavier. Um 3 Uhr fuhren wir alle sechs mit einem elektrischen Boot die Themse hinunter und passierten zwei Schleusen. Die Fahrt war wunderbar, die Flussufer bemerkenswert schön, wir trafen eine Menge anderer Bootfahrer, meistens Damen. Mir gefielen all die Gebäude am Flussufer. Wir tranken unseren Tee, den wir mitgenommen hatten, in einem Ruderboot.

10. Juni: Noch ein wunderbarer, friedlicher Tag wie gestern; wirklich, was für ein seliges Leben! Saß den ganzen Morgen mit meiner lieben Alix im Garten, auf einem alten Teppich unter der Kastanie: Sie arbeitete, und ich las ihr aus Lotis *Matelot* vor.

11. Juni, Windsor Castle: Leider mussten wir unsere Sachen packen und das sorglose Leben von Elm Grove hinter uns lassen. Victoria, Alix, Ludwig und ich fuhren in der Tandemkutsche der Königin und kamen nach einer Stunde an. Wir warteten in Frogmore [nahe Windsor Castle] auf die Ankunft der Königin und tranken dort alle zusammen Tee. Zum Schloss gingen wir zu Fuß. Ich wohne im oberen Stockwerk, nicht weit von meiner liebsten Braut; die Zimmer liegen an der Galerie, wo wir uns vor und nach dem Abendessen versammeln. Wir dinierten um 9; wir waren 14 Personen und alle trugen lange Strümpfe. Meine Schuhe scheuerten entsetzlich! Verbrachte einen himmlischen Abend mit der lieben Alix!

13. Juni: Gestern um 10 Uhr abends wurde George und May ein Sohn geboren; es herrschte allgemeine Freude und Jubel.[22] Als ich mit Granny heimfuhr, bewunderte ich die Größe der Rhododendronbüsche. Aßen um 9.30 zu Abend. Zum ersten Mal trug ich den Mantel der Windsors mit rotem Kragen und Ärmelaufschlägen.

Nikolaus an Zarin Marie: 14. Juni, Windsor Castle

Liebste Mama,
sie [Königin Victoria] bestand darauf, dass ich einen Mantel mit rotem Kragen und Ärmelaufschlägen bestellte und ihn wie die anderen zum Diner trage, mit Strümpfen und Schuhen. Ich habe dieselben Zimmer wie Ihr bei eurem letzten Besuch. Dein Porträt (!) von Angeli hängt an der Wand.

Es war eine Freude, am dritten Tag Tante Alix und die Cousinen zu sehen – sie sieht bemerkenswert gut aus, besser als im letzten Jahr.
Dein Nicky, der dich von ganzem Herzen liebt

Nikolaus, Tagebuch: 14. Juni, Windsor Castle

Der Himmel war heute bedeckt, wie üblich gingen wir um 10 Uhr nach Frogmore, um Kaffee zu trinken. Ich spazierte mit Alix ein wenig um den Teich; anstatt in Ruhe die Zeitung lesen zu können, wurde ich durch ein Missgeschick an einem gewissen Ort eingeschlossen und konnte für eine halbe Stunde auf keine Weise herauskommen. Endlich gelang es Alix, die Tür von außen zu öffnen, obwohl ich lang und laut rief und die Tür selbst zu öffnen versuchte, denn der Schlüssel war auf meiner Seite. Alix traf Janischew[23] zum ersten Mal. Der Duc d'Aumale aß mit uns zu Mittag. Um 4.45 nahmen wir den Zug nach Richmond und fuhren von dort aus mit der Kutsche nach White Lodge, wo Georgie und May derzeit wohnen. Sie zeigten uns ihren neugeborenen Sohn. Tante Alix, Victoria und Maud[24] kamen auch zu Besuch.

Alix an Xenia: 14. Juni, Windsor Castle

Liebste Xenia,
ich bin ganz allein hier – Nicky ist nach Sandringham gefahren – und möchte dir deshalb ein paar kurze Zeilen schicken. Er hat mit mir in meinem kleinen Zimmer gefrühstückt und ist jetzt abgereist.

Zwar kommt er morgen Nachmittag zurück, aber trotzdem bin ich niedergeschlagen, weil er weg ist, sie haben ihn so dringend gebeten zu kommen, dass er schließlich gefahren ist. Es ist eine so unaussprechliche Freude, den lieben Jungen hier zu haben, und er ist so schrecklich lieb und nett. Inzwischen dürftet ihr wohl wieder zurück sein – in Abas Tuman muss es ja wunderbar gewesen sein; über deinen Brief an Nicky haben wir uns fast totgelacht, du verrücktes Küken!

Heute ist es wunderbar sonnig, und es sieht so aus, als würde es ziemlich heiß werden; um 10 fahren wir runter nach Frogmore zum Frühstück.

Verzeih, dass ich nur so kurz schreibe.
Einen dicken Kuss für dich, du liebe Kleine, und alles Liebe für Sandro,
deine liebevolle alte Henne, Alix

Nikolaus an Alix: 16. Juni, Sandringham[25]

Mein süßer, teurer, geliebter Liebling,
hier sitze ich in meinem Zimmer und schreibe an dich, in überhaupt keiner guten Stimmung! Ich habe eine heftige Neuralgie (das passiert mir sonst nie) und vermisse mein kleines, liebes Mädchen ganz fürchterlich! Es war schmerzlicher, als ich dir sagen kann, an einem so herrlichen Morgen auch nur für einen und einen halben Tag von dir Abschied zu nehmen – wir hätten es nach dem Frühstück in Frogmore so schön gehabt.

Ich war glücklich, dein süßes Gesicht am Fenster zu sehen, als ich zum Bahnhof hinunterfuhr. Solange ich konnte, versuchte ich, das Schloss nicht aus den Augen zu lassen, bis ein dummer Baum es in einer Kurve ganz verdeckte. Die Hitze im Zug war abscheulich.

Tante Alix und die Mädchen holten mich ab und brachten mich zu ihrem Haus. Die Fahrt durch ihre Wälder war bezaubernd; dort wehte eine so angenehm frische Brise vom Meer. Ich eilte durch das Haus, warf einen schnellen Blick in die Zimmer, und dann fuhren wir alle zur Pferde-Auktion in der Nähe von Kings Lynn. Onkel Bertie war so lustig wie immer, und in der Kutsche gab es zwischen ihm und Tante Alix zwei oder drei Missverständnisse. Das passiert immer, denn sie hört nicht, was er sagt, und er hasst es, wenn er seine Worte wiederholen muss.

Bald kamen wir dort an und gingen in ein riesiges Zelt, wo etwa 200 Bauern und Pferdehändler aßen. Wir alle setzten uns an einen Tisch, der etwas höher stand als die anderen, und aßen zu Mittag, wie auf einer Bühne. Ich habe so an dich gedacht, meine Teure, und wie du gelacht hättest, wenn du all diese Leute gesehen hättest, die dort herumgingen, saßen und aßen.

Danach begann die Versteigerung der Pferde. Wir saßen in einer Art Loge, wie beim Pferderennen – und überall um uns herum standen Menschenmassen, die uns mehr anstarrten als die Pferde. 50 Pferde wurden versteigert, und stell dir deinen *Lausbub* vor, der sich von zwei braunen Schönheiten (Stuten) in Versuchung führen ließ. Die närrischen Leute stampften mit ihren Stöcken und jubelten, als angesagt wurde, dass ich zwei gekauft hätte. Aber zum Schluss hin wurde es absolut unerträglich, denn es schien einfach kein Ende zu nehmen, und das Wetter wurde plötzlich kalt und sehr windig. Oh, wie ich mich da langweilte und wünschte, ich säße bequem neben meinem Liebling in ihrem winzigen Zimmer in Windsor. Wir fuhren zum Tee nach Hause, und da fingen die Schmerzen an. Es war scheußlich! Das rechte Auge tränte, so stark waren die Schmerzen. Und ich musste doch durch den Garten spazieren, die Ställe bewundern, die Hunde, zwei Ziegen und anderes. Ich war wirklich fast verrückt, als ich wieder zu Hause ankam. Victoria gab mir etwas gegen die Schmerzen, und es half tatsächlich.

Beim Abendessen erhielt ich dein zweites Telegramm. Oh, mein süßer Liebling! Ich liebe dich, ich liebe dich – das ist alles, was ich sagen kann!!!!!! Ich vermisse dich so sehr, gerade jetzt, am Abend, wo alle anderen zu Bett gegangen sind.

Ich denke, du wirst diesen Brief bekommen, kurz bevor ich auftauche, was nach der Ankunft des Erzherzogs[26] sein wird. Tonias und Mauds Zimmer sind niedlich und so hübsch eingerichtet; sie haben nach dem Feuer von 1891 alles erneuert. Wir zwei sind zu einem Familienessen eingeladen, vor der Gartenparty in Marlborough House. Nun, meine teure, süße kleine Alix, muss ich schließen. Ich sende dir meinen Segen, einen Kuss und meine ganze Liebe. Dein dich anbetender alter Nicky

Nikolaus, Tagebuch: 17. Juni, Windsor Castle

Wachte bei himmlischem Wetter auf und trank unten nach einem Bad Kaffee mit Onkel Bertie. Nach meiner Ankunft in London stieg ich auf einem anderen Bahnhof um und eilte mit einem Sonderzug zurück nach Windsor. War überglücklich über mein Wiedersehen mit der lieben Alix, selbst eine solche Trennung von ihr kommt mir lang vor. Am Abend kam der Erzherzog Ferdinand an. Zu seinen Ehren gab es ein großartiges Diner in Uniform und mit Musik. Viel geschwitzt.

26. Juni: Heute durfte ich ausruhen und schlief bis 9.30. Pünktlich um 10 Uhr ging ich mit Granny und Alix nach Frogmore, nach dem Frühstück war Gottesdienst im Mausoleum. Der Beichtvater der Königin hielt eine sehr gute Predigt. Saß bis zum Mittagessen bei Alix. Ich bin sehr faul geworden und kann mich nicht dazu entschließen, nach Hause zu schreiben, obwohl ich ihnen wirklich die neuesten Neuigkeiten berichten sollte! Jede Stunde mit meiner lieben Alix ist mir so kostbar, ich will sie nicht vergeuden! Das Wetter ist jetzt grau und regnerisch. Kaiserin Eugénie[27] ist mit ihrem Neffen Napoleon hier angekommen, der im letzten Winter bei uns in Petersburg war. Sie wurden von Granny im Zimmer der Königin empfangen, wo ich letztes Jahr den Hosenbandorden bekam. Um 9 Uhr speisten wir zu Abend, ich saß neben der Kaiserin. Wir redeten bis um 11, und ich war völlig erschöpft, sowohl vom Stehen als auch davon, dass ich nicht rauchen durfte.

Nikolaus an Zarin Marie: 27. Juni, Windsor Castle

Meine allerliebste Mama,
ich fürchte, du wirst sehr unzufrieden mit mir sein, weil ich so lange nichts habe von mir hören lassen; ich habe auch selbst ein schlechtes Gewissen, aber du kannst daraus doch ersehen, dass ich mehr als glücklich bin, hier in der Nähe meiner Alix zu sein. Ich koste jede freie Stunde aus, die ich mit ihr verbringen kann. Ich habe einige Male in ihrem Zimmer mit einem Brief angefangen, aber meine Bemühungen, einen guten Brief zu schreiben, führten zu nichts, weil ich jeden Augenblick das heftige und un-

widerstehliche Bedürfnis verspürte, vom Stuhl aufzuspringen und sie zu umarmen!

Die Taufe von Georgies und Mays Sohn ist für den 4./16.[28] Juli in White Lodge geplant, wo wir einige Tage nach seiner Geburt auch zu Besuch waren. Ein hübsches, gesundes Baby!

Ich bin froh, noch zwei oder drei Tage in Osborne verbringen zu können, und gedenke am Neunten abzureisen, denn Granny hat mich gebeten, bis zu diesem Datum zu bleiben! Dann werde ich mich genau einen Monat und einen Tag lang in England aufgehalten haben! Ich muss jetzt schließen, denn es ist Zeit fürs Mittagessen. Ich hoffe, ihr habt gutes Wetter und allen geht es gut. Ich umarme euch, meine liebste Mama und mein lieber Papa, und die anderen. Beste Grüße von Alix! Der Herr schütze euch!

Von ganzem Herzen, euer Nicky

Nikolaus an seinen Bruder Georgy: 29. Juni, Windsor Castle

Entweder sitze ich mit Alix zu Hause, oder ich mache mit ihr und der Königin eine Ausfahrt. Es kommt mir komisch vor, dieses ganze Leben hier und das Ausmaß, in dem ich Teil der englischen Familie geworden bin. Ich bin für meine zukünftige Großmutter ebenso unentbehrlich geworden wie ihre zwei Inder und ihr Schotte;[29] ich hänge immer noch an ihr, und das Beste ist, sie lässt mich auch nur ungern von ihrer Seite.

Was unsere Hochzeit angeht, ist noch nichts entschieden, aber wir glauben beide, es wird kaum vor Januar zu machen sein. Sie will unseren Glauben und unsere Sprache nicht in Hast lernen, womit ich völlig einverstanden bin und was mich sehr freut, denn es zeigt, wie ernst sie diese Angelegenheit nimmt.

Zum Abendessen muss ich in einem Mantel mit rotem Kragen und Ärmelaufschlägen, Strümpfen und Lackschuhen erscheinen – grässlich!

Nicky

Nikolaus und Alix an Xenia und Sandro: 30. Juni, Aldershot

Liebste Xenia und Sandro,
wir sind soeben hier ins Lager gekommen, ins englische »Krasnoje Selo«, das ein ganz bezaubernder Ort ist. Das Haus ist aus Holz, man hört jedes Wort und jeden Pups durch die Wände, und wir wohnen alle auf demselben Korridor! Es hat nur ein Stockwerk und ist genauso gebaut wie ein indischer Bungalow!

Wir sitzen zusammen in ihrem Zimmer und lieben einander sehr! Nicht weniger als ihr alten Vögel. Zum Abendessen werde ich einen roten Tscherkessenmantel anziehen, was Granny mit Sicherheit begeistern wird – sie hat mich schon einige Male gefragt, wann ich einmal eine Kosakenuniform trage, also werde ich beim Diner darin erscheinen. Danach wird es eine *Reveille* mit einer Zeremonie geben, die man hier ein »Tattoo« nennt!
N.

[in Alix' Schrift:] *Ich habe das hier gefunden und dachte, ich muss es dir schicken – erinnert dich das nicht an den Abend, als wir zusammensaßen, du in Weiß, hübscher als Worte beschreiben können, sodass ich mich die ganze Zeit danach sehnte, dein Gesicht mit Küssen zu bedecken; das winzig kleine Zimmer, es war so* gemütlich, *nein, wie ich mir wünsche, dich in dieser Uniform noch einmal zu sehen, mit dem roten Mantel darüber, süßer Schatz, ganz viele Küsse, ganz allein. Ein dicker Kuss*
A.

Nikolaus, Tagebuch: 3. Juli, Windsor Castle

Nach dem Frühstück gingen wir zur Kirche. Der Bischof von Ripon hielt eine ausgezeichnete Predigt. Abendessen gab es um 9.15, nur mit den Hofbeamten. Der kleine Dienst habende Lord, Lord Playfair, hielt mich für den Pfarrer von Windsor und beorderte mich zur Königin, was alle Anwesenden zu lang anhaltendem, lautem Gelächter veranlasste. Saß bei der lieben Alix.

4. Juli: Um 5 Uhr wurde der neugeborene Sohn von Georgie und May in White Lodge in Gegenwart der ganzen Familie getauft. Granny gab ihm sieben Namen.[30] Ich war einer der Paten. Anstatt ihn einzutauchen, benetzte der Erzbischof seine Finger und berührte den Kopf des Babys.[31] Dann tranken wir Tee unter einem Zeltdach im Garten. Vier Generationen wurden gemeinsam fotografiert. Auf dem Rückweg gab es keinen Regen. Ein Offizier kam beinahe um, weil sein Pferd stolperte. Kamen um 7.45 in Windsor an. *Lausbub!** Speisten spät zu Abend. Saß noch lange bei *!Shpitsbub!**

5. Juli: Nach dem Kaffee mit der lieben Alix fuhr ich zum Bahnhof und dann nach London. Besuchte Staal und seine Frau. Ging in ein Geschäft mit antiken Möbeln, wo ich ein schönes Empire-Bett kaufte, einen Waschtisch, Tisch und Spiegel, die mir sehr gut gefielen! Verbrachte eineinhalb Stunden in Marlborough House; nahm Abschied von Onkel Bertie, Tante Alix, Victoria und Maud. Leider werden sie nicht zu Sandros und Xenias Hochzeit zu uns nach Petersburg kommen! Fuhr zum Mittagessen nach Windsor zurück.

Zwei Juweliere hatten ihre Waren in meinem Zimmer ausgestellt, und ich kaufte von jedem ein Schmuckstück. Wir tranken Tee in Frogmore und machten dann eine lange Ausfahrt, uns wurde sogar richtig kalt. Auf dem Rückweg machten wir an der Kapelle halt, wo Eddy bestattet ist, auf dessen Sarg Granny Alix einen Kranz legen ließ. Verbrachte einen wunderbaren Abend mit meiner liebsten Braut. Ich sterbe vor Liebe zu ihr!

8. Juli, Osborne, Isle of Wight: Grannys Leben hier ist dasselbe wie in Windsor, nur an einem anderen Ort, aber nicht unseres, denn das Meer ist nahe.
[Alix Schrift:] *Mein lieber kleiner Boysy, nichts hat sich geändert, immer treu. Hab Vertrauen und Zuversicht in dein liebes Mädchen, das dich inniger und ergebener liebt als sie jemals sagen kann. Worte sind zu ärmlich, um meine Liebe, meine Bewunderung und meinen Respekt auszudrücken – was vergangen ist,*

ist vergangen und wird niemals wiederkehren, und wir können ruhig darauf zurückblicken – wir alle geraten in dieser Welt in Versuchung, und wenn man jung ist, kann man nicht immer kämpfen und der Versuchung widerstehen, aber solange wir bereuen und auf den guten, geraden Weg zurückkehren, vergibt uns Gott. »Wenn wir unsere Sünden bekennen, ist er treu und gerecht und vergibt uns.« Gott vergibt denen, die ihre Fehler bekennen. Vergib mir, dass ich so viel schreibe, aber ich will, dass du dir meiner Liebe ganz sicher bist, dass du weißt, ich liebe dich noch mehr, seit du mir diese kleine Geschichte[32] *erzählt hast, dein Vertrauen hat mich, oh, so tief gerührt, und ich bete zu Gott, dass ich mich immer dessen würdig erweisen werde. Gott segne dich, geliebter Nicky!*

11. Juli, Polarstern: Ein trauriger Tag – Abschied – nach mehr als einem Monat seligen Lebens! Morgens gab es Regen, der sich später in Nebel verwandelte. Ich wurde immer trauriger, je näher die Trennungsstunde rückte! Ich verließ meine liebe Braut für keinen einzigen Augenblick. *Süßer, lieber Nicky.** Nach dem Tee fuhr ich mit ihr und Granny ein letztes Mal in Richtung der Stadt Ryde. Wir speisten kurz nach 9 Uhr zu Abend; die Marinesoldaten von Portsmouth musizierten. Ich nahm Abschied von den Damen und Herren und von Munshi; dann zog ich mir die Gardeuniform an, und nachdem ich mich von Granny verabschiedet hatte, ging ich mit Alix zur Landungsbrücke. Nach der Trennung von meiner liebsten Braut bestieg ich das Boot. Gleich bei meiner Ankunft auf der *Polarstern* erhielt ich einen langen Brief von Alix. War erschöpft vor lauter Traurigkeit und Sehnsucht.

KR, Tagebuch: 10. Juli, Krasnoje Selo

Nicky bemalt einen Fächer als Hochzeitsgeschenk für Xenia. Als Vorlage benutzt er dabei ein bebildertes französisches Buch. Das Motiv ist ein aufgeschrecktes Huhn, das mehrere Eier gelegt hat, aus denen eine ganze Legion von Papierhähnen ausschlüpft. Nicky zeichnet sehr gut und hat viel Geschmack.

Alix an Nikolaus: 10./11. Juli, Osborne, Isle of Wight

Mein geliebter Schatz Nicky,
so wie ich dir damals in Coburg ein paar kurze Zeilen in deinem Zimmer hinterließ, damit du sie nach meiner Abreise finden würdest, so schreibe ich dir auch jetzt wieder und gebe es deinem Kammerdiener, damit er es dir aushändigt, wenn du abgereist bist. Es macht mich einfach zu unglücklich, morgen früh daran zu denken. Leb wohl! Ach, Liebster, was soll ich ohne dich tun, ich bin jetzt so daran gewöhnt, dich immer in meiner Nähe zu haben, dass ich mir ganz verlassen vorkommen werde.

Sonntags ist Granny immer pünktlich, und ich bin noch nicht einmal gewaschen oder sonst was.

Ach, könnte ich doch nur anstelle des Thermometers in deine Rocktasche schlüpfen! Welch unaussprechliche Freude, immer bei dir zu sein, dir jeden auch noch so kleinen Wunsch von den Augen abzulesen und ihn zu erfüllen. Doch eines Tages werde ich es tun können – und dann kein Abschied mehr – immer mit dir zusammen. Mit welcher Leidenschaft ich dich liebe, wie ein brennendes Feuer, das mich verzehrt. Und zu fühlen, dass diese Liebe erwidert wird! Kann es ein größeres Glück geben?

Wenn morgen früh dein Bediensteter hereinkommt, um dich zu wecken, dann hoffe ich, dass er dir dies geben wird, sodass dich wenigstens ein Gutenmorgenkuss erreicht. Ich drücke ihn dir hier auf.

Nikolaus an Alix: 11. Juli, *Polarstern*

Mein geliebter, teurer kleiner Liebling,
dieser Abschied war unaussprechlich schrecklich; wenn es noch öfter so weiterginge, würde ich nicht mehr lange leben! Meine

Süße, ich habe gerade deinen innigen Brief durchgelesen, den der alte Mann mir bei meiner Ankunft an Bord überreichte! Ich bin dir von der Barkasse aus mit den Augen gefolgt, so lange ich konnte, bis ich einen solchen Kloß im Hals spürte, dass ich mich wegdrehen musste, und ich schluchzte auf dem Boot wie heute Nachmittag. Zum Glück war es dunkel, und die Männer waren mit dem Rudern beschäftigt.

Alix an Nikolaus: 12. Juli, Osborne, Isle of Wight

Liebster,
wann immer ich einen Augenblick Zeit habe, muss ich mich unbedingt hinsetzen und dir schreiben. Ständig habe ich das Gefühl, die Tür würde aufgehen und dein liebes Gesicht erscheinen, doch nein – der Liebste ist weit fort von mir auf hoher See, Gott segne ihn. Ach, könnte ich nur zu dir hinüberfliegen, dir meine Arme um den Hals schlingen, dich an mein pochendes Herz drücken und dich sanft auf die Braue küssen! Diese *zauberhaften großen Augen* – wer ist jetzt da, den Blick in sie zu versenken? Wie sanft ist der Wind, möge er dir auf den Lippen bleiben. Ich kann nur deine Fotos küssen und den Ring, den du mir an Bord gabst. Ich fühle mich wie eine benommene Fliege, denn die Luft ist zum Ersticken, kein Windhauch, wie in einem schwülen Treibhaus, alles grau und dunstig, das Haar hängt mir ins Gesicht, mir ist heiß und feucht.
Nicky, Nicky, Nicky, *ich liebe dich, liebe dich, liebe dich.*
Gott segne dich.
Alix

Nikolaus an Alix: 13. Juli, *Polarstern*

Mein süßer kleiner Liebling Alix,
ich habe mich gestern so danach gesehnt, in das alte Lotsenboot zu springen, an Land zu gehen, einen Zug nach Portsmouth zu

nehmen und schnell hinüber nach Osborne zu kommen; ich hätte nach dem Tee am selben Nachmittag in den Armen meiner Süßen gelegen!

Nikolaus, Tagebuch: 14. Juli, *Polarstern*

Wir kamen in Kopenhagen an und gingen an unserem alten Platz vor Anker. Gingen in voller Uniform an Land. Bei Tolboden wurde ich von Apapa [König Christian], meinen Onkeln und Vettern abgeholt. Fuhren nach Amalienborg, wo ich Amama [Königin Louise] sah. Ich bin in den Zimmern ganz oben untergebracht, wo Victoria während des Jubiläums von 1888 gewohnt hat. Ich habe das Gefühl, dass ich meinen Aufenthalt hier in Dänemark nur träume. Aber ich werde immer wieder von Traurigkeit übermannt, ich kann es nicht lassen, nach Alix zu suchen und überrascht festzustellen, dass sie nicht da ist. Ich war sehr froh, den kleinen Georgy von Griechenland [ein Vetter ersten Grades] zu treffen.

Alix an Nikolaus: 14. Juli, Osborne, Isle of Wight

Mein geliebter Schatz Nicky,
gerade komme ich von einer Ausfahrt zurück, ganz allein mit Granny. Erst war sie gesprächig, aber dann überfiel sie ein schrecklicher Schmerzanfall, sodass sie ganz blass wurde und zu weinen anfing. Sie sagt, dass sie nichts dagegen machen kann, es macht sie kaputt, wenn der Schmerz so groß wird. Ich habe ihr eine Viertelstunde lang das Bein massiert, und dann wurde es allmählich besser. Die Ärmste, es ist schrecklich, sie so leiden zu sehen. Ich bin jung, deshalb macht mir der Schmerz nicht so viel aus. Ich würde sogar sagen, es ist gut, Schmerzen ertragen zu müssen - aber sie, eine alte Dame, das ist wirklich hart. Es macht einen traurig, wenn man es mit ansehen muss, und es erschreckt mich. Wir sind so vorsichtig gefahren wie es nur ging. Heute

Nachmittag hat Granny mir ihr Tagebuch diktiert, es war ihr wieder ein großes Anliegen, dass ich es mache – und sie ist noch nicht weiter als bis zur Abreise des Erzherzogs, deshalb beeilt sie sich jetzt, die Zwischenzeit aufzuholen. Sie macht sich jeden Tag Notizen, aber so unleserlich, dass sie sie selbst kaum entziffern kann.
Liebster, jetzt muss ich dir gute Nacht sagen. Schlaf gut, mein geliebter Schatz. Gott segne und behüte dich. Viele zärtliche Küsse. Deine süße Nähe fehlt mir so sehr.
Alix

Nikolaus, Tagebuch: 15. Juli, Kopenhagen

Trank unten mit Amama Kaffee, danach gingen Onkel Waldemar, Georgy und ich zu Onkel Freddie,[33] der einen großen Empfang gab. Um ein Uhr ging ich mit Apapa zur Landungsbrücke, wo eine Menschenmenge den schwedischen König erwartete.

Er kam auf seiner abstoßend hässlichen Jacht *Drot*. Zwei Kriegsschiffe begleiteten sie.

Nikolaus an Zarin Marie: 16. Juli, Kopenhagen

Meine liebste Mama,
gestern war den ganzen Tag entsetzliches Treiben auf der Landungsbrücke – morgens kam Heinrich [von Preußen] auf seinem Kriegsschiff *Sachsen* an. Der schwedische König kam auf seinem hässlichen Dampfer mit zwei Fregatten. Er schleckt und schlabbert ständig an jedem herum.

Onkel Freddie und der Schwan empfingen den ganzen Tag Delegationen. An diesem Abend gaben sie ein großes Diner, bei dem Apapa, der König und Onkel Freddie lange Reden hielten. Am Morgen begleitete die ganze Familie sie – Apapa und Amama in ihrer goldenen Kutsche – zu einem Gottesdienst.

Tante B[eatrice] ist nach Southampton gefahren, irgendwelche Verpflichtungen oder so – diesmal aber keine Eröffnung oder Schließung. Ich habe mit Thora auf zwei Klavieren gespielt, das war nett. Dann sind wir zu zweit zum Strand hinuntergefahren, ich habe die beiden Ponys gelenkt, aber sie haben ganz miserabel gezogen.

Wir haben den Kindern beim Baden mit den Seeleuten zugesehen und wie sie schwimmen lernten. Dann sind wir ins Boot gestiegen, und ich habe mit den schweren Riemen in der brütenden Sonne gerudert – jetzt sehe ich aus wie Klatschmohn und habe dicke Blasen an den Händen, die sich wie rote Beulen wölben. Puh – es ist heiß, kein Vergleich mit dem Wind heute Morgen. Wie ich mich nach dir sehne! Was du wohl gerade machst? Wahrscheinlich *Bull* spielen mit den Offizieren.

Ich bin mit Granny und Tante Louise[34] ausgefahren und jetzt ruhe ich mich auf dem Sofa aus. Wir hatten einen wundervollen Sonnenuntergang, wie ein glühender Feuerball. Wir sind so viele Damen hier, dass es schwierig ist, irgendeinen Herrn zu finden, die meisten konnten nicht kommen.

19. Juli: Guten Morgen, Liebster. Es ist sehr warm und schön. Wir sind gerade vom Baden in dem großen Schwimmbad zurückgekommen.

Der Seemann hat Thora von einer Brücke heruntergehalten, mit einem Seil und einem Gürtel um die Taille, und hat ihr gesagt, welche Bewegungen sie machen soll. Dann hat er mir ein Seil umgebunden und es mich probieren lassen, und dann hat er losgelassen. Ich bin ohne irgendetwas da herumgeschwommen. Vor 11 Jahren hatte ich einmal drei Schwimmstunden in Frankreich und würde es so gerne können. Zuerst war ich sehr ängstlich – aber ich finde es fantastisch, dass ich es kann.

Nikolaus, Tagebuch: 21. Juli, Peterhof

Von der Landungsbrücke aus gingen wir zum Palast, um Xenias Aussteuer anzusehen. Riesige Mengen Kleider und Wäsche waren über vier Säle verteilt! Fuhr mit dem Fahrrad, Mama und Papa gingen zu Fuß. Nicky [von Griechenland] kam von Krasnoje, wo er bei Kostia [KR] beim Regiment wohnt. Die Familie speiste zusammen zu Abend; Onkel Sergej und Tante Ella kamen aus Moskau. Ich war überglücklich, sie zu sehen, denn sie erinnert mich an meine geliebte Alix, und natürlich sprachen wir von nichts anderem.

Sandro: Memoiren

Am 20. Juli kehrten wir in die Hauptstadt zurück, um die »Präsentation der Aussteuer« in einem der größeren Säle des Palastes zu besichtigen.

Garderobe: Vormittag, Sport, Nachmittag, Abend und »Grande Soirée«.

Mäntel: Winter, Frühling, Sommer und Herbst.

Pelzmäntel und Pelzumhänge: Hermelin, Chinchilla, Biber, Nerz, Seal, Astrachan.

Strümpfe, Handschuhe, Hüte, Schirme und Berge von Accessoires, deren exakte Bezeichnung ich nicht zu kennen behaupte.

Riesige Tische, voll gepackt mit Dutzenden von Leinengarnituren.

Tafelsilber für sechsundneunzig Personen. Eine goldene Toilettengarnitur, bestehend aus hundertvierundvierzig Artikeln. Jeweils acht Dutzend Gläser, Tassen und Teller mit Goldrand usw. usw.

Geschmeide: eine fünfreihige Perlenkette, ein Diamantcollier, ein Rubincollier, ein Smaragdcollier und ein Saphircollier; Smaragd-Rubin-Diademe, Diamant-Smaragd-Armreifen, diamantener Brustschmuck, Broschen usw. Das gesamte Geschmeide wurde von Bolin angefertigt, dem besten Kunsthandwerker in

St. Petersburg. Es war fraglos ein Vermögen wert, aber in jenen Tagen beurteilten wir Geschmeide nach der Schönheit seiner Formen und Farben und nicht nach seinem Geldwert.

Am Ende des Saales stand ein Tisch voller Herrenartikel. Ich hatte nicht erwartet, in Xenias Aussteuer mit bedacht zu werden, und war deshalb einigermaßen überrascht. Tatsächlich aber entsprach es der Familientradition, dass der Kaiser mir ein gewisses Quantum an Ausstattung zukommen lassen musste. Es gab vier Dutzend Tageshemden, vier Dutzend Abendhemden usw. Vier Dutzend von allem. Meine besondere Aufmerksamkeit galt einem silberfarbenen Morgenrock und einem Paar silberfarbener Galoschen. Jener beeindruckte mich insbesondere durch sein enormes Gewicht.

»Sechzehn Pfund«, erklärte mir der Zeremonienmeister.

»Sechzehn Pfund? Wer soll denn das tragen?«

Meine Ignoranz quälte ihn. Er erklärte mir, dass ein Bräutigam, der zur kaiserlichen Familie gehört, diesen monströsen Rock und die silbernen Galoschen anziehen muss, ehe er in der Hochzeitsnacht das Brautgemach betritt. Diese alberne Regel war Teil jener Vorschriften, die es mir unter anderem untersagten, Xenia am Tage vor der Trauung zu sehen. Ich seufzte. Was sollte ich schon machen? Das Haus Romanow hatte nicht die Absicht, seine dreihundert Jahre alten Traditionen über den Haufen zu werfen, nur um dem armen Sandro einen Gefallen zu tun.

Alix an Nikolaus: 21. Juli, Wolfsgarten

Ernie holte mich bei strömendem Regen am Bahnhof ab. Wir hatten meine vier kleinen Pferde und fuhren eine Stunde lang durch den Wald. Als wir hier eintrafen, klarte es auf. Die Damen und Herren waren bereits da, und Ducky stand in ihrem weißen Kleid oben auf der Treppe und sah ganz zauberhaft aus. Wir frühstückten, nahmen ein schönes kühles Bad, und dann gingen wir ein wenig spazieren und suchten nach Pilzen. Zum Schluss fütterten wir die Pferde mit Karotten und Zucker. Ich hoffe so sehr, Liebster, dass du einmal hierher kommen kannst!

Am selben Tag: Wenn ich Ernie und Ducky zusammen sehe, bekomme ich immer wahnsinnige Sehnsucht nach dir, geliebter Schatz Nicky. Wie sehr werde ich bei Xenias Hochzeit an dich denken - diese kleine Göre, die vor ihrem älteren Bruder heiratet - wirklich zu ärgerlich, aber wir kommen auch an die Reihe. Und dann - ach, liebster Nicky, dann sind wir auf immer vereint - keine Trennung mehr, immer die deine und noch mehr als jetzt. Du musst unbedingt noch zu uns kommen und hier in meinem kleinen Haus mit mir zusammensitzen.

Nikolaus, Tagebuch: 22. Juli, Peterhof

Kostia [KR] war zum Tee da. Es ist angenehm, wieder einmal in meiner Kaserne zu sein. Alles hier erinnert mich so lebhaft an meine Zeit vor meinem himmlischen Englandaufenthalt an der Seite meiner Braut!

Nikolaus an Alix: 22. Juli, Peterhof

Ich gehöre dir ganz und für immer, mit Geist und Seele, Leib und Herz, alles ist *dein*, dein; ich möchte es gern laut herausschreien, damit die ganze Welt es hört. Ich bin es, der stolz ist, zu einem so süßen Engel zu gehören, wie du es bist. Dass ich es wagen darf, auf die Erwiderung meiner Liebe Anspruch zu erheben - ist mehr als gierig und eigensüchtig.
Immer dein dich zutiefst liebender, treuer Boysy, Pelly Nicky

Alix an Nikolaus: 23. Juli, Wolfsgarten

Mein Liebster,
dies ist heute schon das dritte Mal, dass ich mich hinsetze, um dir zu schreiben. Ich muss immer wieder an [Aldershot] denken und wie engelsgleich du aussahst - ich hätte dich für immer

anblicken mögen, du warst einfach zu schön, und dieser liebe Ausdruck und die kleine Kopfbewegung und die tiefen, großen Augen, die ich so wahnsinnig liebe. Ach, wie sehne ich den Augenblick herbei, wo ich meine Lippen auf sie drücken und meinem Nicky Worte der Liebe und der Glückseligkeit ins Ohr flüstern kann!

Es muss wirklich eine bewegende Szene gewesen sein, als Xenia und Sandro gemeinsam zum Abendmahl gingen. Ich finde es eine zauberhafte Idee, dass sie gemeinsam vor ihrer Trauung hingegangen sind. Welch bewegender Augenblick das doch immer ist! Für mich, Liebster, soll dieser Tag ein *völlig privater* sein, ja? So wie für Ella, denn anders wäre es schrecklich - ein religiöser Akt wie dieser muss ruhig vonstatten gehen, denn sonst weiß man gar nicht, was man tut oder sagt.

Dann hat Ernie Tennis gespielt, und Ducky hat sich zu mir gesetzt und mir vorgelesen, während ich auf dem Sofa lag und arbeitete; aber mit dem Lesen ging es nicht so recht voran, da wir uns zu unterhalten anfingen. Sie ist so ein liebes Ding - in ihrer offenen Art spricht sie über alles, [was] mich zutiefst berührt.

Da ich so viel älter bin, kann sie mit mir über Dinge sprechen, die ich kenne, jüngere Mädchen aber nicht, und ich glaube, das tut ihr gut. Ich kann gar nicht sagen, wie alt ich mich manchmal fühle - schon als Kind wusste ich von Dingen, die andere erst erfahren, wenn sie erwachsen und verheiratet sind. Ich weiß nicht einmal, wie das kam! Ich war ja damals oft allein mit dem geliebten Papa, ging überall mit ihnen hin und ins Theater, und das hat mich so früh alt gemacht - ich habe in verschiedener Hinsicht viel mitgemacht - und deshalb finde ich auch nichts dabei, über Dinge mit ihr zu sprechen. Sie hat ja auch Ernie geheiratet, dem ich alles anvertrauen kann, und das hat ihr *zuerst*, als sie ihm gegenüber noch so schüchtern war, doch ein wenig geholfen. Es tut gut zu sehen, wie sehr sie sich lieben, aber zugleich macht es mich allzu sehnsüchtig nach dir.

Stets deine dich zutiefst liebende, sehr ergebene und stets treue Braut,
Alix

KR, Tagebuch: 25. Juli, St. Petersburg

Sandros und Xenias Trauung findet heute um 15 Uhr statt. Möge Gott ihnen Glück gewähren, und gebe Gott, dass die Beziehungen zwischen ihnen und ihren Eltern besser werden. Die Kaiserin war vom Bräutigam ihrer Tochter noch nie sonderlich angetan, aber vor kurzem gab es einen regelrechten Bruch zwischen ihnen, wenn er auch nicht offen zur Sprache kam. Sie sagen, Sandro sei sehr anspruchsvoll und taktlos.

Für die ersten beiden Tage nach der Trauung hat man ihnen Räumlichkeiten in Ropscha hergerichtet, anschließend reist das junge Paar auf die Krim. Die Räume liegen im Parterre, rechts vom Eingang; in der Vergangenheit haben andere Familienmitglieder mit ihren Gattinnen zu Manöverzeiten hier Quartier genommen, und es gab keine Klagen. Nachdem Sandro sie begutachtet hatte, erklärte er, dass sie schlicht und einfach unzureichend seien, und beanspruchte die Gemächer des Kaisers und der Kaiserin. Das ist in der Tat nicht sonderlich taktvoll von ihm. Die Räume im Winterpalais zwischen dem Saltykow- und dem Sobstwennij-Tor, die gerade für die Jungvermählten hergerichtet werden, wurden früher von den Zaren bewohnt und dann, in den 80er Jahren, von Sergej und Pawel.

Auch hier hat Sandro immer wieder seine Unzufriedenheit über die Inneneinrichtung geäußert, obwohl er dort doch nur einen Winter zubringen muss, da der Kaiser ihnen ja das Palais von Prinzessin Woronzow an der Moika gekauft hat, das in einem Jahr völlig renoviert sein wird. All das ist irritierend und trägt natürlich nicht im Geringsten dazu bei, Eltern und Schwiegersohn einander näher zu bringen.

Xenia leidet unter dieser Zwietracht, und so, wie die Dinge liegen, sitzt sie zwischen zwei Stühlen: Meint sie es gut mit ihrem Bräutigam, muss sie fürchten, ihre Eltern zu verstimmen, und umgekehrt. Nun haben Ihre Majestäten tatsächlich einen Charakterzug, mit dem sich nur schwer umgehen lässt; bei jeder Entscheidung, die ansteht, lassen sie sich sehr viel Zeit, alles wird immer erst in allerletzter Minute entschieden, sodass ihre

Entourage überhaupt keine Vorbereitungen treffen kann, da sie sich über jegliche Pläne im Unklaren befindet. So war beispielsweise auch 5 volle Monate nach Sandros und Xenias Verlobung noch immer nichts über den Zeitpunkt und den Ort ihrer Trauung zu hören. Die Verlobten befanden sich in einer schwierigen Situation: Wann immer sie Fragen bezüglich der Pläne über ihr zukünftiges Leben stellten, wurde dies als eine Herausforderung der elterlichen Autorität interpretiert. Diese Charaktereigenschaften des Kaisers und der Kaiserin entschuldigen Sandros Mangel an Diskretion selbstverständlich nicht im Geringsten. Kurz gesagt, es hat viel Unerfreuliches und ungute Gefühle gegeben. Noch einmal: Gebe Gott, dass dies alles vorübergeht und sich zum Guten wendet.

Nikolaus, Tagebuch: 25. Juli, der Tag von Xenias und Sandros Hochzeit, Peterhof

Am Morgen gab es wie üblich Frühstück mit Mama im Salon. Danach fuhr ich mit dem Fahrrad zurück nach Hause, um Zeit zu sparen. Wir aßen um 12.30 zu Mittag, denn die Damen mussten früh fertig werden, um bei der Fertigstellung von Xenias Toilette anwesend zu sein. Ich ging mit Papa zum Großen Palast. Es war entsetzlich heiß in der Kirche, auch in den Sälen. Xenias Brautführer waren: Christian,[35] Nicky, Mischa und ich; an Sandros Seite standen seine vier Brüder. Xenias Gesicht hatte einen glücklichen, sogar lebhaften Ausdruck, und sie sah reizend aus in ihrem Hochzeitsgewand!

KR, Tagebuch: 25. Juli, Krasnoje Selo

Ich muss über den Hochzeitstag schreiben. Es war Mitleid erregend, die Kaiserin zu sehen. Trotz aller Selbstbeherrschung standen ihr Tränen in den Augen, und sie hatte ein hochrotes Gesicht. Xenia wurde von dem Gewicht eines Diadems mit einem riesigen rosa Diamanten, einer Krone aus großen Diamanten und ihres Brautkleids förmlich erdrückt; sie wirkte noch kleiner als sonst. Ich musste die Prinzessin von Wales bewundern. Sie ist 51 Jahre alt, wirkt aber wie 30. Sie hat eine fantastisch schlanke Figur, und ihr offenes, freundliches Lächeln ruft einen bezaubernden Eindruck hervor.

Es war drückend heiß; in der Kirche erlitt Ella einen Schwächeanfall und musste sich setzen. Sergej kam zu ihr und kniff sie kräftig in die Hand, danach hatte sie sich wieder unter Kontrolle. Das junge Paar stand demütig und ehrfurchtsvoll unter den Kronen. Zwischen der Trauung und dem Abendessen gab es eine Pause von etwa einer Stunde.

Sandro: Memoiren, gleiches Datum

Auf dem Rückweg zum Palast marschierten wir in derselben Reihenfolge wie zuvor, nur dass ich jetzt meinen Platz mit dem Kaiser getauscht hatte und nun Xenia am Arm hielt.

»Ich kann es gar nicht abwarten, aus diesem albernen Kleid rauszukommen«, stöhnte sie mir flüsternd ins Ohr, »es muss Zentner wiegen. Ich wünschte, wir müssten das Essen nicht über uns ergehen lassen. Schau dir Papa an, er ist ganz kaputt.«

Wir alle konnten sehen, wie erschöpft der Kaiser war, aber nicht einmal er hätte das langweilige Galadiner absagen können.

Erst um elf Uhr nachts konnten wir uns bequemere Kleider anziehen, und dann fuhren wir in einer Hofkutsche von dannen, zum Palais Ropscha in der Vorstadt, wo wir unsere Hochzeitsnacht verbringen sollten. Unterwegs mussten wir die Pferde wechseln, da unser Kutscher sie nicht zu zügeln vermochte.

Das Palais Ropscha und die umliegenden Dörfer waren strahlend illuminiert, so sehr, dass unser nervöser Kutscher, von den Lichtern geblendet, eine kleine Brücke übersah und uns – drei Pferde, die Kutsche und zwei Jungvermählte – geradewegs in den Bach beförderte. Xenia fiel auf den Boden der Kutsche, ich auf sie drauf, während der Kutscher und der Lakai im Wasser landeten. Glücklicherweise war niemand verletzt, und die zweite Kutsche, in der Xenias Bedienstete saßen, kam uns auch gleich zu Hilfe. Der prächtige, mit Federn geschmückte Hut meiner Frau und ihr hermelinbesetzter Mantel waren über und über mit Schlamm bespritzt, mein Gesicht und meine Hände waren völlig schwarz.

Wir waren allein, das allererste Mal seit unserer Verlobung. Wir konnten unser Glück kaum fassen. War es tatsächlich möglich, dass wir unsere Spätmahlzeit ungestört einnehmen durften? Argwöhnisch beäugten wir die Tür, dann brachen wir in lautes Gelächter aus. Niemand. Nur wir zwei. Ich nahm die Schatulle mit dem Geschmeide meiner Mutter und überreichte sie Xenia. So wenig sie sich sonst auch aus Schmuck machte, ein schönes Diamant-Diadem und ein paar Saphir-Stücke bewunderte sie doch.

Wir trennten uns um ein Uhr nachts, um unsere »Hochzeitsnacht-Uniformen« anzulegen. Auf dem Weg zum Brautgemach sah ich meine in Silber gehüllte Figur, als sie sich im Spiegel reflektierte, und dieser lächerliche Anblick brachte mich erneut zum Lachen. Ich sah aus wie ein Opernsultan im großen Finale.

Alix an Nikolaus: 27. Juli, Wolfsgarten

Ach, Liebster, hätte ich dich nur bei mir, du fehlst mir so sehr – ein wahnsinniges Verlangen ergreift von mir Besitz, und ich weiß nicht, wie ich ruhig bleiben soll. Ich brenne nach einem Kuss und sehne mich danach, fest von dir umschlungen zu werden, behütet und beschützt vom liebsten aller Menschen.

Ella an Königin Victoria: 3. August, Ilinskoje

Alix macht, glaube ich, große Fortschritte mit ihrem Russisch, sie schreibt so reizend an Nicky und macht nur sehr wenig Fehler, und ihre »tournure de phrases« [Ausdrucksweise] ist ziemlich korrekt; er sagte mir, dass sie nur beim Sprechen noch ängstlich

ist. Wegen der Hochzeit gibt es offenbar noch nichts Definitives. Ducky wird vermutlich nicht kommen können, und das wirft alle Pläne durcheinander. Ich bin so schrecklich froh, dass sie ein Baby erwartet, wenn es doch nur ein Junge wäre! Die Vorstellung, unser Zweig der hessischen Familie könnte aussterben, macht mich ganz traurig.
Ella

Alix an Nikolaus: 6. August, Wolfsgarten

Mein geliebter Schatz,
hier gibt es zurzeit große Aufregung, weil sich eine wilde Kuh herumtreibt. Ab 5 Uhr früh ist sie in den Wäldern, und jetzt kommt sie jeden Abend ganz nah aufs Gelände. Sie ist ihren Leuten am Main davongelaufen. Die anderen haben sie gestern gesehen. Zu ihrer Freude trägt sie eine Kette um den Hals. 100 Mark Belohnung für denjenigen, der sie lebend einfängt, aber sie ist so scheu und schreckhaft, dass sie sofort wegrennt, sobald sich ihr jemand nähert.

Nikolaus an Alix: 9. August, Peterhof

Mein Liebling Alix,
ich war einfach entzückt, heute Nachmittag deine liebe Nr. 75 zu erhalten! Zärtlichsten Dank dafür und für die Veilchen, die immer noch köstlich dufteten. Ich kann mir keinen Reim darauf machen, was du mit der wilden Kuh meinst. Ist es so etwas wie eine gewöhnliche Kuh oder etwas anderes? Wenn ihr ein paar Kosaken dort hättet, die hätten sie in einigen Stunden eingefangen – es muss doch sicher leichter sein, eine alte Kuh einzufangen als ein wildes Pferd!

11. August: Der arme Papa ist in sehr schlechter Stimmung, weil er sich in die Hände der Ärzte begeben muss, was an sich schon lästig ist, aber leider nicht immer zu vermeiden. Er spürt das mehr als andere, weil er in seinem Leben erst zweimal krank war – vor 22 Jahren und im letzten Winter! Wir versuchen, ihn so gut wie möglich aufzumuntern, und nun freut er sich darauf, nach Belowesch zu reisen; die Trauerweide kommt mit – der griechische Nicky auch!

Oh, mein Sonnenschein, wärest du nur hier, dann würde ich mich ganz anders fühlen. Aber genug davon! Jetzt muss ich die Treppen hinunterlaufen und zu Pferd zum anderen Haus fliegen.

Ein zärtlicher Kuss von deinem dich liebenden und ergebenen alten Boysy, Nicky

Nikolaus, Tagebuch: 11. August, Peterhof

Erwachte bei wunderbarem Wetter. Nach meinem Kaffee beendete ich einen Brief an meine liebe Alix. Zacharin [der Arzt] blieb lange bei Papa, konnte aber nichts Ernsthaftes finden, Gott sei Dank: Er braucht Ruhe und ein trockenes Klima! Aber Papa selbst ist niedergeschlagen bei dem Gedanken, dass eine Kur nötig ist.

12. August: Wir machten an der alten Mühle Halt und schrieben uns ins Gästebuch ein, in dem ich auch den Namen meiner lieben Braut fand, von damals, als sie zwölf Jahre alt war – 1884, als sie alle nach Ellas Hochzeit hier waren.

19. August, Belowesch: Wir kamen bei der neuen Jagdhütte an. Ihre Lage oben auf einem Hügel ist absolut schön; der Fluss, der vor dem Haus dahinfließt, ist wie ein See aufgestaut. Was das Innere angeht, lässt die Einrichtung der Räume nichts an Schlichtheit, Geschmack und Bequemlichkeit zu wünschen übrig.

Graf Rochefort, der Architekt, der das Haus gebaut hat, hat auch das Innere bis ins kleinste Detail eingerichtet und dabei völlige Perfektion erreicht. Ich habe vier angenehme Räume – fast zu viel Luxus.

20. August: Stand bei wunderbarem Wetter auf, fiel dann unabsichtlich wieder in Schlaf und erwachte um 9.15, weil Nicky [von Griechenland] in meiner wunderbaren Badewanne herumplanschte. Trank um 10.30 mit Mama Kaffee. Der arme Papa hatte wegen der Hitze die ganze Nacht kein Auge zugetan und war deshalb den ganzen Tag müde!

27. August: Habe vom Tod des Comte de Paris erfahren.

Alix an Nikolaus: 28. August, Schloss Heiligenberg

Du hast also schön in deinem großen Bad herumgeplanscht und dich hinterher ganz wohl gefühlt, du altes Baby; aber ich habe auch ein schönes großes Bad, das ich genieße. Ich wäre gerne da gewesen, als du dich plötzlich in völliger Dunkelheit befandest, du hättest keine ruhige Minute gehabt! Zählst du nicht schon die Sekunden, bis ein gewisser Jemand dich wieder grausam zu kitzeln wagt? Außerdem hätte ich dich mit Küssen erstickt.

Nikolaus an Alix: 1. September, Belowesch

Mein geliebter Sonnenschein,
ich gerate in einen Zustand heftiger Aufregung, wenn man mir deine Briefe bringt, und ich weiß nicht, was ich dafür geben würde, zu dir hinüberzufliegen und dein süßes Gesicht mit gierigen, brennenden, liebenden Küssen zu bedecken.

Wir haben genau dasselbe miserable Wetter wie ihr – ich würde sagen, das kommt alles aus Deutschland, denn der Westwind bringt es geradewegs zu uns! Erinnerst du dich, als ich nach England kam, habe ich schönes Wetter mitgebracht – die ersten Tage in Walton und Windsor! Wir waren ziemlich durchnässt heute, nachdem wir zum Schießen draußen waren, dann kam die Sonne heraus, dann wieder ein Schauer, und so weiter.

Was für eine Idee, Liebste, dir die idiotische Büste von mir als Baby zu wünschen. Aber ich weiß wirklich nicht, woher ich eine bekommen soll. Wir haben zwei davon im Anitschkow – eine gehört Papa, die andere Mama. Ich kann nicht verstehen, warum sie eine Büste von mir machen ließen, einem Kind, das aussah wie ein Frosch! Wenn es ein Kind wie die kleine Alice gewesen wäre – das wäre etwas anderes. Ein süßes Gesicht wie das ihre wäre sicher wert, eine Erinnerung dieser Art zu haben, aber von mir – was sollte das? Hat Granny dir je gesagt, dass sie dein Portrait von Angeli malen lassen wollte, und meines auch, als wir in England waren – zum Glück hat sie uns in Ruhe gelassen.

Nikolaus, Tagebuch: 2. September, Belowesch

Es ist beschlossen worden, in ein paar Tagen in Spala auf die Krim zu reisen. Alles ist schon eingepackt, und die Zimmer sind leer.
Bekam einen Brief von meiner lieben Alix!

Alix an Nikolaus: 2. September, Wolfsgarten

... Von Madame Flotow kamen einige Sachen für mich zum Anprobieren. Ich kam mir sehr komisch dabei vor, solch schicke Leibwäsche und Morgenröcke anzuziehen, lass dich nicht davon schockieren, dass ich sie erwähne. – Der Anblick der Sachen, die für die Aussteuer bestimmt sind, ist wirklich das Einzige, was mich an die Hochzeit erinnert, ansonsten bleibt alles wie gehabt. Gretchen wäre schockiert, wenn sie wüsste, dass ich diese Art von Kleidung dir gegenüber auch nur erwähne. Vermutlich sollte ich dir und auch anderen gegenüber größere Zurückhaltung und Etikette an den Tag legen, aber irgendwie will es mir nicht gelingen.

Nikolaus, Tagebuch: 5. September, Spala

Bekam einen Brief von der lieben Alix – ich bin nun voll brennender Ungeduld, sie wieder zu sehen – es sind nur noch einige Tage!
Ich würde dafür sterben, sie zu umarmen!

Alix an Nikolaus: 11. September

Du alter Schlingel, wie kannst du es wagen zu sagen, du würdest mich ohne meine Einwilligung küssen, so viel du wolltest! Eine solche Unverschämtheit ist mir noch nie untergekommen! Versuch's lieber nicht, meine Rache wäre gnadenlos. Ach, Liebster, ich sehne mich immer mehr nach dir, vor allem jetzt, wo du nicht so bald wirst kommen können wie beabsichtigt. Welche Freude, wenn wir uns dann wirklich treffen werden und ich dich in meine Arme schließen, dir in das geliebte Gesicht und in die schönen, sanften Augen blicken, dich zärtlich küssen kann, immer und immer wieder, bis es kein Entrinnen mehr gibt für dich. Wenn ich dich erst einmal habe, wirst du nicht mehr so schnell freikommen. Ich werde dich mit Küssen ersticken!

Nikolaus an Alix: 11. September, Spala

Weshalb hast du mich auf dem Ball 1889 so streng angesehen – ich kann den Eindruck nicht vergessen, den der lange Blick der »Ozeane« auf mich gemacht hat. Ich erinnere mich, dass ich mir nicht vorstellen konnte, was das bedeuten sollte. Freude, Verzweiflung, Staunen, Scheu überkamen mich, aber der Blick durchbohrte mich weiterhin durch und durch, verbrannte mich, weckte Hoffnung und Furcht, Freude und Kummer! Damals hast du mich verzaubert, meine Süße.
Mein Zustand jetzt – weiche Knie!

Nikolaus, Tagebuch: 15. September, Spala

Den ganzen Tag lang kämpfte ich mit meinen Gefühlen, zerrissen zwischen meiner Pflicht, bei meinen Eltern zu bleiben und mit ihnen auf die Krim zu reisen, und meiner schrecklichen Sehnsucht, zu meiner lieben Alix nach Wolfsgarten zu eilen!

Das erste Gefühl überwog, und nachdem ich es Mama gesagt hatte, fühlte ich mich gleich ruhiger! Leyden [ein Arzt] hat festgestellt, dass Papa an einer Nierenentzündung leidet, aber auch an nervöser Erschöpfung – hervorgerufen durch seine ungeheure, niemals nachlassende geistige Arbeit. Gott sei Dank willigte Papa in alle seine Anweisungen ein und beschloss, seinem Rat zu folgen! Ich muss meine Pläne ändern und Alix das alles schreiben!

Nikolaus an Alix: 15. September, Spala

Mein süßer Liebling,
wie sehr wünschte ich, ich wäre nicht verpflichtet, dir die folgenden Zeilen zu schreiben. Da du es wohl in den Zeitungen gesehen oder gehört hast, wirst du inzwischen wissen, dass man nach Dr. Leyden aus Berlin geschickt hat. Der Doktor ist sehr nett und tröstlich – er sagte, er halte Papas Zustand für besser, als er erwartet habe, und dass seine Schwäche, abgesehen von der Krankheit (etwas an den Nieren), von den Nerven kommt!

Ich wollte dir all das schon früher erzählen, wenn wir uns getroffen hätten, aber jetzt kann ich dir nur so den Grund erklären, warum ich nicht so bald kommen werde und mit meinen Eltern auf die Krim reise. Aber du wirst verstehen, dass ich nicht anders konnte, als mein eigenes Glück für eine Weile zu opfern. Natürlich ist es nur zu schwer, nicht zu dir eilen zu können. Ich konnte nicht anders, als zu diesem Entschluss zu kommen, den ich nach einem ganzen Tag heftiger innerer Kämpfe gefasst habe, als ergebener Sohn und erster treuer Diener meines Vaters – ich muss bei ihm sein, wenn er mich braucht. Und dann, wie hätte ich meine liebe Mutter in einem solchen Augenblick verlassen können.

Alix an Nikolaus, 16. September, Wolfsgarten

Mein geliebter Schatz,
ich kann dir gar nicht sagen, in was für einem Zustand ich bin, ich fühle mich *zu elend für Worte.*

Dein Telegramm, welch ein Schlag für mich und was für eine kalte Dusche! Als ich dein Telegramm entzifferte, konnte ich nur lachen und irgendetwas herumplappern und wie eine Besessene Klavier spielen, doch als ich dann allein in der Dunkelheit in meinem Bett lag, da war es aus, und die unterdrückten Tränen strömten mit aller Macht. Ich kann nur leise lachen.

Nein, es ist einfach *zu hart* – man darf sich wirklich auf nichts freuen in dieser Welt, man wird zu leicht enttäuscht.

Nikolaus an Alix: 21. September, Sebastopol

Mein kostbarer Sonnenschein,
ich hatte gehofft, diesen Brief vor unserer Ankunft in Sebastopol heute Morgen beendet zu haben, aber leider hatte ich keine Zeit dazu und musste ihn hierher mitnehmen! Wir kamen um 11 bei strahlendem Sonnenschein dort an. Sebastopol sieht hübsch aus an einem so schönen Tag, mit der Schwarzmeerflotte mitten in der Bucht, die in zwei riesigen Kolonnen aufgezogen ist. Die Kirchen und Häuser der Stadt sind so weiß, es erinnert einen an Süditalien, und über allem der schöne, blaue Himmel! Ich mag vor allem einen Ort dort – den Friedhof aus dem Krim-Krieg, den so genannten Brüderfriedhof, wo 100 000 unserer armen Seeleute und Soldaten alle zusammen begraben sind.

Ich bin sicher, meine Süße, wenn du diesen Ort erst einmal besucht hast, wirst du die Gefühle verstehen, die man hat (jeder Russe), wenn man nach Sebastopol kommt. Ich glaube, dass ich langsam verrückt werde von meiner entsetzlichen Sehnsucht und meinem Verlangen nach einem Kuss von deinen süßen Lippen!

Nikolaus, Tagebuch: 21. September, Livadia[36]

Das Wetter war kälter als am Morgen in Sebastopol. Papa war müde und fühlte sich schlechter. Georgy, Nicky und ich wohnen im anderen Haus, in unseren alten Zimmern. Wir speisten allein mit Papa und Mama oben in ihren Räumen zu Abend. Ich bin schrecklich traurig – keine Briefe von meiner Alix.

25. September: Um 2 Uhr fuhren wir hinüber nach Ai-Todor, wohin Papa und Mama schon vorausgefahren waren. Es war lustig, Xenias Wohnung in dem neuen Haus zu besuchen, wo sie uns als Gastgeberin empfing und uns Tee servierte! Sie und Sandro sehen so glücklich aus, dass man sich nicht mehr wünschen könnte! Man wird von Herzen froh, wenn man die beiden nur ansieht! Aber wenn ich ihr Glück sehe, kann ich nicht anders, als an das meine zu denken – wie es hätte sein können, wenn auch ich in diesem Sommer geheiratet hätte.

Nikolaus an Alix: 27. September, Livadia

Mein süßer, teurer Liebling,
Vaters Zustand hat sich immer noch nicht gebessert.

Wir hatten eine ausgezeichnete Fahrt zu Sandros und Xenias Haus. Es war zu amüsant zu sehen, wie Xenia die Rolle der Hausherrin spielt, den Tee servieren musste etc. Ihre Zimmer sind sehr schlicht und hübsch eingerichtet, viele Fotos und Bilder hängen überall. Aber das Lustigste ist, Xenia mitten in ihrem eigenen Hofstaat zu sehen – eine Dame und zwei Herren! Urkomisch! Vor uns ist sie natürlich scheu – aber in einer Angelegenheit ist sie sicher niemals scheu, nämlich darin, ihren Mann zu küssen – wann immer sie kann, eilt sie zu ihm und legt ihm die Arme um den Hals! Ganz richtig so, oder? All das, mein geliebter Sonnenschein, macht mein Herz wegen unserer Trennung noch schwerer!

Mein einer, angebeteter Liebling – ich sehne mich nach dir, ich sehne mich wahnsinnig! Ich kann das unmöglich noch länger aushalten. Dein dich zärtlich liebender, tief ergebener Boysy Nicky

Nikolaus, Tagebuch: 5. Oktober, Livadia

Die Post kam gestern Abend spät und brachte zwei Briefe von Alix! Das Wetter war klar, aber von den Bergen wehte ein sehr frischer Wind. Papa und Mama haben mir gestattet, Alix aus Darmstadt kommen zu lassen – Ella und Onkel Sergej bringen sie her! Ich bin sehr bewegt von ihrer Liebe und ihrem Wunsch, sie zu sehen! Welche Freude, sich so unerwartet wiederzusehen – aber wie traurig, dass es unter solchen Umständen geschieht.

8. Oktober: Bekam ein wunderbares Telegramm von meinem liebsten Liebling Alix, schon aus Russland, in dem sie sagt, dass sie bei ihrer Ankunft in den Glauben aufgenommen werden will – ich war so bewegt und erstaunt darüber, dass ich eine ganze Weile nicht zur Besinnung kommen konnte! Onkel Sergej und Pawel kamen aus Moskau an. Der liebe Papa fühlte sich etwas besser und aß mehr! Lese Berichte und Dokumente.

Nikolaus an Alix: 9. Oktober, Livadia, Telegramm

An Prinzessin Alix von Hessen

Morgen, so Gott will, werden wir uns auf halbem Wege zwischen Simferopol nach Jalta treffen, wo wir zusammen zu Mittag essen werden – komme mit Sergej – hoffe, du bist nicht zu müde – größte Liebe, zärtlichste Küsse – Nicky

Nikolaus, Tagebuch: 10. Oktober, Livadia

Um 9.30 brach ich mit Onkel Sergej nach Aluschta auf, das wir um ein Uhr mittags erreichten. Zehn Minuten später kam meine geliebte Alix mit Ella aus Simferopol an. Nach dem Mittagessen stieg ich mit Alix in eine Kutsche, und wir fuhren zusammen nach Livadia.

Mein Gott! Was für eine Freude, sie zu Hause zu empfangen und bei mir zu haben – die Hälfte meiner Sorgen und Kümmernisse sind von meinen Schultern genommen. Ich war ganz von meinen Gefühlen überwältigt, als wir zu den lieben Eltern hineingingen. Papa war heute schwächer; Alix' Ankunft und sein Gespräch mit Vater Johann haben ihn erschöpft!

15. Oktober [in Alix Schrift]: *Liebes Kind, bete zu Gott, er wird dich trösten, sei nicht zu traurig, er wird dir in deinem Kummer helfen, dein Sonnenschein betet für dich und den lieben Patienten. Liebster Boysy, ich liebe dich, so zärtlich und tief. Sei stark und bring die Ärzte, Leyden oder den anderen, Z[acharin], dazu, jeden Tag allein zu dir zu kommen und dir zu sagen, wie sie ihn beurteilen, und dir ganz genau zu sagen, was er tun soll, sodass du alles immer als Erster weißt. Du kannst ihm helfen, indem du ihn dann auch überredest zu tun, was richtig ist. Und wenn der Doktor irgendwelche Wünsche hat oder etwas braucht, lass ihn damit direkt zu dir kommen. Lass nicht andere an die erste Stelle treten und dich zur Seite schieben. Du bist der Sohn deines lieben Vaters und musst alles wissen und zu allem befragt werden. Zeig deinen eigenen Kopf, und lass die anderen nicht vergessen, wer du bist. Vergib mir, Liebchen*

17. Oktober: Morgens bekam Vater die Kommunion von Vater Johann. Er war schwach von all den Gefühlen, und außerdem hatte er während der Nacht fast nicht geschlafen. Das Wetter war wunderbar und warm. Es war schon dunkel, als wir nach Hause zurückkehrten. Sergej fuhr mit Alexej [Nikolaus' Onkel] mit dem Zug nach Wien; der arme Kerl hat sich die Schwindsucht zugezogen! Nach dem Abendessen verbrachten wir den Abend mit Papa – ein Reizhusten quält ihn. Saß wie immer mit meinem süßen, lieben Liebling Alix zusammen!

[in Alix' Schrift:] *Sag mir alles, Duschka, du kannst mir ganz vertrauen, sieh mich an wie ein Stück deiner selbst. Lass deine Freuden und Kümmernisse die meinen sein, sodass wir immer näher zusammenrücken. Mein Süßer, wie ich dich liebe, Liebling, Schatz, mein Einziger.*

Duschka, wenn du unglücklich und traurig bist, komm zu deinem Sonnenschein, und sie wird versuchen, dich zu trösten und dich wie ihre Namensgenossin mit ihren Strahlen zu wärmen, mit Gottes Hilfe.

Nur die deine, ganz dein kleiner Spitzbub. *Mein Schätzchen!*

20. Oktober: Mein Gott, mein Gott, was für ein Tag! Der Herr hat unseren angebeteten, viel geliebten Papa zu sich gerufen.

In meinem Kopf dreht sich alles, ich kann es nicht glauben – es scheint unvorstellbar, eine entsetzliche Wahrheit. Wir verbrachten den ganzen Morgen oben bei ihm! Er atmete mühsam, musste die ganze Zeit Sauerstoff bekommen. Um etwa 3.30 nahm er die Kommunion; dann bekam er leichte Krämpfe – und das Ende kam schnell! Vater Johann stand über eine Stunde lang bei ihm und hielt ihm den Kopf.

Es war der Tod eines Heiligen! Herr, hilf uns in diesen schrecklichen Tagen! Arme, liebe Mama! Am Abend, um 9.30, hielten wir das Totengebet – in seinem Schlafzimmer! Ich hatte das Gefühl, als sei auch ich tot. Die Schmerzen in Alix' Beinen sind wieder da! Abends ging ich zur Beichte.

Sandro, Memoiren: 20. Oktober

Nicky und ich standen auf der mit Sauerstoffbehältern voll gestellten Veranda des wunderschönen Palais in Livadia und sahen dem Ende des Kolosses zu. Er starb, wie er gelebt hatte, ein erbitterter Gegner aller hochtrabenden Phrasen, ein Erzverächter des

Melodrams. Er murmelte lediglich ein kurzes Gebet und küsste seine Frau.

Allen in der Schar Verwandter, Ärzten, Hofleuten und Bediensteten, die seinen jetzt leblosen Körper umstanden, war bewusst, dass unser Land die einzige Stütze verloren hatte, die es vor dem Sturz in einen Abgrund bewahren konnte. Niemand begriff das klarer als Nicky. Zum ersten und letzten Mal in meinem Leben sah ich Tränen in seinen blauen Augen. Er nahm mich am Arm und führte mich hinunter in seinen Salon. Wir umarmten uns und weinten und weinten zusammen.

Er war nicht in der Lage, seine Gedanken zu ordnen. Er wusste, er war jetzt Kaiser, und die Last dieser erschreckenden Tatsache erdrückte ihn förmlich.

»Sandro, was soll ich tun?«, rief er pathetisch aus. »Was wird aus mir, aus dir, aus Xenia, aus Alix, aus Mutter, aus Russland? Ich bin nicht darauf vorbereitet, Zar zu sein. Ich wollte nie einer werden. Ich verstehe überhaupt nichts von Regierungsgeschäften. Ich weiß nicht einmal, wie man zu den Ministern spricht.«

Nikolaus, Tagebuch: 21. Oktober, Livadia

Mitten in unserem tiefen Kummer hat der Herr uns eine stille, strahlende Freude gesandt: Um 10 Uhr wurde meine geliebte Alix im Beisein der Familie mit dem heiligen Öl gesalbt, und nach dem Gottesdienst nahmen wir zusammen die Kommunion, gemeinsam mit der lieben Mama und Ella. Alix sprach ihre Antworten und Gebete wunderbar richtig und deutlich!

Nach dem Mittagessen hielten wir das Totengebet, ein weiteres Mal um 9 Uhr am Abend. Der Ausdruck auf Papas Gesicht war wundervoll, er lächelte, als würde er gleich lachen! Verbrachte den ganzen Tag damit, mit Alix Telegramme zu schreiben und mich um die Papiere zu kümmern, die der letzte Kurier brachte. Selbst das Wetter hat gewechselt: Es war kalt, und auf dem Meer wehte eine Brise!

22. Oktober: Letzte Nacht mussten wir den Leichnam des lieben Papa hinuntertragen, denn er hat leider angefangen, schnell zu verwesen. Deshalb wurden das Morgen- und Abendgebet heute in der kleinen Kirche gehalten. Gott sei Dank ist die liebe Mama völlig ruhig und trägt ihren Kummer wirklich heroisch! Ich tat nichts anderes als den Stapel von Telegrammen zu beantworten.

Es gärte ziemlich hier wegen der Frage, wo meine Hochzeit stattfinden soll. Mama, ich selbst und einige andere fanden, es wäre am besten, sie in aller Stille hier zu halten, solange Papa noch unter demselben Dach ruht; aber alle Onkel waren dagegen und sagten, ich solle nach dem Begräbnis in Petersburg getraut werden. Mir kommt das ganz unpassend vor! Am Nachmittag gingen wir hinunter ans Meer – der Seegang war enorm.

24. Oktober: Ein grauer Tag – wie unsere Herzen! Am Morgen ging ich ein wenig mit meiner lieben Alix spazieren, dann las und schrieb ich etwas. Ich kann es immer noch nicht über mich bringen, in das Eckzimmer zu gehen, wo der Leichnam des lieben Papas liegt – seitdem er einbalsamiert ist, ist er so verändert, ich kann es nicht ertragen, den wunderbaren Eindruck vom ersten Tag zu zerstreuen.

27. Oktober: Zum Glück war das Wetter gut und das Meer ruhig. Um 8.30 verließen wir unser Haus, das traurig und verlassen dastand, und gingen zur Kirche. Der Gottesdienst war fast zu Ende. Der Sarg wurde hinausgetragen und den Kosaken übergeben, die sich mit den Geschützführern und Ruderern vom Küstenboot Seiner Majestät darin abwechselten, ihn zum Anleger nach Jalta hinunterzutragen. Mama und wir alle folgten dem Sarg zu Fuß. Nach dem Gottesdienst gingen wir an Bord der *Memory of Mercury*, wo der Sarg auf dem Achterdeck unter einem Baldachin aufgestellt wurde. Eine vollzählige Garde stand darum. Ein wunderbarer, schöner, aber tragischer Anblick. Als wir uns Sebastopol näherten, wurde die See rau.

Kaiser Wilhelm II. an Nikolaus:[37] 27. Oktober, Neues Palais, Potsdam

Mein lieber Nicky,
die schwere und verantwortungsvolle Aufgabe, die die Vorsehung dir bestimmt hat, ist dir durch den unerwarteten und frühzeitigen Tod deines lieben seligen Vaters mit überraschender Jähheit zugefallen. Diese Zeilen sollen mein tiefstes und wärmstes Mitgefühl mit dir, deiner Alix und deiner armen, unglücklichen Mutter zum Ausdruck bringen. Ich kann dir gut nachfühlen, was dein Herz bewegt haben muss, als du das Leben deines Vaters dahinschwinden sahst, denn seine Krankheit und sein plötzliches Ableben waren genauso wie das Ende meines eigenen lieben Papas, dem der verstorbene Zar in Charakter und freundlicher Jovialität so sehr ähnelte. Ich bete unablässig zu Gott für dich und dein Glück. Möge der Himmel dich in deinem Kummer trösten und dir Kraft für deine schweren Pflichten verleihen, und möge dir eine lange, friedvolle Herrschaft beschieden sein und dir die Möglichkeit geben, dich um das Wohlergehen deiner Untertanen zu kümmern. Die Anteilnahme und die echte Trauer, die das so frühzeitige Ende deines seligen Vaters in meinem Land ausgelöst hat, wird dir gezeigt haben, wie stark der monarchische Instinkt hier ist und wie sehr Deutschland mit dir und deinen Untertanen mitfühlt. Was mich betrifft, so kannst du meiner unverbrüchlichen Freundschaft und Liebe zu dir stets versichert sein.

Bezüglich unserer politischen Vorstellungen wissen wir beide ganz genau, wo wir stehen, und ich habe unserer letzten Unterredung in Berlin nichts hinzuzufügen. Ich kann nur wiederholen, dass ich absolutes Vertrauen zu dir habe, und dir versichern, dass ich die alten Beziehungen der gegenseitigen Freundschaft zu deinem Haus stets pflegen werde, jener Freundschaft, in der ich von meinem Großvater erzogen wurde und von der ich zu meiner großen Freude deinem lieben Papa in diesen letzten sechs Monaten einige Beispiele liefern konnte, die sich glücklicherweise, wie ich vernehme, seiner ganzen Wertschätzung erfreuten. Ich wäre gerne höchstselbst zur Beerdigung gekommen, um mit dir zu beten, doch bin ich zu Hause dermaßen mit Verwaltungsangelegenheiten beschäftigt, dass es mir leider nicht möglich ist. Nun, liebster Nicky, leb wohl, Gott segne und behüte dich und die liebe Alix und gebe euch Glück in eurem jungen Eheleben, das ist der herzliche Wunsch deines dir zutiefst geneigten und ergebenen Freundes und Cousins William.

Nikolaus, Tagebuch: 28. Oktober, Livadia

Der Hochzeitstag meiner lieben Eltern! Was für ein entsetzliches Leid für sie! Herr, hilf uns!

Königin Victoria an Nikolaus: 28. Oktober, Balmoral Castle

Liebster Nicky,
ich finde kaum Worte, um all meine Gefühle auszudrücken, da ich dir, mein liebster (zukünftiger) Enkelsohn, schreibe. Die besten, die ich finde, sind in dem Wunsch enthalten »Gott segne dich«. Möge Er dich in der Tat segnen, dich behüten und dich in deiner überaus verantwortungsvollen und hohen Position lenken, in die dich in so jungen Jahren zu stellen Ihm gefallen hat! Mögen unsere beiden Länder stets befreundet bleiben, und mögest du ein so großer Friedensfreund sein, wie dein lieber Vater es war!

Wie viel schrecklich Trauriges musst du durchgemacht haben, weiß ich doch, wie sehr du deinen Vater geliebt hast! Ich bin dankbar, dass die liebe Alicky in dieser schwierigen, sorgenvollen Zeit an deiner Seite war, auch wenn ich befürchte, dass sie die Reaktion darauf später noch zu spüren bekommt. Deine arme, liebe Mama, wie blutet mein Herz für sie! Ich weiß nur zu gut, *was* sie auszustehen hat – welch einsame Qual muss sie jetzt durchmachen und hat sie schon durchgemacht! Aber sie ist ja gesegnet mit ihren Kindern, und du bist ihr ein so lieber, guter Sohn.

Welch schrecklich lange und schwierige Reise jetzt vor dir liegt! Du wirst *bestimmt* verstehen, dessen bin ich gewiss, wie enttäuscht und unglücklich ich bin; die geliebte Alicky, die mir wie ein eigenes Kind ist, nicht noch *einmal* vor ihrer Hochzeit zu sehen, aber ich weiß, es geht *nun einmal nicht* anders; und ich hoffe und bin sicher, dass wir uns nächstes Jahr sehen werden – und dass dir England nicht viel weiter erscheint als Kopenhagen.
Noch einmal, Gott segne und behüte dich, geliebter Nicky.
Stets deine ergebene (zukünftige) Großmama, VRI

KR, Tagebuch: 29. Oktober, St. Petersburg

Wir erhielten Besuch von Nikolaj Michailowitsch [Sandros Bruder], der während der letzten Tage des verstorbenen Kaisers auf der Krim weilte und bei seinem Tod zugegen war. Wir hörten ihm begierig zu, schließlich war er der erste Augenzeuge der vergangenen Ereignisse, der uns über Livadia berichten konnte; bislang waren nur Bruchstücke schriftlicher Nachrichten zu uns gedrungen. Von der Kaiserinwitwe, dem jungen Kaiser und seinen Geschwistern spricht er als heilige Familie. Nie zuvor habe ich den oft trockenen und sardonischen Nikolaj so gerührt und bewegt erlebt.

Er sagte uns, Wladimir und Sergej würden angeblich versuchen, den jungen Zaren zu beeinflussen und ihm seinen Willen aufzuzwingen, was mich höchst verblüffte. Nikolaj meint, dass sie ihr Ziel wohl erreichen dürften. Aber ich glaube, Nikolaj könnte sich auch täuschen. Zwar hoffe ich, dass der junge Kaiser keinerlei Einflüssen erliegen wird, aber ich fürchte, mein Wunsch wird nicht in Erfüllung gehen. Nikolaj hat mich gewarnt, der Kaiser könnte versuchen, mich zu benutzen. Auch andere sagen mir einen prominenten Posten voraus. Ich selbst habe ein vages inneres Gefühl. Aber ich habe auch Angst; ganz sicherlich werde ich mich nicht selbst in den Vordergrund drängen.

Nikolaus, Tagebuch: 29. Oktober, im Zug nach Moskau

Für mich bedeutet die Gegenwart meiner geliebten Alix im Zug viel Trost und Unterstützung! Saß den ganzen Tag lang bei ihr.

30. Oktober, Kreml, Moskau: Um 9.30 stiegen wir für unsere Ankunft in Moskau in den Sonderzug. Auf dem Bahnsteig wurden wir von Onkel Sergej, Ella und Onkel Mischa empfangen. Wir trugen den Sarg hinaus und setzten ihn in einen Wagen. Die Straßen waren von Truppen und Tausenden von Menschen gesäumt - die Ordnung war bemerkenswert. Wie viele glückliche Erinnerungen hier, im Kreml - und welch eine Last, alles selbst tun zu müssen, statt des lieben Papas! Ich las, empfing, und zwischendurch saß ich bei meiner lieben Alix.

Nikolaus an Königin Victoria: 30. Oktober, Moskau

Meine liebe Großmama,
ich muss dir einige Zeilen schreiben, denn der Bote fährt morgen ab. Ich kann dir nicht sagen, was für schreckliche, aufreibende Tage wir jetzt durchmachen! Deine lieben, freundlichen Telegramme haben uns alle mehr bewegt, als Worte sagen können!

Zehn Tage sind nun schon vergangen, seitdem das Schreckliche eingetreten ist - es scheint ein Alptraum zu sein -, ich kann noch nicht glauben, dass mein mit tiefer Leidenschaft angebeteter, geliebter Vater von uns genommen wurde! Obwohl ich wusste, wie ernstlich krank er war, war es ein fürchterlicher Schlag, vor allem für die arme, liebe Mama. Die Gegenwart meiner süßen, geliebten Alix ist ein solcher Trost für mich - ich weiß nicht, wie ich es sonst durchgestanden hätte! Dass die liebe Tante Alix und Onkel Bertie hier sind, hilft auch der liebsten Mama in ihrem Schmerz, der aber, so fürchte ich, noch schlimmer werden wird, wenn wir nach Petersburg kommen, wo wir nie allein gewesen sind - ohne den geliebten Papa!

Das Beileid, das uns von überall her und selbst aus dem Ausland gezeigt wird – ist wunderbar und sehr rührend! Liebste Großmama, ich bedauere zutiefst, dass es Alicky unmöglich ist, vor unserer Hochzeit zu kommen und sich von dir zu verabschieden – aber sei sicher, sobald wir irgendeine Möglichkeit finden, nach England hinüberzukommen und dich zu besuchen, werden wir es tun. Gebe Gott, dass der Tag sehr bald kommen möge.

Vergib mir diesen eiligen Brief, aber ich habe so viel zu tun, dass all meine Zeit aufgebraucht ist. Der einzige große Trost, den ich in meinem äußersten Elend habe – ist die Liebe meiner liebsten Alicky, die ich voll und ganz erwidere.

Nun muss ich schließen.

Mit vielen lieben Grüßen von Mama und meiner zärtlichsten Liebe verbleibe ich, liebste Großmama, immer dein dich sehr liebender und ergebener (zukünftiger) Enkel

Nicky

Nikolaus, Tagebuch: 1. November, St. Petersburg

Wir stiegen am Bahnhof von Obuchowo in den Sonderzug ein und kamen um 10 Uhr in Petersburg an. Ein bitteres Wiedersehen mit den übrigen Verwandten. Die Prozession vom Bahnhof zur Festung dauerte vier Stunden. Nach einem Requiem kamen wir im Anitschkow an. Wie leer es uns vorkommt! Das war der Augenblick, den ich für die liebe Mama gefürchtet hatte. Tante Alix und Onkel Bertie sind im unteren Stockwerk. Meine Alix ist im Moment bei Ella. Die liebe Alix verbrachte einen Teil des Abends mit mir – wie seltsam, sie hier zu sehen –, es erinnert mich an 1889.

KR, Tagebuch: 1. November, St. Petersburg

Gestern habe ich Nicky zum ersten Mal seit seiner Thronbesteigung wiedergesehen. Es war um 10 Uhr morgens am Nikolajewski-Bahnhof, wo wir den Sonderzug mit dem Sarg des verstorbenen Kaisers erwarteten. Die Kaiserin kam im selben Zug mit ihren Kindern, dazu Alexej, Sandro, das britische Thronfolgerpaar und Olia[38]. Sergej traf kurz vorher mit Ella und Onkel Mischa ein.

Nachdem er mich begrüßt hatte, sah er [Nicky] mich mit einem tiefen, ausdrucksvollen Blick aus seinen hübschen, nachdenklichen und jetzt so traurigen Augen an und küsste mich. Der Trauerzug setzte sich in Bewegung. Wir folgten dem Sarg den Newskij- und den Admiralitäts-Prospekt entlang, vorbei an dem Synod und dem Senat, den Englischen Kai entlang, über die Nikolajewskij-Brücke, die Uferstraße der Wassilijewskij-Insel entlang, über die Mitninskij-Brücke und durch den Alexander-Park. Vor der Kasaner Kathedrale sprach der Metropolit Gebete.

Der Kaiser ging hinein, um die Ikone zu küssen. Es war ein warmer, trüber, bewölkter Tag. Im Innern der Festung wurde der Sarg geöffnet, und ich sah das Gesicht des verstorbenen Kaisers; die vertrauten Züge hatten sich kaum verändert; sie wirkten friedlich, als ob er schliefe.

Nikolaus, Tagebuch: 2. November, St. Petersburg

Schlief gut, aber in dem Augenblick, wo ich zu mir kam, überfiel die Erinnerung an das Geschehene und das schreckliche Gefühl der Bedrängnis meine Seele mit neuer Kraft! Die arme Mama fühlte sich wieder unwohl, und am Nachmittag fiel sie in Ohnmacht.

Um 12 Uhr empfing ich den gesamten Staatsrat – wieder musste ich eine Rede halten! Meine liebe Alix kam zum Mittagessen – es ist traurig, dass ich sie nur gelegentlich sehe! Alix, Onkel Bertie, Georg [von Griechenland] und ich speisten zusammen um 9 Uhr zu Abend. Sie verbrachte den Abend mit mir.

KR, Tagebuch: 2. November, St. Petersburg

Der junge Zar erfreut sich allseitiger Bewunderung, wo immer seine Worte vernommen werden, sei es direkt oder schriftlich. Die kurze Ansprache, die er im Kreml-Palast an die Moskowiter Aristokratie richtete, soll er, wie ich höre, mit lauter, klarer und sicherer Stimme vorgetragen haben. Gestern empfing er den Staatsrat und sprach dabei sehr schön. Ich beobachtete ihn während des Requiems: das ruhige, freundliche Gesicht, die nachdenklichen, tieftraurigen Augen, die er häufig halb geschlossen hielt. Sein herausragender Rang lastet auf ihm. Seiner Bescheidenheit macht es zu schaffen, dass er überall und immer der Erste sein muss.

Die Kaiserin nahm nicht am Requiem teil, weil sie sich nicht wohl fühlt, sie hat einen Hexenschuss und erlitt einen Schwächeanfall; das passiert ihr öfters, sie hat kein starkes Herz.

Nikolaus, Tagebuch: 3. November, St. Petersburg

Es ist lästig, Alix so wenig zu sehen – ich kann es nicht erwarten, verheiratet zu sein: Dann gibt es keine Abschiede mehr!

KR, Tagebuch: 3. November, St. Petersburg

Ich habe noch nicht mit der Braut des Kaisers gesprochen; aber sie lächelt immer so freundlich, wenn man sie grüßt.

Am Abend wurde der Leichnam des Kaisers im Sarg mit einem bis zur Brust reichenden Leichentuch eingehüllt, um seine Hände zu verbergen, die sich allmählich schwarz verfärben. Der Kopf ist schon ganz schwarz.

Nikolaus, Tagebuch: 4. November, St. Petersburg

Meine liebe Alix kam um vier Uhr. Das ist die einzige Zeit – vor und nach dem Tee –, zu der ich sie allein sehen kann!

KR, Tagebuch: 5. November, St. Petersburg

Um 11 Uhr traf der dänische König mit seinem Sohn Waldemar ein, und wir erhielten die Anordnung, eine Ehrengarde zum Warschauer Bahnhof zu entsenden. Vor der Ankunft des Zuges trat der Kaiser hinaus, um die Garde zu begrüßen; er schritt die Linie der Soldaten ab wie ein richtiger Zar. Olia erzählte uns, sie hätte den Kaiser gefragt, ob er den Rang eines Obersten, der ihm vom verstorbenen Kaiser verliehen worden war, beizubehalten gedächte. Der Kaiser erwiderte, das träfe zu.[39] Großartig. Auf sein Kommando ging Wladimir zum Bahnhof, um die französische Sonderdelegation in Empfang zu nehmen.

Nikolaus, Tagebuch: 6. November, St. Petersburg

Um 11 Uhr gingen wir zu einem Gottesdienst in der Festung. Der König von Serbien kam direkt vom Bahnhof dorthin. Wir aßen um eins zu Hause zu Mittag. Dann musste ich eine Menge Gesandtschaften empfangen: vier aus Deutschland, zwei aus Österreich, eine dänische und eine belgische – ich musste mit ihnen allen sprechen! Machte einen kurzen Spaziergang im Garten – in meinem Kopf drehte sich alles. Der König von Serbien machte mir seine Aufwartung, dann Ferdinand von Rumänien – sie raubten mir die wenigen freien Augenblicke am Tag, in denen ich Alix sehen kann.

Sie kam mit Ernie zum Tee. Um 7.30 ging ich zum Winterpalais, um Xenia zu einem Requiem-Gottesdienst abzuholen. Meine liebste Alix saß neben mir.

7. November: Noch einmal mussten wir jene Stunden der Trauer und des Kummers aufs Neue erleben, die am 20. Oktober unser Los waren. Um 10.30 begann der Gottesdienst mit dem Metropoliten, dann der Begräbnisgottesdienst und die Bestattung unseres lieben, unvergesslichen Papas! Es ist schmerzlich und traurig, diese Worte niederzuschreiben – es scheint mir immer noch, als lebten wir in einem Traum und gleich würde er wieder unter uns erscheinen!

Bei der Rückkehr ins Anitschkow aß ich mit der lieben Mama oben zu Mittag; sie hat eine bemerkenswerte Selbstkontrolle und bleibt guter Stimmung. Saß bei meiner Alix.

Lord Carrington[40] an Königin Victoria: 7. November, St. Petersburg

Der Lord Kämmerer entbietet eurer Majestät seinen untertänigsten Respekt und bedauert zutiefst, dass aufgrund der Unterbrechung des Postverkehrs heute keine Briefe expediert werden können. Die Trauerfeier ist gerade beendet, sie verlief ohne Zwischenfall. Der Lord Kämmerer schickte umgehend ein Telegramm, das er persönlich aufgab und das eure Majestät inzwischen sicherlich erhalten haben dürften.

Der Gottesdienst begann um 10.40 Uhr mit dem Einzug des Kaisers sowie der Kaiserlichen und Königlichen Familien, und er dauerte bis 13 Uhr. Eine ungeheure Menschenmenge nahm daran teil, das Corps diplomatique (unter dem der Botschafter Eurer Majestät einen prominenten Platz einnahm) stand auf der Rechten. In der Mitte der Kaiser, die Kaiserin und die Prinzessin von Wales mit den Königen von Griechenland und Dänemark und dem Prinzen von Wales, umgeben von den Erzherzögen und Herzoginnen und anderen Königlichen Gästen – die zukünftige Kaiserin sah auffallend hübsch aus. Dahinter standen die Hofdamen mit dem Gefolge der Königlichen Gäste.

Die Menge war so groß, dass Fürst Dolgoruki, der Zeremonienmeister, der einen langen, schwarzdrapierten Kommandostab trug, der Kaiserin kaum einen Durchlass zu schaffen vermochte – 3 Damen fielen in Ohnmacht, darunter auch Mlle. Fabrice, die bei Prinzessin Alix in Windsor ihren Dienst versah.

Der Gottesdienst wurde von reinem Chorgesang eingerahmt, ohne jedes Orgelspiel, die Kaiserin und die Prinzessinnen standen oder knieten die ganze Zeit. Die Messe zog sich eineinhalb

Stunden hin, klagend und monoton, dann wurde der übliche Trauergottesdienst absolviert. Wachskerzen wurden entzündet und ausgeteilt, aber angesichts der Menschenmenge machte keine der Damen Gebrauch davon, wodurch eine Brandgefahr abgewendet wurde. Um 12.30 fand die herzzerreißende Abschiedszeremonie statt. Die Kaiserin ging mit heldenhafter Tapferkeit und festem Schritt nach vorn und kniete nieder, dann warf sie einen letzten Blick auf den verstorbenen Kaiser und küsste das heilige Bild auf der Brust Seiner Majestät, und dann küsste sie seine Lippen. Der Kaiser stützte Ihre Majestät und kümmerte sich sehr um sie, und alle anwesenden Königlichen Personen von Stand küssten das heilige Bild.

Zu diesem Zeitpunkt hatte sich eine beachtliche Menschenmenge um den Katafalk angesammelt. Der vergoldete Sargdeckel wurde die Stufen hinaufgetragen und über die Bahre gestülpt, dann wurde der verstorbene Kaiser vom Kaiser und seinen Verwandten zu seinem letzten Ruheplatz - dicht beim Altar - geleitet, einer Gruft von 3 m Länge, 1,2 m Breite und 1,5 m Tiefe. Anschließend zog sich der Kaiser zurück.

Der Lord Kämmerer ging mit dem übrigen Publikum zur Estrade hinauf - die diamantene Reichskrone mit Szepter, Reichsapfel und Schwert, alle diamantenbesetzt, der Schild und die Standarte waren rechts neben dem Kopf des Kaisers platziert. Zu seiner Linken befanden sich die 6 Kronen der Fürstentümer, und zu seinen Füßen lagen der Kranz Eurer Majestät und ein Maiglöckchenkranz, der von der Kaiserin kam. Dies waren die einzigen Kränze, die auf der Estrade Platz gefunden hatten; alle anderen - Hunderte an der Zahl - hatte man an die Kirchenwände gehängt. Der französische Kranz aus Silber (man hatte ihn mitsamt dem riesigen, mit schwarzem Samt überzogenen Brett, an dem er befestigt war, auf einer Staffelei deponiert) war eher unauffällig auf dem Fußboden der Kirche abgestellt worden.

Da die Kirche nur einen einzigen Ausgang hat, gab es beträchtliche Schwierigkeiten hinauszugelangen: Und der Lord Kämmerer traf M. de Staal, dessen Ankunft sich wegen eines Hexenschuss-Anfalls verzögert hatte. Die allgemeine Verwirrung wurde noch durch den Umstand vergrößert, dass Bedienstete sich drängten, um ihren Herrschaften in die Mäntel zu helfen. Für die Damen muss es schrecklich gewesen sein.

Es gab eine berittene Ehrengarde der Gardes à Cheval, und obwohl es hochgewachsene Männer auf stattlichen Tieren waren, könnte der Lord Kämmerer nicht behaupten, dass sie so prächtig oder so elegant gewesen wären wie die Leibgarde Eurer Majestät. Nach der Zeremonie wurden die Insignien in vierspännigen Kutschen zum Winterpalais zurückgebracht, wobei die Prozession aus insgesamt 97 Pferden bestand.
Carrington

KR, Tagebuch: 7. November, St. Petersburg

Während der Liturgie wie auch während des Trauergottesdienstes stand ich auf der rechten Seite; wenige Schritte hinter mir standen die Kaiserin, der Kaiser, die gesamte Familie und die ausländischen Ehrengäste, aber ich sah sie nicht, da ich - mit Ausnahme der Bekreuzigung - völlig reglos zu bleiben versuchte. Ich fürchtete, ich könnte einen Schwächeanfall erleiden, aber ich stand es gut durch. Was für ein Gottesdienst und welch ein wunderbarer Gesang! Die Hofsänger übertrafen sich selbst. Als der Augenblick des Abschiedskusses kam, konnte ich mich nicht zurückhalten und begann zu weinen.

Es war unmöglich, ohne Tränen in den Augen mit anzusehen, wie unsere geliebte Kaiserin sich ruhig, sanftmütig und ergeben ein letztes Mal über die sterblichen Überreste ihres geliebten Toten beugte. In den Augen des Kaisers erblickte ich keine einzige Träne. Sein Kummer sitzt zu tief. Er hat sich an dem Tage ausgeweint, als sein Vater starb, und seitdem kann er nicht mehr weinen. Er gab mir mit einem Blick zu verstehen, dass ich nach vorne gehen sollte, um meine letzte Ehrerweisung zu entbieten; aber ich zog es vor, nicht zu verstehen, bis Wladimir mir seine Genehmigung, meinen Platz zu verlassen, mündlich übermittelte. Nachdem ich meinen Säbel in die Scheide gesteckt hatte, schritt ich nach vorne zum Sarg. Ich legte dem Verstorbenen eine kleine Ikone auf die Brust. Die ganze Kirche weinte, als der Sarg in die Gruft zur Grabstätte von Kaiserin Maria Alexandrowna[41] hinabgelassen wurde. Während die Gruft geschlossen und ein Requiem zelebriert wurde, blieb ich hinten in der Kathedrale stehen.

Nikolaus, Tagebuch: 8. November, St. Petersburg

Kam um 4.30 nach Hause und sah erst dann meine liebe Alix. Nach dem Tee las ich in meinem Zimmer, während sie arbeitete. Wir speisten um 8 zu Abend und verbrachten einen ruhigen Abend im Familienkreis. Zwei der Fürsten sind schon abgereist: Ich wünschte, auch die anderen würden es bald tun. Es ist einfacher, zu arbeiten, wenn keine Fremden im Wege sind; ihre Anwesenheit vergrößert meine Last nur!

9. November: Meine Alix kam um vier Uhr zu mir. Wir tranken oben Tee. Um 7 Uhr waren wir alle im Malachitzimmer versammelt. Im Konzertsaal fand ein Bankett für alle ausländischen Fürsten statt. Ich brach fast zusammen, als ich am Tisch saß – es ist so schmerzlich, ein solches Ereignis zu beobachten, wenn das Herz sich anfühlt wie ein Stein.

Georgy an seinen Bruder Nikolaus: 9. November, Abas Tuman

Mein lieber Nicky,
leider wirst du diesen Brief nicht mehr rechtzeitig zu deiner Hochzeit erhalten, aber dennoch gratuliere ich dir und Alix von ganzem Herzen; möget ihr glücklich sein und möge Gott euch segnen. Ich bin so traurig, dass ich eurer Hochzeit nicht beiwohnen kann; dies ist jetzt schon die zweite in der Familie, die ohne mich stattfindet, und das macht mich ganz unglücklich. Es ist hart, immer fort zu sein, und noch härter, so ganz allein

zu sein. In den letzten drei Jahren war mir meine Einsamkeit ja schon bis zu einem gewissen Grade vertraut geworden, aber jetzt, nach dem Tod unseres geliebten Papas, nach dem schrecklichen Kummer, der uns getroffen hat, ist sie sehr viel schwerer zu ertragen. Man kann es einfach nicht wahrhaben. Es war ein so unerwarteter, schrecklicher Schlag. Der ganze Besuch in Livadia erscheint mir wie ein Traum, der schön und gut begann, aber dann zu einem grauenhaften Alptraum wurde.

Königin Victoria an Nikolaus: 10. November, Windsor Castle

Liebster Nicky,
ich war zutiefst gerührt von deinem lieben, freundlichen Brief und all deinen Telegrammen – und ich danke dir herzlich dafür. Mit diesen Zeilen möchte ich dir alles Glück wünschen, das diese Welt – ach, diese leider nur zu unsichere Welt – überhaupt zu bieten hat, und möge ein freundlicher, gnädiger Gott dich segnen und dich stets behüten.

Du musst so viel Schreckliches und Schmerzliches durchgemacht haben! Die verschiedenen Prozessionen, die ganze Reise – und dann die letzte furchtbare Prüfung!

Wie deine liebe, arme Mama das alles durchgestanden hat, das grenzt an ein Wunder! Alle sprechen und schreiben darüber, mit welcher Hingabe du ihr beistehst und wie freundlich und gut du zu allen bist! Dass du meinem Liebling Alix ein guter Ehemann sein wirst, brauche ich gar nicht weiter zu erwähnen. Ich weiß, wie sicher sie an deiner Seite ist und wie sehr du über sie wachen wirst!

Mein Geschenk ist leider noch nicht fertig, denn ich lasse eigens etwas für dich anfertigen. Mein Geschenk für Alix ist noch gerade rechtzeitig fertig geworden.

Ich schicke dir auch die bescheidene Gabe meines *Munshi* Abdul Karim für die Hochzeit. Es ist eine sehr schöne indische Stickereiarbeit.

Wie ich höre, werdet ihr St. Petersburg nicht verlassen, sondern nach der Hochzeit im Palais Anitschkow residieren.

Ich fürchte, es wird eine traurige Hochzeit werden, aber doch eine glückliche für euch selbst!
Gott segne dich, liebster Nicky.
Stets deine ergebene (zukünftige) Großmama, VRI

KR, Tagebuch: 10. November, St. Petersburg

Olga erzählte uns, wie gut der Kaiser gesprochen habe, als er beim Abendessen des 9. neben ihr saß:

Er will niemanden beiseite drängen; als Kaiser möchte er jetzt alles überprüfen, womit er als Thronfolger nicht einverstanden war, und Veränderungen langsam, aber stetig vorantreiben. Morgen wird er den ersten Bericht des Generals der Admiralität[42] entgegennehmen, mit dem er in manchen Punkten nicht übereinstimmen dürfte. Er hat gesagt, es wäre besser, einen Mann – und sei es auch der eigene Onkel – zu opfern, als das Wohl des Reiches aufs Spiel zu setzen.

12. November: Ich für meinen Teil hege gegenüber dem Nachfolger die besten Wünsche und die freudigsten Erwartungen. Der Hochzeitstermin des jungen Zaren steht jetzt fest.

Nikolaus an Alix: 12. November, Zarskoje Selo

Mein einer, teurer kleiner Sonnenschein,
ich bin mit deinem süßen Namen auf den Lippen erwacht und habe so innig und heftig für dein Wohlergehen, deine Gesundheit und dein Glück gebetet. Meine eine Kleine, meine Liebe zu dir ist unaussprechlich – sie füllt mich ganz aus und erleuchtet die Dunkelheit dieser Tage.
Gott segne dich, meine Alicky, Nicky

Nikolaus, Tagebuch: 13. November, Zarskoje Selo

Wir gingen im Garten spazieren und fuhren Fahrrad – die Sonne kam ein wenig hervor, dann wurde es kälter. Sah Alix beim Tee – brachte sie dann mit zurück und nahm Abschied von ihr – wir können uns nicht mehr sehen! Immer noch habe ich das Gefühl, als wäre es die Hochzeit eines anderen – es scheint so seltsam, unter solchen Umständen an meine Hochzeit zu denken! Aß zu Abend und verbrachte einen ruhigen Abend – saß bei Mama.

KR, Tagebuch: 14. November, St. Petersburg

Heute ist die Hochzeit des Kaisers. Mehr denn je vermisse ich die einfache Beziehung, die ich früher zu Nicky hatte. In den zwei Jahren, die er bei uns diente, haben wir uns fast täglich gesehen. Doch mit dieser glücklichen Vergangenheit ist es jetzt ein für alle Mal vorbei. Ich würde ihn nicht ohne ausdrückliche Einladung aufsuchen, das wäre unhöflich und unangemessen, während er auch ohne mich mehr als genug zu tun hat, aber natürlich bin ich unglücklich darüber, dass ich nicht einbestellt werde. Das gebe ich ganz offen zu.

Die Onkel des Kaisers sollen angeblich versuchen, Einfluss auf ihn auszuüben, und sich sogar unterstehen, ihm Ratschläge zu erteilen. Aber ich glaube, diese Gerüchte beruhen auf Neid und sind nichts weiter als leeres Geschwätz. Durch Olga weiß ich, dass Wladimir die Kaiserinwitwe mit diversen Hinweisen und Vorschlägen belästigt, beispielsweise besteht er mit Nachdruck, wenn auch ohne Erfolg, darauf, dass die Braut in einer goldenen Kutsche zur Trauung fahren solle und dass man ihr, als der zukünftigen Kaiserin, bestimmte Diamanten schenken müsse.

Minnie [Kaiserin Marie] bedrückt das alles sehr. Ich weiß auch, dass sie den jungen Kaiser, der sie mit größter Zuvorkommenheit und Sorge umgibt, unablässig lobt. Er behandelt sie mit außerordentlicher Aufmerksamkeit.

Nikolaus, Tagebuch: 14. November, St. Petersburg

Der Tag meiner Hochzeit! Alle tranken zusammen Kaffee und gingen sich dann umziehen: Ich zog die Husarenuniform an und fuhr um 11.30 mit Mischa [dem Bruder] zum Winterpalais. Der ganze Newski Prospekt war von Truppen gesäumt, die auf Mama warteten, die mit Alix vorbeifahren sollte. Während sie im Malachitzimmer angekleidet wurde, warteten wir alle im Arabischen Zimmer. Um zehn vor eins brach die Prozession zur großen Kirche auf, von wo ich als verheirateter Mann zurückkam! Meine Trauzeugen waren: Mischa, Georgy, Kyril und Sergej.[43] Im Malachitzimmer wurde uns von der Familie ein riesiger Schwan aus Silber überreicht. Nach dem Umziehen saß Alix mit mir in einer Kutsche, die nach russischer Sitte durch einen Postillon angeschirrt wurde, und wir fuhren zur Kasaner Kathedrale. Es waren so viele Menschen in den Straßen, dass man fast nicht durchkam!

Bei unserer Ankunft im Anitschkow wurden wir von einer Ehrengarde empfangen. Mama wartete mit Brot und Salz in unserem Zimmer auf uns. Wir saßen den ganzen Abend und beantworteten Telegramme. Um 8 Uhr speisten wir zu Abend und gingen früh zu Bett, denn sie hatte schlimmes Kopfweh.

KR, Tagebuch: 15. November

Gestern Vormittag um 10.30 Uhr versammelte sich unsere ganze Familie gemeinsam mit den ausländischen Fürsten im Arabischen Salon des Winterpalais. Ich kam mit Mama. Sie hatte sich entschlossen, nach so vielen Jahren wieder einmal an der Kaiserlichen Prozession teilzunehmen, und trug zu diesem Anlass ein mit Perlen besetztes russisches Kleid aus Silberbrokat. Der Bräutigam-Zar traf kurz vor der Kaiserin und der Braut ein. Er trug die Husarenuniform der Leibgarde. Hätte ich früher gewusst, dass er sich für die Hochzeit besonders fein machen wollte, hätte ich etwas gesagt, denn ich möchte ihn so oft wie möglich in der Uniform unseres Preobraschenskij-Regiments sehen. Ich überreichte der Braut einen Strauß weißer Rosen mit roten Samtbändern, auf die das Monogramm Peters I. in Gold gestickt war. Die arme Kaiserin bot einen bedauernswerten Anblick. In ihrem schlichten Kleid mit Bogenkante, Kreppeinsätzen und Perlen um den Hals sah sie noch blasser und zerbrechlicher aus als gewöhnlich, wie eine Märtyrerin auf dem Weg zur Opferstätte; es bedeutete ihr eine unglaubliche Anstrengung, sich in solch schwierigen und tristen Zeiten Tausenden Blicken zu präsentieren.

Während sie und die Großfürstinnen der Braut ihre Aufwartung im Malachitzimmer machten, wo die Hofdamen ihr die Frisur richteten und den goldenen, hermelinbesetzten Umhang an ihrem Kleid befestigten, sah ich den Zaren im Arabischen Salon stehen. Ich selbst stand in der Ecke am Aufgang zur Galerie; plötzlich trat der Kaiser direkt auf mich zu, zog mich hinter eine Säule an der Wand und begann im halb flüsternden Ton auf mich einzureden.

An der Spitze der Prozession zur Kirche ging die Kaiserin mit dem König von Dänemark an ihrer Seite; hinter ihnen kamen der Kaiser und seine Braut. Die Kirchenschiffe waren voll von Menschen. Die arme Kaiserin weinte während der Trauungszeremonie praktisch die ganze Zeit. Die Brautführer waren: Mischa, Georg von Griechenland, Kyril und Sergej Michailowitsch für den Kaiser, Boris, Mitia,[44] Nikolaj Michailowitsch und Georgy Michailowitsch für die Braut. Es war merkwürdig und ungewohnt, Vater Janischew die Worte sprechen zu hören: Gepriesen sei Gottes Diener, der Gottesfürchtige und Autokratische Große Zar und Kaiser Nikolaus Alexandrowitsch. Vater Johann, der ebenfalls in der Kirche zugegen war, stand zwischen den Geistlichen des Hofes.

Der Kaiser ist ein Stückchen kleiner als seine Braut, aber nicht so viel, als dass es auffallen würde. Die beiden standen reglos unter den Kronen. Ich konnte ihre Gesichter sehen, als sie den Lettner umrundeten: Sie hatten die Augen gesenkt und einen konzentrierten Ausdruck im Gesicht. Und dann hörten wir – zum ersten Mal nach dem Kaiser – den Namen seiner Braut: die Gottesfürchtige Zarin und Kaiserin Alexandra Fjodorowna. Als sie die Kirche verließen, schritt sie bereits an der Spitze des Zugs, gefolgt von der Kaiserinwitwe.

Lord Carrington an Königin Victoria: 14. November, St. Petersburg

Der Lord Kämmerer entbietet seinen untertänigsten Respekt und erlaubt sich, ein paar Dinge bezüglich der Kaiserlichen Vermählung darzulegen, über die in den Zeitungen möglicherweise nicht berichtet wurde, die aber für Eure Majestät von Interesse sein könnten. Der Morgen war trüb, ganz wie ein englischer Novembermorgen, und um 11 Uhr fuhr der Lord Kämmerer am Kommandantentor des Winterpalais vor. Für diesen Tag war die Trauer ausgesetzt, weshalb das Kutschpersonal rote Mäntel und mit Litzen besetzte Dreispitze trug – dem Kutscher saß der Hut quer auf dem Kopf und mit der Krempe zum rechten Ohr hin herabgezogen. Der Palast war bereits voller Menschen – in den meisten Salons standen sie so dicht gedrängt, dass es nicht leicht war, sich einen Weg durch die Menge zu bahnen. Alle Damen trugen russische Tracht, manche mit schönen Diamanten besetzt, aber es gab kaum hübsche Gesichter; der Mangel an Schönheit – verglichen mit derjenigen, durch die sich Gesellschaften Eurer Majestät auszuzeichnen pflegen – fiel dem Lord Kämmerer in der Tat sehr stark auf.

Es sollen 8 000 oder sogar 10 000 Personen anwesend gewesen sein. Das ist durchaus möglich, da die Salons von gigantischer Größe und scheinbar endlos sind. Es standen keinerlei Sitzgelegenheiten zur Verfügung; die Damen und Herren wurden in die verschiedenen Räume geleitet, und dort standen sie die ganze Zeit, bis die Zeremonie beendet war. Die Gasse beziehungsweise der Durchgang, den die Königliche Prozession entlanggeleitet wurde, war sehr eng – und die 2 Kammerherren, die jeweils in einem Raum Dienst taten, muss es große Anstrengung gekostet haben zu verhindern, dass die bunt gemischte Gesellschaft nach vorne drängte: Generäle, Admirale, Heeres- und Marineoffiziere; all die Damen, die bei Hof eingeführt worden waren; die Ordensträger der ersten 4 Klassen; die Bürgermeister von St. Petersburg und anderen Großstädten; und eine unübersehbare Menge angesehener Kaufleute. Im letzten Raum neben den Kaiserlichen Gemächern waren die Senatoren; 60 oder 70 Ehrenjungfern, alle im gleichen Kostüm (in etwa vergleichbar demjenigen, das Madame de Staal bei den Gesellschaften eurer Majestät zu tragen pflegte): weiße Chemisetten, scharlachrote Ärmel, Schleppen und Diademe – das ist die Farbe der Kaiserin – die anderen Großfürstinnen haben andere Farben – eine soll ein besonders hässliches Orange sein. Eine der Ehrenjungfern war so betagt, dass man sie gegen die Wand lehnen musste – und schließlich wurde ihr ein Sessel gebracht, auf dem sie Platz nehmen durfte, bis sie benötigt wurde. Dem Lord Kämmerer Eurer Majestät wurde ein Platz genau gegenüber den 6 oder 7 »grands charges de la Cour« zugewiesen, die dem Kaiser unmittelbar vorangehen. Dies war als ein besonderer Ehrenerweis für Eure Majestät gemeint. Der Hofmarschall, Fürst Trubetskoj, der unmittelbar vor den Königlichen und Kaiserlichen Familien einherschritt, trug einen gut 2 Meter langen goldenen Kommandostab mit einer Diamantenkrone auf der Spitze. Erst um 12.30 Uhr öffneten sich die Türen, und der König von Dänemark führte die Kaiserliche Prozession mit Kaiserin Marie an der Spitze herein – diese war weiß gekleidet und sah sehr blass und traurig aus, wirkte aber sehr gefasst und gesammelt und verriet keinerlei Anzeichen von innerer Erregung –, die Tapferkeit der Kaiserin in all dieser schrecklichen Zeit war bewundernswert; man kann nur hoffen, dass sie auch dann noch die Kraft haben wird, alles zu ertragen, wenn die Dinge erst wieder ihren alltäglichen Gang gehen.

Der Kaiser, in eine sehr schlichte Uniform gekleidet, geleitete die Braut, die einfach großartig aussah – sie trug ein diamantenes Diadem mit einem geschlossenen diamantenen Bügel, der es wie eine Krone erscheinen ließ – 2 lange Zöpfe (wie die Prinzessin von Wales sie zu tragen pflegte), die ihr über die Schultern fielen, ein prächtiges Kollier und Schmuckstücke – und einen gewaltigen hermelinbesetzten Goldumhang. Sie sah genauso aus, wie man sich eine Kaiserin von Russland auf dem Weg zum Traualtar vorstellen würde, und bewegte sich ganz einfach und mit großer Würde. Wenn sie irgendjemanden grüßt, so tut sie dies mit einem sehr deutlichen Kopfnicken, was allenthalben bemerkt und außerordentlich geschätzt wird. Die Kaiserlichen und Königlichen Familien und die Gäste folgten in einer sehr langen Prozession – wobei sämtliche Schleppen von Pagen getragen wurden –, Söhne aus guten Familien, in Rot und Gold gekleidet und mit weißen Kniehosen und Schaftstiefeln. Dann die Grande Maîtresse, vor der die jungen Hofdamen große Ehrfurcht haben – die »Dames de Portrait«, die als Auszeichnung für ihre langen und treuen Dienste das in Diamanten gefasste Bildnis des Kaisers tragen dürfen – eine von ihnen, Mlle. Bartenjew, ist 77 und war bereits Ehrenjungfer bei Kaiser Nikolaus I. Sie hat sich wunderbar gehalten und ist stolz auf ihr Aussehen: Sie ist eine Art russische Maria Marquise von Aylesbury; und nach Auffassung des Lord Kämmerer ist sie eine Persönlichkeit: Sie spricht sehr viel und wird von allen hofiert.

Schließlich strömte die Prozession in die Kirche – die nicht sehr groß ist; und als die Kaiserliche Familie samt ihrer Entourage das Innere des Altarraums betrat, folgte ihr eine ungeheure Menge nach, darunter auch die 70 Ehrenjungfern, weshalb das diplomatische Corps nichts sehen konnte und auch überhaupt nicht wahrgenommen wurde. Die Zeremonie wurde von reinem Chorgesang begleitet – kein Orgelspiel –, fantastisch ausgebildete Stimmen von wunderbarer Echtheit, und die Menge wurde mit jedem Augenblick dichter. Der Braut und dem Bräutigam wurde der Ring an den Finger gesteckt, dann schritten sie dreimal um den Altar und knieten vor ihm nieder – während der ganzen Zeit wurden Kronen über ihren Köpfen gehalten. Um fünf Minuten nach eins wurde die Braut zur Kaiserin proklamiert.
Carrington

Nikolaus, Tagebuch: 15. November, Zarskoje Selo

Und so bin ich also ein verheirateter Mann! Zum Glück kam heute früh niemand, um uns zu stören – wir beantworteten unsere Telegramme in Frieden! Nach dem Kaffee kam Mama zu Besuch – die Einrichtung unserer neuen Räume gefiel ihr! Wir sitzen beide am liebsten im Eckzimmer. Wir aßen um eins zu Mittag. Ging mit Alix zur Festung, wo wir am Grab des lieben, unvergesslichen Papas beteten; es waren wahre Menschenmassen dort! Fuhr mit dem Fahrrad durch den Garten. Um 5 Uhr kam die Familie zu Besuch, brachte Geschenke für meine Alix und blieb zum Tee. Sie und ich speisten allein mit Ernie zu Abend, und danach begleiteten wir ihn, Irène und Heinrich zum Bahnhof. Sie fuhren um 8.45 ab. Am Abend saßen wir oben und lasen bis 11 Uhr Briefe aus dem Ausland.

George, Herzog von York, an Königin Victoria: 16. November, Palais Anitschkow

Meine liebste Großmama,
da Lord Carrington heute Abend nach England aufbricht, möchte ich diese Gelegenheit nutzen, dir ein paar Zeilen zu senden. Ich weiß, dass Papa und Lord Carrington dir ständig geschrieben und dich über die hiesigen Ereignisse auf dem Laufenden gehalten haben, und deshalb habe ich selbst davon abgesehen. Ich habe May jeden Tag geschrieben, aber wir waren hier so in Anspruch genommen, dass nicht viel Zeit zum Schreiben blieb, und an manchen Tagen hatte ich kaum die Zeit, meinen einzigen Brief zu beenden. Ich hoffe also, du wirst es mir nachsehen, dass ich nicht früher geschrieben habe.

Es war wirklich eine schrecklich triste Zeit hier, aber die Hochzeit kam wie ein Sonnenstrahl inmitten der tiefen Trauer. Die arme Tante Minnie ist tatsächlich sehr tapfer gewesen und hat ihren furchtbaren Schmerz mit bewundernswürdiger Fassung getragen, Mama war ihr ein großer Beistand und Trost, ich weiß nicht, wie sie das alles ohne sie überstanden hätte. Die liebe Alicky sah bei der Hochzeit wirklich hübsch aus, der Gottesdienst war sehr schön und beeindruckend und der Gesang wundervoll; ihr Auftreten während der ganzen Trauungszeremonie war so bescheiden, doch gleichzeitig so anmutig und würdevoll, dass sie einen exzellenten Eindruck hinterließ. Ich denke, für Nicky ist es ein großes Glück, dass er eine so reizende und charmante Gemahlin gefunden hat; und ich muss gestehen, nie habe ich zwei Menschen gesehen, die verliebter und glücklicher gewesen gewären als die beiden. Als sie nach der Hochzeit das Winterpalais in der Kutsche verließen, bereiteten ihnen die Menschen in den Straßen einen überwältigenden Empfang, die Bravorufe kamen wirklich von Herzen und erinnerten mich an England; vor dem Palais hatte sich eine riesige Menge von mehreren tausend Menschen versammelt, die von 3 Uhr nachmittags bis 8 Uhr abends jubelten. Das junge Paar zeigte sich mehrmals am Fenster.

Alicky bekam viele wunderbare Geschenke, solchen Schmuck habe ich noch nie gesehen; dein reizendes Medaillon erregte größte Bewunderung. Der liebe Nicky war zutiefst gerührt, dass du ihn zum Kommandeur der *Royal Scots Greys* ernannt hast, denn es ist dasjenige Regiment, das er mehr als alle anderen bewundert hat, als er dieses Jahr in Aldershot war, er ist geradezu begeistert von ihm. Dass du ihm gerade dieses Regiment übertragen hast, hat hier, wie ich weiß, einen höchst vorteilhaften Eindruck gemacht.

Leider war das Wetter hier schlecht: sehr kalt, abwechselnd Schnee und Regen und überhaupt kein Frost; ich bin richtig enttäuscht, denn ich hätte doch zu gerne St. Petersburg in Eis und Schnee erlebt. Ich muss sagen, dass ich nie zuvor mit so viel Freundlichkeit und Höflichkeit behandelt worden bin wie hier, und zwar egal, mit wem ich es zu tun hatte. Dies ist ja das erste Mal, dass ich in Russland bin, und ich habe wirklich den allerbesten Eindruck von Land und Leuten. Onkel Alfred und Tante Marie reisen heute Abend ab, er nach England, sie nach Coburg. Nicky war mir gegenüber die Freundlichkeit in Person, er ist immer noch derselbe liebe Junge, der er stets war, und er spricht sehr offen über alle Dinge mit mir. Es geht einem wirklich zu Herzen, wenn man sieht, wie reizend er sich um die liebe Tante Minnie kümmert; und bei allem, was er tut, ist er so ruhig, nett und natürlich; jedem fällt das auf, und er ist schon sehr beliebt. Ich bin so froh, dass May, die Schwestern und das Baby jetzt bei dir in Windsor sind und bis zu Papas und meiner Ankunft am 6. auch bei dir bleiben werden.

Ich freue mich schon sehr darauf, euch alle wiederzusehen. Wir reisen kommenden Sonntag ab und werden einen Tag bei Tante Vicky[45] in Berlin bleiben. Gott segne dich, liebste Großmama, herzliche Grüße an alle, und ich hoffe, dich bald zu sehen.
Stets dein zutiefst ergebener und gehorsamer Enkelsohn
Georgie

Alix an Königin Victoria: 16. November, Palais Anitschkow

Meine liebe Großmama,
ich übermittle Ihnen diese Zeilen durch Lord Carrington, der heute Abend abreist. Für Ihren reizenden Brief mit den guten Segenswünschen und für die zauberhaften Geschenke kann ich Ihnen gar nicht genug danken. Der Anhänger mit Ihrem lieben Bildnis ist einfach *zu* schön, und ich werde ihn immer hoch in Ehren halten – den wunderschönen Ring habe ich bei der Trauung getragen und die ganze Zeit seitdem, und wenn ich ihn anschaue, muss ich immer an die geliebte Person denken, die ihn mir geschenkt hat. Die Stoffe, die Tücher und das Cape sind bezaubernd und werden mir von größtem Nutzen sein – leider wird es noch eine ganze Zeit dauern, bis ich mir die Kleider machen lassen kann. Sie können sich ja vorstellen, welche Gefühle wir bei der Hochzeit hatten – vor zehn Jahren, bei Ellas Trauung, waren unsere beiden geliebten Väter noch da – und jetzt ... Arme Tante Minnie, so ganz allein. Sie ist von engelhafter Liebenswürdigkeit und rührender und tapferer, als ich in Worten ausdrücken kann. Wie tröstlich für sie, dass ihr Vater hier war, denn

mit ihm konnte sie spazieren gehen. Ich kann gar nicht sagen, wie sehr mir mein lieber Papa fehlte, und der arme, liebe Nicky spürte den Verlust des seinen auch sehr schmerzlich. Aber es ist ein Trost, dass wir jetzt verheiratet sind, ich kann mehr mit ihm zusammen sein und versuchen, ihm in allen Dingen Zuspruch und Beistand zu geben. Er ist so schrecklich gut und lieb zu mir, und meine große Liebe zu ihm nimmt mit jedem Tag zu. Wir sind beide überglücklich, dass Sie ihm dieses großartige Regiment gegeben haben, und tief gerührt, dass Sie daran gedacht haben, ihm diese große Freude zu bereiten. Wir bewohnen hier ganz reizende kleine Zimmer, denn die im Winterpalais sind noch nicht fertig, und außerdem wollten wir seine liebe Mutter auch nicht gleich verlassen.

Der liebe Ernie, Irène und Heinrich sind gestern Abend abgereist – ihr Besuch hier war leider allzu kurz –, aber er konnte die arme kleine Ducky ja nicht so lange alleine lassen. Onkel Alfred und Tante Marie fahren heute Abend. Sobald ich kann, schicke ich Ihnen ein paar von den Myrten und Orangenblüten, die ich bei der Hochzeit getragen habe, und ein Stück vom Brautkleid.

Das Wetter ist äußerst unfreundlich, ziemlich trüb und regnerisch.

Es war wirklich zu reizend vom *Munshi*, diese hübschen Sachen zu schicken.

Verzeihen Sie bitte, dass ich nur so kurz schreibe, aber wir haben noch eine Menge Telegramme zu beantworten, und außerdem muss Nicky andauernd Leute treffen.

Ich habe so viele wunderbare Geschenke bekommen, in meinem nächsten Brief muss ich sie Ihnen unbedingt beschreiben.

Liebste Großmama, ich danke Ihnen nochmals für all die freundlichen Worte, die Sie in Ihrem lieben Brief für mich gefunden haben, und für die Geschenke.

Stets Ihr Ihnen zutiefst ergebenes, gehorsames und liebendes Kind,

Alix

Wir waren äußerst gerührt, dass Sie am Tag unserer Trauung ein Abendessen gegeben haben.

KR, Tagebuch: 16. November, St. Petersburg

Um 11.30 traf ich im Palais Anitschkow ein, um meinen Dienst anzutreten, und meldete mich beim Kaiser, nachdem der Justizminister seinen Rapport beendet hatte. Ich wurde zum Mittagessen geladen. Gegen ein Uhr bestellte Minnie mich zu sich; bei ihr traf ich den dänischen König [Christian IX.], Willy [Georg I. von Griechenland] und Olia, das britische Thronfolgerpaar und Onkel Mischa. Die Neugetrauten trafen ein. Nicky trug die Uniformjacke des Preobraschenski-Regiments (ein kurzer Rock). An der Tafel wurde mir der Platz des verstorbenen Kaisers zugewiesen, gegenüber von Minnie.

Es war das erste Mal, dass sie, auf Nickys Wunsch, zusammen mit den Übrigen im Esszimmer speiste, denn zuvor hatte sie ihre Mahlzeiten immer alleine eingenommen; sie war in Tränen, und als ich es bemerkte, musste ich selber fast weinen. Als die Tafel aufgehoben wurde, rief sie mich zu sich. Sie sagte mir, sie wolle nirgends hingehen, denn vor ihrem Kummer gebe es kein Entrinnen. Sie erträgt ihn mit solcher Schicksalsergebenheit.

Nikolaus, Tagebuch: 16. November, St. Petersburg

Wir standen spät auf, denn es gab eine Verwechslung, und man weckte uns erst um 9 Uhr statt um 8. Der Tag war voller Hetze: Murawjew kam mit einem Bericht, und dann empfing ich – sodass ich die liebe Alix während des ganzen Vormittags gerade für eine Stunde sah. Wir aßen zusammen im Speisesaal, zum ersten Mal auch Mama. Um 3 Uhr machte ich mit Alix eine Ausfahrt – es ist seltsam, in Petersburg neben ihr in einer Kutsche zu sitzen. Ging im Garten mit Mama und Apapa spazieren. Wir tranken allein zusammen Tee. Schrieb bis zum Abendessen Telegramme. Alle kamen abends zu uns – um sich die Hochzeitsgeschenke meiner Frau anzusehen!

17. November: Ich bin unglaublich glücklich mit Alix, es ist nur schade, dass meine Arbeit so viel Zeit beansprucht, die ich gern ausschließlich mit ihr verbringen würde!

KR, Tagebuch: 18. November

Beim Tee mit der Kaiserin sah ich weder den Kaiser noch seine Gemahlin. Sie kamen erst zum Abendessen. Er ist so ruhig, nachdenklich, schmal und blass; sie überhäufen ihn mit Aufgaben, er geht kaum an die frische Luft, und dass er gar keine Bewegung bekommt, ist nicht gut für ihn. Nach dem Abendessen gingen alle nach unten, um die prächtigen Geschenke zu begutachten, die er seiner jungen Frau gemacht hat. Sein Arbeitszimmer ist unverändert, nur der Schreibtisch der jungen Kaiserin ist hinzugekommen.

Nikolaus, Tagebuch: 19. November, St. Petersburg

Alle dänischen Verwandten kamen zum Mittagessen, um Tante Alix' Geburtstag zu feiern – sie ist 50 geworden! Tranken zu Hause Tee und lasen zusammen. Wir haben ganz einfach nicht die Kraft, einander zu verlassen!

Nikolaus an seinen Bruder Georgy: 19. November, Palais Anitschkow

Zuerst möchten Alix und ich dir unsere besten Glückwünsche zum Namenstag [26. November] senden; wir beten ständig zu Gott, dass er dir eine vollständige, baldige Genesung senden möge und dich tröstet, denn es ist für dich umso schwerer, nach einem solchen Schlag allein zu sein, als für uns, die wir wenigstens beieinander sind! Mir brach das Herz für die arme Mama, vor allem während der ersten Tage nach unserer Ankunft im Anitschkow und beim Begräbnis unseres unvergesslichen Papas.

Gott sei Dank hat sie diese letzten Prüfungen heroisch getragen und durchgestanden – anders kann man es nicht nennen.

Der Hochzeitstag war ebenfalls die pure Quälerei, sowohl für sie als auch für mich.

Während der ganzen Zeremonie konnte ich den Gedanken nicht loswerden, dass der geliebte, unvergessliche Papa nicht bei uns war und dass du fern von der Familie und ganz allein bist; ich musste meine ganze Kraft zusammennehmen, um nicht dort in der Kirche vor aller Augen zusammenzubrechen.

Nun hat sich alles ein wenig beruhigt, und für mich hat ein ganz neues Leben begonnen. Ich kann Gott gar nicht genug danken für den Schatz, den er mir in meiner Frau geschickt hat. Ich bin unermesslich glücklich mit meinem Liebling Alix und spüre, dass wir bis zum Ende unseres Lebens zusammen so glücklich bleiben werden. Aber der Herr hat mir ein schweres Kreuz auferlegt; ich hoffe auf seinen Beistand und das leuchtende Beispiel des unvergesslichen Papas – das wird mir helfen, dem Wohl unseres geliebten Heimatlandes zu dienen und dafür zu arbeiten! Ich habe sehr wenig freie Zeit, immer müssen Berichte gelesen und endlose Menschenmengen empfangen werden, aber was kann man machen?

Alix an Königin Victoria: 24. November, Zarskoje Selo

Liebste Großmama,
ich ruhe mich auf dem Sopha [*sic*] aus, nachdem ich mit Nicky einen wunderbaren Spaziergang im Park gemacht habe. Er sitzt bei mir und arbeitet seine Papiere durch. Wir sind für vier Tage hergekommen und genießen die ruhige, schöne Luft – der arme Nicky hat so viel zu tun, dass diese Erholung hier sehr gut für ihn ist, und ihn einmal ganz für mich zu haben, ist die reine Glückseligkeit. Ich kann Gott gar nicht genug danken, dass er mir so einen Mann geschenkt hat – und seine Liebe zu Ihnen berührt mich auch zutiefst, denn schließlich sind Sie, nach dem Tod meiner geliebten Mama, wie eine Mutter zu mir gewesen.

Es ist wunderschön hier, und mein Zimmer ist voller Pflanzen und herrlich duftender Blumen, ganz wie zu Hause.

Onkel Bertie wird Ihnen, hoffe ich, alles über die Hochzeit berichtet haben. Zu schade, dass er und Georgie schon so bald wieder abreisen mussten!

Ich trage immer Ihren hübschen Ring.

Aber jetzt muss ich Lebwohl sagen, geliebte Großmama.
Ich küsse Ihre liebe Hand aufs zärtlichste,
stets
Ihr treu ergebenes Kind, Alix
Alles Liebe auch von Nicky.

Nikolaus, Tagebuch: 25. November, Zarskoje Selo

Ich hatte frei, nachdem für mich heute fast nichts zum Lesen ankam. Wir aßen allein zu Mittag und zu Abend. Worte können die Seligkeit nicht ausdrücken, an einem so wunderbaren Ort zusammenzuleben wie in Zarskoje!

26. November: Gestern kam ein Telegramm von der lieben Mama, das uns sagte, wir könnten noch einen Tag länger hier bleiben. Meine Freude ist grenzenlos – es wird so traurig sein, Zarskoje zu verlassen, das uns beiden ein so teurer Ort geworden ist; zum ersten Mal seit unserer Hochzeit konnten wir allein sein und wirklich Herz an Herz leben. [In Alix' Schrift:] *Keine Trennungen mehr. Endlich vereint, fürs Leben gebunden, und wenn dieses Leben endet, treffen wir uns in der anderen Welt wieder, um für alle Ewigkeit vereint zu sein. Dein, dein.*

3. Dezember: Ella und Onkel Sergej kamen zum Mittagessen und ebenso Tante Alix (wie üblich). Um 3 Uhr gingen wir spazieren. Es ist viel Schnee gefallen, genug für den Schlitten. Im Garten ist schon die Eisbahn eingerichtet. Ging mit Alix Ella besuchen; wir sahen uns mit Blick auf unsere zukünftigen Zimmer einige Details ihrer Einrichtung an.

Nach dem Abendessen, um 22.45 Uhr, lud Minnie mich ein, den Tee oben bei ihr zu nehmen. Dabei erfuhr ich etwas höchst Bedeutsames: Als Heinrich von Preußen hier war, sagte er Nicky, sein Bruder, Kaiser Wilhelm, rechne damit, dass Nicky ihn im Sommer anlässlich der Eröffnung des neuen Kanals besuchen werde.

Nicky erwiderte, er habe nicht die Absicht, während seiner Trauerzeit irgendeinen Besuch zu machen. Heinrich wandte ein, auch sein Bruder hätte, obwohl in Trauer um seinen Vater, einen Besuch gemacht. Worauf Nicky sehr kategorisch entgegnete: »In diesem Punkt ist dein Bruder ganz sicherlich kein Vorbild für mich.« Seine erste Auslandsreise werde er nach Dänemark zu seinem Großvater unternehmen. Diese Antwort hatte Minnie aufs Höchste erfreut, und ich war so angetan von ihrer Erzählung, dass ich ihr mehrmals die Hand küsste.

7. Dezember: Im Anschluss an einen Empfang in den Repräsentationsräumen sah der Kaiser mich an der Tür zu seinem Arbeitszimmer im unteren Stockwerk stehen. Er sagte mir, wie schwierig seine Position wäre. Ich erinnerte ihn an Tichomirows Artikel, der von der schwierigen und bedeutenden Rolle des Autokratischen Kaisers spricht, und fügte hinzu, da Gott einen Zaren erwählt, verleiht er ihm auch Kraft für sein Amt.

Ich fragte ihn, ob sein Vater ihm vor seinem Tod irgendeinen Rat mit auf den Weg gegeben habe. Nicky entgegnete, sein Vater habe nicht ein einziges Mal davon gesprochen, welche Verantwortlichkeiten ihn erwarteten. Bei der Beichte hatte Vater Janischew den sterbenden Kaiser gefragt, ob er mit seinem Erben gesprochen habe. Der Kaiser hatte geantwortet: Nein, er weiß schon alles. Nicky fügte hinzu, selbst früher, wenn er an ausländische Höfe entsandt worden sei, habe sein Vater ihm nie irgendwelche Instruktionen mitgegeben und es ihm selbst überlassen, so zu handeln, wie er es für richtig hielt. Aus diesem Grund sei es jetzt leichter und zugleich auch schwieriger für ihn.

11. Dezember: Die junge Kaiserin hat erneut einen Schwächeanfall in der Kirche erlitten. Sollte die Ursache dafür diejenige sein, welche ganz Russland herbeisehnt, dann sei Gott gepriesen!

George, Herzog von York, an Nikolaus: 13. Dezember, Sandringham

Mein lieber Nicky,
ich kann dir gar nicht sagen, mein lieber Nicky, wie froh ich war, dich diese wenigen Tage in Petersburg zu sehen, obwohl alles so schrecklich traurig war: Doch seit wir uns kennen, bist du stets so aufmerksam und freundlich zu mir gewesen. Ich betrachte dich, mit Verlaub, als einen meiner ältesten und besten Freunde. Schön war es auch, dass sich bei dieser Gelegenheit der Klub wieder einmal getroffen hat. Ich frage mich, wann wir vier wieder zusammen sein werden, ich hoffe bald.
Stets dein ergebener Cousin und Freund Georgie

Nikolaus, Tagebuch: 14. Dezember, Zarskoje Selo

Heute sind wir seit einem Monat verheiratet – seltsam, aber ich fange gerade erst an, mich daran zu gewöhnen! Meine Liebe zu Alix wächst weiter!

24. Dezember: Wir tranken oben Tee und gingen um 6 Uhr zur Kirche. Danach stand der Weihnachtsbaum im Blauen Salon, nach alter Sitte! Es war freudig und traurig zugleich – welch eine Veränderung seit dem letzten Jahr: Der liebe Papa ist nicht mehr, Xenia ist verheiratet und ich auch! Die liebe Mama überhäufte uns mit Geschenken, wie immer! Wie speisten um 8 Uhr zu Abend. Als wir wieder nach unten kamen, schmückten Alix und ich unseren eigenen Weihnachtsbaum!

31. Dezember: [In Alix' Schrift:] *Der letzte Tag des alten Jahres – welches Glück, ihn zusammen zu verbringen. Süßester Engel, wenn dein kleines Frauchen im vergangenen Jahr jemals irgendetwas getan hat, das dir missfiel, dich, ohne es zu wollen, betrübt oder verletzt hat – vergib ihr, Duschki! So tief, rein und stark ist meine Liebe geworden – sie kennt keine Grenzen. Gott segne und beschütze dich.*

Ging mit Mama und Tante Alix im Garten spazieren. Wir zwei tranken allein Tee. Las bis 7.30 und ging dann zum Gottesdienst nach oben. Es war schmerzlich, in der Kirche zu stehen und an all die schrecklichen Veränderungen zu denken, die in diesem Jahr eingetreten sind. Aber im Vertrauen auf Gott blicke ich ohne Furcht ins nächste Jahr – denn für mich ist das Schlimmste schon eingetreten, das, was ich mein Leben lang gefürchtet habe! Aber zusammen mit dieser unwiderruflichen Trauer hat mir der Herr auch ein Glück geschenkt, das ich mir niemals hätte vorstellen können. Er hat mir Alix geschenkt.

Anmerkungen 1894

1 Michailowitsch, Familienname aller Nachkommen des Großfürsten Michail Nikolajewitsch, z.B. Sandro, Nikolaj, Sergej, Miche-Miche, Georgy.

2 Sandros Bruder, Großfürst Sergej Michailowitsch, Nikolaus' Freund.

3 Der französische Gesandte in St. Petersburg.

4 Russischer Zar im 17. Jahrhundert, Vater von Peter dem Großen.

5 Ein Soldat der regulären russischen Armee im 16. und 17. Jahrhundert.

6 Großfürstin Maria Pawlowna, die Frau von Nikolaus' Onkel Wladimir.

7 Die Vermählung von Alix' Bruder Ernie mit Nikolaus' Cousine Ducky fand in Coburg statt, dem süddeutschen Familiensitz der Herzöge von Sachsen-Coburg-Gotha. Duckys Vater, der Herzog von Edinburgh, hatte den Titel des Herzogs von Sachsen-Coburg-Gotha 1893 angenommen.

8 Die Frau von Onkel Alfred, geborene Großfürstin Maria Alexandrowna von Russland, Nikolaus' Tante.

9 Marie (»Missy«), die älteste Tochter von Onkel Alfred und Tante Marie.

10 Sohn von Onkel Alfred und Tante Marie, Erbe des Herzogtums Sachsen-Coburg-Gotha.

11 Witwe von Ernst II., dem Herzog von Sachsen-Coburg-Gotha, geb. Prinzessin von Baden.

12 Sandros Mutter, die Großfürstin Olga Fjodorowna, geb. Prinzessin Olga von Baden.

13 Bruder des zukünftigen Königs Ferdinand von Bulgarien.

14 Kaiserin Friedrich, sonst Prinzessin Victoria, älteste Tochter der Königin Victoria. Witwe des deutschen Kaisers Friedrich III. Ihr Sohn Wilhelm war inzwischen Kaiser Wilhelm II. Prinzessin Beatrice, die jüngste Tochter der Königin Victoria, verheiratet mit Prinz Heinrich von Battenberg (»Liko«), war die Mutter der künftigen Königin von Spanien.

15 Marie, Herzogin von Edinburgh, Schwester von Zar Alexander III. Sie war russisch-orthodox geblieben und hatte deshalb ihre eigene Kapelle.

16 Alix' Schwester.

17 Louis von Battenberg war verheiratet mit Alix' ältester Schwester Victoria (»Toria«). Sie lebten auf Elm Grove in Walton-on-Thames.

18 Alix' Mutter, die zweite Tochter der Königin Victoria, war 1878 im Alter von 35 Jahren gestorben; ihr Vater, Großherzog Ludwig IV. von Hessen, starb 1892, ihr Bruder Friedrich starb im Alter von zwei Jahren 1873, ihre Schwester Marie 1878 im Alter von vier Jahren.

19 Ein Militärlager außerhalb von St. Petersburg.

20 Nikolaus' 29. Brief an Alix. Sie behielten die Nummerierung der Briefe während ihrer Verlobungszeit und während ihrer ganzen Ehe bei.

21 Zehn Jahre zuvor, am 31. Mai 1884, hatte Nikolaus in sein Tagebuch notiert: »Alix und ich schrieben unsere Namen auf das Hoffenster des Italienischen Hauses (wir lieben uns).«

22 Die Geburt des zukünftigen Königs Edward VIII.

23 Ein orthodoxer Priester, Nikolaus' Beichtvater, den Nikolaus zu Alix' Unterweisung nach England mitgebracht hatte.

24 Die zweite Tochter des Prinzen und der Prinzessin von Wales.

25 Das Haus des Prinzen und der Prinzessin von Wales im westlichen Norfolk. Ihr zweiter Sohn, George, der Herzog von York, und seine Frau May, zogen 1893 nach York Cottage in the Grounds.

26 Erzherzog Franz-Ferdinand, der später in Sarajewo erschossen wurde; das Attentat löste den Ersten Weltkrieg aus.

27 Die frühere Kaiserin von Frankreich, Witwe des Kaisers Napoleon III.

28 Nikolaus versuchte Verwirrung zu vermeiden, indem er sowohl den julianischen als auch den gregorianischen Kalender benutzte.

29 Königin Victoria hatte in ihren späten Jahren mehrere indische Diener. Ihre Vertrauten waren außerdem Abdul Karim (der »Munshi«) aus Indien und – bis zu seinem Tod 1883 – ein schottischer Diener, John Brown.

30 Er wurde auf den Namen Edward Albert Christian George Andrew Patrick David getauft und in seiner Familie David genannt. 1936 folgte er seinem Vater als König Edward VIII. auf dem Thron nach.

31 Bei der orthodoxen Taufe wird das Kind in das Taufbecken eingetaucht.

32 Nikolaus hatte ihr an diesem Tag seine Affäre mit M. Kschessinskaja gebeichtet.

33 Frederik, der 1906 König von Dänemark wurde, war mit Prinzessin Louise von Schweden (»dem Schwan«) verheiratet.

34 Prinzessin Louise, Tochter von Königin Victoria, heiratete den Marquis von Lorne, den späteren Fürsten von Argyll. Sie war Malerin und Bildhauerin.

35 Ein Sohn von Frederik und Louise. Beim Tod seines Vaters 1912 wurde er als Christian X. König von Dänemark.

36 Die Zarenresidenz auf der Krim.

37 Sie korrespondierten auf Englisch.

38 KRs Schwester Olga, Königin von Griechenland.

39 Nikolaus behielt sein Leben lang den Rang eines Obersten bei.

40 Lord Carrington, russischer Gesandter Königin Victorias.

41 Die Gemahlin Alexanders II. und Mutter Alexanders III.

42 Nikolaus' Onkel, Großfürst Alexej Alexandrowitsch.

43 Mischa, Nikolaus' Bruder; Georgy, Prinz von Griechenland; Kyril, Sohn des Großfürsten Wladimir; Sergej, Großfürst Sergej Michailowitsch, Sandros Bruder.

44 Boris, Sohn des Großfürsten Wladimir; Mitia, Bruder von KR.

45 Königin Victorias älteste Tochter, Gemahlin Kaiser Friedrichs III. und Mutter von Wilhelm II.

* Alix' Handschrift

1895

Nikolaus:	Zar von Russland
Alexandra:	seine Frau, Zarin von Russland
Xenia:	Großfürstin Xenia, Nikolaus' Schwester, verheiratet mit Sandro
Sandro:	Großfürst Alexander Michailowitsch, Xenias Ehemann
Georgy:	Großfürst Georgy Alexandrowitsch, Nikolaus' Bruder
Ella:	Großfürstin Elisabeth, Alexandras ältere Schwester, verheiratet mit Nikolaus' Onkel, dem Großfürsten Sergej
Wilhelm II.:	Deutscher Kaiser, Nikolaus' Cousin

1895
Eine Tochter kommt zur Welt

Nikolaus trauert noch immer um seinen Vater – Er gelobt, die Autokratie aufrechtzuerhalten – Alexandra erwartet ein Kind – Xenia und Sandro bekommen ihre Tochter Irina – Georgys Krankheit – Alexandra bringt Olga, ihre erste Tochter, zur Welt – Familienleben

Nikolaus, Tagebuch: 1. Januar, St. Petersburg

Heute fühlte sich alles auf schreckliche Weise anders an als in früheren Jahren! Um 11 Uhr waren in der Kirche anwesend: die Onkel Mischa, Wladimir und Alexej und Tante Michen. Aß mit ihnen und Tante Alix zu Mittag. Um 2 Uhr begann im Ballsaal der Empfang für das diplomatische Corps. Er erinnerte mich so sehr an den Empfang hier vor 10 Jahren – an diesem Tag leistete ich meinen Treueeid! Andererseits ist es leichter, weil ich nicht allein bin – meine liebe Alix übernahm die Damen, während ich mich um die Herren kümmerte. Nachdem wir den Sohn des Emirs von Buchara empfangen hatten, kehrten wir um 3.30 nach Hause zurück – erschöpft. Diese elenden Telegramme nahmen wieder den ganzen Tag in Anspruch! Beendete die Schreibarbeiten und las etwas. Boris und Andrej[1] kamen zum Diner. Ging früh zu Bett.

17. Januar: Ein anstrengender Tag. Ging mit Alix zum Winterpalais. Aßen mit Xenia und Sandro zu Mittag. Ich war in einer fürchterlichen Verfassung, weil ich danach in den Nikolajewskij-Saal gehen und vor den Abgesandten des Adels, der *zemstvos* [Landräte] und der Stadträte eine Rede halten musste. Danach gab es für jede der Delegationen einen Empfang im Konzertsaal. Kam um 4 Uhr nach Hause zurück. Spazierte mit Onkel Sergej durch den Garten.

Aus Nikolaus' Rede an die Abgesandten der Stände:

Mir ist bewusst, dass in einigen Landkreisen die Stimmen von Leuten laut geworden sind, die sich zu sinnlosen Träumereien über eine Beteiligung an den Regierungsgeschäften haben hinreißen lassen.

Lassen Sie jeden wissen, dass ich die Prinzipien der Autokratie ebenso fest und unbeugsam aufrechterhalten werde wie mein unvergesslicher verstorbener Vater.

Nikolaus, Tagebuch: 20. Januar

Es sind jetzt schon drei Monate, dass der liebe Papa nicht mehr bei uns ist; ich kann immer noch nicht glauben, dass wir ihn auf dieser Erde niemals wieder sehen werden! Es ist zu schmerzlich, zu traurig!

Die ganze Familie versammelte sich in der Festung zu einem Gottesdienst mit Requiem. Bei meiner Heimkehr empfing ich Witte[2] und viele andere. Wir gingen zum Schlittschuhlaufen und dann mit Mama spazieren. Nach dem Tee nahmen wir Abschied von Onkel Sergej. Ich las Mama *Das Tagebuch der Duchesse D'Angoulême* zu Ende vor.

22. Januar: Um 2 Uhr fand im Winterpalais das *baise-main* [Handküssen] der Damen statt – 550 Damen! Meine liebe Alix sah in russischer Tracht außerordentlich hübsch aus. Die ganze Zeremonie dauerte eine Dreiviertelstunde. Nach unserer Heimkehr gingen wir zum Schlittschuhlaufen. Nach dem Tee las ich aus einem neuen Buch über Napoleons Leben auf der Insel St. Helena vor. Machte nach dem Abendessen mit Alix eine Ausfahrt. Es war sehr windig.

Nikolaus an seinen Bruder Georgy: 23. Januar, St. Petersburg

Ich stecke bis zum Hals in Arbeit, aber Gott sei Dank bin ich in der Lage, recht gelassen damit umzugehen. Nur Mittwoch und Freitag sind Empfänge – ich habe sie satt! Ich erinnere mich, dass auch der liebe Papa sie nicht ertragen konnte – wie gut ich ihn jetzt verstehe!

Ja, es ist schwierig, sich zu ändern, wo alle meine Gedanken bisher auf den Militärdienst konzentriert waren, unabhängig von der Waffengattung; das habe ich geliebt, und dem hatte ich mich ganz und gar verschrieben!

Neben allem anderen fügt das Wissen, dass ich nun auf immer von einem Leben nahe bei den Streitkräften abgeschnitten bin, meiner Last ein nicht gerade kleines zusätzliches Gewicht an Kummer hinzu. Aber genug davon – ich habe kein Recht, mich zu beklagen, eher sollte ich Gott für das Glück danken, das er mir in der zweiten Hälfte meines Lebens geschenkt hat, und für den Schatz, den ich meine Frau nennen darf. Sie und Mama sind mein Trost, meine Hoffnung, mein Friede. Was täte ich ohne Alix – es wäre zu furchtbar, um überhaupt darüber nachzudenken!

Unsere zukünftigen Wohnräume werden im Winterpalais eingerichtet, Alix und ich nehmen aktiv daran teil und sind in jedes Detail einbezogen!

Nikolaus, Tagebuch: 27. Januar, St. Petersburg

Die Liebe zu meiner liebsten Frau wird immer tiefer, immer zärtlicher.

13. Februar: In diesem Jahr gibt es für uns keinen Unterschied zwischen Fastnacht und Fastenzeit, es ist alles ruhig, nur gehen wir natürlich zweimal in die Kirche. In einer solchen Stimmung möchte man wirklich beten, es ist das nahe Liegende, was man tun will – der einzige und einzig große Trost auf dieser Erde liegt in der Kirche und im Gebet!

13. März, Zarskoje Selo: Alix fühlte sich den ganzen Tag nicht recht wohl und lag in ihrem Zimmer auf dem Sofa. Wir fuhren zusammen durch den ganzen Park. Es war klares Wetter, aber kalt und mit einem schneidenden Wind. Nach dem Tee schrieb ich einen Brief an Mama und las dann lange. Wir aßen um acht, und dann saß ich in meinem Arbeitszimmer, wo ich ihr vorlas! Ich kann gar nicht ausdrücken, wie sehr ich diese ruhigen Abende genieße, allein mit meiner süßen, geliebten Frau! Mein Herz richtet sich mit einem Dankgebet an Gott, der mir ein so vollkommenes, grenzenloses Glück auf Erden geschenkt hat!

8. April, St. Petersburg: Der Jahrestag unserer Verlobung! Ich werde niemals diesen Tag in Coburg vergessen – wie glücklich war ich damals in jeder Hinsicht. Ein wunderbarer, unvergesslicher Tag.

Nikolaus an Königin Victoria: 10. Mai, Zarskoje Selo

Liebste Großmama,
Ich habe so viel an dich gedacht, liebste Großmama, als du uns die traurige Nachricht vom Tod der armen Herzogin von Roxburghe mitteiltest! Es muss unaussprechlich schwer sein, seine besten Freunde so zu verlieren, einen nach dem anderen – Sir H. Ponsonby, Sir. J. Cowell und den armen kleinen Lord Drumlanrig. Ich weiß wohl, wie es in dir aussehen muss, nachdem ich selbst eben erst durch eine der fürchterlichsten Prüfungen dieses Lebens gegangen bin – der Verlust meines innig geliebten Vaters!

Um deinen zweiten Brief zu beantworten, in dem du die Artikel über England in russischen Zeitungen erwähnst, muss ich sagen, ich kann niemanden daran hindern, seine Meinung offen in die Zeitung zu setzen. War ich doch oft beunruhigt, in englischen Gazetten recht ungerechte Behauptungen in Verbindung mit meinem Land zu lesen! Selbst Bücher werden mir ständig aus London zugesandt, in denen unser Handeln in Asien, unsere Innenpolitik etc. missverstanden werden. Ich bin sicher, mit diesen Schriften ist ebenso wenig Feindseligkeit beabsichtigt, wie in den oben erwähnten. Nicky

Nikolaus, Tagebuch: 14. Mai, St. Petersburg

Es regnete die ganze Nacht in Strömen und wurde spürbar kühler. Wegen der Nässe gingen wir nicht spazieren. Um 11 Uhr gingen wir zur Kirche.

[in Alix' Schrift:] *Ein halbes Jahr sind wir nun verheiratet, wie innig glücklich hast du dein Frauchen gemacht, du kannst es nicht ahnen, Gott segne dich, mein einer treuer, geliebter Mann – von Tag zu Tag reiner, stärker, tiefer.*

19. Mai, Zarskoje Selo: Das Wetter war wechselhaft. Morgens gingen wir spazieren. Nach den Berichten empfing ich Besucher. Wir aßen allein zu Mittag. Wir sahen uns die oberen Räume an, über denen von Alix, die wir für einen gewissen Zweck[3] einrichten wollen!

25. Mai: Die liebe Alix ist 23 Jahre alt! Der erste Geburtstag, den wir zusammen verbringen, gebe Gott, dass wir noch viele solche Tage gemeinsam erleben, in stiller Freude und Glück!

Kaiser Wilhelm II. an Nikolaus: 28. Juni, Schweden

Liebster Nicky,
noch einmal möchte ich dir von ganzem Herzen danken, dass du mir diese herrlichen Schiffe geschickt hast, die die russische Marine in Kiel so wirkungsvoll und überzeugend repräsentierten. Alexej war die Freundlichkeit und Jovialität in Person und hat alles getan, was in seiner Macht stand, um uns und unsere russischen Kameraden einander näher zu bringen; alles war so, wie man es sich nur wünschen konnte.

Leb wohl, liebster Nicky, die herzlichsten Grüße an Alix und dich. Ich wünsche euch einen ruhigen Sommer und hoffe, dass ihr bald einen netten kleinen Jungen bekommt. Sei meiner tiefsten Zuneigung versichert, stets dein Freund und Cousin
Willy

Nikolaus, Tagebuch: 3. Juli, St. Petersburg

Ich war nach dem Tee bei der Arbeit, als man mir plötzlich mitteilte, dass die liebe *Xenia eine Tochter bekommen hat, Irina!* Alix und ich eilten zum Landsitz. Gott sei Dank ging alles gut.

Wir besuchten Xenia und unsere kleine Nichte. Aßen mit Mischa zu Abend. Wir gingen und sagten Mama gute Nacht, die sich nach ihrer Aufregung wieder beruhigt hat!

Xenia an Nikolaus: 23. August, Bernsdorf

Mein allerliebster Nicky,
da wären wir also wieder in Dänemark! Aber welch ein Unterschied zu unseren letzten Besuchen, so viele Veränderungen seitdem! Du kannst dir gar nicht vorstellen, wie schwierig es ist, ohne den lieben Papa hier zu sein, und wie sehr wir ihn vermissen! Die Stimmung hier ist insgesamt nicht besonders fröhlich, was allerdings nur allzu verständlich ist!

Es fing damit an, dass der arme Georgy zu Bett lag! Zwei Tage vor unserer Ankunft hatte er plötzlich Blut gehustet (dabei war er gerade auf dem Weg der Besserung), und gestern Abend passierte es wieder, aber nicht ganz so schlimm wie beim ersten Mal. Natürlich belastet ihn das schrecklich und bringt ihn sehr durcheinander!

Hier lernen alle Cousinen gerade mit großer Begeisterung Fahrrad zu fahren, ich werde es wohl auch mal versuchen, obwohl ich den Eindruck habe, dass ich es nie beherrschen werde.

Ich hoffe, die liebe Alix ist gesund und munter. Hoffentlich ermüden die Kinder sie nicht zu sehr mit ihrem endlosen Herumgehopse! Du kannst dir kaum vorstellen, wie sehr ich unsere zauberhafte kleine Tochter vermisse! Natürlich ist sie bei euch bestens aufgehoben, aber ich fühle mich schrecklich verlassen ohne sie!

Alix hat mir heute telegrafiert, um mir zu sagen, dass es ihr [Irina] gut geht und sie jeden Tag wächst. Hier sind alle ganz neugierig auf sie und fragen mich immer wieder, wem sie denn ähnle.

Sandro an Nikolaus: 6. September, an Bord der *Petersburg*

Ich fand es ziemlich langweilig in Bernsdorf und bin deshalb insgesamt dreimal in die Stadt gefahren. Georgy hat fast die ganze

Zeit im Bett gelegen und war von Anfang an krank ... Unsere Sorgen haben sich bestätigt – Georgys Aufenthalt in Dänemark hat ihm leider geschadet. Nach meiner Auffassung besteht absolut keine Notwendigkeit [Dr.] Leyden zu konsultieren. Tschigajew ist ein wunderbarer Arzt und sollte die alleinige Verantwortung für Georgys Behandlung bekommen. Wir dürfen nicht vergessen, Leyden ist Deutscher und darüber hinaus auch noch Jude, und es ist ihm völlig gleichgültig, was mit Georgy passiert. Das Beste für Georgy ist, wenn er in Ruhe gelassen wird, deshalb sollten er und der Arzt ohne jeden äußeren Druck entscheiden, was gemeinsam zu tun ist.

Xenia an Nikolaus: 11. September, Abas Tuman

Gott sei Dank ist unsere Kleine wohlauf! Ich danke euch beiden, dass ihr euch mit so viel Engagement um sie kümmert, Alix war sogar dabei, als sie gebadet wurde! In ein paar Tagen wirst du ja wohl nach Zarskoje gehen, da wird sie näher bei dir sein und es wird bequemer sein.

Georgy an seinen Bruder Nikolaus: 11. September,
Abas Tuman

Die *Polarstern* hatte Verspätung, und in diesem Augenblick begann ich wieder mit der entsetzlichen Blutspuckerei und musste mich zu Bett legen; da es sich mehrmals wiederholte, durfte ich ganze acht Tage lang nicht aufstehen und – was noch schlimmer ist – auch nicht mehr rauchen. Es war grausam, aber ich habe die ganzen acht Tage durchgehalten und erst danach wieder allmählich zu rauchen begonnen. Solange ich im Bett war, ging es mir gut, aber in den ersten Wochen meines Aufenthalts hatte ich fast ständig Fieber, und ich kann nicht behaupten, ich hätte mich besonders wohl gefühlt. Natürlich war ich sehr erfreut, die Familie nach 4 Jahren wiederzusehen, aber es ist mir nicht sonderlich gut bekommen, denn ich habe mehr als die 5 Pfund verloren, die ich mit so viel Mühe im Mai und Juni zugelegt hatte; auch komme ich jetzt leichter außer Atem. Das also ist bei meiner Reise herausgekommen. Wirklich lästig.

Kaiser Wilhelm II. an Nikolaus: 14. September, Jagdhaus Romingen

Bester Nicky,
Gott weiß, dass ich alles in meiner Macht Stehende getan habe, um den Frieden in Europa zu bewahren, wenn aber Frankreich weiterhin derart ermutigt wird – offen oder versteckt –, alle Regeln der internationalen Höflichkeit und des Friedens in Friedenszeiten zu verletzen, dann wirst du, mein bester Nicky, eines Tages plötzlich nolens volens in den schrecklichsten Krieg verwickelt sein, den Europa je erlebt hat! Und die Massen und die Geschichte werden dich möglicherweise dafür verantwortlich machen. Bitte sei mir nicht böse, wenn ich dich vielleicht unbeabsichtigterweise verletze, aber ich halte es unseren beiden Ländern und dir als meinem Freund gegenüber für meine Pflicht, so offen zu schreiben. Die Isolation und Zurückgezogenheit, die die tiefe Trauer dir aufgezwungen hat, verhindern, dass du irgendjemanden siehst und im Einzelnen verfolgst, was tatsächlich vor sich geht – hinter den Kulissen. Denk an die schreckliche Verantwortung für ein Blutvergießen!
Nun leb wohl, bester Nicky, der lieben Alix meine herzlichste Zuneigung, stets dein ergebenster und treuester Freund und Cousin
Willy

Nikolaus, Tagebuch: 28. September, Zarskoje Selo

Zum Glück ging es Alix gut, und sie lag den ganzen Tag auf dem Sofa im malvenfarbenen Zimmer.

6. Oktober: Abends bekam Alix wieder Schmerzen, die sie nachts spürte, wann immer sie wach wurde. Als sie am Morgen weitergingen, entschied ich mich, nicht zur Jagd zu gehen, und blieb zu Hause. Um etwa 10 Uhr stand Alix auf und war den ganzen Tag auf den Beinen, als wäre nichts – und ich hatte gedacht, diese Schmerzen wären der Anfang vom Ende.

7. Oktober: Meine liebe Frau fühlte sich den ganzen Tag wunderbar – alles scheint zum Stillstand gekommen, und wir hatten so gehofft, das große Ereignis würde bis Sonntag stattgefunden haben.

Kaiser Wilhelm II. an Nikolaus: 13. September, Neues Palais, Potsdam

Bester Nicky,
es ist nicht die Tatsache einer »Beziehung« oder Freundschaft zwischen Russland und Frankreich als solche, die mich irritiert – jeder Souverän ist alleiniger Herr der Interessen seines Landes und richtet seine Politik dementsprechend aus –, sondern die Gefährdung unseres monarchischen Prinzips durch die Aufwertung der Republik, die sich aus einer solchen Freundschaft ergibt. Wenn Prinzen, Großfürsten, Staatsmänner und Generäle ständig in »vollem Wichs« bei Paraden, Beerdigungen, Galadiners oder Pferderennen auftreten – gemeinsam mit dem Oberhaupt der Republik oder in seiner Entourage –, dann führt das nur dazu, dass die Republikaner – als solche – glauben, sie wären ganz ehrenwerte, angesehene Personen, mit denen Fürsten sich einlassen und gemeinsame Sache machen können! Die Republikaner sind ihrer Natur nach Revolutionäre und werden – zu Recht – als Leute behandelt, die man erschießen oder aufhängen muss. Unseren loyalen Untertanen erzählen sie: »Oh, wir sind mitnichten gefährliche, böse Leute, schaut euch doch Frankreich an! Dort pflegen die königlichen Herrschaften den vertrautesten Umgang mit den Revolutionären! Warum sollte es nicht auch bei uns

so sein?« Die R[épublique] F[rançaise] leitet sich direkt von der Französischen Revolution ab und propagiert natürlich deren Ideen. Vergiss nicht, Fauré sitzt – wenn auch nicht durch eigene Schuld – auf dem Thron des Königs und der Königin »von Gottes Gnaden«, denen französische Republikaner die Köpfe abgeschlagen haben! Dieses Land ist noch immer vom Blut Ihrer Majestäten besudelt!

Sieh es dir doch an: Ist es seitdem jemals wieder glücklich gewesen oder zur Ruhe gekommen? Ist es nicht von Blutbad zu Blutbad getaumelt? Und hat es in den großen Augenblicken seiner Geschichte nicht einen Krieg nach dem anderen entfesselt? Bis es ganz Europa und Russland in Strömen von Blut ertränkt hat? Bis es schließlich wieder der Kommune erlag? Glaub mir, Nicky: Auf diesem Volk lastet für immer der Fluch Gottes! Wir, die Christlichen Könige und Kaiser, haben die eine heilige Pflicht, die uns der Himmel auferlegt hat, nämlich das Prinzip *»von Gottes Gnaden«* [dtsch. im Original] aufrechtzuerhalten.
Dein ergebenster und geneigtester Freund und Cousin,
Willy

Nikolaus, Tagebuch: 21. Oktober, Zarskoje Selo

Wieder kein Freudentag. Es scheint schade und irgendwie schändlich, die Trauerkleidung abzulegen; es war ein sichtbares Bindeglied zu einer geschätzten Vergangenheit! Der einzige Bericht kam vom Kriegsminister. Die übrige Zeit beantwortete ich Telegramme. Aß mit Alix und Ella zu Mittag. Das Wetter war klar. Ich traf meine kleine Frau wie verabredet im Park. Es war fast dunkel, als ich nach Hause kam. Las etwas. Wir fünf aßen wieder zusammen.

28. Oktober: Das Wetter war warm und ruhig. Der 29. Hochzeitstag der lieben Eltern! Das Herz tut mir weh, wenn ich denke, wie schmerzlich es für sie sein muss. Hilf ihr, o Gott!

3. November: Ein Tag, an den ich mich immer erinnern werde, an dem ich sehr, sehr viel gelitten habe. Um etwa 2 Uhr kam die liebe Mama aus Gatschina an. Sie, Ella und ich waren die ganze Zeit bei Alix.

Um genau 9 Uhr war der Schrei eines Babys zu hören, und wir alle atmeten erleichtert auf! Mit einem Gebet gaben wir der Tochter, die Gott uns geschickt hat, den Namen »Olga«! Als alle Angst vorbei war und die Schrecken vergangen waren, blieb nur noch ein seliges Gefühl über das, was geschehen war! Gott sei Dank hat Alix die Geburt gut überstanden und war am Abend recht munter. Ich aß spät am Abend mit Mama, und als ich zu Bett ging, schlief ich sofort ein!

Xenia, Tagebuch: 3. November, Zarskoje Selo

Nicky und Alix haben eine Tochter (Olga) bekommen! Welch große Freude, nur schade, dass es kein Sohn geworden ist! Die Geburtswehen setzten schon gestern Abend ein.

Um 10 Uhr fuhren wir nach Zarskoje. Der arme Nicky und Mama waren ganz geschwächt vor Erschöpfung. Das Baby ist riesig – zehn Pfund schwer – und musste mit Zangen geholt werden! Schrecklich, so etwas mit anzusehen. Aber Gott sei Dank ging alles gut. Ich sah auch die liebe Alix, sie sieht gut aus; die kleine Olga lag neben ihr im Bett!

Nikolaus, Tagebuch: 4. November, Zarskoje Selo

Obwohl Alix in der Nacht sehr wenig geschlafen hatte, ging es ihr gut. Natürlich war ich dabei, als unsere Tochter gebadet wurde. Sie ist ein großes Kind, wiegt 10 Pfund und ist 55 Zentimeter lang. Ich kann kaum glauben, dass das wirklich unser Kind ist! Gott, welch ein Glück!!!

Um 12 Uhr kam die ganze Familie zu einem Dankgottesdienst zusammen. Ich aß allein mit Mama zu Mittag. Alix lag den ganzen Tag im malvenfarbenen Zimmer, um Luftveränderung zu haben. Es ging ihr gut, und dem kleinen Liebling auch. Es gab einen Berg von Telegrammen.

Xenia, Tagebuch: 5. November, Zarskoje Selo

Alix hat mit dem Stillen begonnen. Während des Abendessens fing der Sohn der Amme an, *ihre Brust zu nehmen*, und wir sind alle abwechselnd zu ihr hineingegangen, um uns das Spektakel anzuschauen! Die Amme stand neben ihr und machte einen sehr zufriedenen Eindruck!

Alix sieht wunderbar aus und ist guter Dinge. Ich sah Ott [den Arzt] – er ist hocherfreut, dass alles so gut verlaufen ist. Die Kleine hat ganz langes schwarzes Haar!

Nikolaus, Tagebuch: 5. November, Zarskoje Selo

Eine herrliche Nacht – kein Fieber. Nach dem Bad unserer Tochter ging ich spazieren. Es war bemerkenswert warm: 10 Grad. Ging mit Mama zur Kirche. Alix verbrachte den Tag wieder im zweiten Zimmer, unsere kleine Tochter gleich neben sich.

Der erste Stillversuch fand statt und endete damit, dass Alix erfolgreich den Sohn der Amme fütterte, während diese Olga stillte! Sehr komisch! Las und schrieb etwas. Mama, Xenia, Ella, Onkel Pawel und Sandro kamen zum Abendessen. Verbrachten einen wunderbaren Tag!

6. *November*: Am Morgen bewunderte ich unsere herrliche kleine Tochter: Sie sieht überhaupt nicht neugeboren aus, weil sie ein so großes Baby ist und den Kopf voller Haare hat. Machte allein einen kurzen Spaziergang. Kam um 3 Uhr zu meiner lieben Frau zurück. Gott sei Dank ist alles in Ordnung, aber das Baby will ihre Brust nicht annehmen, also mussten wir wieder die Amme rufen.

11. November: Ging bis 4 Uhr mit Mama spazieren. Trank mit Alix Tee. Die Kleine schlief viel und wachte nur auf, um zu trinken. Xenia und Sandro kamen zum Abendessen. Verbrachte den Abend, wie immer, mit meinem Liebling in ihrem Zimmer. Nachher tranken wir alle zusammen im malvenfarbenen Zimmer Tee.

Nikolaus an Königin Victoria: 12. November, Zarskoje Selo

Liebe Großmama,
ich danke dir von Herzen für deinen freundlichen Brief, den dein Sonderbote eben brachte – und für deine freundlichen Worte. Die liebste Alicky, die neben mir im Bett liegt, bittet mich, dir sehr zärtlich für deinen Brief und deine guten Wünsche zu danken. Gott sei Dank ging alles glücklich vonstatten, und sowohl sie als auch das kleine Kind machen sehr zufrieden stellende Fortschritte. Sie hat solche Freude daran, unser Kind selbst zu stillen. Ich für meinen Teil halte das für die natürlichste Sache, die eine Mutter tun kann, und ich denke, sie gibt ein ausgezeichnetes Beispiel ab!

Wir sind beide sehr erfreut, dass du eingewilligt hast, die Patin unseres ersten Kindes zu sein, denn ich bin sicher, das wird ihr bei deinen ständigen Zeichen der Freundlichkeit und mütterlichen Zuneigung Glück bringen. Den Namen Olga haben wir gewählt, weil es ihn schon einige Male in unserer Familie gibt und es ein alter russischer Name ist.

Du kannst dir, liebste Großmama, gar nicht den Zustand äußersten Glücks vorstellen, in dem ich mich befinde. Es kommt mir so seltsam vor, Vater zu sein!

Das Baby wird sehr bald getauft, damit dieses Ereignis an unserem Hochzeitstag und Mamas Geburtstag stattfinden kann. Die liebe Mama blieb die ganze Zeit seit dem Ereignis bei uns und war ein solcher Trost während der Stunden der Erwartung. Wir werden dir natürlich einige von Babys langen Locken schicken.

Sie ist ein wunderbar großes Kind und verspricht, große Augen zu bekommen.
Wir beide küssen dich sehr zärtlich, und ich verbleibe immer dein dich sehr liebender, treuer Enkel
Nicky

Ella an Königin Victoria: 13. November, Zarskoje Selo

Liebste Großmama,
vielen herzlichen Dank für deinen freundlichen Brief, der mit dem Boten kam. Deine Geschenke für die Taufe wollen Alix und Nicky heute, am Vorabend dieses glücklichen Ereignisses, öffnen und sind zutiefst gerührt.

Alix sieht gut aus, und das Stillen bekommt ihr ganz hervorragend. In der Nacht wird sie nicht geweckt, damit sie sich gut ausruhen kann. Das Baby ist einfach süß. All die guten Ratschläge, die du mir für [Grèvst[4]] gegeben hast, wurden von Anfang an befolgt, denn Wöchnerinnen bekommen hier die allerbeste Behandlung: Immer die reinste Luft in den Zimmern und alles so penibel sauber, dass man nie glauben würde, es wäre eine kranke Person im Zimmer.

Die Freude über ihr Baby ist viel zu groß, als dass sie auch nur einen Augenblick bedauert hätten, dass die kleine Olga ein Mädchen ist, und sie sind einfach ganz liebevoll mit ihrem kleinen Kind. Du weißt ja, welch schrecklicher Unsinn hier verbreitet wurde: dass Alix schwer krank wäre, dass sie kein Kind haben könnte, dass [eine] Operation nötig wäre usw. – lauter Quatsch, aber alles hat ja auch seine gute Seite, und jetzt wissen alle, dass sie wohlauf ist, das Baby auch, dass sie stillt, sodass allgemeiner Jubel herrscht und die Enttäuschung darüber, dass es nur ein Mädchen ist, verblasst angesichts der Freude, dass alles so gut gegangen ist. Danke, dass du daran gedacht hast, dich bei der Taufe durch mich vertreten zu lassen. Tante Vicky ist auch Taufpatin. Das Wetter ist wieder recht mild. Wir erwarten Ernie und Ducky für Samstag, was uns große Freude berei-

tet, und Alix wird sich ihnen dann in aller Ruhe widmen können.
Dir alles Liebe von uns beiden und einen herzlichen Kuss von deinem gehorsamen und liebenden Kind,
Ella

Nikolaus an seinen Bruder Georgy: 14. November, Zarskoje Selo

Es ist so seltsam, mich jetzt als »Vater« zu sehen, ein »pater familias«, wie man in den Worten von Krinstadt sagen könnte. Gleichzeitig bist du also der ehrwürdige Onkel zweier hübscher Nichten geworden.

Du kannst dir sicher vorstellen, dass Alix selbst unsere liebe kleine Tochter stillt und nun ihrerseits zu einer echten »Ziege« geworden ist. Die ersten paar Tage war das Füttern ziemlich schwierig, aber nun hat sich das Baby zum Glück daran gewöhnt. Heute hat sie sich bei ihrer Taufe perfekt benommen, jedenfalls hat man mir so berichtet, denn als Vater musste ich während der Zeremonie natürlich die Kirche verlassen und kam erst zum Beginn des Gottesdienstes zurück – alles zusammen dauerte zwei Stunden.

Nikolaus, Tagebuch: 14. November, Zarskoje Selo

Am Morgen war das Wetter strahlend schön und passend festlich. Um 10.45 wurde unsere Tochter in der goldenen Kutsche in den Großen Palast gebracht. Die Prozession zur Kirche nahm im Silbernen Saal ihren Anfang; ich ging mit Mama – Fürst M. M. Golyzin trug das Baby. Ich saß allein im Raum hinter der Kirche, während die Taufe stattfand. Alles ging gut, und anscheinend hat sich der kleine Liebling perfekt benommen. Der Gottesdienst endete um 1.30. Nachdem ich Alix umarmt hatte, setzte ich mich zu einem Familienessen nieder.

18. November: Stand ziemlich früh auf. Begab mich um 9.45 zum Bahnhof, um Ernie und Ducky abzuholen, die ich gleich zu Alix brachte. Sie hatte kaum Zeit, sich anzukleiden. Sie hatten sich genau ein Jahr nicht gesehen, und nun trafen sie sich als Eltern wieder! Wir brachten die beiden in meinen alten Räumen unter.

27. November: Unsere Tochter wird immer niedlicher, heute hat sie uns die ganze Zeit angelächelt, welch ein Entzücken!

17. Dezember: Die liebe Alix war ganz aufgeregt, denn die Ankunft der neuen englischen Nanny wird einige Veränderungen in unser Familienleben bringen: Unsere Tochter wird ins obere Stockwerk umziehen müssen, was schade und ziemlich lästig ist!

18. Dezember: Ich habe unsere Tochter bei ihrem Bad selbst gewaschen.

Nikolaus an seinen Bruder Georgy: 18. Dezember,
St. Petersburg

Was für eine Plage, in der Nähe der Prinzessin Jurewskaja[5] zu sein; sie wird zweifellos ihr Bestes versuchen, dich in ihre Gesellschaft zu ziehen. Aber du hast wenigstens eine starke Entschuldigung, um ihre Einladungen und Besuche abzuwehren – dass du gekommen bist, um Frieden und Ruhe zu finden. Ich hatte im letzten Frühjahr einen schriftlichen Zusammenstoß mit ihr wegen der Heirat ihrer älteren Tochter, die ich zustande bringen sollte. Mama war verzweifelt über die Vorstellung, also lehnte ich sehr höflich, aber bestimmt ab, und sie war zutiefst beleidigt!

Übrigens ist Jurewskij[6] jetzt in der Kavallerieschule. Er hatte kein Glück bei der Marine, ist jetzt aber bei der Kavallerie untergekommen. Wir wollen abwarten und sehen, was dabei herauskommt.

Die Kleine wächst und wird von Tag zu Tag schwerer; sie wiegt jetzt 12 Pfund, was für ein sechs Wochen altes Baby ganz beachtlich ist.

Gestern ist eine Nanny aus England angekommen, deren äußere Erscheinung uns nicht besonders gefällt – sie hat etwas Hartes und Unangenehmes in ihrem Gesicht und sieht aus, als wäre sie eine halsstarrige Frau. Ganz allgemein wird sie eine Menge Schwierigkeiten machen, und ich möchte wetten, dass es nicht reibungslos gehen wird. Zum Beispiel hat sie bereits entschieden, dass unsere Tochter nicht genug Zimmer hat und dass ihrer Meinung nach Alix zu häufig ins Kinderzimmer hereinplatzt. Wie findest du das? Es ist alles sehr lästig, vor allem, wenn gleich der erste Apfel sich als faulig erweist.

Sandro und Xenia sind sehr glücklich, sie haben eine großartige Engländerin, die schon seit 12 Jahren in Russland lebt!

Nikolaus, Tagebuch: 19. Dezember, Zarskoje Selo

Heute zog unsere Tochter nach oben ins Kinderzimmer um – möge Gott sie behüten!

31. Dezember, St. Petersburg: Wir haben in unserem neuen Zuhause beide wunderbar geschlafen. Die Sonne erhellte mein Arbeitszimmer aufs angenehmste, als ich morgens dort arbeitete. Um 11 Uhr gingen wir im Anitschkow zur Kirche; es war seltsam, sich dort als Gast zu fühlen. Nach dem Mittagessen gingen wir in unsere alten Räume und sammelten die Bilder, Fotografien und letzten Sachen ein, die ins Winterpalais hinübergebracht werden sollen. Am Nachmittag saßen wir zu Hause und richteten alles ein.

Xenia kam mit Irina zum Bad unserer Tochter. Um 7.30 gingen wir wieder im Anitschkow zur Kirche und speisten mit Mama zu Abend. Das neue Jahr ist da! Gebe Gott, dass es ebenso friedlich, ruhig und glücklich vergeht wie das alte, sowohl für uns als auch für Mütterchen Russland.

Anmerkungen 1895

1 Söhne des Großfürsten Wladimir.

2 Graf Sergej Witte, Finanzminister, später Premierminister.

3 Alix ist schwanger.

4 Vermutlich die Amme oder die Geburtshelferin der Kaiserin.

5 Prinzessin Jurewskaja, geb. Prinzessin Dolgorukaja, morganatische Ehefrau des Zaren Alexander II.

6 Sohn der Prinzessin Jurewskaja und Alexanders II.

1896

Nikolaus:	Zar von Russland
Alexandra:	seine Frau, Zarin von Russland
Xenia:	Großfürstin Xenia, Nikolaus' Schwester, verheiratet mit Sandro
Sandro:	Großfürst Alexander Michailowitsch, Xenias Ehemann
Ella:	Großfürstin Elisabeth, Alexandras ältere Schwester, verheiratet mit Nikolaus' Onkel, dem Großfürsten Sergej
Georgy:	Nikolaus' Bruder, an Tuberkulose erkrankt
Olga (Schwester):	Großfürstin Olga Alexandrowna, Nikolaus' jüngste Schwester, auch als »Baby« bekannt
Maria Pawlowna (die Jüngere):	Tochter von Nikolaus' Onkel, Großfürst Pawel
KR (Kostia):	Großfürst Konstantin Konstantinowitsch, Nikolaus' Cousin und ein bekannter Dichter
George:	Herzog von York, später König George V. von England

Wilhelm II.:	Deutscher Kaiser, Nikolaus' Cousin
Fürst Felix Jussupow:	die Fürsten Jussupow waren Freunde der Kaiserlichen Familie

1896
Die Krönungskatastrophe

Nikolaus und Alix genießen Elternfreuden – Kaiserinwitwe Marie besucht Nikolaus' Bruder Georgy, dessen Gesundheitszustand sich zunehmend verschlechtert – Zahlreiche ausländische Würdenträger kommen nach Moskau, um den Krönungsfeierlichkeiten beizuwohnen – Die Tragödie auf dem Kodynka-Feld – Der Montebello-Ball – Die Kodynka-Katastrophe führt zu Zwistigkeiten innerhalb der Familie – Nikolaus und Alix besuchen Paris – Studentenunruhen in Moskau

Nikolaus, Tagebuch: 1. Januar, St. Petersburg

Schlief gut und wachte früh auf. Genoss es, in meinem Bad herumzuplanschen, und nach dem Kaffee setzte ich mich an die unerträglichen Telegramme.

Um 11 Uhr begann die Zeremonie. Zum ersten Mal nahmen wir gemeinsam an der Neujahrszeremonie teil. Gott sei Dank stand Alix nicht nur den Gottesdienst und den Empfang der Botschafter ausgezeichnet durch, sondern auch die Ehrbezeugungen der Damen, des Staatsrats, des Senats, des Hofs und des Gefolges! Wir weihten unser Speisezimmer mit einem Familienessen ein.

Um 3 Uhr machten wir ein paar Familienbesuche. Wir saßen bei der lieben Mama und tranken Tee mit ihr. Bei der Rückkehr nach Hause setzte ich mich an die Arbeit. Wir aßen allein zu Abend und verbrachten den Abend damit, Ikonen im Schlafzimmer aufzuhängen.

2. Februar: Alix machte sich fertig für den Ball bei Onkel Wladimir und Tante Michen; sie trug ein schönes, purpurrotes Barett, wie Tatjana im *Onegin*. Der Ball wurde durch eine Masurka von acht Paaren eröffnet. Es war ein sehr lebhafter Ball. Die Damen hatten unterschiedliche Frisuren.

Wir aßen mit Tante Michen zu Abend. Der Tanz ging bis 3.15 weiter. Es war eine Freude, in unser kleines Bett zurückzukehren.

21. Februar: Beim Frühstück wird unser kleiner Liebling zu Alix gebracht; nach dem Füttern wird sie aufs Sofa gesetzt, und dort zeigt sie ihr Verlangen zu sprechen und macht alle möglichen lang gezogenen Töne mit den Lippen.

10. März: Von heute an trägt unsere Tochter kleine, kurze Kleider.

Nikolaus an Kaiserinwitwe Marie: 28. März, Ostern, St. Petersburg

Alix stand wunderbar während des ganzen Mitternachtsgottesdienstes und der Liturgie; sie ruhte sich nur aus, während ich mir nach der Grußzeremonie das Gesicht wusch.

Diesmal hatte ich an den ersten drei Tagen viel mehr Menschen zu küssen als gewöhnlich, denn das Winterpalais kam zu den anderen dazu. Nach der Zahl verschenkter Eier zu urteilen, habe ich anscheinend 1600 Leute umarmt – ein ganzes Regiment! Meine Wangen sind nach all dem entsetzlich wund. Ich sehne mich nach Zarskoje, aber gleichzeitig möchte ich Alix zeigen, wie das Eis auf der Newa bricht, und es tatsächlich auch selbst sehen; es sollte in den nächsten Tagen so weit sein.

Nikolaus, Tagebuch: 29. März, St. Petersburg

Am Morgen las ich viel und empfing nach den Berichten einige Besucher. S. Dolgoruki und Meindorf kamen zum Mittagessen. Der neue englische Botschafter O'Conor kam, um seine Akkreditierung zu überreichen.

Um 3 Uhr gingen wir zu den Inseln und machten auf Jelagin einen Spaziergang. Nach dem Abendessen gingen wir ins Theater. Es gab ein ausgezeichnetes Stück mit dem Titel *Freunde*.

[In Alix' Schrift:] *Mein süßer, teurer Nicky, Worte können nicht ausdrücken, wie sehr ich dich liebe – immer mehr, Tag für Tag, tiefer – wahrhaftiger. Süßes Liebchen, glaubst du es, fühlst du, wie schnell mein Herzchen schlägt, und nur für dich, meinen Mann.*

1. April: Das Wetter war gut, aber bedeckt. Xenia brachte Irina zum Bad unserer Kleinen mit. Sie wiegt auch 20 Pfund, aber unsere Tochter ist dicker!

Kaiser Wilhelm II. an Nikolaus: 7. April, Coburg

Liebster Nicky,
die fröhliche Hochzeit, die hier gerade vonstatten geht, und die Gesichter vieler Gäste lassen mich zwei Jahre zurückdenken, als ich das große Glück hatte, dir jenen charmanten und vollendeten Engel gewinnen zu helfen, der jetzt deine Frau ist. Auch andere fühlten sich an den April 1894 erinnert, weshalb man sich einig war, dir das Telegramm zu senden, das du inzwischen erhalten haben dürftest. Ich wage zu hoffen, dass ich dir nichts anderes gesagt oder ihnen versprochen habe als das, was du nicht auch tatsächlich in deinem Eheleben gefunden haben dürftest. Möge Gottes Segen euch beide begleiten, zumal im kommenden Monat, wenn du unter der bewundernden Anteilnahme der ganzen Welt gekrönt werden wirst.[1]
Dein liebevoller Freund und Cousin,
Willy

KR, Tagebuch: 10. April, St. Petersburg

Beim Mittagessen saß Wladimir neben meiner Frau, er hatte mir den Platz neben der Kaiserin überlassen. Wie zauberhaft und freundlich sie ist; schade nur, dass es ihr so schwer fällt, ihre Scheu zu überwinden. Erfuhr von ihr, dass sie vor ihrer Abreise nach Moskau mit dem Stillen wird aufhören müssen. Zurzeit stillt sie einmal täglich, und zwar morgens, wenn sie mit dem Kaiser Kaffee trinkt; ich fragte sie nach dem genauen Zeitpunkt: vor oder nach dem Kaffee? Sie antwortete, dass sie dem Säugling die Brust gibt, während sie ihren Kaffee trinkt. Wie wundervoll!

Ella an Nikolaus: 20. April, Moskau

Liebster Nicky,
endlich hat es einen Wetterumschwung gegeben, und wir haben jetzt Hitze wie im Sommer, weshalb ich hoffe, dass zur Krönung

alles *grün* sein wird. Bitte richte Alix aus: Die Pelze habe ich heute Abend abgeschickt und Ducky telegrafisch benachrichtigt, dass ein Feldjäger sie nach Darmstadt bringen wird.

Heute bekam ich einen Brief von der Fürstin Golizyn, in dem sie mir schreibt, »on avait sondé le terrain si le Prince serait à Moscou« [wir haben die Frage geprüft, ob der Fürst nach Moskau kommt] und dass sie sich dagegen entschieden hätten. Jetzt sagte jemand, dahinter stecke die Absicht, ihn dem Hessischen Hof zuzuordnen – eine Ehre, die uns natürlich ungeheuer freuen würde. Deshalb frage ich dich jetzt: War dir irgendwie bekannt, dass er aus diesem Grunde kommen wollte? Falls es wegen Ducky wäre, könntest du dann freundlicherweise telegrafieren, du möchtest, dass er kommt. Oder steht die Liste der Gäste schon fest? Dann würde ich es sie direkt wissen lassen. Er müsste ja erst seine Uniform in Ordnung bringen lassen, da sie ständig auf dem Land leben. Dass du Olsufjew Ernie zugeordnet hast, war wirklich freundlich von dir. Sein Vater stand ja im Dienst der verstorbenen Kaiserin und verehrt die ganze Hessische Familie.

Ich fürchte, du ertrinkst in Arbeit. Hier steht die ganze Stadt Kopf wegen der Vorbereitungen – überall Staub und Lärm, und Sergej[2] kommt überhaupt nicht mehr zur Ruhe, weil er sich um alles kümmern muss.

Ich hoffe sehr, ihr habt gute Nachrichten von Georgy, die Frühlingswinde sind für Lungenkranke ja so schrecklich ermüdend.

Zärtliche Küsse von Sergej für euch drei – und von deiner liebenden Schwester,
Ella

Nikolaus an Kaiserinwitwe Marie: 27. April, Zarskoje Selo

Es scheint mir, wir sollten all die schwierigen Zeremonien in Moskau [die Krönung] als große Prüfung ansehen, die Gott uns schickt, weil wir bei jedem Schritt wiederholen müssen, was wir während dieser wunderbar glücklichen Tage vor dreizehn Jahren taten! Der einzig tröstliche Gedanke ist, dass wir denselben Ritus in unserem Leben nie mehr durchführen müssen, und von jetzt an wird unser Leben geradlinig und eben verlaufen, das glaube ich wirklich. Gott wird uns helfen!

Im Allgemeinen bin ich entsetzlich müde, es sind so viele kleine Nichtigkeiten vor Moskau zu erledigen, es ist, als hätten meine Herren Minister beschlossen, mich fertig zu machen, sie sind so eindringlich und ermüdend. Ich wundere mich, dass mein Kopf von all dem Unsinn, den sie hineinstecken, noch nicht geplatzt ist. Alix und das Baby sind außerordentlich wohlauf, Gott sei Dank, und sie sehen wunderbar aus: Unsere kleine Tochter wird immer runder und pummeliger.

Nikolaus, Tagebuch: 29. April, Zarskoje Selo

Heute verließ uns die unerträgliche englische Nanny; welch eine Erleichterung, sie endlich los zu sein!

7. Mai, Moskau: Wachte beim selben drückenden Wetter wie gestern auf. Ging am Morgen fünf Minuten durch den Garten. Empfing den Emir von Buchara und den Khan von Chiwa und ihre Gefolge. Ernie, Ducky, Victoria, Ludwig, Ella und Onkel Sergej aßen mit uns zu Mittag. Wir führten ihnen unsere kleine Tochter vor. Empfing Heinrichs riesiges Gefolge und die Fürsten von Baden, Württemberg und Japan. Zwischendurch las ich. Erfuhr vom Tod des Erzherzogs Karl Ludwig, der hierher hätte kommen sollen. Aus diesem Grund wurde die Inspektion des Lagers und die feierliche Reveille abgesagt. Onkel Freddie kam an, um uns in Petrowskoje zu besuchen. Wir aßen mit ihm und den Connaughts zu Abend. Verbrachte einen guten Abend mit Georgy und Nicky [von Griechenland].

8. Mai: Um 4 Uhr gingen wir, um die liebe Mama abzuholen, die über Petersburg aus Nizza ankam. Sie sind alle sehr braun gebrannt. Tranken Tee und speisten *en famille* zu Abend.

Um 9 Uhr versammelte sich die ganze Familie, die Hiesigen und die aus dem Ausland, um einer Serenade zu lauschen, die von 1100 Mitgliedern verschiedener Chöre sehr schön gesungen wurde.

KR, Tagebuch: 8. Mai

Um 9 Uhr fuhr ich zum Petrowskoje-Palast, wo sich die ganze Familie sowie die ausländischen Fürsten und Fürstinnen um den Kaiser versammelt hatten, um eine Serenade zu hören. Sie wurde im Hof des Palastes von tausend Sängern oder mehr aufgeführt.

Jeder nur denkbare Moskauer Chor war mit seinen Musikern vertreten; jeder Sänger trug einen Stab mit einer Laterne – ein Meer von flackernden Lichtern; um den Palast wogte eine ungeheure Menschenmenge. Wir alle hörten zusammen mit ihren Majestäten vom Balkon aus zu; nach dem ersten Lied sagte der Kaiser: Lasst uns applaudieren. Auf unseren Beifall hin erscholl ein gewaltiges »Hurra«; die Nacht war mild und in sanftes Licht getaucht, am Himmel stand eine Mondsichel.

9. Mai: Um den heutigen Tag angemessen zu beschreiben, bedürfte es eines großen Talents. Als wir morgens aufwachten, waren wir alle erleichtert, dass das Wetter, das uns so viel Sorgen bereitet hatte, sich endlich gebessert hatte. Es war ruhig und warm, die Sonne strahlte so heiter, als wollte sie gemeinsam mit den Moskowitern den Kaiser beim Einzug in seine erste Stadt willkommen heißen.

Welch ein Jubel! Eine gewaltige Menschenmenge, auf den Tribünen drängten sich die Zuschauer, die oberen Reihen waren von Tausenden Vertretern der *volost* [kleinste Verwaltungseinheit] besetzt, Glockengeläut erfüllte die Luft. Dann ertönten die ersten Salutschüsse zum Zeichen, dass der Zar den Petrowskoje-Palast verlassen hatte; die Glocken erklangen jetzt noch fröhlicher; alle nahmen ihre Hüte ab und bekreuzigten sich. Und dann tauchte am Erlöser-Tor die Spitze der Prozession auf – die Gendarmen;

hinter ihnen die Leibgarde Seiner Majestät, dann die Kosaken des Souveräns, gefolgt von der Jagd des Zaren, den Hofmusikanten und den goldenen Kutschen.

Die Prozession zog sich endlos hin. Plötzlich geriet sie ins Stocken: der Kaiser und die Kaiserin hatten angehalten, um in der Iwerskaja-Kathedrale zu beten. Dann setzte sich der Zug wieder in Bewegung: höfische Livreen, goldene Kutschen und Karossen, bestickte Uniformen und mit goldenen Decken behangene Pferde. Mit seinem Hut in der Hand ritt der Kaiser auf einem Schimmel durch das Erlöser-Tor, wo wir ihm einen begeisterten Empfang bereiteten. Der Zar fand keine Zeit, vor den Truppen zu salutieren: ohne seinen Gruß abzuwarten, empfingen sie ihn mit riesigem Gebrüll. Ehe er absaß, begrüßte er lediglich die 3. und 4. Kompanie.

Eine Kutsche mit goldener Krone fuhr vor – der Wagen der Kaiserinwitwe. Die junge Zarin folgte ihr in einer zweiten Kutsche ohne Krone. Von ihnen beiden flankiert schritt der Kaiser in die Uspensksij-Kathedrale. Ich sah sie zusammen vor den Ikonen und den Reliquien des heiligen Märtyrers Philipp niederknien. Von der Mariä-Himmelfahrts- zogen sie weiter zur Erzengel-Kathedrale und von dort über die Mariä-Verkündigungs-Kathedrale zur Haupttreppe, von der aus der Zar und die beiden Zarinnen sich dreimal zur Menschenmenge hin verneigten. Welch wunderbarer Augenblick!

Der Kreml. Vormittags: Ich habe dem feierlichen Einzug drei ganze Seiten gewidmet und anscheinend doch gar nichts gesagt. Aber wie soll man auch die Atmosphäre beschreiben! Es wird berichtet, dass viele in der Menge beteten und sich bekreuzigten, als der Kaiser vorbeikam. Die Kaiserinwitwe Marie weinte unablässig in ihrer goldenen Kutsche. Es war einfach zu schmerzlich für sie, sich daran zu erinnern, wie sie 13 Jahre zuvor mit ihrem geliebten Mann an derselben Feierlichkeit teilgenommen hatte.

Eine kleine Verwirrung gab es, als die Prozession die Mariä-Himmelfahrts-Kathedrale verließ, um zur Erzengel-Kathedrale weiterzuziehen: Die Priester, die dem Kaiser voranschritten, bewegten sich auf das nördliche Tor zu anstatt nach Süden. Wladimir (dem es nicht gegeben ist, leise zu sprechen) brüllte den Metropoliten an, dieser machte eine Kehrtwendung, und dann schlug die Prozession den vorgesehenen Weg ein. In den Straßen waren riesige Menschenmengen. Unser Wagen kam nur im Schneckentempo voran. Ich sah nicht einen Betrunkenen.

Nikolaus, Tagebuch: 9. Mai, Moskau

Der erste schwierige Tag für uns - der Tag unseres Einzuges in Moskau. Das Wetter war großartig. Um 12 Uhr versammelte sich die ganze Schar der Fürsten, und wir setzten uns zum Mittagessen. Die Prozession begann um genau 2.30. Ich ritt auf Norma. Mama saß im ersten goldenen Wagen, Alix im zweiten - auch allein. Was soll man über den Empfang sagen, er war freudig und triumphal, wie es nur in Moskau möglich ist!

KR, Tagebuch: 13. Mai, Moskau

Jetzt steht der große Tag unmittelbar bevor. Das Herz schlägt in Erwartung eines außerordentlichen, gewichtigen und bedeutungsvollen Ereignisses.

14. Mai - Krönung: An dem Abend hatte ich das Gefühl, ich wäre aus einem wundersamen Traum erwacht; es kam mir unwirklich vor, dass alles, was ich gesehen, gehört und erlebt hatte, sich tatsächlich zugetragen haben sollte. Um 7 Uhr hatte ich bereits die großen Palastsäle voller Menschen durchquert und stand auf der Haupttreppe.

Die Glocke »Iwan der Große« begann zu läuten, Salutschüsse wurden abgefeuert. Nicht eine einzige Wolke stand am Himmel, der Vorplatz der Kathedrale war in helles Sonnenlicht getaucht. Hoch oben am blauen Himmel segelten die Schwalben mit schrillen Schreien pfeilschnell dahin. Es war bereits heiß. Die Truppen formierten sich, und die Zuschauer nahmen ihre Plätze auf den Tribünen ein. Um acht Uhr versammelten sich die Kaiserliche Familie und die ausländischen Fürsten in der großen Halle des Palastes.

Um 8.45 Uhr öffneten sich die Türen, und die Kaiserinwitwe Marie trat heraus; uns bluteten die Herzen, als wir sie sahen; sie trug eine Krone und einen schweren Purpurumhang, wie eine Märtyrerin, die sich zu ihrem letzten Gang anschickt. Leid stand ihr ins Gesicht geschrieben.

Wir alle folgten ihr in die Mariä-Himmelfahrts-Kathedrale. Sie wurde von Alexej und dem dänischen Kronprinzen geleitet. Aufgrund der vielen ausländischen Gäste war die Prozession so lang, dass wir noch nicht einmal den Haupteingang erreicht hatten, als sie in die Kirche eintrat. Fern vom Platz her drangen die Jubelrufe bis zu uns, als sie auf der Freitreppe am Portal erschien. Im Innern der Kathedrale hatten sich die Großfürstinnen und Prinzessinnen zur Rechten des Throns, etwas unterhalb der Estrade, aufgestellt; wir Männer standen zur Linken. Die Kaiserinwitwe nahm Platz auf ihrem Thron, etwas zur Rechten derjenigen des Kaisers und der jungen Zarin. Wir nahmen unsere Plätze ein.

Lautes Jubelgeschrei von draußen her kündigte die Ankunft Ihrer Majestäten an. Die Priester gingen hinaus, um sie mit Weihwasser zu besprengen. Und dann traten Ihre Majestäten ein und verneigten sich vor den Ikonen der Kathedrale. Der Kaiser war konzentriert, sein Gesicht hatte einen Ausdruck von Frömmigkeit und Demut, aus seiner ganzen Haltung sprach Majestät. Die junge Zarin ist die Verkörperung von Freundlichkeit und Güte. Die Kaiserinwitwe sah so jung aus wie vor 13 Jahren, am Tag ihrer eigenen Krönung.

Während der Kaiser und seine Gemahlin auf ihren Thronsesseln Platz nahmen, versperrten mir die Würdenträger mit den Insignien und ihre Helfer die Sicht, sodass ich kaum etwas erkennen konnte; ich konnte gerade mal einen Blick auf den Kaiser erhaschen, aber seine Stimme war sehr gut zu vernehmen, als er sein Credo sprach. Assistiert wurde ihm von Wladimir und Mischa.

Sie halfen ihm, den Purpurumhang anzulegen; in diesem Augenblick zerriss seine große Andrejewskij-Kette mit den Diamanten.

Ich konnte nur sehen, wie er sich die Krone selbst auf den Kopf setzte und Reichsapfel und Szepter nahm; aber von der Kaiserin, die vor ihm kniete, bekam ich nichts mit; ich konnte nur knapp erkennen, wie er ihr aufhalf und sie küsste. Die Rede des Metropoliten Paladij konnte ich kaum verstehen. Auch von dem Gebet, das der Kaiser im Knien las, hörte ich so gut wie nichts. Nur in dem Augenblick, als alle Übrigen auf die Knie fielen und der Kaiser allein stehen blieb, war es mir möglich, ihn richtig zu erkennen.

Der Kaiser umarmte mich; ich brach fast in Tränen aus und sagte: »Christus sei mit dir.«

Nikolaus, Tagebuch: 14. Mai, Moskau

Ein großer, feierlicher Tag für Alix, Mama und mich; aber einer voller innerer Schwere. Wir waren von 8 Uhr früh an auf den Beinen, auch wenn unsere Prozession erst um 9.30 begann. Zum Glück war das Wetter himmlisch.

Die Große Treppe bot einen strahlenden Anblick. Das Ganze fand in der Mariä-Himmelfahrts-Kathedrale statt, und obwohl es mir wie ein Traum vorkommt, werde ich mein Leben lang daran denken! Um 9 Uhr gingen wir hinauf zum obersten Balkon, wo Alix die elektrische Beleuchtung am Großen Glockenturm von Iwan dem Großen andrehte, woraufhin alle Türme und Wände des Kreml nach und nach erleuchtet wurden.

Wir gingen früh zu Bett.

KR, Tagebuch: 15. Mai, Moskau

Die Festbeleuchtung war märchenhaft – ein einziges Flammenmeer. Wir fuhren zum Palast, wo der Kaiser die Glückwünsche der hohen Würdenträger und des Adels entgegennahm. Zusammen mit dem Brot und dem Salz wurden ihm immer wieder erlesene Gerichte offeriert; im Andrejewskij-Saal mussten eigens mehrere riesige Tische dafür aufgebaut werden; welch überflüssige Ausgabe! Was hätte man für diese Summen nicht alles Gutes tun können!

17. Mai: Gestern gab es eine Galavorstellung im Bolschoi-Theater. Die Kaiserin kam in einem Kleid aus Silberbrokat.

Nikolaus, Tagebuch: 17. Mai, Moskau

Das Wetter war den ganzen Tag über wunderbar. Zum ersten Mal hatten wir einen Morgen lang frei! Wir gingen Xenia und Sandro, dann Ernie und Ducky besuchen. Wir aßen mit Mama zu Mittag und versammelten uns dann um 2 Uhr im oberen Stockwerk, um die Gratulation der Damen entgegenzunehmen. Die Großfürstinnen machten den Anfang, dann die Hofdamen und danach die Damen der Gesellschaft. Es ging 1 Stunde. Meine Beine begannen zu schmerzen. Später fuhren wir zu einer Galavorstellung ins Bolschoi-Theater. Wie üblich gaben sie den ersten und letzten Akt von *Ein Leben für den Zaren* [Glinka] und ein schönes neues Ballett, *Die Perle*.[3]

18. Mai: Bisher lief, Gott sei Dank, alles perfekt, aber heute ist eine große Sünde geschehen. Die Menge, die die Nacht auf dem Feld von Kodynka verbrachte, in Erwartung der Verteilung von Essen und Geschirr, durchbrach die Barriere, und es gab ein schreckliches Gedränge, bei dem, schrecklich, es aussprechen zu müssen, etwa 1300 Menschen zu Tode getrampelt wurden!!

Die Nachricht hinterließ einen hässlichen Eindruck. Wir aßen um 12.30 zu Mittag, und dann fuhren Alix und ich auf die Kodynka, um bei dem unseligen »Volksfest« anwesend zu sein. Es war nichts Besonderes zu sehen; wir blickten von dem Pavillon aus auf die riesige Menschenmenge, die die Plattform umringte, wo das Orchester immer wieder die Nationalhymne und *Preis sei dir* spielte.

Wir speisten um 8 Uhr mit Mama zu Abend. Dann gingen wir auf den Montebello-Ball. Er war ganz großartig ausgerichtet, aber die Hitze war unerträglich. Wir gingen nach dem Nachtessen um 2 Uhr.

KR, Tagebuch: 18. Mai, Moskau

Von meinen Leuten erfuhr ich, dass es am frühen Morgen, als man auf dem Kodynka-Feld, wo für 2 Uhr ein Volksfest geplant war, im Namen des Kaisers Krüge und Geschirr unter die Menschen zu verteilen begann, offenbar zu einem fürchterlichen Gedränge gekommen ist, bei dem an die 300 Personen zu Tode getrampelt worden sein sollen.

Es war schrecklich, um 2 Uhr zu dem Fest gehen zu müssen und dabei zu wissen, dass es vor dem eigentlichen Beginn ein solches Unglück gegeben hat. Ich selber habe zwar nichts gesehen, aber mehrere Leute, darunter auch Mitia[4], erzählten mir, sie wären unterwegs Feuerwehrleuten mit großen Leiterwagen voll mit den Leichen der unglückseligen Opfer begegnet.

Auf dem Feld, vor dem zu Ehren des Kaisers errichteten Pavillon – eine Nachahmung des Petrowskoje-Palastes –, drängte sich eine Menge von siebenhunderttausend Menschen, das sind mehr, als seinerzeit mit Napoleon nach Moskau gekommen waren. Hier sollen nicht 300, sondern nahezu 1 500 Personen umgekommen sein. Als Ihre Majestäten sich auf dem Balkon des Pavillons zeigten, brach ein gewaltiger Jubel los. Es war ein feierlicher, aufwühlender Augenblick. Am Abend besuchten wir alle einen Ball, der vom französischen Botschafter gegeben wurde. Die französische Regierung hatte prächtiges Mobiliar und Gobelins zur Verfügung gestellt, mit denen die Räumlichkeiten ausgeschmückt worden waren. Von Witte hörte ich, die französische Regierung werde 300 000 Rubel spenden, um den Familien der Opfer des Volksfestes zu helfen.

Xenia, Tagebuch: 18. Mai, Moskau

Ein Alptraum, dieser Tag! Seit gestern Abend strömte eine riesige Menschenmasse von allen Seiten auf das Kodynka-Feld – wegen des heutigen Volksfestes –, und heute Morgen drängte sich diese ganze Menge zu den Ständen, wo die Geschenke verteilt werden sollten. Durch den Druck des schrecklichen Gewühls wurde eine große Anzahl dieser Leute erstickt und zu Tode getrampelt – darunter natürlich auch Kinder. Gegen Abend soll die Zahl der Toten auf 1 400 angestiegen sein, und obwohl man Nicky von 360 berichtete, liegt die Ziffer in Wirklichkeit eher bei 1 000.

Natürlich haben wir den ganzen Tag über von nichts anderem gesprochen und an nichts anderes gedacht. Am Vormittag saß ich ein wenig mit Mama zusammen, zu diesem Zeitpunkt wussten wir noch nichts, aber vor dem Mittagessen kamen Onkel Sergej und der Polizeichef, um Nicky Bericht zu erstatten.

Um 13.30 Uhr fuhren wir zum Petrowskoje-Pavillon wegen der Feierlichkeiten! Schöne Feierlichkeiten! Ein entsetzlicher Staub! Massen von Leuten im Pavillon – die Crème de la Crème im hinteren Teil!

Unten wogte eine einzige riesige Menschenmenge, das Orchester und der Chor spielten unzählige Male die Nationalhymne und *Preis sei dir*! Es war peinlich und traurig. Während wir da waren, wurden immer noch Leichen weggetragen. Schrecklich! Trotzdem, das »Hurra« war atemberaubend!

Um 22.15 Uhr fuhren wir zum Montebello-Ball. Natürlich war uns gar nicht danach zumute! Nicky und Alix wollten nach einer halben Stunde gehen, aber die lieben Onkel (Sergej und Wladimir) forderten sie zum Bleiben auf mit der Begründung, das wäre sentimental (»nicht so viel Gefühlsduselei!«) und würde einen schlechten Eindruck machen.

So ein Blödsinn! N und A waren natürlich ganz unglücklich, die Ärmsten.

Meine Brüder waren außer sich vor Empörung, und wir vier forderten die sofortige Entlassung des Großfürsten Sergej [der für das Ereignis Verantwortliche] und den Abbruch aller Festlichkeiten. Es folgte eine peinliche Szene. Die älteren Großfürsten stellten sich hinter Onkel Sergej.

»Siehst du nicht, Nicky«, sagte Onkel Alexej, »dass die *Michailowitschi* (unser Spitzname als Söhne des Großfürsten Michail) sich nur bei der radikalen Crème beliebt machen wollen? Sie ergreifen ganz offen Partei für die Revolution und versuchen, das Amt des Moskauer Gouverneurs für einen der Ihren zu ergattern.«

Mein Bruder, Großfürst Nikolaj Michailowitsch, quittierte diese infantile Bemerkung mit einer langen Rede, die an Klarheit nichts zu wünschen übrig ließ. Schonungslos legte er den ganzen Schrecken der Situation dar und beschwor die Schatten der französischen Aristokraten, die im Park von Versailles tanzten und die Zeichen des nahenden Sturms ignorierten. Er appellierte an die Gefühle des Kaisers.

»Vergiss eines nicht, Nicky«, schloss er und blickte ihm dabei fest in die Augen, »das Blut dieser fünftausend Männer, Frauen und Kinder wird für immer einen Flecken auf deiner Herrschaft hinterlassen. Die Toten kannst du nicht mehr zum Leben erwecken, aber du musst wenigstens Mitgefühl mit ihren Familien zeigen. Die Gegner des Regimes sollen nicht sagen dürfen, der junge Zar habe getanzt, während seine ermordeten Untertanen zum Blutacker getragen wurden.«

An jenem Abend besuchte Nicky einen großen Ball, der vom französischen Botschafter gegeben wurde. Das holdselige Lächeln im Gesicht von Großfürst Sergej erweckte bei den ausländischen Gästen den Eindruck, die Romanows hätten den Verstand verloren. Wir vier verabschiedeten uns in dem Augenblick, als der Tanz begann, womit wir aufs Gröbste gegen die Etikette verstießen und Onkel Alexej zu dem gehässigen Ausruf veranlassten: »Da gehen die vier kaiserlichen Parteigänger Robespierres.«

Olga [Nikolaus' Schwester]: Memoiren

Mir stockte das Blut. Ich fühlte mich elend. Aber ich konnte den Blick nicht abwenden: die Toten auf diesen Fuhrwerken – bis zur Unkenntlichkeit verstümmelt.

Die Katastrophe ließ Moskau in Trauer versinken. Sie hatte viele Nachwirkungen: Die Feinde der Krone nutzten sie für ihre Propaganda; man erhob Vorwürfe gegen die Polizei und ebenso gegen die Leitung der Krankenhäuser und die Stadtverwaltung. All das förderte viele bittere Familienfehden zutage. Die jüngeren Großfürsten, allen voran Xenias Mann Sandro, machten Onkel Sergej, den Gouverneur von Moskau, für die Tragödie verantwortlich. Meinem Gefühl nach behandelten meine Cousins ihn ungerecht. Und Onkel Sergej war so verzweifelt, dass er sofort seinen Rücktritt anbot. Aber Nicky akzeptierte ihn nicht. Durch ihre Versuche, die ganze Schuld auf einen der Ihren abzuladen, brachten meine Cousins die gesamte Familie in Verruf, und das zu einer Zeit, wo die Solidarität unter den eigenen Leuten das erste Gebot der Stunde gewesen wäre. Als Nicky sich weigerte, Onkel Sergej zu entlassen, richteten sie ihre Angriffe gegen ihn.

KR, Tagebuch: 19. Mai, Moskau

Ein schmerzlicher Gedanke, dass die geheiligten Krönungsfeierlichkeiten durch das schreckliche Unglück von gestern überschattet worden sind. Mehr als tausend Menschen kamen am Morgen vor dem Volksfest ums Leben.

Darüber hinaus gibt es keine einhellige Meinung über das tragische Ereignis: Es dürfte klar sein, dass die Hauptverantwortlichkeit beim Generalgouverneur liegt, der sich schuldig fühlen sollte; er darf das Geschehene weder kaschieren noch versuchen, es herunterzuspielen, sondern müsste das ganze Ausmaß des Schreckens jetzt offen darlegen. Aber nichts von alledem. Gestern Abend hörte der Kaiser, 300 Menschen seien ums Leben gekommen. Als er zum Abendessen ging, war er in Tränen und zutiefst bekümmert. Diese Information habe ich von einem Augenzeugen – Sandro. Der Kaiser wollte nicht zum Ball der Franzosen gehen, aber er wurde überredet, sich wenigstens für eine Stunde dort sehen zu lassen; als er erst einmal da war, redeten Wladimir, Alexej und Sergej dem Kaiser ein, es wäre »sentimental«, den Ball zu verlassen, und mit dieser Argumentation gelang es ihnen, ihn zum Bleiben zu bewegen.

So verließ der Kaiser den Ball erst nach dem Essen. Man hätte annehmen können, dass Sergej wenigstens den Ball, den er morgen geben sollte, absagen würde, aber das hat er nicht getan. Und dass er, sobald er von der Katastrophe erfuhr, sich zum Schauplatz des Geschehens begeben hätte. Ich liebe ihn, und es tut mir weh, dass ich nicht in der Lage bin, irgendetwas gegen die Kritik der Michailowitschs ins Feld zu führen. Tatsächlich teile ich ihre Ansicht eher als diejenige der Onkel des Kaisers.

Heute haben Ihre Majestäten die Verletzten im Krankenhaus besucht. Auf Anordnung des Kaisers wurde während des Gottesdienstes in der Kirche Mariä Geburt »der loyalen Untertanen des Zaren, die unwissentlich ihr Leben gaben« gedacht. Der Zar hat jeder Familie, in der Opfer zu beklagen sind, 1 000 Rubel gespendet.

Xenia, Tagebuch: 19. Mai, Moskau

Das Unglück von gestern geht mir noch immer wie ein Alptraum im Kopf herum! Meiner Meinung nach ist das Verhalten von Onkel Sergej unter aller Kritik. Er hat seine Hände in Unschuld gewaschen und behauptet, er hätte mit der ganzen Sache nichts zu tun, Woronzow wäre für alles verantwortlich! Gestern hat er es nicht einmal für nötig befunden, sich an den Schauplatz der Katastrophe zu begeben – als ginge ihn das alles gar nichts an! Als ich am Vormittag mit Mama zusammen war, haben wir über nichts anderes gesprochen.

Ich saß zwischen Nicky und Georgy [die Griechen] und versuchte Ella immer wieder klar zu machen, was ich über die ganzen Vorfälle denke! Ihre Antwort war eindeutig: »Dieu merci, Sergej n'a rien à faire dans tout cela!« [Gott sei Dank hat Sergej mit all dem ja nichts zu tun.]

Nicky und Alix kamen zu später Stunde direkt aus dem Krankenhaus zurück. Von den 160 Verletzten, die dort liegen, hatten sie aus Zeitmangel nur einen Einzigen besuchen können.

Nikolaus, Tagebuch: 25. Mai, Moskau

Der zweite Geburtstag, den mein teurer Liebling Alix in Russland feiert. Möge Gott uns in unserem Leben noch viele solcher Tage gönnen.

KR, Tagebuch: 26. Mai, Moskau

Der Zar ist mit Sergej zu einem zweiwöchigen Besuch nach Ilinskoje[5] aufgebrochen, die Krönungsfeierlichkeiten sind damit beendet.

Maria Pawlowna [die Jüngere]: Memoiren

Der Park war die Hauptattraktion von Ilinskoje. Von Fahrwegen durchkreuzt, zog er sich ein Stück weit am Fluss entlang.

Das Anwesen brachte überhaupt nichts ein. Im Gegenteil, Onkel Sergej gab eine Menge Geld zu seiner Erhaltung aus. Jedes Jahr verfiel er auf eine neue Idee. So ließ er sich ausgesuchte Rinder kommen – eine besondere Rasse von hellbeiger Farbe, aus der Schweiz, glaube ich; jedenfalls habe ich sie sonst nirgends gesehen. Er liebte edle Pferde und richtete ein Ardenner-Gestüt ein, das einzige in Russland. Ständig ließ er irgendwelche neuen Bauten errichten.

Die Entourage und das Haushaltspersonal meines Onkels waren so zahlreich, dass jeder Aufbruch nach Ilinskoje in die Sommerfrische der Auswanderung eines ganzen Dorfes ähnelte. Wenn wir Feste für die Kinder dieser Leute organisierten, mussten wir immer für mehr als dreihundert Personen planen. Meine Tante hatte drei Mädchen und eine Schneiderin nur zu ihrem persönlichen Bedarf, die Bediensteten noch nicht eingerechnet.

Nach dem Kaffee zog Onkel sich in seine Gemächer zur Mittagsruhe zurück; er pflegte sein Schläfchen ausgetreckt auf einem Liegestuhl zu halten, seine Beine auf einem anderen Stuhl, den er mit einer Zeitung bedeckt hatte, um ihn nicht mit seinen Stiefeln zu beschmutzen. Meine Tante ging hinunter in den Garten und machte es sich im Schatten einer überdachten Terrasse gemütlich, wo es immer kühl war. Hier pflegte sie ein wenig zu malen oder sich von irgendjemandem vorlesen zu lassen, während sie und die Damen stickten.

Manchmal fuhren wir zum Nachmittagstee mit Kuchen zu Nachbarn, vor allem zu den Jussupows, mit denen unsere Familie seit eh und je gut befreundet war. Sie hatten zwei Söhne, Nikolaus und Felix, die ein paar Jahre älter waren als wir.

Felix Jussupow: Memoiren

Großfürst Sergej und Großfürstin Elisabeth [Ella] gehörten zu unseren häufigsten Gästen; sie kamen stets mit ihrer fröhlichen und jugendlichen Entourage.

Ich verehrte die Großfürstin, hatte aber wenig Sympathie für den Großfürsten. Seine Manieren muteten mich seltsam an, und ich hasste es, wie er mich anzustarren pflegte. Er trug Korsetts, und wenn er seine Sommeruniform anhatte, zeichneten sich die Fischbeine sehr deutlich unter dem weißen Leinentuch ab. Als Kind machte es mir immer Spaß, sie zu berühren, was ihm natürlich äußerst unangenehm war.

Nach dem Abendessen pflegten die Erwachsenen Karten zu spielen, und mein Bruder und ich mussten zu Bett gehen. Doch nichts hätte mich bewegen können, die Augen zu schließen, ehe die Großfürstin gekommen war, um mir gute Nacht zu sagen. Sie segnete und küsste mich, was mich mit einem wunderbaren Frieden erfüllte und mich sofort ruhig einschlafen ließ.

KR, Tagebuch: 26. Mai, Moskau

Alle Leichtigkeit und Fröhlichkeit, all die beeindruckenden und bewegenden Erlebnisse der letzten drei Wochen sind von der Kodynka-Katastrophe überschattet und zunichte gemacht worden; doch nicht so sehr von der Katastrophe selbst - das war Gottes Wille - als vielmehr durch die Haltung der Verantwortlichen.

Natürlich trägt Sergej nicht persönlich Verantwortung, auch wenn man ihm seinen Mangel an Voraussicht zum Vorwurf machen muss; doch dass er jetzt mit Anschuldigungen überhäuft wird, hat er sich selbst zuzuschreiben. Hätte er sich zum Schauplatz des Unglücks begeben, anstatt den Kaiser auf dem Volksfest zu begrüßen; hätte er sich bei der Beerdigung der Opfer sehen lassen; hätte er dem Kaiser gesagt, als der für das Unglück letztlich Verantwortliche fühle er sich nicht mehr wert, das Amt des Generalgouverneurs noch länger zu bekleiden; hätte er selbst eine peinlich genaue Untersuchung verlangt - dann würde niemand ihn verurteilen. Im Gegenteil, er wäre sich der allgemeinen Sympathie gewiss.

Doch was tut er stattdessen? Am Tag der Katastrophe ließ er im Hof seines Hauses eine Gruppenaufnahme mit Preobraschenskij-Offzieren machen, die bei ihm zu Gast waren. Als sie von dem Unglücksfall erfuhren, begannen die Offiziere auseinander zu laufen, da dies ihrer Meinung nach nicht der rechte Zeitpunkt zum Fotografieren wäre. Sergej ließ sie zurückholen, und der Fototermin ging weiter. Der Kaiser, zutiefst unglücklich und in Tränen, möchte nicht zum Ball der Franzosen gehen. Doch Sergej, der eigentlich genauso entsetzt hätte sein müssen wie der Zar, überredet den Kaiser zusammen mit seinen Brüdern, bis zum Ende des Abendessens auf dem Ball zu bleiben.

Und schließlich, als der Kaiser eine außerordentliche Untersuchungskommission einsetzen will, lässt Sergej, anstatt darüber erfreut zu sein, dem Kaiser durch einen der Minister ausrichten, er werde seine Demission einreichen, sollte Pahlen zum Vorsitzenden des Untersuchungsausschusses ernannt werden.

Mit einem Wort, während dieser ganzen Woche hat Sergej nicht so gehandelt, wie er es meiner Meinung nach hätte tun müssen – ganz im Gegenteil. Diese ganzen Tage über habe ich wegen Sergej gelitten. Ich liebe ihn wirklich sehr, wir sind seit Kindertagen miteinander befreundet, und nun muss ich mir von allen Seiten schwere Vorwürfe gegen ihn anhören; und dabei sehe ich mich nicht einmal in der Lage, irgendetwas zu seiner Verteidigung vorzubringen; ich sehe mich außerstande, mit ihm zu sprechen: Wir würden nur aneinander geraten, und das wäre zu nichts nütze.

Nikolaus, Tagebuch: 26. Mai, Ilinskoje

Mama ist nach Gatschina gefahren, und wir nahmen sofort den Zug Moskau-Brest bis zum Bahnhof Odinzowo, von wo aus wir mit der Kutsche nach Ilinskoje fuhren.

Welche unbeschreibliche Freude, an diesem schönen, ruhigen Ort anzukommen! Und die Hauptsache ist, zu wissen, dass all diese Feiern und Zeremonien vorbei sind!

27. Mai: Erwachte mit der wunderbaren Erkenntnis, dass alles vorbei ist und dass es jetzt möglich ist, für sich zu leben, in Ruhe und Frieden! Es war den ganzen Tag schwül. Nach dem Morgenkaffee machte ich einen Spaziergang und inspizierte die ganze Umgebung des Hauses.

28. Mai: Wir aßen alle zusammen zu Mittag, fast 30 Leute. Legte mich hin und schlief eineinhalb Stunden. Um 5 Uhr fuhr die ganze Familie in drei Kutschen aus. Wir pflückten Veilchen und Maiglöckchen.

KR, Tagebuch: 29. Mai, St. Petersburg

Mich haben Zweifel geplagt: Sollte ich Sergej sagen, welches meiner Meinung nach seine Fehler waren? Ich möchte keinesfalls mit ihm sprechen: Sergej schätzt es überhaupt nicht, wenn irgendjemand anderer Meinung ist als er, dann wird er ärgerlich und ist nicht mehr imstande, kühl und logisch zu denken. Und ihm zu schreiben hätte auch keinen Sinn. Ein Brief könnte nur Streitereien heraufbeschwören.

Ach, wenn der Kaiser nur entschlossener wäre! Aber er ist von Beratern umzingelt. Wladimir gibt ihm ständig Ratschläge und bringt ihn sogar dazu, einmal gefällte Entschlüsse rückgängig zu machen, wie zum Beispiel im Fall von Pahlens Ernennung. Die Urkunde war schon unterschriftsreif. Sergej, unterstützt von Wladimir und Pawel – obwohl keiner von ihnen den Schriftsatz der Ernennung gelesen hatte –, entschloss sich, seinen Rücktritt einzureichen, und deshalb hat der Kaiser die Urkunde nie unterzeichnet.

Nikolaus an Kaiserinwitwe Marie: 31. Mai, Ilinskoje

Für mich besteht die größte Freude natürlich in der Freiheit, nicht arbeiten zu müssen (zum ersten Mal seit unserer Hochzeit). Beim Spazierengehen bin ich immer wieder überrascht, dass ich nicht zu einem Empfang oder Bericht zurückeilen muss! Ich freue mich, dass Alix wieder zu reiten begonnen hat, im Augenblick reiten wir beide allein aus. Das finde ich angenehmer als eine ganze Reitgesellschaft.

Nikolaus, Tagebuch: 1. Juni, Ilinskoje

Wir speisten um 7.30 zu Abend, weil wir um 9 Uhr im [Jussupow-]Theater in Archangelskoje sein mussten. Die Sänger waren Italiener – sie führten mit Arnoldson die Oper *Lalla Ruk* auf.

Nach der Vorstellung gingen wir zu Fuß zurück zu ihrem Haus, wo wir von der Hauptterrasse aus ein sehr schönes Feuerwerk beobachteten. Alles war bemerkenswert schön und gut organisiert; der Abend erinnerte mich an frühere Gelegenheiten, wenn die Besitzer Feste und Feierlichkeiten abhielten!

Maria Pawlowna [die Jüngere]: Memoiren

Die Krönungsgäste reisten ab. Wir aber richteten uns wieder im Alltag des Landlebens von Ilinskoje ein. Dimitri und ich verbrachten die Sommermonate stets dort bei Onkel Sergej und Tante Ella.

KR, Tagebuch: 8. Juni, St. Petersburg

Innerhalb von drei Tagen hat der Kaiser seine Meinung dreimal geändert. Zunächst billigte er den Vorschlag des Justizministers, der, so heißt es, eine Kommission einsetzen wollte, die sowohl den Moskauer Generalgouverneur als auch den Gerichtshof entlasten sollte. Dann schlug Woronzow die Ernennung Pahlens vor, womit der Kaiser sich sofort einverstanden erklärte.

Schließlich widerrief er seinen Entschluss, als Wladimir und seine Brüder erklärten, sie alle würden im Falle einer Ernennung Graf Pahlens von ihren Posten zurücktreten. Der Unverschämtheit sind offensichtlich keine Grenzen gesetzt: sich zu unterstehen, in einem autokratisch regierten Staat dem Kaiser ein Ultimatum zu setzen, mit Drohungen und Einschüchterungsversuchen zu arbeiten! Ach! Wäre der Kaiser doch nur entschlossener und stärker!

2. Juli: Es war schmerzlich für mich, feststellen zu müssen, dass zwischen der Kaiserinwitwe Marie und ihrer Schwiegertochter ein unausgesprochener Konflikt ausgebrochen ist. Heute bin ich mehr denn je überzeugt, dass es dem Kaiser an Entschlossenheit mangelt; er hört allzu leicht auf denjenigen, der jeweils zuletzt mit ihm gesprochen hat. Die Kaiserin ist – wie wir alle – zutiefst irritiert, dass er Pahlens Ernennung erst unterzeichnet und dann widerrufen hat. Das alles ist so unselig und peinlich!

12. Juli: Sergej Michailowitsch[6] und ich sprachen über den Kaiser. Sergej sagte, er habe ihn in seiner Zeit als Thronfolger sehr gut kennen gelernt und wäre ihm überaus zugetan. Seinen Mangel an Entschlossenheit und Festigkeit führt Sergej auf seine Erziehung zurück; auch bestätigte er mich in meiner Auffassung, dass niemand, wenn man so will, einen steten Einfluss auf ihn auszuüben vermag; leider scheint er immer von der jeweils letzten Ansicht beeinflusst zu werden, die ihm vorgetragen wird.

Diese Tendenz, sich der jeweils letzten Meinung anzuschließen, dürfte über die Jahre noch schlimmer werden. Wie schmerzlich, wie traurig und wie gefährlich!

Xenia, Tagebuch: 29. Juli, Michailowskoje

Wir nahmen den Tee mit Nicky und Alix. Sie kehrten erst gegen 6 Uhr nach Hause zurück. Nicky ging auf Entenjagd und erlegte 72 Vögel! Wir unterhielten uns sehr ausführlich. Nicky sieht die Sache mit den Onkeln jetzt sehr deutlich; er sagt, er werde nicht versuchen, sie noch länger zu halten, wenn sie es sich denn in den Kopf gesetzt hätten zurückzutreten!

Nikolaus an seinen Bruder Georgy: 29. Juli, Peterhof

Von Moskau will ich nicht sprechen – mir wird übel, wenn ich nur daran denke. Es ist nicht gerade tröstlich, an die traurigen Seiten der Krönung zu denken. Dieses Jahr scheint eines voll harter Mühsal zu werden, mit Alix und mir als Märtyrer: Moskau im Frühling, und nun bald all diese unerträglichen Auslandsbesuche. Zuerst fahren wir nach Österreich, dann nach Kiew,

Deutschland, Dänemark, England, Frankreich und endlich Darmstadt. Dort wenigstens können wir auf vollständige Ruhe hoffen. Eine verlockende Aussicht, findest du nicht?

Außerdem müssen wir unsere arme kleine Tochter mitschleppen, weil die Verwandtschaft sie sehen will. Ich kann mir vorstellen, was die Franzosen in Paris anstellen werden – vielleicht wollen sie es wirklich in Napoleondra umbenennen, oder etwas dergleichen!

Georgy an Nikolaus: 5. August, Abas Tuman

Es hat mich sehr betrübt zu hören, dass Sandro die Marine verlässt. Das Verhalten von Onkel Alexej ist abscheulich, mit seinen lächerlichen Bedingungen hat er dich in eine unannehmbare Situation gebracht.[7]

Insgesamt haben sich unsere lieben Onkel in der letzten Zeit absolut unangemessen verhalten. Ihre Unverfrorenheit erstaunt mich sehr und noch mehr deine Geduld.

Sandro: Memoiren

Die ersten zehn Jahre seiner Herrschaft tat Nicky nichts anderes, als hinter einem massiven Schreibpult im Palast zu sitzen und sich fast ehrfürchtig das gut einstudierte Gebrüll seiner einschüchternden Onkel anzuhören. Es graute ihm davor, mit ihnen allein gelassen zu werden.

Nikolaus an Königin Victoria: 10. Oktober, Neues Palais, Darmstadt

Liebste Großmama,
es tut mir so Leid, dass ich dich so lange auf eine Antwort habe warten lassen und dir nicht gleich für deine beiden Briefe ge-

dankt habe. Natürlich wirst du inzwischen alle Einzelheiten über unseren wunderbaren Aufenthalt in Frankreich gelesen haben. Die drei Tage in Paris waren sehr interessant, aber sehr anstrengend, und ich hatte kaum Zeit, mich mit ernsthaften Dingen zu befassen, nicht einmal wirkliche Gespräche mit den wichtigsten Männern!

Als ich hier ankam, warteten vier Boten auf mich, und es kostete mich eine Woche, alles zu erledigen. Es tut mir Leid, dass ich dir auf eine gewisse Frage, über die Lord Salisbury[8] und ich gesprochen haben, keine Antwort geben kann, aber es ist so, dass ich in Paris keine Gelegenheit hatte, darüber zu diskutieren.

Was Ägypten angeht, liebste Großmama, muss ich zugeben, dass die Frage sehr ernster Natur ist, weil sie nicht Frankreich allein betrifft, sondern ganz Europa. Es ist für Russland von höchstem Interesse, seine kürzeste Seeverbindung mit Ost-Sibirien frei und offen zu halten. Die britische Okkupation von Ägypten ist eine ständige Bedrohung für unsere Seeroute in den Fernen Osten, denn es ist klar, wer das Niltal beherrscht, hat auch Kontrolle über den Suezkanal. Aus diesem Grund sind Russland und Frankreich nicht damit einverstanden, dass England in diesem Teil der Welt verbleibt, und deshalb wünschen beide Länder eine wirkliche Integrität des Kanals. Leider ist Politik nicht dasselbe wie private oder häusliche Angelegenheiten, und sie wird nicht von persönlichen oder verwandtschaftlichen Gefühlen geleitet. In diesen Angelegenheiten und für mich persönlich ist die Geschichte die wahre, echte Lehrmeisterin, abgesehen davon, dass ich immer das heilige Beispiel meines geliebten Vaters und auch die Ergebnisse und Beweise all seiner Taten vor Augen habe!

Herr de Staal[9] würde dir all diese Schwierigkeiten in Bezug auf Ägypten sehr deutlich darlegen, wenn du ihm einmal die Gelegenheit gäbest, offen zu dir zu sprechen. Aber nun genug von der Politik!

Du kannst dir sicher Alix' Freude vorstellen, einmal wieder in Ruhe zu Hause zu sein. Auch ich bin glücklich, hier zu sein und

ein Weilchen auszuruhen, nachdem ich sechs Wochen lang ohne Unterbrechung gereist bin. Zu Anfang war das Wetter schön, und wir unternahmen lange Ausfahrten zu den verschiedenen hübschen Orten in Darmstadt-Jugenheim, Wolfsgarten usw., die mir alle noch neu sind. Wir gehen sehr oft ins Theater, das, wie ich finde, ausgezeichnet ist und eine so gute Art, den Abend zu verbringen. Aber leider endet unser Aufenthalt hier in einer Woche. Es wird mir ebenso Leid tun wie Alix, diesen friedlichen Ort zu verlassen.
Nun leb wohl, liebste Großmama, mit meinen besten Grüßen an alle bin ich dein liebender und ergebener Enkel
Nicky

Ella an Königin Victoria: 3. November, Moskau

Liebste Großmama,
vielen herzlichen Dank für deinen lieben Brief und die reizenden Geschenke. Ich habe mich schrecklich gefreut, durch Alix und Nicky von dir zu hören. Wir hatten eine wunderbare Zeit zusammen in Darmstadt und sind in bester Laune gemeinsam nach Hause zurückgekehrt. Das muss große Verwunderung ausgelöst haben, da die Leute ja immer behaupten, wir verstünden uns nicht usw. Die hässlichen Lügen, die über uns verbreitet werden, sind nicht gerade erbauend, die Intrigen waren einfach widerlich, aber eines Tages, dessen bin ich gewiss, wird die ganze Wahrheit ans Licht kommen. Es ist wunderbar, wenn man selber ein reines Gewissen vor Gott hat, denn er allein kann die Unfreundlichkeit der Welt ändern, in diesem Falle eine Schar eifersüchtiger Intriganten.

Unsere herrliche Reise hat uns beiden wohl getan, obwohl der arme Sergej sehr schmal aussieht. Die Leute konnten wohl nicht glauben, dass wir harmlos und glücklich sind, und deshalb fingen sie an, das Gegenteil beweisen zu wollen.

Wirklich, wir wollen gar nichts, wir sind sehr glücklich, wir versuchen unsere Pflicht zu tun, und auch wenn es eingebildet klingen mag, muss ich sagen, die Leute hier mögen uns. Sie haben uns ihre ganze Zuneigung wieder einmal gezeigt, als sie uns neulich bei unserer Ankunft aufs freundlichste empfingen. Na ja, alles Schlechte hat eben auch seine gute Seite, wir jedenfalls halten unsere Augen sehr offen: Wir haben jetzt ein paar wirklich gute Freunde hier und letzten Endes nur wenig Feinde.

Wir haben hier viel zu tun, und der Ort gefällt uns mit jedem Jahr besser. Ich finde es in jeder Hinsicht geglückt, dass wir in einer anderen Stadt leben als Alix, vor allem ihretwegen: Es macht sie ziemlich unabhängig, und später, wenn man sie und ihre Ansichten kennt, spielt es keine Rolle, denn dann kann niemand mehr behaupten, dass ich, was immer sie tut, null und nichtig mache. In ihrer neuen Umgebung wird sie bereits sehr geliebt, und das ist für mich die allergrößte Freude.

Was ich nicht verstehen kann, ist, wenn Schwestern eifersüchtig aufeinander sind oder es nicht mögen, dass die jüngeren einen höheren Rang einnehmen. Ich weiß, dass die Leute bei der Krönung genau beobachtet haben, ob ich ihr die Hand küssen würde oder nicht, dabei war es doch eine echte Freude, das bei jemandem zu tun, den man liebt, und vor allem bei ihr, wo sie doch so viel jünger ist als ich, weshalb sie für mich ja immer eher ein Kind war als eine Schwester. In Darmstadt haben wir uns immer über unsere Rangfolge lustig gemacht und darüber, wie jeder von uns sich verheiratet hat: mit abnehmendem Alter immer höher, sodass die Älteste zuletzt kommt. Gebe Gott, dass wir zehn Gemahle und Gemahlinnen[10] uns immer so lieben, wie wir es tun; ich bin sicher, es sind Papas und Mamas Segnungen und Gebete, die uns umgeben und unsere Familienleben so glücklich gemacht haben. Wie traurig du sein musst ohne Liko[11], der dir eine solche Hilfe war; es ist egoistisch von mir, dass ich von unseren Freuden spreche, wo so viele andere den größten Kummer haben; bitte richte der armen Tante unser tiefstes Mitgefühl aus.

Dir zärtliche Küsse von Sergej und deinem dich immer liebenden Kind,

Ella

Nikolaus an Sergej: 25. November, Zarskoje Selo

Lieber Onkel Sergej,
ich danke dir sehr für deine zwei ausführlichen Briefe, die voll und ganz das Bild von den Unruhen an der Universität bestätigen. Ich bin mit deinen Anordnungen und mit dem Handeln der Universitätsleitung völlig einverstanden. In der Tat können nur entschiedene und konsequente Maßnahmen und ein geeintes System, das »ohne Zögern« agiert, einen Erfolg garantieren.

An der Universität hier ist es bisher ruhig, obwohl Murajew voraussagt, dass die Störungen in Moskau hier möglicherweise ein Echo finden werden. Ich kann nicht anders, als Bedauern und sogar Neid verspüren, wenn ich das weise Erziehungssystem in England ansehe – ein strukturiertes Studium an den Universitäten, jeder studiert so viel, wie er braucht, und, was am wichtigsten ist, sie fördern ständig die körperliche Entwicklung der jüngeren Generation, und indem sie das tun, haben sie tausendmal Recht, denn das Land braucht effiziente, gesunde Arbeiter und keine Kreaturen mit saft- und kraftlosen Körpern und Seelen, die aus ihrem Umfeld gerissen werden und nicht wissen, was sie mit sich anfangen sollen. Dies ist ein extrem wunder Punkt für Russland, und es wird eine Menge stetiger Arbeit erfordern, das Problem richtig und vernünftig zu lösen. Hier liegt der Grund für die traurige Erscheinung, dass sich Studenten so leicht auf den falschen Weg leiten lassen, angestachelt von einigen Dutzend Schurken und Gaunern!

Wie du schon weißt, geht es unserer Tochter nicht besonders gut. Ohne ersichtlichen Grund bekam sie plötzlich ein Fieber, das etwa eine Woche dauerte, jetzt aber, Gott sei Dank, vorüber ist. Wir dachten, die Zähne kämen durch, aber bisher ist nichts geschehen.

Einmal in der Woche besuchen wir Gatschina. Mama ist wohlauf und ausgezeichneter Stimmung. Ich habe eine Menge Arbeit, komme aber mit Gottes Hilfe zurecht und kann mich nicht beklagen; und was das Familienleben angeht – ich wünschte, jeder hätte so viel äußerstes Glück, Heiterkeit und Seligkeit!

Die neuen Räumlichkeiten hier, in denen du als Erster gewohnt hast, sehen jetzt bewohnbar und gemütlich aus; sie erwarten dich sehnsüchtig.

Heute Abend gehen wir in die Stadt zu den Feierlichkeiten anlässlich des St.-Georgs-Tages, wozu ich dir von Herzen meine Grüße sende.

Alix und ich umarmen dich und Ella mit Zärtlichkeit. Gott schütze dich! Aufrichtig dein

Nicky

Ella an Nikolaus: 22. Dezember, Neskutschnoje

Gott segne dich, liebster Nicky. Ich finde keine Worte, um dir zu sagen, wie tief du uns beide gerührt hast und welch liebevolles Zeichen deiner Zuneigung zu Sergej es war, ihm das ergreifend beherzte Manifest zu schicken. Er konnte es nicht lesen, ohne zu weinen, denn jedes Wort und alles, was du über deinen lieben Vater sagst, hat uns zutiefst im Herzen angerührt – diese Worte sind ein Kleinod und ein wahrer Trost, der allen Kummer dieses Jahres hinweggespült hat.

Hättest du nur sehen können, wie alle seine Freunde ihm – mit Freudentränen in den Augen – gratuliert haben! Und wenn diese freundlichen Worte erst überall zur Kenntnis genommen sein werden, dann werden alle sehen, welches Vertrauen du zu Sergej hast: Was vom Herzen geschrieben kommt, geht zum Herzen, so hart es auch sein mag, es gibt immer einen empfindsamen Winkel, in den solche Worte zu dringen vermögen. Es gibt kein Weihnachtsgeschenk, das mit tieferer Dankbarkeit aufgenommen worden wäre als dieses Schriftstück, es wird ihm die Kraft verleihen, das neue Jahr mit jenem Mut und jener Hoffnung zu beginnen, die dein Vertrauensbeweis verdient hat.

Gott segne dich, lieber Junge, möge er dir in deiner schwierigen Aufgabe beistehen und dir Kraft und Gelassenheit verleihen.

Ich hoffe, euch dreien geht es gut – es muss doch eine Freude sein zu wissen, dass man andere aus eigener Kraft glücklich machen kann. Fröhliche Weihnachten und ein glückliches neues Jahr von deiner dich liebenden alten Schwester und loyalen Untertanin
Ella
Ich hoffe, mein Kreuz wird dir eine Hilfe sein und alle Sorgen und Qualen von dir fern halten.

Anmerkungen 1896

1 Nikolaus' Krönung zum Zar aller Reußen war auf den 14. Mai terminiert worden.

2 Großfürst Sergej war Generalgouverneur von Moskau.

3 Gegen den Wunsch der Kaiserinwitwe von Matilda Kschessinskaja getanzt.

4 Großfürst Dimitri Konstantinowitsch, der Bruder von KR.

5 Ein Landsitz von Ella und Sergej.

6 Sandros Bruder.

7 Sandro hatte sich mit Großfürst Alexej, dem Chef der russischen Flotte, gestritten.

8 Der britische Premierminister.

9 Der Botschafter in London.

10 Ella, ihre Geschwister und deren Ehepartner.

11 Heinrich von Battenberg (»Liko«), der Gemahl von Victorias Tochter Beatrice, war gerade gestorben.

1897–1898

Nikolaus:	Zar von Russland
Alexandra:	seine Frau, Zarin von Russland
Xenia:	Großfürstin, Nikolaus' Schwester, verheiratet mit Sandro
Sandro:	Großfürst Alexander Michailowitsch
Georgy:	Großfürst Georgy Alexandrowitsch, Nikolaus' Bruder
KR (Kostia):	Großfürst Konstantin Konstantinowitsch, Nikolaus' Cousin
Ella:	Großfürstin Elisabeth, Alexandras ältere Schwester
Wilhelm II.:	Deutscher Kaiser, Nikolaus' Cousin
Georgie:	George, Herzog von York

1897
Eheglück I

Nikolaus' Mangel an Charakter und Entschlossenheit – Alexandra erwartet ein zweites Kind – Ein Streit mit Onkel Wladimir – Eine zweite Tochter kommt zur Welt: Tatjana – Probleme mit Japan

KR, Tagebuch: 8. Januar

Gestern bekam Mama Besuch von Kaiserin Marie, die ihr hinter vorgehaltener Hand etwas sehr Interessantes erzählte. Mama beklagte den Mangel an Charakter und Willensstärke, das Schwanken und die Unentschlossenheit, die Nicky im Frühjahr nach Kodynka und auch in der Geschichte mit Sandro an den Tag gelegt habe. Worauf Minnie entgegnete, sie hoffe, Nicky werde an Entschlossenheit gewinnen und sich nach und nach von äußeren Einflüssen frei machen.

Nikolaus an Kaiserinwitwe Marie: 9. Januar, Zarskoje Selo

Gestern hat Alix wirklich eine Bewegung gespürt – hüpfen und treten! Bitte sag Xenia, dass es recht anstößig enden wird, wenn das so weitergeht: Nur weibliche *Elefanten* tragen 22 Monate lang (wie Sandro weiß). Nicht nur *sie* wird erschöpft sein, sondern *wir alle* vom langen Warten, und das nur wegen eines Rüssels?
Das ist einfach nicht zu entschuldigen!!![1]

KR, Tagebuch: 20. Januar, St. Petersburg

Mischa[2] machte uns seine Aufwartung. Man hat ihn wegen der Krankheit seines Vaters kommen lassen, von der niemand weiß, wie sie ausgehen wird.

Mischa ist sechs Jahre nicht mehr in Russland gewesen, seit 1891, als er sich ohne die Zustimmung oder auch nur das Wissen des Kaisers vermählte und ins freiwillige Exil ging; er wurde aus dem Militär entlassen und trägt jetzt Zivilkleidung. Er ist älter geworden, aber keineswegs klüger. Ich war ihm nie besonders wohlgesonnen wegen seiner Dummheit und Empfindlichkeit.

Nikolaus an Kaiserinwitwe Marie: 22. Januar, Zarskoje Selo

Heute ist Alix endlich aufgestanden. Ott hat sie im Rollstuhl durch den Garten gefahren. Aufrecht zu sitzen macht sie sehr schwindelig, was man leicht verstehen kann, nachdem sie sieben Wochen lang gelegen hat. Aber du kannst ganz zuversichtlich sein, liebe Mama, dass wir mehr als vorsichtig mit ihr umgehen, wenn wir sie bewegen, selbst wenn wir ihre Lage auf dem Diwan verändern.

Nikolaus an Großfürst Wladimir: 29. Januar, Zarskoje Selo

Bei Durchsicht des Theaterprogramms bemerke ich, dass es bald einen weiteren Maskenball im Marinskij-Theater geben wird. Sollten wir daran teilnehmen wollen, muss ich dir sagen, dass ich Gäste in unserer Loge oder zum Nachtessen in unserem Raum gänzlich ablehne. Meine Frau und ich empfinden es als absolut anstößig und hoffen, dass etwas Derartiges weder in dieser noch in irgendeiner anderen Loge noch einmal vorkommen wird! Besonders hat mich daran verletzt, dass du es ohne Erlaubnis getan hast. Nichts Derartiges ist zu Papas Zeit jemals vorgekommen, und du weißt, mit welcher Strenge ich alles so halte wie zu dieser Zeit. Es ist auch unfair von dir, Vorteil aus der Tatsache schlagen zu wollen, dass ich jung und dein Neffe bin. Mach dir bitte klar, dass ich das Oberhaupt der Familie bin und nicht das Recht habe, über das Tun irgendeines Familienmitgliedes hinwegzusehen, wenn ich es falsch oder unangemessen finde. Mehr denn je muss unsere Familie einig und fest bleiben, wie es dein Großvater befohlen hat. Und du solltest der Erste sein, der mir in dieser Hinsicht hilft. Erspare mir bitte in Zukunft die Notwendigkeit, solche Briefe zu schreiben, bei denen ich mich abscheulich fühle.
In wahrhaftiger Liebe
Nicky

KR, Tagebuch: 4. Februar, St. Petersburg

Kaiserin Marie hat Mama besucht, die mir anschließend alles erzählte, was sie herausbekommen hatte. Vor zwei Wochen fand im Marinskij-Theater ein Maskenball statt; Maria Pawlowna[3] erschien in der oberen kaiserlichen Seitenloge mit ihrem üblichen Klüngel: die Naryschkins, der [österreichische] Botschafter Liechtenstein, Benckendorff, Uschakow und Chitrowo. Das erregte allgemeine Missbilligung. Als der Kaiser davon erfuhr, schrieb er an Wladimir: Als Familienoberhaupt, weniger als Neffe, könne er nicht gestatten, dass Außenstehende Zutritt zur Kaiserloge erhielten. Wladimir antwortete in einem kurz angebundenen Brief, noch nie sei ihm eine so scharfe Rüge erteilt worden, weder von seinem Vater, noch von seinem Bruder. Später trafen sich beide wieder und unterhielten sich miteinander, als ob nichts geschehen sei. Gebe Gott, dass der Zar auch weiterhin seinen Willen so entschlossen kundtut. Aber wie konnte Wladimir sich nur erlauben, dem Kaiser in diesen Worten zu schreiben! Minnie, die seinen Brief zu sehen bekam, war entsetzt.

Sandro: Memoiren

Die Onkel wollten immer irgendetwas. Nikolaj bildete sich ein, ein großer Krieger zu sein. Alexej[4] herrschte über das Meer. Sergej versuchte, Moskau zu seiner Privatdomäne zu machen. Wladimir gerierte sich als Kunstmäzen. Sie hatten alle ihre Protegés unter den Generälen und Admiralen, die bei Beförderungen angeblich immer bevorzugt wurden und automatisch an die Spitze von langen Wartelisten rückten; ihre Ballerinen, die eine »russische Saison« in Paris veranstalten wollten; ihre wunderbaren Prediger, die sich danach drängten, die Seele des Kaisers zu erretten; ihre Wunderheiler, die ständig um eine Audienz bei Hofe ersuchten; ihre hellseherischen Bauern mit ihren göttlichen Botschaften.

Sandro an Nikolaus: 2. März

Verzeih, wenn ich dich mit all dem behellige, aber es bricht mir das Herz, die Zeit verrinnt, und wir bewegen uns auf demselben Fleck. Es werden keinerlei Maßnahmen getroffen, um unsere Flotte nennenswert zu vergrößern. Dabei wäre es mir ein großes Vergnügen gewesen, ein spezifisches Schiffsbauprogramm auszuarbeiten, das unseren Erfordernissen *hier*, im Schwarzen Meer und im Osten, gerecht wird. Es ist schmachvoll, nichts unternehmen zu können, und ich leide unter meiner Ohnmacht, irgendetwas für die Flotte zu tun, obwohl ich mir nichts sehnlicher wünsche, als zu arbeiten.

Nikolaus an Kaiserinwitwe Marie: 20. März, Zarskoje Selo

Gestern ist unsere kleine Tochter gegen einen Stuhl gefallen, und auf ihrer Stirn bildete sich eine große, blaue Beule; sie weinte ein wenig, klagte dann aber nicht mehr über ihre Verletzung. Gestern bin ich zu einem Konzert zur Unterstützung von Invaliden in die Stadt gegangen, fand es aber sehr langweilig, da Alix nicht bei mir war! Seit deiner Abreise habe ich weiterhin auf meinen Spaziergängen eine Waffe bei mir und 10 Raben getötet.

Nikolaus an seinen Bruder Georgy: 3. April, Zarskoje Selo

Das einzig glückliche und amüsante Ereignis wird das Treffen der beiden Töchter sein – Olga und Irina. Ich sehe jetzt schon vor mir, wie die beiden sich an den Haaren reißen und um das Spielzeug streiten werden. Ich kann immer noch nicht glauben, dass Xenia Mutter von zwei Kindern ist! Ihr Andruscha[5] ist ein großer, gesunder Junge, aber noch sehr hässlich; bitte erzähl ihr das nicht. Alle Eltern denken immer, ihre Kinder seien die hübschesten auf der Welt.

Nikolaus: Tagebuch, 29. Mai, Zarskoje Selo

Der zweite strahlend glückliche Tag in unserem Familienleben: Um 10.40 heute früh *hat uns der Herr mit einer Tochter gesegnet – Tatjana.*

Die arme Alix litt die ganze Nacht, ohne für einen Moment die Augen zu schließen, und ging um 8 Uhr hinunter in Amamas Schlafzimmer. Gott sei Dank ging diesmal alles schnell und sicher vonstatten, und ich war nervlich nicht so erschöpft. Gegen ein Uhr war die Kleine gebadet, und Janischew sprach einige Gebete. Mama kam mit Xenia; wir aßen zusammen zu Mittag. Um vier Uhr war das Te Deum. Tatjana wiegt 8 ... Pfund und ist 54 Zentimeter lang. Unsere Älteste benimmt sich sehr spaßig ihr gegenüber. Las und schrieb Telegramme.

KR: Tagebuch, 29. Mai

Kurz vor dem Mittagessen mit den Offizieren erhielt ich die telefonische Mitteilung aus der Stadt, dass Ihre Majestäten heute Morgen mit einer Tochter gesegnet worden sind. Die Nachricht verbreitete sich in Windeseile, und alle waren sehr enttäuscht, weil sie auf einen Sohn gehofft hatten.

2. Juni: Der Zar erzählte mir, dass sie ihre Töchter Olga und Tatjana nennen, wie in Puschkins *Onegin.*

22. Juli: Kaiserin Marie ist schon am 19. nach Dänemark abgereist (um eine Begegnung mit Kaiser Wilhelm zu vermeiden, den sie nicht besonders schätzt).

Ich bin von Michen [Maria Pawlowna] nicht gerade angetan und gehe ihr möglichst aus dem Wege. Ich mag die Leute nicht, mit denen sie sich umgibt, und ich zweifle an ihrer Aufrichtigkeit.

Xenia an Nikolaus: 25. Juli, Abas Tuman

Gott sei Dank geht es dem lieben Georgy gut, und er sieht nicht zu schlecht aus, obwohl er natürlich sehr mager ist, aber er scheint zufrieden und in besserer Verfassung als vor zwei Jahren, als ich ihn zum letzten Mal gesehen habe.

Irina brabbelt pausenlos und ist ganz süß! Sie redet oft von »Oksanka« und fragt, wann »Oksanka« kommt. Zuerst wollte sie immer zu »Oksanka nach Hause« gehen. Ist das nicht rührend! Und wie stehen die Dinge bei euch – hoffentlich gut? Ich hoffe, Tatjana nimmt die Milch ihrer Mutter gerne, Verzeihung, ich meine, mit Erfolg.

Heute ist unser Hochzeitstag. Drei Jahre sind es jetzt schon her, wie schnell die Zeit doch verfliegt! Ich habe eine Menge Fotos gemacht, und sie sind sehr gut geworden. Ich schicke euch welche, die Sandro aufgenommen hat. Alle sehen sehr gut darauf aus. Findest du nicht auch, dass die Kinder gut getroffen sind?

KR: Tagebuch, 27. Juli
[beim Empfang für Kaiser Wilhelm]

Ich saß dem Zaren schräg gegenüber. Er blickte mich mehrmals freundlich an und machte mir ein Zeichen mit den Augen, als sie die *Lohengrin*-Ouvertüre zu spielen begannen.

30. Juli: Vor drei Tagen hatte ich in Moskau eine lange Unterhaltung mit Sergej beim Kaffee; wir sprachen über die verschiedensten Themen, und das Ganze verlief in einer ausgesprochen ungezwungenen, freundlichen Atmosphäre. Aber kein einziges Wort über Kodynka; diese brennende Frage, die so lange zwischen uns stand wie ein Schreckgespenst der Zwietracht, ist ausgelöscht und vergessen.

Nikolaus an Kaiserinwitwe Marie: 1. August, Peterhof

Meine liebste, liebe Mama,
im Allgemeinen war Wilhelm höflich, ruhig und extrem guter Stimmung, während sie [Auguste Victoria] alles tat, um zu gefallen, aber in kostspieligen, absolut geschmacklosen Roben schaurig aussah; vor allem die Hüte, die sie abends trug, waren fürchterlich. Hörte hier, die Kaiserin stehe vollständig unter dem Einfluss ihrer Hofdamen.

13. September, Spala: Das Traurigste, fand ich, war es, Papas Zimmer zu betreten, wo alle seine Sachen noch an ihrem Platz stehen; auf dem Tisch fand ich einen Brief von uns Kindern aus dem Jahr 1886, als ihr zum ersten Mal in diesem Haus gewohnt habt und wir in Peterhof geblieben waren!

Der große Speisesaal erinnert ebenfalls schrecklich an frühere Jahre, mit seinem Duft – alles macht das Herz so schwer! Das Schlafzimmer ließ mich darüberhinaus an den Tag denken, als du so schreckliche Rückenschmerzen hattest, dass du vierundzwanzig Stunden lang regungslos liegen musstest!

Xenia an Nikolaus: 24. September, Ai-Todor

Der Abschied vom armen Georgy war ganz schrecklich, er war so *traurig* und niedergeschlagen, dass er sogar *weinte*, als er sich von uns verabschiedete. Das hat mich wiederum so bestürzt, dass ich den ganzen Tag geheult habe, und selbst danach brauchte ich noch ziemlich lange, um wieder zu mir zu kommen. Aber jetzt ist er Gott sei Dank nicht mehr alleine.

Heute war es ziemlich heiß, und wir haben im Meer gebadet. Das Wasser hatte 16 Grad. Wir haben uns gegenseitig in unseren Badeanzügen fotografiert, und ich habe Sandro sogar geknipst, als er in seinem Geburtstagsanzug im Wasser war! Das war natürlich kein besonders anständiges Foto, deshalb haben wir es auch selber entwickelt und abgezogen!

10. Oktober: Wir gedeihen hier aufs prächtigste, im wahrsten Sinne des Wortes.

Den Kindern geht es fantastisch, und sie sind in Hochform. Andruscha hatte eine leichte Halsentzündung, aber jetzt geht es ihm wieder besser. Er ist so pausbäckig, dass man ihn am liebsten vernaschen möchte!!!

Nikolaus an Kaiserinwitwe Marie: 3. November, Vaters Todestag, Zarskoje Selo

Unsere kleinen Töchter wachsen und werden zu reizenden, glücklichen kleinen Mädchen. Alix bittet sehr um Verzeihung, dass sie die versprochenen Fotografien noch nicht geschickt hat, aber mit diesem Brief bekommst du sie nun endlich. Olga redet gleichviel Russisch und Englisch und liebt ihre kleine Schwester abgöttisch. Tatjana scheint uns, verständlicherweise, ein sehr hübsches Kind zu sein, ihre Augen sind dunkel und groß geworden. Sie ist immer vergnügt und weint nur einmal am Tag, unweigerlich nach dem Baden, wenn sie gefüttert wird. Die Kosaken, Soldaten und Neger sind Olgas dickste Freunde, und sie grüßt sie, wenn sie den Korridor hinuntergeht. Die kleine Maria und Dimitri[6] kommen oft zu Besuch und tollen endlos mit Olga herum.

Ich gratuliere schon im Voraus zu deinem Geburtstag, liebe Mama, wünsche dir von ganzem Herzen Gesundheit und hoffe, dich bald zu sehen. Ich umarme dich wärmstens, meine liebe Mama, und auch Georgy, Mischa und Olga. Alix küsst dich zärtlich. Möge der Herr dich beschützen!
Dein Nicky, der dich von ganzem Herzen liebt.

Nikolaus an seinen Bruder Georgy: 19. November, Zarskoje Selo

Ich bin inzwischen ein so begeisterter Jäger geworden, dass ich über die Absage einer Audienz juble und jeden freien Augenblick nutze, um in die Wälder zu eilen wie ein fauler Schuljunge, der es genießt, die Schule zu schwänzen!

Du erinnerst dich vielleicht daran, dass Papa vor ungefähr neun Jahren die Bisons aus der Menagerie in einem der Wälder nahe Gatschina ausgesetzt hat. Sie sind gut gediehen und jedes Jahr mehr geworden. Aber vor einigen Tagen geriet das älteste und wildeste unter ihnen in Wut und hat zwei andere getötet; deshalb muss es erschossen werden, und ich habe Mischa [Nikolaus' Bruder] erlaubt, das mit Dietz' Hilfe zu tun. Es sollte diese Woche geschehen, und Mischa brennt vor Ungeduld.

Nikolaus an Alexandra: November [undatiert], Zarskoje Selo

Mein Liebling,
komm für einen Augenblick zu mir, ich will dir ein paar schöne Sachen zeigen. Lass mich dein zauberhaftes kleines Gesicht küssen.
Ich liebe, liebe dich wie wild.

KR: Tagebuch, 6. Dezember

Nach der Parade fand ein großes Mittagessen im Nikolaus-Saal statt. Kaiserinwitwe Marie war dabei erstmals seit dem Tod des Kaisers zugegen; die beiden Kaiserinnen saßen nebeneinander.

Nikolaus an seinen Bruder Georgy: 17. Dezember, Zarskoje Selo

Die letzten zwei Wochen waren sehr beunruhigend für mich wegen der Ereignisse in China – wo zum Teufel sind die Deutschen? Das war der Grund, warum wir Port Arthur einnehmen mussten, das, mit Gottes Hilfe, unsere Sibirische Eisenbahn unterstützen wird. Jetzt ist das Wichtigste, dass die Japaner, angeschoben von den Engländern, sich nicht rühren - sie werden sehr stark und gefährlich im Osten.

KR: Tagebuch, 27. Dezember

Sandro und Xenia waren zum Tee bei uns. Ich unterhielt mich ausführlich mit Sandro; es bekümmert ihn - und nicht zu Unrecht -, dass der Kaiser so unentschlossen ist. Tatsächlich bleibt er allzu oft unter dem Eindruck und damit unter dem Einfluss der letzten Worte, die man zu ihm sagt. Gebe Gott, dass er mit der Zeit ein größeres Gefühl für Unabhängigkeit entwickelt, obwohl die Aussichten dafür nicht besonders gut stehen. Aber er hat unschätzbare Qualitäten: zum Beispiel Ruhe, Beherrschung, nicht die geringste Ungeduld.

Am Morgen des 29. erzählte mir Sandro - allerdings konnte er sich nicht dafür verbürgen -, dass Alexej [Nikolaus' Onkel] sich offenbar ein Haus in Paris gekauft hat, nur damit er nicht in einem Hotel absteigen muss, wenn er auf Reisen ist. Sollte das zutreffen, kann man sich nur wundern, welche Geldverschwendung ein russischer Großfürst sich erlaubt.

30. Dezember: Mitia [der Bruder von KR] ist ein wahres Vorbild, dem man nur zu gerne folgen möchte: Er führt immer dasselbe Leben, unabhängig von den äußeren Verhältnissen, er ist stets ausgeglichen und sich selbst treu. Ich dagegen reagiere immer impulsiv und bin in jeder Hinsicht unbeständig. Aber ich werde bald 40, und ich fürchte, es ist zu spät, um sich noch zu ändern.

Anmerkungen 1897

1 Alix war im dritten Monat schwanger und musste sich schonen.

2 Großfürst Michail Michailowitsch, genannt Miche-Miche, Bruder von Sandro. Lebte in England und war in morganatischer Ehe mit der Gräfin Sophie Merenberg, einer Enkelin von Puschkin, verheiratet.

3 Maria Pawlowna, Gemahlin von Großfürst Wladimir und Mutter der Großfürsten Kyrill, Boris und Andrej, auch als Maria Pawlowna die Ältere bekannt.

4 Nikolaus' Onkel, ein Bruder von Wladimir und Sergej.

5 Xenias erster Sohn.

6 Maria Pawlowna die Jüngere und Dimitri Pawlowitsch, die Kinder von Nikolaus' Onkel Pawel.

1898
Eheglück II

Kaiser Wilhelm schickt einen Neujahrsgruß – Sandro möchte seinem Land dienen – Alix hat Masern – Nikolaus reist erstmals seit dem Tod seines Vaters wieder auf die Krim – Nikolaus' Großmutter, Königin Louise (»Amama«), stirbt, und er fährt zu ihrer Bestattung nach Dänemark – Alexandra, die abermals ein Kind erwartet, ist bei schlechter Gesundheit

Kaiser Wilhelm II. an Nikolaus: 4. Januar, Neues Palais, Potsdam

Bester Nicky,
das neue Jahr ist gerade angebrochen und das alte vorbei. Aber ich kann es nicht zu Ende gehen lassen, ohne einen Blick zurückzuwerfen auf jene wunderbaren, herrlichen Augusttage, als ich dich und Alix umarmen durfte, und ohne euch für die freundliche, großartige, ja verschwenderische Gastfreundschaft zu danken, die Ihr [Auguste] Viktoria und mir zuteil werden ließet.

Mit tiefen Gefühlen der Dankbarkeit erinnere ich mich der angenehmen Stunden, die ich in eurer Gesellschaft verbringen durfte; der Austausch, den wir bei der Gelegenheit miteinander pflegten, zeigte unsere Übereinstimmung in den Prinzipien, denen wir in Erfüllung der uns von Gott dem Herrn bestimmten Aufgabe folgen. Jeder von uns versucht, sein Bestes für die Entwicklung und das Wohlergehen seines eigenen Landes zu tun, wie es ihm die Pflicht gebietet! Gemeinsam aber streben wir danach, unseren Ländern die Segnungen des Friedens zu verschaffen!
Nun leb wohl, bester Nicky, der lieben Alix meine herzlichste Zuneigung und meine ehrerbietigsten Empfehlungen an deine liebe Mama von deinem ergebensten und treuesten Freund und Cousin,
Willy

KR: Tagebuch, 18. Januar

Wladimir hatte zu einem Ball geladen. Meine Frau war wegen eines Hustens verhindert, aber ich ging hin. Nachdem ich den Gastgeber und die Gastgeberin begrüßt hatte, stahl ich mich heimlich davon. Ich wollte gerade meine Kutsche besteigen, als der Kaiser und die Kaiserin eintrafen; ich versteckte mich in einem der Nebenräume, um eine Begegnung mit ihnen zu vermeiden, denn es wäre doch peinlich gewesen, wenn sie mitbe-

Zar Nikolaus II.,
Stich von Rundaltsow nach einem Original von Serow (Eremitage)

Links oben:
Zar Alexander III.,
Kramskoi (Russisches Museum, St. Petersburg)

Rechts oben:
Zarin Marie,
Angeli (Eremitage)

Rechts unten:
Kaiser Wilhelm II.,
de László (Hulton Deutsch)

Großfürstin Elisabeth (Ella),
Kaulbach (Schloss Pawlowsk bei St. Petersburg)

Großfürstin Xenia,
Serov (Kunstmuseum Pskow)

Großfürst Alexander Michailowitsch (Sandro),
Etlinger (Eremitage)

Großfürst
Michail Michailowitsch,
(Russisches Museum,
St. Petersburg)

Olga, Nikolaus' Schwester,
Serow (Russisches
Museum, St. Petersburg)

König George V.,
Sir Luke Fildes (The Royal Collection, © Her Majesty Queen Elizabeth II.)

Königin Victoria,
Angeli (Hulton Deutsch)

Zarin Alexandra,
Müller-Norden (Schloss Pawlowsk)

KR,
Asindovskij (Puschinskij Dom, St. Petersburg)

Die Hochzeit,
Tuksen (Eremitage)

Felix Jussupow,
Serow (Russisches Museum, St. Petersburg)

Rechts: Zinaida,
Serow (Russisches Museum, St. Petersburg)

Grigorij Rasputin,
Klokatschew (Eremitage)

Links: Zarin Alexandra,
Aquarell, Serov (Russisches Museum, St. Petersburg)

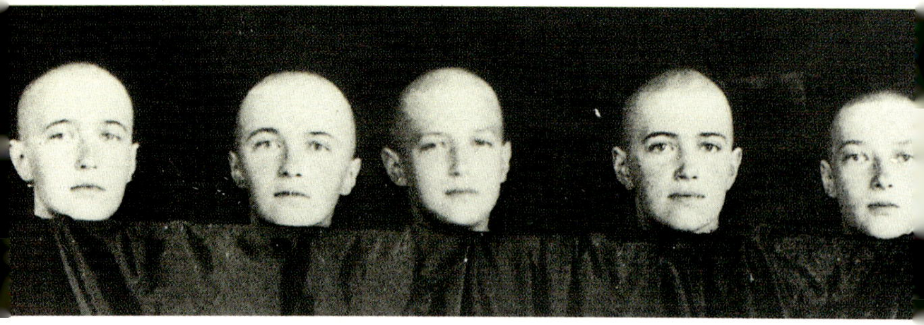

Oben: Die vier Töchter
(Staatsarchiv der Russischen
Föderation)

Mitte: Die fünf Kinder
(Staatsarchiv der Russischen
Föderation)

Links: Alexej,
Rundaltsow (Eremitage)

kommen hätten, dass ich schon gehe. Ich wartete, bis sie vorbei waren, dann fuhr ich nach Hause und beendete die 1. Szene von Akt V.[1]

19. Januar: Nach dem Mittagessen waren der Zar und die Zarin in zärtlicher Stimmung: Sie saß ihm auf dem Knie, er streichelte sie, und sie küssten sich.

30. Januar: Ich mag den Kaiser [Wilhelm] nicht besonders, trotz aller Zuneigung und Freundlichkeit, die er mir entgegenbringt. Er ist zwar in vieler Hinsicht ein guter Kerl, hat viel Enthusiasmus und Willensstärke, aber letzten Endes ist er ein großes Kind und ein Possenreißer. Seine Distanzlosigkeit ist einfach schockierend.

Nikolaus an seinen Bruder Georgy: 29. März, St. Petersburg

Wir erwarten Mama am Gründonnerstag aus Dänemark zurück und hatten daran gedacht, unmittelbar vor Ostern von Zarskoje hierher zurückzukommen, und das alles wegen der Nachwirkungen von Alix' elenden Masern. Gestern ist sie zum ersten Mal im Garten spazieren gegangen, nachdem sie sieben Wochen im Haus gesessen hat!

Aus dem gleichen Grund hat sie die ganze Saison der Wagner-Opern verpasst, die von den berühmten Reshke-Brüdern gesungen wurden; es ist nicht nur lästig, es macht einen wirklich verrückt.

Ich bin sicher, du hast dich über die 90 Millionen Rubel gefreut, die für intensive Schiffsbaumaßnahmen für die neue Pazifikflotte genehmigt worden sind. Es ist höchste Zeit, dass wir Seestreitkräfte bekommen, vor allem jetzt, wo diese Verfolgungsjagd um die chinesischen Häfen im Gange ist. Gott sei Dank konnten wir Port Arthur und Talianowan ohne Blutvergießen besetzen, auf eine ruhige und beinahe freundschaftliche Weise! Natürlich war es ziemlich riskant, aber wenn wir diese Häfen eingebüßt hätten, wäre es später unmöglich, die Engländer oder die Japaner ohne Krieg hinauszudrängen. Ja, man muss genau hinsehen; dort im Pazifischen Ozean liegt die ganze Zukunft der russischen Entwicklung, und endlich haben wir einen ganzjährig offenen Warmwasserhafen; und die Eisenbahn wird unsere Position dort weiter stärken.[2]

Entsetzlich zu denken, dass Kyril,[3] der auf der *Rossija* war, alles mit ansehen und mitmachen musste, was an den Küsten des Gelben Meeres passiert ist!

Wie findest du die Artikel in den englischen Zeitungen? Gierige Schurken! – Sie kriegen nie genug! Der Teufel soll sie holen!

KR: Tagebuch, 5. April

Zum ersten Mal seit 1894 nahm Kaiserinwitwe Marie an der Prozession teil; sie ging mit dem Kaiser an der Spitze des Zugs, gefolgt von der jungen Kaiserin und Mischa, was von einigen Leuten kritisiert wurde: Sie waren der Meinung, der erste Platz gebühre Alexandra Fjodorowna.

Xenia an Nikolaus: 26. April, Paris

Ich bin ganz verrückt nach den Läden hier. Sie haben es mir derart angetan, dass ich völlig ruiniert bin – ich muss einfach kaufen!

Sandro geht es übrigens ganz genauso, *vielleicht sogar noch mehr*, was ihn aber nicht davon abhält, andauernd mit mir zu schimpfen! In diesen Läden tun sie alles, um dich zum Kaufen zu verleiten, egal was, und man kann dem kaum widerstehen. Ich werde Hüte und volle Koffer mit zurückbringen.

Wir haben Alix eine kleine Uhr geschickt und hoffen, dass sie noch bis zum 23. eingetroffen ist; leider war sie nicht rechtzeitig da, und ich weiß nicht, ob sie sie erhalten hat.

Wir sind dreimal in Monte Carlo gewesen und haben uns beim Spielen amüsiert. Sandro hatte viel Glück, aber beim letzten Mal haben wir beide verloren. Es ist ein wunderbares Spiel. Es waren viele Leute da, aber nur wenig Spieler, da die Saison schon zu Ende ist.

KR: Tagebuch, 21. Mai

Am Abend schickten mir der Zar und die Zarin ein herrliches Fabergé-Thermometer als Geschenk.

28. Mai: Alix nahm mich in ihrer Kutsche [nach Gatschina] mit; auf diese Weise verbrachten wir über eine halbe Stunde unter vier Augen. Wir sprechen immer Englisch zusammen, was mir recht schwer fällt; hinzu kommt, dass sie nicht besonders gesprächig ist. Sie ist schrecklich scheu; vor einer Gruppe von Schulmädchen sprechen zu müssen bedeutet ihr eine Qual; sie tut sich schwer, in Menschenansammlungen ihre Angst zu überwinden. Es lässt sich nicht übersehen, dass ihr der Charme ihrer Schwiegermutter fehlt, weshalb sie sich auch noch nicht allgemeiner Beliebtheit erfreut.

Sandro: Memoiren

Die junge Kaiserin sprach nur mühsam russisch. Ihre Vorgängerinnen hatten die Zeitspanne, die zwischen ihrer Verlobung mit dem zukünftigen Zaren und der Thronbesteigung lag, für sich nutzen können. Die Gemahlin Alexanders III. hatte vor ihrer Krönung siebzehn Jahre lang ununterbrochen im Lande gelebt, aber Prinzessin Alix blieben genau sechsundneunzig Stunden, um die Sprache zu lernen und sich mit den einheimischen Bräuchen vertraut zu machen. Da sie nicht in der Lage war, die jeweilige Rangordnung der verschiedenen Hofleute richtig einzuschätzen, beging sie Verstöße, die für sich genommen unbedeutend waren, in den Augen der St. Petersburger Gesellschaft jedoch Kapitalverbrechen gleichkamen. Das verschreckte sie und führte dazu, dass sie sich Besuchern gegenüber auffallend reserviert verhielt. Das wiederum veranlasste die Menschen, Vergleiche zwischen der Freundlichkeit der Kaiserinwitwe und der »snobistischen Arroganz« der jungen Zarin anzustellen. Diese bösartigen Versuche, seine Mutter gegen seine Frau auszuspielen, verärgerten Nikolaus II., und schon bald entwickelte sich zwischen Hof und Gesellschaft ein feindseliges Verhältnis.

KR: Tagebuch, 15. Juni

Der Zar schickte mir einen herrlichen Buchara-Teppich als Geschenk, fast dreieinhalb Meter lang und einen guten Meter breit. Ihre Majestäten tranken Tee mit Mama in der Gonzaga-Galerie. Die Kaiserin sah auffallend schön aus. Sie hatte eine Kamera dabei und machte mehrere Aufnahmen von uns allen.

13. August, Moskau: Man sagt, ich werde möglicherweise zum nächsten Leiter der militärischen Ausbildungsstätten ernannt werden. Persönlich hätte ich nichts gegen eine solche Ernennung einzuwenden, solange ich nur das Kommando des Regiments behalten kann. Aber ich glaube nicht, dass die Wahl des Kaisers auf mich fallen wird: Vermutlich stellen sie mich als einen Mann mit liberaler Gesinnung hin, der fast ein Roter ist, und er wird wohl zu der Überzeugung gelangen, dass es besser ist, mich nicht auf einen Posten zu berufen, wo ich für die Erziehung der Leute oder die Ausbildung der Jugendlichen verantwortlich wäre.

Xenia an Nikolaus: 18. August, Abas Tuman

Lieber Nicky,
wir haben eine große Bitte an dich. Ich hoffe, du findest sie nicht zu unverschämt! Könntest du uns freundlicherweise die *Standart*

[kaiserliche Jacht] nach Batum schicken? (Natürlich nur, wenn du sie selbst nicht brauchst) – Für eine Kreuzfahrt von Batum nach Jalta.

Nikolaus an Kaiserinwitwe Marie: 28. August, Livadia

Ich kann dir nicht beschreiben, wie meine Gefühle waren, als wir zum ersten Mal seit damals [Vaters Tod] euer Haus betraten und dann ins Schlafzimmer gingen!! Es war, als wäre das Schreckliche *erst gerade geschehen*, als wäre es erst *gestern gewesen*, dass wir diese Qualen von Hoffnung, Zweifel und untröstlichem Kummer durchlebten!!! *Alles* ist genau so geblieben, wie es war. Es ist überraschend, wenn man bedenkt, dass wir jetzt, vier Jahre später, mit unseren Kindern hier wohnen.

KR: Tagebuch, 30. August

Die Zeitungen brachten die schreckliche Nachricht über die Ermordung der Kaiserin von Österreich[4], die von irgendeinem italienischen Anarchisten erstochen wurde – mitten ins Herz. Welch tragisches Schicksal für den armen Kaiser!

Alexandra an Nikolaus: 20. September, Livadia

Mein geliebter Schatz,
du wirst diese Zeilen lesen, während der grässliche Zug dich immer weiter und weiter von deinem armen Frauchen entfernt.

Unsere erste Trennung seit der Hochzeit – ich habe Angst davor, der Gedanke, dass du so weit fortfährst ohne mich, ist mir unerträglich. Aber ich darf nicht grollen, das geliebte Mütterlein hat großen Kummer[5] und bedarf deines Trostes, und auch der arme Apapa sehnt sich nach deiner Gegenwart – welche Freude, wenn ich daran denke, dass du jenen, die Trauer tragen, Hilfe und Beistand zu bieten vermagst. Meine Gedanken werden dich keinen Augenblick lang im Stich lassen, und meine zärtlichen Gebete umgeben dich. Gott segne und behüte dich, mein geliebter Schatz, und möge Er mit seinen Engeln über dich wachen.

Ich mag gar nicht daran denken, was aus mir werden soll ohne dich – du, der du mein Ein und Alles bist, der du meinem Leben erst seinen wahren Inhalt gibst. Ich werde dir jeden Tag schreiben, sodass du manchmal einen Gruß von mir hast, wenn du mit all den anderen zusammen bist. Es wird dir vorkommen wie eine längst vergangene Zeit, nur zwei geliebte Wesen sind nicht mehr da – wie sehr wirst du die arme Amama vermissen – Gott stehe dir bei und tröste dich! Wenn sie dich nur nicht zu lange behalten! Aber ich verstehe ja, dass das arme Mütterlein sich danach sehnt, dich in ihrer Nähe zu haben und dir ihr Herz ausschütten zu können. Gib ihr einen zärtlichen Kuss von mir.

Wie schrecklich mir alles vorkommen wird, so leer und traurig – die Nächte ganz allein – schick mir deinen Segen, bevor du einschläfst, ich werde es immer für dich tun – die Winde werden ihn zu dir tragen. Gib auf dich Acht, mein Geliebter, und kehr wohlbehalten und stark zu mir zurück.

Oh, mein »Duschka«, deine großen, traurigen Augen zu sehen, das macht mich ganz unglücklich – ach, warum kann ich nicht mit dir fahren – aber es wäre ja gar nicht gegangen, weil Irène [Schwester] kommt, die diese lange Fahrt eigens auf sich genommen hat, um mich vor ihrer großen Reise noch einmal zu sehen. Und außerdem wird mich ja niemand von den anderen dort vermissen, da ich doch irgendwie noch eine Fremde unter ihnen allen bin – und jetzt wollen sie sowieso nur diejenigen dabeihaben, die schon immer in der Umgebung der armen Amama waren.

Nun leb wohl, mein Engel, meine wahre Liebe, meine Freude, mein Nicky, ich küsse dich, wieder und wieder, dein Frauchen, jetzt und immerdar.

Nikolaus an Alexandra: 22.–24. September, im Zug von Livadia nach Libau

Mein eines, geliebtes süßes Frauchen,
ich kann dir nicht genug für deinen zärtlichen lieben langen Brief danken, den du für mich im Zug hinterlassen hast. Ich habe ihn gelesen, nachdem ich die Barkasse nicht mehr sehen konnte, die dich an Bord der Jacht mitnahm. Das war ein schrecklicher Augenblick. Hast du gesehen, wie ich meine Mütze aus dem Fenster geschwenkt habe? Ich bin dir mit meinen Blicken gefolgt, bis du auf dem Schiff warst, aber danach habe ich dich in der Dunkelheit verloren. Ich stand da am Fenster, bis wir Inkerman passierten, wo die Glocken läuteten. Der Mond schien so schön, und der Hafen sah zu hübsch aus mit den erleuchteten Schiffen – vor allem die *Standart*. Ich habe eben dein erstes liebes Telegramm aus Livadia bekommen, tröstlich zu wissen, dass du sicher zu Hause bist!

Gott gebe, dass ich dich dort so bald wie möglich wiedersehe. Schließlich ist es eine lange Reise. Wie traurig ich bin, dein süßes, geliebtes Gesicht nicht zu sehen – ich kann es dir gar nicht sagen. Es ist wahr, wir sind so sehr daran gewöhnt, immer beieinander zu sein, dass ich mich jetzt, wo wir getrennt sind, ganz verloren fühle.

24. September: Wir sind eben in Libau angekommen – es ist schönes Wetter, aber kalt und ziemlich windig; aber was bedeutet das alles, wenn meine Süße nicht bei mir ist. Ich schreibe dir jetzt in meiner Kabine auf der lieben *Polarstern* – die beiden kleinen Inschriften am Fenster sind noch, wie sie waren. Mein Liebling – ich vermisse dich so schrecklich und bin so eifersüchtig auf den *Feldjäger* [deutsch im Original], der dir diesen Brief bringt – denn er wird dich sehen, mein angebetetes Frauchen!

Bitte verzeih mir diesen dummen Brief, mein Liebling, aber nachdem er vor drei Tagen begonnen wurde, war es schwierig, ihn mit demselben Schwung zu beenden.

Ich liebe dich, ich liebe dich und denke Tag und Nacht an dich. Ich küsse dich und Olga und Tatjana zärtlich. Liebe Grüße an Irène und meine Empfehlung an alle anderen.
Immer dein dich innig liebender Huzy Nicky
Gott segne dich und die Kinder!

26.–27. September, Kopenhagen: Da bin ich nun endlich nach dieser endlosen Reise mit dem Zug und übers Meer angekommen und sitze am gleichen Tisch wie vor zwei Jahren, in dem großen mittleren Zimmer, das 1896 unser Wohnraum war. Es ist jetzt mein Zimmer, Tante Thyra[6] ist meine Nachbarin zur Rechten (Mamas altes Zimmer), und Tante Alix wohnt zur Linken in *unserem* Schlafzimmer! Alles erinnert mich so schmerzlich an mein süßes kleines Frauchen, dass ich weinen könnte, weil ich weiß, du bist so weit fort.

Die Jacht hat bei einem Ort nahe Kopenhagen namens »Bellevue« Anker geworfen – ein kleiner Anleger und ein paar Häuser. Wie groß war meine Überraschung, als ich bei der Landung von dem lieben Apapa, Mama und der ganzen Familie in Empfang genommen wurde. Sie sahen alle fröhlicher und weniger erschöpft aus, als ich gedacht hatte. Sobald wir zum Haus hinaufgefahren waren, brachten sie mich in das Schlafzimmer, wo der Sarg steht, verschlossen und umgeben von Unmengen von Blumen und Kränzen, was sehr hübsch aussieht. Immer noch muss ich sagen, ich finde es sehr traurig, dass der Leichnam nicht in einer nahe gelegenen Kirche bestattet wird – ich finde, das wäre in jeder Hinsicht vorzuziehen. Der arme Apapa sieht bemerkenswert frisch aus, er geht immer wieder in dieses Zimmer und unternimmt dann lange Spaziergänge – auf denen ihn die Familie natürlich begleitet.

Das Begräbnis hat sich verzögert, denn alles, was damit zu tun hat, schwarze Kleidung, Katafalk usw. ist in einem Feuer vor etwa 12 Jahren verloren gegangen, und die zeremoniellen Gegenstände sind verschwunden! Apapa wünscht ein Staatsbegräbnis, und deshalb brauchen sie so lange, um die Vorbereitungen abzuschließen. Wenn ich zurückkomme, erzähle ich dir alles, was ich von Mama und den anderen über die letzten Tage der armen Amama gehört habe - ergreifend traurig!!

28. September: Wenn ich all die anderen jungen Paare zusammen sehe, fühle ich mich so verloren und fehl am Platze. Aber ich bin ganz sicher, nicht einer dieser Ehemänner liebt seine Frau so stark und ergeben, wie ich *meine Alix* liebe!

Dein Name ist hier ständig in aller Munde (Tante Alix und die kleine Alix von Cumberland[7]), und jedes Mal fahre ich zusammen und bekomme einen Schrecken. Der dumme Boysy ist so traurig, allein zu sein, dass ich seine Existenz ganz vergessen habe. Er sendet seine Grüße an die Lady.

Die Cumberland-Cousinen sind sehr nett, und alle drei sind so große, hübsche, bezaubernde Mädchen. Mischa [Nikolaus' Bruder], der alte Sünder, kommt bestens mit ihnen zurecht; wenn wir spazieren gehen, hängen immer zwei von ihnen an seinem Arm!

Tante Swan sieht noch grässlicher und abstoßender aus denn je, ihr Haar hängt ihr als gerade, graue Linie über die Augen, ein paar Zähne sind ausgefallen, oh!, einfach schrecklich, das arme Ding!

Dein Freund, der dicke Junge, ist eine Art fettes Preisschwein geworden, im buchstäblichen Sinn des Wortes. Ich wollte meinen Augen nicht trauen, als ich ihn sah: in einem Matrosenanzug, mit einem Zivilistenhut, mit einem riesigen Bauch und enormem Hintern und Beinen! Du kannst dir vorstellen, wie ihn alle aufziehen, denn außer alldem hat er auch noch einen hässlichen Charakter, deshalb lädt er geradezu dazu ein, ihn zu ärgern!

Ich höre nie auf, für dich und unsere süßen kleinen Töchter zu beten, und jede Nacht, wenn ich im Bett liege, sende ich euch dreien meine zärtlichsten Küsse und Segenswünsche.
Immer dein dich getreulich liebender und dir leidenschaftlich ergebener alter *Lausbub* [deutsch im Original] und Huzy
Nicky

1. Oktober: Georgie [Herzog von York] sitzt und liest in meinem Zimmer, er schreibt täglich an May. Ist das nicht nett? Aber

nun, mein Liebling, muss ich schließen, denn die anderen wollen einen Spaziergang machen. Gott segne dich, meine Alix; einen zärtlichen Kuss für dich, Olga und Tatjana.
Stets der deine
Nicky

George, Herzog von York, an Nikolaus: 11. Oktober, Bernsdorf, Dänemark

Mein lieber Nicky,
du fehlst mir sehr hier, lieber Nicky, und unsere netten Gespräche in der Raucherrunde; ich war höchst erfreut, dich nach so langer Zeit wiederzusehen. Es war ganz reizend von dir, dass ich in deinem Zimmer sitzen und mich fürs Abendessen umziehen durfte. Ich habe jetzt dein Zimmer bezogen und schreibe an deinem Tisch, und jedes Mal, wenn ich an May schreibe (was ich täglich tue), muss ich daran denken, wie du an Alicky geschrieben hast.

Endlich ziehen die türkischen Truppen aus Kreta ab, diese schwierige Frage wird also hoffentlich bald geregelt sein, sodass Georgy [von Griechenland] als Generalgouverneur dorthin gehen kann.
Stets dein ergebener Cousin und Freund
Georgie

Nikolaus an Kaiserinwitwe Marie: 21. November, Livadia

Alix erwartet wieder ein Kind, und es geht ihr nicht gut.

Abends liegt sie im Bett, und ich lese ihr vor, wir haben *Krieg und Frieden* schon durch und eben mit Schulders Geschichte Zar Alexanders I. begonnen, von der Nikolaj so begeistert ist.

Zweimal die Woche bringt der Kurier mir einen Berg Papier, und an diesen Tagen habe ich schlechte Laune!

KR: Tagebuch, 17. Dezember, St. Petersburg

Heute Morgen trafen Ihre Majestäten in Zarskoje Selo ein; man erwartet einen dritten Familienzuwachs (wahrscheinlich im Juni). Die Kaiserin bedarf absoluter Ruhe, weshalb sie den Winter auf dem Land und nicht in der Stadt verbringen.

Anmerkungen 1898

1 KR übersetzte damals Shakespeares *Hamlet* ins Russische.

2 Russland baute seine Position im Pazifik aus und hatte die Japaner gezwungen, sich aus Port Arthur zurückzuziehen. Russland hatte soeben einen Überlassungsvertrag mit den Chinesen über diesen Hafen abgeschlossen.

3 Großfürst Kyril, der älteste Sohn des Großfürsten Wladimir, war 21 Jahre alt.

4 Elisabeth (Sisi), Gemahlin des österreichischen Kaisers Franz Joseph.

5 Nikolaus' Großmutter, die Königin von Dänemark, war im Alter von einundachtzig Jahren gestorben, und Nikolaus befand sich auf dem Weg nach Kopenhagen, um an den Bestattungsfeierlichkeiten teilzunehmen.

6 Nikolaus' Tante, die Frau von Ernst August II., dem Kronprinzen von Hannover und Herzog von Cumberland.

7 Tante Alix: Alexandra, Prinzessin von Wales, Schwester von Nikolaus' Mutter. Die kleine Alix von Cumberland: Tochter von Tante Thyra.

1899

Nikolaus:	Zar von Russland
Alexandra:	seine Frau, Zarin von Russland
Kaiserinwitwe Marie:	Nikolaus' Mutter
Xenia:	Großfürstin, Nikolaus' Schwester, verheiratet mit Sandro
Sandro:	Großfürst Alexander Michailowitsch
KR (Kostia):	Großfürst Konstantin Konstantinowitsch, Nikolaus' Cousin
Georgy:	Großfürst, Nikolaus' Bruder
Königin Victoria:	Königin von England

1899
Tod eines Bruders

KR inszeniert Hamlet – Königin Victoria und Nikolaus korrespondieren über Kaiser Wilhelm II. – Alexandra ist auf den Rollstuhl angewiesen – Studentenunruhen – Eine dritte Tochter kommt zur Welt: Maria – Georgy stirbt an Tuberkulose – Xenia unterstützt die Sache der Buren – Nikolaus' Unentschlossenheit

Sandro an Nikolaus: 8. Januar

Die Autokratie, so wie ich und alle wahren Anhänger sie verstehen, kann keinerlei Kompromisse dulden. Jeder Kompromiss führt dazu, dass die Prinzipien der Autokratie – und damit der Macht – schrittweise ausgehöhlt werden. Leider glauben viele Menschen, du seist reformwillig, was einer Ausweitung der öffentlichen Selbstverwaltung Vorschub leisten würde.

KR: Tagebuch, 28. Januar, St. Petersburg

Ich begann mit der Lektüre des Artikels von Graf L. N. Tolstoi »Was ist Kunst«, der letztes Jahr in der Zeitschrift »Fragen der Psychologie und Philosophie« erschienen ist. Eine merkwürdige Mischung aus vernünftigen und absurden Gedanken.

13. Februar: Ich hatte dem Zaren in Mamas Namen geschrieben, um die beiden zu einer Vorstellung von *Hamlet* am Nachmittag des 16. einzuladen. Aber er antwortete, die Kaiserin läge mit Grippe im Bett, und sie könnten deshalb nicht vor Ende nächster Woche kommen.[1]

Königin Victoria an Nikolaus: 1. März, Windsor Castle

Liebster Nicky,
es ist schon Ewigkeiten her, seit wir uns gegenseitig geschrieben haben, aber ich bin sicher, du hast deine alte Großmama nicht vergessen, die sich so sehr wünscht, wir könnten uns wieder einmal sehen. Ich sehne mich so danach, die liebe Alicky zu sehen.

Aber ich glaube, es gibt *etwas*, das ich dir erzählen *muss*, das du wissen *solltest* und vielleicht *nicht* weißt.

Es tut mir selber Leid, es sagen zu müssen, aber William [Kaiser Wilhelm, ihr ältester Enkel] lässt *keine* Gelegenheit aus, Sir

F. Lascelles[2] damit zu beeindrucken, dass Russland alles in seinen Kräften Stehende tut, um *gegen uns* zu arbeiten; er behauptet, es biete anderen Mächten Allianzen an und hätte bereits mit dem Emir von Afghanistan ein Bündnis gegen uns geschlossen! Ich brauche wohl nicht zu sagen, dass ich *kein* einziges Wort davon glaube, genauso wenig wie Lord Salisbury und Sir F. Lascelles.
Mit vielen herzlichen Grüßen an die liebe Alicky und Küssen für die kleinen Mädchen, stets deine ergebene Großmama
VRI

Nikolaus an Königin Victoria: 13. März, St. Petersburg

Liebste Großmama,
ich danke dir von ganzem Herzen für deinen freundlichen Brief, der mich tief bewegt hat. Graf Woronzow wird diesen Brief überbringen; er war mit uns in Balmoral.

Ich schäme mich ziemlich, dass ich dir so lange nicht geschrieben habe, und bitte dich, mir zu verzeihen.

Ich bin so glücklich, dass du so offen zu mir über [Kaiser] Wilhelm gesprochen hast. Jetzt verstehe ich vollkommen, was er im Schilde führt – er spielt da ein gefährliches Doppelspiel. Ich habe einigermaßen dasselbe von Graf Osten-Sacken[3] aus Berlin über die englische Politik gehört, was ihr, du und Lord Salisbury, von Sir F. Lascelles auch über uns erfahren haben müsst.

Ich bin sehr froh, dass du das Märchen von der angeblichen Allianz zwischen uns und dem Emir von Afghanistan nicht geglaubt hast, denn davon ist nicht eine Silbe wahr.

Wie du weißt, liebste Großmama, richtet sich derzeit mein ganzes Streben auf ein möglichst langes Erhalten des Friedens in dieser Welt. Die jüngsten Ereignisse in China sollten das eindeutig bewiesen haben. Ich meine das neue Abkommen über den Eisenbahnbau. Alles, was Russland will, ist, in Frieden gelassen zu werden und seine Stellung in der Interessensphäre auszubauen, die es so sehr betrifft, weil Sibirien so nahe liegt. Der Besitz von

Port Arthur und der mandschurischen Eisenbahn ist von vitaler Bedeutung für uns und kann in keiner Weise die Interessen irgendeiner anderen europäischen Macht beeinträchtigen. Er gefährdet auch nicht die Unabhängigkeit Chinas. Allein der Gedanke eines Zusammenbruchs in diesem Land – und der Möglichkeit seiner Aufteilung zwischen den verschiedenen Mächten – ist Furcht erregend, und ich betrachte dies als das größte Unglück, das uns widerfahren könnte!

Ich hoffe, dass das wunderbare Klima an der Riviera dir gut tun wird.

Wenn alles gut geht, würden wir dir im kommenden Herbst mit unseren Kleinen so gern einen Privatbesuch in Balmoral abstatten. Wir hoffen, dieser Plan passt dir.
Alix schickt ihre zärtlichsten Grüße, und dasselbe tut auch dein stets ergebener und dich liebender Enkel
Nicky

KR: Tagebuch, 18. März, St. Petersburg

In den höchsten Kreisen gelte ich als ein Liberaler, ein Träumer, ein Fantast, und als solchen stellen sie mich auch vor dem Zaren hin. Und ich glaube, er hat genau dieselbe Meinung von mir. Er sieht mich nicht im Licht der öffentlichen Meinung – der Meinung der nicht herrschenden Klassen; ich habe den Eindruck, der Zar traut mir nicht völlig; zumindest hat er in den viereinhalb Jahren seiner Herrschaft nichts unternommen, um sein Vertrauen in mich zu demonstrieren. Ich habe keine einzige wesentliche Ernennung erhalten, abgesehen vielleicht von der Puschkin-Kommission.

Nikolaus an Kaiserinwitwe Marie: 20. März, Zarskoje Selo

Der Schlittenweg ist ausgezeichnet; wir fahren jeden Tag mit dem Jagdschlitten aus, und ich lenke – was mir große Freude macht. Alix geht es im Allgemeinen gut, aber sie kann nicht gehen, weil sie sofort Schmerzen bekommt. In den Räumen fährt sie mit einem Rollstuhl.

Ich hoffe, dass durch die durchgreifenden Maßnahmen [in den Universitäten] wenigstens für dieses Jahr der Friede wiederhergestellt ist! Es ist unerträglich!

27. März: Das Wetter ist wärmer geworden, und der Schnee schmilzt jetzt schnell. Unmengen von Frühlingsvögeln singen in den Wäldern; es macht so viel Freude, spazieren zu gehen, ich will gar nicht wieder nach Hause zu den lästigen Berichten. Hier verbringe ich drei Stunden am Tag außer Haus und fühle mich viel kräftiger – ich räume sogar Schnee von den Wegen.

KR: Tagebuch, 21. April, St. Petersburg

Xenia war bei Mama zu Besuch und erzählte ihr, der Kaiser wäre sehr betrübt und irritiert wegen der Maßnahmen, die gegen die Studenten ergriffen wurden, aber wieder einmal könnte er sich nicht dazu durchringen, dem allen ein Ende zu bereiten. Laut Xenia nimmt Nicky bei der ganzen Angelegenheit die Haltung eines Zuschauers ein!! Hätte er doch nur mehr Willensstärke und Selbstvertrauen!

Nikolaus an Königin Victoria: 11. Mai, Peterhof

Meine liebste Großmama,
heute, an deinem Geburtstag, finde ich, dass ich dir schreiben muss. Es tut mir Leid, dass diese Zeilen dich einige Tage später erreichen, als ich beabsichtigt hatte, aber lass mich dir doch viel Glück zu deinem lieben Geburtstag wünschen, den wir so gern mit dir gemeinsam verbracht hätten! Wie schön, dass Ernie und Ducky dieses Jahr bei dir sind.

Wir sind vor zwei Tagen hierher gekommen und waren traurig, Zarskoje zu verlassen, mussten aber wegen des kommenden Ereignisses[4] umziehen. Bis gestern hatten wir Sommerwetter, dann wechselte es plötzlich und wurde sehr kalt; ich hoffe aber doch, dass es nicht lange andauern wird. Wir sind gern hier, besonders in unserem Haus, das fast direkt am Meer steht.

Die Kinder gedeihen und sind sehr gewachsen. Alix fühlt sich insgesamt besser und lässt sich ganz gern in ihrem Sessel überall herumfahren, eine Aufgabe, die ihr Ehemann übernommen hat!

Ich war sehr schockiert, in den Papieren vom traurigen Ende des Lord Stafford zu lesen, und teile zutiefst deinen Schmerz über diesen Verlust eines alten, treuen Dieners.

Noch einmal die besten Wünsche und liebe Grüße von Alix.

So verbleibe ich, liebste Großmama, dein dich getreulich liebender Enkel

Nicky

KR: Tagebuch, 12. Juni, Strelna

Ich hatte dem Kaiser dieses Sonett zusammen mit der Widmung zu *Hamlet* geschickt, worauf ich folgende Antwort erhielt:

»12. Juni 1899. Mein lieber Kostia, mit Rührung habe ich deine ergreifende Widmung zum Gedenken an meinen Vater gelesen. Natürlich kannst du sie gerne am Beginn deiner Ausgabe drucken lassen. Auch das zweite Sonett ging mir zu Herzen: Das Wesen der soldatischen Pflicht lässt sich wohl kaum knapper oder klarer erfassen.«

13. Juni: Der Zar zollte mir viel Anerkennung für meine neuen Verse und sagte, Puschkin hätte es kaum besser machen können.

Nikolaus: Tagebuch, 14. Juni, Peterhof

Ein glücklicher Tag: Der Herr hat uns eine dritte Tochter gesandt – Maria, die um 12.10 sicher geboren wurde. Alix hatte die ganze Nacht geschlafen, und zum Morgen hin wurden die Wehen stärker. Gott sei Dank war alles recht schnell vorüber! Mein Liebling war den ganzen Tag wohlauf und stillte die Kleine selbst. Mama kam um 4 Uhr von Gatschina. Die engste Familie versammelte sich in der Kirche zu einem Te Deum. Trank mit Mama Tee; schrieb Telegramme und ging die unerträglichen Papiere durch. Erst nach dem Abendessen kam ich dazu, an die frische Luft zu gehen – ein wunderbarer Abend.

Xenia: Tagebuch, 14. Juni, an Bord der Jacht *Zarewna*

Welche Freude, dass alles so gut ausgegangen ist und die Qual des Wartens ein Ende hat, aber welche Enttäuschung, dass es kein Sohn ist! Arme Alix! Wir sind natürlich in jedem Fall glücklich – egal, ob Sohn oder Tochter!

KR: Tagebuch, 14. Juni

Um 2 Uhr erhielt ich ein Telegramm: Großfürstin Maria Nikolajewna. Also wieder kein Thronfolger. Ganz Russland wird von dieser Nachricht enttäuscht sein.

Georgy an seinen Bruder Nikolaus: 15. Juni, Abas Tuman

Mein lieber Nicky,
dir und Alix gratuliere ich von ganzem Herzen zu diesem neuen Glück für eure Familie – die Geburt eurer dritten Tochter. Ich hatte über zwei Wochen auf diese Nachricht gewartet und war überrascht von der Verzögerung. Ich hoffe, Alix geht es gut und alles ist in Ordnung. Es tut mir schrecklich Leid und betrübt mich sehr, dass ich noch immer nicht imstande war, eure Töchter zu sehen und kennen zu lernen; aber was kann ich machen! Es soll mir wohl nicht vergönnt sein, und alles liegt in Gottes Hand. Doch das Leben hier ist angenehm, und ich kann mich über mein

Schicksal nicht beklagen; in diesem Herbst werden es acht Jahre sein, dass ich hier bin, und gegen meinen eigenen Willen habe ich mich inzwischen an das Leben hier und an den Ort gewöhnt. Ich kann es einfach nicht glauben, dass ich schon so viele Jahre hier lebe. Es kommt mir so vor, als wären wir gerade erst auf der *Asow* gesegelt, dabei ist es doch schon acht Jahre her. Der Dienst bei der Flotte, den ich damals so geliebt habe, fehlt mir sehr, aber innerlich habe ich mich schon lange von ihm verabschiedet, leider bin ich ja inzwischen für jede Art von Dienst untauglich. Ich kann zum Beispiel nicht mehr lange laufen wegen meiner Kurzatmigkeit, und das ist eine große Entbehrung für mich; du weißt ja selbst, wie gerne ich immer gelaufen bin und gearbeitet habe. [Dies war der letzte Brief Georgys an seinen Bruder.]

KR: Tagebuch, 28. Juni, Strelna

Wir erfuhren, dass Nachrichten vom Tod des Thronfolgers, Zarewitsch Georgy, eingetroffen waren. Pawel erzählte uns, der Kaiser und seine Mutter hätten je zwei Telegramme erhalten: Das erste meldete, der Zarewitsch sei mit dem Fahrrad nach Abas Tuman gefahren, danach habe er angefangen, Blut zu spucken; er wurde in hoffnungslosem Zustand nach Hause gebracht; das zweite meldete bereits seinen Tod. Viele von uns konnten es gar nicht fassen, dass man den tuberkulösen Zarewitsch nicht davon abgehalten hatte, mit dem Fahrrad zu fahren. Dies erscheint umso unverständlicher, als sich der Gesundheitszustand des Zarewitsch in den letzten Wochen weiter verschlechtert hatte; weder der Kaiser noch die Kaiserinwitwe wussten etwas von dieser Entwicklung, denn auf alle ihre Anfragen hatte man ihnen mitgeteilt, der Patient befände sich in ausgezeichneter Verfassung. Diese traurige und so unerwartete Nachricht traf alle wie ein Blitz aus heiterem Himmel. Aber ich habe den Eindruck, der Überraschungseffekt ist viel größer als die Trauer: Man hatte den Verstorbenen nur selten zu Gesicht bekommen, und er war wenig bekannt; bis zum Alter von 27 Jahren hatte er weit entfernt gelebt und war für alle ein Fremder. Mit [Kaiserinwitwe] Marie kann man nur größtes Mitleid empfinden, für sie ist es ein schrecklicher Schlag. Sie soll untröstlich sein und die ganze Zeit weinen und sogar einen Schwächeanfall erlitten haben. Der Zar, der arme neue Thronfolger Mischa und ihre Schwester hatten beim Trauergottesdienst für den Toten ganz rot geweinte Augen.

29. Juni: In dem Kloster, in dem wir die Messe besuchten, wurde zuerst ein Requiem zelebriert. Während der Liturgie wurde des Zaren, der beiden Kaiserinnen und der gesamten Dynastie gedacht, der Thronfolger aber mit keinem Wort erwähnt. Im Laufe des Tages kam eine offizielle Meldung über den Tod des Zarewitsch heraus. In dieser Proklamation hieß es außerdem: *Nachdem Gott es nicht für richtig befunden hat, uns mit einem Sohn zu segnen, gehört, entsprechend den Bestimmungen des Grundgesetzes des Reiches, das nächste Recht auf die russische Thronfolge von nun an unserem lieben Bruder, dem Großfürsten Michail [Mischa].*

Damit haben sie den Fehler korrigiert, den man bei der Thronfolge am 21. Oktober 1894 gemacht hatte: Für den Fall, dass der Kaiser ohne männlichen Erben bleibt, fällt der Titel des Thronfolgers und Zarewitsch jetzt nicht auf den rangältesten Großfürsten.

Mama kehrte tief betrübt von ihrem Besuch bei der Kaiserinwitwe zurück. Ich hatte mich geirrt, als ich schrieb, sie hätte am 28. zwei Telegramme aus Abas Tuman erhalten; es war vielmehr der Kaiser, der sie empfing und ihr dann zum Lesen brachte. Nachdem sie das erste gelesen hatte, warf sie es ihm entsetzt und schockiert ins Gesicht; Alexej, der ebenfalls anwesend war, sagte: »Wir müssen uns auf das Schlimmste gefasst machen, es gibt noch ein zweites Telegramm.«

Königin Victoria an Nikolaus: 2. Juli, Windsor Castle

Liebster Nicky,
bitte sei meiner aufrichtigsten Anteilnahme an deinem großen Kummer versichert, weiß ich doch, wie viel Zuneigung du für dei-

nen armen Bruder Georgy empfunden hast, dessen Leben so traurig und einsam war.

Es wird dich betrübt haben, dass du ihn so lange nicht mehr gesehen hast. Kam es sehr plötzlich? Und wodurch wurde diese tödliche Blutung ausgelöst?

Ich bin ja so dankbar, dass die liebe Alix sich so gut erholt hat, aber für das Land ist das 3. Mädchen natürlich sehr schade.

Ganz herzlich danken möchte ich dir auch für deinen freundlichen Brief zu meinem Geburtstag und für die zauberhaften und so überaus nützlichen Ohrringe, die deine liebe Alicky mir freundlicherweise geschenkt hat.

Stets deine ergebene Großmama
VRI

PS Nachdem ich diese Zeilen geschrieben hatte, erfuhr ich von Tante Alix, unter welch höchst betrüblichen Umständen dein lieber Bruder gestorben ist, was den Kummer deiner lieben Mama noch vergrößert haben muss. Es war wohl nicht sehr klug, ihn Rad fahren zu lassen, oder?

Xenia: Tagebuch, 2. Juli, Peterhof

Abends erkundigte sich Sandro bei Nicky wegen Mischa, und jetzt steht fest, dass er nicht den Titel eines Thronfolgers und Zarewitsch tragen wird – die Proklamation sagt lediglich, dass er *der Rangnächste in der Thronanwärterschaft* ist. Eine reine Wortspielerei, die natürlich zu allerlei Gerede und Missverständnissen führen wird – wirklich bedauerlich, auch wenn ich mich für Mischa freue!

Kaiserinwitwe Marie an Nikolaus: 4. Juli, im Zug

Mein lieber Nicky,
ich habe mir noch einmal unsere letzte Unterhaltung durch den Kopf gehen lassen und halte es für unentbehrlich, dass die Frage

so schnell wie möglich geklärt wird, denn sie könnte Verwirrung stiften. In sämtlichen Kirchen *haben sie schon für Mischa gebetet* als Thronfolger und Großfürst Michail Alexandrowitsch (aber *nicht als Zarewitsch*), was völlig korrekt ist. Onkel Alexej war gestern im Alexander-Newskij-Kloster und hat es dort selbst gehört.

Es muss *umgehend* überall bekannt gemacht werden, dass er als Thronfolger zu bezeichnen ist, bis dir ein Sohn geboren wird.

Ich umarme dich nochmals von ganzem Herzen und danke dir, mein lieber Nicky, für die Trost spendende Fürsorge und Zuneigung, die du mir in dieser traurigen und schrecklichen Zeit zuteil werden lässt.

Gott segne dich!

Deine dich zutiefst liebende Mama

KR: Tagebuch, 4. Juli, Strelna

Wir begleiteten Kaiserinwitwe Marie zur Bahnstation Peterhof. Sie reiste nach Batum ab, um den Sarg ihres Sohnes in Empfang zu nehmen; begleitet wurde sie von: Alexej, Mischa, Xenia (im dritten Monat schwanger), Sandro und Olga.

Nikolaus an Alexandra: 10. Juli, Peterhof

Mein liebes, süßes kleines Frauchen,

wie seltsam, dir zu schreiben, während ich unten in meinem Zimmer bin und weiß, du sitzt ganz ruhig auf deinem Balkon. Aber morgen werde ich weit weg sein, und ich will nicht, dass ein Tag vergeht, ohne dass du von deinem Mann hörst – sei es aus seinem Mund oder auf dem Papier –, wie sehr er dich und die drei Kleinen liebt! Mein Liebling, diesmal ist unsere Trennung nicht für lang, also sei guten Mutes, und hol dir die Kinder so oft wie möglich.

Am Abend wirst du Waldemar sehen und ein Abendessen zu zweit mit ihm verbringen. Bitte lade meinen alten Hund zu deinen Mahlzeiten ein, und vergiss nicht, unsere Dickies [Vögel] draußen zu füttern! Mir graut ziemlich vor dem Treffen in Moskau; nach vier Jahren der Trennung zu sehen, wie der eigene Bruder in einem Sarg ankommt, ist ein abscheulicher Gedanke. Ich fürchte, das alles wird die arme Mama so aufregen! Nun! Wir können nichts daran ändern, wir müssen wie immer Mut fassen und unser Kreuz geduldig tragen, wie Jesus Christus es uns aufgetragen hat. Aber manchmal ist es doch allzu schwer!

Ich wage eigentlich kaum, mich zu beklagen, der ich *so viel Glück* auf Erden gefunden habe, weil ich einen Schatz wie dich habe, meine geliebte Alix, und schon drei kleine Posaunenengel. Von ganzem Herzen danke ich Gott für all seinen Segen; indem er mir dich geschenkt hat, hat er mir das Paradies geschenkt, und das macht mein Leben leicht und glücklich. Mühen und vergängliche Sorgen kümmern mich nicht, solange ich dich an meiner Seite weiß. Vielleicht zeigt mein Gesicht es nicht, aber so empfinde ich es von Herzen. Unsere Gebete werden sich am Abend treffen (es sind nur zwei Nächte), vor allem morgen, an Olgas Namenstag.

Du kannst dir nicht vorstellen, mein süßer Liebling, was für ein seltsames Gefühl das ist, so nahe bei dir zu sitzen und gleichzeitig an dich zu schreiben. Ich gebe zu, ich habe geschwindelt, als ich dir sagte, dass ich an Victoria schreibe, aber ich glaube, du bist mir nicht böse, meine Süße. Wie schade, dass wir nicht mit der Barkasse ausfahren konnten, aber ich glaube, es war sicherer so, wegen des Windes und der ziemlich frischen Luft, und so konnten wir auch ein paar Stunden länger miteinander verbringen. Ich schreibe sehr schlecht, ich weiß nicht, ob ich in der Vergangenheit oder im Präsens schreiben soll.

Gott segne dich, meine Geliebte! Sei sicher, dass meine Gebete und Gedanken immer bei dir sind. Ich muss schließen, denn wir wollten ja Bézigue spielen. Gute Nacht, mein süßer Liebling Alix, meine Frau, meine Freude, mein Glück, mein Ein und Alles!
Gott segne dich und unsere lieben kleinen Töchter!
Immer dein treu ergebener und dich innig liebender Mann,
Nicky

Xenia: Tagebuch, 14. Juli, Peterhof

Ein Alptraum – der Tag der Bestattung unseres lieben, wunderbaren Georgy.

Der Gottesdienst begann um 11 Uhr. Mama setzte sich nicht ein einziges Mal hin, sondern stand die ganze Zeit über. Sie war sehr gesammelt und weinte nicht, aber abgrundtiefes Leid stand ihr ins Gesicht geschrieben. Als der Sarg in die Gruft hinabgelassen wurde, begann Mama, die mich fest an der Hand gehalten hatte, plötzlich zu taumeln, sank mir in die Arme (mit weit geöffneten Augen, aber ohne irgendetwas zu sehen) und sagte mit deutlich vernehmbarer Stimme: »Nach Hause, lass uns nach Hause gehen, ich halte es nicht mehr aus«, dann riss sie sich von mir los!

Nicky bekam sie von einer Seite zu packen, aber sie drängte weiter vor und versuchte, um jeden Preis an der Gruft vorbei ins Freie zu gelangen, was aber nicht möglich war, da die Gruft geöffnet war und kein Weg an ihr vorbeiführte. Sandro, der dabeistand, stützte Mama.

Nach kurzer Zeit brachte man eine Planke, damit wir hinübergehen konnten. Mama lief so schnell, dass wir kaum mit ihr Schritt halten konnten! Es war ein schrecklicher Alptraum, der mich mein ganzes Leben lang begleiten wird!

Ich hatte eine *schreckliche Angst* (wie auch alle übrigen Anwesenden): Ich dachte die ganze Zeit, sie würde in Ohnmacht fallen, was aber Gott sei Dank nicht passierte. Niemand von uns hatte auch nur die Zeit, unserem Georgy Blumen ins Grab zu werfen!

In der Kutsche weinte Mama schrecklich und drückte sich immer Georgys Hut an die Brust, den sie vom Sargdeckel weggerissen hatte! Es war schrecklich hart und grausam für uns, es mit ansehen zu müssen und nichts tun zu können, um ihr Leiden zu lindern!

Wir fuhren direkt zur Landungsbrücke, gingen an Bord der *Alexandria* und brachen umgehend nach Peterhof auf. Nicky, Olga und ich begleiteten Mama in der Kutsche und auf der Jacht. An Bord kam Mama allmählich wieder zu sich und wurde ruhiger. Ich saß die ganze Zeit bei ihr, während die anderen unter

Deck ihr Mittagessen einnahmen; man brachte uns auch etwas zu essen, aber Mama war nicht imstande, irgendetwas zu sich zu nehmen. Das Weinen tat ihr gut, und nach und nach ließ ihre Anspannung nach.

23. Juli: Ich traf Aprak.[5] Wir haben uns lange unterhalten. Sie ist entsetzt (wie sie mir sagte) über das, was man sich erzählt, und überhaupt über die Spekulationen, die durch die Proklamation ausgelöst worden sind! Gott allein weiß, was man sich alles erzählt, und die arme Alix wird beschuldigt, sie wolle nicht, dass Mischa zum Thronfolger gemacht oder als solcher bezeichnet wird.

KR: Tagebuch, 12. August, Pawlowsk

Ich bin, mit Wirkung ab 14. November, zum Leiter der militärischen Schulungseinrichtungen ernannt worden. In drei Monaten werde ich also das Kommando über das Regiment niederlegen müssen. Es tut mir in der Seele weh, wenn ich daran denke.

Xenia an Nikolaus: 11. Oktober, Ai-Todor

Den Krieg im Transvaal verfolgen wir mit allergrößtem Interesse. Wir stehen eindeutig hinter den Buren und wünschen ihnen jeden nur denkbaren Erfolg in diesem Krieg. Meiner Meinung nach *dürfte es wohl niemanden geben* (außer den Engländern!), der nicht auf ihrer Seite steht!

Nikolaus an Kaiserinwitwe Marie: 17. Oktober, Vaters Todestag, Wolfsgarten

Was ich von ganzem Herzen will, ist, das weiterführen, was der liebe Papa begonnen hat, zum Wohl und zur größeren Ehre unseres geliebten Russland.

Nikolaus an Xenia: 21. Oktober, Wolfsgarten

Meine liebe Xenia!
Alix und ich genießen die Zeit mit unseren Kindern hier in jeder Hinsicht. Das ruhige Leben hier hat ihre Schmerzen völlig verschwinden lassen, Gott sei Dank! Hoffentlich geht es im Winter nicht wieder los, wenn sie bei den verschiedenen Gelegenheiten und den Empfängen stehen muss.

Wie du und Sandro bin ich ganz mit Englands Krieg gegen Transvaal beschäftigt, jeden Tag lese ich alle Einzelheiten in den englischen Zeitungen, von der ersten bis zur letzten Zeile, und diskutiere meinen Eindruck dann mit den anderen bei Tisch. Ich bin froh, dass Alix darüber ganz so denkt wie ich; sie ist natürlich unglücklich über die Verluste an englischen Offizieren – aber was soll man machen, es ist eben Krieg!

Jetzt muss ich schließen. Leb wohl, meine liebe Xenia. Ich umarme dich zärtlich, ebenso Sandro und die lieben Kinder, auch das kommende vierte! Wann denkst du, wirst du in Petersburg sein?
Christus sei mit dir.
Dein dich sehr liebender alter Nicky

KR: Tagebuch, 24. Oktober, St. Petersburg

Ich unterhielt mich mit Sergej [Michailowitsch]. Wir bedauerten die Unentschlossenheit des Kaisers, der eine so klare und richtige Sicht der Dinge hat, aber so leicht äußeren Einflüssen erliegt.

Nikolaus an Königin Victoria: 5. November, Wolfsgarten

Meine liebste Großmama,
entschuldige, dass ich deinen lieben Brief noch nicht beantwortet habe; ich danke dir sehr dafür. Auch für die Freundlichkeit,

die du meinem Bruder Mischa erwiesen hast, der, wie ich höre, nach Dänemark zurückgekehrt ist und von seinem Aufenthalt in Schottland absolut begeistert war.

Ich kann dir nicht sagen, wie oft ich in Gedanken bei dir bin, weil ich weiß, wie angespannt du wegen des Krieges im Transvaal sein musst, und wegen der schrecklichen Verluste, die deine Truppen schon haben hinnehmen müssen. Gott gebe, dass es bald zu einer Lösung kommt!

Unser Aufenthalt hier war sehr angenehm, weil uns das Wetter ganz besonders wohlgesonnen war. Ernie und Ducky sehen so *glücklich* und gesund aus!

Letzte Woche haben wir den Großherzog und die Großherzogin von Baden besucht, die uns äußerst liebenswürdig und freundlich empfingen. Wir waren zum ersten Mal dort und fanden es sehr hübsch.

Leider müssen wir das liebe Wolfsgarten in zwei Tagen verlassen, und auf dem Heimweg werden wir für ein paar Stunden Halt machen, um Wilhelm in Potsdam zu besuchen. Dann werden wir zu einem Jagdplatz - Skernewitze - in Polen reisen und haben die Absicht, dort eine Woche zu bleiben. Am 16. November hoffen wir wieder zu Hause in Zarskoje zu sein.
Alix und ich senden dir unsere liebsten Grüße. Ich verbleibe, liebste Großmama, stets dein dich liebender und ergebener Enkel
Nicky

Xenia an Nikolaus: 9. November, Ai-Todor

Es tut gut zu wissen, dass *wir alle* dieselbe Meinung über den Transvaal haben! Gott stehe den Buren bei bis zum Ende, aber es wird hart für sie werden, die armen Kerle, wenn die Engländer Verstärkungstruppen anfordern.

Ich bin sehr froh, dass es euch im Ausland so gut gefallen hat, dass ihr euch richtig erholt habt und dass Alix wohlauf ist. Sie muss jetzt sehr vorsichtig sein und sollte alles unterlassen, was sie anstrengt, vor allem zu langes Stehen, damit sie nicht wieder ihre schrecklichen Schmerzen bekommt. Und ausgerechnet jetzt beginnt die anstrengendste Zeit - Paraden, Empfänge usw., zu dumm!

KR: Tagebuch, 21. Dezember, St. Petersburg

Gestern war Neujahr im Ausland und *auf Anordnung* des Kaisers von Deutschland der Beginn des 20. Jahrhunderts.

Dabei wäre es doch wohl korrekter, das neue Jahrhundert mit dem 1. Januar 1901 beginnen zu lassen.

Anmerkungen 1899

1 KR berichtet später, dass sie eine Vorstellung besuchten und sehr angetan waren. Nikolaus schlug vor, den gesamten *Hamlet* im folgenden Winter im Eremitage-Theater aufzuführen.

2 Englischer Botschafter in Berlin.

3 Der russische Gesandte in Berlin.

4 Alix' Entbindung.

5 Prinzessin Alexandra Alexandrewna Obolenskaja, Hofdame von Kaiserinwitwe Marie und Freundin von Xenia.

1900–1903

Nikolaus:	Zar von Russland
Alexandra:	seine Frau, Zarin von Russland
Kaiserinwitwe Marie:	Nikolaus' Mutter
Xenia:	Großfürstin, Nikolaus' Schwester, verheiratet mit Sandro
Sandro:	Großfürst Alexander Michailowitsch
Ella:	Großfürstin Elisabeth, Alexandras ältere Schwester
Olga (Schwester):	Großfürstin Olga Alexandrowna, Nikolaus' jüngste Schwester, genannt ›Baby‹
KR (Kostia):	Großfürst Konstantin Konstantinowitsch, Nikolaus' Cousin
Anastasia:	vierte Tochter von Nikolaus und Alexandra
Wilhelm II.:	Deutscher Kaiser, Nikolaus' Cousin
Fürst Felix Jussupow:	die Fürsten Jussupow waren Freunde der Kaiserlichen Familie

Eulalia:	spanische Infantin
Graf Witte:	russischer Finanzminister
Kavalleriehauptmann Garardi:	Dienst habender Offizier in Sarow
Aprak:	Fürstin Alexandra Alexandrewna Obolenskaja, Hofdame von Kaiserinwitwe Marie und Freundin von Xenia

1900
Warten auf ein Wunder

Nikolaus gratuliert KR zu seiner neuen Funktion – Nikolaus und Alexandra verbringen die Karwoche in Moskau – Tante Michen (Maria Pawlowna) versucht, für ihre Tochte Hélène einen Mann zu finden – Alexandra erwartet ihr viertes Kind – Nikolaus erkrankt auf der Krim an Typhus

Nikolaus an KR: 4. März, St. Petersburg

Lieber Kostia,
wie versprochen, möchte ich dich wissen lassen, dass deine Ernennung morgen, am Sonntag, bestätigt wird. Glaube mir, niemand hat mehr Mitleid oder teilt deinen geheimen Kummer darüber, dein geliebtes Regiment zu verlassen, so sehr mit dir, wie ich es tue.
Möge Gott dir allen Erfolg in deiner neuen Stellung gönnen.
Du kannst in allem jederzeit auf mich zählen, deinen treu ergebenen Nicky

Nikolaus an Kaiserinwitwe Marie: 5. April, Moskau

Meine liebe Mama,
vergib mir, liebe Mama, dass ich dir zu Ostern nichts geschickt habe, aber Fabergé hat dein Geschenk hierher gesandt, weil man dachte, du würdest nach Gatschina zurückkehren!
Von ganzem Herzen: Christ ist erstanden! Ich umarme dich und die gesamte Familie.
Dein Nicky, der dich innig und von ganzem Herzen liebt.

Nikolaus an Xenia: 5. April, Kreml, Moskau

Meine liebe Xenia!
Ich kann dir nicht die Gefühle beschreiben, die ich hier seit dem Beginn der Karwoche durchlebe, aber ich kann dir versichern, erst jetzt habe ich erkannt, was das wirklich heißt: zu *fasten*. Alix teilt meine Gefühle vollständig, was mich sehr freut. Wir gehen morgens und abends in verschiedene Kirchen innerhalb der Türme; die Gottesdienste in diesen alten Kirchen rufen ein Gefühl der Verzauberung hervor.

Wir mögen vor allem eine ganz kleine – die Kirche der Erhebung des Kreuzes, die Lieblingskirche von Zar Alexej Michailowitsch. Alle Ikonen sind hinter Glas, denn sie wurden von seinen Töchtern auf Seide gestickt. Wir gehen jeden Abend allein mit Ella und Onkel Sergej dorthin, es gibt keinen Platz für mehr Menschen; die Sänger stehen draußen.

Gestern spazierten wir an den Kremlmauern entlang und gingen in die alte Verkündigungskirche im Turm gegenüber unseren Fenstern. Wir nutzten die Gelegenheit, die wundertätige Ikone zu küssen, die von einer Menge Lampen umgeben ist, und als Ella sich zu ihr hinbeugte, fing ihr Hut an einer der Lampen Feuer. Sie drehte ihren Kopf in alle Richtungen, aber das nützte nichts. Sie wurde rot, wir brachen in Gelächter aus, konnten aber nicht helfen, denn der Priester stand zwischen ihr und uns und erzählte weiter über die Kirche. Endlich, mit viel Anstrengung, konnte Trepow[1] sie befreien und vor allem auch die Lampe stabilisieren, die drohte, auf sie niederzutropfen. Sie kam mit uns aus der Kirche, ganz rot und mit zerzaustem Haar. Alle lächelten und verneigten sich.

Und nun leb wohl, meine liebe Xenia. Ich umarme dich, Sandro und die lieben Kinder. Christ ist erstanden!

Dein dich innig liebender Bruder,

Nicky

Kaiser Wilhelm II. an Nikolaus: 24. April, Berlin

Bester Nicky,

in aller Eile schreibe ich diese kurzen Zeilen, um dir von ganzem Herzen für deinen freundlichen, lieben Brief zu danken, den du mir liebenswürdigerweise über Kostia hast zukommen lassen.

Allerdings, ich erinnere mich sehr wohl daran, wie du mündig erklärt wurdest, und an die Zeremonien, die aus diesem Anlass stattfanden! Wie tapfer du damals deinen Eid sprachst und wie tief gerührt dein lieber Vater war, als er dich anschließend umarmte! Wie die Zeit doch vergangen ist! Heute bist auch du Herrscher eines großen Reiches und hast Kinder, und ich habe einen erwachsenen Sohn!

Stets dein ergebenster Cousin und Freund,

Willy

Nikolaus an Königin Victoria: 7. Mai, Gatschina

Liebste Großmama,
ich kann dir gar nicht sagen, wie gerührt ich war, am Vorabend meines Geburtstages deinen lieben Brief zu erhalten. Ich danke dir von ganzem Herzen für all die Liebe und große Freundlichkeit, die du mir erweist. Lass mich dir ebenfalls alles nur mögliche Glück und gute Gesundheit zu deinem lieben Geburtstag wünschen. Ich fürchte, dieser Brief wird dich nicht rechtzeitig erreichen, aber bisher hatte ich noch keinen einzigen freien Augenblick, um zu schreiben.

Alix und ich haben uns beide sehr gefreut, dass dein Besuch in Irland ein so großer Erfolg war. Ich hoffe nur, er hat dich nicht zu sehr erschöpft!

Wir waren beide begeistert von unserem Aufenthalt in Moskau; die drei Wochen, die wir dort verbracht haben, erscheinen uns nun wie ein angenehmer Traum, und alles ging so gut vonstatten.

Es war eine Freude, Sergej und Ella hier zu haben, die wir sonst im Allgemeinen nur zweimal im Jahr treffen, und dann nur für kurze Zeit.

Ich hoffe, du hast jetzt weniger Sorgen wegen des Krieges. Die *Scots Greys* haben zu meinem Geburtstag ein Telegramm aus Kronstadt gesandt, was mich erstaunt und gleichzeitig sehr gefreut hat.

In deinem Brief hast du die Möglichkeit erwähnt, sich dieses Jahr zu treffen. Wir haben immer noch den Wunsch, nach England zu kommen und dich zu besuchen. Aber diesen Sommer und Herbst sind wir wohl, fürchte ich, von dem ermüdenden Schah von Persien und von Manövern in verschiedenen Teilen Russlands in Beschlag genommen. Aber wenn es eine Möglichkeit gibt, dich zu besuchen, werden wir es gern tun.

Noch einmal vielen Dank und gute Wünsche zum Geburtstag, liebste Großmama.

Stets dein dich sehr liebender Enkel
Nicky

KR: Tagebuch, 24. Mai, St. Petersburg

Von Minnie [Kaiserinwitwe Marie] hörte ich, welche Anstrengungen Maria Pawlowna unternimmt, um ihre Tochter Elena[2] unter die Haube zu bringen. Nach dem Scheitern ihrer Ehe mit Max [von Baden] suchen sie verzweifelt nach einem neuen Mann für sie. Ihre Wahl fiel auf Albert von Belgien, aber der schien nicht besonders angetan zu sein. Deshalb schrieb M. P. an den Kaiser und bat ihn, den König von Belgien im Sommer nach Peterhof einzuladen; Elena ihrerseits erklärte der jungen Kaiserin in einem Brief, von dieser Einladung hänge ihre ganze Zukunft ab. Zu ebendieser Zeit gab Albert von Belgien seine Verlobung mit einer bayerischen Prinzessin bekannt, worauf Michen dem Kaiser telegrafierte, es sei nicht mehr nötig, den König einzuladen.

Alexandra an Nikolaus: 23. Juni, Peterhof

Mein geliebter Schatz,
gleich heute muss ich dir einen Brief schreiben. Es war furchtbar, dich ganz allein abreisen zu lassen, und als ich von der Bahnstation nach Hause zurückfuhr, hatte ich einen grässlichen Kloß im Hals, und meine Augen waren verdächtig feucht. Deshalb bin ich direkt in die kleine Kirche gegangen, und nachdem ich für meinen Liebsten gebetet hatte, wurde ich sehr viel ruhiger. Der Gottesdienst dauerte nur eine ... Stunde.

Wärst du dabei gewesen, ich glaube, wir wären gestorben, denn es waren nur drei Männer da, die sangen, ein Gärtner, glaube ich, und ein Laternenanzünder. Jeder sang für sich selbst und in einer anderen Tonart. Es war eine Qual für die Ohren; und der hiesige Diakon hat eine unmögliche Stimme, sodass ich kein einziges Bibelwort verstand außer »Martha ...«. Das Gewand des Priesters war viel zu kurz, sodass seine riesigen schwarzen Stiefel unten hervorschauten – aber ich konnte nicht einmal darüber lachen. Ich war viel zu ernst und betete von ganzem Herzen für dich.

Auf dem Heimweg traf ich die Kinder und bin mit ihnen zu Fuß nach Hause gegangen. Ach, mein Süßer, wie ich dich vermisse! Diese abgrundtiefen Augen, wohin sie jetzt wohl blicken? »Ich liebe dich, ich liebe dich, ist alles, was ich sagen kann«, und ohne dich zu sein, ist wirklich schrecklich, mein geliebter Nicky! Mein einziger Trost sind unsere zauberhaften kleinen Mädchen.

Dein Telegramm aus Luga hat mich zu glücklich gemacht, und ich küsse dich dafür von ganzem Herzen. Jedes Wort von dir ist ein solcher Trost für mein einsames Herz. Ich habe mich so daran gewöhnt, meinen Huzy in meiner Nähe zu haben, dass ich es nicht ertragen kann, ohne ihn zu sein. Könntest du nur meinen Teetisch sehen! Ein winziger Tisch mit einem Glas Milch, Erdbeeren und ein paar Biskuits. Jetzt muss ich schnell nach den Kindern läuten, und bevor dann der Zahnarzt kommt, will ich diesen Brief beenden.

Ich bin zu deinem Zimmer gegangen, um zu sehen, ob irgendwelche Papiere für dich gekommen sind, und fand die Tür verschlossen, aber der Schlüssel steckte: ein scheußlich trostloser Anblick. Ich habe ihnen gesagt, sie sollen alle für dich bestimmten Papiere dorthin bringen, und ich werde sie dann ordentlich auf den Stuhl neben deinem Schreibtisch legen. Einverstanden?

Die Kinder habe ich nur mit großen Schwierigkeiten und unter vielen Tränen aus meinem Zimmer bekommen, denn sie wollten unbedingt sehen, wie der Zahnarzt an meinen Zähnen arbeitet, und Olga wollte bei mir schlafen. Aber jetzt muss ich den Federhalter niederlegen und gehen.

Gute Nacht, mein geliebter, süßester Gemahl.

Gott segne und beschütze dich, mögen heilige Engel über dich wachen und dir beistehen – ich bedecke dein liebes Gesicht mit Küssen: Stirn, Augen und Mund.

Stets dein dich zärtlich liebendes kleines Frauchen

Alix

Nikolaus an Alexandra: 24. Juni, Cholm

Meine geliebte, teure Süße,
ich kann nicht glauben, dass wir getrennt sind, und ein paarmal habe ich mich dabei ertappt, dass ich in dein Abteil gegangen bin, um zu sehen, was du tust. Mein Liebling, wie ich dich liebe!

Wie entsetzlich ich dich vermisse und mich danach sehne, dein geliebtes Gesicht zu sehen und mit Küssen zu bedecken.

In zwei Tagen, so Gott will, können wir einander wieder in die Arme schließen. Ich warte begierig auf einen Brief von dir, nachdem du gekabelt hast, dass du täglich schreibst.

KR: Tagebuch, 7. August, St. Petersburg

Nicky [von Griechenland] hat einen langen Ausritt mit Elena unternommen; er mag sie, so wie sie ihn, aber Maria Pawlowna hat ihre Tochter deswegen zurechtgewiesen und Georgy gesagt, Nicky solle sich Elena aus dem Kopf schlagen – er hätte weder Aussicht auf einen Thron noch Besitz. Dabei passen sie und Nicky hervorragend zusammen. Ich habe gehört, dass Michen davon träumt, ihre Tochter mit dem Thronfolger zu vermählen, Elenas Cousin ersten Grades; sie scheint sich tatsächlich vorzustellen, dass das geduldet würde.

Nikolaus an Kaiserinwitwe Marie: 10. Oktober, Livadia

Die Kinder sind sehr gewachsen, und die Kleine läuft schon sehr schön, fällt aber oft, weil ihre Schwestern sie schubsen und überhaupt herumschieben, wenn man nicht aufpasst. Im Kinderzimmer geht mit der Nanny und den Kinderschwestern alles reibungslos – jetzt herrscht Friede, verglichen mit der unseligen Vergangenheit.

Xenia: Tagebuch, 26. Oktober, Ai-Todor

Gegen 14.30 Uhr fuhr ich nach Livadia. Sandro begleitete mich bis Oreanda, wo er Witte treffen wollte, und stieg dort aus.

Als ich eintraf, erfuhr ich zu meiner Überraschung, dass Nicky mit einer Erkältung im Bett liegt. Gestern Abend hatte er 38,8 Grad, heute Morgen 38,2, und während meines Besuchs sank die Temperatur auf 37 Grad. Alix lag in einem Morgenrock auf dem Bett, da sie ja ständig kränkelt. Ich sprach mit Girsch [Leibarzt des Zaren], der mir sagte, es wäre nichts an den Lungen, aber die Milz wäre angeschwollen. Nicky klagt über Schmerzen in den Oberschenkeln, und außerdem zittert ihm der Kopf. Ich saß mit ihnen zusammen, und wir unterhielten uns. Es war sehr lustig, sie beide im Bett liegen zu sehen!

Graf Witte: Memoiren

Seine Majestät der Kaiser erkrankte in Jalta an Typhus und lag vom 1. bis zum 28. November darnieder. Während der Krankheit des Kaisers, die in seiner Entourage für große Aufregung sorgte, trug sich folgende Begebenheit zu:

Eines Tages, als es dem Kaiser nach Aussage seiner Ärzte äußerst schlecht ging, bat mich Innenminister Sipiagin telefonisch zu sich. Kaum war ich bei ihm eingetroffen, wurde die Frage aufgeworfen, was zu tun sei, falls die Katastrophe einträfe und der Kaiser stürbe. Wie sei in einem solchen Falle die Thronfolge zu regeln?

Die Frage überraschte mich einigermaßen, und ich antwortete, meiner Meinung könne gar kein Zweifel daran bestehen, dass Großfürst Michail, der ja bereits zum Thronfolger proklamiert worden sei, in diesem Falle folglich sofort den Thron besteigen würde.

Hierauf gab man mir zu verstehen, dass die Kaiserin möglicherweise schwanger sei, sie also einen Sohn zur Welt bringen könnte, der natürlich einen Anspruch auf den Thron hätte. Ich erwiderte, dass die Gesetze, welche die Thronfolge regeln, einen solchen Umstand nicht in Betracht ziehen und es auch gar nicht könnten, da ja, selbst wenn die Kaiserin schwanger wäre, niemand das Ergebnis vorhersagen könne. Nach den Buchstaben des Gesetzes würde Großfürst Michail umgehend den Thron besteigen.

Da fragte mich der alte Großfürst Michail Nikolajewitsch: »Gut, aber was wäre, wenn Ihre Majestät ein paar Monate später einen Sohn zur Welt bringen würde?«

Ich antwortete, meiner Kenntnis nach sei Großfürst Michail ein – im besten Sinne des Wortes – so aufrechter und nobler Mann, dass er selber zugunsten seines Neffen auf den Thron verzichten würde, falls es ihm nützlich und richtig erschiene. Schließlich stimmten alle mit mir überein, und es wurde beschlossen, Ihre Majestät privat über unser Treffen zu informieren.

Ein paar Tage später traf ich mich mit General Kuropatkin, der gerade aus dem Palast von Livadia kam, zum Mittagessen. Nach der Mahlzeit, als wir unter vier Augen waren, sagte General Kuropatkin zu mir: »Bitte erzählen Sie mir doch von dem Treffen, das Sie hatten.«

Das tat ich.

Er warf sich in eine tragische Pose, sprang auf, schlug sich auf die Brust und rief mit lauter Stimme aus: »Ich werde meiner Kaiserin zur Seite stehen!«

Xenia: Tagebuch, 27. Oktober, Ai-Todor

Der ärmste Nicky liegt im Bett, er hat die ganze Nacht nicht geschlafen, weil ihn der Rücken schrecklich schmerzt. Am Morgen betrug seine Temperatur 38,2 Grad – tagsüber stieg sie sogar auf 38,7. Seine Augen sind müde und matt! Girsch sagt, es wäre Influenza!

Gott sei Dank hat er nichts an den Lungen und auch sonst nichts. Arme Alix – sie wirkt sehr erschöpft.

29. Oktober: Später fuhr ich nach Livadia und schaute kurz bei Nicky rein. Der Hals tut ihm hinten schrecklich weh, und er weiß gar nicht, wo er den Kopf hindrehen soll. Die ganzen Schmerzen sind aus Rücken und Beinen nach oben gewandert, und er leidet furchtbar.

Die arme Alix hat ihre eigene Krankheit teilweise vergessen und bewegt sich jetzt viel mehr. Girsch beharrt darauf, dass es kein Typhus ist (wir haben ihn gefragt).

Girsch hat Nicky gebeten, er möge noch jemand anderen hinzuziehen, damit alle beruhigt sind – man beschloss, [Doktor] Tichonow zu rufen.

31. Oktober: Wir fuhren sofort nach Livadia. Unterwegs trafen wir Tichonow, der uns erzählte, es hätten sich verschiedene Typhussymptome entwickelt, und sie seien jetzt fast sicher, dass es Typhus sei! In Livadia befragten wir sofort Girsch. Kaum zu glauben, dass aus Influenza plötzlich Typhus werden soll! Mit Alix' Zustimmung wurde Professor Popow gerufen; Sandro und ich aßen unten allein zu Mittag; kurze Zeit später kam [Graf] Fredericks, er raufte sich die Haare und sagte, er sei in einer schrecklichen Lage, jeder wolle Neuigkeiten von ihm hören, aber er dürfe ja niemandem irgendetwas sagen. Er bat uns, Alix dazu zu bewegen, ein Bulletin herausgeben zu lassen, was uns auch gelang. Sie schloss sich unserer Meinung an, dass es nichts Schlimmeres gibt, als wenn man versucht, Dinge zu verheimlichen!

Wir telegrafierten der armen Mama. Gott sei Dank ist Alix gefasst. Wir saßen eine Weile mit ihr zusammen. Wir sahen auch Nicky ganz kurz – aber es war so dunkel in den Räumen, dass ich ihn kaum erkennen konnte. Seine Stimme klang gut.

8. November: Nicky hat wieder schlecht geschlafen und ist nicht auf der Höhe, seine Schwäche hat zugenommen, und er wird immer gereizter. Seine Temperatur betrug morgens 38,1 Grad, nachmittags 38,5; armer Nicky – jetzt beginnt die schlimmste Phase.

13. November: Tichonow rief Sandro gegen 6 Uhr von Livadia aus an. Sie sind beunruhigt, dass Nicky nur 36 hat, aber der Puls ist gut, 66. Sie fürchten eine *Blutung*, Gott bewahre uns davor! *Es ist so schrecklich*, Gott hilf uns, rette unseren Nicky!

Nikolaus an Kaiserinwitwe Marie: 24. November, Livadia

Über meine kleine Frau kann ich nur sagen, dass sie mein Schutzengel war und besser für mich gesorgt hat als jede Barmherzige Schwester!

Ella an Nikolaus: 2. Dezember, Moskau, Postkarte

Dir lieber Nicky die herzlichsten Wünsche von Sergej und mir. Gott segne das neue Jahr und schenke dir Gesundheit und Freude.

KR: Tagebuch, 18. Dezember, St. Petersburg

Ich hatte die unerwartete Freude, einen Brief des Zaren aus Livadia zu erhalten. Er sagt, dass es der Kaiserin, die ihn während seiner Krankheit wie eine Schwester umsorgte, blendend geht, und auch er selbst fühlt sich nach seinem Typhus sehr viel besser.

31. Dezember: Bald ist es Mitternacht. Der Beginn eines neuen Jahres und eines neuen Jahrhunderts. Herr, gib mir Verstand und Kraft für die Zukunft!

Anmerkungen 1900

1 Der Moskauer Polizeichef.

2 Elena (oder Hélène) vermählte sich schließlich mit Nikolaus, dem dritten Sohn Georgs von Griechenland (Georgy) und Olgas von Russland. Marina, ihre jüngste Tochter, heiratete George (später Herzog von Kent), einen Sohn von König George V.

1901
Großmamas Tod, Anastasias Geburt

Königin Victoria stirbt – Nikolaus schreibt wegen des Burenkriegs an Edward VII. – Eine vierte Tochter kommt zur Welt: Anastasia – Nikolaus und Alexandra geraten unter den Einfluss von Monsieur Philippe – Nikolaus inspiziert die deutsche Flotte – Ernie und »Ducky« lassen sich scheiden

Xenia: Tagebuch, 9. Januar, St. Petersburg

Die arme Königin ist heute [22. Januar in England] um 7 Uhr abends gestorben! Welch ein Kummer für ganz England und die arme Familie, vor allem für Tante Alix und Onkel Bertie!

Die Königin war alles, was an England das Beste ist, sie wurde richtig geliebt und hatte einen ungeheuren Charme! Mama erhielt zwei Telegramme von Tante Alix hintereinander; im ersten hieß es noch, es ginge ihr wohl ein wenig besser, das zweite informierte uns über ihren Tod. Die arme Tante Alix ist ganz verzweifelt!

Für die arme Alix tut es mir schrecklich Leid. Sie hat ihre Großmutter über alles geliebt!

Nikolaus an König Edward VII.: 16. Januar, Winterpalais, St. Petersburg

Liebster Onkel Bertie,

ich kann Mischa nicht nach London fahren lassen, ohne dir ein paar Zeilen zu schreiben, die dir sagen, wie sehr wir alle mit dir den schrecklichen Verlust empfinden, den du erlitten hast. Meine Gedanken sind jetzt oft bei dir und der lieben Tante Alix, ich kann so gut verstehen, wie schwer diese Veränderung in eurem Leben sein muss, nachdem ich dasselbe vor sechs Jahren durchgemacht habe. Ich werde nie eure Freundlichkeit und das zarte Mitgefühl vergessen, dass ihr Mama und mir damals während eures Aufenthalts hier erwiesen habt.

Es ist schwierig, sich vorzustellen, dass die liebe Großmama von dieser Welt abberufen worden ist. Sie war so außerordentlich freundlich und rührend zu mir, seit dem ersten Mal, als ich sie sah, als ich zur Hochzeit von George und May nach England kam.

Ich habe mich sehr zu Hause gefühlt, als ich in Windsor und später in Schottland in ihrer Nähe war, und ich brauche wohl nicht zu sagen, dass ich ihr Andenken immer in Ehren halten

werde. Ich bin ganz sicher, dass mit deiner Hilfe, lieber Bertie, die freundschaftlichen Beziehungen zwischen unseren beiden Ländern noch enger werden als in der Vergangenheit, trotz der gelegentlichen kleinen Reibereien im Fernen Osten. Möge das neue Jahrhundert England und Russland im beiderseitigen Interesse und zugunsten des Friedens in der ganzen Welt zusammenbringen.
Bitte richte der lieben Tante Alix und den Kusinen meine allerbesten Grüße aus; ich verbleibe, mein liebster Bertie, stets dein ergebener Neffe und Freund,
Nicky

KR: Tagebuch, 23. Februar

Ich wurde gebeten, doch zum Mittagessen zu bleiben; der Empfang zog sich in die Länge, und die Kaiserin musste 20 Minuten lang auf den Kaiser warten. Sie sieht sehr schön aus, und trotz ihrer Schwangerschaft fühlt sie sich großartig, im Unterschied zu den letzten Malen; umso mehr hoffen jetzt alle, dass es diesmal ein Sohn werden wird.

Nikolaus an König Edward VII.: 22. Mai, Peterhof

Privat
Mein lieber Onkel Bertie,
lass mich noch einmal meine Freude über dein glückliches Entkommen aus den Schwierigkeiten mit der *Shamrock* ausdrücken. Wenn man die Einzelheiten in den Zeitungen gelesen hat, kann man sich nur wundern, dass niemand an Bord verletzt wurde. Bitte vergib mir, dass ich dir in einer sehr delikaten Angelegenheit schreibe, über die ich seit Monaten nachdenke. Aber mein Gewissen verpflichtet mich, endlich offen zu sprechen. Es geht um den Krieg in Südafrika, und was ich sage, sage ich nur als dein liebender Neffe.

Du erinnerst dich natürlich, wie zu der Zeit, als der Krieg ausbrach, überall in der Welt ein starkes Gefühl der Feindseligkeit gegen England aufkam. In Russland war die Empörung der Menschen ähnlich wie in anderen Ländern. Ich erhielt Mengen von Schreiben, Briefen, Telegrammen etc., in denen man mich bat, einzugreifen, sogar mit starken Maßnahmen. Aber es ist mein Prinzip, mich nicht in anderer Leute Angelegenheiten einzumischen, vor allem hier, wo es nicht mein eigenes Land betraf.

Aber all dies drückte mich moralisch doch sehr nieder. Ich wollte der lieben Großmama oft schreiben und sie ganz unter uns fragen, ob es eine Möglichkeit gebe, den Krieg in Südafrika zu beenden. Aber ich habe ihr nie geschrieben, weil ich sie nicht verletzen wollte und hoffte, es würde bald enden.

Als Mischa im Winter nach England reiste, dachte ich daran, ihm in derselben Angelegenheit einen Brief an dich mitzugeben, aber dann fand ich es besser, zu warten und dich in dieser traurigen Zeit nicht zu belästigen. In ein paar Monaten sind es zwei Jahre, dass die Kämpfe in Südafrika andauern – und mit welchem Ergebnis?

Ein kleines Volk verteidigt verzweifelt sein Land, ein Teil des Landes ist verwüstet, die Familien sind in Lagern zusammengepfercht, die Farmen verbrannt.

Natürlich sind solche Dinge im Krieg immer vorgekommen und werden auch immer geschehen; aber in diesem Fall, verzeih mir den Ausdruck, sieht es mehr wie ein Vernichtungskrieg aus. Traurig zu denken, dass es Christen sind, die da gegeneinander kämpfen!

Wie viele prächtige junge Engländer sind dort schon umgekommen! Sehnt sich dein freundliches Herz nicht danach, diesem Blutvergießen ein Ende zu bereiten? Ein solcher Akt würde auf der ganzen Welt mit Freude begrüßt werden.

Ich hoffe, du nimmst es mir nicht übel, dass ich eine so delikate Frage angesprochen habe, lieber Onkel Bertie, aber du kannst ganz sicher sein, dass mich ein Gefühl tiefer Freundschaft und Ergebenheit geleitet hat, als ich dir schrieb.

Ich verfolge Georgies Reise mit größtem Interesse und bin so froh, dass er an Bord meines Kreuzers gewesen ist.

Gott sei Dank nimmt die Krankheit unserer kleinen Olga einen normalen Verlauf.

Mit besten Grüßen, auch von Alix, verbleibe ich, lieber Onkel, dein dir zugeneigter Neffe,
Nicky

Olga [Nikolaus' Schwester]: Memoiren

Ich kann mich noch gut daran erinnern, wie Onkel Bertie, in stoischer Gelassenheit eine Zigarre paffend, vor seinem Hotel saß, während Horden von Deutschen um ihn herumstanden und ihn mit einer Mischung aus Ehrfurcht und Neugier begafften.

»Wie hältst du das nur aus, Onkel Bertie?«, fragte ich ihn eines Tages.

»Wieso?«, entgegnete der König. »Mir macht es ebenso viel Spaß, sie anzustarren, wie ihnen, mich anzustarren.«

Nikolaus: Tagebuch, 5. Juni, Peterhof

Um etwa 3 Uhr morgens setzten bei Alix starke Wehen ein. Um 4 Uhr stand ich auf, ging in mein Zimmer und zog mich an. Um genau 6 Uhr morgens wurde *eine kleine Tochter – Anastasia* geboren. Alles verlief wunderbar, recht schnell und Gott sei Dank ohne Komplikationen! Da das Ganze begann und endete, während alles noch schlief, hatten wir das Gefühl von Ruhe und Einsamkeit! Später setzte ich mich hin, um Telegramme an Verwandte und Freunde in verschiedenen Teilen der Welt zu schreiben. Um 11 Uhr hielt Janischew das Dankgebet. Um 3 Uhr fand in unserer Kirche ein Te Deum statt. Mama kam aus Gatschina herüber. Machten einen kurzen Spaziergang. Nach dem Tee fuhr Mama wieder ab. Glücklicherweise war Alix ganz vergnügt. Die Kleine wiegt 11 Pfund und ist 55 cm lang. Ging früh zu Bett.

Xenia: Tagebuch, 5. Juni, Sebastopol, an Bord der Jacht *Tamara*

Alix fühlt sich fantastisch! – Aber, mein Gott, was für eine Enttäuschung! ... Ein viertes Mädchen! Sie haben sie Anastasia genannt. Mama schickte mir ein Telegramm mit der Nachricht. Sie schreibt: »Alix hat schon wieder eine Tochter zur Welt gebracht!«

KR: Tagebuch, 6. Juni, Strelna

Die neugeborene Großfürstin Anastasia erblickte um 6 Uhr früh das Licht der Welt, die Geburt verlief normal und dauerte drei Stunden, das Baby ist ziemlich groß. Vergib uns, Herr, wenn wir alle statt Freude Enttäuschung empfanden; wir hatten so sehr auf einen Jungen gehofft, und jetzt ist es eine vierte Tochter.

Nikolaus: Tagebuch, 10. Juli, Zarskoje Selo

Kamen um 12 Uhr von Peterhof zurück. Aßen allein zu Mittag und zu Abend. Am Nachmittag ging ich Mama besuchen. Haben gespielt (Karten). Wir verbrachten den ganzen Abend bei Renella; M. Philippe[1] sprach und gab uns Anweisungen. Was für wunderbare Stunden.

11. Juli: Die gesamte nähere Familie kam zum Mittagessen auf den Hof. Während dieser Zeit saß »unser Freund« [Philippe] bei Alix und sprach mit ihr. Wir stellten ihm unsere Töchter vor und beteten gemeinsam mit ihm im Schlafzimmer!

Machte mit Alix einen Besuch bei Mama, die den Garten das erste Mal ansah. Danach spielte ich Tennis.

Felix Jussupow: Memoiren

Die beiden Töchter des Königs von Montenegro, Großfürstin Militsa und ihre Schwester, Großfürstin Stana, spielten zu dieser Zeit eine führende Rolle am russischen Hof. Die erste heiratete den Großfürsten Pjotr Nikolajewitsch, die zweite den Fürsten Leuchtenberg und danach den Großfürsten Nikolaj Nikolajewitsch.

In St. Petersburg hießen diese beiden Prinzessinnen nur »die schwarze Gefahr«. Sie interessierten sich sehr für Okkultismus und umgaben sich mit Wahrsagern und fragwürdigen Propheten. Durch ihre Vermittlung erhielten ein französischer Scharlatan namens Philippe und später auch Rasputin Zugang zum Kaiserhof. Das Palais Znamenka,[2] in dem sie lebten, war der Mittelpunkt der Kräfte des Bösen.

Eines Tages, als mein Vater auf der Krim am Strand spazieren ging, begegnete er Großfürstin Militsa, die mit einem Fremden im Wagen fuhr. Mein Vater verneigte sich, aber sie reagierte nicht. Als er sie ein paar Tage später zufällig wiedertraf, fragte er sie, warum sie ihn geschnitten hätte. »Sie haben mich gar nicht sehen können«, sagte die Großfürstin, »denn ich war ja mit Doktor Philippe zusammen, und wenn er einen Hut trägt, dann ist er unsichtbar, ebenso wie diejenigen, die mit ihm zusammen sind.«

Eine der Schwestern der Großfürstin erzählte mir, als Kind habe sie sich einmal hinter einem Vorhang versteckt und gesehen, wie Philippe in das Zimmer gekommen sei; zu ihrer Überraschung seien alle niedergekniet und hätten ihm die Hand geküsst.

Nikolaus: Tagebuch, 13. Juli, Peterhof

Ein himmlisch warmer Tag. Hatten einen kleinen Empfang – 11 Leute. Wir aßen allein zusammen zu Mittag. Um 2.30 fuhren wir nach Znamenka und saßen bis 5 Uhr im Garten. »Unser Freund« begleitete uns. Bei unserer Rückkehr gingen wir sofort, um mit Mama Tee zu trinken. Badeten im Meer. Nach dem Abendessen verbrachten wir den Abend wieder alle gemeinsam in Znamenka.

17. Juli: Das Wetter war wunderbar, mit einer angenehmen Brise. Um 9 Uhr begann die allgemeine Parade; die Truppen im Hemd, wir im Jackett; das Ganze sah sehr schneidig aus. Der feierliche Vorbeimarsch endete um 11.30. »Unser Freund« war ebenfalls anwesend. Nach dem Abendessen verbrachten wir den ganzen Abend in Znamenka.

19. Juli: Gleich nach dem Abendessen eilten wir hinüber nach Znamenka. Wir saßen oben, denn Militsa war unpässlich. Wir hörten den ganzen Abend »unserem Freund« zu. Als wir nach Hause zurückkehrten, war wunderbarer Mondschein, und es war recht frisch.

20. Juli: Wunderbares Wetter. Der Prophet Elias besuchte uns heute nicht als Gewitter verkleidet! Alix folgte mir auf den Hof. Bald kamen auch alle aus Znamenka an, zusammen mit »unserem Freund«. Wir tranken Tee und gingen im Park spazieren. Um 6.15 kamen wir wieder nach Hause. Ging zum See schwimmen. Nach dem Diner gingen wir nach Znamenka und verbrachten einen letzten Abend mit »unserem Freund«. Wir beteten gemeinsam.

21. Juli: Wieder wunderbares Wetter. Wir gingen nach Znamenka und verbrachten eine letzte Stunde mit »unserem Freund«. Wir nahmen voller Traurigkeit Abschied von ihm. Um 5 Uhr reiste er nach Lyon ab.

Alexandra an Nikolaus: 27. August, Zarskoje Selo

Mein geliebter Schatz,
ich möchte, dass du diese Zeilen vorfindest, wenn wir getrennt sind, damit du merkst, dass dein Frauchen in deiner Nähe ist. Meine Gedanken und ernsthaften Gebete begleiten dich die ganze Zeit. Auch die von M. P[hilippe], wie ich weiß, und das *ist zumindest ein Trost für mich*, denn ansonsten wäre unsere Tren-

nung gar zu schrecklich. Die Vorstellung, von dir Abschied nehmen zu müssen, macht mich ganz unglücklich, aber gebe Gott, dass wir bald wieder vereint sind. – Deine süßen Küsse, wie werde ich mich nach ihnen sehnen. Es ist ein solches Glück für uns, dass wir immer zusammen sind, nur wird dadurch jede Trennung umso schmerzlicher.

Vergiss nicht, Samstagabend, gegen 22.30 Uhr – *alle unsere Gedanken* werden dann nach Lyon schweifen. Wie reich unser Leben doch geworden ist, seit wir ihn kennen, und alles scheint viel leichter erträglich.

Bitte, grüße Onkel Alexej, Onkel Willy und Onkel Henry[3] herzlich von mir. Liebster Nicky, wie ich dich liebe, es gibt *keine* Worte, um zu sagen, *wie* sehr. Dank dir, du lieber Engel, für all die Liebe, die du mir schenkst. Ich werde gut auf unsere vier Kleinen aufpassen, sie werden mein Trost sein, in dieser Hinsicht bin ich besser dran als du.

Ich liebe dich, ich liebe dich und bedecke dein geliebtes Gesicht mit den zärtlichsten, brennendsten Küssen. Gott segne und behüte dich und bewahre dich vor allem Übel. Ach, wie schrecklich, sich trennen zu müssen – leb wohl, Liebster, mein Nicky, mein geliebter Junge, an dem ich mit jeder Faser hänge.

Ich küsse dich, ich küsse dich, stets dein altes

Frauchen

Der Sonderbeauftragte des Innenministers

Report Nr. 257, Paris – Seiner Exzellenz, dem Direktor der Polizeiverwaltung

Ich habe die Ehre, Eurer Exzellenz folgenden Artikel aus der Zeitung *Le Temps* über Doktor Philippe zu übersenden:

»... Die Rollläden sind herabgelassen, und in Schatten gehüllt hat Philippe seinen Auftritt. Undeutlich kann ich einen großen Mann von langer, markanter Gestalt ausmachen. Er geht von einem Anwesenden zum anderen, nimmt ihn bei der Hand und sagt zu ihm:

Ich kann Ihnen nicht viel Zeit widmen, mein Freund, aber glauben Sie, und Sie werden geheilt. Dann flüstern ihm die Frauen etwas ins Ohr, als machten sie ihm eine Liebeserklärung. Er blickt sie mit einem Lächeln an, und sie scheinen zu ihm emporzuwachsen, als hebe er sie an und lasse sie über dem Boden schweben. Wenn ihm ein Kind präsentiert wird, tätschelt er ihm freundlich die Wange.

Dann kommt der große Augenblick! Philippe hält eine Ansprache. Die Welt, sagt er, war einmal ein Feuerball! Dann äußert er einige sehr unbequeme Dinge über die Ursachen der Krankheiten der gesamten Menschheit. Insbesondere für die anwesenden Kinder muss diese Lektion äußerst lehrreich sein! Dann spricht er über Magnetismus wie jemand, der eigentlich nicht weiß, was das ist, und dazu in einem sehr schlechten Französisch. Er spricht von der Existenz Gottes, denn er sagt, er handele in seinem Namen, und von Zeit zu Zeit fragt er: Hört ihr mir auch alle zu?

Worauf die Versammlung wie mit einer Stimme antwortet: Wir alle hören Euch, o Meister!

Ich selbst, sagt Philippe, bin nichts.

Die Versammlung bricht in ein Stöhnen des Widerspruchs aus.

Philippe fährt fort: Ich bin nichts, sage ich euch, nichts mehr als ..., er blickt um sich und scheint eine alte Dame – die so genannte Marquise – zu bemerken, dann schreit er mit schriller Stimme: Nichts mehr als das Tier dort drüben!

Worauf die alte Dame höflich entgegnet: Ihr seid weit mehr, o Meister!«

Nikolaus an Kaiserinwitwe Marie: 2. September, Danzig

Wir Russen waren alle bass erstaunt über das, was wir sahen. Der Kaiser [Wilhelm] war guter Laune, ruhig und sehr angenehm.

Nikolaus an Kaiserinwitwe Marie: 27. Oktober, Skierniewice

Allerliebste Mama,
ich muss dir ein schreckliches, unerwartetes Ereignis ankündigen. Kannst du dir vorstellen, Ernie und Ducky wollen sich scheiden lassen. *Ja, Scheidung.* Wir haben es drei Tage vor unserer Abreise nach Spala erfahren. Victoria hat einen langen Brief an Irène und Alix geschrieben, mit Auszügen aus Tante Maries Brief an sie. Darin erklärt sie, dass nach ihrer Ansicht Ernies und Duckys Beziehung nicht funktioniert hat, dass sie sich immer weiter voneinander entfremdet haben und dass am Ende Scheidung die einzige Lösung war. Die ganze Angelegenheit ist schon entschieden und muss nur noch zwischen den Ministern in Darmstadt und Coburg offiziell ausgehandelt werden. Es ist so traurig und schrecklich. Ich kann dir gar nicht sagen, wie sehr ich mit meiner armen Alix leide und wie Leid sie mir tut. Sie versucht, ihren Kummer nicht zu zeigen. In einem solchen Fall ist es besser, einen nahe stehenden Menschen zu verlieren, als diese Schande – Scheidung. Es ist schmerzlich, über die Zukunft der beiden nachzudenken, die arme Kleine, das ganze Land! Ich lege Tante Maries Brief an Alix bei. Sie gibt zu, dass gerade sie es eilig hatte, diese Eheschließung zustande zu bringen, und dass sie eine absolute Katastrophe gewesen ist.

Xenia an Nikolaus: 31. Oktober, Ai-Todor

Jetzt haben sie uns schon wieder wegen der Eisenbahnlinie belästigt, es ist wirklich schrecklich! Aber Sandro hat ihnen kategorisch erklärt, wir *wollen nicht, dass sie durch unser Grundstück verläuft*! (Das hätte uns gerade noch gefehlt!) Sollen sie das doch woanders machen! Sandro hat dir deswegen schon in allen Einzelheiten geschrieben, und ich hoffe *mit allem Nachdruck*, dass du ihnen ein für alle Mal *verbieten* wirst, an eine Eisenbahn auch nur zu denken. Sollen sie doch eine elektrische Straßenbahnlinie bauen oder so was, nur keine Eisenbahn!

Kaiserinwitwe Marie an Nikolaus: 5. November, Kopenhagen

Mein lieber, süßer Nicky,
ich danke dir von ganzem Herzen für deinen lieben langen Brief aus Skierniewice, der mich wie immer sehr gefreut hat, obwohl der Inhalt so schrecklich traurig ist. Alles, was du über Ernie und Ducky schreibst, hat mich *dermaßen* durcheinander gebracht, dass ich nicht einmal *schlafen* konnte. Es ist einfach schrecklich und furchtbar, wenn man an die Zukunft der beiden denkt und an die arme Kleine! Auch für Alix tut es mir *so* Leid, ich weiß doch, wie sehr sie Ernie liebt und wie schwierig und unangenehm es für sie in jeder Hinsicht sein muss. Gestern bekam ich auch einen sehr traurigen Brief von Tante Marie, die natürlich ganz außer sich ist – aber sie sagt, sie hätten sich schon seit langem nicht mehr verstanden und es gebe nur einen einzigen Ausweg – Scheidung! Ich bin völlig einer Meinung mit dir, dass der Verlust eines nahen Angehörigen noch immer besser ist als die öffentliche Schande einer – Scheidung! In Gedanken bin ich stets bei euch, und ich hoffe auf die Nachricht, dass Ihr gut nach Zarskoje zurückgekehrt seid.

Jetzt muss ich schließen. Ich umarme euch mit aller Zärtlichkeit, meine lieben Kinder.
Der Herr sei mit euch!
Deine dich liebende Mama

Alexandra an Xenia: 7. November, Zarskoje Selo

Mein geliebtes Küken,
ich schreibe dir heute sehr schweren Herzens. Ja, Liebes, es ist wahr, Ducky will sich scheiden lassen, und in ein paar Tagen wird alles geregelt sein. Es hat mir fast das Herz gebrochen, als ich die Nachricht erhielt, es kam so unerwartet, ich hatte immer gehofft, die Dinge würden noch in Ordnung kommen. Es ist zu viel und zu schmerzlich, um darüber zu schreiben. Sie sind als Freunde auseinander gegangen, und jeder hat mir vom anderen

geschrieben, sie wären die wahrsten Freunde und würden es immer bleiben. Es liegt wohl nur an ihrem [Duckys] Charakter, dass sie das Eheleben nicht weiterführen können. *Uns* steht es nicht an, darüber zu *urteilen*, auch wenn es ein schrecklicher Schritt ist, den sie da tun – wenn wir uns wieder sehen, wird es leichter sein, darüber zu sprechen als zu schreiben. Nur um eines flehe ich dich an, liebste Xenia, sollte dir je übler Klatsch zu Ohren kommen, unterbinde ihn sofort, um ihrer und unserer willen. Sie haben sich getrennt, weil ihre Charaktere nicht zusammenpassten, das reicht für die Öffentlichkeit.

Man wird sie im Lande nicht vermissen, denn sie hat es nie verstanden, sich beliebt zu machen, und auch keinerlei Sympathie für das Land gezeigt, leider! Die Ärmste, sie ist jetzt in einem jämmerlichen Zustand, so ganz ohne Heim, aber immerhin lässt er ihr das süße Kind. Sein Haus ist trostlos und verlassen, und alles wird ihn an sie erinnern, die ihm ja noch immer am Herzen liegt.

Aber mehr kann ich jetzt nicht darüber schreiben; du kannst dir ja vorstellen, wie wir Schwestern gelitten haben: Ihn lieben wir über alles, und sie mögen wir auch sehr gerne. Aber wir dürfen den Glauben nicht aufgeben, dass alles immer zum Besten ist. Du wirst über die armen Unglücklichen doch nicht allzu streng urteilen, Liebes, nein? Es ist doppelt schwierig, das »gesellschaftliche« Leben wieder aufzunehmen, wenn alle Welt weiß, dass der eigene Bruder und die Schwägerin auseinander gegangen sind. Der ganze Stolz ist einem abhanden gekommen.
Einen lieben Kuss von deiner alten Henne

George, Herzog von York, an Nikolaus: 21. Dezember, Sandringham

Mein lieber Nicky,
das ist wirklich eine traurige Geschichte mit Ernie und Ducky; als ich sie letztes Jahr sah, hatte ich nicht das Gefühl, dass sie glücklich miteinander wären, aber ich hätte nie gedacht, dass es

dazu kommen würde; es tut mir außerordentlich Leid, denn ich mag beide. Gott sei Dank sind wir beide, du und ich, so glücklich mit unseren Frauen und Kindern, dass wir so etwas überhaupt nicht verstehen können.
Stets, lieber Nicky, dein ergebener Cousin
Georgie

Anmerkungen 1901

1 Der aus Lyon stammende Franzose, der in dem Ruf stand, Nervenkrankheiten mittels Hypnose heilen zu können, sollte später entscheidenden Einfluss auf Alexandra haben. Er starb 1905.

2 Wohnsitz des Großfürsten Pjotr, eines Neffen von Zar Alexander II. und Enkels von Zar Nikolaus I., und seiner Frau, Prinzessin Militsa von Montenegro.

3 Großfürst Alexej Alexandrowitsch, Georg I. von Griechenland und Prinz Heinrich von Preußen.

1902
Unter dem Einfluss von Monsieur Philippe

Nikolaus von Griechenland verlobt sich mit Tante Michens Tochter Hélène – Ella ist besorgt wegen des Einflusses von Monsieur Philippe – Alexandra hat eine Scheinschwangerschaft – KR begegnet Philippe – Onkel Pawel vermählt sich zum Entsetzen der Familie mit Madame Pistolkors – Großfürst Sergej wird zum Vormund von Pawels Kindern, Maria Pawlowna und Dimitri Pawlowitsch, ernannt

KR: Tagebuch, 4. Januar, St. Petersburg

Im Winterpalais fand ein feierliches Neujahrsdefilee statt. Der Kaiser, in der Uniform der Kavallerie, führte die Kaiserinwitwe am Arm; sie trug eine fliederfarbene, mit Silber bestickte Samtrobe. Die junge Kaiserin, in rosafarbenen Brokat gewandet, ging an der Seite des siamesischen Kronprinzen, sein Bruder Chakrodon agierte als ihr Page. Maria Pawlowna war in Orange und Silber gekleidet, Xenia in Weiß und Gold, und Elena, mit der ich ging, trug ein rosafarbenes Brokatkleid. Nach der Messe gab es im Georgewskij-Saal einen Empfang für das diplomatische Corps, der eine ganze Stunde dauerte. Nur der Kaiser und die beiden Kaiserinnen sprachen zu den Diplomaten, wir Übrigen schauten zu und warteten.

6. Januar: Ich begleitete Xenia zur Kirche; sie trug ein mit Silber besticktes rosarotes Samtkleid im Louis-quinze-Stil, angefertigt nach einem Porträt in Gatschina. Die Kaiserinwitwe hatte ein amethystfarbenes Kleid mit üppigen Goldstickereien; die junge Kaiserin kam in silber-rotem Brokat.

Nikolaus an George, Herzog von York: 31. Januar, St. Petersburg

Mein liebster Georgie,
nimm meinen verspäteten, aber herzlichsten Dank für deinen lieben Brief und für den schönen Spazierstock an, den ihr, du und die liebe May, mir zu Weihnachten geschickt habt.

Wie glücklich müsst ihr sein, nach eurer langen Reise und auch nach eurem kürzlichen Besuch in Berlin wieder zu Hause zu sein. Ich habe oft an euch beide gedacht, während ihr unterwegs wart. Wie schön muss es sein, all die lieben Kinder wieder um sich zu haben, wenn man so lange getrennt war!

Wir stecken hier mitten in einer stürmischen Saison. Die Herzoginnen von Sutherland und Marlborough haben mehr als zwei Wochen in Petersburg verbracht und erschienen auf allen Bällen und Partys, die wir gaben. Ich bewundere vor allem die Erstgenannte sehr und habe lange und interessante Gespräche mit ihr geführt.

Der Winter ist in diesem Jahr kalt und klar, mit jeder Menge Schnee, ich sage dir, auf dem Land liegt er sechs Fuß hoch. Letzten Herbst in Polen hatten wir ausgezeichnete Jagdergebnisse an beiden Orten; ich habe 20 schwere Hirsche geschossen. Es wäre so schön, wenn ihr beide einmal kommen könntet, um uns zu besuchen, wie es Heinrich und Irène getan haben. Jetzt ist Erzherzog Franz-Ferdinand hier, er ist ein sehr angenehmer Mann und interessiert sich für alles. Er reist morgen ab.
Bitte richte deiner lieben Frau meine zärtlichsten Grüße aus; ich verbleibe, mein liebster Georgie, stets dein dich liebender und treu ergebener Cousin und Freund
Nicky

George, Herzog von York, an Nikolaus: 2. März, York House, St. James's

Liebster Nicky,
ich war höchst erfreut, als ich deinen lieben Brief erhielt, den mir die Herzogin von Sutherland aus Petersburg mitbrachte. Ich besuchte sie neulich, und sie sprach von nichts anderem als davon, wie freundlich du zu ihr gewesen seist und wie sehr sie ihren Aufenthalt in Petersburg genossen habe. Ich freue mich, dass du sie magst, sie ist klug und ausnehmend hübsch. Ihr scheint ja eine ziemlich turbulente Saison zu haben mit endlosen Bällen und Partys. Wie schön, dass deine Jagd in Polen so erfolgreich war und du so viele prächtige Hirsche erlegt hast. Zu gerne würde ich eure zauberhaften Anwesen dort kennen lernen. Leider haben wir uns schon so lange nicht mehr gesehen. Vielleicht fahren May und ich nächsten Monat nach Dänemark zum Geburtstag des lieben Apapa; es wäre natürlich zu schön, wenn du und Alicky auch dabei sein könntet, aber vermutlich kommt ihr um diese Jahreszeit kaum aus Russland weg.

Dass die Studenten an verschiedenen Universitäten wieder Krawall gemacht haben, tut mir wirklich Leid für dich, ich weiß, dass das alles ziemlich ärgerlich für dich sein muss.

May und ich sind zurzeit ziemlich eingespannt mit lästigen Repräsentationspflichten, morgen müssen wir zum Beispiel nach Bristol und nächste Woche nach Manchester. Die Kinder sind noch in Sandringham bei Mama und Toria.[1] Auf dem Lande sind sie viel glücklicher, denn hier in London herrscht immer noch Nebel. Wie schön, dass der Besuch von Erzherzog Franz-Ferdinand so gut verlaufen ist, ich kenne ihn nur sehr flüchtig.

Bitte richte deiner lieben Frau meine herzlichsten Grüße aus, ich hoffe, ihr und euren süßen Kindern geht es gut.

Stets, liebster Nicky, dein dich liebender und ergebenster Cousin und Freund

Georgie

Ella an Nikolaus: 3. April, Moskau

Mein lieber Junge, liebstes Kind – lass mich dich so nennen und gestatte einem *alten Herzen*, dass es all seine *Gebete* vor dir ausgießt. Du *erlaubtest* mir, dir alles zu sagen, was mich *beunruhigt*, und einmal schrieb ich dir, erinnerst du dich? Damals gabst du mir mein Kreuz zurück, und ein *Gefühl der Angst* bemächtigte sich meiner, und die ganze Zeit im Zug war mir, als hörte ich eine Stimme, die da sagt, es ist *zu früh, zu früh*, er braucht es noch! Und du, mit deiner einmaligen Feinfühligkeit, fürchtetest, mich einer Reliquie zu berauben, die ich verehre. Hier schicke ich es dir wieder zurück – *trage es, solange du kannst.* Ich fühle mich ruhiger, wenn du es hast, gerade jetzt, in dieser Zeit der schrecklichen Qual, wo du es dringender brauchst denn je.

Sergej weiß nichts von diesem Brief. Wahrscheinlich ist es unlogisch und allzu weiblich, aber ich habe *mit anderen gesprochen* und meine *Ohren offen gehalten*, und da wir durch kluge, zutiefst ergebene Menschen, die Erfahrung besitzen und eine große Liebe zu *ihrem Souverän* und ihrem Land hegen, viel zu hören bekommen, dachte ich, dass in diesen schweren Zeiten möglicherweise *sogar eine Frau* von Nutzen sein kann.

Lieber Nicky, du musst um Himmels willen jetzt energisch sein, es kann noch mehr Tote geben ... Mach Schluss mit dieser Zeit des Schreckens – verzeih, wenn ich so *ohne Umschweife*, so ganz ohne Floskeln schreibe und vielleicht den Eindruck erwecke, als wollte ich dir Vorschriften machen; ich erwarte auch nicht, dass du tust, was ich sage. Ich möchte es nur ausgesprochen haben für den Fall, dass diese Gedanken dir nützlich sein könnten. Trepow wurde angeschossen, und kurz darauf hast du deine ausgezeichnete *feste Entscheidung* hinsichtlich Sibiriens geändert – ganz Russland sollte wissen, dass *derartige Verbrechen* mit dem *Tode* bestraft werden. Wenn man gegen die Todesstrafe ist, dann sollten als Erstes die Mörder mit dem Töten aufhören – »plus d'arrêt de mort, bien alors que les assassins commencent«. Warum sprichst du nicht mit Männern, die Verstand haben und dir wirklich ergeben sind, Pleve,[2] Murawiew, Zenger, Pobedonoszew,[3] Wladimir usw. Falls du glaubst, Sergej könnte eine Hilfe sein, sollte man ihm vielleicht schreiben.

Xenia an Nikolaus: 4. April, Ai-Todor,

Schade, dass du keinen Freund hast oder irgendjemanden, der dir mit Rat und Tat zur Seite steht und auf den du voll vertrauen kannst.

Bitte sei nicht ärgerlich mit mir, wenn ich so offen schreibe, aber ich schaffe es nie, mit dir zu reden (wir sehen uns ja sowieso nur so selten!). Deshalb nutze ich diese Gelegenheit, um mich endlich auszusprechen. Du redest so selten mit Mama, und ich weiß, dass es sie bedrückt. Sie hat den Eindruck, als gingest du jeder Unterhaltung mit ihr aus dem Wege, was dann dazu führt, dass sie stumm bleibt und alles runterschluckt, bis sie es nicht mehr aushält und dir alles erzählt, was sie seit langem auf dem Herzen hatte – dann ist sie so erregt, dass sie gar nicht alles sagen kann. Natürlich befriedigt sie das nicht, und sie wartet bis zum nächsten Mal. Ich finde, du solltest selber die Initiative ergreifen und öfter mit ihr reden, das würde euch beide entspannen. Der einzige Ort, wo ihr mehr Muße füreinander hättet, ist Peterhof, aber es kommt nur selten vor, dass du mit Mama unter vier Augen bist – wenn du den Raum betrittst, sitzen alle schon, und eine Unterhaltung ist unmöglich.

Noch einmal, bitte sei mir nicht böse – alles, was ich geschrieben habe, kommt mir direkt vom Herzen, und ich möchte nur das Beste für dich!

27. Mai: Ich muss gestehen, dass es mir sehr schwer fällt, von Sandro getrennt zu sein, ich werde mich wohl nie daran gewöhnen können.

Wir haben den ganzen Tag im Freien verbracht und viele Fische gefangen. Ich habe mich lange mit Klopow unterhalten, und er hat mir viel Interessantes erzählt. Du kennst ihn, er lässt sich leicht von seinen Emotionen hinreißen, aber er ist lebendig, klug und aufrichtig. Er liebt dich schrecklich und leidet mit dir, weil er weiß, wie schwierig und quälend es für dich ist; aber er sagt auch, dass jede deiner Maßnahmen unterwandert wird und dass deine guten Absichten nicht so umgesetzt werden, wie sie es sollten. Dein Name wird missbraucht, überall und in jeder Hinsicht ... natürlich nur hinter deinem Rücken ...

KR: Tagebuch, 19. Juni

Mitia [der Bruder von KR] war in Krasnoje Selo bei den Feierlichkeiten für Ismailowskij und kam mit der unerwarteten, freudigen Nachricht zurück, dass Nicky von Griechenland und Elena Wladimirowna sich verlobt haben. Vor zwei Jahren, als Nicky sich für Elena zu interessieren begann, ließ ihre Mutter, Maria Pawlowna, ihm auf Umwegen ausrichten, er solle sich keine Hoffnungen auf Elena machen, denn als dritter Sohn eines Königs wäre er keine passende Partie für sie. Inzwischen musste sich Maria Pawlowna eines anderen besinnen, da ihre Suche nach anderen Kandidaten für ihre Tochter erfolglos geblieben ist.

Sandro an Nikolaus: 16. Juli, Sebastopol

Lieber Nicky,
ich danke dir von ganzem Herzen für deinen aufrichtigen Brief. Er hat mich irritiert und höchst traurig gemacht.

1899 hast du mich zum Vorsitzenden des Rates der Handelsmarine ernannt, und seit letztem Jahr bin ich Vorsitzender des Komitees für die Hafenverwaltung. Diese beiden Abteilungen befassen sich mit äußerst wichtigen Angelegenheiten, von denen die Konjunktur unseres Seehandels abhängt und dem für die richtige wirtschaftliche Entwicklung Russlands so entscheidenden Ausbau unserer nationalen Flotte.

So zumindest verstand ich meine neue Funktion, aber jetzt heißt es, meine erste Pflicht sei - der Dienst in der Flotte. Und der andere? Ich verstehe nicht, wieso der überhaupt nicht als Pflicht zählen soll. Ich habe jetzt bereits den zweiten Winter hintereinander drei Monate lang von morgens bis abends gearbeitet - ist das etwa kein Dienst, sondern irgendein Zeitvertreib?

Als ich dir mein Projekt für die Hauptverwaltung unterbreitete, habe ich keineswegs erwartet, dass du es akzeptieren würdest; vielmehr rechnete ich damit, dass es abgelehnt würde, und in diesem Falle wäre ich von meinen Ämtern im Finanzministerium zurückgetreten. Die Aussicht stimmte mich sogar einigermaßen froh. Natürlich hätte ich noch eindeutiger handeln und darum ersuchen können, von meinen Pflichten entbunden zu werden, ohne dass ich überhaupt einen Plan vorgelegt hätte, aber das tat ich nicht, weil ich es als unaufrichtig empfunden hätte. Ich muss immer an die Worte denken, die du mir unmittelbar nach dem Tod deines Vaters in Livadia sagtest. Du küsstest mich und sagtest: »Ich hoffe, du wirst immer da sein, um mir zu helfen.« In den vergangenen acht Jahren habe ich alles getan, was in meiner Macht stand, um die Hoffnung zu erfüllen, die du in jenen tragischen, unvergesslichen Tagen mir gegenüber zum Ausdruck gebracht hattest.

An dieser Richtschnur orientierte ich mich und handelte stets nach meinem Gewissen, aber jetzt heißt es, dass ich meine persönlichen Ambitionen mit Regierungsangelegenheiten verquickt habe und nach einer höheren Position strebe.

Glaub mir, wenn du mich morgen aller Pflichten entbinden und mich in der Marine lassen würdest, wäre ich ein glücklicher Mensch, aber habe ich das Recht, dies zu verlangen? Das wäre eigennützig von mir. Aber noch einmal, ich kann nicht unter Witte dienen, mir ist nur allzu klar, worauf er hinaus will, und ich kann mir nicht den Anschein geben, ich würde seine Politik durch meinen Verbleib in seinem Ministerium sanktionieren. Die Marine ist mir lieber als alles andere, in ihrem Dienst habe ich mich siebzehn Jahre lang aufgeopfert und werde stets versuchen, alles in meiner Macht Stehende für die Flotte zu tun. Die Marineangehörigen wissen und verstehen dies, und das verschafft mir eine große Genugtuung.

Es überrascht dich, schreibst du, dass ich den Dienst in der Marine für weniger wichtig erachte als meine gegenwärtige Tätigkeit im Finanzministerium. In der Tat, wenn du meine Verantwortlichkeiten in der Flotte mit meinen Verantwortlichkeiten im Ministerium vergleichst, dann ist das durchaus korrekt. Offensichtlich haben wir unterschiedliche Standpunkte: Der Marinedienst ist eine Pflicht, die andere Position ist eine Pflicht – aber welches ist die wichtigste, das ist doch die Frage. In meinen Augen die zweite, da sie mehr Verantwortlichkeiten mit sich bringt, in deinen Augen die erste.

In diesem Falle wäre es besser, mich auf keinen anderen Posten zu berufen, sondern mich einfach in der Marine zu lassen, wenn du dies für richtig hältst.

Falls dies zutrifft, hast du mich nicht verstanden, meine besten Impulse wurden fehlinterpretiert, und ich bedaure, diese Frage überhaupt aufgeworfen zu haben – ich hätte einfach um meine Entlassung aus dem Finanzministerium ersuchen sollen.

Es bekümmert mich, dass ich nicht über dein Vertrauen verfüge; vielleicht sagst du es nicht so, aber der Tonfall deines Briefes bringt es zum Ausdruck.

Verzeih mir diesen Brief, aber ich musste mein Herz ausschütten, es ist wirklich zu traurig. Das Schlimmste, was einem widerfahren kann, ist, wenn man missverstanden wird, wenn die besten Absichten in einem anderen Lichte interpretiert werden.

Leb wohl. Ich umarme dich und Alix liebevoll.

Der Herr behüte dich.

Stets dein ergebener

Sandro

Alexandra an Nikolaus: 22. Juli, Peterhof

Mein Geliebter,

dein lieber alter Mann wird dir diese Zeilen geben, ehe du zu Bett gehst. Es ist schrecklich, dass ich dich ganz *alleine* abreisen lassen muss, wo ich doch weiß, welche Sorgen dich erwarten. Doch unser lieber Freund [Philippe] wird bei dir sein und dir helfen, Williams [Kaiser Wilhelms] Fragen zu beantworten. Sei freundlich und streng zu ihm, damit *er* merkt, dass *er* es sich nicht erlauben darf, seine Scherze mit dir zu treiben, damit er dich zu *respektieren* und zu fürchten lernt – das ist das *Wichtigste*. Könnte ich doch nur bei dir sein!

23. Juli:

Mein Süßer,

es war grässlich, dich alleine abreisen zu lassen – von meinem Balkon aus blickte ich der *Alexandria* nach. Ich ging erst wieder ins Haus zurück, als die Musik schon aufgehört und die Menschenmenge sich zerstreut hatte. Ich ging gleich zu Bett – ohne zu weinen, denn ich hatte ja versprochen, artig zu sein, aber ich habe fast die ganze Nacht kein Auge zugetan und deshalb immer noch Kopfschmerzen. Wir 3 frühstückten um 9 Uhr in meinem

Salon, dann ging Sergej zu Tante Marie, und Ella und ich saßen noch zusammen, bis wir uns zum kleinen Landhaus aufmachten. Deine arme Mama tauchte mit einem dicken Stoß unbeantworteter Telegramme auf.

Wir fuhren durch den Alexander-Park, und Ella löcherte mich die ganze Zeit mit Fragen über unseren Freund. Ich blieb ziemlich wortkarg und gab ihr nur belanglose Antworten, vor allem nachdem sie mir sagte, *sie* wolle der Sache auf den Grund gehen. Sie hat sehr viel Unvorteilhaftes über Ihn gehört und dass Er nicht vertrauenswürdig sei. Ich wollte gar nicht wissen, was man sich so erzählt, sondern erklärte ihr, das alles hänge nur mit Eifersucht und Neugier zusammen. Sie sagte, es gäbe da so viel Geheimniskrämerei, worauf ich entgegnete, dass das nicht zutreffe, dass wir alles ganz offen täten und dass sich in unserer Position ja sowieso nichts verheimlichen ließe, da wir permanent unter den Blicken der ganzen Welt leben. Dass ihr [Militsas] ganzes Haus ihn kennt und er mit allen speist, ist schließlich kein Geheimnis. Ob wir ihn öfters sehen? Ja, verschiedentlich. Ich kam immer wieder auf die Geschichte des Heilens zurück.

Sie findet es merkwürdig, dass ein Ausländer so etwas macht. Über »Nikolascha« [Ehemann von Anastasia von Montenegro] sagte ich ihr, dass er sich früher einmal für Spiritismus interessiert, aber seit langem nichts mehr damit zu tun habe; so kam die Unterhaltung nie auf dieses Thema, das ihr wahrscheinlich noch schwieriger zu erklären gewesen wäre. Ihrer Meinung nach haben Militsa und Stana ein zu großes Geheimnis daraus gemacht; aus einer zuverlässigen, vertrauenswürdigen Quelle - ich habe nicht gefragt, wer - will sie wissen, dass er im letzten Winter (ich glaube jedenfalls, zu dem Zeitpunkt) gerufen wurde und dass man versucht hätte, die Sache zu vertuschen.

Meine Antworten müssen sie höchst unbefriedigt gelassen haben - hoffen wir nur, dass sie nicht wieder von vorne anfängt. Jetzt ist Baby Bee bei ihr. Ich werde ihn fragen, ob in den Zeitungen irgendetwas über die Kanonisierung von V[ater] Serafim stand - falls nicht, wird er an Pobedonoszew schreiben und ihm

sagen, dass es gedruckt werden soll, so wie du es gewünscht hattest.
Warmer Tag, schon ein Regenguss, sicher werden es noch mehr werden. Ich werde meinen Brief später weiterschreiben, Liebster.

Xenia an Aprak: 19. August, Alexandria

Liebe Aprak,
seit gestern sind wir alle schrecklich enttäuscht. Kannst du dir etwas so Furchtbares vorstellen: Die arme A. F. [Alexandra] ist offenbar überhaupt nicht schwanger – 9 Monate lang hatte sie nichts, und dann kam es plötzlich, aber völlig normal, ohne irgendwelche Schmerzen. Vorgestern hat Ott [Arzt] sie zum ersten Mal untersucht und bestätigt, dass keine Schwangerschaft vorliegt, dass aber zum Glück innerlich alles in Ordnung ist. Er sagt, solche Fälle kämen durchaus vor, sie würden durch Anämie verursacht. Es ist so furchtbar, wir können an gar nichts anderes denken, wie schrecklich, schmerzlich und traurig für sie. Die ganze lästige Warterei, und dann nichts!

Ich kann mir schon gut vorstellen, was die Leute sagen werden, wenn es erst bekannt wird, und um all den falschen Gerüchten vorzubeugen, habe ich beschlossen, dir zu schreiben, damit du die Wahrheit erfährst. Sie hat es Mama selber gesagt und dabei schrecklich geweint. Ich habe sie gestern den ganzen Tag lang nicht gesehen, da ich das Bein hochlegen musste. Ich war so dumm oder besser gesagt, so ungeschickt, am Hochzeitstag auf der Treppe in Zarskoje Selo zu stolpern. Heute ist es schon besser, und ich bin wieder auf den Beinen. Nach dem Frühstück war ich mit Mama bei der Ärmsten, sie war sehr bedrückt, obwohl sie mit großer Gelassenheit darüber spricht. Abgesehen von der persönlichen Sorge und der Enttäuschung – welch ein Schlag muss das für ihren Stolz gewesen sein! Mama hat die Gelegenheit genutzt, um mit Nicky ganz offen über Ph.[ilippe] zu sprechen – sie erzählte ihm alles, was sie auf dem Herzen hatte, aber leider bekam sie nur ziemlich vage Erklärungen, auch wenn er

sagte, die ganzen Gerüchte wären völlig übertrieben, und so weiter. Ich bin froh für Mama, dass sie sich endlich aussprechen konnte, aber das Ergebnis ihrer Unterhaltung war alles andere als befriedigend!
Bitte schreib mir. Ich umarme dich liebevoll und sende dir meine besten Wünsche. Ich hoffe, es geht dir inzwischen besser.
Alles Liebe
Xenia

KR: Tagebuch, 20. August

Ich weiß nicht, ob ich dieses Ereignis schon im Tagebuch vermerkt habe, aber seit dem 8. August warteten wir täglich darauf, dass die Schwangerschaft der Kaiserin bestätigt würde. Jetzt haben wir plötzlich erfahren, dass sie überhaupt niemals schwanger gewesen ist: Die Symptome, die zu der Vermutung geführt hatten, waren tatsächlich nur durch eine Anämie bedingt!

Was für eine Enttäuschung für den Zar und die Zarin! Die Ärmsten! Alix benachrichtigte Mama und meine Frau von der traurigen Entdeckung. Als Doktor Ott und Doktor Girsch, die sie schließlich untersuchen durften, feststellten, dass nicht nur keine Schwangerschaft vorliegt, sondern sie nie schwanger gewesen war, weinte Alix sehr.

In der Familie wurde viel geredet. Den ganzen Sommer über hieß es immer wieder, Ihre Majestäten hätten sehr engen Kontakt zu Militsa. Angeblich würden sie jeden Abend in Znamenka verbringen und bis spät in die Nacht bleiben; gleichzeitig würde die Kaiserin nicht mehr ausgehen, da – so ihre Begründung – die Kaiserinwitwe unter Erschöpfung leide. Bei Militsa sollen Ihre Majestäten einen gewissen Filipow [*sic*] kennen gelernt haben, der weder Arzt noch Wissenschaftler ist, aber Spritzen verabreichen oder bestimmte Krankheiten heilen kann, darunter auch Syphilis.

Es wird vermutet – aus welchen Gründen auch immer –, dass dieser Filipow Einfluss auf die Kaiserin gewonnen hat, da er ihr ermöglichen könne, einen Sohn statt einer Tochter zu gebären. Sergej Michailowitsch erzählte mir, unser wichtigster Geheimdienstagent hätte politisch negative Berichte über Filipow aus Paris erhalten, worauf der Kaiser die Entlassung dieses Agenten innerhalb von 24 Stunden angeordnet habe; dadurch sei die ganze *Ochrana* [Geheimpolizei] in eine äußerst heikle Situation geraten, da dieser Agent offenbar über alle Informationen bezüglich politischer Krimineller verfügt.

Ich sehe und weiß, dass die Kaiserinwitwe und alle aus ihrer Umgebung über Militsa und ihre Schwester Stana äußerst verärgert sind. Stana, die gestern beim Abendessen meine Tischnachbarin war, beklagte sich bei mir darüber, sie und Militsa würden zu Unrecht beschuldigt, Komplotte und Intrigen zu schmieden.

Xenia an Aprak: 20. August, Alexandria

Noch ein paar Ergänzungen zu gestern, liebe Aprak. Heute Morgen hatte A. F. [Alexandra] eine kleine Fehlgeburt – sofern man überhaupt von Fehlgeburt sprechen kann! –, das heißt, ein winziges Ovulum ist herausgekommen! Gestern Abend und auch nachts hatte sie Schmerzen, am Morgen war alles vorbei, nachdem es passiert war! Jetzt kann man endlich ein Kommunikee herausgeben, und morgen wird ein Bulletin in den Zeitungen veröffentlicht mit der Mitteilung, was passiert ist. Endlich hat man also einen natürlichen Ausweg aus dieser unglücklichen Situation gefunden. Sie hütet noch das Bett – eine reine Vorsichtsmaßnahme, da in solchen Fällen ja manchmal Blutungen auftreten können. Gott sei Dank geht es ihr so weit ganz gut. Mama und ich haben heute mit beiden über Ph.[ilippe] gesprochen, ich fühlte mich sehr erleichtert, aber leider haben sie auch diesmal wieder nichts erklärt; sie waren nur überrascht, dass offenbar jeder glaubt, sie wollten ihre Freundschaft mit Ph.[ilippe] verheimlichen, wo sie doch nie die Absicht gehabt hätten, sie geheim zu halten. Doch die Ungewissheit bleibt bestehen – wir haben noch immer nicht herausgefunden, was er eigentlich ist!

Sie sagten, er sei ein sehr bescheidener Mann, und es sei ein Vergnügen, sich mit ihm zu unterhalten, da er so viel Verständnis besäße und Dinge sage, »die einem gut tun«! Wie auch immer, es ist wenigstens gut, dass *la glace est rompue* [das Eis gebrochen ist]!

Mama wird am Sonntag nach Dänemark aufbrechen, und ich fahre am 22. Das Wetter ist unmöglich, 8 Grad und ununterbrochener Regen.

Damit schließe ich.

Xenia

KR: Tagebuch, 22. August

Der Arzt oder Wissenschaftler, den ich am 19. August erwähnte, heißt nicht Filipow, sondern Philippe, ein Franzose, und der Name des entlassenen Geheimagenten ist Rachkowskij!

Gestern erschien folgendes Bulletin in den Zeitungen, das vom königlichen Geburtshelfer, Professor Ott, und dem königlichen Leibarzt Girsch unterzeichnet ist: »Vor einigen Monaten machten sich am Zustand Ihrer Kaiserlichen Majestät, Kaiserin Alexandra Fjodorowna, Veränderungen bemerkbar, die auf eine Schwangerschaft hindeuteten. Dank einer Abweichung vom normalen Verlauf hat die unterbrochene Schwangerschaft inzwischen zu einer Fehlgeburt geführt, die ohne irgendeine Gefahr, bei normaler Körpertemperatur und normalem Puls, vonstatten gegangen ist. Peterhof, den 20. August 1902.« Der Text des Bulletins wurde kritisiert, vor allem die Formulierung »dank«.

25. August: Elena[4] erzählte mir, ihr Bruder Jurij, der ebenfalls unter den Einfluss von Militsa, Philippe und ihrem Zirkel geraten ist, habe ihr zwei ganze Stunden lang vorgeschwärmt, welch heilige Freude die Mitglieder dieses Zirkels empfänden, und ihr Vorwürfe gemacht, weil sie nicht teilnehme. Im Namen ihrer toten Mutter habe er sie beschworen, ihre Versammlungen zu besuchen.

Er sagte auch, Philippes Mission nähere sich jetzt dem Ende, er werde bald sterben und danach in Gestalt eines anderen Mannes wieder in dem Kreis von Freunden auftauchen. So ein Quatsch!

Wir fuhren nach Znamenka zum Tanzunterricht. Der berühmte Philippe war auch da; nach der Tanzstunde tranken wir mit Militsa Tee, und dabei bekamen wir ihn zu sehen: ein Mann von etwa fünfzig, klein, schwarzhaarig und mit schwarzem Schnurrbart, von sehr unansehnlicher Erscheinung, mit einem hässlichen südfranzösischen Akzent. Er sprach über den Niedergang der Religion in Frankreich und im Westen überhaupt.

Als ich mich von ihm verabschiedete, wollte er mir die Hand küssen, und es gelang mir nur mit einigen Schwierigkeiten, sie ihm zu entziehen.

Sergej rief mich auf den Balkon hinaus und vertraute mir an, dass er wegen der häufigen Besuche des Kaisers und der jungen Kaiserin in Znamenka während des letzten Jahres sehr besorgt sei; in Militsas Haus seien sie unter den Einfluss von Philippe geraten, der nach Sergejs Meinung eine Art Mystiker ist.

Sergej behauptet, Ihre Majestäten seien in einen mystischen Gemütszustand verfallen, sie beteten in Znamenka mit Philippe, könnten es kaum erwarten, dorthin zu gehen; sie würden lange Abende dort verbringen und jedes Mal in einer rauschartigen Verfassung zurückkehren, als wären sie in Ekstase, mit strahlenden Gesichtern und glänzenden Augen.

Ich persönlich denke, falls Ihre Majestäten sich wirklich von mystischen Eingebungen berauschen lassen oder in mystische Verzückungen geraten, dann gibt das eher Anlass zu Belustigung als zu Besorgnis; schlecht ist allerdings, dass sie um ihre Besuche in Znamenka so viel Geheimnistuerei betreiben. Sie haben keinerlei Möglichkeit, sich zu verbergen – die Kosaken und die Geheimpolizei sind allgegenwärtig –, und was viele gesehen haben, lässt sich nicht vertuschen oder verheimlichen. Sie schüren nur den Klatsch und die Gerüchte, die ständig zunehmen und sich überall verbreiten.

26. August: Ella kann die Geheimniskrämerei, die ihre Schwester, die Kaiserin, und der Kaiser um ihre Bekanntschaft mit Philippe betreiben, verständlicherweise nicht billigen; Schuld daran ist in ihren Augen Militsa mit ihrem schädlichen Einfluss.

Nikolaus an Alexandra: 29. August, Rischkowo

Mein geliebtes Frauchen,
ich beginne diesen Brief ein paar Stunden vor Kursk und werde ihn heute Abend beenden. Der Zug schaukelt ein wenig, also entschuldige meine schlechte Handschrift!

Süßes Liebchen, wie traurig und schwer war es gestern, Abschied zu nehmen. Ich hatte das Gefühl, während der letzten Augenblicke gar nicht mit dir sprechen zu können, wenn ich nicht in Tränen ausbrechen wollte.

Zu wissen, dass ich dich ganz allein (abgesehen von den Kindern) zurücklasse, nach so schwierigen Umständen und dann auch mit Ella, machte es mir noch schwerer als sonst – ich finde, diese Trennung ist die schmerzlichste, die wir je erlebt haben. Aber wir können nichts daran ändern, Gott weiß, was gut für uns ist, wir müssen den Nacken beugen und die heiligen Worte wiederholen: »dein Wille geschehe.«

Ich weiß nicht, aber ich bin so ruhig vor meiner Ankunft hier und heute; das macht die Erfüllung des Versprechens unseres Freundes. Ich habe versucht, letzte Nacht und heute früh heftig zu beten, und auch das hat meine Seele getröstet.

Nach dem Abendessen gestern regnete es, aber jetzt ist es schön, recht warm und sonnig. Wenn es bei den Manövern so bleibt, wird es einfach ein Genuss. Es hat noch keine Besprechung gegeben. Ich habe viel mit Mischa [Nikolaus' Bruder] zusammengesessen oder in meinem Abteil gelesen. An verschiedenen Haltestellen sind wir spazieren gegangen.

Es ist 11 Uhr abends – der erste Teil des Programms ist beendet. Die erste Rede ging sehr gut über die Bühne, aber bei der Eröffnung blieb ich stecken und konnte mich um nichts in der

Welt mehr erinnern, was ich sagen wollte. Am Ende gelang es mir nach einem verzweifelten Versuch doch noch, die zweite Hälfte meiner Rede hervorzubringen, was wahrscheinlich auch genug war. Es war entsetzlich heiß in dem Raum.
Jetzt ist es schon spät, mein liebster Sonnenschein. Ich muss meinen Brief schließen, indem ich dich fest an mein Herz drücke. Gott segne dich, mein Liebling, und unsere süßen Kinder. Mischa sendet viele Küsse. Ich schreibe jeden Tag.
Immer dein dich liebender, ergebener
Nicky

Alexandra an Nikolaus: 31. August, Peterhof

Mein Liebling,
mit unaussprechlicher Freude erhielt ich heute Morgen deinen liebevollen Brief. Ich danke dir von ganzem Herzen dafür. Wohl wahr, mein Liebster, dieser Abschied war einer der härtesten, doch jeder Tag bringt uns unserem Wiedersehen näher. Wie qualvoll es für dich gewesen sein muss, diese Reden zu halten!

Deinen lieben Brief und die Telegramme habe ich auf unser Bett gelegt, sodass ich, wenn ich nachts aufwache, etwas von dir berühren kann. Komisch für eine lang verheiratete Frau, so zu sprechen – »altmodisch« würden viele sagen. Aber was wäre das Leben ohne Liebe – was würde ohne dich aus deinem Frauchen werden? Ohne dich, mein geliebter Schatz, die Freude meines Herzens. Ich habe mit den Kindern gespielt, um sie abzulenken: Sie mussten sich etwas ausdenken und die anderen dann raten lassen. Olga denkt immer an die Sonne, Wolken, Himmel, Regen oder an irgendetwas, das zum Himmel gehört; sie sagt mir, es mache sie glücklich, daran zu denken.
Jetzt leb wohl, mein Liebling, Gott segne und behüte dich.
Einen herzlichen Kuss, Liebster, von deinem dich zärtlich liebenden und ergebenen Frauchen,
Alix

Xenia an Aprak: 31. August, Sebastopol

Liebe Aprak,
ich freue mich so für Mama, dass sie in Dänemark ist, aber sie muss sich ständig Sorgen machen und beunruhigt sein.

Für mich besteht kein Zweifel mehr daran, dass das, was A. F. [Alexandra] passiert ist, mit Suggestion zu tun hat, obwohl ihnen das selbst nicht klar ist. Immerhin hat sie gegenüber ihrer Schwester zugegeben, dass sie zumindest bei einer Gelegenheit mit Ph.[ilippe] gebetet hat. Es ist alles höchst seltsam und erschreckend, weiß Gott, wie das noch alles enden soll! Ich fürchte, ihre Freudschaft und Verbindung zu diesen Leuten wird anhalten – alles wird beim Alten bleiben, und wir werden wie Narren dastehen. Wir werden aber nicht länger dazu schweigen, allerdings müssen wir es richtig anpacken, was nicht leicht ist – sie sind völlig unter seinen Einfluss geraten. Ich hätte viel zu erzählen, aber ich will nicht darüber schreiben.

Heute stürmt es schrecklich, ein trockener, heißer Wind wie ein Schirokko, der Staub von Sebastopol herüberbläst.
Leb wohl, meine liebe Aprak. Ich umarme dich liebevoll. Mein Mann sendet dir seine besten Grüße.
Deine Xenia

Nikolaus an Alexandra: 1. September, Rischkowo

Es waren jede Menge Damen anwesend, einige recht gut aussehend, mit Schicksalsblicken, und sie sahen ständig Mischa und mich an und lächelten süß, wenn wir in ihre Richtung blickten. Am Ende unserer Teepause stand eine solche Mauer von ihnen um uns, dass wir es nicht länger aushielten und aufstanden.

M. Bariatinskaja erkundigte sich sehr angelegentlich nach dir. Unser letzter Besuch galt dem Haus des Gouverneurs, wo ich wieder eine Rede hielt. Diesmal waren die Bauern der fünf anliegenden Bezirke die Adressaten. Das ging gut, denn es ist viel

leichter, zu einfachen Leuten zu sprechen. Sergej kam aus seinem Biwak und fuhr gleich hinterher wieder ab. Er will nach Peterhof kommen, um Ella abzuholen.
Nun leb wohl, und Gott segne dich, mein süßes kleines Frauchen. Ich küsse dich und alle Kinder zärtlich. Ich liebe dich und vermisse dich, oh, so schrecklich!!
Immer dein dich liebender und ergebener
Nicky

Alexandra an Nikolaus: 3. September, St. Petersburg

Mein Herzallerliebster,
wärmsten Dank für deinen interessanten, ausführlichen Brief über deinen Besuch in Kursk. Die detaillierten Berichte darüber habe ich auch in den Zeitungen verfolgt. Auch Serafim liebte das Bild der Jungfrau, es hat ihn einmal geheilt, als er noch ein Junge war.

Ich sehe dich vor mir, wie du, umgeben von einer Schar schmachtender Damen, Tee trinkst, und ich kenne den hinreißenden Ausdruck von Schüchternheit, den du dabei bekommst und der deine süßen Augen umso gefährlicher macht. Ich bin sicher, viele Herzen schlagen seitdem schneller, du alter Sünder. Ich werde dafür sorgen, dass du eine blaue Brille trägst, die muntere Schmetterlinge von meinem allzu gefährlichen Gemahl abschreckt.

Regen, Regen, das Wasser steht sehr hoch, aber heute ist es ein wenig wärmer.

Was für ein imposanter und ergreifender Anblick die Attacke dieser 80 Bataillone gewesen sein muss! Und dann das riesige Essen auf der Wiese!
Jetzt muss ich ins Bett. Gute Nacht, Gott segne und behüte dich. Einen zärtlichen Kuss, mein geliebter Huzy, von deiner dich innigst liebenden Frau,
Alix

KR: Tagebuch, 19. September

Wie glücklich ich war, mein Gewissen von der schweren Last der Sünde zu befreien, die ich während meiner Fahrt auf der Wolga auf mich geladen hatte, als ich, anstatt Gott für meine Genesung zu danken, mich vorsätzlich verging. Ich bin aufs Neue fest entschlossen, mich von meiner Hauptsünde* zu befreien.

19. Oktober: Pawel[5] hat O. V. Pistolkors geheiratet, nachdem es ihr gelungen ist, sich scheiden zu lassen. Die Hochzeit fand in Livorno statt. Die ganze Angelegenheit wird umso komplizierter, als Pawel, wie ich von zwei verschiedenen Seiten gehört habe, dem Kaiser durch Wladimir sein Wort gegeben hat, er würde Olga Pistolkors nicht heiraten.

Der Kaiser befindet sich damit in einer sehr schwierigen Position: Um konsequent zu sein und strikte Gerechtigkeit walten zu lassen, müsste er mit Pawel genauso verfahren, wie es mit Mischa geschehen war, der 1891 ohne kaiserliche Einwilligung geheiratet hatte.[6]

Nikolaus an Kaiserinwitwe Marie: 20. Oktober, Livadia

Meine liebste Mama,
vergib mir, dass ich deinen letzten Brief so lange nicht beantwortet habe. Aber er traf mit zwei Ereignissen zusammen, die mich, wie du weißt, sehr erregt haben. Das Erste war natürlich die Hochzeit von Onkel Pawel. Ich hörte durch Pleve in Petersburg davon; er war durch Mme. Pistolkors' Mutter informiert. Trotz der Quelle, aus der sie stammte, wollte ich die Nachricht verifizieren und schickte Onkel Pawel ein codiertes Telegramm.

Am nächsten Tag erhielt ich eine Antwort von ihm, die besagte, dass die Hochzeit Anfang September in der griechischen Kirche von Livorno stattgefunden habe und dass er mir schreiben werde. Der Brief kam zehn Tage später an. Wie wahrscheinlich auch in seinem Brief an dich, sagte er darin nichts Neues. Filosofow erzählte mir, dass Onkel Pawel ihn am Tag seiner Abreise ins Ausland angewiesen habe, ihm drei Millionen Rubel von seinem Büro zum Zug zu bringen, was natürlich auch geschah.

Daraus ergibt sich ganz klar, dass Onkel Pawel im Voraus beschlossen hatte, seine Wünsche in die Tat umzusetzen, und einen langen Auslandsaufenthalt vorbereitete. Bereits im Frühjahr hatte ich eine offene Diskussion mit ihm, die ich damit beendete, dass ich ihn vor all den Konsequenzen warnte, die ihn für den Fall einer Heirat erwarteten. Zum allgemeinen Missfallen hat nichts geholfen. Mit dem Beispiel im Kopf, wie der unvergessliche Papa sich bei Mischa verhalten hat, war es nicht schwierig, zu entscheiden, was mit Onkel Pawel geschehen musste.

Je näher uns der Verwandte steht, der sich unseren Familiengesetzen verweigert, desto strenger muss die Strafe sein, findest du nicht, liebe Mama? Onkel Sergej hat darum gebeten, zum Vormund der armen Kinder und ihres Erbes ernannt zu werden, und dies ist auch bereits geschehen. Ihre Angelegenheiten sind gut geordnet. Die Frage, die in dieser ganzen traurigen Geschichte noch offen bleibt, ist, ob diese Ehe als legitim anerkannt werden wird oder nicht. Die Statuten der Kaiserlichen Familie sagen, dass morganatische Ehen verboten sind und dass keine Heirat ohne Genehmigung als real existierend angesehen wird.

Woher die Garantie nehmen, dass Kyril nicht schon morgen dasselbe tut oder dass Boris oder Sergej Michailowitsch es nicht übermorgen tun? Eine ganze Kolonie der Kaiserlichen Familie wird in Paris leben, mit ihren halblegalen oder illegalen Ehefrauen. Gott allein weiß, was für Zeiten das sind, wo nur noch der Egoismus über alle anderen Gefühle regiert: Gewissen, Pflicht und Anstand! Am schmerzlichsten ist es, sich vorzustellen, dass ein Bruder unseres geliebten Papas sich so schlecht benimmt. Kann das heiligmäßige Vorbild seines Lebens und sein beständiges Streben, mit seiner Herrschaft Anstand nach Russland und in die Familie zu bringen, kann all das denn umsonst gewesen sein?

Aus diesem Blickwinkel betrachte ich die Frage, und deshalb, liebe Mama, bin ich so aufgewühlt und habe kein Mitleid mit ihm!

Mein anderer Kummer, ein ganz persönlicher, ist, dass ich den alten Imam Anfang Oktober verloren habe, fast am gleichen Tag wie den armen Raven [ein Pferd]. Er ist seit dem Sommer krank gewesen. Er war ein so guter, kluger, treuer Hund!
Ich liebe dich von ganzem Herzen und bleibe dir treu ergeben bis zu meinem letzten Atemzug.
Nicky

Kaiserinwitwe Marie an Nikolaus: 23. Oktober,
Schloss Amalienborg, Kopenhagen

Mein lieber, süßer Nicky,
es kommt mir so lange vor, seit ich das letzte Mal von dir gehört habe, ich warte immer auf ein paar Nachrichten, obwohl ich ja weiß, wie wenig freie Zeit du hast, vor allem jetzt mit diesen ganzen unangenehmen Angelegenheiten. Onkel Pawels Hochzeit ist eine schrecklich traurige Geschichte! Ich hoffte noch immer, es wäre nicht wahr, die Liebe zu seinen Kindern würde ihn letzten Endes doch von dieser Heirat abhalten, aber leider hat er alles vergessen, all seine grundlegenden Verpflichtungen, seine Kinder, den Dienst am Vaterland, die Ehre, einfach alles: Dieser dummen Frau, die es nicht wert ist, hat er alles geopfert. Man kann ihn nur bedauern, den Ärmsten, er ist ja völlig blind, wenn er glaubt, er habe ehrenhaft gehandelt, indem er sie heiratet und alles andere vergisst. Wie konnte er das nur tun, nach allem, was seine beiden Brüder und auch wir anderen ihm gesagt haben!

Was wird nun aus ihm werden, dem Unglücklichen? Ich bin erschüttert, vor allem, wenn ich an seine armen kleinen Kinder denke, denen er alles im Leben bedeutete und die er jetzt im Stich gelassen hat. Ich hoffe nur, man kann es so lange wie möglich vor ihnen verbergen, es ist einfach zu grausam und traurig! Ich schäme mich zutiefst für diesen Skandal und habe niemandem davon erzählt – aber es wird natürlich bald durchsickern, und jeder wird es wissen! Er beschmutzt einfach unsere Familie!

Schrecklich, schrecklich! Und in welch peinliche und unangenehme Lage er dich gebracht hat, mein armer Nicky! Du wirst gezwungen sein, ihn zu bestrafen, denn eine solche Handlung kann ja nicht ungestraft bleiben. Und zu allem Überfluss geht er hin und heiratet eine geschiedene Frau! Kein Vergleich mit Michail M. [Miche-Miche].
Ich hoffe, es geht euch gut, meine lieben Kinder und Enkelkinder, und ihr genießt das schöne Wetter.
Ich küsse dich zärtlich, mein lieber Nicky. Möge der Herr dich segnen.
Deine Mama

KR: Tagebuch, 29. Oktober

E. F. Dschunkowskaja[7] kam zu Besuch. Sie erzählte uns, Pawel habe selber an seine Kinder geschrieben und sie über seine Heirat informiert. Für die Kinder war es ein großer Schock, aber noch schlimmer war die Nachricht für sie, dass ihr Vater nicht mehr nach Russland zurückkehren darf; sie hängen viel zu sehr an ihm, als dass sie sich von ihm abwenden würden oder ihre Liebe zu ihm in irgendeiner Weise beeinträchtigt werden könnte.

Felix Jussupow: Memoiren

Ich war noch ein Kind, als ich Großfürst Dimitri Pawlowitsch und seine Schwester, Großfürstin Maria Pawlowna, kennen lernte, die beide bei ihrem Onkel und ihrer Tante lebten. Ihre Mutter, Prinzessin Alexandra von Griechenland, war gestorben, als sie noch Kinder gewesen waren, und ihr Vater, Großfürst Pawel Alexandrowitsch, hatte aufgrund seiner morganatischen Eheschließung mit Madame Pistolkors, der späteren Prinzessin Paley, Russland verlassen müssen.

George, Herzog von York, an Nikolaus: 17. Dezember, Sandringham

Mein lieber, alter Nicky,
wie bist du mit William [Kaiser Wilhelm] zurechtgekommen, als du ihn in diesem Sommer getroffen hast? Als er hier war, zeigte er sich von seiner besten Seite, und ich glaube, dass ihm sein Besuch gefallen hat. May erholt sich großartig, stell dir vor, wir haben jetzt vier Jungen, ich wünschte, einer von ihnen wäre deiner.
Stets, lieber, alter Nicky, dein ergebenster Cousin und Freund
Georgie

Anmerkungen 1902

1 Victoria, Tochter Edwards VII.

2 Wjatscheslaw Konstantinowitsch Pleve, Innenminister.

3 Oberprokuror des Heiligen Synods.

4 Tochter Peters I., ab 1903 König von Serbien; Jurij ist ihr Bruder Georg.

* Seine homosexuellen Neigungen [A.d.Ü.]

5 Großfürst Pawel, der jüngste Bruder Alexanders III. Seine erste Frau, Alexandra von Griechenland, war 1891 an den Folgen einer Frühgeburt gestorben. Das Baby, das den Namen Dimitri erhielt, überlebte. Olga Pistolkors wurde später Prinzessin Paley.

6 Großfürst Michail Michailowitsch (Miche-Miche), der Bruder von Sandro, war nach seiner morganatischen Eheschließung ins Exil nach England gegangen.

7 Erzieherin von Pawels Kindern Dimitri und Maria.

1903
Baden in Sarow

Der letzte große kaiserliche Ball – Alix und Nikolaus reisen zur Heiligsprechung von Vater Serafim nach Sarow – Sie baden in der Quelle – Olga erlebt ein Wunder – Ernies und Duckys Tochter stirbt – KRs Gewissensnot – Nikolaus' Bruder Mischa verliebt sich in seine englische Cousine Beatrice

Am 22. Januar 1903 tanzte »ganz« St. Petersburg im Winterpalais. Ich erinnere mich an das Datum, denn es sollte der letzte Aufsehen erregende Ball in der Geschichte des Zarenreiches sein.

Fast ein Vierteljahrhundert war vergangen seit jener Nacht, in der Nicky und ich den Befreier-Zaren mit Prinzessin Jurewskaja am Arm diese hohen Hallen hatten betreten sehen, deren Spiegel das Bild von sieben Generationen der Romanows zurückwarfen.

Die Uniformen der Reitergarden waren noch dieselben, aber der Rest des Reiches war auf entsetzliche Weise verändert. Ein neues, feindseliges Russland starrte durch die großen Fenster des Palastes herein. Ich lächelte traurig, als ich den Text der Einladung las, in dem verlangt wurde, dass alle Gäste Kostüme aus dem siebzehnten Jahrhundert tragen sollten: wenigstens für diese eine Nacht wünschte sich Nicky zurück in die glorreiche Vergangenheit unserer Familie.

Xenia trug das Kostüm einer Bojarin, das ihr sehr gut stand, reich bestickt und mit funkelnden Juwelen besetzt. Für mich hatte ich das Kostüm eines Hoffalkners gewählt, bestehend aus einem weiß-goldenen langen Mantel – mit goldgestickten Adlern auf Brust und Rücken –, einem rosa Seidenhemd, blauen Seidenhosen und gelben Lederstiefeln. Alle anderen Gäste folgten ihren eigenen Vorstellungen, blieben aber immer im Rahmen des siebzehnten Jahrhunderts. Nicky und Alix erschienen als der erste Zar und die erste Zarin des Hauses Romanow. Alix sah atemberaubend aus, aber Nicky war offensichtlich nicht hoch genug gewachsen, um seiner großartigen Verkleidung Genüge zu tun. Der Wettbewerb um die größte Beliebtheit wurde in dieser Nacht zwischen Ella und Fürstin Zinaida Jussupow[1] ausgetragen. Mir tat das Herz ein bisschen weh beim Anblick dieser beiden »wilden Leidenschaften« meiner frühen Jugend. Ich tanzte den ganzen Abend mit Fürstin Jussupow, bis zu dem berühmten Russischen Tanz. Sie tanzte ihn besser als jede Ballerina, während ich meine Teilnahme auf Händeklatschen und schweigende Bewunderung beschränkte.

Der Ball galt als riesiger Erfolg. Dieser großartige Festzug aus dem siebzehnten Jahrhundert muss auf die ausländischen Gesandten einen seltsamen Eindruck gemacht haben; während wir tanzten, streikten draußen die Arbeiter, und die Wolken im Fernen Osten hingen drohend tief.

Felix Jussupow: Memoiren

Meine Mutter war hinreißend. Sie war schlank und hatte eine wunderbare Haltung; sie hatte sehr schwarzes Haar, einen leicht olivfarbenen Teint und tiefblaue Augen, leuchtend wie die Sterne; sie war klug, kultiviert und künstlerisch begabt, und vor allen Dingen besaß sie ein außerordentlich freundliches Herz. Niemand konnte ihrem Charme widerstehen, und weit entfernt davon, eitel und stolz auf ihre außerordentlichen Begabungen zu sein, war sie die Bescheidenheit und Schlichtheit in Person.

Wo immer meine Mutter auftauchte, brachte sie ein angenehmes Gefühl von Licht und Wohlbefinden mit. Ihre Augen leuchteten vor Freundlichkeit und Nettigkeit. Sie kleidete sich mit ruhiger Eleganz und war keine Freundin von Schmuck.

Eulalia,[2] spanische Infantin: Memoiren

Prinzessin Jussupow war eine ganz reizende Frau, deren wunderbare Schönheit typisch für ihre Zeit dasteht. Sie lebte in außerordentlichem Luxus, in einer Umgebung von unübertroffener Pracht, umgeben von Kunstwerken reinsten byzantinischen Stils, in einem großen Palast, dessen Fenster auf die Stadt der tausend Kuppeln blickten. Die Größe und der Luxus Russlands, gemischt mit der Raffinesse und vornehmen Haltung Frankreichs, erreichte im Jussupow-Palast einen Höhepunkt. Groß und von erlesener Schönheit, trug sie eine *Kokoschnik* [Hof-Tiara], besetzt mit riesigen Perlen und ebenso großen Diamanten, die ein Vermögen wert waren. Eine Schwindel erregende Ansammlung fantastischer Juwelen aus Ost und West vervollständigte ihr Kostüm: Perlenschnüre, massive Goldarmbänder alter Machart, Ohrgehänge aus Türkisen und Perlen, vielfarbige, glitzernde Ringe. All das verlieh Prinzessin Jussupow die majestätische Pracht einer byzantinischen Kaiserin.

Olga [Nikolaus' Schwester]: Memoiren

Wir alle erschienen in Kostümen aus dem siebzehnten Jahrhundert. Nicky trug das Gewand von Alexis, dem zweiten Romanow-Zar, ganz in Himbeerfarben, Gold und Silber, und einige Teile waren extra aus dem Kreml gebracht worden. Alicky sah einfach atemberaubend aus. Sie war als Zarin Maria Miloslawskaja verkleidet, Alexis' erste Frau. Sie trug ein Sarafan [ärmelloses Überkleid, A.d.Ü.] aus Goldbrokat, mit Smaragden und Silberfäden verziert, und ihre Ohrringe waren so schwer, dass sie den Kopf nicht neigen konnte.

Xenia: Tagebuch, 8. Juli, Alexandria

Wir besuchten Mama und saßen bis 12 Uhr bei ihr. Putjatin[3] war da und berichtete uns detailliert über Serafim von Sarow, von wo er soeben zurückgekehrt war – das war sehr interessant. Mama reist am 15. dorthin, mit N und A und allen anderen – wir sollten auch mit, aber ich werde zu dieser Zeit indisponiert sein, und außerdem ist im Zug kein Abteil für uns frei –, sie würden wegen uns einen weiteren Wagon benötigen.

Felix Jussupow: Memoiren

Vater Serafim wurde 1759 in Kursk geboren; er entstammte einer Kaufmannsfamilie mit Namen Mochine. Seine Eltern waren fromme, ehrliche Leute; er selbst war seit früher Kindheit extrem religiös und verbrachte Stunden im Gebet vor den Ikonen.

Eines Tages nahm ihn seine Mutter mit auf die Spitze eines Glockenturms, der noch im Bau war. Das Kind rutschte aus und fiel 50 m tief auf die Pflastersteine. Die entsetzte Mutter eilte hinunter, in der Erwartung, seinen zerschmetterten Körper vorzufinden, aber zu ihrem Erstaunen und ihrer Freude stand er offenbar unverletzt auf. Die Nachricht von diesem Wunder verbreitete sich in der ganzen Stadt, und das Haus der Mochines füllte sich mit Menschen, die das Kind sehen wollten. Im weiteren Verlauf seines Lebens geriet er noch mehrere Male in Lebensgefahr, und jedes Mal wurde er durch ein Wunder gerettet.

Er trat im Alter von achtzehn Jahren in das Kloster Sarow ein, aber als er älter wurde, fand er das Klosterleben zu leicht und zog sich in eine Eremitage im Wald von Sarow zurück. Dort lebte er fünfzehn Jahre lang, fastete und betete. Die Menschen aus den Dörfern in der Nachbarschaft brachten ihm zu essen, aber das meiste verfütterte er an die Vögel und wilden Tiere, seine besten Freunde. Eines Tages kam die Mutter Oberin eines benachbarten Klosters zu Besuch und fand zu ihrem großen Schrecken einen riesigen Bären vor, der auf seiner Türschwelle lag. Vater Serafim versicherte ihr, der Bär sei harmlos, ein äußerst freundliches Tier, das ihm jeden Tag Honig aus dem Wald bringe. Um sie zu überzeugen, schickte der Eremit den Bären los, Honig zu holen. Das Tier kehrte einige Minuten später mit einer Honigwabe in den Tatzen zurück; diese schenkte der Eremit der erstaunten Nonne.

Man sagt, er habe einhundert Tage und Nächte stehend auf einem Felsen verbracht, die Arme zum Himmel erhoben, und dabei gerufen: »Herr sei uns elenden Sündern gnädig.«

Dann brachen eines Nachts unbekannte Männer in seine Eremitage ein und verlangten Geld. Als er erwiderte, er habe keines, schlugen sie ihm auf den Kopf und ließen ihn liegen, weil sie ihn für tot hielten. Am nächsten Morgen wurde er bewusstlos aufgefunden, blutüberströmt, den Schädel und einige Rippen gebrochen. Eine Woche lang war sein Zustand kritisch, aber er verweigerte jede ärztliche Hilfe. Am neunten Tag hatte er eine

Vision der seligen Jungfrau; augenblicklich begann er gesund zu werden, und bald war er vollständig geheilt. Dann kehrte er in sein Kloster zurück und schloss sich in seiner Zelle ein, nachdem er ein fünfjähriges Schweigegelübde abgelegt hatte. Als die fünf Jahre vergangen waren, widmete er sich, überfließend von göttlicher Gnade, dem Wohlergehen seiner Mitmenschen. Tausende von Pilgern kamen aus ganz Russland, um seine Hilfe und seine Gebete zu erbitten. Er empfing sie alle mit der gleichen brennenden Liebe, mit Trost, Rat und Heilung.

Xenia: Tagebuch, 10. Juli, Alexandria

Kyril kam mit dem matten Gesichtsausdruck einer verfolgten Unschuld hier an! Er brachte einen Brief von Tante Maria an Mama und Nicky mit, in dem um Erlaubnis gebeten wurde, dass die beiden heimlich heiraten könnten.[4] Was für eine unglaubliche Dummheit, und alles erdacht, damit er sauber aus der ganzen Geschichte herauskommt.

Später kam Mama von ihrem Spaziergang zurück. Wir sprachen über K[yril]. Tatsächlich wäre das einzig Ehrenhafte, das er tun könnte, sie zu heiraten und die entsprechende Strafe auf sich zu nehmen, aber das will er nicht!

Nikolaus: Tagebuch, 17. Juli, auf dem Weg nach Sarow[5]

Um 11 Uhr kamen wir in Arzamas an. Wir wurden unter einer Markise auf dem Bahnsteig vom Adel, dem *zemstvo*, den Stadt- und Landbewohnern der Provinz Nischegorodskij begrüßt. Wir stiegen in Wagen und fuhren auf einer guten, staubigen Straße los. Wir durchquerten große Dörfer, wo wir von den Bauern außerhalb der Gebäude am Straßenrand gegrüßt wurden. Unseren Tee tranken wir unter einer Markise, etwa 40 Meilen von Arzamas entfernt. Um 6 Uhr erreichten wir Kloster Sarow. Es war schon etwas ganz Besonderes, die Mariä-Himmelfahrts-Kathedrale zu betreten, und später die Kirche St. Zosima und St. Savvaty, wo wir vor den Reliquien des heiligen Vater Serafim beten konnten. Um 6.30 fuhren wir zurück nach Hause. Mama wohnt gleich gegenüber. Eine riesige Menge von Pilgern drängte sich im Hof. Um 8.15 aß die ganze Familie bei Mama zu Abend. Am Abend gingen wir in der Klosterzelle des Heiligen Serafim zur Beichte, in der neuen Kirche bei dem Mönch Simon, einem früheren Offizier. Dann brachten wir Mama zu ihm. Wir gingen zu Bett, zufrieden und überhaupt nicht müde.

Olga [Nikolaus' Schwester]: Memoiren

Einmal war Nicky so hungrig, dass er sein Kreuz öffnete und den Inhalt aufaß – mit Reliquie und allem. Später schämte er sich deswegen, gab aber zu, dass es »unmoralisch gut« geschmeckt habe. Ich war die einzige, die davon wusste. Nicky wollte nicht einmal Georgy und Xenia davon erzählen. Unsere Eltern wären über alle Maßen schockiert gewesen. Ich lachte nur, und wenn es später etwas Leckeres zu essen gab, flüsterten wir einander immer zu, »es schmeckt unmoralisch gut«, und niemand kannte unser Geheimnis.

Anastasia an Nikolaus: 18. Juli, Postkarte

An Seine Kaiserliche Majestät, den Zaren, Sarow:
Liebster Papa,
ich küsse dir die Hand
Anastasia [2 Jahre alt]

Nikolaus: Tagebuch, 18. Juli, Sarow

Wir standen um 5.30 auf und gingen mit Mama zum Frühgottesdienst. Wir gingen zur Kommunion. Der Gottesdienst endete um 7 Uhr.

Von 9 bis 10.30 besuchten wir die Kirchen und gingen in die Höhlen unter dem Hügel. Um 11.15 gingen wir in die Mariä-Himmelfahrts-Kirche zum letzten feierlichen Requiem für den heiligen Serafim. Dann aßen wir mit Mama zu Mittag. Um die heißeste Zeit des Tages brachen Onkel Sergej, Nikolascha, Petjuscha, Jurij und ich zu einem Fußmarsch zur Eremitage auf, die Sarowka entlang. Mama, Alix und die anderen fuhren mit der Kutsche. Der Weg durch den Wald war erstaunlich schön. Wir gingen auch zu Fuß nach Hause zurück; die Menge war rührend und bemerkenswert geordnet. Um 6.30 begann der Gottesdienst. Während der Prozession, als die Reliquien aus der Kirche der heiligen Zosima und Savvaty gebracht wurden, trugen wir den Sarg auf einer Sänfte. Es war ein unglaubliches Schauspiel, zu sehen, wie die Menge, vor allem die Invaliden, Krüppel und Unglücklichen, auf die heilige Prozession reagierten. Es war ein sehr feierlicher Augenblick, als die Verherrlichung und dann das Küssen des Schreins begann. Zu dieser Zeit verließen wir die Kirche, nachdem wir drei Stunden gestanden hatten. Wir nahmen gemeinsam mit Mama eine leichte Mahlzeit ein und wollten zum Ende des Gottesdienstes in die Kirche zurückkehren, aber die Menge war in die Kathedrale zurückgeeilt, ohne das Ende des Gottesdienstes abzuwarten, und es war bereits kein Durchkommen mehr.

19. Juli: Wir standen um 7.30 auf und gingen hinüber zu Mama und dann zur Kirche; mit dem Te Deum dauerte der Gottesdienst von 9 Uhr bis 12.30. Die heilige Prozession war genauso bewegend wie gestern, diesmal wurden die Reliquien ausgestellt. Man verspürte eine enorme Erhabenheit, sowohl durch das Ereignis selbst als auch durch die außerordentliche Stimmung in der Menge. Wir nahmen mit Mama einen Imbiss ein, später das Mittagessen um 2.30 im Refektorium.

Wir ruhten uns für etwa eine Stunde aus. Es herrschte große Hitze, und die vielen Pilger wirbelten viel Staub auf. Um 4.30 gingen wir zum Pavillon des Adels von Tambow, wo man uns Tee servierte. Um 7.30 aßen wir mit Mama zu Abend.

Dann gingen wir in Zweier- und Dreiergruppen hinunter zu der Quelle, wo wir mit einem ganz besonderen Gefühl in der Strömung des eisigen Wassers badeten. Wir kamen heil zurück, in der Dunkelheit erkannte uns niemand. Wir hörten von vielen Menschen, die heute und gestern geheilt wurden. Eine weitere Heilung geschah in der Kathedrale, während die heiligen Reliquien um den Altar getragen wurden. Gott tut Wunder durch seine Heiligen. Groß ist seine Barmherzigkeit für unser liebes Russland; es liegt ein unaussprechlicher Trost darin, dass diese neuen Beweise seiner Gnade für uns alle sichtbar werden; wir wollen unsere Hoffnung nun und immerdar auf den Herrn richten. Amen!

Olga [Nikolaus' Schwester]: Memoiren

Vom Ufer des kleinen Flusses aus sah ich das erste Wunder. Das Wasser der Sarowka wurde für heilkräftig gehalten, weil Serafim hier oft gebadet hat. Ich sah eine Bäuerin, die ihre vollständig gelähmte kleine Tochter trug und in den Fluss tauchte. Wenig später ging das Kind über die Wiese, und in Sarow bestätigten die Ärzte sowohl die Lähmung als auch die Heilung.

Kavalleriekapitän Garardi an den Direktor des Polizeidepartments: Dechiffriertes Telegramm aus Sarow, 19. Juli, 23.35 Uhr

Der Tag verlief zufrieden stellend; die Reliquien wurden zum letzten Mal in die Kathedrale gebracht und in dem Schrein zur Ruhe gebettet. Um 2 Uhr nahmen die Majestäten am Klosteressen teil, um fünf Uhr besuchten sie den Pavillon des Adels von Tambow, um 10 Uhr abends gingen die Majestäten allein zu der Quelle, wo sie badeten; die Polizei wurde davon nicht informiert, lediglich wir standen Wache. Weitere etwa 10 000 Menschen trafen ein.

Nikolaus an Kaiserinwitwe Marie: 3. September,
Manöver nahe Brest

Wir mussten den ganzen Weg zu Fuß gehen – umso besser sahen wir die Zehntausende von rufenden, lächelnden Gesichtern. Mein Herz schlug heftig, und so etwas wie Tränen stieg mir in die Kehle!

KR: Tagebuch, 5. September

Nach dem Abendessen sprach ich mit Nikolaj [Sandros Bruder, der Historiker], der wegen der Krankheit seines Onkels aus dem Kaukasus hergekommen ist. Er vertritt immer eine recht nüchterne Sicht der Dinge; er hält die gegenwärtige Situation in Russland für fatal und erwartet außergewöhnliche Ereignisse für die nächste Zukunft.

Ich kann nicht anders, als ihm zustimmen, dass der Grund für unsere Stimmung in der Schwäche des Zaren liegt, der sich unbewusst von anderen Meinungen beeinflussen lässt, erst von der einen, dann von der anderen; die letzte, die er gehört hat, ist immer die richtige.

Nikolaus an Kaiserinwitwe Marie: 22. September,
Darmstadt

Wir mussten eine Menge Hügel ersteigen, aber mir gefiel es. Wir staunten alle über den [österreichischen] Kaiser [Franz Joseph], der 73 Jahre alt ist. Er kletterte fast zwei Stunden lang, ohne anzuhalten, und war kein bisschen außer Atem. Unglaublich! Außer dem Kaiser war Erzherzog Franz-Ferdinand die ganze Zeit bei uns.

Ich war gerührt von der Wärme und Freundlichkeit, mit der die beiden mich behandelten.

Kaiser Wilhelm an Nikolaus: 7. November, Neues Palais, Potsdam

Liebster Nicky,
es ist mir unmöglich, den plötzlichen, tragischen Tod dieses süßen kleinen Sonnenscheins zu übergehen, ohne dir ein paar Zeilen zu schicken und dir zu sagen, wie sehr ich in dieser traurigen Angelegenheit mit euch allen fühle. Es ist wirklich sehr schwierig, sich vorzustellen, dass dieses liebe Kind nicht mehr unter uns weilt![6] Wie fröhlich und vergnügt war sie an jenem Tag in Wolfsgarten, als ich dort war, so voller Leben, Spaß und Gesundheit, und nun zu denken, dass man sie in dieser Welt nie mehr wieder sehen wird! Welch ein schrecklicher, herzzerreißender Schlag für den armen Ernie, der diese kleine Fee so liebte und verehrte! Möge der Himmel ihm die Kraft geben, diesen Schlag hinzunehmen!

Ich stehe noch ganz unter dem Zauber der zwei Tage, die ich mit euch verbringen durfte, und sie bleiben eine angenehme Erinnerung für mich.

Mit besten Grüßen an Alix verbleibe ich stets dein treuer und ergebener Freund und Cousin
Willy

KR: Tagebuch, 19. November

[Man hat mich] »den besten Mann Russlands« [genannt]. Aber ich weiß, wie dieser »beste Mann« wirklich ist. Wie abgestoßen wären all die Menschen, die mich lieben und achten, wüssten sie von meiner Schande! Ich bin zutiefst unzufrieden mit mir selbst.

24. November: Jetzt spüre ich wieder eine Quelle erneuerter Kraft und bin bereit, den Kampf gegen meine Leidenschaften aufzunehmen. Es ist immer so, nachdem ich schwach geworden bin; aber diesmal, glaube ich, habe ich mehr Entschlossenheit als z.B. vor 10 Jahren, genau um dieselbe Zeit, am 22. November.

Xenia: Tagebuch, 28. November, Gatschina

Um 12.30 fuhr ich mit Mama nach Zarskoje – direkt zum Mittagessen. Die arme Alix sieht gar nicht gut aus, ich war ziemlich erschrocken. Sie ist entsetzlich dünn geworden und sieht leidend aus; sie hat jeden Tag erhöhte Temperatur (37,2 – 37,3) und ist sehr schwach. Sie bleibt den ganzen Tag im Bett, isst fast nichts und ist so traurig, dass es einfach furchtbar ist, zu schmerzlich, es mit anzusehen! Olga und Tatjana aßen mit uns zu Mittag. Später gesellten sich die Kleinen zu uns, und sie balgten mit Nicky ordentlich herum.

9. Dezember: Ich habe mit Mischa [Bruder] oben in Olgas Zimmer vierhändig auf dem Klavier gespielt. Er ist derzeit ganz wild auf Musik, was nur gut ist, denn es lenkt ihn ab. Gott sei Dank ist er jetzt insgesamt in besserer Stimmung. Es hat sich herausgestellt, dass er noch aus Dänemark an B[eatrice][7] geschrieben hat, sie könnten ihre Korrespondenz in dieser Form nicht weiterführen, d.h., einander so ihre Gefühle offenbaren etc. Seitdem ist ihnen leichter ums Herz! Das arme Ding!

KR: Tagebuch, 15. Dezember

Ich habe meine Tagebücher der letzten zehn, zwanzig Jahre durchgelesen. Ich bin nicht zufrieden mit mir. Vor zehn Jahren habe ich auf dem rechten Wege begonnen, ich habe ernsthaft mit meinem Hauptlaster gekämpft und sieben Jahre lang nicht gesündigt, oder richtiger, nur in Gedanken gesündigt. Aber 1900, schon nach meiner Ernennung zum Leiter der militärischen Ausbildungsstätten, bin ich während des Sommers in Strelna auf Abwege geraten.

Dann war es zwei Jahre lang besser, aber 1902, nach meiner Krankheit, habe ich während meiner Reise an die Wolga viel gesündigt. Und endlich in diesem Jahr, 1903, bin ich vollkommen vom Weg abgekommen und lebe in ständigem Kriegszustand mit meinem Gewissen.

Die Reise nach Moskau und Twer schien mich von unreinen Gedanken und Wünschen abzulenken, aber nun sind sie wieder über mich gekommen. Ich kämpfe weiter, sage mir, dass Gott mir das Herz, den Geist und die Kraft gegeben hat, erfolgreich zu kämpfen.

Das Schlimme ist, selbst wenn ich kämpfen könnte, will ich nicht, ich werde schwach, vergesse meine Gottesfurcht und falle. Ich weiß, je länger es so geht, desto fester verwurzelt sich die Gewohnheit und desto schwieriger und schmerzhafter wird der Kampf. Ich hätte beinahe schon wieder nachgegeben, aber diesmal habe ich widerstanden. Aber für wie lange? Herr, hilf mir! Der Herr mag helfen, aber ich selbst verweigere mich seiner Hilfe.

21. Dezember: Immer noch drängen sich schlechte Gedanken in meinen Kopf; sie belästigen mich vor allem in der Kirche. Ich schäme mich, es zuzugeben, aber es ist wahr. Es war noch nie so schlimm wie während der letzten sechs Monate.

Xenia: Tagebuch, 21. Dezember, Gatschina

Ich habe einen *schrecklichen* Brief von Ducky wegen Mischa und Beatrice bekommen. Sie versucht zu zeigen, dass er sich ihr gegenüber in hässlicher und ehrloser Weise benommen hat. Und all das nach seinem Brief aus Dänemark, in dem er schrieb, dass sie, nachdem sie nicht heiraten können, gut daran täten, mit derartigen Briefen aufzuhören, und dass er hoffe, sie könnten gute Freunde bleiben etc.

Der Herr bewahre uns vor dem Sturm, den das auf ihrer Seite auslöste; es stellt sich heraus, dass es Beatrice ziemlich schlecht geht und dass man sie nach Ägypten geschickt hat, wo sie weint und immer dünner wird. Vor allem beharrt Ducky darauf, ihre Schwester habe niemals auch nur davon geträumt, ihn heiraten zu können (was einfach nicht stimmt), und sich tatsächlich überhaupt nichts eingebildet, weshalb Mischas Brief sie so sehr beleidigt habe. Es scheint, Tante Marie ist mit Mama entsetzlich über Kreuz deswegen; alles in allem weiß Gott, was da geschehen ist. Aber eines ist klar, dass sie nämlich eine Heirat ins Auge gefasst hatten.

KR: Tagebuch, 28. Dezember

Mein Leben fließt glücklich dahin, ich bin wirklich »vom Schicksal begünstigt«, werde geliebt, geachtet, geschätzt, habe Glück und Erfolg in allem, was ich tue, aber mir fehlt die eine, entscheidende Sache: innerer Friede.

Ich bin vollkommen besessen von meinem heimlichen Laster. Für eine ganze Weile war es mir fast gelungen, es niederzukämpfen, von Ende 1893 bis 1900. Aber seitdem, und vor allem seit April dieses Jahres (unmittelbar vor der Geburt unseres lieben Georgy), bin ich wieder abgerutscht und begann zu stürzen und stürze immer noch, wie auf einem Abhang, immer tiefer und tiefer.

Dabei sollte ich doch, ich, der ich für die Erziehung einer großen Zahl von Kindern und Jugendlichen verantwortlich bin, mit den moralischen Maßstäben wohlvertraut sein.

Und schließlich bin ich nicht mehr jung, ich bin verheiratet, habe sieben Kinder, und das Alter ist nicht mehr so weit. Aber ich bin wie eine Fahne im Wind: Manchmal fasse ich den festen Entschluss, innig zu beten. Ich stehe den ganzen Gottesdienst lang, eingetaucht in heftige Gebete, und doch – gleich danach, wenn die unreinen Gedanken wiederkommen, ist alles vergessen, und ich ergebe mich der Macht der Sünde.

Ist eine Veränderung zum Besseren wirklich so unrealistisch? Muss ich denn weiterhin in Sünde waten?

Anmerkungen 1903

1 Felix Jussupows Mutter.

2 Tochter der Königin Isabella II. von Spanien, Frau von Antoine von Orléans.

3 Ein Hofbeamter.

4 Er wollte Ducky heiraten, die Tochter des Herzogs und der Herzogin [Tante Marie] von Edinburgh, die zuvor mit Alix' Bruder Ernie verheiratet gewesen war. Die Herzogin von Edinburgh war eine Schwester von Alexander III.

5 Ein Jahr zuvor hatte Philippe die Fantasie der Zarin so beeinflusst, dass sie und alle in ihrer Umgebung überzeugt waren, sie sei schwanger – bis die Illusion von ihren Ärzten aufgedeckt wurde. Philippe erklärte das Geschehen mit einem Mangel an Zutrauen, und indem er wieder in Trance fiel, prophezeite er, der Wunsch der Zarin nach einem Sohn würde erfüllt werden, wenn sie sich dem Schutz des heiligen Serafim von Sarow unterstelle. Dieser Heilige war im orthodoxen Kalender unbekannt, aber durch Nachforschungen fand man heraus, dass im Kloster Sarow ein Mönch mit Namen Serafim gelebt hatte, dessen Leben ein Vorbild an Tugend gewesen war und der im Ruf stand, Wunder zu vollbringen. Der Zar wies den Heiligen Synod an, Serafim unverzüglich zu kanonisieren. Pobedonoszew, der Oberprokuror, versuchte zu erklären, dass niemand auf Anordnung des Zaren heilig gesprochen werden könne, aber Zarin Alexandra sagte ihm: »Der Zar kann alles.« Serafim wurde in Anwesenheit von Nikolaus und Alexandra in Sarow mit großem Aufwand heilig gesprochen. Auf Anordnung von Philippe badete die Zarin mitten in der Nacht in der Quelle, die der Heilige angeblich gesegnet hatte. Das versprochene Wunder war geschehen [aus V. Poljakows Biografie der Kaiserinwitwe Marie].

6 Elisabeth, die Tochter von Ernie und Ducky.

7 Beatrice war Duckys Schwester.

1904

Nikolaus:	Zar von Russland
Alexandra:	seine Frau, Zarin von Russland
Xenia:	Großfürstin, Nikolaus' Schwester, verheiratet mit Sandro
Olga:	Großfürstin Olga Alexandrowna, Nikolaus' jüngste Schwester, genannt »Baby«
KR (Kostia):	Großfürst Konstantin Konstantinowitsch, Nikolaus' Cousin
Maria Pawlowna	Tochter von Großfürst Pawel (die Jüngere):
Olga:	älteste Tochter von Nikolaus und Alexandra
Wilhelm II.:	Deutscher Kaiser, Nikolaus' Cousin

1904
Der Wendepunkt

Kriegsausbruch zwischen Russland und Japan – KRs moralischer Kampf geht weiter – Alix' junger Neffe stirbt an der Bluterkrankheit – Alix bekommt einen Sohn, Alexej – Kaiser Wilhelm wird Pate – Alexej blutet aus dem Nabel – KR beklagt Nikolaus' Mangel an Entschlossenheit – Port Arthur fällt an die Japaner

KR: Tagebuch, 1. Januar

Die große Prozession fand im Winterpalais statt. Der Zar erschien in der Uniform der Reitergarde. Die junge Zarin leidet an Influenza und war nicht anwesend. Die Zarin Maria Feodorowna trug ein Kleid in russischem Stil aus amethystfarbenem Samt, reich mit Gold bestickt, Maria Pawlowna war in Orange, meine Frau in Silber (ihr Hochzeitskleid), und Xenia und Olga kamen in Weiß, mit Gold bestickt.

Xenia: Tagebuch, 1. Januar, St. Petersburg

Möge der Herr das kommende Jahr und uns alle segnen und den Frieden bewahren. Das ist das Wichtigste!

Die Prozession fand um 11 Uhr statt. Ich ging mit Kyril. Der Gottesdienst dauerte ziemlich lange, dann gab es einen endlosen Empfang für das diplomatische Corps (etwa eine Stunde). Alle sahen mit Interesse zu, wie Nicky mit den Japanern sprach!

Hinterher erzählte Nicky uns, er habe den Japanern gesagt, dass Russland nicht einfach ein Land sei, sondern ein Erdteil, und dass man, um einen Krieg zu vermeiden, Russlands Geduld lieber nicht strapazieren solle, sonst könne es böse enden.

KR: Tagebuch, 9. Januar

Zwei Wochen lang habe ich im Einklang mit meinem Gewissen gelebt. Es ist immer so, nachdem ich gesündigt habe. Nach dem Fehltritt scheint sich die Sünde zurückzuziehen, mein Herz ist voller Schuldbewusstsein und Reue, der Geist ist klar, und unreine Gedanken können nicht mehr eindringen.

Aber im Laufe der Zeit glimmt die verderbliche Leidenschaft, erst unbemerkt und nur unterschwellig, allmählich zu einem Feuer auf, das Geist und Seele einschließt; verführerische Gedanken dringen immer mehr auf mich ein, ich kann nicht mehr beten und spüre, dass ich immer tiefer und niedriger im Sumpf des Lasters versinke.

Im Augenblick zum Beispiel, nach zwei Wochen in klarer, frommer Stimmung, erlangt das, dem ich zu widerstehen glaubte, wieder verführerischen Zauber. Jetzt ist es an der Zeit, wachsam zu sein und die Fantasie unter Kontrolle zu halten, sie nicht zur Beute unreiner Gedanken werden zu lassen. Will der Herr mir in meinem Kampf nicht helfen?

Natürlich will er helfen, davon bin ich zutiefst überzeugt. Aber mein Geist ist verdorben, ich kann meine Gedanken nicht so ausrichten, wie ich es mir wünsche, und ich gebe meinem Laster nach, fast ohne Widerstand zu leisten. So ist es seit dem Frühjahr, und so war es den ganzen Sommer und Herbst des letzten Jahres lang. Und das nach all diesen glücklichen Jahren, in denen ich siegreich aus dem Kampf hervorging. Wie kann ich zurückkehren zu diesen gesegneten Jahren 1893 bis 1899?

Xenia: Tagebuch, 14. Januar, Cannes

In Nizza fuhren wir direkt vom Bahnhof aus zu Tante Marie [Herzogin von Edinburgh] zum Mittagessen. Sie wohnt mit Ducky in ihrer Villa. Wir waren so froh, ihre Jüngste zu sehen. Sie ist Mitleid erregend anzusehen, ist so dünn geworden und sieht so unwohl aus, das arme Ding. Nach dem Mittagessen gingen wir durch den Garten unter den Orangenbäumen, wo Maria selbst das Thema Mischa und Beatrice aufbrachte.

Ich konnte ihr nur sagen, dass Mischa nicht heiraten kann, denn Nicky hat ihm das definitiv mitgeteilt, und dass er eingewilligt hat und das Ganze nun als unmöglich ansieht. Dann ließ sie mich mit Ducky allein und ging hinüber zu Sandro, und er erklärte ihr alles richtig – Mischas Handeln etc. Er hatte am Ende den Eindruck, dass sie hofft und wünscht, die Heirat könne stattfinden.

Ducky sagt, die kleine B. sei in einer so schrecklichen Verfassung, dass sie fürchteten, sie würde verrückt. Sie waren schrecklich böse auf Mama, und Ducky sagt, sie hätte es nicht mehr ausgehalten und mir diesen Brief geschrieben, in der Hoffnung, dass ich helfen würde.

KR: Tagebuch, 20. Januar

Ich habe seit dem 27. Dezember in Frieden mit meinem Gewissen gelebt, aber während der letzten paar Tage kamen mir immer wieder verführerische Gedanken in den Sinn.

Als ich heimkam, befahl ich dem Fahrer, rechts am Moika-Kanal abzubiegen; bevor ich den Newskij-Prospekt erreichte, stieg ich aus, ließ Foma [den Fahrer] weiterfahren und ging zu Fuß am Badehaus vorbei.

Ich wollte weitergehen – einige Leute erkannten mich an der Tür zum Badehaus. Aber bevor ich noch die Pevcheskij-Brücke erreicht hatte, wandte ich mich zurück und ging hinein. Ich mietete eine Kabine.

Und so habe ich mich wieder, ohne großen Kampf, meinen verdorbenen Neigungen ergeben. Ich bin mir selbst wieder unaussprechlich widerlich und abstoßend. Werde ich nie davon loskommen?

Xenia: Tagebuch, 25. Januar, Gatschina

Der Krieg ist erklärt!![1] Möge der Herr uns beistehen! Es ist so schrecklich, man will es einfach nicht glauben, und was es mit sich bringen wird. Mama telegrafierte: »Bin sehr traurig über die Nachricht aus Fernost, aber die Verantwortung dafür liegt bei ihnen.« In einem Telegramm heißt es, Kurito, der japanische Gesandte, sei aus Petersburg zurückgerufen worden, noch bevor er die russische Antwort entgegennehmen konnte.

27. Januar: Wir haben das folgende Telegramm von Mama erhalten. [General] Alexejew berichtet, dass die Japaner etwa um Mitternacht in der Nacht vom 26. auf den 27. Januar überraschend das russische Geschwader angegriffen haben, das vor Port Arthur verankert war. Einige unserer Kriegsschiffe wurden leckgeschossen; das Ausmaß des Schadens muss erst noch geschätzt werden. So hat es nun also angefangen. Unsere armen Seeleute! Gott schütze sie, aber wie schrecklich, so unerwartet angegriffen zu werden!

13. Februar, St. Petersburg: Nicky und Alix kamen zur Kirche – Sandro auch. Alix war in Tränen aufgelöst, denn sie hatte soeben die Nachricht vom Tod ihres kleinen Neffen erhalten, Irènes jüngstem Sohn. Er hatte die schreckliche Krankheit der englischen Familie.[2] Vor gar nicht langer Zeit ist der arme Kleine gefallen und hat sich den Kopf angeschlagen, und seitdem war er die ganze Zeit krank, und von Anfang an gab es keine Hoffnung, dass er sich erholen würde. Es ist *einfach furchtbar*, und die armen Eltern.

KR: Tagebuch, 14. Februar

Ich faste und versuche meine Sünde zurückzudrängen, oder eher meine eine hauptsächliche Todsünde, und hoffe, dass ich erfolgreich sein werde.

Es quält mich, das zu denken: Ich sündige, werde die ganze Zeit immer verdorbener, ich verdiene Gottes Zorn, aber stattdessen empfange ich nur Wohltaten von Gott. Meine Sünde ist niemandem bekannt, ich werde geliebt, gelobt und gefördert, viel mehr, als ich es verdiene, mein Leben ist glücklich, ich habe eine schöne Frau, die von allen geschätzt und geachtet wird; reizende Kinder; und jetzt habe ich auch noch einen besonderen Gunstbeweis der Krone erhalten – eine Schenkung in Anerkennung meiner Dienste; ein Mädchengymnasium ist nach mir benannt worden. Warum kann ich damit nicht fertig werden?

26. Februar: Witte sprach über Wladimir und Alexej. Er hält beide für echte Großfürsten, unfähig zu Intrige oder finsteren Taten.

Auf Sandro wirft er strengere Blicke und erkennt in ihm, wie in seinen Brüdern, eine Neigung zur Intrige und einen Mangel an echten fürstlichen Eigenschaften.

Witte hält Sandros Einfluss auf den Zar – der unbestreitbar vorhanden ist – für schädlich. Er hat eine sehr hohe Meinung vom Thronfolger [Mischa]. Der Thronfolger ist in der Gesellschaft nicht besonders bekannt oder geschätzt; Witte sieht in ihm einen klaren Kopf, eine unerschütterliche Überzeugung in seinen Meinungen und eine kristallklare moralische Reinheit. Mischa hält sich aus den Staatsgeschäften heraus, bietet seine Meinungen nicht an, und vielleicht versteckt er sich hinter dem Bild des gutmütigen, unauffälligen Jungen, das er abgibt.

Xenia: Tagebuch, 13. März, St. Petersburg

Es ist enthüllt (Mama hat es enthüllt!), dass Alix guter Hoffnung ist! Man sieht es jetzt schon mehr, aber sie, das arme Ding, hat es zunächst verborgen, weil sie wahrscheinlich Angst hat und nicht will, dass es irgendjemand zu früh erfährt! Es geht ihr sehr gut.

KR: Tagebuch, 23. März

Mein geistiger Zustand ist schlecht. Seit meiner Abreise aus Nischnij [Nowgorod] am 11. bin ich überwältigt von unreinen Gedanken, die mich unablässig mit aufreizenden Szenen verfolgen, die meine verdorbene Fantasie aus früheren Erinnerungen zusammenstellt.

Ich wäre der Versuchung in Moskau fast erlegen, aber durch ein glückliches Zusammentreffen war ich in der Lage, fest zu bleiben und zu widerstehen. Selbst jetzt bin ich nicht im Frieden mit meinem Gewissen, ich versuche zu feilschen und – o Grauen! – sage mir, dass ich der Sünde nachgeben darf, sobald Ostern vorbei ist.

28. März: In der Kirche machte ich mir Sorgen, dass meine Frau ohnmächtig werden könnte, aber zum Glück geschah nichts. Um die Zarin machte man sich aus demselben Grund Sorgen: allen Anzeichen nach ist sie schon etwa im sechsten Monat schwanger, ist aber gleichzeitig viel schmaler im Gesicht geworden und wunderbar schön.

Sie stand tapfer während des gesamten Gottesdienstes und tauschte dann Ostergrüße mit allen aus.

Xenia: Tagebuch, 31. März, St. Petersburg

Ein Alptraum von einem Tag – der schlimmste, seit der Krieg erklärt wurde. Die *Petropawlowsk* ist mitsamt Makarow[3] und der gesamten Mannschaft auf eine Mine gelaufen und explodiert; alle wurden getötet, bis auf Kyril und sechs Offiziere sowie etwa 40 untere Dienstgrade!! Makarow stach frühmorgens mit dem Rest der Flotte in See, und als man den Feind sichtete, begannen sie, ihn zu verfolgen, aber als die Zahl feindlicher Einheiten auf 30 anstieg, zogen sie sich in den Hafen zurück, wobei das Schlachtschiff *Petropawlowsk* auf eine Mine lief, die es zerstörte.

Armer Wladimir, er war ganz außer sich und sagte nur immer wieder, es sei ein Wunder, dass Kyril lebt – und wie! Tante Michen war in Tränen aufgelöst; jetzt ist sie ruhiger, aber der erste Schock war schrecklich, weil es so unerwartet kam.

Die ganze Familie kam später zusammen, und um 2 Uhr wurde ein Te Deum gehalten. (Von dort aus schrieb ich Mama eine Notiz und informierte sie von dem Te Deum; es war das Erste, was sie von der Sache hörte; sie war natürlich schrecklich aufgeregt und schockiert, und das kurz vor einem Empfang!) Nikolaj[4] kam auch, Onkel Wladimir war schrecklich gerührt und umarmte ihn und weinte. (Gott sei Dank, dass alles vorbei ist!)

Zum Mittagessen kehrten wir nach Hause zurück. Sandro ist in einer derartigen Verfassung, er sieht furchtbar aus, dünner und älter, und nach dem heutigen Tag denke ich, so ist es mit uns allen. Gott gebe, dass wir nie mehr einen solchen Tag erleben müssen!

Sandro fuhr heim und ließ mich im Winterpalais zurück. Die arme Alix liegt im Bett – wahrscheinlich Influenza! Dort fand ich auch Mama vor; sie und Nicky sind schrecklich aufgeregt und niedergeschlagen!

KR: Tagebuch, 19. April

Mein Geist ist wieder auf Abwegen, ich werde wieder von sündigen Gedanken verfolgt, Erinnerungen und Sehnsüchten. Ich träume davon, am Badehaus an der Moika vorbeizugehen oder das Bad zu Hause einheizen zu lassen, ich kann mir die vertrauten Gefährten vorstellen, Alexej, Frolow und vor allem Sergej Syrojezkin. Ich hatte immer eine Vorliebe für einfache Männer; nie habe ich außerhalb ihres Kreises Partner in der Sünde gesucht oder gefunden. Wenn die Leidenschaft das Wort hat, schweigen alle Argumente von Gewissen, Tugend und Vernunft.

23. April: Im Alexanderpalast fand ein Familien-Mittagessen statt. Die Zarin – deren Namenstag gefeiert wurde – ist unmissverständlich schwanger; jetzt sieht man es ganz deutlich. Das neue Familienmitglied wird offenbar im Juli oder August erwartet.

15. Mai: Als Ergebnis der Erinnerung an frühere Jahre bin ich wieder dem Einfluss unreiner Gedanken, aufreizender Träume und Vorstellungen erlegen. Mein Weg führte mich zu den Bädern. Ich war mir sicher, wenn ich einen der Bediensteten an der Tür sähe, wäre ich nicht in der Lage, zu widerstehen, und würde hineingehen. Ich war außerordentlich erregt, alle Gedanken an Tugend waren erstickt, ich hatte fast die Fähigkeit eingebüßt, klar zu denken, und war bereit, der Versuchung ohne viel Kampf nachzugeben. Die Türen zum Badehaus standen offen, aber es waren keine Bediensteten in Sicht. Wie durch ein Wunder schreckte ich zurück und fuhr vorbei.

Nun könnte man denken, dass dieser Sieg über mich selbst ein Grund zur Freude sei, aber nein, ganz im Gegenteil, ich war noch eine ganze Weile wütend darüber, dass ich nicht das Beste aus einer bequemen Gelegenheit gemacht hatte und nicht hineingegangen war.

21. Mai: Während der Ratssitzung wurde ich von sündigen Gedanken überwältigt. Ich entließ meinen Fahrer an der Morskaja, bevor wir die Ecke zum Newskij-Prospekt erreichten, und ging zu Fuß weiter.

Ich ging zweimal an den Eingängen des Badehauses vorbei; beim dritten Mal trat ich ein. Und so habe ich wieder einmal auf die gleiche Weise gesündigt. Meine Stimmung ist absolut am Boden.

4. Juni: Was mich selbst angeht, so nehme ich nicht an, dass ich jemals ganz mit Sandro übereinstimmen werde. Er irrt sich oft in Menschen, unterliegt ihrem Einfluss, ärgert sich dann über sie und sucht sich andere Ratgeber; er hat, so scheint es mir, einen recht merkantilen Zug und neigt dazu, seinen persönlichen Vorteil zu suchen.

17. Juni: Am Morgen benutzte ich das Bad zu Hause. Und scheiterte wieder einmal in meinem Versuch, den Kampf zu bestehen.

23. Juni: Wieder einmal habe ich den Kampf gegen meine Leidenschaften aufgegeben; nicht dass ich nicht gekonnt hätte, ich wollte einfach nicht kämpfen. Am Abend heizten sie unser Badehaus für mich ein. Der Bedienstete Sergej Syrojezkin war beschäftigt, und so brachte er seinen Bruder vorbei, den einundzwanzigjährigen Kondratij, der als Bediensteter im Bad von Usaschewik arbeitet.

Und ich führte den Jungen auf Abwege. Vielleicht brachte ich ihn zum ersten Mal dazu, zu sündigen, aber es war schon zu spät, als mir die schrecklichen Worte in den Sinn kamen: Wehe dem, der einen dieser Jungen verleitet.

24. Juli: Seit dem 15. Juli warten wir ungeduldig auf den Zuwachs in der Zarenfamilie.

26. Juli: Am Morgen ins Badehaus. Und wieder einmal finde ich mich, wie ein Eichhörnchen im Laufrad, an genau demselben Ort wieder.

Aus dem Notizbuch der Zarin Alexandra Fjodorowna:
26. Juli 1904

Gewicht: 4660; Länge: 58; Kopfumfang: 38; Brustumfang: 39

Der Thronerbe Zarewitsch Alexej Nikolajewitsch wurde am Freitag, dem 30. Juli 1904, um 1.15 am Nachmittag, geboren.

Nikolaus: Tagebuch, 30. Juli, Peterhof

Ein großer, unvergesslicher Tag für uns, an dem wir deutlich Gottes Gnade empfingen. Um 1.15 am Nachmittag wurde Alix von einem Sohn entbunden, den wir Alexej nannten, während wir beteten. Alles ging bemerkenswert schnell – jedenfalls kam es mir so vor. Am Morgen ging ich wie gewöhnlich Mama besuchen, und danach suchte ich Alix, um zu Mittag zu essen. Sie war schon oben, und eine halbe Stunde später war das freudige Ereignis schon eingetreten. Ich habe keine Worte, um Gott genug zu danken, dass er uns in einer Zeit bitterer Prüfungen diesen Trost schickt!

Der lieben Alix ging es sehr gut. Mama kam um 2 Uhr und saß vor ihrem ersten Zusammentreffen mit ihrem neuen Enkel lange Zeit bei mir. Um fünf Uhr ging ich mit den Kindern zu einem Te Deum, bei dem die ganze Familie anwesend war. Schrieb eine Menge Telegramme. Mischa kam aus dem Lager; er sagte, nun sei er »im Ruhestand«. Aß im Schlafzimmer zu Abend.

KR: Tagebuch, 30. Juli

Zeitungsausschnitt: »Durch Erklärung vom 28. Juni 1899 haben Wir Unseren geliebten Bruder Großfürst Michail Alexandrowitsch zum Thronfolger benannt, bis zu dem Zeitpunkt, wenn Uns ein Sohn geboren würde. Ab sofort gehört, in Übereinstimmung mit den grundlegenden Gesetzen des Reiches, der kaiserliche Titel des Thronfolgers und Zarewitsch mit allen Rechten, die damit verbunden sind, Unserem Sohn Alexej.«

Gott hat den Majestäten einen Sohn gesandt. Welch eine Freude! Russland hat 10 Jahre lang auf einen Thronfolger gewartet, und nun ist es geschehen. Bald hörten wir die Kanonen, die von der Festung feuerten – ein Salut aus 301 Mündungen. Der Thronfolger wurde Alexej genannt. Das Te Deum war gerade zu Ende gegangen, als wir die gotische Kirche erreichten. Der Zar kam heraus und schritt, gemeinsam mit seiner Mutter und seinen älteren Töchtern Olga, Tatjana und Maria, durch die Versammlung, um die Gratulationen entgegenzunehmen. Die ganze Familie war anwesend, ebenso der engste Kreis des Hofes, der Generalstab und die Offiziere des Garderegiments und Seiner Majestät Kavallerie. Es heißt, die Wehen haben nur zwei Stunden gedauert und alles ging gut, das Baby misst 58 Zentimeter und wiegt 11 Pfund.

Olga [Nikolaus' Schwester]: Memoiren

Es geschah während des Krieges gegen Japan. Die Nation war wirklich tief deprimiert wegen all der Katastrophen in der Mandschurei. Und doch erinnere ich mich, wie glücklich die Menschen aussahen, als die Nachricht bekannt gegeben wurde.

Wie man weiß, hatte meine Schwägerin nie ganz die Hoffnung aufgegeben, dass sie einen Sohn haben würde, und ich bin sicher, es war Serafim, der es möglich machte.

KR: Tagebuch, 2. August

Um fünf Uhr statteten meine Frau und ich der Kaiserinwitwe einen Besuch ab und tranken Tee mit ihr. Sie, die über die Geburt des Zarewitsch so voller Freude gewesen war, war nun wieder betroffen und voll Kummer über die Nachrichten von unserer Flotte.

Der bisherige Thronfolger Mischa war dort, er strahlte vor Glück, nicht länger Thronerbe zu sein.

Maria Pawlowna [die Jüngere]: Memoiren

Wir begleiteten meinen Onkel und meine Tante [Sergej und Ella] nach Peterhof, um an der Taufe des kleinen Zarewitsch teilzunehmen. Eine vergoldete Kutsche, gefolgt von einer Kavallerieabteilung, brachte den neugeborenen Sohn zur Kirche. Er wurde von seiner Amme und der Ersten Kammerfrau begleitet. Seit der Morgendämmerung waren die Regimenter an dem Weg aufgezogen, den das Gefolge mit seinen vielen Prunkkutschen und den mit Federbüschen geschmückten Pferden nehmen sollte.

Um elf Uhr vormittags waren die Kaiserliche Familie und der Hof bereit, die Herren in voller Uniform, die Damen mit Juwelen geschmückt, in Kleidern aus goldenen und silbernen Stoffen, mit langen Schleppen. Der Zar, die Großfürsten und -fürstinnen, die Gesandten und hohen Würdenträger bildeten eine Prozession; sie gelangten zur Schlosskirche, indem sie die Säle durchquerten, die mit Gästen angefüllt waren.

Der kleine Zarewitsch wurde von der Ersten Kammerfrau an der Spitze der Prozession auf einem Kissen aus Silbertuch getragen. Die Kirche funkelte vor Licht. Am Eingang begrüßten zahlreiche Mitglieder des Klerus, angeführt vom Erzbischof von St. Petersburg, den Zaren. Der Gottesdienst endete, das Kind wurde mit dem gleichen Zeremoniell wieder ins Haus gebracht. Glückwünsche und ein Bankett brachten den Tag zu Ende.

Zu Ehren der Armee, die zur gleichen Zeit auf den fernen Feldern der Mandschurei kämpfte, wurden alle Mitkämpfenden als Paten des jungen Prinzen eingetragen.

KR: Tagebuch, 11. August

Ich nahm Olia mit zur Taufe nach Peterhof. Sobald die Prozession begann, fuhr meine Frau in die Stadt. Es war besser so, als Vorsichtsmaßnahme, dass sie an der Zeremonie nicht teilnahm: an ihrer Schwangerschaft besteht kein Zweifel.

Tatjana ging in der Prozession neben der kleinen Maria Pawlowna, hinter Ella. Ich führte Stana. Die kleinen Mädchen sahen in ihren Sarafanen reizend aus: die beiden Zarentöchter in Blau, Maria und Irina ebenso, und Marina und Elena in Gelb. Der kleine Johann und Gavril gingen hinter Sandro. Der Zar trug die Atamanen-Uniform. Die Taufzeremonie wurde von Vater Janischew durchgeführt; den Gottesdienst hielt der Metropolit Antoni.

Alexandra an Nikolaus: 15. August, Peterhof

Ich bin sicher, du vermisst das liebe Baby, er ist aber auch zu süß. Man versteht wirklich, warum Gott ihn uns gerade in *diesem* Jahr geschickt hat, und er ist ein richtiger Sonnenschein. Gott vergisst uns nicht, das ist wahr.

Und nun hast du ihn, um für ihn zu arbeiten und nach deinen Vorstellungen zu erziehen, damit er dir eine Hilfe sein kann, wenn er ein großer Junge ist. Ich versichere dir, man sieht täglich, wie er wächst.

Xenia: Tagebuch, 16. August, Alexandria

Wir gingen Alix besuchen und waren dabei, als der Kleine gebadet wurde. Er ist ein erstaunlich kräftiges Baby, mit einem Brustkorb wie ein Fass, und hat insgesamt die Ausstrahlung eines Kriegers.

Tochter Olga an Nikolaus: 16. August, Peterhof

Lieber Papa,
heute regnet es sehr, und wir sitzen zu Hause. Maria ging am Nachmittag schlafen, und Anastasia kroch unter die Matratze und schlief dort, mit Maria obendrauf.

Als sie aufstand, lachten wir alle, und sie auch. Wir alle warten, dass du wieder heimkommst. Ist das Wetter gut dort, wo du bist?

Ich habe Mama und unseren Bruder nicht gesehen, ich hoffe, ich sehe sie heute Abend, bevor es Zeit zum Baden ist. Ich sende dir einen dicken Kuss, lieber Papa.
Olga [neun Jahre alt]

Alexandra an Nikolaus: im August, Peterhof

Mein geliebter, süßer Engel,
wieder musst du dein altes Frauchen verlassen, aber diesmal mit einem kostbaren kleinen Sohn in ihren Armen, der ihr schweres Herz trösten muss.

Es ist schwer, sich wieder zu trennen, aber Gott sei Dank ist es nicht für lange – wie glücklich werden die Kosaken sein, dich zu sehen, mehr denn je, wo jetzt unser teurer Kleiner eine neue Verbindung zwischen ihrem früheren Ataman und ihnen herstellt. Ich bin sicher, Moskau wird in heller Aufregung sein, wenn du durchfährst. Die Nächte werden so lang und traurig sein.

Ich sehe dich so gern an, wenn ich nicht schlafen kann und es hell im Zimmer wird. Ich bin sicher, du bist traurig, deine kleine Familie und den neugeborenen Sohn zu verlassen – wir werden die Stunden zählen bis zu deiner Rückkehr. Ich versuche, tapfer zu sein, aber meine dummen Nerven sind immer noch so schwach, dass es manchmal über meine Kraft geht, die blöden Tränen zurückzuhalten. Oh, wie ich dich liebe!!! Gott allein weiß, *wie* sehr.

Ich hoffe und vertraue darauf, dass keine schlechten Nachrichten aus dem Osten kommen, solange wir getrennt sind – und ich will nicht, dass du all das hörst, wenn ich nicht bei dir bin. Oh, Gott ist wirklich gut zu uns, dass er uns gerade jetzt diesen Sonnenstrahl geschickt hat, wo wir ihn alle so sehr brauchen, möge er uns die Kraft geben, den Kleinen gut großzuziehen – damit er eine wirkliche Hilfe und ein Kamerad für dich wird, wenn er groß ist.

Mein Süßer, leb wohl, und Gott segne und behüte dich und möge dich schnell und sicher zu mir zurückbringen. Meine ernsthaften Gebete und Gedanken werden immer bei dir sein. Ich bedecke dein süßes Gesicht mit liebenden, zärtlichen Küssen – stets dein Frauchen,
Alix

Kaiser Wilhelm II. an Nikolaus: 16. August, Schloss Wilhelmshöhe

Liebster Nicky,
was für ein besonders freundlicher Gedanke von dir, mich zu bitten, Pate deines kleinen Jungen zu sein! Du kannst dir sicher vorstellen, wie sehr wir uns gefreut haben, als wir dein Telegramm lasen, in dem du seine Geburt bekannt gabst! »Was lange währt, wird endlich gut«,[5] sagt ein altes deutsches Sprichwort, und so soll es mit diesem Kleinen sein! Möge er zu einem tapferen Soldaten und zu einem weisen, mächtigen Staatsmann heranwachsen, und möge Gottes Segen immer auf ihm ruhen und ihn von allem Schaden an Leib und Seele bewahren. Möge er immer wie ein Sonnenschein für euch beide sein, solange ihr lebt, wie er es jetzt in der Zeit der Prüfung ist!

Heinrich überbringt diese Zeilen mit den innigsten, von Herzen kommenden Wünschen für dich, Alix und den Jungen! Begleitet von einem Pokal als Geschenk für mein kleines Patenkind, den er, wie ich hoffe, benutzen wird, wenn er auf den Gedanken kommt, dass Männerdurst von Milch allein nicht gestillt werden kann! Vielleicht findet er dann eines Tages für sich selbst heraus, dass der Spruch: »Ein gut Glas Branntwein soll Mitternacht nicht schädlich sein«[6] nicht nur eine Binsenweisheit ist, sondern dass es oft so ist: »Im Wein ist Wahrheit nur allein«,[7] wie der Diener in *Undine* singt, oder um mit den klassischen Worten unseres großen Reformators Dr. Martin Luther zu schließen: »Wer nicht liebt Wein, Weib und Gesang, der bleibt ein Narr sein Leben lang.«[8] Diese Worte wären die Maximen, nach denen ich mein Patenkind gerne erzogen wissen wollte!! Es ist viel Verstand in ihnen, und man kann ihnen nicht widersprechen!

Der Verlauf des Krieges ist für deine Armee und Marine höchst belastend, und ich betrauere zutiefst den Verlust so vieler tapferer Offiziere und Männer, die gefallen oder ertrunken sind, während sie ihre Pflicht taten und treu den Eid erfüllten, den sie ihrem Zaren geschworen haben.

Ich bezweifle nicht, dass ihr auf lange Sicht gewinnen werdet und müsst, aber es wird sowohl Geld als auch viele Menschenleben kosten, denn eine tapfere, gut geführte Armee kann nur durch übermächtige Zahlen, Zeit und Geduld geschlagen werden. Ich bin auf jeden Fall gespannt, was ich in Kiel von Onkel Bertie höre, und ich halte dich auf dem Laufenden. Nun leb wohl, liebster Nicky; mit den besten Grüßen an Alix und den »Sonnenstrahl«
verbleibe ich stets dein sehr ergebener und geneigter Freund und Cousin
Willy

Nikolaus: Tagebuch, 8. September, Peterhof

Um 11 Uhr ging ich mit den Kindern zur Kirche. Wir aßen allein zu Mittag. Alix und ich waren sehr besorgt, weil der kleine Alexej aus dem Nabel blutete, und es ging bis zum Abend hin und her! Wir mussten nach Korowin und dem Arzt Fjodorow schicken; um etwa 7 Uhr legten sie einen Verband an. Der Kleine war bemerkenswert ruhig und fröhlich! Wie schmerzlich, solche Augenblicke der Angst zu durchleben!

9. September: Am Morgen war Blut im Verband; von 12 Uhr bis zum Abend war nichts. Der Kleine hatte einen friedlichen Tag und weinte fast gar nicht, und wir ließen uns von seinem gesunden Aussehen beruhigen!

10. September: Alexej blutete den ganzen Tag nicht; ich fühlte mich von einer schmerzlichen Furcht befreit. Ich hatte drei Berichte und einen Empfang. Nach dem Mittagessen kam Nikolascha zu mir zu Besuch. Wir unternahmen einen Spaziergang zusammen; es war windig, das Wasser am Meer war aufgewühlt. Abends las ich laut vor.

11. September: Gott sei Dank, hat der liebe Alexej nun seit 48 Stunden nicht mehr geblutet! Wie viel leichter mein Herz jetzt ist! Das Wetter war ruhig und recht warm. Verbrachte den Abend im Schlafzimmer.

Maria Pawlowna [die Jüngere]: Memoiren

Selbst in unserem Haus herrschte eine gewisse Schwermut. Mein Onkel und meine Tante wussten zweifellos bereits, dass das Kind krank geboren war und dass es von Geburt an die Saat einer unheilbaren Krankheit in sich trug, Hämophilie – eine Neigung, leicht zu bluten, eine Unfähigkeit des Blutes, schnell zu gerinnen. Ohne Zweifel wurden die Eltern über die Art der Krankheit ihres Sohnes bald unterrichtet. Niemand erfuhr jemals, welche Gefühle in ihnen durch diese entsetzliche Gewissheit erweckt wurden, aber von dem Augenblick an veränderte sich der Charakter der Zarin, die beunruhigt und ängstlich war, und ihre Gesundheit, sowohl körperlich als auch geistig, wandelte sich.

KR: Tagebuch, 12. September

Ich schickte nach Jatsko, und er kam heute früh zu mir. Ich konnte ihn leicht dazu überreden, aufrichtig zu sein. Es war seltsam für mich, ihn die vertrauten Merkmale beschreiben zu hören: er hat sich nie zu einer Frau hingezogen gefühlt, war aber einige Male vernarrt in Männer. Ich habe ihm nicht gestanden, dass ich diese Gefühle aus eigenem Erleben kenne. Jatsko und ich sprachen lange miteinander.

Bevor er mich verließ, küsste er mir Gesicht und Hände; ich hätte das nicht zulassen dürfen, hätte ihn wegschieben müssen, wurde aber später von vagen Gefühlen der Scham und Reue gestraft. Er sagte mir, seit unserem ersten Zusammentreffen sei seine Seele angefüllt mit begeisterten Gefühlen mir gegenüber, die immer weiter wüchsen. Wie mich all das an meine eigene Jugend erinnert.

15. September: Von Xenia und Sandro, die zu Besuch zu uns kamen und die ich auf dem Weg traf, erfuhr ich, dass die Kaiserinwitwe Marie den Zaren gebeten hat, Nikolaj nicht zu ernennen,[9] was Überraschung und die Antwort hervorrief, das habe nie in Frage gestanden. Der Führer des Moskauer Adels, Fürst Trubetskoj, schrieb an den Grafen Woronzow, dass die Gerüchte um Nikolajs Ernennung in der Moskauer Gesellschaft mit großer Sorge aufgenommen wurden, wo man, wie überall in Russland, sein Vertrauen in Kuropatkin[10] setzt. Dieser Brief soll dem Zaren gezeigt werden.

Ich ging auf der Straße, auf der Jatsko in dem Wagen kommen sollte, den ich gesandt hatte, ihn abzuholen. Ich hatte nach ihm geschickt, um ihm den Wunsch zu erfüllen, mich noch einmal zu besuchen und sich zu verabschieden, bevor er nach Wilna abreist. Ich gebe zu, dass ich mich darauf freute, ihn zu sehen, andererseits ein erneutes Treffen aber fürchtete.

Nun, da ich weiß, dass seine Neigungen dieselben sind wie die meinen, muss ich auf der Hut sein. Beim letzten Mal hielt ich mich zurück, aber wer kann für die Zukunft garantieren. Er beichtete mir seine Sünden mit noch größerer Aufrichtigkeit; er ist deprimiert, voller Abscheu gegen sich selbst und leidet unter Gewissensbissen. Ich versuchte, ihn aufzumuntern, wies ihn jedenfalls nicht zurück, und ich glaube, es ging ihm besser, nachdem ich ihm geraten hatte, die Vergangenheit zu vergessen und ein neues Leben anzufangen. Er hatte gefürchtet, ich würde ihn verachten.

Er nannte mir die Namen von Leuten, die ich vage im Verdacht gehabt hatte, widernatürliche Neigungen zu hegen; Jatsko hat mit einigen von ihnen gesündigt, ist nun aber, so scheint es, fest entschlossen, es aufzugeben. Möge Gott ihm beistehen.

Alexandra an Nikolaus: 15. September, Peterhof

Mein Süßester,
du bist fort, und wir haben eben zu Mittag gegessen, und der Feldjäger kommt bald. Es war grauenhaft, dich fortfahren zu sehen, und ich weiß, was es dich kostet, deinen Schatz zu verlassen – aber Gott sei Dank war es nicht letzte Woche, das wäre unerträglich gewesen. Mir blieb das Essen halb im Halse stecken, aber ich schluckte es, um seinetwillen, und für ihn werde ich auch tapfer sein, ich darf ihm keine schlechte Milch geben und ihn unruhig machen. Natürlich hattest du keine Zeit zum Schreiben, bei all den Empfängen heute ... der Schuh und Handschuh unseres Babys sollen dir ein schönes, warmes Gefühl im Herzen verschaffen, wenn du zu Bett gehst. Deine geliebten großen, traurigen Augen, ich sehe sie immer vor mir. Unser lieber Freund wacht über dich, da bin ich sicher, wie Er auch letzte Woche über den Kleinen gewacht hat – oh, was war das für eine Angst, und dass man die anderen nicht sehen lassen darf, was für ein Messer in einem wühlt. Gott sei Dank, dass es ihm jetzt so gut geht! Süßer, geliebter Engel, leb wohl, und Gott segne und behüte dich. Die Kinder küssen dich hundertmal, und ich bedecke dein anbetungswürdiges Gesicht mit Küssen ohne Ende und bleibe für alle Zeit dein altes Frauchen.
Sunny

Nikolaus an Alexandra: 16. September, im Zug

Meine geliebte Sunny,
welche Freude mir dein süßer Brief gemacht hat. Mein »Alter« legte ihn auf den Tisch in meinem Abteil, wo ich ihn nach dem Mittagessen fand, und auch abends, bevor ich zu Bett ging, die nette Überraschung von unserem »Kleinen«. Der kleine Schuh und der Handschuh dufteten so gut nach ihm, und das Foto, das ich noch nie gesehen habe, ist bezaubernd und sehr gut getroffen. Ich danke dir vielmals, Liebling, für die freundlichen Vorkehrungen, die mich so bewegt haben. Nur mein Frauchen kann auf solche Gedanken kommen, um dem Huzy Freude zu machen, wenn er fort ist. Deine Telegramme sind ein großer Trost, man fühlt sich näher, wenn man zweimal am Tag etwas hört. Die Abreise gestern fiel mir schwer. Ich musste meine gesamte Willenskraft zusammennehmen. Ich war so erstaunt und berührt von Olgas Verhalten; nicht einen Augenblick hätte ich gedacht, dass sie wegen mir weinte, bis du mir den Grund sagtest. Ich vermisse die Kinder jetzt mehr als früher – ein erfahrener alter Papa, das ist es wohl!!!

In der Nacht war es extrem kalt, und wir spürten es alle im Zug. Heute tagsüber ist das Wetter heiter und warm, so ziemlich dasselbe, wie wir es zu Hause hatten. Ich bin froh, dass es so weitergeht, und hoffe, es wird bis zu meiner Rückkehr anhalten. Wir fahren durch hübsche Wälder in einer sehr sumpfigen Landschaft.

Dass du unseren »Kleinen« dem [Offizier] gezeigt hast, machte großen Eindruck, nicht nur auf ihn, sondern auf alle, die er danach traf. Ich muss schon sagen, es ist doch eine Erholung, in einem bequemen Zug zu reisen und nicht den ganzen Tag Leute treffen zu müssen. Wenn wir nur zusammen sein könnten, wäre es sowohl Glück als auch Erholung, aber so ist es leider nicht. Pflicht, Pflicht, da kann man nichts machen.
Nun leb wohl und sei gesegnet, mein Sonnenschein und meine Liebe, du und unsere süßen Kinder. Küss meinen Sohn sehr zärtlich von mir. Dein Huzy,
Nicky

Alexandra an Nikolaus: 18. September, Peterhof

Mein geliebter Nicky,
ich schreibe dir mit dem Bleistift, denn ich bin noch im Bett. Das Baby liegt quer über meinen Knien, ist wach und hört seiner Spieluhr zu. Er hat heute Nacht sehr lange geschlafen, nachdem ich ihn gestillt hatte. Während er trank, lächelte er und gurrte immerzu. Du hättest es so genossen.
Zärtlichste Küsse von deinem Sonnenschein,
Alix

Nikolaus an Kaiserinwitwe Marie: 22. September, Peterhof

Geliebte Mama,
manchmal leide ich unter entsetzlichen Gewissensbissen, dass ich hier sitze und nicht dort drüben bin, um die Leiden, Entbehrungen und Schwierigkeiten des Feldzuges mit der Armee zu teilen. Gestern habe ich Onkel Alexej gefragt, was er darüber denkt. Er hat mir geantwortet, er habe nicht den Eindruck, als sei meine Gegenwart in *diesem* Krieg vonnöten. Aber in solchen Zeiten zu Hause zu bleiben, ist für mich viel schwieriger!

KR: Tagebuch, 2. Oktober

Ich bin sehr wütend, dass mein Sonett durchgefallen ist. Die Nachrichten von unserer Niederlage hinterließen einen schmerzlichen Eindruck.

18. November: Die gegenwärtige Stimmung in der Gesellschaft ist der am Ende der siebziger Jahre, 1880 oder 1881 nur allzu ähnlich. Damals war die Regierung vom Wege abgekommen, aber die Gegenwart einer Autorität war immer noch spürbar. Jetzt aber ist die Autorität erschüttert, und alle unsere Misshelligkeiten entspringen der fehlenden Willenskraft des Zaren. Nichts ist endgültig, dieselbe Sache wird heute so gesehen, morgen wieder ganz anders.

Die Irritation wächst, und man fühlt, dass etwas Unbekanntes, aber Unausweichliches und Schreckliches bevorsteht. Am 6., 7. und 8. November fanden Treffen des Rates der *zemstvo*-Arbeiter statt; sie diskutierten, welche allgemeinen Bedingungen für ein reibungsloses Arbeiten und Fortschreiten des gesellschaftlichen und politischen Lebens notwendig seien. Statt sich mit ihren eigenen landwirtschaftlichen Angelegenheiten zu befassen, fassten sie ihre Schlussfolgerungen in elf Artikeln zusammen.

4. Dezember: Es ist, als sei ein Damm gebrochen. Im Verlauf von zwei oder drei Monaten ist Russland von einem Durst nach Veränderung erfasst worden. Darüber wird laut gesprochen. Die Dumas von Kaluge, Moskau und jetzt auch Petersburg haben einstimmig Anträge angenommen, in denen sie mit allem Respekt um jede erdenkliche Freiheit bitten. Die Revolution klopft an die Tür. Fast wird schon offen über eine Verfassung diskutiert. Wie schändlich und wie erschreckend.

21. Dezember: Was für schreckliche Nachrichten! Ich habe eben in der *New Times* einen Bericht über den Fall von Port Arthur [an die Japaner] gelesen, der allerdings, muss man dazusagen, auf ausländischen Quellen beruht. Die Zeitung sagt, man habe sich ergeben, Stessel habe den ehrenhaften Bedingungen zugestimmt, die die Japaner angeboten hätten. Das Wort »ergeben« quält mich; »gefallen« vielleicht, aber »ergeben«? – »Ergeben« sich Russen?

23. Dezember: Die Nachricht vom Fall Port Arthurs hat mich wie der Blitz getroffen. Den Verteidigern war die Munition ausgegangen, sie litten alle an Skorbut und Typhus, unzählige waren verwundet, die japanischen Granaten trafen ständig das Lazarett und verwundeten diejenigen, die bereits verletzt waren. Wir haben die Befestigungen und die Schiffe im Hafen gesprengt. Es ist wie in Sebastopol, nur genau 50 Jahre später.

28. Dezember: Den ganzen Tag verfolgten mich schlimme Gedanken. Abends hätte ich Lust gehabt, ins Badehaus zu gehen, aber aus irgendeinem Grund tat ich es nicht. Jetzt ist es beinahe 11 Uhr. Warum bin ich nicht gegangen?

Ich fürchte mich vor der Sünde, fürchte mich davor, gegen mein Gewissen zu handeln, und doch will ich sündigen. Dieser Kampf ist ermüdend.

29. Dezember: Noch ein Tag, der von schlimmen Gedanken verdorben wurde. Es muss ein körperliches Problem sein; es kann nicht einfach nur eine Frage von Dekadenz und mangelndem Willen sein. An manchen Tagen, wenn diese Gedanken auftauchen, ist es leicht, sie zu verbannen. Zu anderen Zeiten werde ich regelrecht von ihnen belagert. Ich darf nicht nachgeben, ich muss es ertragen, bis ich mich wieder besser fühle.

So habe ich also wieder einen Tag lang widerstanden. Aber ich habe kein Bedürfnis, zu beten.

30. Dezember: Die schlimmen Gedanken haben mich heute weniger verfolgt. Mein Gewissen und meine Vernunft sagen mir, ich sollte den Pfad des Nachgebens ein für alle Mal verlassen, das heißt, nicht mehr ins Badehaus gehen, weder zu Hause noch draußen.

Aber meine Gefühle und mein Wille rebellieren – ich will Sergej Syrojezkin treffen, den ich nicht in Versuchung führen sollte, gerade weil er es sich so sehr wünscht. Das ist der Kampf. Der Herr möge mir helfen.

Werde ich mich von der Sünde befreien, werde ich mich selbst besiegen, oder wird die Sünde mich überwältigen?

Was wird das neue Jahr uns bringen?

Der Name des Herrn sei jetzt und immerdar gepriesen.

Anmerkungen 1904

[1] Russisch-Japanischer Krieg, 1904–05.

[2] Die Bluterkrankheit in den königlichen Familien Europas kann auf die Nachkommen von Königin Victoria zurückgeführt werden. Irène war mit Prinz Heinrich von Preußen, dem Bruder Kaiser Wilhelms II. verheiratet. Ihr dritter Sohn, Heinrich, litt an der Bluterkrankheit und starb vierjährig nach einem Unfall.

[3] Kommandeur der russischen Flotte.

[4] Großfürst Nikolaj Nikolajewitsch, der Cousin des Zaren, war in der Familie als Nikolascha oder als Nic Nic bekannt.

[5-8] Deutsch im Original.

[9] Nikolascha wurde anstelle von Kuropatkin nach Fernost abkommandiert.

10 Oberbefehlshaber der russischen Armee im Fernen Osten.

1905

Nikolaus:	Zar von Russland
Alexandra:	seine Frau, Zarin von Russland
Xenia:	Großfürstin, Nikolaus' Schwester, verheiratet mit Sandro
Sandro:	Großfürst Alexander Michailowitsch
Ella:	Großfürstin Elisabeth, Alexandras ältere Schwester, verheiratet mit Großfürst Sergej
Olga:	Großfürstin Olga Alexandrowna, Nikolaus' jüngste Schwester, genannt »Baby«
KR (Kostia):	Großfürst Konstantin Konstantinowitsch, Nikolaus' Cousin
Großfürst Pawel:	Nikolaus' Onkel, verheiratet mit Olga Pistolkors, der späteren Prinzessin Paley
Maria Pawlowna	Tochter von Großfürst Pawel (die Jüngere):
Wilhelm II.:	Deutscher Kaiser, Nikolaus' Cousin

Bernhard von Bülow:	Deutscher Reichskanzler und preußischer Ministerpräsident
Pierre Gilliard:	Schweizer Hauslehrer der Zarenkinder
V. F. Djunkowskij:	Adjutant von Großfürst Sergej
Boris Sawinkow:	Terrorist
Iwan Kaljajew:	Mörder des Großfürsten Sergej
Grigorij Rasputin:	selbst ernannter Heiliger aus Sibirien

1905
Der Terror

Streiks und Unruhen in St. Petersburg – »Blutiger Sonntag« – Großfürst Sergej wird von Kaljajew ermordet – KR geht nach Moskau – Ella besucht Kaljajew im Gefängnis – Kaljajew wird abgeurteilt und hingerichtet – Ella übernimmt die Vormundschaft für Maria Pawlowna und Dimitri Pawlowitsch – Mischa hat eine Affäre – Meuterei auf dem Panzerkreuzer Potemkin – Nikolaus unterzeichnet ein Manifest – Friedensschluss mit Japan – Pierre Gilliard wird Hauslehrer der Zarenkinder – Kyrils Hochzeit löst einen Skandal aus – Eröffnung der Duma – Alexandra und Nikolaus lernen Rasputin kennen – KR wird erpresst

Ella an Nikolaus: [undatiert] Januar, Moskau

Gott segne dich, lieber Nicky, viele herzliche Wünsche – Frieden – Freude, nur das Beste.
Deine dich liebende Schwester
Ella

Alexandra an ihre Tochter Olga:

Geliebtes Kind,
Mama küsst ihr kleines Mädchen zärtlich und betet, Gott möge ihr helfen, *immer* ein gutes, liebevolles Christenkind zu sein. Sei zu allen freundlich und liebenswürdig, dann werden alle dich lieben. Gott segne dich.
Mama+

Nikolaus: Tagebuch, 8. Januar, St. Petersburg

Ein klarer, frostiger Tag. Viele Berichte durchzuarbeiten. Fredericks [russischer Hofminister in Zarskoje Selo] war zum Mittagessen da. Lange spazieren gegangen. Seit gestern sind alle Petersburger Fabriken und Betriebe im Streik. Aus den umliegenden Gebieten wurden Truppen zur Verstärkung der Garnison herbeigerufen. Bis jetzt sind die Arbeiter ruhig geblieben. Es sind 120 000 Personen. An der Spitze des Arbeiterverbandes steht ein Priester – der Sozialist Gapon. Mirskij[1] kam am Abend, um Lagebericht zu erstatten.

9. Januar [Blutiger Sonntag]: Ein schrecklicher Tag! In Petersburg kam es zu heftigen Unruhen, nachdem die Arbeiter versucht hatten, das Winterpalais zu erreichen. In verschiedenen Teilen der Stadt waren die Truppen gezwungen, das Feuer zu eröffnen, es gab viele Tote und Verwundete.[2] Mein Gott, wie schmerzlich und wie traurig! Mama traf aus der Stadt ein und kam direkt zur Kirche. Aß mit allen Übrigen zu Mittag. Mit Mischa spazieren gegangen. Mama blieb über Nacht bei uns.

Alexandra an ihre Tochter Olga:

Mein süßes Kind,
ich küsse dich und danke dir zärtlich für deine Briefchen. Es tut mir Leid, dass ich dich nicht alleine sehen konnte, aber in diesen Tagen ist das schwierig. Bald werde ich mehr Zeit haben, und dann kannst du uns alles erzählen, was dich interessiert. Weißt du, ich bin nämlich immer sehr müde, und deshalb ist es mir oft zu anstrengend, euch alle für längere Zeit bei uns zu behalten; oft bin ich auch sehr traurig, und dann möchte ich nicht, dass ihr mein betrübtes Gesicht seht.

KR: Tagebuch, 9. Januar

Die in der ganzen Stadt umlaufenden Gerüchte, wonach die streikenden Arbeiter beschlossen, sich am 9. auf dem Schlossplatz zu versammeln, um dem Kaiser eine Petition zu überbringen, haben sich als zutreffend herausgestellt. Es wurden entsprechende Maßnahmen ergriffen: Infanterie und Kavallerie bewachten die Zufahrten zum Palast. Am Nachmittag drängten dichte Menschenmassen auf den Palast zu; die Truppen hielten sie zurück, und an einigen Stellen wurden Salven abgefeuert.

11. Januar: Die Unruhen in den Straßen, die Gewalttätigkeit der Menge, die Straßenlaternen und Schaufenster zertrümmert und plündert, und die Unvermeidlichkeit eines Blutvergießens – all das macht einen deprimierenden Eindruck.

12. Januar: Was denkt der Kaiser? Wie mir zu Ohren kam, soll er noch kurz vor dem 9., als die Unruhen sich bereits ankündigten, nicht bereit gewesen sein, sie ernst zu nehmen; er hielt das alles wohl für stark übertrieben.

Boris Sawinkow:[3] unveröffentlichte Memoiren

Anfang November 1904 kehrte Kaljajew illegal nach Russland zurück, diesmal nach Moskau, um Großfürst Sergej zu beseitigen. Die quälende Zeit der Observierung begann von neuem. Er kaufte sich ein Pferd und einen Schlitten und wurde ein Moskauer »Droschkenkutscher«, der sich auf der Twerskaja[4] eiskalte Nächte um die Ohren schlug.

Der Großfürst rechnete mit einem Anschlag auf sein Leben. Er lebte nur noch in Angst, zog von einem Palast zum anderen um und versuchte, dem Tod zu entgehen, der bereits unausweichlich war, der ihn bereits in den Klauen hatte.

Im Dezember zog er eines Nachts vom Sitz des Generalgouverneurs nach Neskuchnoje um, wechselte aber seinen Wohnsitz wenige Tage später aufs Neue. Jetzt suchte er Zuflucht in einem Kremlpalast, versteckt hinter dreifach gesicherten Verteidigungsanlagen und bewacht von den Bajonetten der Soldaten, was die Observierung nahezu unmöglich machte.

Doch Kaljajew war unermüdlich. Er konnte sich vor Erschöpfung kaum noch auf den Beinen halten, schaffte es nur mit großer Anstrengung, den Pferden das Geschirr anzulegen, und war eigentlich viel zu schwach, um Tage und Nächte ununterbrochen auf dem Kutschbock zu sitzen – aber dennoch folgte er dem Großfürsten wie ein unsichtbarer Schatten, einem Verhängnis gleich, unausweichlich. Gegen Ende Januar kannte er bereits sämtliche Gewohnheiten des Großfürsten. Nachdem der gesamte Observierungstrupp seine Informationen überprüft und ergänzt hatte, wurde das Attentat auf den 2. Februar festgelegt.

Maria Pawlowna [die Jüngere]: Memoiren

In Moskau herrschten Aufruhr und Unsicherheit, hinter den Mauern des Kreml aber floss unser Leben friedlich dahin. Meine Tante und mein Onkel gingen nur selten aus und empfingen nur die allerintimsten Freunde.

Einmal gingen wir jedoch aus, um im Moskauer Opernhaus eine Wohltätigkeitsveranstaltung für unsere Soldaten an der Front zu besuchen. Der große, altmodische Wagen, dessen Inneres mit weißer Seide ausgeschlagen war, brachte uns zur Oper. Erst einige Tage später erfuhren wir, wie nahe wir dem Tode gewesen waren.

Eine Bande von Terroristen, die jeden Schritt meines Onkels beobachtete, hatte von unserer Ausfahrt erfahren und wusste genau, welche Route wir nehmen würden. Auf das Zeichen eines Mitverschworenen hin sollte ein anderer Bomben auf unseren Wagen werfen. Als dieser Mann jedoch feststellte, dass Dimitri und ich im Wagen saßen, hatte er nicht den Mut, mit seinem Taschentuch das verabredete Zeichen zu geben.

Alles spielte sich innerhalb einer Sekunde ab, und der Wagen fuhr weiter.

Die Vorstellung an diesem Abend war großartig; einer der Künstler war Tschaljapin, der damals schon auf der Höhe seines Ruhmes stand. Der Saal des Opernhauses erstrahlte von Juwelen und Uniformen, und niemand dachte auch nur im Mindesten an irgendeine Art von Katastrophe, wie diejenige, der wir gerade entronnen waren.

Boris Sawinkow: Memoiren

Am Abend des 2. Februar, einem Mittwoch, sollte der Großfürst im Bolschoi-Theater eine Vorstellung zugunsten des von Großfürstin Elisabeth [Ella] organisierten Wohltätigkeitsfonds besuchen. Als Ort der Ermordung hatte man den Woskresenskij-Platz bestimmt. Zwei Bombenwerfer warteten ab 8 Uhr abends auf die Kutsche des Großfürsten.

Iwan Kaljajew wartete in der Nähe der Duma. Die endgültige Entscheidung über das Attentat lag bei ihm. An einem Gelingen der Aktion bestanden nicht die geringsten Zweifel. Es wurde beschlossen, das Ende der Vorstellung abzuwarten. Mit der Bombe in den abgefrorenen Händen wanderte er bis spätabends auf dem Platz umher. Es war zugig, eiskalt, und es schneite.

Kurz nach acht fuhr die mit den typischen, hell leuchtenden weißen Lampen ausgestattete Kutsche des Großfürsten an Kaljajew vorbei. In einen Bauernrock gekleidet, rannte er auf die Kutsche los, hob den Arm – und ließ ihn sofort wieder sinken.

In der Kutsche saßen, außer Großfürst Sergej, noch eine Frau und zwei Kinder – Großfürstin Elisabeth sowie die Kinder von Großfürst Pawel, Dimitri und Maria Pawlowna, wie sich später herausstellen sollte. Dadurch, dass er den Arm sinken ließ, brachte er nicht nur sich selbst in Gefahr. Damit setzte er etwas aufs Spiel, das ihm unendlich viel teurer war als sein eigenes Leben: die Organisation, die Arbeit, seine Genossen und schließlich den Erfolg selbst. Doch konnte er eine Frau töten?

Kaljajew brachte seine Bombe wieder zurück und wollte zu Bett gehen. Aber wo? Zu dieser späten Stunde konnte er weder einen Gasthof noch ein Hotel aufsuchen. So verbrachte er die Nacht in den verlassenen Straßen Moskaus und wärmte sich an den Feuerstellen oder in den Teestuben, die die Nacht über geöffnet blieben.

Am Freitag, dem 4. Februar, wurde der Großfürst für den Nachmittag in seiner Kanzlei am Sitz des Generalgouverneurs in der Twerskaja erwartet. Ab 2 Uhr wartete Kaljajew mit seiner in Papier eingewickelten Bombe am Denkmal Alexanders II. im Kreml.

»Warum willst du mir nicht glauben? Ich sage dir doch, ich schaffe es alleine.«

Ich kannte Kaljajew. Niemand von uns wäre geeigneter gewesen, als Einzeltäter so zuverlässig zu handeln wie er. Ich wusste, er würde die Bombe nur dann werfen, wenn er genau auf der Höhe der Kutsche wäre – nicht vorher und nicht nachher –, und er würde nicht die Nerven verlieren. Aber ich fürchtete, etwas Unvorhergesehenes könnte passieren. Ich sagte: »Hör zu, Iwan, es wäre doch besser zu zweit als alleine ... Stell dir vor, du wirfst daneben, was dann?«

Er antwortete: »Ich kann nicht daneben werfen.«

Sein Selbstvertrauen ließ mich verstummen. Er fuhr fort: »Wenn der Großfürst kommt, bringe ich ihn um, da kannst du sicher sein.«

In diesem Augenblick drehte sich Moisejenko [der Kutscher] auf dem Kutschbock nach uns um: »Entscheidet euch jetzt, schnell. Es ist Zeit.«

Ich traf die Entscheidung: Kaljajew würde das Attentat auf den Großfürsten allein ausführen.

Wir stiegen vom Schlitten ab und gingen zusammen in Richtung Roter Platz. Als wir Gostwinny Dwor erreichten, schlug die Uhr oben am Kremlturm zweimal. Kaljajew blieb stehen.

»Leb wohl, Iwan.«

»Leb wohl.«

Er küsste mich und wandte sich nach rechts zum Nikolaus-Tor. Ich ging durch das Erlöser-Tor in den Kreml hinein und blieb am Denkmal Alexanders II. stehen. Von hier aus war der Palast des Großfürsten gut zu überblicken. Am Eingang stand eine Kutsche. Ich erkannte den Kutscher Rudinkin. Mir war klar, dass der Großfürst bald zu seiner Kanzlei aufbrechen würde.

Wie vereinbart ging Kaljajew, nachdem wir uns verabschiedet hatten, zur Ikone der Mutter Gottes von Iwerskaja. Ihm war schon seit längerem aufgefallen, dass man in der Ecke eine holzschnittartige Darstellung einer patriotischen Szene in einem verglasten Rahmen aufgehängt hatte und dass das Glas dieses Rahmens die Strecke zwischen dem Nikolaus-Tor und der Ikone wie in einem Spiegel reflektierte. So konnte man, mit dem Rücken zum Kreml stehend und das Bild betrachtend, den Eingang zum Palast des Großfürsten observieren. Es war vereinbart worden, dass Kaljajew, der wie am 2. Februar als Bauer verkleidet war, dort eine Zeit lang stehen bleiben und dann langsam in den Kreml hinein und zum Palast des Großfürsten gehen sollte. Aber hier sah er offensichtlich dasselbe wie ich, nämlich die startbereite Kutsche am Eingang mit dem Kutscher Rudinkin. Es blieb ihm genug Zeit, noch einmal zur Iwerskaja-Ikone zurückzugehen und hinter dem Historischen Museum umzudrehen, um dann durch das Nikolaus-Tor in den Kreml bis zum Gericht zu gelangen. Dort würde er auf den Großfürsten treffen.

Iwan Kaljajew: 4. Februar, aus dem Gefängnis

Entgegen allen meinen Erwartungen kam ich am 4. Februar lebend davon.

Ich warf aus einer Entfernung von maximal einem Meter zwanzig; die Detonation war so gewaltig, dass ich von der Druckwelle erfasst wurde und sah, wie sich die Kutsche in ihre Bestandteile auflöste. Nachdem sich die Rauchschwaden verzogen hatten, fand ich mich bei den Überresten der Hinterräder wieder. Ich erinnere mich, dass ich nach Rauch stank, ich hatte Bombensplitter im Gesicht, und mein Hut war weggeflogen. Ich fiel nicht hin, sondern wandte nur mein Gesicht ab.

Dann sah ich in der Nähe des Tors, etwa anderthalb Meter von mir entfernt, einen Haufen mit Kleidungsstücken des Großfürsten und einen entblößten Rumpf. Mein Hut lag etwa drei Meter von der Kutsche entfernt, ich ging hin und hob ihn auf. Ich sah mich um. Mein Rock war über und über mit Holzstückchen bedeckt, er hing mir in Fetzen vom Leibe und war überall angesengt. Mein Gesicht war blutüberströmt, und ich begriff, dass es kein Entrinnen gab, auch wenn ein paar Augenblicke lang niemand da war. Ich ging los.

In diesem Augenblick hörte ich ein Geschrei hinter mir, ich wurde fast von einem Polizeischlitten angefahren, und irgendeine Hand griff nach mir. Ich leistete keinen Widerstand. Ein Polizeibeamter, ein Passant und ein widerlicher Geheimpolizist wieselten aufgeregt um mich herum. »Schau mal, das muss ein Revolutionär sein. Mann, Gott sei Dank hat es mich nicht erwischt, wir waren ja in unmittelbarer Nähe«, murmelte dieser Typ, der mich festgenommen hatte, mit zittriger Stimme. Ich bedauerte, dass ich nicht in der Lage war, diesem elenden Feigling eine Kugel zu verpassen. »Warum hältst du mich fest, ich laufe nicht weg, ich habe meine Pflicht getan«, sagte ich.

Aus dem offiziellen Polizeibericht: 4. Februar

Der Körper des Großfürsten ist weitgehend verstümmelt: Der Kopf, der obere Brustteil sowie die linke Schulter samt Arm wurden abgerissen und sind bis zur Unkenntlichkeit zerfetzt; das linke Bein ist gebrochen, der Oberschenkel zerschmettert, Unterschenkel und Fuß wurden abgetrennt. Die Gewalt der durch den Verbrecher ausgelösten Detonation war so groß, dass sie nicht nur die Karosserie der Kutsche zertrümmerte, in der der Großfürst fuhr, sondern auch die Fensterscheiben der in unmittelbarer Nähe des Nikolaus-Tors befindlichen Palastgebäude sowie des gegenüberliegenden Arsenals.

W. F. Dschunkowskij:[5] Memoiren

An jenem Tag sah ich den Großfürsten nicht, sondern fuhr wie gewöhnlich in mein Büro, das sich in der Kanzlei der Stiftung gegen den Alkoholmissbrauch befindet. Plötzlich läutete das Telefon, ich nahm den Hörer ab und hörte: »Der Großfürst ist gerade umgebracht worden.«

Ich lief sofort in die Kanzlei, gab den Angestellten die Nachricht kurz bekannt und fuhr mit der ersten Droschke, die ich herbeiwinken konnte, in den Kreml. Das Bild des Jammers, das sich mir dort bot, lässt sich kaum beschreiben: Überall absolute Stille, sehr wenige Menschen, einige Soldaten und Offiziere, die etwas davontrugen, das mit einem Soldatenrock bedeckt war, daneben die Großfürstin mit gefasstem Gesichtsausdruck. Nur wenige Angehörige der großfürstlichen Entourage und einige Passanten waren zugegen.

Ich lief hinzu, ergriff die Hand der Großfürstin und küsste sie. Neben der Bahre schreitend, ging ich mit ihnen. Wir trugen sie in den Palast und direkt zum Tschudow-Kloster, wo wir sie neben dem Schrein von Bischof Alexej absetzten. Hier wurde auch sofort ein erstes Requiem zelebriert.

KR: Tagebuch, 4. Februar

Ich war im Begriff, wieder zu einem Familienessen nach Zarskoje Selo zu fahren. Doch um 5 wurde mir mitgeteilt, dass das Essen abgesagt worden sei – weshalb, wusste ich nicht. Um 6 ging ich wie gewöhnlich nach oben; dort sagte man mir, es gebe schlechte Nachrichten aus Moskau ... auf Sergej sei ein Attentat verübt worden ... zwei von Hand geworfene Bomben hätten ihn getötet.

Ich war wie vom Blitz getroffen, und in der ersten Minute begriff ich überhaupt nichts. Ich ging, um mich von Mama zu verabschieden. Schlechte Nachrichten werden ihr immer erspart. Erst als ich von ihr fortging, wurde mir klar, was ich verloren hatte, und ich brach in Tränen aus. Ich muss meine Frau vorbereiten – sie hat Sergej über alles geliebt.

Sowohl meine Frau als auch ich haben das Gefühl, ich müsste nach Moskau fahren, zum Leichnam meines armen Freundes, um der armen Ella beizustehen, die niemanden aus ihrer Verwandtschaft in der Nähe hat.

Mit meiner Frau und Mitia [der Bruder von KR] fuhr ich zu Wladimir. Er selbst kann nicht nach Moskau fahren, da er für die Sicherheit in der Hauptstadt verantwortlich ist. Auf meine Frage, ob ich nicht fahren sollte, gab er mir zur Antwort: »Si tu ne crains pas de t'exposer.« [Wenn du keine Angst hast, dich der Gefahr auszusetzen.]

Mischa pflichtete ihm bei. Er vertrat den Standpunkt, man dürfe kein Risiko eingehen, nachdem ja die Absicht bestehe, das gesamte herrschende Haus auszulöschen. Aber ich vermochte mich ihrer Auffassung nicht anzuschließen. Und auch meine Frau war der Meinung, ich sollte fahren, obwohl sie Angst um mich hatte. Sie würde sogar selber fahren, wenn sie nicht im letzten Monat schwanger wäre.

Als ich nach Hause kam, schickte ich dem Kaiser ein Telegramm und bat um eine Entscheidung, ob ich nach Moskau kommen solle. Erst eine halbe Stunde vor meiner Abreise erhielt ich vom Kaiser ein Telegramm mit einem positiven Bescheid.

Nikolaus: Tagebuch, 4. Februar, St. Petersburg

Ein schreckliches Verbrechen in Moskau: Onkel Sergej ist am Nikolaus-Tor von einer Bombe getötet worden, die auf ihn geworfen

wurde, als er in seiner Kutsche fuhr, sein Kutscher wurde tödlich verletzt.
Arme Ella, segne sie, und stehe ihr bei, Herr!

Bernhard Fürst von Bülow: Memoiren

Der Großfürst Sergej, Schwager und Oheim des Zaren, wurde in dem Augenblick ermordet, als Prinz Friedrich Leopold von Preußen am russischen Hofe weilte. Der Prinz erzählte mir nach seiner Rückkehr, die Nachricht von dem in Moskau verübten Verbrechen wäre in Peterhof, wo sich der Zar aufhielt, zwei Stunden vor der Abendtafel eingetroffen. Der Prinz ließ nachfragen, ob die Abendtafel stattfinden werde oder ob der von einem solchen Schicksalsschlag betroffene Kaiser lieber allein sein wolle. Der Prinz erhielt die Antwort, dass er ruhig zum Diner kommen möge. Die Kaiserin erschien allerdings nicht, dagegen waren der Kaiser und sein gleichfalls anwesender Schwager, der Großfürst Alexander Michailowitsch, in bester Stimmung. Von der Ermordung des Großfürsten war überhaupt nicht die Rede. Nach Tisch amüsierten sich der Kaiser und sein Schwager damit, dass sie sich vor den Augen des erstaunten deutschen Gastes gegenseitig von einem schmalen und langen Sofa herunterzudrängeln suchten.

Xenia: Tagebuch, 4. Februar, St. Petersburg

Heute Nachmittag haben sie den armen Onkel Sergej in Moskau umgebracht! Es ist einfach *entsetzlich*, *entsetzlich*, schrecklich, traurig und schändlich. Er war in seiner Kutsche unterwegs, als irgend so ein Schwein eine Bombe warf, er wurde auf der Stelle getötet und in Stücke zerrissen!

Nein, es ist *einfach nicht möglich*! Arme Ella, wie schrecklich Leid sie mir tut – welch unvorstellbares Leid, und sie ist *völlig allein*. Ich wünschte, ich könnte zu ihr fahren und ihr Beistand leisten, der Ärmsten – es sind schreckliche Zeiten in Moskau.

Um 5.30 fuhr ich nach Zarskoje Selo, wo wir uns alle versammelten. Alix will natürlich hinfahren. Auch Mama, aber man hat ihnen davon abgeraten – es ist zu riskant. Obwohl es schrecklich ist, die arme Ella ganz allein zu lassen – man darf gar nicht daran denken!

Maria Pawlowna [die Jüngere]: Memoiren

Ein herrlicher Wintertag ging zu Ende; alles war so ruhig, der durch den Schnee gedämpfte Lärm der Stadt drang zu uns. Plötzlich zerriss ein furchtbarer Knall die Luft, die Fensterscheiben klirrten.

Die Stille, die dann folgte, war so erdrückend, dass wir uns ein paar Sekunden nicht rührten. Fräulein Hase kam als Erste wieder zu sich. Sie stürzte ans Fenster ..., und ich folgte ihr. Schnell! Schnell!, schoss es mir durch den Kopf.

War einer der alten Kremltürme eingestürzt? Aus seinem Studierzimmer kam Dimitri herbeigeeilt. Wir sahen einander an und wagten nicht, unsere Gedanken in Worte zu fassen.

Wie verrückt kreiste eine Schar Krähen, die die Explosion aufgescheucht hatte, um den Kirchturm und verschwand. Der stille Platz belebte sich plötzlich. Leute kamen herbeigerannt, alle aus derselben Richtung.

Jetzt war der Platz voller Menschen. Meine Tante stürzte aus dem Haus, einen Mantel lose um die Schultern geworfen. Mlle. Hélène[6], mit einem Herrenmantel bekleidet, folgte ihr. Beide waren ohne Hut. Sie sprangen in den Schlitten, der sofort lossauste und bald unseren Blicken entschwunden war.

Meine Tante war, wie wir gesehen hatten, zu dem im Schnee liegenden Leichnam geeilt. Sie hatte die Überreste zerfetzten Fleisches zusammengesammelt und auf eine gewöhnliche Tragbahre gelegt, die eilends aus einer nahe gelegenen Werkstatt der Armee herbeigebracht worden war. Soldaten aus der gegenüberliegenden Kaserne hatten den Leichnam mit ihren Röcken zugedeckt und ihn dann auf der geschulterten Trage in die Kapelle des Mirakelklosters in Sicherheit gebracht, das in unmittelbarer Nähe des von uns bewohnten Schlossteils liegt.

Dann erst wurden wir geholt. Wir gingen ins Erdgeschoss hinunter, und durch einen kleinen Korridor erreichten wir die Innentür, die zum Kloster führte. Die Kapelle war voller Menschen; alle knieten; viele weinten. In der Nähe der Altarstufen hatte man die Bahre auf dem Fußboden abgesetzt. Viel konnte nicht auf ihr liegen, denn die Röcke, die sie bedeckten, waren kaum gewölbt. An einem Ende ragte ein Stiefel unter der Decke hervor. Blutstropfen fielen herab und ließen auf dem Boden nach und nach eine kleine dunkle Lache entstehen.

Neben der Bahre kniete meine Tante. Sie trug ein helles Kleid, das sich auf groteske Weise von den ärmlichen Kleidungsstücken der übrigen Anwesenden abhob. Ich wagte nicht, sie anzusehen.

Ihre bleichen, leidgeprüften Züge waren zu einer schrecklichen Grimasse erstarrt. Sie weinte nicht, doch den Ausdruck in ihren Augen werde ich mein Lebtag nicht vergessen.

Gestützt auf den Arm des Stadtgouverneurs, bewegte sie sich langsam auf die Tür zu, und als sie uns erblickte, streckte sie uns die Arme entgegen. Wir eilten auf sie zu.

»Er hat euch so geliebt, er hat euch so geliebt«, sagte sie immer wieder und presste unsere Köpfe an sich. Ich bemerkte, dass der rechte Ärmel ihres hellblauen Kleides am unteren Ende blutbefleckt war. Auch an der Hand hatte sie Blut und unter den Nägeln ihrer Finger, mit denen sie die Medaillons, die mein Onkel immer an einer Halskette getragen hatte, krampfhaft umklammerte.

Es gelang Dimitri und mir, sie zu ihren Gemächern zurückzugeleiten. Erschöpft ließ sie sich in einen Sessel fallen. Tränenlosen Auges und noch immer mit jenem eigentümlich fixierten Blick starrte sie in den Raum, ohne irgendetwas zu sagen.

Mehrmals hatte sich meine Tante nach dem Zustand des Kutschers meines Onkels erkundigt. Er lag mit lebensgefährlichen Verletzungen im Hospital, zerfetzt von derselben Bombe, die meinen Onkel getötet hatte. Gegen sechs Uhr abends machte sich Tante Ella auf, um den Verwundeten persönlich zu besuchen; und um ihn durch äußere Zeichen der Trauer nicht unnötig zu erschrecken, behielt sie bei diesem Krankenbesuch dasselbe hellblaue Kleid an, das sie den ganzen Nachmittag getragen hatte.

Sie tat sogar noch mehr! Als sich der Kutscher nach meinem Onkel erkundigte, fand sie den Mut, ihm mit einem Lächeln zu antworten, der Großfürst selbst hätte sie zu ihm geschickt. Der arme Mann entschlief ganz friedlich noch in derselben Nacht.

Tante Ella aß nichts, aber kurz vor Beendigung der Mahlzeit kam sie ins Zimmer und setzte sich zu uns an den Tisch. Noch immer trug sie dasselbe blaue Kleid. Als wir ihr bleiches, zerwühltes Gesichts sahen, schämten wir uns, dass wir aßen.

Sie wollte die Nacht nicht allein in ihren Gemächern im Erdgeschoss bleiben und deshalb mit mir zusammen schlafen. Ehe sie Dimitri zu Bett schickte, mussten wir mit ihr zusammen beten.

KR: Tagebuch, 5. Februar

Sergej, heißt es, soll auf der Stelle tot gewesen sein: Der Tod trat sofort ein. Das Wenige, das von seinem Körper übrig geblieben war, wurde in einen Sarg gelegt, der sich jetzt im Tschudow-Kloster befindet. Ella ist von einer bemerkenswerten Selbstbeherrschung, am Abend besuchte sie den Kutscher im Krankenhaus, er hat 79 Wunden davongetragen, ist aber noch nicht tot. Sergej hatte mit Ella und Pawels Kindern in Neskuchnoje gelebt, war jedoch Anfang Januar in den Nikolaus-Palast umgezogen. Als ich im Nikolaus-Palast eintraf, nahmen Ella und die Kinder gerade an einer Totenmesse im Tschodow-Kloster teil, das durch eine überdachte Passage mit dem Palast verbunden ist. Ich ging hinüber. Der Sarg ist aus Eiche und mit goldenen Adlern geschmückt. Ella, Maria und Dimitri, alle in Weiß, knieten davor.

Ella erzählte mir, am Morgen zuvor sei Sergej äußerst glücklich gewesen, da er vom Kaiser ein Geschenk erhalten habe, ein Miniaturporträt Alexanders III. ohne Diamanten, eingerahmt von einem Lorbeerkranz aus Gold. Nach dem Mittagessen hörte sie in ihren Räumen ein lautes Geräusch, so wie wenn Schnee vom Dach fällt, nur lauter, und sie dachte sofort, dass etwas Schreckliches passiert sein müsse: Es schoss ihr durch den Kopf, dass Sergej möglicherweise einen Unfall gehabt haben könnte.

Den ganzen Vormittag über hatte sie eine undefinierbare Beklommenheit verspürt und sogar versucht, Sergej unter Hinweis auf ein mögliches Attentat von einer Reise nach Petersburg abzuhalten. Sie sah, wie Menschen unablässig auf den Platz zurannten. Man berichtete ihr, Sergej wäre gerade in seiner Kutsche ausgefahren. Ella zog sich sofort einen Mantel an, setzte sich einen Hut auf und machte sich in Richtung des Lärms auf den Weg.

Auf dem Senatsplatz, vor dem Nikolaus-Tor, hatte sich bereits eine Menschenmenge angesammelt. Man wollte sie nicht vorbeilassen, doch sie kämpfte sich zu der Stelle vor, wo die Überreste des armen Sergej lagen – ein Teil des Rumpfs und ein Bein, eine abgerissene Hand, Körperteile und Kleidungsstücke.

Sie stürzte sich auf seine rechte Hand und nahm die Ringe ab. Ihr Gesicht war vom Blut des Opfers verschmiert. Man fand Stücke der Goldkette, an der sein Kreuz und seine Medaillons gehangen hatten. Sie stöberte im Schnee herum, aus dem noch lange danach Knochenreste und Knorpelstücke, Fetzen des Körpers und Splitter von der Kutsche zutage kamen.

Ella sorgte persönlich dafür, dass eine Trage von ihrer Rotkreuz-Organisation geholt wurde, auf die man die Überreste bettete und mit einem Soldatenrock bedeckte. All dies wurde unmittelbar vor ihren Augen getan. Die Trage ließ sie ins Tschudow-Kloster bringen.

Ihre Gelassenheit, ihre Frömmigkeit, ihre Ergebenheit in Gottes Willen und ihr Verzicht auf jegliche Ausbrüche sind beeindruckend und äußerst bewegend. Nur gut, dass wenigstens ich bei ihr bin, als Einziger aus der ganzen Familie.

Onkel Sergej und Tante Ella hatten nie eigene Kinder. Ihr Verhältnis zueinander zeichnete sich durch eine zurückhaltende Zuneigung aus, die darauf beruhte, dass meine Tante die Entscheidungen meines Onkels in allen Angelegenheiten, ob groß oder klein, klaglos akzeptierte. Beide waren stolz und verschlossen zugleich, ihre wahren Gefühle zeigten sie nur selten, und niemals ließen sie irgendwelche Vertraulichkeiten zu.

Meine Tante, die zum orthodoxen Glauben übergetreten war, hatte seine Formen und Praktiken mit jedem Jahr mehr verinnerlicht und befolgte ihn mit geradezu devoter Inbrunst. Obwohl selbst durchaus fromm und gewissenhaft in der Einhaltung sämtlicher orthodoxer Riten, betrachtete Onkel Sergej mit Sorge, dass seine Frau sich zunehmend an die Spiritualität verlor, was er irgendwann für völlig überzogen hielt.

Er behandelte sie eigentlich wie ein Kind. Ich glaube, sie fühlte sich durch seine Einstellung verletzt und sehnte sich danach, besser verstanden zu werden, aber es war, als zöge sie sich tiefer und tiefer in sich selbst zurück, wie um sich zu schützen. Sie und mein Onkel wirkten nie besonders intim miteinander. Meistens trafen sie sich nur zu den Mahlzeiten, und tagsüber vermieden sie es, allein zusammen zu sein. Dennoch schliefen sie bis zum letzten Jahr ihres gemeinsamen Lebens im selben großen Bett zusammen.

Mein Onkel, Großfürst Sergej, besaß eine einzigartige Persönlichkeit und einen Charakter, der mir bis zum Tag seines schrecklichen Todes unverständlich blieb. Er, der vierte Sohn Kaiser Alexanders II., wurde 1891 von seinem Bruder, Alexander III., zum Generalgouverneur von Moskau ernannt, ein Posten, den er auch unter der neuen Herrschaft beibehielt. Es war eine Stellung von großer Bedeutung und weit reichendem Einfluss, und er erfüllte seine Pflicht mit absoluter Hingabe. Selbst auf dem Lande, wenn er sich eigentlich erholen sollte, empfing er pausenlos Kuriere aus Moskau und gab Audienzen.

Von frühester Jugend an waren Onkel Sergej und mein Vater [Pawel] einander aufs Engste zugetan gewesen, und mein Onkel hing auch sehr an meiner Mutter. Ihr früher Tod in Ilinskoje hinterließ bei ihm das Gefühl eines schmerzlichen Verlusts, über den er sich nie hinwegzutrösten vermochte. Auf seine Anweisung hin mussten die Zimmer, in denen sie ihre letzten Stunden verbracht hatte, unberührt bleiben, genauso wie sie gewesen waren, als sie dort gestorben war. Er hielt diese Zimmer unter Verschluss, und bis zum Ende seiner Tage verwahrte er persönlich die Schlüssel - außer ihm selbst durfte niemand dort hinein.

Er war so groß wie mein Vater und hatte dieselben breiten Schultern auf einem extrem hageren Körper. Er trug einen kleinen, streng gestutzten Bart. Sein kräftiges Haar war kurz geschnitten und stand ihm borstenartig vom ganzen Kopf ab. In seiner typischen Pose stand er aufrecht da, erhobenen Hauptes und mit vorgestreckter Brust; die Ellbogen hatte er fest angewinkelt, und mit den Fingern der einen Hand pflegte er an dem juwelenbesetzten Ring herumzuspielen, den er normalerweise am kleinen Finger der anderen Hand trug.

Wenn er ärgerlich oder verstimmt war, presste er die Lippen zu einer festen, geraden Linie zusammen, und seine Augen verwandelten sich in kleine, harte Lichtpunkte. Nicht ohne Grund nannte ihn die ganze Welt kalt und unerbittlich, doch gegenüber Dimitri und mir war er von einer geradezu weiblichen Zärtlichkeit - die ihn freilich nicht davon abhielt, von uns wie von allen übrigen Angehörigen seines Haushalts oder seiner Entourage strengen und unverzüglichen Gehorsam zu verlangen. Er empfand es als seine ganz persönliche Pflicht, nicht nur über das Haus, die Gutshöfe und sämtliche geschäftliche Angelegenheiten, sondern auch noch über das kleinste private Detail unserer jeweiligen Leben selbst zu bestimmen, und er duldete nicht den leisesten Widerspruch, nicht einmal bei der geringfügigsten Entscheidung. Verschlossen, wie er war, eigentlich ohne rechtes Selbstvertrauen, seine wahren Gefühle unter Verschluss haltend, ließ er keine privaten Impulse zu, die ihn als außerordentlich feinfühligen Menschen verraten hätten, sondern handelte nach starren Konventionen und absolut royalistischen Überzeugungen. Die wenigen, die ihn gut kannten, waren ihm zutiefst ergeben, aber selbst seine allernächsten Vertrauten fürchteten ihn, und auch Dimitri und ich hatten Angst vor ihm.

Auf seine Weise liebte er uns sehr. Er hatte uns gerne in seiner Nähe und widmete uns viel von seiner Zeit. Doch er wachte immer eifersüchtig über uns. Hätte er gewusst, wie sehr wir tatsächlich an unserem Vater hingen, wäre er wahnsinnig geworden.

Tante Ella war eine der schönsten Frauen, die ich je in meinem Leben gesehen habe. Sie war groß und schlank, mit blonden Haaren, hellem Teint und außerordentlich feinen und reinen Gesichtszügen. Sie hatte grau-blaue Augen, eines davon mit einem braunen Fleck, was ihrem Blick einen seltsamen Ausdruck verlieh.

Selbst wenn wir auf dem Lande weilten, verwandte meine Tante sehr viel Zeit und Aufmerksamkeit auf ihre äußere Erscheinung. Die meisten ihrer Kleider entwarf sie selbst, sie skizzierte sie mit großer Sorgfalt und aquarellierte sie anschließend, und sie trug sie mit Eleganz und Würde. Mein Onkel, der eine wahre Leidenschaft für Juwelen hatte, schenkte ihr viele – so kam es, dass sie für fast jedes Kostüm, das sie trug, ein passendes Geschmeide besaß.

Unsere ganze Kindheit über – also eigentlich die ganze Zeit, solange unser Onkel lebte – zeigte Tante Ella nicht das geringste Interesse an uns oder an irgendetwas, das uns betraf, und sah uns nur so wenig wie möglich. Es hatte den Anschein, als ärgerte sie sich über unsere Anwesenheit in ihrem Haus und über die offenkundige Zuneigung, die unser Onkel für uns hegte. Bisweilen sagte sie Dinge zu mir, die mich tief verletzten.

Ich erinnere mich noch an eine solche Situation. Sie hatte sich für einen Landausflug zurechtgemacht und kam mir besonders schön vor. Sie trug ein schlichtes Kleid aus weißem Musselin und dazu eine neue Frisur – die Haare waren nicht hochgesteckt, sondern im Nacken mit einer schwarzen Seidenschleife zusammengebunden. Die Wirkung war hinreißend. Ich rief aus:

»Oh, Tantchen!, du siehst ja aus wie der kleine Page im Märchen!«

Ohne das Gesicht zu verziehen, wandte sie sich an mein Kindermädchen und sagte in einem trockenen, scharfen Ton: »Fry, Sie müssen ihr wirklich beibringen, keinerlei persönliche Bemerkungen zu machen.«

Damit rauschte sie aus dem Zimmer.

Das Ankleiden zum Abendessen geriet bei ihr immer zu einer regelrechten und überaus zeitaufwändigen Zeremonie, bei der alle Mädchen und die Chef-Garderobiere zugegen zu sein hatten. Sie legten spitzenbesetzte Batistwäsche in einem mit rosa Satin ausgeschlagenen Korb zurecht, füllten heißes, mit Verbene parfümiertes Wasser in Waschschüsseln und streuten Rosenblätter in die Badewanne.

Kommerzielle Kosmetika gab es in Russland damals noch kaum. Ich glaube, meine Tante hat in ihrem ganzen Leben kein Rouge zu Gesicht bekommen, und Puder verwendete sie nur äußerst selten. Russischen Damen der damaligen Zeit war die Kunst, sich das Gesicht zu schminken, so gut wie unbekannt, und Fürstinnen wussten überhaupt nichts davon. Tante Ella braute sich ihre eigene Gesichtslotion zusammen, eine Mixtur aus Gurkensaft und Sauerrahm. Im Sommer ließ sie nie die Sonne an ihre Haut: Wann immer sie ausging, schützte sie sich mit einem engmaschigen Seidenschleier und einem Sonnenschirm aus Seide und grünem Innenfutter.

Nachdem die Mädchen und andere Gehilfinnen ihr das Nachmittagskleid ausgezogen hatten, pflegte sich meine Tante in ihrem Ankleidezimmer einzuschließen. Umgeben von ordentlich zusammengelegten Häufchen an ausgewählten Strümpfen, Schuhen, Unterröcken und der ganzen übrigen komplizierten Garderobe, die damals üblich war, wartete das Personal. Aus dem angrenzenden Zimmer konnte man meine Tante im Wasser plantschen hören. Erst nachdem sie mit dem Baden fertig war und ihr Korsett angelegt hatte, öffnete sie wieder die Tür. Dann traten die Mädchen eilends vor und machten sich an ihre jeweilige Aufgabe.

Während sie sie ankleideten, betrachtete sich meine Tante aufmerksam – meistens mit Vergnügen – in einem Dreifachspiegel, der so konstruiert war, dass sie sich von allen Seiten sehen konnte. Die letzten Handgriffe machte sie selber. Wenn das Gewand sie nicht in jeder Hinsicht zufrieden stellte, ließ sie sich wieder auskleiden und sich ein anderes bringen, das sie mit derselben Sorgfalt und Ausdauer anprobierte.

Eines der Mädchen hatte sie zu frisieren. Die Nägel machte sie sich selber. Sie hatten eine merkwürdige Form, sehr flach und dünn, und krümmten sich über die Fingerspitzen.

Nachdem die Maniküre beendet und das Abendkleid angelegt war, hatte ich meinen Part in dem Ritual zu übernehmen. Meine Tante sagte mir, welche Juwelen sie tragen wolle, worauf ich zu ihren Schmuckvitrinen ging – sie waren fast so üppig bestückt wie das Schaufenster eines Juweliers – und ihr das Geschmeide ihrer Wahl brachte.

Bald darauf klopfte mein Onkel mit der ihm eigenen Korrektheit an die Tür, um zu sagen, dass das Abendessen fertig sei. Beide gaben mir einen Kuss, und dann verschwanden sie; Dimitri und ich aber, die wir schon vorher gegessen hatten, wurden ins Bett geschickt.

Ich erinnere mich an einen Abend in jenen frühen Tagen, als ich meine Tante im Hofstaat sah – eine majestätische Erscheinung in ihrem Brokatkleid mit der langen Schleppe, ihren funkelnden Diamanten, ihrer leuchtenden Schönheit. Stumm vor staunender Bewunderung reckte ich mich auf die Zehenspitzen und küsste sie voller Hingabe auf ihren weißen Hals, gerade unterhalb eines herrlichen Kolliers aus schweren Saphiren. Sie sagte nichts, doch der eiskalte, harte Blick, den sie mir zuwarf, ließ mich bis ins Herz erstarren.

Xenia: Tagebuch, 5. Februar Zarskoje Selo

Herr, der Gedanke an *Moskau* ist einfach zu schrecklich! Arme Ella! Zinaida [Jussupow] telegrafierte mir, dass sie »ihr schreckliches Leid wie eine Heilige erträgt«!

Nicky hat der Familie untersagt, nach Moskau zu fahren. Schrecklich der Gedanke, dass sie, die Ärmste, ganz *allein* ist und dass wir sie nicht sehen können, obwohl wir doch so nah sind. Der Mörder ist ein Mann von etwa 30, er hat nicht gesagt, wer er ist, aber er ist sehr stolz auf das, was er getan hat!

Sandro: Memoiren

Onkel Sergej, Großfürst Sergej Alexandrowitsch, spielte beim Zusammenbruch des Reichs eine verhängnisvolle Rolle; er war teilweise verantwortlich für die Katastrophe auf dem Kodynka-Feld während der Krönungsfeierlichkeiten von 1896.

Sosehr ich mir auch Mühe gebe, ich kann nicht einen einzigen versöhnenden Charakterzug an ihm entdecken. Obwohl nur ein höchst mittelmäßiger Offizier, befehligte er das Preobraschenskij-Regiment, die Eliteeinheit der Kaiserlichen Garde. Obwohl ein völliger Ignorant in Verwaltungsangelegenheiten, klammerte er sich an seinen Posten des Generalgouverneurs von Moskau, den man besser einem besonders erfahrenen Politiker anvertraut hätte.

Eigensinnig, arrogant und unangenehm, wie er war, brüstete er sich öffentlich mit seinen Absonderlichkeiten und bot damit den Gegnern der Regierung unerschöpflichen Stoff für Verleumdung und Spott. Generäle, die die Offiziersmesse des Preobraschenskij-Regiments besuchten, hörten mit Erstaunen, wie die Offiziere im Chor ein Lieblingslied von Onkel Sergej anstimmten, dessen Refrain lautete – »Frieden und Liebe und Glückseligkeit«. Und der hehre Kommandant demonstrierte höchstpersönlich diese nicht gerade soldatischen Begriffe, indem er sich mit krampfhafter Verzückung in die Brust warf.

Nie hätte der Zar nach dem durch die Kodynka-Katastrophe ausgelösten Sturm Onkel Sergej auf seinem Moskauer Posten belassen dürfen. Als wolle er sein abstoßendes Wesen durch einen tugendhaften Hintergrund noch besonders zur Geltung bringen, heiratete er dann Großfürstin Elisabeth. Zwei gegensätzlichere Persönlichkeiten hätte man sich nicht vorstellen können.

Hinreißende Schönheit, seltene Intelligenz, wunderbarer Sinn für Humor, unendliche Geduld, Aufgeschlossenheit, Großzügigkeit – all das besaß sie. Dass eine Frau von ihrem Format sich an einen Mann wie Onkel Sergej binden sollte, war grausam und ungerecht. Vom ersten Augenblick an, als sie aus ihrem heimatlichen Hessen-Darmstadt in St. Petersburg eintraf, verliebte sich jeder sofort in »Tante Ella«. Man brauchte nur einen Abend in ihrer Gesellschaft verbracht zu haben und sich an ihre Augen zu erinnern, an ihren Teint, ihr Lachen, ihre Gabe, eine Atmosphäre der Ungezwungenheit um sich zu verbreiten – das genügte, um uns alle in abgrundtiefe Verzweiflung zu stürzen, wenn wir an ihre bevorstehende Verlobung dachten.

Zehn Jahre meines Lebens hätte ich darum gegeben, hätte ich verhindern können, dass sie am Arm des arroganten Sergej die Kirche betritt. Ich betrachtete mich gerne als ihren »cavaliere servente« und verabscheute die herablassende Grimasse ihres Gatten, wenn er »Tante Ella« in seinem gedehnten Petersburger Tonfall mit »moin Künd« anredete. Viel zu stolz, als dass sie sich beklagt hätte, stand sie ihm nahezu zwanzig Jahre lang in unverminderter Loyalität zur Seite, und der Kummer wob einen Heiligenschein um ihre Schönheit.

W. F. Dschunkowskij: Memoiren

Großfürst Konstantin Konstantinowitsch [KR] erschien in Vertretung des Kaisers. Es heißt, ursprünglich habe der Kaiser persönlich nach Moskau kommen wollen, um an der Bestattung seines Onkels teilzunehmen, sich dann aber dank Trepows Einfluss dagegen entschieden. Ähnlich erging es auch Wladimir Alexandrowitsch, dem älteren Bruder von Sergej Alexandrowitsch, der den Kaiser unter Tränen gebeten haben soll, ihn fahren zu lassen, was ihm dieser jedoch untersagte. Dennoch glaube ich, wenn der Kaiser nicht auf Trepow gehört hätte und nach Moskau gekommen wäre – es hätte einen ungeheuren Eindruck gemacht und das Ansehen des Zaren bei seinem Volk gestärkt.

Aus dem Ausland reisten als Trauergäste an: die Schwester des Großfürsten, Großfürstin Marie [Herzogin von Edinburgh], mit ihrer Tochter, Prinzessin Beatrice, Großfürst Pawel, der Herzog von Mecklenburg-Strelitz, der Großherzog von Hessen und Bruder der Großfürstin [Ernie] mit seiner [neuen] Frau, Großherzogin Eleonora, sowie die Schwester der Großfürstin, Prinzessin Victoria Battenberg.

Neben diesen ranghohen Persönlichkeiten kamen auch viele Privatpersonen und Deputationen. Der Sarg ertrank förmlich in einem Meer von grünen Kränzen, jeden Tag wurden zu bestimmten Stunden Menschen vorgelassen, um ihre Ehrerbietung zu bekunden; hundert Personen durften gleichzeitig eintreten. Von morgens bis abends fanden ununterbrochen Gottesdienste statt. Die Großfürstin wollte nicht, dass die Menschen in irgendeiner Weise behindert würden, weshalb sie freien Zugang zum Kreml erhielten.

KR: Tagebuch, 6. Februar

Hier in Moskau macht sich die Abwesenheit enger Angehöriger auf seltsame, schmerzliche Weise bemerkbar. Man kann es noch gelten lassen, dass Wladimir eine schwere Last zu tragen hat – er ist schließlich für die Sicherheit der Hauptstadt verantwortlich. Aber Alexej? Angeblich soll er kommen, aber er ist jedenfalls noch nicht da. Pawel, der den Titel eines Generalleutnants zurückerhalten hat, wird hier erwartet. Es heißt, für ihre Majestäten sei es zu gefährlich, Zarskoje Selo zu verlassen. Wäre ich nicht da, die arme Ella müsste ganz allein am offiziellen Trauergottesdienst teilnehmen.

9. Februar: Ich war gerade nach unten gekommen, als Pawel eintraf. Wir gingen zusammen hinüber, um den Sarg zu sehen. Als ich Pawel am Sarg seines Bruders stehen sah, musste ich bitterlich weinen. Dann beteten wir neben den heiligen Reliquien. Pawel erzählte mir, er sei gestern in Zarskoje Selo gewesen; der

Zar und die beiden Kaiserinnen sind untröstlich, weil sie dem Verstorbenen nicht die letzte Ehre erweisen können: Es wäre zu gefährlich für sie, Zarskoje zu verlassen.

Alle Großfürsten sind brieflich davon unterrichtet worden, dass sie nicht nur nicht nach Moskau fahren dürfen, sondern dass es ihnen auch untersagt ist, an den Trauergottesdiensten in der Kasaner oder in der Isaak-Kathedrale teilzunehmen. Trepow informierte den Kaiser über die Gefahr, die dies für uns alle bedeuten würde, woraufhin die Anweisung erlassen wurde. Alexej [Pawels Bruder] wollte jedoch um jeden Preis nach Moskau fahren. Der Kaiser bat Pawel, Alexej von diesem Vorhaben abzubringen; er selbst kann beziehungsweise möchte es ihm nicht untersagen, da er so viel älter ist und der Vater des Kaisers sein könnte. Der Kaiser sagte, er habe unwiderlegbare Beweise dafür, dass man Alexej wie einem wilden Tier nachstelle, um ihn zu töten. Pawel gelang es, Alexej zu überreden, nicht zu fahren. Alexej schluchzte wie ein kleines Kind und sagte unter Tränen: »Was für eine Schande!«

Nachdem Pawel jetzt hier ist und Ellas Bruder morgen eintreffen wird, bin ich nicht weiter vonnöten und kann nach Hause fahren.

Pawel brachte ein Paket mit, das Sergej ihm vor 13 Jahren mit der Anweisung ausgehändigt hatte, es solle im Falle seines Todes geöffnet werden. Darin bat er, in der Preobraschenski-Uniform bestattet zu werden. Aber am Tag seines Todes trug Sergej den Rock des Kiewer Regiments. Sein Körper ist so entstellt, dass es unmöglich ist, ihm denjenigen des Preobraschenski-Regiments überzuziehen.

Wir trugen den fest geschlossenen Sarg durch die Westtür und brachten ihn in die kleine Andrejew-Kirche, wo er so lange bleiben wird, bis eine Entscheidung über den Bestattungsort gefallen ist.

Ella ließ mir durch ihre Schwester Victoria ausrichten, dass sie Sergejs Mörder im Gefängnis aufgesucht habe. Sie sprach lange Zeit mit dem armseligen Kerl und schenkte ihm eine Ikone. Ich hatte bereits am Tag zuvor von A. P. Ignatjewa, der Frau des Generals, von diesem Besuch erfahren und erzählte Pawel, Marie,

Victoria und Beatrice, was ich gehört hatte. Sie wussten nicht, dass Ella den Mörder aufgesucht hatte, sie wollten es nicht glauben und lachten sogar darüber. Dieser Mut und diese Geistesgröße sind ja auch wirklich unvorstellbar. Sie ist eine Heilige.

Maria Pawlowna [die Jüngere]: Memoiren

Zwei Tage nach dem Mord fuhr [Ella] in einem schwarz ausgeschlagenen Wagen fort und blieb lange weg. Sie war ins Gefängnis gefahren, um den Mörder zu treffen! Die Verwaltung geriet dadurch in allergrößte Aufregung; so etwas war bisher noch niemals vorgekommen. Was sich zwischen meiner Tante und dem Mörder ihres Mannes abspielte, hat kein Mensch je genau erfahren. Sie wollte den Gefangenen unbedingt unter vier Augen sprechen.

Iwan Kaljajew an seine Genossen – aus dem Gefängnis

Meine Begegnung mit der Großfürstin fand am Abend des 7. Februars im Polizeirevier des Piatnitskij-Distrikts statt, wohin ich eigens gebracht worden war. Man hatte mich von diesem Treffen nicht zuvor verständigt, und ich hatte auch nicht darum gebeten, die Großfürstin zu sehen. Als sie auf mich zutrat – ganz in Schwarz, mit dem schleppenden Schritt der von Schmerz Überwältigten und mit Tränen in den Augen –, erkannte ich sie nicht sofort; zuerst glaubte ich, es wäre einer der Gefangenen, der mich identifizieren sollte. »Ich bin seine Frau«, flüsterte die Großfürstin, als sie sich mir näherte. Ich erhob mich nicht, um ihr entgegenzugehen, und sie ließ sich kraftlos in den Sessel neben mir fallen, vergrub ihr Gesicht in den Händen und weinte unablässig.

»Fürstin«, sagte ich, »weinen Sie nicht. Es musste sein. Warum sprechen Sie erst mit mir, nachdem ich einen Mord begangen habe?«, dachte ich laut.

»Du musst sehr gelitten haben, um dich zu einer solchen Tat zu entschließen«, sagte sie, aber ich fiel ihr ins Wort. Äußerst erregt durch ihren Tränenfluss sprang ich auf: »Was tut es schon, ob ich gelitten habe oder nicht! Ja, ich habe gelitten, aber mit mir Millionen anderer. Es fließt zu viel Blut überall, und doch bleibt uns keine andere Möglichkeit, um gegen eine grausame Regierung und einen schrecklichen Krieg zu protestieren. Warum sprechen Sie erst mit mir, nachdem ich einen Mord begangen habe?«, wiederholte ich, mich selbst in meinem Gedankengang unterbrechend.

»Ja, es ist wirklich ein Jammer, dass du nicht gekommen bist, um mit uns zu sprechen, und dass wir dich nicht früher kennen gelernt haben.« Diese Worte sprach die Großfürstin ohne irgendwelche Hintergedanken aus, glaube ich.

»Sie wissen doch bestimmt, was man den Arbeitern am 9. Januar angetan hat, als sie den Zaren sehen wollten? Haben Sie wirklich geglaubt, das bliebe ungesühnt? Man führt eine schreckliche Hasskampagne gegen das Volk. Ihr habt dem Volk den Krieg erklärt, und wir haben die Herausforderung angenommen. Tausendmal, nicht nur einmal, würde ich mein Leben hingeben. Russland muss frei sein.«

»Aber die Ehre, die Ehre unseres Landes«, sagte sie.

Ich befand mich, wie gesagt, in einem Zustand äußerster Erregung und ließ sie deshalb nicht richtig zu Wort kommen. »Die Ehre unseres Landes«, gab ich sarkastisch zurück.

»Glaubst du wirklich, wir litten nicht? Meinst du, es wäre uns nicht um das Wohl des Volkes zu tun?«

»Ja, Sie leiden *jetzt*«, sagte ich, »und was das Wohl betrifft ... lassen wir das Wohl besser aus dem Spiel.«

Wir verstummten beide, und ich setzte mich wieder hin. Auch die Großfürstin beruhigte sich ein wenig und fing an, vom Großfürsten zu erzählen: Er habe mit seinem Tod gerechnet, weshalb er von seinem Posten als Generalgouverneur zurückgetreten sei, er sei ein so guter Mensch gewesen. Hier unterbrach ich die Großfürstin aufs Neue; um ihre Gefühle zu schonen, sagte ich: »Lassen Sie uns nicht vom Großfürsten sprechen. Über den will ich nicht hier mit Ihnen diskutieren. Ich werde alles beim Prozess sagen. Sie wissen, dass ich alles in vollem Bewusstsein getan habe. Der Großfürst hatte eine ganz bestimmte politische Funktion inne. Er wusste genau, was er tat.«

»Nun, auf eine politische Diskussion kann ich mich nicht mit dir einlassen. Du sollst nur wissen, dass der Großfürst dir verzeiht und dass ich für dich beten werde.«

Ich will nicht verheimlichen, dass es ein merkwürdig mysteriöses Gefühl war, mit dem wir uns gegenseitig betrachteten, wie zwei zum Tode Verurteilte, die verschont geblieben waren: ich – durch Zufall; sie – durch den Willen der Organisation, durch meinen Willen, denn die Organisation wie auch ich selbst hatten uns ganz bewusst darum bemüht, unnötiges Blutvergießen zu vermeiden.

Und als ich die Großfürstin anschaute, bemerkte ich einen unverkennbaren Ausdruck von Dankbarkeit auf ihrem Gesicht, der vielleicht nicht mir galt, aber doch dem Schicksal, das sie verschont hatte.

»Bitte, behalte diese Ikone zur Erinnerung an mich. Ich werde für dich beten.« Und ich nahm die Ikone.

Für mich lag darin eine symbolische Bedeutung: Mit dieser Geste erkannte sie meinen Sieg an, brachte ihre Dankbarkeit gegenüber einem gnädigen Schicksal zum Ausdruck und zeigte, dass sie die Verbrechen des Großfürsten bereute. Die Großfürstin erhob sich, um zu gehen. Ich stand ebenfalls auf.

W. F. Dschunkowskij: Memoiren

Niemand weiß, wie die Unterhaltung zwischen der Großfürstin und Kaljajew vonstatten ging, es gab keine Zeugen. Den wenigen Bemerkungen der Großfürstin lässt sich lediglich entnehmen, dass dieses Gespräch ihr christliches Gewissen beruhigte und dass es Kaljajew im Herzen berührte: Er ließ sich eine Ikone von ihr schenken und küsste ihr die Hand. Einige Tage später, nachdem der erste Eindruck verblasst war und Kaljajews Verstand wieder die Oberhand über sein Herz gewonnen hatte, bekam er gegenüber seiner eigenen Partei Schuldgefühle wegen seiner Schwäche, und deshalb schrieb er der Großfürstin einen respektlosen Brief, in dem er sie mit Vorwürfen überhäufte. Viele kritisierten die Großfürstin seinerzeit wegen dieses Schrittes, doch denjenigen, die sie kannten, war völlig klar, dass sie gar nicht anders hätte handeln können. In ihrer alles verzeihenden Herzensgüte war es ihr ein Bedürfnis, selbst Kaljajew, der sie auf so unmenschliche Weise eines Gatten und Freundes beraubt hatte, ein Wort des Trostes zu entbieten.

Iwan Kaljajew: Ein Gedicht aus dem Gefängnis, Februar 1905

Eine Frau wie ein Schatten, leblos wie ein Geist,
Saß bei mir und drückte mir die Hand.
Sie sah mich an und flüsterte mir zu: »Ich bin seine Frau.«
Sie weinte, und ihre Tränen wollten kein Ende nehmen.

Ihr Kleid war schwarz, und es roch nach Grab,
Doch ihre Tränen ... Sie sagten alles,
So ließ ich sie gewähren, ich verschonte die Sklavin
Aus dem Lager des feindlichen Königs

Dann murmelte sie scheu: »Ich bete für dich ...«

Boris Sawinkow: Memoiren

Später veröffentlichte die Presse eine unkorrekte und tendenziöse Version dieses Gesprächs, was für Kaljajew sehr quälend war.

Iwan Kaljajew an Ella: [undatiert], aus dem Gefängnis

Ich kannte Sie nicht, Sie kamen aus eigenem Antrieb zu mir: Für die Folgen unserer Begegnung sind deshalb auch Sie allein verantwortlich.

Allem äußeren Anschein nach fand unsere Begegnung in einer Atmosphäre der Vertraulichkeit statt. Was zwischen uns passierte, war nicht zur Veröffentlichung bestimmt, sondern betraf nur uns allein. Wir trafen uns auf neutralem Boden, auf Ihren ausdrücklichen Wunsch hin unter vier Augen, und durften somit dasselbe Recht auf Inkognito für uns in Anspruch nehmen. Wie sollte ich ihr selbstloses, christliches Gefühl anders deuten?

Ich vertraute auf Ihre Ehrenhaftigkeit und ging davon aus, dass Ihre herausgehobene offizielle Position und ihr persönliches Verdienst eine hinreichende Garantie wären, um mich vor jener bösartigen Intrige zu bewahren, in die jetzt auch Sie bis zu einem gewissen Grad verstrickt sind. Aber Sie hatten offenbar keine Angst, den Eindruck zu erwecken, dass Sie daran beteiligt sind: Mein Vertrauen in Sie war nicht gerechtfertigt.

Es gibt eine bösartige Intrige und eine tendenziöse Version unserer privaten Begegnung. Somit stellt sich die Frage: Konnte dies ohne Ihre Beteiligung geschehen – wenn auch nur auf passive Art, durch unterlassenen Einspruch –, wo doch ihr Ehrgefühl ein gegenteiliges Verhalten erfordert hätte? Die Frage so zu stellen heißt, sie zu beantworten, und ich protestiere aufs Entschiedenste dagegen, dass meine einfühlsame Anteilnahme an Ihrem Schmerz politisch interpretiert wird. Meine Überzeugungen und meine Haltung gegenüber dem Kaiserhaus sind unverändert.

Ich gebe unumwunden zu, einen Fehler begangen zu haben: Ich hätte Ihnen unbewegt gegenübertreten und mich auf keinerlei Unterhaltung einlassen sollen. Doch ich war freundlich zu Ihnen, und während unseres Gesprächs unterdrückte ich jenes Gefühl des Hasses, den ich in Wirklichkeit Ihnen gegenüber hege.

Jetzt wissen Sie, von welchen Motiven ich mich leiten ließ. Doch Sie haben sich meiner Großmut nicht als würdig erwiesen. Denn für mich steht außer Zweifel, dass Sie die Quelle all der Geschichten sind, die über mich verbreitet werden: Wer hätte schließlich gewagt, den Inhalt unseres Gesprächs preiszugeben, ohne Sie um Erlaubnis zu fragen? (Die Zeitungsversion ist verzerrt: Ich habe nie gestanden, ein Gläubiger zu sein, und ich habe nie auch nur das leiseste Bedauern zum Ausdruck gebracht.)

Die Tatsache, dass Sie am Leben geblieben sind, ist auch mein Sieg, ein Sieg, der mich doppelt jubeln ließ, als der Großfürst getötet wurde.

KR: Tagebuch, 19. Februar

Am neunten Tag nach Sergejs Tod reisten Maria [Herzogin von Edinburgh] und Pawel aus Moskau in Richtung Zarskoje Selo ab; Maria wird einige Zeit dort bleiben, während Pawel nach Paris weitergefahren ist. Seine Frau [Olga Pistolkors], die vom bayerischen Prinzregenten den Titel einer Gräfin Hohenfelsen erhalten hat, begleitete Pawel bis nach Verjbolovo und wartete dort auf ihn.

Er darf jetzt ab und zu nach Russland zurückkehren, sogar zusammen mit seiner Frau, aber nicht hier leben. Maria und Dimitri [seine Kinder] werden weiterhin bei Ella bleiben, Pawel möchte sie ihr nicht fortnehmen. Der Kaiser hat sie zu ihrem Vormund bestellt.

Maria Pawlowna [die Jüngere]: Memoiren

Während dieser furchtbaren Tage zeigte meine Tante eine kaum begreifbare Fassung. Niemand verstand, woher sie die Kraft nahm, ihr Unglück zu ertragen. Sie wurde jetzt noch verschlossener, als sie ohnehin schon war. Nur die Augen und der Ausdruck ihres Gesichts verrieten manchmal, wie sehr sie litt; mit einer Energie, die nach so vielen Jahren fast vollständiger Passivität erstaunlich war, übernahm sie die Regelung aller grässlichen Einzelheiten.

Ella an Nikolaus: 26. Februar, Moskau

Lass mich dir aufs wärmste für all deine feinfühlige Freundlichkeit danken, die mir so viel Trost gibt.

Möge Gott uns leiten und uns helfen, Maria und Dimitri so gut zu erziehen, wie Sergej es begonnen hatte. Ich will versuchen, mein Bestes zu tun, und da ich seine Ideen und Prinzipien kenne, brauche ich nur dem zu folgen, was ich stets vor Augen hatte, um aus diesen zarten Herzchen wahre, gläubige Christen und echte, pflichtbewusste Russen zu machen.

Dass ich in diesem Haus weiterleben darf, ist mir ein starker Trost, es gibt mir ungeheure Kraft und Frieden, in der Nähe der Reliquien des heiligen Alexej zu sein und meinen Liebling in der friedvollen kleinen Kapelle zu wissen.

Darf ich die - zum Teil historischen - Möbel haben, die alle weggebracht wurden und jetzt im Kreml lagern? Nach meinem Tod würde alles wieder so hergerichtet werden, wie es war.

Ich suche immer noch nach Sergejs Testament, bis jetzt habe ich keine Papiere gefunden - es quält mich schrecklich, aber die Vorstellung, dass irgendjemand seine wertvollen Papiere und Dinge anrührt, kann ich nicht ertragen. Er war so ordnungsliebend, dass ich um seinetwillen die Mühe der Arbeit auf mich nehme.

KR: Tagebuch, 28. Februar

In den letzten sechs Monaten habe ich nicht wie früher gesündigt, erst heute wieder mit jemand anderem; aber es stimmt, ich habe mich dreimal an mir selbst vergangen.

12. März: Wir besuchten eine Ausstellung mit Porträts aus der Zeit von Peter I. bis zur Gegenwart, die Großfürst Nikolaj Michailowitsch organisiert hatte. Wir wurden von Dschaghilew herumgeführt. Es ist mir unangenehm, ihm zu begegnen, auch wenn er nichts davon ahnt - unangenehm deshalb, weil ich von Jatsko etwas über ihn erfahren habe.

Der Präsident des Tribunals, ein betagter Senator, war bei der Verhandlung nervös und unkontrolliert, er geriet mit Kaljajew wegen dessen Bemerkungen aneinander, und insgesamt führte er sich in einer Weise auf, die es bei weitem an der notwendigen Würde fehlen ließ.

Durch seine eigenen Auslassungen provozierte er Kaljajew zu Unverschämtheiten, was dazu führte, dass dieser aus dem Gerichtssaal entfernt wurde. Das wiederum erregte seinen Verteidiger, M. L. Mandelstam, aufs Höchste.

Auch der Staatsanwalt, Schtscheglowitow,[7] zeigte sich seiner Aufgabe mitnichten gewachsen; er setzte immer wieder zu langatmigen Ausführungen an, wo es nicht nötig gewesen wäre, denn die Fakten sprachen schließlich für sich selbst; je kürzer seine Rede, desto effektiver wäre sie gewesen, sein Plädoyer aber nahm und nahm kein Ende, wodurch es langweilig wurde, auch wenn er es recht gewandt vortrug; am Ende jedoch war es unmöglich zu sagen, was er eigentlich wollte – forderte er die Höchststrafe für den Verbrecher oder bat er um Gnade?

Insgesamt fehlte es seiner Rede an Qualität. Auf mich machte sie einen deprimierenden Eindruck, umso mehr, als sie Kaljajew die Möglichkeit zu höhnischen Seitenhieben gab: Es fiel ihm leicht, die Schwachstellen seiner Rede aufzugreifen; die Rede, sagte er, wäre entschuldbar gewesen, wenn ein einfacher Polizeibeamter sie gehalten hätte; aus dem Munde eines Gebildeten mit einem »Stern« an der Brust sei sie allerdings etwas überraschend.

Ich hatte einen sehr schlechten Eindruck, als ich den Gerichtssaal verließ.

KR: Tagebuch, 28. März

Es ist keine Parade in Anwesenheit des Kaiserpaars vorgesehen – es steht außer Zweifel, dass Ihre Majestäten Zarskoje Selo im Augenblick nicht verlassen können.

Der Geheimpolizei ist es zwar erst kürzlich gelungen, 12 Revolutionäre samt Dokumenten und geheimem Sprengstofflager auszuheben, aber damit ist die Gefahr eines Attentats auf hoch gestellte Persönlichkeiten noch keineswegs gebannt. Auch Wladimir kann sich nirgends zeigen, wenn seine Präsenz im Voraus bekannt wird.

Maria Pawlowna [die Jüngere]: Memoiren

So ging der Winter zu Ende, und mit dem ersten Frühlingshauch fuhren wir nach Zarskoje Selo, wo wir die Osterfeiertage verbringen wollten. Auch dort war die Atmosphäre alles andere als fröhlich. Das Leben der Kaiserlichen Familie war ständig von Todesdrohungen und politischen Unruhen überschattet. Der Krieg mit Japan ging weiter, ohne dass ein baldiges Ende abzusehen gewesen wäre; die Situation im Lande wurde immer komplizierter und bedrohlicher. Die Regierung war zu schwach, zu unentschlossen und zu ängstlich, um sich zu irgendeiner energischen Handlung durchringen zu können, und schaute hilflos zu, wie die Ereignisse sich überstürzten. Attentate und Überfälle waren jetzt an der Tagesordnung.

Das Herrscherpaar, das nun ausschließlich in Zarskoje Selo residierte, führte seit Kriegsausbruch ein relativ zurückgezogenes Dasein, das durch die Besorgnis noch trister wurde. Die Gefahren, die den Kaiser bedrohten, hatten zu einem merkwürdig komplizierten System von Bespitzelung und Zuträgerei geführt; Spione wurden auf andere Spione angesetzt, um diese zu überwachen; an allen Ecken wurde geflüstert, es herrschte eine Stimmung aus Angst und Misstrauen.

Am Vorabend des Osterfestes, als wir noch in Zarskoje Selo weilten, wurde eine gefährliche Verschwörung aufgedeckt. Zwei Mitglieder einer terroristischen Organisation, die sich als Sänger ausgaben, versuchten auf diesem Wege, in den Kirchenchor einzutreten, der bei Gottesdiensten am Hofe zu singen pflegte. Offenbar hatten sie geplant, unter ihren Kleidern Bomben einzuschmuggeln und diese während der Ostermesse in die Kirche zu schleudern. Obwohl der Kaiser von dem Anschlag wusste, ging er wie gewöhnlich mit seiner Familie zur Kirche. An jenem Tag wurden mehrere Personen verhaftet. Es passierte nichts weiter, aber diese Messe war die traurigste, die ich je erlebt habe.

Pawel an Nikolaus: 12. April, Paris

Lieber Nicky!
Gerade erhielt ich ein Telegramm von Alexej [Pawels Bruder], der mir mitteilt, dass du wünschst, ich soll alleine kommen. Das überrascht mich wirklich, nachdem du mir doch selbst die Erlaubnis erteilt hast, meine Frau mitzubringen. Ganz abgesehen von dem Schmerz, den es mir bereitet, von ihr getrennt zu sein, befinde ich mich gegenüber der Botschaft und den Franzosen in einer absolut lächerlichen Position, denn ermutigt durch dein Versprechen habe ich sie darüber informiert, dass meine Frau mit mir kommen würde. Ich bitte dich also, deinen Entschluss rückgängig zu machen, schließlich wird außer ihren Kindern niemand sie zu Gesicht bekommen. Die Ärmste war außer sich vor Freude bei dem Gedanken, sie sehen zu dürfen, vor allem deshalb, weil ihr Sohn Ende April zum Offizier befördert wird und sie ihn so gerne an diesem Tage persönlich beglückwünscht hätte. Ich bitte dich, bei allem, was dir lieb und teuer ist, mir diesen Wunsch nicht abzuschlagen. Ich erwarte dein Telegramm mit großer Spannung.
Ich umarme euch alle herzlich,
Dein Pawel

Xenia: Tagebuch, 22. April, Zarskoje Selo

Onkel Pawel traf um 2 Uhr direkt aus Paris ein, aber nur für vier Tage! Er wollte mit seiner Frau kommen, was ihm aber untersagt wurde. Er fühlt sich durch den Brief beleidigt, den Nicky ihm geschrieben hat (er muss wohl ziemlich scharf gewesen sein!), und ist überhaupt in keiner besonders guten Stimmung. Auch behandelt er die Kinder aus irgendeinem Grund kalt und herzlos, und sie scheuen ganz offensichtlich seine Gegenwart!

Sandro: Memoiren

Onkel Pawel war der Netteste unter den vier Onkeln des Zaren, wenngleich auch er eine Neigung hatte, sich »aufs hohe Ross« zu setzen, eine Gewohnheit, die er seiner engen Freundschaft mit Onkel Sergej verdankte. Er tanzte gut, war ein großer Liebling der Frauen, und in seiner Uniform der Grodno-Husaren - dunkelgrüner, silberverschnürter Dolman, himbeerrote enge Reithosen und niedrige Stiefel - sah er sehr anziehend aus. Das sorglose Leben eines glänzenden Offiziers stellte ihn vollauf zufrieden, und er bekleidete niemals eine verantwortliche Position. Seine erste Gemahlin, eine Prinzessin von Griechenland, starb, als er noch sehr jung war. In zweiter Ehe heiratete er die geschiedene Frau eines Obersten, womit er gleich zweifach gegen die in der kaiserlichen Familie gültigen Vorschriften verstieß, da kein Großfürst eine Bürgerliche heiraten durfte und keine geschiedene Frau bei Hofe empfangen wurde. So musste er Russland verlassen und begab sich zu unbegrenztem Aufenthalt nach Paris. Ich glaube, dieses erzwungene Exil war sehr vorteilhaft für ihn, da er dort mit intelligenten und geistig hoch stehenden Menschen verkehrte. Sein Charakter veränderte sich, und hinter der früheren Maske unsinnigen Hochmuts kamen menschliche Züge zum Vorschein.

Xenia: Tagebuch, 24. April, Zarskoje Selo

Onkel Pitz [Pawel] war nach seinem Gespräch guter Laune, und seine Beziehung zu den Kindern scheint wiederhergestellt. Sie wollen ihn gar nicht mehr loslassen, während er am ersten Tag schrecklich kalt zu ihnen war.

25. April: Ella sagt, dass Onkel Pawel sich allmählich beruhigt. Er hat jetzt nur einen Wunsch, nämlich den jüngsten Pistolkors (in Wirklichkeit ist es sein eigener Sohn) zu adoptieren, der jetzt bei ihnen lebt. Er ist acht Jahre alt.

Maria Pawlowna [die Jüngere]: Memoiren

Unsere Wohnung in Zarskoje Selo befand sich im Großen Palast Katharinas II. Die Kaiserin lud uns häufig in den Alexander-Palast ein, um mit ihren Töchtern zu spielen. Ihre Kinderzimmer erstreckten sich über einen ganzen Flügel im ersten Stock des Alexanderpalastes. Diese hellen, weiten Räume waren mit geblümter Cretonne drapiert und hatten durchweg Möbel aus poliertem Klebsamenholz. Das erzeugte eine luxuriöse, dabei heitere und gemütliche Atmosphäre. Durch die Fenster sah man die Palastgärten, die Wachhäuser und – etwas weiter entfernt, durch das Gitter eines hohen Eisentores – eine Straßenecke.

Die Zarentöchter wurden so erzogen wie wir: von einer englischen Hauptgouvernante, die eine Unzahl russischer Kinder- und Zimmermädchen unter ihrem Regiment hatte; ihr Erziehungspersonal war so uniformiert wie das unsere: alle in Weiß, mit kleinen Hauben aus weißem Tüll. Es gab nur eine Ausnahme: Zwei ihrer russischen Kindermädchen waren bäuerlicher Herkunft und trugen die prächtigen Trachten einheimischer Bauern.

Dimitri und ich brachten Stunden damit zu, die Spielsachen unserer Cousinen zu untersuchen; man konnte sich nie satt sehen an ihnen, so schön waren sie. Besonders hatte es mir das Geschenk des französischen Präsidenten angetan, das Olga bekommen hatte, als sie zum ersten Mal mit ihren Eltern zu Besuch in Frankreich gewesen war. Eine mit weichem Leder überzogene Truhe, die eine Puppe mit kompletter Aussteuer enthielt: Kleider, Leibwäsche, Hüte, Pantoffeln, eine voll eingerichtete Frisierkommode. Das alles war mit bemerkenswerter Kunstfertigkeit und Detailgenauigkeit reproduziert.

Geheimes Ersuchen des Innenministeriums an Prinz Hilkow:[8]
7. Mai

Lieber Prinz Michail Iwanowitsch,
das Urteil der Sondersitzung des regierenden Senats, durch den Iwan Kaljajew, der Mörder von Großfürst Sergej Alexandrowitsch, zum Tod durch Hängen verurteilt ist, soll am 10. Mai im Gefängnis von Schlüsselburg vollstreckt werden. Der Gefangene wird am Morgen des 9. Mai auf einem Boot der Petersburger Wasserpolizei dorthin gebracht werden.

Über den Transport des Gefangenen hinaus ist für die Beförderung des Scharfrichters zur Hinrichtungsstätte ein zweites Boot vonnöten, das der Gouverneur von St. Petersburg allerdings nicht besitzt.

Ich habe deshalb die Ehre, Eure Hoheit ergebenst zu bitten, dem Chef der St. Petersburger Wasserpolizei für die Nacht vom 8. auf den 9. Mai freundlicherweise eines der Flussboote des Verkehrsministeriums zur Verfügung zu stellen, das um 3 Uhr früh am Polizeipier gegenüber den Sommergärten bereitliegen sollte.
Bulygin

Nikolaus Fjodorow, Emigrant in Paris: 1920 aufgezeichneter Augenzeugenbericht über die Hinrichtung Kaljajews in Schlüsselburg

Um zwei Uhr früh, als das erste Dämmerlicht den Himmel verfärbt, holen vier Wärter den Gefangenen aus seiner Zelle ab und bringen ihn in Handschellen in den Hof der Festung.

Der Scharfrichter Philipiew ergreift Kaljajew und bindet ihm Schultern und Arme fest, sodass er noch kümmerlicher aussieht als zuvor.

Der Scharfrichter lüftet seine rote Kappe, er verzieht sein grobschlächtiges Gesicht zu einem teuflischen Lächeln und fordert Kaljajew mit einer theatralischen Geste auf, das Schafott zu besteigen. Ohne auch nur den geringsten Anflug von Zaudern steigt der Verurteilte die Stufen empor und wendet sich zu uns um. Kein Muskel bewegt sich in seinem Gesicht, mit traurigem, geistesabwesendem Blick starrt er ins Jenseits. Einen Moment scheinen ihm Tränen in den Augen zu stehen, als flögen seine Gedanken ein letztes Mal zu jenen, die ihm teuer sind.

Eine tödliche Stille lastet über den Anwesenden. Unvermittelt ertönt die heisere Stimme Philipiews, der sein Opfer melodramatisch fragt, ob er ein letztes Gebet an Gott richten wolle. Kaljajew erwidert: »Ich habe bereits mit dem Leben abgerechnet; aber hier, auf diesem Schafott, möchte ich noch einmal sagen: Ich bin glücklich, für die Sache der Revolution zu sterben.«

Ein Justizbeamter verliest den nicht enden wollenden Urteilsspruch. Als er geendet hat, hören wir Kaljajew sehr deutlich sagen: »Ich bin froh, dass ich meine Fassung bis zuletzt bewahrt habe.«

Der Scharfrichter wickelt ihn in ein großes weißes Leichentuch, das ihm den Kopf umhüllt. Dann gibt er ihm den Befehl: »Steig auf den Klotz!« Kaljajew wendet ein: »Wie soll ich auf den Klotz steigen? Du hast mir den Kopf zugedeckt. Ich kann nichts sehen.« Philipiew packt ihn unverzüglich, wuchtet ihn auf die Bank und legt ihm hastig das Seil um den Hals, und mit einem abrupten Tritt stößt er den Klotz weg.

Aber das Seil ist zu lang; die Füße schlagen auf dem Boden auf. Der Gehängte windet sich grässlich. Die kleine, um das Schafott versammelte Schar stößt Schreckensschreie aus. Der Scharfrichter holt zwei Assistenten herbei, die ihm helfen sollen. Dann eilt er zum Galgen zurück, und zu dritt zerren sie am Seil, bis die Hinrichtung vollendet ist.

Xenia: Tagebuch, 12. Mai, Gatschina

Olga [Nikolaus' und Xenias Schwester] ist schrecklich durcheinander wegen Mischa und Dina.[9] Er, der Ärmste, hat sich in sie verliebt, und sie hat leider von Anfang an nichts getan, um ihn davon abzubringen, sich stattdessen vom selben Gefühl hinreißen lassen!

Das hat zu zahlreichen Komplikationen geführt, jeder hat gemerkt, was mit den beiden los ist. Olga wollte sie [Dina] zu sich holen, nachdem ihr Bruder fort ist und sie jetzt ganz allein hier lebt. Aber *sie absichtlich zusammenzubringen* – so eine Dummheit! All das ist äußerst unangenehm.

KR: Tagebuch, 18. Mai

Zum Abendessen kehrten wir nach Hause zurück. Inzwischen war eine Zeitung mit der schrecklichen Nachricht gekommen, dass ein Großteil unserer Flotte vernichtet worden ist. Rozdestwenskij[10] wurde gleich zu Beginn der Schlacht verwundet und auf eines der anderen Schiffe gebracht, aber wir wissen noch nicht, auf welches. Offenbar haben die Japaner verschiedene Schiffe von uns erobert, mindestens 2 000, wenn nicht 3 000 unserer Leute sind in Gefangenschaft geraten.
Wie schrecklich, welche Schande und was für ein Unglück!

Xenia: Tagebuch, 3. Juni, Gatschina

Mama ist seit dem 9. Januar nicht mehr in Petersburg gewesen! Mischa hat vergeblich versucht, sie von einem Besuch abzuhalten, aber Gott sei Dank ist alles gut gegangen. Es macht einen ganz krank, wenn man an all die Gräuel denkt.

7. Juni: Gestern, am 6., hat Nicky eine Abordnung von sieben Volksvertretern aus Stadt und Land empfangen, die von S. Trubetskoj (von Beruf Professor) geleitet wurde. Er hielt eine lange Rede, in der er N zunächst dafür dankte, dass er sie empfängt. Nicky sagte Folgendes zu ihnen: »Ich habe mich glücklich geschätzt, Ihnen zuzuhören. Ich zweifele nicht daran, meine Herren, dass Sie sich von einem Gefühl glühender Liebe zum Mutterland haben leiten lassen, um so direkt zu mir zu sprechen. Von ganzem Herzen trauere ich mit Ihnen und meinem Volk über

Missgeschicke wie Krieg, von denen Russland heimgesucht wurde – und mit denen wir immer noch rechnen müssen, wie auch mit unseren inneren Unruhen. Zerstreuen Sie Ihre Zweifel. Mein Wille ist der Wille des Zaren.«

9. Juni: Ich traf Mama mit Nicky und Alix im Garten an. Nicky ist erfreut, dass er diese Herren empfangen hat – ihm ist ein Stein vom Herzen gefallen! Natürlich hat er sich damit in ihre Hände begeben und muss ungeheuer vorsichtig sein.

15. Juni: Die unglaublichste Nachricht ist eingetroffen, einfach schmachvoll, man kann sich nur noch schämen! Am liebsten möchte man sich vor sich selbst verstecken!! Auf der *Potemkin* hat es eine Meuterei gegeben, der Kommandeur und verschiedene Offiziere sind getötet worden! Gestern Abend sind sie in Odessa eingelaufen, und heute Morgen hat man den Leichnam eines Matrosen an Land gebracht, er hatte ein Schild auf der Brust, das besagt, er sei von Offizieren getötet worden, weil er sich wegen des schlechten Essens beschwert habe. Sie haben den Behörden mitgeteilt, sie würden die Stadt bombardieren, falls irgendjemand den Leichnam anrühre! Vor der Küste kreuzen bewaffnete Kutter, während die Matrosen die Leute aufwiegeln, die sich ihnen anschließen und Proklamationen herausgeben. Im Hafen haben Plündereien begonnen, Gott weiß, was noch alles passieren wird, und man kann nichts dagegen unternehmen! Es ist schrecklich, einfach schrecklich, was wir alles miterleben müssen! Ein Geschwader ist aus Sebastopol ausgelaufen. Diese Nachrichten haben uns geradezu erschlagen, wir sind den ganzen Tag lang wie benommen herumgelaufen – was für ein Alptraum, es ist zu schrecklich.

18. Juni: Heute gab es überhaupt keine Nachrichten. Am Abend traf endlich ein Telegramm von [Admiral G. P.] Tschuchnin ein: Alle Offiziere der *St. George the Victorious* sind an Land gebracht worden, und heute, als sie einen Hafen (Odessa) ansteuerte, ist sie auf eine Sandbank aufgelaufen, während die *Potemkin* in See gestochen ist! Von dem Geschwader gibt es keinerlei Nachricht, was immer das zu bedeuten hat! Als das Geschwader gestern eintraf, fuhr ihm die *Potemkin* in Konfrontationskurs entgegen und durchbrach seine Linien; als sie die *St. George* passierte, spendete ihr deren Besatzung Beifall, schrie »Hurra« und machte einen Aufstand. Daraufhin gab [Admiral] Krieger das Signal zur Rückkehr nach Sebastopol, aber in dem Augenblick stürzte die Besatzung der *St. George* auf die Brücke und verhinderte dies; dann schafften sie die Offiziere auf den Kutter und das Minenschiff und schleppten sie an Land. Tschuchnin fürchtet, die Meuterei könne auf andere Schiffe übergreifen. O Herr! Wie schrecklich, welch ein Alptraum! Wie kann das sein? Warum, warum nur werden wir so hart von Gott bestraft?! Ich gehe umher wie im Traum und begreife überhaupt nichts mehr!

20. Juni: Die *Potemkin* ist im Hafen eingelaufen und hat nach Proviant und Kohle verlangt, aber die Behörden haben sich geweigert und strengste Maßnahmen ergriffen. Man ließ ihnen mitteilen, dass diejenigen, die an Land kämen, als Deserteure behandelt würden.

Die Rädelsführer sind insgesamt nur 12 Mann, ein kleiner Teil der Besatzung hat sich ihnen angeschlossen, die Übrigen sind nichts weiter als eine Herde Schafe. Auch die Besatzung der *Prut* hat gemeutert: Sie haben den wachhabenden Offizier zusammengeschlagen und den Kommandeur verhaftet. Dann sind sie nach Odessa gefahren, aber als sie die *Potemkin* dort nicht antrafen, sind sie nach Sebastopol zurückgekehrt und haben sich ergeben! Gott allein weiß, was da vor sich geht! Die Besatzung der *St. George* hat die Rädelsführer den Behörden übergeben. Die Offiziere kehrten zurück, nachdem die Besatzung sie gebeten hatte, wieder an Bord zu kommen!

KR: Tagebuch, 20. Juni

Was ist nur mit Russland los? Nichts als Desorganisation und Zerfall! Wie ein Stück Stoff, der langsam an den Nähten aufreißt und auseinander fällt. Zurzeit gibt es eine Meuterei auf dem Schlachtschiff *Potemkin Tawritscheskij*, die Besatzung hat sich erhoben und den Kommandeur getötet. Über Odessa, Lodz und Sebastopol ist das Kriegsrecht verhängt worden.

22. Juni: Schreckliche, unglaubliche Nachrichten aus Odessa. Dort ist die Revolution offen ausgebrochen. Auch den unerhörten, schändlichen Vorfall auf dem Panzerkreuzer *Potemkin*, wo die Besatzung sich erhoben und den Kommandeur - meinen lieben Freund Jenia Golikow - sowie nahezu alle Offiziere getötet hat, würde man nicht für möglich halten, wäre er nicht bittere Realität.

Xenia: Tagebuch, 25. Juni, Gatschina

Ich bin so niedergeschlagen, es ist unmöglich! Schrecklich, was alles passiert - Streiks, Morde, Unzufriedenheit, überhaupt keine Autorität mehr! Ich habe ein Memorandum des Adels gelesen - es ist hart und grausam, aber leider wahr.

Die *Potemkin* ist in Konstanza eingelaufen und hat sich ergeben. Die Rädelsführer werden sich wahrscheinlich alle aus dem Staub machen, und nur die Schafe müssen dann leiden. Man behandelt sie, als wären sie die Schurken.

Alexandra an ihre Tochter Olga: 4. August, in der Nähe von Pskow

Meine liebe kleine Olga,
Papa und Tante Olga [Nikolaus' Schwester] machen gerade einen Spaziergang in den schönen Wäldern; mir tun meine alten Beine zu weh zum Laufen, deshalb bin ich zu Hause geblieben. Jetzt hat der Regen endlich aufgehört. Heute Vormittag sind wir ganz schön eingeregnet worden; mein neues wasserdichtes Cape war völlig durchnässt. Wir haben viele Soldaten gesehen, Kavallerie, Infanterie und Artillerie. Die Landschaft hier ist sehr hübsch.

Als wir in einem Dorf herumstanden, kamen die Bauern zu uns und fingen an zu reden. Eine Frau fragte mich, wie es euch vieren geht und wo ich euch gelassen hätte. War das nicht freundlich von ihr? Andere schenkten uns Brot und Salz und pflückten uns die schönsten Blumen, die sie in ihren Gärten finden konnten. Ich bin eifrig am Nähen für den Basar. Viele Züge fahren hier vorbei, alle sehr lang. Heute Morgen kam eine alte Dame von 98 zu uns und brachte uns Brot, Salz – sie wohnt ganz in der Nähe, und wir wollen sie besuchen gehen, wenn wir Zeit haben. Tante Olga hat eine sehr hübsche Postkarte von Sarow gemalt und wird sie sich jetzt drucken lassen.

Wie es euch allen wohl geht? Ich bin ganz traurig so ohne meine süßen kleinen Mädchen. Dass du mir auch schön artig bist, und denk immer dran: beim Essen nicht aufstützen, gerade sitzen und das Fleisch ganz aufessen. Ich küsse euch alle zärtlich und Sofia[11] auch.

Leb wohl, mein liebes Kind, Gott segne dich.
Stets deine dich liebende alte
Mama+

Xenia: Tagebuch, 6. August, Alexandria

Ein großer, ein ganz außerordentlicher Tag: Das Manifest über die Duma ist endlich veröffentlicht worden! Gebe Gott, dass es rechtzeitig geschehen ist!

Kaiser Wilhelm II. an Nikolaus: 9. August, Schloss Wilhelmshöhe

Bester Nicky,
dein Manifest über die Einrichtung der Duma hat in Europa einen ganz ausgezeichneten Eindruck gemacht – vor allem in meinem Land, und ich darf dir aufs Herzlichste dazu gratulieren. Es ist ein großer Schritt vorwärts in der politischen Entwicklung deines Landes und verschafft dem Volk die Möglichkeit, dir seine Hoff-

nungen und Wünsche vorzutragen und ein gemeinschaftliches Werk von Herr und Vaterland zum Wohle der Nation in Gang zu setzen. Du wirst jetzt mit Menschen der verschiedensten Schichten und Lebensbedingungen in Berührung kommen und ihnen dein Denken und Wollen direkt vermitteln können, was früher durch die große, mächtige Mauer der »Tschin«[12]-Bürokratie verhindert wurde, die deine Untertanen mit großem Argwohn betrachteten.
Dein ergebenster und geneigtester Freund und Cousin
Willy

Xenia: Tagebuch, 12. August, Alexandria

Mischa ist im Sessel eingeschlafen. Ohne Dina langweilt er sich!

Olga [Nikolaus' Schwester]: Memoiren

Der arme Mischa hatte die unglückselige Angewohnheit, am Steuer einzuschlafen. An jenem Abend fuhr er sehr schnell – wir hatten große Angst, wir würden zu spät kommen –, und ganz plötzlich war er eingenickt. Der Wagen kam von der Straße ab und überschlug sich. Wir wurden beide hinausgeschleudert – wie durch ein Wunder blieben wir unverletzt. Der Wagen war nicht beschädigt. Wir schoben ihn einfach wieder auf die Fahrbahn zurück und fuhren weiter.

Xenia: Tagebuch, 13. August

Wir speisten im Cottage mit Nicky, Alix, Mischa und Christo[13] zu Abend. Nicky erzählte von den Friedensverhandlungen, die anscheinend zu keinem Ergebnis führen, und von den Vermittlungsbemühungen Präsident Roosevelts, der ihm ganz offen geschrieben hat, wir sollten nicht vergessen, dass die Japaner die Sieger sind, und uns auf Konzessionen einlassen. Er möchte, dass wir um jeden Preis Frieden schließen!

KR: Tagebuch, 17. August

Die Zeitungen brachten heute die Meldung über das Friedensabkommen, das die Vertreter Russlands und Japans in Portsmouth, Nordamerika, geschlossen haben. Wir haben den südlichen Teil Sachalins abgetreten, aber jegliche Zahlung abgelehnt. Witte hat einen bedeutenden diplomatischen Sieg errungen. Dennoch bietet dieser Frieden nicht den geringsten Anlass zur Freude, denn er besiegelt einen Krieg, der für unsere Streitkräfte überaus verhängnisvoll war. Man kann sich über den Frieden nicht nur nicht freuen, sondern er ist sogar ziemlich erschreckend.

Xenia: Tagebuch, 17. August, Alexandria

Vor Überraschung bin ich heute Morgen fast in Ohnmacht gefallen, als ich die Zeitungen aufschlug und las, dass wir Frieden haben! Gestern hätten wir es noch nicht einmal zu denken gewagt! Es sieht so aus, als hätten die Japaner in allen Punkten nachgegeben, sie werden keinerlei Reparationen erhalten, auch wenn wir ihnen den unteren Teil von Sachalin abtreten. Natürlich, es war schon lange überfällig, diesen schrecklichen Krieg zu beenden, aber nicht ausgerechnet jetzt und nicht auf diese Weise! Der Krieg begann ohne jeden Grund, ging genauso weiter und endete noch dümmer! Er wurde uns aufgezwungen, genauso wie man uns jetzt den Frieden aufgezwungen hat, weil Amerika und England es so wollen – ich weiß nicht, wer sonst noch konsultiert worden ist, Russland jedenfalls praktisch nicht!! Nach [der Schlacht bei] Mukden – und vor und nach [der Seeschlacht von] Tsuschima – haben wir das Ende des Krieges so herbeigesehnt, aber jetzt ist es einfach schändlich und beleidigend! Andererseits muss man sagen, dass die Japaner mit ihren Forderungen bescheiden gewesen sind!

18. August: Wir waren bei Mama. Nicky und auch Petia[14] und Olga. Mama sagte zu Nicky, er solle doch Mut fassen und sich wenigstens den Anschein geben, als erachte er den Frieden für notwendig – worauf er entgegnete: ... »Ja, faire bonne mine à mauvais jeu« [gute Miene zum bösen Spiel machen]!

Heute habe ich angefangen, meine Gefühle zu bilanzieren, und bin zu dem Schluss gekommen: *Es ist notwendig und besser so.* Aber es bleibt doch ein Gefühl von Ressentiment irgendwo in der Tiefe meiner Seele, und das wird auch *immer vorhanden sein.*

So hatten wir uns das nicht vorgestellt! Gott sei gelobt, dass so viele Seelen gerettet werden! Aber wie wird die Armee die Nachricht aufnehmen!? Niemand kann verstehen, warum ausgerechnet *jetzt* Frieden sein soll!

KR: Tagebuch, 22. August

Olia [Schwester von KR] erzählte mir, als der Kaiser Witte zu den Friedensverhandlungen mit den japanischen Bevollmächtigten nach Amerika schickte, war er so überzeugt, dass unsere Bedingungen inakzeptabel seien, dass er nicht einmal die Möglichkeit eines Friedensschlusses in Erwägung gezogen habe. Als aber die Japaner auf unsere Bedingungen eingingen, blieb uns nichts anderes übrig, als das Friedensabkommen zu unterzeichnen. So ist der Kaiser unversehens in seine eigene Falle geraten und steht jetzt – wie Olia es ausdrückte, die ihn und die Kaiserin in Peterhof besuchte – bis zum Hals im Wasser.

Xenia: Tagebuch, 23. August, Alexandria

Das Friedensabkommen ist unterzeichnet, Gott sei Dank, ein Alptraum weniger! Dennoch, ich kann es noch immer nicht ganz glauben, und es ist ja auch nicht das, was wir eigentlich wollten!

Pierre Gilliard: Memoiren

Zuerst sollte ich die Großfürstinnen Olga und Tatjana in Französisch unterrichten. Zu meiner ersten Stunde wurde ich in einer königlichen Kutsche abgeholt und zum Alexandria Cottage gefahren, wo der Zar und seine Familie damals residierten. Man führte mich zu einem kleinen Zimmer im ersten Stock mit schlichten Möbeln im englischen Stil. Die Tür öffnete sich, und die Zarin, ihre Töchter Olga und Tatjana an den Händen haltend, trat ein. Nach ein paar freundlichen Bemerkungen setzte sie sich an den Tisch und forderte mich auf, ihr gegenüber Platz zu nehmen. Die Kinder saßen an den beiden Enden des Tisches.

Die Zarin war damals noch eine schöne Frau: groß und schlank und von majestätischem Auftreten. Doch all das zählte nicht mehr, nachdem man ihr erst einmal in die Augen geblickt hatte – in jene beredten, melancholischen Augen, die die Emotionen einer sensiblen Seele widerspiegelten.

Olga, die älteste der Großfürstinnen, war ein Mädchen von zehn Jahren, ein sehr heller Typ mit blitzenden, schelmischen Augen und einem Stupsnäschen. Sie musterte mich mit einem Blick, der mich von Anfang an nach einer Blöße abzutasten schien, doch dieses Kind hatte etwas so Reines und Offenes an sich, dass man es sofort gern haben musste.

Tatjana war achteinhalb. Sie hatte kastanienbraunes Haar und war hübscher als ihre Schwester, doch wirkte sie weniger offen und spontan.

Die Stunde begann.

KR: Tagebuch, 28. September

Die Zeitungen sind voll schrecklicher Nachrichten! Im Kaukasus hat sich die Lage noch immer nicht gebessert, das Töten geht weiter, auch die Bombenattentate, aus den Häusern schießen sie auf die Straßen, die Armenier und Tataren hören nicht auf, sich gegenseitig umzubringen. Moskau wird von einer großen Streikwelle heimgesucht: die Bäcker, die Klempner, die Schlosser, die Straßenbahnfahrer und die Druckereiarbeiter, es erscheinen keine Zeitungen. Die historische Ausstellung im Taurischen Palais [St. Petersburg] ist geschlossen worden, weil dort demnächst die Staatsduma zusammentreten soll. Was wird uns der Winter noch alles bringen? Es wird wohl unvermeidlich zu Blutvergießen kommen.

1. Oktober: Wie ich höre, ist Kyril inzwischen [mit Ducky] verheiratet: Nachdem er das kaiserliche Verbot ganz bewusst übertreten hat, hatte er nichts Eiligeres zu tun, als zur Beichte zu gehen (die Trauung fand am 25. September in Bayern statt). Aber der Kaiser wollte ihn nicht empfangen und ließ Kyril durch Hofminister Fredericks mitteilen, dass ihm der Titel eines Großfürsten aberkannt worden ist, dass er keine Einkünfte aus den Apanagen mehr erhält und aus dem Militär ausgeschlossen ist.

Das alles hätte Kyril vorher wissen müssen, denn der Kaiser hat ihm wiederholt eine solche Bestrafung angedroht, falls er seine leibliche Cousine Ducky heiraten sollte. Trotzdem ist Kyril jetzt wegen der Weigerung des Kaisers, ihn zu empfangen, zutiefst gekränkt und hat sein Missfallen über einen Dritten zum Ausdruck gebracht.

Ich finde, Kyril hat sich das alles selbst zuzuschreiben: Anstatt der Frau, die er liebte – die zu heiraten er aber weder das Recht noch die Erlaubnis hatte –, aus dem Wege zu gehen, ist er über ein Jahr lang ständig mit ihr zusammen gewesen.

3. Oktober: Im Tagesbefehl an die Flotte wurde bekannt gegeben, dass Kyril aus dem Militär ausgeschlossen worden ist; unerwähnt blieb allerdings, dass er auch seinen Großfürstentitel verloren hat.

Xenia: Tagebuch, 3. Oktober, Ai-Todor

Von Nikolai kam die (verschlüsselte) Nachricht, dass Kyril am 25. getraut worden ist und am Samstag in Petersburg eintraf; er wurde aber nicht empfangen, sondern erhielt die Anweisung zurückzukehren. Sein Titel und sämtliche Einkünfte sind ihm aberkannt worden. Nachdem Onkel Wladimir [Kyrils Vater] sich vergeblich dafür eingesetzt hat, dass er seinen Titel behalten darf, ist er kurz entschlossen von seinen eigenen administrativen Funktionen zurückgetreten. Ein schrecklicher *péché* [Sünde], absolut unschicklich und nur zum Vorteil gewisser Personen!

Nikolaus an Kaiserinwitwe Marie: 5. Oktober, Peterhof

Liebe, süße Mama,
in dieser Woche gab es ein Familiendrama um Kyrils unglückselige Vermählung. Von Nicky [Sandros Bruder] erfuhr ich, dass er am 25. September in Tegernsee getraut worden ist. Am Freitag sagte mir Nicky während der Jagd, dass Kyril am nächsten Tag eintreffen würde! Ich muss gestehen, diese Unverschämtheit hat mich außerordentlich verärgert – unverschämt ist es deshalb, weil er genau wusste, dass es ihm untersagt war, *nach der Hochzeit* zu kommen. Da ich um jeden Preis verhindern wollte, dass Kyril bei uns zu Hause auftaucht, entsandte ich Fredericks mit dem Auftrag nach Zarskoje Selo, Kyril über die vier Punkte zu informieren und auch über mein Missfallen über seine Einreise und ihm die Anweisung zur sofortigen Rückkehr ins Ausland zu erteilen.

Dennoch hatte ich meine Zweifel, ob es richtig war, einen Mann mehrmals hintereinander öffentlich zu bestrafen – und gerade zum gegenwärtigen Zeitpunkt, wo die Leute sowieso nicht sonderlich gut auf die Familie zu sprechen sind. Nach langer Überlegung, von der ich schließlich Kopfschmerzen bekam, habe ich beschlossen, den Namenstag deines kleinen Enkels zum Anlass zu nehmen, und Onkel Wladimir telegrafiert, dass ich Kyril seinen Titel zurückerstatten werde. Die anderen Formen der Bestrafung bleiben natürlich in Kraft. Nach Meinung derer, die ich konsultiert habe, reichen diese drei Strafen aus, vorausgesetzt, sie sind von genügend langer Dauer!

Uff! Waren das lästige, unangenehme Tage! Nachdem die ganze Angelegenheit jetzt entschieden ist, bin ich eine große Sorge los! Was Tante Michen[15] wohl darüber denkt? Sie muss uns ja ganz schön gehasst haben!
Leb wohl, meine liebe, süße Mama. In Gedanken bin ich immer bei dir. Ich umarme dich zärtlich und auch den lieben Apapa.
Der Herr sei mit dir!
Dein Nicky, der dich zutiefst von ganzem Herzen liebt.

KR: Tagebuch, 8. Oktober

Über den Telegrafen erreichte uns das Kaiserliche Manifest des gestrigen Tages: Es garantiert Rede-, Gewissens- und Versammlungsfreiheit; das Wahlrecht zur Staatsduma genießen jetzt auch diejenigen, die im Manifest vom 6. August noch nicht berücksichtigt sind. Graf Witte wird zum Vorsitzenden des Ministerrates ernannt. Gesetze treten erst dann in Kraft, wenn sie von der Staatsduma gebilligt worden sind.

Diese Nachrichten von weit reichender Bedeutung riefen einen schmerzlichen Eindruck hervor: Das ist das Ende der russischen Autokratie. In diesen neuen Freiheiten manifestiert sich nicht etwa der freie Wille der souveränen Herrschaft, vielmehr sind es Konzessionen, die dieser Herrschaft mit Gewalt entrissen wurden.

Xenia: Tagebuch, 14. Oktober, Ai-Todor

In ganz Russland gibt es Unruhen, Streiks, Versammlungen usw.; welch ein Unglück und welche Schande! Die allgemeine Stimmung ist bedrückend, und zudem fühle ich mich schrecklich niedergeschlagen! In Petersburg wird aufs Härteste durchgegriffen. Trepow ist zum Oberbefehlshaber sämtlicher Streitkräfte ernannt worden. Man hat angekündigt, dass im Falle von Straßenunruhen die Truppen das Feuer rücksichtslos eröffnen werden.

KR: Tagebuch [undatiert]

Kurz vor dem 17. Oktober wurde Nikolascha zu Konsultationen nach Peterhof zitiert; hier traf er mit einem Vertreter der Arbeiter, einem gewissen Uschakow, zusammen und kam zu der Überzeugung, dass es unumgänglich wäre, die Autokratie abzuschaffen. Graf Ignatiew, Goremykin und Hofminister Fredericks versuchten, den Kaiser im gegenteiligen Sinne zu beeinflussen. Richter hielt Graf Witte für den einzigen Mann, der imstande wäre, mit der gegenwärtigen Situation fertig zu werden. Am Morgen des 17. wurden Nikolascha und Fredericks zusammen mit Graf Witte, der einen Entwurf des Manifests vorlegte, nach Peterhof einbestellt. Der Kaiser bekreuzigte sich und unterzeichnete.[16]

Olga [Nikolaus' Schwester]: Memoiren

Über Zarskoje Selo lastete eine große Schwermut. Ich verstand überhaupt nichts von Politik. Ich hatte nur das Gefühl, das ganze Land und wir alle befänden uns auf Abwegen. Die Oktoberverfassung schien niemanden zu befriedigen. Zusammen mit meiner Mutter besuchte ich das feierliche Te Deum, das anlässlich der Einberufung der ersten Duma zelebriert wurde. Ich sehe noch die große Gruppe von Deputierten der Bauern und Fabrikarbeiter vor mir. Die Bauern wirkten abgestumpft. Aber die Arbeiter waren noch schlimmer: Sie sahen aus, als hassten sie uns. Die Sorge in Alix' Augen werde ich nicht vergessen.

Xenia: Tagebuch, 19. Oktober, Abas Tuman

In Petersburg ist es gestern zu Unruhen und sogar Zusammenstößen mit den Truppen gekommen – es hat einige Opfer gegeben. Sandro ist zurückgetreten, das heißt, er hat seinen Posten als Oberbefehlshaber aufgegeben, denn es wäre peinlich, noch länger im Amt zu bleiben. Es gab neue Demonstrationen in Jalta – gute und schlechte.

Es finden immer mehr Übergriffe auf Juden statt, und inzwischen sollen viele Juden nach Amerika ausgewandert sein. Man hat uns geraten, nicht die Hauptstraßen zu benutzen (wie dumm). Nicky schreibt: »Jetzt ist alles viel einfacher geworden!« Der Ärmste, was er alles erlitten und durchgemacht haben muss!

21. Oktober: Die Eisenbahnerstreiks dauern an. Aus ganz Russland treffen Meldungen über Judenpogrome ein – einfach schrecklich! Wie das alles nur enden soll?

KR: Tagebuch, 22. Oktober, Taschkent

Die Eisenbahnerstreiks halten an, seit fünf Tagen sitzen wir wie Gefangene in Taschkent und kommen nicht aus der Stadt heraus.

26. Oktober: Eine gewisse Beruhigung macht sich bemerkbar, zwar nicht in den Grenzgebieten, aber doch in den russischen Städten des Binnenlandes. Meine Kameraden und ich unterstützen das autokratische Prinzip und hegen die Hoffnung, wenn viele Bauernvertreter in die Staatsduma gewählt werden, dass es dann doch noch möglich sein wird, zum autokratischen Modell zurückzukehren, das von der Masse unserer Bauern fraglos befürwortet wird. In der Geschichte der Konterrevolution wäre dies ein beispielloser Fall. Aber man möchte nur zu gerne glauben, dass er eintreten könnte.

Rasputin an Kaiser Nikolaus II.: Telegramm

Väterchen Zar!
Aus Sibirien zurückgekehrt würde ich dir gerne eine Ikone des heiligen Simon Verchoturskij überbringen, des Wundertäters, der bei uns hoch verehrt wird; in der festen Überzeugung, dass der Heilige dich an allen Tagen deines Lebens beschützen und dir in

deinem Bemühen um das Wohl und das Glück deines Volkes beistehen wird.

Nikolaus: Tagebuch, 1. November, Peterhof

Um vier Uhr fuhren wir nach Sergewka zum Tee bei Militsa und Stana. Dort lernten wir einen Gottesmann kennen - Grigorij[17] aus der Gegend von Tobolsk.

KR: Tagebuch, 3. November

Der Aufruhr breitet sich in ganz Russland aus; und selbst wenn allmählich wieder eine gewisse Beruhigung eintritt, so bleiben die Zeiten doch sehr Besorgnis erregend!

2. Dezember: Ganz Russland befindet sich im Alarmzustand; die Stimmung ist drückend und stickig, wie vor einem Sturm. Die [Einberufung der] Duma wird immer wieder hinausgezögert, dabei verspricht sich jeder die Rettung von ihr. Aber könnte der Sturm nicht früher losbrechen als erwartet? Und aus welcher Wolke? Wird es einen Aufstand geben, oder wird er durch eine Diktatur vereitelt werden? Es ist erschreckend!

8. Dezember: Die Revolutionäre haben ihre Masken abgelegt und rufen jetzt offen zum Aufstand auf. In Moskau haben sie ein Manifest veröffentlicht und den Generalstreik ausgerufen.

Xenia: Tagebuch, 10. Dezember, Ai-Todor

In Moskau bahnt sich etwas Schreckliches an: In den Straßen wurden Barrikaden errichtet, und es kommt zu Zusammenstößen zwischen bewaffneten Einheiten und den Truppen. Sämtliche Eisenbahnen in Moskau befinden sich im Streik!

In Moskau finden bewaffnete Barrikadenkämpfe statt, die Revolutionäre werden von bewaffneten Brigaden unterstützt, die Regierung von den regulären Truppen. Der offene Ausbruch eines Bürgerkrieges wird wohl nicht mehr lange auf sich warten lassen.

14. Dezember: In Moskau kämpfen die Truppen mit aller Verbissenheit gegen die Revolutionäre, die immer wieder neue Barrikaden errichten, erst an einer Stelle, dann an einer anderen. Sie versuchen sie mit Maschinengewehrfeuer und Artillerie außer Gefecht zu setzen.

17. Dezember: In Moskau ist die Ruhe noch nicht völlig wiederhergestellt, aber die Truppen scheinen die Oberhand über die Aufständischen gewonnen zu haben.

22. Dezember: Ich erhielt einen sehr beunruhigenden Brief von Hauptmann Sosnitzkij: Er hat an die 3 000 Rubel aus dem Fonds einer Militärschule veruntreut, und da er das Geld nicht zurückerstattet hat, ist er aus dem Dienst entlassen worden.

Zu seiner Rechtfertigung schreibt er, niemand sei frei von Sünde, »nicht einmal Sie«, und weiter: Im Sommer 1903 wäre ich eines Abends, als er gerade Dienst gehabt habe, ins Lager gekommen und anschließend ins Bad von Krasnoje Selo gegangen. »Was sich dort abgespielt hat, dürften Sie wohl noch wissen«, schreibt Sosnitzkij.

Als er am nächsten Tag nach Beendigung seines Dienstes im Bad war, hörte er von meinem Badewärter, wir hätten etwas zusammen gemacht und ich hätte ihm 20 Rubel gegeben. Sosnitzkij sagt, er wolle die Angelegenheit einstweilen für sich behalten, sollte jedoch jemals etwas darüber veröffentlicht werden, dürfte ich wohl kaum auf meinem Posten bleiben können. Der Vorfall im Bad, auf den Sosnitzkij anspielt, hat sich so nicht zugetragen.

Ich erinnere mich noch ganz genau an jenen Abend – ich bin in der Tat ins Bad gegangen, habe aber dem Wärter nie 20 Rubel gegeben, dazu bestand nämlich überhaupt kein Anlass. Unzutreffend ist es allerdings nur in Zusammenhang mit der fraglichen Gelegenheit. Das Beunruhigende daran ist, dass es tatsächlich andere Gelegenheiten gab.

Ich habe Sosnitzkij gestern nicht empfangen und werde es auch in Zukunft nicht tun; ich werde keinerlei Vorsichtsmaßnahmen ergreifen, geschehe, was da wolle. Verdiene ich etwa keine Strafe?

Xenia: Tagebuch, 31. Dezember, Ai-Todor

Was wird uns das neue Jahr bringen? Möge Gott es segnen, uns Frieden bescheren, dem armen Russland beistehen und uns unser Glück bewahren!

1 Prinz P. D. Swjatopolk-Mirskij, Innenminister.

2 Kaiserliche Truppen eröffneten vor dem Winterpalais das Feuer auf eine friedliche Demonstration von Petersburger Arbeitern, die eine Petition überbringen wollten. Dabei wurden über 1 000 Menschen getötet und 2 000 verwundet.

3 Ein berühmter Terrorist und Sozialrevolutionär.

4 Die Hauptstraße Moskaus, an der auch der Palast des Generalgouverneurs, der Wohnsitz Sergejs, lag.

5 Der Adjutant des Großfürsten Sergej.

6 Hélène Dschunkowskaja, die Schwester des Adjutanten Dschunkowskij, war Erzieherin von Maria Pawlowna der Jüngeren und von Dimitri Pawlowitsch, die seit der morganatischen Eheschließung ihres Vaters, des Großfürsten Pawel, unter der Obhut ihres Onkels Sergej lebten.

7 Später (1906) Justizminister.

8 Transportminister.

9 Der sechsundzwanzigjährige Bruder des Zaren und Dina Kossikowskaja, eine Hofdame.

10 Admiral und Oberbefehlshaber der russischen Flotte gegen Japan.

11 Sofia Iwanowa Tjutschewa, die Erzieherin der Zarenkinder.

12 Rang. Anspielung Wilhelms auf das Beförderungssystem im Verwaltungsdienst.

13 Prinz Christoph von Griechenland.

14 Peter, Prinz von Oldenburg, Olgas Ehemann.

15 Maria Pawlowna, Kyrils Mutter und Gemahlin des Großfürsten Wladimir, Nikolaus' Onkel.

16 Das so genannte Oktobermanifest versprach Gewissens-, Presse- und Versammlungsfreiheit und stellte die Einberufung einer gesetzgebenden Reichsduma in Aussicht.

17 Die erste Erwähnung Rasputins in Nikolaus' Tagebuch.

1906

Nikolaus:	Zar von Russland
Alexandra:	seine Frau, Zarin von Russland
Xenia:	Großfürstin, Nikolaus' Schwester, verheiratet mit Sandro
KR (Kostia):	Großfürst Konstantin Konstantinowitsch, Nikolaus' Cousin
Maria Pawlowna (die Jüngere):	Tochter von Großfürst Pawel
George:	Herzog von York
Wilhelm II.:	Deutscher Kaiser, Nikolaus' Cousin
Pierre Gilliard:	Schweizer Hauslehrer der Zarenkinder
Tatjana:	zweite Tochter von Nikolaus und Alexandra
Großfürst Pawel:	Nikolaus' Onkel, in morganatischer Ehe mit Olga Pistolkors, der späteren Prinzessin Paley verheiratet
Anja Wyrubowa:	Hofdame und enge Freundin von Alexandra

1906
Kampf gegen die Duma

Die erste Begegnung zwischen dem Thronfolger und seinem Hauslehrer – Nikolaus eröffnet die Duma und hält eine vermittelnde Rede – Die Duma wird als Revolutionsherd angesehen – Das jüngste Kind von KR wird getauft – Anschlag auf Ministerpräsident Stolypin – Die Angst vor Attentaten nimmt zu – Nikolaus bittet Stolypin, Rasputin zu empfangen – Die Familie ist entsetzt über die Nachricht, dass Stana und Nikolascha heiraten werden

Tatjana an Alexandra: Zarskoje Selo

Meine liebe Mama!
Ich danke dir 100-mal für deinen lieben Brief, der mich sehr gefreut hat. Wie komisch, dass Olga und Anastasia in deinem Schlafzimmer zu Mittag essen. Jetzt werden wir zu Bett gehen und ein wenig ausruhen. Ich küsse dich und Papa 100 000 000-mal, aber das kann ich selbst nicht zählen.
Tatjana

Pierre Gilliard: Memoiren

Die kaiserliche Familie pflegte den Winter regelmäßig in Zarskoje Selo zu verbringen, einem hübschen kleinen Landstädtchen etwa dreizehn Meilen südlich von St. Petersburg. Es liegt auf einem Hügel, auf dessen höchstem Punkt der Katharinenpalast steht, eine Lieblingsresidenz von Katharina II. Nicht weit davon entfernt liegt ein wesentlich bescheideneres Gebäude, der Alexanderpalast, halb hinter den Bäumen eines Parks verborgen, der mit kleinen künstlichen Seen gesprenkelt ist. Zar Nikolaus II. hatte ihn nach den tragischen Ereignissen des Januars 1905 zu seiner ständigen Residenz gemacht.

Der Zar und die Zarin bewohnten das Erdgeschoss des einen Flügels, die Kinder den ersten Stock. Das Zentralgebäude umfasste Staatsräume, und der andere Flügel wurde von bestimmten Mitgliedern des Gefolges bewohnt.

Dort sah ich den Zarewitsch, Alexej Nikolajewitsch, damals ein Kleinkind von achtzehn Monaten, zum ersten Mal, und zwar unter folgenden Umständen: Wie gewöhnlich war ich an diesem Tag zum Alexanderpalast gegangen, wohin mich meine Pflichten einige Male in der Woche riefen. Ich brachte soeben meine Unterrichtsstunde mit Olga Nikolajewna zu Ende, als die Zarin den Raum betrat, mit dem Sohn und Erben auf dem Arm. Sie kam auf uns zu und wollte mir offensichtlich das einzige Familienmitglied zeigen, das ich noch nicht kannte. Ich konnte sehen, dass sie von der trunkenen Freude einer Mutter durchdrungen war, deren größter Wunsch endlich erfüllt worden ist. Sie war stolz und glücklich über die Schönheit ihres Kindes. Der Zarewitsch war sicherlich eines der hübschesten Kinder, die man sich vorstellen konnte, mit seinen niedlichen blonden Locken und seinen großen, blaugrauen Augen unter ihrem Rahmen langer, gebogener Wimpern. Er hatte die frische, rosige Gesichtsfarbe eines gesunden Kindes, und wenn er lächelte, sah man zwei kleine Grübchen in seinen runden Wangen. Als ich mich ihm näherte, trat ein ernster, furchtsamer Ausdruck in seine Augen, und es kostete einige Mühe, ihn dazu zu bewegen, seine winzige Hand auszustrecken.

Bei diesem ersten Treffen sah ich, wie die Zarin den kleinen Jungen an sich drückte, mit der krampfhaften Bewegung einer Mutter, die ständig um das Leben ihres Kindes zu fürchten scheint. Aber bei ihr enthüllte die Liebkosung und der dazugehörige Blick eine geheime Vorahnung, so deutlich und quälend, dass es mich auf der Stelle traf. Ich musste nicht lange warten, bis ich die Bedeutung erfuhr.

Xenia: Tagebuch, 30. Januar, St. Petersburg

Aprak kam, wir plauderten lange, sie war froh, mich zu sehen, und ich auch. Gott allein weiß, was geschehen ist, was wir in den letzten fünf Monaten erlebt haben, was haben wir nicht alles gesehen! Ich erzählte ihr alles, was hier geschehen ist, was die Leute reden – es ist schrecklich, wie wenig Vertrauen man in Witte setzt!

Zum Tee gingen wir zu Nicky und Alix. Der kleine Alexej ist deutlich gewachsen, läuft herum und ist sehr niedlich. Alix quetschte mich über die Krim und unsere so genannte Panik aus, als wir so weit waren, mit der Jacht ins Ausland zu fliehen! Als ich über all die Schrecken sprach, die wir durchgemacht haben, sagte sie: »Nur die, die dort waren, wissen wirklich, wie es war ...« Danach war ich still und bekam Kopfweh.

29. März: Nicky und Alix kamen mit allen Kindern zum Tee. Der Kleine ist nett. Gelegentlich ruft er: Hurra!

5. April: Mischa sieht ernst aus, und Mama schimpft die ganze Zeit mit ihm, weil er zu wenig tut und sich in Zarskoje gehen lässt, trotz allem, was gesagt worden ist!!

KR: Tagebuch, 19. April

Der Zar wird eine Thronrede halten. Alix hat gesagt, bei der Planung der Zeremonie habe sie versucht, jede Imitation westlicher Vorbilder zu vermeiden und sich an die russischen Gebräuche zu halten, aber ich zweifle sehr, ob sie dermaßen vertraut mit diesen Gebräuchen ist, und im Übrigen, wie soll man sie auf ein Parlament übertragen?

21. April: Bei der Planung der Zeremonie zur Eröffnung der Duma machte die Zarin den Vorschlag, mit der Jacht direkt beim Winterpalais anzukommen. Aber das wurde verworfen, für den Fall von schlechtem Wetter, was für die Damen in russischen Kostümen sehr ungeschickt wäre.

Dann kam die Frage auf, wie der Zar bei der Eröffnung erscheinen solle, mit Krone und Purpurmantel? Fredericks[1] schlug vor, nach dem Treffen mit mir Graf Pahlen aufzusuchen, um sich mit ihm zu beraten.

Xenia: Tagebuch, 24. April, Gatschina

Wir plauderten mit Mischa. Im Großen und Ganzen ist seine Stimmung niedergedrückt, er spricht mit uns nie über irgendetwas anderes als über die Frage, die ihn angeht, oder etwas damit Verbundenes, sonst ist er an nichts interessiert.

26. April: Sandro und ich gingen in die Stadt. Mama wollte morgen mit dem Zug ankommen, aber später rief Mischa an und sagte, Trepow habe Mama (reichlich spät!) gebeten, nach Peterhof zu kommen, um mit Nicky und Alix per Schiff zu reisen und auf dem gleichen Weg auch zurückzufahren. Mama ist wahrscheinlich nicht gerade erfreut (und mit gutem Grund – es war ziemlich spät, um etwas Derartiges zu bitten!), wird aber wahrscheinlich zustimmen, was natürlich nur vernünftig ist.

27. April, St. Petersburg: Ein Tag voller Emotionen!! Und Hoffnungen für eine bessere Zukunft!! Gott sei Dank ging alles wunderbar und mit großer Feierlichkeit vor sich – wie geplant.

Mama wurde oben angekleidet, während Olga bei uns saß. Dann gingen wir zu Nicky und Alix. Die Familie wartete in ihren Zimmern. Der Zug begann um Viertel vor zwei. Nicky ging allein, Krone und Reichsinsignien wurden vor ihm hergetragen. In der Wappenhalle waren viele Damen der Gesellschaft und eine große Menge anderer Leute. Von dort aus gingen die Großfürstinnen durch die Romanow-Galerie in die St.-Georgs-Halle, wo wir unsere Plätze auf einer Plattform rechts vom Thron einnahmen. Die Hofdamen kamen dazu, dann Mama, Alix und die Wache. Das Te Deum hatte schon begonnen.

Genau gegenüber von uns befanden sich die Mitglieder des Staatsrates und die hohen Beamten, links die Mitglieder der Duma, darunter einige Männer mit abweisenden Gesichtern und unverschämt verächtlichem Gesichtsausdruck! Sie bekreuzigten sich nicht und verbeugten sich auch nicht, sondern standen da, mit ihren Händen hinter dem Rücken oder in den Taschen, und blickten alles und jeden finster an.

Aber unter den Landleuten waren so wunderbare Gesichter, und ebenso einige der Soldaten der St.-Georgs-Kavallerie, der Kosaken usw. Nach dem Te Deum (das Antoni zelebrierte; die Auswahl der Lesung war sehr tendenziös für eine solche Gelegenheit – die Worte des Erlösers: Bittet, und euch wird gegeben! etc.) standen Mama und Alix vor uns auf der Empore, die Großfürsten neben uns auf den Stufen zum Thron – dann ging Nicky die Stufen hinauf und setzte sich auf den Thron.

Er tat das auf eine so schlichte Weise, und doch war es ein so feierlicher Augenblick! Danach reichte ihm Fredericks die Rede, die er stehend ablas, mit lauter, fester Stimme. Jedes Wort drang in die Seele – es stieg einem das Weinen in der Kehle hoch.

Wir alle erlebten unbeschreibliche Gefühle; es ist schwierig zu vermitteln, was wir fühlten. Es war ein großer historischer Augenblick, unvergesslich für alle, die ihn erlebten. Er sprach so gut, sagte nur das Nötige und bat alle, ihm zu helfen. Als er geendet hatte, brach Jubel los, der von allen aufgenommen wurde, auch in den anderen Sälen – es klang großartig. Der Chor sang die Hymne (es war alles schrecklich gefühlvoll!).

Wir gingen in derselben Reihenfolge zurück. Ich ging neben Boris. Mama und Alix weinten, und der arme Nicky stand da, in Tränen – als seine Selbstkontrolle erst einmal nachgelassen hatte, konnte er die Tränen nicht mehr zurückhalten!

Wir fuhren mit Nicky und Alix nach Peterhof zurück. Die Zuschauer bereiteten uns einen freundlichen Empfang, als wir mit Nicky, Mama und Alix auf der Böschung entlanggingen, um in unsere Wagen zu steigen. Es gab einen riesigen Jubel. Ein Mann, der auf einem Podest stand, rief mit lauter Stimme: »Wir danken Ihnen, Eure Majestät!« Kinder und Erwachsene standen auf den Balkonen und an den Fenstern des Winterpalais', ebenfalls jubelnd, winkten mit den Taschentüchern und grüßten uns!

Wir saßen oben und tranken Tee, tauschten unsere Eindrücke aus und jubelten, dass alles so gut gegangen war, und vor allem, dass der Tag vorbei war! Nicky war froh, dass er endlich wieder richtig schlafen würde – letzte Nacht konnte er nicht schlafen – er lag da und wachte alle paar Minuten mit einem Gefühl von Traurigkeit und Schwermut im Herzen auf!

28. April: Die gestrige Zeremonie hat auf viele Menschen riesigen Eindruck gemacht – sie hatten so viel Majestät nicht erwartet. Nicky hat so gut gesprochen, seine feste Stimme und seine Kontrolle haben alle beeindruckt, endlich merken sie, dass *er jemand ist!*

30. April: Die Duma ist ein solcher Dreckhaufen, ein solches Nest von Revolutionären, Ekel erregend und eine Schande für Russland vor der ganzen Welt!

Nikolaus: Tagebuch, 30. April

Es wurde kalt. Um 11 Uhr gingen wir zur Kirche. Um 1.30 fuhren wir mit den vier Mädchen, Maria und Dimitri nach Zarskoje. Von der Bahnstation fuhren wir nach Pawlowsk zur Taufe der kleinen Vera Konstantowna [KR's Tochter]. Nach dem Gottesdienst gab es eine wunderbare Teetafel, über die die Familie hungrig herfiel. Um 5 Uhr kamen wir am Alexanderpalast an, zogen uns um und gingen zur Kinderinsel.
Wir pflückten Unmengen von Maiglöckchen.

KR: Tagebuch, 5. Mai

Die Antwort der Duma auf die Thronrede sind – schmutzige Reden.
Die Duma ist ein Revolutionsherd.

Maria Pawlowna [die Jüngere]: Memoiren

Etwa drei Meilen von Zarskoje Selo lag Pawlowsk, der Sitz des Großfürsten Konstantin [KR]. Keine unglücklichen Veränderungen hatten dieses Meisterstück aus dem 18. Jahrhundert zerstört, und es stand noch genauso da wie zu der Zeit, als es Zar Paul I. gehört hatte.

Der Großfürst war ein höchst kultivierter Mann, ein Musiker, Dichter und Schauspieler. Viele erinnern sich noch an sein talentiertes Auftreten in einem seiner eigenen Stücke, *Der König von Judäa*.

Xenia: Tagebuch, 12. Mai, St. Petersburg

Aprak saß lange bei mir – sie ärgerte mich tödlich, indem sie über Mischa und Dina sprach. In der Stadt wird schon geredet, dass er sie heiraten will. Aprak ist ganz außer sich, dass das sein könnte, kann nicht verstehen, warum wir nichts unternommen haben, um diese Freundschaft zu beenden, und kann sich absolut nicht mit dem Gedanken anfreunden, dass etwas Derartiges geschehen könnte. Ich sagte es Mischa, damit er merkt, wie eine Reihe von Leuten die Sache sehen. Letzten Endes hat sie auf manche Weise Recht, leider! Armer Mischa, er tut mir so schrecklich Leid.

Aprak sprach insgesamt viel über dieses Thema, überall die Auswirkungen, die Familie und die Verwandten, die dagegen sind, etc. Aber das sind alles nachrangige Überlegungen, finde ich. Es ist doch er, der heiratet, nicht diese Leute.

22. Mai: Am Samstag sprach Gurko[2] in der Duma über die Bauernfrage, er sprach gut und ruhig, wurde aber kühl aufgenommen. Als er zu Ende gesprochen hatte, riefen sie Gertzenstein – einen Juden! – auf, zu antworten! Wie traurig, dass sie unter all den Abgeordneten keinen anderen als einen Juden finden konnten, um zu antworten.

28. Mai: Sandro und ich waren zu Hause und dann bei Mama – wir redeten die ganze Zeit über Mischa! Mama ist mehr denn je dagegen.

KR: Tagebuch, 28. Juli

Diejenigen mit einer besonders monarchistischen Einstellung erwarten die Auflösung der Duma, Diktatur, harte Maßnahmen, Exekutionen, Gewalt, Terror als Antwort auf Terror. Andere, und zu ihnen zähle ich mich, meinen, es wäre besser, die Duma nicht anzutasten und darauf zu warten, dass sie sich in der Öffentlichkeit selbst diskreditiert.

Xenia: Tagebuch, 12. August, Gatschina

Es hat einen alptraumhaften Anschlag auf das Leben des armen Stolypin[3] gegeben - aber weder er, noch seine Frau wurden verletzt. Einige Männer in Polizeiuniformen kamen während eines Empfangs zu seiner Villa. Anscheinend ist einer von ihnen ins Haus eingedrungen, und gleich darauf gab es eine entsetzliche Explosion. Ein Teil des Erdgeschosses und des ersten Stockwerks sind zusammengebrochen und in Splitter zersprengt, und alle Leute in der vorderen Halle wurden getötet oder verwundet. Seine Kinder, die vierzehnjährige Tochter und der dreijährige Sohn, die oben waren, stürzten, als der Fußboden zusammenbrach, sie haben sich beide Beine gebrochen und schweben in Lebensgefahr; der Junge hat auch das Becken gebrochen! Die armen Kinder - wofür? Mehr als 60 Menschen wurden getötet oder verletzt. Viele der Verletzten starben bald darauf. Unter den Toten sind General Zamjatin, der viele Jahre lang unter verschiedenen Innenministern Dienst tat, und Gouverneur Chwostow, der Mann der Unkowskaja, die eine riesige Familie hat! Der arme alte Pförtner wurde getötet. Was für ein Entsetzen!

Nikolaus: Tagebuch, 12. August

Hörte von der Explosion in Stolypins Haus, Gott sei Dank ist ihm nichts geschehen, aber sein Sohn und seine Tochter wurden verletzt. Eine Menge Menschen wurde getötet, das halbe Haus zerstört.

Xenia an Nikolaus: 4. September, Gatschina

Es gäbe so viel, was ich dir gern erzählen würde, aber ich kann nicht alles schreiben. Wie viel Schreckliches ist passiert, seit wir uns zuletzt gesehen haben, wie viel hat das arme Russland durchgemacht, und mit ihm wir alle - es ist einfach unerträglich! Und die Zukunft scheint so freudlos! Aber man darf den Mut nicht sinken lassen - man möchte doch glauben, dass der Herr uns nicht verlässt.

Xenia: Tagebuch, 5. September

Nikolaj [Michailowitsch] hat uns am Telefon berichtet, dass die Parade der Kavallerie nicht stattgefunden hat. Das Regiment wurde schon ungeduldig, und als sie erfuhren, dass Nicky nicht kommen würde, war es zu spät, umzuplanen. Anscheinend hat Stolypin Nicky telegrafisch gebeten, nicht zu kommen, weil sie einen höllischen Plan entdeckt hatten. Es sollten drei Autos während der Parade heranfahren und Bomben geworfen werden! Man kann einen derartigen Alptraum einfach nicht fassen. Natürlich sind sie alle verschwunden, und bisher hat man keine Spur von ihnen gefunden. Ist unsere Polizei nicht wunderbar!

Nikolaus an Stolypin: 16. Oktober, Peterhof

Pjotr Arkadjewitsch!
Vor einigen Tagen habe ich einen Bauern aus dem Bezirk Tobolsk empfangen, Grigorij Rasputin, der mir eine Ikone des heiligen Simon Verchoturie brachte. Er hat sowohl auf Ihre Majestät als auch auf mich großen Eindruck gemacht, sodass unser Gespräch statt fünf Minuten länger als eine Stunde dauerte. Er wird bald nach Hause zurückkehren. Er hat das dringende Bedürfnis, Sie zu sehen und Ihre verletzte Tochter mit einer Ikone zu segnen. Ich hoffe sehr, dass Sie eine Minute Zeit haben, ihn in dieser Woche zu empfangen.

Seine Adresse: St. Petersburg 2, Roszdestwenskaja 4. Er wohnt bei dem Priester Jaroslaw Medved.

Xenia: Tagebuch, 3. November, Biarritz

Nikolaj [Michailowitsch] brachte uns die ganz unglaubliche Nachricht, dass Jurij und Stana sich scheiden lassen und dass sie Nikolascha[4] heiraten will. Er hat Jurij in Paris getroffen, und dieser hat es ihm selbst erzählt. Wie furchtbar, was für ein ekelhafter Unsinn!

KR: Tagebuch, 6. November

Ich erfuhr mit Schrecken von meiner Frau, die bei dem Husarenfest war, dass Stana sich von Jurij scheiden lässt und Nikolascha heiraten wird!!! Wenn diese Heirat gestattet wird, so kann man das nur als Duldung von Ehebruch sehen, bedingt durch Nikolaschas Nähe zum Zaren und die von Stana zur jungen Zarin; es ist ein Bruch aller kirchlichen Konventionen, die es Vettern und Cousinen ersten Grades verbieten, zu heiraten. Kyril durfte Ducky nicht heiraten, weil sie Vetter und Cousine ersten Grades sind, und bei Mischa und Beatrice war es ebenso. Stana ist Nikolaschas Cousine ersten Grades, wenn nicht durch Geburt, so doch durch ihre erste Ehe. In diesen finsteren Zeiten ist eine Scheidung in der Familie Unheil verkündend und beklagenswert.

10. November: Nach dem Bericht von Andruscha[5] erklärt Nikolascha, er habe keinen Finger gerührt, um diese Heirat in die Wege zu leiten, dass sie vom Himmel inspiriert ist und undenkbar ohne den Einfluss Philippes über das Grab hinaus. Andruscha hat von Stanas Stiefsohn Sandro gehört, dass sich offenbar weder sie noch Nikolascha besonders zueinander hingezogen fühlen. Andere behaupten aber, sie sei unsterblich verliebt.

Kaiser Wilhelm II. an Nikolaus: 18. November

Bester Nicky,
heute hatten wir eine großartige Jagd. Wir schossen 4 600 Fasanen und ich erlegte 1 001. Mit 1 184 Schuss! Beste Grüße an Alix und den Jungen.
Willy

Nikolaus: Tagebuch, 19. September, Zarskoje Selo

Las bis um 8. Stana und Militsa kamen zum Abendessen und erzählten uns den ganzen Abend von Grigorij [Rasputin].

Anmerkungen 1906

1 Hofminister.

2 Erster Staatssekretär im Innenministerium.

3 Ministerpräsident und zugleich Innenminister (1906–11).

4 Nic Nic, Großfürst Nikolaj Nikolajewitsch.

5 Großfürst Andrej Wladimirowitsch.

1907
Nichts als Sorgen

Mischa hofft weiterhin, Dina heiraten zu dürfen – Anja Tanejewa vermählt sich mit Wyrubow – Die zweite Duma – Aufmärsche in den Straßen – Maria Pawlowna (die Jüngere) verlobt sich mit Prinz Wilhelm von Schweden – Großfürst Pawel weigert sich, ohne seine Frau an der Hochzeit teilzunehmen – Die zweite Duma wird aufgelöst – Mischa und Dina wird die Eheschließung verwehrt – Kyrils Ehe wird anerkannt – Die dritte Duma tritt zusammen

Nikolaus: Tagebuch, 4. Februar, Zarskoje Selo

Anja Tanejewa stellte ihren zukünftigen Gatten vor – Wyrubow.[1] Habe alles durchgelesen, was sich inzwischen angesammelt hatte. Nach dem Abendessen ausgefahren und Billard gespielt.

Anja Wyrubowa: Memoiren

Etwa einen Monat vor meiner Heirat im Jahre 1907 bat die Kaiserin Großfürstin Militsa, mich mit Rasputin bekannt zu machen. Ich hatte bereits gehört, wie klug und belesen die Großfürstin war, und so freute ich mich über die Gelegenheit, sie in ihrem Palais am Englischen Kai in Petrograd zu besuchen. So interessant ich sie freilich auch fand, richtig aufgeregt wurde ich erst, als ein Bediensteter die Ankunft Rasputins ankündigte. Ehe er eintrat, sagte die Großfürstin zu mir: »Seien Sie nicht überrascht, wenn ich ihn nach bäuerlicher Sitte begrüße«, also mit drei Küssen auf die Wange. So tat sie es auch, und dann stellte sie uns einander vor. Vor mir stand ein ältlicher Bauer, dünn, mit bleichem Gesicht, langem Haar, einem ungepflegten Bart. Am bemerkenswertesten aber waren seine Augen: groß, hell, leuchtend und offensichtlich fähig, der Person, mit der er sich unterhielt, direkt in Geist und Seele zu blicken. Er hatte einen langen, schwarzen Bauernrock an, der vom vielen Tragen und Reisen schon ganz abgenutzt war. Wir sprachen miteinander, und plötzlich forderte mich die Großfürstin auf Französisch auf, ihn ein Gebet für einen bestimmten Wunsch von mir sprechen zu lassen. Schüchtern bat ich ihn, er möge dafür beten, dass Gott es mir gewähre, mein ganzes Leben im Dienste Ihrer Majestäten zu verbringen. Worauf er erwiderte: »So wirst du dein ganzes Leben verbringen.«

KR: Tagebuch, 21. Februar

Auf den Straßen um das Taurische Palais [wo die Duma tagte] strömten Menschenmengen zusammen, die mit roten Fahnen hin und her liefen und revolutionäre Lieder sangen, aber sie wurden schnell zerstreut. Insgesamt ist die Eröffnung der zweiten Duma ruhiger vonstatten gegangen als erwartet.

Xenia: Tagebuch, 21. April, Gatschina

Während des Tees tobten die Kinder unten herum. Der kleine Alexej ist ausgesprochen süß, aber verwöhnt.

29. April: Heute findet in Livadia die Hochzeit von Nikolascha und Stana statt. Jetzt haben sie doch tatsächlich einen Ort gefunden, wo sie heiraten können! Sandro hat sich strikt geweigert, ein Telegramm zu schicken.

Nikolaus: Tagebuch, 30. April, Zarskoje Selo

Am Abend setzte der Regen ein, nachdem es den ganzen Tag über gestürmt hatte. Wir fuhren vor 3 Uhr zum Palast. Anja kleidete sich oben zur Trauung an. Wir segneten sie und gingen anschließend zur Kirche. Nach der Zeremonie wurden die Neuvermählten von allen Anwesenden in der Vorhalle der Kirche beglückwünscht. Um 4.30 kehrten wir nach Hause zurück. Ich lief in den Garten. Anja und ihr Mann hatten Tee bei uns. Empfing Stolypin. Mit Dimitri Billard gespielt.

Xenia: Tagebuch, 30. April, St. Petersburg

Die Hochzeit gestern fand in der kleinen Kirche von Livadia in Anwesenheit einer großen Zahl von Gästen und Offiziellen statt, und anschließend gab es ein riesiges Essen! Mama ist außer sich – und so durcheinander, dass sie Beruhigungspillen nehmen musste.

Sie hat Nicky sogar einen Brief geschrieben und ihrem ganzen Missfallen und Entsetzen Luft gemacht!

3. Mai: Dina ist wieder nach Petersburg zurückgekehrt! Mama ist absolut wütend darüber wie überhaupt über ihr ganzes Verhalten; es ist ja auch wirklich unerhört, dass sie es gewagt hat zurückzukommen, wo man sie doch aufgefordert hatte, zu ihrem Vater zu gehen, und trotzdem ist sie jetzt wieder hier in P[etersburg]. Olga fürchtet, sie könnten kurzerhand heiraten.

Pawel an Nikolaus: 12. Mai, Paris

Lieber Nicky,
auf dein zweites Telegramm antworte ich dir mit einem Brief. Deine Bemerkung, ein Gespräch über ein mich persönlich betreffendes Thema würde »erst nach Marias Trauung« stattfinden, zwingt mich, dir vorab mitzuteilen, dass ich nicht kommen kann. Jeder sollte aus deinem Munde erfahren, aus welchem Grunde der Vater weder bei der Verlobung noch bei der Hochzeit seiner Tochter zugegen sein wird.[2] Ich war anfänglich bereit, Verständnis aufzubringen, und habe alles geduldig ertragen, doch nach fünf Jahren eines vorbildlichen Familienlebens darf ich wohl erwarten, dass man uns beiden eine andere Einstellung entgegenbringt.

Stellst du dir wirklich vor, ich würde meine Frau, die hier so geliebt und geachtet wird, wie man es eigentlich nur jedem wünschen kann, allein zurücklassen, während ich an den Vermählungsfeierlichkeiten teilnehme? Ich habe den Bruch nicht vollzogen und alles geopfert, um sie dann ohne jeden Grund demütigen und beleidigen zu lassen. Wenn ihr der Platz verweigert wird, der ihr aufgrund unserer morganatischen Ehe gebührt – eine Ehe, die du schließlich in Verordnungen an den Senat und den Hofminister formal anerkannt hast –, dann verbietet sich auch meine Anwesenheit, das ist mein unwiderruflicher Entschluss. Kannst du mir wenigstens sagen, warum sie nicht nach Russland kommen darf und was Marias Hochzeit damit zu tun hat?

Sollte es daran liegen, dass sie geschieden ist – beziehungsweise sich meinetwegen hat scheiden lassen –, dann dürfte Nikolaschas Heirat, die du ja gerade erst gebilligt und abgesegnet hast, ein für alle Mal jeden diesbezüglichen Hinderungsgrund beseitigt haben. Ich weiß, in deinem Herzen bist du gerecht und gütig, und im Grunde ist dir klar, dass ich Recht habe.

Außerdem ist dies nicht der alleinige Grund, warum mir die Möglichkeit verwehrt wird, meiner Tochter meinen Segen zu geben. Ich kann so lange nicht zur Hochzeit kommen, wie diese schändliche Vormundschaft in Kraft ist. Dass ich in Anwesenheit all der ausländischen Fürsten, die zur Hochzeit meiner Tochter kommen werden, ganz offiziell eine Nebenrolle spielen soll – allein die Vorstellung ist unerträglich.

Und was soll ich schon über den schwedischen Prinzen sagen? Ich kenne ihn nicht. Nachdem sich die Kinder unter fremder Obhut befinden, hat ihr Vater weder die Möglichkeit, den Verlobten zu treffen, noch sich für oder gegen ihn auszusprechen oder seine Ansicht zu äußern, dass ein Mädchen von siebzehn Jahren noch viel zu jung ist, um verheiratet zu werden. Durch die Vormundschaft wurden bereits so viele Fragen ohne mich entschieden, dass die Kinder mir in Wirklichkeit bis aufs Äußerste entfremdet worden sind. Und das alles aufgrund der harten Einstellung, die du und Alix mir gegenüber an den Tag legt. Ich habe sehr gelitten und dennoch immer wieder gehofft, du würdest, nachdem du siehst, wie wir leben, verstehen und mir verzeihen. Leider habe ich mich bitter getäuscht. Es bereitet mir schreckliche Qualen, dir dies alles schreiben zu müssen, denn ich bin dir so zärtlich zugetan wie eh und je, aber du wirst spüren, dass aus jedem meiner Worte die Wahrheit spricht! Gott stehe dir bei in diesen dunklen, stürmischen Zeiten!

In aufrichtiger Ergebenheit stets dein
Pawel

Nikolaus: Tagebuch, 22. Mai, Zarskoje Selo

Um 9 Uhr mit Dimitri ausgeritten. Erst regnete es, dann klarte es auf und wurde richtig heiß.

Um 1 Uhr nach Hause gekommen und beim Mittagessen erfahren, dass die arme Anastasia Diphtherie hat. Wir beschlossen umgehend, dass ich mit den übrigen Kindern ins Gutshaus ziehe und Alix bei ihr bleiben wird. Dass wir ausgerechnet in solch beunruhigenden Tagen voneinander getrennt sein müssen!

Der Umzug ging ziemlich schnell vonstatten, und die Kinder kamen rechtzeitig ins Bett. Ich bezog mein früheres Ankleidezimmer im ersten Stock direkt neben ihnen. Am Abend kam Alix mit beruhigenden Nachrichten. Um 1 Uhr nachmittags fand die erste Impfung statt.

Am Abend ging ich mit ihr wieder zu unserem Haus hinüber und kehrte um 11 Uhr zurück.

27. Mai: Ein wunderbarer heißer Tag. Am Morgen sah ich Anastasia durch das Fenster. Nach dem Kirchgang traf der zweite Sohn Gustavs von Schweden ein – Wilhelm, der zukünftige Gemahl von Maria Pawlowna. Er aß mit uns zu Mittag. Ich brachte ihn zu seiner Unterkunft im Gotischen Haus.

Spazieren gegangen und mit Alix zusammengesessen, Anja Wyrubowa getroffen. Dann kamen Ella und Victoria mit dem jungen Schweden, um ihn Alix vorzustellen. Sie blieben zum Tee bei uns im Gutshaus, und es gab ein Gewitter. Stolypin empfangen. Wir aßen zusammen auf dem Balkon zu Abend.

KR: Tagebuch, 28. Mai

Tatjana [Tochter von KR] kam in höchster Aufregung und mit Tränen in den Augen zu mir gerannt und flüsterte mir ins Ohr, sodass ihre Brüder es nicht hören konnten, dass ihre Freundin und Altersgenossin Maria P[awlowna] sich verlobt habe. Maria hat ihr aus Peterhof geschrieben, dass ihr Verlobter der Schwedenprinz ist, der zweite Sohn des Thronfolgers; Maria, die drei Monate jünger ist als unsere Tatjana, wird also heiraten. Die Trauung wird allerdings erst in einem Jahr stattfinden. Als Nächste dürfte wohl unsere Tochter an der Reihe sein. Aber irgendwie widerstrebt es mir, sie ins Ausland gehen zu lassen. Wie wäre es mit Mischa?!

Xenia: Tagebuch, 2. Juni

Onkel Pawel ist die ganze Zeit nicht da gewesen. Zuerst wollte er zur Verlobung seiner Tochter kommen – aber nur unter der Bedingung, dass seine Frau ihn begleitet, was ihm verweigert wurde; dann schrieb er, er würde nicht kommen, und schickte dem Bräutigam, der in einem Brief um die Hand seiner Tochter angehalten hatte, eine offizielle Antwort, in der es hieß, da sie einen Vormund habe (der ohne sein Wissen und seine Zustimmung ernannt worden sei), sehe er sich außerstande, etwas dazu zu sagen, und unterzeichnete den Brief mit »Großfürst Paul«!

Was für eine unglaubliche Herzlosigkeit! Die arme Maria tut mir so Leid – er hat ihr alles verdorben!

KR: Tagebuch, 3. Juni

Heute Nachmittag wurde das Manifest über die Auflösung der Duma und die Einberufung einer neuen zum 1. November dieses Jahres, vor allem aber über das neue Wahlgesetz veröffentlicht.

Mit anderen Worten – ein Staatsstreich. In Wahrheit aber kann das russische Volk jetzt leichter atmen.

Nikolaus: Tagebuch, 3. Juni, Zarskoje Selo

Das Wetter war herrlich. Genauso brillant war unsere Stimmung nach der Auflösung der Duma. Den Vormittag mit Alix verbracht. Kirchgang, anschließend Mittagessen mit Tafelmusik. Um 2.15 mit den Kindern zur Landungsbrücke gegangen, wo wir mit Victoria, Dimitri und Wilhelm die *Tsarewna* bestiegen, um das Rennen der Motorbarkassen zu verfolgen.

Um 6 Uhr kehrten wir zum Gutshaus zurück, nachdem wir kurz in unserem Haus vorbeigeschaut hatten, um mit Alix zu reden. Wir haben Tennis gespielt. Abends bin ich mit Alix spazieren gegangen.

4. Juni: Wieder ein wunderbarer Tag. Mit Alix vormittags zusammengesessen. Gott sei Dank, das ist jetzt schon der zweite Tag seit der Auflösung der Duma, und überall ist es absolut ruhig geblieben.

KR: Tagebuch, 10. Juni

Nikolaschas Vermählung lässt Sandro und Georgy, die sich bei Kaiserinwitwe Marie aufhalten, keine Ruhe. Natürlich billigen wir die Heirat nicht, auch wenn wir uns schon seit langem mit ihr abgefunden haben.

Olia [Schwester von KR] hat herausbekommen, dass auf Anordnung des Kaisers Nikolaschas Einkünfte als Enkel eines Kaisers auf diejenigen eines Kaisersohns erhöht worden sind. Was mag der Grund dafür sein, und ist es gerecht?

Alexandra an Nikolaus: 17. Juli, Peterhof

Mein Geliebter,
diese Nachricht wirst du erst vorfinden, wenn du bereits unterwegs bist. Gott segne und behüte dich, mein süßester Schatz, und bringe dich wohlbehalten zu mir und deinen Kleinen zurück. Ich weiß, wie sehr dir die Trennung vom süßen Baby zu schaffen machen wird – und auch er wird sich ohne seinen geliebten Papa ganz einsam fühlen.

Es fällt mir nicht leicht, dich gehen zu lassen – ich mag dir nicht Lebwohl sagen, mein Geliebter, obwohl die Entfernung ja nicht wirklich zählt, wenn man sich nur liebt. Herzen und Seelen sind vereint, und nichts vermag sie je zu trennen. Ich bin froh, dass du diese netten Jungen an Bord hast, die dich an letztes Jahr erinnern werden – es wird dir ganz sicherlich gut tun, frische Gesichter zu sehen und andere reden zu hören. Ich hoffe sehr, dass alles reibungslos verläuft, ohne Probleme oder unerfreuliche Gespräche – Gr[igorij] wacht über diese Reise, und alles wird gut gehen.

Wie traurig, dass wir heute nicht allein zusammen waren – mein dummer Nacken und dann die Leute. Mein Liebling, ich werde mich um deinen Sonnenstrahl kümmern und ihn sorgsam für dich behüten.

Leb wohl, mein Gemahl, mein Ein und Alles. Heilige Engel mögen um dich schweben. Gottes Segen sei mit dir. Zärtlich und liebevoll mit wehem Herzen – ich küsse dich – jede süße, kleine Stelle, die ich so leidenschaftlich an dir liebe. Auf immer dein geliebtes
Frauchen

Nikolaus an Alexandra: 20. Juli, an Bord der kaiserlichen Jacht *Standart*

Mein geliebter Schatz,
ich danke dir von ganzem Herzen für deinen lieben Brief, der mich tief bewegt hat. Ich las ihn, ehe ich zu Bett ging, und er hat mir äußerst wohl getan. Ich fühle mich ziemlich einsam, so ganz allein unten in den Kabinen. Die Türen zu deinen stehen offen, und oft schaue ich in sie hinein, immer in der Vorstellung, ich würde mein Frauchen dort finden. Ich vermisse dich und die Kinder entsetzlich, und so geht es auch allen Offizieren!

Gestern war es den ganzen Tag über schön, die See war spiegelglatt ... gegen 2 Uhr nachts erreichten wir die Ostsee, und da kamen wir ziemlich ins Schlingern. Ich konnte lange nicht einschlafen, es erinnerte mich ganz stark an jene Nacht auf der Nordsee vor Dünkirchen. In diesen Stunden war ich froh, dass du nicht mit an Bord warst. Wir drosselten das Tempo bis zum Morgen, als es ruhiger wurde – danach fuhren wir wieder schneller. Als ich an Deck kam, sah ich, dass alle meine Herren fröhlich und wohlauf waren.

Nach dem Mittagessen wurde die See wieder rauer, aber inzwischen haben sich alle an das Schlingern gewöhnt. Vielen der jüngeren Matrosen wurde schlecht, aber nicht den Sängern. Ich bewege mich viel an Deck und unterhalte mich lange mit jedem Einzelnen. Bei Tisch sitzt Fredericks an deinem Platz und Iswolskij[3] zu meiner Linken. Letzterer erzählt mir viele interessante Dinge. Manchmal blinzele ich zu den Jungen am anderen Ende des Tisches hinüber und bekomme ein breites Lächeln als Antwort. Der Himmel ist grau über der wogenden See mit ihren weißen Schaumkronen. Ich hoffe sehr, dass wir bei unserem Treffen schönes Wetter haben. Heute Nachmittag ist es kälter, als es in unseren heimischen Gewässern war.
Süßes, Liebes, wie sehr du und die Kinder mir fehlen!

KR: Tagebuch, 23. Juli, Gatschina

Ich war in der Stadt und traf Olia, die um ein Uhr von Gatschina kam und am Abend wieder zurückkehrte. Angesichts der Dramen, die sich in der Familie abspielen, ist ihre Anwesenheit dort vonnöten. Offenbar ist Mischa (der ehemalige Thronfolger) seit zwei Jahren in Dina Kossikowskaja, die Hofdame seiner Schwester Olga, verliebt (die Tochter der Frau, die in meiner *Hamlet*-Inszenierung am Eremitage-Theater die Königin gespielt hatte; Dina selbst und ihre inzwischen verstorbene Schwester spielten damals Hofdamen). Die Liebe beruht auf Gegenseitigkeit. Petia und Olga bemerkten es erst zu spät und konnten nicht feststellen, ab welchem Punkt aus der Freundschaft Liebe wurde. Jetzt fürchten sie, dass Mischa den Entschluss gefasst hat zu heiraten.

Jetzt soll er nach Karlsbad gehen und wird am 28. Juli abreisen. Olia hat erfahren, dass Mischa am Abend des 22. in Gatschina an der Poststation nach Warschau war, wo er die

Kossikowskaja getroffen hat, die gerade das Land verließ. Wir fürchten, Mischa hat schon Vorkehrungen getroffen, um sich irgendwo im Ausland am 30. oder 31. trauen zu lassen. Welchen Schaden sich unsere Familie doch selber zufügt, es wird alles getan, um die Autorität des Kaisers und der herrschenden Familie zu untergraben! Je weiter wir gehen, desto schlimmer wird es.

Am 15. Juli hat der Kaiser Kyrils Ehe anerkannt, »in Einwilligung eines Ersuchens von Wladimir«, wie es im *Ukas* des Senats formuliert war; seine Frau [Ducky] wird Großfürstin Victoria, und ihre Tochter ist jetzt offiziell eine Prinzessin von kaiserlichem Geblüt.

Wie merkwürdig, das alles! Was hat das mit Wladimirs Ersuchen zu tun? Wie kann dieses Ersuchen legitimieren, was nicht legal ist? Schließlich hat Kyril seine Cousine ersten Grades geheiratet, was kirchlich gesehen nicht zulässig ist. Es ist sogar noch sonderbarer, denn Kyrils Frau war zuvor die Prinzessin Kyrilowskij, das heißt also eine Person, mit der Kyril eine morganatische Ehe geschlossen hatte. Kyril lehnte diesen Titel ab und bestand auf seinem eigenen. Seine Frau ist jetzt eine Großfürstin.

Wo haben wir eine starke Autorität, die überlegt und zuverlässig handelt? Es wird einem bang und bänger, wenn man an die Zukunft denkt. Überall nichts als Willkür, Nachgiebigkeit, Schwäche.

Xenia: Tagebuch, 14. August, Gatschina

Gegen 5 Uhr fuhren wir zu Alix. Sie war allein zu Hause, und wir haben zusammen Tee getrunken (wegen einer schweren Erkältung war sie nicht nach Kronstadt gefahren). Die Kinder tollten ziemlich ausgelassen herum, der kleine Alexej spielte sich mächtig auf und wurde wütend auf seine Schwestern, aber sie waren auch nicht ganz schuldlos!

Pawel an Nikolaus: 27. Oktober, Paris

Lieber Nicky,
gestern erfuhr ich durch Alix, dass du mir freundlicherweise die Erlaubnis erteilt hast, zusammen mit meiner Frau nach Petersburg zu kommen, wofür ich dir von ganzem Herzen meinen aufrichtigsten Dank entbiete. Wie Alexej dir bereits geschrieben hat, würde ich dich bitten zu veranlassen, dass meine Kinder am 10. November aus Moskau in Zarskoje Selo eintreffen, damit ich sie dort, von Petersburg kommend, besuchen kann.
Noch einmal meinen inbrünstigsten Dank, stets dein
Pawel

George, Herzog von York, an Nikolaus: 15. Dezember, Sandringham

Mein lieber Nicky,
ich bin sicher, deine neue Duma wird besser arbeiten als die beiden letzten, das Land wird allmählich zur Ruhe kommen und dir weniger Ärger und Sorge bereiten als in den vergangenen Jahren.

Was sagst du dazu, dass Georgy [von Griechenland] sich endlich auch verheiratet hat?[4] Damit wären jetzt also alle Mitglieder *des* Klubs unter der Haube! Dein ergebener Cousin und Freund
Georgie

Alexandra an ihre Tochter Tatjana: 30. Dezember, Zarskoje Selo

Tatjana, Liebes,
ganz innigen Dank für dein liebes Briefchen. Ja, es tut mir Leid, aber ich muss dir sagen, du hast in diesem Brief schreckliche Fehler gemacht, noch mehr als in anderen. Du musst versuchen, etwas aufmerksamer zu sein und richtig nachzudenken, ehe du ein Wort schreibst.

Wie schön zu hören, dass ihr alle normale Temperatur habt: Ich habe 36,7, gestern Abend waren es 37,5, und außerdem habe ich Kopfschmerzen. Eben höre ich Papa nach oben gehen - so ein Glück, dass er euch besuchen und mir erzählen kann, wie es euch geht. Inzwischen habe ich schon eine richtige Sammlung von Briefen von euch allen. Werde Anja von dir küssen. Sie ist zum Gottesdienst in die Stadt gefahren und bleibt zum Mittagessen bei ihren Eltern.

Der Arzt hat mir gerade wieder eine Spritze gegeben - heute ins rechte Bein. Heute ist es 49 Tage her, seit ich krank bin, morgen beginnt die 8. Woche.

Sag Baby, dass Mama ihn sehr, sehr zärtlich küsst und ihm schnelle Genesung wünscht. Ich bin ganz traurig, niemanden von euch sehen zu können, aber vielleicht kommt Anastasia heute ja runter.

Liebe Kinder,
zwei dicke Küsse für euren überaus reizenden Brief - Olga liest ihn gerade und muss sehr über ihn lachen. Ich habe lange im Dunkeln gelegen - dann kam Tantchen.
Jetzt ist Papa wieder zurück. Wie schön, dass ihr Tee zusammen hattet.

Alexandra an ihre Tochter Maria: 30. Dezember

Mein liebes Kleines,
ich hoffe, du wirst diesen Brief alleine lesen können, obwohl er in Englisch ist. Vielen Dank für deinen reizenden Brief.

Ich bin so froh, dass es euch allen inzwischen so viel besser geht. Gebe Gott, dass ich euch bald wieder sehen kann. Zum Mittagessen werde ich eine richtige Gesellschaft in meinem Schlafzimmer haben - Papa, Olga und Anastasia. Ist das nicht großartig?

Meine Kopfschmerzen sind so gut wie vorbei, aber der Kopf fühlt sich noch immer ziemlich matt. Jetzt muss ich die Bibel

und Gebete lesen, da ich ja nicht zur Kirche gehen kann. Ich hoffe, du und Tatjana macht es genauso.
Die allerzärtlichsten Küsse, mein liebes, kleines Mädchen, von deiner dich liebenden alten Mama.
Gott segne dich.

Anmerkungen 1907

1 Anja Tanejewa, Hofdame und Vertraute von Alexandra, sollte als Vermittlerin zwischen ihr und Rasputin agieren. Ihr Vater war ein Direktor der Kaiserlichen Kanzlei, ihr Mann, Boris Wyrubow, ein Marineoffizier.

2 Pawels Tochter, Maria Pawlowna (die Jüngere), hatte ihre Verlobung mit Wilhelm, dem zweiten Sohn des schwedischen Königs Gustav, bekannt gegeben.

3 Außenminister (1906–1910).

4 Mit Olga von Russland. Ihr Sohn Andrew war der Vater von Prinz Philip, der Gemahl Königin Elisabeths II.

1908–1909

Nikolaus:	Zar von Russland
Alexandra:	seine Frau, Zarin von Russland
Xenia:	Großfürstin, Nikolaus' Schwester, verheiratet mit Sandro
Sandro:	Großfürst Alexander Michailowitsch, Xenias Mann
KR:	Großfürst Konstantin Konstantinowitsch, Nikolaus' Cousin
Olga [Schwester]:	Großfürstin, Nikolaus' jüngere Schwester
Olga:	älteste Tochter von Nikolaus und Alexandra, dreizehn Jahre alt
Tatjana:	zweite Tochter von Nikolaus und Alexandra, elf Jahre alt
Fürst Felix Jussupow:	die Fürsten Jussupow waren Freunde der Kaiserlichen Familie
Pierre Gilliard:	Schweizer Hauslehrer der Zarenkinder
Grigorij Rasputin:	selbst ernannter sibirischer Heiliger
N. P. Sabline:	Offizier auf der kaiserlichen Jacht *Standart*

1908
Familienleben I

Sandros Bruder Michail hat ein Buch geschrieben – Xenia hält sich in Frankreich auf – F. ist verliebt in sie; Sandro ist F.'s Frau sehr zugetan – Auf der Zugfahrt sprechen sie sich aus – In Russland gibt es Gerüchte über eine Scheidung der beiden – Alexandra und Nikolaus treffen sich oft mit Grigorij Rasputin – Großfürst Alexej stirbt

Xenia: Tagebuch, 3. Mai, Biarritz

Ich habe Mischas idiotisches Buch *Never Say Die* gelesen.[1] Es ist unglaublich und ekelhaft, wie er sein Leben vor seiner Heirat beschreibt!

Sandro: Memoiren

Mein zweiter Bruder, Michail Michailowitsch, hatte keine der Begabungen Nikolaj Michailowitschs. Er liebte den Militärdienst und genoss seine Zeit im Egerskij-Garderegiment außerordentlich.

Dass er gut aussah, ein großzügiges Herz besaß und ein guter Tänzer war, machte ihn beliebt in der St. Petersburger Gesellschaft, und bald war »Miche-Miche« ein anerkannter Liebling der Hauptstadt. Leider war er ein Mann, der unbedingt heiraten wollte.

Mit zwanzig Jahren, sobald er an sein Geld herankam, begann er, einen luxuriösen Palast zu bauen. »Wir brauchen einen anständigen Platz zum Wohnen«, sagte er seinen Architekten. »Wir«, das waren er und seine zukünftige Frau. Er wusste noch nicht, wer es sein würde, aber er wollte so bald wie möglich heiraten, irgendjemanden.

Immer auf der Suche nach dem »Mädchen seiner Träume«, unternahm er mehrere Versuche, außerhalb der königlichen Kreise zu heiraten. Daraus ergaben sich schmerzliche Szenen zwischen ihm und unseren Eltern, und es führte zu nichts.

Endlich schloss er eine morganatische Ehe mit einer Tochter des Herzogs von Nassau, deren Großvater mütterlicherseits der gefeierte russische Dichter Puschkin war. Damit waren Miche-Miches ausgefeilte Pläne von großzügigen Unterhaltungen in dem schönen, ganz neuen Palast ausgeträumt.

Er wurde gebeten, Russland zu verlassen, und verbrachte den Rest seines Lebens in London.

Xenia: Tagebuch, 15. Juni, Paris

Ich fuhr mit F.[2] nach Fontainebleau. Wir fuhren einen Teil des Weges auf einer anderen Straße – und tranken Tee in einem kleinen Restaurant im Wald, ich kann mich an den Namen nicht erinnern, aber es war sehr sauber und schlicht. Wir hatten so ein gutes Gespräch von Herz zu Herz. Er tut mir so schrecklich Leid – er liebt mich so sehr, es wird so schmerzlich für ihn sein, mich zu verlassen. Ich bin so traurig, dass alles so gekommen ist, so traurig für ihn. Er sagt immerzu: »Du bist die Liebe meines Lebens«, und ich spüre, dass es so ist!

16. Juni: Wir wollten einander so viel sagen, aber wir waren unfähig zu sprechen, es war alles so traurig! Unser Zug fuhr um 1.50, und wir hatten noch 5 Minuten Zeit, als wir ankamen. Ich fuhr wieder mit F., Sandro mit ihr[3] – und wir nahmen im Auto Abschied. Sie kamen nicht mit, um uns nachzuwinken – wir hatten gemeinsam beschlossen, dass es besser so sei –, es war schrecklich. Ich war so entsetzlich traurig, es gibt einfach keine Worte dafür. Es gelang uns aber, uns zu beherrschen.

Im Abteil ließen wir unseren Gefühlen freien Lauf und weinten beide! Es war entsetzlich traurig! Wir sprachen offen miteinander und gaben alles voreinander zu – mein lieber kleiner Mann vergab mir alles, beichtete mir aber seine eigenen Gefühle für sie. Es ist alles so kompliziert, sie und ich waren so enge Freundinnen, und wir liebten einander doch wirklich.

Felix Jussupow: Memoiren

Der Großfürst Alexander war »groß, dunkel und gut aussehend« und besaß eine starke Persönlichkeit. Seine Heirat mit der Großfürstin Xenia, der älteren Schwester des Zaren, stellte eine Abkehr von der altehrwürdigen Tradition dar, nach der Mitglieder der kaiserlichen Familie Ausländer heirateten.

Sandro: Memoiren

Ich wusste, meine neue Lebenseinstellung musste mein Glück zerstören, aber das kümmerte mich nicht. Nichts war wirklich wichtig, solange Russland und wir selbst anscheinend dabei waren, zum Teufel zu gehen.

Xenia: Tagebuch, 24. Juni, Gatschina

Hier hat man beschlossen, dass Sandro und ich uns scheiden lassen! Als ich fragte, was das alles solle, wurde mir erzählt, es sei gar nichts, aber es habe Gerüchte aus dem Ausland gegeben, *ce soit de son flirt avec F.* [bezüglich des Flirts mit F.], Olga hatte auch etwas gehört.

Nikolaus: Tagebuch, 4. August, Peterhof

Kam um 6.30 in Peterhof an. Zu dieser Zeit sprach Alix mit Grigorij [Rasputin], den ich ebenfalls für eine halbe Stunde traf.

Xenia: Tagebuch, 7. September

... Dann besuchten wir Nicky und Alix. Alix war im Garten, ziemlich weit vom Haus entfernt, mit Olga, Tatjana und der unverwüstlichen A. Wyrubowa! Sie verbringt den ganzen Tag dort auf einer Matratze auf dem Boden!

Sie war guter Stimmung, sagte, sie schlafe recht gut, und sieht auch wieder besser aus als beim letzten Mal. Sie klagte über Schmerzen in Rücken und Beinen, jammerte ein paarmal und bewegte sich ein wenig, zu anderen Zeiten schien sie alles zu vergessen und stieg ohne Schwierigkeiten bis zu der Bank auf dem Hügel hinauf.

Sie spielt eine zunehmend wichtige Rolle.

Nicky kam vorbei, und wir gingen alle gemeinsam zum Haus zurück und tranken auf dem unteren Balkon Tee. Nicky ist glücklich und zufrieden.

Rasputin an Nikolaus' und Alexandras Tochter Maria: Telegramm

Meine liebe Perle M.! Erzähle mir, wie du mit dem Meer sprachst, mit der Natur! Ich vermisse deine schlichte Seele. Wir sehen uns bald! Einen dicken Kuss.

Meine liebe M.! Meine kleine Freundin! Möge der Herr dir helfen, dein Kreuz mit Weisheit und Freude in Christus zu tragen. Diese Welt ist wie der Tag, schau, es ist schon Abend. So geht es mit den Sorgen dieser Welt.

Pierre Gilliard: Memoiren

Maria war ein feines Mädchen, groß für ihr Alter und ein Bild an strahlender Gesundheit und Farbe. Sie hatte große, schöne graue Augen. Ihr Geschmack war sehr schlicht, und mit ihrem warmen Herzen war sie die Freundlichkeit selbst. Ihre Schwestern nutzten ihre Gutmütigkeit ein wenig aus und nannten sie »dicker kleiner Wauwau«. Und tatsächlich hatte sie die gutherzige und etwas linkische Ergebenheit eines Hundes.

Nikolaus: Tagebuch, 1. November, Zarskoje Selo

In der Frühe erreichte uns aus Paris die traurige Nachricht, dass der liebe Onkel Alexej gestorben ist, an einer Lungenentzündung, die 6 Tage gedauert hatte. Mein Lieblingsonkel ist tot, eine edle, ehrenhafte, mutige Seele! Möge das himmlische Königreich ihm gehören!

Sandro: Memoiren

Onkel Alexej, Großfürst Alexej Alexandrowitsch, wurde neidlos als der best aussehende Mann in der ganzen kaiserlichen Familie anerkannt, obwohl ich fürchte, bei den Mädchen von heute hätte er mit seinem ungeheuren Gewicht wenig Chancen gehabt. Ein Mann von Welt bis in die Fingerspitzen, ein Beau Brumell und ein Lebemann, den die Frauen hoffnungslos verwöhnten, vor allem die in Washington, D.C.; er reiste viel. Wäre es erforderlich gewesen, ein Jahr außerhalb von Paris zu verbringen, hätte er seinen Posten quittiert. Er hatte einen Posten. So seltsam es klingen mag, er war der Großadmiral der Russischen Flotte. Sein Wissen über Marineangelegenheiten hätte kaum beschränkter sein können. Die bloße Erwähnung bevorstehender Marinereformen brachte einen abwehrenden Ausdruck auf sein gut aussehendes Gesicht. [Er war] vollkommen desinteressiert an allem, was nicht mit Liebe, Essen und Alkohol zusammenhing.

Nikolaus: Tagebuch, 6. November, Zarskoje Selo

Wir machten eine Ausfahrt und schauten bei Anja W[yrubowa] vorbei. Wir trafen Grigorij [Rasputin] und sprachen lange miteinander.

7. November: Um 10.30 machte mir Kyril seine Aufwartung, ich gestattete ihm, zur Begräbnisfeier zurückzukehren und gab ihm seine Marine- und Hofuniform zurück.

N. P. Sabline:[4] Memoiren

Ich glaube, es war 1908, während einer Fahrt auf der Jacht *Standart*, dass ich nähere Bekanntschaft mit der Kaiserlichen Familie machte. In unserem Gespräch begann die Zarin Andeutungen zu machen, dass sie Rasputin kannte. Sie fing damit an, dass sie sagte, es gebe Menschen, deren Gebete wegen ihrer asketischen Lebensweise eine besondere Kraft hätten, und am Ende erklärte sie, in Russland gebe es einen solchen Mann, Rasputin nämlich, und sie schlug vor, ich solle ihn treffen. Ich schreibe ihr blindes Vertrauen in Rasputin, und auch das des Zaren, ihrer endlosen Liebe zu dem Thronfolger zu, der an einer Krankheit litt, die die Ärzte als unheilbar bezeichneten.

Wie ein Ertrinkender sich an jeden Strohhalm klammert, so hielten sie sich an dem Glauben fest, der Thronfolger verdanke sein Leben ausschließlich den Gebeten Rasputins. Jede Möglichkeit irgendeiner körperlichen Intimität zwischen Rasputin und sowohl der Zarin als auch Wyrubowa weise ich absolut zurück.

Olga [Nikolaus' Schwester]: Memoiren

Als ich ihn [Rasputin] sah, spürte ich, dass Sanftheit und Wärme von ihm ausstrahlten. Alle Kinder schienen ihn zu mögen. Sie waren ganz entspannt in seiner Nähe. Ich erinnere mich noch an ihr Lachen, als der kleine Alexej, der beschlossen hatte, er sei ein Kaninchen, durch den Raum hüpfte. Und dann, ganz plötzlich, nahm Rasputin das Kind bei der Hand und führte ihn in sein Schlafzimmer, und wir drei folgten.

Es herrschte atemlose Stille, als wären wir in einer Kirche. In Alexejs Schlafzimmer brannten keine Lampen; das einzige Licht kam von den Kerzen, die vor einigen schönen Ikonen brannten. Das Kind stand ganz still neben diesem Riesen, der den Kopf geneigt hatte. Ich wusste, er betete. Das alles war höchst eindrucksvoll. Ich wusste auch, dass mein kleiner Neffe sich seinem Gebet anschloss. Ich kann es wirklich nicht beschreiben – aber ich war mir damals der absoluten Aufrichtigkeit dieses Mannes bewusst.

Ich erkannte, dass sowohl Nicky als auch Alix hofften, ich würde Rasputin mögen. Sicher war ich beeindruckt von der Szene im Kinderzimer, und ich nahm dem Mann seine Aufrichtigkeit ab. Aber leider konnte ich mich nie dazu überwinden, ihn zu mögen.

Das lag an seiner Neugierde, die unverhohlen und peinlich war. In Alix' Boudoir, nachdem er einige Minuten mit ihr und Nicky gesprochen hatte, wartete Rasputin, bis die Bediensteten den Tisch für den abendlichen Tee vorbereitet hatten, und begann mich dann mit den aufdringlichsten Fragen zu belästigen. Ob ich glücklich sei? Ob ich meinen Mann liebe? Warum ich keine Kinder habe? Er hatte nicht das Recht, derartige Fragen zu stellen, und ich beantwortete sie auch nicht. Ich fürchte, Nicky und Alix schauten ziemlich peinlich berührt drein. Ich erinnere mich noch, wie erleichtert ich war, an diesem Abend den Palast zu verlassen, und dass ich sagte: »Gott sei Dank hat er mich nicht zur Bahnstation gebracht!«, als ich meinen privaten Wagen im Zug nach St. Petersburg bestieg.

Olga [Nikolaus' und Alix' Tochter] an Alexandra: 4. Dezember, Zarskoje Selo

Von ganzem Herzen danke ich dir, süßeste, liebste Mama, für deinen lieben kleinen Brief und küsse dich zärtlichst dafür und werde ihn nie wegwerfen. Ich werde versuchen zu tun, was du mir in der kleinen Notiz geschrieben hast. Es ist so schade, liebe Mama, dass ich dich nie für mich allein habe und nicht sprechen kann, also versuche ich zu schreiben, was ich natürlich besser sagen könnte, aber was soll man tun, wenn dafür keine Zeit ist und ich auch die lieben Worte nicht höre, die meine süße Mama mir sagen könnte. Leb wohl.
Gott segne dich. Küsse von deiner ergebenen Tochter
Olga

Nikolaus: Tagebuch, 27. Dezember, Zarskoje Selo

Ich ging zu Anja W., wo ich Grigorij traf. Wir zündeten gemeinsam ihren Weihnachtsbaum an. Es war sehr angenehm – wir kehrten um 12.15 zurück.

31. Dezember: Möge der Herr das neue Jahr segnen und unserem lieben Russland Frieden schicken, Glück und Ruhe; und uns Geduld, Kraft und die Fähigkeit, unsere Pflicht und unsere Verpflichtungen für unser Land zu erfüllen!

Anmerkungen 1908

1 Das Buch, das Großfürst Michail Michailowitsch [Miche-Miche] in England über sein Exil und seine Liebesgeschichte schrieb.

2 Xenias Verehrer, wahrscheinlich ein russischer Fürst.

3 Die Frau von »F«.

4 Offizier auf der kaiserlichen Jacht *Standart*.

1909
Familienleben II

Gerüchte über den Gesundheitszustand von Alexej – Großfürst Wladimir stirbt

KR: Tagebuch, 1. Januar

Ihre Majestäten begingen das neue Jahr mit einem Gottesdienst in der Kirche des großen Palastes von Zarskoje Selo; wir standen nicht oben beim Chor, sondern unten. Die Kaiserinwitwe kam aus Gatschina. Ihre Majestäten hatten ihre beiden ältesten Töchter, Olga und Tatjana, in die Kirche mitgenommen. Die jüngeren waren oben auf der Empore.

Ob der Thronfolger sie begleitete, weiß ich nicht: Er hat wohl ein schlimmes Bein, angeblich eine Entzündung des Kniegelenks, aber ich habe keine absolute Gewissheit darüber.

Nach Beendigung des Gottesdienstes küsste erst der Kaiser das Kreuz, danach die Kaiserinwitwe und Kaiserin Alexandra. Letztere ist immer noch schwächlich, sie vermeidet Überanstrengung und schont sich. Deshalb nahm der Kaiser die Neujahrsglückwünsche des diplomatischen Corps auch ohne sie entgegen.

Alexandra an ihre Tochter Olga: 1. Januar, Zarskoje Selo

Meine süße kleine Olga,
möge dir das neue Jahr 1909 Glück und reichen Segen bringen. Versuche immer, das Beispiel eines artigen kleinen, gehorsamen Mädchens zu geben. Du bist die Älteste, und deshalb musst du den anderen zeigen, wie sie sich zu benehmen haben. Lerne, andere glücklich zu machen, und denke an dich selbst zuletzt. Sei stets liebenswürdig und freundlich, niemals grob oder verletzend. In deinen Manieren wie in deinen Worten sei eine echte Dame. Sei geduldig und höflich und versuche, deinen Schwestern in jeder Hinsicht zu helfen.

Wenn du jemanden Traurigen siehst, dann versuch, ihn aufzumuntern, und schenk ihm ein heiteres, sonniges Lächeln. Du kannst so lieb und nett zu mir sein, sei es auch zu deinen Schwestern. Zeige den anderen die Liebe deines Herzens. Vor allem aber, lerne Gott mit der ganzen Kraft deiner Seele zu lieben, und Er

wird immer bei dir sein. Bete von ganzem Herzen zu Ihm. Vergiss nicht, Er sieht und hört alles. Er liebt seine Kinder inniglich, aber sie müssen lernen, Seinen Willen zu befolgen.
Ich küsse dich sehr zärtlich, mein süßes Kind, und segne dich mit aller Liebe.+
Gott sei mit dir, und die heilige Jungfrau wache über dich.
Deine alte Mama

11. Januar:
Liebe Olga,
du möchtest, dass ich dir einen Brief schreibe. Mein liebes Mädchen, du darfst nie vergessen: Eines der wichtigsten Dinge im Leben ist Höflichkeit. Du darfst niemals grob sein, weder in deinen Manieren noch in deinen Worten. Kleine Kinder, die grobe Worte in den Mund nehmen, das ist viel schlimmer, als einfach nur »nicht nett« zu sein. Sei immer zuvorkommend und aufrichtig. Höre auf die, die älter sind als du. Vor allem denke immer daran, den Kleinen ein gutes Vorbild zu sein, nur dann wird unser Freund mit dir zufrieden sein. Da sie noch klein sind, verstehen sie vieles nicht so gut und ahmen die Großen immer nach. Deshalb musst du dir gut überlegen, was du sagst und tust.

Ganz besonders höflich musst du zu allen Bediensteten und Kindermädchen sein. Sie kümmern sich so gut um dich. Denk nur einmal daran, wie Mary euch alle aufgezogen hat: Sie tut wirklich ihr Bestes für euch, und wenn sie erschöpft ist und sich nicht wohl fühlt, dürft ihr sie nicht noch zusätzlich ärgern. Höre auf sie, sei folgsam und immer freundlich. Ich habe sie zu eurem Kindermädchen gemacht, und deshalb müsst ihr immer gut zu ihr sein und auch zu S. I.[1] Du bist groß genug, um zu verstehen, was ich meine.

Sei brav und höre auf deine Mutter. Lies dies auch Tatjana vor. Entschuldige dich immer, wenn du grob oder ungehorsam gewesen bist. Also, gib dir Mühe, dann machst du mich glücklich.
Einen liebevollen Kuss von deiner alten Mama+

KR: Tagebuch, 14. Januar

Ich fragte beim Kaiser an, ob ich *Die Braut* [*von Messina*] im Chinesischen Theater von Zarskoje Selo inszenieren dürfe.

Der Zar sagte mir, dass die Kaiserin nur äußerst ungern empfängt, da sie menschenscheu ist und ihr vor allem größere Menschenmengen Angst machen, und wir würden ja wohl kaum vor Ihren Majestäten in einem leeren Theater auftreten wollen.

Pierre Gilliard: Memoiren

Trotz aller Bemühungen gelang es ihr [der Kaiserin] nie, einfach nur freundlich zu sein und jene Kunst zu beherrschen, die darin besteht, über jedes beliebige Thema elegant, wenn auch oberflächlich hinwegzuhuschen.

Die Sache ist die, dass die Zarin von einer absoluten Aufrichtigkeit war. Jedes Wort, das ihr über die Lippen kam, war der wahre Ausdruck ihrer wirklichen Gefühle. Wenn sie sich missverstanden fühlte, zog sie sich sofort wieder in ihr Schneckenhaus zurück.

Ihr natürlicher Stolz war verletzt. Den Zeremonien und Empfängen, die sie als eine unerträgliche Plage empfand, blieb sie immer häufiger fern. Im Laufe der Zeit gewöhnte sie sich eine Distanziertheit an, die als Überheblichkeit und Herablassung empfunden wurde.

Doch wer sie in Augenblicken des Kummers erlebte, wusste, welch ein sensibler Geist, welches Bedürfnis nach Zuneigung sich hinter ihrer scheinbaren Kälte verbarg.

Sie hatte ihre neue Religion mit aller Aufrichtigkeit akzeptiert, und in Stunden der Sorge und der Angst war sie ihr eine große Quelle des Trostes; vor allem aber war es die Zuneigung ihrer Familie, die ihrer Liebe Nahrung gab, und richtig glücklich war sie eigentlich nur im Kreise ihrer Lieben.

Tatjana an Alexandra: 17. Januar, Zarskoje Selo

Meine liebe Mama!
Hoffentlich bist du heute nicht zu schwach und kannst zum Abendessen aufstehen. Es tut mir immer ganz schrecklich Leid, wenn du schwach bist und nicht aufstehen kannst. Ich werde für dich in der Kirche beten, meine liebe Mama. Ich hoffe, wir können irgendwann mal mit dir zusammen zu dem kleinen Haus von Ania [Wyrubowa] fahren. Bitte schlaf gut und werde nicht schwach.

Vielleicht mache ich viele Fehler*, aber bitte verzeih mir. Es ist sehr nett, dass du auch gestern nicht zur Kirche gegangen bist, denn bestimmt wärst du dann noch viel schwächer. War es schön, gestern mit Anja in deinem kleinen Zimmer zu essen?

Ich gebe mir jetzt große Mühe, auf Mary zu hören. Warst du ohne uns bei Anjas Bruder? Ich finde ihn sehr nett, und du? Meiner lieben Mama viele, viele Küsse. Schlaf gut, und ich hoffe, du wirst nicht schwach sein.
Deine dich liebende Tochter
Tatjana
Ich werde in der Kirche für dich beten.

Nikolaus: Tagebuch, 4. Februar, Zarskoje Selo

Um 6 Uhr kamen der Archimandrit Theophanos und Grigorij zu Besuch. Dieser sah auch die Kinder. Genau zu diesem Zeitpunkt wurden wir telefonisch vom plötzlichen Tod des lieben Onkels Wladimir benachrichtigt.

Sandro: Memoiren

Großfürst Wladimir Alexandrowitsch besaß eine heimliche Begabung für alle Künste. Er malte, war ein Förderer des Balletts und der erste Mäzen Sergej Diaghilews, er sammelte alte Ikonen, besuchte zweimal jährlich Paris und gab mit großem Vergnügen ausgesucht prächtige Feste in seinem herrlichen Palast zu Zarskoje Selo.

Er war eigentlich ein gutherziger Mann, der aber seinen Überspanntheiten zum Opfer fiel. Ein Fremder wäre sicherlich bestürzt gewesen über die Grobheit Wladimir Alexandrowitschs und über die laute Stimme dieses russischen Grandseigneurs. Die jüngeren Großfürsten behandelte er mit ausgesprochener Verachtung.

Niemand von uns hätte ihn in ein Gespräch verwickeln können, wenn er nicht auf Themen der bildenden Kunst oder die Feinheiten der französischen Küche vorbereitet gewesen wäre.

Seine Besuche in Paris waren für die Küchenchefs und die Oberkellner der Lichterstadt jedes Mal ein Freudentag, denn nachdem er sich erst einmal schrecklich über die »Unzulänglichkeit« des Menüs beschwert hatte, beschloss er den Abend stets mit einem üppigen Trinkgeld für alle dienstbaren Geister.

Nikolaus: Tagebuch, 7. Februar, Zarskoje Selo

Um 4 Uhr Friedrich Leopold empfangen, den [Kaiser] Wilhelm für das Begräbnis entsandt hatte. Wir unterhielten uns bis 5 Uhr. Mit Dimitri abends Billard gespielt. Früh zu Bett gegangen.

Rasputin an die Zarenkinder: Telegramm, Februar

Liebe Kinderchen! Danke, dass ihr euch meiner erinnert habt, Dank für eure lieben Worte, für euer reines Herz und für eure Liebe zu Gottes Volk. Liebt Gottes ganze Natur, seine gesamte Schöpfung, vor allem diese Erde. Die Mutter Gottes beschäftigte sich stets mit Blumen und Handarbeit.

Nikolaus: Tagebuch, 29. März, Christi Himmelfahrt, Zarskoje Selo

Nach dem Mittagessen machte ich einen Spaziergang mit Dimitri. Es gab Frost und sehr viel Schnee. Alles sah sehr winterlich aus. Nach dem Tee saßen wir oben im Kinderzimmer mit Grigorij zusammen, der unerwartet kam.

26. April: Von 6 bis 7.30 waren wir mit Grigorij zusammen, Olga war auch dabei. Nach dem Abendessen habe ich mich mit Dimitri ein wenig am Billard versucht, und am Abend saß ich noch einmal ein Weilchen mit Grigorij im Kinderzimmer zusammen.

23. Juni: Spazieren gegangen und Kajak gefahren. Nach dem Tee kamen zu Besuch: Theophanos, Grigorij und Makary. Um 7 Uhr fuhren wir nach Gatschina, wo wir mit Maria, Xenia, Sandro und Olga [Nikolaus' Schwester] zu Abend aßen. Um 11 Uhr nach Hause zurück.

Alexandra an Nikolaus: 24. Juni, Zarskoje Selo

Mein geliebter Schatz,
diese Zeilen wirst du lesen, wenn der Zug dich bereits weit von deinem Frauchen und den Kindern hinwegträgt. Es ist bitter, dich ganz allein fahren zu lassen – die erste Reise durchs Land seit all dem Ärger –, aber ich weiß dich sicher in Gottes Hand.

Du wirst heute Abend an mich denken. Nach 9 legen wir im Haus von Anjas Eltern die Beichte ab, und morgen früh nehmen wir das heilige Abendmahl. Heute Abend gehen wir zur Vigil, dann von der Bahnstation zur Ulanenkirche, damit wir dort den Gottesdienst vor dem großen Augenblick gefeiert haben, auf den ich so wenig vorbereitet bin. Es wird mir ein großer Trost sein in dieser Zeit der Trennung von dir, aber ich fühle mich dieses Segens so unwürdig, so wenig bereit – man ist nie genügend bereit.

Von ganzem Herzen, Liebster, bete ich dafür, dass du mir verzeihen mögest, falls ich dich in irgendeiner Weise verletzt oder verstimmt habe – du weißt, es geschah nie absichtlich – dafür liebe ich dich viel zu sehr.

Unsere Liebe ist so eins mit unserem Leben – wir sind so absolut vereint, dass man an der Liebe und der Eintracht nie zu zweifeln vermag – nichts kann zwischen uns kommen oder unsere Liebe schmälern.

Niemand hat einen solchen Gemahl, so rein und selbstlos, vertrauensvoll und freundlich – nie ein Wort des Tadels, wenn ich garstig bin, immer heiter, egal, welche Kämpfe auch im Innern toben.

Gott segne dich wieder und wieder für all deine Liebe und alles, und möge er dich für alles reichlich entlohnen. Es ist so unendlich schwierig, voneinander zu scheiden. Wir sind so selten getrennt gewesen – doch Seelen und Herzen sind vereint. Ich werde jeden Tag telegrafieren.

Leb wohl, mein Schatz, ich segne und küsse dich allüberall und umschließe dich fest mit meinen Armen.

Jetzt und immerdar dein dich über alles liebendes altes
Frauchen

Nikolaus: Tagebuch, 15. August, Peterhof

Ich wollte ausreiten, aber es begann zu regnen, deshalb blieb ich zu Hause. Kleiner Spaziergang kurz vor dem Tee. Bis zum Abendessen gelesen. Abends langes Gespräch mit Grigorij.

Anmerkungen 1909

1 Sofia Iwanowa Tjutschewa, Gouvernante.

* Dieser Brief Tatjanas ist – wie die meisten anderen auch – in der Tat in einem äußerst fehlerhaften Englisch geschrieben; wir empfinden es indes nicht als Verrat an der Authentizität der Wiedergabe, wenn wir uns einer korrekten deutschen Rechtschreibung bedienen und darauf verzichten, die Fehlerhaftigkeit der Vorlage zu imitieren.

[A.d.Ü.]

1910

Nikolaus:	Zar von Russland
Alexandra:	seine Frau, Zarin von Russland
Xenia:	Großfürstin, Nikolaus' Schwester, verheiratet mit Sandro
Sandro:	Großfürst Alexander Michailowitsch
Mischa:	Großfürst Michail, Nikolaus' Bruder
KR (Kostia):	Großfürst Konstantin Konstantinowitsch, Nikolaus' Cousin
Tatjana:	zweite Tochter von Nikolaus und Alexandra, dreizehn Jahre alt
Maria:	dritte Tochter von Nikolaus und Alexandra, elf Jahre alt
Alexej:	Thronfolger und Zarewitsch, Sohn von Nikolaus und Alexandra, sechs Jahre alt
George:	Herzog von York, Cousin ersten Grades von Nikolaus und Alexandra

Fürst Felix Jussupow:	die Jussopows waren Freunde der Kaiserlichen Familie
S. I. Tjutschewa:	Gouvernante der Zarenkinder

1910
Abende mit Grigorij

Alexandra fühlt sich nicht wohl – Nikolaus und Alexandra pflegen weiterhin Umgang mit Rasputin – Die Familie macht sich Sorgen wegen dessen Einfluss – Mischas Geliebte Natalia Wulfert (Brassowa) erwartet ein Kind von ihm, und dieser bittet Nikolaus um Unterstützung, um ihre Scheidung voranzutreiben – KR begegnet Ella zum ersten Mal, seit sie Nonne geworden ist

Xenia: Tagebuch, 1. Januar, St. Petersburg

Sergej [Sandros Bruder] war heute Nachmittag da und hat sich nur beklagt. Es ist so traurig und unverständlich, man kann mit Nicky nur Mitleid haben.

Sandro: Memoiren

Als Generalinspekteur der russischen Artillerie tat [Sergej] alles, was in seiner Macht stand, um den trägen Köpfen der kaiserlichen Regierung die Unvermeidlichkeit eines Krieges mit Deutschland einzuschärfen. Man hörte nicht auf seinen Rat, doch später stellte ihn die Oppositionspartei im Parlament als denjenigen hin, »der die Verantwortung dafür trägt, dass wir nicht genügend vorbereitet waren«. Bereits frühzeitig hatte ihm sein ständig verletzt wirkender Gesichtsausdruck den Spitznamen »Monsieur Tant Pis« (etwa: »Da kann man nichts machen«) eingetragen. Vierzig Jahre lang war er eng mit Nicky befreundet. Er heiratete nie, hatte aber eine langjährige treue Gefährtin, die Ballerina Matilda Kschessinskaja, die niemand anderes war als Nickys alte Flamme.

Nikolaus: Tagebuch, 3. Januar, Zarskoje Selo

Nach dem Abendessen machten wir ein Puzzle; anschließend eine Partie Billard gespielt. Zwischen 7 und 8 Uhr war Grigorij da.

6. Januar: Langen Spaziergang mit Dimitri [Pawlowitsch] gemacht. Vor dem Abendessen Billard mit ihm gespielt. Um 9.30 fuhr er in die Stadt zurück. Danach kam Grigorij, um Alix zu besuchen, wir saßen lange mit ihm zusammen und unterhielten uns.

10. Januar: Kurz mit Grigorij zusammen gewesen.

Xenia: Tagebuch, 11. Januar, St. Petersburg

Sergej [Michailowitsch] kam direkt aus Zarskoje. Er zog mich mit sich fort, und ich saß dabei, während er zu Abend aß. Er erzählte mir noch einmal sein ganzes Gespräch mit Nicky: Er hat ihm alles gesagt, alles, was vor sich geht, dass er in militärischen Angelegenheiten irregeführt und getäuscht worden ist usw.

Er versuchte ihm klar zu machen, worin sein Fehler bestehe, dass er nämlich nicht auf die höre, die ihm nahe stünden; außerdem ist der arme Nicky wegen Alix' Gesundheitszustand ganz besorgt und beunruhigt. Sie hat wieder schlimme Herzschmerzen gehabt und ist sehr geschwächt. Sie sagen, es liegt an den Nerven oder den Herzklappen. Offensichtlich ist es sehr viel ernsthafter als angenommen.

Nikolaus: Tagebuch, 12. Januar, Zarskoje Selo

Um 6 Uhr kam Iswolskij zu mir. Nach dem Abendessen habe ich gelesen. Grigorij war bei uns.

14. Januar: Nach dem Tee habe ich gelesen. Um 7.30 fand ein deutsches Abendessen in preußischen Uniformen mit Kostja und Nikolaschas Familie statt. Gelesen. Grigorij war bei uns.

KR: Tagebuch, 17. Januar

Der hochwürdige Wladimir ersuchte um eine Unterredung mit mir. Der Bischof sprach über einen heiligen Narren namens Grigorij, einen einfachen Bauern, der von Militsa bei der Kaiserin eingeführt wurde und offenbar einen großen Einfluss auf den Haushalt der Zarin hat.

Ich war etwas unangenehm überrascht, dass der Bischof ein Thema anschnitt, das uns völlig fremd ist und bei dem sich nur äußerst schwierig unterscheiden lässt, wo die Wahrheit endet und die Gerüchte beginnen.

Sandro: Memoiren

Militsa und ihre Schwester Stana (Nikolaschas Frau) übten einen verheerenden Einfluss auf die junge Zarin aus. Abergläubisch, naiv und leicht erregbar, wie sie waren, fielen diese beiden montenegrinischen Großfürstinnen sofort auf einheimische wie ausländische Abenteurer herein.

Jedes Mal, wenn sie wieder auf einen »bemerkenswerten« Mann stießen (wie Monsieur Philippe und Rasputin), zerrten sie ihn in den kaiserlichen Palast.

Nikolaus: Tagebuch, 21. Januar, Zarskoje Selo

Am Abend war Grigorij bei uns, und wir unterhielten uns lange mit ihm.

George, Herzog von York, an Nikolaus: 24. Januar, Marlborough House, London

Mein lieber Nicky,
unsere allgemeinen Wahlen sind gerade vorbei, und die Partei von Mr. Asquith ist wieder gewählt worden, wenn auch mit einer deutlich geschwächten Mehrheit, die Unionisten sind im Parlament jetzt sogar genauso stark wie die Liberalen. Es sollte mich überhaupt nicht wundern, wenn es binnen Jahresfrist zu Neuwahlen kommen würde.

Ich freue mich, dass es mit der Duma jetzt sehr viel besser vorangeht, und ich hoffe, sie wird dir nicht noch länger Ärger oder Sorge bereiten.

In Griechenland sehen die Dinge sehr schlecht aus, und ich habe richtig Mitleid mit dem armen Onkel Willy,[1] der von seinem undankbaren Volk ja wirklich schauderhaft behandelt worden ist, es scheint nahezu unmöglich, dass er noch dort bleiben kann.

Und ich fürchte, die kretische Frage wird den 4 Schutzmächten noch eine ganze Menge Ärger bereiten.
Stets, mein lieber Nicky, dein sehr ergebener Cousin und Freund
Georgie

Nikolaus: Tagebuch, 27. Januar, Zarskoje Selo

Nach dem Abendessen unterhielt ich mich eine halbe Stunde mit Grigorij.

3. Februar: Um 7.30 fand ein großes Essen für den Emir von Buchara statt. Um 9.15 zurück. Wir sprachen lange mit Grigorij.

8. Februar: Grigorij war bei uns.

12. Februar: Nach dem Abendessen unterhielten wir uns mit Grigorij. Abends empfing ich Stolypin.

14. Februar: Ich traf Grigorij; wir wünschten ihm Lebwohl.

Tatjana an Alexandra: 8. März, Zarskoje Selo

Meine allerliebste Mama,
bitte verzeih mir, dass ich gestern getan habe, was ich nicht sollte. Ich bin so traurig, dass ich das getan habe, wo ich doch wusste, dass es dir nicht gefallen würde. Bitte verzeih mir, ich wollte es wirklich nicht tun, liebe Mama. Nie, nie will ich etwas tun, von dem ich weiß, dass du es nicht magst, und ich werde es nicht tun, ohne dich zu fragen, meine süße Mama. Wie geht es deinem Kopf?

Ich habe solche Angst, dass S. I. etwas Schlechtes über unseren Freund zu Maria sagt. Ich hoffe, unser Kindermädchen wird jetzt auch nett zu unserem Freund sein.[2]

Bitte sag Papa, dass ich ihn auch um Verzeihung bitte. Ich bin so traurig, dass ich etwas getan habe, was du und Papa nicht mö-

gen. Schlaf gut, meine allerliebste Mama, und ich hoffe, dass dir dein armer Kopf morgen gar nicht mehr wehtut.
Gott segne dich, meine Liebste. Viele liebe Küsse von allen für alle. Deine dich stets liebende Tochter
Tatjana

Alexandra an ihre Tochter Maria: 11. März, Zarskoje Selo

Meine liebe kleine Maria,
dein Brief hat mich ganz traurig gemacht. Mein süßes Kind, du musst mir versprechen, nie mehr zu denken, dass niemand dich lieb hat. *Wie* konnte dir diese merkwürdige Idee nur in deinen kleinen Kopf kommen? Vertreib sie ganz schnell wieder daraus.

Wir alle lieben dich *ganz inniglich*, nur wenn du zu wild und unartig bist, müssen wir mit dir schimpfen; aber schimpfen heißt ja nicht, dass man nicht liebt, im Gegenteil, das tut man, damit du Fehler beheben und dich bessern kannst.

Du hältst dich meistens abseits von den anderen, glaubst, du wärst im Weg, und bleibst allein mit Irina [Xenias Tochter], anstatt mit ihnen zusammen zu sein. Dann glauben sie, du wolltest nichts von ihnen wissen; jetzt wo du allmählich ein großes Mädchen wirst, ist es besser, wenn du mehr mit ihnen zusammen bist.

Jetzt denk nicht mehr daran und vergiss nie, dass du *genauso* wertvoll und lieb bist wie die anderen 4 und dass wir dich von ganzem Herzen lieb haben.
Gott segne dich, liebes Kind. Ich küsse dich ganz zärtlich.
Deine dich liebende alte Mama+

Xenia: Tagebuch, 15. März, St. Petersburg

Ich saß lange mit S. D.[3] zusammen. Sie ist noch immer ganz schockiert von ihrer gestrigen Unterhaltung mit S. I. Tjutschewa in Zarskoje und von allem, was dort vor sich geht: die Haltung von Alix und den Kindern gegenüber diesem unheilvollen Grigorij (den sie praktisch für einen Heiligen halten, wo er doch in Wirklichkeit nichts anderes ist als ein *Chlyst!*[4]).

Er ist ständig da, geht in die Kinderzimmer, treibt sich bei Olga und Tatjana herum, wenn sie ins Bett gehen, sitzt da und redet und *streichelt* sie sogar. Sie [die Eltern] geben sich alle Mühe, ihn vor Sofia Iwanowa zu verbergen, und die Kinder trauen sich nicht, über ihn zu sprechen. Es ist einfach unglaublich, und man kann es gar nicht verstehen.

Sie stehen alle unter seinem Einfluss und beten zu ihm. Dieses Gespräch hat mich einfach völlig niedergeschlagen.

Ich aß mit Olga im Palais Anitschkow zu Abend. Ich hatte nur eines im Kopf und konnte deshalb über nichts anderes reden. Aber wer soll hier Abhilfe schaffen? Für die Familie ist es eine sehr schwierige und »kitzlige« Angelegenheit. Es gibt die schrecklichsten Gerüchte über ihn!

Die außerordentliche Untersuchungskommission der provisorischen Regierung: Petrograd, 1917

Auf Empfehlung der ehemaligen Kaiserin fuhr das Kindermädchen [Wischnjakowa] der kaiserlichen Kinder im Jahre 1910 drei Wochen mit Rasputin nach Pokrowskoje zur »Erholung«. In diesem Dorf schlich sich Rasputin eines Nachts in das Schlafzimmer der Wischnjakowa und verführte sie.

Unmittelbar nach ihrer Rückkehr nach Petrograd berichtete die Wischnjakowa der Kaiserin von diesem Vorfall; außerdem hätte sie eines Nachts auf der Rückfahrt Rasputin, nur mit Unterwäsche bekleidet, im Schlafwagen mit Zinaida Mandschtet gesehen.

S. I. Tjutschewa: Zeugenaussage vor der außerordentlichen Untersuchungskommission

»Nachdem sie meine Geschichte vernommen, teilte die Kaiserin [mir] mit, sie schenke derartigen Verleumdungen keinen Glauben und sehe in ihnen das Werk finsterer Mächte, die Rasputin ins Unglück stürzen wollten; auch untersagte sie mir, dem Kaiser etwas davon zu erzählen. Noch am selben Tag kam ein Kurier mit der Anordnung, ich hätte mich um 6.30 abends beim Kaiser in seinem Arbeitszimmer einzufinden. Als ich zur angegebenen Zeit ins Arbeitszimmer des Kaisers eintrat, fragte er mich:

Sofia Iwanowa, du kannst dir schon denken, weshalb ich dich habe kommen lassen. Was geht in den Kinderzimmern vor? Daraufhin erzählte ich ihm alles, was passiert war. Du glaubst also auch nicht an die Heiligkeit von Grigorij?, fragte der Kaiser. Ich verneinte, worauf der Kaiser sagte: Und was, wenn ich dir sage, dass ich all diese schwierigen Jahre nur dank seiner Gebete überstanden habe?

Überstanden haben Sie sie dank der Gebete des ganzen russischen Volkes, Majestät, gab ich zur Antwort. Worauf der Kaiser sagte, dass seiner Überzeugung nach alles eine Lüge wäre, dass er nicht an diese Geschichten über R. glaube und dass der Reine stets den Schmutz auf sich ziehe.«[5]

Mischa an seinen Bruder Nikolaus: 29. März, Orel, Russland

Lieber Nicky,
wenn du mich glücklich machen und mich beruhigen willst, dann erfülle mir bitte meinen Wunsch. Wie ich dir schon bei unserer letzten Begegnung gesagt habe, erwartet Natalia Wulfert[6] im Juli ein Kind von mir, weshalb ich bereits jetzt Schritte unternehmen muss, um sicherzustellen, dass ihre Scheidung bis zu dem Zeitpunkt besiegelt ist, denn ich kann es nicht gutheißen, dass ihr Mann – Leutnant V. – irgendwelche Ansprüche auf mein Kind haben soll.

Um dich nicht unnötig zu belästigen, hatte ich schon daran gedacht, selbst an das Oberhaupt der Kirchengerichtsbarkeit zu schreiben, um die Scheidung voranzutreiben, aber dann habe ich mich dagegen entschieden, es ohne deine Einwilligung zu tun. Bitte sei so gut, lieber Nicky, und sag mir, was ich tun soll, um

Natalias Scheidung zu beschleunigen: Soll ich selbst an den Vorstand des Konsistoriums schreiben oder wirst du Fredericks damit beauftragen? In diesem Falle würde ich ihm auch selbst schreiben. Bitte lass mich doch wissen, was du zu tun gedenkst.

Ich möchte hier noch einmal betonen, dass es mir bei Natalias Scheidung ausschließlich um das Kind geht, wie ich dir ja bereits gesagt habe.

Ich habe keinerlei Absicht, sie zu heiraten, darauf gebe ich dir mein Wort. Ich hätte so gerne eine gute, beruhigende Nachricht für sie, denn sonst macht sie sich nur Sorgen und regt sich die ganze Zeit auf, das arme Ding; ihre Gesundheit hat in der letzten Zeit sowieso schon ganz erheblich gelitten.

Noch einmal, mein lieber Nicky, ich bitte dich inständig, mir in dieser Angelegenheit zu helfen.

Ich umarme dich aufs Herzlichste. Möge der Herr dir beistehen.
Dein dich liebender Mischa

Nikolaus an König George V.: 25. April, Zarskoje Selo

Liebster Georgie,
nur ein paar kurze Zeilen, um dir zu sagen, welch *tiefe* Anteilnahme ich für dich empfinde wegen des schrecklichen Verlustes, den du erlitten hast und mit dir ganz England.[7] Aus eigener Erfahrung weiß ich leider nur zu gut, wie viel Kraft einen das kostet. Du stehst da mit blutendem, gebrochenem Herzen, aber gleichzeitig ruft die Pflicht nach dir, du bist mit Menschen und Geschäften konfrontiert, die dich von deinem Kummer wegreißen.

Es ist nur schwer vorstellbar, dass dein geliebter Vater nicht mehr unter uns weilt. Und wie schrecklich schnell das alles gegangen ist! Wie gerne wäre ich jetzt gekommen, um dir nahe zu sein!

Ich bitte dich, liebster Georgie, unsere alte Freundschaft weiter zu pflegen und meinem Land dasselbe Interesse entgegenzubringen, wie es dein lieber Vater vom ersten Tage seiner Thronbesteigung an getan hat. Niemand hat sich so sehr dafür eingesetzt, unsere beiden Länder einander näher zu bringen, wie er. Die ersten Schritte haben zu guten Ergebnissen geführt, lass uns alles dafür tun, dass es in derselben Richtung weitergeht. Aus unseren Gesprächen in der Vergangenheit und aus deinen Briefen weiß ich, dass du dieselbe Ansicht vertrittst.

Ich kann dir versichern, dass der traurige Tod deines Vaters in ganz Russland ein Gefühl aufrichtiger Trauer und wärmster Anteilnahme für dein Volk ausgelöst hat. Gott segne dich, mein lieber alter Georgie! Meine Gedanken weilen stets bei dir.

Mit viel Liebe für dich und die liebste May, stets dein ergebener Freund

Nicky

KR: Tagebuch, 6. Mai, Pawlowsk

Zum ersten Mal, seit sie zur Oberin des von ihr gegründeten Ordens geweiht worden ist, trat Ella ganz in Weiß auf, auch Kopf und Stirn in Nonnentracht gehüllt, darüber ein weißer Schleier mit einem Brustkreuz und einem Rosenkranz.

Felix Jussupow: Memoiren

Sie [Ella] gründete das Nonnenkloster Martha und Maria, dessen Oberin sie wurde.

Eine letzte Spur von Weltlichkeit – denn sie war eine Frau von äußerster Eleganz und hervorragendem Geschmack gewesen – bewies sie darin, dass sie die Tracht ihres Ordens von dem Moskauer Maler Nesterow hatte entwerfen lassen, eine perlgraue Robe aus feiner Wolle, einen batistenen Nonnenschleier, der das Gesicht einrahmte, und einen weißen Wollschleier, der in langen, klassischen Falten herabfiel.

Die Nonnen lebten nicht im Kloster, sondern widmeten ihr Leben den Armenbesuchen und der Krankenpflege. Sie reisten auch durch die Provinzen, wo sie neue Zentren errichteten. Die Institution wurde rasch größer; innerhalb weniger Jahre gab es in allen russischen Großstädten ähnliche Einrichtungen. Das Ordinka-Kloster musste erweitert werden: eine Kirche, ein Spital, Werkstätten und Schulen kamen hinzu.

Die Oberin lebte in einem kleinen, schlicht möblierten Haus mit drei Zimmern; ihr Holzbett hatte keine Matratze, und ihr Kopfkissen war mit Heu ausgestopft. Die Großfürstin gönnte sich nur wenig Schlaf - ein paar Stunden höchstens -, wenn sie nicht ohnehin die ganze Nacht an einem Krankenbett zubrachte oder an einem Sarg in der Kapelle betete. Spitäler und Pflegeheime sandten ihr ihre hoffnungslosesten Fälle, die sie dann selber betreute.

König George V. an Nikolaus: 14. Mai, Marlborough House, London

Mein liebster Nicky,
die vergangenen drei Wochen sind schrecklich gewesen, mir ist fast das Herz gebrochen, dabei musste ich gleichzeitig all meinen Verpflichtungen nachkommen, meine neuen Aufgaben erfüllen und mit vielen Menschen konferieren, um die letzten, traurigen Zeremonien in die Wege zu leiten, und mich außerdem um die Trauergäste kümmern: William, 7 Könige sowie zahlreiche Fürsten und Vertreter aus praktisch allen Ländern der Welt.

Heute empfing ich Sir Arthur Nicholson. Er erzählte mir von deiner Freundlichkeit und Anteilnahme, die mich zutiefst berührt hat, und von dem Kummer, der überall in Russland zu spüren war.

Der geliebte Papa wurde allseits verehrt und respektiert, und jeder wusste, dass sein höchstes Ziel die Erhaltung des Friedens war. Ich kann es noch immer nicht fassen, dass ich sein liebes Gesicht nie wieder sehen oder seine liebe Stimme nie wieder hören soll; seine Krankheit kam so überraschend und das Ende so schnell, aber doch einigermaßen friedlich, ohne großen Kampf.

Ja, liebster Nicky, auch ich hoffe, wir werden unsere gegenseitige alte Freundschaft weiterpflegen; du weißt ja, ich ändere mich nie, und ich war dir immer sehr zugetan.

Ja, ich weiß wohl, dass mein lieber Vater von Anfang an alles darangesetzt hat, unsere beiden Länder zusammenzubringen, und du darfst sicher sein, dass ich Russland dasselbe Interesse entgegenbringen werde wie er.

Ich weiß, du wirst es genauso tun, und ich bin sicher, wenn unsere beiden Völker einander besser kennen und sich gegenseitig verstehen, dann werden unsere Anstrengungen von Erfolg gekrönt sein. In Persien arbeiten wir heute bereits hervorragend zusammen, es mag noch Schwierigkeiten mit Deutschland geben, aber ich denke, sie lassen sich überwinden. Wenn England, Russland und Frankreich nur zusammenhalten, dann wird der Frieden in Europa erhalten bleiben.
Stets dein ergebener Freund,
Georgie

Maria an Alexandra: 17. Mai, Peterhof

Meine liebe Mama!
Wie geht es dir? Ich wollte dir sagen, dass Olga sehr gerne ihr eigenes Zimmer in Peterhof hätte, denn sie und Tatjana haben zu viele Sachen und zu wenig Platz. Mama, in welchem Alter hattest du dein eigenes Zimmer?

Bitte sag mir doch, ob das möglich ist. Mama, in welchem Alter hast du angefangen, lange Kleider zu tragen? Glaubst du nicht, dass Olga auch gerne ihre Kleider länger machen lassen würde? Mama, warum lässt du die beiden nicht einfach umziehen, oder wenigstens Olga? Ich glaube, da, wo du geschlafen hast, als Anastasia Diphtherie hatte, fänden sie es ganz bequem.
Ich küsse dich
Maria
PS Es war meine Idee, dir zu schreiben.

Nikolaus an Kaiserinwitwe Marie: 4. Oktober

Meine über alles geliebte Mama,
ich danke dir von ganzem Herzen für deinen freundlichen Brief. Du und ich, wir beide müssen zur selben Zeit dasselbe gedacht und gefühlt haben, denn vor etwas mehr als drei Wochen habe ich Mischa genau deswegen geschrieben. Ausgehend davon, dass es heutzutage nirgends möglich ist, sein Inkognito zu wahren, habe ich ihm gesagt, was für einen schrecklichen Eindruck es machen würde, wenn die Leute wüssten, mit wem er da reist.

Ich befehle ihm nicht, aber rate ihm, nicht im Zug mit ihr [Natalia Wulfert] zu reisen und nicht zusammen mit ihr im selben Hotel abzusteigen. Zum Schluss schrieb ich noch, ich sei sicher, dass sie meine Meinung teile, wenn sie ihn tatsächlich so liebe, wie er glaube, und dass sie ihm ganz bestimmt so wenig Ärger und Unannehmlichkeiten wie möglich bereiten möchte. Mein Brief war denkbar freundlich gehalten, und als Antwort schickte er mir ein Telegramm, in dem er schrieb, dass er mir sehr dankbar ist. Ich hoffe, er befolgt meinen Rat.

Das alles ist überaus schmerzlich und traurig, und ich möchte dieses unerquickliche Thema dir gegenüber auch nicht allzu häufig anschneiden, da ich ja weiß, wie sehr du darunter leidest.

Olga [Nikolaus' Schwester] schrieb mir genau dasselbe wie du.

Ich weiß gar nicht, wo Xenia sich zurzeit aufhält. Ist sie nicht nach Russland zurückgekehrt?

Hier steht alles zum Besten. Ein ganzes »Kaleidoskop« von Verwandten ist bei uns zu Besuch gewesen.

Jetzt muss ich schließen. Leb wohl, meine über alles geliebte Mama.

Ich umarme dich aufs Zärtlichste. Der Herr möge dir beistehen.

Von deinem alten Nicky, der dich von ganzem Herzen liebt.

Alexej an Nikolaus: 22. Oktober, Zarskoje Selo

Lieber Papa,
verzeih, dass ich so unordentlich schreibe. Ich hoffe, du kommst bald. Einen ganz dicken Kuss.
Alexej

Alexandra an Nikolaus: 22. Oktober, Zarskoje Selo

Mein Geliebter,
es ist so traurig und leer in dem kleinen Haus ohne dich, du fehlst mir ganz schrecklich. Nachdem du fort warst, blieb ich noch ein wenig in deinem Zimmer und gab mir Mühe, tapfer zu sein, aber es gelang mir nicht. Nach dem Bad habe ich lange gebetet und den ganzen Akathistos [liturgischer Hymnus der Ostkirche] an die Mutter Gottes von Kazan gelesen, danach wurde ich ruhiger. Es dauerte eine Ewigkeit, bis ich einschlief. Baby Sweet kam mich in seinem Morgenrock wecken und zog die Vorhänge auf.

Hatte Massage, der Kopf ist besser, aber der ganze Körper tut mir ziemlich weh – zum Teil liegt es auch am Wetter. Zu schade, dass du nicht da bist, eure Männerstimmen nicht zu hören, ist auch traurig.

Heute Abend stürmt es heftig, und von Zeit zu Zeit gibt es schwere Regenschauer. Ich hoffe, du hast es zum Jagen schöner. Ella schickte mir ein nettes, zärtliches Briefchen, da sie ja weiß, ich würde mich heute Morgen einsam fühlen. Jetzt kommt der Arzt, deshalb muss ich aufhören, bis später.
Die zärtlichsten Küsse von deinem dich über alles liebenden kleinen Frauchen

KR: Tagebuch, 27. November

Im Zug unterwegs nach Pawlowsk erfuhr ich von Hofminister Baron Fredericks, dass Mischa sich zurzeit mit Madame Wulfert, der geschiedenen Frau des Kürassiers seiner Majestät, mit der er ein Verhältnis hat, in Florenz aufhält. Sie haben ein drei Monate altes Kind, das den Familiennamen ihres Bruders bekommen hat.[8] Fredericks zufolge hat Mischa dem Kaiser sein Wort gegeben, nicht zu heiraten, aber er will das Verhältnis auch nicht beenden.

König George V. an Nikolaus: 7. Dezember, Buckingham Palace

Mein liebster Nicky,
ich freue mich, dass du nach deiner Rückkehr ein paar Jagdtage einlegen konntest und an dem Tag, als du mir schriebst, zwei prächtige Elche erlegt hast. Ich gehe so oft zur Jagd wie nur möglich und hatte ein paar sehr erfolgreiche Tage, aber das Wetter hier war sehr nass und stürmisch. Ich war und bin immer noch sehr verärgert und beunruhigt über die politische Situation hier im Lande, inzwischen haben Neuwahlen stattgefunden, aber der Stand der Parteien ist immer noch genau derselbe.

Mit May und den 3 ältesten Jungen, die gerade in die Ferien nach Hause gekommen sind, fahre ich am 22. Dezember zu Mama und Toria nach Sandringham, wo wir Weihnachten zusammen verbringen werden, aber ohne den geliebten Papa wird es für uns alle leider ein sehr trauriges Fest werden.

Stets, liebster Nicky, dein ergebenster alter Cousin und *Freund*
Georgie

Anmerkungen 1910

1 William, König Georg I. von Griechenland, war der Bruder der beiden Mütter von Nikolaus beziehungsweise von George.

2 Die Gouvernante Sofia Iwanowa Tjutschewa wurde schließlich entlassen, nachdem sie Rasputins Besuche in den Kinderzimmern kritisiert hatte.

3 Alexandras Hofdame S. D. Samarina.

4 Mitglied einer exotischen Sekte von sexbesessenen Flagellanten.

5 Diese Unterhaltung endete damit, dass die Tjutschewa entlassen wurde.

6 Tochter eines Moskauer Anwalts und einer polnischen Mutter. Nach einer kurzen Ehe mit einem Moskauer Kaufmann ließ sie sich von diesem scheiden und heiratete Hauptmann Wulfert vom Kürassier-Regiment, das Mischas Kommando unterstand. Dieser machte sie sehr bald zu seiner Geliebten.

7 König Edward VII., Onkel Bertie, war im Alter von neunundsechzig Jahren gestorben [6. Mai nach englischem Kalender].

8 Sie und ihr Sohn nahmen den Namen Brassowa an.

1911

Nikolaus:	Zar von Russland
Alexandra:	seine Frau, Zarin von Russland
Xenia:	Großfürstin, Nikolaus' Schwester, verheiratet mit Sandro
KR (Kostia):	Großfürst Konstantin Konstantinowitsch, Nikolaus' Cousin
Tatjana:	zweite Tochter von Nikolaus und Alexandra, vierzehn Jahre alt
Maria:	dritte Tochter von Nikolaus und Alexandra, zwölf Jahre alt
George:	König George V. von England, Cousin ersten Grades von Nikolaus und Alexandra
Maurice Paléologue:	französischer Botschafter in St. Petersburg
M. P. Bok:	Tochter von Ministerpräsident Stolypin

1911
Tod des Ministerpräsidenten

Schaljapin tritt als Boris Godunow *auf – Nikolaus und George tauschen sich über die Aufrechterhaltung des Friedens in Europa aus – Kaiserinwitwe Marie ist beunruhigt über die Rolle, die Rasputin in Alexandras Haushalt spielt – Xenia hat immer noch Kontakt zu F. – Mischa wird überwacht – Ministerpräsident Stolypin wird ermordet – Tatjana entschuldigt sich bei ihrer Mutter*

KR: Tagebuch, [undatiert] Januar

Fast die gesamte Familie hatte sich in den beiden Logen des Marinskij-Theaters versammelt, um Schaljapin in Mussorgskis *Boris Godunow* zu sehen, der Kaiser war mit Olga Nikolajewna [Tochter] und der Kaiserinmutter gekommen. Ich hatte das große Glück, direkt neben dem Kaiser zu sitzen. Schaljapin ist als Schauspieler einmalig.

Nach der Szene mit Boris und den Kindern öffnete sich überraschend der Vorhang: Der Chor war noch auf der Bühne, mitten unter ihnen kniete Schaljapin, und alle sangen die Nationalhymne.

Wir begriffen nicht sofort, was eigentlich los war. Als ich merkte, dass sie zum Hymnus »Gott erhalte den Zaren« ansetzten, sprang ich auf ... dann erhoben sich auch die Kaiserin, meine Frau, die kleine Olga, Irina und Xenia sowie der Kaiser höchstpersönlich. Das Orchester fiel in die Nationalhymne ein, und der ganze Zuschauerraum erscholl von Jubelrufen und Applaus. Die Hymne wurde dreimal wiederholt. Die Kaiserin schob den Kaiser nach vorn, der fürs Publikum schlecht sichtbar hinter dem Vorhang in der Ecke stand, und dieser verneigte sich zu den Schauspielern und den Zuschauern. Einen derart intensiven Augenblick hatte ich schon seit langem nicht mehr erlebt und konnte meine Tränen nicht zurückhalten.

Nikolaus an König George V.: 10. Januar, Zarskoje Selo

Liebster Georgie,
es war mir ein großes Vergnügen, die Bekanntschaft von Lord Revelstoke zu machen, der sich freundlicherweise erboten hat, dir meinen Brief zu überbringen.

Er hat mir sehr viel von dir und deinem geliebten Vater erzählt und dass er mich 1893 bei deiner Hochzeit gesehen habe.

Ich danke dir nochmals für deinen freundlichen Brief, in dem du mir von deiner beabsichtigten Reise nach Indien berichtest. Ich finde die Idee großartig. Du wirst der erste britische Souverän sein, der seinen Fuß auf indischen Boden setzt. Möge dein Besuch für dich und für England so nutzvoll sein, wie du es dir erwartest. Ich zweifle nicht daran, dass er in der ganzen Welt einen gewaltigen Eindruck machen wird!

Alix geht es zum Glück wieder sehr viel besser, und sie ist auch wieder zu Kräften gekommen. Unsere Kinder haben nach Weihnachten Windpocken bekommen und mussten mit Ausnahme von Olga vierzehn Tage lang das Bett hüten. Jetzt sind sie fast wieder genesen.

Meine beiden Schwestern sind ganz verrückt nach der Eisbahn, die ganz in der Nähe eurer Botschaft liegt. Olga geht jeden Tag dorthin und trifft viele Botschaftsangehörige, mit denen sie fröhliche Vormittage verbringt. Dieser Sport ist in der Petersburger Gesellschaft zu einer richtigen Manie geworden; ich finde das schade, denn körperliche Betätigung im Freien ist so sehr viel gesünder.

Seit 1. Jan. bis August finden keine Elchjagden mehr statt, aber ich hoffe doch, ich kann noch etwas Niederwild schießen. Wir haben diesmal einen milden Winter, und es gibt nicht viel Schnee. Ich hoffe, der lieben May und den Kindern geht es gut.
Alles Liebe von Alix und mir für euch beide, stets, liebster Georgie, dein dich liebender und ergebener alter Cousin und Freund
Nicky

Nikolaus: Tagebuch, 12. Februar, Zarskoje Selo

Nach dem Abendessen habe ich gelesen, dann sind wir zu Anja gefahren, wo wir uns lange mit Grigorij unterhielten.

König George V. an Nikolaus: 2. März, Buckingham Palace

PRIVAT
Liebster Nicky,
Du wirst sicher in den Zeitungen gelesen haben, dass ich William [Kaiser Wilhelm] und seine Frau zur Enthüllung von Großmamas Statue am 16. Mai nach England eingeladen habe.

Papa hatte stets die Absicht, William zu dieser Zeremonie einzuladen, und von ihm weiß ich, dass er immer sehr erpicht darauf war, bei diesem Anlass zugegen zu sein. Sein Besuch, der selbstverständlich rein privater Natur sein wird, hat nicht die geringste politische Bedeutung: Er kommt als Mitglied der Familie und als ältester Enkel von Großmama. Ich wollte dich dies rechtzeitig wissen lassen, da es ja durchaus denkbar ist, dass die Zeitungen jede Menge Blödsinn über seinen Besuch erfinden.

Ich hoffe, dass die Verhandlungen zwischen Russland und Deutschland schon bald zu einem befriedigenden Abschluss kommen werden. Du darfst sicher sein, lieber Nicky, dass deine Regierung über alle Erörterungen, die England mit der Türkei oder Deutschland hinsichtlich der Bagdad-Bahn und anderer verwandter Fragen führt, auf dem Laufenden gehalten wird.

Ich bin überzeugt, dass es dem Frieden in Europa nicht abträglich ist, wenn Russland, England und Frankreich in gutem Einvernehmen miteinander stehen, aber das wird natürlich niemanden von uns davon abhalten, freundliche Beziehungen zu den anderen Mächten zu unterhalten; es ist nur recht und billig, wenn wir dies tun.

Im Augenblick fürchte ich allerdings, dass Deutschland versucht, Frankreich zu isolieren, vielleicht täusche ich mich ja, jedenfalls ist das mein Eindruck. Zweifellos ist Deutschland von dem freundschaftlichen Einvernehmen, das zwischen England, Russland und Frankreich besteht, nicht sonderlich angetan, aber dieses ist ja in keiner Weise gegen das Reich gerichtet, sondern dient ausschließlich dem Frieden und der Zivilisation. Ich weiß, dass du es mir nicht übel nimmst, wenn ich dir ganz offen schreibe, was ich denke, und da wir immer so gute Freunde gewesen sind, möchte ich dir auch alles sagen.

Stets, liebster Nicky, dein ergebener und dich liebender alter Cousin und *Freund*
Georgie

Tatjana an Alexandra: 20. April, Zarskoje Selo

Meine liebste Mama,
was ist mit morgen? Muss ich im Bett bleiben oder nicht (ach, natürlich nicht). Ich hatte nur ein bisschen [Kopfschmerzen], als ich spazieren gegangen bin, aber mein Kopf tut nicht weh, wenn ich liege, und jetzt ist es vorbei. Kannst du mir schreiben, Liebe, ich möchte es gerne wissen. Ich würde so gerne zur Parade der zweiten Division gehen, da ich doch die zweite Tochter bin, und Olga war bei der ersten, deshalb bin ich jetzt an der Reihe. Was wirst du dazu [sagen]??

Ach!!!????!!!! Maria fragt, wann Delacroix uns wieder die Haare macht, er ist doch schon so lange nicht mehr da gewesen. Ja, Mama, und bei der zweiten Division werde ich den sehen, den ich sehen *muss* .... du weißt schon, wen ....!!!!??!?!
Nun leb wohl. Gott segne euch beiden Engel. Gott sei mit euch, immer und überall, wo ihr seid.
Viele Küsse von deiner dich liebenden, ergebenen, aufrichtig dankbaren Tochter
Tatjana
PS Küsse Anja ganz oft von mir.

KR: Tagebuch, 20. Mai

Vor und nach dem Mittagessen unterhielt ich mich eine Stunde lang mit Minnie [Kaiserinwitwe Marie]. Sie war ganz offen zu mir. Es ist traurig, dass ihr Verhältnis zur Kaiserin zwar nicht richtig schlecht, aber auch nicht wirklich gut ist.

Sie bemängelte, dass es in den Zimmern ihrer Schwiegertochter kalt ist und ständig zieht, und machte dies für deren anhaltend schlechten Gesundheitszustand verantwortlich. [Minnie] holt sich in Zarskoje deswegen regelmäßig eine Erkältung.

Es beunruhigt sie, dass sie immer wieder irgendeinen heiligen Narren namens Grischa insgeheim bei sich empfangen, der der Kaiserin A. und den Kindern diktiert, sie müssten es geheim halten und dürften niemandem sagen, dass sie ihn gesehen haben. Es dürfte den Kindern kaum förderlich sein, sie an derlei Heimlichtuerei zu gewöhnen. Stolypin[1] hatte dem Kaiser bereits bei einer Gelegenheit berichtet, dass dieser Grischa ein Gauner sei, doch ihm wurde beschieden, er solle sich nicht um Grischa kümmern.

22. Mai: Ich erschien beim Kaiser und fragte ihn nach dem Gesundheitszustand der Kaiserin. Sie ist immer noch unpässlich, manchmal geht es ihr besser, dann wieder schlechter. Der Kaiser ist so geduldig und beklagt sich nicht, aber er räumt ein, dass es anstrengend und deprimierend ist.

Nikolaus: Tagebuch, 4. Juni, Zarskoje Selo

Nach dem Abendessen kam zu unserer Freude Grigorij zu Besuch, der von einer Reise nach Jerusalem und Athen zurückgekehrt ist.

Xenia: Tagebuch, 20. Juli, Paris

Beim Mittagessen hatte ich Streit mit F., wir waren beide wegen nichts und wieder nichts beleidigt! Deshalb kam er anschließend auch nicht zu mir, wie er es sonst immer tut.

Um vier Uhr ging ich in den Garten, wohin er mir folgte. Wir tranken Tee und lasen. Wir machten einen kurzen Spaziergang, waren aber beide äußerst angespannt und schwach. Die Kinder sind jetzt in Meran, Sandro ist in Interlaken, und sie sehen sich jeden Tag.

Nikolaus: Tagebuch, 4. August, Zarskoje Selo

Tante Olga [Königin von Griechenland] und Mitia [Bruder von KR] waren zum Abendessen da. Sie blieben bis 10 Uhr. Dann kam Grigorij und saß bis 11.30 mit uns zusammen.

KR: Tagebuch, 3. September, Belgorod

Mit Schrecken erfuhren wir, dass vorgestern Abend Ministerpräsident Stolypin in Kiew durch mehrere Revolverschüsse verwundet wurde. Sein Zustand ist Besorgnis erregend, aber nicht hoffnungslos.

Das Russische Außenministerium an alle russischen Botschaften,
6. September

STRENG GEHEIM
Der Überbringer, Generalmajor des Gendarmeriecorps Alexander Wasilewitsch Gerasimow, ist von Seiner Kaiserlichen Majestät ins Ausland beordert und mit dem Auftrag betraut worden, alle angemessenen Maßnahmen zu ergreifen, um die Eheschließung von Madame Brassowa [Wulfert] mit Großfürst Michail im Ausland zu unterbinden.

Zum Zwecke der Ausführung des Befehls Seiner Kaiserlichen Majestät sollen alle russischen Botschaften, Missionen und Konsulate im Ausland Generalmajor Gerasimow jede mögliche Hilfestellung gewähren, die zur Erfüllung der Aufgabe vonnöten ist, und im Bedarfsfalle jede Person nach Maßgabe von Generalmajor Gerasimow verhaften.
Der amtierende Chef des Ministeriums für Auswärtige Angelegenheiten
A. Neratow

Nikolaus an Kaiserinwitwe Marie: 10. September, Sebastopol

Liebste Mama,
endlich finde ich die Zeit, dir von unserer Reise zu schreiben, die voll der unterschiedlichsten Eindrücke war, fröhlichen wie traurigen.

Ich war ziemlich erschöpft, aber alles verlief so gut und reibungslos, und wir waren hervorragender Stimmung, als am Abend des 1. das feige Attentat auf Stolypin verübt wurde. Olga und Tatjana waren zu dieser Zeit bei mir. Wir hatten gerade unsere Loge während der zweiten Pause verlassen, da es im Theater ziemlich heiß war. In diesem Augenblick hörten wir zweimal hintereinander ein Geräusch, als ob ein Gegenstand heruntergefallen wäre. Ich dachte, es könnte jemandem ein Opernglas von oben auf den Kopf gefallen sein, und eilte in die Loge zurück.

Rechts sah ich eine Gruppe von Offizieren und andere Leute, die jemanden fortschleppten, einige Damen schrien, und genau mir gegenüber stand Stolypin. Er wandte sich langsam zu mir um und schlug mit seiner Linken das Kreuzeszeichen in die Luft. Erst da bemerkte ich, dass er sehr bleich war und auf dem rechten Ärmel seines Jacketts Blutflecken hatte. Er sank langsam auf einen Sitz und begann, sich das Jackett aufzuknöpfen. Fredericks und Prof. Rein bemühten sich um ihn.

Olga und Tatjana, die mir zurück in die Loge gefolgt waren, sahen alles, was sich da abspielte. Während man Stolypin aus dem Theater schaffte, entstand im Gang bei unserer Loge ein heftiger Tumult: Die Leute versuchten, den Mörder zu lynchen. Zu meinem Bedauern, muss ich sagen, gelang es der Polizei, ihn vor der Menge in Sicherheit zu bringen und ihn in ein anderes Gebäude zu schaffen, wo er einem ersten Verhör unterzogen wurde. Trotzdem war er ziemlich übel zugerichtet: Zwei Zähne hatte man ihm ausgeschlagen. Dann füllte sich der Zuschauerraum wieder, es wurde ruhig, und um 11 Uhr verließ ich mit den Mädchen das Theater. Du kannst dir vorstellen, mit welchen Gefühlen! Alix hatte noch nichts davon erfahren, und ich erzählte ihr, was geschehen war. Sie nahm die Nachricht sehr gelassen auf. Tatjana war ganz durcheinander, sie weinte sehr, und beide schliefen schlecht. Der arme Stolypin hatte in der Nacht sehr zu leiden und musste Morphium bekommen.

Vormittags um 9 kehrte ich nach Kiew zurück, wo ich an der Landungsbrücke von Kokowzow erfuhr, dass Stolypin gestorben war. Ich ging sofort dorthin, und es wurde in meiner Gegenwart

ein Trauergottesdienst abgehalten. Die arme Witwe stand da wie versteinert und vermochte nicht einmal zu weinen; ihre Brüder sind bei ihr.
Christus sei mit dir! Ich umarme dich herzlich, meine liebe Mama. Grüße an alle.
Dein dich sehr liebender Nicky

M. P. Bok [Stolypins Tochter]: Memoiren

Am ersten September fand in Gegenwart des Kaisers eine Theatervorstellung statt, zu der natürlich nur geladene Gäste erschienen. Mein Vater saß in der ersten Reihe des Parketts, nicht weit von der kaiserlichen Loge entfernt, in der der Kaiser und die Großfürstinnen Platz genommen hatten.

Die zweite Pause. Papa stand auf und hatte, an die Balustrade des Orchestergrabens gelehnt, den Rücken zur Bühne gewendet, um sich mit Hofminister Baron Fredericks zu unterhalten. Er trug ein weißes Sommerjackett, es war dasselbe, mit dem ich ihn in seinem Sarg sah.

Seine große, imposante Gestalt war noch vom entferntesten Winkel des Zuschauerraums aus zu erkennen, der sich jetzt wegen der Pause halb geleert hatte. Die Mehrheit des Publikums befand sich im Foyer.

Plötzlich bewegte sich eine Gestalt im Frack vom Mitteleingang her direkt auf meinen Vater zu. Hier, wo fast jeder Uniform trug, musste der Anblick dieser schwarzbefrackten Gestalt Argwohn erregen. Doch ehe noch irgendjemand recht begriffen hatte, was geschah, war der Mann im Frack auf meinen Vater zugegangen und hatte zweimal aus kürzester Entfernung auf ihn gefeuert.

Vom Schock gelähmt sahen die Anwesenden, wie Papa noch ein paar Sekunden stehen blieb. Dann drehte er sich langsam zur kaiserlichen Loge um, machte behutsam das Zeichen des Kreuzes und sank schwer in den nächsten Sessel. Auf dem weißen Stoff seines Jacketts zeichneten sich helle Blutspuren ab.

Im selben Augenblick fiel die Menge über den Mörder her, der zu entwischen versuchte. Anwesende im Zuschauerraum oder andere, die aus dem Foyer hereingerannt kamen, packten ihn und wollten ihn in Stücke zerreißen.

Xenia: Tagebuch, 13. November, Ai-Todor

Ich bin niedergeschlagen und sehr verärgert. F. sagt, es sei an der Zeit für ihn zu gehen, er hasse es, hier zu sein, alles mache ihn krank. Ich kann's verstehen. Aber wir reisen ja auch Ende nächster Woche ab, und ich möchte ihn überreden, dass er zur gleichen Zeit wie wir fährt.

Man beginnt bereits, über uns zu reden. Das spürt er, obwohl ich ihm nichts gesagt habe. Zu schade, dass er dieses Jahr gekommen ist, wo alle hier sind! Natürlich ist es unsere Schuld, aber andererseits: Warum können wir nicht die Leute unserer Wahl um uns haben?

Tatjana an Alexandra: 26. November, Livadia

Meine süße, über alles geliebte Mama,
ich bitte dich um Verzeihung, dass ich nicht auf dich höre und dir widerspreche, dass ich ungehorsam bin. Im ersten Augenblick fühle ich nie etwas, aber danach bin ich immer ganz traurig und unglücklich darüber, dass ich dich zur Verzweiflung bringe und du mir immer wieder sagen musst, was ich tun soll und so weiter.

Bitte verzeih mir, meine allerliebste Mama. Ich will mir jetzt wirklich große Mühe geben, so gut und freundlich zu sein, wie ich nur kann, denn ich weiß ja, wie lästig es für dich ist, wenn eine deiner Töchter nicht auf dich hört und sich schlecht benimmt.

Ich weiß, es ist sehr böse von mir, so scheußlich zu dir zu sein, meine liebe Mama, aber ich *will* mir ganz bestimmt Mühe geben, meine Liebste, so gut zu sein, wie ich nur kann, und dich nie zur Verzweiflung bringen und immer auf jedes Wort hören, das du mir sagst.

Verzeih mir, Liebste. Bitte schreib mir, nur ein Wort, dass du mir vergibst, dann kann ich mit gutem Gewissen schlafen. Gott segne dich immer und überall - zeig niemandem diesen Brief. Küsse von deiner dich über alles liebenden, ergebenen und aufrichtig dankbaren Tochter,
Tatjana

Xenia: Tagebuch, 29. November

Er ging, um zu packen, und um 11 Uhr fuhr er endgültig ab. Es ist traurig, vor allem aber weiß ich nicht, wann wir uns wiedersehen werden! Wir waren über sechs Monate zusammen!

30. November: Es ist schrecklich, wie sehr mir F. fehlt!

Anmerkungen 1911

1 Pjotr Arkadjewitsch Stolypin, der 1906 Graf Witte als Ministerpräsident des Zaren abgelöst hatte.